EUREKA · ICHTHUS
유레카　　　　익투스

유레카·익투스
요한복음

| 박호용 지음 |

쿰란출판사

이 책을
오늘의 나를 있게 한
故 감의도(E. Otto Decamp) 선교사님께
바칩니다.

성경을 조국에!
조국을 성경 위에!
예수 그리스도를 온누리에!

신앙고백

예수를 사랑하는 까닭에(Amore Jesusi)

사랑하는 그대가 이 같이 질문하면 난 이렇게 대답하겠습니다.

"당신의 전공은 무엇입니까?"
- 내 전공은 구약학도, 신약학도 아닌 '예수학(Jesustics)' 입니다

"당신에게 예수는 어떤 존재입니까?"
- 나에게 예수는 이 세상 그 무엇보다 소중한 '열일곱 살 첫사랑' 입니다

"당신은 무엇을 할 때 가장 행복합니까?"
- 예수사랑을 말하는 '요한복음을 서로 나눌 때' 난 가장 행복합니다

"이 세상이 승부의 세계라면 당신은 무엇에 승부를 걸겠습니까?"
- '예수 그리스도를 사랑하는 데' 내 인생 전부를 걸겠습니다

"당신은 죽어서 어떤 사람으로 기억되기를 원하십니까?"
- 난 바보처럼 '오직 예수만을 사랑하다 간 사람'으로 기억되고 싶습니다

요한에게 바치는 노래
예수에게 바치는 사랑

신구약성서를 포함하여 인류 역사와 이 세상의 모든 것은
예수 그리스도에 대한 주석에 불과하다(요 5:39).

책을 내면서

구약학 전공인 필자가 요한복음을 연구하게 된 것은 일생일대의 최고의 행운이자 하늘이 준 가장 큰 선물이다. 그런데 그 행운이자 선물은 절망과 통곡의 자리에서 배태되었다. 그 연유는 이러하다.

5년(2000.3-2005.2) 동안 대전신대에서 교수로 있던 필자는 감의도(E. Otto Decamp) 선교사님의 도움으로 공부하게 된 선교의 빚을 더 이상 미룰 수가 없다는 생각에 나이 50에 교수직을 내려놓고 선교사의 길을 가기로 작정하였다. 2004년 여름 카작선교회에서 필자를 카작신학교 학장으로 내정하였고, 그해 12월 채플 시간에 감격적인 선교사 파송예배를 드렸다. 그리고 사직서를 먼저 제출하라는 학교 측의 요청에 깊은 생각 없이 사직서를 내었다.

그런데 2005년 3월에 있을 카작신학교 학장직을 수행하기 위해 카자흐스탄으로 떠나기 직전 문제가 발생하였다. 총회선교부에서는 그 신학교가 총회 소속이어야 하기에 총회파송을 받고 가야 한다고 주장하였고, 카작선교회에서는 이 신학교가 총회와 관계없는 독자적인 신학교로 운영되어야 한다고 주장하면서 총회파송을 받고자 한다면 내정된 학장직을 취소한다고 통보하였다. 결국 총회파송 문제에 걸려 선교사 파송은 무산되었고, 이미 학교에 제출한 사직서로 인해 다시 학교로 돌아가지도 못하고 결국 교수직을 잃고 실직하는 어처구니없는 일을 당하고 말았다. 두 달 동안 진행된 이 사건 속에서 필자는 살고 싶은 마음이 없을 정도로 깊은 환멸을 느꼈다.

그러다가 결국 40일 작정기도를 하기로 결심하고 필자의 제자인 손태홍 목사가 시무하는 제천 '새생명전원교회'를 찾았다. 그곳에서 기도하던 중 요한복음 11장 25-26절 말씀이 계시처럼 내게 다가왔다. "예수께서 이르시되 나는 부활이요 생명이니 나를 믿는 자는 죽어도 살겠고 무릇 살아서 나를 믿는 자는 영원히 죽지 아니하리니 이것을 네가 믿느냐." 그 절망의 자리에서 이 말씀은 나를 다시 소생시킨 부활의 신호탄이 되었다. 그 즈음에 손 목사님이 새벽기도를 인도해 주었으면 하는 부탁이 있어 요한복음을 가지고 22일 동안 새벽기도를 인도하게 된 것이 요한복음 연구의 출발점이 되었다. 40일 작정기도 시간을 채우고 내려와 그곳에서 새벽 설교한 것을 책으로 엮어낸 것이 요한복음 강해 설교집인《감악산의 두 돌판》이다.

산에서 내려온 날부터 새벽마다 집 앞에 있는 상가교회(성결교단)에 나가 통곡하며 기도하기를 6개월 동안이나 계속하였다. 실직 상태에서 할 일이 별로 없어 낮에는 요한복음을 공부하다가 이상한 한 가지 사실을 발견하게 되었다. 내가 알기로는 요한복음이 1-11장이 제1부이고, 12장부터 제2부로 알고 있었는데, 불트만을 비롯한 많은 학자들이 1-12장이 '표적의 책'이라는 이름 아래 제1부로, 13장부터 제2부로 보는 것이었다. 이 한 장 차이가 그 후 요한복음 연구를 계속하는 결정적 계기가 되었다. 새벽마다 통곡하며 기도하는 가운데 하나님께서 나를 불쌍히 여기사 놀라운 비밀들을 보여주셨다. 특히 필자 자신이 요한복음이 쓰인 상황과 같은 위기상황, 즉 유대교와 로마제국으로부터 생존이 위협당하는 묵시문학적 박해상황에서 상징코드를 사용하여 요한공동체를 지키고자 했던 묵시문서임을 깨닫게 해주셨다.

중국선교사로 떠나기 전까지 2년 반 동안의 요한복음 연구는《요한복음서 재발견》이라는 책으로 빛을 보았다. 중국선교사로 있는 동안 요한복음 연구는 계속되었다. 또다시 2년 후《요한의 천재성: 상징코드》라는 책을 쓰게 되었다. 계속된 요한복음 연구는 마침내 2012년 10월, 7년 반 동안의 요한복음 연구를 총결산하는 뜻으로 950쪽에 달하는《천하제일지서 요한복음》이라는 책을 세상에 내놓게 되었다.

유수처럼 흐르는 세월은 그로부터 7년이 지나갔다. 그 사이에 중국 선교사 사역을 마치고 다시 학생을 가르치는 교수로 돌아왔다. 그 7년 동안도 요한복음 연구를 비롯하여 신학 연구는 계속되었다. 더욱이 그 사이에 개신교 종교개혁 500주년(2017년)도 맞이했다. 그런데 안타까운 것은 역사적인 500주년 종교개혁기념은 교회개혁과는 전혀 관계 없는 그저 연례행사로 끝났고, 한국교회는 이전보다 더욱 변질과 타락으로 전락하는 추한 모습을 보여주었다.

이런 가운데 필자는 한국교회재건운동(KCRM)의 차원에서 다시 성경으로, 다시 예수께로 돌아가야 한다는 절박한 사명감을 갖게 되었다. 이를 위해서는 '제3의 종교개혁의 텍스트'로서의 요한복음을 다시 꺼내들어야 한다고 생각했다. 《천하제일지서 요한복음》는 이미 절판되어 구할 수 없고, 또한 그동안의 연구 결과를 첨가하고 수정과 보완이 필요한 부분을 다시 써서 더욱 깊이 있고 완성도가 높은 책으로 세상에 내놓아야겠다고 마음먹었다. 그 결과물이 바로 《유레카-익투스 요한복음》이다('유레카-익투스'에 대한 자세한 설명은 '프롤로그'를 참조).

본서는 그동안의 연구 결과를 통해 수정과 보완이 필요한 부분을 세세하게 다시 썼을 뿐 아니라 앞부분에 많은 지면을 차지한 추천사를 모두 빼고 그 대신에 책 끝부분에 학술지에 발표한 논문("숫자 17과 큰 물고기 153표적[요 21:11]의 의미")을 첨가하고, 요한복음 이해를 돕기 위한 많은 부록을 첨가하였다.

끝으로, 청마(靑馬) 유치환은 그의 서간집 《사랑했으므로 행복하였네라》에서 이런 말을 했다. "나는 詩人이 아니어도 좋다. 내 글이 文學이 아니어도 좋습니다. 오직 내 글이 인생이 희구하는 바 그 진실이 무엇인가를 찾아 그것을 증거함으로써 족할 따름이요, 그 증거를 위하여만이 내 글은 값쳐질 것입니다." 나는 청마 유치환의 말 그대로 내 글이 그러했으면 하는 마음으로 이 글을 썼다. 그런 의미에서 이 책은 단지 학문적인 연구 결과를 밝히는 것만이 아니라 '요한에게 바치는 나의 노래'이자 '예수에게 바치는 나의 사랑'임을 고백하는 증언이다.

좋은 책을 만들어주고자 심혈을 기울여주신 쿰란출판사의 이형규 장로님, 오완 선생님과 직원 모두에게 감사를 드린다. 그리고 한 줄의 촌철살인의 추천의 글을 써주신 분들께도 감사드린다. 또한 신학의 길을 걷고 있는 아들 도신(장신대 신대원), 사회복지를 공부를 하고 있는 딸 승아(서울대 대학원), 그리고 남편을 뒷바라지하느라 힘든 시간을 오래 참아준 아내(임연희 목사)에게 이 자리를 빌려 진정어린 감사의 마음을 표하고 싶다. 또한 이 책의 편집에 도움을 준 정우영, 방세옥 전도사님께도 감사드린다. 아무쪼록 이 책을 통해 진리 되신 주님을 만난 자의 감격의 외침, 유레카! 그리고 익투스의 신앙고백이 있기를 소망한다.

2019년 삼일절 백주년에
오정골 교수연구실에서

낮에꿈꾸는자 박호용 쓰다

차례

신앙고백 예수를 사랑하는 까닭에(Amore Jesusi)	04
책을 내면서	06
Prologue(머리말)	19
꼭꼭 숨겨둔 비밀문서(秘書)	

제I부 해석의 틀

1. '서구신학(요한복음) 연구' 다시 하기   54

1) 헬레니즘과 헤브라이즘에 대한 재검토   55
   (1) 헬레니즘 태동의 배경   55
   (2) 헬라적 사고와 히브리적 사고의 차이   58
   (3) 헬레니즘(인본주의)에서 헤브라이즘(신본주의)으로!   62

2) '요한복음 연구(서구신학)'에 대한 재검토   65
   (1) 기존의 요한복음 연구에 대한 불만   65
   (2) 분석(analysis)에서 종합(synthesis)으로!   66
   (3) 성경연구(주석) 시의 두 유의사항   68

3) 기존의 '요한복음' 연구자에 대한 비판   70
   (1) 불트만 교수 - 헬레니즘적 인간학   70
   (2) 도올 김용옥 및 다석 류영모 선생   86
       A. 도올 김용옥 - 유교적 경세지학   86
       B. 다석 류영모 - 종교다원주의적 성인지학   103

(3) 김진호 목사 - 민중신학적 사회학   131

2. 요한복음은 어떤 책인가?   142

1) 개인경건문서로서의 요한복음   144
  (1) 요한문헌과의 관계   144
    A. 요한서신과의 관계   145
    B. 요한계시록과의 관계   148
  (2) 요한복음의 저자: 사도 요한   156
    A. "예수께서 사랑하신 제자(애제자)"의 문제   159
    B. 1장과 21장의 상응성 및 동일저자의 문제   170
    C. 로고스 예수에 대한 요한의 파토스   182
  (3) 요한복음의 탁월성   192
    A. 공관복음과 요한복음의 상이성   192
    B. 공관복음과 요한복음의 유사성   202
    C. 요한복음의 탁월성의 근거   209

2) 조직신학논문으로서의 요한복음   218
  (1) 요한복음의 기록 목적   220
  (2) 요한복음의 구조   221
    A. 구조에 대한 기존의 견해   224
    B. 구조에 대한 필자의 새로운 견해   233
      a. 제1부(1-11장)와 제2부(12-21장)로 나누는 근거   233
      b. 교차대구(조직신학적 주제)에 따른 2중구조   236
      c. 논문의 3중구조 및 본론의 7중구조   241
      d. 5중하강구조(갈릴리 지향적 복음서)   243
  (3) 요한복음의 방법론   248

A. 방법론(1): 부활신학(부활의 복음) 248
　　　a. 기존의 '성육신 기독론' 및 '십자가 신학' 재고 248
　　　b. 요한복음: 부활에 대한 묵상의 산물 253
　　　c. '부활신학'의 묵시문학적 의미 260
　　B. 방법론(2): 구약적(유대적) 배경 261
　　　a. 헬라적 배경에 대한 비판 261
　　　b. 로마적 배경에 대한 재고 270
　　　c. 북왕국(모세-예언자) 전승적 배경 273
　　　　가. 신명기(모세 전승) 배경 274
　　　　나. 호세아(예언자 전승) 배경 276
　　　　다. 출애굽기(재앙, 유월절, 성막 전승) 배경 278
　　C. 방법론(3): 역사의 해체와 재구성 284
　　　a. 시간의 해체와 재구성(요한의 시간관) 290
　　　　가. '호라'와 '카이로스'의 때 290
　　　　나. 유월절 복음서 290
　　　　다. 성육신하신 인자를 중심으로 본 요한의 시간관 291
　　　　라. 삼위일체 하나님을 중심으로 본 요한의 시간관 293
　　　　마. 요한의 성령론: 파라클레토스(παράκλητος) 294
　　　　바. 파라클레토스(보혜사) 본문 298
　　　b. 공간의 해체와 재구성(요단강 건너편) 300
　　　c. 인간의 해체와 재구성(세례 요한과 다윗) 304
3) 묵시문학문서로서의 요한복음 308
　(1) 유대묵시문학의 특징 308
　(2) 요한코드: 묵시문학적 암호상징 315
　　A. 다양한 상징기법 320
　　　a. 분할기법 및 대표성(모델)의 원리 320

  b. 은폐기법 및 침묵기법 　　　　　　　　　　　323
  c. 메노라(등잔대) 및 다윗의 별의 상징성 　　　332
 B. 묵시문학의 성취(완성)로서의 요한복음 　　　　336
 C. 예수의 상징세계: '말씀상징'과 '행위상징' 　　　339
(3) 요한의 상징세계: 일곱 상징코드 　　　　　　　　341
 ① 숫자(횟수) 상징코드 　　　　　　　　　　　　341
  a. 숫자(횟수) 상징코드 모음집 　　　　　　　343
  b. 숫자상징코드의 실례: 여섯 남편(4:1-26) 　　348
 ② 표적(징표) 상징코드 　　　　　　　　　　　　349
  a. 표적에 대한 정의 　　　　　　　　　　　　349
  b. 일곱 표적사건의 상징적 의미 　　　　　　353
 ③ 말씀(언어) 상징코드 　　　　　　　　　　　　358
  a. '에고 에이미'의 비유적 용법의 상징적 의미 　363
  b. 일곱 '이중말씀' 　　　　　　　　　　　　　366
 ④ 구조(주제) 상징코드 　　　　　　　　　　　　368
  a. 상징코드(표적과 말씀)로 본 구조 　　　　369
  b. '부활-십자가(완전한 복음)' 구조 　　　　　369
 ⑤ 지리(공간) 상징코드 　　　　　　　　　　　　370
  a. 성육신 교리의 의미 　　　　　　　　　　　371
  b. 지리상징코드의 실례: 요단 동편(건너편)과 요단 서편　375
 ⑥ 절기(시간) 상징코드 　　　　　　　　　　　　377
  a. 유월절 모티프 　　　　　　　　　　　　　377
  b. 절기상징코드의 실례: 십자가 처형일 　　　380
 ⑦ 인물(인간) 상징코드 　　　　　　　　　　　　383
  a. 세 명의 마리아 　　　　　　　　　　　　　383
  b. 인물상징코드의 실례: 도마(최고의 신앙모델) 　386

3. 천하제일지서로서의 요한복음   397

1) 요한복음: 사랑의 복음서 – 진리의 복음서   397
    (1) 주후 1세기 팔레스타인의 사회정황   397
    (2) 요한복음: 사랑의 복음서   403
    (3) 요한복음: 진리의 복음서   405
2) 요한복음: '제3의 종교개혁의 텍스트'   410
    (1) 강자(부자)의 종교에서 약자(빈자)의 종교로!   410
    (2) 기독교: 예수(말씀)의 종교   414
        ◇보록◇ - 종교개혁 500주년에 대한 신학적 반성 -   421
    (3) 왕 사상으로 본 세 세계관   427
        A. 천왕(天王) 사상: 천본주의(天本主義)   428
        B. 인왕(人王) 사상: 인본주의(人本主義)   428
        C. 신왕(神王) 사상: 신본주의(神本主義)   432
3) 요약: 인류사상사의 종언으로서의 요한복음   439

제II부   본문 주석

1. 성육신 및 일곱 표적을 통한 영광과 생명(1-11장)   450

제1장(서론)   450
    1. 로고스찬가: 말씀의 화육(1-18절)   453
    2. 증인 본문(19-51절)   493
제2장   513
    1. 첫 표적: 가나의 혼인잔치(1-12절)   516

2. 성전정화사건(13-22절)　　　　　　　　　　　526

　　3. 사람을 꿰뚫어 보심(23-25절)　　　　　　　　536

제3장　　　　　　　　　　　　　　　　　　　　　538

　　1. 니고데모와의 대화(1-15절)　　　　　　　　　540

　　2. 복음(진리)의 핵심(16-21절)　　　　　　　　　551

　　3. 세례 요한의 최후 증언(22-30절)　　　　　　　559

　　4. 예수(구원)의 유일성(31-36절)　　　　　　　　563

제4장　　　　　　　　　　　　　　　　　　　　　568

　　1. 사마리아 여인과의 대화(1-42절)　　　　　　　571

　　2. 왕의 신하의 아들 치유(43-54절)　　　　　　　588

제5장　　　　　　　　　　　　　　　　　　　　　596

　　1. 안식일에 병자를 치유하심(1-18절)　　　　　　600

　　2. 유대인들과의 논쟁(19-47절)　　　　　　　　　605

제6장　　　　　　　　　　　　　　　　　　　　　614

　　1. 오병이어 표적 및 바다 위를 걷는 표적(1-21절)　617

　　2. 생명의 떡 강화(22-59절)　　　　　　　　　　624

　　3. 무리들과 제자들의 반응(60-71절)　　　　　　633

제7장　　　　　　　　　　　　　　　　　　　　　638

　　1. 초막절에 예루살렘에 가심(1-36절)　　　　　　639

　　2. 초막절 끝날에 있었던 사건의 의미(37-53절)　　649

제8장　　　　　　　　　　　　　　　　　　　　　655

　　1. 간음하다 잡힌 여인(1-11절)　　　　　　　　　657

　　2. 예수의 정체성(12-30절)　　　　　　　　　　　660

　　3. 아브라함의 참된 후손(31-59절)　　　　　　　667

제9장　　　　　　　　　　　　　　　　　　　　　676

　　1. 태생소경 치유표적(1-7절)　　　　　　　　　　678

2. 표적에 따른 후속 사건들(8-41절) 　　　　　　　　680
제10장 　　　　　　　　　　　　　　　　　　　　　　　689
　　1. 선한 목자이신 예수(1-21절) 　　　　　　　　　　690
　　2. 수전절에 유대인들과의 논쟁(22-42절) 　　　　　　698
제11장 　　　　　　　　　　　　　　　　　　　　　　　705
　　1. 나사로의 질병과 죽음(1-16절) 　　　　　　　　　707
　　2. 죽은 나사로를 살리신 표적(17-44절) 　　　　　　711
　　3. 산헤드린 공회의 예수살해 모의(45-53절) 　　　　718
　　4. 제1부의 종결어(1): 예루살렘 입성 준비(54-57절) 　721

2. 십자가 및 부활을 통한 영광과 생명(12-21장) 　　723

제12장(1-36절) 　　　　　　　　　　　　　　　　　　723
　　1. 베다니 향연 및 예루살렘 입성(1-19절) 　　　　　724
　　2. 밀알 하나 비유 및 예수의 기도(20-36절) 　　　　733
제12장(37-50절) 　　　　　　　　　　　　　　　　　 741
　　1. 유대인들의 불신앙(37-43절) 　　　　　　　　　 742
　　2. 심판과 구원(영생)에 대한 말씀(44-50절) 　　　　746
제13장 　　　　　　　　　　　　　　　　　　　　　　　748
　　1. 세족행위와 그 의미(1-20절) 　　　　　　　　　　750
　　2. 가롯 유다의 배신, 새 계명 수여 및 베드로의 부인예고(21-38절) 758
제14장 　　　　　　　　　　　　　　　　　　　　　　　765
　　1. 예수의 떠나심과 다시 오심(1-14절) 　　　　　　 766
　　2. 보혜사 성령 및 평안의 약속(15-31절) 　　　　　 773
제15장 　　　　　　　　　　　　　　　　　　　　　　　781
　　1. 포도나무 강화(1-17절) 　　　　　　　　　　　　783

  2. 제자들에 대한 세상의 미움(18-27절)   790

제16장   794
  1. 보혜사 성령의 사역(1-24절)   796
  2. 환난을 이긴 승리(25-33절)   802

제17장   805
  1. 자신을 위한 예수의 기도(1-8절)   808
  2. 제자들을 위한 예수의 기도(9-19절)   814
  3. 신자들을 위한 예수의 기도(20-26절)   820

제18-19장   824
  1. 예수의 체포와 심문 및 베드로의 예수부인(18:1-27)   827
  2. 빌라도의 예수 심문(18:28-19:16)   837
  3. 예수의 죽음과 장사(19:17-42)   855

제20장   872
  1. 부활하신 주님의 현현(1-23절)   873
  2. 도마의 신앙고백(24-29절)   888
  3. 본론의 종결어(2): 요한복음의 기록 목적(30-31절)   893

제21장(결론)   898
  1. 디베랴 바닷가에 나타나심(1-14절)   899
  2. 베드로의 회복과 사명(15-23절)   912
  3. 요한복음의 종결어(3): 애제자의 증언(24-25절)   924

Epilogue(발말) 한국교회재건운동(KCRM)의 깃발을 들어야 할 때 927

참고문헌   940

논문   숫자 17과 큰 물고기 153표적(요 21:11)의 의미   971

부록: 성경(신학) 이해의 도움을 위한 자료모음집

부록 1. 히브리어 알파벳(22자)   1006
부록 2. 헬라어 알파벳(24자)   1008
부록 3. 수의 상징적 의미(數秘學, gematria)   1010
부록 4. 성경공부 십계명   1012
부록 5. 중심(기준) 싸움(중요도의 차이/창조질서)   1015
부록 6. 이스라엘의 달력   1016
부록 7. 광야 시대의 성막 설계도와 12지파 진영   1018
부록 8. 일반사(3間의 歷史)와 이스라엘 역사(4間의 歷史)   1019
부록 9. 이스라엘 역사 개관   1022
부록 10. 유대교와 기독교의 관점에서 본 성경개요   1023
부록 11. 족보로 본 성경의 맥(차자 중시의 원리)   1024
부록 12. 익투스로 본 성경 개요(이스라엘 역사)   1025
부록 13. Yahwism(야웨신앙)의 관점에서 본 이스라엘 역사   1026
부록 14. 익투스로 본 요한복음의 구조(아트배쉬 암호)   1027
부록 15. 신구약성경의 관련성   1028
부록 16. 익투스 방법론(153의 법칙)   1034
부록 17. 새 테필린(유레카 8복)   1039
부록 18. 진리는 하나 차이(예수와 코페르니쿠스)   1042
    세상 나라(3차원/차이나)와 하나님 나라(4차원/본차이나)
부록 19. 종교개혁(가톨릭과 개신교의 사상체계 비교)   1048
부록 20. 한 컷으로 그린 대표적인 신학자들   1054
부록 21. 요한복음의 관점에서 본 인류사상사 개요   1055
    (박호용의 역사철학)

Prologue(머리말)

꼭꼭 숨겨둔 비밀문서(秘書)

1. 요한복음에 대한 재평가: 천하제일지서(天下第一之書)

조선 건국의 주역 삼봉(三峯) 정도전(鄭道傳, 1342-98)은 그 위대성에도 불구하고 지난 600년 동안 무시되거나 평가절하 되어 왔다. 그러다가 한영우 선생에 의해 그 위대성이 재평가되기 시작하였다.[1] 그 후 도올(檮杌) 김용옥 선생에 의해 정도전은 한국이 세계에 내놓을 위대한 혁명가로 재평가되었다.[2] 아리스토텔레스(Aristoteles, 384-322 BC)는 "역사 속에서의 자신의 위상"이라는 관념을 만들어낸 최초의 사상가였다.[3] 그렇다면 요한복음은 역사상 어떤 위상을 가진 책인가?"

한 사람이 일생을 두고 '단 한 권의 책'을 쓸 수 있는 기회(행운)가 주어졌다면 이는 하늘의 축복이자 땅의 기쁨이 아니겠는가. 요한복음을 쓴 사도 요한[4]이 바로 그 사람이었다. 필자는 교수 시절, 학생들의 논문을 지도하면서 논문을 시작하는 맨 처음에 논문의 목적을 '두 문장'으로 요약해 줄 것을 요구하였다. 이를 요한복음에 그대로 적용하면 이러하다. "예수의 제자 사도 요한은 일생 동안 단 한 권의 책을 썼는

---

1) 한영우, 《정도전: 왕조의 설계자》 (서울: 지식산업사, 1999).
2) 김용옥, 《삼봉 정도전의 건국신화》 (서울: 통나무, 2004). 또한 김탁환, 《혁명: 광활한 인간 정도전(1,2)》 (서울: 민음사, 2014)을 참조하라.
3) D. J. Boorstin, The Seeker, 《탐구자들》, 122.
4) 필자는 요한복음의 저자를 '사도 요한'으로 보려고 하는데, 더 자세한 설명은 157쪽 이하의 "요한복음의 저자: 사도 요한"을 참조하세요.

데, 그것이 요한복음이다. 그런데 이 단 한 권의 책은 인류 역사상 그 어떤 책과도 비교가 안 되는 최고의 걸작, 즉 '천하제일지서(天下第一之書)'[5]이다."

요한복음의 역사는 그야말로 '오해와 영욕의 역사'였다. 초대교회에서는 공관복음과 너무도 다르다는 이유로, 또한 이단들의 텍스트로 오용되면서 요한복음은 정경에서 제외될 뻔한 적도 있었다.[6] 다행히도 요한복음이 정경으로 채택된 것이야말로 하늘의 축복이자 은총이 아닐 수 없다.[7] 이와는 달리 중세교회에서는 가장 쉬우면서도 가장 심오한 내용을 담은 복음서라는 점에서 요한복음은 '복음서의 왕', '경전 안의 경전'으로 가장 사랑받고 각광받는 복음서이기도 했다. 그런데 근세 이후, 특히 역사비평학이 맹위를 떨치던 19세기 이후 마가우선설이 등장하면서부터 역사성이 결여된 책이라는 오명과 함께 4등에 해당하는 '제4복음서(The Fourth Gospel)'로 전락하는 불명예를 당하기도 했다.[8]

지금까지 요한복음은 주로 '바울신학' 위에 기초하여 세워놓은 서구신학에 의해, 또한 '공관복음신학'과 단순 비교하여 상대적으로 다

---

[5] 이 말에 독자들의 오해가 없기를 바란다. 예수 이전의 모든 성현들과 예언자들은 참 구원자인 예수를 위한 몽학선생의 역할(갈 3:24)을 한 소중한 분들이었다. 그리고 요한복음 이전의 바울서신(正)과 공관복음(反)은 예수의 생애와 사상(진리)을 가장 완벽하게 그려낸 요한복음(合)을 위한 길라잡이 역할을 한 소중한 문서들이었다. 하나님은 요한복음이 나올 때까지 기축시대(주전 6-5세기)의 모든 성현들과 예언자들, 그리고 주후 1세기의 바울과 공관복음 저자들을 준비시켜 놓으셨다. 이 같은 준비과정이 있었기에 예수(요한복음)가 그 빛을 발할 수 있었다. 마치 독일관념론의 완성자 헤겔(G.F.Hegel, 1770-1831)이 있기까지는 칸트(I. Kant, 1724-1804), 피히테(J.G.Fichte), 쉘링(F.J.Schelling)이라는 선구자가 있었던 것과 같다. 마찬가지로 복음서의 완성자 요한이 있기까지는 바울을 비롯한 마가, 마태, 누가라는 복음서의 선구자가 있었다. 요한신학은 바울신학은 물론 공관복음신학을 한 걸음 더 발전시켜 신학적 완성을 이룬 모습을 보여준다. 이는 요한이 공관복음을 모르고서는 있을 수 없음을 시사한다.
[6] 김득중,《요한의 신학》, 11-16; 박수암,《요한복음》, 9-10을 참조하세요.
[7] 신약정경화과정에 대해서는 B.M.Metzger,《신약정경형성사》를 참조하세요.
[8] 김동수, "요한복음과 요한서신",《신약성서개론》, 426.

른 독특한 책이라는 정도의 평가를 받았다. 천하의 명품인 '화씨의 벽(璧)'[9]이라는 유명한 옥이 그 진가를 제대로 평가받기까지 오랜 세월이 필요했듯이, 요한복음이 또한 그러했다. 천하만사는 다 때가 있다(전 3:1). 21세기 오늘날 요한복음은 '천하제일지서'로서 평가받아야 할 때가 무르익었다.

지금 당장 도서관에 가보라. 얼마나 많은 책들이 있는가. 그리고 지금 당장 교보문고에 가보라. 매일같이 얼마나 많은 책들이 쏟아져 나오는가. 또한 앞으로 얼마나 많은 책들이 쏟아져 나올 것인가. 그런데 "요한복음이 뭐길래 '천하제일지서'라고 말하는가?" 그 까닭은 한마디로 '차원이 다른 책'이기 때문이다. "다니엘아 마지막 때까지 이 말을 간수하고 이 글을 봉함하라"(단 12:4)고 한 것처럼 오늘날까지 요한복음은 봉인된 책이었다.

이 세상에는 인간의 이해를 초월하는 비밀들이 있다. 그 비밀이 세상에 드러날 때까지는 하나님의 비밀에 붙여진다(단 2:47). 하나님은 거대한 '마스터 플랜(놀라운 계획)'을 가지고 한 치의 오차도 없이 이 역사를 경륜(섭리)해 가신다. 이 같은 사실을 사도 바울은 하나님이 영원 전부터 그리스도 예수 안에서 때가 찬 비밀의 경륜을 갖고 계셨다는 말로 표현하였다(엡 1:9-13; 3:1-11). '하나님께서 갖고 계신 비밀의 경륜'이란 때가 찼을 때 하나님이 그의 아들 나사렛 예수 그리스도를 이 역사(세상) 속에 보내셔서 당신의 뜻을 성취(완성)한다는 그런 말이다.[10]

이사야 선지자는 일찍이 이렇게 예언을 했다. "말일에 여호와의 전의 산이 모든 산 꼭대기에 굳게 설 것이요 모든 작은 산 위에 뛰어나리

---

9) '화씨의 벽(璧)'에 대한 더 자세한 설명은 김진명, 《신의 죽음》, 62-71을 참조하세요.
10) 요한은 열두 제자 가운데 가장 마지막까지 살아남는 장수의 축복을 가졌는데, 여기에도 하나님의 깊은 뜻이 담겨 있다 하겠다. 그것은 최후까지 남아 인류 최고의 책인 '천하제일지서'를 쓰게 함이 아니었을까.

니 만방이 그리로 모여들 것이라 많은 백성이 가며 이르기를 오라 우리가 여호와의 산에 오르며 야곱의 하나님의 전에 이르자 그가 그 도로 우리에게 가르치실 것이라 우리가 그 길로 행하리라 하리니 이는 율법이 시온에서부터 나올 곳이요 여호와의 말씀이 예루살렘에서부터 나올 것임이니라"(사 2:2-3; 미 4:1-5).

여기서 '여호와의 산'은 시온산이고, 그곳에는 '여호와의 전'인 시온(예루살렘) 성전이 있는 곳이다. 시온산과 시온성전이 있는 예루살렘에서 율법(여호와의 말씀)이 나올 것이고, 그곳으로 만방의 백성들이 모여들 것이라고 말했다. 그때가 메시아가 도래하는 '말일', 즉 종말이라고 말했다. 예수의 십자가가 바로 그 시온산 꼭대기에 굳게 섰고, 몸성전이 되신 예수의 부활이 시온성전을 대신함으로써 십자가(부활)의 말씀이 율법(여호와)의 말씀을 완성하였다. 그리하여 그 십자가(부활)의 말씀 아래 온 열방이 모여들게 되었다. 그날부터 진정한 종말이 시작되었다.

요한복음에는 하나님의 감추어진 비밀이 내부에 완벽한 질서 속에 은밀하게 숨겨져 있다.[11] 최고의 비밀은 가까운 곳에 숨겨져 있었다. 요한복음은 지난 2천년 동안 하나님께서 은밀하게 감추어 둔 비서(秘書)이다. 하나님이 마지막 날에 '아들(예수)'을 통해 우리에게 말씀하셨다(히 1:1-2). 지금까지 예수처럼 말하고 행한 사람은 없었다(요 7:46). 세상 끝(종말)에 나타난 예수(히 9:26)는 인류 사상사(진리사)의 끝을 장식한 분이고, 그것을 가장 완벽하게 표현한 책이 요한복음이다. 요한복음은

---

11) 요한복음에는 '비밀(μυστήριον)' 어휘가 나타나지 않는데, 요한은 이 어휘조차 침묵으로 은폐시켰다.
12) 요한복음은 '세상 죄를 지고 가는 하나님의 어린 양'(1:29)으로 오셔서 십자가에서 구약의 말씀을 다 이루었다는 점에서 '구약의 성취'이자, 대제사장으로서의 직분을 완성한 메시아라는 점에서 히브리서를 성취한 '제2의 히브리서'이다. 또한 성육신(1:14)을 말함으로써 땅에서 난 예수를 말하는 공관복음을 성취한 '제2의 공관복음서'이다. 그리고 은혜 위에 은혜(1:17)를 말함으로써 바울을 성취한 '제2의 바울'이며, 묵시문학의 변주를 통한

성경 전체의 압축파일[12]이자 '하나님 나라 비전 프로젝트'[13]의 마지막 마침표를 찍은 책이다.

그러나 이 같은 사실을 사람들은 그 동안 눈치채지 못했다. 그 까닭은 하나님께서 이 책을 때가 찰 때까지 감추어 두었기 때문이다. 그 동안 요한복음이 천하제일지서로서의 평가를 제대로 받지 못한 것은 때가 이르지 않았기 때문이다. 오늘의 세기는 영안으로 볼 때 '역사의 마지막 때(종말)'에 이르렀다.[14] 이제 요한복음은 '천하제일지서'에 걸맞는 정당한 평가를 받을 때가 왔다. "네가 왕후의 자리를 얻은 것이 이때를 위함이 아닌지 누가 알겠느냐"(에 4:14).

2. 유레카(만남)와 익투스(고백)로서의 요한복음

요한복음은 예수를 메시아로 만난 유레카(Eureka)의 감격(요 1, 4장)으로 시작하여, 그분이 메시아요 하나님의 아들이요 영원한 생명을 주신 구주라는 익투스(ΙΧΘΥΣ)의 고백(요 20-21장)으로 대미를 장식하는 책이다. 본서의 제목을 "유레카-익투스 요한복음"이라고 명한 것도 그

'실현된 묵시문학'을 말함으로써 계시록을 성취한 '제2의 계시록'이다. 요한복음은 구약만이 아닌 신약 전체를 다 용광로에 넣어 그 사상의 엑기스만을 뽑아 창조적으로 수놓은 신학사상의 최고 결정체이다.

13) 이를 선교적 차원에서 접근한 책으로는 홍영기, 《하나님 나라 비전 프로젝트》를 참조하세요.

14) 예수께서는 제자들에게 추수할 것은 많되 추수할 일꾼이 적다고 한탄하시며 천부께 부탁하여 추수꾼을 많이 보내달라고 하라(마 9:37-38) 하셨다. 이는 자기 시대를 인류 역사의 '가을'로 인식하셨던 것이다. 동양철학에서는 네 방위 중 서(西)방은 '가을'에 해당하는 것으로써 증산교의 창시자 증산(甑山) 강일순(1871-1909)은 자신의 시대를 '서쪽-가을'로 보았다. 강일순에 대해서는 곽노순, 《동양신학의 토대와 골격》, 165-205을 참조하세요. 필자는 21세기 오늘날을 '가을 끝-겨울 시작'으로 보고자 한다.

런 의미에서이다. 이에 대해 부연설명하면 다음과 같다.

요한복음 4장을 보면 사마리아 여인이 예수를 메시아로 만난 후 감격하여 물동이를 버리고 동네에 들어가 "와서 보라 이는 그리스도가 아니냐"(요 4:29)라고 외쳤다. 또한 요한복음 1장을 보면 세례 요한의 두 제자가 예수님을 보자 그를 따라가 유숙한 뒤에 예수께서 그들이 고대하는 메시아(그리스도)라는 사실을 발견하게 되었다. 그 중 한 제자인 안드레는 곧장 자기 형인 시몬(베드로)을 찾아가 이렇게 외쳤다. "우리가 메시아를 만났다"(요 1:41). 여기서 '만났다'로 번역된 원어는 '유레카(Eureka)'이다. '유레카'는 '구원(해방)의 감격'을 담은 전율과 감동의 외침이다. 필자는 '유레카'라는 말에 담긴 세 가지 뜻을 생각해보고자 한다. 첫째, '만남', 즉 '주님(예수님)과의 만남', 둘째, '발견', 즉 '진리(의미)에 대한 발견', 셋째, '찾음', 즉 '할 일(사명)에 대한 찾음'이 그것이다. 이를 하나씩 다시 부연설명을 해 보자.

첫째, '주님(예수님)과의 만남'이다. 인생의 행복과 불행은 누구를 만났느냐에 따라 결정된다. 세 가지 만남을 잘해야 행복하고 성공적인 인생을 산다고 한다. 첫째는 평생 자신이 해야 할 직업(전공)이다. 둘째는 배우자이다. 평생 함께 살아가야 할 결혼 상대인 배우자를 잘 만나야 한다. 셋째는 하나님과의 만남이다. 죄와 죽음으로부터 구원을 받고, 궁극적으로 의지하고 소망하는 영원하신 하나님을 만나야 한다. 하나님을 만나지 못하고 하나님을 대신하여 다른 그 무엇을 영원한 가치와 목적으로 삼는 사람은 영원을 상실한, 즉 구원받지 못한 불행한 사람이다. 그런 의미에서 메시아(예수 그리스도)를 만난 사람은 행운아이고 참으로 복 된 사람이다.

갈릴리 바다에서 물고기 잡는 것으로 살아가던 어부 출신 요한이 메시아를 만났을 때, '유레카'를 외치며 감격하던 그 순간은 요한에게 있어서 시간이 영원과 만나는 순간이었고, 유한이 무한과 만나는 전율의 순간이었다. 그 순간이야말로 요한의 일생에서 가장 거대한 변화를 가져온 일대일대의 사건이 아닐 수 없다. 그 순간이 있었기에 요한은 〈요한복음〉이라는 인류 역사상 타의 추종을 불허하는 '천하제일지서'를 쓸 수 있었다. 초대교회의 반석이 된 수제자 베드로 또한 예외가 아니다.

바울은 어떠한가? 그가 십자가에 달리신 메시아(그리스도)를 만나지 못했다면 그는 한낱 구약 율법학자로 남았을 것이다. 그가 다메섹 도상에서 부활하신 주님을 만났을 때 그의 인생을 180도 달라졌고, 그는 기독교 역사상 가장 큰 영향력을 행사한 인물이 되었다. 그 외에도 아브라함과 사라로부터 시작해서 오늘에 이르기까지 하나님을 만난 사람들은 모두 '유레카'의 감격을 맛본 사람들이다. 성경에 관하여 수많은 지식을 가지고 있어도 예수를 그리스도로 나는 유레카의 감격이 없는 사람은 예수 체험, 성령 체험이 없는 세상 사람일 뿐이다.

둘째, '진리(의미)에 대한 발견'이다. 사람은 자기가 왜 사는지에 대한 삶의 의미(meaning)가 분명해야 제대로 된 삶을 영위할 수 있다. 히틀러 치하에서 '홀로코스트(유대인 학살)'를 경험한 빅터 프랭클(V. Frankl, 1905-97) 박사는 아우슈비츠 포로수용소에서 살아남은 그의 개인적 경험을 토대로 인생의 통찰을 얻었다. 그는 "사느냐 죽느냐는 육체적인 힘이 아니라 포기하지 않는 마음에 달렸다"는 사실을 깨달았고, 아무리 고통스러운 처지에 있어도 삶의 의미를 발견한 사람은 그렇지 못한 사람과 다르다는 사실을 발견했다. 삶의 무의미와 공허에 빠진 사람은 제대로 된 삶을 영위할 수 없다. 이러한 사실을 깨달은 그는 포로수용소에서 살아 돌아와 의미의 발견, 즉 '로고테라피(logotherapy, 의미치료요법)'를 통해 많은 이들에게 삶의 의미를 찾게 해 주었다.

한편, 의미의 문제는 보다 포괄적으로는 진리의 문제이다. 사람이 짐승과 다른 것은 단지 생존(生存)을 위해 먹고 사는 문제를 넘어서 진리의 문제로 고민하며 산다는 데 있다. 그래서 "나는 배부른 돼지보다는 배고픈 소크라테스가 되기를 원한다"라고 말한 이도 있다. 인류 역사는 "진리가 무엇이냐?"라는 문제로 씨름해 온 '진리탐구의 역사'라고 말할 수 있다. 역사가 끝날 때까지 이 문제와 씨름하며 살아갈 수밖에 없는 것이 인간 실존이다. 아르키메데스는 목욕을 하다가 비중을 이용해 순금과 가짜 금속을 구별하는 방법('아르키메데스의 원리')을 발견했다. 그는 진리를 발견한 순간 "유레카"를 외치면서 벌거벗은 몸으로 거리로 뛰쳐나가 춤을 추며 감격했다는 유명한 일화가 있다.

셋째, '할 일(사명)을 찾음'이다. 한 인간이 이 세상에 태어나서 자신이 일생을 두고 해야 할 일, 즉 사명을 찾는 순간이 있다. 그 순간은 그 사람에게 있어서는 새로운 탄생의 순간이다. 그만큼 사명을 찾는 것은 중요하다. 예수님은 '하나님 나라의 복음'을 전하는 사명을 띠고 이 세상에 보내심을 받았다(눅 4:43; 막 1:38). 또한 바울은 그의 인생 말년에 이렇게 고백했다. "내가 달려갈 길과 주 예수께 받은 사명 곧 하나님의 은혜의 복음을 증언하는 일을 마치려 함에는 나의 생명조차 조금도 귀한 것으로 여기지 아니하노라"(행 20:24). 이 세상에서 가장 중요한 것이 하나밖에 없는 생명(목숨)이다. 그런데 그것보다 더 중요한 것은 자신이 해야 할 사명을 찾아 사는 일이라는 그런 고백이다.

실존주의 철학자 키르케고르(1813-55)는 22세의 나이에 이런 자각을 했다. "여태까지 나에게 부족한 것은 나는 무엇을 인식해야 하느냐가 아니라 나는 무엇을 해야 하는가를 분명히 자각하지 못한 점이었다. 내가 나의 사명을 이해하고 내가 무엇을 해야 할 지에 관해서 하나님의 뜻을 통찰하는 것이었다. 그 이념을 위해서 내가 살고 또 죽을 수 있는 그러한 이념을 발견하는 것이 중요하다."

오, 유레카! 이 답답한 시대에 모든 이들에게 유레카의 감격이 충만하기를 간절히 소망한다.

한편, '물고기'의 뜻을 지닌 헬라어 단어 '익투스(ΙΧΘΥΣ)'는 초대교회에서 널리 사용한 암호문으로, '예수스 크리스토스 데우 휘오스 소테르(Ιησους χριστὸς Θεου Υἱὸς Σωτήρ)', 즉 '예수는 그리스도요 하나님의 아들이자 구주'라는 의미를 갖고 있다. 초대교회에서 '물고기' 상징은 '십자가' 상징과 더불어 가장 중요한 기독교의 상징적 부호였다. 요한복음의 저작목적을 기술한 20장 31절이 바로 '익투스'라고 할 때 익투스의 중요성은 더 말할 필요도 없다.[15]

종교개혁의 핵심 구호는 "성경으로 돌아가자!(sola scriptura)"였다. 그리고 이를 위해 성경해석 방법론으로 택한 것이 "성경으로 성경을 해석한다(sui ipsius interpres)"였다. 어부 출신의 요한이 널리 사용하고 있는 '익투스'는 단지 신앙고백(마 16:16; 요 11:27)이나 저작 목적(요 20:31)으로서의 중요성만 있는 것이 아니라 성경 해석을 위한 비유적인 중요성을 지니고 있다는 것이 필자의 생각이다. 즉 생명이 약동하는 물고기가 바다라는 넓은 세계 속에서 살아가듯이, 생명이 약동하는 성경이라는 바다(역사라는 바다)는 결국 익투스가 지닌 상징적 의미를 잘 말해주고 있으며, 그런 의미에서 익투스(물고기)는 성경이나 역사를 이해하는 데 좋은 도구가 된다는 것이 필자의 생각이다(본서 부록에 나타난 여러 익투스 그림들 참조). 더욱이 '큰 물고기 153표적'(요 21:11) 속에는 하나님의 놀라운 계시가 숨겨져 있으며(본서 부록 앞의 〈논문〉을 참조), 또한 숫

---

15) 익투스에 관한 좋은 책으로는 Sinclair B. Ferguson & Derek W. H. Thomas, 《익투스(ICHTHUS)》를 참조하세요.

Prologue(머리말) 27

자 153을 응용하여 성경 전체를 이해하는 도구로 사용하는 것도 괜찮다는 생각을 갖고 있다(부록의 '익투스 방법론[153의 법칙]'을 참조).

3. 인류사상사의 노름마치[16]로서의 요한복음

요한복음은 일찍이 한편으로는 어린이도 걸어서 건널 수 있는 개울로, 다른 한편으로는 코끼리가 수영해서 건너야 할 깊은 강으로 비유되었다. 이렇게 말하는 까닭은 요한복음이 대부분의 독자들에게 거의 모든 성서 저술들 중에서 가장 친근하고 접근하기 쉬운 책인 동시에 진지한 해석자들에게조차 가장 난해한 책들 중의 하나이기 때문이다.

요한복음은 새 신자들에게는 제자 훈련용으로 사용되면서 종종 '믿음의 복음서', '생명의 복음서', '사랑의 복음서'로 불리지만, 세계 최고의 학자들 사이에서도 서로 날카롭게, 심지어는 정반대적인 불일치를 가져오는 책이라는 점에서 '수수께끼와 같은 복음서', '이단적인 복음서', '영적 복음서(공관복음과 대조되는)'로 불리기도 한다.[17]

많은 이들이 요한복음에 대해 찬사를 아끼지 않았다. "실로 요한복

---

16) '노름마치'란 '놀음(노름)'과 마치다의 '마침(마치)'이 결합된 순우리말로 최고의 명인(연주자)를 뜻하는 남사당패의 은어다. 곧 그가 나와서 한판 놀면 뒤에 누가 나서는 것이 무의미해 결국 판을 맺어야 한다. 이렇게 놀음을 마치게 하는 고수 중의 고수를 '노름마치'라고 한다. 진옥섭,《노름마치》를 참조하세요.

17) 최근에《제4복음서의 수수께끼들》이라는 책에서 앤더슨은 학자들간에 쟁점이 되는 요한복음의 문제들을 다각도로 개진한 바 있다. P.N.Anderson, *The Riddles of the Fourth Gospel*, 1-5. 앤더슨이 제기한 요한복음의 제문제에 대해서는 143쪽 이하의 "요한복음은 어떤 책인가"를 참조하세요. 필자는 앤더슨이 제기한 다양한 문제제기 외에도 본서를 통해 기존에 주장되어온 구조(제1부 2-12장, 제2부 13-20장)의 문제, 장르의 문제, 요한문헌과의 관계, 전승의 문제, 이원론의 문제, 나아가 요한복음이 왜 천하제일지서인지, 기독교회의 위기의 근원과 그 대안 등 요한복음과 관련된 모든 문제에 대해 학자로서의 책임감을 가지고 성실하고도 진지하게 답하고자 한다.

음은 여러 방면으로 성경의 면류관이다(이상근)". "다른 모든 책 중에서 요한복음은 최고의 것이다(M. Luther)", "요한은 천재성이 번뜩이는 독창적인 사상가(D. Moody Smith)", "교회사 전체를 통틀어 가장 위대한 신학자(C.K.Barrett)."[18]

필자는 요한복음을 가리켜 이렇게 말하고 싶다. "천재성이 유감없이 발휘된 불후의 명작", "제3의 종교개혁의 텍스트", "인류 역사상 그 어느 책과도 비교가 안 되는 최고의 걸작품(천하제일지서)", "성경 66권 중 단 한 권만 남기라면 그 책은 요한복음이 될 것이다."

요한복음은 인류 최후, 최고의 명품이었지만 신구약성경 66권 중의 한권이자 사복음서 중의 한 권으로 들어가 있기에 그 위치와 중요성을 제대로 알지 못했다. 비유적으로 말하면 복음서라는 닭장 안에 네 마리의 새가 들어가 있는데, 요한복음도 공관복음처럼 같은 닭이지만 좀 색다른 품종의 닭으로 취급되는 것이 고작이었다.

그런데 요한복음은 땅을 걸어다니는 닭들(공관복음)과는 차원이 다른 '하늘을 나는 독수리'[19]라는 사실을 알지 못했다. 즉 4위에 해당하는 경멸적인 의미로 제4복음서라 불린 요한복음은 아이러니하게도 '땅에 속한 3차원의 복음서'와는 차원이 다른 '하늘에 속한 4차원의 복음서'였던 것이다.[20]

사람들은 인류 최고의 고전으로 신구약성경을 꼽는다.[21] 그렇다면

---

18) C.K.Barrett, *The Gospel According to St. John*, 114.
19) 그런 의미에서 요한복음을 가리켜 '독수리 복음서'라고 부른 것은 정당하다.
20) 필자가 여기서 말하는 차원은 일반적으로 공간적 의미에서 말하는 차원이 아니라 역사를 구성하는 세 개의 차원, 즉 時空人(3間)을 각각 한 차원씩으로 간주하는 차원이다. 그래서 역사(3間)는 3차원의 세계이고, 거기에 신(神)이라는 또 하나의 차원이 들어가면 네 개의 차원인 4차원의 세계가 된다.
21) 이런 주장을 못마땅하게 여기거나 거부하는 사람도 있겠지만 분명한 사실은 신구약성경이 인류 역사상 가장 많이 팔린 베스트셀러요 가장 큰 영향을 미친 책이라는 점은 부정하지 못할 것이다.

신구약성경 66권 중 최고가 되면 그 책이야말로 천하제일지서가 아니 겠는가! 요한복음이 천하제일지서라는 근거(기준)는 이미 언급했듯이 '차원(격)이 달랐다(눈높이가 달랐다)'는 데 있다.[22] 요한복음은 '같은 차원(3차원)의 다른 이야기'가 아니라 '다른 차원(4차원)의 다른 이야기'이다.[23]

요한복음은 공관복음과 '한 차원'이 달랐다. 그것은 '성육신의 차원'이다. 그 한 차원은 땅에서의 서로 간의 '차이가 나는 차이'가 아니라 땅의 차원과 하늘의 차원[24]이라는 '차원이 다른 차이'다. 즉 공관복음은 예수의 기원을 땅(탄생)으로 삼은 데 반해, 요한복음은 하늘(선재)로 삼았다. 이는 패러다임의 변화 곧 혁명적 변화였다.

인류의 스승들이 '하늘과 영원'에 속한 진리를 말했지만 요한복음의 예수가 그 모든 이들과 결정적으로 다른 점은, 요한복음의 예수는 영원에 속한 하늘에서 땅을 향해 말한 반면, 다른 이들은 땅에서 영원에 속한 하늘을 말했다는 점이다.[25] 3차원의 사람의 길(땅의 일)[26]을 말한 책과는 달리 요한복음은 하늘로부터 온 하나님의 아들 예수와 함께 거하는 4차원의 하나님의 길(하늘의 일)(요 3:12)을 가장 완벽하게 그리고

---

22) 드가(E.Degar, 1834-1917)의 그림 〈무대 위에서의 발레 연습〉은 위에서 아래로 내려다보는 구도로 그린 그림이다. E.H.Gombrich, 《서양미술사》, 417-419. 눈높이(시각)가 다르면 전혀 다른 해석이 나온다.
23) 요한복음의 예수는 '하늘로부터 온' 하나님의 아들로서 선재하신 분이다(1:1,14; 6:38; 8:23; 16:28 등). 3차원의 세계와 4차원의 세계에 대한 더 자세한 설명은 216쪽 이하를 참조하세요.
24) 공관복음서의 마가, 마태, 누가는 각각 땅의 차원인 사자, 소(송아지), 사람으로 상징되었지만, 요한복음은 하늘의 차원인 '독수리'로 상징되었다(겔 1:10; 계 4:7 참조).
25) 바울서신의 하나인 빌립보서 2:5-11(그리스도 찬가)에는 그리스도의 선재성이 들어 있다. 이 찬가는 전승되어 내려온 것이며, 요한은 전승에 앞서 그리스도의 선재성을 주님을 통해 직접 보고 들은 사람이라는 점에서 바울(그리스도 찬가)보다 앞선다.
26) 도올은 《맹자》를 가리켜 '사람의 길'이라는 부제를 달았는데, 이는 정확한 통찰이다. 김용옥, 《맹자: 사람의 길(상하)》를 참조하세요.

있다는 점에서 그 어떤 책과도 차원이 다른 책이다.

요한은 3차원의 땅(평면)에 속한 세계에 사는 인류에게 차원이 다른 4차원의 하늘(입체)에 속한 세계가 있다는 사실을 하늘로부터 온 예수를 통해 말하고자 하였다. 즉 모든 만민을 '예수와의 만남'(유레카)을 통해 차원이 다른 세계로 초대(초청)하였다.

요한복음은 한마디로 '진리와 생명의 책'이다. 여기서 말하는 요한(기독교)의 진리와 생명은 4차원의 진리, 4차원의 생명을 말한다. 따라서 예수를 믿어 그리스도인이 되었다는 것은 3차원의 존재에서 4차원의 존재에로의 '차원(존재)의 변화'를 말한다. 그리고 그리스도인의 삶이란 "4차원인 하나님(예수 그리스도)을 마음에 모시고 사는 4차원의 영원한 삶(영생)을 말한다." 필자가 이 책을 통해 하고자 하는 말을 한마디로 줄인다면 '4차원 예수'이다(읽는 자는 이 단순한 진리를 깨달을진저!).

요한복음은 "하나님(예수)을 주어로 하는 4차원의 세계를 가장 완벽하게 그려낸 책"이라는 점에서 가히 '천하제일지서'이다.[27] 이를 드라마로 표현하면, 최고 연출가인 하나님이 각본을 쓰고, 최고 연기자인 나사렛 예수가 주연을 맡아 연기한 숨 막히도록 가슴 벅찬 최고 감동의 드라마[28]이다. 이를 건축으로 표현하면, 최고 설계자인 하나님이 설계

---

[27] 도올 김용옥 선생은 공자의 《논어》를 '천하제일지서'라고 하였으나 요한복음에는 비할 바가 못 된다. 더 자세한 설명은 99쪽 이하를 참조하세요. 한편, 이슬람의 경전인 코란(꾸르안)은 총 114장, 6천여 절로 구성되어 있는데, 성경과 비교하면 그 사상과 구성과 예술성은 그야말로 조잡하기 그지없다. 코란에 대해서는 정수일, 《이슬람문명》, 83-106, 한글역은 김용선, 《코란(꾸란)》, 영역은 *The Noble Qur'an*(Madina K.S.A.)을 참조하세요. 무슬림들은 그들의 경전인 코란을 신약과 구약, 그리고 하나님의 창세적 계시를 이어받은 모든 것의 절정이라고 생각하고 있다. 그러나 코란을 읽노라면 따분해서 견딜 수가 없을 정도이다. 칼라일(T.Carlyle, 1795-1881))은 코란경에 대해 이렇게 말한다. "이렇게 딱딱한 책은 처음이다. 따분할 뿐 아니라 뒤죽박죽이고, 생경하고 조잡하기가 이를 데 없다. 유럽인들은 마지 못할 경우에만 의무적으로 읽을 뿐이다." H.Smith, 《세계의 종교》, 311-312.

[28] 여기서 필자는 인생이란 '한편의 드라마'이며, 신앙이란 '내가 아닌 하나님(예수)이 주어

도를 그리고, 최고 목수인 나사렛 예수가 지은 '최고의 건축물(성막 성전)'[29]이다.

이같이 차원이 다른 시각을 가진 요한복음은 '완벽성(완결성)'을 이룬 책이다. 그 너비와 길이와 높이와 깊이(엡 3:19)에 있어서 이 세상의 그 어떤 책도 요한복음만큼 완벽성(완결성)을 가진 책은 없다. 사상의 깊이(심오함), 과학적 길이(정밀함),[30] 예술적 너비(아름다움), 종교적 높이(거룩성), 즉 '진선미성(眞善美聖)'에서 요한복음은 '차이(3차원)가 아닌 차원(4차원)이 다른 책'이다. 요한복음에는 이 세상의 모든 분야에서 최고라 하는 것들이 다 숨어 있다.[31] 그러기에 요한복음에는 '최고(으뜸)'라는 수식어을 붙일 수 있다. 최고의 예술, 최고의 과학, 최고의 사상, 최고의 종교, 최고의 혁명, 최고의 감동 등등.[32]

요한복음은 그 치밀함과 아름다움과 신비로움에 있어서 타의 추종을 불허하는 완벽한 과학이요 예술이자 종교이다. 또한 사상사의 막종을 친 최고(최후)의 경전[33]이요 이보다 더 철저한 혁명이 없다는 점에서

가 되는 것'이며, 기독 인생이란 '하나님(예수님)이 주어가 되어 써가는 한편의 최고 감동의 드라마'라고 정의하고 싶다. "당신은 명품이고, 당신의 인생은 명작입니다. 왜냐하면 최고가 되시는 하나님의 것이기에 (최고) 명품이고, 최고의 작가인 하나님이 써가는 인생이기에 (최고) 명작입니다."

29) 요한복음이 최고의 걸작품인 '성막 성전'에 기초하고 있다는 사실에 대해서는 283쪽 이하의 "성막 전승"을 참조하세요.
30) 요한복음은 과학적 정밀성을 지닌 완벽한 '조직신학논문'이다. 더 자세한 설명은 219쪽 이하를 참조하세요.
31) 피터 브뤼겔(P.Bruegel, 1528-69)의 그림 〈플랑드르의 속담〉이라는 그림에는 120 가지나 되는 당시 네덜란드의 속담이 숨어 있다. 고종희,《일러스트레이션 미술탐사》, 55-60.
32) 하늘에서의 최고가 '하나님'이라면, 땅에서의 최고는 '요한복음'이라는 것이 필자의 생각이다.
33) 소설가 김진명은 유대교 신비주의를 말하는 '카발라'와 필적하는 책으로 '천부경'이야말로 '최후의 지혜를 담은 경전'임을 말하고 있다. 김진명,《최후의 경전》, 335-366. '천부경'에 대해서는 최동원,《천부경강전》을 참조하세요. '카발라'나 '천부경'은 숫자상징코드에 담긴 비의(秘意)를 보여주나 요한복음은 그것을 훨씬 뛰어넘는 일곱상징코드를 사용하

최고의 '혁명지서(革命之書)'[34]이다. 요한복음보다 완벽한 책이 있을까.[35] "없다".

본서를 통해 자세히 밝히겠지만 요한복음은 사건이나 대사 하나 하나가 최고 수준일 뿐 아니라 전체 구성이 완벽한 유기적 통일성을 갖춘, 작품의 완성도에 있어서 이보다 더 완벽한 작품은 없다. 요한복음(예수)은 그 자체로 하나의 놀라움(감탄)이요 하나님(하늘)이 인류에게 주신 가장 큰 선물(은총)이다. 요한복음은 최고의 완벽함[36]을 갖춘 책이자 모든 사상사를 완성(성취)했다는 점에서[37] 요한복음은 '사상사의 노름마치'다. 요한복음은 더 이상의 새로운 사상(진리)은 없다는 의미에

고 있다는 점에서 타의 추종을 불허한다.
34) 이 세상의 모든 혁명은 근본적으로 '3차원의 혁명'이다. 이를 한국사에 비유하면, 조선은 고려의 불교적(종교적) 패러다임을 유교적(윤리적) 패러다임이라는 사상적 변화(혁명)를 통해 새 시대를 열었다. 이에 반해 요한이 그린 예수를 통한 혁명은 '4차원의 혁명'이라는 점에서 차원이 다른 혁명이다. 즉 모든 인간들이 추구하는 땅에 속한 3차원의 나 자신 또는 세상의 그 무엇(성공과 행복 등)이 아닌 4차원의 예수(말씀)로 그 기준이 바뀌었다는 데 있다. 더 자세한 설명은 본문 1:1-18 주석을 참조하세요.
35) 요한복음의 완벽성은 수학적이고 기계적인 완벽성이라기보다는 예술적이고 창조적인 완벽성이다.
36) 불트만은 요한복음이 편집구성상 혼란스러울 정도로 무질서하다고 보고 전체를 재구성하는 소위 '위치변동설'을 감행하였다. 그러나 요한복음은 '통으로 짠 옷'이라는 별명처럼 전체 편집구성면에서도 이보다 더 완벽할 수 없을 뿐 아니라 사소한 단어 하나, 문장 하나도 허투루 쓰지 않는 치밀함을 보여주고 있다. '디테일의 중요성'에 대해서는 이지훈, 《魂創通》, 117-123을 참조하세요.
37) 이 말은 두 가지 의미를 지닌다. 하나는 예수 이전에 대해서는 모든 인물이나 사상은 예수라는 완성을 향한 과정에 속한 인물이나 사상이라는 것이며, 예수 이후에 대해서는 예수 이외에 더 이상의 새로운 메시아는 없으며(무슬림을 향하여), 아직도 오지 않은 메시아를 기다릴(유대인을 향하여) 필요가 없음을 의미한다. 따라서 예수 이후에 나온 세계적 종교인 이슬람은 사상사의 사족(蛇足)이라고 말할 수 있다. 칼 야스퍼스는 네 성인(소크라테스, 불타, 공자, 예수)을 말하면서 무함마드는 역사적 중요성에 있어서 비슷하지만 개인적인 깊이에 있어서는 네 성인을 따를 수 없다는 견해를 피력하였다. K.Jaspers,《소크라테스, 불타, 공자, 예수》, 151.

서 인류 사상사에 마침표를 찍었다.[38]

4. 다윗의 별의 성취(십자가)로서의 요한복음

요한복음이 천하제일지서인 까닭은 하늘로부터 온 4차원의 예수를 통해 차원이 다른 세계를 보여주었기 때문이다. 4차원의 예수가 구현한 '차원이 다른 세계'란 구체적으로 어떤 세계인가? 그것은 한마디로 '복음의 세계'이다.

예수가 말씀과 행위로 보여준 복음의 세계는 하늘(하나님)에 속한 세계로써 그것을 4방위(동서남북)로 비유해서 말한다면 '하나님 나라의 복음(동), 하나님 은혜의 복음(서), 십자가의 복음(남), 부활의 복음(북)이 그것이다.[39] 요한은 바로 이 네 가지 복음을 무기로 하여 당시의 두 거대세력인 유대교와 로마제국을 쓰러뜨렸던 것이다. 그런데 이 네 가지 복음을 '예수의 십자가'로 설명할 수 있기에 '십자가'를 중심으로 이를 다시 설명하면 이렇다.

하나님께서 인류를 구원하기 위한 당신의 뜻(비밀)을 나타내려 하실 때에는 간혹 어떤 표징(상징)을 보여주신다.[40] 그렇다면 하나님의 비밀의 경륜은 어떻게 나타났고, 그것은 어떤 표징(상징)으로 보여주셨는가?

---

38) 더 자세한 설명은 439쪽 이하의 "요약: 인류사상사의 종언으로서의 요한복음"을 참조하세요.
39) 요한은 이 네 가지 복음에다 '성육신의 복음'을 더하여 5대복음을 가장 완벽하게 그려내었다. 초대교회는 5대 복음에 '재림의 복음'과 '성만찬의 복음'을 더하여 7대 복음으로 로마제국과 유대교를 이겼을 뿐 아니라 인류사상(진리)사의 종언을 고하였다. 더 자세한 설명은 박호용, 《왕의 복음》을 참조하세요.
40) 가령, 출애굽의 위대한 구원역사를 위해서 하나님은 모세에게 세 가지 표징을 나타내셨다(출 4:1-9; 참조. 삿 6:11-24; 렘 1:4-9; 눅 1:28-37).

그 비밀의 경륜은 우선 이스라엘을 성민(聖民)으로 선택하는 것이었다(출 19:6). 그리고 그 상징은 성민 이스라엘의 대표적 상징인 '다윗의 별'(민 24:17; 계 1:20)로 나타났다는 것이 필자의 생각이다. 하나님은 일찍이 인류 역사를 하나의 상징으로 보여주셨는데, 그것이 바로 이스라엘의 국기에 그려진 '다윗의 별'이다. 그리고 다윗의 별의 성취가 곧 예수 그리스도의 '십자가'이다.[41]

십자가는 하나님께서 예수를 통해 밝혀질 때까지 비밀리에 숨겨둔 암호였다.[42] 요한복음은 예수에 대한 비밀문서인데, 그 비밀문서의 암호명은 '십자가'였다. 사도 요한은 예수가 십자가 위에서 "다 이루었다"(요 19:30)는 말로 이를 분명하게 밝혀 놓았다. 이는 오직 비밀 속에 감추인 하나님의 지혜로써, 하나님이 우리의 영광을 위하여 만세 전에 미리 정하신 것이었다(고후 2:6-7).[43] 그러니까 십자가는 율법의 완성(롬 13:10)이자 최후 승리(골 2:15)의 상징이다. 아! 이 비밀이 크도다(엡 5:32; 단 4:3).[44]

사람은 여러 모양으로 죽는다. 자연사나 사고사로 죽기도 하고, 종교적으로는 교수형, 참수형, 총살형, 투석형, 화형으로도 죽기도 한다. 그런데 예수는 십자가형[45]을 당해 죽었다. 복음의 중심에 십자가가 서

---

[41] 무슬림들은 예수가 십자가를 지셨다는 사실을 극구 부인하는데, 이에 대해서는 432쪽 이하를 참조하세요.
[42] 그래서 바울 사도는 예수 그리스도와 십자가 외에는 아무것도 알지 않기로 작정하였다(고전 2:2)는 하나님께 속한 영원한 비밀을 고백하였다. 인류역사상 최고의 승부수는 예수였고, 그 방법은 최고의 역설인 '십자가'였다.
[43] '그리스도의 십자가에 감추인 하나님의 심판과 구원의 변증법, 하나님의 계시의 감추임과 드러남의 변증법에 대해서는 김지철, 《성서주석: 고린도전서》, 105-166을 참조하세요.
[44] "십자가는 구원 역사의 중심이요 세계의 모든 백성들이 만나는 자리이며 세상 창조의 목적이자 역사의 궁극적 진리였다." 김상옥, 《십자가의 신비》, 11.
[45] 십자가형에 대한 자세한 내용은 H.R.Wever, 《십자가: 신약문화권 안의 십자가형의 전승과 해석》, 9-40을 참조하세요.

있다. 왜 예수는 꼭 가장 잔인하고 끔찍스러운 십자가형을 당해 죽어야만 했을까? 거기에 더하여 예수는 반드시 예루살렘에서, 유월절 절기 때에 어린 양처럼 죽어야만 했다. 이는 예수를 십자가에 못 박은 자들뿐 아니라 사탄마저도 모르는 만세 전 하나님만의 계획된 비밀이었다(고전 2:6-9).[46]

예수가 반드시 예루살렘에서 죽어야 했던 것은 율법이 나온 시온(예루살렘)에서(사 2:3) 율법을 완성하기 위함에서이며, 유월절 절기 때에 어린 양처럼 죽어야 했던 것은 유월절 절기 때에 어린 양의 피흘림으로 출애굽 구원의 역사가 이루어졌던 것처럼(출 12장), 새 출애굽 구원의 역사를 이루기 위함에서이며, 십자가형을 당해 죽어야 했던 것은 율법(땅)과 은혜(하늘)의 상징성을 담고 있는 '다윗의 별'을 완성하기 위함에서였다.

예수의 이러한 죽음은 결코 우연이 아니다. 여기에는 놀라운 하나님의 비밀이 감추어져 있다. 십자가는 다윗의 별과 같은 4차원적 의미(상징)를 지닌다.[47] '다윗의 별(구약, 유대교, 이스라엘의 상징)'[48]이 '십자가(신약,

---

46) 여기에 첨언하면, 요한에게 있어서 십자가(고난)를 말하는 것은 부활(영광)을 말하기 위함이며, 부활(생명)을 말하는 것은 십자가(죽음)를 지키 위함이다. 또한 갈릴리를 말하는 것은 곧 예루살렘을 말하기 위함이요 예루살렘을 말하는 것은 갈릴리로 내려가기 위함에서이다. 요한복음의 구조가 '십자가-부활-십자가' 구조로 되어 있음에 대해서는 370쪽 이하의 "부활-십자가(완전한 복음) 구조"를 참조하세요.
47) 십자가는 단지 하나님과 인간(세로축), 인간과 인간(가로축)의 단절된 관계를 회복하는 중보적 의미(엡 2:13-16)만 있는 것이 아니다. 십자가는 땅의 차원(가로축)과 하늘의 차원(세로축)을 통합하는 사상사의 완성적 의미를 갖는다. 부연하면 십자가의 가로축은 땅의 차원인 '3차원의 세계(時空人의 세계: 율법의 세계)'이고, 세로축은 하늘의 차원인 '또 하나의 세계(神의 세계: 은혜의 세계)'를 의미한다. 이를 다윗의 별로 말하면 십자가의 가로축은 다윗의 별의 '삼각형(율법)'에 해당하고, 세로축은 '역삼각형(은혜)'에 해당한다. 이 둘은 같은 의미를 지닌 다른 형상일 뿐이다. 곧 다윗의 별은 구약의 상징이고, 십자가는 신약의 상징이다.
48) 두 개의 정삼각형이 교차된 형태를 띠고 있는 유대민족의 대표적 상징물인 '다윗의 별'은 본래 '다윗의 방패'를 뜻하며, 일반적으로 악마와 사악한 힘으로부터 보호하는 역할

기독교, 새 이스라엘의 상징'에서 완성(성취)된 것이다, 즉 십자가에서 '은혜 (율법) 위에 은혜(복음)'(요 1:17)가 완성(성취)된 것이다.[49] 성육신 사건은 '다 윗의 별'을 완성(성취)했다는 점에서 십자가 사건과 맥을 같이 한다. 여기 서는 설명의 중복을 피하기 위해 '다윗의 별'로 설명하고자 한다.

인류 역사의 비밀을 담지하고 있는 '다윗의 별' 이 갖는 상징성은 무 엇인가? '다윗의 별'은 삼각형(피라미드)과 역삼각형(역피라미드)이 결합된 모양을 하고 있다. 삼각형은 땅의 세계인 3차원의 율법(행위)의 세계, 즉 땅에서 하늘로의 지향을 말하고[50], 역삼각형은 거기에 한 차원을 더한 하늘의 세계인 4차원의 복음(은혜)의 세계, 즉 하늘에서 땅으로의 지향을 말한다. 그런데 놀라운 것은 인류 사상사를 '다윗의 별'의 관점 에서 볼 때 세 단계로 진행된다는 사실이다.

첫째는 다윗의 별을 모르는 다윗의 별 이전시대이다(주전 6세기 이 전). 이 시대는 신(神)에 대해 막연한 두려움을 가지고 신을 달래려고 했던 시대로써 '주술과 신화의 시대(천왕시대)'이다.

둘째는 다윗의 별을 여는 삼각형의 시대이다(구약 율법시대). 이 시대 는 인류의 성현들이 집중적으로 출현한 시대(주전 6-5세기)로써 피라미 드의 모습처럼 땅의 인간이 하늘의 신을 향해 노력(공덕)을 하는 '율법 시대(인왕시대)'에 속한다(준비, 과정).

셋째, 다윗의 별을 닫는 역삼각형의 시대이다(신약 복음시대). 이 시대

을 한다. 이희영,《탈무드 황금률 방법: 유대 5000년 불굴의 방패》, 348; '다윗의 별(또는 솔로몬의 문양)'은 남성을 의미하는 날(삼각형)과 여성을 의미하는 잔(역삼각형)이라는 두 상징이 하나로 합쳐진 것으로, 남성과 여성, 남자 신과 여자 신, 야웨와 세키나(Shekinah, 하나님의 示顯)의 완벽한 결합을 의미한다. D.Brown,《다빈치코드 2》, 376-378.
49) 여기서 예수의 '십자가'를 '십자가의 복음' 되게 한 것은 예수의 '부활'이다. 그러기에 '십자 가의 복음'과 '부활의 복음'은 동전의 양면과 같다.
50) 중국인들이 명절이 되면 하늘을 향해 솟아올리는 폭죽은 율법의 세계에 대한 하나의 좋은 상징이다. 폭죽의 의미에 대해서는 유광종,《중국은 어떻게 모략의 나라가 되었나: 중국인의 행동을 읽는 7가지 문화코드》, 281-282을 참조하세요.

는 예수의 시대(주후 1세기)로써 하늘의 하나님이 땅의 인간을 구원하기 위해 거저(공짜) 주신 은혜로서의 '복음시대(신왕시대)'에 속한다.[51] 이 복음시대의 마침표(완성, 결론)를 찍은 책이 바로 요한복음이다.[52]

5. 묵시문학으로서의 요한복음

외람되지만 기존의 요한복음 연구는 결정적으로 빗나갔다는 것이 필자의 생각이다. 그 빗나감의 단초는 요한이 처해 있는 묵시문학적 위기상황에 대한 인식의 결여와 이에 따른 요한의 묵시문학적 글쓰기의 특징을 제대로 인식하지 못한 데서 비롯되었다는 것이 필자의 생각이다.

요한복음은 외견상 한 영웅 예수에 대한 전기문학적 특성,[53] 또는 예수 사건을 목격하고 증언한 제3자에 의한 사건보도의 나열이나 말씀 모음집이 성격을 띤 공관복음과는 근본적으로 문학적 성격이 판이하게 다르다. 요한복음은 전체가 하나의 통으로 짜여진 옷처럼 완벽하게 유기적으로 연결되어 있기에 어느 대목도 전체상과 철저히 관련하

---

51) 더 자세한 설명은 427쪽 이하의 "왕 사상으로 본 세 세계관"을 참조하세요.
52) 예수 이전 율법시대에 속한 성현들은 땅에 속한 자였다. 그리고 공관복음은 예수를 땅에서 태어난 자로 그렸다. 그런 의미에서 다윗의 별을 여는 삼각형에 속한다. 이에 반해 요한복음에 나타난 하늘에 속한 자 예수의 성육신(3:31-34)은 다윗의 별의 역삼각형이 갖는 닫음의 의미를 갖는다. 예수의 오심과 더불어 종말이 시작되었다는 말은 예수가 사상사에 마침표를 찍었다는 말이요, 그 피날레를 장식한 책이 요한복음이다. 부록 21번을 참조하세요.
53) 요한복음에 관한 세 권의 방대한 책(번역서로 3천 쪽이 넘음)을 쓴 키너는 공관복음서처럼 요한복음의 장르를 '역사적인 전기(historical biography)'로 보면서, 전기적 관점에서 그의 책을 전개해 나갔다(자세한 설명은 C. S. Keener, 《요한복음 I》, 111-205을 참조하세요). 필자는 요한복음이 형식상으로는 전기 형식을 띄지만, 내용상으로는 '묵시문학(apocalyptic)' 장르에 속한다는 것을 강력하게 주장하고자 한다.

여 해석하지 않고 단독으로 떼어 해석하게 되면 그 해석은 빗나간 해석이 될 수밖에 없다.

　여기서 요한복음의 전체상이란 첫째, 요한복음 본문(텍스트) 전체(스물한 장)가 완전한 통일성을 갖추고 있다는 점, 둘째, 요한공동체의 상황(컨텍스트)이 유대교와 로마제국으로부터 환난과 핍박을 당하고 있다는 묵시문학적 위기상황이라는 점, 셋째, 저자 요한(애제자)이 히브리적 배경(특히 북왕국 전통)[54]에 서 있음을 말한다. 이 삼자와 그 유기적인 역학관계를 항상 함께 고려해야만 요한복음이 말하고자 하는 그 본의를 제대로 파악할 수 있다. 주제넘는 말이지만 기존의 요한복음 연구의 결정적 오류는 이 삼자에 대한 심층적 이해의 결여, 특히 묵시문학적 박해상황에 대한 인식의 결여에서 비롯되었다. 이를 다시 설명하면 이렇다.

　요한복음은 그 기록 목적(요 20:30-31)에서도 분명히 밝혔듯이 예수가 유대인에게는 '메시아'요 이방인(헬라인과 로마인)에게는 '그리스도'라는 것을 말하기 위해 쓰인 책이다. 이러한 책을 쓸 수밖에 없었던 이유는 당시 요한공동체가 처해 있는 '삶의 자리(상황)'가 생존을 위협하는 극한적인 위기상황, 즉 묵시문학적 박해상황에 처해 있었기 때문이다.[55] 탄생

---

54) 초대교회에는 구약의 두 전통(전승)이 전해 내려왔다. 북왕국 이스라엘 전통(전승)은 모세, 예언자(말씀), 해방 전승에 속하며, 출애굽기, 신명기서, 호세아서가 대표적인 북왕국 전승이다. 남왕국 유다 전통(전승)은 다윗, 제사장(성전), 제왕 전승에 속하며, 시편, 이사야서, 에스겔서가 대표적인 남왕국 전승이다. 북왕국과 남왕국 전승의 맥락에 대해서는 장일선,《구약전승의 맥락》을 참조하세요.
55) 김춘기 교수는 이렇게 말한다. "요한공동체는 유대교를 선택할 것인가 아니면 기독교를 선택할 것인가 하는 궁극적인 갈등 속에서 예수를 선택함으로 재산이나 가족 그리고 직업 등을 포기해야 했으며, 심지어 목숨까지도 걸어야 했다. 이러한 절박한 상황에서 요한공동체는 예수가 누구인가를 물을 수밖에 없었다. 그리고 그 대답이 요한복음이다. 그러므로 요한복음은 신비체험을 한 개인이나 공동체 혹은 위대한 사도의 고백에만 단순히 의존하여 쓴 것이 아니라, 목숨을 걸고 예수를 선택해야 하는 구체적인 역사 안에서 갈등하는 공동체의 결단에서 나온 것이다. 이 점에서 요한복음은 '탈역사적인 영적

한지 얼마 되지 않는 초대교회에 속하는 요한공동체는 유대교와 로마 제국이라는 거대한 두 세력의 박해에 직면해 있었고, 이러한 상황에서 살아남아야 하는 생존[56]이 요한공동체의 절박한 현실이었다.

요한복음은 강한 이원론적(?) 모습을 띠는데, 그 까닭은 요한공동체가 살 길은 그들이 믿고 있는 예수가 4차원의 진리임을 붙드는 길 뿐이기에 예수에 대한 신앙(사랑과 충성)을 택할 것인가 아니면 불신앙(배교와 결별)을 택할 것인가 하는 절체절명의 선택(제3의 길은 없다)을 강요당하는 상황 속에서 기록되었기 때문이다. 여기서 요한은 예수에 대한 신앙의 선택은 구원과 영생이요, 불신앙은 심판과 멸망임을 분명히 함으로써 요한공동체로 하여금 4차원의 예수신앙을 선택하도록 요청했던 것이다(요 3:16).

이 같은 의미에서 요한복음은 '최고의 묵시문학 텍스트'라는 것이 필자의 생각이다. 그 동안 대부분의 학자들은 요한복음을 거의 묵시문학으로 취급되지 않았다. 가장 큰 이유는 묵시문학의 가장 큰 특징 중의 하나인 '두 시대 교리(역사적 이원론)', 즉 현재의 악한 시대와 다가올 미래의 새 시대 교리가 드러나지 않고 있다는 이유에서였다.[57]

복음서'라기보다는, '역사적인 영적 복음서'로 이해하는 것이 타당하다." 김춘기, 《요한복음연구》, 5-6.
56) '생존'은 성경을 해석하는 중요한 개념이다. 포로후기시대 에스라는 모세의 토라를 '생존을 위한 지침서'로 붙들었다. 왕대일, 《다시 듣는 토라: 설교를 위한 신명기 연구》, 55-56. 생존의 수사학이라는 관점에서 성경을 해석한 시도에 대해서는 서용원, 《생존의 복음: 초기 기독교의 신앙과 복음 해석에 대한 탐구》와 최동환, "생존의 수사학을 통해 본 마가복음서의 성전 모티프 연구"를 참조하세요.
57) '역사적 이원론'의 관점에서 묵시문서인 다니엘서, 요한계시록, 요한복음을 말한다면 다음과 같이 말할 수 있다. 다니엘서는 현재는 악한 세력인 사탄이 지배하고, 곧 다가올 미래는 하나님이 지배할 것이다. 요한계시록은 현재 하나님과 사탄이 싸우고 있으니 배교하지 말고 충성을 다하라고 가르친다. 요한복음은 현재 활발히 활동하는 사탄조차도 독립적인 존재가 아니라 하나님의 주권 아래에 있는 도구에 불과하다고 말함으로써 완전히 실현된 묵시문학을 말하고 있다.

그러나 요한복음에는 표면상 잘 보이지 않는 묵시문학적 특징들을 두루 공유하고 있을 뿐 아니라 두 시대 교리마저 '예수 일원론'으로 극복하고 있다는 점에서 필자는 요한복음을 '실현된 묵시문학' 또는 '묵시문학의 완성'이라고 부르고자 한다.[58]

따라서 요한의 '삶의 자리(Sitz im Leben)'인 묵시문학적 박해상황과 장르상 묵시문학으로서의 요한복음에 대한 깊은 천착이 없이는 요한복음 해석은 빗나갈 수밖에 없다.[59] 외람된 얘기지만 기존의 요한복음 연구[60]가 대부분 크게 빗나갔고, 요한복음의 진면목을 제대로 보지 못했던 까닭은 바로 여기에 기인한다.[61]

---

[58] 요한복음은 그 동안의 일반적인 주장과는 달리 '묵시문학으로 절여져 있는 책'이라는 것이 필자의 생각이다. 최근에 요한복음을 묵시문학으로 보는 학자는 카터와 아쉬톤을 들 수 있다. 더 자세한 설명은 W.Carter, John and Empire, 123-129; J.A. Ashton, Understanding the Fourth Gospel, 383-406을 참조하세요. 그런데 이들의 연구는 표면에 드러난 현상적 연구에 그친 채 상징코드에 의한 심층적 연구를 하지 못한 한계를 여실히 드러내었다.

[59] 가령, 바클레이는 요한복음이 주후 약 100년경 에베소에서 기록되었다고 하면서, 이방 세계로 뻗어나간 기독교의 구성원들 대다수가 헬라적 배경에서 자라난 사람들이기에 이들에게 기독교의 진리를 다시 고쳐 말하지 않을 수 없게 된 것이 요한복음의 당시 상황이고 기록 동기라고 주장한다. W.Barclay, 《요한복음(상)》, 28-33. 이 같은 바클레이의 주장은 요한복음의 묵시문학적 박해상황을 전혀 고려하지 않은 것으로, 근본적으로 빗나간 해석이라는 것이 필자의 생각이다.

[60] 20세기에 나타난 요한복음의 주요 문제와 연구사에 대한 잘 정리된 개요에 대해서는 R.H.Fuller, 《현대신약학의 주류》, 135-175을 참조하세요.

[61] 요한복음에서 묵시문학적 성격을 주장하는 몇몇 시도들이 있었다. 바레트는 말한다. "사도 요한은 팔레스타인으로부터 이주하여 에베소에서 살았다. 여기에서 그는 묵시문학 작품을 작성했다. 그의 나이가 많았다는 것과 사도들의 죽음 및 마가 9:1과 같은 예고들과 함께 이 묵시문학은 그가 파루시아(재림) 때까지 살아남을 것이라는 공통된 신앙을 불러일으켰다....그의 죽음은 어떤 사람에게는 묵시문학적 희망에 불을 붙였고, 다른 사람들을 분개시켰으며, 소수의 사람으로 하여금 기독교의 종말론의 의미를 심사숙고하게 했다." C.K.Barrett, The Gospel According to St. John, 113. 슐츠(S. Schulz)는 《요한복음에 나타난 인자 기독론에 관한 연구》에서 강화 자료에 나타난 말씀들을 조사하여 세 개의 층을 해명했다. 그는 最古의 층을 '묵시문학적 층'이라고 명명하면서 여기서 예수는 종말에 미래의 심판자와 구원자로서 다시 오실 묵시문학적 인자와 동일시된다고

요한은 묵시문학적 박해상황에서 '암호상징(요한코드)'[62]을 사용하여 자신의 의도를 은밀하게 표현하였다.[63] 즉 투수와 포수가 서로 사인을 주고받듯이, 요한복음은 전체가 하나의 거대한 사인(암호상징)[64]으로 코드화(은폐)되어 있다.[65] 따라서 투수와 포수의 사인을 먼저 제대로 파악해야 볼의 향방을 알 수 있듯이, 또는 비밀번호를 정확히 눌러야 열리는 대문처럼, 그 동안 닫혀있던 요한복음이라는 대문은 사인과 같은 묵시적 상징언어(암호)[66]를 해독해 낼 때만이 제대로 열린다.[67]

주장하였다. R.H.Fuller, 윗책, 151. 그런데 이러한 시도들은 요한의 묵시문학적 성격에 대한 단편적이고 피상적인 연구에 머물렀다.

[62] 댄 브라운은 다 빈치를 '암호학(cryptology)의 선구자'라고 말하고 있다. D.Brown,《다빈치코드 1》, 338. 그러나 진정한 의미에서 암호학의 선구자는 그보다 1400년이나 앞선 '사도 요한'이라고 말할 수 있다.

[63] 요한은 그의 복음서가 암호화되어 있다는 것을 은밀하게 드러내 보여주고 있다(가령, 예수께서 사랑하는 제자, 큰 물고기 153마리, 이적 대신 '표적' 어휘 사용, '하나님 나라' 어휘를 상응하는 장인 3장과 18장에서만 사용 등).

[64] 요한은 구약(유대교)에서는 다윗의 별, 메노라(등잔대), 성전을, 신약(기독교)에서는 십자가를 주요 암호(상징)로 사용하였다. 그가 사용한 암호(상징)는 일단 알고 나면 무릎을 칠만큼 단순한 것이다.

[65] 요한이 이 같은 은폐기법을 사용한 까닭은 섹트나 은자(隱者)의 삶을 선호했기 때문이 아니라 묵시문학적 박해상황에 따른 필화(筆禍)를 면하기 위한 불가피한 선택(지혜로운 처신)이었다. 중국인의 사고의 한 특징인 '가림과 숨김의 미학'에 대해서는 유광종,《중국은 어떻게 모략의 나라가 되었나》, 173-210을 참조하세요.

[66] 박두환 교수는 상징언어(숫자, 동물, 색깔, 보석 등)에 대한 연구는 요한계시록 신학을 연구하기 위한 필연적인 단계라고 말한다. 박두환, "요한계시록 상징에 대한 연구: 동물과 색깔을 중심으로",《신약논단》제9권 제3호(2002 가을), 753-778.

[67] 가령, 필자가 존경하는 김춘기 교수의《요한복음연구》는 분량은 작지만(234쪽) 많은 신학적 통찰을 주고 있다는 점에서 탁월한 노작이다. 특히 요한복음이 추상적이고 관념적인 교리를 위한 책이 아니라 말할 수 없는 갈등과 긴장과 핍박과 목숨을 내놓아야 하는 긴박한 현실에서 목숨을 걸고 예수를 선택해야 하는 구체적인 역사 안에서 정체성의 위기를 극복하기 위한 요한공동체의 결단에서 나온 책이라는 김 교수의 주장은 깊은 설득력을 갖는다. 그런데 김 교수가 말하는 이러한 (묵시문학적인) 역사적 상황을 요한공동체의 두 전선(戰線)인 유대교(회당)와 로마제국(가이사) 가운데 유대교와의 관계에 한정하고, 로마제국과의 관계를 별로 고려하지 않았다는 점과 유대묵시문학에 대한 이해의 결여는 아쉬운 점으로 남는다. 이 점에 대해서는 화이테커도 마찬가지다. 화이테커는 요

주전 2세기-주후 1세기는 철저히 묵시문학적 정신사조가 지배한 시대였는데, 이러한 시대상황 속에서 요한은 묵시문학적 글쓰기를 시도한 사람이다.[68] 따라서 요한복음은 다니엘서나 요한계시록처럼, 아니 그것을 뛰어넘는 고도의 '암호상징(상징코드)'을 사용한 묵시문학적 비밀문서[69]로 기록된 책이다. 요한복음은 안으로는 절망이요 밖으로는 통곡인 묵시문학적 수난상황[70]에서 쓰인 비서(秘書)이다.[71] 따라서 묵시문학적 수난상황에 대한 체험적 공감(共感)[72]과 묵시문학에 대한 깊은

한공동체가 두 방향에서 도전을 받았는데, 유대교 회당과의 갈등과 유대교 내의 묵시주의와 신비주의라고 했다. 이는 유대교와의 관계만을 말했을 뿐 로마제국과의 관계를 고려하지 않은 것이다. R.A.Whitacre, *John*, 29-32 더 자세한 설명은 46쪽의 각주 83번을 참조하세요.

[68] 묵시문서는 현재의 불만족스러운 상황의 역전에 대한 강렬한 갈망에서 비롯된 문서로서, 주전 2세기의 하스모네 왕조시대와 주후 1세기의 로마 강점기 시대에 가장 융성했고, 바로 그 시대들 속에서 상당량의 묵시문학 저작들을 발견할 수 있다. N.T.Wright, 《신약성서와 하나님의 백성》, 478.

[69] 라이트는 이렇게 말한다. "묵시문학은 억압받은 집단들의 전복을 꾀하는 문학으로 기능할 수 있고 또한 그런 기능을 하도록 의도되었다고 볼 수 있다 - 그 묵시문학이 철저한 신비체험에 의해서 영감을 받았든, 아니면 훌륭한 문학적 기법에 의해서 이루어진 것이든, 그런 것과는 상관없이." N.T.Wright, 윗책, 478. 계시록은 전자(철저한 신비체험)에 의해서, 요한복음은 전자를 넘어선 후자(훌륭한 문학적 기법)에 의한 묵시문학의 최고봉을 이루었다. 더 자세한 설명은 308쪽 이하의 '묵시문학문서로서의 요한복음'을 참조하세요.

[70] 인류 최대의 제국을 이룩한 대몽골제국은 수난을 이기려는 몸부림, 즉 '피눈물(恨)과 신바람(신명)'에 의해서 이룩되었다. '피눈물'이란 일족이 적에게 죽음을 당할 경우 남은 자들이 자신의 얼굴을 칼로 그어 피와 눈물을 동시에 줄줄 흘리면서 복수를 다짐한다는 뜻이다. '신바람'이란 모든 자들이 신의 뜻에 감응되어 일에 몰두한다는 뜻이다. 더 자세한 설명은 박원길, 《유라시아대륙에 피어났던 야망의 바람: 칭기스칸의 꿈과 길》, 131-177을 참조하세요.

[71] 다니엘서가 '하시딤(Hasidim)의 비밀문서'라면, 요한복음은 '나사렛 예수에 대한 사도 요한의 비밀문서'이다. 요한복음에서 사용된 다양한 상징기법을 비롯하여 하나님 나라, 성육신 신학, 부활신학 및 수난을 영광으로 보는 십자가 신학에 이르기까지 요한복음의 모든 핵심주제는 묵시문학적 언표(言表)이다.

[72] 하나님께서 필자로 하여금 요한복음을 연구케 하고, 요한복음을 새로운 눈으로 볼 수 있게 하셨다. 그 이면에는 '절망과 통곡'이라는 필자의 실존적 아픔이 있다.

이해[73]를 갖고 접근하지 않으면 요한복음은 자신의 비밀을 드러내지 않는다.[74]

유대교 회당으로부터의 출교와 도미티안 황제(81-96년)의 기독교 박해 시절에 쓰인 요한복음은 기존의 대다수의 견해와 달리 다음과 같은 문학적 장르를 가지고 있다.[75] 첫째는 개인경건문학[76], 둘째는 조직신학논문[77], 셋째는 묵시문학문서[78]라는 특성을 갖는다. 다니엘서는 장차 임하실 하나님의 최종적인 승리를 전망하고 있다. 인류 역사에 관영한 폭력과 압제, 우상과 불의의 근원인 악의 세력을 종국적으로 멸하시고, 신실한 성도들이 함께 다스리게 될 하나님 나라에 대한 소

---

73) 묵시문학은 한마디로 말하면 "세상의 주권은 궁극적으로 누구의 것인가?라는 물음에 대한 신앙적 응답이다." 묵시문학에 대한 깊고도 균형잡힌 시각을 보여주는 좋은 글로는 N.T.Wright, '이스라엘의 소망',《신약성서와 하나님의 백성》, 465-561을 참조하세요.
74) 요한복음이 특히 진리, 영광, 영생(생명), 사랑을 강조하는 까닭은 배교를 강요당하는 묵시문학적 박해상황 때문이다. 즉 예수가 진리이어야 예수를 위해 죽을 수 있고, 예수를 위해 죽는 것이 영광이 되고, 예수를 위해 죽으면 부활 생명(영생)을 얻고, 배교가 강요되는 상황에서 공동체의 결속을 위해서는 예수를 사랑하고 형제를 사랑할 필요성이 절실히 요청되었기 때문이다.
75) 요한복음의 장르의 중요성을 말한 카터는 현대의 요한학자들은 요한복음의 장르에 많은 관심을 기울이지 않았다고 하면서, Culpepper의 개척적인 연구(*Anatomy of the Fourth Gospel*)에서도, D. Moody Smith를 기리는 여러 논문에서도 찾아볼 수 없다고 말했다. 그러면서 카터는 요한복음의 장르는 요한공동체의 대안적인 정체성 및 실존을 강조하면서, 로마제국 세계에 대한 참여와 그 엘리트 세계에 참여하는 것을 비판하는 기능을 동시에 드러내고 있다고 말한다. W.Carter, *John and Empire*, 123, 141.
76) 여기서 '개인경건문학'이란 역사의식이나 시대적 과제와 거리가 먼 개인적 영성이나 무시간적 진리를 말한다는 의미가 아니다. 오히려 그 시대적 상황과 치열하게 맞서며 신앙고백적 의미를 담아낸 문서라는 의미를 갖는다.
77) 여기서 '조직신학논문'이란 요한복음이 단지 플롯을 지닌 이야기가 아니라 논문의 형식과 내용(구조, 목적, 주제, 방법론 등)을 완벽히 갖춘 신학논문이라는 의미를 갖는다.
78) 타우너는 묵시문학이란, "사회에서 억압당하는 자들에 의하여 생성될 뿐 아니라 너무도 감당하기 힘든 억압을 받고 있기 때문에 오로지 기존 사회질서의 전복만이 유일한 소망으로 남아 있는 사람들에 의해서만이 제대로 읽혀지고 이해될 수 있다"고 말한다. W.S.Towner,《다니엘서》, 27.

망을 역동적으로 표현하고 있는 책이다. 묵시문학문서인 요한복음은 다니엘서에 깊은 영향을 받았다는 것이 필자의 생각이다.[79] 그런 점에서 필자는 요한복음을 '다니엘서의 철저한 기독교적 변주'[80]라고 말하고 싶다.

여기서 주목해야 할 중요한 점은 다니엘서와 요한복음의 공통점과 차이점이다. 공통점은 헬레니즘(헬라주의)적 정신사조가 판을 치는 세계에서 헤브라이즘(히브리주의)적 정신사조로 저항했다는 점이다. 차이점은 위에서 언급했듯이 요한은 로마제국의 헬레니즘적 정신사조(가이사 숭배)에 대해서는 헤브라이즘적 정신사조로 대항했고, 좁은 계토 속에 갇힌 유대민족주의로 함몰된 헤브라이즘적 정신사조(유대교)에 대해서는 지저시즘(예수주의)으로 극복했다는 점이다. 그런 의미에서 요한의 길은 '제3의 길'이요 '진자의 중심'이자 변증법적으로 말하면 '정반(正反)을 넘어선 합(合)의 길'이다.

6. 유대교와 로마제국에 대한 기독교(복음)의 승리

평탄하기만 한 삶에선 거의 걸작이 나오지 않는다. 요한복음이 천

---

79) 히브리 원전에서 성문서에 속하는 다니엘서는 주후 90년에 유대교 정경으로 확정되었고, 요한복음은 이 어간에 기독교 복음서로 출판되었다. 필자는 요한복음이 다니엘서처럼 '묵시문학적 성격'을 띤 하나의 '개인경건문학'으로 보고자 한다. 다니엘서가 성문서에 속하는 하나의 경건문학이라는 것에 대해서는 왕대일, 《묵시문학연구: 구약성서 묵시문학 다니엘서의 재해석》, 326-327을 보라.

80) 안테오쿠스 에피파네스의 유대교 박해 시절에 최종 편집된 다니엘서는 '유대인들이 걸어가야 할 길(할라카)'을 제시한 개인경건문학이요, 전체 12장이 구조적으로 제1부(1-6장)와 제2부(7-12장)로 잘 짜여진 논문이요, 지혜전승의 묵시문학적 변형이라는 문학적 특징을 갖는다. 더욱이 단 7:13-14의 인자의 도래는 요한복음의 성육신에 대한 예표적 성격을 갖는다. 더 자세한 설명은 왕대일, 윗책, 112-147, 321-343을 참조하세요.

하제일지서로 자리매김을 할 수 있었던 배경에는 묵시문학적 박해상황 때문이다. 극한의 고난상황, 즉 삶을 송두리째 흔들어놓는 묵시문학적 박해상황이 인류 최고의 걸작을 낳았다고 말할 수 있다.[81] 그런 의미에서 고난과 역경은 변장하고 찾아온 신이 내린 인생 최대의 축복이기도 하다.

천하제일지서 요한복음은 초대교회가 처한 절체절명의 묵시문학적 위기상황이라는 '삶의 자리'에서 탄생하였다.[82] 즉 요한복음이라는 진주(다이아몬드)는 처절한 생존 속에서 탄생한 작품이다. 따라서 처절한 생존의 수사학으로 읽지 않으면 요한복음은 보이지 않고 읽혀지지 않는다.

태동한 지 얼마 안 된 초대교회는 '두 전선(유대교와 로마제국)'[83]으로부터 협공을 받으면서 생존의 위기를 맞았다. 주후 1세기 말, 즉 90년[84]을 전후로 한 시대상황은 초대교회(기독교)만이 아니라 초대교회를 말살하

---

81) 정약용(1762-1836)은 귀양 가서 500여 권의 저서를 남겼고, 사마천(주전 145-85년) 역시 치욕스런 궁형을 받고 나서 위대한《사기》를 완성시킬 수 있었다. 정약용에 대해서는 송재소,《茶山詩研究: 附 茶山年譜》, 193-358; 사마천에 대해서는 안승일,《열정의 천재들, 광기의 천재들》, 309-354을 참조하세요.
82) "좁은 뜻으로 신약성경의 묵시문학 본문으로는 이른바 '공관복음의 묵시록(막 13장과 그 병행본문인 마 24장과 눅 21장)과 '요한계시록'을 들 수 있다. 그렇지만 묵시문학적으로 진술하지 않는 신약성경의 장은 하나도 없을 정도이다."《성경전서: 개역개정판(독일성서공회해설)》, '다니엘서 안내'.
83) N.T.Wright의 견해를 빌리면 이렇다. 주후 1세기 상황에서 신약문서인 요한복음은 신(神)과 신앙에 대한 사변적이고 철학적인 주장을 하고자 쓰인 책이 아니다. 요한복음은 유대교의 한 이단 분파로 지칭되는 기독교가 유일신적인 유대교와는 다른 종교(삼위일체적인 신)라는 것, 그리고 로마황제숭배라는 또 하나의 세속적인 종교에 대항하여 참된 왕으로서의 예수에 대한 경배와 충성을 해야 한다는 것, 즉 유대교와 로마제국에 대항하기 위해 쓰인 호교론적인 문서라는 것이다. N.T.Wright,《신약성서와 하나님의 백성》, 774-784.
84) 요한복음의 기록연대는 9:22; 12:42; 16:2 등에 반영된 요한공동체의 회당에서의 축출이 80년대에 이루어졌고, 이집트에서 발견된 요한복음 18:31-33,37-38이 적힌 파피루스 단편이 2세기 초의 것으로 보이기 때문에, 이를 고려할 때 90년경에 기록된 것으로 볼 수 있다. N.Perrin, *New Testament*, 229-230.

려는 유대교와 로마제국에게도 실은 절체절명의 위기상황이었다.

유대교는 주후 70년 성전파괴 이후 유대민족의 생존과 유대교의 정체성 확립이라는 절체절명의 시대과제를 안고 있었다. 이를 위해 90년경 얌니아에서 '유대교 경전(구약성경)'을 확정짓고, 기독교인을 유대교 회당으로부터 축출하면서 '쥬다이즘(Judaism, 유대교)'을 구축하기 위해 몸부림을 치고 있었다.

또한 로마제국은 헬레니즘의 후예들로서 헬레니즘의 정점인 인간숭배의 일환으로 로마 황제(가이사)를 신격화하고, 황제숭배를 강요하는 것으로 거대한 대제국을 통치하고자 하였다.[85] 그러나 인간 왕을 신격화하는 황제숭배는 시대정신에 맞지 않는, 그래서 더 이상 버틸 수 없는 시대착오적인 발상이었다. 그럼에도 도미티안 황제는 황제숭배를 거부하는 예수교회를 박해하면서 최후의 발악을 하고 있었다.

삼국지에 나오는 유비와 손권과 조조가 천하를 놓고 3파전의 진검승부를 벌였듯이[86], 유대교와 로마제국과 예수교회는 '운명을 건 싸움(세키가하라 전쟁)'[87]에 돌입하였다. 주전 167년 헬레니즘(인본주의)과 헤브라이즘(신본주의)이라는 제1차 세계사상대전[88]에 이어, 이번에는 그

---

85) 주후 1세기 소아시아에서 로마 가이사 황제숭배의 기원은 '로마의 평화(Pax Romana)'를 이룩해 소아시아의 많은 사람들에게 육체적, 경제적 안정을 가져다 준(계 18:3) 옥타비아누스(Octavianus=Caesar Augustus, 주전 27-주후 14년)에 대한 감사의 표현에서 비롯되었다. 더 자세한 설명은 J.N.Kraybill, *Imperial Cult and Commerce in John's Apocalpse*, 57-65을 참조하세요.
86) 더 자세한 설명은 장정일·김운회·서동훈 공저, 《삼국지 해제》를 참조하세요.
87) '세키가하라'는 일본의 기후현의 지명으로, 1600년 도쿠가와 이에야스(德川家康)는 이 전쟁에서 승리하여 전일본의 실권을 장악하였다.
88) 민족사학자 단재 신채호(1880-1936) 선생은 《조선상고사》에서 '묘청의 난'을 '조선사일천년래 제일대사건'이라고 말한다. 《단재 신채호 문집》, 127-153. 필자는 "인본주의 헬레니즘과 신본주의 헤브라이즘이 생사를 걸고 진검승부를 펼친 주전 167년 안티오쿠스 에피파네스의 유대교 박해에 저항한 다니엘서와 마카비 혁명을 '제1차 세계사상대전'이라고 부르고자 한다.

것을 포함한 쥬다이즘(Judaism)과 지저시즘(Jesusism)[89]의 제2차 세계사상대전이 포문을 열었다. 이 전쟁은 사상전쟁(진리전쟁)의 마지막 대회전이었다.[90]

이 싸움은 다윗과 두 골리앗과의 싸움이었다. 갓 태어난 연약한 예수교회는 장구한 역사와 강력한 힘을 지닌 유대교 및 로마제국과 정면으로 맞서 싸울 형편이 되지 못했다. 만일 이 사상전쟁(진리전쟁)에서 패하기라도 한다면 그것으로 끝장이었다. 그래서 싸우지 않고 이기는 전략을 구사하지 않으면 안 되었다.[91] 요한에게는 모략이 필요했다. 인간적 모략[92]이 아닌 하나님의 모략(사 46:10-11)이 필요했다. 이를 위해 요한이 구사한 전략은 쌍검 전략이었다.

내적으로는 예수에 대한 사랑과 충성 및 공동체의 하나됨을 강조하는 전략이고, 외적으로는 두 전선인 유대교와 로마제국를 예수복음으

---

[89] 여기서 말하는 '지저시즘'의 이미는 이렇다. 구약의 두 초점은 출애굽(Exodus)과 출바벨론(New Exodus)을 통한 가나안 복지(유대)를 지향하는데, 신약의 예수는 '은혜의 복음'을 통한 출유대, 즉 유대 지역을 넘어 온 열방을 향해 나아감을 의미한다. 이는 지역적 의미를 넘어선 우주적(세계적) 그리스도(골 1:13-17)인 예수께로 향한다는 의미이며, 이후의 모든 역사는 다시 '예수께로 돌아감(Back to Jesus)'을 일컫는 말이다. 다시 말하면 헤브라이즘(히브리종교)의 보편주의가 쥬다이즘(유대교)의 특수주의로 좁혀졌을 때 지저시즘(예수교)의 보편주의를 통해 헤브라이즘의 보편주의로 다시 돌아감(환원)의 의미를 갖는다.
[90] 이렇게 말할 수 있는 것은 '더 이상의 새로운 사상은 없다'는 이유에서이다. 즉 요한복음은 사상전쟁의 '종지부를 찍었다(종언을 고했다)'.
[91] 이때 같은 묵시문학서인 요한계시록은 저항하고 싸우는 직접적 '노출방식'을 구사한 반면, 요한복음은 전혀 그런 모습을 보이지 않는 무저항의 간접적 '은폐방식'을 구사하였다. 즉 익명을 사용하고, 전쟁 어휘를 전혀 사용하지 않는가 하면, 다양한 상징기법을 통해 자신의 의도를 철저히 은폐시켰다. 이는 화를 입지 않고 연약한 예수교회와 문서보존 및 신변보호를 위함이었다. 요한복음이 비밀종파에서 나온 문서로 느껴지는 까닭도 여기에 있다. 후새의 모략이 아히도벨의 모략보다 낫듯이(삼하 17:14), 요한복음은 요한계시록보다 한 수 위의 묵시문학서이다.
[92] 인간적 모략에 대해서는 유광종, 《중국은 어떻게 모략의 나라가 되었나: 중국인의 행동을 읽는 7가지 문화코드》를 참조하세요.

로 격파하는 전략이었다. 헬레니즘(인본주의)의 최정점인 황제숭배에 빠진 로마제국에 대해서는 헤브라이즘(신본주의), 특히 '하나님 나라의 복음'(눅 4:43) 및 '부활의 복음'(행 17:18)으로[93], 그리고 쥬다이즘(유대교) 곧 유대민족주의라는 좁은 게토(ghetto) 속에 빠진 유대교에 대해서는 세계적 보편성을 띤 '하나님 은혜[94]의 복음'(행 20:24) 및 '십자가의 복음'(롬 1:16; 고전 1:18)이라는 양면전략을 구사했다.

요한은 '하늘의 지혜'로써 이 같은 전략을 은밀하고도 치밀하게 구사함으로써 사상전쟁에서 최후 승리를 쟁취하였다. 세상 나라에 대한 하나님 나라의 승리를 말하는 예수교의 승리는 땅에 속한 3차원, 즉 세상적(인간적) 힘에 대한 하늘에 속한 4차원의 승리, 즉 '복음의 승리'라고 말할 수 있다.

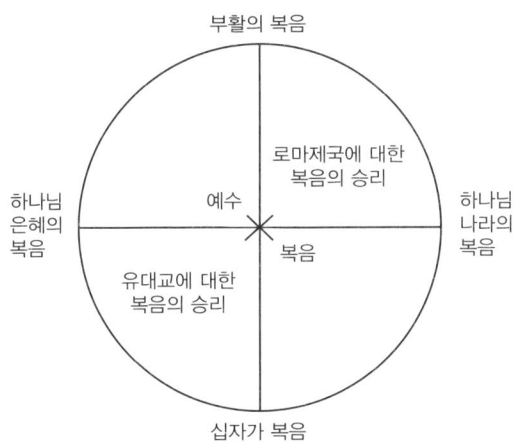

〈도표 1〉 유대교와 로마제국에 대한 요한의 전략

---

[93] 누가는 누가문서(눅-행)에서 특히 '하나님 나라의 복음'과 '부활의 복음'을 강조한 까닭도 로마제국에 복음을 전해야 하는 선교적 사명 때문이었다.
[94] 요한의 '은혜' 개념의 은폐성 및 히브리적 개념에 대해서는 326쪽 이하를 참조하세요.

오늘에 이르기까지 살아남아 인류에게 큰 영향을 미치고 있는 사상(종교)들을 간단히 열거해 보면 다음과 같다. 첫째, 주전 6세기 이전에 나타난 샤머니즘(Shamanism), 즉 무교(巫敎) 사상이다. 둘째, 불교 즉 석가(주전 566-486) 사상이다. 셋째, 유교, 즉 공자(주전 552-479) 사상이다. 넷째, 도교, 즉 노자(공자와 비슷) 사상이다. 다섯째, 유대교(주전 5세기), 즉 모세 사상이다. 여섯째, 헬라사상, 즉 소크라테스(주전 469-399)와 그의 제자인 플라톤(주전 427-347)과 아리스토텔레스(주전 384-322) 사상이다. 일곱째, 기독교(주후 1세기), 즉 예수사상이다. 여덟째, 이슬람교, 즉 무함마드(570-632) 사상이다. 아홉째, 공산주의사상, 즉 마르크스(1818-83)-레닌(1870-1924) 사상이다. 열째, 현대에 맹위를 떨치고 있는 과학기술사상이다.

기독교회는 그동안 역사 속에 나타난 무수한 사상들과 싸워 왔다. 역사가 끝날 때까지 사상 전쟁은 계속될 것이다. 오늘날 기독교회는 빠르게 확산되고 있는 이슬람교, 그리고 종교를 낡은 시대의 유물로 치부하면서 최첨단 과학기술을 만능으로 신봉하는 과학기술사상과의 살아남기 위한 치열한 전쟁을 치러야 하는 위기상황에 처해 있다. 과연 무엇으로 이 위기상황을 극복하고 최후의 승리를 장식할 수 있겠는가? 그것은 이미 승리공식을 증명해 보여준 '초대교회의 복음'으로 다시 돌아가는 길밖에 없다. 그렇다면 승리공식을 증명해 보여준 '초대교회의 복음'이란 과연 무엇인지 다시 한 번 깊이 상고해 보아야 할 것이다. 필자는 초대교회에 승리를 안겨준 복음을 요한복음을 통해 다시 들려주고자 이 책을 썼다.[95]

---

95) 초대교회의 7대 복음(하나님 은혜의 복음, 성육신의 복음, 하나님 나라의 복음, 부활의 복음, 십자가의 복음, 성만찬의 복음, 재림의 복음)에 대한 자세한 설명은 박호용,《왕의 복음》을 참조하세요.

7. 요한복음: 최후까지 남겨놓아야 할 마지막 책

요한복음은 신약성서 중 '가장 쉬운 복음서'[96]이면서, '가장 어려운 복음서'이기도 하다.[97] 그런 의미에서 요한복음만큼 아이러니하고 역설적인 책도 이 세상에 다시 없다. 요한복음은 누구나 쉽게 읽을 수 있다는 점에서 세상 지식을 많이 필요로 하지 않는다. 하지만 요한복음은 가장 심오한 책이라는 점에서 세상 모든 지식을 필요로 하는 책이다.

러시아 모스크바에 가면 레닌(I.Lenin, 1870-1924) 도서관 앞에 도스토예프스키 동상이 서 있다. 러시아가 낳은 그 많은 인물 가운데 왜 도스토예프스키가 그 자리에 서 있는가가 궁금했다. 그래서 러시아 역사를 전공하는 어느 교수에게 물었더니 이렇게 대답하는 것이었다. "도스토예프스키는 어느 한 분야가 아닌 모든 분야를 대표하는 사람이라는 점에서 그를 도서관 앞에 세워놓은 겁니다. 그를 알려면 모든 지식이 필요합니다." 요한복음을 제대로 알려면 모든 지식이 필요하다는 것이 필자의 생각이다. 도스토예프스키마저도 그 앞에서는 무릎을 꿇어야 한다.

시베리아 옴스크 감옥에서 4년(1850-54) 동안 모진 옥고를 겪고 나온 후에 도스토예프스키(F.M.Dostoevsky, 1821-81)는 이 같은 명언(名言)을 했다. "이 세상에 그리스도보다 더 아름답고 깊고 자비로우며 슬기롭고 용기있고 완전한 것은 없습니다. 만일 어떤 사람이 그리스도는 진리를 벗어났다고 할지라도 저는 기꺼이 그리스도를 따르겠습니다." 그는 지금 요한복음의 예수에 대해 말하고 있는 것으로 이는 참으로 놀라운

---

[96] 요한복음의 어휘수는 공관복음에 비하면 빈약하기 그지없다(마=1691; 막=1345; 눅=2055; 요=1011).
[97] 요한복음은 '톨스토이의 평이성'과 '도스토예프스키의 심오성'을 동시에 갖고 있다.

통찰이 아닐 수 없다.[98]

톨스토이(L.Tolstoi, 1828-1910)는 "내 책은 모두 없애도 좋으나 도스토예프스키의 책만은 남겨 두어야 한다"는 말을 하였다. 또한 혹자는 "천재지변으로 온 세계에 있는 성경책이 다 없어진다고 해도 로마서만 있으면 충분히 예수 믿고 구원받을 수 있을 것이다. 로마서가 다 남겨지지 않는다 해도 로마서 8장, 그 한 장만 있으면 그것만 보고도 충분히 구원받을 수 있을 것이다"고 말했다.[99] 그러나 다른 책은 다 사라져도 요한복음만은 최후까지 남겨놓아야 할 마지막 책이다. "보라 온 상이 그를 따르는도다"(요 12:19).

---

[98] 도스토예프스키는 소설 《백치》를 구상하면서 그의 조카딸인 소피아 이바노브나에게 이런 편지를 썼다(1868년 1월 13일). "지상에서 절대적으로 아름다운 유일한 인간은 바로 그리스도란다. 이 상상할 수 없을 정도로 무한한 아름다움을 지닌 인간은 물론 그 자체로 무한한 기적이라 할 수 있지(《요한복음》은 바로 이런 관점에서 쓰여진 것이지. 거기에서는 기적 전체를 오로지 도성인신(到成人神)에서, 오로지 아름다움의 현현에서 찾고 있단다)." K.Mochulskij,《도스토예프스키(1)》, 500.

[99] 로마서가 마지막까지 남아야 할 한권의 책이 될 수 없는 까닭은 다른 것은 다 차치하고 기독교의 종조(宗祖)인 '예수의 생애와 어록'이 로마서에는 없기 때문이다.

제 I 부 해석의 틀

아랫사람들이 대답하되 그 사람이 말하는 것처럼 말한 사람은
이 때까지 없었나이다 하니(요 7:46)

1. '서구신학(요한복음) 연구' 다시 하기

"아빠, 도대체 역사란 무엇에 쓰는 것인지 제게 설명해 주세요." 이 질문에 답하기 위해 마르크 블로흐(1886-1944)는 《역사를 위한 변명》을 썼다.[100] "아빠, 도대체 신학은 무엇에 쓰는 것인지 제게 설명해 주세요"라고 내 아들이 묻는다면 난 무엇이라고 대답해야 할까? 무엇보다도 '성경을 더 잘 이해하기 위해서'라고 대답할 것이다.

이제껏 '신학'이라 할 때 그것은 '서구신학'을 뜻해 왔다. 신구약성경이 이스라엘(헤브라이즘)이라는 토양에서 생성된 정신적 유산이지만 이 책이 유럽으로 건너가 헬레니즘, 즉 플라톤과 아리스토텔레스의 사고 구조와 세계관에 따라 소화되었다. 당연히 유럽인(헬레니즘)의 옷을 입은 서구신학이 우리에게 전해진 것이다.

이에 대한 반동으로 최근에는 '동양신학'이 대두하였다. '토착화신학'이라는 이름 아래 전개된 동양신학은 동북아시아의 정신적 유산에 담겨진 감정과 직관에 따라 성서를 읽는 접근이다.[101] 필자는 '서구신학'과 '동양신학'이라는 이 두 신학은 진자의 중심에서 벗어났다고 생각한다. 따라서 이제는 제3의 길인 본래의 자리, 즉 '팔레스타인 신학(예수교)'으로 돌아가야 한다는 것이 필자의 생각이다.[102]

기존의 서구학자들에 의한 요한복음 연구를 포함한 모든 기독교 신

---

100) M.Bloch,《역사를 위한 변명》, 23.
101) 곽노순,《동양신학의 토대와 골격》, 6-7.
102) 도올은 지난 20세기의 우리 학문이 서양의 틀로 동양을 해석했다면, 이제 우리는 그 역방향, 즉 동양의 틀로 서양을 해석해야 한다고 역설하였다. 김용옥, "르네쌍스휴매니즘과 中國經學의 성립",《절차탁마 대기만성》, 155-157. 도올이 지닌 우리 것에 대한 주체와 애착에 필자는 한편으로 공감한다. 그러나 진자가 우측으로 치우쳤다고 진자를 그 반대인 좌측으로 옮겨야 한다는 논리 또한 치우친 것이다. 진자의 중심으로 돌아가는 것, 즉 동양과 서양의 중심인 '팔레스타인 예수'에게로 돌아가는 것이 문제를 해결하는 바른 길이라는 것이 필자의 생각이다.

학은 근본적인 문제점을 안고 있다. 기독교의 근본 텍스트가 되는 신구약성경은 기본적으로 유대인(히브리인)의 사고와 문화 속에서 산출된 헤브라이즘의 세계를 말하고 있는데, 서구 기독교(서구신학)를 이룩한 서구인들은 기본적으로 헬레니즘의 세계 속에서 헬라적 사고와 그 문화 속에서 살아온 사람들이라는 데 그 문제점이 있다.[103]

이 차이점을 정직하게 인정하고 명확하게 인식하지 않는 한 우리는 성경이 말하고자 하는 본래의 음성(진리)을 제대로 들을 수가 없다. 따라서 그 무엇보다도 헬레니즘과 헤브라이즘에 대해 살펴보는 것으로 논의를 시작하는 연유가 바로 여기에 있다.

1) 헬레니즘과 헤브라이즘에 대한 재검토

(1) 헬레니즘 태동의 배경

요한복음 연구는 무엇보다도 먼저 '헬라적 사고(헬레니즘)'와 '히브리적 사고(헤브라이즘)'에 대한 이해로부터 시작되어야 한다. 그 까닭은 성경은 기본적으로 헤브라이즘에 기초하고 있는 데 반해, 서구신학은 기본적으로 헬레니즘에 기초하고 있기 때문이다. "헬레니즘(Hellenism)을 끊고 헤브라이즘(Hebraism)으로 돌아가자."[104] 이 구호는 가톨릭에서 분리되어 나온 개신교 종교개혁의 구호이다.[105] 그리고 이 구호는 '제3의

---

103) 동양의 예수의 종교(진리)가 서구 기독교의 주지주의 신학과 교리로 바뀌면서, 예수의 종교(진리)가 변질된 역사에 대해서는 원의범, 《인도철학사상》, 374-380을 참조하세요.
104) 이 구호의 의미는 헬레니즘의 인본주의를 끊고, 헤브라이즘의 신본주의로 돌아가자는 것으로, 종교개혁이란 주어를 인간에서 신으로 바꾸는 '주어의 코페르니쿠스적 전환'을 말한다. 이는 새로운 주장이 아니라 성경이 말하는 본래의 정신으로 환원하는 것을 의미한다. '환원신학'에 대한 자세한 내용은 박신배, 《환원신학과 구약성서》를 참조하세요.
105) 개신교 종교개혁의 의의와 '가톨릭과 개신교의 사상체계 비교'에 대해서는 박호용, "종

종교개혁의 텍스트'[106]라고 할 수 있는 요한복음에도 그대로 적용된다. 여기서 헬레니즘은 무엇이고 헤브라이즘은 무엇인가? 그리고 이 구호가 갖는 의미는 무엇인가? 먼저 헬레니즘부터 살펴보자.

헬레니즘이란 헬라사상, 특히 플라톤(Platon, 427-347 BC)과 아리스토텔레스(Aristoteles, 384-322 BC) 사상을 기초로 하여 이룩된 사상체계를 말한다. 소크라테스의 제자인 플라톤은 모든 사물이 기본적으로 이원론적 세계, 즉 눈에 보이는 '현상의 세계(형이하학)'와 눈에 보이지 않는 '이데아의 세계(형이상학)'로 되어 있다고 보았다. 이를 인간에게 적용하면 육체는 현상의 세계이고, 정신 또는 영혼은 이데아의 세계에 속한다. 그런데 영혼은 육체에 감금되어 있기에 육체의 동굴로부터 영혼이 해방되는 것, 이것이 바로 구원이요 인간의 궁극적 목적(목표)이라고 보았다. 이 같은 플라톤의 이원론적 사상은 그 후에 영혼은 선하고 육체는 악하다는 영지주의(Gnosticism) 사상으로 전개되어 나갔다.

그런데 헬레니즘 세계가 본격적으로 이루어진 것은 플라톤의 제자 아리스토텔레스부터이다. 그는 헬라제국이라는 대제국을 이룩한 마케도냐의 왕자 알렉산더(Alexander the Great, 356-323 BC)의 사부(師父)로서 인간의 이성, 즉 사물에 대해 생각하는 능력(사고)과 관찰을 통한 인간의 경험을 중시했다.

어느 날 그는 제자 알렉산더와 함께 한적한 동굴에 갔다. 그 동굴에서 불 위에 놓인 차관(茶罐)의 물이 끓고 있는 모습을 보다가 비가 내리는 원리를 발견했다. 비의 원리를 발견한 그는 알렉산더에게 이제 우리는 비를 만들 수 있고, 우리의 환경과 세상, 나아가 우리의 운명도 바꿀 수 있다고 외쳤다. 그리고 인간은 하나의 거대한 존재이고, 자기

교개혁- '베드로의 종교(가톨릭)'에서 '바울의 종교(개신교)'로", W. von Loevenich, 《마르틴 루터》, 587-597을 참조하세요.
[106] "제3의 종교개혁의 텍스트"에 대해서는 410쪽 이하를 참조하세요.

세계의 통치자이며, 자기의 미래와 운명을 스스로 형성하는 운명의 주인공이라고 가르쳤다.

알렉산더는 스승으로부터 인간을 거인으로 생각하는 영웅적 개념을 물려받았다. 그는 스승의 가르침을 즉시 행동으로 옮겼다. 그러면서 이러한 사상을 온 세계에 전파하고자 세계 정복에 나섰다. 그는 먼저 헬라세계(그리스)를 정복하고, 마침내 세 대륙에 걸친 거대한 대제국을 이룩했다. 그러고는 이 거대한 헬라제국(336-163 BC)에 그의 스승 아리스토텔레스 사상을 심어 하나의 통일제국을 만들고자 했다. 이 같은 헬라의 문화와 사상을 통칭하여 '헬레니즘'이라고 한다. 한마디로 헬레니즘은 인간의 합리적 이성과 인간의 가능성(잠재성)에 대한 무한한 신뢰와 확신을 바탕으로 한 사상체계이다. 따라서 그 사상의 근저에는 '인본주의(인간숭배사상)'가 깔려 있다.[107]

헬라제국이 이룩한 이 같은 헬레니즘 사상이 헤브라이즘과 충돌한 것은 주전 167년경 헬레니즘의 열렬한 신봉자였던 '안티오쿠스 에피파네스(Antiochus Epihanes, 175-163 BC)'였다. 그는 유대 땅에 헬레니즘을 강요하였다. 그리하여 유대교를 말살하고자 유대교의 모든 풍습과 제도를 금지시키고, 성전을 각종 우상으로 더럽혔다. 그리고 안티오쿠스 4세에 대한 충성을 나타내는 희생제사를 강요하고, 이를 거부하는 자들을 가차없이 학살하였다. 이때 순교로써 저항한 사람들을 '하시딤(Hasidim, 경건한 사람들)'이라고 하며, 그 후예가 '바리새파(Pharisees)'이다. 이때 '마카비 혁명(Maccabean Revolt, 167 BC)'이 일어났다. 그리고 역사상 유례가 없는 이 같은 종교적 박해에 저항하여 나온 책이 바로 구약의 묵시문학 작품으로 일컬어지는 '다니엘서(Daniel)'이다.[108]

---

107) 헬레니즘과 그 전개 과정에 대한 보다 자세한 내용은 J.Kallas, 《요한계시록》, 39-61을 참조하세요.
108) 헬레니즘 및 다니엘서와 관련된 자세한 내용은 B.W.Anderson, *Understanding the*

한편, 헤브라이즘은 구약성경, 특히 창세기와 출애굽기의 사상을 바탕으로 형성된 히브리인들의 사상체계를 말한다. 창세기는 우주만물이 하나님에 의해 창조되었으며, 그런 의미에서 하나님은 '창조주(Creator)'이시고, 모든 만물을 포함한 인간은 '피조물'이라는 것이다. 나아가 인간은 하나님의 말씀을 거역하고 금단의 열매인 선악과를 따먹은 '죄인'이라는 것이다. 이것이 창세기가 말하는 인간 이해이다.

또한 출애굽기는 하나님이 인간 역사를 주관하시고 인간 역사 속에 개입하셔서 인간을 구원하시는 '구속주(Redeemer)'라는 것을 잘 보여주고 있다. 즉 하나님은 애굽에서 바로 왕의 노예로 있던 히브리 백성을 그 예속으로부터 해방시키고, 시내산에서 그들과 언약을 맺고 거룩한 백성(성민)으로 삼았다. 이 같은 하나님의 구원 행위는 인간의 노력에 의한 것이 아니라 전적으로 하나님에 의해 주어진 선물, 즉 은혜라는 것이다. 인간 모세는 단지 구원을 위한 메신저요 조역일 뿐이다.

따라서 헤브라이즘은 인간이 기본적으로 피조물이자 죄인이며, 이 같은 인간이 구원을 얻는 길은 창조주이자 구원주이신 전능하신 하나님을 믿어야 한다는 것(신앙)이다. 그런데 그 구원은 전적으로 하나님의 거저 주시는 '은혜'에 기초하고 있다. 따라서 그 사상의 근저에는 '하나님숭배사상'이 깔려 있다.

(2) 헬라적 사고와 히브리적 사고의 차이

헬라적 사고는 명사 위에 세워졌고, 논리적이며, 본질(essence)에 집중한다. 히브리적 사고는 동사 위에 세워졌고, 역리적이고 행동(action)에 집중한다. 명사에 기초한 헬라 사상은 과학으로 향하고, 동사에 기

Old Testament (4th), 610-636을 참조하세요.

초한 히브리 사상은 종교로 향한다. 헬라적 사고에 의하면 정리(定理) A가 참이면, 그 반대 명제인 정리 B는 반드시 거짓이다. 이에 반해 히브리적 사고에 의하면 A가 참이면, 그 반대 명제인 B가 반드시 거짓이라고 보지 않는다. 가령, 예수가 어떤 분인가? 인간인가 신인가? 헬라적 사고에 의하면 예수가 신이면 그는 인간이 될 수 없다. 그러나 히브리적 사고에 의하면 상반되는 인간과 신, 이 두 사실이 예수가 행한 행동들을 통해 예수는 신이면서 동시에 인간일 수 있다.[109]

〈도표 2〉 헬레니즘과 헤브라이즘 비교

	헬레니즘 (Hellenism)	헤브라이즘 (Hebraism)
1	양손(이원론)	한 손의 양면(일원론)
2	하나가 옳으면 다른 하나는 그름	하나가 옳고 다른 하나도 옳을 수 있음
3	하나가 중요하면 다른 하나는 중요하지 않음	하나가 중요하면 다른 하나도 중요할 수 있음
4	믿음(O)과 행위(X)	믿음(O)과 행위(O)
5	예수가 인간이면 하나님이 아님 예수가 하나님이면 인간이 아님	예수는 인간과 하나님이 동시에 됨
6	교회(천국)과 세상(죄악)의 분리	세상 속에 있는 교회
7	교회 일은 거룩, 세상 일은 세속	하나님 안에 다 거룩한 일 (제사장 사역과 왕의 사역)

성경은 기본적으로 헬라적 사고를 하는 헬라인들에 의해서 기록된

---

[109] 헬라적 사고와 히브리적 사고의 차이점에 대한 더 자세한 설명은 J.Kallas, 윗책, 131-139을 참조하세요.

책이 아니라 히브리적 사고를 하는 유대인들에 의해 기록된 책이다. 그런데 서구인들은 선천적으로 헬라적 사고라는 DNA 인자를 갖고 있다. 그래서 상반되는 것 두 가지에 대해 언제나 이쪽 아니면 저쪽을 택한다. 그러다 보니 두 반대되는 것들을 긴장관계 속에 두고 있는 히브리적 사고방식을 제대로 이해하지 못한다. 그러기에 '차이가 난다'고 할 때 그것이 '구분의 차이'인지 '분리의 차이'인지를 잘 따져보아야 한다.[110]

가령, 현재와 미래[111], 역사와 초역사(신화)[112], 계시과 묵시[113], 예언

---

110) 이원론(dualism)과 이원성(duality)은 다르다. 비유로 말하면 이원론이 양손(오른손과 왼손)의 의미(분리)라면, 이원성은 한손의 양면(손등과 손바닥)의 의미(구분)이다. 요한이 사용하는 '하늘(위)과 땅(아래)', '빛과 어둠'은 하늘의 신과 땅의 신, 빛의 신과 어둠의 신과 같은 이원론적 의미가 아닌 이원성의 의미이다. 그것이 이원론적이라고 말할지라도 헬라적인 영지주의적(존재론적) 이원론이 아니라 유대인 묵시적(역사적) 이원론이다. 영지주의적 이원론과 묵시적 이원론의 차이에 대해서는 P.Achtemeier, 《로마서》, 36-45을 참조하세요. '이원론과 이원성'에 대한 더 자세한 설명은 486쪽의 각주 108번을 참조하세요.
111) 오늘을 기준으로 내일은 미래이지만, 하루가 지나 내일이 오늘이 되면 그것은 현재가 된다. 현재와 미래는 연속성을 지닌 동전의 양면이다. 서구학자들이 굉장히 다른 것처럼 말하는 '현재적 종말론'과 '미래적 종말론'이라는 것도 이성적으로 구분될 뿐이지 실재적으로는 동전의 양면처럼 하나로 존재하는 것으로서 같은 종말에 대한 다른 시각일 뿐이다. 앤더슨은 이렇게 말한다. 요한의 초기 전승은 예수의 영적 현존에 대한 '여기-지금(here and now)'의 구원의 실재를 강조한다면(실현된 종말론), 후대의 관점(미래적 종말론)에 대해 불트만은 최종편집자가 미래적 주제를 복음서 저자의 현재 강조에 도입시켰다고 보았다. 그런데 주후 1세기 유대-기독교 사상가들은 항상 종말론적 견해에 있어서 일관된 모습을 보여주고 있는데, 바울 서신, 사해 사본, 유대묵시문학적 문서들은 '이미(already)'와 '아직 아니(not yet)'의 융합을 보여주고 있다. P.N.Anderson, *The Riddles of the Fourth Gospel*, 34.
112) 사실(fact)이 달빛(陰)에 물들면 '신화'가 되고, 햇빛(陽)에 바래면 '역사'가 된다. 역사와 신화는 분리된 반대 개념이 아니라 동전의 양면처럼 하나로써 같은 사실에 대한 다른 시각일 뿐이다.
113) 계시는 '드러남'이고, 묵시는 '감추임'인데, 이 둘은 문자적으로는 반대로 보이나 실은 동전의 양면처럼 하나이다. 그래서 '요한계시록'은 또한 '요한묵시록'이라고도 불린다.

문학과 묵시문학,[114] 위와 아래, 빛과 어둠(1:5; 8:12), 진리와 거짓(8:44), 지상과 천상(3:12), 사랑과 질투 등을 서구인들은 헬라적 사고에 기초하여 '연속성을 지닌 구분의 의미(일원론적 사고)'가 아니라 반대되는 '불연속성을 지닌 분리의 의미(이원론적 사고)'로 생각한다.[115] 서구인들의 이 같은 헬라적 사고는 성경 이해에 치명적인 약점으로 작용할 뿐만 아니라 심지어는 오류에 빠지는 결과를 낳기도 한다.[116]

필자가 무엇보다도 이 문제를 먼저 다루는 까닭은 지금까지 주로 이원론적 사고[117]에 입각한 것으로 보았던 묵시문학을 일원론적 사고로 보아야 함을 말하고자 함이다.[118] 묵시적-종말론적 현실도피집단으로

---

114) 하나님이 나타나면 예언문학이 되고, 하나님이 숨으시면 묵시문학이 된다. 음양이 같이 있듯이, 양(陽)으로 나타나면 예언문학이고, 음(陰)으로 나타나면 묵시문학이 된다. 그래서 예언은 역사적 언어로 표현되고, 묵시는 신화적 언어로 표현된다. 그러나 하나님에 대한 신앙에는 변함이 없다. 예언문학의 변주곡이 묵시문학이다. 즉 계시된 하나님을 숨겨진 하나님으로, 역사적 하나님을 초월적 하나님으로, 현재적 하나님을 미래적 하나님으로 변주시켰다.

115) 불트만은 요한의 이 같은 특징적 문구를 영지주의 조류의 침투를 받은 헬레니즘적 이원론 화법으로 보고 있다. 그러면서 바울과 마찬가지로 요한의 기독론이 영지주의의 구세주 신화를 본따서 완성되었다고 주장한다. R.Bultmann, 《신약성서신학》, 365. 그러나 요한의 이러한 문구는 영지주의적 이원론이라기보다는 유대묵시문학에서 기원한 것이다. 요한은 사탄마저도 하나님의 도구요 심부름꾼으로 보는, 모든 것이 하나님 주권 아래 있는 철저한 일원론적 관점을 지니고 있다.

116) 포트나는 요한복음에 나타난 설화(narrative)와 강화(discourse)는 모순된 모습을 보여주기 때문에 한 저자가 아닌 또 다른 저자(편집자)라는 두 층을 전제하는 주장으로 이 문제를 해결하고자 했다. R.T.Fortna, *The Fourth Gospel and its Predecessor: From Narrative Source to Present Gospel*, 3-5. 더 자세한 설명은 208쪽의 각주 428번을 참조하세요.

117) 요한복음의 이원론(?)의 문제에 대해서는 484쪽 이하의 "요한의 이원론(?)의 문제"를 참조하세요.

118) 라이트는 이렇게 말한다. 많은 묵시론적 저자들은 현세와 다가올 세대라는 종말론적 이원성, 즉 현재의 우주가 내재적으로 악하기 때문에 그와는 다른 더 나은 세계가 오기 위해서는 현재의 세계가 멸망하여야 한다는 우주론적 이원론을 상정하고 있다. 하지만 묵시론적 저자들만이 그런 것은 아니다. 랍비 저작들도 그렇고, 성경의 예언서들 중 다수도 그렇다("말일에 이런 일이 일어나리라"). 그런데 '묵시사상'은 문자 그대로 반드시

알려진 에세네파(Essenes)는 한적한 광야로 나가서 자기들만의 묵시적 공동체를 이루었다. 그렇다고 해서 이들이 역사적 현실을 떠나 자연을 벗삼아 청풍명월(淸風明月)을 노래한 사람들이라고 생각하면 큰 오산이다. 오히려 이들은 광야에서 더욱 철저히 현실 역사에 참여하고자 준비한 사람들이라고 보아야 한다.[119] 그 실례가 에세네파에 속하는 쿰란공동체는 주후 66년 유대-로마 전쟁이 벌어졌을 때 이들은 이 전쟁에 적극적으로 참여하였고, 주후 73년 로마 군대에 의해 무참히 파괴를 당한 것으로도 알 수 있다.[120]

(3) 헬레니즘(인본주의)에서 헤브라이즘(신본주의)으로!

왜 헬레니즘을 끊고 헤브라이즘으로 돌아가야 하는가? 그것은 헬레니즘 속에 담긴 인간숭배사상인 인본주의(휴매니즘)를 타파하고 헤브라이즘 속에 깃든 신본주의(예수주의)만이 기독교 진리를 수호할 수 있기 때문이다.[121]

우주적 의미에서의 '세상의 종말'을 말하는 것으로 보는 것은 합당치 않다. 이러한 현대적인 개념은 통상적으로 '묵시사상'은 '이원론적'이라는 전혀 근거없는 믿음에 의해서 조장되어 왔다. 상당한 분량의 묵시론적 저작들은 시간과 공간으로 이루어진 우주가 악하다는 것을 암시하지 않고, 그 우주가 종말을 고할 것을 기대하지 않는다. N.T.Wright,《신약성서와 하나님의 백성》, 492-494.
119) 왕대일 교수는 유대묵시문학의 기원과 태동에 대해 이렇게 말한다. "주전 587년의 사건을 유대인들의 정신사조의 측면에서 읽을 때, 우리는 거기서 한 '위기의식'의 탄생이 조성되고 있음을 본다. …묵시문학 운동은 현실 사회의 변혁을 위한 프로그램의 성격을 다분히 지니고 있으며, 묵시문학적 종말론은 사회변혁의 메시지, 즉 현실의 혼돈을 타개하기 위한 대안적 사회변혁의 몸짓으로 보고 있다." 왕대일,《묵시문학연구》, 50-61.
120) 쿰란공동체에 대해서는 천사무엘,《사해사본과 쿰란공동체》, 83-153을 참조하세요.
121) 개신교 종교개혁은 '헬레니즘을 끊고 헤브라이즘으로 돌아가자는 운동'이다. 여기서 이성(헬레니즘)과 신앙(헤브라이즘)의 스콜라적(플러스적) 종합을 추구한 가톨릭의 혼합주의 신앙에 대해, 개신교 종교개혁은 신앙을 1차적으로, 이성을 2차적으로 하는 동심원적 일원주의로 돌아가는 패러다임의 전환을 시도한 운동이다. 더 자세한 설명은 박호용,

지식에 대해 말할 때 헬라식으로 '아는 것(기노스코, γινώσκω)'은 주로 머리로 아는 것, 또는 지적으로 아는 것을 말한다. 그러나 히브리식으로 '아는 것(야다, ידע)'은 지적으로 아는 것만이 아닌 체험과 직관을 통해, 또는 관계와 교제를 통해 몸으로 체득하는 것을 말한다. 헬레니즘은 지(知), 즉 합리적 지식(知識)를 추구한다. 이에 반해 동양사상은 도(道), 즉 직관적 도통(道統)을 추구한다. 지식은 참 자유를 주지 못한다. 참 자유에 이르는 길은 도통, 즉 '진리에 대한 깨달음'에 있다.

헤브라이즘은 헬레니즘의 지식의 세계보다 동양사상의 도통의 세계에 보다 가깝다. 헬레니즘에서 헤브라이즘으로 돌아가야 할 이유가 여기에 있다. 요한복음은 예수가 곧 길(道)이라고 했다. 길(道)인 예수만이 참 자유에 이르는 길이다(요 8:32).

성경연구에 있어서 헬레니즘은 정신의 외피(外皮)이고, 헤브라이즘은 정신의 속알이다. 따라서 헤브라이즘을 중심으로 한 성경연구가 이루어져야 한다. 기존의 요한복음 연구가 많은 지식은 제공해 주었을지 모르나 참 생명(참 진리)을 제공해 주지 못했다. 그 까닭은 요한복음을 히브리식의 통(통짠옷)으로, 즉 몸 전체로써 연구하지 아니하고 헬라식의 지(知)로, 즉 몸을 갈기갈기 찢어 분해해 놓았기 때문이다.

필자는 서구인들의 헬라적 사고와 관련하여 서구에서 신학을 하고 돌아온 학자(교수)들에게 하고 싶은 말이 있다. 많은 이들이 서구로 유학을 간다. 선진신학을 공부하여 성경을 보다 잘 이해하기 위함에서이다. 그런데 서구신학자 밑에서 공부하고 박사학위를 받고 돌아온 학자(교수)들이 꼭 기억해야 할 사실이 있다. 그것은 신학은 '머리와 이성으로 하는 학문(머이학)'이라기보다는 '가슴과 마음으로 하는 학문(가마학)'

"종교개혁-베드로의 종교(가톨릭)에서 바울의 종교(개신교)로", W. von Loewenich, 《마르틴 루터》, 587-597을 참조하세요.

이 되어야 한다는 사실이다. 즉 '헬레니즘(머리와 이성)'보다 '헤브라이즘 (가슴과 마음)'이 우선 되어야 한다.[122] 그 까닭은 성경의 세계가 본래 헤브라이즘을 배경으로 하고 있기 때문이다. 서구신학을 오래 한 기간만큼 자신도 알지 못하는 사이에 헬라적 사고에 더욱 많이 세례를 받고 왔다는 사실이다.[123] 이것을 정직하게 인정하고 직시해야 한다.

그동안 한국의 신학자들은 서구가 정한 신학적 기준에 따라 움직였다. 문제는 서구가 정한 기준이 정말로 성경이 말하는 참된 기준을 제대로 반영했는가이다. 결론부터 말하면 서구신학은 서구의 구미에 맞는 자기들의 신학을 했을 뿐이다. 헬레니즘의 영향을 강하게 받은 서구신학이 바울신학을 기독교신학의 표준으로 삼은 것도 헬레니즘의 세례를 받은 바울과 동질의식을 갖고 있다는 데서 비롯된다.

그런데 신약성경은 그 뿌리인 구약성경의 세계로부터 나왔다. 이 말은 신약성경의 해석은 헤브라이즘의 세계를 말하는 구약성경을 일차적인 해석의 기준으로 삼아야 함을 일컫는다. 요한복음을 비롯한 성경 전체는 헤브라이즘의 세례를 받은 책이다. 따라서 헬라적 사고에서 히브리적 사고로 전환하려는 노력을 부단히 해야 한다. 그렇지 않으면 자신은 선진신학을 하고 온 자라는 쓸데없는 허위의식 속에서 자신이

---

[122] 화이트헤드(A.N.Whitehead, 1861-1947)는 "모든 서양철학은 플라톤의 주석에 불과하다"는 말을 하였다. 이는 휴매니즘(인본주의) 전통을 두고 한 말이다. 즉 희랍·로마의 고전세계(헬레니즘)에 대한 연구가 얼마나 서구라파 근대문명의 특징을 형성시키고, 또 얼마나 배타적인 자기 우월감을 낳았는지를 단적으로 표현하는 말이다. 김용옥, "르네쌍스 휴머니즘과 中國經學의 성립",《절차탁마 대기만성》, 210. 그런데 '헤브라이즘으로 돌아가야 한다(종교개혁)'는 '새로운 복고(=르네상스)'는 헬레니즘인 '휴매니즘적 르네상스'가 아니라 헤브라이즘인 '예수 르네상스'이어야 한다.

[123] 일제 35년 동안 식민지 시대를 살았던 우리 선조들은 알게 모르게 식민지적 사고방식을 지닐 수밖에 없다. 어떤 분이 아니라고 강변할지 모르나 결코 그렇지 않다. 식민지적 사고방식을 벗어나려면 또 그만한 시간이 필요하다. 필자는 한국의 신학자들은 그동안 '서구신학의 유통업'을 해 왔다고 말하고 싶다. 대전신대 김덕기 교수는 필자와의 대화 (2007년 여름)에서 한국신학의 수준은 '서구신학의 번안신학' 수준이라는 말을 했다.

헬라적 사고에 기초한 잘못 된 성경 이해를 하고 있는지도 모른 채 계속 자신이 옳다고 착각하는 어리석음에 빠질 수 있음을 명심해야 할 것이다.[124]

2) '요한복음 연구(서구신학)'에 대한 재검토

(1) 기존의 요한복음 연구에 대한 불만

불트만을 비롯한 기존의 요한복음 연구에 대한 필자의 불만은 당시 사람들로부터 이해받지 못하는 절망적인 고독 속에서도 새로움을 추구해 간 후기 인상파 화가 세 거장(세잔느, 고흐, 고갱)이 갖고 있던 강한 불만,[125] 즉 무언가 중요한 것이 빠져 있다는 느낌과 그 맥을 같이 한다. 기존의 요한복음 연구는 세잔느의 생각처럼 겉으로 들어난 문자나 본문을 갈기갈기 파편화시켜 분석하는 데 집착한 나머지 전체 구조의 완벽한 균형과 조화의 아름다움을 보지 못했다.

또한 고흐의 생각처럼 요한복음이 예수의 최측근 제자인 사도 요한이 원저자임을 제대로 파악하지 못함으로 인해 예수를 향한 사도 요

---

[124] 그 반대로 동양적 사고의 세례를 받은 사람들이 서구신학에 대한 반동으로 토착화신학이니, 민중신학이니 하면서 성경을 유불도의 아시아적 사고나 현대사회학적 사고로 성경에 접근하는 것도 주객과 본말이 전도된 빗나간 사고임을 분명히 인식해야 한다.
[125] 현대 미술의 아버지라 불리는 세잔느(P.Cezanne, 1839-1906)는 인상주의자들이 순간 순간의 감각에만 너무 사로잡힌 나머지 과거의 위대한 그림들이 보여준 자연의 굳건하고 지속적인 조화로운 균형과 질서가 사라졌다고 느꼈다. 태양의 화가 반 고흐(V. van Gogh, 1853-90)는 인상주의가 시각적 인상에만 집착하여 빛과 색의 광학적 성질만을 탐구한 나머지 예술가가 가져야 할 강렬한 정열과 개성있는 표현을 상실했다고 보았다. 타이티 섬의 화가 고갱(P.Gauguin, 1848-1903)은 전통적인 유럽 미술의 인습적인 형식과 단순한 기교를 혐오하면서 원주민들의 정신 속에 깃든 단순함과 순수함에 대한 강한 열망을 열정적으로 드러내는 그림을 그렸다. 더 자세한 설명은 E.H. Gombrich, 《서양미술사》, 427-441을 참조하세요.

한의 파토스적 정열과 사랑의 감동을 느끼지 못하게 했다. 나아가 고갱의 생각처럼 요한공동체가 처해 있는 환난과 핍박이라는 묵시문학적 현실을 외면한 채 헬레니즘에 입각한 사변적인 지적 유희와 현란한 언어적 기교에만 매달린 나머지 요한공동체가 처해 있는 절박한 위기와 현실적 고통을 담지한 묵시문학적 암호상징(상징코드) 속에 깃든 단순함과 순수함의 힘을 제대로 인식하지 못했다.

(2) 분석(analysis)에서 종합(synthesis)으로!

서구신학자들은 성서(신학) 연구에 있어서 부분적, 분석적으로 보는 데에는 탁월하지만[126] 종합적, 전체적으로 보는 데에는 미흡하다.[127] 이 같은 사실은 요한복음 연구에 있어서도 예외는 아니다. 요한복음은 사도 요한이 일생을 두고 사색하고 묵상하는 가운데 그 누구도 모방하거나 흉내낼 수 없는 다양한 상징기법을 사용하여 이룩해 낸 완벽한 유기적 통일체, 즉 "통으로 짠 이음새가 없는 옷과 같다"(19: 23).[128]

요한복음은 전체가 통으로 짠 옷이기 때문에 어떤 대목도 전체와 관련된 통째로 해석(이해)하지 않으면 그 해석은 빗나갈 수밖에 없다.

---

126) 이현주 목사는 지금까지의 성경읽기는 분석하고 쪼개는 일을 능사로 삼음으로써 하나님의 말씀이 성도들의 가슴속에서 실신당했다고 말한다. 그러면서 동양적 사유양식을 통해 제자 요한의 말 속에 숨어 계신 스승 예수를 드러내 보이고, 말씀 속에 내재하신 하나님을 볼 수 있도록 하고자 했다. 더 자세한 설명은 이현주, 《요한복음묵상》을 참조하세요.
127) Kee는 마가를 연구함에 있어서 저자의 의도를 전체적으로 보는 것의 중요성을 강조한다. H.C.Kee, 《마가복음연구: 새 시대의 공동체》, 12.
128) R.Kysar, 《설교자들을 위한 요한복음 해석》, 25. 완벽한 통일체를 이루는 요한복음과는 달리 요한계시록은 묵시적 성격(1:7-12a과 4:1-22:5)을 띠는 제1판(주후 50-60년대)과 예언적 성격(1:1-6과 1:12b-3:22)을 띠는 제2판(주후 90-100년)의 두 단계로 되어 있다는 점에 대해서는 D.E.Aune, 《요한계시록 1-5》, 167-186을 참조하세요.

전체 속에서 부분을 바라보는 것과 전체를 모르고 부분에만 매이는 것은 전혀 다르다. 기존의 요한복음 연구의 문제점 및 결정적 실패는 전체가 완벽하게 하나의 유기체로 되어 있는 복음서를 부분적, 단편적 연구로 접근함으로써 전체적인 이해를 상실했다는 데 있다.[129] 즉 개개의 부분적인 나무는 보았을지 모르나 전체적인 숲은 보지 못했다. 이로 인해 요한복음이라는 전체 그림이 주는 감동과 진면목을 제대로 보지 못했다.[130]

자동차 엔진의 각 부품들이 긴밀하게 상호 연결되어 있듯이 요한복음은 어휘 하나, 문장 하나, 단락 하나, 각 장 하나하나가 긴밀하게 상호 연관되어 있다. 따라서 어떤 부분이나 어떤 주제를 따로 떼어 연구하는 것은 기본적으로 빗나가는 해석이 될 수밖에 없다. 가령, 니고데모를 해석할 때 니고데모가 나오는 세 장(3장, 7장 19장) 모두를 염두에 두지 아니하고 3장만 따로 떼어 해석할 경우 니고데모의 해석은 빗나갈 수밖에 없다.[131] 또한 도마를 해석할 때 도마가 나오는 모든 장(11,

---

129) 요한복음은 시대적 배경, 전승적 배경, 저자, 목적, 주제, 구조, 상징, 문학적 장르, 언어, 문제 등 모든 것이 하나의 유기체로 되어 있다. 따라서 이 모든 것을 종합적으로 완벽하게 이해할 때만이 해석의 빗나감을 면할 수 있다.

130) 요한은 복음서 전체를 교차대구구조나 각종 상징코드로 긴밀히 상호 연관지어 놓았다. 가령, 본론의 첫장인 2장의 가나의 혼인잔치 표적은 그 자체만으로 끝나는 것이 아니다. 일곱 표적을 언급하는 제1부(2-11장)의 다른 여섯 개의 표적과 긴밀히 연관되어 있다. 따라서 일곱 표적을 하나로 다 모았을 때 저자가 말하는 새로운 의미를 알 수 있다. 더 자세한 설명은 349쪽 이하의 "표적상징코드"를 참조하세요.

131) 요한복음 3장에 나오는 유대인 관원 니고데모와 4장에 나오는 사마리아 여인을 대조하면서 유대인 엘리트인 니고데모는 실패했고, 사마리아 여인은 성공했다는 김병국의 해석은 요한복음 연구에 있어서 전체가 아닌 부분을 가지고 연구하는 것이 얼마나 빗나가고 있는가를 보여주는 단적인 예이다. 김병국, "설교에 도움이 되는 요한복음의 상징어 연구", 《요한복음: 어떻게 설교할 것인가》, 61-62. 또한 3장의 니고데모라는 인물을 상응하는 18-19장의 빌라도와 관련지어 보지 않고, 그는 신앙적으로 애매모호한 인물이라고 보는 견해(S.E.Hylen, *Imperfect Believers*, 23-40) 또한 빗나간 해석이다. 요한복음에 나타난 바리새 유대교인인 니고데모는 개종이라는 엄청나게 힘든 과정을 극복하고 예수의

14, 20, 21장)을 염두에 두지 않고 20장에 나오는 도마를 따로 떼어 해석할 경우 도마는 '의심 많은 제자'라는 피상적이고 빗나간 해석을 모면할 수 없다.[132]

(3) 성경연구(주석) 시의 두 유의사항

성경 연구[133]나 주석을 행할 때 주의해야 할 두 가지가 있다.

첫째, '역사'를 중심으로 한 통시적(diachronic) 연구에 머물러서는 안 되고, '언어'를 중심으로 다루는 공시적(synchronic) 연구,[134] 즉 최종 형태(현재)의 본문이 무엇을 말하고 있는지를 음미하고 조망하는 데까지 나아가야 한다. 본문 배후에 있는 역사나 자료의 전승과정, 편집, 재구성에 매달린 나머지 최종 형태의 현재의 본문(정경)[135]이 말하고자 하는 의도를 놓쳐서는 안 된다는 점이다. 우리에게 중요한 것은 현재의 본문이기 때문이다.

둘째, 전통적인 주석(exegesis) 작업이 단어풀이, 구절풀이에만 매달

제자가 된 신앙의 모델을 보여주고 있다. 서사비평의 대표자인 컬페퍼는 요한복음에서 예수는 주인공이며, 대부분의 다른 등장인물들은 조역들로서 이러한 관찰은 요한복음의 문학적 구조를 이해하기 위해 중요하다고 말한다. R.A. Culpepper, *Anatomy of the Fourth Gospel*, 104. 그러나 컬페퍼의 '니고데모' 해석에 대한 문제점에 대해서는 557쪽의 각주 209번을 참조하세요.

132) 도마를 '회의주의자(의심 많은 제자)'로 보는 시각도 마찬가지다. 오히려 도마는 '최고 신앙모델'이다. 도마에 대한 자세한 논의는 384쪽 이하의 "인물상징코드의 실례: 도마(최고의 신앙모델)"를 참조하세요.

133) 자료비평, 양식비평, 편집비평은 통시적 연구방법에 속하며, 사회학적 비평, 정경비평, 수사학적 비평, 구조주의비평, 설화비평, 독자-반응비평 등은 공시적 연구방법에 속한다.

134) 요한복음에 대한 공시적 연구, 즉 문학비평 연구서로는 R.A.Culpepper, *Anatomy of the Fourth Gospel*이 있다.

135) 정경비평에 대해서는 B.S.Childs, *Introduction to the Old Testament as Scripture*를 참조하세요.

려 온 경향이 있는데, 이를 극복해야 한다는 점이다. 즉 문자 하나하나에 얽매이기보다는 성경 전체의 대의 파악에 더 큰 관심을 가져야 한다. 텍스트가 전체적으로 무엇을 증언하고 있는지를 놓쳐서는 안 된다. 그렇지 않을 경우 주석자는 나무는 보되 숲을 보지 못하는 함정에 빠지고 만다.[136] 특히 전체가 완벽한 통일체로 구성되어 있는 요한복음의 경우는 더욱 그러하다. 불트만을 비롯한 기존의 요한복음 연구의 실패의 요인도 이에 기인한다.

한편, 성경은 본래 교회를 위한 책이자 신앙(복음전도)을 위한 책이다. 성경은 학교에서 학문적으로 연구하기 위한 목적으로 쓰여진 책이 아니다. 성경을 연구하는 학자들은 이 점을 깊이 명심할 필요가 있다. 교회와 신앙(복음전도)에 도움이 되지 않는 성경 연구는 무익할 뿐만 아니라 실은 큰 해악이 된다. 그럼에도 불구하고 얼마나 많은 학자들이 학문이라는 이름 아래 교회와 신앙(복음전도), 그리고 성경의 권위를 무너뜨려 왔는가. 따라서 필자는 요한복음을 성경적,[137] 교회적,[138] 선교

---

[136] 더 자세한 설명은 왕대일,《묵시문학연구》, 210-212, 187-188 n. 1.
[137] 종교개혁자들은 '오직 성경(sola scriptura)'과 '성경이 성경을 해석한다(sui ipsius interpres)'를 개신교의 성경 해석 원리로 삼았다. G.F.Hasel,《구약신학: 현대 논쟁의 기본 이슈들》, 21-22. 이 말은 구약을 해석할 때 신약적(기독론적)으로 해석할 필요가 있다는 것이며, 신약을 해석할 때 그 뿌리가 되는 구약적(히브리적) 배경 하에서 해석할 필요가 있다는 것이다. 왜냐하면 신약적(기독론적)으로 해석하지 않는 구약해석은 유대교일 뿐이며, 구약적(히브리적) 배경 하에서 해석하지 않는 신약 해석은 그 가장 중요한 근본을 배제한 해석이기에 피상적 이해로 귀결될 수밖에 없기 때문이다. 성경 밖의 문서나 사상(헬라적 배경), 또는 여러 신학자들의 이론보다 성경 안(구약적-히브리적 배경)에서 요한복음을 연구하는 것이 바람직하다.
[138] 믹스는 요한공동체(요한의 교회)를 세상으로부터 소외된 '섹트 집단'으로 보고 있기 때문에 제4복음서에는 '교회론'이 부재하다고 말한다. W.A.Meeks, "The Man from Heaven in Johannine Sectarianism", 69. 그러나 이 같은 믹스의 주장은 요한복음이 교회의 존립을 위협하는 묵시문학적 박해상황 속에 놓여 있다는 사실을 간과한 무지에서 비롯되었다는 것이 필자의 생각이다. 묵시문학적 박해상황 속에 있는 계시록이 교회론으로 가득 차 있듯이, 요한복음은 전체가 교회의 생존과 관계된 교회론으로 가득 차 있다.

적, 그리스도 중심적으로 써 갈 것이다.

3) 기존의 '요한복음' 연구자에 대한 비판

(1) 불트만 교수 – 헬레니즘적 인간학

불트만(R.Bultmann, 1884-1976)은 20세기 최고의 신약학자로 불린다.[139] 그는 많은 제자를 배출한 '불트만 학파'의 좌장이기도 하다. 신약학 연구를 불트만 이전과 이후로 가를 만큼 그는 신약학의 독보적 존재이다.[140] 특히 1941년에 출판된 그의 《요한복음서연구》에 대한 평가는 다양하지만 아마도 20세기 성서학 연구에 가장 큰 영향력을 미쳤음에 틀림없다.

그런데 요한복음 연구에 있어서 불트만과 그의 학파 및 그 후의 모든 서구 신약학자들은 주장하는 바가 약간씩 다를 수는 있으나, 넓은 틀에서 보면 거의 같은 범주 안에 있는 것으로 볼 수 있다. 따라서 필자는 요한복음 연구의 대표적 학자인 그를 선택하여 다루려고 한다. 결론부터 말하자면, 외람되지만 필자는 그의 요한복음 연구가 세 가지 면에서 크게 빗나갔다고 말하고 싶다.

첫째, 불트만은 서구인들의 몸에 밴 헬라적 배경(헬레니즘)에 경도된 나머지 요한복음을 비롯한 신약성경이 얼마나 구약적, 히브리적 배경(헤브라이즘) 아래 저술되었는지를 제대로 인식하지 못했다. 유대적, 묵

---

139) 불트만 신학의 전체상에 대해서는 김동건,《현대신학의 흐름: 계시와 응답》, 365-480을 참조하세요.
140) 애쉬톤은 요한복음 연구사를 "불트만 이전, 불트만, 불트만 이후"라는 제목으로 나눈다. J.Ashton, *Understanding the Fourth Gospel*. 그 동안 신약학자들은 불트만을 기준 삼아 신약을 연구했는데, 이제 불트만에 대한 신화와 허상을 깨부수어야 할 때가 왔다.

시문학적 배경 아래 쓰인 요한복음을 헬라적, 영지주의적 배경 아래에 있는 것으로 보고 연구한 그의 《요한복음연구》는 근본적으로 실패했다.[141]

그는 유대인들이 유대교에 얼마나 강한 집착을 갖고 있는지, 그로 인해 주변에 있는 다른 민족과 융합할 수 없는 민족이라는 사실을 제대로 직시하지 못했다.[142] 그는 게르만 민족의 후손인 독일인으로서 히브리 민족의 후손인 유대인 요한을 제대로 바라볼 수 있는 눈을 갖지 못했다. 더욱이 그는 나치 치하에서 유대인에 대한 혐오와 더불어 구약성경에 대한 많은 부정적인 생각을 가지고 있었다.

불트만은 이스라엘(구약) 역사를 '실패의 역사'로 보면서 '구약성경은 옛날이나 지금이나 유대인에게는 하나님의 계시이나 기독교인에게는 더 이상 계시가 아니다"라고까지 말했다.[143] 그런데 그가 간과하고 있는 것이 있다. 신약성경의 저자가 거의 다 유대인이라는 것, 유대인들은 수천 년 동안 내려 온 히브리 문화와 종교 전통(헤브라이즘)이 몸에 배어 있기에 그것을 바꾼다는 것은 생각처럼 쉬운 일이 아니라는 것,[144] 더구나 신약성경의 저자들은 신약성경을 철저히 예수에 의한 구약성경의 성취로서 말하고 있다는 사실이다.

---

141) 불행하게도 사해 사본이 발견되기 직전인 1941년에 쓰인 불트만의 《요한복음연구》는 요한의 이원론의 기원이 헬라의 우주론에 기초한 헬라적 배경 아래에서 비롯된 것으로 보았다. 그러나 1947년 사해 사본이 발견된 후 요한의 이원론은 오히려 헤브라이즘적 배경, 즉 유대묵시문학(현 세상에 대한 실망감)적 배경 아래에서 비롯된 것임이 분명해졌다. P.N.Anderson, *The Riddles of the Fourth Gospel*, 34. 187-188. '요한복음의 구약적(유대적) 배경'에 대한 더 자세한 설명은 261쪽 이하의 "헬라적 배경에 대한 비판"을 참조하세요.

142) 더 자세한 내용은 김종빈, 《갈등의 핵, 유태인》을 참조하세요.

143) G. Hasel, 《구약신학: 현대 논쟁의 기본 이슈들》, 208-210.

144) 베드로는 복음의 정신, 곧 모든 장벽과 차별을 넘어서는 복음의 진리를 잘 알고 있었으면서도 유대인으로서 그것을 넘어선다는 것이 얼마나 어려운가를 우리에게 실감나게 보여주었다(행 10:9-16; 갈 2:11-16).

화이트헤드는 "모든 서양철학은 플라톤의 주석에 불과하다"는 말을 했다. 필자는 신약성경을 포함한 "모든 기독교 신학은 구약성경(모세)의 주석에 불과하다"라는 말을 하였다.[145] 본서를 통해 분명히 밝히겠지만 신약성경은 철저히 구약성경(헤브라이즘)에 의존하고 있으며,[146] 구약성경을 모르면 신약성경을 제대로 해석할 수 없다.[147]

또한 불트만은 루터교 목사의 아들로서 종교개혁주의 전통에 서 있는 독일 학자임에도 불구하고 "성경을 성경으로 해석한다(sui ipsius interpres)"[148]는 종교개혁의 전통보다는 성경 밖의 헬라철학, 영지주의 신화, 고대 근동문서 등에 지나치게 의존하였다. 그리하여 그는 유대적(구약적) 배경 아래 성장해 온 요한의 의도를 제대로 읽어내지 못했다. 앞으로 보겠지만 일곱 상징코드는 요한복음이 얼마나 철저히 유대적(구약적) 배경 아래 놓여 있는가를 잘 보여준다.

또한 요한은 '로고스', '진리'와 같은 헬라적 어휘를 사용하더라도 헬라적 고유개념과는 사뭇 다른 의미로 변주(변형)시켜 사용하였다. 히브리인들은 성경을 쪼개어 분석하기보다는 소리내어 반복적으로 읽었다. 그러면서 성경이 말하는 뜻을 몸으로 체득하고, 본문의 의미를 잘 모를 경우 어른에게 묻는 질문법을 사용하였다.[149] 유대인들은 질문하고

---

145) 박호용, 《출애굽기주석》, 20-21.
146) 더 자세한 설명은 262쪽 이하의 "구약적(유대적) 배경"을 참조하세요.
147) 신약성경이 구약성경과 얼마나 깊이 연관되어 있는가에 대해서는 G. von Rad(1901-71), Old Testament Theology, Vol. 2, Part Ⅲ, 383쪽에서 한 말에 잘 드러나 있다. "신약의 구원사건은 구약에 기록되어 있는 하나님과 이스라엘간의 관계의 역사의 확대이자 그 결론이다." '구약과 신약의 관계성'에 대해서는 박호용, 《폰라드: 실존적 신앙고백과 구원사의 신학》, 170-178을 참조하세요.
148) N.T.Wright의 저서는 성경을 성경으로 해석하는, 특히 구약성경의 빛에서 신약성경을 해석하고 있다는 점에서 필자는 기본적으로 그의 성서해석방법론에 찬동하며, 그에게 많은 빛을 지고 있다.
149) "후일에 네 아들이 네게 묻기를 우리 하나님 여호와께서 명령하신 증거와 규례와 법도가 무슨 뜻이냐 묻거든 너는 네 아들에게 이르기를 우리가 옛적에 애굽에서 바로의 종이

대답하는 대화식[150]을 지식과 진리를 터득하는 중요한 방식으로 삼았다. 이 같은 사실을 불트만은 제대로 깨닫지 못했다.

요한복음을 포함한 사복음서는 기본적으로 '이스라엘(유대인)의 이야기'이다. 예수는 누구나 알고 있는 전형적인 유대인이다. 마찬가지로 유대교(유대인)의 아들인 요한은 헤브라이즘의 아들이며, 헬레니즘은 헤브라이즘에 창조적으로 용해되어 버렸다. 신토불이(身土不二)라는 말이 있다. 요한은 히브리적인 것이 세계적인 것임을 보여주었는데, 히브리적인 것의 창조적 재해석을 통해 천하제일서 《요한복음》이라는 세계 최고의 걸작을 탄생시킨 것이다.[151]

둘째, 불트만은 20세기 전반기 성경연구의 한 방법론인 소위 '양식비평(Form Criticism)'의 한계를 여실히 드러내 주었다.[152] 그는 양식비평이 추구하는 문서화 이전의 구전 양식과 본문 배후의 '삶의 자리(Sitz im Leben)' 및 그 양식과 원시교회 상황의 상호관계성을 집중적으로 연구하였다. 이러한 그의 연구방법은 성경본문의 배후를 추적하고, 성경본문을 원자처럼 작게 쪼개서 연구하는 역사적-분석적 재구성 작업이었다.

이 같은 연구방법은 복음서의 배후에 '초대교회'가 있음을 밝힘으로써 학문적인 중요한 공헌을 하였다. 하지만 더욱 중요한 것은 본문의 배후보다는 최종 형태로서의 현재의 복음서(정경)이고, 복음서 전체에

되었더니 여호와께서 권능의 손으로 우리를 애굽에서 인도하여 내셨나니"(신 6:20-21).
150) 더 자세한 설명은 이대희, 《삶의 변화를 이루는 이야기대화식 성경공부》, 215-310을 참조하세요.
151) 오늘 우리 '한국 것의 세계화'라는 한류(韓流)에 대해서는 홍순도 외, 《베이징 특파원 중국문화를 말하다》, 327-366을 참조하세요.
152) 불트만의 연구방법인 양식비평이나 자료비평(세 자료설, 계시-어록 자료, 표적 자료, 수난 자료) 등은 통시적(역사적) 방법인데, 이 같은 접근법의 장점과 단점에 대해서는 P.N.Anderson, *The Riddles of the Fourth Gospel*, 106-111을 참조하세요.

나타난 저자의 의도를 통전적으로 파악하는 것이다. 그래서 20세기 후반기에 새로이 등장한 성경연구방법론이 편집비평(Redaction Criticism), 정경비평(Canonical Criticism)이었다. 이 연구방법은 저자(또는 편집자)에 의해 현재와 같은 책이 어떻게 편집되었고, 정경화되었으며, 저자(편집자)의 신학적 의도는 무엇인가를 파악하는 데 주안점을 둔 통전적(종합적) 연구방법이었다.

　어떤 본문을 세밀히 분석하는 것은 복음서 전체 해석을 위한 시작이자 준비작업일 뿐이다. 그것 자체가 해석의 주류나 끝마무리가 되어서는 안 된다. 즉 작은 단위의 본문 연구는 전체 복음서 안에서 재해석되어야 한다. 그러므로 본문을 주로 파편화, 원자화시켜 연구하는 양식비평의 분석적 연구방법은 성경연구의 과정으로서는 필요하나 정경으로서의 최종적인 형태의 현재의 복음서 연구에는 적합하지 않다. 특히 요한복음 같이 '통으로 짠 옷'처럼 전체가 완벽한 유기적 통일체로 되어 있는 책에는 더욱 그러하다. 그런데 참으로 유감이지만 불트만은 이 같은 요한복음의 특성을 전혀 인식하지 못했다.

　그리하여 그는 요한복음이 순서나 편집이 혼란스럽게 되어 있다고 보고 요한복음 전체를 (공관복음서에 기초하여) 재배치해야 한다는 소위 '위치변동설' 또는 '환치이론(Theory of Displacement)'[153]을 주장하면서, 자신이 가진 모든 지식을 총동원하여 요한복음 전체를 재배치하는 수고를 아끼지 않았다.[154] 가령, 현재의 고별설교(14-17장)는 순서가 잘못

---

[153] 이 같은 불트만의 주장은 '역사적 예수는 알 수 없다'는 그의 일관된 주장과 모순되는 자가당착이 아닐 수 없다. 더욱이 복음서 저자의 작품을 최종 편집자가 자신의 의도에 따라 복음서를 최종적으로 편집했다고 하면 왜 그는 이러한 무질서를 수정하지 않고 그냥 놔두었는가? 이는 편집자의 실수로 보아야 하는가?

[154] 20세기 초 마틴 켈러 이후 독일신학은 '역사적 예수(Historical Jesus)'는 알 수 없고, '신앙의 그리스도(Kerygmatic Christ)'만 알 수 있다고 결론지었다. 불트만도 이에 동의했다. 그런 그가 19세기 역사실증주의에서 벗어나지 못한 채 공관복음을 기준으로 역사적 순서에 따

되었다고 보고 다음과 같이 순서를 재배치해 놓았다. 13:1-30(배반예고), 17:1-26(고별기도), 13:31-35; 15:1-17(고별유언), 15:18-16:11(세상 속에 있는 공동체), 16:12-33(종말론적 상황으로서의 신자들의 미래), 13:36- 14:31(아들과 아버지의 교제). 이 같은 그의 작업은 고별기도가 고별설교의 서두에 와야 한다는 생각에 근거하고 있다.[155]

또한 2:13-25에 나오는 성전정화 기사는 수난 기사 부분으로 옮겨져야 하며, 3:13-36은 1:19-34 다음에 놓이든지, 아니면 3:19 뒤에 두어져야 하며, 6장은 5장 앞에 와야 하며, 10:22-39의 일부는 10:1-21의 기사 안에 흡수되어야 하며, 12:44-50은 어디에서 이탈한 것인지 정당한 위치를 정할 수 없다고 보았다. 이 같은 그의 주장은 요한복음이 얼마나 완벽한 천재적인 작품인지를 모르고 하는 불신앙과 무지의 소치가 아닐 수 없다. 현재의 요한복음의 자료 배열은 자료의 위치가 잘못 배열된 것이 아니라 요한의 신학적 의도에 따른 것이며, 그 속에는 놀라울 정도로 중요한 메시지를 담고 있다.

불트만이 6장이 5장 앞에 와야 한다고 주장한 이유는 4장과 6장이 예수의 갈릴리 사역으로 연결되고, 5장과 7장이 예루살렘 사역으로 연결된다는 생각에서였다. 그러나 그가 요한의 지리상징코드를 알았다면 그런 주장을 하지 못했을 것이다. 요한은 다섯 차례의 하강구조라는 지리상징코드에 따라 요한복음을 구성했던 것이다. 따라서 장의 순서를 바꾸게 되면 전체 구성이 깨지고 그 의미를 상실하게 되는 결과를 빗게 되는 것이다.[156] 불트만은 요한복음이 신학적 주제에 따라 교

라 요한복음을 재구성(환치이론) 하고자 하였다. 이는 그의 한계이자 자가당착이요 모순이다. 또한 요한의 의도를 전혀 고려하지 않은 그의 결정적 패착이었다.
155) R.Bultmann, *The Gospel of John*, 457-631.
156) 불트만의 《요한복음연구》와 필자의 본서 간의 결정적 차이는 불트만이 New-telling(새로 말하기)을 했다면, 필자는 Re-telling(다시 말하기)을 했다는 점이다. 그는 자신이 알고 있는 학문적 지식과 빛나는 이성을 총동원하여 요한복음에 대한 새로운 책을 썼다

차대구구조로 되어 있다든지, 각종 상징코드 가령, 표적상징코드를 사용하여 일곱 표적이 종합될 때 새로운 상징적 의미를 띤다는 사실을 전혀 알지 못했다.

구전 전승으로부터 현재의 복음서에 이르기까지 여러 전승층이 있거나 편집의 과정이 있다는 것은 이제는 학계의 상식이다. 중요한 것은 그러한 모든 과정은 현재의 복음서라는 완성된 책을 보다 잘 이해하기 위한, 또는 신앙에 도움이 되기 위한 수단으로 기능해야 한다는 점이다. 그렇지 않고 전체적인 통일성을 깨는 수단이나 부정적 의미로 사용되어서는 안 된다. 부분적인 분석에 매달리다 보면 요한복음 전체와 동떨어진 작업이 될 경우가 많다.

부분적인 것의 종합이 전체가 되는 것은 아니다. 마치 우리 몸의 여러 지체가 하나의 몸이라는 전체와 관련성을 가질 때 그 여러 지체는 자신의 본래적 의미를 갖는다. 몸 전체를 해체하여 그 잘려진 지체들을 모두 모아놓았다고 해서 그것이 살아있는 몸이 되는 것은 아니다. 요한복음 연구가 부분적인 이해의 나열이 되거나 부분적인 것의 단순한 결합으로서는 진실로 천재적인 작품의 참된 깊이와 감동을 도저히 접할 수 없다.

이미 언급했듯이 요한복음은 '통으로 짠 옷'처럼 전체가 유기적 관련성을 가지고 있기에 니고데모 이야기(3장, 7장, 19장)를 3장만이 아닌

(가령, 위에서 언급한 '위치변동설'과 같은 주장). 사람들은 새로운 물건이 나오면 호기심을 갖는 것처럼, 새로운 이론에 대해 깊은 관심을 갖는다. 그런데 Re-telling(다시 말하기)이란 자신의 주장을 앞세우기 전에 저자가 그 시대에 그 저서를 통해 말하고자 하는 바를 듣고자 하는 자세, 그리고 저자의 상황과 그 저서 자체에서의 의미, 나아가 다른 책들과의 비교 등을 통해 말하고자 하는 바를 살핀 뒤 그것을 오늘의 의미로 다시 체계 있게 설명하는 것을 말한다(가령, 요한복음의 전체 구조가 '5중하강구조'로 되어 있다는 필자의 주장). 진정한 힘(변화)은 Re-telling에 있다는 것, 가령, 르네상스(Re-naissance), 종교개혁(Re-formation)은 새로운 이론을 주장한(New-telling) 것이 아니라 '근원으로 되돌아가(Ad fontes!)' 고전을 다시 말한(Re-telling) 데 있었다.

7장 및 19장과 함께 다루어져야 하고, 또한 빌라도와 관련지을 때 전체적인 이야기의 진면목을 알 수 있다. 즉 모든 부분은 전체와의 관련성 속에서 이해되고 해석되어야 요한복음의 탁월함이 드러나게 된다.[157]

불트만은 본문이 말하는 음성을 겸허하게 듣거나 저자에게 그 의도를 물어보는 것을 우선하기보다는 자신의 좋은 머리와 많은 언어 지식 및 방대한 자료를 바탕으로 본문 속에 자신의 생각을 집어넣기 바빴다. 그는 요한복음 연구를 통해 자신이 하고 싶은 말을 하고자 했지, 저자 요한의 의도(메시지)에 귀를 기울이고자 하지 않았다.

그는 요한복음을 공관복음과 단순비교할 뿐 왜 요한은 하나님 나라를 거의 말하지 않는지, 왜 요한은 기독론에 초점을 맞추었는지, 왜 율법, 이적, 비유, 이방 선교를 말하지 않는지, 그 대신 공관복음과는 다른 독특하게 사용된 '에고 에이미' 말씀이라든가 공관복음과 전혀 다른 고별사나 수난사, 세례 요한에 대한 언급 등등에 대해 전혀 고려해 보지 않았다.[158] 수많은 질문을 던질 수 있으나 요한복음의 장수만큼만 질문해 보고자 한다.

1. 요한아, 너는 왜 공생애 전 40일간 광야에서 금식 기도하신 예수를 언급하지 않니?
2. 요한아, 너는 왜 베드로가 아닌 안드레가 먼저 부름을 받았다고 했니?
3. 요한아, 너는 왜 가나의 혼인잔치를 첫 표적으로 삼았니?
4. 요한아, 너는 왜 성전정화사건은 사역의 말기가 아닌 사역의 초기인 본론의 첫 장(2장)에 두었니?

---

157) 막스 갈로가 쓴 《나폴레옹》 전기를 읽다보면 저자가 마치 나폴레옹 마음 속에 들어갔다 나온 것 같은 느낌을 받게 된다. M.Galo, 《나폴레옹(1-5권)》을 참조하세요. 요한복음 읽기도 요한의 마음(의도)을 헤아리는 것이 무엇보다 우선한다.
158) R.Bultmann, 《신약성서신학》, 362.

5. 요한아, 너는 왜 공관복음에서 그렇게 많이 나타나는 '하나님 나라'를 3장과 18장에서만 쓰고 있니?

6. 요한아, 너는 왜 '진리' 어휘와 '진실로 진실로' 어휘를 똑같이 25회 사용했니?

7. 요한아, 너는 왜 '사랑하다' 어휘와 '구원하다' 어휘를 3:16-17에서 처음 사용했니?

8. 요한아, 너는 왜 사마리아 여인의 남편을 '여섯'으로 말하고 있니?

9. 요한아, 너는 왜 유월절을 한번이 아닌 세번으로 했니?

10. 요한아, 너는 왜 '오병이어 표적'과 '물 위를 걷는 표적'을 함께 붙여 놓았니?

11. 요한아, 너는 왜 공관복음에서 사용하지 않는 '메시아' 어휘 또는 '디베랴' 어휘를 굳이 사용했니?

12. 요한아, 너는 왜 '열두 제자'를 6장에서만 꼭 3회, 그것도 '생명의 떡' 말씀 강화에서만 사용하고 있니?

13. 요한아, 너는 왜 '다윗'을 단 한 구절(7:42)에서만 언급했니?

14. 요한아, 너는 왜 '이적'이 아닌 '표적' 어휘를, 그것도 17회를 사용했니?

15. 요한아, 너는 왜 실명이 아닌 '예수께서 사랑하는 제자'라는 익명을 쓰고, 그것도 13장에서 처음 나타나게 했니?

16. 요한아, 너는 왜 예수의 정체성을 '일곱 이중말씀'으로 사용하여 표현했니?

17. 요한아, 너는 왜 공관복음보다 훨씬 길게 빌라도와의 대화를 다루고 있니?

18. 요한아, 너는 왜 부활절 아침에 막달라 마리아 혼자 무덤에 찾아간 것으로 했니?

19. 요한아, 너는 왜 부활하신 주님이 제팔일에 다시 도마에게 나타

나게 썼니?

20. 요한아, 너는 왜 요한복음의 기록 목적을 부활장인 20장 끝에 놓았니?

21. 요한아, 너는 왜 '시몬 베드로'라고 하지 않고 굳이 '요한의 아들 시몬아' 호칭을 쓰고, 그것도 번거롭게 세 번씩이나 사용했니?

가장 기본적인 이 같은 질문들조차 불트만은 그의 《요한복음연구》에서 아무런 대답도 하고 있지 않다는 사실이 그저 놀라울 뿐이다.

불트만은 신약성서의 세계관은 본질적으로 '신화론적 세계관'에 속하며, 따라서 20세기 과학적 세계관 속에 사는 현대인에게는 맞지 않다는 것이다. 그러기에 신약성서의 본문을 비신화화(demythologization) 해야 한다고 주장하였다.[159] 이 같은 불트만의 비신화화 해석학은 근본적으로 '현재에 대한 강조', 즉 현재적 삶을 강조하는 딜타이(W. Dilthey, 1833-1911)의 생철학, 현재적 실존과 결단을 강조하는 키르케고르(S.Kierkegaard, 1813-55) 및 하이데거(M.Heidegger, 1889-1976)의 실존주의 해석학[160]에 강한 영향을 받았다.

그런데 불트만의 비신화화 이론은 순기능적으로 성서이해의 새로운 국면을 개척했다는 점에서 공헌도 있지만[161] 주후 1세기 팔레스타인

---

159) 불트만의 '비신화화와 해석학'에 대한 자세한 설명은 김동건, "비신화화와 해석학", 《현대신학의 흐름》, 444-465을 참조하세요.
160) 20세기 전반 불트만은 '하이데거의 실존철학'에 많은 영향을 받았는데, 이것이 그의 신학체계를 세우는 데에는 플러스 요인으로 작용했을지는 모르나 성경을 올바르게 이해하는 데에는 오히려 마이너스로 작용했다는 것이 필자의 생각이다.
161) 도올은 불트만의 비신화화 이론에 대해 "그의 공로는 혁혁하며, 서양해석학의 위대한 성과로 간주되어야 한다"고 말했다. 김용옥, "東西解釋學理論의 역사적 개괄", 《절차탁마 대기만성》, 23.

상황(정확히는 묵시문학적 박해상황)에서 그렇게 표현할 수밖에 없었던 저자의 의도(설령 그것이 신화적 언어라 할지라도)를 제대로 파악하지 못한 채 수행함으로써 해석상의 결정적인 실패로 귀착되는 역기능적으로 작용했다는 사실을 간과해서는 안 된다.

셋째, 불트만의 치명적인 실패는 유대묵시문학에 대한 이해의 결여에 있다.[162] 아래에서 자세히 살펴보겠지만 유대묵시문학은 신약성경의 가장 중요한 장르적 특징 가운데 하나이다. 특히 요한복음은 묵시문학적 상징코드로 절여져 있다. 따라서 유대묵시문학에 대한 이해의 결여는 그의 요한복음 연구를 결정적으로 빗나가게 한 동인이라고 필자는 감히 주장한다.

요한복음은 진공상태에서 쓰이지 않았다. 요한복음은 특수한 시대와 장소인 유대세계와 그레코-로만 세계에 참여하기 위해 쓰였다.[163] 신약성경을 배태한 주후 1세기 시대상황은 기독교에 있어서는 묵시문학적 위기상황, 즉 유대교 당국과 로마제국에 의한 고난과 박해라는 종말론적 수난과 순교상황이었다. 이런 속에서 정도의 차이는 있지만 모든 신약문서는 묵시문학적 사고 속에서 쓰였다. 이것은 비단 신약문서 가운데 유일한 묵시문서로 분류되는 요한계시록에만 해당되는 말은 아니다.

주후 1세기가 지나면서 박해도 줄어들고 교회가 제도화되면서, 기존질서에 대한 전복적 성향을 지닌 묵시문학 운동은 서서히 시들어가기 시작하였다. 이러한 분위기는 20세기 이전까지 계속되었다. 특히

---

162) 문학적 친척관계에 있는 (묵시문서인) 계시록을 모르고 쓴 불트만의 *The Gospel of John*은 결정적으로 빗나갈 수밖에 없었다.
163) A.J.Köstenberger & S.R.Swain, *Father, Son, and Spirit: The Trinity and John's Gospel*, 23-27.

19세기 들어서면서 과학 기술의 발전과 더불어 역사학 및 고고학을 통한 종교사학파의 발전은 자유주의 신학을 낳았고, 역사에 대한 낙관주의적 분위기가 지배적이었다. 따라서 역사에 대한 비관적 시각을 가진 묵시문학은 신학적 논의에서 제외되거나 경시되었다.[164]

그런데 새로운 세기에 접어들면서 슈바이처(A.Schweitzer)는 천재적인 통찰을 가지고 자유주의 신학자들의 모든 예수생애 연구가 결과적으로 실패했다고 선언하였다. 그러면서 예수의 종말론은 다니엘과 바르 코크바(Bar Kokba) 사이의 '유대묵시문학의 표현'이라면서, "묵시문학이 없이는 예수도 존재할 수 없다"는 충격적인 외침을 던졌다.

그러나 불트만을 비롯한 대부분의 신학자들은 그의 외침을 외면했고, 묵시문학은 수면 밑으로 가라앉고 말았다. 불트만은 20세기 전반기의 대표적인 신학자였지만, 근본적으로 종교사학파와 자유주의 신학으로 대표되는 19세기의 아들이었다. 그는 묵시문학에 대해 거의 관심이 없었다.

묵시문학에 대한 새로운 관심은 제2차 세계대전 이후부터 본격적으로 일어났다.[165] 불트만의 제자 케제만(E. Käsemann)은 지금으로부터

---

164) 칼 브라텐은 자유주의 신학은 예수를 가능하면 비묵시문학적인 자로 만들려고 하는데, 그 까닭은 자유주의는 모든 문화에 있어서 특권층의 종교로서 묵시문학의 反문화적인 사고방식을 혐오하기 때문이라고 말한다. 그는 이렇게 말한다. "어떤 의미에서 교회사는 허위에 가득 차 있다. 왜냐하면 역사의 패배자에 대한 기록들은 불태워졌거나 파괴되었기 때문이다 …. 특히 묵시문학적 문서들은 금서 목록 속에 들어간다 …. 묵시문학을 재발견함으로써 전통적인 정통성의 편협한 한계가 철폐될 것이라고 나는 믿는다. 케제만이 '묵시문학은 정통적인 교회와 그 신학의 호의를 받아 본 적이 거의 없었다'고 주장한 것은 정당하다. 케제만은 말한다: '교회의 신학은 대체적으로 묵시문학을 극복하는 것을 그 과제로 보았다.' 역사에서 교회로 하여금 거듭하여 경직된 구조와 위치를 떠나서 진실로 하나님 나라를 추구하는 엑소더스 운동이 되도록 만들었던 것은 바로 묵시문학적인 기대였다." C.E.Braaten, "The Significance of Apocalypticism for Systematic Theology", "묵시문학과 조직신학",《신학사상》30, 1980, 가을호, 521-522.
165) 묵시문학에 대한 새로운 관심은 제2차 세계대전을 통한 위기의식의 증대라는 시대적

50년 전인 1962년 발표한 논문에서 "묵시문학은 그리스도교 신학의 어머니다"[166]라고 주장하였다. 이로 인해 슈바이처 이후 반세기 동안 잠자던 묵시문학의 가치에 대한 재평가가 활발하게 진행되었다. 이 같은 케제만의 주장은 실존주의적, 해석학적 신학자들로부터 거센 반발을 받았다. 노골적으로 반기를 든 사람은 그의 스승 불트만과 에벨링(G. Ebeling) 및 푹스(E. Fuchs)였다.[167]

불트만은 비신화화 이론에 의거하여 묵시문학을 신화의 영역[168] 속에 던져 버림으로 전통적인 기독교 신학 입장을 변호하였다. 그는 묵시문학과 종말론을 구별하면서, '묵시'라는 말을 '종말론'이라는 말로 바꾼다면 케제만의 주장에 동의할 수 있다는 말까지 했다.[169] 이 말 속에서 우리는 불트만이 묵시문학에 대해 무관심했을 뿐만 아니라, 그가 얼마나 묵시문학에 대해 무지한가를 동시에 엿볼 수 있다.[170]

본래 학문이 없었던 어부 출신 요한에게 있어서 유대묵시문학은 친

상황과 사해 사본과 같은 새로운 고대 문서의 발견 등을 들 수 있다.

166) 더 자세한 논의는 E.Käsemann,"Zum Thema der urchristlichen Apokalyptic", ZthK 59(1962): 257-284,"원시 그리스도교 묵시문학의 주제",《신학사상》 30, 1980, 가을호: 480-511을 참조하세요.

167) 두 가지 이유에서 그들은 묵시문학과 상관하기를 원치 않았다. 첫째, 묵시문학은 예수의 설교에서뿐 아니라 바울과 요한의 신학에서도 본질적인 것이 되지 못한다고 생각했다. 둘째, 현대 그리스도인들이 그들의 경험적 세계를 해석하기 위하여 개념을 형성하는데 묵시문학은 아무 도움이 되지 못한다고 생각했기 때문이다. 그러면서 묵시문학이 아니라 종말론이 그리스도 신학의 출발점이라는 것이다. C.E.Braaten, 윗글, 515.

168) 묵시문학에서 고대근동의 창조 모티프를 사용하고, 하나님을 신적 전사(Divine Warrior)로 묘사하는 것은 사탄과의 우주적 전쟁을 통해 '새 세상(새 하늘과 새 땅)'을 염원한 묵시문학적 글쓰기에 의한 것이다.

169) 묵시문학과 불트만의 관계에 대한 자세한 신학적 논의에 대해서는 김달수,《신약신학과 묵시문학》, 11-86을 참조하세요.

170) 신약성경에서 '마지막 일들' 또는 '궁극적 일들'을 다루는 종말론은 기본적으로 유대묵시문학적 토양에서 배태된 것이다. '종말론의 유형'에 관한 자세한 설명은 C.E.Braaten,《역사와 해석학》, 209-228을 참조하세요.

숙했지만 헬라 영지주의는 낯선 것이었다. 요한복음에 나타나는 빛과 어둠, 진리와 거짓, 자유와 노예됨, 생명과 죽음 등을 불트만은 헬라적 개념인 영지주의적 이원론으로 보고 있다.[171] 그러나 이는 유대적(히브리적) 개념의 묵시문학적 이원론으로 보아야 할 것이다. 영지주의적 이원론은 분리(양손의 의미)적 의미를 지니는 반면, 묵시문학적 이원론은 구분(한 손의 양면)적 의미를 갖는다.

그러니까 빛과 어둠은 두 개의 다른 독립된 실체라고 보는 영지주의적 이원론과는 달리 묵시문학적 이원론에서는 어둠은 빛의 결여, 즉 예수가 없는 상태를 말한다. 거짓도 다른 독립된 실체로 보는 것이 아니라 진리의 결여, 즉 예수가 없는 상태를 말한다.[172]

불트만(거의 모든 서구신학자들도 포함)이 요한복음에서 묵시문학을 전혀 보지 못했던 이유는 무엇일까? 그것은 해석을 위한 인식의 지평(삶의 자리)이 같지 않기 때문이다. 저자(본문)와 해석자(독자)가 서로 같은 상황이 아니면 공감이 제대로 안 이루어지고, 공감이 제대로 안 이루어지면 해석은 빗나가게 되어 있다.[173]

요한복음은 학자들이 한가하게 책상머리에 앉아 현학적 언어유희를 즐기는 그런 상황에서 나온 책이 아니다. 요한복음은 요한공동체 멤버들이 그 동안 몸담고 있던 유대교 회당으로부터의 출교와 가이사 황제숭배가 강요되는 심각한 상황[174] 속에서 예수께 충성할 것인가 배

---

171) R.Bultmann, 《신약성서신학》, 375-379.
172) 더 자세한 설명은 김춘기, 《요한복음연구》, 115-124을 참조하세요.
173) 더 자세한 설명은 이민재, "역자후기: 전환기에 잡은 행운", 《마이스터 에크하르트 2》, 295-329을 참조하세요.
174) 카터는 요한복음 연구에 커다란 영향을 미친 불트만의 개인적이고, 영성화되고, 실존주의적 읽기는 로마제국적 상황을 깊이 고려하지 않은 빗나간 읽기라고 비판하고 있다. W.Carter, *John and Empire*, 7-8.

교할 것인가 하는 절박한 묵시문학적 위기상황에서 태동한 것이다.[175]

그런데 불트만의 삶의 자리는 묵시문학적 위기의식을 가질 만한 삶의 자리가 아니었다. 그는 낙관적인 시대적 분위기 속에서 살았다. 또한 그는 루터교 목사의 아들로서, 사회적 지위와 존경의 대상이 되는 엘리트 집단의 한 사람이었고, 하고 싶은 학문을 자유롭게 할 수 있었던 사람이다. 그는 아무런 어려움 없이 학자의 길을 걸었고 안정된 생활을 영위하였다. 그는 '머리(이성)'로 신학을 했지, '가슴과 몸(마음)'으로 신학을 한 사람이 아니다.[176]

불트만은 수백 년 동안 계속된 식민지적 포로상황과 정치적, 경제적, 종교적 억압과 박해로 점철된 주후 1세기의 묵시문학적 위기상황이 몸에 체득되지 않았다.[177] 즉 불트만은 20세기, 서구 유럽, 독일인의 눈으로 성경을 읽으면서 주후 1세기 로마 지배하에 있던 팔레스타인에 살고 있는 유대인들의 삶의 자리와 사유방식 및 종교문화에 대해 깊은 공감을 하지 못했다. 그리고 안정된 삶을 영위하는 그로서는 기존질서에 대한 전복적 성향을 띤 묵시문학적 불온문서가 맘에 들지 않았다.

그리하여 그는 신약성경을 읽으면서 예수를 묵시문학적 시대상황과 분리된 무시간적 진리를 가르친 위대한 교사로 생각하는 시대착오적

---

175) 묵시문학의 기원(태동)이 위기의식과 위기상황의 반영이라는 것에 대해서는 J.J.Collins, "The Apocalyptic Technique: Setting and Function in the Book of Watcher," 110; A.Y.Collins, *Crisis and Catharsis: The Power of the Apocalypse*, 165-175; 왕대일,《묵시문학연구》, 50을 참조하세요.
176) 불트만을 비롯한 서구의 전통적인 성서해석방법은 '관념론적'이라는 하나의 카테고리로 묶을 수 있다. 기존의 양식비평의 맹점은 문학양식이 생겨난 삶의 자리를 순전히 종교적, 제의적, 또는 신학적 삶의 정황에만 국한시켰고, 그것을 사회적 전체에까지 확대하여 보지 못한 데 있다. 더 자세한 설명은 김창락,《새로운 성서해석: 무엇이 새로운가?》, 172-186을 참조하세요.
177) 남미의 해방신학, 미국의 흑인신학, 한국의 민중신학이 나오게 된 시대적 상황은 식민지 지배, 경제적 가난, 인종차별, 정치적 독재에 의한 고통과 차별과 억압의 상황이다.

사고방식에 빠졌던 것이다. 더욱이 요한계시록과 거의 같은 시대의 작품인 요한복음이 전복적 성향을 띤 묵시문학 작품이라는 사실을 전혀 눈치채지 못했다. 가령, 불트만은 요한복음에는 상징어가 많다는 사실을 잘 알았다. 그러나 그것이 묵시적 상징어라는 사실에 대해서는 전혀 감지하지 못했다. 이는 비단 그만이 아니라 다른 신학자들도 예외가 아니다. 요한복음이 묵시문서라는 것을 아래에서 자세히 밝히겠지만, 요한복음이 주후 1세기 환난과 핍박이라는 묵시문학적 박해상황에서 나온 최후(최고)의 묵시문서라고 할 때, 외람되지만 불트만을 비롯한 그 동안의 모든 요한복음 연구는 근본적으로 실패했다는 것이 필자의 주장이다.

정리하면, 성경연구는 그 연구를 통해 희미했던 예수 그리스도가 더욱 밝히 보이고, 흔들렸던 신앙이 돈독해지도록 하기 위함이다. 그렇지 못한 성경연구는 유익이 아니라 해악이 된다. 불트만에게는 미안한 얘기지만 전자보다는 후자에 가깝다. 불트만의 책을 읽으면 신앙이 돈독해져서 '예수를 위해 죽어야겠다'는 결단이 서는 게 아니라 오히려 예수는 더욱 희미해지고, 가졌던 신앙마저 흔들리는 역효과를 가져온다는 것이 필자가 느낀 경험이다.

또한 불트만은 자신이 얼마나 헬레니즘의 아들인가를 잘 인식하지 못했고, 신약성경이 얼마나 헤브라이즘에 깊이 뿌리내리고 있는지를 잘 알지 못했다. 그리하여 1세기 팔레스타인의 묵시문학적 위기상황과 유대인들의 히브리적 문화와 종교라는 실생활을 외면한 채 그 자신의 처지와 자기 시대의 낙관적 시대정신에 함몰되어, 책상머리에 앉아 추상적이고 현학적인 사변신학으로 일관하였다. 나아가 그는 신앙에 있어서 인간의 결단을 강조하는 실존주의와 인간의 합리적 이성에 무한한 가능성을 둔 헬레니즘적 세계관을 벗어나지 못했다. 한마디로 불트

만 신학은 '헬레니즘적 인간학'이라고 말할 수 있다.[178]

(2) 도올 김용옥 및 다석 류영모 선생 [179]

동양사상가이면서 기독교인으로 자처하는 도올(桃杌) 김용옥(1948-) 선생과 다석(多夕) 류영모(1890-1981) 선생은 공히 신구약성경 가운데 유독 요한복음에만 깊은 관심을 보였다. 즉 이들은 요한복음이 대단히 중요한 책이라는 것을 천재적으로 직감했다. 그리하여 동서양을 꿰뚫는 해박한 지식을 가지고 요한복음에 대해 뭔가를 말해보려고 했다. 그러나 외람되지만 이들은 요한복음이 말하고자 하는 핵심에 도달하지 못했다는 것이 필자의 생각이다. 이들은 무엇을 보았으며, 어떤 문제점이 있는지 차례로 살펴보자.

A. 도올 김용옥 - 유교적 경세지학(經世之學)

우리 시대의 대표적인 사상가로 일컬어지는 도올 김용옥은 2000년 밀레니엄의 시작과 함께 지상파 텔레비전을 통하여 《노자와 21세기》라는 제목의 공개강좌를 열었다. 이 강좌는 미증유의 폭발적인 인기를 끌면서 한국 방송사에 신기원을 이룩하였다. 이 강좌에 나타난 도올의 노자 해석은 여러 문제점을 노출했지만,[180] 이 강좌는 시들어가던 인문

---

178) 불트만이 자유주의 신학을 비판했다고 해서 그것이 곧 히브리적 신본주의에 입각한 것은 아니다. 같은 헬레니즘 세계 내에서 신앙에 의한 실존적(의지적) 결단이라는 또 하나의 인간학(인본주의), 자유주의 신학에 불과하다. 즉 무늬만 다르지 본질은 똑같다.
179) 필자는 개인적으로 도올 선생을 지극히 존경할 뿐만 아니라 같은 한국인으로 그와 같은 시대에 살고 있다는 것에 감사한다. 다만 여기서 그를 비판하는 것은 학문적인 것이지, 결코 감정적인 것이 아님을 분명히 밝힌다. 이는 다석 선생에 대해서도 마찬가지다.
180) 더 자세한 설명은 이경숙,《노자를 웃긴 남자》를 참조하세요.

학(studia humanitatis)에 새로운 활력을 불어넣어 주었을 뿐 아니라, 우리 사회의 서양학문 일변도에서 벗어나 동양학과 우리 민족 고유의 가치관에 대한 자부심을 갖게 하는 실마리를 제공하였다.

뒤이어 도올 선생은 공자의 《논어》를 강의하였다. 이 강의를 통해 도올은 자신의 실력을 유감없이 발휘하였다. 계속해서 도올은 혜강(惠岡) 최한기(1803-77), 수운(水雲) 최제우(1824-64), 삼봉(三峰) 정도전(1342-98) 등 조선시대의 대표적인 사상가들을 강의하면서 우리 것의 소중함을 일깨워주었다. 그러다가 마침내 한국신학대학에 입학한 후 40년이 되는 2006년 EBS(한국교육방송공사)에 출연하여 《요한복음강해》를 시작하였고 이 책은 이듬해에 출판되었다. 이 강의를 준비하면서 먼저 도올은 기독교에 대한 자신의 시각을 담은 《기독교 성서의 이해》라는 단행본을 출판하였다.

그런데 도올의 동양학 강의뿐만 아니라 성경에 대한 그의 해석과 기독교회에 대한 그의 거침없는 비판은 기독교인들과 교회의 분노를 자아내기도 했다.[181] 그런데 오늘 우리 시대에 도올 선생만큼 열심히 공부하는 사람이 있는가. 공부도 하지 않으면서 진리를 향한 열정을 불사르는 도올 선생을 함부로 폄훼(貶毁)하는 사람들을 필자는 경멸한다.[182] "모든 종교는 끊임없는 비판의 지평에 자신을 개방할 수 있을 때만이 그 원래 소기한 바, 구원의 역사를 달성할 수 있을 것이다."[183] 이 말이 틀린 말인가. 우리는 도올 선생의 이 말에 귀를 기울여야 한다.

---

181) 기독교가 한국사에 끼친 영향에 대한 도올의 찬사에 대해서는 김용옥, 《요한복음강해》, 9-64을 참조하세요.
182) 도올 선생의 책을 단 한권도 읽어 보지 않고 선생을 무조건 폄훼(貶毁)하고 욕하는 자들을 필자는 '쓰레기 같은 인간들'이라고 말하고 싶다.
183) 김용옥, 《삼봉 정도전의 건국철학》, 78. 종교의 배타성, 특히 기독교의 강렬한 배타의식이 저지른 죄악상에 대한 도올의 신랄한 질타에 대해서는 김용옥, 《금강경강해》, 32-35을 참조하세요.

도올의 주장에 대해 비판할 것은 비판하고 받아들일 것은 받아들여야 할 것이다. 이제 더 이상 기독교회와 많은 기독교인들은 냉정함을 잃고 무조건적으로 그에게 반감을 갖거나 감정적으로 대응하는 우를 범해서는 안 될 것이다. 도올을 이기려면 그를 무턱대고 비난만 하지 말고 그를 넘어서는 대안을 제시해야 한다. 그러면 도올 선생으로부터 마땅히 배워야 할 것이 무엇인지 살펴보자.

첫째, 보편적 사고(학문의 보편성)이다. "도올은 아는 것은 많은데 제대로 아는 것은 하나도 없다"는 말을 하는 이들이 있다. 일리가 있는 얘기다. 도올은 기독교 집안에서 태어나 성장하고 목사가 되고자 신학대학에 입학한 사람이다. 신학을 공부하던 중 서구신학에 회의를 느낀 그는 신학대학을 중퇴하였다.

그러고는 전공을 동양학으로 바꾸어 한국을 비롯하여 일본, 대만, 독일, 미국 등 여러 나라 대학에서 많은 언어 훈련과 함께 다양한 학문을 두루 섭렵하였다. 그 자신도 고백하기를 자신은 어느 한 분야의 전문가, 즉 'specialist(특수주의자)'라기보다는 다양한 분야를 포괄하는 'universalist(보편주의자)'라고 하였다. 그래서 어떤 특정한 분야에 대해서는 빗나간 지식을 갖거나 잘못된 해석을 하기도 한다.

여기서 우리가 생각해야 할 것은 인간은 한계가 있기에 모든 분야를 다 잘할 수는 없다. 특히 우리 시대는 어느 한 분야를 잘 하는 것을 미덕이자 장점으로 삼는 시대이다. 그래서 가령, 기독교 신학을 전공한 사람은 거의 다 동양학에 대해서는 문외한이다. 그 반대도 마찬가지다. 그러다 보니 상대를 잘 모른다. 상대를 잘 모르면 균형잡힌 보편적 시각을 가질 수 없다. 상대를 잘 모르는 것까지는 좋은데, 이것이 빗나가면 내 것은 무조건 옳고 상대방 것은 틀리거나 내 것보다 못하다는 편향적이고 그릇된 생각을 갖게 된다.

어떤 것의 진위(眞僞)나 우열(優劣)은 두 개를 비교해 보아야 알 수 있다. 그런데 비교할 대상인 상대를 전혀 모른다면 진위나 우열을 알 수 없다. 그런데도 자꾸 내 것만이 옳다고 고집을 부린다면 이는 결코 바람직하지 않은 태도다. 그런 의미에서 상대에 대한 최소한의 지식(상식)은 갖추어야 한다. 도올은 동서양 학문을 두루 섭렵했기에 그렇지 못한 사람보다 일단 균형잡힌 보편적 시각을 가질 수 있다는 장점을 가지고 있다.

둘째, 주체적 사고(학문의 주체성)이다. 도올은 일찍이 우리나라의 학문세계가 서양학문 일색임을 직시하고 국학(國學)을 해야 한다는 생각을 했다. 신토불이(身土不二), 즉 한국적인 것이 세계적인 것이라는 생각을 갖고 고유한 우리 것을 찾기에 전력을 다하였다. 그는 '민본성(民本性)을 추구한 동학은 한국사상사의 정점'이라고 역설하였는데, 그가 그토록 동학(東學)에 심취한 것은 동양종교인 유불도(儒佛道) 삼교를 넘어 한국적인 것을 동학에서 찾고자 한 데 기인한다.[184] 더 나아가 자신의 학문의 끝은 《한국사상사》를 쓰는 일이라고 한 까닭도 여기에 있다.

도올은 '학문의 사대주의'에 빠진 한국 지성계의 풍토를 질타하였다. 그는 남의 것은 애지중지(愛之重之)하면서 우리 것을 하찮게 여기는 학문의 사대주의에 도전하였다. 그가 서양 학문을 배우고 동양학을 전공한 것은 그것을 그대로 유통하려고 한 데 있지 않고, 그것을 타산지석(他山之石)으로 삼아 우리 것의 소중함을 알고 그것을 사랑하고 더욱 새롭고 풍요롭게 재창조하려는 데 있었다.[185]

---

184) 《도올심득 동경대전1》을 역주하고, 표영삼 선생의 책 《수운의 삶과 생각-동학》에 깊은 관심을 보인 것도 그 때문이다.
185) 도올은 말한다. "현대학문의 교육세뇌를 받은 우리들은 어디까지나 데카르트의 후예들이다. 그러나 茶山 丁若鏞이나 東武 李濟馬는 데카르트의 후예가 아니다. 그들은 우리

그가 기독교는 본시 서양종교가 아니라 '아시아의 종교'[186]라고 역설한 것도 학문의 주체성과 맥을 같이 한다. 주체적 사고를 통해 학문의 주체성을 확립하고, 우리 것에서 미래의 희망을 찾고자 애썼던 도올 선생의 가르침을 깊이 명심해야 할 것이다. 그러면 이제《요한복음강해》에 나타난 도올의 문제점은 무엇인가를 살펴보자.

첫째, 도올은 요한복음 전체가 하나의 유기적 통일체로 이루어진 '통으로 짠 옷(줄여서 통짠옷)'(19:23)이라고 했다.[187] 이는 천재적 직관을 발휘한 놀라운 통찰이 아닐 수 없다. 이 같은 그의 통찰은 요한복음이 순서 배열상 혼란스럽게 되어 있기에 위치를 변동시켜야 한다고 하는 불트만의 주장(소위 '환치이론')에 대한 전격적 반격이다.

그런데 요한복음이 '통짠옷'이라면 왜 그런지 그 근거를 명확히 제시해야 했다. 그러나 도올은 그 근거가 무엇인지를 전혀 밝히고 있지 않다. 단지 그는 요한복음을 읽고 그렇게 느꼈을 뿐이다. 이 중요한 통찰에 대해 도올은 문제만 제기했을 뿐 더 이상 진척시키지 못했다. 참으로 애석한 일이 아닐 수 없다.

도올이 말한 것처럼 요한복음은 이보다 더 치밀한 책이 없을 정도로 완벽한 통일체를 이루고 있다는 것이 필자의 생각이다. 마치 자동차 내부의 수많은 부속품들이 거미줄처럼 연결되어 하나의 유기적 통일체를 이루듯이 말이다. 아래에서 필자는 요한복음의 구조와 일곱 상

와 다른 전통에서 삶의 직관을 형성시켰다. 오늘 우리는 서구이성주의의 합리성이 가지고 있는 훌륭한 점을 충분히 살리면서도, 그 합리성과 세계관의 한계를 명백히 긋지 않으면 안 된다. 이것은 우리가 지금 가지고 있는 세계관의 코페르니쿠스적 전환을 요구하는 것이며, 그것은 하나의 혁명이다." 김용옥, "르네쌍스휴매니즘과 中國經學의 성립",《절차탁마 대기만성》, 225.

186) 김용옥, 윗책, 137-138.
187) 김용옥,《요한복음강해》, 280.

징코드를 통해 요한복음이 얼마나 유기적 통일체로 이루어진 완벽한 논문(과학책)인지를 상세히 밝힐 것이다.

둘째, 도올은 요한복음을 여는 첫장 첫절의 중요성을 간파하였다. 그래서 1:1에 나타난 '로고스' 어휘에 대한 해설에 무려 40여쪽을 할애하고 있다.[188] 그런데 도올은 '로고스' 개념을 불트만처럼 철저히 헬라적 배경(영지주의)에 기초하여 언급하고 있다. 도올은 불트만을 다음과 같이 비판한다. "불트만만 해도 '나그 함마디(Nag-Hamadi)' 문서를 접하지 못했으며 당대의 다양하고 풍요로운 세계관들을 포괄적으로 이해할 수 있는 틀이 부족했다. 나는 요한복음을 영지주의라든가 반영지주의라든가 하는 틀 속에서 이해해서는 안된다. 영지주의라는 전제로부터 요한복음을 근원적으로 해방시켜야 한다."[189] 자신은 불트만을 비판하면서 정작 자신이 또한 헬라적 배경에 기초하여 '로고스' 어휘를 설명하고 있으니, 이는 모순이요 자가당착이 아닐 수 없다.

아래에서 자세히 살펴보겠지만 요한은 헬라철학의 핵심 개념인 '로고스' 어휘를 이용하여 철저히 히브리적 의미로 사용하고 있다. 최근에 와서 요한복음 연구가들의 일반적 합의는 히브리적(구약적) 배경이 요한복음을 보다 잘 이해할 수 있음을 인정하고 있다.[190] 그럼에도 불구하고 도올이 시대에 역행하는 시대착오적인 주장을 하고 있는 것은 그가 70년대에 신학을 공부하면서 요한복음을 헬라적 배경 아래 기술하였던 불트만의 영향을 벗어나지 못했기 때문이다.

또한 이러한 모습은 동양학을 위해 신학을 내려놓은 후 지난 30여 년 동안 진행된 신약학의 동향에 대해 전혀 무지하였음을 간접적으로

---

188) 김용옥, 윗책, 67-107.
189) 김용옥, 윗책, 72.
190) 김득중, 《요한의 신학》, 24.

시사한다. 국학을 해야 한다면서, 서양학문에 반기를 들고 동양학으로 전환한 그가 오히려 서양철학에서 벗어나지 못하고 있는 것은 심히 유감이다. 차라리 로고스에 대한 동양적 읽기를 시도했더라면 더욱 좋았을 것이다.

필자는 도올에게서 '제2의 불트만'을 보았다. 불트만은 아무런 어려움 없이 학문만을 할 수 있는 여유를 가진 사람이었다. 그러다보니 그는 보통사람들이 하루하루 힘들게 살아가는 삶의 무게와 악의 세력에 의한 역사적 질곡에 신음하고 절규하고 절망하고 탄식하는 민중들의 아픔을 실존적으로 몸으로 체득하지 못했다. 따라서 불트만의 실존주의적 결단의 신학'이라고 하는 것도 실은 철저히 사변적이고 관념적인 신학이 되고 말았다.

마찬가지로 도올은 치열한 사유를 통해 지식인 사회와 기득권자들의 허세와 기만과 위선을 통렬하게 질타하였고, 그가 알고 있는 인류사상사의 모든 지식을 총동원하여 종교적 미신으로 민중을 현혹하는 모든 신화와 우상을 타파하며, 인간의 자유와 정의와 해방(여성해방과 민중해방)을 위해 몸으로 실천해보려고 몸부림쳤다. 그는 "나의 전공은 영원히 살아 움직이는 나의 삶이다"[191]라고 말하였다. 이는 어떤 좁은 전공의 틀로 자신을 규정짓지 말 것이며, 넓고 넓은 인간 삶에 대한 총체적 이해를 자신의 철학의 대상으로 삼겠다는 결연한 의지의 발로이다.

그러나 그가 아무리 용을 쓰면서 몸부림쳐도 그가 보고 느끼고 체험한 삶이란 날마다 현실적 어려움 속에서 헉헉거리며 사는 몸으로 체득된 일반인들의 실존적 삶이 아니다. 책상에 앉아 고전을 들먹이며 민중들의 고뇌와 아픔을 대변한답시고 머리를 쥐어짜 나온 관념적이고 추상적인 언어의 유희에 불과하다. 베드로 대사원과 베드로 생가

---

191) 김용옥, "철학의 사회성", 《도올논문집》, 108.

를 직접 방문하여 두 세계의 기묘한 대조에 충격을 받고 놀라운 통찰을 얻었다[192]고 해서 민중적 삶의 진실을 알았다고 자위한다면 그것은 엄청난 착각이다.[193]

왕자 모세가 노예현장에서 히브리 백성들의 고역과 애굽 감독들의 탄압을 보면서 정의를 행사했다고 해서 히브리 백성들의 삶을 알았다고 할 수 있겠는가. 광야 40년 동안 미디안 망명의 쓰라림 속에서 처가살이 하며 장인의 양떼를 치는 히브리적 삶을 몸소 체험하기 전까지 모세는 히브리 백성들의 삶을 알았다고 말할 수 없는 것과 같다.

도올 자신이 "나는 민중이 아니다. 나는 지식인이요 엘리트다"라고 고백하면서 자신은 최소한 민중이라는 이름을 팔아먹고 살지는 않는다고 정직하게 말했다.[194] 그의 정직한 고백처럼 그는 자신의 태생적, 현실적 삶의 자리를 초극하지 못한 한계를 노출하였다. 이를 극명하게 보여주는 실례가 그의 야심작 《요한복음강해》였다. 그런데 미안한 얘기지만 필자는 도올 선생이 일생을 사는 동안 어떤 실수와 실패를 경험했는지는 상세히 모르나 《요한복음강해》는 그의 일생일대의 최대의 실수이자 최악의 실패작이라고 감히 단언한다.

도올은 자신이 알고 있는 모든 지식을 총동원해서 요한복음 서문에서 말하는 '로고스' 개념을 해석했지만, 이는 요한의 삶의 자리를 모르는 자의 한가한 헛소리요 사변적 말장난에 지나지 않는다. 요한이 말한 '로고스' 개념의 심오함은 헬라철학에서 말하는 굉장히 심오한 형이상학적 관념에서 나온 한가한 추상적 사변이 아니다.[195] 이것은 유대교

---

192) 김용옥,《여자란 무엇인가》, 251-255.
193) 러시아 '브 나로드(V Narod[인민 속으로], 1873-75)' 운동의 실패는 인텔리겐챠와 농민들 간의 도저히 메울 수 없는 삶의 거리 때문이었다. 이무열,《러시아 100장면》, 232-235.
194) 김용옥,《여자란 무엇인가》, 54.
195) 김용옥,《요한복음강해》, 67-107;《중용: 인간의 맛》, 47-48.

회당으로부터 축출을 당하여 삶(신앙)의 자리를 잃고, 로마제국으로부터 가이사 황제숭배를 강요당하면서 이를 어기면 목숨이 위태로운 '생사의 갈림길(고난의 절정)'에 처한 요한공동체가 최후로 기대고 호소할 데라고는 하나님(하나님의 말씀)과 그분의 아들 예수밖에 없다는 처절한 신음소리요 절규요 아우성이다.

도올이 '로고스' 어휘에서 힘없는 민중의 신음소리, 절규소리, 아우성소리를 듣지 못한 까닭은 묵시문학적 위기상황에 처한 힘없는 '이스라엘 백성(요한공동체)'의 사회적 소외와 경제적 고통과 종교적 박해를 몸으로 체득해 본 경험이 전무하기 때문이다. 하나님의 은혜의 말씀을 듣지 못하면 죽을 것 같은 아무런 희망이 보이지 않고, 탈출구가 보이지 않는 절망의 상황에서 터져나온 하나님을 향한 탄식, 절규, 아우성이 바로 요한이 말하고자 하는 '로고스' 어휘가 지닌 의미이다.

셋째, 도올은 종말론과 묵시론을 분리시켜 묵시론은 계시적 개념이고, 종말론은 시간적 개념이라고 말한다. 그러면서 다음과 같이 말한다. "세례 요한은 천국과 회개를 묵시론적으로 해석했지만, 예수는 천국과 회개를 종말론적으로 해석했다. 예수는 종말론자였지만 묵시론자는 아니었다. 다시 말해서 그의 관심은 미래의 한 시점에 있었던 것이 아니라 '오늘 여기(Here and Now)'에 있었던 것이다."[196] 얼마나 그럴 듯하게 들리는가. 그러나 도올은 지금 묵시문학이 무엇인지도 모를 뿐만 아니라, 서구신학의 가장 큰 문제점인 헬라적 이원론에 빠져 있어 자신이 지금 무엇을 말하고 있는지조차 모르고 있다.

우선 종말론과 묵시론은 동전의 양면처럼 분리될 수 없는 하나다. 그래서 '묵시문학적 종말론'이라는 말을 하는 것이다. 마치 신화와 역

---

196) 김용옥,《요한복음강해》, 138.

사는 분리되는 것이 아니라 어떤 역사적 사실이 낮의 햇빛에 바라면 역사이고, 밤의 달빛에 물들면 신화라고 말하는 것과 마찬가지다. 종말론은 햇빛처럼 드러난(현재) 역사이고, 묵시론은 달빛처럼 감추인(미래) 역사이다. 같은 역사를 단지 시각만 달리했을 뿐이다. 그러니까 똑같이 천국을 외친 세례 요한과 예수는 똑같이 종말론자이자 묵시론자이다.

더욱이 도올이 말한대로 천국, 즉 '하나님 나라(바실레이아)'는 지역적 개념이 아니라 '하나님의 법칙이 지배하는 새로운 세상', '모든 인간이 하나님의 말씀에 순종하는 새로운 세상'을 뜻한다.[197] 이 '하나님 나라' 사상이 예수의 선포(가르침)의 핵심인데, 이것은 본디 묵시문학적 개념이다.

묵시문학은 하나님이 통치하는 새로운 세상을 염원하면서 기존 질서에 대한 전복적 성향을 띤 종말론적 사상이다. 즉 인간 왕이 통치하는 기존 질서(세상 나라)에 대해 하나님이 왕이 되어 통치하는 새로운 세상(하나님 나라)라는 의미에서, '하나님 나라' 어휘는 기존 질서에 대한 전복적 성향을 띤 묵시문학적 개념이다. 주기도에 나오는 "아버지의 나라가 오게 하시며 아버지의 뜻이 하늘에서와 같이 땅에서도 이루어지게 하소서"라는 간구가 바로 묵시문학적 개념이다. 즉 예수는 근본적으로 묵시론자였다는 얘기다.

입만 열면 국학을 해야 한다며 서구학문을 비판한 그가 서구신학에서 좀처럼 벗어나지 못하고 있는 것이 심히 안타깝다. 이 같은 모습은 도올 또한 서양에 가서 서양학문을 배우면서 자신도 모르게 서구식 사고인 헬라적 이원론에 철저히 세례를 받아 그것을 아직도 벗어나지

---

197) 김용옥, 윗책, 138.

못하고 있음을 간접적으로 시사한다.[198]

　넷째, 공자(주전 551-479)는 오직 인간과 삶에 대해서만 말했다. 그가 살았던 주전 6-5세기는 춘추전국시대로서 신분제도가 뚜렷했던 시대였다. 그 시대는 오직 귀족만이 교육을 받을 수 있는 시대였다. 그런 시대에 공자는 '유교무류(有教無類)'를 외치며, 사회적 신분이나 빈부를 가리지 않고 누구에게나 가르쳤고, 누구나 제자로 받아들였다.[199] 그리하여 그의 제자는 3천명이나 되었다고 한다. 이 같은 공자의 인간평등 주장은 가히 기존 질서를 뒤집는 혁명적 행동이 아닐 수 없다. 그런데 그 같은 인간평등 주장은 인간 왕을 전제한 제한적인 평등일 수밖에 없다.

　교육제일주의 이념을 표방한 유교(공자)가 말하는 학문과 교육이 한 편으로는 인간을 자유롭게 하고 해방도 시키지만, 또 다른 한편으로는

---

198) 도올은 자신의 氣哲學은 '동양적 일원론'이라고 주장하면서, 서구철학과 기독교를 이원론의 오류에 빠졌다며 싸잡아 맹렬히 비판한다. 김용옥, 《東洋學 어떻게 할 것인가》, 46-100. 도올 사상의 기초인 氣哲學에 대해서는 "氣哲學이란 무엇인가", 《도올 논문집》, 17-64를 참조하세요. 이에 대해 필자는 도올의 주장의 두 가지 오류를 지적하고자 한다. 첫째, 일원론이 좋으냐 이원론이 좋으냐 하는 것은 어느 것이 인간과 세계를 더욱 의미 있게 해석하느냐, 즉 더욱 의미를 주느냐에 있지, 옳고 그름 곧 진위의 문제가 아니다. 가령, 창조주 하나님과 피조물 인간이라는 이원론을 말하는 성경의 주장은 인간의 신격화(우상화)를 배척하고, 나아가 인간 상호간의 차별을 막고 인간 평등(민주)을 그 기저에 깔고 있다는 점에서 동양적 일원론보다 더욱 깊은 의미를 주고 있는 것이 아닌가. 둘째, 도올은 자신도 본래 기독교가 '아시아의 종교'라고 인정하면서도, 헬레니즘의 산물인 서구철학과 헤브라이즘의 산물인 성경의 주장을 구분해서 말하지 않고 같은 선상에서 싸잡아 비판하고 있는데, 이는 잘못이다. 동양적 일원론은 신과 인간의 문제 및 정신과 물질의 문제를 다 같이 일원론적 시각에서 보고 있다. 그런데 헬레니즘의 산물인 서구철학은 기본적으로 정신과 물질에 있어서는 이원론을, 그리고 신과 인간의 문제에 있어서는 인간의 무한한 잠재성이라는 인본주의를 강조하고 있는 점에서 일원론적 시각을 갖고 있다. 이에 반해 헤브라이즘의 산물인 성경의 주장은 신과 인간의 문제에 대해서는 창조주 하나님과 피조물 인간으로의 이원론을, 그리고 정신과 물질에 대해서는 일원론적 시각을 갖고 있다.

199) Ru Suichu(ed), *Confucian Temple, Mantion and Family Cemetery*, 19- 23.

인간의 신분질서를 규정하고 계급화한다는 사실을 도올은 아는가! 이는 수운 선생의 동학의 이념과 민본성(플레타르키아)을 통해 민주와 자유, 평등 이념을 그토록 강조하는 그 자신의 주장과는 크게 모순된다는 사실을 정녕 모른단 말인가.[200] 공자가 찬란한 문명을 이룬 주나라를 따르겠다며 종주(從周)를 말했듯이(《論語》 '八佾' 第三), 유교를 이상으로 하는 도올도 이에 따르겠다는 것인가.[201] 도올은 고대국가(봉건사회) 주나라가 어떤 나라인 줄을 정녕 모른단 말인가.

또한 도올은 이렇게 말한다. "역사는 하나님이 이끌어가거나 우연이 이끌어가는 것이 아니라 꿈을 가진 인간들이 창조해 가는 것이다."[202] 이 말 속에는 역사의 주인은 인간이며, 따라서 하나님은 안 계시거나 계셔도 인간 역사에 관여하지 않는 절대 초월자로 계신 분(理神論)이라는 의미를 담고 있다. 그런데 하나님이 안 계시고 역사에 관여하지 않는 분이라는 것과 그 반대로 하나님이 지금도 살아계시고 역사를 주관하시며, 우리 인간을 하나님의 형상대로 창조하신 분이라는 것과는 어떤 의미상의 차이가 있을까. 한번 따져보자.

---

200) 도올은 말하기를 "모든 인간의 표현은 역사적 과정의 부분이며, 역사의 문맥에서 설명되어야 한다"면서 주전 6세기의 魯나라 사람인 콩쯔(공자)도 예외가 될 수 없다고 하였다. 그러면서 이렇게 말한다. "콩쯔의 행태에 숨어 있는 억압적 구조를 일단 드러내 보이는 것만으로도 우리에게 새로운 이해를 제공하는 것은 사실이다. 그가 《陽貨》편에서 '唯上智與下愚不移(인간들 중에서 지혜가 뛰어난 계급과 아주 어리석은 계급은 본성적으로 결정되어 있어서 어떻게 변화시켜볼 도리가 없다)'라고 한 것이라든가, 《泰伯》편의 '民可使由之 不可使知之(백성은 부려먹기만 할 것이지 알게해서는 안된다)' 등등의 언급에서는 그의 불평등적 인간관과 보수적 사회관의 일면이 비추어지고 있음도 틀림이 없다." 자신이 따르고자 한 공자의 한계를 솔직하게 인정했다는 점에서 도올은 정말 정직한 사람이다. 김용옥, "東西解釋學理論의 역사적 개괄",《절차탁마 대기만성》, 19, 31.
201) 김용옥, "르네쌍스휴매니즘과 中國經學의 성립",《절차탁마 대기만성》, 173-184. 나 천명(天命)은 성육신하시고 십자가에 달리시고 부활하신 예수를 믿는 자는 누구든지(차별 없이) 하나님의 자녀 삼으심으로 인간 세계에 참된 자유와 평등, 민주와 해방, 그리고 참 사랑과 평화를 이룩한 주님을 따르겠다(從主!).
202) 표영삼,《동학 1: 수운의 삶과 생각》, 79-80.

성경은 하나님을 말하고, 하나님이 역사를 주관하시고, 하나님이 왕이 되어 통치하는 나라(하나님 나라)를 말하는 있는데, 그 까닭은 무엇이며 그 말 속에 내포된 의미는 무엇인가. 그것은 하나님(신)이 전제되고 그가 왕이 되어 통치하는 나라가 되지 않으면, 결국 인간이 왕이 되어 통치하는 세상이 된다. 거기에는 결코 온전한 평등이란 없다.

성경(창세기)은 하나님 아래 모든 인간은 피조물이자 죄인이라고 말하고 있다. 이 말 속에는 어떤 인간 왕(가령, 다윗 왕)도 하나님 앞에서는 피조물이자 죄인이며, 그런 차원에서 보면 모든 인간은 다 평등하다는 것을 그 이면에 깔고 있다. 하나님이 왕이 되어 통치하는 나라가 되어야 하는 까닭이 여기에 있다. 더욱이 요한복음이 말하고 있는 '하나님의 자녀'(1:12-13) 개념은 '하나님의 형상('왕 같은 존재'라는 뜻)'[203] 개념을 넘어서는 최고의 혁명성을 내표하고 있다.[204] 따라서 공자(논어)의 인간 평등 이념에 나타난 인간존엄 사상은 예수(요한복음)에 나타난 그것과는 비교가 되지 않는다.

다섯째, 도올은 요한복음 9장을 해석하면서 이렇게 말하고 있다. "요한복음을 하나의 문학작품이라고 말한다면, 어디 천만권의 셰익스피어(Shakespeare, 1564-1616) 작품이 이에 비할 수 있으랴! 감동에 감동을 전하는 완벽한 드라마가 이 한 장에 전개되고 있다."[205] 이렇게 말한 그가 공자의 《논어》를 '천하제일지서(天下第一之書)'[206]라고 말하고 있다. 그렇다면 요한복음은 천만권의 셰익스피어 작품보다는 낫지만 《논

---

203) 더 자세한 설명은 박준서, 《구약 세계의 이해》, 13-37을 참조하세요.
204) 더 자세한 설명은 475쪽 이하의 "하나님의 자녀의 의미"를 참조하세요.
205) 김용옥, 《요한복음강해》, 318.
206) 김용옥, 《도올논어 1》, 154. 다른 것은 일단 다 차치하고 공자의 《논어》는 3차원의 인간세를 말한다는 점에서, 한 차원 높은 4차원의 하나님의 세계를 말하는 《요한복음》에 비할 바가 못 된다.

어》보다는 못하다는 말인가. 과연 그런가.

《논어》의 구성은 학이편(學而篇)에서 요왈편(堯曰篇)에 이르기까지 전 20편에 490장으로 이루어져 있다. 거기에는 공자의 전모, 즉 그의 생애와 사상과 인간성이 적나라하게 나타나 있다. 그런데 현재 우리가 보고 있는 《논어》는 서한(西漢)말 원제(元帝)(주전 433)때 안창후(安昌候) 장우(張禹)가 오늘날의 20장(章) 체제로 확정된 것을 기본으로 한다.[207] 《논어》의 편집 연대는 대략 주(周)나라 말엽(주전 247년경) 또는 진(秦)나라 시대로 추정된다.[208]

이 같은 《논어》에 대해 도올의 말을 직접 들어보자. "필자의 결론은 매우 진솔하다. 묵맹(墨孟)으로부터 사마천의 《공자세가》에 이르는 모든 공자에 대한 이야기가 결국 소설(小說)이라는 것이다. 小說을 놓고 정밀한 역사적 사실을 논구(論究)한다는 것 자체가 참으로 우매한 짓이다… (중략) … 사마천의 《공자세가》는 孔子에 관하여 최후로 쓰여진 장편소설이다. 그 이전의 모든 단편소설을 묶어 장편으로 편집한 것이다. 물론 장편소설을 쓰는 가운데 사마천의 케리그마(선포)가 개입되었을 것이다. 그리고 그것은 향후의 모든 공자 논의의 조형이 되었다. 그것은 최후의 장편소설이며 최초의 장편소설인 것이다."[209]

도올의 말대로 공자의 생애와 어록을 담은 《논어》가 소설이라면 《논어》에는 소설의 플롯인 기승전결(起承轉結)이나 클라이맥스(climax)가 제대로 나타나 있는가. 그 같은 모습을 전혀 찾아볼 수 없다. 이와는 달리 아래에서 자세히 논의하겠지만 예수의 생애와 어록을 담은 요한복음이 문학작품(소설)이라 할 때 요한복음은 소설의 플롯인 기승전결(起承轉結)이나 클라이맥스(11장)가 뚜렷하다.

---

207) 김용옥, 윗책, 28.
208) 백철(감수), 《四書三經》, 193.
209) 김용옥, 윗책, 29.

또한 현존하는 《논어》 20편의 편제에 대해 도올의 말을 직접 들어 보자. "각 편마다 어떤 주제적 통일성이나 시공적 균일성이나 전승의 독자성을 말할 수 있을 것이다… (중략) … 그러나 기본적으로 각 편들의 전승의 편집시기는 각기 한 시점으로 규정할 수 있어도, 한편의 전승의 내용의 성격은 도저히 균일한 것으로 묶기 어려운 측면이 많다. 이미 '學而'니 '述而'니 하는 식으로 의미론적 구조와 관계없이 첫 두 글자만을 따서 편명을 삼았다고 하는 사실 그 자체가, 이미 어떤 일관된 주제를 내걸기에는 너무도 그 내용이 雜하다는 것을 의미한다."[210] 도올은 지금 《논어》가 일관된 주제를 갖고 있지 못함을 스스로 인정했다. 그런데 요한복음은 어떠한가. 필자는 요한복음을 교차대구구조에 의한 일관된 주제를 가진 '한편의 조직신학논문'임을 아래에서 상세히 밝히고자 한다.

그러면 사상의 깊이에서 《논어》가 요한복음보다 더 뛰어난가. 《논어》에는 예수가 행한 그와 같은 이적이 있는가. 예수가 행한 모든 이적은 다 허구란 말인가. 그렇다고 치자. 그러면 공자의 생애와 그가 행한 모든 말씀은 어떠한가. 공자는 신(神)과 죽음의 문제에 대해서는 입을 다물었고 오직 인간과 삶에 대해서만 말했다. 하늘이 아닌 오직 땅(세상)의 문제만 관심을 가졌다.

예수는 어떠한가. 하늘에서 내려온 분이고, 땅만이 아닌 하늘에 관심을 가졌고, 인간만이 아닌 하나님(신)에 대해 말씀했고, 세상 나라만이 아닌 하나님 나라를 말씀하고 있지 않은가. 보다 넓은 세계를 말한 이 모든 내용도 현실과 아무 관계없는 다 허구란 말인가. 그렇다고 치자.

다석 선생은 공자를 '예언자'라고 했다.[211] 지극히 맞는 얘기다. 주전

---

210) 김용옥, 윗책, 52.
211) 류영모, 《다석강의》, 748.

6-5세기는 인류 사상의 기축시대로서 인류의 스승이 되시는 붓다(주전 556-486), 노자, 공자, 조로아스터(구약 포로기 예언자들), 그리고 뒤이어 소크라테스(주전 469-399)와 플라톤은 모두 이 시대에 나왔다.[212] 공자의 호학(好學)이나 붓다의 고행(苦行)이나 노자의 무위(無爲)를 통한 구원의 길은 누구에게나 열려 있는 구원의 길이 아니다. 이 시대는 구약의 율법과 예언자 시대로써 누구에게나 열려 있는 예수에 의한 은혜의 시대는 아직 오지 않았다. 하나님의 거저 주시는 은혜에 의한 구원만이 만민에게 열려 있는 보편적인 구원의 길이다. 따라서 공자의 《논어》로 돌아가는 것은 사상의 후퇴를 선택하는 어리석은 짓이다.[213]

공자가 인간의 죄를 사하기 위해 무엇을 하였는가. 고난의 생애를 살았던 공자라고 하지만 예수처럼 그런 십자가 고난을 그가 맛보았는가. 어린 양처럼 인간의 죄를 위해 대신 죽었는가. 이 또한 아무 의미없는 공허한 교리에 불과하단 말인가. 그렇다고 치자. 공자가 이 세상을 살아가는 데 있어서 정치와 윤리, 도덕과 예의에 관한 좋은 말씀을 많이 한 것이 사실이다.

그렇다고 공자가 자신을 가르쳐 "내가 곧 길이요 진리다", "나는 부활이요 생명이다," "진리를 알지니 진리가 너희를 자유케 하리라"는 요

---

212) K. Amstrong, 《스스로 깨어난 자 붓다》, 46-47.
213) 도올은 중세 기독교 시대를 암흑시대라고 말하는 것은 옳지 않다고 말하면서도 그 시대가 기독교의 도그마 속에서 무서운 사회적, 역사적 정체성을 벗어나지 못했다는 사실은 아무도 부인하지 못한다고 하였다. 그러면서 神이 주어인 神 중심적 역사인 서구 문명과 중세 기독교 사회의 신적 권위의 속박으로부터 인간이성의 자율을 주장한 르네상스(Renaissance) 휴매니즘의 중요성을 강조한다. "르네쌍스휴매니즘과 中國經學의 성립",《절차탁마 대기만성》, 170-173, 197. 여기서 분명히 해야 할 것은 神이 주어인 神 중심적 역사를 말한다 하더라도 서구문명(또는 중세 기독교)과 성경(예수)의 세계와는 구별되어야 한다는 점이다. 서구문명(또는 중세 기독교)은 성경(예수)의 세계에 대한 빗나간 모습이며, 따라서 르네상스가 있고 난 후에 다시 '성경(예수)으로 돌아가자'는 '종교개혁(reformation)'이 일어났던 것이다.

한복음이 말하고 있는 예수의 이와 같은 말씀과 비교할 만한 말씀을 하고 있는가. 이것마저도 현실과 유리된 아무 의미없는 공허한 말이라고 할 수 있겠는가.

예수는 공자와 격이 다르고 차원이 다르다. 요한복음(3:31)이 말한대로 공자는 땅에서 나서 땅에 속한 말을 한 인류의 스승이요 '만세사표(萬世師表)'[214]이다. 그러나 요한복음이 말하는 예수는 하늘로부터 오신 자이기에 하늘에 속한 말을 하고, 세상 죄를 지고가신(1:29) '만세구주(萬世救主)'가 되시는 분이다. 도올은 하나님(신)과 하늘을 말하는 더 크고 넓은 성경(예수)의 세계를 더 좁은 세계인 인간과 땅을 말하는 논어(공자)의 세계 속에 집어 넣으려고 하니 집어 넣을 수가 없어 낑낑 매고 있는 것이다.

한마디로 《논어》를 '천하제일지서'라고 말하는 도올의 철학은 '유교적 경세지학'이다.[215] 그가 세상을 경영하는 일에 관심을 가진 공자와 삼봉 선생에 깊은 관심을 기울인 것도 결국 그의 사상이 경세지학임을 잘 보여준다. 죄송한 얘기지만 도올은 거듭난 니고데모(요 19장)가 아닌 거듭나기 이전의 니고데모(요 3장)라고 하지 않을 수 없다. 제발 인류의 유일무이한 구세주인 예수 그리스도 앞에 무릎을 꿇기를 간절히 기원한다.[216]

---

214) 필자는 산동성 취푸(曲埠)에 있는 공자의 사당에 가서(2008년 9월 19일) 이 말이 액자에 씌어 있는 것을 보았다. Ru Suichu(ed), *Confucian Temple, Mantion and Family Cemetery*, 56.
215) 도올 선생이 '유교적 윤리학'이라는 멘탈리티를 갖고 있다는 사실에 대해서는 김용옥, 《혜강 최한기와 유교》, 215-222을 참조하세요.
216) 도올 선생을 통해 우리가 배우는 것은 아무리 많은 성경 지식을 갖고 있다 할지라도 예수 그리스도를 하나님으로 만나는 체험(유레카 체험)이 없이는 성경을 바로 이해할(알) 수 없다는 것이다.

B. 다석 류영모 – 종교다원주의적 성인지학(聖人之學)

다석 선생은 천문, 지리, 서양철학, 동양철학, 불경, 성경 등에 능통한 대석학이요 현자(賢者)요 한글학자로 알려져 있다. 김교신과 함석헌의 스승으로 잘 알려진 다석 선생은 16세에 세례를 받고 기독교인이 되었다. 선생은 YMCA에서 30년이 넘도록 연경반(研經班) 강의를 하였다. 특히 선생은 1942년부터 거듭난 체험을 한 뒤에 얇은 잣나무에 홑이불을 깔고 목침을 베고 누워서 잠을 잤으며, 새벽 3시면 일어나 정좌하고 하나님의 뜻이 어디 있는지를 깊이 생각하였다.

1941년부터 다석(多夕)이란 아호를 썼는데, 이는 하루에 한끼씩 저녁에 세끼를 합쳐서 저녁을 먹는다는 뜻에서 그렇게 부르게 되었다. 선생은 간디처럼 53세부터 부부 사이에 금욕생활을 하였다. 그리고 87세에는 톨스토이처럼 가출을 하는 기행을 보이기도 하였다. 일생을 명리를 버리고 진리를 향해 학문에 정진하였고, 근검절약과 금욕과 선행과 제자 양성에 한 생을 바친 선생은 '존경'이라는 말로 표현할 수 없는 큰 스승이셨다. 선생에 대한 찬사는 이 정도로 하고, 이제 그의 사상은 무엇이며 어떤 문제가 있는지 세 가지로 살펴보고자 한다.

첫째, 성 삼위 하나님에 대한 이해의 문제이다. 도올 선생은 짧게나마 신학을 공부했고 서구에 유학을 가서 기독교를 접해 본 경험이 있다. 그래서 기독교에 대해 잘 알지는 못하더라도 상식에 벗어난 말은 하지 않았다. 그런데 다석의 가정은 다신적인 미신을 믿었으며, 그는 기독교인이 되기에 앞서 서당에서 한문을 배웠고, 예수를 믿기 전 맨 먼저 맹자를 만나 공부하기도 했다. 16세 이후 다석은 기독교인이 되었고 성경과 유교 경전을 탐독하게 되었다. 훗날 다석은 《다석일지》에서 이렇게 말했다. "나의 정신은 모세와 예수, 그리고 공자와 맹자로 영향된 것입니다."

다석을 따르는 제자들은 선생의 성경(기독교) 이해를 두고 동서양사상을 섭렵한 자로서 세계에 내놓을 만큼 탁월한 것으로 평가하기도 하였다.[217] 그러나 이것은 실로 엄청난 착각이다. 우선 다석은 평생 성경을 읽고 강의를 했어도 기본적으로 신학을 공부한 적이 없고 서구 유학을 가 본적이 없다. 그러기에 다석의 성경(기독교) 이해는 세계에 내놓는 것은 고사하고 상식선에도 못 미치는 부끄러운 것이고, 특히 전 이해로 가지고 있는 동양사상적 멘탈리티로 성경을 재단했기에 심히 빗나갈 수밖에 없었다.

우선, 다석은 기독교에서 사용하는 '하나님' 어휘 대신 '하느님'[218] 어휘를 사용한다.[219] 이는 하느님(신)이 기독교만의 유일하신 하나님(신)이 아니라 모든 종교의 신(하느님)이 되신다는 의미에서이다. 그러면 기독교에서 사용하는 하나님은 어떤 의미인가를 살펴보자.

---

217) 정양모 신부는 "다석 류영모의 신앙"이라는 논문에서 이렇게 말하였다. "놀랍게도 다석 류영모는 1912년(22세)에 이미 비정통신앙과 더불어 종교다원주의적 입장을 취하였다. 오늘날의 종교다원주의자들보다 실로 70여 년을 앞선 셈이다. 앞으로 다석사상 연구가 진척되어 널리 알려지면 세계 신학계가 놀랄 날이 반드시 오리라고 확신한다. 종교인 특유의 아집과 독선과 배타를 깨기에 넉넉한 가르침이 있다." 박영호,《진리의 사람 다석 류영모(상)》, 419.
218) 유석근 목사는 신학적, 문법적으로 '하나님'이 아닌 '하느님'이 맞다는 견해를 피력하였다. 유석근,《또 하나의 선민, 알이랑민족》, 31-41. 그러나 필자는 '한글'이 '하나밖에 없는 위대한 글', 또는 '큰 글'이라는 뜻을 갖고 있듯이, 신학적, 문법적으로 옳고 그름을 떠나 '하나님'은 '하나의 님', 즉 '하나밖에 없는 큰 님'에 대한 사랑과 충성이 담긴 신앙고백적 언어라는 점에서 '하나님' 표현을 선호한다.
219) 김교신 선생은 당시 '하나님'을 '하느님'으로 표기하는 이들이 많아졌음을 보고 이에 반대하는 자신의 견해를 피력한 바 있다. 하나님을 하느님으로 표기하기 시작하기는 한글학자들의 설명에 기인하는 것으로 명칭의 변경은 그 내용의 변개를 의미한다. 천공(天空)을 가르쳐 '하늘' 혹은 '한울', '하늘' 등의 학자의 설명이 구구하나 우리 신앙의 대상은 공간이나 위치를 표시한 '하늘'이 아니다. 청색의 '하늘'에다 '님' 자를 붙인 것을 우리가 믿는 것이 아니다. 만일 그렇다면 목석을 믿을 것이다. '하나님'은 유일신(唯一神)을 표시하는 말로써 세계에 유례없는 귀중한 말이다. 노평구 편,《신앙과 인생(上)》, 27-28.

구약성경에는 하나님 호칭이 두 가지로 나타난다. 하나는 엘로힘(Elohim) 호칭이고, 또 하나는 야웨(Yahweh) 호칭이다. 엘로힘 호칭은 일반적인 하나님을 말할 때, 즉 영어의 God의 의미로 사용되고 있다. 그리고 야웨(여호와)는 '이스라엘과 언약을 맺으신 하나님'을 말할 때 사용되고 있다. 그런데 구약에서 사용된 엘로힘 호칭은 막연하고 추상적인 하나님을 말하는 것이 아니라 '야웨 너희 하나님'(신 13:5), '야웨 이스라엘의 하나님'(삿 5:5) 등 야웨와 관련된 어휘로 사용되고 있다.[220]

구약에서 이스라엘이 만나고 신앙의 대상으로 삼은 엘로힘은 추상적이고 막연한 하나님이 아니라 이스라엘과 계약을 맺은 하나님의 이름인 야웨와 같은 의미로 사용되고 있다. 그리고 신약에서 '새 이스라엘(만민)'과 언약을 맺고 신앙의 대상으로 삼은 하나님은 막연한 추상적인 하나님(그리스도)이 아니라 예수라고 이름하는 하나님의 아들 그리스도이다.[221]

그런데 다석이 말하는 하느님은 이스라엘 및 만민과 언약을 맺은 구체적인 이름을 가진 '야웨 하나님'과 '예수 하나님'이 아니라 도통을 하여 깨달은 '아버지 하느님'이다. 다석은 이스라엘이 믿는 하나님 야웨는 지구상의 한 민족이 믿는 하나님이기에 보편성을 띤 하나님으로 볼 수 없기에 하나님이라는 호칭은 맞지 않고 오히려 보편성을 띤 '하느님' 호칭을 썼다. 또한 예수는 석가처럼 몸나에서 얼나로 깨달은 자이지, 본래 하나님으로서 인간의 몸을 입고 온 자로 보지 않기에 그를 예배(신앙)의 대상으로 섬기는 것은 오히려 혼합주의요[222] 우상숭배이

---

220) 더 자세한 내용은 G.T.Manley, "The Divine Names", 37-47을 참조하세요.
221) 파스칼(1623-62)은 자신의 결정적 회심 사건(1654년 11월 23일)을 '불'이라는 제목 하에 이렇게 고백하고 있다. '아브라함의 신, 이삭의 신, 야곱의 신은 철학자나 학자의 신이 아니다. 예수 그리스도의 신'이라고 분명하게 말했다. B. Pascal, 《팡세》, 437-438.
222) 히브리어로 하나님은 '엘로힘'인데, 이는 복수명사이다. 하나님을 뜻하는 '아도나이'라는 낱말도 '나의 주인들'이라는 복수형이다. 이러한 성경의 증거는 우리에게 다신론이나

며, 오직 아버지 하느님만을 예배해야 하며 그것이 참 예배라고 주장하였다.

성경이 말하는 하나님은 창조주(Creator)이자 구속주(Redeemer)이다.[223] 우주 만물을 창조하신 창조주로서 피조물인 인간 및 자연만물과는 철저히 구별된 유일한 절대 타자적 존재이다(창 1:1). 그리고 인간은 자연만물을 다스리는 존재요 그것을 섬겨서는 안 될 존재이다. 따라서 성경은 신과 인간과 자연이라는 세 관계를 神은 神이고, 人間은 人間이고, 自然은 自然으로 철저히 구별시키고 있다. 이것이 하나님의 초월성이요 인간과 자연의 위치이다.

이것을 차원으로 말하면 하나님(신)은 4차원(時空人+神)이고, 인간은 3차원(時空人)이고, 자연만물은 2차원(인간이라는 한 차원이 빠진 時空)의 세계이다. 각자가 지닌 고유의 차원을 벗어날 때 그것을 우상숭배라고 한다. 즉 인간이 4차원인 하나님을 숭배하지 아니하거나 3차원인 인간을 신격화시켜 4차원으로 간주하면 그것이 우상숭배이다. 그리고 다스려야 할 대상인 2차원의 자연만물을 신으로 숭배하는 것도 우상숭배이다.

또한 우주만물을 창조하신 전능하시고 유일하신 절대 타자이신 창조주 하나님은 노예 백성이었던 히브리인을 출애굽시켜 구원하여 주신 분으로, 그의 이름을 야웨(여호와)라고 하는 분이다. 야웨 하나님은

범신론을 가르치기 위한 것이 아니다. 히브리어로 하나는 '에하드'이다. 이 '에하드(אחד)'와 대립되는 뜻을 가진 '야히드(יחיד)'가 있다. 이 낱말은 12회(창 23:2,12,16; 삿 11:34; 시 22:21; 25:16; 35:17; 68:7; 잠 4:3; 렘 6:26; 암 8:10; 슥 12:10) 나타나는 데 '절대적 하나'를 뜻한다. '야히드'는 복수성과 연합성이 배제된 언제나 '유일하고 절대적인 하나'를 뜻한다. 그런데 히브리어 성경에서 하나님을 하나라고 말할 때 언제나 복수성과 연합성과 관련된 '에하드'가 쓰였으며 '야히드'는 결코 쓰인 적이 없다. 김경래,《유대인 예수》, 134-137.

223) 이스라엘의 언약 하나님이신 야웨는 천지만물을 창조하시고 역사를 주관하시는 크시고 은혜로우시고 영광스러운 분이시다(God is Great, Gracious and Glorious)(4G).

역사에 철저히 관여하시는 역사의 주이시다. 인간 역사 속에 오셔서 우리와 함께 하시는 임마누엘 하나님이다. 그분이 육체를 입고 이 세상에 오신 분(성육신)이 예수라는 그리스도이다.

그런데 다석은 예수를 어떻게 생각하고 있는지 직접 들어보자. "예수하고 우리하고 차원이 다른 것이 아니다. 예수·석가는 우리와 똑같다. 예수가 나는 포도나무요 너희는 그 가지라 하였다고 예수가 우리보다 월등한 것이 아니다. 유교·불교·예수교가 따로 있는 것이 아니다. 오직 정신을 '하나'로 고동(鼓動)시키는 것뿐이다. 사람을 숭배하여서는 안 된다. 그 앞에 절을 할 것은 참되신 하느님뿐이다. 종교는 사람을 숭배하는 것이 아니다. 하느님을 바로 깨닫지 못하니까 사람더러 하느님 돼 달라는 게 사람을 숭배하는 이유다. 예수를 하느님 자리에 올려놓은 것도 이 때문이고 가톨릭이 마리아 숭배하는 것이 이 까닭이다"《다석어록》.[224]

또 다석은 이렇게 말한다. "나 류영모가 예수를 이야기하는 것은 예수를 얘기하자는 것이 아니다. 공자를 말하는 것은 공자를 말하자는 것이 아니다… 예수의 인생관은 지극히 높은 데 계시는 완전한 아버지께로 가자는 것이라고 생각한다. 나도 예수와 같은 인생관을 갖고 싶다. 이런 점에서 예수와 나와 관계가 있는 거지 이 밖에는 아무런 관계가 없다. 예수가 인간을 위하여 십자가에 피 흘린 것을 믿으면 영생한다고 믿는 것은 나와 상관없다"《다석어록》. 즉 하느님만이 우리보다 차원이 높지, 예수·석가는 우리와 동격이라는 것이다.

이상에서 우리는 다석의 예수관을 잘 엿볼 수 있다. 그는 성육신을 인정하지 않을 뿐더러 십자가의 대속사상도 자신과 아무 상관이 없다고 말한다. 또한 예수가 영원한 얼나를 깨달은 것처럼 류영모도 영원한

---

224) 박영호, 《진리의 사람 다석 류영모(하)》, 383.

생명인 얼나를 깨달은 존재로서 예수와 자신은 동격의 인간일 뿐이며, 따라서 예수를 숭배하는 것은 마리아 숭배와 다름이 없다고 보았다.

필자가 우선 말하고 싶은 것은 다석은 공관복음의 예수와 요한복음의 예수를 분명히 구별하지 않고 있는 가운데, 땅에서 인간의 몸으로 태어나 깨달은 자로 거듭난 공관복음의 예수만을 받아들이고 있다. 의중(意中)의 사람 다석은 오직 한 분 스승이라고 한 예수를 이렇게 말한다. "예수라는 종교를 나는 모릅니다. 예수는 마굿간에서 나서 약 30살까지 목수 노릇을 하며 살다가 마지막 3년 동안 가르침을 세상에 폈는데, 세상 사람들의 오해를 받아서 나중에는 극형을 당하고 말았습니다."[225] 마하트마 간디가 예수는 좋아하지만 기독교를 좋아할 수 없다고 하였듯이 류영모도 석가는 좋아하였으나 불교는 좋아하지 않았다고 한다.

다석이 좋아한 예수는 공관복음에서 말하는 3차원의 예수(땅에서 난 예수)지 요한복음에서 말하는 4차원의 예수(하늘에서 성육신한 예수)가 아니다. 공관복음의 저자들은 멀리서 예수를 보았고, 요한복음의 저자(사도 요한)는 가까이에서 예수를 보았다. 그러기에 요한은 더 높고 깊은 차원에서 예수를 말했다. 그런데 다석은 가까이에서 더 높고 깊은 4차원의 예수를 말한 요한복음의 예수를 택하지 않고, 멀리서 본 더 낮은 3차원의 예수를 말한 공관복음의 예수를 택했다. 그러니 더 차원이 높은 요한복음을 제대로 알 턱이 없다.

다석은 요한복음을 말하면서도 요한복음의 예수를 버리고 공관복음의 예수를 택해 자신의 사상을 피력하는 자기 모순에 빠졌다. "차선이 최선을 가로막는 것은 불행한 일이다"라는 말이 있다. 또한 최선이 아닌 차선을 붙잡고 그것을 최선이라고 우기는 것 또한 불행한 일이다.

---

[225] 박영호, 《진리의 사람 다석 류영모(상)》, 412.

뿐만 아니라 다석은 사복음서가 말하는 십자가의 대속사상도 믿지 않았다. 성육신, 십자가, 부활 및 재림 사상은 서구신학자들이 만든 것이 아니라 성경에 있는 기본사상이다. 성경에서 말하는 기본사상을 믿는 것이 기독교인이지, 자기가 믿고 싶은 것을 믿는 것은 기독교인이 아니다. 다석은 요한복음을 믿는 자로 자처할지 모르나 그는 '자기복음'을 믿는 것이고, 자신을 기독교인으로 생각할지 모르나 그는 성경적 기독교인이 아니라 '자칭 기독교인'이다.[226] 다석은 요한복음의 말씀을 자신이 믿고 싶은 것만 믿을뿐더러 제멋대로 왜곡하여 해석하는 숱한 실수를 범하고 있다. 먼저, 두 가지만 살펴보자.

다석은 요한복음 14:6의 말씀을 이렇게 왜곡한다. "나는 길이요 진리요 생명이다. '나'를 거치지 않고서는 아무도 아버지께 갈 수 없다." 그러면서 여기서 나는 제나(自我)가 아닌 얼나(靈我)를 말하며, 하느님이 보낸 성령인 얼나는 사람이면 누구나 나아갈 길(목적)이며 참나인 진리이며 영원한 생명이란 뜻이라고 해석하고 있다. 그리고 하나님은 얼이기 때문에 얼나로 솟나지 않고는 얼의 나라에 들어갈 수 없다고 말한다.[227] 참으로 기가 막힐 노릇이다. 성경 본문을 이렇게 왜곡할 수 있는가.

우선 본문은 '아버지께 갈 수 없다'가 아니라 '아버지께 올 수 없다'로 되어 있다. 즉 예수는 아버지 하나님과 같은 자리에서 우리가 오도록 부르고 있는 것이다. 본문은 다석이 말하듯이 예수가 우리와 동격의 인간이 아니라 성육신 하신 분일 뿐 아니라 부활승천하신 후 본래의 자리인 하늘의 계신 아버지께로 돌아가 우리를 위해 자리를 마련하고 우리를 부르시는 하나님의 아들이라고 말씀하고 있는 것이다. 그

---

226) 김교신 전집을 낸 노평구 씨가 YMCA에서 류영모의 강의를 들으니 '석가·공자·노자·예수 등의 말씀으로 하시는 인생철학 같기도 하고 신앙적으로 싱크레티즘(syncretism, 혼합종교)이로구나'라고 생각하였다는 데, 이것은 맞는 말이다. 박영호, 윗책, 418.
227) 박영호, 《진리의 사람 다석 류영모(하)》, 383-384.

리고 본문에서 '나'는 성육신하시고 부활승천하사 하나님 우편에 앉아 계신 예수를 말하는 것이지, 제나가 얼나로 솟아난 존재로서의 인간 일반인 나를 말하는 것이 아니다.

그리고 성경이 말하는 하나님은 인간적 의미에서 참나로 거듭난 얼이 아니며, 성령 또한 예수가 사역을 마치고 부활승천하신 후에(요 7:39; 16:7) 하나님이 예수를 대신하여 보내시는 또 한 분의 하나님 보혜사이지, 인간적 의미에서 제나가 솟아난 얼나와 같은 존재가 아니다. 그리고 하나님이 보내신 예수가 하나님께로 가는 유일한 길이며, 참된 진리의 길이며 영원한 생명으로 가는 길이지, 영원히 죽을 수밖에 없는 죄인인 인간이 얼나로 솟났다고 해서 얼나가 사람이 나아갈 길(목적)이고 그 참나가 진리가 되고 영원한 생명이 되는 것은 결코 아니다. 또한 '하나님의 나라'는 '얼의 나라'가 아니다. 이에 대해서는 아래에서 다시 논의하기로 하자.

요한복음에서 하나님의 아들로 묘사된 예수와 하나님의 자녀인 우리는 동격이 아니다. 요한복음은 이를 구별하기 위해 '독생자(μονογηνής)' 어휘를 예수에게만 사용한다(1:14,18; 3:16,18). 그리고 '하나님의 자녀'에는 '테크니아(τεκνία)'라는 다른 어휘를 사용한다. 그리고 요한복음에서 "나와 아버지는 하나이니라"(10:30) 할 때 '나'는 여러 그리스도를 말하는 것이 아니라 나사렛 예수인 그리스도를 말한다.

아들은 아버지로부터 모든 권한을 위임받은 자요 아버지를 공경하듯이 아들을 공경하지 않는 자는 그를 보내신 아버지를 공경하지 않는 자이다(5:22-23). 요한복음 전체에서 말하는 아들이란 하나님 아버지가 보낸 아들로서 그는 나사렛 예수를 말하며 나세렛 예수 이외의 그 누구도 아니다. 이를 부인한다면 그는 요한복음을 믿는(말하는) 것이 아니라 단지 자기가 하고(믿고) 싶은 대로 요한복음을 해석할 뿐이다.

다석은 요한복음 17:3의 말씀을 이렇게 해석한다. "영생은 곧 유일하신 참 하나님과 그가 보내신 자 예수 그리스도를 아는 것이니이다." 다석은 이 기도문에서 예수가 자신을 '아버지께서 보내신 예수 그리스도'라고 가리킨 것은 말이 되지 않는다고 하면서 사도 요한이 예수의 기도를 주의깊게 듣고 나중에 예수가 한 것처럼 기록하다가 그만 주관(主觀)이 들어가서 이렇게 된 것 같다고 말하고 있다. 그러면서 '예수'라는 말을 제거해야 옳으며, 예수는 아버지 하느님께서 줄곧 보내주시는 분이기에 '보내신 예수'보다 '보내주신 예수'라고 하는 게 더 나으며, 그리스도라고 하기보다는 성령이라고 하는 말이 더욱 알아듣기에 좋다는 견해를 피력하였다.[228]

또한 다석은 그리스도를 '줄곧 오는 성령'이라며 이렇게 말한다. "기독교를 믿는 이는 예수만이 그리스도라 하지만, 그리스도는 예수만이 아닙니다. 그리스도는 영원한 생명인 하느님으로부터 오는 성령입니다. 그리스도는 어떤 시대, 어떤 인물의 것이 아닙니다. 보내신 그리스도는 영원한 생명입니다. 우리에게 산소가 공급되듯 성령이 공급되는 것이 그리스도입니다. 그리스도는 줄곧 오는 영원한 생명입니다."[229]

이 기도문에서 '예수'라는 말이 요한에 의해 첨가되었다는 것은 불트만을 비롯한 많은 학자들이 동의한다. 그런 의미에서 다석의 주장은 일리가 있다. 그런데 문제는 왜 요한이 이 말을 굳이 넣었느냐는 것이다. 요한복음에서 '예수 그리스도' 어휘는 단 두 구절(1:17; 17:3)에서만 특별하게 사용하고 있다. 왜 요한은 그리스도라고 하지 않고 굳이 이 두 구절에서 '예수 그리스도'라고 표현했을까. 이것은 대단히 중요한 의미를 지닌다.

요한은 1:17에서 "율법은 모세로 말미암아 주어진 것이고 은혜와 진

---

228) 류영모,《다석강의》, 870-871.
229) 박영호,《진리의 사람 다석 류영모(하)》, 205-206.

리는 예수 그리스도로 말미암아 온 것이라"고 말한다. 유대교는 율법과 모세로 대표되는 종교이다. 이에 반해 예수교는 은혜와 진리가 되는 예수 그리스도로 대표되는 종교이다. 기독교인이 말하는 그리스도는 '기름부음을 받은 자'라는 의미의 히브리어 메시아(같은 뜻의 헬라어 '그리스도')인데, 이는 다수인 메시아(그리스도)가 아니라 오직 하나인 구체적인 나사렛 예수라는 메시아(그리스도)를 분명히 하기 위해 굳이 '예수 그리스도'라고 표현한 것이다.

이는 17:3에서도 마찬가지다. 영생은 유일하신 하나님과 예수 그리스도를 아는 것이라고 했는데, 막연한 다수의 그리스도가 아니라 오직 하나인 구체적인 나사렛 예수라는 그리스도에 있음을 분명히 하고자 이 말을 사용한 것이다. 성경이 말하는 하나님은 이름이 없는 추상적인 道로서의 하느님이 아니다. 그런 하느님을 향해 기도를 드리는 것은 허공을 향해 부르짖는 기도이다. 구체적인 예수 그리스도의 하나님을 향해 기도를 드릴 때 그 기도를 하나님은 들으신다는 것을 말하고 있는 것이다.

요한복음에서 말하는 성령은 예수와 존재론적으로 다르고, 사역에서도 그 기간을 달리 하는 분이다. 성령은 예수께서 사역을 마치신 후 아버지께서 아들을 대신하여 보내시는 보혜사이다. 따라서 예수 그리스도를 성령으로 대치하는 것이 알아듣기에 좋은 것이 아니라 오히려 알아듣지 못하게 하는 소경이 소경을 인도하는 꼴이다.

둘째, 진리의 보편성과 배타성의 문제이다. 다석이 정통신앙의 껍질을 깨고 비정통신앙으로 전환한 데에는 세 가지 요인이 있다. 첫째는 톨스토이의 저서를 통한 사상적인 영향이다. 둘째는 20세에 불경과 노자 등 다른 종교의 경전을 읽게 된 것이다. 셋째는 두 살 아래인 아우

영묵(永黙)의 돌연사이다.[230] 이 세 요인에 대한 필자의 생각은 이렇다.

다석이 역사적이고 유일신적 기독교인인 도스토예프스키를 만나지 못하고 윤리적이고 범신론적 기독교인인 톨스토이를 만난 것은 참으로 애석한 일이다.[231] 성경(기독교)에 대해 깊이, 정확히 알지 못한 상태에서 뿌리깊은 전통적 동양사상에 경도된, 즉 불경과 노자를 읽으면서 하나님의 은혜가 아닌 율법의 행위를 배운 점은 종교다원주의로 나가는 발판을 마련하는 계기를 마련했다. 마지막으로 아우의 죽음으로 낙심한 그는 기독교 신앙에 회의를 갖고, 죽음에 대한 사색과 인생이란 무엇인가를 알고자 종교 속으로 들어간 것은 심히 안타까운 일이다.[232]

심일섭은 '다석 류영모의 종교다원사상과 토착신앙'이라는 논문에서 이렇게 주장하였다. "이처럼 다석은 그의 높은 동양철학적 토착화 신앙으로써 종교다원주의자들의 논의에서 항상 걸림돌이 되어 온 불교와의 관계도 해결하고 있다. 그리고 또한 그리스도 중심주의의 배타성도 넉넉하게 극복하고 있다고 이해할 수도 있다."[233] 필자는 여기서 따지고 싶다. 토착화란 그 본래의 사상을 창조적으로 승화시키는 것을 말하는 것이지, 그 본래의 사상을 왜곡해서 다르게 말하는 것이 아니다. 그 점에서 다석은 기독교를 토착화를 한 것이 아니라 기독교 사상을 왜곡한 사이비 기독교 사상가일 뿐이다.[234]

---

230) 박영호, 《진리의 사람 다석 류영모(상)》, 199-201.
231) 도스토예프스키와 톨스토이의 세계관의 차이는 이덕형, 《천년의 울림》, 314-323을 참조하세요.
232) 그리스도인으로서 타종교와 다원주의에 대해 알아야 한다는 주장에 대해서는 D. Kimball, 《그들이 꿈꾸는 교회》, 161-182을 참조하세요.
233) 박영호, 《진리의 사람 다석 류영모(하)》, 405.
234) 토착화의 문제에 대해서는 "토착화 신학과 성서", 박신배, 《태극신학과 문화신학》, 124-151을 참조하세요.

또한 그리스도 중심주의의 배타성이 극복해야 할 부정적인 나쁜 것인가. 그리고 과연 그 배타성이 타종교의 진리와 양보하거나 타협하거나 하나로 통합할 수 있는 그런 것인가. 아니다(No!). 결론부터 말한다면 기독교는 철저히 배타적인 종교다. 기독교의 정체성은 진리의 배타성에 있다. 따라서 기독교는 타종교와 통합할 수 있는 성질의 것이 아니며, 그리스도 중심주의의 배타성은 극복해야 할 그 무엇이 아니라 오히려 온 인류가 굳게 붙들어야 할 진리의 마지막 보루라는 것이 필자의 생각이다. 그 까닭은 이러하다.

사람들은 생각하기를 진리는 보편성을 지니고 있다고 말한다. 그러면서 진리가 배타성을 지니고 있다는 사실을 간과한다. 진리가 보편성와 더불어 배타성을 지니고 있어야 그것이 참다운 의미에서 진리이지, 이 둘 중에 하나만 가지고 있으면 그것은 부분적 진리일 뿐 전체적 의미의 참 진리라고 말할 수 없다. 진리가 보편성을 지닌다는 말은 인간 세계가 보편적으로 추구하는 가치인 사랑, 자유, 정의, 평화, 생명과 같은 것을 지닐 때 하는 말이다. 그런데 진리가 배타성을 지닌다는 말은 그 하나만이 참이고 다른 것은 참이 아닌 거짓이나 오류를 일컬을 때 하는 말이다.

진리의 보편성과 배타성을 관련하여 연애와 결혼을 비유로 말해보자. 연애도 결혼도 인간이라면 누구나 하는 '사랑'이라는 점에서 보편성을 지닌다. 그런데 이 둘의 결정적인 차이는 이렇다. 연애는 만인을 선택하여 사랑할 수 있다(과정[process]이자 多의 의미를 지님). 그런데 결혼은 연애의 마침표를 찍는 것이다. (정상적인) 결혼은 한 남자와 한 여자가 하는 것이다. 그러기에 한 남자(한 여자)를 선택했다면 나머지 남자(여자)는 모두 포기해야 하다(一者와 完成의 의미를 지님). 그렇지 않고는 결혼은 성립되지 않는다. 이 말은 결혼이란 그 자체가 철저히 배타성을 띠고 있다. 그렇다면 배타성을 띤 결혼을 두고 그것은 아집이고 독선이며, 따라서 극복해야 할 나쁜 제도다라고 말할 수 있는가.

그런데 하나님이 창조하신 결혼은 배타성을 띠기도 하지만 그 동안 혼자 살던 사람이 결혼하여 남편이나 아내와 함께 살면서 나 밖에 있는 나와 성(性)이 다른 남을 사랑하는 것을 배우고, 자녀를 낳고 기르면서 만인을 사랑하는 방향으로 나아가게 한다. 예수 이전의 타종교의 성현들은 예수라는 일자(一者)와 완성으로 나아가는 과정에 있는 존재들이다. 이를 요한복음은 세례 요한의 말, 즉 신랑되신 예수는 복음시대를 연 결혼의 주인공이고, 자신을 비롯한 구약의 성현들은 율법시대에 속한 자들로서 신랑되신 예수의 결혼을 축하하기 위해 들러리를 선 자의 기쁨으로 비유하고 있다(3:29-30).

예를 들어 보자. 수학에서 2 + 2 = 4이다. 이것은 수(數)의 진리이고 배타적 진리이다. 그 누군가가 2 + 2 = 4가 아니라 3도 될 수 있고 5도 될 수 있다고 하면 그것은 수학적 진리가 아니다. 이 공식을 두고 1명이 4라고 말하고, 99명이 3이라고 말했다 하자. 그럴 경우 보편적인 대다수가 말한 3이 진리가 아니라 단 한 사람이 말했다 할지라도 4라고 말한 그 사람이 진리이다. 4만이 옳다고 주장한다고 그것이 아집과 독선인가.

수학적 진리는 철저히 배타적이며, 이 같은 배타적 진리를 잘못 되었다고 말하는 사람이 있다면 그는 정상적인 사람이 아닌 이상한 사람이다. 계약법전(출 20:22-23:33)의 전체 포인트가 유일한 참 하나님이신 야웨와의 배타적 관계[235]에 들어가는 것이듯이, 요한복음의 전체 포인트는 예수와의 배타적 관계에 들어가는 것이다.

그런데 진리는 수학적 진리만 있는 것이 아니다. 종교적 진리를 비롯하여 수많은 진리가 있다. 그러한 진리를 모두 합쳐 한마디로 '도(道)'

---

235) P.G.Ryken, *Exodus*, 773.

라고 하고, 이 진리를 '도(道)의 진리'라고 하자. 그 도에는 예수의 도만이 아니라 석가의 도, 공자의 도, 노자의 도 등 기독교 외에 타종교의 도가 있다. 그뿐 아니라 예술가의 도, 군인의 도, 정치가의 도, 상업(상인)의 길인 상도(商道)도 있다.[236]

여기서 생각해야 할 것은 그 도가 언제 어디서 누구에게서 나온 도인지, 그리고 어떤 도를 말하는 것인지를 철저히 살펴야 한다. 그러면 서로 간에 어떤 점에서 같은 도이고, 어떤 점에서 차이가 나는 도인지가 분명하게 밝혀지는 것이다.

다석은 "하나를 알기 전에는 전부가 까막눈이다"[237]라고 말하면서 이렇게 말한다. "모든 것은 절대인 '하나'에서 나와서, 마침내 '하나'를 찾아 하나로 돌아갑니다. 대사상가나 대종교가가 믿는다는 것이나 말한다는 것은 다 '하나'를 구한다는 말이요 믿는다는 것입니다. '원일물(元一物)', 이 사람이 죽을 때까지 이야기하고 싶은 것은 '원(元)'입니다. 본디의 '하나'는 '원일물'입니다… '원일물'은 '유일불이(唯一不二)'이기도 합니다. '원일물불이', 이것이 부처요 여호와 하느님입니다. 나는 '원일물불이'를 믿습니다."[238]

다석이 정통신앙을 떠난 것은 정통신앙의 그리스도관에 만족할 수 없기 때문인데, 그는 이렇게 말한다. "기독교를 믿는 이들은 예수만이 그리스도라 하지만 그리스도는 예수만이 아닙니다. 그리스도는 하느님으로부터 오는 성령으로 우리의 영원한 생명입니다." 그리스도란 바꾸어 말하면 하느님 아들이다. 전구는 달라도 전원(電源)은 하나이듯이

---

236) 소설가 최인호는 이렇게 말한다. "이 세상에 도가 아닌 게 어디 있겠느냐. 거지에게도 거지의 도가 있으며, 성인은 성인의 도가 있다. 계집은 계집으로서의 도가 있으며, 하늘을 나는 새도 새 나름의 도가 있다. 이 세상에 도 아닌 것이 어디 있겠느냐." 최인호,《상도 1》, 103.
237) 류영모,《다석강의》, 740-753.
238) 류영모, 윗책, 742-747.

개체는 달라도 말씀의 영원(靈原)은 하나이다. 그러므로 석가의 마음에서 빛났던 진리의 빛이나, 공자의 마음에서 빛났던 진리의 빛이나, 노자의 마음에서 빛났던 진리의 빛이나 한 얼이다. 다를 까닭이 없다. 한 얼의 생명이라 독생자(獨生子)라 한다. 윤리적 표현인 독생자를 철학적으로 나타내면 일원(一元)이다.[239]

다석은 말한다. "석가의 법성(法性), 예수의 영성(靈性), 노자의 덕성(德性)이 모두가 같은 말로서 하느님의 아들을 일컫는다."[240] 다석은 종교다원주의적 측면에서 하나님의 아들 그리스도(독생자)는 예수만이 아니라 석가·공자·노자가 다 그리스도(독생자)이며 한 얼의 생명을 말한다는 점에서 하나라고 주장하고 있다.

여기서 예수교와 동양의 제종교가 결정적으로 다른 것 하나를 말한다면 예수교는 '하나님(예수 그리스도)이 주어인 종교'인 데 반해, 타종교는 '인간(나)이 주어인 종교'라는 사실이다.[241] 이를 다른 말로 하면 예수교는 유신론이요 신본주의요 은혜 복음의 종교인 데 반해, 동양의 제종교는 모두 무신론[242]이요 인본주의요 행위 율법의 종교를 말한

---

239) 박영호, 《진리의 사람 다석 류영모(상)》, 416.
240) 박영호, 《다석 류영모의 사상과 함께 읽는 老子》, 282.
241) 필자에게 이 같은 깨달음은 2011년 12월 10일 아침에 계시처럼 왔는데, 이를 '산동성의 청도대오(靑島大悟)'라고 부르고자 한다. 양명학의 창시자인 왕수인(1472-1529)은 귀주성 용장(龍場)에서 37세 때인 1509년 큰 깨달음을 얻게 되었다. "문득 한밤중에 격물치지의 의미를 크게 깨달았다(忽中夜大悟格物致知之旨)." 이를 용장대오(龍場大悟) 또는 용장오도(龍場悟道)라고 한다. "聖人의 道가 나의 마음에 있으니 진리를 사물에서 구하는 것은 잘못이다"라는 것이 그의 깨달음이었다. 그 후 왕양명은 이 같은 심즉리(心卽理)의 심학(心學)을 실천하는 지행합일(知行合一)의 진리를 역설하였다. 陳來, 《양명철학》, 226-231; 김흥호, 《길을 찾은 사람들》, 234-289.
242) 불교의 교조 붓다(Buddha)의 기본적 교리는 삼법인(三法印), 사성제(四聖啼), 팔정도(八正道), 십이연기(十二緣起), 중도설(中道說)이다. 그런데 붓다는 일반철학파의 한 사람으로서 브라흐마니즘((Brahmanism)과 대결한 무신론자이다. 불교는 신없는 세계적 고등종교로서 기독교 등 다른 종교와는 전혀 질적으로 다른 점이 점차 명백해지고 있다. 본래 불가에서는 불교가 신없는 종교라는 것은 자고로 너무나도 상식적인 이야기이다.

다.[243)]

헤브라이즘은 신본주의요 헬레니즘은 인본주의라는 점에서 이 둘은 사상적으로 같은 하나로 볼 수 없다. 이는 유신론인 예수교와 무신론인 공산주의를 사상적으로 같은 하나로 볼 수 없는 것과 같다. 동양의 제종교는 인본주의에 기초한 서양의 헬레니즘처럼 인(人)을 본(本)으로 한다(인본주의)는 점에서 사상적으로 맥을 같이 한다.[244)]

일찍이 키르케고르는 헤겔식의 사변적 종교철학과 기독교는 통합될 수 없음을 확신했고 이를 위해 온 몸으로 맞서 싸웠다.[245)] 마찬가지로 예수교와 동양철학은 종교다원주의라는 이름으로 통합될 수 없다. 그 까닭은 예수교는 동양종교와 철저히 다른 배타적 진리를 말하는 종교이기 때문이다. 예수교는 위에서, 밖에서, 하나님(예수 그리스도)이 주어인 종교이다. 즉 하나님(신)이라는 4차원의 종교이다. 그리고 타종교는 아래에서, 안에서, 인간(나)이 주어인 종교이다. 즉 인간이라는 3차원의 종교이다.

다석이 모든 것을 종합한 절대 진리인 하나를 추구하는 것은 좋다. 그런데 그 하나가 같은 차원이라면 모르겠는데, 차원이 다른데 이를 어떻게 같다고 말할 수 있으며 하나라고 말할 수 있는가. 그런 의미에서 같은 진리, 같은 구원을 말하고 있다는 종교다원주의는 어불성설(語不成說)이다.

독일의 유명한 불교학자인 게오르그 그림 박사는 "불교는 다른 모든 종교에서와 같은 그런 신을 가지고 있지 않으며…오직 인격적 신의 관념을 완전히 버린 자라야만 비로소 불교를 알 수 있으리라"고 확언하였다. 더 자세한 설명은 원의범, "佛敎는 無神論이다",《인도철학사상》, 259-269을 참조하세요.
243) 동양의 제종교가 '인본주의'라는 것은 인간이 주어라는 의미이다. 더 자세한 설명은 429쪽 이하의 "인왕사상: 인본주의"를 참조하세요.
244) 공산주의는 '물질적 무신론(인본주의)'이요 동양의 제종교는 '정신적 무신론(인본주의)'이라는 점에서 맥을 같이 한다.
245) W.Nigg,《예언자적 사상가》, 74.

많은 기독교인들이 타종교와 평화를 모색하기 위해 기독교의 배타성을 버리거나 극복해야 한다고 말한다. 그러나 이것은 예수(성경)가 원하는 길이 아니다. 누가복음 12:49-51에서 예수는 이렇게 말했다. 자신은 불을 땅에 던지러 왔다, 즉 이전의 모든 부분 진리를 다 불태우고 절대(참) 진리를 이 세상에 들려주고자 왔다는 것이다. 그리고 이 진리가 이루어질 때까지 자신이 얼마나 답답할 것이며, 이를 위해 자신이 받아야 할 세례(죽음)가 있다고 말했다. 그러면서 자신은 세상에 화평을 주려고 온 것이 아니라 도리어 분쟁케 하기 위해 오셨다고 말했다.

예수가 참 진리, 즉 진리의 배타성 때문에 이 세상에 분쟁하러 오셨다고 했는데, 어찌 예수를 따르는 예수교인이라고 하면서, 세상과 평화한다는 명분을 내세워 예수의 말씀을 포기하고 세상과 타협하려고 하는가. 이는 속 좁은 편협성을 갖자는 뜻이 아니다. 이는 예수교인이 해서는 안 되는, 참 진리를 스스로 허무는 일이기 때문이다. 예수교회(기독교인)가 진리의 배타성을 지켜야 하는 까닭은 정체성을 잃은 종교는 몰락할 수밖에 없기 때문이다.[246]

'하나님의 이름이 거룩히 여김을 받으시옵소서'라는 예수의 주기도는 영원한 진리이다. 필자는 예수의 이름으로 분명히 선언한다. 진리의 배타성으로 인해 실족지 않는 자에게 복 있을진저(마 11:6)! 그리고 진리의 배타성을 허물어뜨리는 자에게 화 있을진저(눅 6:26)!

바울이 왜 갈라디아 교인들을 향해 분노했는가? 그리스도의 은혜를 말하는 십자가 복음을 떠난 다른 복음을 따르는 자가 있었기 때문이다. 바울은 행함(율법, 할례)으로 구원을 얻는다고 주장하는 유대 거짓

---

246) 대몽골제국의 몰락은 '정체성 상실'에 가장 큰 원인이 있다. 그래서 바다 태풍 칭기스칸은 기회있을 때마다 자손들이 유목민의 야성을 잃지 말 것을 당부하며 이렇게 말했다. "내 자손이 비단옷을 입고 벽돌집에 사는 날 내 제국은 망할 것이다." 김종래,《CEO 칭기스칸》, 121-123.

교사들의 주장은 '십자가의 은혜'를 무효화하는 것이기에 목숨을 걸고 항변했다(고전 1:18; 갈 2:21; 6:14). 그리하여 그리스도의 복음 이외에 다른 복음을 전하는 자는 저주를 받을지어다(갈 1:6-9)라고 독설을 퍼부었다.

예수가 말하는 진리의 배타성을 받아들이거나 거부하든지 둘 중 하나(either ~ or)이지, 이것도 저것도(both ~ and) 다 같은 진리를 말한다는 종교다원사상은 올바른 기독교인의 자세가 아니다. 결혼을 하려면 하나를 선택하고 나머지는 다 포기해야 하듯이 둘 중 하나를 선택해야 한다. 둘 다를 붙드는 것은 죽도 밥도 안 되고 두 마리 토끼를 잡으려다 다 놓치는 꼴이다.

다만 여기서 명심해야 할 점은 진리는 항상 사랑과 함께 작용한다는 사실이다. 사랑이 빠진 진리는 파괴적 진리요 폭력일 뿐 참 진리가 못 된다. 배타적인 예수의 진리는 항상 사랑과 함께 했다는 사실을 잊지 말아야 한다. 예수의 사랑의 정신이 빠진 서양 기독교는 이 점에서 철저히 실패했다. 서양 기독교는 사랑의 종교인 '십자가의 종교'를 힘의 종교인 '십자군의 종교'로 변질시켰다. 즉 세상을 사랑하고 섬기며 이를 위해 한 알의 밀처럼 희생했던 예수의 정신과 배치되는 길을 갔다.[247]

기독교인의 사명은 진리의 배타성을 철저히 지키는 것이다. 그리고 이 배타적 절대 진리를 모르는 자에게 전하고 가르치고 설득하는 것이다. 이 과정에서 이 진리를 대적하는 자가 있다면 예수의 마음으로 그를 긍휼히 여기면서 사랑 때문에 십자가를 지신 예수처럼 그를 위해 희생하고 대신 죽을 수 있어야 한다. 힘이나 총칼로 상대방을 위협하거나 죽여서 승리를 쟁취하는 것은 기독교인이 할 짓이 아니다.[248]

---

247) 현대 개신교는 '진리의 배타성'을 강조한 나머지 예수가 보여준 '사랑(평화)의 포괄성'을 잃었고, 현대 가톨릭은 '사랑(평화)의 보편성'을 강조한 나머지 성경이 말하는 '진리의 배타성'을 잃었다.
248) 역사상 최대의 대제국을 이룩한 팍스 몽골리카, 그리고 현대의 팍스 아메리카나 및 팍

셋째, 삶의 궁극적 목적에 대한 문제이다. 다석은 1937년 정초에 요한복음 3:16을 해석하였는데, 그 자리에 있던 김교신의 제자 류달영은 그 순간을 거의 완벽하게 기억하고 있었다고 한다. "다석의 생각은 하느님이 이 세상을 사랑하는 것이 아니라 미워한다는 것이었다. '자기 외아들을 죽이는 하느님이 어떻게 세상을 사랑할 수 있겠는가?'라고 하였다. 외아들을 죽이는 하느님을 사랑의 하느님이라고 하는 것은 당치도 않다고 하였다.

다석은 말하기를 하느님이 사람에게 독생자를 주셨다는 것은 하느님이 하느님의 생명(성령)을 사람의 맘 속에 넣어 주었다는 것이라고 하였다. '하느님께로부터 난 사람은 자기 안에 하느님의 본성(씨)를 지녔으므로 죄를 짓지 않습니다. 그는 하느님께로부터 난 사람이기 때문에 도대체 죄를 지을 수 없습니다'(요한1서 3:9). 사람은 제 맘 속에 하느님의 본성(씨)을 키워서 하느님과 하나 되는 것이 삶의 궁극적 목적이라고 하였다. 석가의 불성, 공자의 인성, 예수의 영성은 같다고 말하였다."[249]

복음의 핵심 구절인 요한복음 3:16을 이렇게 해석해도 되는가. 외아들을 죽이는 하느님을 사랑의 하느님이라는 말씀이 당치도 않다니. 뭘 알고 하는 소리인가. 그러고도 기독교인이고, 예수를 안다고 말할 수 있는가. 요한이 예수를 성육신한 분이요 모세가 광야에서 놋뱀을 든 것처럼 예수를 십자가에 높이 달게 하시고 부활로 다시 높이 들어올리신 것은 인간의 영원한 문제인 죄와 죽음의 문제를 해결하시기 위한 하나님의 참 사랑의 행위임을 모른단 말인가. 상식에 속하는 것조차

스 차이나는 모두 전쟁과 무력과 금권으로 이룩한 제국들이다. 이제 21세기 그리스도인들이 이룩해야 할 '팍스 크리스티나(Pax Christina, 그리스도 제국)' 는 예수의 정신에 입각한 사랑의 복음으로 이룩해야 할 제국이다.
249) 박영호,《진리의 사람 다석 류영모(상)》, 321-322.

모르고 어찌 요한복음을 강해하고 기독교를 제일 잘 아는 양 떠들 수 있단 말인가.

또한 다석은 삶의 목적을 제나(몸나)가 얼나로 거듭나 아버지 하느님에게 다다르는 것이라고 하였다. 그러면 인생의 목적은 완성된 것이라고 하였다.[250] 다석은 언제나 '성령'은 하느님의 아들이요 영원한 생명이요 불변의 진리라고 말하면서, 예수가 우리에게 가르친 것은 "멸망의 육체를 버리고 성령으로 거듭나라"는 것이었다고 말한다.[251] 이를 위해 예수·석가가 보여준 삶, 톨스토이·마하트마 간디가 보여준 삶, 즉 삼독(三毒)의 나를 초월하자고 말하고 있다.

다석은 제나(自我)의 수성(獸性)인 삼독(三毒)의 탐진치(貪瞋痴)의 뿌리를 뽑기 위해 무던히 애를 썼다. 그리하여 탐욕(貪慾)의 뿌리인 식욕을 버리기 위해 하루에 한 끼니만 먹었으며, 진에(瞋恚)의 뿌리인 증오를 버리기 위해 누그러지기로 하였고, 치정(癡情)의 뿌리인 색욕을 버리기 위해 52세 때부터 해혼(解婚)하여 부부가 남매처럼 지내는 금욕생활을 실천하였다.[252]

요한은 예수가 하나님의 아들이라고 말하고 있지, 성령을 하나님의 아들이라고 말한 적이 없다. 그리고 예수를 화육하신 분으로 보고 있는 요한은 육체를 멸망할 것으로 보지 않았다. 요한복음 6:63은 이렇게 말한다. "살리는 것은 영이니 육은 무익하니라 내가 너희에게 이른 말은 영이요 생명이라." 다석은 이 말씀을 이렇게 해석한다. 고깃덩이요 짐승의 수성에 불과한 몸나(육신)는 멸망하는 상대적 생명이고, 얼나는 영생하는 절대적 생명이기에 결국 몸나는 얼나로 솟나야 한다고

---

250) 박영호, 《진리의 사람 다석 류영모(하)》, 272.
251) 박영호, 윗책, 138.
252) 박영호, 《진리의 사람 다석 류영모(상)》, 420-422.

하였다. 그리고 얼나는 성령으로 된 하늘나라에 속한다고 하였다.[253] 과연 그런가.

우선 요한복음은 육을 결코 고깃덩이요 짐승의 수성에 불과한 부정적인 것으로 보지 않았다. 예수가 몸(육신)을 입고 이 세상에 오지 않았는가. 단지 영생의 말씀으로 오신 예수를 담지(믿지) 않은 몸(육신)은 무익하다(쓸데없는 죽은 시체)고 말하고 있을 뿐이다. 그러니까 예수를 믿지 않거나 예수의 말씀이 없는 사람은 영이 없는 얼간이이고, 생명을 갖지 못한 죽은 사람이라는 그런 말이다.

또한 다석은 거듭난다(위로부터 난다)는 말을 '인간론적 의미'에서 몸나(제나)가 얼나(靈我)로, 즉 아래에서 위로 솟아 오르는 것으로 말하고 있다. 그러나 요한복음 3장에서 예수가 니고데모에게 한 "사람이 거듭나지 아니하면 하나님의 나라를 볼 수 없느니라"(3:3)는 말은 전혀 그런 뜻이 아니다. 이는 인간론적 의미가 아닌 신론적(기독론적) 의미이다. 이를 보다 자세히 설명하면 이렇다.

먼저, 예수의 선포의 핵심인 '하나님의 나라(βασιλεία)'란 '하나님이 왕이 되어 (나와 세상을) 통치하는 나라', 즉 하나님의 주권, 하나님이 주어인 세계를 말하는 것이다. 그러니까 하늘 어딘가에 있는 장소(천당) 개념 또는 미래에 죽어서 가는 어느 나라가 아니다. 다음으로, 예수가 말하는 거듭난다는 것은 자연인에서 (기독교) 신앙인으로 바뀌었다는 것을 말한다. (기독교) 신앙인이 되었다는 것은 무엇을 말하는고 하니 주어가 인간에서 하나님으로, 나에서 예수로 바뀌었다는 것을 말한다.[254]

---

253) 박영호,《진리의 사람 다석 류영모(하)》, 342.
254) 한형조 선생은 젊은 시절 "나를 둘러싼 이 모든 것은 무엇인가, 나는 누구인가 나는 무엇을 해야 하고 또 무엇을 할 수 있는가"를 고민하면서 동양철학에 몰두했다고 말한다. 철학은 근본적으로 3차원인 나(인간)가 주어가 되어 하는 행위이다. 한형조,《왜 동양철

그래서 거듭나야, 즉 주어가 인간(나)에서 하나님(예수)으로 바뀐 사람을(기독교) 신앙인이라고 말한다. 그리고 그런 자라야 '하나님 나라를 볼 수 있다', 즉 하나님(예수)이 자신을 다스리고 있다는 것을 볼(알) 수 있다는 것이다. 이를 3:5에서는 '하나님 나라에 들어갈 수 있다'고 다르게 표현하고 있다. 거듭나야, 즉 기독교 신앙인이 되어야 인간(나) 왕이 통치하는 세계가 아닌 하나님(예수)이 통치하는 세계 속에 들어가 사는 자가 된다는 그런 의미이다. 그러니까 거듭나다는 말은 철저히 '신론적(기독론적) 의미'이지 인간론적(자아적) 의미가 아니다.

여기서 주목할 것은 요한은 3장에서 '하나님 나라'를 두번 사용하여 강조하고 있다. 그런데 18장(36절)에서는 '하나님 나라'라는 말 대신 '내 나라'라는 말로 세 번 사용하고 있다. '내 나라'는 곧 '예수 나라'이고 이를 세번 사용했다는 것은 더 이상 없다는 완전한 나라를 의미한다. 구약으로 말하면 아버지의 나라인 하나님 나라는 '야웨의 나라'이다. 이를 신약으로 말하면 아들의 나라인 하나님 나라는 '예수의 나라'이다. 하나님 아버지께서 아버지의 나라를 그의 사랑하는 아들의 나라로 옮기셨다(골 1:13). 그러니까 요한은 하나님 나라란 막연한 하느님이 통치하는 나라가 아니라 '주와 그리스도가 되시는 예수 나라'(계 11:15 참조)라는 것을 확실하게 말하고 있다.

요한은 3장에서 인간이 거듭나야 하는 이유와 목적은 몸나가 얼나로, 즉 인간론적인 의미에서 성화(聖化)를 이루는 데 있는 것이 아니라 신론적 의미에서 하나님 나라를 보는(아는, 들어가는) 데 있다고 말한다. 사도 바울의 표현으로 하면 내 안에 하나님(예수 그리스도)이 살아 계셔

학인가》, 5-6. 이에 반해 기독교 신앙은 4차원의 신앙, 계시의 문제이며 하나님이 주어가 되어 하는 행위이다. 기독교는 하나님은 어떤 존재인가, 하나님은 나에게 무엇을 하셨는가, 하나님은 나를 통해 무엇을 하기를 원하는가? 하나님은 역사(자연)를 어떻게 움직여 가시는가?라는 하나님 주어의 종교이다.

나를 주관하는, 즉 '하나님의 주권'을 말하고 있다. 이것이 거듭남의 의미이다.

또한 성령으로 된 하늘나라는 얼나인 내가 주체(주인)가 아니다. 나아가 기독교인의 삶의 목적이란 내 안에 주인이 되신 하나님(예수 그리스도)을 찬송하고 경배하며(예배, 시 67:3; 사 43:21), 그분의 이름을 널리 전하는(선교, 마 28:8-20; 요 4:34-35) 데 있다. 그리하여 이 세상 나라가 예수 나라(주와 그리스도의 나라)가 되어 나만이 아니라 온 만민이 주 앞에 무릎을 꿇고 세세무궁토록 하나님께 영광을 돌리는 데 기독교인의 삶의 궁극적 목적이 있는 것이다(빌 3:10-11). 이것을 한마디로 '오직 하나님의 영광을 위하여(Soli Deo Gloria!)'라고 말하는 것이다.[255]

다석은 이렇게 말한다. "하느님 아들 노릇은 하느님 아버지와 같이 하자는 것이다. 우리는 자꾸 제나를 버리고 하느님 아버지와 같아지자는 존재이다. 이것이 본디는 참나를 회복하는 것이다. 하느님께로 올라간다는 것이 그렇게 기쁘고 즐거울 수가 없다."[256] 그러나 성경이 말하는 인간(3차원)은 죽었다 깨어나도 차원이 다른 하나님(4차원)과 결코 같아질 수가 없다. 창세기 3장은 3차원의 인간이 4차원의 하나님과 같아질 수 있다는 사탄의 유혹이 인간을 원죄에 빠뜨렸음을 극명하게 보여주고 있다.

---

255) 출애굽의 궁극적 목적은 '이스라엘의 구원'에 있는 것이 아니라 '하나님의 영광' 곧 하나님의 이름이 온 세상에 알려져 하나님이 영광을 받는 데 있다(출 9:16; 14:4; 40:35). 이를 요한복음으로 말하면 요한의 궁극적 목적은 '구원론(인간 구원)'에 있는 것이 아니라 '기독론(그리스도의 영광)'에 있다. 이는 인간을 구원한다는 모든 과학, 예술, 종교, 스포츠에 이르기까지 그 어떤 것도 궁극적 목적이 될 수 없음을 시사한다.

256) 불교에서는 깨달음에 네 가지를 든다. ① 불각(不覺), ② 상사각(相似覺), ③ 수분각(隨分覺), ④ 구경각(九竟覺)이 그것이다. 불각은 내가 참나가 아닌 것을 아는 것이다. 상사각은 관념적으로 하느님을 아는 것이다. 수분각은 누구의 사상을 의지하여 하느님에 이른 것이다. 구경각은 온전히 하느님과 하나된 지경에 간 것이다. 박영호, 《다석 류영모의 사상과 함께 읽는 장자》, 45.

그리고 기독교인의 기쁨(즐거움)은 하느님 아버지와 같아지거나 하느님께 올라가는 데 있지 않다. 하나님이 우리를 위해 이 세상에 보내주신 예수를 주님으로 영접하고 나 같은 죄인을 위해 친히 십자가를 지심으로 대속해 주시고 부활하심으로 영생과 천국의 소망을 갖고 살게 해 주신 그 은혜를 감사하는 데 있다.

다석은 예수와 석가의 가르침은 거의 같다고 하였다.[257] 다석은 성경의 표현으로는 율법의 종교, 즉 노력을 통한 깨달음과 성화를 통한 구원(해탈)의 길을 말하고, 그런 삶을 살았다. 그는 예수의 종교가 은혜의 종교임을 몰랐고, 따라서 끊임없이 예수의 주변만을 돌면서 변죽만 울렸다. 이 같은 다석의 모습은 그의 제자인 김흥호 선생에게서도 엿볼 수 있다.

김흥호 선생은 부처가 되는 길은 노력밖에 없다면서 이렇게 말한다. "불도의 핵심은 얼을 되찾는 것이다. 세상에 얼을 찾는 것(見性)처럼 중요한 것은 없다. 얼을 찾아야 어른이 된다(成佛). 세상에 할 일이란 무엇이냐. 얼 찾기가 아니냐. 하나님을 믿는 것이 할 일이다. 얼 찾는 일이 할 일이다."[258] 김흥호에게서 얼이 곧 하나님이 되었다. 제자 김흥호는 스승 류영모를 제대로 따라간 것이다.

김교신의 제자였던 류달영은 훗날 스승의 정통신앙보다 다석의 종교다원주의적 비정통신앙이 옳다고 따라가면서 이렇게 말했다. "김교신은 1936년 1월 일기에 부활의 진리처럼 고귀한 것이 없으나 부활론처럼 위험한 것도 없다고 썼다. 김교신이 나처럼 80살을 넘어 살았다면 30살 전후의 정통신앙을 그대로 가지고 살아왔을 것인지 나로서는 확언할 수 없다(류달영,《다석추모문집》)"고 말했다.[259]

---

257) 박영호,《진리의 사람 다석 류영모(상)》, 411.
258) 김흥호,《푸른 바위에 새긴 글(벽암록 풀이)》, 172-173.
259) 박영호,《진리의 사람 다석 류영모(상)》, 323;《진리의 사람 다석 류영모(하)》, 414-415. 이

김선보는 그의 논문 '다석 류영모의 종교관'에서 다석을 이렇게 칭송하였다. "우리에게서 다석의 종교와 철학의 세계는 손색없는 깊이와 넓이를 지니고 있다고 본다. 지금은 말만 무성할 뿐 말씀이 사라진 시대이다. 참 말씀이 그립고 참 사람이 그립고 참 진리가 그리운 시대이다. 다석은 평생 하느님만을 만나기 위해 얼로 하나 되기 위해 몸나를 죽이는 방법으로 식색(食色)을 절제했으며 여러 종교의 진리를 마치 벌이 여러 꽃에서 꿀을 모아들이듯이 말씀의 꿀을 모아 오늘의 우리들에게 남겨 주었다. 다석의 생각을 한 줄로 요약하면 제나(自我)를 이겨 얼나(靈我)를 깨달아 제소리를 하고 해탈(解脫)을 누리는 것이다."[260] 다석 사상의 정곡을 찌르는 말이 아닐 수 없다.

이제 다석 선생의 사상에 대해 정리해 보자. 다석은 참되게 살려고 노력한 훌륭한 종교인이지, 은혜 속에 살려고 한 기독교인은 아니다. 다석은 진리의 세계를 사는 사람을 기독교인이라고 생각했다. 그러나 필자는 예수를 그리스도로 믿는 사람을 기독교인이라고 생각한다. 예수는 진리보다 크신 분이다. 기독교가 말하는 진리는 예수를 믿는 진리이지, 막연한 보편적인 진리를 말하는 것이 아니다. 그의 제자 함석헌도 진리가 예수보다 더 크다는 점에서 스승과 같은 생각을 갖고 있다. 성경(요한복음)이 말하는 진리는 예수를 하나님 아들 그리스도로 믿든지 아니 믿든지 둘 중 하나이지 제3의 길은 없다.

요한복음과 관련하여 다석에게 요한복음의 배경, 문학적 장르, 구조, 묵시문학, 상징코드니 하는 말은 꺼내고 싶지 않다. 다석은 이런 것들에 대해 전혀 모르는 사람이기 때문이다. 다만 그가 예수를 '자신의 한 분 스승'이라고 하기에 예수에 대해 갖고 있는 그의 생각들을 평가

에 대해 필자는 하나님이 김교신 선생을 지극히 사랑하여 종교다원주의에 빠져 있는 다석을 따라가지 못하도록 일찍 데려가셨다(1945년 4월 25일)고 생각한다.
260) 박영호, 《진리의 사람 다석 류영모(하)》, 405.

해 보면 이렇다.

그는 성경이 말하는 기본 사상에 대해 그 어느 것 하나 제대로 말한 것이 없다. 다석은 요한복음을 본문이 말하는 방식으로 예수를 읽지 않고, 단지 자신이 원하는 방식으로 예수를 읽었을 뿐이다. 다석에 대한 존경 내지 우상숭배는 가장 형편없는 그의 요한복음 해석마저도 대단한 것으로 보려는 경향이 있다. 그러나 죄송한 얘기지만 다석은 요한복음을 단지 동양사상적 관점에서 읽었을 뿐, 성서신학적으로 볼 때 그의 해석은 완전히 빗나갔다.[261]

한마디로 다석의 사상은 철저히 노력과 고행을 통해 자기를 고양(해탈)하는 불교적 '성인지학(聖人之學)'이라고 말할 수 있다. 필자가 보기에 다석은 얼굴은 예수요, 학문은 공자요, 정신은 석가요, 삶은 노장의 모습을 종합해 놓은 '그로테스크한(인간이라기보다는 괴물같은)' 모습이라고 아니할 수 없다.

불교는 고(苦)의 문제로부터 출발하나 기독교는 그 고통의 근원이 죄에 있으며 죄의 문제로부터 출발한다.[262] 그런데 다석은 구원을 위한 출발점인 죄에 대해서도 거의 언급이 없다. 또한 복음의 핵심인 하나님 나라, 하나님 은혜를 제대로 알지 못하거나 왜곡하고 있을 뿐만 아니라 성경의 기본 사상인 성육신, 십자가, 부활, 재림을 믿지 않고 있다. 이런 사람이 어떻게 기독교인이라고 말할 수 있는가.

또한 그는 예수의 가르침이나 석가의 가르침이 다를 바가 없다고 하면서 종교다원주의적 진리를 역설했다.[263] 그의 제자 함석헌도 스승을

---

[261] 이렇게 된 데에는 첫째, 다석이 전혀 신학을 공부한 적이 없다는 사실과 둘째, 예수를 그리스도로 만나는 확실한 신앙체험이 없이 단지 학문적으로만 성경을 읽고 연구했기 때문이다.
[262] 불교의 고(苦)와 기독교의 죄(罪)에 대한 자세한 논의는 안점식,《세계관과 영적 전쟁: 예수의 유일성에 대한 비교종교학적 변증》, 93-125을 참조하세요.
[263] 박영호,《진리의 사람 다석 류영모(하)》, 138-140; 류영모,《다석강의》, 814-850.

따라 같은 사상의 길을 갔다.[264] 그리고 그것이 종교간의 평화를 가져오는 길이고 기독교의 배타성을 극복하는 길이라고 보았다. 함석헌 선생은 말한다. "'모든 종교는 하나이다'는 것을 거부하는 종교는 앞으로 몰락할 것이다. 그러므로 어느 기성 종교로써 세계 종교를 통일하자는 생각은 어리석은 욕심이다. 낡아빠진 생각이다." 그는 내가 믿는 종교만이 옳고 다른 사람이 믿는 종교는 틀렸다는 배타주의를 철저히 거부하였다.[265]

필자는 분명히 말하고자 한다. 모든 종교는 '하나'가 아니라 '하나를 지향하는 것'이다. 즉 모든 종교는 다 같이 진리를 말한다는 의미에서 하나가 아니라 차원이 다른 진리[266]를 말한 '예수라는 그 하나를 지향하는 것'이다. 동양의 제종교는 기본적으로 주어가 인간(나)인 3차원의 진리를 말하고 있는 데 반해, 예수교는 주어가 하나님(예수)인 4차원의 진리를 말하고 있다는 점에서 차원이 다른 것이다. 보다 큰 4차원은 보다 작은 3차원을 포함할 수 있으나 보다 작은 3차원은 보다 큰 4차원을 포함할 수 없다.[267]

그런 의미에서 기독교는 타종교와 배타적일 뿐 아니라 타종교를 다 포함하는 예수일원론적 지향을 가능케 하나 타종교로는 이것이 가능하지 않다. 주어가 전혀 차원이 다르고 삶의 궁극적 목적이 전혀 다른

---

264) 김성수,《함석헌 평전》, 83-117.
265) 함석헌기념사업회 편,《민족의 큰 사상가 함석헌 선생》, 270-271. 기독교가 배타성을 지니는 것은 예수의 진리가 차원이 다른 배타적 진리이기 때문이지 타종교가 틀리기 때문이 아니다. 즉 모든 종교는 그 나름의 진리를 갖고 있다. 단지 어떤 진리냐 할 때 주어가 3차원인 인간(나)인 진리(타종교)와 주어가 4차원인 하나님(예수)인 기독교가 다르다는 것을 말하는 것이다.
266) 주어가 전혀 차원이 다른데 이를 같다고 더 이상 우기지 말라! "무지한 말로 이치를 가리는 자가 누구니이까"(욥 42:3).
267) 3차원은 아무리 커도 3차원이고 4차원은 아무리 작아도 4차원이다. 즉 돌은 아무리 커도 돌이고 다이아몬드는 아무리 작아도 다이아몬드이다.

데 이를 어찌 함께 묶어 도매금으로 취급할 수 있겠는가.

참 진리는 양보하거나 타협할 수 없는 배타성을 지니고 있다. 양보하거나 타협할 수 있는 진리는 참 진리가 아니다. 기독교는 근본적으로 배타적 종교이고, 예수의 진리는 배타적 진리다. 이 때문에 예수교는 타종교와 대립하고 갈등하는 것이다. 이를 부연설명하면 이렇다.

불교(타종교)는 기본적으로 노력이나 깨달음에 의한 구원이라는 행위, 즉 율법의 종교이다(소수의 종교). 이에 반해 예수교는 기본적으로 믿음[268], 즉 은혜의 종교이다(만민의 종교). 또한 타종교는 인간(나)이 주어인 세상 나라의 진리인 데 반해, 예수의 진리는 하나님이 주어인 하나님 나라의 진리이다. 따라서 예수교는 여러 종교 가운데 하나가 아니라 차원이 다른 배타적 진리를 말한 종교이다.

또한 불교는 내가 진리를 깨닫는 순간 부처가 되어, 석가 부처가 필요 없기에 버리는 것이다. 이와 달리 예수교는 예수가 만왕의 왕이요 만주의 주가 되시는 진리라는 것을 깨닫는 순간 그를 예배하고 십자가와 부활의 증인이 되어 그의 이름을 전하는 것이다.

다석 선생의 실패는 그의 제자인 함석헌 선생에게서 찾아볼 수 있다. 다석은 함석헌 선생이 자신처럼 몸나에서 얼나로 거듭난 존재로 알았다. 그런데 함 선생이 여자 문제로 몸나의 모습을 보이자 지극히 당황했고 그를 제자라고 생각한 것을 크게 후회하며 통탄했다고 한다. 그리고 다석의 제자인 박영호는 다석의 추모 2주기에서 퀘이커 신자가 된 함 선생이 구경각(九竟覺)에 이르지 못한 것을 보고 안타까워했다고 한다.[269] 여기서 분명히 하고자 하는 것은 다석의 표현으로 몸나에서 얼나로 거듭났다고 해서 의인이 되는 것도 아니고 4차원으로 달라지는

---

[268] 믿음이란 비가 하늘에서 땅으로 내리듯 하나님이 내려주시는 은혜를 받는 그릇으로서의 인간의 수용을 의미한다.
[269] 박영호,《진리의 사람 다석 류영모(하)》, 279-301.

것도 아니다. 인간은 몸나이든 얼나이든 여전히 3차원이고 여전히 죄인이라는 사실이다.[270]

현대 중국의 사상가인 리쭝우(李宗吾) 선생은 이렇게 말한다. "우주의 진리는 하나다. 철저히 연구하면 동서 모두 피차 충돌할 이유가 없다." 그는 지금까지 중국인, 인도인, 서양인이 각각 독립적으로 하나씩 굴을 파고 들어갔는데, 이제 이를 하나로 융합할 때가 왔다고 보았다. 그러면서 하나로 통하는 가장 적합한 길을 '노자의 길'이라고 주장하였다.[271] 앞에서 본 도올은 하나로 통하는 가장 적합한 길을 '공자의 길'이라고 주장하였다. 다석 선생은 하나로 통하는 가장 적합한 길을 '석가의 길'로 보는 것 같다는 것이 필자의 생각이다.

필자는 예수와 다석이 오늘 살아서 두 분이 마주앉아 대화를 한다면 이렇게 말할 것으로 생각해 보았다. 예수의 질문: "다석아, 너는 나를 누구라고 하느냐?" 다석의 대답: "나는 당신을 석가와 같은 존재라고 생각합니다." 예수의 대답: "다석아, 너는 나를 안다고 할지 모르나 나는 너를 모른다.[272]

(3) 김진호 목사 – 민중신학적 사회학

김진호 목사가 요한복음에 관해 쓴 《급진적 자유주의자들》은 흥미로운 책이다. 이 책은 책상에 앉아 연구하는 학자로서보다는 현장에서 뛰는 목사로서 요한복음을 읽고 자신의 입장을 개진한 책이다. 이 책

---

270) 바울이 말한 믿음으로 의롭게 되었다는 '이신칭의' 교리는 죄인이 믿음으로 의롭게 되었다고 봐준 것이지 진짜 의인이 된 것은 아니다. 즉 예수를 믿었다고 해서 3차원의 죄인이 4차원의 의인이 되는 것은 아니다. 여전히 그는 죄인일 뿐이다(의인은 없다, 롬 3:10).
271) 리쭝우(李宗悟), 《난세를 평정하는 중국통치학》, 542-547.
272) 모로하시 데츠지(諸橋徹次)는 《공자 노자 석가》라는 책에서 이 세 성인이 모이는 삼성회담(三聖會談)을 열어 각자의 생각을 말하는 자리를 마련하였다.

에 대한 필자의 첫 인상은 '양날의 칼'이다. 즉 비판적으로 수용하면 유익한 책이지만, 잘못 읽으면 상당히 위험한 책이다.

이 책은 주로 텍스트(Text) 연구에 머문 기존의 요한복음 연구에서 콘텍스트(Context)에 깊은 관심을 기울였다는 점에서 신선한 충격을 주는 책이다. 김 목사는 요한복음의 콘텍스트와 이 시대의 콘텍스트(교회와 사회)와 씨름한다. 그러고는 콘텍스트 간의 접촉점을 근거로 기층 민중들의 아픔과 억울함을 읽어내고, 나아가 점점 기득권 세력으로 편입되어 제도화, 각질화되어 가는 기독교회를 향해 '전투하는 교회'로서의 야성을 일깨우려고 고뇌한다. 그러면서 그는 요한복음을 '전복적 성향을 띤 불온문서'라고 규정한다. 기존에는 참으로 찾아보기 힘든 이러한 그의 주장에 필자는 전적으로 동의한다. 왜냐하면 필자는 요한복음을 '전복적 성향을 띤 묵시문서'라고 생각하기 때문이다. 그러나 김 목사의 책이 왜 위험한 책인지 비판적으로 고찰해 보자.

첫째, 김 목사가 요한복음의 콘텍스트를 제대로 읽었느냐 하는 점이다. 이미 언급했듯이 그는 요한복음을 '전복성을 담은 불온문서'라고 하였는데, 그렇다면 요한공동체가 전복시키고자 하는 대상, 즉 적군은 누구인가? 그는 세 집단을 생각하는 것 같다. 로마제국과 유대교 및 베드로를 중심으로 한 사도계 기독교회가 그것이다.

그런데 이 세 집단 중 김 목사가 강조하는 주적은 앞의 두 집단보다 점점 예전화, 제도화되어 가면서 로마제국적 영웅주의나 유대 메시아주의를 닮아가는 사도 베드로를 중심으로 한 주류 사도계기독교이다.[273] 김 목사는 요한복음이 '전복성을 담은 불온문서'라고 한다면 먼저 그 당시에 기독교회를 박해하는 유대교와 로마제국을 상정하지 않

---

273) 김진호, 《급진적 자유주의자들》, 45-49.

고, 왜 굳이 사도계기독교회에 초점을 맞추고자 하는지 모르겠다.

그런데 과연 요한공동체가 기존에 주장되어 온 것처럼 섹트적 비밀종파에 속하는 작고 힘없는 비주류 기독교회인가? 김 목사는 이렇게 말한다. "요한복음 공동체는 분명 '분파적 집단'[274]이다. 그들은 유대교 체제만이 아니라 당시 예수운동 주류파 공동체들과 불화했다. 그 과정에서 연대(solidarity) 논리의 부정적인 측면을 특히 강조했다. 반면 자신의 공동체에 대한 자부심은 대단히 강했다. 하지만 위의 인용 구절(10:16)은 요한공동체도 자신들의 '우리(fold)'밖 공동체에 대해서도 어느 정도 포용적임이 드러난다. 다름에 대한 인정이며, 다른 연대의 가능성에 대한 긍정이다."

김 목사는 지금 요한공동체(요한복음)가 기본적으로 다른 주류 기독교와 불화했으며, 그러면서도 그들 밖에 있는 다른 공동체와 어느 정도 포용적이고 연대 가능성이 있었다고 말하고 있다. 이게 무슨 말인가. 필자는 이 같은 주장에 반대한다. 그 까닭은 이러하다.

우선 사도 요한도 베드로와 더불어 예수의 최측근 중의 한 사람으로 사도계 공동체에 속한 한 사람이었다. 그리고 요한복음에 나타난 요한의 교회는 '섹트적 비밀종파(또는 분파적 집단)'[275]가 아닌 유대인들이 이방인처럼 취급하는 사마리아 공동체까지 포괄하는 개방적인 교회였다.[276]

또한 공관복음과는 달리 요한복음이 '섹트적 비밀종파(또는 분파적 집단)'에서 나온 비밀문서처럼 보인 것은 분파적 비주류 교회이기 때문

---

274) 김 목사는 요한공동체를 묵시문학적 박해상황을 고려하지 않은 채 기존 제도화된 교회의 부패, 현실적 안주 입장에서 소종파(비밀집회)로 보고 있다.
275) 카터는 요한복음을 섹트적·회당적 읽기로 접근한 J.L.Martyn, W.Meeks, R.E. Brown을 부적합한 읽기로 비판하고 있다. W.Carter, *John and Empire*, 7-11.
276) 요한공동체가 '소종파(sect)'냐 아니냐 하는 문제는 학자마다 다를 수 있으나, 유대교적·로마적 입장에서 보면 초대교회는 모두 다 소종파였다.

이라기보다는 아래에서 자세히 밝히겠지만 로마제국과 유대교로부터의 박해라는 묵시문학적 상황에서 자신이 몸담고 있는 교회와 자신의 신변보호 및 문서의 안전한 보존을 위해 묵시문서로 그렸기 때문이라는 것이 필자의 생각이다.

또한 본서를 통해 자세히 밝히겠지만 요한공동체가 싸워야 할 대상은 모세의 유대교(특히 1장)와 가이사의 로마제국(특히 21장)이지 사도 베드로공동체가 아니다. 사도 베드로공동체와 요한공동체는 공동의 적인 로마제국과 유대교와 맞서 싸우는 아군이지 결코 적군이 아니다. 또한 요한복음에 나타난 베드로(베드로공동체) 상(像)을 부정적으로 보는 모든 시도들에 대해 필자는 반대한다.[277] 그 까닭을 중요한 몇 대목을 통해 살펴보자.

베드로가 맨 처음 등장하는 장면(1장)에서 동생 안드레의 손에 이끌려 나왔다(41-42절)는 대목을 가지고 베드로는 안드레를 통해 예수의 제자가 된 사람이기에 부정적 베드로 상의 근거로 삼으려는 시각이 있는데, 이는 잘못된 시각이다. 그 까닭은 이 본문은 '차자중시의 원리(나중 된 자 먼저 된다는 원리)'[278]를 말하고 있기 때문이다. 나중에 온 예수가 먼저 온 세례 요한보다 먼저 되듯이, 나중에 제자가 된 베드로가 먼저 제자가 된 안드레보다 장차 더 크게 될 것임을 말하고 있는 것이다. 그래서 21:2에 보면, 베드로가 장차 교회의 중요한 지도자가 될 것임을 예언한 말씀(1:42)이 성취되어 베드로는 제자들 중 서열상 가장 앞에 자리하고 있음을 엿볼 수 있다.

6장 끝 대목(60-71절)에 보면 오병이어 표적 후 예수의 가버나움 강

---

277) 더 자세한 설명은 본문 1:41-42 주석을 참조하세요.
278) 구약에 나타난 '차자중시의 원리'를 예를 들면, 가인보다는 아벨, 이스마엘보다는 이삭, 에서보다는 야곱, 요셉의 형들보다는 요셉, 므낫세보다는 에브라임, 아론보다는 모세, 다윗의 형들보다는 다윗, 그리고 첫 아담보다는 둘째 아담(예수) 등.

화에 대한 반응이 나온다. 여기서 본문은 시몬 베드로와 가롯 유다를 비교하면서 열두 제자 중 가롯 유다는 예수의 정체성을 이해하지 못하고 결국 예수를 팔 자인 데 반해, 시몬 베드로는 "너희도 가려느냐"는 예수의 질문에 "주여 영생이 말씀이 주께 있사오니 우리가 누구에게로 가오리이까"(67-68절)라는 신앙고백을 통해 예수의 정체성을 정확히 꿰뚫어본 자로 그리고 있다. 즉 베드로에 대해 지극히 긍정적인 시각을 보여주는 대목이다. 더욱이 베드로가 신앙고백 이후 예수로부터 사탄(마 16:23)이라고 책망받는 공관복음의 부정적 베드로상은 요한복음에는 나타나지 않는다.

10장에 등장하는 양의 우리 비유는 요한공동체가 사랑의 공동체임을 여실히 보여준다. 그래서 그들 밖에 있는 다른 양들(타공동체)에 대해 한 무리가 되어 한 목자 안에 있기를 소망하고 있다(16절). 그리고 13장에는 요한공동체의 대표자(또는 저자)인 '예수께서 사랑하는 제자'(23절)가 처음 등장하는데, 예수가 하신 말씀에 대해 그 말씀의 의미를 애제자에게 물어보는 것으로 인해 베드로가 애제자에 의존적이라는 시각이 있다. 그런데 그렇게 볼 수도 있으나 지금 애제자는 예수 품에 안겨 있는 상태에서 베드로가 예수에게 가까이 있는 애제자에게 자연스럽게 물어보는 것일 뿐이라고 한다면, 이것을 가지고 지나치게 베드로를 부정적 시각으로 볼 필요는 없다고 본다.

20장에서 부활하신 예수를 만나러 가다가 요한이 앞서 달려가고 베드로는 나중에 도착했다는 대목을 가지고 영적으로 요한이 베드로보다 우월한 것으로 보는 시각이 있다. 그런데 이는 베드로보다 젊은 요한이 먼저 달려간 것이고, 요한은 오히려 베드로가 도착하자 연장자인 시몬 베드로로 하여금 무덤에 먼저 들어가도록 함으로써 철저히 예의를 지키는 아름다운 모습을 보여주고 있다.

끝으로 21장에서는 이미 언급했듯이 일곱 제자 중 시몬 베드로를 가장 앞장 세웠으며(2절), 디베랴 바닷가에 나타난 부활하신 예수를 젊은 요한이 베드로보다 먼저 보았지만 예수께 가장 먼저 달려간 사람은 베드로임을 언급하고 있다(7-11절). 나아가 그 유명한 베드로의 사명과 순교 대목(15-23절)은 이전에 실수한 베드로를 지극히 사랑하시는 주님의 모습을 통해 베드로(또는 베드로공동체)에 대한 요한(또는 요한공동체)의 애정과 존경을 엿볼 수 있는 대목이다.

"나의 주님, 나의 하나님"(20:28)이라는 신앙고백과 더불어 "우리도 주와 함께 죽으러 가자"(11:16)고 말한 도마가 요한공동체의 신앙의 모델이듯이, 예수처럼 십자가에 거꾸로 매달려 순교한 베드로(21:18-19) 또한 요한공동체가 본받아야 할 신앙의 모델임을 보여준다. 도대체 요한공동체가 베드로공동체와 불화하고 있는 장면이 어디에 있는가.

둘째, 김 목사는 요한복음의 텍스트(text)를 제대로 읽었느냐 하는 점이다. 우선 필자의 생각부터 말한다면 그는 민중신학적 입장에서 철저히 이데올로기적 편향성을 가지고 본문을 읽고 있다는 점이다. 아무런 선이해(편견) 없이 성경을 읽는 사람은 없다. 그러나 그것이 지나치면 이데올로기적 편향성에 치우치게 마련이다. 성경연구는 무엇보다도 텍스트와 그 텍스트를 둘러싸고 있는 콘텍스트(context)에 대한 정확한 이해가 우선한다. 그래서 성경연구는 먼저 마음을 비우고 텍스트와 콘텍스트에 대한 철저한 연구를 통해 '그것이 과거에 무엇을 의미했는가(What it meant)'를 정확하게 인지하는 것이 필요하다. 그런 후에 '그것이 현재 우리에게 무엇을 의미하는가(What it means)'를 살피는 식으로 진행되어야 한다.

그런데 먼저 자신의 생각이나 주장을 본문 속에 집어넣어 해석하고자 한다면(eisegesis), 이것은 본말(주객)이 전도된 성경연구이다. 이럴 경우 본문은 아무 말도 들려주지 않을뿐더러 해석은 여지없이 빗나가게 마련이다. 김 목사의 책을 읽으면서 필자는 자신이 가진 생각을 본문 속에 집어넣으려고 하는 인상을 강하게 받았다. 그러다보니 지나친 주장이 너무 많을 뿐 아니라 빗나간 해석이 너무 많다는 것이 필자의 생각이다.

가령, 김 목사는 댄 브라운의 소설《다빈치 코드》에 등장하는 한 미지의 인물(예수께서 사랑한 그 제자)가 남성형 관사와 어미를 붙여 남성이라고 표기하고 있다고 말하면서, 소설가의 상상이 전혀 뜬금없는 것은 아닌 여자일 가능성을 배제하지 않는다고 말하고 있다.[279] 필자가 보기에 김 목사는 지금 댄 브라운처럼 소설적 상상을 하고 있다.

길게 설명할 필요도 없이 예수와 함께 먹고 자며 활동했던 열두 제자는 모두 남자였다(마 10:2-4과 평행본문, 행 1:13)고 성경은 분명히 언급하고 있다. 다 빈치가 그 미지의 제자를 여성적인 모습으로 그렸다면, 그 까닭을 '다른 측면(사랑과 관련)'에서 찾아야 할 것이다.[280] 여기서 필자가 하고 싶은 말은 여성들이 원하는 것은 성차별을 하지 말아 달라는 것이지, 여성에 대한 아부가 아니다.

또한 김 목사의 말을 직접 들어보자. "유대교와 그리스도교, 이들 양자는 서로 대립적이지만, 동시에 그들이 선택했던 제도적 프로그램은 서로를 필요로 했다. 일종의 '적대적 의존(antagonistic dependence)'의 관계가 이 시기에 두 종교집단의 지배적인 기획이었던 것이다.[281] 이것이 사실인가. 일반적인 경우에는 그럴 가능성도 많다. 그러나 요한복음이 과연 이것을 말해주고 있는가. 필자는 어디에서도 그것을 말하고 있는 본문은 없다고 본다.

한 가지만 더 예를 들어보자. 요한복음 4장은 예수와 사마리아 여

---

279) 김진호, 윗책, 18-19.
280) 더 자세한 설명은 박호용,《요한의 천재성; 상징코드》, 67-70을 참조하세요.
281) 김진호, 윗책, 47.

인과의 대화이다. 김 목사는 이 대화의 주제는 '물'이라고 하였다.[282] 물은 이 대화의 '소재'이지 주제는 아니다. 이 대화의 주제는 사마리아 여인의 가장 큰 목마름인 '예배'에 대한 것이다. 지금 저자는 어디서 그리고 어떻게 드리는 예배가 참 예배인가를 말하고자 이 대화를 이렇게 길게 끌고 가고 있는 것이다. 그 결론은 "하나님은 영이시니 예배하는 자가 영과 진리로 예배할지니라"(24절)에 있다.

나아가 저자는 숫자상징코드를 사용하여 이전의 '여섯 남편(온갖 욕망 또는 굴레나 장벽의 상징어)'이 아닌 '일곱 번째 남편(참 남편)'이 되시는 메시아(그리스도) 예수에게 드리는 예배가 바로 영과 진리로 드리는 예배임을 은연중에 암시하고 있는 것이다.[283] 본문의 주제는 이 같이 단순하고 명쾌한데, 김 목사는 온갖 상상력을 동원하여 이해하기도 힘들 정도로 어려운 '갈등의 사회학'을 강의하고 있다. 필자는 여기서 그의 이데올로기적인 이념의 과잉을 본다.

셋째, 이 책의 제목(급진적 자유주의자들)에 관한 것이다. 이 책은 김 목사가 안병무 교수로부터 세 학기(1987-89년)에 걸쳐 들은 〈요한복음 세미나〉를 끄집어내어 새롭게 각색해서 만든 책이다. 이 책 표지에는 이런 글이 있다. "(안병무 선생과) 나는 《요한복음》 속에서 급진적 자유주의자들을 보았다. 한데 그들은 예수에게서 지적 향락계층의 자유를 읽어낸 것이 아니라 바닥까지 박탈당한 민중의 억눌림을 읽어냈다. 민중, 싸륵스, 한계까지 추락한 몸들, 그런 존재를 배제하고 망각하게 하는 '승자들의 제도'가 아웃사이더 공동체인 그리스도의 교회에도 꾸물거리고 있음을 이 문서는 신랄하게 지적하고 있다."

---

282) 김진호, 윗책, 87.
283) 더 자세한 내용은 본문 4:1-26 주석을 참조하세요.

이 책의 제목처럼 지금 김 목사는 요한복음이 '급진적(radical)'인 책이라고 말하고 있다. 나아가 요한공동체는 제도화된 유대교만이 아니라 유대교의 입장에서 볼 때 아웃사이더인 그리스도의 교회마저 승자들의 제도에 편입하고자 하는 상황에서 그 같은 전통을 거부하는 기층민중으로 이루어진 자유주의자들이 바로 요한복음을 산출한 요한공동체라는 것이다. 이에 대한 필자의 생각은 이렇다.

지금 김 목사는 요한복음에 대해 급진적, 영어로 '래디칼(radical)'이라는 말을 통해 기존 질서를 강하게 부정하는 뜻으로 쓴 것 같은데, 필자는 래디칼 정도가 아니라 이 세상에서 이보다 더 과격한 책이 없는, 현 세상을 뒤집어엎고 새로운 세상을 여는 혁명적인(revolutional) 책이라고 생각한다. 김 목사도 언급했지만 요한복음은 전복적 성향을 띤 불온문서인데, 여기서 말하는 전복적 성향이란 기존 질서를 완전히 갈아엎는 혁명적인 것임을 의미한다.[284]

그 혁명성은 사회적인 제도 개선이나 계급을 철폐하고 권력을 나누어갖는 평등에 의한 것이 아니다. 예수를 그리스도로 영접하는 '하나님의 자녀'가 되는 권세(1:12-13)와 '부활신앙'이 담고 있는 '하나님이 왕이 되어 통치하는 나라(하나님 나라)'의 권세(18:36-37)를 통해 이루어지는 보다 근원적인 것이다.[285]

이 같은 주장은 유일신교를 믿는 유대교나 가이사를 신으로 숭배하는 로마제국으로서는 도저히 받아들일 수 없고 양립할 수도 없는 이교(異敎)이자 불순물(不純物)이다. 따라서 당시에 '정치권력(로마제국)'과 '종

---

284) 종교는 꿈이다. 현실이 악몽일수록 꿈은 더욱 절실하다. 팔레스타인 땅은 수백 년 동안 식민지 포로생활을 하던 억압과 질곡의 땅이었다. 예수는 갈릴리 나사렛에 오셔서 흑암과 그늘에 앉은 자들에게 하나님 나라의 꿈을 심었다. 그리스도인은 나사렛 예수와 함께 하나님 나라를 꿈꾸는 혁명가이다. 그날 우리는 함께 꿈을 꾸기 시작했다.
285) 요한복음의 '혁명성'에 대해서는 248쪽 이하의 "부활신학"과 475쪽 이하의 "하나님의 자녀의 의미"를 참조하세요.

교권력(유대교)'를 대표하는 이 두 세력은 공동으로 예수교를 박해하기에 이르렀다. 이런 박해상황을 묵시문학적 상황이라고 하며, 바로 그 묵시문학적 상황에서 배태된 요한복음은 그들 기득권의 핵심 근원에 도전(모든 기준을 '예수'로 바꿈)함으로써 이보다 더 과격할 수 없는 최고의 혁명성을 띠게 된 것이다.

그런데 김 목사는 이 같은 혁명적인 불온문서를 산출한 요한공동체를 전통적인 기존 질서를 거부하고 저항하는 '자유주의자들'이라고 하였는데, 그들이야말로 철저히 히브리적 전통에 충실했던 '보수주의자들'[286] 또는 '전통주의자들'이었다는 것이 필자의 생각이다. 기존의 로마 가톨릭에 맞서 일어선 개신교 종교개혁이 갖고 있는 개혁성과 혁명성은 당시에 유행하는 새로운 사상(시대정신)에 의한 것이 아니라 '근원으로 돌아가자(Ad fontes)'는 슬로건이 말해주듯이 '성경의 전통(헤브라이즘)'에 충실하자는 데 있었다.

마찬가지로 요한복음의 개혁성 내지 혁명성은 당시에 유행하던 새로운 사상(시대정신)에 의한 것이 아니라 철저히 헤브라이즘(구약성경)에 기초한 전통에 근거한다. 요한복음이 얼마나 철저히 전통에 근거하고 있는가는 본서를 통해 자세히 밝혀질 것이다. 따라서 요한복음을 산출한 요한공동체는 '급진적 자유주의자들'이라기보다는 '혁명적 보수주의자' 내지는 '보수적 혁명주의자'라고 함이 더욱 적절하다.

김 목사는 다 아시다시피 민중신학자인 안병무 교수의 제자이다. 따라서 그의 관점은 철저히 민중신학적 시각을 갖고 있다. 민중신학은 신학의 주제(주체)를 '예수'보다는 '민중'에 두고 있다. 예수가 사회적 약

---

[286] 보수와 진보(자유)는 안정 지향과 변화 지향에 의해 결정된다. 그런데 보수를 말할 때 두 종류가 있음을 분명히 해야 한다. 하나는 '기득권(현실적 소유)을 지키기 위한 보수'고, 다른 하나는 '진리(전통적 신념체계)를 지키기 위한 보수'다.

자인 민중 편에 서 있었다는 것은 사실이다.[287] 그렇다고 신학의 주제(주체)가 예수가 아닌 민중이 될 때 그것은 본말(本末)이 전도된 것이며, 신학이라기보다는 사회학이 될 수밖에 없다. 예수가 지향한 궁극적 목적(목표)은 민중(인간의 영광)이 아닌 하나님(하나님의 영광)에 있었다(요 5:41, 44; 11:4; 17:4,5).[288] 필자는 김 목사의 요한복음 연구는 주역이 민중이고, 예수는 주역을 돕는 조역이라는 점에서 '민중신학적 사회학'이라고 규정짓고 싶다.

여기서 필자는 '기독교 신학은 어떤 학문인가'를 다시 묻고 싶다. '신학(theology)'은 말 그대로 '신(theo)에 관한 학문(logy)', 즉 신학(神學)은 '신학(神學)'이어야 한다. 이렇게 말하면 토톨로지(tauto logy, 동어반복)가 되니까, 좀더 구체적으로 말하면 기독교 신학은 '성 삼위 하나님에 바탕을 둔 예수학(Jesustics)'이어야 한다고 생각한다.[289] 그렇지 않고 신학이 인간학(불트만의 경우)이 되거나 윤리학(도올 선생의 경우)이 되거나 사

---

287) 더 자세한 설명은 411쪽 이하의 "강자(부자)의 종교에서 약자(빈자)의 종교로!"를 참조하세요.
288) 선지자 에스겔은 하나님은 '이스라엘을 위하여' 존재하는 것이 아니라 '하나님 자신을 위해서' 존재한다는 복음의 핵심을 말했다(겔 36:22-23). 하나님을 인간의 유익과 필요를 위한 수단과 도구로 이용하는 것을 철저히 경계하면서, '하나님의 영광(기록)을 위하여'가 인간의 궁극적 목적(목표)이 되어야함을 역설하였다. 더 자세한 설명은 W.Brueggemann, *Hopeful Imagination: Prophetic Voice in Exile*, 68-81쪽 참조하세요.
289) 요한신학은 '삼위일체적 예수학'이라는 것이 필자의 생각이다. 포스트 모더니즘 시대인 21세기는 학문의 경계를 넘어 지식을 대통합하는 통섭(統攝)을 특징으로 하는 시대이다. 요한은 주후 1세기에 이미 학문의 통섭을 말한 천재요 진리의 사람이었다. 이제 성서학에서도 구약학과 신약학으로 세분화되고 전문화된 것을 넘어 한권의 책인 '예수학'으로의 대통합을 이루어 통전적 시각에서 성경을 읽고 해석하는 패러다임의 전환이 요청되고 있다. Edward O. Wilson은 *Consilience: The Unity of Knowledge*(1998)라는 책을 썼는데, 최재천 교수는 이 책을 《통섭: 지식의 대통합》으로 번역하였다. 여기서 '통섭(統攝)'이라는 말은 '사물에 널리 통하는 원리로 학문의 큰 줄기를 잡는 것'으로 사용하였다. 또 다른 '학문의 통섭'에 관한 책으로는 최재천·주일우 엮음, 《지식의 통섭: 학문의 경계를 넘다》가 있다.

회학(김진호 목사의 경우)이 될 때 신학은 그 정체성을 잃고 변질되거나 유명무실이 된다. 꽃은 꽃일 때 가장 아름답듯이, 신학은 신학일 때 가장 아름답고, 가장 힘이 있고, 가장 영원한 의미와 가치를 갖게 된다.

2. 요한복음은 어떤 책인가?

요한복음은 누가 썼으며, 저자는 무엇을 성취하고자 했는가? 저자는 오직 하나의 목적을 가지고 있었는가, 아니면 다양한 목적들을 가지고 있었는가? 왜 요한복음은 다른 복음서들과 그렇게도 다른가? 요한복음이 목격자에 의해 저술되었다(21:23-24)는 것을 명백히 주장하고 있는 반면, 소문난 저자의 죽음 이후의 또 다른 사람에 의하여 쓰여졌다는 주장을 우리는 어떻게 관련시켜야 할까? 게다가 "우리는 그 증언이 참된 줄 아노라"에서 '우리'는 누구인가? 요한복음은 어떤 위원회에 의해 쓰여졌는가? 가장 초기의 사본에는 7:53-8:11(간음하다 붙잡힌 여인)이 포함되어 있지 않는데, 그렇다면 다른 본문들 또한 초기 본문에 첨가되었는가?

16:5에서 예수는 그의 제자들 중 어느 누구도 그가 어디로 가는지를 묻지 않았다고 했는데, 베드로는 13:36에서 이미 유사한 질문을 물었고, 14:5에서는 도마에 의해 그러한 메아리가 들려온다. 왜 예수는 14:31에서 "여기를 떠나자"라고 말하고 난 후 18:1에서 동산에 도착하기 전까지 세 장(15-17장)에 걸쳐 계속해서 말하고 있는가? 이러한 것들은 요한복음의 '문학적 수수께끼'에 속한다.

또한 역사적 예수가 비유를 말한 것이 사실이라면, 왜 요한복음에는 비유가 없는 유일한 복음서인가? 나사렛 예수가 귀신들을 쫓아냈었다면, 왜 요한의 예수는 축귀를 행하지 않았는가? 요한의 'I-am'(에고 에

이미지' 어록이 예수에 의해 말해진 것이 사실이라면, 그리고 물로 포도주를 만드신 이적이나 나사로를 죽음에서 일으킨 그러한 이적들이 실제로 일어났다면, 왜 다른 복음서에는 그것들이 없는가? 예수가 1년 동안만 사역했는가, 아니면 그의 사역은 2-3년간 지속되었는가? 요한만이 세 번의 유월절(2:13; 6:4; 11:55)을 언급하면서 예수의 다년간의 사역을 제시하고 있다. 예수는 그의 사역 동안 예루살렘을 오직 한번 방문했는가(공관복음 모두가 묘사한 대로), 아니면 역사적으로 가장 개연성이 있어 보이는 네 차례 예루살렘을 방문했는가? 요한복음은 공관복음보다 훨씬 지리적으로 상세한 자료를 보도하고 있다. 게다가 요한복음과 다른 복음서간의 차이점을 어떻게 판단해야 하는가? 이것은 '3:1(공관복음과 요한복음)'의 문제인가, 아니면 마태와 누가는 마가에 의존하고 있기에 마가 대 요한의 대결인가? 이러한 것들은 요한복음의 '역사적 수수께끼'에 속한다.

또한 영원한 로고스, 즉 태초에 하나님과 함께 있었고, 그는 하나님이며, 육신이 되어, 나사로의 무덤 앞에서 울고, 십자가 위에서 신음하고, 마침내 잔인한 육체적 죽음을 당한 그를 어떻게 말할 수 있을까? "예수는 그리스도다"라는 요한의 묘사는 전 성경 가운데 가장 인간적이고 가장 신적인 표현이다. 아들의 아버지와의 관계는 어떠한가? 요한복음에서 예수는 "나와 아버지는 하나다"(10:31)라고 선언했으나 또한 "아버지는 나보다 크다"(14:28)라고 선언하였다. 예수는 아버지와 동등한 분인가, 아니면 그에게 종속된 자인가? 성령은 아버지에 의해 보내지는가(14:26), 아니면 아들에 의해 보내지는가(15:26)?

우리는 요한복음에 나타난 기적들을 어떻게 평가해야 하는가? 예수는 표적들을 믿음에 이르게 하기 위해서 행했으나(2:11; 20:31) 그는 표적들에 의존하는 사람들과 기적의 취지(의미)를 보는 것을 모르는 자를 비판했다(4:48; 6:26). 예수는 도마에게 그의 상처난 곳을 만지도록 허락했는데, 그리고 나서 예수는 보지 않고 믿는 자에 대한 축복을 선언했다(20:27-29). 요한복음의 신학적 내용들을 이해하는 것은 하나의 영원한 도전인데, 그러한 매우 어려운 과제를 우리는 어떻게 접근해야 하는가? 이러한 것들은 요한복음의 '신학적 수수께끼'에 속한다.[290] 이런 수수께끼를 어떻게 풀어야 할까?[291]

1) 개인경건문서로서의 요한복음

(1) 요한문헌과의 관계

성경을 해석하는 가장 안전한 방법은 그것을 다른 성경과 비교하는 것이다.[292] 신약성경에 요한이라는 이름의 요한문헌은 '다섯 권(요, 요1,2,3, 계)'이 있다. 요한복음의 저자 문제를 다루기 위해서는 문학적 친척관계[293]에 있는 다섯 권의 요한문헌의 저자 문제[294]를 먼저 고려해

---

290) P.N.Anderson, *The Riddles of the Fourth Gospel*, 1-5.
291) 수수께끼나 암호는 '답'을 알고 있는 자에게는 아주 단순하고 명확하지만, 답을 모르는 자에게는 당혹스러운 것이다. 요한복음은 수수께끼요 암호 문서로서 저자가 복음서의 기록 목적을 분명하게 밝혔듯이(20:30-31), 겉으로 드러난 표층적 의미를 넘어 은밀하게 감추어둔 심층적 의미(암호 상징)을 해독하면 저자가 말하려는 의도(복음서의 기록 목적처럼)가 아주 단순하고 명확하게 드러난다는 것이 필자의 생각이다.
292) P.G.Ryken, *Exodus*, 925.
293) 제임스 칼라스는 계시록과 요한복음은 문학적 친척관계에 있기에 동시에 고려해야 한다는 아주 중요한 언급을 했다. J. Kallas,《요한계시록》, 100. 그 까닭은 두 문헌을 비교해 봄으로써 각각의 문서의 특징과 그 저서의 가치 및 저서의 위치를 제대로 알 수 있기 때문이다. 이를 고려하지 않은 연구는 연구의 한계 내지 피상성을 면할 수 없고, 심하게는 해석이 빗나가는 경우도 있음을 알아야 할 것이다. 아래에서 비판할 이필찬 교수의 경우가 그러하다(148쪽의 각주 301번 참조).
294) 기존의 요한복음 연구에 있어서 저자 문제는 많이 논의는 되었으나 그리 중요하게 취급되지는 않았다. 요한복음의 저자 문제는 요한복음 이해와 해석의 전체와 관련되어 있다는 점에서 가장 중요한 문제라고 생각한다. 요한복음은 저자가 사도 요한인가 아닌가

야 한다. 특히 요한복음과 계시록을 비교하는 일은 피할 수 없는 문제이다. 그런데 이 문제는 생각보다 복잡하다.[295] 그래서 먼저 몇 가지 경우의 수를 상정해 보고자 한다.

첫째, 요한문헌 전부를 사도 요한이 썼다는 주장, 둘째, 요한복음만을 사도 요한이 썼고, 나머지는 사도 요한의 제자인 요한학파가 썼다는 주장, 셋째, 요한계시록은 사도 요한이 썼고, 나머지는 요한학파가 썼다는 주장, 넷째, 요한복음과 요한서신을 사도 요한이 썼고, 요한계시록은 요한학파가 썼다는 주장, 다섯째, 요한문헌 모두가 요한학파가 썼다는 주장이다.

A. 요한서신과의 관계

요한서신(1,2,3서)에는 저자의 이름이 구체적으로 밝혀져 있지 않다. 요한일서의 저자는 익명으로 남아 있고, 요한이서와 요한삼서는 저자가 스스로를 '장로'라고 말한다. 그러나 전통적으로 요한복음과 요한계시록을 기록한 사도 요한이 요한서신의 저자라는 견해가 받아들여져 왔다. 그 까닭은 요한서신과 요한복음은 서로 언어적으로나 신학적으로 밀접한 관계를 보여주기 때문이다.[296] 특히 요한일서는 단어, 문체,

---

에 따라 요한복음의 이해와 해석 및 감동은 전혀 달라진다. 마치 객관철학인 헤겔철학은 저자가 헤겔이 아니더라도 크게 문제되지 않으나 주관철학인 키르케고르 철학은 저자가 키르케고르냐 아니냐에 따라 그 이해와 해석은 전혀 달라지는 것과 같다. 따라서 이 문제는 철저하게 논의되어야 한다

295) 계시록보다는 요한서신이 보다 요한복음에 가까운데, 그 까닭은 서로 사랑하는 것, 진리를 아는 것, 그리고 요한서신이 제시한 쟁점들이 요한복음의 상황과 청중에 걸맞기 때문이다. 이 세 서신간의 유사점과 차이점에 대해서는 P.N.Anderson, *The Riddles of the Fourth Gospel*, 76-77을 참조하세요.

296) 요한서신의 저자가 사도 요한이라는 주장에 대해서는 조석민, "요한서신과 요한복음의 관계성과 의미", 《요한일·이·삼서》, 63-71을 참조하세요.

신학에서 신약의 어느 책보다도 요한복음과 유사하다는 것은 부인할 수 없다. 이러한 유사성의 정도는 복음서와 서신이 동일 저자에 의한 것이라 해도 무방할 정도다.[297]

그러나 대부분의 학자들은 요한서신들의 단어, 문체, 사상 모두가 복음서 저자가 쓴 것이 아님을 드러낸다는 데 동의한다.[298] 요한1서 2:19에 요한공동체가 갈라진 적이 있음을 알려준다. 훌덴(J.L.Houlden)과 브라운(R.E.Brown) 등은 요한1서 주석에서 서신이 복음서 이후에 쓰여졌음에 동의한다. 그들 모두는 요한1서에 나타난 분파는 복음서에 대한 해석의 차이 때문이라고 주장한다.[299] 필자는 양서의 저자를 동일 인물로 보기 어렵다는 입장을 취한다. 그 까닭을 이렇게 정리해 본다.

첫째, 요한서신은 기본적으로 사도 요한이 쓴 요한복음이 출판되어 나온 이후(약 10년 이내) 요한의 일부 추종자들인 장로라고 이름하는 사람에 의해 나온 작품으로 보인다. 요한서신은 기록과 편집에 있어서 요한복음의 전통과 신학에 근거하여, 영감받아 나온 작품이기에 요한복음의 빛에서 연구되어야 한다.

둘째, 요한서신과 요한복음의 관계는 한편으로는 언어나 사상에 있어서 계시록보다 더욱 밀접히 관련된 것으로 보인다. 그런데 다른 한편

---

297) 키너는 복음서와 서신서들, 특히 요한일서는 같은 저자가 기록한 것으로 보고 있다. C. S. Keener, 《요한복음 I》, 364-371. 요한서신의 저자 문제에 대한 자세한 설명은 박호용, 《성경개관 II(신약편)》, 316-321을 참조하세요.
298) 무디 스미스는 복음서와 서신서는 독자와 상황이 분명히 다르다고 전제한다. 그러면서 복음서는 기독교 외적인 문제, 즉 예수의 제자들과 유대인들간의 거친 적대감을 배경으로 전개되는 반면, 서신서는 유대인들에 대한 언급이 전혀 없으며 이슈와 논란이 되는 내용들 또한 전적으로 기독교 내적인 것들이며, 사실상 서신서에는 구약을 전혀 인용하고 있지 않다고 하면서 두 문서간의 저자는 다르다고 주장한다. 더 자세한 설명은 D. Moody Smith, 《요한 1,2,3서》, 27-36을 참조하세요.
299) G.N.Stanton, 《복음서와 예수》, 152.

으로는 요한복음이 철저히 묵시문학적 문서라는 필자의 견해로 본다면 장르상 묵시문학적 성격이 별로 눈에 띄지 않는 요한서신보다는 묵시문서인 계시록이 요한복음에 보다 가깝다는 반론도 제기할 수 있다.

셋째, 요한복음이 나온 이후 요한공동체(요한의 교회)는 기독론의 문제를 놓고 크게 세 그룹으로 분열되었다. 요한의 균형잡힌 기독론(예수의 신성과 인성)을 긴장관계 속에서 받아들인 정통그룹이 있는가 하면, 그렇지 못한 다른 두 이단그룹이 있었다. 그 하나는 '에비온파(Ebionites)'라고 알려진 '유대 크리스천' 그룹으로, 신학적으로는 예수의 인성(참 사람)을 강조하는 '저(低) 기독론(Low Christology)' 주의자들이다. 이들은 예수의 메시아성을 받아들이는 것을 어려워했다. 이들은 윤리적으로는 율법이 필수불가결하다는 강조한 그룹이다.

또 하나의 그룹은 '헬라 크리스천' 그룹으로, 신학적으로는 예수의 신성(참 하나님)을 강조하는 '고(高) 기독론(High-Christology)' 주의자들이다. 가현설(假現說, Docetism)주의자들로 알려진 이들은 예수의 완전한 인성을 받아들이는 것을 어려워했다. 이들의 신학을 '영지주의(Gnosticism)'라고 한다. 이들은 윤리적으로는 의를 중요시하지 않고, 육체를 악으로 간주한 그룹이다.

넷째, 이 두 이단그룹은 요한공동체가 발전해 감에 따라 유대 크리스천 그룹은 물밑으로 잠식한 반면, 헬라 크리스천 그룹인 영지주의자들은 전면에 부각됨으로써 요한공동체의 심각한 분열을 야기하였다. 따라서 요한서신의 기록 목적은 요한의 교회의 분열을 야기한 기독론적이고 윤리적인 쟁점을 요한복음의 가르침에 기초하여 바르게 정립하고자 하는 데 있었다.[300]

---

300) 요한서신에 대한 더 자세한 내용은 S.S.Smalley, *1,2,3 John*, xxi-xxxiv을 참조하세요.

B. 요한계시록과의 관계[301]

묵시문학서인 계시록은 박해시대에 신앙의 전사(戰士)를 격려하기 위한 혈전(血戰)의 서(書)이다. 당시 로마 황제 도미티안은 황제 예배를 전국적으로 강요하고 있었다. 이에 가장 문제가 된 것은 유일신을 믿는 기독교회였다. 누가 참 하나님인가? 누가 참 왕인가? 그리스도냐 가이사냐?

계시록은 환난과 핍박이라는 묵시문학적 박해상황에 처한 교회를 위로(격려)하고, 하나님의 궁극적 승리를 바라보며 주께 끝까 충성하며, 신앙의 절개를 지킬 것을 권면하기 위하여 기록되었다(13: 10).[302] 그러

---

301) 이필찬 교수는 요한계시록에 대해 많은 연구를 한 한국의 대표적인 학자이다. 필자는 그의 학문적 수고에 박수를 보낸다. 그런데 유감스러운 것은 요한계시록과 관련된 그의 두 권의 저서(《내가 속히 오리니》,《요한계시록 어떻게 읽을 것인가》) 와 역서(R. Bauckham,《요한계시록 신학》)의 역자후기 어디에도 문학적 친척관계인 요한복음에 대해 일체 언급이 없다는 사실이다. 그리고 필자가 가장 중요하게 취급하는 요한문헌의 저자 문제에 대해 거의 1천쪽에 가까운 분량의 요한계시록 주석서(《내가 속히 오리니》)에도 저자 문제에 대한 언급은 없다. 단지 '저자 요한'이라고만 말하고 있다. 그가 말하는 요한은 사도 요한인가 아니면 환상가 요한인가. 문맥으로 보면 사도 요한을 지칭하는 것 같다. 그렇다면 그는 묵시문학의 특징이 가명성(익명성)이라는 사실을 모르는 것인가. 저자 요한이 사도 요한을 가리키는 실명이라면 그 까닭을 자세히 밝혀야 한다. 그가 저자 문제를 자세히 밝히지 않는 이유는 무엇일까. 필자는 이렇게 생각해 보았다. 계시록의 저자가 사도 요한이 아니라고 하자니 보수교단에 속해 있는 그로서는 자신의 자리가 위태로울 것 같고, 사도 요한이라고 말하자니 자신있게 주장할 만한 학문적 대안이 없기 때문이 아닐까. 뿐만 아니라 양서 간의 구조의 문제, 이원론의 문제, 전승(남왕국과 북왕국)의 문제, 다니엘서를 포함한 양서간의 묵시문학적 차이의 문제 등 수많은 문제들에 대해 그는 침묵하고 있다. 왜냐하면 다른 한쪽을 전혀 모르니까. 말이 나온 김에 하나 더. 위에서 언급한 그의 저서(역서) 어디에도 자신의 이름과 저서를 제외하고는 다른 한국 학자들의 이름과 저서는 전혀 나오지 않는다. 필자는 그에게서 우리 것의 소중함을 모르는 '학문적 사대주의'를 보았다(!).

302) 하나님의 구원과 궁극적 승리를 믿는 신앙은 '그럴지라도'(사 29:5)와 '그리 아니하실지라도'(단 3:18)의 신앙이다. 신앙의 전사에게는 어떤 박해와 악조건과 큰 문제 앞에서도 기죽지 아니하고 변개치 않는 신앙과 신앙의 기개를 잃지 않는 맞짱뜨는 신앙의 자세

기에 계시록에는 위로(격려)의 말이 많다(1:17; 2:7, 10, 11, 17, 26; 3:5, 12, 21; 5:5; 7:17; 8:4; 14:13; 21:4).

계시록의 주제는 '그리스도와 교회의 승리'라 할 수 있다. 특히 로마로 상징되는 음녀의 도시 바벨론(17:1-19:10)과 교회로 상징되는 어린 양의 신부 새 예루살렘(21:9-22:5)의 대조적 환상은 구조적인 한 쌍을 이룬다. 여기서 전자에 대한 후자의 최종적 승리를 말하고 있다. 그리스도는 언제나 승리자이다(1:18; 2:8; 5:9 이하; 12:9 이하; 14:1,14; 15:2 이하; 17:14; 19:16; 20:4 등). 이같이 저자는 계시록을 통하여 "세상에서는 너희가 환난을 당하나 담대하라 내가 세상을 이기었노라"(요 16:33)를 외치고 있다. 이를 통해 세상나라가 예수 나라(그리스도의 나라)가 되는 것(주님이 왕이 되어 통치하는 나라)에 이 책의 궁극적 목적이 있다(계 11:15).

오랫동안 비평학자들은 '요한복음과 요한계시록'[303]이 문체적, 언어학적 차이뿐만 아니라 신학적 차이가 너무 현저하기 때문에 동일한 저자가 두 작품 모두를 저술할 수 없다는 사실에 일치해 왔다. 19세기 말에 이르렀을 때, 비평학자들 중에 요한계시록의 저자[304]와 요한복음의

가 필요하다. 모세는 지팡이 하나로 대제국 애굽의 바로 왕과 맞섰고, 다윗은 물맷돌 다섯 개로 블레셋의 거인 골리앗과 맞섰고, 루터는 "의인은 오직 믿음으로 산다"는 말씀(롬 1:17) 하나 붙잡고 신성로마제국(로마 가톨릭)과 맞섰다.

303) 문학적 친척관계에 있는 요한복음과 계시록은 "성경이 성경을 해석한다"는 종교개혁의 성경연구원리에 따라 관련지어 연구되어야 한다. 그런 의미에서 이필찬 교수의 탁월한(?) 계시록 연구는 문제가 있다. 필자는 이렇게 말하고 싶다. "요한복음 없는 계시록은 소경이요 계시록 없는 요한복음은 절름발이다."

304) 계시록의 저자와 이중편집에 대한 자세한 설명은 D.E.Aune, 《요한계시록 1-5》, 60-74, 164-186을 참조하세요. 앤더슨은 요한복음을 계시록처럼 제1차 편집(80-85년경)과 제2차 편집(100년경)으로 보고 있다. 그리고 그 사이에 요한서신(85-95년)이 기록되었다고 주장한다. 요한복음의 제2차 편집에는 트라얀 시대(98년경) 장로 요한이 복음서를 편집했으며, 여기에는 프롤로그(1:1-18), 21장, 6장, 그리고 15-17장이 삽입되었다고 주장한다. 그러면서 제1판은 변증적이고, 제2판은 목회적 특징을 갖는다고 주장하였다. P.N.Anderson, *The Christology of the Fourth Gospel*, lxviii- lxxiii. 이중편집에 대한 필자의 비판에 대해서는 163쪽의 각주 337번을 참조하세요.

저자가 동일 인물일 수 없다는 거의 만장일치의 합의가 이루어졌다.

그리고 최근의 경향은 다섯번째 주장(요한문헌 전부를 요한학파가 썼다는 주장)을 선호하는 쪽으로 기울어지고 있다. 그런데 필자는 두번째 주장(요한복음은 사도 요한이 썼고, 나머지는 요한학파가 썼다는 주장)을 선호한다.[305] 그 까닭을 양서(兩書)의 유사점과 차이점에 근거하여 간단히 말하면 이렇다.

먼저. 양서의 유사점을 세 가지로 살펴보면, 첫째, 양서가 철저히 구약 전승에 기초하고 있다는 점, 둘째, 양서는 문자적 또는 사실적 표현방식보다 상징적 표현방식을 사용하고 있다는 점, 셋째, 양서가 기독론을 중심으로 전개하고 있다는 점이다.

다음으로, 양서의 차이점을 살펴보면 다음과 같다.[306]

요한복음과 요한계시록의 동일 저작권에 대해 키너(C.S.Keener)는 두 저서의 문체나 장르에 차이에도 불구하고 동일 저작권이 불가능하지 않다는 견해를 피력하였다.[307] 이 문제와 관련하여 우선 언급하고 싶은 것은 저자문제는 구원과 관련이 없다는 사실과 성경 66권 가운데 저자문제를 정확히 알 수 있는 문서는 바울 사도의 일곱 문서(롬, 고전, 고후, 갈, 빌, 살전, 몬)밖에 없고, 그 나머지에 대해서는 거의 정확히 알 수 없다는 점이다.

그리고 저자문제는 너무나도 복잡한 문제로써 생각처럼 그렇게 단순하지 않으며, 지난 세기 학자들은 이 두 책의 저자가 다르다는 것에

---

305) 박수암 교수는 필자의 견해와 정반대로 계시록은 사도 요한, 요한복음과 요한서신은 요한공동체의 저작으로 본다. 1989년 2학기 〈강의 노트〉와 《요한계시록》, 13; 《요한복음》, 15-16을 참조하세요.
306) 이 두 책은 통념상 유사점이 많은 것으로 생각하기 쉬우나 '요한'이라는 어휘 빼고는 유사한 점이 많지 않다. 그러나 양서가 장르상 '묵시문학'이라고 할 경우에는 얘기가 전혀 달라진다. 많은 묵시문학적 특징들을 공유한다.
307) C. S. Keener, 《요한복음 I》, 371-402.

거의 의견의 일치를 보았다. 필자는 이 두 책이 저자가 다르다는 입장이며, 그 까닭을 세 가지로 정리해서 말하면 다음과 같다.

첫째, '전승의 차이'이다. 구약시대부터 두 전승이 내려오고 있었는데, 북왕국 이스라엘 전승과 남왕국 유대 전승이 그것이다. 북전승은 모세(예언자)와 갈릴리를 강조하는 전승이고, 남전승은 다윗(왕)과 예루살렘(성전)을 강조하는 특징이 있지요. 계시록은 남왕국 전승에 속하는 특징을 보여주는 반면, 요한복음은 북왕국 전승에 속하는 특징을 보여주고 있다. 요한복음은 모세를 강조하고 있다(모세는 12구절, 다윗은 한 구절[7:42]에 나타남).

반면에 계시록에는 '갈릴리' 어휘가 전혀 나타나지 않으며, 그 대신 다윗(2:7; 22:16 등), 신천신지로서의 새 예루살렘(21:2, 10; 22:19 등) 및 성전(3:12; 11:19 등) 등이 강조되고 있다. 반면에 북이스라엘 전승에 속하는 요한복음에는 '갈릴리' 어휘가 대단히 중요한 의미를 갖고 나타난다. 갈릴리 지역이나 물고기 잡는 어부 냄새가 요한복음에는 물씬 풍길 뿐 아니라 요한복음의 전체 구도는 다섯 차례의 하강 구조(성육신 사건[요 1:1-18]을 제외하면 나머지는 유대[예루살렘]에서 갈릴리로 내려가는 구조로 되어 있다(1:19-2:12/ 2:13-4:54/ 5:1-7:9/ [예루살렘 활동기: 7:10-20:29]/ 21:1-23). 그러니까 요한복음은 기본적으로 '갈릴리 지향적 복음서'이다.

둘째, '숫자 사용의 차이'이다. 묵시문학 작품은 필화의 위험을 모면하기 위해 숫자 상징을 많이 사용하는 특징이 있다. 가령 완전수 7을 사용할 경우 계시록은 숫자 7(일곱)을 직접 말하는 노출방식으로 60회 이상을 사용하고 있습니다. 그런데 요한복음은 숫자 7(일곱)을 꼭 한번(4:52) 직접 언급하는 것 외에는 전부 은폐 방식으로 기술하고 있다.[308]

---

308) 중국 쿤밍(昆明)에 가면 관광명소로 석림과 구향이 있다. 석림은 융기에 의해 돌이 밖으로 노출된 지역이고, 구향은 동굴 속에 석주로 숨어 있는 모습을 띠고 있다. 계시록은 돌이 노출된 석림에 해당하고, 요한복음은 돌이 은폐된 구향에 해당한다고 비유할 수

특히 완전수 두 개(7과 10)의 결합된 숫자 17에서 결정적인 차이가 난다.

우선 17이라는 숫자는 의도를 가지고 쓰지 않는 한 거의 나타나기 어려운 숫자이다. 계시록은 숫자 상징을 무수히 사용하고 있음에도 불구하고, 숫자 17의 사용을 거의 찾아볼 수 없다. 이에 반해 요한복음은 숫자 17을 결정적으로 중요한 숫자로 사용하고 있다. '갈릴리' 어휘를 17회 사용할 뿐 아니라 결정적으로 중요한 어휘 가령 표적, 죄, 그리스도(19회 중에서 '메시아'를 '그리스도'로 설명하기 위해 두 번 사용한 것을 제외), 그 외에도 결정적으로 중요한 구절 즉 요한복음을 여는 첫 절(1:1)과 상응하는 21장 1절을 17 단어로 사용하고 있습니다. 또한 큰물고기에 나오는 숫자 153(요 21:11)도 숫자 17(17×3×3)과 관련되어 있다는 점이다(본서 뒤의 논문 참조).

셋째, '문체의 차이'이다. 계시록은 바울 사도처럼 개념을 중시하는 학자가 주로 사용하는 '명사' 위주의 문체를 쓰는 반해, 요한복음은 기도와 사색을 중시하는 묵상가가 주로 사용하는 '동사' 위주의 문체를 쓰고 있다. 요한복음이 전체 879절로 되어 있고, 계시록은 절반도 안되는 404절로 되어 있음에도 불구하고 계시록은 읽기가 아주 힘든데, 그 까닭은 계시록이 명사 위주의 문체를 사용하고 있기 때문이다.

게다가 요한복음은 '은혜와 진리'와 같은 이중말씀 용법을 7차례 사용하는 것을 제외하면 명사를 반복적으로 사용하지 않는다. 이에 반해 계시록은 요한복음에서 전혀 나타나지 않는 연속적인 네 어휘(족속과 방언과 백성과 나라)는 물론 심지어는 일곱 어휘(능력과 부와 지혜와 힘과 존귀와 영광과 찬송)를 길게 늘어놓는 문체적 특징을 구사하고 있다.[309] 그 외에도 다음과 같은 차이점을 들 수 있다.

있다. 베토벤 음악으로 비유하면 계시록은 교향곡 5번(운명)에 해당하고, 요한복음은 교향곡 9번(합창)에 해당한다고 볼 수 있다.
[309] 더 자세한 설명은 박호용, 《왕의 복음》, 34-55을 참조하세요.

첫째, 실명을 사용하기 어려운 묵시문학적 상황에서 요한복음은 '예수께서 사랑하시는 제자(애제자)'라는 익명을 사용하고 있고, 필자의 연구결과에 따르면 그는 사도 요한이다. 반면에 계시록은 '요한'이라는 이름을 사용하고 있는데,[310] 이는 실명이라기보다는 묵시문학적 박해상황에서 의도적(문서 보존과 신변 보호)으로 사용된 가명으로 보인다.[311] 계시록의 저자는 사상적으로 요한학파에 속한 인물이라는 것이 필자의 생각이다.

둘째, 85-100년 사이에 나온 것으로 추정되는 양서는 한순간에 쓰여진 책이 아닌 오랫동안의 사색과 수정을 통해 정교하게 체계화된 책이다. 따라서 한 사람이 동시대(요한복음은 90년 전후, 계시록은 95년 전후)에 양서를 동시에 썼다고 보기는 어렵다. 거의 동시대이거나 계시록보다 약간 시간적으로 앞선 가능성이 더 짙은 요한복음(요한복음이 더 후대일 수도 있음)이 오히려 (묵시)사상적인 측면에서 더 발전된 모습을 보여주고 있다.[312]

셋째, 요한복음은 북왕국 전승(출애굽기, 신명기, 호세아서를 주로 사용)의 특징인 모세적(예언적) 메시아상과 말씀(말씀되신 예수) 및 성전을 대체한 예수를 강조하고, 갈릴리 지향적(예루살렘[13회]보다 갈릴리[17회] 어휘

---

310) 양용의는 계시록이 묵시문학과 뚜렷이 구별되는 다른 특징 가운데 하나로 요한은 자신의 이름을 그대로 사용함(1:1,4,9; 22:8)으로써 구약의 어느 예언자보다 더 큰 권위를 갖춘 자로 드러내고 있다고 주장하였다. 양용의, "요한계시록은 어떤 책인가", 《요한계시록: 어떻게 설교할 것인가》, 17-18.
311) 1세기 말에 이 글을 썼음이 분명한 계시록의 저자는 자신의 이름을 '요한'이라 불렀다(1:1,4,9; 22:8). 그는 자기를 알고 있는 교회로부터 떨어져 있고(1:9), 그래서 그의 저서를 통해서 그들에게 말하고자 했다. 후대의 전승이 그를 사도 요한(막 1:19; 3:17 평행구절)과 동일시한 것은 부당하다. 그 자신은 스스로에게 사도의 칭호를 붙이지 않았으며, 또 자신이 사도들과 다르다는 것을 알고 있었다(18:20; 21:14). 《성경전서: 개역개정판(독일성서공회해설)》, '요한계시록 안내'.
312) 더 자세한 설명은 336쪽 이하의 "묵시문학의 성취(완성)로서의 요한복음"을 참조하세요.

를 더 많이 사용)인 이미지를 띠고 있다. 이에 반해 계시록은 남왕국 전승(에스겔서, 다니엘서, 스가랴서를 주로 사용)의 특징인 다윗적(왕적) 메시아상과 성전(성전의 회복)을 강조하고, 예루살렘 지향적(계시록에는 '갈릴리' 어휘가 나오지 않음)인 이미지를 띠고 있다.[313]

넷째, 양서는 글쓰기가 전혀 다르다. 요한복음은 헤브라이즘적 글쓰기의 특징인 동사형을 주로 사용하고, 이중말씀(가령, 영과 진리, 부활이요 생명 등)을 제외하고는 개념화된 명사형을 반복해서 나열하는 식의 글쓰기를 하지 않는다.[314] 이와는 달리 계시록은 헬레니즘적 글쓰기의 특징인 명사형을 많이 사용할 뿐만 아니라 그것을 반복해서 나열하는 (가령, 능력과 부와 지혜와 힘과 존귀와 영광과 찬송[5:12], 나라와 족속과 백성과 방언[6:9] 등) 식의 글쓰기의 특징을 보여준다.

다섯째, 사고구조에 있어서의 결정적 차이이다. 계시록은 묵시문학의 특징인 이원론적 사고구조(선악의 극단적 이분법), 즉 천상에서의 하나님과 사탄의 전쟁, 지상에서의 교회와 짐승 마귀와의 전쟁, 인 맞은 자의 구원과 땅에 거하는 자들에 대한 심판 및 철저한 응징이라는 이원론적 사고구조가 뚜렷하다(계 12-13장). 이에 반해 요한복음에서는 이미 이원론적 사고를 넘어선, 즉 모든 것이 하나님의 주권 아래 완전히 종속된 일원론적 사고구조로 되어 있다.

여섯째, 계시록은 사랑과 평화의 사도 요한의 모습과는 대조적으로 선악의 극단적 이분법의 자연적 결과인 전쟁, 심판, 응징과 같은 폭력적 표상들로 가득하다. 이에 반해 요한복음에는 사랑과 평화의 사도에 걸맞게 폭력을 철저히 배제하고 있으며, 전쟁 어휘가 단 한번도 나오지

---

313) 묵시문서인 계시록은 새 하늘과 새 땅으로서의 '새 예루살렘' 이미지(21:9-27)를 사용하지만, 같은 묵시문서인 요한복음에서는 '새 예루살렘' 이미지가 전혀 나타나지 않는다.
314) '은혜와 진리'라는 이중말씀도 '헤세드(은혜)와 에메트(진리)'라는 구약에서 자주 사용된 어휘를 인용(출 34:6; 시 57:3; 호 4:1)한 것이다.

않는다.

일곱째, 숫자상징코드를 사용함에 있어서 완전수인 7(또는 일곱째)의 경우 계시록은 엄청나게 많이 사용하고 있는 반면, 요한복음은 자체 안에 숫자 7(또는 일곱째)이 많이 감추어져 있으나 거의 드러내어 사용하지 않고 철저히 은폐시키고 있다.[315] 뿐만 아니라 계시록은 숫자 $4^{316)}$를 많이 사용하고 있는 데 반해, 요한복음은 기본적으로 숫자 4를 거의 사용하지 않는다.

여덟째, 구약성경 사용방법에 있어서 계시록은 거의 직접 인용하거나 단순 변형하는 모습을 보여주고 있는데 반해, 요한복음은 직접 인용이 거의 없고 상징적(은유적)으로 변주시켜 표현한다. 그래서 요한복음에는 구약인용이 적은 것처럼 여겨지나 실은 구약이 소금처럼 요한복음 전체에 퍼져 있다.

아홉째, 성령론에 있어서 계시록은 성령이 성부와 성자와 동시성, 즉 시대적 구분없이 동시에 사역하고 있지만, 요한복음은 성자와 성령이 동시에 사역하지 않고, 성령은 예수께서 부활 승천 후에 오시는 분이다. 또한 계시록의 성령은 '환상의 영'(1:10; 4:2) 또는 '예언의 영'(19:10)이라면, 요한복음의 성령은 '진리의 성령'(14:17; 15:26; 16:13)이다.

열째, 계시록이 로고스적인 남성적 톤이라면, 요한복음은 파토스적인 여성적 톤을 보여주고 있다.[317] 어휘 사용에 있어서 남성적 톤인 불($\pi\upsilon\rho$)은 계시록에 26회, 요한복음에 단 1회 나타나고 있다. 반면 여성적 톤인 물($\ddot{\upsilon}\delta\omega\rho$)은 계시록에 18회, 요한복음에 23회 나타나고 있다. 한편

---

315) 7(기수)의 경우 계시록은 55회 나타나나 요한복음에는 전혀 나타나지 않는다. 또한 일곱째(서수)의 경우 계시록에는 5회 나타나나 요한복음에는 단 1회(요 4:52) 나타날 뿐이다.
316) 가령, 네 생물, 나라와 족속과 백성과 방언, 어린 양(28=7×4), (144,000=12[3×4] ×12× [10×10×10]) 등.
317) 부드러움이 강함을 이기듯이 여성적인 요한복음은 남성적인 계시록을 넘어선다.

남성적 톤인 전쟁(πόλεμος)은 계시록에 9회, 요한복음에는 전혀 나타나지 않는다. 반면 여성적 톤인 평화(εἰρήνη)는 계시록에 2회, 요한복음에는 6회 나타나고 있다.

열하나, '진리' 어휘는 요한복음의 핵심 어휘로서, 명사로만 무려 25회나 사용하고 있는 데 반해, 계시록에서 단 한번도 나타나지 않는다.[318]

열둘, 계시록은 신앙을 지킨 충성된 자. 박해를 이긴 승리자에게 보상을 약속하나(계 2-3장), 요한복음에는 보상 개념이 없다.

열셋, 계시록은 고난과 영웅적으로 싸우는 모습을 보여주나 요한복음은 전혀 고난을 모르는 자처럼 고난을 승화시켜(녹여) 밝고 경쾌한 모습을 보여준다.

이상의 논의를 통해 우선, 우리는 요한복음과 계시록의 저자는 동일저자일 수 없다는 것과, 계시록은 북왕국 전승-갈릴리 출신인 사도 요한의 작품으로 볼 수 없다는 결론을 내릴 수 있다.[319]

(2) 요한복음의 저자 : 사도 요한

저자 문제를 구체적으로 다루기에 앞서 왜 요한복음의 저자 문제를 다루는가? 하는 문제를 생각해 보자. 저자 문제는 요한복음을 더 잘 이해하고, 신앙적으로 유익과 감동을 얻기 위함이다. 그렇다면 누가 이 책의 저자가 되어야 이러한 결과를 얻어낼 수 있겠는가? 학문은 객관

---

318) '진리' 어휘는 요한서신에 다음과 같이 나타난다(요일 9회, 요이 5회, 요삼 6회).
319) 사도 요한은 복음서를 완벽한 작품으로 만들기 위해 다른 책을 쓸 시간도, 여력도 없었다, 아니 사상(진리)에 마침표를 찍었기에 더 이상 쓸 필요를 느끼지 않았다는 것이 필자의 생각이다.

적 사실을 요한다. 우리는 할 수 있는 한 이러한 접근을 해야 한다. 문제는 객관적 사실을 밝히기 어렵거나 합의된 견해를 도출하기 얻기 어려울 때는 어떻게 할 것이냐이다. 여기서 우리는 신앙적 유익과 종교적 감동을 선택해야 한다는 것이 필자의 생각이다.

공관복음에 속하는 마태복음과 제4복음서인 요한복음을 그냥 한 번 쭉 읽어보라. 그러면 그 느낌이 전혀 다르다는 것을 바로 느끼게 될 것이다. 전혀 다른 이러한 느낌은 어디서 비롯된 것일까? 이것을 공적인 신문보도문과 사적인 연애편지로 비유해서 설명해 보자.

신문보도문은 되도록 사적인 감정을 배제하고 객관적인 사실만을 공정하게 보도하려고 애쓴다. 그래서 글이 드라이(건조)해지기 쉽다. 그리고 그 기사를 누가 썼는가는 별로 중요하지 않고 몰라도 별 상관이 없다. 이에 반해 연애편지는 사실을 객관적으로 말하는 것이 별로 중요하지 않다. 중요한 것은 사랑하는 두 사람이 나눈 사랑의 교감이라는 주관적인 감정과 느낌이다.[320] 그 속에는 남들이 알지 못하는 두 사람만의 사랑의 비밀이 있다.[321]

이를 사복음서에 적용한다면 공관복음은 전자에 해당하고, 요한복음은 후자에 해당한다. 즉 공관복음이 예수에 대한 공적인 사건보도문학이라면, 요한복음은 사적인 개인경건문학이라고 할 수 있다.

예수에 관한 객관적 진리를 표현하기 위해 쓴 글과 주관적 체험을 고백하기 위해 쓴 글은 그 느낌이 전혀 다르다. 가령, 바울서신에 속하

---

320) 이를 철학적으로 말하면 객관철학인 헤겔 철학은 전자에 해당하고, 주관철학인 키르케고르 철학은 후자에 해당한다.
321) 요한복음은 다양한 신학적 주제를 다루면서도 모든 부분들은 철저히 기독론(나사렛 예수 그리스도)과 결부되어 있는데, 이는 예수와 요한, 둘만이 간직한 사랑의 비밀 때문이다. 그리고 요한공동체를 비밀종파적 성격을 갖는 공동체로 보는 시각은 요한복음이 갖는 비밀문서적 특성 때문이며, 이것이 묵시문학적 시대상황과 맞아떨어지면서 더더욱 은밀한 사적인 비밀문서적 특성을 띠게 되었다는 것이 필자의 생각이다.

는 빌립보서를 예로 들어보자. 이 서신을 바울이라는 역사적 개인이 신앙공동체인 빌립보 교회(교인들)를 향해 썼다며 읽는 경우와 바울이 속한 바울공동체가 빌립보 교회(교인들)를 향해 썼다며 읽을 경우는 그 느낌이 전혀 다르다.

요한복음의 경우도 마찬가지다. 사도 요한에게도 그가 속한 공동체가 있었다. 요한복음이 요한공동체의 산물이라고 할 경우 역사적 개인인 사도 요한이 요한공동체를 의식하면서 요한복음을 썼다는 것과 요한공동체라는 집단이 요한복음을 썼다는 것과는 뉘앙스가 전혀 다르다. 후자의 경우를 흔히들 '복음서 기자(혹은 최종 편집자)'가 쓴 것으로 말하는데, 이는 사도 요한이 저자일 경우와는 그 이해와 감동이 전혀 다르다.[322]

복음서 기자라고 할 경우에는 객관적인 신문 기사를 쓰듯 요한공동체를 대변하는 공동체 선언문과 같은 성격을 띤다. 그럴 경우 객관적인 진리를 말하는 문서가 될지는 모르나 드라이한 문서가 되고 만다. 반면에 사도 요한이 저자라고 할 경우에는 그가 개인적으로 만난 예수와 사적이고 주관적인 경험과 느낌이 강하게 들어간다. 그래서 연애편지와 같은 사적이고 비밀스러운 문서적 성격을 갖는다.

그런데 전자와 같은 요한복음 읽기가 더 나은 이해와 감동을 준다고 한다면 복음서 기자를 저자로 한다는 주장도 나쁠 것은 없다. 그런데 필자의 연구결과에 의하면 그렇지가 않다. 전자의 경우는 요한복음이 갖고 있는 비교할 수 없는 감동을 상실케 한다. 역사적 개인인 사도

---

[322] 1970년대 이후 본격화된 요한복음 연구의 특징은 저자 개인의 신학적 사상으로부터 규명하지 않고 저자가 처해 있는 삶의 정황으로부터 해석하고 있다. 이는 공관복음 연구에서도 마찬가지다. 그런데 요한복음이 공관복음과 다른 점은 묵시문학적 특징만이 아니라 개인적인 신앙고백적 성격이 강하게 나타나고 있다는 점이다. 요한은 대표성을 띤 일곱 신앙고백(1:49; 4:42; 6:14; 6:68-69; 9:38; 11:27; 20:28)을 통해 예수를 향한 그 자신의 신앙고백을 대변하고 있다는 것이 필자의 생각이다.

요한이 저자라고 해야 요한복음이 더욱 잘 이해되고 훨씬 진한 감동을 가져다준다는 것이다.

　요한복음은 역사적 개인인 사도 요한이 만난 예수에 대한 강렬한 체험을 그린 인상파 화가의 그림으로 비유할 수 있다. 그런데 고흐처럼 단숨에 그린 것이 아니라 세잔느처럼 완벽한 조화와 균형을 갖춘 그림이 되게 하기 위해 오랜 세월 동안 사색과 묵상과 음미의 과정을 거쳐 조직적인 주제로 정교하게 다듬어진 현재의 모습으로 나타났다.[323]

A. "예수께서 사랑하신 제자(愛弟者)"[324] 의 문제

　요한복음이 쓰여진 시기, 장소 및 저자는 정확히 알기 어렵다.[325] 요한복음의 저자[326] 문제는 요한복음 연구에 있어서 가장 중요한 문제

---

323) 요한복음의 저자 문제는 《중용》의 저자 문제와 유비될 수 있다. 《중용》이라는 문헌이 자사(子思)라는 역사적 개인의 저작일 수 없다고 의심해온 여러 이유들에 대해 도올은 《중용》은 공자의 손자로서 역사적 존재성이 확실한 자사라는 대사상가에 의하여 일관된 의도를 가지고 지은 역저(力著), 즉 한 사람의 창조적인 사상가에 의하여 어떠한 조직적인 주제를 전달하기 위하여 쓰여진 책이라는 시각으로 바라볼 때 비로소 그 풍요로운 가치가 드러나며 그 유기적 관련의 총체성이 나의 삶의 체험에 파고든다고 말하고 있다. 김용옥, 《중용: 인간의 맛》, 37-41.
324) 요한복음에는 '예수께서 사랑하시던 제자(애제자)' 문구로 5회(13:23-25; 19:26-27; 20:2; 21:7; 21:24), 그리고 익명의 제자 형태로 3회(1:37-42; 18:15-16; 20:3-10) 나타난다.
325) W.Carter, *John and Empire*, ix-x. 필자는 90년경 소아시아의 에베소에서 사도 요한이 쓴 것으로 보고자 한다.
326) 요한복음에 나타난 저자의 특징 중 두 가지를 살펴보면 다음과 같다. 첫째, 저자는 팔레스타인 지리에 친숙한 인물이었다. 베다니의 위치(11:1,18), 기드온 골짜기 건너편에 있는 동산(18:10), 성전 안에 있는 솔로몬 행각(10:23), 베데스다 연못(5:2), 실로암 못(9:7). 둘째, 유대교에 친숙한 인물이었다. 특히 저자는 유대교의 중심적 절기인 유월절(6장), 초막절(7장), 수전절(10장) 등을 소개하면서 그 절기의 특성과 그것을 기독교적으로 새롭게 해석하는 능력이 탁월했다. 또한 가나 혼인잔치에서의 유대인의 정결례(2:6)나 유월절 절기 때 행하는 세미한 풍습(19:31)까지 지적해 주고 있다.

중의 하나이다.[327] 요한복음이 처음부터 한 저자에 의하여 쓰여진 작품인가 아니면 여러 사람에 의하여 여러 단계를 거쳐 완성된 편집적 결과물인가? 이 문제는 오랫동안 학자들 사이에서 논쟁이 되어 왔다.

저자문제를 크게 둘로 나누면 사도 요한이 저자라는 전통적 견해[328]와 사도 요한이 저자일 수 없다는 비판적 견해[329]가 그것이다. 전통적 견해 가운데 주후 180년경에 이레니우스(Irenaeus)는 '애제자(the beloved disciple)'는 곧 세베대의 아들 (사도) 요한이며, 그가 복음서 중에서는 가장 늦은 시기에 에베소에서 요한복음을 기록하였다고 주장하였다.[330] 웨스트코트(B. F. Westcott)는 요한복음 저자는 내증과 외증의 다섯 가지 근거(① 유대인, ② 팔레스타인, ③ 목격자, ④ 사도, ⑤ 세베대의 아들 요한)를 들어 사도 요한이 저자라는 주장을 폈다.

---

327) 김춘기 교수는 이렇게 말한다. "현대의 학자들은 성서의 저자가 누구인가에 대하여 관심이 별로 없다. 왜냐하면 성서의 저자는 바울 이외에는 거의 확실하게 파악할 수 없을 뿐 아니라, 파악한다 하더라도 그것이 본문 이해에 큰 도움이 되지 못하기 때문이다. 김춘기,《요한복음연구》, 51. 필자는 이 견해를 인정은 하지만 요한복음에 대해서만은 그렇지 않다고 말하고 싶다. 그 까닭은 저자가 사도 요한이냐 그렇지 않느냐에 따라 그 해석과 감동이 전혀 달라지기 때문이다.

328) 전통적 주장을 하는 학자로는 모리스(L.Morris), 카슨(D.Carson), 미카엘스(R..Michaels), 쾨스텐베르거(A,Kostenberger) 등을 들 수 있다. 더 자세한 설명은 P.N.Anderson, *The Riddles of the Fourth Gospel*, 96-99을 참조하세요.

329) 비판적 견해로는 불트만의 세 자료에 의한 통시적 이론, 바레트의 마가 및 공관복음 전승에 대한 신학적 반성이라는 주장, 브라운의 세 단계 편집이론, 마틴의 두 레벨 이론 등 다양한 이론들이 있다. 더 자세한 논의에 대해서는 P.N.Anderson, 윗책, 99-123을 참조하세요.

330) 현재의 구약성경은 그 어떤 책도 한 순간에 한 저자에 의해 쓰여져 그대로 전해진 것이 아니라 오랜 동안의 전승과정과 편집과정을 거쳐 형성된 책이라는 관점에서 볼 때 구약성경의 그 어떤 책도 한 저자의 작품이라고 말할 수 있는 책은 없다. 단지 대표성이라는 관점에서 오경(토라)은 모세가, 시편은 다윗이, 지혜문학은 솔로몬이 쓴 것으로 인정되고 있다. 애제자인 '사도 요한'이 저자라고 볼 경우 그가 요한복음 전체를 다 쓰지 않았다 하더라도 대표성을 중시하는 성서의 전통에 따라 그를 요한복음의 원저자라고 말할 수도 있다.

그런데 오늘날의 경향은 사복음서뿐 아니라 신약성서의 책들은 편집의 결과물이라는 주장이 대세를 이루고 있다.[331] 대부분의 주석가들은 사도 요한이 요한복음을 썼다는 데에 동의하지 않는다.[332] 요한복음은 예수 사후 50년 이상 오랜 전승과정과 편집과정을 거치면서 최종적인 형태로 현재와 같은 책으로 완성되었다는 점에서 한사람 사도 요한의 저작으로 보기 어렵다는 견해가 지배적이다.[333]

그래서 요한복음은 사도 요한과 관련이 있는 애제자가 지도자로 있는 공동체의 산물이라고 말한다.[334] 또한 애제자는 사도 요한이 아닌

---

331) G.Mordillat & J.Prieur,《예수 후 예수》, 50. 현재의 구약성경은 그 어떤 책도 한 순간에 한 저자에 의해 쓰여져 그대로 전해진 것이 아니라 오랜 동안의 전승과정과 편집과정을 거쳐 형성된 책이라는 관점에서 볼 때 구약성경의 그 어떤 책도 한 저자의 작품이라고 말할 수 있는 책은 없다. 단지 대표성이라는 관점에서 오경(토라)은 모세가, 시편은 다윗이, 지혜문학은 솔로몬이 쓴 것으로 인정되고 있다.

332) 파피아스는 사도 요한과 장로 요한을 구별한다(Eusebius, *Hist. eccl.*, iii:39,4). 헹엘(M. Hengel)은 장로 요한이 요한복음의 저자라고 가정한다. G.Theissen,《복음서의 교회정치학》, 165. 바클레이는 장로 요한이 그의 스승인 사도 요한의 대필자로 붓을 잡았다면서, 요한복음은 '성 요한에 대한 복음'이라기보다는 성령에 의한 복음'이며, 제4복음서를 기록한 사람은 에베소의 요한이 아니라 성령이 요한을 통하여 쓰신 것이라고 주장한다. W.Barclay,《요한복음(상)》, 46-48.

333) 스몰리는 요한복음서의 편찬에 세 단계가 얽혀 있다고 하였다. 첫째, 세베대의 아들 사도 요한(애제자)이 에베소에서 그의 제자들에게 구두로 예수의 행적들과 어록들을 전했다는 것이다. 둘째로, 요한의 제자(들)가 사도 요한으로부터 받은 구전전승을 기록으로 남겼다는 것이다. 셋째로, 에베소에 있는 요한의 교회는 사도 요한이 죽은 후에 서언(1:1-18)과 후기(21장)를 덧붙여서 이 복음서의 최종 편집본을 간행했다는 것이다. S.S.Smalley,《요한신학》, 182-184: 브라운은 5 단계설을 주장한다. (1) 구전단계, (2) 전승들이 요한식 패턴으로 발전되던 단계, (3) 복음서의 제1판 출현, (4) 복음서의 제2판 출현, (5) 마지막으로 일부 자료들을 첨가한 단계. R.E.Brown, *The Gospel According to John*, Vol.1, Introduction, XXXIV-V.

334) 이 단체는 공동체(Käsemann), 써클(Cullmann), 그룹(Brown, Martyn), 학파(Culpepper), 종파(Meeks) 등으로 불린다. 요한복음을 쓴 사람을 저자, 편집자 또는 복음사가 등 여러 명칭으로 부르고 있는데, 필자는 "요한"으로 쓰고자 한다. 컬페퍼는 피타고라스 학파, 플라톤 학파 등 고대 학파들 자체에 붙여진 '학파'라는 용어에 적합한 특징 등을 규명한 후, 요한복음서의 상황도 바로 '학파'라는 용어로 적절히 이해될 수 있다고 결론

요한 마가라는 가설, 이상적인 혹은 상징적인 제자[335]라는 가설, 가룟 유다가 아닌 다른 유다(요 14:22)라는 가설, 맛디아(행 1:15 이하)라는 가설, 나사로라는 가설 등 여러 가설이 등장한다.[336] 특히 요한복음의 두 단계 편집설을 주장하면서 장로 요한을 저자(편집자)로 보려는 주장들이 강하게 제기되고 있다.[337]

20세기의 대표적인 학자들은 외증에 의한 사도 요한 저자설을 거부해 왔다. 브라운은 애제자를 사도 요한으로 보면서도 복음서 저자로

짓고 있다. R.E.A.Culpepper, *The Johannine School*. 이와는 달리 브라운은 '요한학파'를 '요한공동체' 내의 한 핵심 그룹으로 축소시키고 있다. R.E. Brown, *The Community of the Beloved Disciple*, 99-103. 또한 브라운은 컬페퍼가 요한복음의 저자를 요한공동체로 본 것을 반대하면서, 요한복음의 저자는 복음서 기자이지 요한공동체가 아니라고 주장한다. R.E.Brown, 윗책, 101, n. 196 참조하세요.

335) 애제자는 상징적인 인물이 아닌 역사적인 실제의 인물(요 21:20-23 참조)이라는 주장에 대해서는 K. Quast, *Peter and the Believed Disciple*, 16-17을 참조하세요.

336) 요한복음의 저자(애제자)에 관한 자세한 내용은 김득중,《요한의 신학》, 181-189; 최흥진,《요한복음》, 26-39을 참조하세요.

337) 첫 편집은 80-85년경에 이루어졌고, 두 번째(최종 편집)는 100년경에 이루어졌다는 것이다. 그 사이에 해당하는 시기(85-95년)에 장로 요한에 의해 요한서신들이 기록되었는데(각각 85, 90, 95년경), 요한복음에 요한서신과 유사한 쟁점들, 가령, 공동체 예배자료(1:1-18), 공관복음에서 발견되는 기적들(6장의 오병이어, 바다를 건넘, 베드로의 고백), 특히 신자들을 인도하는 성령의 계속적 사역들(15-17장), 목양을 위한 사도적 리더십(21장), 애제자와 목격자 구절들(13:23; 19:26, 34-35; 20:2; 21:7,24) 및 두 번째 결론(21:25) 등이 장로 요한에 의해 첨가되었고, 그에 의해 최종 편집이 이루어졌다는 것이다. P.N.Anderson, *The Riddles of the Fourth Gospel*, 141-144. 이런 주장에 대해 필자는 세 가지 점을 들어 두 단계 편집이론을 반대한다. 첫째, 이미 언급했듯이 복음서와 서신서는 상황과 독자가 다르다(154쪽의 각주 291번 참조)는 점, 둘째, 요한복음의 첫 편집이 80-85년경 이루어졌다는 주장은 묵시문학적 상황에 속하는 70년경(마가 상황)과 90년경(요한 상황) 사이의 시기로 이 시기는 묵시문학적 상황과는 다소 거리가 있는 소강상태(마태와 누가 상황) 시기로 묵시문학적 특징을 담지하고 있는 요한 자료와는 정황상 맞지 않는다는 점, 셋째, 장로 요한에 의해 첨가되었다는 요한복음의 자료들은, 전혀 묵시문학적 특징들을 공유하지 않는 서신서의 자료들과는 달리, 이런 첨가 자료들 또한 철저히 나머지 부분들과 같은 묵시문학적 특징들, 즉 암호상징을 공유하고 있다는 점에서 장로 요한의 저자(편집자)에 의한 두 단계 편집이론을 반대한다.

보지 않았고[338], 쿨만은 애제자를 복음서 저자로 보면서도 사도 요한으로 보지 않았다.[339] 큄멜은 몇 가지 이유로 사도 요한이 요한복음의 저자라는 가능성을 부정한다. 첫째, 세베대의 아들 요한이 결정적인 역할을 수행한 모든 사건들이 요한복음에는 기록되어 있지 않다. 둘째, 요한의 형제 야고보는 한 번도 언급되지 않았다. 셋째, 세베대의 아들들은 갈릴리 사람들이었지만 요한복음에는 갈릴리에 대한 관심이 결여되어 있다. 넷째, 사도행전 4:13은 베드로와 요한이 '학문 없는 범인'이라고 보도하고 있는데 요한복음은 비록 셈어화되기는 했지만 훌륭한 희랍어로 쓰여졌다는 것이 그 이유이다.[340]

보쾀은 요한복음은 목격자의 증언에 의해 쓰여진 작품으로 그 저자는 애제자라고 보고 있다. 그런데 그 애제자는 사도 요한이 아니라 장로 요한으로 보고 있다. 애제자가 세베대의 아들 사도 요한으로 보기 어려운 것은 애제자의 익명성인데, 이는 요한복음의 사도적 저작권에 대한 극복하기 어려운 장애물로 보고 있다.[341]

이러한 사도 요한 저자설에 대한 부정적 견해에 대해 키너는 현대학

---

338) R.E.Brown, *The Community of the Beloved Discple*, 33-34.
339) O.Cullmann, *The Johannine Circle*, 74-85
340) W.G.Kümmel, 《신약정경개론》, 248. 큄멜의 주장을 차례대로 간단히 반박하면 이렇다. 1'. 요한은 공관복음과의 반복을 피하고자 했기에 요한복음에 기록되지 않았다. 2'. 요한과 야고보에 대한 언급이 전혀 없는 것이 아니라 그 실마리가 21:2('세베대의 아들들')에 있다. 3'. 요한은 갈릴리에 대한 관심이 없는 것이 아니라 깊은 관심을 가지고 있다. 지리 상징코드에 의하면 요한복음의 구조는 '갈릴리 지향적 복음서'임을 알 수 있고, 요한이 의도적으로 사용한 17(10+7)이라는 숫자(횟수) 상징코드는 갈릴리의 중요성을 잘 말해주고 있다. 4'. 요한복음에는 바울처럼 공부를 많이 한 사람의 학문적 용어가 거의 없고, 누구나 읽을 수 있는 쉬운 글로 쓰여져 있다. 이는 어부 요한이 가방끈이 짧았음을 말해주는 것이며, 그 문체가 훌륭하고 내용이 깊은 것은 오랜동안의 사색과 묵상에 기인하는 것으로 볼 수 있다.
341) R.Bauckham, *Jesus and the Eyewitness: the Gospel as Eyewitness Testimony*, 93-113. 이러한 보쾀의 주장은 요한복음의 익명성이 묵시문학적 박해상황에 기인하고 있다는 사실을 전혀 고려하지 않은 결과라는 것이 필자의 생각이다.

계의 일치된 견해와는 반대로, 사랑하는 제자가 정말로 세베대의 아들 요한이라는 고대의 견해가 가장 강력한 증거를 갖고 있다고 주장했다.[342]

카슨은 요한복음을 쓸 당시 애제자는 아직 살아 있었다고 주장하면서(21:23-24 주석) 저자 문제를 다음과 같이 정리하였다. ⑴ 애제자는 사도 요한이다. ⑵ 복음서 저자는 애제자이다. 이 둘이 사실이라면 복음서 저자는 사도 요한이다. 그러나 아이러니하게도 ⑴을 가장 강력하게 지지하는 일부 학자들 가운데 ⑵를 부정하는 자들이 있다. 이 구절은 절대적으로 확실하게도 볼 수는 없으나 합리적 명확성을 가지고 ⑵의 진실성은 성립된다.[343]

필자는 카슨에 견해에 절대적으로 동의하면서 다음과 같은 이유로 사도 요한 저자설을 주장하고자 한다.[344] 요한복음의 저자 문제는 무엇보다도 '예수께서 사랑하신 제자(愛弟子)'로부터 시작되는데, 그러면 과연 애제자는 누구인가?

첫째, 공관복음에는 열두 제자만이 마지막 유월절 만찬에 참여한 것으로 되어 있다(막 14:17 평행구절). 따라서 유월절 만찬 자리에서 예수의 품에 안긴 제자(요 13:23)는 열두 제자 가운데 한 사람이다.

둘째, 21:2에 의하면 예수의 일곱 제자 가운데 세베대의 아들들이라는 말이 나온다. 이는 야고보와 그의 형제 요한을 일컫는다고 볼 수

---

342) C. S. Keener, 《요한복음 I》, 266-402.
343) D.A.Carson, *The Gospel According to John*, 681-685. 그런데 카슨은 왜 요한이 '애제자'라는 익명을 사용하였는지에 대해서는 명확한 설명이 없다. 누누이 말하지만 이는 묵시문학적 박해상황에서 필화를 면하기 위함에서였다는 것이 필자의 생각이다.
344) 화이테커는 요한공동체에 잘 알려진 세베대의 아들들(21:2)이 이 책에서 침묵하고 있다는 점에 주목을 하면서 이런 견해를 피력하였다. "요한을 이 책의 저자로 언급하고자 하는 것은 요한이 이 책 전체를 모두 썼다는 의미에서가 아니라 그가 현재 여기에 나타나 있고, 최소한 이 책을 쓴 것으로 여길 수 있는 그의 증거가 있다(21:24)는 인식에서이다"라고 말한다. R.A.Whitacre, John, 21.

있다(마 10:2; 막 3:17).[345] 21:7에는 애제자가 나오는데, 이는 앞의 일곱 제자 중 한 사람으로 나타나고 있다. 그가 이 복음서를 썼다고 되어 있다(21:24). 그런데 요한의 형제인 야고보는 최초의 순교자(행 12:1-2)가 되었기에 그는 애제자로 볼 수 없다.

셋째, 공관복음에 보면 예수의 열두 제자 중 '요한'이라는 제자가 분명히 존재한다. 그것도 예수의 최측근 세 사람 중의 하나로 나타난다(마 17:1; 26:36). 그런데 요한복음에는 '요한'이라는 이름이 복음서 책명에만 나오고 그 이름은 전혀 나오지 않는다(세례 요한은 제외). 그렇다면 요한복음은 간판만 요한이라고 붙이고 실제로는 사도 요한과는 아무 관계도 없는 책이란 말인가. 상식적으로 그럴 리는 없다. 요한복음에 열두 제자 이름이 나오는 사람(베드로, 빌립, 안드레, 나다나엘, 도마, 그리고 가룟 유다가 아닌 유다)은 익명인 애제자가 될 수 없다. 그렇다면 남는 제자는 사도 요한뿐이 아닌가(요 21:2 참조).

넷째, 공관복음과 사도행전에 보면 베드로와 요한은 늘 같이 등장하고 있는 모습을 볼 수 있다.[346] 요한복음에서는 애제자가 등장하는 다섯 문맥(13:23-25; 19:26-27; 20:2; 21:7; 21:20-24) 가운데 십자가 아래(19:26-27)를 제외하면 베드로와 애제자는 같이 등장한다.[347] 그리고 세례 요한의 두 제자 중 하나인 안드레와 함께 등장하는 1장의 '다른 제자'(35-42절)는 안드레의 형인 베드로라는 점에서 그는 베드로와 가까운 사람일 수밖에 없다. 이 단락도 결국 베드로와 '다른 제자'가 같이 등장한

---

345) '야고보와 요한'이라는 실명으로 거론하지 않고 우회적으로 표현한 것은 묵시문학적 박해상황에서 필화를 당하지 않기 위함에서라고 말할 수 있다.
346) 요한복음에 함께 나타나는 애제자(또는 '다른 제자')와 베드로(1:35-42; 13:23-38; 18:15-16; 20:2-4; 21:1-7,15-23). 공관복음과 사도행전에 함께 나타나는 베드로와 요한(마 10:2; 17:1; 26:37; 막 5:37; 9:2; 13:3; 14:33; 눅 6:4; 8:51; 9:28; 22:8; 행 3:1-11; 4:1-20; 8:14-25).
347) 필자는 1장과 21장이 상응관계에 있기에 1장의 '다른 제자'는 21장의 '애제자'라고 생각한다.

다는 점에서 '다른 제자'는 사도 요한일 가능성이 짙다. '다른 제자'가 사도 요한이라면 '애제자'는 사도 요한과 동일 인물임이 확실하다. 그런데 왜 1장에서는 애제자라는 말을 쓰지 않고 '다른 제자'라고 썼을까? 이 또한 문학적 상징기법 가운데 하나라고 할 수 있다. 마치 TV 드라마의 제1부(오픈 게임)에서는 주인공이 '아동의 이름'으로 나오다가 제2부(메인 게임)에서 '어른의 이름'을 사용하는 것과 같다.[348]

그런데 '애제자'가 '사도 요한'이라면, 여기서 문제가 되는 것은 두 가지이다.

첫째, 왜 저자는 실명을 쓰지 않고 굳이 애제자라는 익명을 썼는가 하는 점이다. 타이센은 익명성이 공동체의 권위를 강화시켜 준다고 말하고 있다. 예수의 제자 중 특정한 한 명에게 저작을 돌리는 것보다 더 많은 특권적 지위를 이 복음서에 부여하고자 했다는 것이다.[349]

역사상의 실재 인물인 사도 요한으로서는 참 제자상의 권위를 가질 수 없다. 요한은 베드로처럼 십자가 앞에서 도망간 제자였다(마 26:56). 그 외에도 요한은 많은 실수를 한 제자이기도 하다(마 17:8; 20:20; 26:43; 막 10:35; 눅 9:49,54 등). 따라서 역사상의 실제의 사도 요한이 아닌 참 제자상의 모습으로 '애제자'라는 애칭(익명)을 사용하여 요한복음서와 요한공동체의 권위를 높이려고 했다는 것이 필자의 생각이다.

그러나 이보다 더 중요한 것은 필자가 이미 수차례 언급했듯이 도미

---

348) TV 사극 드라마를 보면 주인공이 어린이에서 어른으로 바뀌면 연기자가 바뀌는 모습을 볼 수 있다. 마찬가지로 요한복음에서는 제1부(1-11장)에서 '다른 제자'라는 이름으로 나오다가 제2부(12-21장)에서부터 '애제자'라는 이름으로 등장한다.
349) 익명성이 가져다주는 권위는 쿰란공동체의 창시자인 '의의 교사(The Teacher of Righteousness)'의 경우도 마찬가지다. '의의 교사'라는 호칭은 쿰란공동체의 가장 높은 가치가 '의'임을 말해준다. 같은 방식으로 '애제자' 호칭은 '사랑'이 요한공동체의 최상의 가치임을 말해준다. 익명성을 통해 이 두 역사적 인물들은 자신들의 공동체에 모범이자 상징이 된다. G.Theissen, 《복음서의 교회정치학》, 166.

티안 황제의 가이사 숭배라는 묵시문학적 박해상황에서 실명은 필화를 당할 위험이 많기에 익명(애제자)을 사용했다고 볼 수 있다.[350] 즉 자신과 교회공동체와 문서를 안전하게 지키기 위해 실명을 숨기고 익명을 썼다는 것이 필자의 생각이다.[351] 따라서 '애제자' 호칭은 '묵시문학적 상징어'로써 기능한다.

둘째, 애제자가 사도 요한이라면 그 모습이 공관복음에 나타난 사도 요한의 모습과 상당히 다르다는 점이다. 사도 요한은 갈릴리 사람인데, 요한복음에는 유대에서 발생한 이야기가 더욱 많이 나타난다. 또한 베드로와 더불어 요한은 '학문 없는 범인'(행 4:13)으로 묘사되는데, 요한에게서 섬세하고 깊은 책을 쓴 사람으로 기대할 수 없다는 것이다.

공관복음에는 충동적이고 불같은 성격의 '우레의 아들'(막 3:17)로 나타나는 데 반해 요한복음에서는 가장 평온하고 심지어 신비스러운 모습으로 나타난다. 또한 공관복음에는 사마리아인에게 원한을 가진 자(눅 9:54)로 나타나는 데 반해, 요한복음에서는 사마리아인에게 매우 친절한 모습으로 나타난다. 그리고 자신을 '예수께서 사랑한 제자'라고 말하는 것은 어울리지 않는다는 것이다. 이러한 주장들에 대해 반론을 제기하면 이렇다.

세베대의 아들 요한은 갈릴리 사람임에도 불구하고 그가 요한복음을 쓸 당시 이미 오랫동안 유대(교회의 가장 초기 동안)에서뿐 아니라, 가장 큰 세계적인 중심지인 에베소에서 수년간 살았던 사람으로 도시생

---

[350] 카슨은 복음서 저자가 자신을 완곡하게 언급하기를 좋아하거나 그가 섬기는 자(예수 그리스도)에게 초점을 맞추는 것을 더 좋아했기 때문이라고 말한다. 오늘날 일반적 경향과는 달리 카슨은 사도 요한이 요한복음을 썼다는 것을 강력히 주장한다. D.A.Carson, *The Gospel According to John*, 77.
[351] 필자를 비롯한 거의 모든 중국선교사들은 실명을 숨기고 또 하나의 가명을 주로 썼다. 필자 또한 박새일(朴新事)이라는 가명을 썼는데, 이는 실명을 쓸 때 겪을지 모르는 선교적 피해를 우려해서였다.

활을 잘 알고 있었다. 또한 학문 없는 범인이라는 주장에 대해서는 베드로와 요한이 매우 무식하여 문자를 읽고 쓸 줄 모른다는 것을 의미하지 않는다. 단지 전문적인 신학적 훈련을 받지 못했을 뿐이다(배움이 짧았던 예수에 대해서는 7:15 참조).

유대 소년들은 어렸을 때부터 읽는 것을 배운다. 요한의 가정은 자신 소유의 배를 가지고 있는 것으로 볼 때 가난하지 않은 것이 확실하며, 보통 사람보다 더 낫은 교육을 받을 수 있었다. 랍비 아키바(Rabbi Akiba)는 40세가 되도록 문자를 익히지 못했다가 당대에 가장 위대한 랍비가 되었다. 요한과 같은 교회의 지도자들이 수십 년 동안 진지한 연구에 몰두했다는 것은 그리 놀라운 일이 못된다.

또한 갈릴리 어부 출신인 요한이 유창한 헬라어를 구사할 수 없다는 주장에 대해서는 이제 그러한 주장은 더 이상 견지될 수 없다. 헬라어는 당시에 갈릴리나 데가볼리를 포함하여 지중해 세계에 사는 디아스포라 유대인들에게는 대안적인 언어로 사용된 것이 일반적이다. 게다가 요한복음에서 사용된 헬라어는 품위있는 세련된 헬라어라기보다는 셈어화된 헬라어로서 70인역의 언어이다. 그리고 요한은 누구로부터 학문을 배우거나 많은 자료를 이용할 만한 처지에 있었던 사람이 아니다. 출신상으로 본다면 본래 학자 출신인 바울이나 높은 지적 수준을 보여주는 마태나 누가와는 상당히 다르다(고전 1:26 이하). 이는 그가 사용하는 어휘만 보더라도 쉽게 짐작할 수 있다.

요한복음은 어휘수도 적고,[352] 개념화된 명사적 어휘보다 동사적 어휘로 되어 있다. 그리고 동일한 단어를 반복해서 사용하고 단순한 셈

---

352) 마=1,691, 막=1,345, 눅=2,055, 요=1,011. 당시에 학문을 한 사람들은 헬레니즘 교육(수사학, 논리학, 형이상학 등)을 받았다. 따라서 이들의 어휘는 헬라적 사고의 특징인 명사형이 많이 나타난다. 이에 반해 헬레니즘 교육을 받지 못한 사도 요한의 어휘는 동사형이 많이 나타나는 히브리적 특징을 보여준다.

어적 헬라어 구문을 사용하고 있다.[353] 그런 측면에서 요한복음은 복음서 중에서 가장 이해하기 쉬운 복음서이다.[354] 그래서 요한복음은 기독교 신앙에 입문하는 초신자에게 최우선적으로 읽기를 권하는 복음서이다. 그러면서도 요한복음은 그 어떤 책보다 심오한 사상을 담고 있다. 그것은 요한복음이 오랜 세월 동안 사색과 묵상을 통해 자신의 것으로 완전히 소화되어 잘 다듬어지고 음미되어진 글로 쓰여졌기 때문이다.

또한 '예수께서 사랑한 제자'라는 표현은 다른 신자들은 사랑받지 못하거나, 덜 사랑받는 자라는 것을 결코 말하지 않는다. 사도 바울이 "그가 나를 사랑하사 나를 위해 자신을 주셨다"(갈 2:20)라고 고백한 것은 갈라디아인들이 사랑을 덜 받았다는 것을 의미하지 않는다. 이 같은 표현은 하나님의 은혜에 대한 경이를 가장 깊이 느낀 그리스도인의 경험이며, 예수 그리스도 안에서 하나님의 사랑의 대상으로서의 자신을 말하고자 함이다.

이런 느낌이 없는 자는 그 자신의 영적 경험이 결핍된 자임을 반영한다. '우레의 아들'이 사랑의 사도가 되었다면 이는 그가 자기 자신을 예수의 사랑의 특별한 대상으로서 생각한 데에 기인한다. 그 밖에 어부 출신인 요한이 저자라는 근거는 요한복음에서만 다섯 차례(6:9,11; 21:9,10,13) 나타나고 신약성서의 다른 곳에서는 전혀 나타나지 않는 '구운 생선(옵사리온, ὀψάριον)'이라는 독특한 어휘이다.[355]

---

353) 예수의 비유가 일상생활 속에서 나온 것처럼, 요한이 쓰는 용어는 거의 전부가 일상용어(코이네)로 되어 있다. 이는 학문공동체의 산물인 마태복음과는 현격한 차이를 보이는 대목이다.
354) 김동수, "요한복음과 요한서신", 《신약성서개론》, 425.
355) 저자 문제에 대한 더 자세한 설명은 D.A.Carson, 윗책, 68-81을 참조하세요.

B. 1장과 21장의 상응성[356] 및 동일저자의 문제

요한복음의 저자가 단수(사도 요한)가 아닌 복수로 보아야 한다는 주장에는 '우리'라는 어휘가 있다(1:14; 3:11; 21:24 등). 그런데 단수(I)와 복수(We)는 '야웨의 고난받는 종'(사 52:13-53:12)이 단수인 '한 개인(메시아)'일 수도 있고, 복수인 '이스라엘 민족'도 될 수 있는 것과 같은 이치이다.[357] 따라서 '우리'[358] 어휘를 가지고 저자 문제를 논할 수는 없다.

저자 문제와 관련해서 더욱 문제가 되는 것은 세 가지이다. 첫째, 21:24-25을 제외한 나머지는 단 한 사람의 저자(author)라는 주장이다 (J.A.T. Robinson). 둘째, 요한공동체의 외부로부터 온 여러 자료들을 가지고 한 작품으로 만든 편찬자들(editors)의 산물이라는 주장이다(R. Bultmann). 셋째, 요한공동체 안에서 여러 편집 단계를 거쳐 발전된 편집자(redactor)의 산물이라는 주장이다(R.E.Brown).[359]

먼저, 사도 요한이 저자가 아닌 문제에 대해 말해보자. 그렇다면 요한복음에는 예수의 최측근 제자인 사도 요한이 나오지 않는단 말인가! 이것이 말이 되는가. 반대로 요한복음에는 사도 요한이 나온다면 어디에 나오는가! 모르겠다고 말한다면 안 나온다는 말과 진배없다. 안 나온다면 왜 안 나오는지를 말해야 하고, 나온다면 어느 구절에 나오는지

---

356) 1장과 21장의 밀접한 관계에 대해서는 S.S.Smalley, 《요한신학》, 141-149을 참조하세요. 1장의 프롤로그와 나머지 설화 사이의 상이성과 밀접성 및 21장의 에필로그가 첫 결론인가 아니면 두 번째 결론인가에 대해서는 P.N.Anderson, *The Riddles of the Fourth Gospel*, 67-70을 참조하세요.

357) 더 자세한 설명은 B.W.Anderson, *Understanding the Old Testament*(4th), 488-492을 참조하세요.

358) '요한공동체(집단)가 썼느냐', '(한 개인이) 요한공동체를 위해서 썼느냐'는 별개의 문제이다. 한 개인인 사도 요한이 그가 속한 요한공동체를 위해 글을 쓴 것이 분명하다면 그는 우리 안에 속하는 사람이다.

359) 더 자세한 설명은 R.A.Whitacre, *John*, 13-20을 참조하세요.

를 말해야 한다. 모르쇠로 일관하는 것은 학자적 태도가 아니다.

다음으로, 요한복음이 집단적 의미의 학파(공동체) 또는 편집자의 수정과 편집에 의한 산물이라면 그것은 어떤 의미일까? 요한학파(공동체)에 속한 여러 사람이 모여 복음서를 쓰기로 계획하고 전해 내려온 전승들을 취합하거나 아니면 각자가 묵상한 자료를 한데 모아 오랜 동안의 논의를 거쳐 이 같은 복음서로 편집하여 만들었다는 말인가? 아니면 먼저 한 사람이 초고를 쓰고, 그것을 오랜 세월 동안 요한학파(공동체)에 속하는 편집자의 손을 거쳐 수정되고 가필되고 편집하여 현재와 같은 복음서를 만들었다는 말인가?

그렇다면 최초로 그 초고를 쓴 사람은 누구인가? 사도 요한인가 아니면 요한학파에 속하는 사람인가? 그리고 그 저자는 복음서 전체 가운데 얼마만한 분량을 썼는가? 본론에 해당하는 2-20장은 그가 쓰고, 나머지 1장(서론)과 21장(결론)은 요한학파의 편집자가 첨가하여 전체를 수정하고 편집하여 현재의 복음서를 만들었는가? 아니면 그는 일부분만 쓰고 대부분은 요한학파의 사람들이 써서 그것을 가필과 수정과 첨삭과 편집을 통해 현재의 복음서를 낳았는가? 아니면 그가 가르친 구두 전승을 요한학파에 속하는 그의 제자들이 그의 정신과 사상에 따라 처음부터 끝까지 현재의 복음서를 탄생시켰는가?

스탠턴은 요한복음을 '꿰맨 자리가 없는 옷'에 비유하면서도, 여러 군데 실밥이 늘어진 곳도 보인다고 하였다. 그 가운데 21장은 누군가 다른 사람에 의해 후대에 추가된 것이 거의 분명하다고 주장한다.[360] 자세한 것은 아래에서 다시 다루기로 하고, 요한복음에서 실밥이 늘어진 곳처럼 보이는 세 곳에 대해 살펴보는 것으로 이 문제를 정리하자.

첫째, 불트만이 주장한 소위 '위치변동설'에 따라 4-6-5-7장의 순서

---

360) G.N.Stanton, 《복음서와 예수》, 135-139.

로 하면 갈릴리 무대(4-6장)와 예루살렘 무대(5-7장)가 어울린다는 것이다.[361] 그의 주장대로 말한다면 이것은 편집자의 실수이다. 그러나 필자는 이것을 편집자의 실수로 보지 않는다. 현재의 복음서의 구조는 원저자의 신학적 의도에 따른 것으로 보아야 한다. 즉 6장은 신학적 주제에 따른 교차대구구조로 인해 15장과 상응관계에 있으며, 더구나 복음서 전체가 다섯 차례의 하강구조로 되어 있는 지리상징코드에 따르면 6장은 그곳에 위치해 있어야 한다. 만일 6장의 자리를 다른 곳으로 옮기면 교차대구구조와 지리상징코드가 깨지게 된다.

둘째, 12장까지를 제1부로 보는 대부분의 학자들도 상황에 전혀 어울리지 않는 대목이 12장 끝에 붙어 있다(44-50절)는 사실 때문에 매우 곤혹스러워한다. 최종 편집자가 현재의 복음서를 편집했다면 이대로 보지 않는다. 그렇다면 이것은 편집자의 실수인가. 필자는 그렇게 보지 않는다. 이 또한 원저자의 신학적 의도에 따른 것으로 보아야 한다. 이 대목을 담고 있는 12장 후반부(37-50절)는 9장과 상응관계에 있다. 따라서 이 대목은 어울리지 않는 잘못된 위치에 있는 것이 아니라 잘 어울리는 위치에 있는 것이다.

셋째, 18:1에 나오는 "예수께서 이 말씀을 하시고"라는 대목이다. 최종 편집자는 거친 표현이나 잘못된 부분이 있다면 당연히 부드럽고 바르게 고치고자 하는 것이 자연스럽다. 그렇다면 원본에 '말씀'이라고 쓰여 있다 하더라도 최종편집자는 '기도'로 수정했어야 했다. 그럼에도 그가 그대로 놔두었다면 이는 편집자의 실수이다. 그러나 필자는 그렇게 보지 않는다. 이미 언급했듯이 이것은 요한복음이 원저자의 작품 그대로 전해졌음을 말하는 동시에 묵시문학적 박해상황에서 원저자의 고도의 신학적 의도에 따른 결과, 즉 그는 불필요한 화를 피하기 위해

---

361) R.Bultmann, *The Gospel of John*, 203-284.

지금 '은폐 및 침묵기법'을 사용하고 있다는 것이 필자의 생각이다. 그래서 당연히 '기도'라고 써야 할 자리에 그 어휘를 쓰지 않고 그 어휘를 숨기고 있는 것이다.

지금까지의 실례를 통해 요한복음이 편집자(학파)에 의한 결과물로 보는 견해를 반박했다. 그러면 이제 미루어두었던 21장의 문제를 다루어보자. 필자가 보기에 1장이나 21장은 본론(2-20장)보다 후대에 쓰여진 것이 분명하지만 후대에 다른 사람이 썼다고 볼 수 없을 정도로 사상, 문체, 구조면에서 본론과 잘 어울린다.

또한 외부로부터 온 자료이론이나, 여러 단계를 거쳐 발전된 편집자들의 산물이라는 주장들에 대해서는 여러 자료로 되어 있고, 여러 단계를 거쳐 한 작품으로 완성되었다고 해서 그것이 꼭 집단적인 공동체의 산물로 볼 수는 없다. 왜냐하면 한 사람이 여러 자료를 수집하여 그것을 여러 단계에 걸쳐 하나의 작품으로 만들었다고 말할 수도 있다. 여기서 중요한 것은 여러 사람이 모여 여러 자료나 여러 단계를 거쳐 하나의 작품으로 만들어졌을 경우 어딘가 짜깁기의 모습을 보인다는 점이다. 그런데 일반적인 생각과 달리 요한복음은 전혀 짜깁기의 모습이 보이지 않는 완전한 통일성(구조면, 언어면, 사상면)을 보여주고 있다는 점이다.

1장, 특히 21장은 후대의 첨가(요한학파의 저작)라고 주장하는 이들이 많다. 이런 주장의 근거는 두 개의 결론(20:30-31과 21:24-25) 때문이다. 이에 대해 보캠은 이렇게 주장한다. 두 개의 결론은 저자의 주의깊게 계획된 구분으로서, 그 까닭은 복음서의 주요 설화와 21장을 갈라놓음으로써 21장이 에필로그임을 나타내는 데 도움을 주고자함 때문이라고 말한다. 양자는 균형을 이룬다. 프롤로그(전자)는 복음서 이야기의 전기 역사를 말하는 말하는데 반해, 에필로그(후자)는 그것의 후기 역사를 예시한다. 전자가 창조시로 돌아가듯이 후자는 제자들의 미래

선교를 예시한다. 전자가 '태초에'(·1:1)라는 시간을 말한다면 후자는 "내가 올 때까지"(21:23)라는 파루시아(재림)의 시간을 말한다.

필자가 보기에 1장과 21장은 본론(2-20장)보다 나중에 쓰인 것이 분명하지만 다른 사람이 썼다고 볼 수 없을 정도로 사상이나 문체나 구조에서 본론과 전혀 어색하지 않다. 현재의 요한복음은 마치 하나의 완벽한 청사진을 갖고 그린 모습을 보여주고 있다.

첫 장(1장)과 끝 장(21장)을 누군가가 나름대로 첨부해 놓을 수도 있겠으나 그럴 경우 현재와 같은 복음서로 그려질 수 없다고 본다. 왜냐하면 현재와 같은 완벽한 통일체는 본론이 말하고자 하는 숨겨진 의도(상징코드)를 정확히 파악하지 않고서는 그려낼 수 없기 때문이다. 상징코드적 입장에서 보면 본론(2-20장)과 '나머지 장(1장과 21장)'은 나누어질 수 없는 한 짝처럼 되어 있고, 분위기가 철저히 요한적이다.

21장은 1장의 내용을 반복을 통해 강화시켜 주거나 종합을 통해 발전적인 성취를 보여준다. 21장을 연구해 보면 앞 부분(1-20장)과 관계없는 독립된 내용을 말하지 않고 철저히 앞부분과 연계되어 있다. 그러기에 앞부분이 없이는 제대로 해석할 수 없도록 되어 있다. 그런 의미에서 요한복음 전체가 한 사람(사도 요한)이 쓴 작품으로 볼 수밖에 없다. 이를 자세히 다루어보자.

20장 끝에 요한복음의 저작 목적을 밝혀 놓았기에(20:30-31), 21장은 후대에 편집자에 의해 첨가된 자료라는 것이 기존의 대다수의 주장이었다.[362] 그래서 '부록' 또는 '후기'로 취급하여 별로 중요하지 않은 장으

---

362) R.Bultmann, 윗책, 700-718. R.E.Brown, *The Gospel According to John Xiii-xxi*, 1077-82; F.J.Moloney, *The Gospel of John*, 545-65 등. 그러나 21장이 요한적인 1-20장과 여러 가지 면에서 관련이 있다는 사실에 대해서는 박수암,《요한복음》, 417-418; S.S.Smalley, 《요한신학》, 147-148을 참조하세요.

로 서자 취급되었다. 과연 그러한가.[363]

김동수 교수는 요한복음 21장의 성격은 부록이나 후대의 편집이라기보다는 '에필로그'라고 하는 것이 더 적절하다고 보았다. 그 까닭은 부록이나 후대의 편집으로 볼 경우 21장은 요한복음 저자의 본래 저술 의도와 구성과는 별도인 부분이 되고, 그러면 문제를 해결하기보다는 오히려 여러 가지 난점을 만들어내기 때문이라고 말한다.[364]

우선 필자는 21장은 없어도 괜찮은 별로 중요하지 않은 것으로 취급하는 기존의 주장들과는 달리 21장은 없어서는 안 될 가장 중요한 장이라는 사실을 말하고 싶다. 그리고 1장과 21장은 상응관계[365]에 있으며, 21장은 1-20장에 숨겨진 묵시문학적 상징코드를 알지 못하면 결코 쓸 수 없다는 점에서 동일저자에 의한 작품이라는 것이 필자의 생각이다.

---

363) 요 21장은 요한복음의 '끝장'이자 사복음서의 '끝장'으로서, 없어도 괜찮은 부록이나 후기에 지나지 않는 장이 아니라, 정말 끝내기 결승안타처럼 '끝내주는 장'이다. 이 소름끼칠 정도로 감동적인 끝장은 지난 2천년 동안 부록이나 후기 정도로 천대시되었다! 21장은 요한복음이라는 논문의 마지막 결론이자 '성경 전체의 결론적 메시지(예수사랑)'를 말하고 있는 매우 중요한 장이다.

364) 김동수 교수는 21장을 부록이나 후대의 편집으로 볼 경우 다음과 같은 문제점을 지적한다. 첫째, 현존하는 사본 중에서 21장이 빠진 사본은 없는데, 이 사실을 너무 가볍게 생각하면 안된다. 둘째, 21장에 나오는 단어나 문법을 분석해 보면 그 이전에 나오는 단어나 문체나 문법과 다르지 않다. 소위 바울의 친서와 제2바울서신에 있는 문체의 차이와 비교하면 이러한 일치는 결코 우연이라고 할 수 없다. 셋째, 더 중요한 것은 21장이 없이 요한복음이 끝난다면 요한복음 안에 있는 몇 가지 문제가 모순 혹은 미해결의 과제로 남는다는 점이다. 가령, 베드로와 애제자와의 관계, 예수의 증인인 애제자의 요한복음 저술의 문제 등. 김동수, 《요한신학 렌즈로 본 요한복음》, 264-265.

365) 이상훈 교수는 21장이 앞 부분과 동일저자의 손에 의한 저술이라고 보아야 할 유력한 변증이 두 가지의 이론근거에 의해 확실하다고 주장한다. 하나는 21:1-14의 구성이 원저자가 자주 사용하는 '키아즘 구조(교차대구구조)'로 되어 있다는 것이다(a[1절]-b[2-6절]-c[7절]-b'[8-13절]-a'[14절]). 또 하나는 최후의 대목인 20:19-21: 25이 최초의 대목인 1:19-51과 키아즘 병행구조를 형성한다는 점이다. 이상훈, 《성서주석: 요한복음》, 603-631을 참조하세요.

첫째, 요한복음은 잘 짜여진 한편의 신학논문으로 2-20장을 본론으로 하고, 1장은 서론, 21장은 결론의 성격을 갖는다.[366] 따라서 21장이 없으면 결론이 없는 이상한 논문이 되고 만다.[367] 그런 의미에서 21장은 없어서는 안 될 중요한 장이다. 더구나 요한복음과 관련된 고대문헌에서 21장이 없는 요한복음은 거의 찾아볼 수 없다. 정경으로서의 요한복음이 21장으로 되어 있다는 것은 7×3=21, 즉 완전수 7이 세 번(끝, 더 이상은 없다는 의미) 곱해진 것으로 완벽한 숫자상징코드적 의미를 갖는다.

또한 필자의 구조상징코드에 의하면, 전체가 스물한 장으로 된 요한복음은 11장을 절정으로 하여 앞뒤로 열장씩 되어 있는 구조로 되어 있다. 짝수장으로 되어 있는 공관복음(마태 28장, 마가 16장, 누가 24장)과 달리 요한복음은 홀수장(21장)으로 되어 있다는 점이 독특하다. 짝수장은 구조상 전체를 둘로 동일하게 나눌 때 균형있고 조화로운 건축물이 될 수 있다. 그러나 절정이 없는 구조물이다. 그런데 홀수장은 구조상 절정에 해당하는 한 장을 두고 나머지를 둘로 동일하게 나누어 균형있고 조화로운 건축물로 만들 수 있는 장점이 있다. 따라서 구조상으로 볼 때 요한복음은 공관복음보다 더 탁월하다.

둘째, 본론의 종결어(20:30-31)에서 저작 목적, 즉 성육신하시고 많은 표적을 행한 부활하신 예수는 하나님의 아들 메시아(그리스도)임을 말한 저자는, 서론(1장)에서 성육신한 인자 예수는 종말론적 메시아(그리

---

366) 마이니어는 21장이 부록이라는 견해는 20:30-31이 복음서 전체의 명확한 결론이라는 가정에서 출발하는데, 이것은 얼마든지 20장 자체의 결론으로 볼 수 있고, 복음서 자체에 대한 결론은 21장 마지막 절에 있다고 할 수 있다고 하였다. P.S.Minear, "The Original Functions of John 21", *JBL* 102, 85-98.
367) 요한복음의 저작 목적을 기술하고 있는 20:30-31은 21장이 없는 상태에서는 결론적 진술이라고 할 수 있지만, 21장이 있는 상태에서는 다른 의미, 즉 부활의 의미 속에서 해석되어진다.

스도)이고, 결론(21장)에서 부활하신 예수는 만왕의 왕, 만주의 주가 되시는 메시아(그리스도)임을 각각 말하고 있다. 이로써 요한복음 전체가 하나의 완벽한 유기적 통일체를 이루고 있음을 역설하고 있다.

셋째, 필자의 지리상징코드에 의하면, 요한복음은 다섯 차례의 하강구조로 되어 있다. 세번의 유월절을 통해 예루살렘에서 갈릴리로의 세 차례의 하강과 로고스찬가(1:1-18)에서 하늘(말씀)에서 땅(육신)으로의 하강에 이은 예루살렘(19절)에서 갈릴리(43절)로의 하강, 그리고 부활하신 예수께서 예루살렘에서 갈릴리로 내려오시는 하강(21:1) 등 도합 다섯 차례의 하강구조를 보여주고 있다.[368] 이로써 요한복음 전체가 모세오경처럼 다섯 차례의 하강구조의 모습을 띠게 되었다.

이 같은 5중하강구조는 하나님의 성육신적 내리사랑이라는 메시지를 담고 있다. 21장이 없는 경우 네 차례의 하강이 될 것이다. 따라서 이 장에 나타난 예수의 갈릴리행은 없어서는 안 될 중요한 사항이다. 그런데 숫자 5가 갖는 상징적 의미는 유대교 또는 모세오경(율법)을 의미하는데, 이 숫자를 새 모세인 예수께 사용하면 유대교 또는 모세(율법)을 넘어선 예수라는 의미를 지닌다. 즉 기독교(예수, 복음)가 유대교(모세, 율법)보다 우월하다는 의미를 지닌다.

넷째, 필자의 숫자상징코드에 의하면, 1장에는 기독론적 호칭이 17회 나타난다.[369] 숫자 17은 대단히 중요한 의미를 지니는 숫자로서, 요한복음에서는 '갈릴리', '표적', 및 '그리스도(메시아)' 어휘에서 나타난다. 21:11의 '큰 물고기 153마리'은 숫자 17과 관련되어 있으며(마방진 기법)[370] 또한 '십자가' 형상을 내포하고 있는데, 이는 상징코드적 의미에

---

368) 지리상징코드에 나타난 "5중하강구조"에 대해서는 243쪽 이하를 참조하세요.
369) 더 자세한 설명은 346쪽 이하의 "기타 숫자의 상징적 의미"를 참조하세요.
370) '마방진 기법'과 '십자가' 형상에 대해서는 본문 21:11 주석을 참조하세요. '마방진 기법'에 대한 더 자세한 설명은, D.Brown, 《로스트심벌 2》, 15-21을 참조하세요.

서 1장(서론) 뿐 아니라 2-20장(본론)과도 긴밀히 연관되어 있다.

21장의 많은 물고기를 잡은 표적(1-11절)은 제1부(1-11장)의 일곱 표적에 이어 여덟 번째 표적에 해당한다. 숫자 8은 완전수 7에 하나를 더한 숫자로 새 시대 또는 새로운 시작을 의미한다. 팔일째 할례(눅 2:21), 한 주간이 시작되는 첫날(요 20:26) 등. 따라서 이 표적은 이제 부활하신 예수와 더불어 새 시대를 열 새로운 시작을 의미하는 깊은 상징적 의미가 깔려 있다.

다섯째, 필자의 인물상징코드에 의하면, 21:2에는 일곱 제자가 등장한다. 나머지 제자들은 어디 갔는가. 여기서 저자가 일곱 제자만을 언급하는 것은 완전수 7을 통해 완전한 교회를 말하고자 함이 분명하다(계 2-3장 참조). 여기서 중요한 것은 21장에 세베대의 아들들(야고보와 그의 형제 요한)이 처음 등장하고(2절), 애제자(7절)가 세베대의 아들인 사도 요한일 가능성이 있음을 시사한다는 점이다. 나아가 1장과 21장이 상응관계에 있다면 1장의 다른 제자(40절)는 21장의 애제자를 가리키는 것으로 볼 수 있다.

그런데 그 인물 가운데 시몬 베드로와 디두모라 하는 도마가 앞 자리를 차지하고 있다. 이것은 여러 가지 의미를 지닌다. 21장은 애제자(7절)가 세베대의 아들(2절)이라는 것을 증명해 주는 실마리를 제공한다. 그리고 도마는 두 번째로 언급될 만큼 중요하게 다루어지고 있다. 그리고 21장에서 도마를 언급함으로써 요한복음 전체에서 도마가 완전수인 7회 나오는데, 이는 기존에 주장되어 온 '의심 많은 제자'로서의 도마의 이미지를 새롭게 다시 해석되어야 할 만큼 중요한 의미를 지닌다.[371]

한편, 제자도의 관점에서 1장은 기독론을 바탕으로 제자도를 말하

---

371) 더 자세한 설명은 383쪽 이하의 "인물상징코드"를 참조하세요.

고 있다면, 21장은 교회론을 바탕으로 제자도를 말하고 있다. 그리고 1장에서의 핵심인물이 베드로이듯이, 21장의 핵심인물도 베드로이다. 1장에서 '나중 된 자'(42절)에서 시작한 베드로가 21장에 와서 먼저 된 자(2절)로서 나타남으로써 예수께서 예언한 말씀(1:42)이 성취되었음을 보여준다. 이는 구약의 '차자중시의 원리', 즉 나중 된 자 예수가 먼저 된 자 세례 요한보다 앞섰듯이, 나중 된 제자 베드로가 먼저 된 제자 안드레보다 앞서게 되었다는 것을 보여주는 동시에 1장과 21장이 상응관계에 있음을 시사한다.

그리고 베드로에게 예수께서 세번씩이나 "네가 나를 사랑하느냐"라는 질문은 세 번 베드로의 부인(13:38; 18:15-27)에 대한 예언의 성취를 보여준다. 또한 '요한의 아들 시몬'[372] 호칭은 1장(42절)과 21장(15-17절)에서만 나타난다. 나아가 이미 언급했지만 이 장에서 보여주는 베드로상은 베드로공동체(예루살렘 중심의 유대인공동체)와 요한공동체(갈릴리-사마리아 중심의 이방인공동체)가 대립(적대)관계가 아닌 서로 존경하는 우호적 관계일 뿐 아니라 주님을 위해 함께 십자가를 질 증인공동체임을 말하고 있다.

여섯째, 필자의 말씀상징코드에 의하면, 1장은 '로고스'(1,14절) 어휘로 시작하는데, 21장은 이 어휘(23절)로 끝나고 있다. 또한 '진실로 진실로'(헬라어로 '아멘 아멘')' 어휘는 1장 끝절(51절)에서 처음 나타나는데, 21장(18절)에서 이 어휘가 나타나고 있다. 여기서 중요한 것은 이 어휘가 21장에서 사용됨으로써 요한복음에서 이 어휘가 25회 사용되고 있다는 점이다. 이는 요한복음에서 '진리' 어휘가 25회 나타나는 것과 상응한다. 숫자상징코드에 의하면 숫자 25는 5×5로써 이는 유대교의 율법(모세)의 진리를 넘어선 기독교의 복음(예수)의 진리의 우월성을 시사한

---

372) 이 호칭이 갖는 의미의 중요성에 대해서는 본문 21:15 이하 주석을 참조하세요.

다. 그 의미는 "예수께서 하신 말씀은 '꼭 믿어야 할(진실로 진실로=아멘 아멘)' 진리다"라는 의미를 지닌다.

일곱째, 하늘과 바다의 시각에 의하면 어부였던 사도 요한은 밤하늘과 아침바다에 친숙했다. 하늘에서는 빛이 생명이고(1:4), 바다에서는 물이 생명이다(21:6). 땅에 사는 인간은 생명인 빛과 물이 필요하다. 이것이 없는 것은 곧 죽음이다. 바로 그 빛과 물이 되시는 분이 곧 예수(3:5; 8:12)요 말씀(1:1; 6:63)이다. 1장과 21장은 하늘과 땅 그리고 바다라는 세 부분으로 이루어진 완전한 히브리 우주상(출 20:4)을 보여준다.

여덟째, 부활과 십자가의 시각에 의하면 기독교의 핵심 복음은 부활(생명)과 십자가(사랑)이다. 부활하신 예수는 십자가를 지신 분이다. '하나님의 어린 양'(1:29절)인 예수는 '십자가로 보여준 사랑'을, 십자가에 거꾸로 매달린 베드로는 '순교로 보답한 사랑'(21:18)을 각각 드러내 준다.

아홉째, 두 전선(戰線)의 시각에 의하면 기독교의 두 전선은 '유대교'와 '로마제국'이다.[373] 1장은 유대교와의 전쟁이고, 21장은 로마제국과의

---

373) 묵시문학적 박해상황 속에서 요한공동체가 싸워야 할 대상은 표면적으로는 로마제국(가이사)보다 유대교(회당)에 더 무게중심이 실리는 것 같지만 요한이 지향하고자 하는 칼끝은 오히려 로마제국(가이사)을 향하고 있다는 것이 필자의 생각이다. 그 까닭은 이러하다. 구약의 예언자들은 이방나라들에 대한 심판의 말씀을 강력하게 선포했다. 박준서, 《이스라엘아! 여호와의 날을 준비하라》, 221-225. 에스겔도 예외가 아니다(25-32장). 그런데 에스겔서에는 바벨론에 대한 심판은 없다. 그 까닭은 바벨론 디아스포라 유대인으로 살고 있는 에스겔로서는 바벨론에 대한 심판 선언은 자칫 화를 부를 수 있기 때문이다. 마찬가지로 가이사 숭배를 강요당하는 로마제국의 식민지 하에서 로마에 대한 직접적인 공격(심판)은 화를 부를 수 있다. 그래서 요한은 직접적인 표현을 삼가고 아주 교묘하게 우회적으로 표현하는 지혜를 발휘하고 있다. 전체적으로 보면 요한은 유대교 도전에 더욱 민감하게 반응하는 듯이 보인다(이는 로마제국으로 하여금 예수교가 유대교의 한 이단종파로 보이도록 하는 일종의 위장술이다). 그러나 깊이 들여다보면 그렇지도 않다. 먼저 구조적으로 볼 때 요한복음은 제1부(1-11장)에서는 유대교와의 갈등을 주로 다루고, 제2부(12-21장)에서는 보다 은밀하고 교묘하게 로마제국과의 갈등을 주로 다루고 있음을 엿볼 수 있다. 즉 제2부를 시작하면서부터 로마 가이사를 상징하는 '이 세상

전쟁이다. 1장은 율법과 성전 및 모세로 대표되는 유대교에 대해 복음(은혜와 진리, 17절)과 성전을 대신한 화육(14절), 및 새 모세 예수의 우위성을 말하고 있다. 21장은 그 무대가 갈릴리 바다인데, 이를 로마 황제의 이름인 디베랴(티베리우스) 바다로 명명하고 있다. 이는 "누가 주님(퀴리오스)인가?"라는 물음을 던지고 있다. "로마 황제 가이사냐? 부활하신 예수냐?" 베드로는 부활하신 예수가 주님이라고 세 번이나 반복해서 고백한다(15-17절). 그는 주님이신 예수를 위해 로마에 가서 십자가에 팔을 벌려 죽음(18, 19절)으로 그것을 증언하였다. 21장에는 '주님'이 8회(새 시작을 의미)가 나타난다.

열째, 기독론적 시각에 의하면 1장의 증인 본문(19-51절)에는 예수에 대한 일곱 개의 기독론적 칭호(하나님의 어린 양, 하나님의 아들, 메시아, 모세의 율법과 여러 선지자가 기록한 그이, 요셉의 아들 나사렛 예수, 이스라엘의 임금, 인자)가 나타나는데, 21장은 이 모든 기독론적 칭호를 통합한 주님 칭호만이 8회(퀴리오스 3회, 퀴리에 5회) 나타난다.

열하나, '말씀과 예수(종교개혁)'의 시각에 의하면 기독교의 궁극적 목적(목표)은 '오직 하나님의 영광을 위하여(Soli Deo Gloria)'이다. 하나님 이외에 더 사랑하는 것은 우상숭배이다. '종교개혁'이라는 네 글자는 '우상타파'라는 네 글자와 동의어이다. 1:1은 말씀이 곧 하나님이며, 그 하나님은 곧 예수이다. 즉 예수는 곧 말씀이다. 1장에서는 '하나님의 말씀인 성경사랑'을 강조하고, 21장은 '하나님의 아들인 예수사랑'을 강조한다. 21장의 예수사랑은 요한복음의 결론이자, 사복음서의 결론적 성

임금'에 대한 심판을 세 차례나 언급하고(12:31; 14:30; 16:11), 18-19장은 공관복음과는 비교가 안 될 정도로 로마 총독 빌라도를 길게 다루면서 세상 나라를 택한 빌라도와 하나님 나라를 택한 유대인 니고데모를 대조시키면서 빌라도를 심판하고 있다. 그리고 부활장인 20-21장은 부활주 예수를 통해 로마 가이사가 주가 아니며 예수가 참된 주님이심(디베랴 바닷가에서의 베드로의 신앙고백과 그의 순교)을 역설함을 통해 이를 암시하고 있다.

격을 갖는다. 나아가 성경 전체의 결론이기도 하다. 신구약성경은 이 네 글자(예수사랑)를 말하고자 함이 아닌가. 그런 의미에서 성경에서 이보다 더 중요한 장이 있는가.

지금까지의 논의를 통해 우리는 21장의 중요성을 살펴보았고, 1장과 21장은 상응관계에 있다는 사실, 나아가 1장과 21장은 동일저자에 의한 작품이라고 볼 수밖에 없다는 결론을 도출해 내었다.[374]

C. 로고스 예수에 대한 요한의 파토스

a. 요한복음을 연구해 보면 '통으로 짠 이음새 없는 옷'이란 별명처럼, 사상이나 문체나 구조 면에서 완벽할 정도로 일관성과 통일성을 지니고 있다. 이 같은 요한복음의 모습은 어디서 비롯된 것일까? 그것은 한 사람이 긴 세월 동안 기도와 사색이라는 묵상 시간을 통해 정교하게 자신의 사상과 문체와 구조를 다듬어 생긴 결과라는 것이 필자의 생각이다.[375]

---

[374] 이상훈 교수는 이렇게 말한다. "결론적으로, 이러한 구조적 완전미는 저자 요한의 천재성이라고 인지해야 한다. 그러한 완벽한 지식과 증언을 소유하고 저술한 저자가 누구겠는가? 요한복음 전체를 성실하게 읽은 독자는 바로 그가 다락방에서 예수의 품에 의지한, 사랑을 받던 그 제자 곧 사도 요한이라는 확신에 이르게 될 것이다. 예수의 품에 의지하여 그의 심장의 고동을 느낀 사도 요한만이 독생하신 아들에게 아버지가 쏟으신 그 위대한 사랑, 그리고 세상을 향하여 자기 생명을 주신 아들의 사랑을, 그 심장의 고동을 감각할 수 있었던 것같이 저술할 수 있었던 것이다. 사도 요한은 자신의 저술을 통하여 온 세상의 성도들에게 지금도 호소한다. 끝까지 사랑하신 하나님의 아들을 믿고, 그리고 그의 사랑의 발자취를 따르라고! 세상의 끝까지 그리고 끝 시간까지!" 이상훈, 《성서 주석: 요한복음》, 631.
[375] 요한복음은 신약성경의 다른 문서보다 아람어(셈어)에서 많은 영향을 받았다. 그래서 일찍이 영국 학자 버니는 그의 저서 《요한복음의 아람어적 기원》에서 "요한복음은 먼저 아람어로 저술되었고, 우리가 지금 가지고 있는 것은 번역본"이라고 주장하였다. 이 주

요한을 그린 이콘상[376]을 보면 이마에 큰 혹이 튀어나와 있는 모습을 볼 수 있다. 이는 그가 오랫동안 머리를 땅에 대고 간절히 기도함으로 생긴 흔적이다. 이는 그가 무엇보다도 기도(묵상)의 사람이었음을 시사한다.

영성신학자 유진 피터슨은 '묵상'에 대해 이렇게 말한다. "성경을 영감받은 단편의 모음이 아니라 하나의 연결되고 일관성있는 전체로서 읽도록 훈련하는 영적 독서의 한 측면이다."[377] 이는 완벽한 유기적 통일체를 이루고 있는 요한복음에 잘 어울리는 말이다. 또한 영성신학자 리처드 포스터는 요한복음이 '묵상의 전통'[378]에 속하는 책으로 보았다. 이는 정확한 지적이라는 것이 필자의 생각이다. 묵상[379]은 기본적

장은 깊이 주목해야 할 대목이다. 요한복음이 가장 읽기 쉬운 책으로 여겨지는 까닭은 우선 요한이 배운 것이 짧아 어려운 학문적 용어를 많이 사용하지 않았다는 점과 오랫동안의 묵상을 통해 잘 다듬어진 언어를 구사하고 있다는 점 외에 그의 모국어라 할 수 있는 아람어로 글을 썼기 때문이다.

[376] 필자의 책상 앞에는 밧모섬에서 한 노파로부터 1달러를 주고 산(1997년 7월) 사도 요한이 그려진 이콘상이 놓여 있다(445쪽의 '요한의 이콘상'을 참조하세요). 요한의 이콘상을 보면 대머리를 하고 있는 요한의 이마에는 땅에 머리를 대고 기도를 많이 한 흔적으로 혹이 달려 있고, 머리 둘레에 둥근 후광이 둘러있다. 그리고 긴 수염을 하고 있으며, 두 눈에서는 눈물이 흘러내리고 있다. 자주색 옷을 입고 있으며, 두 손에는 펼쳐진 성경이 들려 있는 모습을 하고 있다. 좌우 위쪽에는 사도(ὁ ἀπόστολος)의 약자인 헬라어 'Ο ΑΠΟ와 요한('Ἰωάννης)의 약자인 헬라어 'ΙΩ가 쓰여 있다. 그리고 중간 부분에 '하나님의 말씀'이라는 의미의 '호 데오로고스'(Ο ΘΕΟΛΟΓΟς)라는 말이 쓰여 있다. 깊은 사색과 영적 독서의 모습을 하고 있는 사도 요한 이콘상은 그에 대해 많은 것을 생각하게 한다.

[377] E.H.Peterson, 《이 책을 먹으라》, 170.

[378] R. Forster, 《생수의 강: 기독교 영성의 여섯 가지 위대한 전통》, 59-71. 리처드 포스터는 이 책에서 기독교 영성을 여섯 가지로 정리하였다. 첫째, 묵상의 전통(기도로 충만한 생활), 둘째, 성결의 전통(덕이 있는 생활), 셋째, 카리스마의 전통(성령 충만으로 능력받은 생활), 넷째, 사회 정의의 전통(자비로운 생활), 다섯째, 복음 전도의 전통(말씀 중심의 생활), 여섯째, 성육신의 전통(성례의 생활)이 그것이다.

[379] 유진 피터슨은 텍스트를 묵상(meditatio)하는 방법에 대해 이렇게 말한다. "우리는 텍스트와 공감하기 위해서 묵상한다. 우리는 비판적인 아웃사이더에서 수용적인 참여자

으로 내면적인 것을 표현[380]한다는 점에서 집단적 특성보다 개인적 특성이 강한 말이다.

한편, 요한복음은 남성적인 차갑고 건조한 로고스(logos)적 이성만이 아니라 여성적인 부드럽고 따뜻한 파토스(pathos)적 감성[381]을 지닌 책이다. 로고스 예수에 대한 요한의 파토스,[382] 이것이 요한복음이다. 다시 말하면 남성적이고 이성적인 로고스와 여성적이고 감성적인 파토스의 절묘한 조화, 이것이 요한복음이다.

이 같은 요한의 파토스는 어디서 비롯된 것일까? 그것은 나사렛 예수로부터 받은 아가페적 사랑에서 기인한다. 요한의 파토스는 '예수사랑의 파토스'이다. 요한복음은 그 누구보다 예수로부터 많은 사랑을 받은 요한이 예수 사후 50년 이상 '주님의 사랑'과 '주님의 말씀'을 사색하고 묵상하는 가운데 나온 최고의 경건문학이다.

이를 부연설명하면 이렇다. 요한은 직업이 어부인 사람으로서 바울처럼 많은 학문을 배운 '지식의 사람(학자)'이 아니다. 이는 그가 사용한 언어를 통해서도 그대로 드러난다.[383] 요한의 언어는 공부를 많이 한 학자의 언어가 아니다. 그래서 요한복음에는 학문적 용어나 개념 같은

가 되는 쪽으로 이동해 간다. 이 텍스트는 더 이상 냉정하게 거리를 두고 전문성의 눈으로 보는 것이 아니라 어린아이의 장난스런 호기심을 가지고 그 안으로 들어가야 한다." E.H.Peterson, 《이 책을 먹으라》, 174. 불트만은 묵상을 통한 참여자로서 저자와 공감하기보다는 냉정하게 거리를 둔 제3자적 비판자로서 요한복음에 접근했다. 그래서 그의 요한복음 연구는 감동이 없다.

380) 뭉크(E. Munch, 1863-1944)의 그림 〈절규〉는 현대인의 내면에 있는 불안과 고뇌를 잘 표현해 주고 있다.

381) 김연아 선수의 안무가인 데이빗 윌슨(David Wilson)은 이렇게 말했다. "스케이트를 잘 타는 것은 쉽지만 감성을 표현하는 것은 어려운 일이다."

382) 예언자들의 파토스적 정념에 대해서는 A.Heschel, *The Prophets* 를 참조하세요.

383) 공부를 많이 한 바울은 실재를 논리적 언어로 표현한 학자이다. 이에 반해 가방끈이 짧은 요한은 실재를 상징적 언어로 표현한 영성가였다. 요한과 바울의 유사점과 차이점에 대해서는 김득중, 《요한의 신학》, 17-20을 참조하세요.

것이 거의 없다. 공부를 많이 한 사람(학자)의 언어는 헬레니즘의 특징인 개념화된 '명사'를 주로 많이 사용한다. 이에 반해 공부를 많이 하지 못한 어부 요한은 자신의 모국어인 헤브라이즘 언어(아람어)의 특징인 '동사'를 주로 많이 사용한다.[384] 이에 대한 좋은 실례가 요한복음에는 명사형인 '사랑', '지식'이 나타나지 않고, 오직 동사형인 '사랑하다', '알다'로만 나타나고 있는 것으로도 분명하게 볼 수 있다. 그리고 요한의 언어는 이성을 바탕으로 한 과학적인 분석어라기보다 신앙을 바탕으로 한 묵상가의 통전어이다.

요한은 예수 사후 지난 날 예수로부터 받은 많은 사랑과 그와 함께 했던 모든 추억들을 회상하면서 늘 보아왔던 '하나님의 말씀(구약성경)'과 더불어 오랜 세월을 사색하며 깊은 묵상과 기도 속에서 살았다. 가방끈이 짧은 요한이 그 어느 학자보다도 심오한 책을 쓸 수 있었던 것은 스승 예수로부터 직접 배운 하늘의 지혜와 예수의 최측근의 한 사람으로서 보고 들은 모든 체험들을 오랜 동안 사색과 깊은 묵상과 기도를 통해 스스로 진리를 깨우친 사람(묵상가)이기 때문이다.[385]

b. 요한은 '사랑의 사도'이자 '진리의 사도'이다. 요한복음은 '사랑의 복음서'이자 '진리의 복음서'이다. 이 같은 성격의 책은 무엇으로부터 유래되었을까? 그것은 사도 요한이 예수를 만나 그 어떤 제자보다

---

384) 요한의 천재성은 바울처럼 학교에서 배운 학문적 천재성이 아니다. 스승 예수로부터 직접 배운 하늘의 지혜와 오랜 기간 기도와 묵상 그리고 사색을 통해 얻은 삶의 지혜와 통찰에서 나온 천재성이다. Moule은 바울이 '왕성한 지성을 지닌 천재'라면, 요한은 '깊은 통찰력을 지닌 천재'라고 말하였다(C.F.D.Moule, *The Birth of the New Testament*, 226). 김득중, 윗책, 17.
385) 필자는 요한 연구에 있어서 학적 연구는 큰 도움이 되기도 하지만 큰 걸림돌도 된다는 사실을 요한 연구자들에게 말하고 싶다. 그 까닭은 요한은 근본적으로 학자가 아니기 때문이다. 어부였던 요한은 예수와의 만남과 그가 보고 듣고 체험한, 즉 말씀과 이적들, 그리고 십자가와 부활과 성령강림 사건을 체험한 후 예수사랑에 침몰하여 평생을 기도와 묵상 속에 산 영성가이기 때문이다.

도 더 많은 사랑을 받았고, 예수께서 행하신 모든 말씀과 행적이야말로 진리 그 자체가 되신다는 것을 온 몸으로 느끼고 깨달았기 때문이다.[386] 이와 관련해서 우리가 먼저 주목해야 할 어휘가 하나 있다. 그것은 요한이 꼭 두 구절(1:18; 13:23)에서만 암호처럼 사용하고 있는 '품(κόλπος)' 어휘이다.

먼저 1:18을 보자. "본래 하나님을 본 사람이 없으되 아버지 품속에 있는 독생하신 하나님이 나타내셨느니라." 로고스찬가(1:1-18)의 마지막 구절인 이 구절은 대단히 중요하다. 요한은 이 구절을 통해 무엇을 말하고 싶었을까? 두 가지로 생각해 볼 수 있다. 하나는 하나님을 본 자는 오직 하나님 품속에 있던 예수뿐이라는 것이다. 또 하나는 하나님의 아들 예수는 아버지 하나님의 품속에서 '하나님 아버지의 사랑'을 느끼고 알게 되었다는 것이다.

다음으로 13:23을 살펴보자. "예수의 제자 중 하나 곧 그가 사랑하시는 자가 예수의 품에 의지하여 누웠는지라." 요한복음에서 애제자가 처음으로 등장하는 이 구절 또한 대단히 중요하다. 인류 최고의 천재 레오나르도 다 빈치의 명화 〈최후의 만찬〉을 보면 예수 오른편에 여자처럼 그려져 있는 제자가 있다. 이 제자를 소설《다빈치코드》는 '막달라 마리아'라고 말하고 있다.[387] 그러나 예수의 열두 제자 가운데 여자는 없기에 막달라 마리아라고 볼 수 없다. 이 제자는 가장 나이가 어

---

[386] 사도 요한은 '우레의 아들'(막 3:17)이라는 별명을 가졌고, 사마리아 마을에 들어갔을 때 저들이 예수를 받아들이지 않자 "주여 우리가 불을 명하여 하늘로부터 내려 저들을 멸하라 원하시나이까"(눅 9:54)라고 말할 정도로 거친 사람이었다. 또한 예수께서 예루살렘으로 올라가려 하실 때에 세베대의 아들인 야고보와 요한은 "주의 영광 중에서 우리를 하나는 주의 우편에, 하나는 좌편에 앉게 하여 주옵소서"(막 10:37)라고 말할 정도로 이기적이고 자기중심적인 욕심 많은 사람이었다. 그런 그가 주님의 부활과 성령 강림 사건을 체험한 후에 새 사람으로 변했고, 부드럽고 자비로운 '사랑의 사도'로 불리게 되었다. 이는 전적으로 주님의 은혜였다(고전 15:10).

[387] D.Braun,《다빈치코드 2》, 28-43.

린 미소년으로서 '예수께서 사랑하신 제자(애제자)'인 사도 요한임이 분명하다.[388]

13:23은 요한의 천재성의 비밀에 대한 중요한 단서를 보여준다. 그것은 아이가 어머니의 품속에서 평생 잊지 못할 '어머니의 따뜻한 사랑'을 느낀 것처럼 요한은 예수의 품속에서 다른 어느 제자도 알지 못하는 '하나님의 따뜻한 사랑'을 느꼈을 것이다.[389] 요한은 그 짧은 순간의 감동을 평생 잊지 못했다. 그가 느낀 하나님의 넓고 크신 사랑이 천재 요한을 낳았다고 여겨진다.[390] 다메섹 도상에서 부활하신 주님과의 만남에 의한 충격과 감격이 사울을 위대한 '이방인의 사도' 바울이 되게 했듯이, 최후의 만찬석상에서 예수의 품에 안겼을 때 느낀 하나님 사랑의 감격과 충격이 요한을 위대한 '복음서 저자'가 되게 했다는 것이 필자의 생각이다.

요한은 태초에, 즉 창조 이전, 역사 이전에 아버지와 아들과 성령 세 분이 한 자리에서 사랑의 대화를 나누었다고 생각했다. 아들은 아버지의 품속에서 사랑을 전해 받았고(1:18) 그 아버지의 사랑을 전하기 위해 이 세상에 오셨다. 갈릴리에 오신 예수는 제자들 가운데 가장 나이가 어린 요한을 유독 사랑했고, 그런 요한도 예수의 품에 안겨 주님의 사랑을 전수받았다(13:23). 그러기에 요한은 예수가 지닌 하나님의 아가페

---

[388] E.H.Gombrich, 《서양미술사》, 224-226.
[389] 연암 박지원(1737-1805)은 천재다. 천재들은 대개 원초적 싸늘함을 지니고 있는데, 연암은 유머를 지닌 가슴이 따뜻한 천지(天地) 간에 보기 드문 사람이다. 고미숙, 《열하일기: 웃음과 역설의 유쾌한 시공간》, 9; 고미숙, 《나비와 전사》, 402-404. 요한의 천재성의 특징은 '따뜻함'이다. 그 따뜻함은 주님의 품 안에서 그가 느낀 '사랑의 따뜻함'에서 비롯된다.
[390] 발명왕 에디슨(T.A.Edison, 1847-1931)은 "천재는 99% 노력(perspiration)과 1%의 영감(inspiration)으로 이루어진다"라는 말을 했다. 이 말에서 중요한 것은 99%의 노력이 아닌 1%의 영감에 있다. 타의 추종을 불허하는 요한의 천재성은 1%의 영감에 있다. 그 1%는 요한만이 예수를 직접 만져보았다(13:23)는 터치(touch)에 있다.

사랑의 비밀을 가장 잘 알고 있었다.

c. 플라톤은 "사람이 누군가를 사랑하게 되면 詩人이 된다"고 말했다. 단테(Dante, 1265-1321)에게는 영원한 연인 베아트리체(Beatrice)가 있었다. 불멸의 작품《神曲》은 영원한 연인 베아트리체에 대한 연모에서 비롯되었다. 마찬가지로 《요한복음》은 영원한 연인 예수에 대한 연모로부터 비롯된 것이다. 요한복음은 요한이 부른 '예수사랑의 노래'였다. 갈릴리 호수에서 연인 예수를 향해 부른 십자가의 노래, 부활의 노래였다. 그보다는 예수와 요한이 함께 부른 사랑의 이중주, 그것이 요한복음이다.

요한은 예수에게서 자신의 소유를 다 팔아 사야 할 값진 진주(보화)를 발견하였다(마 13:44-46).[391] 요한에게 있어 나사렛 예수는 그의 가슴에 사랑의 불을 질러놓고 간 사나이였다. 아니 영원한 연인이었다. "사나이는 자기를 알아주는 자를 위해 목숨을 바친다"는 말이 있다.[392] 미천한 어부의 아들이 예수를 말미암아 하나님의 아들이라는 권세(엄청난 신분의 변화)를 얻게 되었으니 어찌 감격하지 않을 수 있겠는가. 이제 자기를 알아준 예수는 목숨을 바쳐 사랑하고 그를 위해 기꺼이 죽을 수 있는 둘도 없는 연인이 되었다.[393]

---

391) 실존주의 철학자 키르케고르는 말했다. "여태까지 나에게 부족한 점은 내가 나의 사명을 이해하고 내가 무엇을 해야 할 지에 관해서 하나님의 뜻을 통찰하는 것이었다. 그것은 나에게 해당하는 참된 진리, 즉 그것을 위해 내가 살고 또한 죽을 수도 있는 그러한 진리를 발견하는 것이다." O. Guinness, 《소명》, 11.
392) "선비는 자기를 알아주는 사람을 위하여 목숨을 바치고, 여자는 자기를 기쁘게 해주는 사람을 위하여 얼굴을 꾸민다(士爲知己者死, 女爲悅己者容)". 사마천의 《사기》에 나오는 예양이라는 사람이 한 말이다.
393) 필자는 사랑하는 그대에게 묻고 싶다. 그대에게는 가슴 깊은 곳에 숨겨둔 사랑하는 연인, 그 연인을 생각하면 눈부신 아름다움으로, 사무치는 그리움으로, 견딜 수 없도록 가슴 설레는 사랑스러움으로 남아 있는 그런 사랑과 정열의 대상이 있는가?

요한은 나사렛 예수에 미친 사람이다. 미친 사람은 공연히 미치지 않는다. 미칠만한 이유가 있어 미치는 것이다.[394] 메시아 예수의 아가페 사랑이 그를 미치게 했다(고후 5:14). 바울이 예수를 우정이 아닌 연정처럼 사모했듯이[395], 요한은 가슴 깊은 곳에 숨겨둔 연인처럼 나사렛 예수에 대한 연정을 평생토록 은밀하게 키워갔다. 예수의 품을 생각할 때마다 전류처럼 온 몸을 타고 흐르는 첫사랑의 전율에 감전되었다. 날마다 예수와 함께 깨어나고 날마다 예수와 함께 잤다. 요한의 인생이 예수의 인생이요 예수의 인생이 요한의 인생이 되었다.

십자가에 나타난 하나님 사랑과 죽음을 이기시고 부활하신 주님을 체험한 요한은 날마다 예수 안에서 천국을 살고 영원을 살면서, 날마다 감격했다. 예수 안에서 인생의 가장 소중한 모든 것이 있음을 본 요한은 이 세상의 모든 자랑을 다 내려놓고 예수만을 자랑하기로 결심했다(갈 6:14 참조). 전부를 주고 자신을 사랑한 예수께 자신의 전부를 드리기로 작정했다.[396] 두 글자 '예수'가 그의 일생의 화두가 되었다.

이제 예수에게 진 사랑의 빚을 무엇으로 갚을까? 인생 전부를 걸고 '무엇을 할 것인가(쉬또 젤라찌!)'[397] 연인에게 바칠 한권의 책을 쓰기 위한 50개년 인생 계획[398]이 시작된 것이다. 예수께서 십자가 위에서 자

---

394) 이태형, 《미쳐야 통한다(發狂而通)》, 198.
395) 바울이 예수를 동성이 아닌 이성으로 사랑했다는 것에 대해서는 박호용, "바울의 예수 사랑이야기: 바울과 예수의 연애사건", 《부르다가 내가 죽을 노래》, 393-409를 참조하세요.
396) 영화 〈울지마 톤즈〉의 이태석 신부가 보여준 사랑은 '전부를 준 목숨건 사랑'이었다. 그분은 우리에게 인생이 무엇인지 다시 생각케 한다.
397) 러시아 말인 '쉬또 젤라찌(Что Делать?)'는 '무엇을 할 것인가?'라는 뜻이다. 19세기 러시아 사상가인 체르니셰프스키(Chernyshevskii, 1828-89)의 정치소설(1863년)의 제목이자 20세기 러시아 혁명가인 레닌이 쓴 책(1902년) 제목이기도 하다.
398) 일본 소프트뱅크의 사장 손정의(1957-)는 이렇게 말했다. "나는 19세 때 인생계획을 세웠다. 우선 20대에 자신의 분야에서 이름을 얻고, 30대에는 최소한 현금 1천억 엔 정도의 자금을 모아 40대에 정면승부를 건 뒤 50대에 사업을 완성한다는 것이다. 그리고 60

신을 화목제물로 바쳤듯이 요한은 예수의 제단 위에 자신을 완전히 태워 번제로 바치기로 굳게 결심했다. 한 순간이 아닌 일생이라는 번제를!

예수사랑(예수복음)에 빚진 자 요한은 그 어느 누구와도 비교가 안 되는 영원한 사랑의 노래, 가장 깊고도 감동적인 노래, 자신의 전 목숨을 걸고 부르다가 죽을 노래를 부르고자 했다. 일생일대의 사명을 안고 출사표(出師表)[399]를 던진 제갈량(諸葛亮, 181-234)처럼, 요한은 복음서 집필을 필생의 과업으로 삼았다.

쇼팽(F.Chopin, 1810-49)의 피아노 연습곡 No.10이 조국 폴란드에 대한 그리움을 담은 음악이라면, 요한복음은 일평생 나사렛 예수에 대한 그리움을 담은 요한의 음악이다.[400] 성경이 하나님께서 인간에게 보내신 사랑의 편지이듯이, 요한복음은 요한이 예수와 나눈 사랑의 밀어요, 연인 예수에 대한 요한의 사모곡이자 '예수사랑의 연가'이다.[401]

사람은 무엇으로 사는가? '감동'을 먹고 산다.[402] 특히 '사랑의 감동'

대에는 후계자에게 경영을 완전히 물려주겠다는 계획, 이것이 나의 인생 50개년 계획이다." E.Oshita, 孫正義 起業の若き獅子,《나는 절대로 쓰러지지 않는다》, 71.

399) 조조의 위(魏)나라와의 전쟁을 위해 출사표를 던진 제갈량은 천하통일이 선제 유비의 유명(遺命)이고, 북으로 중원을 평정하고 한나라 왕실을 부흥시키는 것을 자신의 일생일대의 사명임을 분명히 했다.

400) 가수 패티김의 '가을을 남기고 간 사랑'이라는 노래가 있다. 가을을 남기고 떠난 사랑/ 겨울은 아직 멀리 있는데/ 사랑할수록 깊어가는 슬픔에/ 눈물은 향기로 꿈이었나/ 당신의 눈물이 생각날 때/ 기억에 남아 있는 꿈들이/ 눈을 감으면 수많은 별이 되어/ 어두운 밤하늘에 흘러가리/ 아, 그대 곁에 잠들고 싶어라/ 날개를 접은 철새처럼(우-우-우)/ 눈물로 쓰여진 그 편지는/ 눈물로 다시 지우렵니다/ 내 가슴에 봄은 멀리 있지만/ 내 사랑 꽃이 되고 싶어라/ 가을을 남기고 떠난 사랑. - 예수를 남기고 간 사랑.

401) 농구황제 마이클 조던은 "사랑하는 농구에게"라는 작별인사를 통해 팬들에게 이런 말을 했다. "당신은 나의 인생이자 열정 그리고 삶의 원동력이었다." 여기서 당신은 '농구'이다. 요한에게 있어 당신은 '나사렛 예수'였다. 요한은 일생을 예수만을 사랑하다 간 '유로지비('바보'라는 뜻의 러시아말)'였다.

402) 성공기업인 카페 〈민들레의 영토〉의 경영방법은 '감동창출'이라고 했다. 지승룡,《민들

이 사람을 변화시킨다. 미천한 어부였던 자기를 하나님 자녀 삼아주시고 특별히 사랑해주신 주님의 아가페적 사랑, 그 사랑의 힘이 이전에도 없고 이후에도 없을 최고의 명작인 요한복음을 탄생시켰다. 주님의 사랑이 기적을 낳았다. 요한은 말하고 싶었다. "태초에 아가페 사랑이 있었다"고.

지금까지의 이야기를 정리하면 이렇다. 천하제일지서 요한복음의 탄생은 요한이 천부적으로 천재성을 타고난 결과로 생긴 것이 아니다. 나사렛 예수를 통해 하나님의 아가페 사랑을 체험한 요한은 오랜 세월을 두고 예수의 내적 본질을 묵상하였다. 그러고는 예수혼을 담아내기 위해 일생을 두고 전심전력하였다. 범인에 지나지 않는 요한이라는 질그릇에 예수 그리스도라는 보배를 담자 하늘의 지혜와 성령의 능력이 임했다(고후 4:7).

거기에 영원한 연인 그리스도 예수에 대한 불붙는 사랑이 어부 요한을 시인으로 만들었고, 천재로 바꾸어놓는 기적을 낳았다. 요한의 천재성은 그가 본래 천성적으로 머리가 탁월하거나 공부를 많이 해서가 아니라 히브리 노예 백성을 '내 소유'(출 19:5), '보배로운 백성'(신 26:18)이라는 보석같은 최고의 존재로 삼으신 하나님의 은혜에 기인한다.

"내가 너를 최고의 천재로 사용하노라"고 할 때 요한은 다만 '아멘'으로 응답했을 뿐이다. 그 결과물로 탄생한 것이 천재성[403]이 유감없

레영토에 핀 사랑》, 224.
403) 도올은 "천재성이란 자기의 살아 있는 현실을 있는 그대로 표출할 수 있는 용기다"라고 정의하면서, 모차르트(1756-91)의 악보가 단 한번에 써 내려간 것이라는 사실에 살리에르(A. Salieri, 1750-1825)가 경탄한 것을 예로 든다. 김용옥, 《여자란 무엇인가》, 59-61. 시인 이백(701-62)의 천재성와 두보(712-70)의 천재성은 다르다. 이백의 작품이 단 한번에 써내려간 천재적 작품이라면, 두보의 작품은 끊임없는 수정을 거쳐 나온 천재적 작품이다. 요한의 천재성은 요한복음 전체가 하나의 통으로 짠 코드화된 작품이 되기까지 끊임없는 수정을 통해 이루어진 천재성이다.

이 발휘된 인류 최고의 걸작품인 《요한복음》이다. 그런 의미에서 요한의 천재성은 우리 같은 보통 사람도 주님께 붙들리기만 하면 최고가 될 수 있다는 의미에서 참 소망의 언어가 된다.[404]

(3) 요한복음의 탁월성

A. 공관복음과 요한복음의 상이성

요한복음은 공관복음과 비교해 보면 비슷한 것 같으나 자세히 들여다보면 같은 것이 하나도 없을 정도로 전혀 다른 모습을 보여준다.[405] 요한복음과 공관복음은 고유기사를 구분하는 것이 무의미할 정도로 전혀 내용이 다르다.[406] 공통내용 비율을 말하면 공관복음서의 경우는 각각 마태 58%, 마가 93%, 누가 41%인 데 반해, 요한복음은 8%에 불과하고 92%가 고유기사이다. 공통 내용도 자세히 분석해 보면 그 내용과 주장하는 바가 상당히 다르다.[407] 따라서 요한복음은 공관복음

---

[404] 오늘날은 최고만이 살아남는 시대이다. 어느 분야에서 최고가 되려면 최고 고수를 찾아가 배워야 한다. 그런데 최고 고수는 만나기도 어렵고 비싼 값을 요구한다. 그런데 모든 분야에서 그 누구와도 비교가 안 되는 최고 고수가 있다. 그분은 '나사렛 예수'이다. 그분을 찾아가면 아무 것도 요구하지 않고 친절하게 맞아주신다. 그분 밑에서 배우면 당신도 최고가 될 것이다. 어부 요한처럼 말이다(이 말을 제발 믿어다오).

[405] 라이트는 이렇게 말한다. "요한복음이 누가복음, 마태복음, 마가복음과는 매우 다른 종류의 책이라는 것은 누구나 다 아는 사실이다. 그러나 사실은 사람들이 생각하는 것만큼 그렇게 다르지 않다. … 요한복음은 공관복음서와 다른 점보다는 닮은 점이 더 두드러질 것이다." N.T.Wright,《신약성서와 하나님의 백성》, 681. 필자의 생각은 다르다. 겉으로 볼 때는 사복음서가 비슷한 것 같지만 요한복음은 공관복음과는 근본적으로 다르다.

[406] 공관복음과 요한복음의 공통점과 차이점에 대해서는 김문경,《요한신학》, 44-49을 참조하세요.

[407] 이에 대해서는 '오병이어 표적'을 언급하고 있는 본문 6:1-21 주석을 참조하세요.

과 같은 내용이 하나도 없다고 해도 지나친 말이 아니다.[408] 이러한 차이는 어디서 비롯된 것일까?

공관복음과 요한복음의 상이성과 유사성을 김춘기 교수의 주장을 가지고 논의해 보자.[409] 먼저, 김 교수는 공관복음과 요한복음의 상이성을 다섯 가지로 제시했다.

첫째, 복음서의 서문이 서로 완전히 다르다는 점이다. 우리가 책을 쓸 때 가장 신경을 쓰는 곳은 서문이다. 그것은 저자가 자신이 쓰고자 하는 목적을 서문에서 보여주기 때문이다. 마가복음은 예수의 공생애, 즉 세례 받은 사건에서 서문을 시작한다. 마태복음과 누가복음은 예수의 탄생에서 시작한다. 요한복음은 예수의 기원을 탄생이나 공생애가 아니라 우주창조 이전에서 시작한다. 결국 각 복음서 서문의 차이는 예수를 어떤 관점에서 보느냐 하는 데서 비롯된다.

둘째, 예수가 사용한 말씨이다. 요한복음의 단어와 문체는 공관복음의 단어와 문체와는 근본적으로 다르다. 먼저 사복음서에 자주 사용된 어휘의 빈도를 비교해 보면 아래와 같다.

	마태	마가	누가	요한
ζωή(생명)	7	4	5	36
φῶς(빛)	7	1	7	23
ἀγαπή(사랑)	9	6	7	44
ἀλήθεια(진리)	2	4	14	46

---

408) 카이저는 요한복음서를 가리켜 '독자적 길을 걸은 이단적 복음서(The Maverick Gospel)'라고 하였다. R. Kysar,《요한복음서 연구: 그 독자성을 중심으로》, 15-16.
409) 김춘기,《요한복음연구》, 19-39.

γινώσκω(안다)	20	13	28	57
κόσμος(세상)	8	2	3	78
πατήρ(아버지)	45	4	17	136
Ἰουδαιος(유대인)	5	6	5	67
βασιλεία(왕국)	57	20	46	5
δαιμόνιον(귀신)	11	11	23	6
δίκαιος(의로운)	17	2	10	0
δύναμις(능력)	13	10	15	0
λαός(백성)	14	3	37	3

위 도표에서 보듯이 요한복음에는 생명, 빛, 사랑, 안다, 진리, 세상, 아버지, 유대인 등의 어휘가 많이 나타나고, 공관복음에서는 왕국, 귀신, 의로운, 능력, 백성 등의 어휘가 많이 나타난다. 그런데 이를 두고 김 교수는 이렇게 해석한다.

요한복음에 자주 나타나는 어휘들(생명, 빛, 안다, 진리)은 보다 희랍적이며 영지주의적인 용어들인 데 반해, 공관복음에 자주 등장하는 단어들(왕국, 귀신, 의로운, 능력)은 유대적인 용어들이라고 설명한다. 과연 이러한 주장이 타당한가.

구약성경에 보면 '생명' 어휘에 대해서는 '생명의 길과 사망의 길'(창 3:22-24; 신 30:15,19; 잠 4:18; 16:25)을, '빛' 어휘에 대해서는 등잔대(메노라)의 빛(출 25:31-40; 민 8:1-4; 사 60:1-3)을, '안다' 어휘에 대해서는 무수히 사용되는 히브리어 '야다(ידע)' 어휘(호 6:6; 암 3:2; 겔 36:23)를, '진리' 단어에 대해서는 '은혜(חסד)'와 관용어구로 사용하는 히브리어의 '에메트(אמת)' 어휘(출 34:6; 시 57:3,10; 호 4:1)를 통해 이 같은 주장은 재고되어야 한다.

또한 가장 두드러진 차이는 공관복음에서 예수의 주요 관심이 '하나님의 나라(왕국)'인 데 반해, 요한복음에서는 '생명'으로 전환되었다고 하면서, 공관복음은 유대적 배경에서 복음을 그들이 이해할 수 있는 궁극적 표현인 '하나님 나라'로 설명하기 위함에서이고, 요한복음은 보편적 상황에서 보편적 표현인 '생명'으로 복음을 전환시켰다고 해석한다. 과연 이러한 주장이 타당한가.

요한복음은 보편적 상황이라기보다는 오히려 유대교와 로마제국으로부터 환난과 핍박을 당하는 묵시문학적 위기상황이라는 특수한 상황 아래 있었다는 것, 그래서 '하나님 나라' 어휘는 세상 나라를 전복하는 묵시문학적 어휘이기에 신변의 안전을 위해 조심스럽게 사용한 것뿐이다. 즉 요한복음은 하나님 나라를 '생명'으로 전환(분리)한 것이 아니라 하나님 나라와 생명은 동전의 양면(구분)처럼 같은 의미를 지닌 어휘이다. 요한복음은 전체가 예수의 선포의 핵심인 '하나님 나라'를 말하고 있다. 그리고 생명(부활과 동의어, 11:25)을 강조한 것은 박해와 순교 상황에서 죽음을 이긴 승리가 요청되었기 때문이다.[410]

문제를 비교해 보면 공관복음에서는 예수의 말씀이 비교적 짧고 단순한 격언체가 주종을 이루고 있는 데 반해, 요한복음은 길고 확대된 담론(6:22-59의 '생명의 떡' 담론, 8:12-59의 '세상의 빛' 담론 등)으로 구성되어 있다. 그리고 공관복음에는 예수의 비유가 많이 나타나는 데 반해, 요한복음에는 예수의 비유가 나타나지 않는다. 10장의 '목자와 양', 15장의 '참 포도나무와 가지'는 비유라기보다는 알레고리(allegory)에 가깝다. 그러면서 김 교수는 공관복음의 비유는 역설과 의외성이 강하게 나타나며, 대개 한 가지 주제인 '하나님 나라' 주제에 집중하고 있는 반면, 요한복음의 비유는 역설과 의외성보다는 합리성과 도덕성이 앞서며, 한 가지 주제보다는 모든 소재에 대해 의미부여가 두드러진다고 말한다. 과연 그러한가.

위에서 언급한 '목자와 양', '참 포도나무' 비유 등은 요한의 독특한

---

410) 더 자세한 설명은 200쪽 이하를 참조하세요.

어법인 '에고 에이미' 말씀으로, 합리적인 도덕적 교훈을 말하기 위함이라기보다는 예수의 자기 정체성 곧 기독론이라는 한 가지 주제를 말해주고 있다. 나아가 요한은 많은 '오해와 아이러니 기법'(4:12; 11:50; 19:3 등)[411]을 통해 역설과 의외성을 강하게 드러내주고 있다.

셋째, 예수의 생명에 대한 연대기적 차이이다. 공관복음에 의하면 예수는 유월절 축제에 한번 참여한 것으로 되어 있는 데 반해, 요한복음에는 적어도 세번 참여한 것으로 되어 있다. 또한 예수의 지리적 활동무대에 대해 공관복음은 갈릴리가 주요 활동무대인 데 반해, 요한복음은 예루살렘이 주요 활동무대로 되어 있다. 이 문제를 김 교수는 이렇게 설명한다.

대부분의 학자들은 공관복음의 자료인 마가복음에 나오는 '갈릴리와 예루살렘'의 구분은 역사적 사실보다 신학적 해석으로 보고 있다고 하면서 요한복음에 나오는 예수의 연대기와 활동영역이 보다 사실에 가깝다고 볼 수 있다는 것이다. 그러면서 요한복음에 나오는 예수의 말과 사상은 역사적 예수와는 멀어도 그의 생애적 연대기는 오히려 공관복음보다 역사적 사실에 더 가깝다는 것이다. 이 같은 모순된 주장을 어떻게 받아들여야 할까? 필자의 생각은 이렇다.

김 교수의 말대로 대부분의 학자들은 공관복음은 요한복음에 비해 보다 역사적 사실에 가깝고 요한복음은 역사적 사실보다는 신학적 해석을 많이 한 복음서라고 주장한다. 그러면서도 예수의 연대기와 활동영역에 대해서는 요한복음이 보다 역사적 사실에 가깝다는 이상한 논리를 편다. 다시 한번 깊이 생각해 보자. 만일 어떤 사람의 연대기와

---

411) '오해와 아이러니 기법'에 대해서는 387쪽 이하의 "인물상징코드의 실례: 도마(최고의 신앙모델)"를 참조하세요.

활동무대가 역사적 사실에 가깝다면 이것은 단지 연대기와 활동무대에 국한된 얘기가 아니라 그의 말과 사상 또한 상당히 사실에 근거할 가능성이 많다. 그 반대로 어떤 사람의 연대기와 활동무대가 사실보다는 신학적 해석에 근거한 것이라면 그의 말이나 사상은 사실에서 멀리 떨어져 있을 가능성이 농후하다. 더욱이 공관복음과는 달리 요한복음이 예수의 열두 제자 가운데 하나인 사도 요한이 썼다면 연대기와 활동무대만이 아니라 예수의 말과 사상은 공관복음보다 더욱 사실에 가깝다는 결론이 나온다.

알렉산드리아의 클레멘트가 요한복음을 '영적 복음서(Spiritual Gospel)'라고 말한 이후, 요한복음의 역사성은 많은 의심을 받아왔다. 필자는 요한복음이 사도 요한이 썼다고 생각하기에, 일반적인 주장과는 달리 요한복음에는 많은 역사적 사실을 담고 있다고 생각한다.[412] 여기서 필자가 말하고자 하는 것은 어느 쪽이 더 역사적 사실에 가깝고, 어느 쪽이 신학적 해석을 더 많이 했는가가 아니다. 사복음서는 모두 자신의 관점에서 신학적 해석을 한 복음서일 뿐이며, 어느 쪽이 더 역사적 사실에 가까운지는 모른다는 것이다.[413]

또한 최후 만찬의 시기이다. 공관복음에 의하면 최후 만찬의 날짜는 유월절 식사시간이었다(마 26:20; 막 14:17; 눅 22:14). 이 날은 니산월

---

412) 앤더슨은 요한복음이 역사적인가 신학적인가라는 문제를 놓고 either-or(둘 중 하나) 접근보다 both-and(둘 다)접근이 더욱 건전하다는 견해를 피력하였다. P.N. Anderson, *The Riddles of the Fourth Gospel*, 47-48.

413) 이를 두고 토베이는 '신학화된 역사(해석된 역사)'라고 부르고 있다. D.Tovey, *Narrative Art and Act in the Fourth Gospel*, 255. 컬페퍼는 이렇게 말한다. "공관복음은 예수님의 공적인 가르침을, 그리고 요한복음은 제자들에게 하신 예수님의 사적인 가르침을 기록했다거나 혹은 공관복음은 역사적이며 요한복음은 신학적이라는 것이 아니라, 사복음서 모두 예수님의 초상을 역사적인 것에 근거하여 신학적으로 발전시킨 것이다." R.A.Culpepper, *The Gospel and Letters of John*, Ch. 1, 최흥진 옮김, "요한복음의 독특성", 《신학이해》, 제28집, 251.

14일이다. 그러나 요한복음에 의하면 유월절을 하루 앞두고 최후의 만찬을 하였다(요 13:1). 이러한 차이는 결과적으로 예수가 십자가에서 죽은 날의 차이를 가져온다.[414] 또한 성전정화사건도 공관복음에 의하면 예수의 공생애 마지막 사건으로 나타나는데 반하여(막 11:15-19; 마 21:12-17; 눅 19:45-48), 요한복음에서는 공생애 초기사건으로 기록되어 있다(요 2:13-22). 이것은 각 복음서가 강조하려는 주제의 차이가 사건들의 순서를 결정하고 해석하는데 변화를 준 것을 말한다.

넷째, 이러한 주제의 차이는 예수의 공생애에 나타나는 사건들의 선택과 배제에서도 그대로 반영된다는 점이다. 요한복음에는 공관복음에 가장 핵심이 되는 사건들이 나타나지 않는다.[415] 이러한 요소들은 예수의 본질을 파악하는 데 오히려 방해가 될 수 있는 요소이기에, 즉 예수의 본질이 위대한 인간이라는 오해를 독자들에게 줄 수 있기에 요한복음에서는 배제했다. 그 대신에 요한복음에는 공관복음에 나타나지 않는 예수의 행위와 그에 따른 예수의 긴 말씀이 나타난다.[416] 왜 이렇게 했을까?

공관복음은 예수의 본질을 위대한 인간의 모습이나 타인의 증언에서 찾은 데 반해, 요한복음은 그것을 선재한 신성에서 찾았기 때문에 인간의 증언보다는 예수 자신의 증언이나 하나님의 증언을 중요시했

---

414) 더 자세한 설명은 291쪽 이하의 "시간의 해체와 재구성"을 참조하세요.
415) 1. 예수가 세례 요한에게 세례받은 사건(마 3:13-17과 평행본문), 2. 예수의 시험사화(마 4:1-11과 평행본문), 3. 베드로의 신앙고백(마 16:13-20과 평행본문), 4. 변화산 사건(마 17:1-13과 평행본문), 5. 겟세마네 동산에서 기도하는 예수(마 26:36-46과 평행본문), 6. 최후 만찬에 대한 제도화 의식(마 26:17-30과 평행본문), 7. 십자가 상에서 부르짖음(마 27:45-46과 평행본문).
416) 1. 가나의 혼인잔치(2:1-12), 2. 니고데모와의 대화(3:1-21), 3. 사마리아 여인과의 만남(4:1-42), 4. 나사로를 살리심(11:1-44), 5. 제자들의 발을 씻기심(13:1-20).

다. 요한복음은 이러한 신학적 목적에 따라 공관복음에 나타난 중요한 사건들을 배제하고 새로운 사건들을 삽입시켰다.

다섯째, 예수가 행한 기적사건에 대한 이해이다. 공관복음에서 예수의 기적은 귀신축출(exorcism)이 중심인 데 반해(막 1:23-28; 5:1-10; 7:25-30; 9:19-27), 요한복음에는 귀신축출사건이 전혀 나타나지 않는다. 그 대신 요한복음에 나타난 예수의 기적은 공관복음보다 양적으로는 적으나 (7개 또는 21장을 포함하면 8개) 질적으로는 훨씬 더 큰 사건들이다.

김 교수는 공관복음에 나타난 예수의 기적들이 귀신축출을 중심으로 하는 것은 '하나님 나라'(하나님의 통치)'와 관계가 있기 때문인 데 반해, 요한복음은 '하나님 나라'를 '생명'이라는 새로운 개념으로 변화시켰고, 그 결과 '하나님의 나라'를 상징하는 귀신축출사건은 더 이상 큰 의미가 없다는 것이다. 오히려 요한복음에서 귀신축출사건은 예수의 본질을 이해하는 데 오해를 가져올 수 있는 요소로 인식되었는데, 그 까닭은 요한복음이 기록될 시기의 헬라세계에는 '신적 인간(the divine man)' 숭배사상(황제숭배사상)이 만연했기 때문이라는 것이다. 요한복음에 나타난 기적사건에 대한 필자의 이해는 이와 다르다.

겉으로 드러난 요한복음의 주제는 '생명'이지만 요한복음의 주제도 공관복음과 똑같이 예수 선포의 핵심인 '하나님 나라'이다. 요한복음은 '하나님 나라' 용어를 '생명'이라는 용어로 대체(분리: 양손)한 것이 아니라 같은 의미를 가진 다른 용어로 표현(구분: 한손의 양면)한 것 뿐이다. 그 까닭은 이러하다.

요한복음에서 '부활'은 곧 '생명'(요 11:25)이자 '영광'(11:4)이다. 그래서 부활신학(부활복음)을 강조하는 요한복음은 '생명의 복음서'이자 '영광의 복음서'라고 불린다. 요한이 부활을 통한 생명과 영광을 강조하는 까닭은 유대교와 로마제국으로부터 수난을 당하는 요한공동체로 하여금 '예수의 부활(생명과 영광)'을 힘입어 도마의 고백("우리도 주와 함께 죽으러 가자")처럼 십자가를 두려워하지 않고 오히려 십자가를 자랑하면서(갈 6:14) 십자가를 달게 지고 가기 위함에서였다.

생명이 위협받고 있는 묵시문학적 위기상황에서 요한의 모든 표적들은 하나님 나라를 상징하는 표적이자 부활을 상징하는 표적이다. 요한복음에서 일곱(또는 여덟) 표적은 하나의 주제인 부활을 지향한다.[417] 주후 1세기 묵시문학적 수난상황에서 부활사상은 세상나라를 전복하고 하나님 나라의 승리를 말하는 혁명적 교리였다.

'죽음을 이긴 승리'를 말하는 '부활' 어휘 속에는 세상 나라 너머에 하나님 나라가 있음을 내포한다. 그런 의미에서 부활과 '하나님 나라(천국)'는 동의어(동전의 양면)이다. 2장의 가나의 혼인잔치 표적은 '하나님 나라(천국)'와 부활을 동시에 말하고 있는데, 그 까닭은 혼인잔치는 곧 하나님 나라 잔치이고, 하나님 나라는 곧 부활과 동의어이기 때문이다.

또한 하나님 나라는 세상 나라에 대한 전복성을 띤 묵시문학적 용어였다. 그리고 요한복음에서 부활은 생명과 동의어이고(11:25), 부활과 하나님 나라도 동의어이기에, 하나님 나라와 생명은 동의어이다. 따라서 요한복음은 하나님 나라를 생명으로 전환시킨 것이 아니다. 단지 하나님 나라를 같은 의미를 가진 보편적 용어인 생명 용어로 바꾸어

---

417) 김 교수는 이렇게 말한다. "엄격한 의미에서 예수의 모든 삶이 하나님의 자기표현인 것이다. 그러기에 이적만이 표적이 아니라 예수의 말과 행동 모두 표적이며 가장 중요한 표적은 예수의 십자가 죽음이다." 김춘기,《요한복음연구》, 101. 그러나 요한의 가장 중요한 표적은 '예수의 십자가'가 아니라 '예수의 부활'이다. 그 까닭은 표적의 절정인 나사로의 소생표적은 '예수의 부활'을 상징하고 있기 때문이다. 왜 부활 표적인가. 그 까닭은 묵시문학적 수난의 시대에 필요한 것은 고난의 기독론이나 십자가 신학이 아니라 죽음을 이긴 승리의 복음, 즉 부활신학이기 때문이다. 더 자세한 설명은 350쪽 이하의 "표적상징코드"를 참조하세요.

쓴 것뿐인데, 그 까닭은 요한복음이 처해 있는 묵시문학적 위기상황 때문이다. 유대교와 로마당국으로부터 박해를 당하는 묵시문학적 위기상황에서 세상 나라에 대한 전복성을 띤 하나님 나라 용어는 자칫 화를 부를 수 있기에 사적인 경우(니고데모와 빌라도의 경우)를 제외하고는 공개적으로는 일체 사용하지 않았던 것이다.

더구나 하나님 나라를 상징하는 귀신축출이 요한복음에서는 더 이상 큰 의미가 없고 예수의 본질을 이해하는 데 오해를 가져올 수 있는 요소이기에 생략했다기보다는 귀신(사탄 마귀)까지도 하나님의 주권 안에서 하나님의 뜻을 이루는 하나님의 도구(심부름꾼)이기에 굳이 귀신축출을 할 필요가 없었던 것이다. 요한의 이러한 사상은 현 시대는 사탄이 지배하는 시대라든가 하나님이 사탄과 싸우고 있는 중이라는 묵시문학적 사상을 넘어서는 것으로, 그런 의미에서 요한복음은 '성취된 묵시문학', 또는 '묵시문학의 완성'이라고 말할 수 있다.[418]

공관복음에서는 예수의 기적이 강조되고 있는데, 그 결과 예수를 '신적 인간'으로 숭배할 수 있는 근거를 제공했다. 그러나 요한복음은 이러한 가능성을 의도적으로 배제하고 있다. 요한복음은 예수의 기적을 기적 자체로 이해하는 것을 거부한다. 그래서 요한복음은 예수의 정체성을 드러내는 기적들만 선별했고, 그러한 기적들도 기적으로 표현하지 않고 의도적으로 '표적'이라는 말로 바뀌었다. 가령, 오병이어 사건은 사복음서에 다 나타나는 예수의 기적이지만 그 의미는 다르다. 공관복음에 나타난 예수의 기적은 이적(뒤나미스)이고, 요한복음에 나타난 예수의 기적은 표적(세메이온)이다.

공관복음은 예수가 행하고 말했던 것을 제시하지만, 요한은 역사적 전승에 의존하면서도, 예수가 누구였으며, 그분의 존재가 의미했던 것

---

418) 더 자세한 설명은 337쪽 이하의 "묵시문학의 성취(완성)로서의 요한복음"을 참조하세요.

이 무엇인가를 우리에게 말해주는 데 더 관심이 있다. 제4복음서는 단순한 목격자 기사 이상의 것이다. 제4복음서는 목격된 것의 의미, 즉 요한이 자신이 처한 역사적인 상황에서 그의 독자들과 나누고 싶은 의미에 관한 수십 년간의 깊은 묵상으로 보여준다.[419]

초기 기독교 저자인 오리겐(Origen)이 요한복음을 '영적인 복음서'로 보았을 때 요한복음과 공관복음 사이의 차이점들을 과장했다고 해도, 그는 적어도 정당한 차이점을 알아챘으며, 그 이후로 제4복음서를 읽은 대부분의 독자들도 그 차이점을 알아보았다. 요한복음은 역사(History)이다. 그러나 공관복음보다 훨씬 신학적이고 교훈적인 역사이다. 요한은 자기 세대를 위해서 역사적 전승의 의미를 새롭게 진술함으로써 그것에 충실하려고 노력한다.[420]

결국 요한복음과 공관복음의 상이성은 예수를 보는 시각의 차이에서 비롯된 결과였다. 요한복음은 공관복음이 보지 못했던 새로운 차원에서 예수를 보았는데, 그 차원이 다른 차이가 요한복음을 공관복음과는 차원이 다른 복음서가 되게 했던 것이다.

B. 공관복음과 요한복음의 유사성

요한복음과 공관복음의 유사성을 세 가지로 살펴보면 다음과 같다.
첫째, 연대기적 골격이다. 요한복음의 연대기적 골격은 마가복음의 구조와 유사하다.

---

419) F. F. Bruce, *The New Testament Documents: Are They Reliable?* 61.
420) C. S. Keener, 《요한복음 I》, 263.

	주요 사건	마가복음	요한복음
1	세례 요한의 설교	막 1:4-8	요 1:19-36
2	갈릴리로 옮김	막 1:14-15	요 4:3
3	5,000명을 먹임	막 6:34-44	요 6:1-13
4	물 위로 걸음	막 6:45-52	요 6:16-21
5	베드로의 신앙고백	막 8:29	요 6:68-69
6	예루살렘으로 향함	막 9:30-31	요 7:10-14
7	예루살렘 입성과 향유 부은 사건	막 11:10; 14:3-9	요 12:1-15
8	최후의 만찬	막 14:17-26	요 13:1-17:26
9	수난 사화	막 14:43-16:8	요 18:1-20:1

여러 가지 사건에 대한 해석은 다르지만 연대기적 순서라는 큰 틀 속에서는 공관복음과 요한복음은 같은 예수를 보여주고 있다.

둘째, 예수의 수난사화이다. 수난사화는 다른 사건들과 비교해 볼 때 놀랄 만큼 서로 일치한다. 가령, 수난사화의 순서를 보면 먼저 제자들의 배반이 나오고, 이어서 산헤드린과 로마 법정 앞에서의 재판과 처형, 그리고 묻히심과 부활 등으로 연결되는 사건의 순서와 거기서 일어났던 세밀한 설명까지 유사하다.

김 교수는 연대기적 순서라는 큰 틀만 유사하고 사건들 자체는 상이성이 있는 그 밖의 사건들과 비교할 때 이것은 예외적이라고 말하면서, 그 이유는 초대교회 설교의 핵심인 '케리그마(κήρυγμα, 선포)' 전승(가령, 고전 15:3-4)을 함께 공유하고 있기 때문이라고 말한다. 그래서 요한복음 저자도 과감한 신학적 해석을 가할 수 없었다고 말한다. 과연 그러한가? 수난사화는 연대기적 순서는 유사할지 모르나 세밀한 부분에서는 너무나도 다르다는 것이 필자의 생각이다. 많은 차이점 가운데 중요한 여덟 가지만 열거하면 다음과 같다.

(i) 요한의 예수는 힘없이 끌려가는 공관복음의 예수의 모습이 아닌 자발적으로 죽음을 택하는 당당한 왕적인 죽음의 모습을 보여 준다.

(ii) 베드로의 세 차례의 예수부인이 한꺼번에 기술된 공관복음과는 달리 요한복음에서는 두 차례로 나누어 기술되어 있다.

(iii) 공관복음에는 대제사장인 가야바의 심문이 강조되는 데 반해, 요한복음에서는 가야바의 장인인 안나스의 심문이 강조되고 있다.

(iv) 공관복음에서는 빌라도의 심문이 간략하게 기술(마태 16절, 마가 14절, 누가 16절)되어 있으나 요한복음에서는 아주 길게(29절, 18:28-19:16) 기술되어 있을 뿐 아니라 아주 정교한 구조(메노라 구조 및 다윗의 별 구조)로 기술되어 있고, 더구나 그 내용 또한 하나님 나라와 진리의 왕 되심이 강조되고 있다.

(v) 예수의 십자가 처형일이 다르다. 공관복음에서는 유월절에 처형되지만 요한복음에서는 유월절 준비일에 처형된다.

(vi) 요한복음에서는 공관복음에 없는 십자가 아래에 있는 여인들과 애제자가 나타난다.

(vii) 십자가상의 말씀이 전혀 다르다. 공관복음에서는 '엘리 엘리 …'와 같은 말씀이 나오나 요한복음에서는 그런 말씀은 없고 '내가 목마르다' 와 '다 이루었다'라는 말씀이 나타난다.

(viii) 요한복음에서는 공관복음에 없는 니고데모 기사가 나타날 뿐 아니라 니고데모가 아리마대 요셉보다 더 중요한 인물로 등장한다.

셋째, 많이 나오지는 않지만 특수한 용어들이 서로 일치하는 경우이다. '값진 순전한 나드 향유'(요 12:3), '300 데나리온'(요 12:5), '200 데나리온'(요 6:7)과 같이 수량 단위가 공관복음에 나오는 같은 사건의 단위들과 일치한다. 특히 사건의 동기를 설명할 때는 누가복음과 매우 유사하다는 것을 발견한다. 빌라도의 재판과정에서 빌라도가 세번이나 예수의 무죄성을 강조하는 대목(요 18-19장과 눅 23장), 요한복음 21장의 베드로가 기적적으로 물고기 잡는 사건과 누가복음 5장에서 베드로를 부를 때의 사건, 그리고 요한복음 7:53-8:11에 나오는 음행 중에 잡혀온 여인에 대한 용서 주제가 누가복음(7:36-50)과 유사하다.[421] 이러한 누가복음과의 관련성은 요한복음을 마지막으로 편집한 사람이나 공동체가 누가복음의 전승을 받은 공동체와 어떤 의미로든 깊은 관계가 있었을 가능성을 배제할 수 없다. 이러한 유사성 때문에 요한복음이 공관복음 가운데 하나 이상-마가복음이나 누가복음-을 자료로 사용했을 가능성이 있다.

양자의 상이성과 유사성에 대한 필자의 견해를 정리해서 말하면 이러하다. 요한이 자료적으로 공관복음을 몰랐다는 것과 잘 알고 있었지만 의존하지 않았다는 것은 다르다. 필자는 요한이 공관복음을 너무나도 잘 알고 있었지만 의존하지 않았다고 본다(92%의 고유기 사가 이를 말해준다). 요한은 공관복음과의 중복(반복)을 피하자는 뜻에서 일체 취

---

421) 필자는 이에 대하여 두 가지 유사성을 말하고 싶다. 오병이어 사건에서 마태와 마가는 요단 서편에서 이 기적을 행한 뒤 요단 동편(건너편)으로 가는 것으로 되어 있으나(마 14:13-34; 막 6:30-53), 누가복음에서는 벳새다 광야(요단 동편)에서 이 사건이 일어난 것으로 기술하고 있다(눅 9:7). 이는 요단 동편에서 이 표적을 행한 후 요단 서편(가버나움)으로 가는 요한복음과 유사하다(요 6:1-21). 또한 예수의 활동무대가 주로 갈릴리인 공관복음과 달리 누가복음과 요한복음은 예루살렘이라는 점에서 유사성을 갖는다. 그런데 누가복음과의 결정적 차이는 지리상징코드와 관련하여 요한은 오병이어 표적(물 위를 걷는 표적 포함)을 누가와는 달리 지리상징코드와 관련지어 사용하고 있으며, 성전(예루살렘)을 긍정적으로 묘사하고 있는 누가와는 달리 요한은 성전(예루살렘)을 부정적으로 보고 있으며 '갈릴리 지향적'이라는 점이다. 더 자세한 설명은 371쪽 이하의 "지리상징코드"를 참조하세요.

급하지 않았고, 다만 신학적으로 꼭 다룰 필요가 있는 자료에 한해서 신학적 변형(변주)을 시도하였다(8%의 공통자료가 이에 속한다).

가령, 사복음서에 다 나타나는 오병이어 표적의 경우 요한은 숫자상징코드, 절기상징코드, 지리상징코드 및 인물상징코드를 사용하여 공관복음과는 상당히 다른 신학적 내용으로 변주시켰다. 요한의 신학사상을 면밀하게 살펴보면 모든 신학적 주제(기독론, 삼위일체론, 구원론, 성령론, 종말론, 교회론 등등)에 있어서 공관복음의 신학사상을 철저히 넘어서고 있음을 본다. 이는 요한이 공관복음을 잘 알고 있었음을 시사하는 것으로 요한복음 저자가 공관복음을 모르고서는 도저히 있을 수 없다.

공관복음은 주로 외부에 나타난 사건, 즉 "예수께서 무엇을 행하셨는가"에 치중하는 '사건 위주의 복음서'이다. 이에 반해 요한복음은 주로 내면적인 영성, 즉 "내(사도 요한)가 만난 예수는 어떤 분인가"에 깊은 관심을 갖고 전승 내용을 심층적으로 음미하고 재해석한 '말씀 위주의 복음서'라고 말할 수 있다.

또한 알렉산드리아의 클레멘트는 공관복음은 '육적 복음서'요 요한복음은 '영적 복음서'라고 말하였다.[422] 눈부시게 빛나는 태양마저 볼 수 있는 독수리처럼, 요한을 '독수리'로 상징(계 4:7)하여 심오한 진리를 꿰뚫어 볼 수 있는 영적인 눈을 지닌 자로 표현하는 것도 그 맥락을 같이한다.[423]

장르면에서 요한복음은 같은 '복음서'라는 장르로 불리지만 공관복음과 상당히 다르다. 공관복음 저자들은 되도록이면 많은 자료를 제시하면서, 그것을 사건별로 배열하는 단화적(직선적) 형식을 취한 반면, 요

---

422) 성령에 관한 구절들(1:32,33; 3:5; 6:63; 7:39; 14:16-17,26; 15:26; 16:13-14; 20:22).
423) 이영헌, 《요한복음서》, 9.

한은 신학적 의도에 따라 자료를 과감하게 삭제(이적과 비유 등)하고 최소한으로 선별(일곱 표적 등)하여, 그것을 주제별로 설명하는 반복적(원형적) 형식을 취했다.[424] 요한복음의 글쓰기의 특징은 선택과 집중 또는 반복[425]과 연쇄[426]이다.

많은 사건들이 계속해서 이어지는 식으로 진행되는 공관복음과는 달리 요한복음은 선별된 사건(표적)에 이어 강화(설교)가 반복되는 식으로 진행되는 모습을 보여주고 있다.[427] 이는 표적과 강화가 긴밀히 연관되어 있으며[428], 표적이 의미하는 바를 이해하기 위해서는 강화로 돌

---

424) 라벨(Ravel, 1875-1937)은 "내 음악은 다양하고 복잡하고 반복적이지만 혼란스럽거나 난해하거나 지루하지 않다"고 말했다. 요한복음이 그러하다.

425) 로고스찬가(1:1-18)와 복음서의 나머지 부분과의 관련성을 살펴보면 다음과 같다. 로고스의 선재(1:1a// 17:5), 로고스와 하나님의 동일시(1:1c// 8:58; 10:30; 20:28) 생명(1:4a// 5:24; 11:25; 14:6), 빛(1:4,9// 8:12), 빛과 어두움의 갈등(1:5// 3:19; 12:46), 요한의 증거(1:7-8,15// 1:19; 10:41), 믿음(1:7,12// 2:11; 3:16,18,36; 5:24; 6:69; 11:25; 14:1; 16:27; 17:21; 20:25), 세상의 거절(1:10c,11// 4:44; 7:1; 8:59; 10:31; 12:37-40; 15:18), 하나님의 자녀(1:12// 11:52), 거듭남(1:13// 3:1-7), 그의 영광을 봄(1:14// 17:5), 독생자(1:14// 3:16), 모세(1:17// 5:45-46; 6:32; 9:28-29), 하나님을 봄(1:18// 5:37; 6:46), 아버지와 로고스와의 관계(1:18// 3:34; 8:19,38; 12:49-50; 14:6-11; 17:8) 등.

426) Lee는 나사로의 소생사건(11장)과 마리아의 향유 부음 사건(12:1-11)은 고리구조(Inclusio)식의 교차대구구조로 연쇄되어 있다고 주장한다. a. 나사로의 질병과 죽음(11:1-16), b. 예수의 마르다와의 대화(11:17-27), c. 예수의 마리아와의 대화 및 슬퍼하는 유대인들(11:28-37), d. 나사로의 소생(11:38-44), c' 많은 유대인들의 대화 및 예수를 죽이려는 지도자들의 음모(11:45-57), b' 마리아가 예수께 향유 부음(12:1-8), a' 나사로를 죽이려는 음모(12:9-11). D.A.Lee, *The Symbolic Narratives of the Fourth Gospel*, 191-192. 이 외에도 예수와 유대인들간의 논쟁을 다룬 9장과 10:1-21, 참 제자도와 관련된 발씻김을 다룬 12:1-8과 13:1-15을 들 수 있다.

427) 반복서술의 목적은 앞의 사건을 은연중에 강조함으로써 긴장감을 고조시키고, 상이한 시각에서 그 의미를 분명하게 함과 동시에 별도의 설명없이 그 사건을 스스로 말하게 하려는 의도를 가진 것으로 보인다. 이것은 청중의 능동적인 참여를 존중한다는 점에서 매우 설득력있고 고상한 설화기법이라 할 수 있다. C.Westermann, 《창세기주석》, 470-471.

428) 포트나는 제4복음서의 설화(narrative)의 표적들은, 예수의 권위의 외적 증거로서의 표적을 거부하는 공관복음(막 8:12; 마 16:4)과는 달리, 예수의 메시아되심을 명백히 드

아가야 함을 의미한다. 즉 강화는 우리에게 표적의 의미를 제공해 준다.[429] 따라서 한 개 이상의 강화(설교)가 표적(사건) 하나의 의미를 말하기 위하여 사용될 수 있으며, 그 반대로 한 개 이상의 표적이 한 강화와 관련될 수도 있다. 2-11장에 나타난 표적과 설교의 목록을 개진하면 다음과 같다.

	표적들	강화들
1	물로 포도주를 만드심(2:1-11)	새로운 탄생(3:1-21)
2	왕의 신하의 아들을 고치심(4:46-54)	생수(4:1-42)
3	38년 된 병자를 치심(5:1-18)	하나님의 아들(5:19-47)
4	오병이어 표적(6:1-15)	생명의 떡(6:22-65)
5	물 위를 걸으심(6:16-21)	살리는 영(7:1-52)
6	날 때부터 소경된 자를 고치심(9:1-41)	세상의 빛(8:12-59)
7	나사로를 살리심(11:1-57)	선한 목자(10:1-42)

여기서 우리는 각 표적들이 그 의미를 말해 주는 강화를 동반한다는 관점을 확인할 수 있다. 그러나 어떤 획일성도 없다. 표적과 강화가 상호 관계하면서, 강화는 그 표적들에 선행하거나 뒤따르는 모습을 볼

러내는 증거로 사용되고 있으면서도, 그 표적들은 제4복음서 자체 안에서 표적에 반하는 날카로운 비판을 지닌 강화(discourse)에 의해 모순된 모습으로 나타난다고 주장한다. 그러면서 설화와 강화는 두 장르, 즉 예수 행동의 모순되는 양태를 보여줌으로써 결코 통합될 수 없으며, 근본적으로 다른 기원(두 층, 다른 저자)을 가지고 있다고 보았다. R.T.Fortna, *The Fourth Gospel and its Predecessor: From Narrative Source to Present Gospel*, 3-5. 그러나 필자가 보기에 이는 모순이 아니다. 예수시대의 표적은 예수의 메시아되심을 나타내는 중요한 사인이지만, 60년 후의 묵시문학적 박해상황에서 요한공동체 신자들에게 있어서는 예수의 표적을 보지 않고도 예수께 충성을 다하고 예수신앙을 지킬 수 있어야 하기에(요 20:29), 뒤집어 말하면 지금 묵시문학적 박해상황에서 표적신앙은 믿을만한 신앙으로 간주될 수 없기에 거부되고 있음을 요한은 말하고 있는 것이다.
429) L.Morris, *Jesus is the Christ: Studies in the Theology of John*, 20-23.

수 있다.[430] 이 같은 모습은 아래에서 살펴볼 신학적 주제나 상징코드의 일관성을 위해 전략적으로 배치한 요한의 신학적 의도에 따른 것으로 볼 수 있다.

또한 12-20장은 전부가 유대(예루살렘)에서 있었던 사건으로 되어 있다. 그런데 그 전개 방식은 2-11장처럼 많은 사건을 길게 나열하기보다는 사건에 따른 긴 강화를 언급하는 식으로 전개되고 있다. 또한 공관복음처럼 많은 사건을 일직선적으로 소개하는 식이 아니라 2-11장과 상응하는 신학적 주제를 반복하는 식으로 전개되고 있다. 따라서 공관복음에 비해 사건도 별로 많지 않고, 내용도 아주 단순하게 한 주간에 있었던 수난과 죽음 및 부활을 취급하고 있다.

C. 요한복음의 탁월성의 근거

요한복음은 과학적 치밀함, 예술적 아름다움, 사상적 깊이에 있어서 타의 추종을 불허하는 탁월성을 갖고 있다. 그 요인은 어디에서 비롯된 것일까? 필자는 그 요인을 네 가지로 정리하고자 한다.

첫째, 묵시문학적 위기상황과 그 위기타개를 위한 상징코드를 비롯한 창조적 글쓰기이다. 둘째, 사도 요한 이전의 전승들, 즉 바울서신과 공관복음이 선구적 역할을 함으로써 더욱 깊고 창의적인 신학을 담아낼 수 있는 여건이 조성되었기 때문이다. 셋째, 사진 기자가 가장 가까이서 밀착 취재하듯이[431] 사도 요한은 예수의 최측근 3인방의 한 사람으로서 가장 가까이서 예수와 접촉하면서 예수의 의미에 대한 일생에

---

430) L.Morris, 윗책, 23.
431) 종군사진기자인 로버트 카파(R. Capa, 1913-54)는 "당신이 찍은 사진이 충분히 만족스럽지 않다면 충분히 가까이 가지 않았기 때문이다"라는 말을 했다. 김홍식,《세상의 모든 지식》, 474-479.

걸친 사색과 묵상의 기회를 가질 수 있었기 때문이다.[432] 넷째, 사도 요한은 구약성경을 중심으로 한 히브리적 문화와 종교 속에서 성장한 사람이기 때문이다.

이 네 가지가 절묘하게 어우러져 천하제일지서를 낳았다는 것이 필자의 생각이다. 첫째 항목은 이미 다루었기에 생략하고, 넷째 항목은 아래(구약적 배경)에서 다시 다루기로 하고, 여기서는 둘째와 셋째에 대해서만 차례로 살펴보고자 한다.

a. 요한복음만이 예수의 직계(최측근) 제자인 사도 요한이 썼다는 것에 대해 살펴보자. 공관복음과 요한복음의 차이에 대한 학자들의 견해를 크게 셋으로 나누면 다음과 같다. 첫째는 요한복음 저자는 공관복음서에 대해 전혀 몰랐다는 것이다.[433] 둘째, 요한복음 저자가 공관복음서를 모를 리가 없다는 것이다.[434] 셋째, 요한복음과 공관복음의

---

432) 모스크바 트레챠코프 박물관에 가면 러시아 화가 이바노프(A.A.Ivanov, 1806-58)가 그린 〈민중 앞에 나타난 그리스도〉라는 그림이 있다. 이 그림은 가로 7.5미터, 세로 5.5미터의 대형 그림으로 요한복음 1:28-29에 나오는 요단강에 있는 민중에게 예수가 출현하는 장면을 그린 그림이다. 그는 필생의 사업으로 이 한 작품을 20년 동안 그렸다. 공영호, 《문화·예술 오디세이: 러시아 편》, 66-71. 필자는 요한이 요한복음 한권을 50년 이상 필생에 걸쳐 썼다고 본다. 더 자세한 설명은 183쪽 이하의 "로고스 예수에 대한 요한의 파토스"를 참조하세요.

433) "오늘날 성서학계의 경향은 요한복음서의 독자적인 전승을 인정하면서도 공관복음서와의 관계는 구두전승 단계, 즉 공관복음서가 쓰여질 무렵이나 그 이전 전승단계에서나 설명할 수 있다고 보는 관점이 지배적이다. 한마디로 말하면 요한복음서와 공관복음서의 문학적 상관관계에 대해서 회의적인 편이다." 이영헌, 《요한복음서》, 12-13; "요한은 공관복음이 예수에게 접근한 그와 같은 유사한 방식으로 예수에 대해 접근하지만 실은 거의 독특한 방식이라 할 수 있다. 이 복음전도자는 '나는 내 방식으로 했다.'" G.S.Sloyan, 《요한복음》, 35; 한편, 요한복음서의 독자성을 강조하는 로버트 카이저는 1975년 저술에서 "제4복음서 기자가 자신의 저작보다 10년이나 앞서 기록된 공관복음서의 어느 한 권에 의존했다는 전제는 머지않아 소멸될 것"이라고 주장하였다. R.Kysar, The Fourth Evangelist and His Gospel, 451. 그러나 그의 주장은 실현되지 않았다.

434) "실제로 점점 더 많은 주석가들은 요한복음서가 비록 직접적인 자료로 사용하지는 않

상이성과 유사성은 전승의 차이, 즉 어떤 전승이 전해지는 과정 중에 달라졌다는 것이다.[435]

이에 대한 필자의 견해는 이렇다. 요한은 이전에 쓰여진 바울서신이나 공관복음에 관해 구전전승이든 성문전승이든 어느 정도는 알고 있었을 것으로 보인다. 길게는 수십 년 전, 짧게는 십년 전에 출판된 바울서신이나 공관복음을 전혀 들어보지도 못했다는 것은 상상하기 어렵다. 즉 그가 아무것도 모르는 상태에서 현재와 같은 요한복음을 창조했다고 보기는 어렵다. 그렇다면 요한복음이 공관복음이나 바울서신, 아니 전 신약성경과 비교할 때 차원이 다르고, 천하제일지서라고 말하는 근거는 무엇인가? 그것은 그 무엇보다도 "요한복음만이 유일하게 예수의 직계(최측근) 제자인 사도 요한이 썼다"는 데 있다는 것이 필자의 생각이다.[436]

요한복음은 예수의 최측근 중의 한 사람, 그래서 예수를 가장 정확

았지만 공관복음서 중 최소한 마가와 누가를 알고 있었으리라고 생각한다." G. Theissen,《복음서의 교회정치학》, 168; "요한공동체는 80년대 이전까지만 해도 고립되거나 폐쇄된 공동체는 아니었으며 어떤 형태로든지 베드로로 대표되어지던 (그의 순교 후에도) 당시 주류 기독교 공동체와 교류하고 있었던 것으로 볼 수 있다. 그리고 80년대는 이미 마가·마태·누가복음이 완성되어서 당시 여러 교회공동체에서 유통·사용되어지고 있었을 것으로 여겨지는데 그러한 공관복음서 문헌자료들을 요한공동체가 모르고 있었다는 것은 납득하기 어려운 부분이다. 성종현,《신약총론》, 714.

435) 김춘기 교수는 전승사적 입장에서 양자의 상이성과 유사성을 설명하는 것이 가장 바람직하다는 견해를 피력한다. 김춘기,《요한복음연구》, 39.

436) 신약성경 27권 가운데 예수의 열두 제자의 이름으로 쓰여진 책은 마태복음과 베드로전후서 및 요한계시록이다. 이 가운데 이미 언급한 요한계시록은 논외로 하고, 마태와 베드로에 대해서만 살펴보자. 마태복음은 저자가 세리 마태보다는 '서기관 마태'로 보이며, 실제 예수의 제자였다면 그가 마가복음에 그렇게 의지하지 않았을 것이라는 것으로 저자 문제는 정리하고자 한다. 그리고 베드로전후서는 베드로의 영향을 받은 후대의 저자로 보고자 한다. 설령 베드로가 저자라 하더라도 몇 장 안 되는 그의 서신이 주는 영향력은 크지 않다는 점에서 크게 문제가 되지 않는다. 더 자세한 설명은 김경희 외 공저,《신약성서개론》, 223-225, 492-503을 참조하세요.

히 알고 있는 사람에 의해 쓰여진 작품이다. 그렇지 않고서는 도저히 이런 작품이 나올 수 없다는 것이 필자의 생각이다. 다른 제자들은 들은 적도 없고 알지도 못하는 요한만이 예수로부터 들어 알고 있는 말씀 - 그것이 요한복음을 공관복음과 결정적으로 차이가 나게 하는 요인이다. 필자는 공관복음 저자들은 모두 예수로부터 멀리 있는 제3의 목격자들이라고 생각한다.[437]

70년을 전후로 해서 쓰여진 최초의 복음서인 마가복음[438]은 저자가 베드로의 제자인 요한 마가(행 12:25; 15:36; 벧전 5:13)이거나 예수의 목격자 중의 한 사람일 것이다. 즉 그는 예수의 직계 제자는 아니었다. 또한 마가복음에 절대적으로 의존하고 있는 마태복음[439]은 이미 언급했듯이 예수의 제자인 세리 출신 마태라기보다는 세리 마태를 공동체의 지도자로 삼았던 마태공동체에서 구약성경에 잘 훈련된 '서기관 출신'에 의해 쓰였다고 보여진다. 마태복음보다는 덜하지만 전체적인 틀에서 여전히 마가복음의 틀을 벗어나지 못하는 누가복음은 저자가 바울의 동역자인 의사 누가(몬 24절, 골 4:14; 딤후 4:11)에 의해 쓰여진 복음서로 볼 수 있다.[440]

그러니까 공관복음 저자들은 모두 예수의 직계 제자가 아니라는 얘기다. 그들은 예수를 멀리서 목격하거나 예수에 관한 이야기를 전해들

---

437) 욥기 42:5은 귀로 듣는 간접 인식과 눈으로 보는 직접 인식의 차이를 잘 드러내준다. "내가 주께 대하여 귀로 듣기만 하였사오나 이제는 눈으로 주를 뵈옵나이다." 요한이 '보라(ἴδε)' 어휘(마 4회, 막 9회, 요 19회)를 그토록 많이 사용하는 것도 이에 연유한다고 볼 수 있다.
438) 서중석 교수는 마가복음서의 연대를 예루살렘 성전파괴(70년 8월 29일)을 기점으로 그 이전설을 주장하고 있다. 서중석,《복음서 해석》, 15-29을 참조하세요.
439) 마가복음서의 662절 가운데 약 50절 정도만을 제외하고는 모두 마태복음서에서 찾아볼 수 있다.
440) 더 자세한 설명은 김득중, "누가복음과 사도행전",《신약성서개론》, 257-259을 참조하세요.

은 제3자적 목격자이고 간접 체험을 한 사람들이다. 따라서 그들은 공적인 예수는 알았을지 모르나 사적인 예수에 대해서는 잘 알지 못했다. 따라서 그들은 예수의 행적에 나타난 겉모습(외양)만 보았지, 본심(속알)은 정확히 알기가 어려웠다.[441] 이것이 그들의 한계였고, 요한복음과 비교할 때 공관복음의 한계였다.

이와는 달리 사도 요한은 베드로, 야고보와 함께 예수의 최측근 3인(마 17:1; 26:37) 중 한 사람이었다. 그는 예수와 관련된 모든 것을 직접 체험한 사람이다. 사도 요한은 그가 부름을 받은 갈릴리에서부터 예수가 십자가에 달려 죽는 순간까지 줄곧 예수 곁에서 예수를 따라다니며 예수와 관련된 모든 것을 본 사람이다. 그리고 예수의 최측근 제자로서 그 누구보다도 스승 예수와 많은 사적인 대화를 나눌 수 있는 기회를 가진 사람이다. 이는 요한이 그 누구보다 예수의 정체성과 그분의 사상의 핵심을 가장 정확하게 알 수 있는 기회를 가진 사람이라는 것을 의미한다.[442]

따라서 마태복음처럼 '남의 자료(마가복음)'에 의존할 필요가 없었다. 즉 요한복음은 전해 내려오는 남의 자료를 모아다가 배열, 편집, 수정, 재구성하여 엮은 것이 아니라 자신이 직접 보고 듣고 느낀 것을 썼다. 더구나 요한복음은 자신만의 독특한 상징과 문체와 구성으로 복음서 전체를 상징화(象徵化), 양식화(樣式化), 체계화(體系化)시켜 내놓았다.[443]

---

[441] 가령, 예수 선포의 핵심인 '하나님 나라' 어휘나 '메시아' 어휘(어떤 메시아관을 가졌는가)와 관련된 예수의 정체성 등.
[442] 가령, 요한복음은 '하나님 나라'나 '메시아' 어휘를 사용할 때 공관복음과 다르다. 요한은 '하나님 나라'는 은폐시켜야 할 비밀의 나라이며, 메시아는 다윗 왕과 같은 힘있는 메시아상이 아닌 유월절 어린 양처럼 순종하는 힘없는 메시아상으로 그리고 있다. 공관복음은 이러한 요한복음의 깊은 이해에 미치지 못하고 있다.
[443] 최안나, 《나오너라: 성서가족을 위한 요한복음서 해설(1)》, 21.

b. 메시아적 관점에서 바울서신이나 공관복음과 비교해서 요한복음의 탁월함을 살펴보자. 50-60년대에 쓰여진 바울서신[444]에는 예수의 지상생애에 대한 언급이 없다. 따라서 사도 바울이 가지고 있던 메시아관은 십자가와 부활 이후부터 예수가 메시아였다라는 관점을 가지고 있다. 즉 바울은 '역사적 예수(Historical Jesus)'가 아닌 '신앙의 그리스도(Kerygmatic Christ)'의 관점에서 예수를 그리고 있다. 바울이 이러한 메시아관은 그가 열두 사도와 달리 역사적 예수에 대해 알지 못했다는 점과 더불어 다메섹 도상에서 부활하신 예수를 만난 사건[445]에 깊은 의미를 부여한 데서 비롯된 것으로 생각해 볼 수 있다.

이러한 바울의 메시아관에서 결정적으로 방향을 선회한 것은 마가복음이다. 마가복음의 의의는 최초의 복음서라는 데에만 있지 않다. 70년경에 쓰여진 마가복음은 예수의 공생애부터 복음서를 기록하고 있다. 이는 십자가-부활 이전, 즉 공생애 때부터 예수가 메시아였다라는 관점을 가지고 복음서를 쓴 것이다. 그러다가 80-85년경에 쓰여진 마태복음과 누가복음은 예수의 탄생 때부터 복음서를 기록하고 있다. 이는 탄생 때부터 예수는 메시아였다라는 관점을 가지고 복음서를 쓴 것이다.

그런데 90-100년경에 쓰여진 요한복음은 공관복음과 차원이 다르다. "태초에 말씀이 계시니라"로 시작하는 요한복음은 예수를 탄생 이전, 즉 역사 이전인 태초부터 메시아였다는 선재하신 그리스도를 그리고 있다. 예수의 시작을 땅의 차원(관점)에서 시작하는 공관복음과 달리 요한은 하늘의 차원(관점)에서 시작하고 있다. 예수가 부활, 승천하

---

444) 서신은 복음서로 가는 위한 과정의 산물이다.
445) 사도행전은 이 사건을 세 차례(9:1-18; 22:6-16; 26:12-18)에 걸쳐 보도하고 있다. 그 만큼 사도 바울에게 있어서 이 사건은 그의 나머지 생애를 결정할 만큼 충격적 사건이었음을 간접적으로 시사한다.

신 분이라면 예수는 이 땅이 아닌 하늘에 속한 분이라고 말하지 않을 수 없다.[446] 즉 예수는 하늘에서 내려와 하늘의 뜻을 펼치다 하늘로 올라가실 분이요, 하나님께로부터 파견되어 세상에 하나님을 알려준 다음 다시 하나님께 되돌아가실 분(13:1)이라는 것이다.[447]

요한의 천재성은 공관복음의 땅의 차원에다가 또 하나의 차원인 하늘의 차원을 추가했다는 데 있다. 한 차원의 추가가 공관복음과 전혀 다른 차원, 즉 다차원적인 해석을 가능케 하는 결정적인 차이를 낳는다. 예수의 일대기를 부활-승천까지 포함해서 그려본다면 공관복음은 선적인 구도, 즉 땅에서 시작하여 하늘로 올라간 '땅-하늘' 구도이다. 이에 반해 요한복음은 차원이 다른 원적인 구도, 즉 하늘에서 땅으로 성육신하여 다시 하늘로 올라간 '하늘-땅-하늘' 구도이다. 지금까지 언급한 메시아관의 차이를 도표로 간략히 그려보면 다음과 같다.[448]

〈도표 3〉 메시아의 관점에서 본 바울서신과 사복음서의 차이점

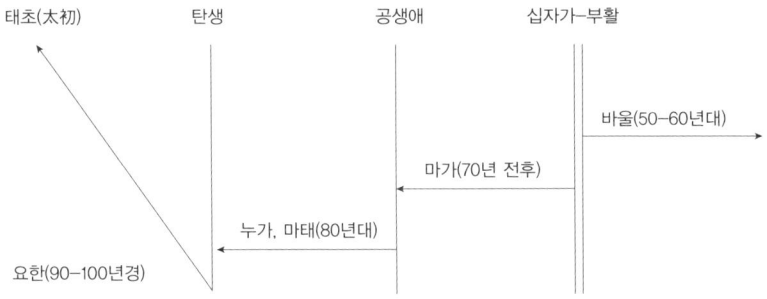

---

446) 요한복음에는 공관복음과는 달리 예수의 세례 받는 기사(마 3:13-17; 막 1:9-11; 눅 3:21-22)가 없는데, 그 까닭은 하늘에 속한 분은 세례를 받을 필요가 없기 때문이다.
447) 정태현, 《거룩한 독서(1): 모세오경·네 복음서》, 257.
448) 이 도표는 고(故) 문상희 교수님의 〈공관복음서〉(1983년도) 강의 노트에서 발췌한 것임.

c. 여기서 우리는 요한복음이 공관복음과 차원이 다르다는 것을 이렇게 설명할 수 있다. 3차원의 세계란 인간(나)이 주어인 세계를 말하는데, 인간 세계(역사)를 구성하는 세 요소인 시간(時間), 공간(空間), 인간(人間)을 말한다(3間). 그리고 4차원의 세계[449]란 하나님을 주어로 하는 세계를 말하는데, 3차원의 인간 세계(역사)에 '신(神)'의 차원이 첨가된 것(神間)'을 말한다(4間). 삼각형(3차원-평면)에 속한 세계는 '인간을 주어로 하는 세상 나라'요 진리 추구나 구원을 위해 인간의 행위를 필요로 하는 '율법의 세계'라고 말할 수 있다.

다윗의 별의 삼각형은 수직 상승의 3차원이고, 역삼각형은 또 하나의 차원인 수직 하강의 4차원이다. 요한복음은 4차원의 예수 그리스도를 말한다는 점에서 3차원 속한 동양성현들과 다르고, 또한 3차원의 예수를 그리고 있는 공관복음과도 다르다.[450] 공관복음의 예수는 다윗의 별을 여는 삼각형, 즉 수직 상승의 모습을 하고 있고, 요한복음의 예수는 다윗의 별을 닫는 역삼각형, 즉 수직 하강의 모습을 하고 있다. 이를 도표로 그려보면 다음과 같다.

---

449) 4차원의 세계(진리)란 궁극적 실재, 영원한 실상을 말하는 세계(진리)로써 '성 삼위 하나님'과 '그분의 말씀'(사 40:8; 신 8:3)밖에 없다. 나머지 모든 것은 3차원의 세계다. 3차원의 것을 4차원으로 섬기는 것을 '우상숭배'라고 한다.
450) 바울서신은 '그리스도 찬가'(빌 2:5-11)를 통해 요한이 말하는 선재한 그리스도의 성육신을 말하고 있으나 역사적 예수를 언급하지 못했다는 점에서 요한과 같은 4차원의 예수를 그렸다고 보기에는 미흡하다.

〈도표 4〉 다윗의 별의 관점에서 본 공관복음과 요한복음의 차이점

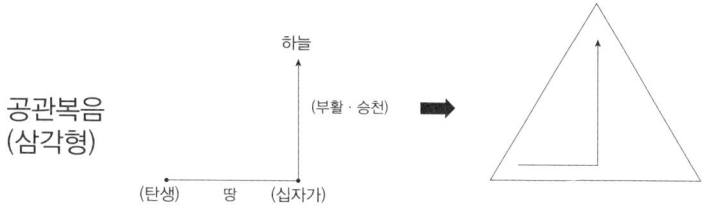

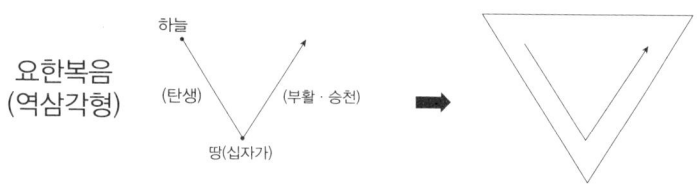

역삼각형은 삼각형의 3차원에 또 한 차원을 더한 4차원(입체)의 하늘에 속한 나라, 즉 '하나님을 주어로 하는 하나님 나라'요 진리 추구나 구원을 위해 인간의 행위를 필요로 하지 않는 전적인 하나님의 은혜에 속한 '복음의 세계'라고 말할 수 있다.[451]

3차원에 속한 세계는 아무리 커도 3차원이다. 3차원에 한 차원을 더한 4차원에 속한 세계는 아무리 작아도 4차원이다. 3차원의 삼각형(평면)은 그것이 아무리 커도 '3차원에 속하는 세계(差異那의 세계)'이다. 이에 반해 4차원의 삼각뿔(입체)은 그것이 아무리 작아도 '4차원에 속하는 세계(本一差異那의 세계)'이다.[452]

---

[451] 4차원의 하나님 나라(하나님 왕국)는 3차원의 세상 나라(세상 왕국)와는 차원이 다른 나라인데, 그 까닭은 '하나님 나라를 안고 온 예수'라는 비밀 속에 감추인 나라이기 때문이다.

[452] 여기서 "진리란 3차원에 속하는 '차이나의 세계'에서 4차원에 속하는 '본-차이나의 세계'를 깨닫는 것이다"라고 정의해 본다. 이와 관련해서 1042쪽의 부록 18번을 참조하세요.

4차원의 삼각뿔은 삼각형이 4개로 이루어지는데, 이는 3차원의 삼각형보다 4배(3배가 더 많아짐)이다. 이를 인생에 적용하면 3차원의 세상 나라를 사는 사람은 한 평생을 산다면, 4차원의 하나님 나라를 사는 사람은 한 사람의 인생을 자신과 더불어 성 삼위 하나님(성부, 성자, 성령)과 함께 하는 4배의 인생을 사는 셈이 되는 것이다. 그리고 3차원의 세계는 남보다 더 탁월한 '우월주의'를 추구하는 삼각형의 세계이다. 그러나 4차원의 세계는 남과 다른 '유일주의'를 사는 추구하는 역삼각형의 세계이다.

하나님 나라(구원사)를 사는 그리스도인은 세상 나라(세속사)를 사는 비그리스도인과는 '차원이 다른 삶을 사는 사람들'[453]이다. 세상 나라와 하나님 나라를 사상적으로 말한다면 3차원의 세상 나라는 인본주의인 헬레니즘에 속하고, 4차원의 하나님 나라는 신본주의인 헤브라이즘에 속한다. 3차원의 헬레니즘과 4차원의 헤브라이즘간의 영원한 전쟁, 이것이 인생이자 인류 역사이다.[454]

2) 조직신학논문으로서의 요한복음

요한복음은 '이야기체(narrative)로 된 한편의 조직신학논문'이라는 것이 필자의 생각이다.[455] '이야기체(설화체)'로 되어 있는 요한복음이 바울

---

453) 3차원에 속하는 인간의 관심사는 인간에 속한 '부귀영화', '무병장수', '자유와 평안'이다. 그러나 4차원에 속하는 하나님의 관심사는 이 같은 인간의 관심사와는 차원이 다른 구별된 삶, 즉 거룩한 삶이다. 거룩한 삶이란 하나님께 '예배하는 삶'이요 하나님의 이름을 증언하는 '선교하는 삶'을 말한다.
454) 3차원의 역사인 일반사(세속사)와 4차원의 역사인 이스라엘 역사(구원사)의 차이에 대해서는 박호용,《출애굽기주석》, 26-30을 참조하세요.
455) 최흥진 교수는 "요한복음은 신학적 주제에 대한 논문이라는 느낌을 준다"고 말했다. 최흥진,《요한복음》, 22-23.

의 《로마서》처럼 한편의 조직신학논문이라는 것은 쉽게 납득이 가지 않는 생소한 주장이라고 여겨질 것이다. 그러나 요한복음이 이야기체로 된 한편의 완벽한 조직신학논문이라는 사실을 인식할 때 요한복음을 새롭게 재발견하는 계기가 될 것이다.

주후 1세기 말경의 기독교는 로마제국 하에서 유대교와의 피할 수 없는 대립과 갈등상황에서 유대교와의 차별성을 부각시키는 동시에 유대교에 대해 기독교 신앙을 변증하고 증언해야 할 필요성이 대두되었다. 이를 위해 바울은 '서신' 형식으로, 그리고 공관복음 저자들은 '복음서'라는 독특한 형식으로 나름대로 글쓰기를 시도했다.

그런데 요한은 기독교 신앙을 제대로 변증하기 위해서는 기존의 공관복음과 같은 글쓰기와는 다른 형식의 글쓰기를 해야 한다는 강력한 필요성을 느꼈을 것이다. 즉 '전기 형식'보다는 신학적 주제에 다른 '논문 형식'의 글쓰기가 적합하다는 결론을 내렸을 것이다.[456]

요한은 공관복음과의 반복을 피하기 위해 공관복음에 나타나는 예수의 탄생 기사나 세례, 시험, 소명 기사, 그리고 많은 이적과 비유, 도덕적이고 교훈적인 내용들을 거의 삭제하는데 그치지 않고, 순교와 배교의 갈림길이라는 묵시문학적 상황에서 유대교와 로마제국에 대한 변증을 위한 조직신학적 논문으로 글쓰기를 시도하였다. 그것이 현재의 요한복음이라는 것이 필자의 생각이다.

모든 장르에는 그 장르가 갖는 기본적인 요소가 있듯이 논문에도 논문이 갖추어야 할 기본적인 요소가 있다. 논문의 목적(기록 동기),[457]

---

456) 요한복음이 논문적 성격을 갖는다는 좋은 실례가 논리적 결론을 말할 때 사용하는 '따라서' 또는 '그러므로' 어휘(οὖν)의 사용빈도수이다. 마태 56회, 마가 6회, 누가 33회, 요한은 202회 사용하고 있다.

457) 스몰리는 요한복음의 목적(기록 동기)에 대해 네 가지 경우를 상정하고 있다. 1. 공관복음을 대치 또는 보완하기 위해서, 2. 기독교 복음을 헬라화된 술어로 재서술하기 위해서 3. 변증 또는 호교론으로서, 4. 예전적 용도로서. S.S.Smalley, 《요한신학》, 187- 211. 요

주제, 구조 및 방법론이 그것이다. 설화체로 되어 있는 요한복음에는 이 같은 논문의 기본 요소들이 놀랍게도 완벽하게 갖추어져 있다. 요한복음의 주제는 "예수는 누구인가"라는 '기독론'이다.[458] 이 주제는 요한복음 전체와 관련됨으로 여기서는 생략하고 요한복음의 목적, 구조 및 방법론만을 차례로 살펴봄으로써 요한복음이 '이야기체로 쓰여진 한편의 조직신학논문'임을 밝혀보고자 한다.

(1) 요한복음의 기록 목적

글 쓰는 사람은 무엇인가 들려주고 싶은 이야기가 있기에 글을 쓴다. 그렇다면 요한은 무엇을 들려주고자 복음서를 쓴 것일까? 누가는 누가복음의 서문(눅 1:1-4)에서 자신이 왜 예수에 관한 이야기를 새롭게 기록해야 하는가를 밝히고 있다. 그런데 이 대목은 누가복음을 서술하게 된 기록 배경을 서술한 것이지 누가복음의 기록 목적을 밝혀 놓은 것은 아니다.

사복음서 가운데 요한만이 복음서를 쓰게 된 목적을 분명하게 밝혀 놓았다. 이것은 요한복음이 논문적 성격을 갖는다는 좋은 반증이다. "오직 이것을 기록함은 너희로 예수께서 하나님의 아들 그리스도이심을 믿게 하려 함이요 또 너희로 믿고 그 이름을 힘입어 생명을 얻게 하려 함이니라"(20:31). 이 같은 복음서의 기록 목적은 명백한 변증적 기능을 갖는다.[459] 즉 요한복음의 궁극적 관심은 "예수는 누구인

한복음의 목적(기록 동기)에 대한 더 자세한 설명은 본문 20:30-31 주석을 참조하세요.
458) 구약이 '철저한 야웨중심주의(Radical Yahwehcentricity)'라면, 신약은 '철저한 그리스도중심주의(Radical Christocentricity)'라고 말할 수 있다. 더 자세한 설명은 박호용, "하나의 초점 - 예수 그리스도",《출애굽기주석》, 198-205을 참조하세요.
459) 앤더슨은 요한복음의 변증적 기능에 대해 "요한복음은 수학방정식이나 시나 정치사가 아니다. 그것은 그것을 읽는 독자에 대한 종교적 호소이다"라고 말한다. P.N.Anderson,

가?"라는 기독론에 있다.[460]

왜 요한은 기독론을 강조하는 것일까? 그것은 순교냐 배교냐 하는 묵시문학적인 절박한 시대상황 때문이다. 즉 "누가 주님인가?" 또는 "누가 왕인가?" 그래서 "누구를 진정으로 예배할(섬길) 것인가?" 하는 선택의 기로에서 십자가에 달렸다가 부활한 예수가 주님이요 왕이기에 그를 예배할 것을 말하고자 함에서였다. 다시 말하면 유대교와 로마제국이라는 두 전선과의 생사를 건 싸움에서 '모세로 대표되는 유대교'와 '가이사로 대표되는 로마제국'보다 '예수로 대표되는 기독교'가 우월하다는 것을 변증하기 위함에서였다.

(2) 요한복음의 구조

잘 쓴 논문은 구조면에서 짜임새가 있고 정교한 구조를 갖추고 있다. 그런 점에서 요한복음은 완벽한 조직신학논문이라고 말할 수 있다.[461] 요한복음의 구조를 어떻게 보느냐[462]는 요한복음 이해의 열쇠가 아닐 수 없다. 가령, 하나의 건물을 지을 경우 우선 건축가는 설계도를 작성한다. 그러고 나서 건축가는 자신이 설계한 그 설계도면에 따

The Riddles of the Fourth Gospel, 18.
460) 레오나르도 다 빈치의 천재성은 여러 분야로 분산(실패한 천재)된 데 반해, 미켈란젤로의 천재성은 회화와 조각에 집중(성공한 천재)되었다. 요한의 천재성은 기독론에 집중되었다는 점에서 미켈란젤로의 천재성에 속한다.
461) 천재로 일컬어지는 르네상스의 거장들은 조화와 균형을 중시했다. 그 점에 있어서는 천재 요한도 마찬가지다. 요한은 천재적인 재능을 가지고 요한복음을 조화롭고 균형잡힌 아름다운 건축물로 지었다. 요한복음은 대단히 정교한 구조를 갖추고 있다는 점에서 완벽한 신학논문이다. 필자가 요한복음을 '이야기체(narrative)로 쓰여진 한편의 조직신학 논문'이라고 말한 까닭도 이에 기인한다.
462) 2부구조로 보는 학자들과 3부구조로 보는 학자들에 대한 더 자세한 설명은 목회와 신학 편집부,《요한복음: 어떻게 설교할 것인가》, 338, n. 5를 참조하세요.

라 건물을 짓는다. 따라서 설계도는 그 건축가의 모든 것이다. 만일 우리가 그 건축가의 설계도를 제대로 읽어내지 못했다면, 건축가의 의도와 그 건물이 갖는 의미를 모를 수밖에 없다. 즉 구조 파악은 그 건물을 이해하는 열쇠요 전부다.[463] 왜냐하면 구조를 달리 보면 전체 해석이 달라지게 때문이다.

요한복음의 구조와 관련하여 필자가 말하고 싶은 것은 먼저 이 문제는 건축가가 자신이 지을 건물의 설계도를 정밀하게 그려놓았듯이, 저자 요한은 자신의 전존재를 걸고 정밀하게 그려놓았다는 점이다. 나아가 이 문제는 이렇게 볼 수도 있고 저렇게 볼 수도 있는 그러한 한가한 이야기가 아니다.

저자에게 있어서 구조의 문제는 묵시문학적 위기상황 속에서 자신이 하고자 하는 가장 중요한 메시지를 전달해야 하는 절박한 문제였다. 즉 구조 자체가 하나의 코드(암호상징)였던 것이다. 기존에 대부분의 학자들이 주장했던 요한복음의 구조를 말하기에 앞서 먼저 필자의 견해를 간단히 정리하면 다음과 같다.

우선 요한은 자신의 복음서를 히브리인이 즐겨 사용하는 교차대구구조(chiasmus)를 사용하여 엮어놓았다는 점이다. 이를 분명하게 암시하는 실례는 예수의 정체성을 말하는 일곱 '에고 에이미' 말씀이다. 이 말씀은 6장으로 시작해서 15장으로 끝나는데, 6-15장을 한 단위로 볼 때 6장과 15장은 교차대구구조에 의한 상응하는 장으로 엮어져 있다. 이 두 장이 상응하는 장이라는 사실은 예수의 선포의 핵심주제인 '하

---

[463] "구조 분석은 본문을 이해하기 위한 해석학적 틀을 제공하며, 해석자가 어떠한 강조점을 가지고 본문을 분석하느냐에 따라 구조 이해는 달라진다. 요한복음의 중심 주제를 근거로 그 구조를 구분할 수 있으며, 주제 외에도 내러티브의 특징을 살려서 지리적인 전환이나 시간적인 전환 혹은 이 둘의 병합이나 청중의 변화(무리와 제자들), 그리고 드라마적 요소나 극적 전개 혹은 수와 상징, 대칭적 형태 등을 중심으로 나누어 이해할 수 있다." 최흥진, 《요한복음》, 59.

나님 나라(예수 나라)' 어휘를 사용하고 있는 3장과 18-19장(이 두 장은 빌라도의 심문으로 연결되어 있어 하나의 단위를 형성)을 통해서도 분명하게 나타난다.

한편, 6-15장이 일곱 '에고 에이미' 말씀으로 한 단위를 형성하듯이, 일곱 표적을 말하고 있는 2-11장이 또한 한 단위를 형성하고 있다. 2-11장에 나타난 일곱 표적은 '다윗의 별'의 구조에 따라 부활(나사로의 소생)의 주제를 정점으로 하는 마지막 일곱번째 표적(11장)을 강조하고 있다.[464] 나아가 1장(서론)과 21장(결론)을 제외한 본론(2-20장)은 세 장, 즉 2장(처음)과 11장(중간)과 20장(끝)에는 인물상징인 세 명의 마리아라는 여인이 나타난다. 그리고 이 세 장은 2장과 20장이 부활을 주제로 교차대구구조를 이루면서 11장을 정점으로 한 삼각형 모양의 명확한 부활장의 구조를 보여준다.

나아가 저자는 본론(2-20장)을 11장을 정점으로 하는 '메노라'식(완전수인 일곱 단위) 구조로 엮어 놓았다. 즉 세 개의 부활장(2,11,20장)을 건물의 외부로 하여, 그 내부에 네 개의 십자가장(3,10,12,18-19장)을 앞뒤로 위치시킴으로써, 초대교회 케리그마의 핵심인 '부활-십자가' 구조로 본론을 엮어놓았다. 본론을 이 같은 정교한 '부활-십자가' 구조로 엮어놓은 것은 현재 저자가 직면하고 있는 묵시문학적 상황 때문이다.

생존이 위협당하는 묵시문학적 박해상황에서 저자는 예수에 대한 충성을 위해 배교하지 말고 죽음을 극복(초월)한 부활신앙을 안고 당당히 십자가 고난의 길을 갈 것을 요한공동체에 강력히 촉구하고자 했던 것이다. 이것이 요한이 복음서의 구조를 통해 말하고자 한 의도라는 것이 필자의 생각이다.[465]

---

464) 일곱 표적에 나타난 '다윗의 별'의 구조에 대해서는 355쪽의 〈도표 10〉를 참조하세요.
465) 요한복음의 구조에 대한 또 다른 설명에 대해서는 368쪽 이하의 "구조상징코드"를 참조하세요.

따라서 이 문제와 관련하여 기존의 대부분의 학자들이 주장하는 요한복음 구조에 나타난 문제점은 묵시문학적 박해상황에서 구조 속에 은밀하게 감추인 요한의 상징코드를 제대로 읽어 내지 못한 데 기인한다. 그 결과 요한복음 이해는 결정적으로 빗나갈 수밖에 없었다. 그렇다면 기존에는 요한복음의 구조를 어떻게 보았는가. 요한복음의 '클레오파트라(Cleopatra, 주전 69-30)의 코'[466]는 12장에 있다.

A. 구조에 대한 기존의 견해

다드(C.H.Dodd)가 요한복음의 구조를 크게 두 부분, 즉 '표적의 책(The Book of Signs, 2:1-12:50)'과 '수난의 책(The Book of Passion, 13:1-20:31)'으로 나눈 이래로 거의 대부분의 학자들이 그의 견해를 따르고 있다.[467] 대표적인 학자들을 예를 들면, 불트만은 제1부(2-12장, 세상 앞에 나타나는 영광의 계시), 제2부(13-20장, 공동체 앞에 나타나는 영광의 계시)로 나눈다.[468] 브라운은 '표적의 책'의 시작을 1:19로부터, 그리고 '수난의 책' 대신 '영광의 책(The Book of Glory)'이라는 제목으로 나눈다.[469] 쉬낙켄버그(R.

---

466) 이 경구는 파스칼의 《팡세》에 나오는 말로 "작은 차이가 엄청나게 큰 차이를 가져온다"는 것을 일컫는 말이다. B. Pascal, 《팡세》 단상 162번을 참조하세요.
467) C.H.Dodd, *The Interpretation of the Fourth Gospel*(1953). 최근에 나온 요한복음 주석들도 거의 이 견해를 따르고 있다. C.G.Kruse, John(2003); J.R. Michaels, *The Gospel of John*(2010); F.D.Bruner, *The Gospel of John* (2012); 그런데 맷슨은 전체를 열 단원으로 나누고, 11장과 12장을 구분하여 다루고 있다(1장/ 2:1-3:21/ 3:22-5:47/ 6:1-8:11/ 8:31-9:41/ 10-11장/ 12-13장/ 14-17장/ 18-19장/ 20-21장). M.A.Matson, *John*, 64-89.
468) R.Bultmann, *The Gospel of John*(1971), 109-454, 455-699.
469) R.E.Brown, *The Gospel According to John*. 2 Vols(1966-70). cxxx viii-cxliv. 스테빅은 브라운의 이러한 호칭은 예수의 십자가 처형을 중심으로 한 예수 이야기 부분에 대한 궁색한 선택으로 보이나 그 칭호는 제4복음서 자체의 어휘로부터 유래한다고 말하면서, 제2부를 '영광의 책'으로 호칭한 것은 예수의 수난을 영광의 관점으로 해석하고 있는 저자의 이해와 어울린다고 보았다. D.B.Stevick, *Jesus and His Own: A commentary on*

Schnackenburg)는 제1부(1-12장)와 제2부(13-21장)로 나눈다.[470] 비슬리-머리는 예수의 공생애(1:19-12: 50)과 예수의 수난과 부활(13:1-20:31)로 나눈다.[471] 과연 이러한 제목과 구분이 타당한가?[472]

먼저, 본론(2-20장)의 제목부터 살펴보자. 기본적으로 요한복음은 본론(2-20장) 전체가 하나님(예수) 관점에서 보면 '영광의 책'[473]이고, 요한 공동체 관점에서 보면 '생명의 책'[474]이다. 표적은 이 같은 '영광과 생명'을 드러내기 위한 하나의 도구적(소재적) 역할을 할 뿐이다. 즉 요한복음은 하늘(삼위일체 하나님)에는 영광을, 땅(요한공동체를 비롯한 인간 세계)에는 생명을 말하고자 한 책이다. 따라서 브라운 식의 제1부(2-12장)는 '표적의 책'[475]이고, 제2부(13-20장)는 '영광의 책'이라는 제목은 요한복음에 대한 피상적 관찰에 지나지 않는다.

John 15-17(2011), 5.
470) R. Schnackenburg, *The Gospel According to St. John*. 3 Vols(1968).
471) G.R.Beasley-Murray, *John*(1999). xci-xcii.
472) 헨첸은 제1부(1장-12:36)와 제2부(12:37-21장)로 나눈다. E. Haenchen, *A Commentary on the Gospel of John*. 2 Vols(1984). 카이저는 요한복음서를 서론: 시작(1:1-51), 제1부: 예수께서 영광을 드러내시다(2:1-12:50)와 제2부: 예수께서 영광을 받으시다(13:1-20:29), 결론: 종결(20:30-21:25)로 분해한다. R. Kysar,《요한의 예수이야기》, 9-11.
473) 제1부를 2-12장로, 제2부를 13-20장로 보는 학자들의 견해를 따르더라도 '영광의 책'이라는 제2부보다 제1부에서 '영광' 어휘가 더 많이 나타난다. 명사 '영광(δοξα)' 어휘는 공관복음에 23회(마태 7회, 마가 3회, 누가 13회)나오는데, 요한복음에 19회(1:14[2회]; 2:11; 5:41, 44[2회]; 7:18[2회]; 8:50; 9:24; 11:4, 40; 12:41, 43[2회]; 17:5, 22, 24), 동사 '영화롭게 하다(δοξάζω)' 어휘는 공관복음에 14회(마태 4회, 마가 1회, 누가 9회) 나오는 데 반해, 요한복음에는 23회(7:39; 8:54[2회]; 11:4; 12:16,23,28[3회]; 13:31[2회], 32[2회]; 14:13; 15:8; 16:14; 17:1[2회],4,5,10; 21:19) 나타난다.
474) 요한복음에 생명(ζωή) 어휘는 19회(1:4[2회]; 3:36; 5:24,26[2회]],29,40; 6:33, 35, 48, 51, 53, 63; 8:12; 10:10; 11:25; 14:6; 20:31), 영생(αἰώνιος ζωή) 어휘는 17회(3:15,16,36; 4:14, 36; 5:24, 39; 6:27, 40, 47, 54, 68; 10:28; 12:25,50; 17:2,3) 나타난다. 요한복음에서 '생명'은 '영생'과 완전한 동의어이다(3:36과 5:39-40비교). 요한복음에서 구원은 곧 생명인데, 그 생명은 바로 영원한 생명을 뜻한다. 김득중,《요한의 신학》, 321-322.
475) 요한복음은 제1부의 일곱 표적만이 아니라 21장의 물고기 153 표적을 비롯하여 가장 큰 표적인 '십자가와 부활'까지도 포함하여 전체가 표적의 책이다.

다음으로, 본론의 구분을 1-12장을 제1부로[476], 13-20장을 제2부로 보는 견해에 대해 살펴보자. 요한복음의 구조를 서론(1장)에 이어 제1부를 예수의 공적 활동을 증거한다는 의미에서 12장까지로 보고 있는데, 이는 무엇보다도 요한복음 전체 구조가 교차대구구조에 따른 '부활-십자가' 구조로 되어 있다는 필자의 주장에 반대된다.

또한 여기서 문제가 되는 부분은 12:37-50이다. 대부분의 학자들은 본문 37절에 있는 '많은 표적'[477]이라는 말을 근거로 12장까지를 '표적의 책', 즉 제1부로 보고 있다.[478] 그런데 이런 주장을 하는 대부분의 학자들도 문맥에 전혀 어울리지 않는 대목(44-50절)이 12장 끝에 붙어 있다는 사실 때문에 매우 곤혹스러워한다. 그러면서 문맥에 어울리지 않는 이 대목을 편집자의 실수라는 식으로 이 문제를 처리하려고 한다.[479]

이러한 주장은 제1부를 12장까지로 보는 견해가 적절치 않다는 것을 반증한다. 이러한 주장은 요한의 구조상징코드를 제대로 보지 못한 결과에 다른 당연한 귀결이다. 여기서 주목해야 할 것은 잘 어울리지

---

[476] 최근에 네이레이는 12장을 제1부의 수사학적 결론으로 보면서 그 증거로 3:19-21과 12:31-36, 그리고 3:17-19,34-36과 12:45-50의 상응관계를 제시한다. J.H. Neyrey, *The Gospel of John in Cultural and Rhetorical Perspective*, 332-341. 이 같은 주장은 일부 일리가 있는 주장이지만, 요한복음 전체 구조로 볼 때 그 핵심에 해당하는 3:16-21은 유대 지도자인 니고데모 및 '하나님 나라'와 관련되어 있고, 그것은 또한 18:33-38의 이방 지도자인 빌라도 및 예수나라와 상응관계에 있다는 점에서 피상적 관찰에 불과하다는 것이 필자의 생각이다.

[477] 이 표현은 요한이 예수의 표적에 대해 관용적으로 쓰는 표현이다(11:47 참조).

[478] 《오픈성경》(1987년)은 "요한복음 서론"에서 '수난주간의 예수'(12:1-19:42)이라는 제목 하에 12장을 앞부분과 구분하고 있는 모습을 보여주고 있다.

[479] "예수의 자기계시 말씀으로서 문맥상 매끄럽지 못하게 연결된 대목이다. 왜냐하면 예수의 공적인 계시활동에 관한 보도는 이미 마무리되었고(36b절), 예수의 활동에 대한 성과도 앞서 요약 보도되었기 때문이다(37-43절). 따라서 상황이 결여된 예수의 자기계시 말씀이 현 문맥에 잘못 연결된 것으로 보기도 한다. 원래 8:12이나 12:36b절 또는 12:37에 연결되었을 것으로 추정하기도 한다." 이영헌,《요한복음서》, 257.

않는 이 대목을 요한은 왜 이곳에 배치했느냐 하는 것이다. 뒤에서 보겠지만 요한은 9장과 교차대구를 이루게 하려는 의도로 이 대목을 이곳에 배치했다는 것이 필자의 생각이다.

한편, 요한복음의 구조를 주제적 관점이 아닌 다른 관점에서 취급한 학자는 요한 게르하르트(J. Gerhard)이다. 그는 현재대로의 요한복음이 저자 한 사람의 글이며 결코 내용의 자료가 제자리를 이탈하거나 잘못 배열된 일이 없으며, 처음부터 끝까지 전부 '키아즘(chiasm)'의 구성으로 되어 있다고 주장하였다. 그에 따르면, 요한복음은 간음녀의 용서와 중요하지 않은 몇 군데를 제외하면 전부가 원저자의 글일 뿐만 아니라, 꿰매지 않은 통으로 짠 속옷(요 19:23-24) 같다고 한 스트라우스(Strauss)의 말 그대로라는 것이다.

게르하르트의 요지는, 현재의 독자들이 읽는 그대로 요한복음의 내용은 논리적으로 그리고 시간질서의 관점으로 사건의 연결, 상황과 내용, 인물과 배역, 및 언어와 주제 등에 아무런 차질이 없다고 단언할 수 있다는 것이다.[480]

이상훈 박사는 1226년에 스테펜 랑턴(Stephen Langton)이 정확하지 않은, 임의로 분할해 놓은 21개장의 고정관념이 아니라 장소와 시간과 주제와 상황에 따라 분할하는 새로운 21개의 연속적 부분으로 시각을 교체해야 한다고 주장하면서, 게르하르트의 가정에 근거하여 "요한복음 전체의 키아즘 병행구조(Chiastic Parallelism of the Gospel as a

---

480) 게르하르트의 가정(the Gerhard's hypothesis)에 의하면, 요한복음은 전체가 이 '키아즘 구조론'에 의해서 성립될 뿐만 아니라, 요한복음 전체를 '5개의 큰 묶음'으로 분류하고, 그 전체를 다시 '21개의 연속적 부분'으로 분류할 수 있는데, 전체와 세부가 다 같이 '키아즘의 병행구문'에 의한 정연한 구성임을 보게 된다. J.Gerhard, *The Literary Unity and Compositional Method of John*, Unpublished Dissertation (1975), 이상훈,《성서주석: 요한복음》, 44-45.

Whole)"[481]를 제시하였다.

이상훈 박사의 주장에 대한 필자의 견해는 이러하다. 요한복음은 부분적으로도 교차대구구조가 나타나지만,[482] 전체적으로도 교차대구구조로 되어 있다는 것이 필자의 생각이다.[483] 요한복음이 전체적으로 교차대구구조로 되어 있다는 이상훈 박사의 주장에 필자는 동의한다. 그런데 우리가 잘된 논문을 보면 구조가 전체적으로 균형이 잡히고, 한 눈에 보아도 쉽게 알 수 있을 정도로 일목요연하게 짜임새 있고, 주제가 단순한 것이 특징이다.

이상훈 박사의 주장, 즉 요한복음서의 구조를 다섯 묶음으로 나누

---

481) PART I (1:19-4:3): 증거와 제자
    연속 1(1:19-51), 연속 2(2:1-12)
    연속 3(2:13-25) 연속 4(3:1-21)
    연속 5(3:22-4:3)

    PART V (12:12-21:25): 증거와 제자
    연속 21(20:19-21:25), 연속 20(20:1-18)
    연속 19(18-19장), 연속 18(13-17장)
    연속 17(12:12-50)

    PART II (4:4-6:15): 응답: 적극과 소극
    연속 6(4:4-38), 연속 7(4:39-45)
    연속 8(4:46-52) 연속 9(5:1-47)
    연속 10(6:1-15)

    PART IV (6:22-12:11): 응답: 적극과 소극
    연속 16(10:40-12:11), 연속 15(10:22-39)
    연속 14(9:1-10:21), 연속 13(7:1-8:58)
    연속 12(6:22-72)

    PART III: 6:16-21 새로운 탈출(The New Exodus)

위에서 본 바와 같이 요한복음을 크게 나눈 다섯 개의 묶음을 다시 정리하면, PART I: 1:19-4:3, PART II: 4:4-6:15, PART III: 6:16-21(중심), PART IV: 6:22-12:11, PART V: 12:12-21:25이다. 이상훈, 《성서주석: 요한복음》, 46-49.

482) 최홍진 교수는 생명의 떡 강화인 6:51-58이 교차대구구조로 되어 있음을 밝혔다(A 48절=A' 58c절, B 49절=B' 58b절, C 50a절=C' 58a절, D 50b절=D' 57c절, E 51a절=E' 57ab절, F 51b절=F' 56절, G 51c절=G' 55절, H 52절=H' 54절, I 53절). 이와 같이 교차대구구조를 사용하여 반복적으로 주제를 진술하며 점차 발전시키는 것은 요한복음에서 메시지를 효과적으로 전달하기 위하여 즐겨 사용하는 수단이다. 최홍진, "예수에 대한 고백과 성만찬", 《설교를 위한 성서연구》, 135-136.

483) 엘리스는 요한복음이 전체적으로 교차대구구조로 형성되었다고 주장한다. P.F.Ellis, *The Genius of John: A Composition-Critical Commentary on the Fourth Gospel* .

고, 그 중심 주제를 새로운 탈출(New Exodus)로 삼은 이 같은 구조는 오경과 출애굽 사건(Exodus)에 근거한 것 같다. 그런데 세부적으로 이런 주장의 옳고 그름을 떠나 첫째, PART III: 6:16-21(새로운 탈출)을 중심으로 한 그의 구조는 요한복음서 전체로 볼 때 균형을 이루지 못하고 있다는 점, 둘째, 요한복음이 일관되게 주장하는 주제들(가령, 영광, 생명, 예수, 혹은 성육신, 십자가, 부활 등등)로 구성되지 못했다는 점, 셋째, 어떤 단락이 교차대구구조로 되어 있는가를 취급할 때 주요 주제의 상관관계보다는 주로 같은 언어의 상관관계에 초점을 맞추다 보니 전체적으로 난삽하고 어수선하다는 느낌이 든다는 점이다.

한편, 김춘기 교수는 요한복음의 구조를 크게 셋으로 나눌 수 있다고 하면서 이렇게 말한다. 첫째 부분은 예수의 공생애에 대한 기록으로 흔히 '표적의 책'인 1:19-12장까지이다. 둘째 부분은 흔히 '영광의 책'으로 칭하는 13-17장까지이다. 셋째 부분은 초대교회 신앙의 핵심인 수난사화(예수의 고난, 죽음, 부활)를 다룬 18-20장까지이다. 특히 18-19장의 특징은 누가복음처럼 예수를 죽이는 핵심세력이 로마제국이라기보다는 유대인이고, 그 중에서도 유대지도층과 그들을 따르는 무리임을 부각시킨다(요 19:15).

누가복음에서와 같이(눅 23:4, 14, 22) 요한복음에서도 빌라도는 세번씩이나 예수의 무죄를 말하고 있다(요 18:38; 19:4,6). 그러면서 요한복음에서 예수의 죽음에 대한 전적인 책임이 대제사장과 그를 따르는 유대인들에게 있으며 그것을 현실화시킨 로마제국도 부분적인 책임이 있다고 주장한다.[484] 그리고 요한복음을 다 쓴 후에 1:1-18의 서문을 썼으며, 21장은 후에 마지막 편집자에 의해 당시의 몇 가지 문제들을 해결

---

484) 김춘기, 《요한복음연구》, 220-223.

하기 위해서 첨가되었다는 것이다.

그는 계속해서 이렇게 말한다. 그러나 이러한 구조 분석도 확실한 것은 아니다. 왜냐하면 요한복음 저자는 뚜렷한 구조에 따라 예수의 정체성을 설명하려고 하지 않기 때문이다. 요한복음을 읽다보면 "아! 이것은 앞에서도 말하던 것이 아닌가" 하고 느끼는 경우가 자주 있는데, 그것은 '나선형 수사기법(the spiral technique)'으로 같은 주제를 계속하여 여러 관점에서 반복 설명하면서 보다 깊고 넓은 의미로 확산하고 있기 때문이다.

요한복음의 중심주제는 "예수, 그는 오늘 우리에게 누구인가"라는 예수의 정체성 확립이다. 이 물음에 대한 근본적인 답은 '생명'이며, 이 점에서 요한복음의 중심은 '기독론'이라고 말하고 있다. 이러한 김 교수의 주장에 대해 필자는 여타 것은 다 동의하면서도 다음의 세 가지에 대해서는 다른 견해를 가지고 있음을 밝혀보고자 한다.

첫째, 이미 언급했듯이 요한복음을 '표적의 책'과 '영광의 책'이라는 제목으로 나누는 것에 대해 요한복음은 제1부와 제2부를 가릴 것 없이 전체가 다 '영광의 책'이자 전체가 다 '표적의 책'이다. 제1부가 영광의 책인 것은 제2부 못지않게('영광' 어휘를 더 많이 사용하고 있음) 예수의 영광을 다루고 있기 때문이다. 그리고 제2부가 표적의 책인 것은 요한에게 있어서 '십자가와 부활'도 다 표적이며, 요한복음의 기록목적(20:30-31)도 요한복음 전체가 표적이라고 말하고 있을 뿐 아니라, 21장에 나오는 여덟 번째(새로운 시작을 의미) 표적을 통해 제2부도 표적의 책임을 시사하고 있다. 단지 제1부와 다른 점은 '일곱 표적'과 같은 정형화된 표적사건과 그에 대한 강화의 말씀으로 나타내지 않는 것뿐이다.

둘째, 이 같은 요한복음의 구조 분석도 확실한 것이 아니라고 하면서 '나선형 수사기법'에 따라 같은 주제를 반복 설명함으로 보다 깊은 의미를 주고 있다고 했는데, 요한복음은 같은 주제를 반복 설명함으로 보다 깊은 의미를 주기 위해 오히려 신학적 주제에 따른 정교한 이중구조(교차대구구조)로 되어 있다. 신학적 주제에 따른 정교한 이중구조(교차대구구조)는 기존의 요한복음의 구조를 새로운 시각으로 보게 할 뿐 아니라 이를 통해 요한복음의 핵심주제(부활=생명)가 무엇이며, 요한의 의도가 무엇인가를 더욱 정확하게 이해할 수 있는 계기를 마련해준다.

셋째, 누가복음처럼 예수를 죽인 핵심세력이 로마제국이라기보다는 대제사장과 그를 따르는 유대인들이라는 주장에 대해 필자는 오히려 그 반대라고 생각한다. 똑같은 말도 누가, 어떤 상황에서 하느냐에 따라 그 의미는 전혀 달라진다.[485] 누가복음과 요한복음이 똑같이 빌라도가 예수의 무죄를 세 번씩이나 증언했다고 해서 같은 의미인가? 그렇지 않은데, 그 까닭은 누가는 로마제국에 대해 호의적인 태도를 가진 데 반해 요한은 적대적인 태도를 가지고 있었기 때문이다. 부연설명하면 이러하다.

80년대를 전후한 시기에 쓰여진 누가복음은 로마 식민지 상황이었지만 아직 가이사 황제숭배가 심하게 강요당하지 않는 상황에서 로마 세계에 복음을 전하는 것(복음 전도)이 주 목적이기에 정치적 변증을 위해 로마에 호의적일 수밖에 없었다.[486] 이와는 달리 90년대를 전후한 시기에 쓰여진 요한복음은 가이사 황제숭배가 심하게 강요당하는 박해와 순교라는 묵시문학적 위기상황에서 복음전도가 주 목적이 아니라 요한공동체의 생존(정체성 확립)이 주 목적이었다.

---

485) 모든 언어는 그 사용되었던 시대와 장소에 따라 사전적 의미 이상의 새로운 '의미의 장(semantic field)'이 형성된다. 가령, '동무'라는 말의 사전적 의미는 '친구, 벗'이라는 뜻이다. 그런데 이것이 공산주의 사회인 북한에서 사용될 때는 사전적 의미 이상의 뜻(반동분자)을 지닌다. '하나님의 형상'(창 1:26-27)도 마찬가지이다. 더 자세한 설명은 박준서, "하나님의 형상(Imago Dei)에 관한 성서적 이해", 《구약세계의 이해》, 13-37을 참조하세요.
486) 더 자세한 설명은 김득중, "누가복음과 사도행전", 《신약성서개론》, 262-264을 참조하세요.

따라서 요한공동체는 로마당국과 철저히 싸워야 하는 적대적 관계였지만 겉으로는 화를 당하지 않기 위해 그들에게 호의적인 것처럼 위장전술을 써야 했던 것이다. 그래서 겉보기에는 누가와 같은 의도처럼 보이지만 실은 '아이러니 기법'을 통해 철저히 로마와 대적하고 있는 것이다.[487] 즉 요한복음은 공관복음보다 빌라도 기사를 길게 다루면서 세상 나라에 속한 왕 빌라도와 하나님 나라에 속한 왕 예수를 대조시켜 로마제국을 대표하는 빌라도는 하나님 나라와 진리를 거부하고 예수를 십자가에 죽인 주범임을 암시하고자 했다.

또한 모든 이야기는 처음도 중요하지만 마지막 이야기를 들어보아야 정작 저자가 하고자 하는 핵심의도를 알 수 있다. 수난사화는 공관복음에서 아리마대 요셉이 예수의 시신을 장사지내는 사건 보도로 끝나고 있는데 반해, 요한복음은 공관복음에 없는 니고데모를 등장시키고 있다. 유대 종교지도자인 바리새인 니고데모가 나타나는 3장과 로마 정치지도자인 총독 빌라도가 나타나는 18-19장은 이 두 곳에서만 '하나님 나라'(3:3,5과 18:36)를 말하고 있다는 점에서 상응한다. 여기서

---

[487] 누가에서는 '예수의 무죄'를 선언한 빌라도가 예수에게 사형언도만 내리고 채찍질하지 않고 그냥 십자가에 내어주지만(눅 23:24-25), 요한에서는 예수를 채찍질하여 군인들에게 내어준다(요 19:1). 정말 예수에게 호의적이었다면 그렇게 할 수 없다. 또한 빌라도가 정말 예수에게 호의적이고 예수가 정말 무죄하다면 사형권을 가진 그가 예수를 살려주면 되는 것이다. 그러나 불행하게도 자기의 정치적 생명 때문에 그는 그렇게 하지 못했다. 이로 인해 그가 원하든 원치 않든 예수의 의를 입증해 준 꼴이 되었다(아이러니). 그리고 결국 예수를 십자가 처형에 넘겨준 자는 빌라도이고, 원인제공자가 누구이건(유대인들, 19:15) 가장 큰 범죄를 저지른 책임 또한 그가 져야 하는 사실에는 변함이 없다. 사도신경은 예수가 십자가에 못 박혀 죽은 것은 "유대인들에게 고난을 받아"가 아니라 "본디오 빌라도에게 고난을 받아"라고 분명하게 말하고 있다. 로마제국 아래에서 종교와 정치는 굳게 결합되어 있었고, 유대종교지도자들은 종교세력일뿐 아니라 정치세력이었다. 이들은 자신들의 기득권을 지킨다는 명분에 있어서는 빌라도와 한통속이었고, 빌라도를 정점으로 한 예수의 십자가처형에 깊이 가담한 자들이었다. 따라서 로마제국의 하수인인 유대종교지도자들은 십자가처형의 책임의 깃털에 불과하고, 몸통은 로마제국을 대표하는 빌라도라고 말할 수 있다. 더 자세한 설명은 W.Carter, *John and Empire*, 289-295.

유대인의 대표자인 니고데모는 하나님 나라와 진리의 왕 되신 예수를 영접하는 인물로 나타나는데 반해, 로마인의 대표자인 빌라도는 예수를 거부하는 자로 그리고 있다는 점에서 예수를 죽인 핵심세력은 유대세력보다 로마세력임을 알 수 있다.

아래에서 필자는 요한복음의 구조를 다양한 측면에서 살펴보고자 한다. 첫째, 요한복음은 전체가 교차대구구조에 의한 이중구조임을 예수의 '때'와 유월절의 관점에서 밝히고자 한다. 둘째, 요한복음은 본론(2-20장)이 완전수인 7중구조로 되어 있고, 서론(1장)과 결론(21장)으로 된 하나의 신학논문의 형태를 띠고 있음을 밝히고자 한다. 셋째, 요한복음의 전체 구조가 다섯 차례의 하강구조로 되어 있다는 것을 밝히면서, 위치변동설의 잘못을 지적하고자 한다. 이를 통해 기존의 견해(1-12장 / 13-21장)와는 다른 새로운 견해, 즉 제1부(1-11장)와 제2부(12-21장)를 제시하고자 한다.

B. 구조에 대한 필자의 새로운 견해[488]

a. 제1부(1-11장)와 제2부(12-21장)로 나누는 근거

요한복음을 하나의 건물로 볼 때 기존의 주장은 조화와 균형의 원칙에도 맞지 않다. 필자는 요한복음의 구조를 1-11장을 제1부로, 12-21장을 제2부로 보려고 하는데, 그 까닭은 이러하다.

첫째, 예수가 행한 일곱 표적이 11장(나사로의 소생 사건)으로 끝나고 있다.

둘째, 영광 주제와 관련하여 중요하게 취급하는 예수의 '때'에 대해

---

[488] 요한복음의 3부 구조는 출애굽기의 성막(3부 구조)과 깊은 관련이 있음에 대해서는 282쪽의 "성막 전승"을 참조하세요.

12장 이전까지는 "그때가 아직 오지 않았다"고 말하나 12장에서 "그때가 왔다"(23절)고 말함으로써 12장부터 제2부가 시작된다는 것을 암시해 주고 있다.

셋째, 12장 전체의 내용이 예수의 수난을 말하고 있는데, 특히 예수의 예루살렘 입성(12:12-19)으로부터 후반부가 시작되는 것으로 보는 것은 자연스러운 구분이다.[489]

넷째, 요한의 시간관에 의하면 마지막 유월절이 시작되는 12장 이전에 사용된 시간 용어(막연한 시간 언급)와 12장 이후에 사용된 시간 용어(구체적 시간 언급)를 구분하여 사용하고 있다는 점이다.[490] 요한복음은 '파스카(pascha)' 축제를 중심으로, 즉 구약적으로는 출애굽 해방을 기

---

[489] 12장 대부분은 전환을 이루는 부분이며, 예수의 공적인 사역을 마치고, 11:45-57과 함께 수난 내러티브로 이끌어간다. R. A. Culpepper, *Anatomy of the Fourth Gospel*, 94. 더욱이 12장과 13장은 다음과 같은 구조적인 평행을 이루기에 1부와 2부로 나누기보다는 연속된 것으로 연결시켜 이해하는 것이 자연스럽다. R. A. Culpepper, *The Gospel and Letters of John*, 202-203.

범주	요한복음 12장	요한복음 13장
시간	유월절 엿새 전	유월절 전
동료	나사로	사랑하는 제자
발씻김	마리아가 예수님의 발을 씻김	예수님이 제자들의 발을 씻김
예수의 죽음	나의 장례할 날	겉옷을 벗음(암시됨)
예수의 떠남	나는 항상 있지 아니하리라	세상을 떠날 시간

[490] **12장 이전의 시간**: '(또) 이튿날'(1:29,35,43; 6:22), '사흘째 되던 날'(2:1), '그 후에'(3:22; 5:1; 6:1; 7:1), '때가 여섯 시쯤 되었더라'(4:6), '이 때에'(4:27), '이틀이 지나매'(4:43), '명절 끝날 곧 큰 날에'(7:37), '예수께서 길을 가실 때에'(9:1), '이 날부터는'(11:53). **12장 이후의 시간**: 예루살렘 입성과 관련된 '그 이튿날'(12:12)은 토요일인 '유월절 엿새 전에'(12:1)에 비추어 볼 때 일요일에 해당한다. 주님이 제자들의 발을 씻던 '저녁 먹는 중에'와 유다가 빵 조각을 받고 나간 밤은 '유월절 전날'(13:1) 저녁과 밤이다. '닭이 울'(19:27) 때와 예수를 로마 총독 관정으로 끌고 가던 '새벽'(19:28)은 십자가를 지던 날이다. '이 날은 유월절 준비일이요 때는 제육시라'(19:14)는 니산월 13일로써 성금요일 정오에 해당하는 시간이다. '안식 후 첫날 일찍이 아직 어두울 때에'(20:1)는 주님이 부활하신 날로써 일요일에 해당한다.

념하는 유월절(Passover) 절기를 중심으로,[491] 신약적으로는 십자가 죽음으로부터 부활 생명을 기념하는 부활절(Easter)을 중심으로 제1부(1-11장)와 제2부(12-21장)로 나누어진다. 이를 잘 보여주는 실례가 공생애의 마지막 유월절을 시작하는 12장부터 '유월절' 용어나 '일반적인 시간' 용어를 사용함에 있어서 차이가 난다는 점이다.[492]

다섯째, 요한은 두 전선(유대교와 로마제국)에서 싸우고 있다. 제1부(1-11장)에서는 유대교(대표자 모세)와의 대결을 주로 강조하고 있고, 제2부(12-21장)에서는 로마제국(대표자 가이사)과의 대결을 주로 강조하고 있다. 사탄(악마) 또는 가이사 황제를 상징하는 '이 세상 임금'을 제2부에서만 3회(12:31; 14:30; 16:11) 사용하고 있다. 그 시작을 "인자가 영광을 얻을 때가 왔다"는 12장에서부터 시작하고 있다. 이는 십자가의 길이 시작되는 12장과 함께 예수가 본격적으로 사탄(로마제국)과의 영적 전쟁을 시작하고 있음을 시사한다.

여섯째, 12장이 둘(1-36절/37-50절)로 나누어지는 결정적 단서는 12장 36까지는 구약성서가 '기록된 바……과 같더라(καθὼς γεγραμμένον)'의 형태로 인용(2:17; 6:31,45; 10:34; 12:14; 비교 1:23; 7:38; 7:42)되는 데 반해, 12장 37절 이하부터는 '말씀(구약성경)을 응하게 하여 함이라(ἵνα πληρωθῇ)' 형태로 인용(12:38; 15:25; 17:12; 19:24; 19:36; 비교 19:28)되고 있다.

일곱째, 12장의 전반부(1-36a절)는 11:45부터 시작되는 고난 이야기의

---

491) 11장 끝 부분(55절)과 12장 첫 부분(1절)에서 언급된 유대인의 유월절은 연대기적 전환을 나타내며, 예수와 유대인간의 주요 갈등을 위한 새로운 국면을 설정한다. M.A.Matson, John, 77.

492) 제1부인 11장까지는 '유월절' 용어가 단순히 '(유대인의) 유월절'(2:13,23; 6:4; 11:55)이라는 말로만 기술되어 있다는 사실이다. 이에 반해 공생애의 마지막 유월절을 시작하는 12장부터는 '유월절' 용어가 구체적이고 다양하게 기술되어 있는 것을 볼 수 있다. 제2부 시작되는 12:1에는 '유월절 엿새 전에'라는 말로 기술되어 있다. 그리고 고별설교가 시작되는 13:1에는 '유월절 전에'라는 말로 기술되어 있다. 정확하게 말하면 '유월절 전날에'이다. 그리고 '유월절'(18:28,39), '유월절 준비일'(19:14)로 되어 있다.

계속이다. 그리고 후반부(36b-50절)는 표적의 책의 결론이라기보다는, 예수의 표적을 믿는 자를 오히려 회당에서 출교시키는 바리새인들을 향하여 이사야의 글을 인용(12:37-41)[493]하여 저들의 불신앙(영적 소경)을 책망하면서 빛으로 세상에 오신 예수를 증거하는 내용으로 되어 있다. 이것은 철저히 9장의 태생소경 치유표적에 상응하는 내용으로 표적을 보고도 예수를 믿지 않는 유대인들의 불신앙(영적 소경)에 대해 말하고 있다.

여덟째, 결정적으로 중요한 사실은 요한이 의도적으로 '출교' 어휘를 사용하고 있다는 점이다. '출교'라는 말은 유대 기독교인들이 유대 회당으로부터의 축출당하는 요한공동체의 박해상황을 알려주는 중요한 용어이다.[494] 이 용어는 요한복음에 단 3회(9:22; 12:42; 16:2)가 나오고 있다. 9장이 출교(22절) 상황을 말하고 있으며, 마찬가지로 12장 후반부가 또한 출교(42절) 상황을 말하고 있다. 따라서 지금까지의 고찰을 통해 12장부터 제2부가 시작되는 것으로 보는 것이 자연스럽다.

b. 교차대구(조직신학적 주제)에 따른 2중구조[495]

유대인들은 문장을 쓸 때 그들만의 독특한 문장기법을 가지고 글을 쓰는 관습을 가지고 있다. 히브리시의 특징 가운데 '평행법(parallelism)'이라는 것이 있다. 히브리인들은 반복을 좋아하는데, 줄과 줄의 관계를 맞추는 것을 '평행법'이라고 말한다. 유대인인 요한은 이같은 히브리인의 문장기법을 잘 알고 있었다고 여겨진다. 요한복음은

---

[493] 이사야 인용에서 '귀로 듣는 것'이 생략되고, '눈으로 보는 것'(9장의 소경 치유와 관련)이 강조되고 있음을 볼 수 있다.
[494] 최안나,《나오너라: 성서가족을 위한 요한복음서 해설(1)》, 35-36.
[495] 교차대구구조에는 정가운데에 주제적 절정을 갖는 '메노라식(중앙집중형)'과 처음이나 끝에 절정을 갖는 '다윗의 별식(시종형)'이 있다. 요한복음의 구조는 전자에, 계시록의 구조는 후자에 해당한다.

전체가 교차대구구조에 의한 이중구조로 되어 있다는 것이 필자의 생각이다.

요한은 로고스찬가를 시작하는 첫 대목(1:1-2)에서 정교한 '교차대구구조(chiasm)'를 사용하고 있음을 엿볼 수 있다.

  A 태초에(In the beginning)
    B 계시니라(was)
      C 말씀이(the Word)
        D 이 말씀이(and the Word)
          E 계셨으니(was)
            F 하나님과 함께(with God)
            F′ 하나님(and God)
          E′ 이시라(was)
        D′ 이 말씀은(the Word)
      C′ 그가(He)
    B′ 계셨고(was)
  A′ 하나님과 함께 태초에(in the beginning with God)

이를 다시 '이중교차대구구조(double chiasm)'로 표현하면 다음과 같다.

  A 태초에
    B 계시니라
      C 말씀이
      C′ 이 말씀이
    B′ 계셨으니

A′ 하나님과 함께
　　A 하나님은
　　　B 이시니라
　　　　C 말씀
　　　　C′ 그가
　　　B′ 계셨고
　　A′ 하나님과 함께 태초에[496]

　원래 교차대구구조는 일정한 작은 단위에 사용하는 방식으로 주로 사용된다. 그런데 요한은 작은 단위뿐만 아니라 큰 단위, 즉 요한복음 전체를 신학적 주제에 따른 장과 장간의 교차대구구조를 사용하였다. 따라서 그가 사용한 교차대구는 기계적인 교차대구방식이라기보다는 창의적인 교차대구방식이라고 해야 할 것이다.

　자료를 연대기적으로나 교훈적으로나 아니면 같은 내용을 한 자리에 모아놓은 공관복음[497]과는 달리 요한은 자료를 상응하는 내용끼리 교차대구적 이중구조로 배치해 놓았다. 요한복음의 전체구조를 상응하는 내용에 따라 거칠게 두 부분으로 상응하는 대목끼리 연결시켜 도표로 만들면 아래 〈도표 5〉과 같다.[498]

---

[496] 이 두 개의 구조는 K. E. Bailey, Poet and Peasant: A Literary Cultural Approach to the Parables in Luke, 59에서 인용함.
[497] 이 같은 조직신학적 주제에 따른 상응성에 대한 자세한 설명은 본문 주석의 각 장의 "본장 개요"를 참조하세요.
[498] 부록 14번 '익투스로 본 요한복음의 구조(아트배쉬 암호)'를 참조하세요.

〈도표 5〉 요한복음서의 전체구조(교차대구구조)

A(서론) 예수와 제자들의 정체성	(A1) 1:1–18		(A1') 21:1–15	A'(결론) 예수와 제자들의 정체성
	(A2) 1:19–51		(A2') 21:16–25	
	내리사랑(성육신) / 예수의 증인들		내리사랑(갈릴리행) /예수의 증인들	
B(성육신 의 영광)	(B1) 2:1–12		(B1') 20:1–23	B'(부활의 영광)
	(B2) 2:13–25		(B2') 20:24–31	
	첫표적의 기쁨/성전된 예 수		부활의 기쁨/신앙고백	
C(하나님 의 사랑)	(C1) 3:1–15		(C2') 19:1–42	C'(십자가의 성취)
	(C2) 3:16–36		(C1') 18:1–40	
	하나님나라/심판과 구원		구원과 심판/예수나라	
D(하나님 의 뜻)	(D) 4:1–26/27–54		(D') 17:1–26	D'(예수가 족공동체)
	예배(모임)/ 선교(흩어짐)		고별기도(하나님의 교 회)	
E(아버지 와 아들)	(E1) 5:1–18		(E1') 16:1–24	E'(아들과 성령)
	(E2) 5:19–47		(E2') 16:25–33	
	아빠 하나님 / 아들의 권 한		보혜사 성령/ 아들의 승 리	
F(하늘양 식예수)	(F1) 6:1–59		(F1') 15:1–17	F'(포도나 무친구 예 수)
	(F2) 6:60–71		(F2') 15:18–27	
	성만찬(사랑의동거)/ 영생의 말씀의 증인		포도나무(사랑의 동거)/ 증인이 될 성령과 제자	
G(하나님 의 때)	(G1) 7:1–36		(G1') 14:1–15	G'(고별의 때)
	(G2) 7:37–52		(G2') 14:16–31	
	초막절은 잡힐 때 아님/ 믿는 자가 받을 성령		본향예비/성령 보내심	

H(하늘로 부터 온 스승 예수와 참 제자)	(H1) 8:1-30		(H1') 13:1-20	H'(하늘로 가는 스승 예수와 참 제자)
	(H2) 8:31-53		(H2') 13:21-38	
	사랑의 빛/ 진리 되신 새모세 예수		사랑의 종 / 새계명 주시는 새모세 예수	
I(사랑의 시선을 지닌 화목제물 예수)	(I1) 9:1-41		(I2') 12:1-36	I'(십자가를 지실 화목제물 예수)
	(I2) 10:1-42		(I1') 12:37-50	
	빛 되신 예수 / 선한 목자(희생)		밀알 하나(희생) / 빛으로 오신 예수	
J(예수-살림의 길)		11:1-44/45-57 중심점(반환점)	J'(대제사장-죽임의 길)	

한편, 이 같은 교차대구적 이중구조는 조직신학적 주제에 따라 기독론을 중심으로 상응하게 배치되어 있음을 엿볼 수 있다. 즉 전체 21장을 11장을 중심으로 1장=21장, 2장=20장, 3장=19-18장, 4장=17장, 5장=16장, 6장=15장, 7장=14장, 8장=13장, 9장=12:37-50, 10장=12:1-36 이런 식으로 배치해 놓았다.

(a) 기독론(1:1-18=21:1-14)
(b) 신앙론(제자도)(1:19-51=21:15 -23)
(c) 구원론(부활)(2장=20장)
(d) 구원론(십자가)(3장=18-19장)
(e) 교회론(4장=17장)
(f) 삼위일체론(5장=16장)
(g) 성례론(6장=15장)
(h) 성령론과 종말론(7장=14장)
(i) 죄론(기독교 윤리학)(8장=13장)
(j) 죄론과 신앙론(9장=12:37-50)
(k) 구원론(십자가)(10장=12:1-36)
(l) 구원론(부활)(11장)

⟨도표 6⟩ 기독론을 중심으로 본 요한복음의 조직신학적 주제들

c. 논문의 3중구조 및 본론의 7중구조[499]

대부분의 학자들은 요한복음의 목적을 밝히고 있는 20:31을 요한복음의 결론으로 보고, 21장은 후대의 첨가된 부록 혹은 후기 정도로 다루면서 중요치 않은 장으로 취급하고 있다. 그러나 이미 언급했듯이 21장은 비록 후대에 첨가된 장이라고 하더라도 현재의 복음서 안에서 21장은 대단히 중요하다. 그 까닭은 21장은 요한복음의 결론이자 사복음서의 결론 역할을 하고 있으며, '예수사랑'이라는 가장 중요한 주제를 다루고 있기 때문이다.

대부분의 논문은 3중 구조, 즉 서론, 본론, 결론으로 되어 있다. 현재의 복음서는 논문의 3중 구조(또는 성전의 3부 구조)에 따라 1장은 서론, 2-20장은 본론, 21장은 결론에 해당하는 구조이다. 여기서 한 가지

---

499) 베이컨(B. W. Bacon)은 마태복음이 모세오경의 패턴에 따라 그 형태가 구성되었을 뿐만 아니라 그 내용도 상당히 모세를 모형으로 해서 구성되었다고 주장한다. 김득중, 《복음서 신학》, 17-23.

를 첨언하면 요한복음을 신학논문으로 볼 경우 요한복음은 3개의 종결어를 가진 책으로 구성되어 있다는 사실이다(11:54-57; 20:30-31; 21:24-25).[500]

한편, 본론(2-20장)의 구조는 부활과 관련된 2장에서 시작하여 부활을 상징하는 11장에서 정점을 이루고 부활장인 20장에서 대단원을 이루는 구조로 되어 있다. 한마디로 요한복음은 부활로 시작해서 부활을 거쳐 부활로 끝나는 책이라는 것이다.[501] 본론은 예수의 부활을 상징하는 일곱번째 표적이자 제1부의 절정인 11장을 중심으로, 신학적 주제면에서 9장(신앙과 불신앙) 및 10장(십자가)은 12:1-36(십자가) 및 12:37-50(신앙과 불신앙)과 각각 교차대구를 이룬다.

주목할 점은 두 장(4장, 17장)은 앞뒤 장의 연결고리로서의 전환장 역할을 한다는 점이다. 교회론적 주제를 가지고 있는 4장은 신학적 주제가 다른 첫 세장(1-3장)과 기독론 대논쟁이 시작되는 5장을 연결하는 전환장의 역할을 한다. 구원론(십자가 신학)을 말하는 12장은 부활신학으로 제1부를 마감하는 11장과 고별강화가 시작되는 13장을 연결하는 전환장 역할을 한다. 교회론적 주제를 가지고 있는 17장(고별기도)은 고별강화를 마감하면서 수난과 부활(18-20장)을 연결하는 전환장 역할을 한다. 그리고 5장과 9장은 안식일에 병자 치유라는 예수의 표적이라는 관점에서 각각 새로운 단락을 시작한다고 볼 수 있다.[502] 고별강화인

---

500) 이렇게 볼 경우 요한복음의 목적을 기술하고 있는 현재의 20:30-31은 본론의 종결어 기능을 한다.
501) 요한은 부활신학으로 본론(2-20장)을 구성하고, 그 안에 십자가 신학을 둠으로써 복음의 양면을 절묘하게 표현하는 지혜를 발휘했다. 십자가는 부활이라는 그릇에 담지 않으면 무효화된다. 더 자세한 설명은 248쪽 이하의 "방법론(1): 부활신학(부활의 복음)"을 참조하세요.
502) 컬페퍼는 5장과 9장의 두 표적간의 유사함을 11가지로 비교하고 있다. R.A. Culpepper, 윗책, 139-140. 더 자세한 설명은 676쪽의 각주 352번을 참조하세요.

13-16장은 5-8장과 상응한다. 그리고 18-20장(십자가와 부활)은 2-3장과 상응한다.

위의 고찰을 정리하면, 본론(2-20장)은 '7중구조(메노라-등잔대)', 즉 11장(부활)을 중심으로 교차대구구조(A-B-C-D-C'-B'-A')로 되어 있음을 볼 수 있다.

    A. 2-3장 (2장[부활]-3장[십자가])
        전환장: 4장(교회론)
    B. 5-8장(대논쟁)
      C. 9-10장(9장[신앙과 불신앙]-10장[십자가])
        D. 11장[부활]
      C' 12장(12:1-36[십자가]-12:37-50[신앙과 불신앙])
    B' 13-16장(고별 설교)
        전환장: 17장(교회론)
    A'. 18-20장(18-19장[십자가]-20장[부활])

d. 5중하강구조(갈릴리 지향적 복음서)

요한복음은 본문 배열에 있어서 명백한 불연속성을 가진 대목[503]이 많기에 재배열해야 한다는 주장이 많았다. 이미 언급했듯이 불트만은

---

503) 후대의 첨가가 분명한 7:53-8:11과 5:4을 제외하고, 명백한 불연속성을 보이는 대목을 제시하면 다음과 같다. (1) 3:22-30은 주님과 니고데모와의 대화를 중단시키고 있다. 이어지는 31-36절은 1-21절의 자연적 결론을 형성한다. (2) 5장은 예루살렘의 장면으로 두 갈릴리 에피소드(4장과 6장)을 중단시키고 있다. (3) 7:15-24은 5장에서 묘사된 병자 치유로 인해 일어난 논쟁의 연속처럼 보인다. (4) 10:19-29의 말씀은 예수께서 선한 목자의 비유를 말할 때에 속한 것으로 보이며 수전절에 예루살렘 방문 동안에 일어난 것으로 보이지 않는다. (5) 14장의 결어(25-31절)는 15-16장의 강화 이후의 말씀으로 보인다. 게다가 16:5은 13:36과 14:5과 모순되는 것처럼 보인다. *IB*, Vol. 8(Luke- John), 446, 460-461을 참조하세요.

자료의 위치가 요한복음 자체를 통해 광범위하게 변동되었다는 소위 '위치변동설(환치 이론)'을 주장하였다.[504] 그러나 그의 주장은 본문이 코덱스(codex)가 아닌 두루마리(scroll)로 되어 있을 경우에는 거의 불가능한 가설이다.[505] 그리고 사본상의 어떤 근거도, 이론상의 어떤 근거도 확보하지 못하고 있다. 그는 오늘날의 입장에서 자신의 합리적인 생각으로 본문의 구조를 비평할 뿐, 요한의 입장에서 그 의도를 파악하려 들지 않았다.[506]

현재의 요한복음은 자료의 위치가 잘못 배열된 것이 아니라 요한의 신학적 의도에 따른 것으로 여기에는 놀라울 정도로 중요한 메시지를 담고 있다는 것이 필자의 생각이다. 그러므로 우리는 겸손한 자세로 현재 있는 그대로의 요한복음을 하나님의 말씀으로 받아들이고, 그 안에서 우리에게 말씀하시는 주님의 음성을 들어야 하는 것이 올바른 신앙인의 자세라고 생각한다. 즉 이성적이고 합리적인 생각에 따라 성경을 함부로 순서를 바꾸거나 가감과 삭제를 해서는 안 된다.[507]

공관복음은 분명한 지리적 구도를 가지고 있다. 갈릴리에서 예루살렘으로의 여정이 그것이다.[508] 그런데 요한복음도 자세히 살펴보면 분

---

504) 더 자세한 설명은 75쪽 이하를 참조하세요.
505) 서중석, 《복음서해석》, 295.
506) 가령, 창세기에는 두 창조기사(1:1-2:3과 2:4-3:24)가 나오며, 75세의 아브라함이 하란을 떠났을 때(창 12:1-4) 아비 데라는 아직 죽지 않았으나 이미 죽은 것으로 처리한 대목(11:32)이 나오고, 아브람이 아내 사라를 누이라고 속인 장면(12:10-20; 20:1-18)이 반복해서 나오는 데, 성경 편집자들이 이것을 몰라서 그대로 둔 것으로 보지 않는다. 이에 대해서는 Jean-Louse SKA, 《모세오경 입문》, 111-148을 참조하세요.
507) "내용이라는 관점에서 본문의 현 순서는 이해할만하며, 그 모습 그대로 그것을 남겨 놓는 것이 가장 좋을 듯하다…. 전체적으로 요한복음은 매우 통일되고 잘 통합된 문서이다." G.R.Beasley-Murray, *John*, xliii.
508) 마태: 갈릴리(4:12-16:12), 예루살렘 여정(16:13-20:34), 예루살렘(21:1-28: 15); 마가: 갈릴리(1:14-8:26), 예루살렘 여정(8:27-10:52), 예루살렘(11:1-16:8); 누가: 갈릴리(4:14-9:50), 예루살렘 여정(9:51-19:27), 예루살렘(19:28-28:49). 콘첼만은 그의 책 《시간의 중심》(*Die*

명한 지리적인 구도를 가지고 있다.[509] 즉 요한복음은 상(위)과 하(아래)의 관점[510]에서 다섯 차례의 하강구조를 되어 있다는 점이다.

공관복음의 지리적 구도는 예수의 생애를 '한 번의 유월절'에 의한 구도로 그리고 있다. 이에 반해 요한복음의 지리적 구도는 예수의 생애를 '세 번의 유월절'에 의한 구도로 그리고 있다. 일반적으로 예수의 공생애를 1년이 아닌 3년으로 보는 것은 요한에 따른 것이다. 공관복음은 갈릴리에서 사역을 시작한 예수가 유월절에 예루살렘에 올라가 십자가에 죽임을 당하는 선적인 구도로 되어 있다.

이에 반해 요한복음은 성육신적 하강구도에 이어, 세 차례의 유월절을 예루살렘에서 시작해서 갈릴리로 끝나는 구도로 그리고 있다. 나아가 예루살렘에서 부활한 예수가 갈릴리로 내려가는 21장의 하강구도를 포함하여 요한복음 전체를 5중하강구조로 그리고 있다는 점이다. 이를 정리하면 다음과 같다.

첫 번째 - 하늘(위)에서 땅(아래)으로(성육신 사건, 1:1-18)
두 번째 - 유대(예루살렘)에서 갈릴리로(1:19-2:12)
세 번째 - 유대(예루살렘)에서 갈릴리로(2:13-4:54)

Mitte der Zeit)에서 누가 문서(누가-행전)는 구속사를 3단계로 나누었다고 말한다. 이스라엘 시대(율법과 예언자의 시대), 예수의 시대, 교회의 시대(예수의 승천과 재림[파루시아] 사이). 누가복음은 중간시대인 예수의 시대를 취급한다. H.Conzelmann, *The Theology of St Luke*, 16-17.

509) 최흥진 교수는 요한복음에서 시간적, 지리적으로 서로 모순된 진술들이 계속되는 것은 요한이 연대기적인 배열이나 지리적인 배열에는 관심이 적었기 때문이라고 말한다. 최흥진,《요한복음》, 62-63. 그러나 아래에서 논의할 필자의 "역사의 해체와 재구성"에 의하면 요한은 연대기적 배열이나 지리적인 배열에 관심이 없는 것이 아니라 '지리상징 코드'에 의거하여 그것들을 해체하고 재구성했다는 사실이다.
510) 여기서 상(위)은 하늘 혹은 유대(예루살렘)를 지칭하고, 하(아래)는 땅 혹은 갈릴리(사마리아)를 지칭하는 것으로 사용한다.

네 번째 - 유대(예루살렘)에서 갈릴리로(5:1-7:9)
　　　(예루살렘 활동기: 7:10-20:29)
다섯 번째 - 유대(예루살렘)에서 갈릴리로(21:1-23)

이 같은 5중하강구조는 일관된 '지리상징코드'를 보여주고 있다. 불트만을 비롯한 많은 학자들이 현재의 요한복음은 시간적으로나 지리적으로 잘 정리되어 있지 않고 혼란스럽기에 본문의 순서를 바꾸어 읽어야 더 잘 이해가 된다(가령, 4-6-5-7장 순으로)는 소위 '위치 변동설'을 주장하였다. 그러나 그들의 주장은 요한의 '지리상징코드'를 이해하지 못한 무지와 불신앙의 소치이다.

요한복음은 예루살렘에서의 예수의 활동을 많이 다루고 있다. 그래서 얼핏 보기에 요한복음은 '예루살렘 중심적 복음서'라는 인상을 갖게 한다.[511] 그런데 위에 분석에서 볼 수 있듯이 지리적인 관점에서 예수의 행적을 살펴보면 '유대(예루살렘)에서 갈릴리로' 또는 '하늘에서 땅으로', 즉 '위에서 아래로의 지향'으로 되어 있다.

예수에게 있어서 유대(예루살렘)라는 곳은 근본적으로 유대인들과의 끝없는 논쟁의 장소요 수난과 죽음으로 점철된 장소이다(예루살렘에서 부활하기는 하지만 그것은 갈릴리를 향한 포석의 성격을 갖는다).[512] 이에 반해 갈릴리는 예수가 일곱 표적 중 네 개의 표적을 행한 곳이자, 부활하신

---

[511] "공관복음은 갈릴리 지역에서의 예수의 생애에 초점을 맞춘 반면, 요한복음은 거의 전적으로 예루살렘에서의 예수의 사역에 관심을 두고 기술하고 있음을 알 수 있다." 최홍진, 《요한복음》, 21.
[512] "요한복음에서 '유대', 또는 '유대인', 그리고 '예루살렘'이 부정적인 의미로, 즉 예수를 배척한 사람들, 예수가 고난을 당하고 처형당한 장소로 부각되고 있을 뿐이고, 요한복음 저자의 보다 긍정적인 관심은 오히려 사마리아와 북부 갈릴리 지역에 쏠리고 있다는 사실이다." 김득중, 《요한의 신학》, 251.

후 갈릴리로 내려갔듯이 궁극적으로 지향하고자 하는 장소이다.[513]

여기서 짚고 넘어가야 할 것은 요한복음에서 갈릴리가 반드시 긍정적으로만 기술되어 있지는 않다(1:46; 4:44; 7:41,52)는 점이다. "마가와 마태는 철저히 '갈릴리 중심적(Galilee-centered)'는 점이다. 혹은 '갈릴리 지향적(Galilee-oriented)'이다. 마가와 마태의 신학을 '갈릴리 신학' 혹은 '북부 신학'이라고 불러도 좋을 것이다. 그러나 누가와 요한에 와서는 이것이 크게 다르다 ⋯ 누가는 철저히 '예루살렘 중심적(Jerusalem-centered)' 혹은 '예루살렘 지향적(Jerusalem-oriented)'이다. 이 점은 요한에서도 마찬가지다⋯ 누가와 요한은 남부 신학 곧 예루살렘 신학을 반영하고 있다고 말할 수 있다."[514]

그러나 이러한 주장은 요한복음에 대한 피상적 관찰에서 나온 주장이다. 요한복음이 '갈릴리 지향적 복음서'라는 것은 '예수의 때'를 나타내는 어휘로 '호라(ὥρα, 2:4; 4:23; 5:25; 7:30; 8:20; 12:23; 13:1 등)'와 '카이로스(καιρός, 7:6[2회], 7:8)'를 사용하고 있는데, 예루살렘에는 보다 결정적인 시간을 나타내는 '카이로스' 어휘를 사용하지 않고 '호라' 어휘만 사용하고 있다는 점에서 갈릴리를 구별하고 있다.

또한 지리상징코드뿐만 아니라 숫자상징코드, 즉 예루살렘(13회) 어휘보다 더 많은 갈릴리 어휘에 사용된 숫자 17회(만민 구원의 상징적 숫자)를 통해서도 알 수 있다. 따라서 전체 구조면에서 보면 요한복음은 갈릴리(아래)로의 지향을 보여주는 '갈릴리 지향적 복음서'이다.[515] 요한

---

513) 숫자 17의 상징성에 대해서는 346쪽을 참조하세요.
514) 김득중, 《누가의 신학》, 68-72.
515) 요한복음이 예루살렘 중심의 복음서인가? 갈릴리 중심의 복음서인가? 하는 문제는 학자들의 중요 쟁점 중의 하나였다. "요한의 신학은 분명히 보편주의적 경향을 갖고 있다"고 말해지기도 한다(더 자세한 논의는 김득중, "요한의 보편주의 사상"《요한의 신학》, 242-267을 참조하세요). 얼핏 보기에 요한복음은 '예루살렘 중심적 복음서'인 누가복음에 가까운 것 같으나 실제적으로는 '갈릴리 지향적 복음서'인 마가복음에 가깝다는 것이

이 그리고자 했던 예수는 '유대 예루살렘 예수'가 아닌 '갈릴리 나사렛 예수'였다.

여기서 5중하강구조는 모세오경을 염두에 둔 배열로 생각해 볼 수 있다. 더욱 중요한 것은 이러한 5중하강구조가 갖고 있는 요한의 메시지이다. 요한복음에 나타난 예수의 행적에 대한 이 같은 묘사는 결코 우연이라고 볼 수 없는 분명한 신학적 의도가 깔려 있다. 즉 요한은 이 같은 묘사를 통해 '성육신적 (내리)사랑'이라는 하나님의 사랑을 보여주시고자 한 것이 아닐까! 성육신적 (내리)사랑을 가장 잘 보여주는 대목이 복음 중의 복음이라는 3:16의 말씀이다. 요한은 이를 통해 주님(하나님)의 사랑은 내려가는 것. 즉 내리사랑의 특징을 가지고 있다는 분명한 메시지를 전하고 있다.

(3) 요한복음의 방법론

요한이 복음서를 신학논문적 성격의 책으로 썼다면, 어떤 방법론을 사용하였을까? 이를 세 가지 주요 방법론으로 살펴보고자 한다.

A. 방법론(1): 부활신학(부활의 복음)[516]

a. 기존의 '성육신 기독론' 및 '십자가 신학' 재고

지금까지 요한복음은 주로 '로고스 기독론(성육신 신학)'[517]이나 '십

필자의 생각이다. "갈릴리와 예루살렘"의 문제에 대해서는 田川建三,《마가복음과 민중해방: 원시그리스도교 연구》, 43-73을 참조하세요.
516) 부활의 역사성에 대한 자세한 논의는 C.E.Braaten,《역사와 해석학》, 97-131을 참조하세요.
517) 요한복음의 로고스 기독론에 대해서는 구제홍, "요한복음서의 로고스 기독론"을 참조하세요.

자가 신학(고난의 기독론)'[518]이 강조되어 읽혀왔다. '부활신학(부활의 기독론)'으로 읽는 것은 왠지 생소하게 느껴진 것이 사실이다. 그런데 요한복음은 '부활에 대한 체험과 묵상의 산물'[519]이라는 것이 필자의 생각이다.[520] 기독교 복음의 두 기둥은 '십자가와 부활'인데, 서구 기독교(개신교)는 지난 2천 년 동안 '부활신학'보다 '십자가 신학'을 강조해 왔다.[521] '부활' 어휘는 요한복음의 핵심 용어(key word)로서 요한의 신학이나 공관복음신학과의 차이점을 설명해 주는 유용한 도구이다.[522] 이를 위해 먼저 기존의 성육신 기독론과 십자가 신학을 살펴보자.

---

[518] 요한복음에 대한 새로운 시각을 말하는 스몰리도 그의 책에서 '부활신학'이라는 항목은 없고, '요한의 십자가 신학'이라는 항목을 두고 있다. S.S.Smalley, 《요한신학》, 346-351.

[519] 필자가 여기서 부활신학을 강조하려는 것은 그 동안 십자가 신학에 치우친 것에 대해 이 양자 신학 사이에 균형을 잡고자 함에 있다. 요한복음의 부활신학은 스승 예수의 십자가 처형이라는 처절한 슬픔을 맛본 요한이 삼 일 후 부활의 주님을 만난 기쁨에서 터져 나온 감격의 노래이다. "물밀 듯 내 맘에 기쁨이 넘침은 주 예수 내 맘에 오심."

[520] 몰트만과 판넨베르크는 종말론에 기초하여 '부활을 케리그마의 머릿돌로 하는 종말론적 선취로서의 부활신학'을 말하고 있다. "종말론과 부활신학"에 관한 보다 자세한 논의는 정기철, 《시간문제와 종말론》, 93-115을 참조하세요.

[521] 이와는 달리 케제만은 이렇게 말한다. "그리스도인의 메시지는 부활신앙에 기초하여 있다... 초대교회는 분명히 지상의 예수를 부활신앙의 관점에서 보지 않고서는 달리 이해될 수 없다." E. Käsemann, "The Problem of the Historical Jesus", *Essays on New Testament*, 25. 콘첼만은 이렇게 말한다. "신약성경에는 예수의 부활을 전제(a priori)로 하지 아니한 신앙은 없다... 예수의 부활은 유일한 구원사건으로 인정되고 있다." H.Conzelmann, "Jesus von Nazareth und der Glaube an den Auferstandenen," *Der historische Jesus und der Kerygmatische Christus*, 190-191.

[522] 요한은 서로 다른 사건들 사이에 분명한 쐐기를 박아서 구별하고자 하지 않는다는 것은 분명한 사실이다. 하지만 그가 그러한 사건들을 서로 구별되지 않는 단일한 것으로 뭉개버리지 않았다는 것도 분명한 사실이다. "물론, 요한은 십자가 사건, 부활, 승천을 단일한 사건으로 보고 있다고 말할 수 있다. 그것은 신학적으로 어떤 차원에서는 일리가 있다. 그러나 요한은 또한 그러한 것들을 주의깊게 차별화한다. 실질적으로 십자가 사건, 승천과 마찬가지로 부활에 대해서도 이야기를 쓰고 있다는 사실 자체가 십자가 사건과 부활을 구별하고 있다는 것을 웅변적으로 말해준다." N.T.Wright, 《하나님의 아들의 부활》, 1029-1030.

먼저 '성육신(로고스) 기독론'부터 살펴보자. 요한의 기독론은 요한복음의 모든 신학적 진술의 중심축을 이루고 있다. 요한복음의 어떠한 신학적 주제도 이 기독론과 분리되어서 해석될 수 없다고 말할 수 있을 정도로 기독론은 요한신학을 결정짓는 최대 결정요소이다. 요한의 기독론은 성서적 기독론의 전승사적인 발전과정이 최종적으로 완성되어지고 종결되어지는 기독론의 대 완성점이다.[523]

여기서 우리가 염두에 두어야 할 것은 요한복음의 '로고스찬가(1:1-18)'에 나타난 성육신 기독론은 신약성경에서 최후의 완성된 기독론으로써 요한복음의 본론(2-20장)에 나중에 첨가되어 들어왔다는 점이다. 본론에는 영광(부활)의 기독론의 모습이 배태되어 있음을 엿볼 수 있다. 가령, 17장의 예수의 고별기도, 또는 부활한 예수를 만난 후의 도마의 신앙고백에 이은 이 책의 기록 목적을 말하는 구절(20:30-31)이 그것이다. 따라서 우리는 본론(2-20장)에 나타난 '부활의 기독론', '영광의 기독론', 또는 '영광의 신학(Theologia gloriae)'의 관점에서 '로고스찬가'에 나타난 기독론을 다시 새롭게 조명해야 할 것이다.

다음으로, '십자가 신학'을 살펴보자. 종교개혁자 마르틴 루터가 개신교 신학을 '십자가 신학(Theologia crucis)'이라고 말한 이래 부활보다 십자가가 강조되어 온 것이 사실이다. 19세기 독일 신학자인 마틴 켈러(Martin Kähler)가 최초의 복음서인 마가복음을 가리켜 '확대된 서론이

---

[523] 성종현 교수는 기독론의 발전과정을 이렇게 말한다. 예수의 자의식 속에 이미 '내포된 기독론'으로 시작하여, 예루살렘 원시기독교 공동체 안에서 선포된 '양자 기독론', 안디옥교회를 중심으로 한 헬레니즘 기독교 공동체와 바울신학을 통해 형성된 선재사상과 '퀴리오스 기독론', 공관복음서의 다채로운 기독론을 거쳐서 비로소 요한공동체에서 신약성서의 기독론이 완성된다(로고스 기독론과 계시자로서의 아들의 영광 기독론). 성종현,《신약총론》, 719-724; 풀러는 신약 기독론의 세 모형을 제시하였다. '팔레스타인 교회 모형(양자론적 기독론)', '헬라적 유대인 모형(대리적 기독론)', '이방인 선교 모형(성육신 기독론)'이 그것이다. R.H.Fuller, *The Foundations of New Testament Christology*, 243-246; 또한 요한의 기독론에 대해서는 R.Kysar,《요한복음서 연구》, 66-79을 참조하세요.

첨가된 수난설화'라고 한 이래 복음서 연구는 수난설화, 즉 '십자가의 신학', '고난의 기독론(the suffering christology)', 또는 '수난의 신학(passion theology)'을 더욱 강조하는 방향으로 흘러왔다. 켈러의 주장이 복음서 연구에 너무나도 지대한 영향을 미쳤고, 그 이후 저명한 학자들에 의해 추종되면서 감히 그들의 주장에 도전하여 다른 견해를 내세우는 것이 어렵고 어리석은 것처럼 보이기도 하였다.[524]

최근에 와서 켈러의 주장은 복음서에 대한 올바른 이해나 해석에 있어서 근본적으로 잘못되었다는 주장들이 나오고 있다. 켈러의 주장은 마태, 누가, 요한에도 맞지 않을 뿐만 아니라 마가에도 맞지 않다는 것이다. 그 이유는 수난과 십자가를 너무 지나치게 강조한 나머지 이적 설화의 중요성이나 복음서의 결론 부분에 제시되어 있는 부활 선언에 대한 이야기를 공정하게 다루지 못했다는 것이다.

서방교회는 전통적으로 예수의 십자가[525]나 그의 속죄적 죽음에 치중하는 신학을 해왔다. 켈러의 복음서 이해는 이 같은 서방교회 전통의 현대적 표현이라고 설명할 수 있다. 이와는 달리 동방교회는 십자가를 부활로부터 분리시키지 않을 뿐만 아니라 부활의 빛에서 십자가를 이해하려고 하였다. 부활사건은 기독론을 위해서 뿐만이 아니라 교회를 위해서도 가장 중요한 뿌리를 형성해주고 있다.[526]

십자가는 실패한 메시아를 우리에게 보여준다. 실패한 메시아가 어

---

524) "예수의 부활은 십자가의 죽음이 이미 예수의 올리움과 영화롭게 됨이라면 특별한 의미의 사건일 수 없다. 부활이 죽음의 승리를-그것을 죽음이 가령, 십자가형을 통해 쟁취했다면-헛된 것으로 만들 수는 없다. 십자가가 이미 세상과 그 지배자에 대한 승리였기 때문이다." R. Bultmann, 《신약성서신학》, 418.
525) 로이드 존스 목사는 갈 6:14의 말씀을 중심으로 '십자가 신학'을 전개한다. 이에 대해서는 M.L.Jones, 《십자가: 하나님의 구원방법》을 참조하세요.
526) 동방교회의 부활에 대한 강조에 대해서는 남정우, 《동방정교회 이야기》, 44-58을 참조하세요.

떻게 우리의 구주가 될 수 있는가? 부활이 없었다면 예수는 실패한 메시아로 남게 되었을 것이다. 실패한 메시아가 우리의 구주가 된 것은 부활 때문이다. 바울이 전했던 복음은 주로 예수의 부활에 대한 것이었다(고전 15:4-8,12,14-15). 바울이 십자가를 부활과 관련해서 언급할 때에도 역시 그의 주요 강조점은 분명히 부활에 있었다(롬 8:34; 고후 13:4).[527]

특히 고대 문서를 이해하고자 할 때 마땅히 그 문서의 결론(막 16:1-8)[528]을 알아야만 하는데, 이것은 마가복음만이 아니라 모든 복음서에 해당한다. 부활이 없는 복음서는 단순히 마지막 종장이 없는 복음서일 뿐만 아니라 그런 복음서는 전혀 복음서가 아니다. 마가복음은 '부활지향적 구조'로 되어 있으며, 부활이 마가복음 연구를 위한 진정한 출발점이 될 수 있다.[529] 마가는 '복음'이 시작되었다는 말로 그의 복음서를 시작하고 있다(1:1). 여기서 사용된 '복음'이란 말의 원어 '유앙겔리온(εὐαγγελίον)'은 희랍세계에서 '승리의 기쁜소식(승전보)'과 관계되어 가장 널리 사용되던 단어였다.[530]

---

527) 로마서에서 바울이 '복음'이라고 말할 때, 그는 '이신칭의(以信稱義)'를 의미하는 것이 아니다. 칭의는 복음의 직접적인 결과이기는 하지만, 바울이 염두에 두었던 '복음'은 다윗 자손에 속한 이스라엘의 메시아인 예수가 세상의 부활하신 주라고 선포하는 것이다. 바울의 요지는 이것이다. 부활은 다윗의 자손인 나사렛 예수를 진정한 메시아, 바로 그러한 의미에서의 '하나님의 아들'이라고 선포하였다는 것이다. 이것은 가이사가 신의 아들이자 세상의 주였던 세계 속에서 엄청난 정치적 의미를 지니고 있었다. 부활은 예수를 세상의 참된 통치자로 만든 표지가 되었고, 가이사는 세상의 이 참된 통치자의 희화화에 불과한 존재였다. N.T.Wright,《하나님의 아들의 부활》, 396-400.
528) 막 16:9-20은 마가복음의 본래 일부가 아니라고 하는 결론이 오늘날 널리 인정되고 있다.
529) 김득중,《마가복음의 부활신학》, 24-41.
530) 올림픽 마라톤(marathon) 대회의 기원은 이렇다. 주전 490년 그리스 마라톤 근처의 전쟁터에서 페르시아와의 전투에서 그리스가 승리했다. 이 승리의 기쁜 소식(승전보)을 한 병사(페이디피데스)가 아테네까지 달려가 왕에게 "우리가 승리했습니다"라고 말하고는 그 자리에서 쓰러져 숨졌다. 목숨을 걸고 승전보를 전한 이 병사와 그가 달려간 그 거리(42,195km)를 기념한 데서 마라톤 대회가 비롯되었다.

'수난의 교회'에 필요했던 것은 '승리의 기쁜소식(부활의 복음)'이었다. '십자가 신학'이나 '고난의 기독론'이 아니다. 그런 것은 기껏해야 예수를 모범적인 순교자로 전해 줄 뿐이다. 사탄적인 로마제국의 세력에 붙잡혀 있던 '수난의 교회'에는 '더 강한 분'의 '승리의 복음'이 필요했다. 그것만이 참으로 '기쁜 소식'이 될 수 있었고, 또 그런 승리의 복음은 오늘날 이 세상에서도 악한 세력의 억압 밑에서 고난을 당하고 있는 모든 기독교인과 기독교회에 똑같이 '기쁜 소식'이 될 수 있다.[531] 이것은 요한복음에도 그대로 적용되는 말이다.

b. 요한복음: 부활에 대한 묵상의 산물

요한복음은 공관복음을 자세히 살핀 후에 '다시 쓴 복음서'이다. 또한 요한복음은 예수의 부활이 갖는 의미에 대한 깊은 묵상에서 나온 결과물이다. 유대교 및 로마제국으로부터 박해와 순교를 강요당하는 수난상황에서 전략적으로 채택한 신학이 바로 '부활신학'이다. 따라서 부활의 의미에 대한 바른 이해야말로 요한복음 이해의 열쇠가 아닐 수 없다.

누가복음 저자는 예수의 탄생을 노래하기를 "지극히 높은 곳에서는 하나님께 영광이요 땅에서는 하나님이 기뻐하신 사람들 중에 평화로다"(눅 2:14)라고 찬송하였다. 요한복음에서 부활이 갖는 네 가지(하늘, 영광, 영원, 생명) 개념을 이에 적용하면 "지극히 높은 '하늘'에서는 하나님께 '영광'이요 땅에서는 예수를 믿는 자들에게 '영원'한 '생명'이로다"라고 말할 수 있다.[532]

부활신학은 어떻게 생겨난 것일까? 부활신학은 박해에 직면해서 이

---

531) 김득중, 《복음서 신학》, 124.
532) 더 자세한 설명은 박호용, 《요한복음서 재발견》, 61-66을 참조하세요.

스라엘의 조상들의 율법에 대한 순종을 유지하려는 피나는 투쟁과 결부되어 있다.[533] 요한은 예수의 정체를 이렇게 말한다. "나는 부활이요 생명이니"(11:25). "나는 십자가요 죽음이니"라고 말하지 않았다. 요한복음의 진리는 예수 자신이며(14:6), 그 진리는 십자가의 진리(복음)에 앞서 부활의 진리(복음)이다. 부활이 1차적이고 십자가는 2차적이라는 말이다. 그런데 서구신학에 많은 세례를 받은 사람들은 부활보다 십자가를 앞세우는 것이 몸에 배어있다.[534]

초대교회의 '케리그마(설교 또는 선포)'의 핵심은 '십자가와 부활'이다.[535] 이 둘 중에서 부활이 케리그마의 머릿돌로서 십자가에 우선한다. 그런 의미에서 요한복음이야말로 히브리적-그리스도교적 전통에 가장 충실히 서 있는 책이 아닐 수 없다.[536] 이 같은 사실은 복음서를 비롯하여 사도행전과 바울서신 모두에 해당한다. 십자가 복음과 부활의 복음이 함께 할 때 완전한 복음이 된다.

그런데 십자가와 부활 가운데서 케리그마의 '머릿돌(건물을 지을 때 맨 먼저 놓는 돌로서 기준과 방향이 되는 돌)'은 '십자가'가 아니라 '부활'이었

---

533) 더 자세한 설명은 N.T.Wright, 《신약성서와 하나님의 백성》, 531-554을 참조하세요.
534) 유승원은 요 4:24을 해석하면서 여기서 말하는 "진리는 예수 자신이며(14:6) 또한 그의 십자가에 달리심이다." 그리고 "성령과 진리 안에 있음은 말할 것도 없이 그리스도교의 십자가 복음이다"라고 말한다. 유승원, "요 4장: 사마리아 여인 그리고 예수의 양식", 《요한복음: 어떻게 설교할 것인가》, 125.
535) 부활(생명)은 십자가(죽음)와 긴밀하게 연관되어 있다. 죽음(십자가) 없이는 부활(생명)은 결코 없다. 십자가는 '구약의 완성'이며, 부활은 '신약의 시작'이라고 말할 수 있다. "십자가와 부활은 복음의 양면이다. 죽음을 통해 부활이 있고, 부활이 있기 때문에 십자가가 복음이 되는 것이다." 유동식, 《풍류도와 요한복음》, 145.
536) 히브리서는 '구약적(히브리적)' 전통에는 그 어떤 책보다 충실하나 '신약적(그리스도교적)' 전통에서는 그렇지 못하다(케리그마의 머릿돌인 '부활신학'이 약함). 반면에 요한복음은 철저히 구약적(263쪽의 "구약적[유대적] 배경" 참조)이면서 신약적(케리그마의 머릿돌인 '부활신학' 강조)이라는 점에서 '히브리적-그리스도적' 전통에 가장 충실한 균형잡힌 책이다. 히브리서의 구약적 특성에 대해서는 김정준, 《히브리서》를 참조하세요.

다.[537] 그러니까 케리그마의 순서가 '십자가와 부활'이 아니라 '부활과 십자가'이다. 부활이 1차적(Primary)이고, 십자가는 2차적(Secondary)이라는 것이다. 시간적 순서로 보면 십자가 사건이 먼저이고 그 후에 부활 사건이 뒤따르지만, 신앙적 순서로 보면 부활 사건을 체험한 후에 그 부활의 빛에서 십자가 사건의 의미를 재해석한 것이다.[538]

그런데 유대교와 기독교(신구약성서)의 연속성으로 볼 때 십자가 신학이 더욱 적절한지 모른다. 그러나 기독교가 유대교와 구별되는 가장 큰 기준은 '부활'의 여부이다. 예수 그리스도의 복음은 새로운 기쁜 소식(복음)으로 구약(유대교)과는 근본적으로 구별되는 것이다. 따라서 유대교와 기독교(신구약성서)의 불연속성이라는 측면에서 '부활신학(Theologia resurrectionis)'이 더 우선한다.[539]

사도행전은, 1세기의 세계를 송두리째 뒤엎어서 그리스도로 향하게 만든 것은 그저 십자가 자체가 아니라, 바로 그리스도의 부활의 선포로 말미암은 것이었음을 증거하고 있다. 베드로와 바울이 케리그마에서 강조한 것은 그리스도가 죽은 자 가운데서 부활한 사실이었다. 1세기의 이교도들은 예수가 로마인의 십자가에서 죽었다는 선언에 대해서는 별로 감동을 받지 않았겠지만(그리스도 이외에도 십자가에서 죽은 사람들이 수천이 넘지 않은가?) 하나님이 예수를 죽은 자 가운데서 다시 살리셨다는 선언에 대해서는 중립의 자세를 지키고 있을 수 없었다(행

---

537) 기독교 교리에 있어서 구원론이 완성이 아니라 기독론이 완성이듯이, 십자가가 완성이 아니라 부활이 완성이다. 십자가는 알파(시작)요 부활은 오메가(마침)이다. 다윗의 별로 하면 십자가는 삼각형에 해당하고 부활은 역삼각형에 해당한다. 십자가가 '구약(유대교)의 완성'이라면 부활은 '신약(기독교)의 시작'이다. 요한은 이것을 분명히 보여주고 있다.
538) 성종현 교수는 요한복음은 십자가(예수의 고난과 죽음) 해석을 예수의 부활과 영광의 빛에서 해석하고 있다고 말한다. 성종현,《신약성경: 해설대조연구》, 565.
539) 그리스도교의 특색의 불연속성에 대해서는 이형근,《예수 그리스도의 복음》, 25-28을 참조하세요.

13:40-41,46-47,51; 28:25-28).[540]

신약성경 전체에는 부활신앙이 강물처럼 흐르고 있다. 이 흐름 때문에 신앙과 순종을 계속 유지할 수 있었고, 죄와 죽음에 대한 최후 승리를 확신할 수 있었다. 이 같은 개인적인 부활신앙을 가진 사람이 없었더라면, 우리들에게 전해진 복음서들은 한 줄도 쓰여질 수 없었을 것이다. 복음서들의 부활기사는 다양성을 가지나 근본적인 통일성은 '부활이 복음의 살아있는 핵심'임을 보여준다.[541] 비기독교 세계를 향한 교회의 선포에서 가장 강조된 것은 예수의 지상사역도 아니고, 심지어 예수의 죽음에 나타난 속죄의 의미도 아닌 '예수의 부활'이었다.[542]

요한은 자료를 단순히 사건이 일어난 시간별로 배치한 것이 아니라 자신의 신학적 의도에 따라 재구성했다. 그 가운데 가장 중요한 특징은 기독교의 머릿돌을 부활로 삼았다는 점이다. 그리하여 요한은 '구조(주제)상징코드'를 사용하여 부활의 관점에서 그의 복음서를 재구성하였다. 즉 예수 부활의 예표가 되는 11장의 나사로의 소생사건을 정 가운데 배치하고 부활과 관련된 2장과 20장을 본론(2-20장)의 처음과 끝에 배치함으로써 요한복음을 부활의 관점에서 구조화시켰다.

---

540) R.L.Reymond, 《바울의 생애와 신학》, 56-60.
541) 이형기, 《세계교회사(I)》, 96, 105.
542) 정양모 신부는 그리스도인의 생사관(生死觀)은 '부활신앙'에 있다고 하였다. "예수 부활신앙은 실로 납득하기 어렵지만 이 신앙을 빼면 그리스도교는 쓰러진다. 사실 그리스도교는 역사의 예수께서 창교(創敎)하지 않았다. 더군다나 그분이 서기 30년 4월 7일 금요일 오후에 예루살렘 북서부 성 밖 골고타 형장에서 처형되었을 때 그리스도교는 태어날 수 없었다. 예수의 제자들이 처형된 스승의 발현을 체험하면서 그 부활을 확신하고, 드디어 30년 5월 말경 오순절을 맞아 예루살렘에 모여 그리스도교를 창시했다. 그러므로 그리스도교는 무엇보다 예수 부활신앙의 종교이다..... 부활신앙이야말로 타력신앙의 전형이다. 정말 부활을 믿는 그리스도인이라면 위대한 사도 바울로처럼 구원의 환성을 지를 것이다(고전 15:54-55)." 정양모, 《마태오복음 이야기》, 436-446.

요한이 부활신학을 붙들 수밖에 없었던 까닭은 그가 처한 자리가 생명(생존)[543]이 위협당하는 묵시문학적 수난상황 때문이다. 즉 신앙의 의인이 핍박과 순교를 당하는 상황에서 그 상황을 능히 이길 수 있는 길은 이미 고난을 이기고 승리하신 부활의 주님에 대한 능력을 믿고 의지하는 길밖에 없었기 때문이다.

주후 1세기 묵시문학적 위기상황에서 '부활사상'은 세상 나라들을 전복시키고, 다가올 새 시대로서의 하나님 나라(천국)의 승리를 말하는 혁명적 교리이자 묵시문학적 종말론[544] 교리였다. 예수의 엄숙한 기도의 핵심은 "하나님의 나라가 임하시고 하나님의 뜻이 하늘에서와 마찬가지로 땅에서도 이루어지이다"였다.

초기 예수교 운동은 유대인의 민족주의적 운동이나 사사로운 종교적 체험이 아니라 나사렛 예수가 죽은 자로부터 몸으로 부활하였다는 부활신앙 운동이었다. 왕적인 메시아, 세상의 참된 주로서의 예수신앙(행 2:36; 롬 1:3-5)은 부활신앙 위에 세워졌다. 부활은 예수가 하나님의 아들이라는 것, 이스라엘의 종말론적 소망이 성취되었다는 것을 의미한다. 이러한 의미로 해석된 부활은 초기 기독교인들을 당시의 유대교와 로마제국, 특히 유대 당국자들과 충돌을 피할 수 없게 하였다.[545]

예수 승천 이후 유대교와 예수교는 큰 충돌없이 병존해 왔다. 그런데 주후 70년 유대교의 신앙의 중심이었던 예루살렘 성전이 파괴되고, 소종파(sect)로 보였던 예수교 집단이 날로 커져가면서 양측 사이에는 긴장과 갈등이 형성되기 시작하였다. 예수교의 번창에 불안을 느낀 유대교는 두 가지 조치를 강구하게 되었다.

---

543) '생존'이 성경을 해석하는 중요한 개념이라는 것에 대해서는 40쪽의 각주 56번을 참조하세요.
544) 마지막 날에 의인도, 악인도 다 부활하여 심판을 받아야 한다(요 5:24-29).
545) N.T.Wright, 《하나님의 아들의 부활》, 885-886, 1119.

하나는 유대교의 정체성을 확립한다는 차원에서 유대교 정경을 확정지을 필요성을 느낀 것이다. 그 결과로 나온 것이 주후 90년 얌니아라는 곳에서 유대교의 정경[546]을 확정지음으로써 유대교는 자체적으로 예수교와의 차별화 전략을 시도하였다. 또 하나는 예수교인들을 유대교 회당으로부터 출교시키는 조치를 취함으로써 유대교인들이 예수교인이 되는 것을 막고 유대교를 예수교로부터 지켜내려고 했다.[547] 요한은 '출교'라는 말을 세 차례(9:22; 12:42; 16:2)나 언급하면서 이 사건이 예수교인들에게 미친 파장이 얼마나 컸는가를 간접적으로 시사해 주고 있다.

예수교인들이 당면한 이 같은 위기상황에서 예수교회는 저마다 위기를 타개하기 위한 전략을 마련하지 않을 수 없었다. 요한복음 저자는 예수교가 유대교와 어떻게 다른지를 확실하게 정립하지 않으면 안 될 상황에 처했다. 이것은 한편으로는 유대교에 대한 전략적 대응이면서, 다른 한편으로는 예수교의 정체성의 확립이라는 차원에서도 미룰

---

546) 유대교의 정경은 24권으로 39권으로 된 우리의 구약성경과 내용은 같으나 순서와 책의 권수를 세는 방식이 다를 뿐이다. 유대교 정경은 세 부분, 즉 토라(오경), 네비임(예언서), 케투빔(성문서)으로 되어 있다(세 부분의 첫 글자[TNK]를 따서 유대교 정경을 타낙[TaNak]이라고 부른다). 한편 우리의 구약성경은 신약성경에 대응하는 말로써 구약성경이라고 부르게 되었는데, 네 부분, 즉 오경, 역사서, 시가서, 예언서로 구분한다.
547) 마틴에 의하면 회당예배 때에 낭송되는 "표준 18기도문"은 주후 85년경 얌니아 공회의 수반인 가말리엘 2세가 랍비들의 지도자로 있을 때에 랍비들의 총회에서 채택된 것이라고 한다. 이 기도문의 열두 번째 간구가 분리주의자들, 특히 그리스도인들을 회당으로부터 출교시킬 것을 조장하기 위해 구성되었다고 한다. 그 기도문의 내용은 이렇다. "이 단자들에게 소망이 없게 하옵소서. 그리고 오만한 정권을 속히 우리 시대에서 당장 근절시키소서. '나사렛당(예수교인)'과 이교도를 일순간에 멸하소서. 그리고 생명책에서 그들의 이름을 지우시고 의인들과 함께 기록되지 않게 하소서. 은총을 베푸소서. 오 주여, 교만한 자를 비천하게 하시는 이여!" J.L.Martyn, *History and Theology in the Fourth Gospel*, 50-62. 이 기도문은 회당 예배 때 그리스도인들을 저주했던 공식적인 문구로서 유대인과 예수교인들 간에 논쟁이 격렬했던 90년경의 상황을 생생하게 증언하고 있다. 최흥진,《요한복음》, 41, 58.

수 없는 사안이 아닐 수 없었다.

한편, 종교적(유대교)으로는 '모세의 영광', 정치적(로마제국)으로는 '로마의 영광(Pax Romana)'이 판을 치는 시대 속에서 '그리스도의 영광(Pax Christi)', '하나님의 영광'을 드러내야 할 필요성이 절실해졌다. 로마 가이사 황제숭배 거부에 따른 박해와 유대 회당으로부터 출교를 당하는 묵시문학적 위기상황에서 생존을 위한 대책이 절실히 필요했다. 이러한 시대적 배경에서 "유대교와 로마제국에 대한 예수교 변증서이자 선교문서"로 쓰여진 것이 바로 요한복음이다.[548]

여기서 요한이 결정적으로 꺼내든 무기가 바로 '부활의 신학'이었다. '예수의 부활'은 땅의 영광인 모세의 영광과 로마의 영광을 뒤집어엎고(5:41-44; 12:43), 하늘의 영광인 그리스도(하나님)의 영광을 드러내었다(7:18; 11:4). '예수의 부활'은 삶 자체가 위태롭고 생존이 위협받는 묵시문학적 위기상황에서(9:22; 12:42) 잠시 잘 사는 것이 아니라 '영원히 사는 삶(영생)'을 가져다주었다(11:25-26; 12:50). 또한 '예수의 부활'이야말로 근심과 두려움에 떨고 있는 제자들(요한공동체)에게 세상이 주지 못하는 평안을 주는 동시에(14:27) 세상에서는 환난을 당하나 이 세상을 이기는 담대함을 가져다주는 힘이 되었다(16:33).

이렇듯 예수의 부활사건은 유대교 및 로마제국과의 차별성이 가장 극명하게 드러나는 결정적인 사건이자, 로마 식민지 아래에서 요한공동체가 직면한 시대적인 문제를 해결하고 나아가 예수교의 정체성을 확립할 수 있는 가장 확실한 토대였다. 결국 요한복음은 당시의 상황에서 '예수부활에 대한 깊은 묵상을 통해 나온 결과물'이다. 요한복음에 나타난 '로고스 기독론'이나 '십자가 신학'도 '부활신학'의 빛에서 해

---

[548] 요한이 그의 복음서를 신학적 주제에 따른 '논문 형식'으로 쓴 까닭 또한 이러한 상황에서 연유한다는 것이 필자의 생각이다.

석된 것이다. 따라서 그 동안 요한복음에서 '로고스 기독론'이나 '십자가 신학'을 우선적으로 강조한 주장들은 재고되어야 한다.

c. '부활신학'의 묵시문학적 의미

묵시문학은 현재의 악한 시대와 장차 올 약속된 새 세계라는 '역사적 이원론'을 특징으로 하고 있다. 역사적 이원론은 역사 해석에 있어서 필수적이다. 헤겔이나 마르크스의 변증법적 역사 이론은 역사 과정이 상호 반립하는 세력들 간의 변증법적 과정을 통하여 전진한다는 사실을 강조한다.

마찬가지로 기독교적 역사 해석은 묵시문학에서 말하는 역사적 이원론으로 행해진다. 즉 부정(否定)은 창조적 과정의 동인(動因)으로써, 오고 있는 새로운 세계는 현 세계의 부정을 통하여 이루어진다. 상징적 용어로 말한다면 십자가가 구원의 길로서의 죽음을 상징한다면, 죽음의 부정인 부활은 초월적인 미래를 상징한다. 묵시문학적 미래는 창조적인 부정을 통하여 현재 속에 새로운 실재를 가져온다. 이것이야말로 역사 과정에 대한 묵시문학적 이해의 핵심이다.

부활신학은 묵시문학적 종말론의 영향을 받아서 유대-그리스도교 전통 속으로 편입되었다. 묵시문학적 사고의 틀 안에서 부활은 궁극적인, 실존적 의미를 가진 하나의 종말론적 사건으로 이해되었다. 부활은 삶의 궁극적인 부정(否定)을 넘어서 삶의 새로운 시작을 알린다. 성육신 교의는 예수가 부활하여 主로서 통치한다는 고백을 하게 만들었던 상상력의 반사작용이다. 부활신학은 삶의 초월적인 의미를 추구하는 것에 대한 답변이다.

부활의 묵시문학적 소망은 한 인간을 자포자기토록 만드는 것이 아니라 오히려 그로 하여금 역사의 투쟁에 참여하도록 만든다. 왜냐하면 그의 궁극적인 미래는 부활로써 원칙적으로 해결되었기 때문이다. 묵시문학은 개인적 차원을 넘어선 보편적이고 우주적인 차원을 말하고 있는데, 이 같은 보편적-우주적 관점이야말로 묵시문학자들이 유대-그리스도교 전통에 가져다 준 귀한 선물이다. 개신교 신학이 너무나도 개인주의적인 데 반해, 묵시문학적 비전은 우주적 종말론을 내포하고 있다. 그리하여 묵시문학적 비전은 인류의 역사 및 자연 세계의 역사를 함께 종말론적으로 보면서 '새 하늘과 새 땅'의 미래를 포괄한다.[549]

B. 방법론(2): 구약적(유대적) 배경

a. 헬라적 배경에 대한 비판

요한복음의 종교적, 사상적 배경에 대해 기존에는 헬라적 배경을 우선하거나 구약적(히브리적) 배경과 헬라적 배경의 혼합으로 보려는 시도가 주류였다. 특히 다드와 그의 문하생인 바레트 및 불트만[550]의 영향으로 요한복음의 사상적 배경으로 헬라사상, 특히 '영지주의(Gnosticism)'[551]가 강조되기도 했다. 20세기의 거의 모든 학자들은 요한

---

549) C.E.Braaten, "묵시문학과 조직신학", 524-531.
550) 믹스는 구속자와 구속받은 자의 존재 유비를 말하는 불트만의 '영지주의적 구속자 신화' 가설을 비판하면서 제4복음서에는 그러한 존재 유비는 없다고 주장한다. 그러면서 '상승과 하강 모티프'에 대한 요한의 사용과 영지주의적 사용의 가장 중요한 차이를 이렇게 말한다. "예수의 제자들은 예수처럼 하늘로부터 온 성령의 사람들과 동일시되지 않고, 다만 이 세상에 속하지 않는(15:19; 17:14 이하) 자로서 동일시된다는 점이다. W.A. Meeks, "The Man from Heaven in Johannine Sectarianism", 44, 68.
551) 영지주의가 기독교에 침투하였음이 신약 여러 곳에 나타난다(골 2:8,18; 딛 1:16; 딤후 3:7). 그러나 이 모든 것은 기독교와 영지주의 사이의 접촉이 가장 이른 시기에 속한다. 그 둘 사이의 실제적인 대결은 주후 2세기 중엽까지는 일어나지 않았다. B.M.Metzger, 《신약정경형성사》, 92. 나그 함마디(Nag Hammadi)에서 나온 영지주의 문서(특히 도마복음서)는 요한복음과 내용상 멀리 떨어져 있다. H. C. Kee, 《신약성서 이해》, 220-221. 요한문서는 영지주의와의 접촉점(진리, 인식하다, 요한적 이원론 등)이 있는데 요한복음보다 요한일서가 더 결정적으로 영지주의에 대항한다. 그러나 요한복음에서 영지주의는 복음서 전체의 높은 신학적 작업에 흡수된 것으로 보인다. 김문경, 《요한신학》, 66. 더 자

복음을 헬라 세계에 예수를 소개하기 위한 헬라문서로 생각했다. 그러던 중에 유대교 학자들 사이에서 '제4복음서는 네 복음서 가운데 가장 유대적인 것'이라고 제안할 정도로 급격한 변화가 일어났다.[552)]

1947년 쿰란에서 사해사본이 발견된 이후 쿰란문서와 요한복음 사이의 사상적, 언어적 유사성에 대한 연구가 활발하게 진행되면서 그 동안 주장되어 왔던 헬라적 배경들이 유대적(구약적) 배경에 속한 것으로 드러났다. 쿰란문서의 발견은 신구약중간시대의 유대교에 대하여 보다 자세한 사실을 알 수 있게 해 주었다. 또한 초기 기독교가 유대적 배경에 깊이 뿌리를 두고 태동했다는 것을 확인해 주었다.[553)]

요한의 이원론의 기원에 있어서 헬라적 또는 영지주의적 배경을 주장한 기존의 견해, 즉 당시의 유대교는 하늘에는 한 하나님이라는 오직 한 힘만이 있다는 일원론적이었으며, 그래서 제4복음서는 팔레스타인 상황과 결별하고 이방적 배경 안에 위치시켰다는 기존의 주장은 붕괴되었다. 쿰란공동체는 자신들을 '빛의 자녀들'로, 예루살렘 지도자들을 '어둠의 자식들'로 묘사하는 매우 이원론적인 모습을 보여주고 있다. 특히 쿰란 제1동굴에서 발견된 《공동체 규범(Community Rule)》은 예수시대에 쿰란과 요한의 이원론간의 평행을 잘 보여준다.[554)]

세한 논의는 P. Perkins, 《영지주의와 신약성서》를 175-196을 참조하세요.
552) 윤철원, "요한복음 설교를 위한 배경", 《요한복음: 어떻게 설교할 것인가》, 24.
553) 천사무엘, 《사해사본과 쿰란공동체》, 189.
554) 제4복음서와 쿰란 《공동체 규범》간의 이원론의 비교를 영문 그대로 옮기면 이러하다.
P.N.Anderson, *The Riddles of the Fourth Gospel*, 187-188.

The Fourth Gospel	1Qs 3:14-4:26
the Spirit of Truth(14:17; 15:26; 16:13)	Spirit of Truth(3:18-19; 4:21, 23)
the Holy Spirit(14:26; 20:22)	by the Spirit of Holiness(4:21)
sons of light(12:36)	sons of light(3:13, 24, 25)
eternal life(3:15, 16, 36; 5:24 passim)	in perpetual life(4:7)
the light of life(8:12)	in the light of life(3:7)

또한 세례 요한이 에세네파와 직접적이든 간접적이든 관계가 있었다는 점에서 더욱 주목된다. 왜냐하면 요한복음 전승의 근원이 세례 요한의 추종자에서 시작하였을 가능성이 크기 때문이다(요 1:35-40).[555] 그 외에도 세상에 대한 저항 사상, 형제애 개념, '일치'로서의 공동체의 자의식, 성령 개념 등에 이르기까지 쿰란문서와 요한복음 사이에 많은 사상적, 언어적 유사성이 발견되었다.[556]

최근에 찰스워스(J. Charlesworth)는 요한공동체가 역사적으로 쿰란공동체에서 유래했다고까지 주장하였다.[557] 그 외에도 최근에 와서 요한복음 연구의 일반적 경향은 오히려 유대적(구약적) 배경이 요한복음을 보다 잘 이해할 수 있는 틀(framework)임을 인정하고 있다.[558] 이는

The Fourth Gospel	1Qs 3:14-4:26
and he who walks in the darkness (12:35)	they…walk in the ways of darkness (3:21)
he will not walk in the darkness(8:12)	to walk in all the ways of darkness (4:11)
the wrath of God(3:36)	the furious wrath of God's vengeance(4:12)
the eyes of the blind(9:32; 10:21; 11:37)	blindness of eyes(4:11)
full of grace/fullness of grace (1:14, 16)	the fullness of grace/his grace (4:5,4)
the works of God(6:28; 9:3)	the works of God(4:4)
their works(of man) were evil(3:19)	works of abomination/of a man (4:10,20)

555) 김춘기,《요한복음연구》, 61.
556) 믹스는 요한공동체와 쿰란공동체 사이에는 많은 차이점이 있으나 종파적(섹트적) 집단이라는 공통점을 지닌다고 주장한다. 즉 복음서의 언어, 특히 하늘과 땅, 그리고 인자의 내려옴(3:13) 등의 언어가 자신들이 사는 세계를 고립된 공동체인 섹트적 집단으로 단정했다. W.Meeks, 윗글, 44-72. 요한공동체가 섹트적 특징을 지닌 고립된 공동체로 보인 것은 복음서의 언어가 묵시문학적 언어이기 때문이지, 요한공동체가 섹트적 공동체라는 것을 의미하지 않는다. 오히려 요한공동체는 유대인과 이방인을 포함한 개방성을 지닌 열린공동체였다.
557) 김동수, "요한복음과 요한서신",《신약성서개론》, 434-435. 위에서 언급한 쿰란공동체의 종교사상에 대한 자세한 논의는 천사무엘, 윗책, 107-130을 참조하세요.
558) 김득중,《요한의 신학》, 24; 최근에 도올은 헬라적 배경 아래에서 요한복음을 길게 논술하고 있는데, 이는 시대에 역행하는 시대착오적인 모습이 아닐 수 없다. 김용옥,《요한복음강해》, 67-107.

바울 사상에도 예외가 아니다.[559]

요한 당시는 '그레코-로만(Greco-Roman)' 시대였다. 그러한 시대상황에서 요한복음은 헬라어로 기록되었다. 그렇다면 요한복음에 어찌 헬라적 영향이 없겠는가.[560] 라일리는 유대교가 그리스도교의 어머니라면, 그리스-로마 세계는 단순히 환경(context)이 아니라 아버지로서 그리스도교 본질의 절반, 그 훌륭한 사상의 절반은 그리스-로마 쪽에서 비롯됐다고 주장한다.[561] 그러나 이것은 지나친 과장이다.

일제시대 때 한국인이 일본말을 쓰고, 이름을 일본식으로 바꾸고, 일본식의 옷을 입고, 일본 음식을 먹는다고 해서 일본인이 된 것은 아니다. 그것은 외피만 달라졌을 뿐 한국인은 여전히 한국인이다. 하물며 수천 년 동안 선민으로 자처하며 그들의 문화와 종교 전통을 지켜온 유대인이랴.[562]

---

559) 바울 사상의 배경에는 '영지주의(Gnoticism)'라는 헬라적 배경도 있지만, 바울 사상에 가장 큰 영향을 미친 것은 '묵시사상(Apocalypticism)'이라는 히브리적 배경이다. 영지주의는 두 세계, 즉 물질의 세계(악)와 영혼의 세계(선)라는 '정적(靜的, static)'이고, 존재론적(공간적) 이원론을 바탕으로 하고 있다. 이에 반해 묵시사상은 두 시대, 즉 이 세대와 다가오는 새 시대라는 '동적(動的, dynamic)'이고, 역사적(시간적) 이원론을 바탕으로 하고 있다. 바울의 로마서는 묵시적 유대사상의 틀 위에서 전개되고 있다. 이 말은 로마서의 중심주제가 '이신칭의(以信稱義)'와 같은 '교리의 논리'에 있는 것이 아니라 '하나님의 자유로운 주권'이라는 '역사의 논리'에 있으며, 따라서 로마서의 중심부분은 이스라엘의 운명을 다루는 9-11장이다. 더 자세한 설명은 P.Achtemeier,《로마서》, 29-56쪽을 참조하세요.
560) 오늘날 팍스 아메리카나(Pax Americana) 시대의 미국의 영향력은 대단하다. 그러나 농촌의 농부나 어촌의 어부들은 외부의 영향을 별로 받지 않고 자신들이 살아온 방식(관습과 문화)에 따라서 얼마든지 살아갈 수 있다. 이는 갈릴리 나사렛의 목수 출신 예수와 갈릴리 바다의 어부 출신 요한에게도 해당한다고 볼 수 있다.
561) G.J.Riley,《하느님의 강: 그리스도교 신앙의 원류를 찾아서》, 27.
562) 유승원은 유대인들에게는 종교가 삶 전체였고 바로 그 점이 다른 민족과 뚜렷하게 구분되는 그들만의 특성이라고 말하면서도, 신약의 종교는 '헬레니즘 속의 종교'로서 오래 이어져 온 히브리 전통이 세계주의적 보편성을 담지한 헬라문화와 접하면서 창조적 복합을 이루어낸 결과물이라고 보고 있다. 유승원, "신약성서의 세계",《신약성서개론》, 25-

하지만 요한복음에서 헬라적 영향은 기본적으로 학자가 아니었던 요한에게 있어서는 극히 적은 일부분에 지나지 않으며, 그것조차도 요한에 의해 헤브라이즘으로 변주되고 용해되어 무시해도 해석에 지장이 없을 만큼 지엽적이고 미미하다. 기존에는 요한복음이 그레코-로만 시대에 헬라어로 쓰여졌고, 몇몇 중요한 헬라어 어휘를 사용하고 있다는 형식논리에 매여 요한복음이 철저히 구약성경(헤브라이즘)으로 절여져 있다는 사실을 보지 못했다.

그동안 요한복음을 헬라적 배경과 히브리적 배경의 혼합물로 취급함으로써 요한복음 이해를 혼란스럽게 했고 빗나가게 했다는 것이 필자의 생각이다. 그리고 그 혼란의 중심에는 요한복음서 연구에 중요한 위치를 점하는 불트만이 자리하고 있다.

'반유대주의(anti-Semitism)'가 절정에 달했던 나치 시대에 불트만은 유대인의 성서인 구약에 대해 상당한 거부감을 갖고 있었다. 그는 구약의 역사를 "유산의 역사"요 "실패의 역사"로 보면서 이렇게 말한다. "구약성서는 옛날이나 지금이나 유대인에게는 하나님의 계시이나 기독교인에게는 더 이상의 계시가 아니다. 따라서 구약은 신약의 전제(presupposition)일 뿐이지 그 이상도 그 이하도 아니다." 이와 같이 불트만은 구약과 신약의 완전한 신학적 불연속성(discontinuity)을 주장하였다.[563] 이 같은 그의 생각은 요한복음의 사상적 배경에도 그대로 나타났다. 그리하여 그는 요한복음의 종교적, 사상적 배경으로 헬라사상(Hellenism), 특히 영지주의(靈知主義)를 강조하였다.[564]

51, esp. 39, 47, 50. 여기서 중요한 것은 중심(몸통)과 주변(깃털)의 문제이다. 신약성서는 헤브라이즘과 헬레니즘이 만나서 '새로운 제3의 이념(새종교)'을 창조한 것이 아니라 헤브라이즘에 대한 재해석을 이루어냈다(이것이 새창조[새종교]이다)는 점이다.

563) G.F.Hasel,《구약신학: 현대 논쟁의 기본 이슈들》, 208-210.

564) R.Bultmann, *The Gospel of John*, 7-9; G. Theissen / A. Merz,《역사적 예수: 예수의 삶에 대한 총체적 연구》, 71. 차일즈는 불트만의 견해의 큰 문제점 중의 하나는 구약의

박수암 교수는 요한복음에 헬라적 배경이 영향을 끼쳤다는 주장은 부인할 수 없다고 말하면서 헬라적 배경으로 다음과 같은 내용을 제시하였다.

요한복음에는 플라톤 사상, 필로의 사상, 스토아 사상, 영지주의 사상 구조과 일부 사상 구조에 있어, 어휘에 있어 비슷한 점들이 많이 나타난다.[565] '위와 아래'(3:31; 8:23), '영과 육'(3:6; 6:63), '참 포도나무'(15:1, '참 빛'(1:9), '참 떡'(6:32)은 플라톤의 '이데아' 사상을 암시하고 있으며(E.A.Abbot), 예수를 '로고스'에 비유한 것은(1:1) 스토아 사상을 배경으로 했을 가능성을 보여 준다(Moffatt). 거룩한 거듭남에 의한 입교의 개념들과(1:12; 3:3,5) 성례전적 먹고 마심에 의해 성취되는 영적 생활의 개념들은(6:51,53) 헬라 신비종교들의 사상들의 공유성을 부인치 못하게 하며(Barrett), '지식'(17:3), '올라간다', '내려간다'(3:13) 등의 표현은 마치 예수를 영지주의의 구속자에 비유하게 한다(Bultmann). 그리하여 요한복음은 일찍이 '헬라사람들의 복음서'(B.W.Bacon)라 불렸다.[566]

중요성을 간과하고 구약의 역할을 약화시킨 것이라고 그를 비판한다. B.S.Childs, *Biblical Theology of the Old and New Testament*, 284-286.
565) 요한은 그 당시 철학적-종교적인 큰 흐름들이 만나는 곳에서 살았다. 주요 도시 중의 하나로 그리스의 사고와 동양적 신비주의가 만나는 곳, 같은 유다이즘이지만 다른 면을 지니고 있고 밖의 영향에 열려져 있던 곳에서 살았다. 하지만 무엇보다도 그의 사유(思惟)가 깊은 독창성을 지니고 있다는 사실에서 헬라적 영향과는 상당한 거리가 있다는 점을 기억할 필요가 있다. 최안나,《나오너라: 성서가족을 위한 요한복음서 해설(1)》, 16-19.
566) 박수암,《요한복음》, 12; 톰슨(M. M. Thompson)은 이렇게 말한다. "요한의 이원론적인 세계관은 영과 육, 위와 아래 그리고 영원과 자연으로 대조하는데, 유대교보다는 플라톤 사상과 같은 그리스 사고의 철학적 운동들과 더 많은 공통점이 있는 세계관을 나타낸다고 생각되었다. 그러한 견해들을 재고해야 하는 주된 이유 가운데 하나는 1947년 사해의 북서쪽 연안의 동굴에서 발견된 사해문서로 알려진 다양한 필사본들 때문이다. 그 문서들은 복음서에 개념적인 배경을 제공하는 요한복음의 이원론과 유사한 범주에서 영과 육, 진리와 잘못, 빛과 어둠 사이의 이원론을 보여준다. 이러한 발견들은 팔레스타인 유대교의 궤도 안에 요한복음을 놓는 가능성에 대해 새로운 관심을 북돋았다. 많은 해석자들에게 요한복음의 형성에 영향을 제공한 것으로서 헬레니즘 종교들에

이 같은 헬라적 배경에 대한 주장은 구약적(유대적) 문헌 속에서도 상응하는 예를 얼마든지 찾아볼 수 있다.[567] 이미 언급했듯이 그레코-로만 시대에 헬라어로 쓰여진 요한복음에 어찌 헬라적 요소가 없겠는가. 사상이나 문화는 역사를 통해 서로 교류하면서 영향을 주고받게 되어 있다. 그런 면에서 헬라적 영향은 당연히 고려되어야 한다.[568] 그러나 요한복음은 근본적으로 사도 요한의 삶의 자리인 구약적(유대적) 전통에 깊이 뿌리박고 있다.[569]

요한이 처한 삶의 자리는 종교적으로는 유대교, 정치적으로는 로마제국이라는 두 전선(戰線)에서 예수교를 변증해야 했다. 유대교와의 대결을 위해서는 그들이 알아들을 수 있는 유대적(구약적) 언어로 표현할

호소하는 것은 더 이상 필요가 없는 것처럼 보인다." P.J.Achtemeier, J.B.Green, & M.M. Thompson, 《새로운 신약성서개론》, 250.

567) '위와 아래'는 "하나님은 하늘(위)에 계시고 너는 땅(아래)에 있음이니라"(전 5:2)에, '영과 육의 대조'는 "여호와 하나님이 땅의 흙(육)으로 사람을 지으시고 생기(영)를 그 코에 불어넣으시니 사람이 생령이 되니라"(창 2:7)에, '참 포도나무'는 '포도원의 노래'(사 5:1-7)에, '참 빛'은 "일어나라 빛을 발하라 이는 네 빛이 이르렀고 여호와의 영광이 네 위에 임하였음이니라…나라들은 네 빛으로, 왕들은 네 광명으로 나아오리라"(사 60:1-3)에, '참 떡'은 "너도 알지 못하며 네 조상들도 알지 못하던 만나를 네게 먹이신 것은 사람이 떡으로만 사는 것이 아니요 여호와의 입에서 나오는 모든 말씀으로 사는 줄을 네가 알게 하려 하심이니라"(신 8:3)에, '거룩한 거듭남에 의한 입교의 개념들과 성례전적 먹고 마심에 의해 성취되는 영적 생활의 개념들'은 시내산에서 하나님과 이스라엘 사이에 언약을 체결하고 먹고 마시는 장면(출 24:1-11)에서 그 연원을 찾을 수 있다. 또한 '말씀'으로 번역된 '로고스'(1:1)는 신명기 첫 절의 '말씀', 즉 "이는 모세가 …… 이스라엘 무리에게 선포한 말씀이니라"(신 1:1)와 상응한다.

568) "요한복음은 유대교적 배경을 가지고 발생한 복음을 헬라적 관점에서 재해석하여 헬라적 사고구조를 지닌 지성인들에게 그리스도의 복음을 선포하는 책이다." 김세윤, 《요한복음강해》, 23. 이는 필자의 견해로는 상당히 빗나간 주장이 아닐 수 없다.

569) 요한복음만이 아니라 바울서신도, 공관복음도 구약적(히브리적) 배경에서 연구되어야 함을 보여 주는 책으로는 P. J. Achtemeier, 《로마서》, 33-45; T. Holland, 《바울신학개요》, 13-38; D. Wenham, 《바울: 예수의 추종자인가 기독교의 창시자인가?》, 513-562을 참조하세요.

수밖에 없었고,[570] 로마제국과의 대결을 위해서는 인본주의인 헬라적 정신사고의 맥락에서 로마황제숭배가 강요되는 시절 신본주의인 히브리적 정신사고로 싸울 수밖에 없었다는 것이 필자의 생각이다.

신약성경의 기자들은 거의 다 유대인이었다. 이 말은 그들이 외피에 있어서는 헬라 문화(헬레니즘)의 영향을 받았다 하더라도, 그들의 속알(정신세계)은 '히브리 신앙과 생활'(헤브라이즘)에 토대를 두고 있음을 시사한다.[571] 유대인 요한이 쓴 요한복음은 기본적으로 '구약적(유대적) 배경'[572]으로 절여져 있는 책이다.[573] 따라서 헬라적 사상 배경은 외피에 지나지 않고, 본질은 구약적(유대적) 사상 배경 아래 있음을 분명히 해야 할 것이다.

---

570) 최근에 요한복음이 헬라사상보다는 오히려 구약사상 혹은 유대사상에 더 뿌리를 두고 있다고 주장하는 학자들의 말을 들어보면, "요한의 책은 신약성서 안에서 가장 히브리적인 책이다"(J. B. Lightoot), "요한복음은 철저히 팔레스타인적이다. 이 복음서가 어떤 의미에서 헬라적이라는 생각은 복음서 전체의 경향과 배치된다"(W. Temple), "오늘날의 연구는 요한복음 사상의 팔레스타인·구약적·유대적 배경을 선호한다"(R. Kysar). "요한사상의 뿌리는 헬라사상보다는 유대사상에 더 붙어 있으며……유대교와의 접촉이 우선적이다"(S. S. Smalley). 요한복음의 유대적 배경에 대해서는 김득중, 《요한의 신학》, 24-29을 참조하세요.

571) T. Holland, 《바울신학개요》, 13-15.

572) 요한이 얼마나 유대적(히브리적)인가 하는 것을 단적으로 보여주는 예가 히브리 어휘인 '메시아'의 사용이다. 이 어휘는 신약 저자 중 유일하게 요한만이 2회(1:41, 4:25) 사용하고 있다.

573) 네슬(Nestle)의 헬라어 신약에 나타난 대략적인 구약 인용은 약 950개 정도이고, 연합성서 공회판 헬라어 본문은 거의 1800여개 구약 구절들을 인용한 것으로 보고 있다. 신약성서에는 대략적으로 300여개의 공식적 구약 인용이 있다고 결론 내리는 것이 안전하다. W. C. Kaiser, Jr. 《신약의 구약 사용》, 17-18. 《새번역 신약성경》에 의한 사복음서의 구약 인용 횟수를 보면 마태 71구절, 마가 41구절, 누가 47구절(참고. 행 61구절, 롬 79구절)인데 반해, 요한은 18구절(1:23,51; 2:17; 6:31,45; 7:42; 10:34; 12:13,15,38,40; 13:18; 15:25; 19:24,28,29,36,37)에서 구약을 인용하고 있다. 따라서 외견상 공관복음에 구약적(히브리적) 배경이 더 강하게 나타나는 듯 보이나 내용적으로 보면 요한복음은 구약적 내용으로 가득 찬 복음서이다. 사복음서 가운데 '구약성경'을 일컫는 어휘(γραφή)를 요한이 최다 사용(마 4회, 막 4회, 눅 4회, 요 12회) 하고 있다.

요한은 헬라적 배경에 속하는 개념조차도 헤브라이즘으로 변주(변형)시켰는데,[574] 이는 '인본주의 헬레니즘으로부터 신본주의 헤브라이즘으로의 환원운동이자 뿌리찾기'라고 말할 수 있다.[575] 요한복음이 얼마나 철저히 구약성경에 근거하고 있는지를 명백히 보여주는 대목은 요한이 의도적으로 "성경(말씀)을 응하게 하려 함"이라는 문구를 완전수인 7회(12:38; 13:18; 15:25; 17:12; 19:24,28,36) 사용하고 있는 것을 통해서 쉽게 엿볼 수 있다.

한편, '말씀'(1:1, 14)으로 번역된 헬라어 '호 로고스(ὁ λόγος)' 어휘는 헬라철학에서 차용해 왔을 뿐 헬라철학에서 널리 사용된 개념과는 의미가 사뭇 다르다. 이 어휘는 헬라철학이 의미하는 무질서한 세계를 지탱하는 질서의 원칙이나 합리적 이성의 총체를 지칭하지 않는다. 오히려 로고스가 육체를 입었다는 것(1:14)은 '육체를 부정하는 헬라철학'과 '영지주의(신비한 지식을 믿음으로써 육체의 제한으로부터 탈피할 수 있음)'에 대한 전격적 반격이다.[576] 이 어휘는 기본적으로 신명기 1:1에 근거한 것이며, 말씀의 대언자인 모세나 예언자들의 '말씀'에서 차용하여 쓴 어휘이다. 따라서 철저히 히브리적 배경을 갖고 있다.[577]

또한 요한이 사용한 일곱 표적은 창세기의 7일간의 창조와 상응한다. 요한은 많은 표적 가운데 일곱 표적만을 의도적으로 선택하여 이를 유대교의 안식일을 대치한 기독교의 부활을 말하는 상징으로 사용하였다. 또한 요한이 사용한 일곱 '에고 에이미'의 비유적 말씀은 성막

---

574) 그레코-로만 시대에는 헬라어가 히브리어의 영향으로 본래의 의미에서 변형되어 쓰이는 경우가 있었는데, 그 전형적인 실례가 셉투아진트(70인역)이다. E.Lohse,《신약성서배경사》, 111-114.
575) 이를 지리적으로 말한다면 '아덴에서 갈릴리로'라고 말할 수 있다.
576) 이원우,《성서: 거룩한 글들의 도서관》, 336-337.
577) '로고스' 어휘에 대한 더 자세한 설명은 454쪽 이하의 "로고스 개념의 배경과 의미"를 참조하세요.

(성전)의 일곱 주요 기구에 상응한다. 요한은 일곱 '에고 에이미' 말씀을 사용하여 구약의 성전과 제사 제도를 대치하러 오신 예수를 말하는 상징으로 사용하였다. 아래에서 자세히 살펴보겠지만 요한이 사용한 상징코드가 모두 구약적(유대적) 배경과 깊이 관련되어 있다.

그렇다면 왜 요한은 구약적(유대적) 사상 배경 하에서 요한복음을 기술했을까? 무엇보다도 저자 요한이 팔레스타인 유대인으로서 구약적(유대적) 문화-종교적 배경 하에서 자란 사람이기 때문이다.[578] 무엇보다도 유대교와의 갈등상황에서 유대교보다 뛰어난 기독교를 말하기 위해서는 기독교인뿐만 아니라 유대인들도 알아들을 수 있는 효과적인 언어로 이를 표현해야 했기 때문이다. 그것의 가장 구체적인 실례가 아래에서 다룰 일곱 상징코드이다. 이것은 철저히 구약적(유대적) 사상 배경 아래에서 나왔다. 그런 의미에서 요한복음은 철저히 구약적(유대적) 사상 배경을 지니고 있고, 그 빛 아래에서 해석할 때 그 의미가 분명하게 드러난다.

b. 로마적 배경에 대한 재고

요한복음 연구에서 로마적 배경은 그 중요성에도 불구하고 그 동안 별로 고려되지 않았다. 최근에는 로마제국 치하에서 요한공동체가 로마제국과 어떤 관계를 가졌는가 하는 로마적 배경이 중요한 문제로 부각되고 있다.[579] 김선정 박사는 요한복음의 로마적 배경에 대해 다음

---

578) 유대인 예수는 아버지의 직업을 물려받아 목수일을 하는 가난한 노동자였다. 사도 요한은 좀 낫기는 하지만 아버지의 직업을 물려받아 물고기 잡는 천한 어부였다. 이들은 바울처럼 헬라의 신식교육을 받으며 자랄만한 여유있는 집안이 아니었다. 다만 교육이라고 하면 회당에서 늘 듣는 구약성경과 절기 때마다 방문하는 예루살렘 성전 그리고 안식일 같은 히브리 문화와 전통에서 배운 것이었다. 그들의 몸에 밴 것은 이 같은 '히브리 전통(헤브라이즘)'이다.
579) 요한복음의 로마적 배경에 대해서는 W.Carter, *John and Empire*를 참조하세요.

과 같은 주장을 하였다.

　로마는 기본적으로 神-王 일치사상을 가진 반면, 유대인들은 神-王 분리사상으로 대응하였다. 그들은 로마제국의 신이었던 황제를 거부하고 자신들의 유일신 신앙에 따라 야웨를 자신들의 신으로 선택하는 한편, 가이사를 자신들의 왕 곧 황제로 선택하였다(19:15). 이러한 이중 기준에 의한 유대인들의 對 로마 해법은 요한공동체에 의해 불순한 타협으로 규정되었다. 왜냐하면 로마제국에 의해 신으로 숭배되었던 가이사를 인정하는 것은 유일신 신앙에 유배되는 것이기 때문이다. 그들은 하나님에 대한 올바른 신앙을 버리고 자신들의 유익(영광)을 추구하였던 것이다(5:44).

　이와는 달리 요한공동체는 자신들의 신앙의 중추인 예수를 神-王으로 고백하였다. 즉 자신들의 神-王 일치사상 곧 '예수=신(하나님)=왕(메시아)'의 일원구조가 하나님에 대한 바른 이해임을 주장하였다. 이것은 로마제국의 神-王 일치사상과 요한공동체의 神-王 일치사상의 충돌을 불가피하게 하였으며, 결국 유대교 회당으로부터 추방당한 것과 밀접하게 연관된다. 유대교 회당으로부터 추방됨으로써 요한공동체는 유대교 안에서 누렸던 특권을 박탈당한 채 로마제국의 종교적, 정치적 정책과 직접적으로 대면/갈등하게 되었다는 것이다.

　이러한 로마제국과의 갈등은 요한공동체가 로마 황제보다 우월한 神-王 예수를 고백한 데서 극명하게 드러난다. 예수가 원래 신이었는데 육신을 입고 세상에 왔다는 주장이나 하나님의 유일한 아들이라는 주장, 하나님과 하나라는 주장, 예수의 최종적인 신성을 보증하는 부활에 대한 강조는 황제의 신성을 넘어서는 예수의 신성을 보여 준다. 또한 예수는 로마 황제를 능가하는 왕권을 소유한 것으로 그려진다. 그러면서 요한공동체의 神-王 예수상(神-王 일치사상)은 로마 식민통치 이

념과의 갈등 속에서 배태되었다고 주장한다.[580]

요한공동체의 로마적 배경에 대한 이러한 주장은 요한복음 이해의 지평을 넓혀주었다. 그러나 필자는 그녀의 주장에 대한 반론으로 두 가지만 지적하고자 한다. 첫째는, 회당으로부터의 출교가 직접적으로 로마제국의 神-王 일치사상과의 갈등으로부터 비롯되었으며, 그로 인해 로마제국과 직접적으로 대면/갈등하게 되었다는 주장은 요한복음서에서 직접적으로 찾아보기 어렵다.[581]

둘째는, 요한공동체의 神-王 일치사상의 뿌리가 로마 식민통치 이념과의 갈등 속에서 배태되었다는 주장에 대해, 요한공동체의 神-王 일치 사상의 뿌리는 근본적으로 출애굽 이후 구약 히브리 신앙에 면면히 흐르는 하나님에 대한 이해에 그 뿌리를 두고 있다는 것이 필자의 생각이다.

구약 히브리 신앙에 의하면 하나님은 천상영역에 계시면서 지상영역에서 활동하시는 분이다. 곧 하나님은 神이면서 王이었다. 그래서 지상의 왕이 필요 없었다(삿 8:23; 17:6; 사 33:22). 하나님이 통치하시는 이러한 神政정치는 다윗에 의해 본격적으로 시작된 王政정치와 더불어 변화를 겪으면서 하나님 왕과 인간 왕이라는 두 왕이 있게 된 것이다. 그래서 하나님(야웨)은 천상영역을 담당하는 왕이고, 인간 왕(다윗)은 지상영역을 담당하는 왕이 되었다. 유대인들의 神-王 분리사상의 뿌리는 이같은 왕정신학(시온신학)에서 비롯된 것이다.

요한공동체는 부활하시고 하늘로 승천하신 예수는 본래 하나님의

---

580) 김선정, 《요한복음서와 로마황제숭배》, 178-185.
581) 요한복음에서 어둠의 세상은 로마인이 지배하는 세상이다. 세상의 어둠은 로마인들의 압제의 결과이다. 그러나 요한복음서는 이것을 직접적으로 말하지는 않는다. 이 메시지는 종교적인 문서 안에 코드화되어 숨겨졌다. 로마를 공개적으로 공격한다는 것은 너무나 위험한 일이다. 사탄과 "이 세상의 지배자(임금)"(12:31; 14:30; 16:11)에 대해 말하는 것은 그들을 간접적으로 비판하는 방법이다. G.Theissen, 《복음서의 교회정치학》, 189.

아들(神子)이자 사람의 아들(人子)로서, 하나님으로부터 기름부음 받은 왕(메시아)으로 이 세상에 보내진 분으로 고백하였다. 따라서 요한공동체의 예수상(神-王 일치사상)의 뿌리는 구약 왕정시대 이전의 神政정치라는 구약적(히브리적) 배경에서 비롯되었다고 말할 수 있다.[582]

c. 북왕국(모세-예언자) 전승적 배경

이스라엘 역사에서 솔로몬 사후(주전 922년), 왕국은 남왕국 유다와 북왕국 이스라엘로 분열되었다. 그 후 이 두 왕국은 단지 지리적 분열만이 아니라 결정적으로 종교적 전승의 분열을 가져왔다. 갈릴리와 사마리아 지방을 중심으로 한 북왕국은 모세-에브라임 전승, 즉 성막 전승, 해방 전승, 예언자 전승이 주류를 이루었다. 이에 반해 예루살렘(시온)을 중심으로 한 남왕국은 다윗-유다 전승, 즉 성전 전승, 체제유지 전승, 제왕 전승이 주류를 이루었다.[583]

나사렛 출신 예수를 포함하여 사도 요한은 갈릴리 출신으로 당연히 북왕국 전승을 이어받은 자였다. 숫자상징코드에 의하면 숫자 17(=10+7)은 10(구약, 유대인)과 7(신약, 이방인)의 합으로, 이는 신구약성경과 만민구원의 의미를 지닌다. '갈릴리' 어휘가 17회 나타나는데, 이는 만민구원의 장소요 복음 선포(선교)의 시발점은 예루살렘이 아닌 갈릴리임을 암시한다.[584]

그 동안 요한복음 연구에서 북왕국 전승적 배경은 거의 논의되지 않았고, 이는 결국 요한복음 연구의 '피상성(빗나감)'을 면치 못하는 계

---

582) 구약시대의 神政과 王政에 대해서는 B.W.Anderson, *Understanding the Old Testament*(4th), 195-210을 참조하세요.
583) 남왕국 유다와 북왕국 이스라엘 전승에 대해서는 장일선, 《구약 전승의 맥락》을 참조하세요.
584) 이는 만민구원과 복음선포(선교)의 시발점이 예루살렘이라는 누가복음의 사상과 대조된다.

기도 되었다.[585] 구약 전승의 맥락에서 북왕국 전승은 대표적으로 출애굽기, 신명기, 호세아서를 들 수 있다.

가. 신명기(모세 전승) 배경

신명기의 영어명 (Deuteronomy)은 '제2의(deutero)'와 '율법(nomos)'이란 두 단어가 합쳐 이루어진 명칭으로, '제2의 율법(second-law)'이란 의미를 가진다. 이는 시내산(신명기에서는 '호렙산')에서 전수된 하나님의 가르침(출 19:1-민 10:10)의 첫번째 말씀을 전제한다. 즉 시내산 율법(출-레-민)은 '제1의 율법'이고, 신명기는 '제2의 율법'이라는 말이다.

이를 사복음서에 대입하면 세 권의 복음서(마태-마가-누가)는 공관복음서이고, 요한복음은 제4복음서에 해당한다. 결국 제2의 율법인 신명기가 제1의 율법인 시내산 율법(출-레-민)의 신학적 재해석이라면, 제4복음서인 요한복음은 공관복음(마-막-눅)에 대한 신학적 재해석이 된다.[586] 이를 도표로 그리면 아래와 같다.

신명기는 모압평지에서 모세가 행한 세 차례(1:1-4:43; 4:44-28: 69; 29:1-30:20)의 설교로 되어 있다. 신명기가 모세의 설교로 되어 있다면, 요한복음은 고별설교(요 13-16장)를 통한 새 모세 예수의 모습을 보여주고 있다. 아래 도표는 요한복음이 모세의 설교인 신명기와 유형론적으로 상응하는 책이라는 점에서 요한복음의 원형이 되는 책임을 보여준다.[587]

---

585) 가령, 요한복음에는 모세가 자주 나오지만(12구절) 다윗은 단 한 구절(7:42)에만 나올 뿐이다(그것도 구약 인용으로). 특히 예루살렘 입성에서 요한은 공관복음에서 "찬송하리로다 오는 우리 조상 다윗의 나라여"(막 11:10), "호산나 다윗의 자손이여 찬송하리로다"(마 21:9)을 "호산나 찬송하리로다 주의 이름으로 오시는 이 곧 이스라엘의 왕이시여"라는 것으로 다르게 표현하고 있다.
586) 모세의 4서(출-신)과 새 모세 예수의 4복음서(마-요)의 관계에 대해서는 박호용,《출애굽기주석》, 23-26을 참조하세요.
587) 라코마라는 요한복음의 '신명기 유형론(Deuteronomy Typology)'를 강조하였다. 모세의 신명기적 설교가 새 모세 예수의 고별설교의 모델이 되고 있다. 신명기와 요한복음의

이미 언급했지만 요한복음에서 다윗은 단 한 구절(7:42)에서 2회 나타나는데 반해[588] 모세는 12구절(13회)에서 나타난다.[589] 요한복음에서 선구자와 성취자로서의 모세와 여호수아의 관계는 세례 요한과 예수의 관계와 유비를 이루는데, 모세에 대한 성취자가 바로 새 모세되시는 예수로 나타난다.[590] 특히 요한의 예수 파송 모티프는 신명기 18:15-22에 나타난 모세와 같은 예언자 대리 도식, 즉 나사렛 예수가 다윗 같은 왕보다는 모세와 같은 예언자로 나타나고 있음을 보여주고 있다.[591]

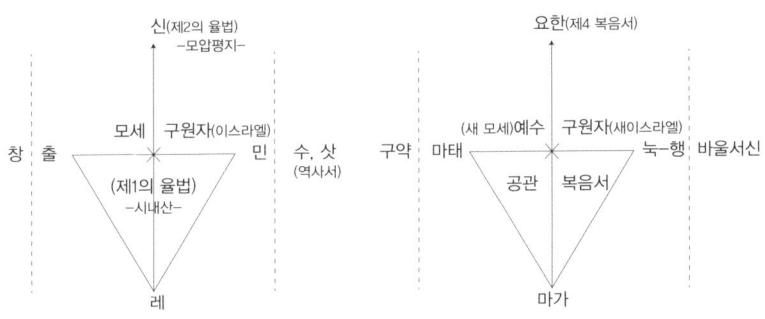

〈도표 7〉 신명기와 요한복음의 상관성

고별설교간에 드러나는 형식 및 내용상의 유사성은 다음과 같은 결론을 가능하게 해준다. "요한복음 저자가 예수의 말씀들을 모아 제자들에게 주는 마지막 교훈으로 구성할 때 염두에 두었던 것은 무엇보다도 먼저 신명기와 거기에 나오는 '새 모세'에 대한 예언이었다. 이런 의미에서 모세의 신명기 설교는 고별설교의 모델이었다." A.Lacomara, "Deuteronomy and the Farewell Discourse,", 82. 김득중, 《요한의 신학》, 35-37.

588) '다윗' 어휘는 마태 17회, 마가 7회, 누가 13회, 행전 13회 나타난다.
589) '모세' 어휘에 대한 더 자세한 설명은 304쪽의 각주 646번을 참조하세요.
590) 더 자세한 설명은 304쪽 이하의 "인간의 해체와 재구성(세례 요한과 다윗)"을 참조하세요.
591) 신명기 18:15-22과 요한의 예수 신적 대리간의 유사성은 각각 이렇게 유비된다. 신 18:15/ 요 1:45; 5:46; 7:40; 9:17; 13:20; 신 18:18/ 요 3:11; 5:19,30; 6:38; 7:28; 8:28; 12:49-50; 14:10,31; 신 18:19/ 요 3:18; 5:37-38; 12:47-48; 신 18:20/ 요 10:33; 5:18; 7:1,25 8:37,40,59; 신 18:22/ 요 2:22; 4:41; 13:19,38; 14:29; 18:9. P.N.Anderson, *The Riddles of the Fourth Gospel*, 131-133.

더욱이 신명기는 모세상을 네 가지 모습, 즉 교사(1:5; 5:31), 고난받는 종(3:12-29), 선지자(18:9-22), 중보자(9:25-29; 10:10-11)로 보여주고 있다. 요한복음의 예수상도 이와 같은 네 가지 상으로 나타난다. 교사(13-17장), 고난받는 종(1:29,36), 선지자(1:1; 1:26; 6:14; 7:40), 중보자(1:51; 17:1-16)가 그것이다.

무엇보다도 요한복음에 나타난 신명기적 배경의 가장 두드러진 모습은 예언자 모세, 즉 '하나님 말씀의 대언자(심부름꾼)'로서의 예수의 모습이다. 요한복음의 예수는 로고스, 즉 말씀으로 오신 분(1:1)이요, 구약성경이 증언하는 말씀(5:39), 영이요 생명이신 말씀(6:63), 영생의 말씀을 지닌 자(6:68), 진리되신 말씀(17:17), 십자가에서 다 이룬 말씀(19:30)이다. 또한 신명기는 모세의 죽음(신 34장)이 그 자신의 죄 때문(민 20:10-13)이라기보다는 하나님의 종으로서 백성들의 불순종의 죄악(신 1:37; 3:26)을 짊어진 대속적 죽음으로 기록하고 있다.[592] 이는 '세상 죄를 지고 가는 하나님의 어린 양'(1:29; 36)으로서의 예수의 모습과 상응한다.

나. 호세아적(예언자 전승) 배경

호세아(주전 약 740년경)는 유일한 순수 토종 북왕국 이스라엘 선지자이다. 그는 하나님과 이스라엘의 관계를 자신과 고멜과의 '결혼 은유'라는 상징적 행위를 통해 표현하였다. 고멜은 세 아이의 엄마였지만 외간남자와 눈이 맞아 집을 나가버린 음란한 여자였다. 하나님은 호세아에게 "너는 또 가서 타인의 사랑을 받아 음녀가 된 그 여자를 사랑하라"(3:1) 하시기로 호세아는 눈물을 머금고 은 열다섯 개와 보리 한 호멜 반으로 그녀를 도로 사가지고 돌아왔다.

---

592) 더 자세한 설명은 G.W.Coats,《모세》, 237-251을 참조하세요.

이 같은 고멜의 모습은 바로 여호와 하나님을 버리고 그 대신 풍요와 다산의 신으로 알려진 바알을 따라간, 영적 간음을 행한 북왕국 이스라엘 민족에 대한 은유(Metaphor)였다. 호세아는 육화된 사랑의 화신으로서, 요한복음에 나타난 성육신한 예수 그리스도에 대한 예표라고 말할 수 있다. 즉 요한은 선지자 호세아의 육화된 사랑을 통해 성육신한 예수에 의한 하나님의 아가페적 사랑을 보여주었다(1:14; 3:16).

또한 "너희는 내 백성, 나는 너희 하나님"이라는 언약관계에 있던 하나님과 이스라엘이 이방신인 바알과 아세라를 따라간 이스라엘의 배신으로 그 언약관계는 깨졌다. 그러나 호세아는 자비의 하나님께서 이스라엘을 회복해 주실 것을 이렇게 말한다. "전에 저희에게 이르기를 너희는 '내 백성이 아니라(로암미)' 한 그곳에서 저희에게 이르기를 너희는 사신 하나님의 자녀라 할 것이라"(호 1:10). 요한은 성육신하여 오신 예수를 영접하는 자에게 '하나님의 자녀가 되는 권세'(요 1:12)를 주셨다고 언급하고 있다. 하나님의 지극한 사랑을 내포하고 있는 요한의 '하나님의 자녀' 개념은 호세아의 영향에 기인한다고 말할 수 있다(신 14:1-2 참조).

무엇보다도 요한복음에 나타난 호세아적 배경의 가장 두드러진 모습은 '하나님 대한 지식(다아트 엘로힘, רעת אלהים)'이다. '정의(미슈파트, משפט)'와 '의(쩨다카, צדק)'가 아모스의 핵심 용어(암 5:24)라면, 호세아의 핵심 용어는 '인애(헤세드, חסד)'와 '하나님을 아는 지식'이다. 호세아는 '인애'와 '하나님을 아는 지식'이 없음으로 이스라엘이 망한다고 하면서(4:1-6), 이스라엘의 살 길이 여호와를 아는 데 있음을 역설하였다(4:1-6; 6:3-6).[593]

요한복음에는 '알다'[594] 어휘가 많이 사용되고 있다. 또한 '믿다(76구

---

593) 호세아의 핵심 용어인 '헤세드'와 '다아트 엘로힘'에 대해서는 박호용, 《성경개관》, 316-320을 참조하세요.
594) 사복음서에 나오는 '알다'에 해당하는 두 어휘의 사용빈도를 보면 다음과 같다. οἶδα

절, 98회)', '보다(114구절)', '알다(141구절)'이 세 어휘는 밀접하게 관련될 뿐만 아니라 거의 동의어로 사용되고 있다(14:4-12).[595] "나(예수)를 아는 것이 아버지(하나님)를 아는 것이다"(14:7), "영생은 유일하신 참 하나님과 그가 보내신 자 예수 그리스도를 아는 것이니이다"(17:3)을 통해 새 이스라엘 백성이 살 길은 예수를 아는 데 있음을 역설하였다. 이 같은 요한의 '인지(알다)' 개념은 호세아적 영향에 기인한다고 말할 수 있다. 이는 '인지' 개념이 헬라 영지주의적 개념이 아님을 보여준다.

다. 출애굽기(재앙, 유월절, 성막 전승) 배경[596]

요한이 북왕국 전승에 속하는 모습을 가장 두드러지게 보여주는 것이 출애굽기에 나타나는 재앙설화와 유월절과 성막이다. 엔츠는 "출애굽기는 요한복음의 내용뿐 아니라 그 형태에 깊은 영향을 주었다"고 말하면서 요한복음에는 예수의 생애와 지위를 모세의 활동에 비추어 해석하는 의도적인 패턴이 있다고 보았다.[597] 이 같은 양서간의 평행

(신약 전체 318회 중 마 24회, 막 2회, 눅 25회, 요 84회), γινώσκω(신약 전체 222회 중 마 20회, 막 12회, 눅 28회, 요 57회). 여기서 우리는 요한이 '앎(인지)'에 얼마나 깊은 관심을 갖고 있는가를 엿볼 수 있다. 이러한 '예수인지' 전통(빌 3:8; 벧후 3:18)은 구약에 면면히 흐르는 '야웨인지' 전통(출 6:7; 10:2; 호 4:1; 6:6; 겔 36:23; 37:14)에 기인한다. 더 자세한 내용은 박호용, 《야웨인지공식》을 참조하세요.

595) 이 세 어휘에 대한 자세한 설명은 박호용, 《요한의 천재성: 상징코드》, 56-60을 참조하세요.
596) 출애굽기 연구에 대해서는 P.G.Ryken, *Exodus* 를 참조하세요.
597) J.J. Enz, "The Book of Exodus as a Literary Type for the Gospel of John," *JBL* 76(1957), 209. n. 6. 첫째, 구원자에 대한 언급(출 2:11-14; 요 1:11), 둘째, 뱀의 표적(출 4:3-5; 요 3:14-15), 셋째, 첫 표적을 믿음으로 반영(출 4:30; 요 2:11), 넷째, 일련의 표적들을 중심으로 구성(출 4:8,9; 요 2:11; 4:54), 그리고 불신앙이나 완악한 마음(출 14:8; 요 12:37-40) 및 믿음(출 14:31; 요 20:30-31), 다섯째, 중재 기도를 포함(출 33:16; 요 17:14,16,25) 및 하나님의 영광의 현시(출 33:18; 요 17:5), 그밖에 '떡'에 대한 믿음(출 16:4,15; 요 6:35), '빛'에 대한 말씀(출 13:21-22; 14:20; 요 8:12), '선한 목자'(출 3:1; 요 10:11), 하나님의 자기소개 말씀(출 3:14; 요 6:35; 8:12; 10:9,11; 11:25; 14:6; 15:1) 등등.

은 우연적인 것이라기보다는 의도적인 것으로 생각된다. 그 의도는 모세와 예수를 평행시키기 위한, 예수를 모세의 패턴에 따라 이해시키기 위한 것으로 보인다.

(가) 재앙설화 전승

스미스는 모세 유형론보다 출애굽 유형론, 특히 출애굽기의 재앙설화에 나타난 이적들(7-12장)이 요한복음에 나오는 예수 표적들의 모형이 되었다고 보고 있다. 스미스는 예수의 일곱 표적들을 모세의 열 가지 재앙과 대비시켜 묘사하고 있다. 모세의 첫 이적인 물을 피로 변화시킨 이적(출 7:14-24)은 예수의 첫 표적(2:1-12)인 물로 포도주를 만든 표적과 평행한다(요 2:1-12). 모세의 둘째, 셋째, 넷째 이적인 개구리, 이 파리 재앙(출 7:25-8:32)은 치명적인 것인 아니기에 요한복음에서는 생략되고 있다. 이는 요한이 숫자 7의 상징적 의미 때문에 모세의 열 가지 재앙 이적 중 오직 일곱 가지만 택하려고 했던 것에 기인한다고 볼 수 있다.

모세의 다섯 번째 재앙인 생축 재앙(출 9:1-7)은 예수의 둘째 표적(4:46-54)인 왕의 신하의 아들을 고치신 표적과 평행한다. 여기서 모세는 생축을 죽이는 이적을 행하나 예수는 아들을 살려내는 이적을 행한다. 모세의 여섯 번째 이적인 독종 재앙(출 9:8-12)은 예수의 셋째 표적(5:2-9)인 베데스다 연못의 38년 된 병자 치유표적과 평행한다. 모세의 경우는 인간의 정상적인 육신을 허약하게 만든 것이지만, 예수의 경우는 인간의 육신을 정상으로 회복시켜준 것이라는 점에서 대조를 이룬다. 모세의 일곱 번째 이적인 뇌성과 우박 재앙(출 9:13-35)은 예수의 다섯째 표적(6:16-21)인 갈릴리 바다의 풍랑을 잔잔하게 만든 표적과 평행한다. 여기서 모세는 폭풍을 통해 파괴를 초래하지만 예수는 폭풍을 진압하여 고요와 평화를 가져다 주고 있다.

모세의 여덟 번째 이적은 메뚜기 재앙(10:1-20)인데, 이는 예수의 네

번째 표적인 오병이어 표적(6:1-15)과 평행한다. 여기서 모세는 기근을 가져왔으나 예수는 굶주린 자들에게 풍성한 음식을 제공하고 있다는 점에서 대조를 이룬다. 모세의 아홉번째 이적은 흑암 재앙(출 10:21-29)인데, 이는 예수의 여섯 번째 표적인 태생소경 치유표적(9:1-41)과 평행한다. 모세의 마지막 열 번째 재앙은 장자 죽음의 재앙(출 11:1-12:30)인데, 이는 예수의 일곱 번째 표적인 나사로 소생 사건(요 11:1-44)과 평행한다. 여기서 모세는 생명이 있던 곳에 죽음을 가져오나 예수는 죽음이 있는 곳에 생명을 가져다 주고 있다. 이 같은 모세와 예수의 비교를 통해 예수가 보다 완전한 '새 모세'임을 보여주려고 했다.[598]

(나) 유월절 전승

요한복음은 출애굽기의 핵심 중의 하나인 '유월절' 모티프가 강하게 나타난다(1:29; 2:13; 6:4; 12:1; 13:1; 19:14,29,33- 36). 레온 모리스는 "요한복음의 가장 중요한 열쇠는 유월절의 중심성(centrality)이다"[599]라고 하였다. 요한복음의 모세·유월절 모티프는 당시 요한공동체가 당면한 교회적 상황에서 설명할 수 있다.

요한공동체는 무엇보다 유대교의 박해 속에서 기독교를 변증해야 하는 형편에 처해 있었다. 이런 가운데서 요한은 유대교의 핵심인물인 모세와 핵심 되는 절기인 유월절의 빛에서 예수의 우월성을 옛 질서의 완전한 대형(對型, antitype)으로 제시하려고 했다.

예수는 유대교를 완성하고 성취함으로써 유대교를 능가하고 그리하여 결국 유대교를 대체하신 분이다.[600] 다시 말하면 이스라엘의 구원사건인 출애굽과 유월절은 새 이스라엘의 구원사건인 예수의 부활사

---

598) R.H.Smith, "Exodus Typology in the Fourth Gospel," *JBL* 81(1962), 329-42, esp. 333.
599) L.Morris, *The New Testament and the Jewish Lectionaries*, 72.
600) 박수암, 《요한복음》, 100.

건으로 말미암아 새 출애굽사건과 새 유월절사건으로 대체된 것이다.

일반적으로 예수의 공생애 기간은 대략 3년이라고 말한다. 이는 세 번의 유월절을 말하고 있는 요한복음(2:13; 6:4; 11:55)에 근거한다.[601] 이러한 사실은 예수의 공생애를 1년이라는 시간적 틀 안에서 일어났다고 보는 공관복음보다 3년으로 보는 요한복음이 역사적 진실에 더 가깝다는 생각을 갖게 하였다. 그런데 이 같은 생각이 얼마나 타당할까?

예수의 공생애가 공관복음처럼 1년인지 아니면 요한복음처럼 3년인지는 정확히 알 수 없다. 다만 요한복음 기자는 자신의 독특한 신학적 관점(의도)를 가지고 예수의 공생애를 3년으로 구성했다. 요한의 의도는 연대기적으로 3년 동안의 예수의 일대기를 쓰자는 데 있었던 것이 아니라 3년으로 상정한 예수에 대한 완벽한 신학논문을 쓰고자 했다. 즉 '유월절'을 주제로 한 3년짜리 '유월절 복음서(A Passover Gospel)'[602]를 쓰고자 했다는 것이 필자의 생각이다.

---

[601] "공관복음에서는 갈릴리에서의 공개적인 활동 시기에 이어서 예루살렘 여행이 이루어지고, 예루살렘에서 예수는 적대자들과의 짧은 마무리 논쟁을 벌인 후에 십자가에서 처형된다. 이 모든 일들은 일 년이라는 시간적 틀 안에서 일어났을 것이다. 그에 반해서 요한복음에서는 예수의 활동 무대가 갈릴리와 예루살렘 사이를 교차한다. 예수는 여러 상이한 축제 때에 예루살렘에 머물렀다(2:13; 5:1; 7:2; 10:22-23 참조). 특히 요한복음은 세 번에 걸쳐서 상이한 유월절 축제를 언급하고 있기 때문에 예수의 공생애는 대략 3년 이상 이었을 것이다. 이 점에서 요한복음은 다른 세 복음서보다 더 역사적인 진실에 근접해 있다고 할 수 있을 것이다."《성경전서: 개역개정판》(독일성서공회 해설) "요한복음 안내."

[602] 빌켄스(W. Wilkens)는 요한복음의 구성사를 말하는 가운데서 요한복음 발전의 세 단계를 언급하고 있다. 첫째 단계는 "기본적인 복음서"의 단계로서, 이는 주로 예수의 이적을 기록한 복음서이고, 둘째 단계는 설교들이 많이 첨가되는 단계로서, '생명의 떡'(6장), '심판'(5-8장), '빛'(8, 10, 12장), '부활과 생명'(11장), 헬라인들에 대한 설교(12장), 고별설교(14장), 그리고 서문(1:1-18) 등이 이때에 첨가되었다. 그리고 셋째 단계는 복음서 편집자가 유월절 주제를 많이 가미한 단계로서, 소위 '유월절 복음서(A Passover Gospel)'란 것이 이때에 나왔고, 바로 이 '유월절 복음서'가 현재의 요한복음이라는 것이다. 박수암, 《요한복음》, 99-100.

특히 예수의 수난 시점을 정하는 데 나타난 차이는 주목할 만하다. 공관복음에 따르면 예수의 고별식사가 유월절 축제의 전날 밤에 유대인들의 유월절 식사의 틀 속에서 행해진다. 그러나 요한복음에 따르면 예수는 이 시점에 이미 죽어 계셨다. 예수는 이날 오전 일찍이 십자가에 달리셨다. 이때는 성전에서 유월절 식사를 위하여 양들을 도살하던 바로 그 시점이다(18:28; 19:14-16).[603]

따라서 그 전날 밤에 있었던 예수의 고별식사는 유월절 식사의 성격을 갖지 않는다(13장 참조). 역사적으로 어느 것이 더 정확한지는 알 수 없다. 다만 두 경우에 있어서 시간 설정에는 다음과 같은 신학적인 선포 의도가 결부되어 있다. 공관복음의 시간 설정은 예수의 고별식사(성만찬)가 새로운 계약을 체결하는 유월절 식사라는 의미를 지닌 시간 설정인 데 반해, 요한복음의 시간 설정은 예수의 죽음이 참된 유월절 양의 죽음이었다는 의미를 지닌 시간 설정이다(1:29,36; 19:36 참조).[604]

(다) 성막 전승

기존의 요한복음 연구는 요한이 얼마나 성막 전승[605]에 깊이 관계되어 있는가를 제대로 눈치 채지 못했다. 성막 건축은 그 당시 구할 수 있는 가장 좋은 재료를 가지고 하나님의 지시에 따라 한 치의 오차도 없이 완벽한 건축물로 지어졌다. 성막이야말로 가장 정밀하고 가장 아름답고 가장 신비로운 하나님의 건축물이다. 그런 점에서 성막은 최고

---

603) 유월절이 시작되는 니산월 14일은 어린 양의 고기와 무교병 및 쓴 나물을 먹음으로써 출애굽한 그 날을 기념하는 특별한 날이다. 요한복음에 따르면 예수께서 죽으신 니산월 13일은 금요일이고, 그날 오후 6시가 되면 니산월 14일로써 유월절이 시작되는 동시에 토요일인 안식일이 시작되는 것이다. 《옥스퍼드원어성경대전》(요한복음 제13-21장), 547.
604) 《성경전서: 개역개정판》(독일성서공회 해설) "요한복음 안내."
605) 성막에 대해서는 D.M.Levy, *The Tabernacle: Shadows of the Messiah*; 박호용, 《출애굽기주석》, 358-416, 462-506을 참조하세요.

의 과학, 최고의 예술, 최고의 종교적 작품이 아닐 수 없다. 요한은 그의 복음서를 성막을 마음에 품고 썼다는 것이 필자의 생각이다. 요한복음이 최고의 걸작품이라면 그것은 하나님의 지시하에 만들어진 성막이 최고의 걸작품이라는 것에 유비될 수 있다.

출애굽의 궁극적 목적은 이스라엘의 언약 하나님께 예배를 드리는 예배공동체를 건설하는 데 있다. 이를 위해 하나님은 예배를 드릴 공간인 성막을 짓도록 명령하셨다(출 25-31, 35-40장). 즉 천상의 대왕인 하나님이 그의 백성과 함께 살기 위해 지상(땅)의 천막 속으로 내려왔는데(임재), 이것이 광야에서 모세가 지은 성막의 의미이다.

우선, 요한복음의 구조는 성막의 구조와 상응한다. 성막의 기본 구조가 세 부분(뜰, 성소, 지성소)로 되어 있듯이 요한복음은 논문의 3부 구조(서론, 본론, 결론)으로 되어 있다. 또한 성막의 성소와 지성소를 합한 길이(50규빗)는 뜰의 길이와 같아 성막 전체가 두 부분으로 양분되듯이, 요한복음은 11장을 중심으로 양쪽이 열 장씩 이중구조로 양분된다.

성막 안의 일곱 개의 주요 기구는 요한복음에서 '에고 에이미'의 비유적 용법의 일곱 말씀과 상응한다. 또한 성막기구의 3개(뜰) +3개(성소) +1개(지성소)의 구조는 '다윗의 별' 모양을 형성하는데, 이는 요한복음에서 일곱 표적에 나타나는 3+3+1의 다윗의 별 모양과 상응한다.[606] 그리고 요한복음의 본론(2-20장)은 교차대구구조(A-B- C-D-C'-B'-A')를 보여주는데, 이는 성막의 메노라(등잔대)의 일곱 가지(3-1-3)와 상응한다.[607]

한편, 요한복음의 축도라 할 수 있는 로고스찬가(1:1-18)은 '새 성막으

---

606) 일곱 표적이 '다윗의 별' 모양과 상응한다는 것에 대해서는 355쪽 이하의 〈도표 10〉를 참조하세요.
607) 성막에 대해서는 부록 7번을 참조하세요.

로 오신 예수'를 잘 드러내 주고 있다. 예수는 세상의 중심인 예루살렘 성전(지금은 파괴된 상황)이 있는 이스라엘 땅에 새 성막으로 오셨다.[608] 지상성전인 성막은 천상성전의 축소판(축도)이다. 떡상의 떡은 생명의 떡(말씀)이다(6:35). 등잔대의 빛은 생명의 빛이다(8:12). 말씀이신 예수는 떡상을 상징하고, 빛(7회 사용)으로 오신 예수는 등잔대를 상징한다. 떡상과 등잔대가 없는 성소 안은 죽음이요 어둠이듯이, 빛이 없고 말씀이 없는, 즉 예수 없는 세상은 어둠이요 죽음이다.

말씀이요 빛으로 오신 예수를 믿는 자는 누구나 하나님의 자녀가 되어 제사장만 들어가는 성소에 들어갈 수 있는 권세를 얻는다(12절). '거하시매'는 '성막에 거주했다(tabernacled)'라는 의미를 가진다(14절). 성육신하신 예수는 하늘의 왕좌를 지상의 지성소로 가져와 그 안에 좌정하신 영광의 왕이요 하나님의 말씀을 대언(중보)하는 예언자이자 성막을 섬기는 제사장이다. 로고스찬가는 메시아의 삼중직(예언자, 제사장, 왕)을 통해 예수가 메시아(그리스도)임을 말하고 있다(20:31). 지금까지의 논의를 통해 우리는 요한복음이 철저히 출애굽기의 성막 전승을 배경으로 하고 있음을 볼 수 있다.[609]

C. 방법론(3): 역사의 해체와 재구성

요한복음을 이해하는 데 있어서 결정적으로 중요한 문제 중의 하나

---

608) 헬라적(형이상학적, 실체적) 우주질서를 보여주는 대표적 어휘가 '로고스'라면, 히브리적(관계적, 기능적) 우주질서를 보여주는 대표적인 상징물이 '성막'이다. 요한은 다윗-솔로몬 성전이 파괴된 상황에서 성전의 원형인 성막으로 돌아가고자 했다. 이는 남왕국 전승인 성전에 대한 거부이자 북왕국 전승인 성막에 대한 회귀라는 의미를 갖는다. 예수는 '고정된 성전'이 아닌 '이동하는 성막'이다.
609) 이 밖에도 요한복음에는 '엘리야/엘리사 유형론'에 대해서는 J.L. Martyn, *The Gospel of John in Christian History: Essays for Interpretations* 을 참조하세요.

가 '역사에 대한 해체와 재구성'이라는 문제이다. 기존의 요한복음 연구의 빗나감이나 피상성은 요한복음이 연대기적인 객관적 역사를 해체하고 신학적 의도에 따라 재구성된 역사라는 사실을 제대로 파악하지 못한 데서 비롯되었다고 해도 지나친 말은 아니다.[610] 요한복음은 예수 이야기를 빌려 묵시문학적 위기상황에 처한 요한공동체의 문제를 해결하기 위해 쓰인 글이다. 이 말은 '역사의 2중구조', 즉 30년 경의 예수와 90년 경의 요한공동체가 함께 결합되어 있다는 말이며, 요한복음의 역사는 '신학화된 역사'라는 것을 시사하는 말이다.

20세기 후반 편집비평은 전통적인 주장(사복음서는 모두 '예수의 말씀[Logion]'이다)이나 양식비평(예수의 말씀 위에 초대교회의 삶의 자리가 있다) 위에 또 하나의 층인 '복음서 기자'가 있음을 발견해 내었다. 각 복음서 기자는 단지 전승수집가가 아닌 자신의 독특한 신학적 관점에 따라 복음서를 편집한 '개성있는 신학자'라는 것이다.[611] 이는 각 복음서 기자들이 저마다 다른 입장에서 예수사건을 보았다는 것을 의미한다. 따라서 "역사적으로 과연 무엇이 일어났는가?"를 복음서에서 명확하게 가려낸다는 것은 거의 불가능하다.[612] 그 까닭은 지금 남아 있는 기록

---

610) 이러한 사실은 공관복음도 마찬가지이다. "마가복음이 순수한 현실적인 문서도, 역사적(신학적)인 문서도 아니다. 이 둘이 복음서 안에서 합류되어 새로운 차원의 작품세계를 이루고 있는 것이다." 서용원, 「마가복음에 나타난 '생존' 모티프」, 56. 누가-행전(누가문서)도 마찬가지이다. 누가는 다른 복음서 기자들처럼 단순한 자료의 수집가나 편집자가 아니라 자신의 신학적 의도와 목적을 가지고 복음서를 썼다. 또한 누가가 초대교회의 역사 전체를 보여주기 위해서 사도행전을 기록한 것이 아니라 두 사도를 중심으로, 즉 유대와 사마리아에서의 활동한 베드로는 사도행전의 전반부에, 소아시아와 유럽 그리고 로마로 이어지는 선교활동을 편 바울은 후반부에서 기록하여 복음이 땅 끝까지 편만해지는 복음전도적 목적으로 썼다. 김경진, 《잃어버린 자를 찾아오신 주님》, 28-29, 269-276.

611) R.H.Fuller, 《현대신약학의 주류》, 95-98.

612) "정확한 사실에 대한 기록이란, 관념으로는 가능하겠지만 실제로는 불가능한 것이다. 무엇보다도 '정확한 사실' 자체를 아무도 알 수 없기 때문이다." 이현주, 《예수에게 도를

들은 사건과 그 사건에 대한 해석(관점)들이 가려낼 수 없을 정도로 한데 얽혀 있기 때문이다.[613]

사복음서가 예수의 행적에 대한 객관적이고 연대기적인 사실이나 사건에 대한 보도가 아니라는 결정적 증거는 사복음서가 예수의 마지막 한 주간에 있었던 사건에 복음서 전체의 2분의 1 내지는 4분의 1을 할애하여 다루고 있다는 사실에서 명백히 드러난다.[614] 이는 복음서 기자들이 예수의 생애에 대한 전기를 쓰고자 한 데 집필의 목적을 둔 것이 아니라 '예수의 십자가 수난과 부활'에 초점을 맞춰 복음서를 집필했음을 보여준다.

특히 요한은 예수에 대한 연대기적 보도에는 거의 관심이 없었다고 말할 수 있다. 오로지 그의 관심사는 인류 역사상 초유의 사건인 예수의 십자가와 부활을 어떻게 신학(신앙)적으로 기술하고 증언하는 데 있었다. 요한은 예수사건의 의미를 보다 잘 기술하기 위해서는 예수에게 일어난 연대기적 순서를 파기하는 것까지 주저하지 않았다.

요한의 예수는 하늘에서 땅으로 내려왔다가 부활 승천하여 다시 하늘로 되돌아간 분이다. 이 말은 요한의 예수는 역사를 구성하는 시간(時間)과 공간(空間)과 인간(人間)(이것을 3間이라고 말함)을 초월하신 분이라는 말이다. 즉 요한의 예수는 인간 역사(3間)에 매이지 않는 역사를 초월한 하나님이다. 따라서 요한의 예수를 그린 요한은 자신의 복음서에서 역사를 해체하고 신학적 의도에 따라 역사를 재구성했다.

그러니까 요한복음에 나타난 절기(시간)를 연대기적 사실성으로 받

묻다: 이현주 목사의 마르코복음서 읽기》, 237.
(613) 서중석, "요한공동체의 기원과 성장", 《신약성서는 오늘 우리에게 이렇게 증언한다》, 148.
(614) 예수의 마지막 한 주간이 시작되는 '예루살렘 입성'은 마가(전체 16장)는 11장부터, 마태(전체 28장)는 21장부터, 누가(전체 24장)는 19장부터, 요한(전체 21장)은 제2부의 시작인 12장부터 취급하고 있다.

아들이거나, 지명(공간)에서 지리적인 정확성을 찾거나, 인명(인간)에서 그가 한 말을 액면 그대로 사실이라고 믿는 것은 요한복음서가 갖고 있는 '역사에 대한 해체와 재구성'이라는 특성을 제대로 파악하지 못한 처사이다. 이는 요한복음을 잘못 이해하는 길로 나아갈 수밖에 없으며, 연대기적인 객관적 역사에 매여 있는 한 우리는 요한복음서가 말하는 입체적이고 심층적인 깊이에 들어갈 수 없게 된다.

베토벤(Beethoven, 1770-1827)은 "더욱 아름답기 위해서라면 범하지 못할 규칙이란 하나도 없다"[615]라는 말을 했다. 더욱 깊은 의미를 주기 위해 일반 법칙을 깬 한 실례를 들어보자. 러시아의 상트 페테르부르크에 가면 '에르미타주 박물관'이 있다. 그 안에 렘브란트(Rembrandt, 1606-69)가 그린 〈탕자의 귀향〉이라는 명화가 있다.[616]

'탕자의 비유'(눅 15:11-32)를 소재로 한 이 그림을 주의 깊게 보면 아버지의 두 손이 다르다는 것을 알 수 있다. 한 손은 두텁고 강한 느낌을 주는 아버지의 손이고, 다른 한 손은 부드럽고 자애로운 느낌을 주는 어머니의 손이다. 베토벤의 말처럼 렘브란트는 더 넓고 깊은 하나님의 사랑을 표현하기 위해 일반 법칙을 과감히 깼다. 가령, 요한은 인간(인물)을 해체한 '인물상징코드'를 사용하여 세례 요한을 모세와 같은 공동운명체로 보고 요단 동편(사망과 멸망의 땅)에서만 사역하는 존재로 그렸다.[617]

20세기 초엽인 1905년, 미술과 과학의 세계에서 동시에 일대 혁명적 사건이 일어났다. 먼저 미술에서 보면 화가 피카소(Picasso, 1881- 1973)는

---

615) R.Rolland,《베에토벤의 생애》, 115.
616) 이 그림은 미국 정부가 러시아 1년 예산을 주겠다며 팔라고 했지만 전에(1867년) 알래스카를 팔고나서 후회한 일이 떠올라 팔지 않을 정도로 유명한 그림이다. 이 그림에 대한 자세한 설명은 H.Nouwen,《탕자의 귀향》을 참조하세요.
617) 더 자세한 설명은 304쪽 이하의 "인간의 해체와 재구성(세례 요한과 다윗)"을 참조하세요.

1905년 〈아비뇽의 처녀들〉이라는 사방 6m 되는 대형 그림을 그리기 시작하여 1907년에 완성하였다. 이 그림은 르네상스 이래 계속되어 온 회화의 법칙을 파괴하고 '큐비즘(입체파)'이라는 새로운 미술 사조를 탄생시켰다. 피카소는 인체를 기하학적으로 변형하고 전통적인 원근법을 완전히 부정했으며, 기존의 명암법과 채색법을 무시했다. 미술의 기존 질서를 허문 혁명이었다. 이전까지는 자연이나 사물, 인간을 있는 그대로 그리는 것을 회화의 목적으로 생각했다.

그런데 19세기 이후 사진술이 발달하면서 있는 그대로를 재현하는 것이라면 사진이 보다 더 잘할 수 있게 되었다. 회화의 목적이 달라져야 할 필요성이 대두된 것이다. 그래서 피카소는 있는 그대로의 3차원에 묶여 있는 '시공인(時空人)'을 해체하고 새로운 차원의 입체적 재구성을 시도했고, 이는 결국 20세기 추상미술이라는 새로운 차원의 미술사를 개척하는 전기를 마련했던 것이다.

한편, 물리학계에서는 1905년 아인슈타인(A. Einstein, 1879- 1955)이 '특수상대성 이론'을 발표하였다.[618] 이는 인류가 유사 이래 지녀왔던 시간과 공간 개념을 파괴하는 혁명적 사건이었다.[619] 상대성 이론은 물리학

---

[618] 특수상대성 이론은 시간과 공간이 별개이며, 절대적이라고 생각하던 기존의 인식은 잘못된 것이라는 이론을 담고 있다. 1916년 아인슈타인은 '일반상대성 이론'을 발표하였고, 그의 주장은 3년 후인 1919년 5월 29일 영국 런던 왕립학회의 일식 관측팀이 태양의 표면을 지나는 별빛이 뉴턴 물리학으로 계산한 것보다 두 배나 더 휘어지는 것이 확인되면서 입증되었다. 아인슈타인은 시간과 공간은 서로 깊은 관련을 맺고 있는 상대적인 것이라며 시간과 공간을 하나로 묶는 새로운 개념을 제창했다. 기존의 '3차원 공간' 대신 시간을 또 하나의 좌표측으로 하는 '4차원 공간'을 제시하고 이를 '시공간(時空間)'이라고 불렀다.

[619] 지금까지 서구신학은 시간과 공간의 불변성에 기초한 절대적 좌표계에 기초하였다. 이는 아리스토텔레스 이후 2천년간 서양사상을 떠받쳐온 근간이었고, 뉴턴(Isaac Newton, 1642-1727)도 아리스토텔레스의 절대적 좌표계에 의존하였다. 그러나 아인슈타인은 절대적 공간과 절대적 시간에 대한 뉴턴의 전제를 무너뜨렸다. H.Hesse,《천마디를 이긴 한마디》, 347-352.

의 발전에 결정적인 영향을 미쳤을 뿐 아니라 자연과 우주에 대한 현대인의 인식을 바꾸어 놓았다. 공간과 시간이 고정 불변의 것이 아니라 물질세계의 운동에 따라 달라지는 상대적인 개념이라는 것을 알게 한 것이다.[620] 이런 생각은 자연과학에 그치지 않고 절대성이 사라진 20세기 사상 전반에 모태가 되었다.

상대성 이론은 종교에도 영향을 미쳐 이제 그 어떤 종교도 자신의 종교를 절대적인 종교라고 주장할 수 없게 되었다. 그 결과 비교종교학과 종교다원주의 사상이 대두하게 되었다. 이런 상황 하에서 '예수의 유일성'을 말해야 하는 기독교는 그것을 어떻게 설득력있게 말해야 하는 과제를 떠안게 되었다.

그런데 놀라운 사실은 요한은 피카소나 아인슈타인보다 무려 1800년이나 앞서 그 같은 작업을 했다는 사실이다. 요한은 '역사의 해체와 재구성'을 통해 그보다 앞선 세 복음서(공관복음서)와는 차원이 다른 새로운 복음서를 썼다.[621]

공관복음도 연대기적인 객관적 역사를 기록한 것이 아님은 더 이상 재론할 필요가 없는 학계의 정설이다. 그런데 요한복음은 바로 이 같은 공관복음을 해체하고 재구성한 복음서이다. 기존의 요한복음 연구의 빗나감이나 피상성은 요한복음이 공관복음을 해체하고 신학적 의도에 따라 재구성된 복음서라는 사실을 제대로 파악하지 못한 데서 비롯되었다고 해도 지나친 말은 아니다.

---

620) 훗날 그의 비서가 기자들에게 상대성 이론을 어떻게 설명하면 좋겠느냐고 묻자 그는 이렇게 대답했다. "공원 벤치에 앉아서 아름다운 여성과 지내는 한 시간은 1분처럼 느껴지고, 뜨거운 난로 위에 앉아 있는 1분은 한 시간처럼 느껴진다."
621) 요한복음은 '복음서의 큐비즘', '복음서의 상대성 이론'이라고 말할 수 있다.

a. 시간의 해체와 재구성(요한의 시간관)[622]

가. '호라'와 '카이로스'의 때

요한은 '예수의 때'를 나타내는 '호라(ὥρα)' 어휘를 여러 차례(2:4; 4:23; 5:25; 7:30; 8:20; 12:23; 13:1 등)' 사용하고 있다. 이 말 외에 '카이로스(καιρός)' 어휘를 3회(7:6[2회], 7:8) 사용하고 있는데, 이 어휘가 다른 복음서에서 여러 번 사용되는 것과는 대조를 이룬다.

헬라어에서 '카이로스' 어휘는 단순히 '~한 때'라는 의미를 넘어서 '결정적인 순간' 곧 '기회(opportunity)'라는 의미를 가지고 있다. 요한복음에서는 '카이로스'와 의미상 별 차이가 없는 '호라' 어휘를 주로 사용하고 있다. '호라' 또는 '카이로스' 어휘와 함께 사용되는 '내 때(ὥρα μου [2:4], καιρός ὁ ἐμός [7:6])' 또는 '그의 때(ὥρα αὐτῶ, 7:30; 8:20)는 '예수의 때'로서 그의 죽음과 영광스럽게 되심을 나타낸다.

나. 유월절 복음서

시간의 해체와 재구성과 관련된 구체적인 실례가 '유월절 복음서'이다. 요한복음은 예수의 사역을 유대의 여러 제도(결례, 성전, 예배)와 절기(안식일, 유월절, [오순절], 초막절, 수전절)와 관련하여 언급(절기상징코드)하고 있다.[623] 특히 유월절은 이스라엘의 최대의 명절인데, 요한복음은

---

622) 더 자세한 내용은 박호용, "요한복음서의 구조와 시간의 문제", 30-68을 참조하세요.
623) G. A. Yee는 예수의 사역을 특별히 네 개의 절기(안식일, 유월절, 초막절, 수전절)와 연결시켜 이해하면서, 요한복음의 구조를 이러한 관점에서 분석하였다. I. 서론(1:1-18) II. 표적의 책(1:19-12:50) 1. 예수 계시의 시작(1:19-51) 2. 가나에서 가나로(2:1-4:54) 3. 예수와 유월절 절기(5-10장) a. 안식일(5:1-47; 9:1-41) b. 유월절(6:1-71) c. 초막절(7:1-8:59) d. 수전절(10:22-39) 4. 마지막 유월절-예수의 죽음과 영광(11-12장) III. 영광의 책(13:1-20:31) IV. 결론(21:1-25). 그는 이 같은 분석을 통해 예수가 유대 절기들을 무효화시킴으로써 이 모든 절기의 대치자라는 것이다. G.A.Yee, *Jewish Feasts and The Gospel of John*, 30. 그는 숫자상징코드를 모름으로 유대의 다섯 절기(모세오경을 따라)를 네 절기로 보는

'유월절 복음서'라 불릴 정도로 유월절을 자주 언급하고 있다.

유월절과 관련하여 주목할 사실은 공관복음이 한 차례의 유월절을 복음서 끝부분에 집중적으로 언급하고 있는 데 반해, 요한복음은 세 차례의 유월절을 고루 펴져 언급하고 있다는 사실이다.[624] 이러한 사실은 요한복음을 유월절을 기준으로 엮어가고자 하는 요한의 신학적 의도에서 비롯된 것으로 보아야 할 것이다.

다. 성육신하신 인자를 중심으로 본 요한의 시간관

요한복음에서 예수의 거대함을 알 수 있는 한 가지는 다섯 시대의 기간-역사 이전의 과거, 역사적 과거, 서사적 현재, 역사적 미래, 종말론적 미래- 모두에서 예수가 어떤 역할을 하고 있다는 것이다. 예수는 신성한 로고스(logos)로서 언제나 하나님과 함께 계셨고, 하나님의 대리인으로 창조에 동참하였다.[625]

'때가 차매'(갈 4:4) 하나님이 그의 아들을 이 세상에 보냈다. 요한은 1:14에서 선재하신, 즉 하늘(우주)과 영원에 속하는 말씀(λόγος)이신 분이 육신(σάρξ)을 입고 이 땅, 이 시간(역사) 속에 왔다는 것이다. "말씀이 육신이 되었다"[626]는 성육신 사건이야말로 요한의 예수가 누구이며, 요

오류를 범하고 있다는 것이 필자의 생각이다.

624) 마태 4회(26:2,17,18,19), 마가 4회(14:1,12,14,16), 누가 8회(2:41; 22:1,7,8,11,13,15,16) 언급하고 있는데, 요한은 9회 언급하고 있다(2:13,23; 6:4; 11:55; 12:1; 13:1; 18:28,39; 19:14).
625) R.A.Culpepper, Anatomy of the Fourth Gospel, 106.
626) 서중석 교수는 3:13의 '하늘에서 내려온 자' 예수에 관해 다음과 같은 요지의 말을 한다. 이 '육화 신학(incarnational theology)'은 예수가 나사렛 예수로, 요셉의 아들이라는 구체적인 '육'으로 오신 분이지 결코 가현적으로 이 세상에 오신 것이 아니다. 요한은 참된 인성을 지닌 육으로 오신 예수에게서 신성과 인성을 동시에 가지고 계신 분으로 보았다. 그러나 요한은 예수 안에서 초월과 한계를 동시에 보았다. 인성과 신성을 모두 가진 예수는 인성(육체)없이 신성만을 가진 하나님에게 종속되어 있다. 예수의 육은 그가 하나님의 지위를 상실했음을 의미한다. 예수는 하나님에 의해서 보냄을 받은 자다. 보낸 자가 보냄을 받은 자보다 높다는 의미에서 예수는 하나님께 종속된다. 서중석, "예수의

한의 시간이 무엇인가를 극명하게 보여주는 사건이다.

예수의 기원을 말하는 성육신은 창조와 구속이 만나는 사건이며 우주의 시작이요 역사의 시작이다.[627] 성육신은 하늘이 땅과 만나는 공간의 통합이요, 영원이 시간과 만나는 시간의 통합이다.[628] 나아가 공간적 하늘이 시간적 영원과 그리스도 예수(부활하시고 선재하신 하나님) 안에서 하나가 된 시공간의 통합이다.

하나님은 시공간을 넘어서는 초월적인 분이다. 그래서 요한복음서에서는 시간을 넘나들고 공간을 넘나드는 것을 별로 문제 되지 않는다. 예수 사역의 초기부터 예루살렘이 나오고, 예루살렘에서 갈릴리로 갔다가, 예루살렘으로 돌아왔다는 아무런 언급도 없이 다시 예루살렘에서 사역을 시작하는 것이다. 인자 예수는 예루살렘과 갈릴리를 오르내리고 있다.

인자 칭호[629] 속에는 이미 요한복음 특유의 선재와 승귀의 사상이 내포되어 있다(1:51; 3:14). 요한의 예수는 공관복음서와는 달리 철저히 '선재하신 하나님의 아들로서의 예수'이다. 이 예수의 정체는 세상으로부터 아니라 오직 위로부터만, 즉 하나님과의 관계성 속에서만 이해될 수 있다.[630]

1:51은 1장의 결론으로써 요한의 시간관의 핵심을 이룬다. 하늘을 열고 성육신하신 인자는 하늘과 땅을, 영원과 시간을 오르락내리락 하는 시공간을 초월하시고 통합하신 분이다. 여기에 요한복음서가 말하

하강과 특권상실", 《현대와 신학》(1999.6), 63-79.
627) R.Kysar, 《요한의 예수이야기》, 13-20.
628) 시공간의 극복 및 영원과 시간과의 만남에 대해서는 김재진, "현대후기 성서해석의 모형: 시-공간의 극복과 하늘과 땅의 지평융합", 《현실적 경험철학》, 122-140을 참조하세요.
629) '인자'칭호의 구약과의 관련성에 대해서는 김세윤, 《요한복음강해》, 47-54을 참조하세요.
630) 성종현, 《신약총론》, 721.

는 시공간의 통합(초월)으로서의 시간관의 핵심이 있다.[631]

라. 삼위일체 하나님을 중심으로 본 요한의 시간관

요한은 그의 복음서를 성 삼위 하나님의 사역을 중심으로 성부의 시간, 성자의 시간, 성령의 시간으로 삼등분하여 기술하고 있다. 성부의 시간은 성육신 이전의 아버지와 아들이 함께 동거한 시간이다. 성자의 시간은 성육신하여 이 땅에 와서 활동하다가 십자가에 죽고 부활할 때까지의 시간이다. 성령의 시간은 부활한 주님이 성령을 보내면서 시작되어 주님이 다시 재림할 때까지의 시간 곧 교회의 시간이다.

요한복음은 예수의 성육신으로부터 시작하여 부활에 이르기까지의 사역을 기술하고 있다는 점에서 대부분은 성자의 시간으로 되어 있다. 요한은 성자의 시간을 요한복음의 제1부(1-11장)와 제2부(12-21장)로, 즉 '크로노스(χρόνος, 수평적-역사적)' 시간을 마지막 유월절을 기준으로 그 이전(제1부)과 그 이후(제2부)로 나누어 기술하고 있다.

게다가 요한은 성자의 시간을 '카이로스(καιρός, 수직적-종말론적)'의 시간, 즉 '예수의 때'를 나타내는 '호라' 어휘를 사용하여 기술하고 있다. 즉 카이로스적 시간을 크로노스적 시간 구분처럼 마지막 유월절을 기준으로 그 이전(제1부)과 그 이후(제2부)로 나누어 기술하고 있다.

나아가 요한은 부활 이후의 시간을 성자의 시간과 구분되는 보혜사 성령의 시간으로 규정지었다. 보혜사 성령의 시간은 예수의 사역을 대신해서 제자들이 복음을 전파하는 시간이요 교회의 시간으로서 예수가 재림할 때까지 계속되는 시간으로 규정지었다. 이 시간은 보혜사(교회)의 미래적인 직선적(선적) 시간과 부활-승귀-영광을 얻으신 예수의

---

631) 요한의 멘탈리티는 그리스도 안에서의 우주적 통합(엡 1:10), 즉 하늘과 땅의 통합, 영원과 시간의 통합, 유대인과 이방인의 통합, 종교와 정치의 통합, 십자가와 부활의 통합 등 '통합의 멘탈리티'를 갖고 있다.

영원회귀적인 순환적(원적) 시간으로 나누어진다.

요한은 제자들이 예수의 말씀을 이해하는 기준점이 되는 시간이 있음을 말한다. 그 시간을 나누는 기준점은 예수의 부활·승천·영광이다(2:22; 12:16; 13:7; 20:9). 그 시간이 예수의 영광에 의해서 나누어지는 이유는 예수의 말씀에 대한 온전한 이해는 성령의 역사에 의해서만 가능한데 성령은 예수가 영광을 받은 후에 오기 때문이다(7:39 참조).[632] 여기서 요한문헌에만 독특하게 나타나는 '영($\pi\nu\epsilon\hat{u}\mu\alpha$)'의 개념인 '보혜사($\pi\alpha\rho\acute{\alpha}\kappa\lambda\eta\tau o\varsigma$)'[633]의 시간을 살펴보자.

마. 요한의 성령론: 파라클레토스($\pi\alpha\rho\acute{\alpha}\kappa\lambda\eta\tau o\varsigma$)

요한은 성령을 '파라클레토스'로 설명하고 있다. 이 어휘는 신약성경에서 요한복음(14:16-17, 26; 15:26; 16:7-11)과 요한일서(2:1)에서만 나타날 뿐이다. 파라클레토스는 넓은 의미에서 '돕는다'는 뜻을 가지고 있다. 구체적인 상황에서는 '변호사', '위로자'[634], '상담자'로 번역할 수 있다(우리

---

[632] 보혜사 성령의 역할에 관해 마틴은 '두 수준의 무대(two-level stage)'에서 상연되는 드라마라는 개념을 예증으로 들면서 예수의 지상 사역과 부활하신 주님의 활동의 결합을 시도한다. "따라서 그 두 수준의 드라마를 창작하신 분은 바로 보혜사다"라고 말한다. J.L.Martyn, *History and Theology of the Fourth Gospel*, 148.

[633] 브라운은 '파라클레토스' 개념의 배경에 대해 다음의 네 가지를 제시한다. a. 구약에서 한 주요 인물이 떠날 때 다른 한 인물이 그 자리를 대신하여 그의 사역을 수행하는 관계: 모세-여호수아, 엘리야-엘리사. 이 경우 성령이 그들 관계에 개입되고 있음은 의미심장하다(신 34:9; 왕하 2:9,15), b. 구약에서 '하나님의 영'이 사사나 선지자들에게 임하여서 그들이 사람들에게 하나님의 말씀을 대언하는 경우들(삿 3:10; 삼상 11:6; 겔 2:2; 3:24; 참조. 행 2장의 오순절 사건 당시의 사도들). c. 후기 유대교에서 법정적 역할을 감당하는 천사들의 역할(1QS 4:23-24; 지혜서 1:7-9; 희년서 1:24; 참조. 욥 1:6-12; 슥 3:1-5). d. 인격화된 지혜의 역할(집회서 24:12). R.E.Brown, *The Gospel According to John 13-21*, 1136-1137.

[634] 키너는 '파라클레토스' 용어에는 '위로자'라는 의미로 받아들일 증거가 없다는 것을 강력하게 피력하면서, 이 용어는 법적 용어로서 변호인, 중재자, 대변인의 의미를 갖는다고 주장하였다. C. S. Keener, 《요한복음 III》, 2546-2552.

말 번역은 '보혜사').[635]

파라클레토스는 예수와 제자 사이의 고별상황에서 말해지고 있다. 여기서 예수와 성령의 관계는 '보혜사'와 '또 다른 보혜사'(14:16)로, '진리' 와 '진리의 영'(14:17)으로 나타난다. 왜 요한은 예수와 제자가 헤어져야 하는 고별상황에서 예수와 성령의 관계를 이와 같이 말하고 있는 것일까? 그것은 예수시대의 고별상황을 요한공동체의 묵시문학적 박해상황에 적용하기 위함 때문이다. 즉 그때 예수가 행한 사역을 예수가 떠난 지금 성령이 대신하여 진리를 변호하고 그들을 위로하고 도와줄 또 다른 위로자(변호자)가 절실히 요청되는 현실적 필요성 때문이다.

요한복음에서 파라클레토스의 가장 큰 특징은 예수와 밀접한 관계가 있다는 점이다. 파라클레토스로 말해지는 성령은 '예수의 다른 모습'이다. 그래서 요한복음의 성령론은 기독론에 근거하고 있다. 예수와 파라클레토스의 관계를 정리하면 다음과 같다.

(가) 그는 아버지와 아들과 관계되어 있으며 그들로부터 온다.
  (i) 그는 예수가 떠나야 온다(15:26; 16:7,8,13).
  (ii) 그는 아버지로부터 온다(15:26).
  (iii) 아버지는 파라클레토스를 예수의 요청에 대한 응답으로 주신다(14:26).
  (iv) 그는 예수의 이름으로 보내진다(14:26).
  (v) 예수는 아버지로부터 파라클레토스를 보낸다(15:26; 16:7).

(나) 그는 다른 여러 이름으로 나타난다.

---

635) 요한복음에 나타난 보혜사 표상의 기원 및 그 기능에 대한 자세한 논의는 U.B.Muller, "요한복음서의 보혜사 표상", 638-691을 참조하세요.

(i) 또 다른 보혜사(14:16).
(ii) 진리의 영(14:27; 15:26; 16:13)
(iii) 성령과 동의어(14:26).

여기서 알 수 있는 것은 성령은 아버지께로부터 오지만 예수를 통하지 않고는 불가능하다는 점이다.[636] 화육된 로고스가 떠난 이후 그를 대신하여 오시는 이가 파라클레토스이다. 이 점에서 요한복음은 하나님의 구원 역사를 두 시대, 즉 예수의 사역시대와 예수가 떠난 이후의 파라클레토스의 사역시대로 나눈다. 그러므로 파라클레토스는 예수의 연속인 동시에 예수의 완성이다.

한편, 파라클레토스의 기능은 두 가지인데, 하나는 제자들과의 관계이고, 또 하나는 세상과의 관계이다.

(가) 제자들과의 관계
(i) 제자들은 쉽게 파라클레토스를 인식할 수 있다(14:17).
(ii) 그는 제자들과 함께 계속적으로 머물고 있다(14:16,17).
(iii) 그는 제자들의 선생이다(16:13).
(iv) 그는 미래에 일어날 일들을 알려준다(16:13).
(v) 그는 그리스도에 속한 것과 속하지 않은 것을 밝혀준다(16:14).

---

636) 요한복음의 성령에 관한 구절들에서 세 구절(14:16,26; 15:26)에서는 성령이 아버지로부터 보내지고 나오는 것으로, 두 구절(15:26; 16:7)에서는 아들이 성령을 보내는 것을 강조하고 있다. 콘스탄티노플 회의(381년)에서 성령은 아버지로부터 나온다는 것을 확정지었는데, 서방교회는 589년에 신조 속에 '필리오케(filioque, 아들로부터)'라는 단어를 첨가시켰다. 이 문제는 동방교회와 서방교회의 분열의 한 요인이 되었다. 서방교회가 아들(예수)이 성령을 보낸다는 말을 첨가시킨 까닭은 신자들에게 예수의 뜻을 알게 하는 이는 그리스도의 성령이기 때문이라는 이유에서였다. P.N.Anderson, *The Riddles of the Fourth Gospel*, 30.

(vi) 그는 그리스도를 영화롭게 한다(16:14).
   (vii) 그는 그리스도를 증언한다(14:26).
   (viii) 그는 예수가 말한 모든 것을 제자들에게 기억나게 한다(14:26).
   (ix) 그는 자기 마음대로 말하지 않고 들은 것만 일러준다(16:13).

  (나) 세상과의 관계
   (i) 세상은 파라클레토스를 받아들일 수 없다(14:17).
   (ii) 세상은 그를 볼 수도, 인식할 수도 없다(14:17).
   (iii) 파라클레토스는 세상에 의하여 거절당하나 이러한 과정에서 예수를 증언한다(15:16).
   (iv) 파라클레토스는 세상이 잘못되고 심판 받아야 할 것을 입증한다(16:8-11).

이러한 상반된 기능을 통하여 요한복음이 나타내고자 하는 의미는 세 가지이다. 첫째, 파라클레토스를 통하여 역사적 예수의 사역과 현재 요한공동체 사역이 분리될 수 없는 연속된 하나님의 사역임을 상기시킨다. 파라클레토스를 받은 요한공동체는 그 당시 어떤 다른 공동체보다 예수를 가장 바르게 인식한다는 것을 보증받았다.

둘째, 파라클레토스를 통하여 그 당시 요한공동체가 지니고 있던 가장 큰 문제인 재림의 지연을 극복하고 있다. 그것은 예수의 다시 오심을 파라클레토스의 임재로 현재화시킬 수 있었기 때문이다. 요한공동체는 미래적 재림의 지연과 동시에 그들이 현재 당하는 고난을 파라클레토스 개념으로 해결하였다.

셋째, 파라클레토스를 통하여 세상에 대한 분명한 입장을 지닐 수 있었다. 요한복음에서 이 세상은 유대교를 넘어 예수를 거부하는 모든 것들이다. 요한공동체는 세상이 자신들을 거부하는 것은 자신들 때문이 아니라 그들이 믿고 있는 예수 때문임을 분명히 알게 되었는데, 파라클레토스가 이것을 인식시켰다.[637]

바. 파라클레토스(보혜사) 본문

첫번째 본문(14:16-17)에서 보혜사의 시간은 예수의 지상사역 시간과 대조된다는 것이 암시되어 있다. 예수는 제자들과 '잠시 동안'(13:13) 머무르는 반면, 보혜사는 그들과 '영원히' 머무를 것이다(14:16). 보혜사가 제자들과 항상 머무를 기간이 바로 교회의 시간이다. 예수가 제자들에게 보혜사로 역할을 했듯이 보혜사 성령은 예수를 대신해서 제자들에게 '또 한분의 보혜사'가 될 것이다. 또한 보혜사의 명칭인 '진리의 영'(17절)은 예수가 진리(14:6)라는 요한의 선언을 생각나게 한다.

두번째 보혜사 본문(14:26-27)도 이러한 시간의 구별이 명확하다. 보혜사의 시간은 예수가 영광을 받으신 후에 그가 하나님에 의해서 보내질 때 시작된다(cf. 14:13-14). 보혜사가 성령이라고 명확하게 제시된 곳은 이 구절뿐이다. 여기서 예수가 그의 지상 현존 기간 동안 그의 제자들에게 교사였다면, 보혜사는 오는 세대의 교사로 소개된다. 예수가 아버지의 계시자였던 것처럼(4:43; 5:43; 10:25), 보혜사는 예수의 계시자다. 보혜사는 예수의 본질을 들어내기 위해서 왔다는 측면에서 보혜사의 기능은 그리스도 중심적이다.

세번째 보혜사 본문(15:26)은 보냄(혹은 옴), 보혜사의 이름(진리의 영, 또는 성령)과 부활 후의 기독교 공동체에서 보혜사의 기능을 포함하고 있다는 면에서 이전 보혜사 본문의 구성과 비슷하다(14:14- 16,25-26). 여기서 보혜사의 파송자가 아버지에서 아들로 바뀐 것은 그렇게 중요한 사

---

637) 요한의 성령론(파라클레토스)에 대한 더 자세한 설명은 R.Kysar, *John: the Maverick Gospel*, 93-98을 참조하세요.

항은 아니다. 왜냐하면 요한의 사상에서는 아버지와 아들은 하나이기 때문이다(10:30). 중요한 것은 예수와 보혜사의 관계이다. 즉 보혜사는 예수의 영이다. 보혜사의 시간은 예수가 하늘에 가서 보혜사를 보내줄 때까지는 시작되지 않는다. 여기서 보혜사의 기능은 증거하는 것인데, 이것은 교회시대에 제자들의 기능이기도 하다.

네번째 보혜사 본문(16:7-11)은 예수가 떠나는 것(7b절)과 보혜사의 기능(8-11절)에 관한 것이다. 요한에게서 예수의 지상사역의 시간과 보혜사의 제자들에 대한 사역의 시간은 겹치지 않는다. 보혜사의 기능을 묘사하는 모든 동사가 미래 시제로 되어 있다는 것은 우연히 아니다. 요한의 생각에는 예수의 시간과 구별되는 보혜사의 시간이 있는데, 이것은 다름 아닌 부활 후의 신자공동체의 시간이다.

다섯번째 본문(16:13-15)은 예수 사역의 대행자로서의 보혜사의 역할을 말하고 있다. 여기서 보혜사는 '진리의 성령'으로 불리고 있다(13절). 보혜사의 역할은 예수를 대신해서 제자들을 진리 가운데로 인도하고 장래 일을 제자들에게 알려주며, 예수의 영광을 드러내며 성부께서 성자에게 주신 모든 것을 제자들에게 알리는 역할을 할 것이다.

지금까지 살펴본 보혜사와 관련된 다섯 본문은 숫자상징코드에 의한 것으로 볼 수 있다. 그리고 고별강화에 나오는 보혜사의 기능은 모두 그리스도 중심적이다. '또 다른 보혜사', '진리의 영'과 같은 보혜사의 명칭들은 보혜사의 그리스도 중심성을 보여주는 좋은 예다. 보혜사의 기능은 예수의 부재시, 즉 교회시대에 예수의 대리자로서의 기능이다.[638] 지금까지의 고찰을 통해 보혜사 성령의 시간은 예수 부활 이후 예수를 대신하여 성령이 활동하는 교회의 시간이며, 이 시간은 미래적인 직선적 시간이자 재림주를 기다리는 종말론적 시간이다.

---

638) 김동수, 《요한복음의 교회론》, 111-128.

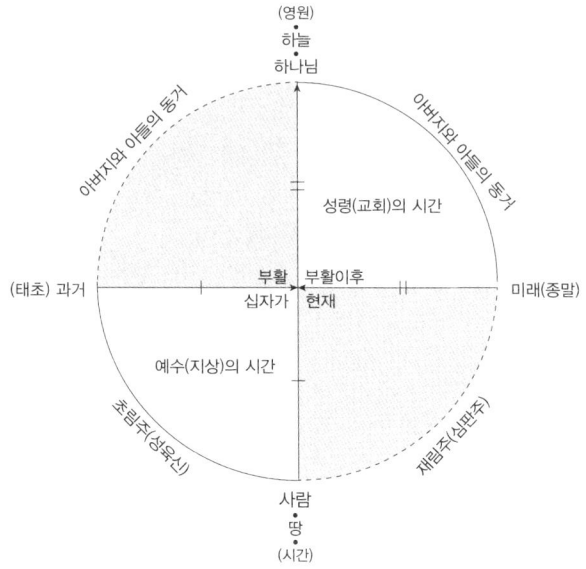

〈도표 8〉 요한복음서의 시간관

지금까지의 고찰을 통해 우리는 요한복음에 나타난 시간관은 역사적이고 종말론적인 선적 시간관뿐만 아니라 영원회귀적(순환적)인 원적 시간관도 있음을 보았다. 요한복음의 시간관을 도표로 그리면 〈도표 8〉과 같다.

b. 공간의 해체와 재구성("요단강 건너편")

공관복음서, 특히 마가복음에 나타난 '갈릴리와 예루살렘'의 문제는 이미 많은 학자들에 의해 연구되었다.[639] 복음서에 나타난 공간(지리적 구도)의 문제는 각 복음서 저자에 따라 신학적으로 해석된 공간이라

---

639) 더 자세한 논의는 田川建三,《마가복음과 민중해방》, 43-73을 참조하세요.

는 것은 주지의 사실이다.[640]

요한복음도 예외가 아니다. 요한은 공간의 해체와 재구성을 통해 '지리상징코드'라는 자신의 신학적 의도를 개진하고 있다. '갈릴리와 예루살렘'[641]은 물론, 갈릴리 내에서도 가나와 가버나움의 대조를 통한 지리상징코드를 보여주고 있다.[642] 특히 요한은 요단 동편(건너편)과 요단 서편(팔레스타인)을 대조시킴으로써 예수와 세례 요한(모세)을 구분 짓는 중요한 기준점으로 삼고 있다.

공관복음은 세례 요한의 첫 사역의 장소를 유대 광야(마 3:1), 광야(막 1:4), 또는 '요단강 부근'(눅 3:3)이라고 밝히고 있다. 이에 반해 요한복음은 '요단강 건너편 베다니'(1:28)[643]라고 밝히고 있다. 요한복음에서 이곳은 예수께서 나사로를 살리시기 직전에 머물던 곳으로 한번 더 언급(10:40)되고 있다. 그런데 어떤 문헌에도 이 장소의 정확한 위치가 알려져 있지 않다.

세례 요한은 요단강 건너편인 요단 동편에서 그의 사역을 시작하고 있다. 그리고 그 후 세례 요한은 살렘 가까운 애논에서 세례 사역을 하고 있는 것으로 나타난다(3:23). 그런데 이곳 또한 정확한 위치를 알 수 없다. 단지 세례를 베푸는 데 있어서 물이 많은 곳으로만 기술되어 있다.

그런데 요한은 세례 요한과 관련해서는 언제나 '요단강 건너편' 또는

---

640) 마가복음에 나타난 공간 구조에 대해서는 서용원, "마가복음에 나타난 '생존' 모티프: 마가의 '갈릴리-예루살렘 구조와 공간 정체성", 33-60을 참조하세요.
641) 이미 언급한 5중하강구조는 '갈릴리와 예루살렘'이라는 지리상징코드를 잘 보여준다.
642) 요한은 가나를 긍정적(신앙적)인 장소로(2:1,11; 4:46; 21:2), 가버나움을 부정적(불신앙)인 장소(2:12; 4:46; 6:17,24,59)로 그리고 있다.
643) 요한복음에는 '베다니'라는 지명이 두 곳이 나온다. 하나는 예루살렘 남동쪽 3km 지점, 감람산 기슭에 위치한 마르다와 마리아, 나사로의 집이 있는 곳(1:1)이고, 또 하나는 세례 요한이 사람들에게 세례를 베풀던 요단강 건너편, 즉 요단 동편에 위치한 곳이다.

'요단강 저편'(3:26; 10:40)이라는 말을 쓰고 있다. 즉 세례 요한은 언제나 요단 동편에 있는 인물로 그리고 있는 것이다. 즉 요한복음에서 세례 요한은 한번도 요단 서편, 즉 팔레스타인(가나안) 땅에서 사역하지 않은 것으로 묘사되고 있다. 여기서 주목해야 할 사항은 요한은 왜 세례 요한을 언제나 요단 동편에 머물러 있는 존재로 묘사하고 있는가? 또한 공관복음에서는 한번도 언급하고 있지 않으며, 정확한 위치도 알 수 없는 요단강 건너편 베다니라는 곳을 언급하고 있는 까닭은 무엇일까?

요한은 신학적 의도를 가지고 세례 요한을 모세와 같은 인물로 상정한 것이다. 즉 모세와 세례 요한은 선구자일 뿐이다. 모세는 이스라엘 백성을 애굽에서 가나안으로 인도했지만은 자신은 약속의 땅(가나안 땅)을 바라볼 뿐 가나안에 들어가지 못하고 요단 동편에서 죽는다.[644] 약속의 성취는 여호수아에 의해 이루어진다.

마찬가지로 예수의 선구자로서 율법시대의 마지막 주자인 세례 요한도 모세처럼 약속에서 성취로 가는 통로일 뿐이다. 요단강을 경계로 모세와 세례 요한은 요단 동편에 머무를 수밖에 없는 운명적 존재다. 약속의 성취(구원)는 복음시대를 열었던 오직 예수에 의해서만 이루어진다. 똑같이 그 이름이 '구원자'라는 의미를 지닌 여호수아(히브리어)와 예

---

[644] 모세가 요단을 건너 가나안 땅에 들어가지 못한 이유에 대해 민수기 기사와 신명기 기사가 다르다. 신명기(3:26; 4:21)에 따르면 이스라엘 백성의 죄로 인해 지도자 모세에게 진노한 것으로 보고 있다. 이에 반해 민수기(20:10-13)에 의하면 광야길에서 물이 없자 불평하는 백성을 향해 모세가 혈기를 부리면서 반석에게 명하라는 여호와의 명령을 어기고 마치 자신의 능력으로 물을 낼 수 있는 양 반석을 두 번 침으로 이스라엘 목전에서 여호와의 거룩함을 드러내지 못한 죄 때문으로 보고 있다. 이에 대한 필자의 견해는 모세는 가나안 땅에 들어갈 수 없다는 것을 전제로 한 '꼬투리잡기'라고 생각한다. 살인까지도 용서하시는 하나님께서 반석을 두 번 내리쳤다고 이 같은 형벌을 내리겠는가. 구원사적으로 볼 때 가나안으로 상징되는 새 땅, 새 시대를 열 사람은 새 사람(여호수아)이 되어야 하며, 궁극적으로는 새 모세인 예수 그리스도로 말미암는다는 것을 말하려는 것이라고 생각한다.

수(헬라어)는 성취자가 되는 셈이다. 요한이 세례 요한을 요단 동편의 사람으로 상정한 것은 이 같은 깊은 신학적 의도를 가지고 행한 것이라고 보아야 할 것이다. 한마디로 부활한 예수로 말미암아 "영생을 얻었고… 사망에서 생명으로 옮겼느니라"(5:24)는 말을 하고 싶었던 것이다.

여기서 주목해야 할 사항은 요한복음에서 12구절에 언급되는 모세에 대한 기사가 9장으로 끝나고, 10장 이후부터는 전혀 그에 대한 언급이 없다는 것이다. 마찬가지로 요한복음에서 무려 22구절에서 언급되고 있는 세례 요한에 대한 기사도 10장으로 끝나고, 11장 이후부터는 전혀 그에 대한 언급이 없다는 점이다. 즉 모세와 세례 요한은 요한복음의 제1부(전반부)에만 나오고 후반부에는 전혀 언급되지 않고 있다. 이것은 무엇을 말하는가? 요한이 철저히 신학적 의도를 가지고 이들을 그렇게 배치했다고 볼 수밖에 없다.[645]

요한복음 10장은 예수가 선한 목자로서 십자가에 희생 제물이 되심으로 인간을 구원한다는 것을 상징적으로 보여주는 장이다. 모세는 이 같은 예수의 역할을 할 수 없는 존재이다. 따라서 모세의 이야기는 10장 이전의 9장으로 끝나야 하는 것이다. 또한 11장은 요한복음의 정점으로서 예수가 죽은 나사로를 살리는 부활을 상징하는 장이다.

세례 요한은 이 같은 예수의 역할을 할 수 없는 존재이다. 따라서 세례 요한의 이야기는 11장 이전으로 끝나야 하는 것이다. 여기서 우리는 요한이 철저히 신학적 의도를 가지고 모세와 세례 요한을 같은 운명을 타고 난 존재임을 이 같은 공간의 해체와 재구성(지리상징코드)이라는 장치를 통해서 보여주고자 했다는 것을 엿볼 수 있다.

---

645) 옛 인물로 상징된 두 인물, 즉 모세(1-9장)와 세례 요한(1-10장)의 역할이 끝난 후 전반부의 절정인 부활을 상징하는 11장 이후 새 시대를 상징하는 두 인물, 즉 도마(11-20장)와 애제자(13-21장)가 등장한다.

c. 인간의 해체와 재구성(세례 요한과 다윗)

요한은 세례 요한을 모세와 같은 공동운명체로 그렸다.[646] 이는 예수를 '새 모세' 또는 '제2의 모세'로 이해하고 있다는 말에 다름 아니다. 그 동안 많은 학자들이 마태복음에 나타난 '모세 유형론'에 대해 자주 언급하였다. 그런데 최근에는 요한복음에도 '모세 유형론'이 강하게 반영되어 있다는 사실을 강조하는 학자들이 많아졌다.

유형론은 보는 관점에 따라서 '모세 유형론(Moses Typology)', '출애굽 유형론(Exodus Typology)', '신명기 유형론(Deuteronomy Typology)' '유월절 유형론(Passover Typology)'으로 나누기도 한다. 하지만 대체로 모세와 출애굽의 주제를 요한복음의 주요주제로, 그리고 요한복음의 배경을 헬라적 배경이 아닌 히브리적(구약적) 배경으로 보는 점에서는 의견이 일치하고 있다. 모세는 요한의 기독론에 중요한 배경을 이루고 있다. 이런 생각은 복음서 기자 중에서 요한이 모세를 가장 많이 언급하고 있다는 점에서도 뒷받침되고 있다.

여기서 짚고 넘어가야 할 중요한 사실은 요한이 모세와 세례 요한을 공동운명체로 보았다면 다윗은 어떻게 보았는가 하는 점이다. 요한복음에서 자주 언급되는 모세와 세례 요한과는 달리 다윗은 단 한 구절(7:42)에 2회 나타날 뿐이다. 공관복음에서 자주 등장하는 다윗 관련 구절(마태 13구절, 마가 7구절, 누가 12구절, 행전 11구절)이 요한에서는 왜 거

---

646) '세례 요한' 어휘는 22구절에서 나타난다(1:6,15,19,20,26,28,29,32,35,40,42; 3:23,24,25,26,27; 4:1; 5:33,35,36; 10:40,41). '모세' 어휘는 마태 7구절, 마가 8구절, 누가 10구절(행전 22구절), 요한에는 12구절(13회)에서 나타난다(1:17,45; 3:14; 5:45,46; 6:32; 7:19,22[2회],23; 8:5; 9:28,29). 사복음서의 절수(마태 28장·1060절, 마가 16장·678절, 누가 24장·1151절, 요한 21장·879절)로 비교하면 요한의 비율은 더 높아진다. 모세에게 사용된 숫자 12(7:22의 2회 중 1회는 괄호 안의 설명)는 새 모세 예수가 열두 제자를 대표하는 신약의 인물이듯이, 모세는 열두 지파를 대표하는 구약의 인물을 암시한다. 그리고 모세와 같은 공동운명체인 세례 요한에 사용된 숫자 22는 히브리 알파벳 22자와 상응한다는 점에서 그 또한 구약의 인물을 암시한다.

의 없는 것과 다름없이 취급되는 것일까? 이 문제에 대해서는 많은 신학적 논의가 필요하다.

이에 대한 필자의 생각은 이렇다. 기본적으로 공관복음은 남왕국 유다 전통인 다윗의 제왕 전통을 따르고 있다면, 요한복음은 북왕국 이스라엘 전통인 모세의 예언자 전통에 서 있다고 말할 수 있다. 공관복음은 다윗의 세 측근처럼(삼하 23:8-17) 열두 제자 가운데 세 명의 최측근(베드로, 야고보, 요한)을 보도하고 있다(마 26:37; 막 14:33; 눅 22:7). 그런데 요한은 전혀 이 같은 모습을 보도하지 않는다.

마태는 복음서 첫 마디를 이렇게 시작하고 있다. "아브라함과 다윗의 자손 예수 그리스도의 계보라." 마태의 족보가 다윗 중심이라는 사실은 족보에만 다윗의 이름이 5회(1, 6, 17절) 반복되고 있다는 점과 족보 자체를 다윗이라는 이름의 히브리어 세 자음의 숫자의 합(דוד, 4+6+4=14)을 중심으로 14대씩 세 시대로 구분한 점에서도 분명히 드러난다.

그러니까 14대로 이루어진 세 시기는 7세대로 이루어진 여섯 시기를 암시함으로써 예수가 일곱 번째 시기의 출발점이라는 것을 암시한다. 세 시기는 첫 초점이 아브라함이고, 둘째 초점이 다윗이고, 셋째 초점이 바벨론 포로이다. 그러니까 마태의 족보는 아브라함의 백성에 관한 긴 이야기가 그의 백성을 포로생활로부터 구원할, 즉 '자기 백성을 그들이 죄로부터 구원할'(마 1:21) 새 다윗인 예수 그리스도를 통해서 완성될 것이라는 것을 말하고 있다.

누가복음은 기본적으로 사무엘상과의 평행을 보여준다. 누가는 세례 요한의 탄생과 예수의 탄생 기사를 이스라엘 왕정을 창조한 사무엘과 다윗의 이야기와 평행시킴으로써 사무엘과 다윗의 역할을 세례 요한과 예수에게 부여하고 있는 것이다. 누가는 예수를 참된 다윗으로 여기면서 다윗과 그의 나라에 관한 이야기의 성취이자 완성으로서의 예수의 이야기를 들려주고 있다. 누가는 예수의 탄생을 이렇게 노래하고 있다. "오늘 다윗의 동네에 너희를 위하여 구주가 나셨으니 곧 그리스도 주시니라"(2:11).

마가의 경우는 예수 사역을 탄생이 아닌 공생애부터 시작하고 있는데, 예수 사역의 결정적 의미를 담고 있는 예루살렘 입성의 한 대목을 살펴보자. "찬송하리로다 오는 우리 조상 다윗의 나라여 가장 높은 곳에서 호산나 하더라"(11:10). 마태는 이렇게 보도하고 있다. "호산나 다윗의 자손이여 찬송하리로다 주의 이름으로 오시는 이여 가장 높은 곳에서 호산나 하더라"(21:9). 이에 반해 요한은 이렇게 보도하고 있다. "호산나 찬송하리로다 주의 이름으로 오시는 이 곧 이스라엘의 왕이시여"(12:13).

여기서 요한은 '이스라엘' 어휘를 사용하고 있는데, 이 말은 좁게는 북왕국 이스라엘을 말하고, 넓게는 남왕국 유다를 포함한 전체 이스라엘을 말하기도 한다. 아무튼 요한은 다윗이라는 말을 의도적이라 할 정도로 자제하고 있다. 그러니까 공관복음은 예수를 '다윗 같은 왕적 메시아'로 그리고 있는 반면, 요한복음은 '모세 같은 예언자적 메시아'로 그리고 있다고 말할 수 있다. 왜 요한은 이 같이 그렸을까?

첫째, 공관복음은 예수가 유대인들이 기대하는 다윗 같은 왕적 메시아로 오지 않았다고 하면서도 아이러니하게도 그들이 기대하는 다윗 같은 왕적 메시아로 오신 분으로 그리고 있다. 이에 반해 요한은 성육신 하신 예수는 제2이사야가 그린 야웨의 고난 받는 종처럼 세상 죄를 지고 가는 어린 양이기에 세상에서 가장 높은 자리에 속한 왕 같은 모습이 아니라 민중들과 고난을 함께 하는 모세와 같은 예언자의 모습으로 그린 것으로 볼 수 있다. 요한은 대중적인 왕적 메시아 기대를 물리치고 예수가 세상 나라의 왕이 아닌 하나님 나라의 왕이라는 사실에 철저했다고 말할 수 있다(6:15; 18:36 참조).

그러니까 요한은 메시아직의 세 직분 가운데 예언자직을 왕직과 제사장직보다 앞세웠다. 이 같은 사실은 요한복음을 시작하는 첫 절에서도 엿볼 수 있다. "태초에 말씀이 계시니라 이 말씀이 하나님과 함께 계셨으니 이 말씀은 하나님이시니라". 요한은 구약에 나타나는 하나님의 말씀의 대언자인 예언자들처럼 예수를 예언자를 잇는 '하나님 말씀 자체'로 기술하고 있다. 처음, 첫 절의 중요성을 강조하는 유대인들의 관습을 감안한다면 이 구절이 담긴 뜻은 대단히 깊다고 하겠다. 또한 말씀의 육화되시는 예수는 낮은 곳으로 오신 분인데, 세상에서 최고의 지위에 있는 왕의 자리에 있는 다윗의 모습과는 어울리지 않는다고 볼 수도 있다.

둘째, 주후 1세기 유대 상황에서 유대 백성들이 갖고 있는 메시아에 대한 일반적인 생각은 포로생활로부터 귀환, 시온으로의 야웨의 돌아옴, 성전의 재건이었다. 이것을 다른 말로 하면 '다윗의 나라의 회복'이었다. 이를 위해 그 당시 메시아를 참칭한 이들은 이방 세력인 지금의 로마제국은 물리쳐야 할 원수들이고, 이것을 가능케 하는 길은 혁명과 전쟁을 통해서라는 생각을 갖고 있었다. 그러나 예수의 메시아관은 유대인들이 갖고 있는 대중적 메시아 기대와는 판이하게 달랐다. 예수는 자신이 오심으로 포로생활이 끝났으며, 성전의 재건이 아닌 당신 자신이 종말론적 새 성전이며, 시온의 회복이 아닌 자신이 하나님 나라를 안고 오신 분이기에 예수께로 돌아오기를 선포했다.

셋째, 요한은 로마가 지배하고 있는 상황에서 다윗이라는 왕적 존재를 자주 거론하는 것은 파멸의 길임을 누구보다 잘 알았다. 로마와의 일전을 불사하기로 하고 벌였던 주후 66-70년 유대-로마 전쟁은 이에 대한 좋은 실례가 된다. 요한복음에서 어둠의 세상은 로마인이 지배하는 세상이다. 세상의 어둠은 로마인들의 압제의 결과이다. 그러나 요한복음은 이것을 직접적으로 말하지는 않는다. 로마제국을 명시적으로 말하는 것은 너무도 위험한 일이기 때문이다. 따라서 이 메시지는 복음서 안에서 코드화되어 숨겨졌다. 그러기에 요한은 사탄과 '이 세상의 지배자(임금)'(12:31; 14:30; 16:11)에 대해 이 같은 간접적인 방법으로 그들을 비판하고 있는 것이다.

3) 묵시문학문서로서의 요한복음

(1) 유대묵시문학의 특징[647]

'묵시'란 헬라어 '아포칼립시스(ἀποκάλυψις)'를 번역한 말로서, 그 뜻은 '숨은 것을 드러냄', 즉 "역사의 종말에 있을 사건들에 대한 하나님의 자기계시"를 가리키는 낱말이다. 그리고 '묵시문학(Apocalyptic literature)'이란 말은 1822년에 독일 학자 니취(K.I.Nitzsch)가 계시록 1:1의 'apocalypse(묵시 또는 계시)'라는 용어에 기초하여 형식과 내용에 있어서 계시록과 유사한 문학작품을 나타내는 장르 명칭으로 널리 사용한 데서 비롯되었다.

유대묵시문학은 예언문학의 뿌리에서 배태되었다.[648] 묵시문학은 기존의 예언문학이 갖고 있던 낙관적 역사이해로는 납득할 수 없는 '위기상황'[649] 속에서 탄생하였다. 묵시문학은 '하나님의 부재(Deus

---

647) 더 자세한 설명은 박호용, 《성경개관I(구약편)》, 446-464를 참조하세요.
648) 묵시문학은 '예언문학의 변주곡'이라고 말할 수 있다. 계시된 하나님이 숨겨진 하나님으로 변주, 역사적 하나님이 초월적(신화적) 하나님으로 변주, 현재적 하나님이 미래적 하나님으로 변주되었다. 묵시문학에서 사용하는 방법론은 그 상당수가 고전적인 선지자들이 사용했던 이미지들을 다시 사용하는 것이었다. 아모스가 사용했던 다림줄(암 7:7-9), 예레미야가 사용했던 연기나는 솥(렘 1:13), 에스겔서에 나오는 여러 다양한 나무들(겔 17:1-24)이 그것이다.
649) 부활신학(부활에 대한 사고)은 위기상황에 대한 의식에서 일어난다. 묵시문학이 부활신학과 깊은 연관성을 갖는 까닭 여기에 있다. 구약의 종말론(부활사상)에 대해서는 장

absconditus)' 또는 '하나님의 침묵(Deus tacitus)'과 같은 암울하고 절망적인 상황, 즉 박해와 수난이 계속되는 절박한 역사적 상황 속에서 탄생한 일종의 '위기문학' 또는 '저항문학'이다. 바꾸어 말하면 '신앙의 전사를 위한 혈서'이자 고난당하는 공동체를 고무시키기 위한 문헌으로 생성되었다.

묵시문학은 현 역사에 대해 '비관적 견해(비관주의)'를 가질 수밖에 없는 암울한 현실 속에서 오히려 하나님과 역사에 대한 희망과 긍정을 말하기 위해 쓰여진 글이다.[650] 결코 하나님에 대한 부정이나 역사에 대한 비관을 말하고자 한 것이 아니다. 신앙적으로 말한다면 묵시문학 운동은 역사적 현실에 대한 극단적인 실망과 좌절의 경험에서 현재의 역사와는 본질적으로 다른 하나님 나라를 대망하는 가운데 생겨난 신앙운동이다.[651] 묵시문학이 말하고자 하는 메시지는 바로 신앙적 확신이다. 악의 세력이 비록 성할지라도 결코 실망하거나 변절하지 말라는 것이다. 왜냐하면 궁극적 승리는 하나님께 있기 때문이다.[652]

예수가 활동했고 요한이 복음서를 쓴 주후 1세기의 팔레스타인 시대상황은 로마제국의 식민 지배하에 있던 '묵시의 시대'였다.[653] 당시

영일, "구약의 종말론(II): 부활사상", 《이스라엘의 경건과 학문》, 181-206, esp. 203-204을 참조하세요.
650) 묵시문학은 역사의 피안에서 한가롭게 자연을 노래하고 즐기는 동양적 안빈낙도(安貧 樂道)와 같은 자연주의가 아니다. 하나님의 구원을 처절하게 기다리는 또 하나의 구원 사이다. 즉 예언문학의 변종(변주)이다. 그런 의미에서 예언문학과 묵시문학은 정당으로 말하면 당이 다른 것이 아니라 같은 당 안에 있는 주류와 비주류일 뿐이다.
651) 묵시문학이 현재 겪고 있는 현실적 위기와 수난을 종교적으로 승화시키는 카타르시스(catharsis)적 힘을 갖고 있다는 주장에 대해서는 A.Y.Collins, *Crisis and Catharsis*, 141-163을 참조하세요.
652) 유대묵시문학 태동의 배경에 대해서는 왕대일, 《묵시문학연구》, 48-61을 참조하세요.
653) 성경 묵시문학 시대를 주전 200-주후 100년 사이로 볼 경우 요한복음은 묵시문학 시대의 마지막 시대에 속한다.

일반인들은 묵시문학 작품에 속하는 다니엘서를 즐겨 읽었다.[654] 그들은 다니엘서를 야웨께서 '네 번째 제국(로마)'을 패배시키고 고난 받는 백성을 신원할 묵시의 책으로 읽었다.[655]

그동안 계시록은 신약성경 중 유일한 '묵시문학'에 속하는 문서로 불려 왔다. 그런데 지난 세기 이후 모든 신약문서들은 묵시문학적 배경하에서 쓰여진 작품이라는 것이 거의 모든 신약학자들의 일치된 견해이다.[656] 아이러니한 것은 계시록에 대해서는 묵시문학적 특징을 적용하는 데에 열을 올린 데 반해, 요한 문헌에 속하는 요한복음이 '묵시문서'라고 하는 것에 대해서는 거의 관심을 기울이지 않았다. 이것은 요한복음 이해에 대한 결정적인 실패로 귀결될 수밖에 없었다.

유대묵시문서인 다니엘서가, 주후 1세기 말 히브리(유대) 정경의 전통으로 확정될 때 헬라주의적 정신사조가 판을 치던 시절에, '유대인이 걸어야 할 길(할라카)'로서의 '유일신 하나님 신앙(Monotheism)'을 붙들 수밖에 없음을 고백한 책이라면,[657] 요한복음은 주후 1세기 말 헬라주의적 정신사고의 후예인 로마제국의 황제숭배가 강요되던 시절 '예수신앙'을 고백하고자 쓰여진 기독교적 묵시문서이다. 그런 의미에서 요한복음은 유대묵시문서인 '다니엘서의 철저한 기독교적 변주곡'

---

[654] 주후 1세기에 혁명 사상을 품고 있던 유대인들은 다니엘서가 현재의 로마의 압제에 맞서서 한 나라가 세워질 것에 대하여 말하고 있는 것으로 해석하였기 때문에 다니엘서를 애독하였다. N.T.Wright, 《신약성서와 하나님의 백성》, 503.
[655] 주후 1세기에 악의 세력에 대한 저항에는 세 노선이 있었다. 로마제국과 그 제국에 야합하는 세력과 싸워 물리치자는 '젤롯당 노선', 광야로 피신하여 거룩하게 구별된 자로 메시아를 기다리는 '에세네파 노선', 어린 양처럼 힘없이 죽는 순교로서 저항하는 '예수 노선'이 그것이다. 여기서 부활신학이 중요하게 부상하게 된다.
[656] 주후 70년경 예루살렘 성전이 파괴된 상황에서 나온 '마가의 예수 이야기(마가복음)'는 전기와는 거리가 먼 원시 그리스도교 내의 묵시론적 그룹의 기본문서이다. H. Kee, Understanding the New Testament, 98-100.
[657] 왕대일, 《묵시문학연구》, 326.

이다.[658]

　유대묵시문학이 유대 민족(유대교)의 존립의 위기를 극복하기 위한 역사적 반성이며, 이런 위기 속에 나타난 또 하나의 본질적 위기-하나님의 숨어계심 또는 하나님의 세상 다스리심(神政)-에 대한 신학적 반성을 시도한 글이라면,[659] 묵시문학으로서의 요한복음은 그리스도인의 생존의 위기를 위한 역사적 반성이며, 이런 위기 속에 나타난 또 하나의 본질적 위기-구약(유대교)의 성취 및 예수의 주되심-에 대한 신학적 반성의 책이다.

　요한복음의 묵시문학적 성격은 미래에 있을 '새 하늘과 새 땅'(사 66:22; 계 21:1)에 관심하기 보다는 하나님의 나라가 현재적으로 예수에 의해 성취된 '실현된 묵시문학(realized Apocalyptic)'을 말하고 있다. 또한 '저 세상으로의 여행'을 다루고 있지 않는 '역사적 묵시'는 과거 사건의 회고문체인 사후 예고, 또는 사후예언적 서술을 사용한다.[660] 요한복음의 묵시적 성격은 '저 세상으로의 여행'을 다루고 있지 않는 '역사적 묵시'로써, 사후 예언식 서술을 사용하고 있는데, 21장의 베드로의 순교가 그 실례이다.

　한편, 묵시문학은 종말론[661]을 그 특징으로 하는데, 요한복음에 나

---

658) 신약성경 가운데 유일하게 요한만이 유대절기 가운데 성전재봉헌 축제인 '수전절(하누카)'를 언급하고 있는데(요 10:22), 이는 요한복음의 다니엘서 관련성을 암시한다. 성육신 교리의 다니엘서 관련성에 대해서는 로고스찬가(1:1-18)의 주석을 참조하세요.
659) 왕대일, 윗책, 331.
660) 이 같은 서술은 이미 성취된 예언을 인용함으로써 저자는 자신의 예고에 신빙성과 권위를 부여한다. 사후예언식 서술은 묵시적 종말론의 중요한 문체적 특징으로 저작권의 익명성과 함께 묵시적 종말론의 문학적 기교의 핵심이다. 왕대일, 윗책, 32-33.
661) 묵시문학과 종말론은 별개의 사상이 아니다. 한 손의 양면이다. 비유하자면 '손이라는 역사'에 '손등이라는 종말론'과 '손바닥이라는 묵시문학'이 있는 격이다. 역사의 파국에서 인간이 느끼는 감정은 '끝'이라는 감정이다. 그 감정 속에서 역사와 하나님에 대한 변

타난 종말론적 특징은 미래적 종말론이기보다는 현재적 종말론 또는 '실현된 종말론(realized Eschatology)'[662]이다. 초기 기독교에 영향을 미친 미래적 종말론은 유대묵시사상에서 비롯되었는데, 이 사상은 시대를 둘로 구분하는 시간적 이원론을 그 특징으로 한다. 즉 하나님의 왕국 건설 이전은 옛 시대이고, 그 이후는 새 시대로서 옛 시대는 악하며 사라질 것으로, 새 시대는 선하며 영원한 것으로 보았다.

이러한 이등분으로 된 유대묵시사상의 시대 구분을 사도 바울을 중심으로 한 초대교회는 삼등분하였다. 예수의 현재적 사역을 그 중심부에 두고, 예수의 오심으로 하나님 왕국은 시작되었다고 보았다. 그리하여 유대묵시적 관점에서는 현재가 옛 시대에 속하였으나 기독교 역사관에서는 현재를 새 시대의 시작으로 보는 역사관의 근본적 변화를 가져왔다.

현재(역사적 예수의 오심)는 과거와 미래를 연결하는 동시에 미래적 하나님 왕국의 수립이 시작되는 기점이다. 예수의 역사적 사역을 통하여 현재에 새 시대가 시작되었다는 '이미(already)'와 재림으로 완성된다는 '아직 아니(not yet)'의 갈등 구조가 나타난다. 이러한 갈등 구조는 공관복음이나 바울서신에서 가장 중요한 개념이다.

그러나 이러한 초기 기독교 역사관의 중심은 현재가 아닌 미래에 있었다. 그 까닭은 궁극적인 결말과 가시적인 완성은 현재가 아닌 미래에 있기 때문이다. 미래적 종말론에서의 예수의 현재적 사역은 새 시대의 태동이지 궁극이 아니다. 궁극은 어디까지나 미래에 있고 그때에 하나님의 가시적 통치가 이루어진다.

호 내지 변주가 바로 묵시문학이다. 그리고 한 개인의 끝 또는 역사의 끝이라는 감정에서 나오는 것이 종말의식 곧 종말론이다. 종말론은 묵시문학적 상황에서 나오는 자연스런 귀결이다.
662) 요한복음의 종말론에 대해서는 김춘기,《요한복음연구》, 133-142을 참조하세요.

그런데 요한복음에서는 현재가 궁극이고 완성으로 나타난다. 현재가 영원이고 영원이 곧 현재이다. 이것은 모순된 논리 같지만 예수를 통하여 이루어졌다. 예수는 선재한 로고스의 화육이며 하나님의 자기 표현이다. 그리고 예수와의 만남은 곧 하나님과의 만남이며, 진리와 생명과의 만남이다. 그러므로 예수는 모든 것의 모든 것이다. 그러므로 예수와의 만남이 있는 지금 여기가 완성이기 때문에 요한복음의 종말론은 기독론에 근거한다.

요한복음의 종말론은 유대묵시사상이나 초기 기독교 전승에서는 찾기 어렵다. 그렇다고 영지주의적 사상, 즉 여기는 악하고 저기는 선하다거나 보이는 물질세계는 악하고 보이지 않는 영적이고 정신적 세계는 선하다고 보는 공간적이고 존재론적인 이원론과도 다르다. 요한복음에 나타나는 이원론적 개념들-빛과 어둠, 영과 육, 진리와 거짓, 하나님과 사탄-은 존재론적, 공간적 이원론이 아닌 예수에 대한 응답을 두 가지 관점에서 설명하는 예수 일원론이다.

그러므로 요한복음의 현재적 종말론은 미래를 거부하는 것이 아니라 예수를 통하여 현재가 미래를 포함하는 종말론이며,[663] 예수 앞에서의 사건은 모든 것의 완성이며 궁극이다. 요한복음은 우리가 살고 있는 '여기'를 경시하는 영지주의적인 공간적 종말론이나 '지금'이라는 현재를 경시하는 유대묵시사상과 초기 기독교의 미래적 종말론을 극복하고 있다. 이는 당시 유대묵시사상이나 이방 세계나 초기 기독교적 관점에서 혁명적 변화였다. 요한복음의 종말론의 배경이 되는 유대묵

---

663) 요한은 '미래적 종말론'과 '현재적 종말론'을 그대로 병치하여 놓았는데, 이는 창세기의 두 창조기사(창 1:1-2:3과 2:3-3:25)를 편집자가 그대로 병치하여 놓은 것과 같은 이치이다. 그리고 '미래적 종말론'과 '현재적 종말론'을 완전히 분리된 종말론으로 보는 시각은 현재와 미래를 극단적으로 분리하는 헬라적 사고방식에 기인한 것이며, 히브리적 사고방식에서는 이 두 종말론은 동전의 양면처럼 분리가 아닌 구분에 불과한 것이다.

시적 종말론, 초기 기독교(바울) 종말론 및 영지주의적 종말론을 그림으로 그려보면 다음과 같다.[664]

A. 유대묵시적 종말론(역사적, 시간적 이원론)

두 시대(aeons)	
아담의 타락	하나님의 왕국 건설
옛 시대(과거와 현재의 세계사)	새 시대(미래의 하나님의 통치)
악함과 구원불능	선함과 부패하지 않음

B. 초기 기독교(바울)의 종말론(역사적, 시간적 세 시대)

아담	그리스도 초림	그리스도 재림
과거(옛 시대)	현재	미래(새 시대)
율법	그리스도	하나님의 가시적 통치
죄(진노)	믿음(義)	구원
죽음	생명	영생

C. 영지주의적 종말론(존재론적, 공간적 이원론)

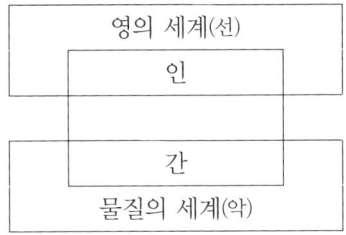

---

664) 더 자세한 설명은 P.J.Achtemeier, 《로마서》, 33-45을 참조하세요.

(2) 요한코드: 묵시문학적 암호상징

요한이 태어나고 활동했던 시대는 묵시문학적 배경(주전 2세기-주후 1세기) 하에 있었던 시대였다.[665] 따라서 요한복음은 묵시문학적 상징세계[666]를 염두에 두고 연구되어야 마땅하다. 그러나 기존의 요한복음 연구는 이 사실에 깊이 천착하지 못함으로 인해 연구의 피상성과 빗나감을 면키 어려웠다. 요한복음은 무엇보다도 장르상 묵시문학[667]에 속하는 문서라는 것이 필자의 생각이다.[668]

산(산봉우리)이 높으려면 골(골짜기)이 깊어야 하듯, 인류 역사상 최고의 걸작품(명품)들은 거의 다 깊은 실존적 고뇌와 불운과 맞서 싸웠던 최악의 상황 속에서 탄생하였다.[669] 인류 최고의 음악으로 일컬어지는 베토벤의 음악과 모차르트 음악이 그러하다.[670] 요한복음도 예외가 아

---

665) E.Lohse, 《신약성서배경사》, 47-62.
666) 다드는 요한복음을 얽히고 설킨 상징주의의 네트웍으로 본다. C.H.Dodd, *The Interpretation of the Fourth Gospel*, 142. 그러나 그는 요한의 상징이 묵시문학적 상징어임을 깊이 천착하지 못했다.
667) 묵시문학의 '문학적 특징'에 대해서는 D.S.Russel, *The Method Message of Jewish Apocalyptic*, 묵시문학의 '사회학적 특성'에 대해서는 P. Hanson, *The Dawn of Apocalyptic*, 다니엘서에 나타난 묵시문학적 특징에 대해서는 왕대일, 《묵시문학》, '묵시문학의 역사이해'에 대해서는 박준서, 《구약세계의 이해》, 142-166을 참조하세요.
668) 베커는 묵시문학적 주제는 바울 사상의 토대를 형성하며, 특히 묵시문학적 하나님의 승리는 그 초점을 형성한다고 주장한다. J.C.Beker, *The Triumph of God: The Essence of Paul's Thought*, 61-103, esp. 61.
669) 20세기 최고의 역사가 아놀드 토인비(1889-1975)는 사람들의 일반적인 생각과는 달리 세계 4대문명은 혹독한 자연환경에서 탄생했다면서 '도전과 응전의 법칙'이라는 유명한 명제를 내놓았다. 이에 대해서는 A.Toynbee, 《역사의 연구(1)》, 71-205을 참조하세요.
670) 계시록과 요한복음을 음악으로 비유한다면 전자는 베토벤(Beethoven, 1770-1827)의 음악이고 후자는 모차르트(Mozart, 1756-91)의 음악으로 비유된다. 두 음악의 거장은 고난 속에서 살았는데, 베토벤의 음악은 고난이라는 운명과 싸우는 영웅적 모습을 겉으로 드러나게 표현하고 있다. 이에 반해 모차르트의 음악은 고난을 팔아 사람들의 동정을 사는 청승떠는 모습을 일체 드러내지 않고 있으며 고난을 전혀 내색하지 않는 너무나

니다. 요한복음이라는 천하제일지서는 묵시문학적 박해상황, 즉 악의 득세에 따른 역사에 대한 극단의 실망과 신앙적 회의라는 최악의 조건에서 탄생하였다.

박해받는 교회가 고난 속에서 사탄과 투쟁하는 모습을 보여주는 계시록은 묵시문학문서임을 쉽게 알아차릴 수 있다. 그러나 요한복음에는 '전쟁' 어휘 자체가 없을 만큼 적과 싸우는 모습은 찾아볼 수 없을 뿐더러 너무나도 밝고 평화로운 모습으로 그려져 있다. 게다가 묵시문학적 주요 특징들이 철저히 은폐되어 있거나 변주되어 나타나고 있다. 그래서 요한복음은 외견상 전혀 묵시문서로 보이지 않는다.[671] 그래서 기존에는 요한복음이 묵시문서일 뿐 아니라 가장 철저하게 성취된 묵시문서임을 알아차리지 못했다.[672]

묵시문학의 가장 두드러진 특징은 익명성(가명성)과 상징성(비밀 암호)이다. 요한은 자신의 실명을 밝히지 않고 '예수께서 사랑하신 제자(애제자)'라는 '익명성(가명성)'을 사용하고 있다. 이는 그냥 이름을 밝히지 않는 것이 글의 권위를 높이고, 신비로움을 자아내기 때문이라기보다

도 밝고 경쾌한 음악을 보여주고 있다. 이 점에서 모차르트의 음악은 베토벤의 음악보다 한 수 위에 있다. 이 같은 모차르트의 음악에 대해서는 김홍식,《세상의 모든 지식》, 575-579을 참조하세요.

671) "묵시문학은 그리스도교 신학의 어머니"라고 말한 케제만은 바울서신 도처에서 묵시문학적 영향의 흔적을 발견할 수 있고, 공관복음도 묵시문학적 영향을 크게 받았다고 주장했다. 그러나 요한복음만은 묵시문학의 영향권에서 제외하면서 이렇게 말한다. "제4복음서에서는 약간의 편집에 의한 추가문을 제외하면 현재적인 종말론이 지배하고 있다." E. Käsemann, "The Beginnings of Christian Theology", *JThCh*, Vol. 6, 40.

672) 코흐는 종말의 날과 시간을 정하기를 거부한 점, 그 시간을 세계사의 신기원으로 생각하지 않은 점 등을 들어 예수가 묵시문학적 사상을 따르지 않았다고 주장한다. K. Koch, "묵시문학과 종말론",《기독교사상》, 1981.9, 117. 그러나 게제는 하나님 나라가 가까이 왔다고 하는 예수의 선포 속에서 이미 묵시문학 전승의 핵심이 드러나고 있다고 주장한다. H.Gese, "즈가리아서에 나타난 묵시문학의 시작과 끝",《신학사상》30, 1980. 가을, 419.

는 묵시문학적 상황 때문이다.

식민지 상황에서 전복성을 띤 불온문서(정치적이든 신학적이든)에 해당하는 책이나 글을 쓴다는 것은 참으로 위험하기 짝이 없는 일이다. 언론의 자유가 보장되지 않는 묵시문학적 상황에서 실명이 아닌 익명(가명)으로 쓰는 것은 일종의 위장술이다. 즉 자신의 신변 보호와 교회의 안전을 위해서도 그렇지만 더욱이 필생에 걸쳐 쓴 자신의 문서가 화를 당하지 않고 위해 익명(가명)을 쓰는 것이다.

또한 묵시문학적 언어를 사용했던 사람들은 검열을 통과할 수 있는 비밀부호들을 사용하여 암호로 글을 쓴다("읽는 자는 깨달을진저").[673] 우리가 일제시대나 독재시절에 경험했듯, 직설적으로 말하면 신변에 큰 화를 당할 위험이 있기에 비어나 은어를 사용해서 책이나 글을 쓰곤 했다. 마찬가지로 박해가 심했고 심지어 순교상황에서는 '암호화된 비밀언어(상징코드, symbolic code)'로 표현할 수밖에 없었다. 계시록처럼 요한복음이 얼마나 다양한 '상징코드'를 사용하고 있는지를 알게 되면 요한복음이 철저한 '묵시문서'라는 사실에 놀라움을 금치 못할 것이다.

'애제자'의 익명성(가명성)으로부터 예수의 선포의 핵심인 '하나님 나라'에 이르기까지 요한이 사용하는 다양한 상징어는 모두 '묵시문학(묵시문학적 상황)'과 깊이 관련되어 있다. 묵시문학과 다양한 상징기법이야말로 요한의 천재성을 가장 극명하게 보여주는 실례가 아닐 수 없다. 요한은 '러시아 목각인형(마뜨료쉬까)'[674]처럼, 또는 '바퀴 안의 바퀴'(겔 1:16)처럼[675] '상징 안의 상징'을 사용하는 '상징의 천재'이다.

'상징' 어휘의 원어 '심볼론(σύμβολον)'은 '함께 놓는다'는 의미를 지닌

---

673) N.T.Wright, 《신약성서와 하나님의 백성》, 478.
674) 이덕형, 《천년의 울림: 러시아 문화 예술》, 214-216.
675) 이스라엘 백성들은 에스겔을 향해 '비유로 말하는 자(비유의 달인)'(겔 20:49)라고 했다.

다. 어떤 단어나 구문의 명백한 의미에 다른 의미를 덧붙이거나 다른 의미로 대신하는 것을 말한다. 상징을 사용하는 것은 보다 깊은 실체적 의미를 드러내기 위함에서이다. 상징은 여러 유형으로 나눌 수 있는데, 암호상징이란 그 암호를 공유하는 어떤 집단(공동체)에서 사용하는 상징이다. 즉 암호를 해독해야 비로소 그 숨겨진 의미를 알 수 있는 것이 암호상징이다. 가령, '물고기 153마리'(요 21:11)와 같은 경우이다.

암호상징(상징코드)을 해독하고 나면 자연스럽게 저자의 본래 의도가 드러난다.[676] 다니엘 4장의 느부갓네살이 하나님이 원하시는 지상 통치자를 상징하는 묵시문학적 암호(illocution)이듯이,[677] 요한의 상징코드는 저작 목적처럼 '예수가 하나님의 아들 그리스도임'을 드러내기 위한 묵시문학적 암호이다.

요즘 모든 제품에는 바코드가 붙어 있다.[678] 그 바코드는 그 제품에 관한 모든 사항이 들어 있다. 따라서 바코드를 풀어보면 그 제품이 어떤 물건이고, 언제 그리고 어디서 생산된 제품인지 등등에 관한 모든 사항을 알 수 있다. 마찬가지로 요한복음은 기본적으로 묵시문학적 비밀문서이기에 그가 사용한 언어는 '묵시적 상징어(암호상징)'이다. 묵시문학의 양식비평적 연구는 묵시문학을 일종의 '암호'로서 그 암호를 듣고 그 의미를 아는 공동체를 위로, 격려, 고무하고자 하는 기능을 감당하고 있음을 드러내주었다.[679]

---

[676] 상징언어가 은유적 방식으로 사용된 경우와 암호적 방식으로 사용된 경우는 다르다. 전자는 그 정확한 의미를 알기 어려운 특성을 갖는 데 반해, 후자는 그 암호를 공유하는 집단 내에서는 그 의미를 보다 분명하게 알 수 있다(여기서 암호를 해독했다고 해서 꼭 100% 다 이해한 것은 아니라는 단서를 첨부한다).
[677] 왕대일,《묵시문학연구》, 249.
[678] 현대사회의 특징인 '바코드'가 갖고 있는 의미에 대해서는 D. Jr. Cha의《마지막 신호》, 133-146을 참조하세요.
[679] 묵시문학의 상징언어가 '암호'로서 그 암호를 사용하는 공동체에 속하는 사람들을 위로하고 고무하는 기능을 감당한다는 최근의 논의로는 L.F.Hartmann, "Survey of the

카이저는 요한복음의 언어는 은유적이고 상징적 언어이며, 요한의 언어가 일종의 암호라면 만일 누군가가 그 암호를 푸는 열쇠를 발견한다면 요한의 상징을 이해할 수 있으리라고 생각한다고 말했다.[680] 그러면서도 왜 요한이 이러한 암호와 같은 상징언어를 사용할 수밖에 없었는지에 대해서는 침묵하고 있다. 이는 그가 요한복음이 묵시문서라는 사실에 깊이 천착하지 못했음을 반증하는 것이다.

요한의 천재성은 무엇보다도 상징에 대한 그의 탁월한 사용에 있다. '천재와 범인의 차이'는 무엇일까? 필자는 그것을 '차원이 다른 차이'라고 말하고자 한다. 범인은 서로간에 약간의 차이가 나지만 그 차이는 '도토리 키재기'이다. 그러나 범인과 천재의 차이는 차이가 아닌, 차원이 다르다는 데 있다. 3차원이 세 점으로 이루어진 평면이라면 4차원은 네 점으로 이루어진 입체와 같다. 차원은 한 차원이 달라졌는데, 공간은 4배가 된다. 차원이 다른 차이, 이것이 바로 범인과 천재와의 차이이다.

이것을 '상징' 어휘에 적용하여 보자. 3차원에 속한 범인들은 주로 사실을 말하는 데 그치고 상징을 잘 사용할 줄 모른다. 상징을 사용하더라도 그것을 평면적인 일차원적 의미, 물리적이고 현상적인 의미, 즉 표층적 의미로 사용할 뿐이다. 이에 반해 천재들은 상징을 잘 사용할 뿐더러 다양하게 사용함으로써 입체적이고 다차원적 의미를 지니도록 표현한다. 가령, 공관복음은 예수를 3차원의 세계, 즉 '땅에서 태어나 십자가 위에서 죽는 존재'로 그리고 있다. 이와 달리 요한복음은 한 차원이 다른 4차원의 세계, 즉 '하늘에서 내려와(성육신) 지상에 살다가 하늘로 돌아가는 존재'로 그림으로써 전혀 차원이 다르게 그리고

Problem of Apocalyptic Genre", *Apocalypticism in the Mediterranean World and the Near East*, 329-43을 참조하세요.
680) R.Kysar, 《요한복음해석》, 159-167.

있다.

A. 다양한 상징기법

a. 분할기법 및 대표성(모델)의 원리[681]

요한복음은 온통 암호상징으로 되어 있다. 그 가운데 '분할기법'이라는 것이 있다. 분할기법이란 '하나의 메시지를 전하기 위해 상징어를 여러 개의 조각으로 분할시켜 놓는 기법'을 말한다.[682] 여러 개로 분할된 상징어를 모아보면 하나의 메시지가 자연스럽게 드러난다. 가령, '유대교의 안식일'을 '기독교의 주일'로 대체하는 하나의 메시지를 드러내기 위해 일곱 개의 표적으로 나누는 '분할기법'을 사용하고 있는 것이 그 좋은 예이다.[683]

또한 '에고 에이미'의 비유적 용법 중 하나인 '나는 생명의 떡이다'(요 6:35)를 예로 들어보자. 이 말씀은 예수가 우리의 생명이 되시는 분이라는 상징적 의미를 갖기도 하지만, 이 말씀 속에는 성전 안의 일곱 기구 중의 하나인 '떡상'을 의미하는 암호상징이 숨어있다. 이처럼 흩어져 있는 '에고 에이미'의 일곱 상징어를 종합해보면 그것이 성전 전체를 상징하고 있음이 자연스럽게 드러난다. 결국 '에고 에이미'의 비유적 용법의 일곱 말씀은 '성전을 대체하러 오신 예수'라는 새로운 의미를 갖는 또 하나의 상징이 된다.[684]

인물상징코드에 의한 분할기법의 예를 든다면 니고데모와 도마를

---

681) 세상을 움직이는 일정한 법칙(원리)이 있다. 요한은 천재성을 가지고 그것을 터득한 사람이다. 이에 관한 참고서로는 이영직,《세상을 움직이는 100가지 법칙》을 참조하 세요.
682) 더 자세한 설명은 D.Brown,《로스트심벌 1》, 344을 참조하세요.
683) 더 자세한 설명은 349쪽 이하의 '표적상징코드'를 참조하세요.
684) 더 자세한 설명은 358쪽 이하의 '말씀상징코드'를 참조하세요.

들 수 있다. 니고데모는 세 장(3,7,19장)에 걸쳐 분산되어 기술되어 있다. 이 세 장에 나타난 니고데모를 다 합쳐보아야 요한이 말하고자 하는 의도를 제대로 파악할 수 있다. 이는 도마의 경우도 마찬가지이다. 도마라는 이름은 네 장(11, 14, 20,21장)에 분산되어 7회 기술되어 있는데 이를 종합해 보아야 도마에 대한 요한의 의도를 제대로 파악할 수 있다.[685]

마태복음에는 산상수훈(5-7장), 이적 기사(8-9장), 비유(13장) 등을 한 곳에 모아놓고 있다. 그러나 요한은 상징적 의미를 갖는 예수의 말씀을 좀처럼 드러나게 모아놓지 않았다. 분할기법을 사용하여 상징어를 복음서 전체에 흩어놓았다. 따라서 전체 속에서 흩어져 있는 상징어를 하나로 모아야만 그가 말하고자 하는 실체적 진실에 접근할 수 있다. 요한복음의 신비가 여기에 있으며 요한의 천재성이 또한 여기에 있다.

한편, 도스토예프스키의 소설 《까라마조프家의 형제들》에 등장하는 세 주인공인 드미뜨리, 이반, 알료샤는 각각 육체, 정신, 영혼을 대표하는 모델이듯이 요한복음은 전체가 대표성(모델)의 원리에 의해 구성된 완벽한 한편의 드라마라고 말할 수 있다. 일부 모델의 원리를 사용하는 누가복음과는 달리[686] 요한복음은 등장하는 모든 인물뿐 아니라 사건, 표적, 절기 등 모든 것을 대표성(모델)의 원리에 따라 그려져 있다는 점이다.[687]

---

685) 더 자세한 설명은 383쪽 이하의 '인물상징코드'를 참조하세요.
686) 누가문서, 특히 사도행전은 예수를 베드로의 모델, 바울의 모델, 스데반의 모델로 그리고 있다. 김득중, "누가복음과 사도행전", 《신약성서신학》, 268-272.
687) 요한복음에 등장하는 여인들, 가령 예수의 모친 마리아는 순종의 모델, 나사로의 누이 마리아는 헌신의 모델, 막달라 마리아는 부활의 증인의 모델, 마르다는 신앙고백의 모델, 사마리아 여인은 이방 선교의 모델, 그리고 세례 요한은 선구자의 모델, 가롯 유다는 불신앙과 배신자의 모델, 도마는 신앙과 충성과 의리의 모델, 베드로는 순교의 모델, 안드레는 섬김의 모델, 니고데모는 유대인 최상류층의 모델, 빌라도는 이방인 최상류층의 모델, 가야바는 종교권력의 모델, 그리고 선한 목자는 비유의 모델, 5대 절기는 절기

공관복음은 예수가 행한 이적이나 율법의 말씀이나 비유를 가능한 한 많이 열거한다. 그러나 요한은 대표성의 원리에 따라 하나 또는 선별된 몇 개만 대표적인 모델로 제시하는 것으로 대체한다. 가령, 하나님 나라에 대해 공관복음은 수없이 언급하지만 요한은 하나님 나라가 갖는 은폐성과 묵시문학적 상황 하에서 이를 비밀로 은폐시켜야 하기에 유대인의 대표로 니고데모에게(3:3,5), 이방인의 대표로 빌라도에게(18:36)만 대표적으로 사용하고는 침묵한다.[688]

또한 부활현장에 여러 여자들이 달려갔다는 공관복음의 진술과는 달리 오직 막달라 마리아만을 대표적으로 등장시키고 있다(20장). 율법의 경우에는 대표적인 율법인 안식일에 관한 기사(5장과 9장)로 한정시킨다. 이적의 경우에는 수많은 이적 대신 일곱 개만 선별적으로 선택하여 자신이 하고자 하는 메시지를 드러낸다. 비유의 경우에는 대표적인 '선한 목자 비유' 하나만으로 한정시킨다.

또한 이방 선교의 경우에는 "나의 양식은 나를 보내신 이의 뜻을 행하며 그의 일을 온전히 이루는 것이니라"(4:34)라고 말하면서 "너희 눈을 들어 밭을 보라 희어져 추수하게 되었도다"(4:35)라는 말로 영혼 구령에 대한 선교의 긴급성을 묘사하고 있다.[689]

후기 인상파 화가 세 거장(세잔느, 고흐, 고갱)이 바라던 효과를 얻는 데 도움이 된다면 디테일한 사소한 왜곡은 별로 개의치 않았던 것처

의 모델, 7대 표적은 표적의 모델 등등.
688) 묵시문학적 상황과 '하나님 나라'가 갖는 은폐성 및 '대표성의 원리'를 몰랐던 불트만은 공관복음과 단순비교하면서 요한은 하나님 나라에 대해 말이 없을 뿐 아니라 '진리와 생명'이라는 개념들로 대신했다는 엉뚱한 말을 늘어놓았다. 그러면서 요한의 예수는 침입해 오는 하나님 나라를 선포하는 예언자로 나타나지 않는다고 했다. R.Bultmann, 《신약성서신학》, 362,364,370. 그러나 북왕국 예언자 전승에 서 있는 요한은 예수를 철저히 하나님 나라를 선포하는 세상에 오실 그 예언자로 보고 있다(1:26; 6:14; 7:40).
689) 이에 대해 불트만은 요한에게 있어서 이방 선교의 문제는 이미 그 활발성을 잃었다고 엉뚱한 말을 하고 있다. R.Bultmann, 《신약성서신학》, 362.

럼, 요한은 대표 모델을 통해 말하고자 하는 목적을 얻기 위해서라면 디테일한 사소한 것들은 개의치 않았다. 가령, 세례 요한은 요단 서편(가나안 땅)에 못 들어간 모세처럼 요단 동편에서만 활동하는 것으로 그리고 있다. 요단 서편은 오직 여호수아처럼 예수로만 들어갈 수 있는 것으로 그리고 있다. 또한 부활절 새벽 그 현장에는 여러 여인들이 간 것이 아니라 오직 막달라 마리아만 혼자 간 것으로 그림으로써 가장 낮은 신분의 한 여자가 예수를 지극히 사랑하는 까닭에 부활의 첫 증인이 되는 영광을 맛보는 대표 모델로 그리고 있다.

b. 은폐기법 및 침묵기법[690]

기존의 서구신학 및 요한복음 연구는 히브리어와 헬라어라는 문자(언어)에 매여 성경 저자의 영(정신)을 제대로 보지 못했다(고후 3:6). 모세의 얼굴에 가린 수건처럼, 문자라는 수건을 벗어나야(고후 3:12-18) 예수가 보이고 저자가 말하려는 본래의 뜻을 제대로 알 수 있다.

요한은 암호상징 가운데 분할기법만이 아니라 다양한 기법을 사용하여 자신의 말하고자 하는 진실(진리)을 숨겨 놓았다. 묵시문학의 특징 중 하나는 어떤 내용을 드러내는 노출기법과 동시에 감추는 은폐기법을 사용한다는 점이다. 요한은 암호상징 자체가 은폐성을 갖지만 특별히 예수의 진리를 은폐시킴으로써 말(언어)로 표현된 세계가 전부가 아님을 보여주는 신비성과 천재성을 보여주었다.[691] 이것은 서구신학

---

690) 상징의 천재 요한은 또한 은폐의 대가이다. 은폐(침묵)기법을 네 종류로 나누면, 첫째, 저자 이름의 은폐(예수께서 사랑하시는 제자), 둘째, 핵심 단어의 은폐(하나님 나라, 은혜 어휘의 은폐) 및 침묵(교회, 기도, 복음, 전쟁, 회개, 계시, 지혜, 할렐루야, 찬양 어휘의 침묵), 셋째, 절기의 은폐(5:1의 오순절), 넷째, 숫자의 은폐(완전수 7의 은폐 및 침묵, 일곱 표적 중 첫째와 둘째 표적 언급 후 나머지 표적은 생략으로 은폐).
691) 생텍쥐페리(1900-44)는 《어린 왕자》에서 이렇게 말했다. "잘 보려면 마음으로 보아야 해. 가장 중요한 것은 눈에는 보이지 않아. 사막이 아름다운 건 어딘가에 샘을 숨기고

자들이 받아들이기 힘들 뿐 아니라 잘 알지 못하는 세계이다.[692] 그러나 동양사상에서는 '불립문자(不立文字)'[693]라고 해서 상식에 속하는 문제다.[694]

요한복음에 나타난 은폐기법에 대해 생각해 보자. '예수의 복음'이라고 할 때 그것은 '하나님 나라의 복음'(눅 4:43), '하나님 은혜의 복음'(행 20:24), '십자가-부활의 복음'(롬 1:16-17) 등을 말한다. 요한은 이 네 가지 복음을 드러나지 않게 은폐시켰다.[695] 여기서는 '하나님 나라'와 '은혜'에 대해 살펴보자.

우리가 잘 알듯이 '하나님 나라(βασιλεία)'는 예수 선포의 핵심이다. 그래서 공관복음에서는 120회 이상이나 사용되고 있다. 그런데 요한복음에서는 5회, 그것도 3장(3,5절)에서 2회가 나오고, 상응하는 장인 18장(36절)에서 '내 나라'라는 용어로 변주되어 3회가 나올 뿐이다. 이것을 놓고 대부분의 학자들은 요한복음은 공관복음과 달리 예수 선포의 핵심인 '하나님 나라' 주제를 '생명' 주제로 대체했다는 무감각하

있기 때문이야." Saint-Exupery,《어린 왕자 外 4권》, 523, 526.

[692] 요한은 "태초에 말씀이 있었다"라는 제일성을 통해 '말(씀)의 중요성'을 알고 있었을 뿐 아니라 말을 넘어선 '침묵의 중요성' 또한 잘 알고 있었던 사람이다. '말 아닌 말, 말을 넘어선 말'에 대해서는 김정빈,《리더의 아침을 여는 책》, 536-542을 참조하세요.

[693] 선불교(禪佛敎)의 가장 큰 특징은 '불립문자(不立文字)'로 제창되는 '교학(敎學)의 부정'에 있다. 한형조,《왜 동양철학인가》, 245-270. 이심전심(以心傳心), 교외별전(敎外別傳)도 이에 속한다. 노자는 '知者不言 言者不知 (아는 자 말이 없고 말하는 자 알지 못한다)'라고 했다. 이 사상은 서구 사람들에게는 이해하기 힘든 익숙하지 않은 사상이다.

[694] 석가가 어느 날 아무 말 없이 범천왕이 바친 연꽃 한 송이를 팔만 사천 대중 앞에 쳐들어 보였다. 일반 대중은 마치 마술에 걸린 사람처럼 그것이 무슨 뜻인지 알지 못했다. 다만 가섭이라는 늙은 노인만이 파안일소(破顔一笑)할 뿐이었다. 석가의 마음과 가섭의 마음이 서로 통한 것이다(以心傳心). 이리하여 불도는 석가로부터 가섭으로 전하여졌다. 김흥호,《길을 찾은 사람들》, 318-319.

[695] '하나님 나라의 복음'은 상응하는 두 장(3장과 18장)에서만 사용하는 것으로, '하나님 은혜의 복음'은 로고스찬가에서만 사용하는 것으로, '십자가-부활의 복음'은 구조상징 코드로 은폐시켜 네 개의 핵심 복음을 표현하였다.

고 핏기없는 사변적 주장을 늘어놓는다.[696] 이러한 주장에 대해 필자는 전혀 다른 견해를 갖고 있다.

예수의 최측근 제자인 사도 요한은 스승 예수의 진리가 세상 나라의 진리가 아닌 '하나님 나라의 진리'임을 간파하였다. 그런데 '하나님 나라'라는 어휘 자체가 '하나님이 왕이 되어 통치하는 나라'로써 세상 나라에 대한 '전복적 성향(혁명성)'을 띤 묵시문학적 용어이다.[697] 묵시문학이 추구하는 최종 목적(목표)은 현실의 악에 대한 하나님의 궁극적 승리, 즉 하나님 나라의 완성이다.[698]

그런데 그 하나님 나라는 세상 나라가 알지 못하는 비밀에 속한 감추어진 나라이다(마 13:34-35; 단 8:26 참조). 더구나 유대교와 로마당국에 의해 박해를 당하고 있는 묵시문학적 위기상황에서 '하나님 나라' 어휘는 요한공동체로서는 함부로 사용할 수 없는 말이었다.

따라서 이 어휘는 되도록 비밀로 감추어두어야 할 어휘였다. 예수의 말씀을 직접 들어보자. "하나님 나라의 비밀을 아는 것이 너희에게는 허락되었으나 다른 사람에게는 비유로 하나니 이는 그들로 보아도 보

---

696) 김춘기,《요한복음연구》, 22. 왜 요한은 부활(생명)을 강조했는가? 그것은 묵시문학적 상황을 전제하지 않고는 그 깊은 뜻과 감동을 공감할 수 없다. 부활과 천국은 동전의 양면이다. 신앙의 전사가 지금 로마 황제숭배를 거부하고 형장으로 끌려가 사자밥이 되거나 화형과 참수형을 당하는 상황에서 이 생은 잠시요 부활이요 생명인 주님을 믿는 그 순간부터 영생과 천국이 보장되었다는 그 말씀을 믿는 믿음으로 찬송하며 십자가 형장으로 간 것이다. 이 얼마나 소름끼치는 통곡의 무대인가! 아니 이 얼마나 가슴뛰는 감동의 무대인가! 예수와 함께 죽으면 예수와 함께 부활하여 천국에서 영생하는 것을, 구차하게 인생 몇 년 더 사는 것과 어찌 비교하랴!
697) 실로 예수는 '하나님 나라'를 구호(캐치 플레이즈)로 내걸었던 '묵시문학적 혁명가'였다. 예수의 제자 사도 요한이야말로 묵시가였던 예수의 진정한 추종자였고, 묵시문학의 뜻을 가장 정확히 알았고, 가장 철저히 이행했던 위대한 신학자였다.
698) 베커는 바울 복음의 일관된 중심은 그리스도 사건의 묵시사상적 해석에 의해 구성되며, 바울의 사고 방식의 근저에는 묵시사상이 있다고 말한다. 바울의 묵시사상적 신학과 바울 사상의 중심으로서의 하나님의 승리에 대해서는 J.C.Beker,《사도 바울: 바울의 생애와 사상에서의 하나님의 승리》, 179-237, 453-474을 참조하세요.

지 못하고 들어도 깨닫지 못하게 하려 함이라"(눅 8:10). 요한은 '비밀에 속한 하나님 나라(천국의 비밀)'를 감추려고 얼마나 고심했는지 모른다. 이것은 외부 사람은 모르고 오직 요한공동체 사람만이 아는 비밀암호(상징코드)이다.

그런데 '하나님 나라'라는 이 중요한 어휘를 안 쓰면 사람들은 요한이 '하나님 나라'에 대해 무관심했거나 몰랐다고 오해를 할 수 있고, 결국 예수 선포의 핵심인 '하나님 나라' 사상을 놓치게 되는 불행한 결과를 초래하게 될 것이 뻔했다. 그래서 이러한 오해를 불식시키기 위해 요한은 공관복음의 경우처럼 많은 대중 앞에서 하나님 나라를 선포하는 것이 아니라 상응하는 두 장(3장과 18장)에서만, 그것도 개인적으로 대표성을 띤 유대인(니고데모)과 이방인(빌라도) 두 사람에게만 비밀리에 사용하고 다른 곳에서는 일체 함구한다.[699] 의상(義湘) 스님의 스승이었던 지엄 스님의 말, "온 고기의 맛을 알려면 한점의 살점으로도 족하니라. 하나가 전체로 통하고 전체가 하나로 통하는 것이니라." 더 이상 말해서 무엇하랴.

기독교의 핵심 진리인 '은혜(χάρις)' 어휘에 대해서도 마찬가지다. 요한복음에는 공관복음에서 중요하게 취급되고 있는 공생애 전 40일 동안 광야에서 금식기도 하시고 마귀의 시험을 이긴 기사가 나타나지 않는다. 이는 철저히 은혜 개념에 의한 요한의 의도가 잘 드러난 대표적인 예이다. 즉 요한은 동양의 성인들처럼 예수께서 오랫동안의 수행과 정진을 통해 깨달음(道通)에 이르렀다는 식의 예수를 그리지 않는다. 예수는 단지 태초부터 아버지와 함께 계신 분으로 아버지로부터 보고 듣고 아버지께서 주신 하나님의 말씀을 이 세상에 가지고 와서 단지 전해준 분일 뿐이다(5:30; 6:38; 7:16; 8:38 등등). 이것이 요한이 말하는 은

---

[699] 더 자세한 설명은 본문 3장과 18-19장 주석을 참조하세요.

혜 개념이다.[700] 즉 요한복음은 온통 은혜 개념으로 가득 찬 책이다.

사도 요한은 모세(유대교)의 진리가 '율법의 진리'라면 예수(기독교)의 진리는 '은혜의 진리'임을 너무나도 잘 알고 있었다(1:17). 은혜란 거저 주시는 '하나님의 선물'(4:10)이다. 선물은 공개적으로 드러나게 주는 것이 아니다. 조용히 남모르게 주어야 진짜 선물이다. 이 또한 은폐시켜야 할 어휘에 속한다. 그런데 이 어휘를 안 쓰면 모른다고 오해를 살 수도 있기에 그는 은폐의 방법을 사용하고 있다. 그래서 '은혜' 어휘를 '로고스찬가' 본문 중 '은혜' 어휘에 가장 잘 어울리는(하늘에서 땅으로 내려오는) 성육신 기독론에서만 4회(1:14,16[2회],17) 사용하고는 일체 이 어휘를 은폐시켰다. 이러한 은폐기법은 요한이 얼마나 예수 사상을 정확히 알고 철저히 따랐는가를 보여준다.

또한 숫자상징코드에는 많은 은폐기법이 사용되고 있다. 가령, 숫자 6은 사탄의 숫자인데, '가룟 유다' 이름을 6회 사용함으로써 그가 사탄의 하수인임을 은폐기법을 사용하여 표현하고 있다. 또한 숫자 7은 완전수로서 요한복음에는 상당히 많이 사용하고 있으나 겉으로는 전혀 드러나지 않게 서수(일곱째)로만 단 1회(4:52) 나타나고 있을 뿐이다. 한 번도 사용하지 않으면 모르는 것으로 오해할 수도 있기에 딱 한번 사용하는 재치를 보이고 있다.[701] 이는 '다윗'의 경우도 마찬가지다. 북왕국 전통에 속하는 요한은 모세를 강조하고 남왕국 전통에 속하는 '다윗'을 사용하지 않으려고 했다. 그러나 '다윗'을 말하지 않으면 다윗을 전혀 모르는 것으로 오해할 수도 있기에 딱 한 구절(7:42)에서 사용하고

---

700) 바울의 은혜 개념은 율법과 대립되는 법적 의미가 강하다. 이와 달리 변주의 달인인 요한은 헬라적 어휘인 '은혜(χάρις)' 어휘를 사용하지만 이 어휘는 구약의 '에메트(אמת)'와 짝을 이루는 어휘인 '헤세드(חסד)' 개념이다. '헤세드'는 '하나님과 이스라엘간의 언약적 사랑'이라는 관계적 의미가 강하다.
701) 일곱 표적도 첫 표적(2:11)과 두 번째 표적(4:52)만을 말하고는 나머지는 생략해 버린다. 은폐 내지 침묵기법의 좋은 예이다.

있다.

요한은 은폐기법을 넘어 침묵기법[702]까지 사용한다. 가령, 요한이 묵시문학적 상황을 고려해서 비밀로 감춘 대표적인 어휘 7개를 열거하면 다음과 같다. 교회, 기도, 복음, 전쟁[703], 지혜, 회개, '새 하늘과 새 땅(新天新地)'이 그것이다. 이 같은 어휘들은 요한으로서는 당연히 많이 사용하여야 함에도 불구하고 일체 사용하지 않는다. 비밀[704]에 붙인 것이다.

요한복음만큼 '하늘의 지혜'를 많이 받은 책도 다시 없다. 그러나 요한은 '지혜(σοφία)'[705] 어휘를 일체 비밀에 붙였다. 묵시문학의 저자는 기본적으로 지혜자[706]라고 할 때 요한이 '지혜'라는 말을 몰라서 안 썼다기보다는 은폐시키고자 했다는 것이 필자의 생각이다.

또한 요한복음에는 '교회(ἐκκλησία)' 어휘가 전혀 나타나지 않는다(계시록에는 20회 나타남).[707] 사복음서에 나타난 예수의 사역을 넷으로 나

---

702) 파격을 시도한 전위음악가 에릭 사티(Eric Satie, 1866-1925)는 피아노 앞에서 연주 없이 연주를 끝냈는데, 이는 침묵도 음악임을 잘 엿보게 해 준다. 묵시가(묵상가)에게 있어서 침묵은 중요하다. 침묵은 '언어의 여백'이다.
703) 요한복음에는 '전쟁' 또는 '다툼'에 해당하는 어휘(πόλεμος)가 없다. 18:36에 나오는 '싸움'이라는 어휘는 전쟁이라는 의미가 아닌 '노력하다' 또는 '경쟁하다'라는 의미의 어휘(ἀγωνίζομαι)를 사용한다. 계시록은 ἀγωνίζομαι 어휘는 없고, πόλεμος 어휘는 9회 나타난다. 요한은 철저히 싸우면서도 결코 눈에 보이게 싸우지 않는다. 악한 세력과의 전쟁을 강력하게 피력하는 묵시문서의 특성상 요한복음은 계시록을 넘어선다.
704) 요한은 '비밀(μυστήριον)' 어휘조차도 비밀에 붙였다(계시록에는 4회 나타남).
705) 요한은 예수를 '최고의 지혜자'로 인식하면서도 이 어휘를 전혀 사용하지 않고 은폐시켰다(계시록은 4회 사용).
706) 그런 의미에서 왕대일 교수는 묵시문서인 다니엘서를 '지혜전승의 묵시적 변형'이라고 말한다. 왕대일, 《묵시문학연구: 구약성서 묵시문학 다니엘서의 재해석》, 327.
707) 카이저는 요한복음에는 마태복음에 나타나는 베드로의 고백(16:13-20)이나 '교회' 어휘가 나타나지 않는다고 하면서, 그 까닭은 저자가 제도적 교회나 교회 지도자의 권위에 관심이 없었기 때문이라고 보았다. R. Kysar, *John, the Maveric Gospel*, 98-99. 그러나 필자의 생각은 다르다. 요한복음에는 베드로의 신앙고백이 다른 모습으로 나타나고 있으며(6:68-69), 요한공동체는 너무나도 분명한 제도적 교회였지만 '교회' 어휘를 일체 사

누면, 말씀사역, 이적사역, 기도사역, 목양사역으로 구분할 수 이다. 마태는 말씀사역, 마가는 이적사역, 누가는 기도사역, 요한은 목양사역을 강조하고 있다.[708] 이는 요한이 얼마나 교회에 깊은 관심을 갖고 있었는가를 잘 말해준다.

그리고 '기도' 어휘에 대해 생각해 보자. 유대인인 요한에게 있어서 기도는 습관처럼 행했던 생활의 일부였다. 더욱이 당시 랍비들은 '쉐모레 에스레(18개의 기도문)'을 만들어 가르쳤고, 예수 곁에 있었던 요한은 주기도를 비롯한 예수의 기도생활을 너무나도 잘 알고 있었다. 요한을 그린 이콘상[709]을 보면 이마에 큰 혹이 튀어 나와 있는 모습을 볼 수 있다. 이는 그가 얼마나 기도를 열심히 했는가를 암시한다.

또한 요한복음은 공관복음과 달리 개인경건문학적 성격을 갖고 있다는 점에서도 요한에게 있어서 기도는 빠질 수 없는 어휘이다. 더욱이 요한복음 17장은 한 장 전체가 '예수의 기도'인데, 시작할 때도 기도라는 어휘를 사용하지 않을뿐더러, 기도가 끝난 후 18장을 시작하는 첫 구절에서도 '예수께서 이 기도를 하시고'라고 하지 않고 '예수께서 이 말씀을 하시고'라고 되어 있다. 그래서 어떤 이는 '말씀'을 '기도'로 바꾸어야 한다고 주장하는 이들도 있다.[710] 그러나 여기에는 깊은 전략적 의도가 숨겨 있다는 것이 필자의 생각이다. 그 어휘를 꼭 써야 할 곳에서조차 요한은 기도라는 어휘를 전혀 의도적으로(!) 사용하지 않고 있다.

용하지 않은 것은 묵시문학적 박해상황에서 외부의 탄압을 미연에 방지하기 위한 전략적 위장술(은폐기법)이었다고 본다.
708) 더 자세한 설명은 유은호, 《예수영성의 다양성》, '제6장 예수의 목양영성'(231-279쪽)을 참조하세요.
709) 이에 대해서는 뒷표지의 요한 이콘상과 183쪽의 각주 376번을 참조하세요.
710) 이 대목은 '요한복음의 저자 문제'(161쪽 이하)와 관련하여 대단히 중요한 실마리를 제공한다.

'회개'[711]라는 말 또한 그러하다. 요한은 십자가 앞에서 다른 제자들처럼 도망간 사람으로 일생을 회개하며 살다 간 사람이다. 그는 '회개'를 촉구한 세례 요한의 제자이다.[712] 그런 그가 '회개'라는 말을 모르거나 잊어서 안 쓴 것으로 보기는 어렵다. 그는 사마리아 여인이나 간음하다 현장에서 잡힌 여인 또는 예수를 세 번이나 부인한 베드로의 경우 등 회개라는 말을 쓸 기회가 얼마든지 있었다. 그러나 요한은 '회개'라는 말을 전혀 사용하지 않았다. 그 까닭은 무엇일까? 이 또한 묵시문학적 상황을 고려한 요한의 은폐기법에 속하는 것으로 보아야 하지 않을까.

우선 '인과응보적 역사관'을 취하는 예언자적(신명기적) 역사관과는 다른 '결정론적 역사관'을 취하는 묵시문학적 역사관이라는 관점에서 이 같은 용어를 쓰지 않았다고도 볼 수 있다. 가령 신명기적 역사관으로 보면 예루살렘이 멸망한 것은 이스라엘이 죄를 범함으로 그 대가로 하나님의 징벌을 받아 멸망했다고 본다.

반면에 묵시문학적 역사관으로 보면 예루살렘이 멸망한 것은 이스라엘이 죄를 범했기 때문이 아니다. 오히려 이스라엘은 경건한 사람들이며 지극히 높으신 하나님의 성도이다. 다만 하나님이 이스라엘을 연단하고 정화시키기 위해서 그 같은 수난을 허락하신 것뿐이며 그 모든 일들이 하나님의 주권 아래에서 하나님이 정한 역사의 시간표에 따라 진행될 뿐이라는 것이다.

따라서 인간이 기도하고 회개함으로 바꿀 수 있는 것이 아니라 단지 그때를 인내로서 기다리면서 신앙을 변개치 말아야 한다는 의미에

---

711) 요한복음에는 명사 '회개(μετάνοια)'와 동사 '회개하다(μετανοέω)'가 전혀 나타나지 않는다(계시록에는 동사만 12회 나타남).
712) 요 1:35의 세례 요한의 두 제자 가운데 한 사람은 안드레이고, 또 한 사람을 필자는 사도 요한(애제자)으로 보고자 한다.

서 기도나 회개와 같은 용어를 쓰지 않았다고도 볼 수 있다. 또한 하나님의 통치를 고대하는 새 세상을 일컫는 '새 하늘과 새 땅'(사 65:17; 계 21:1)과 같은 묵시문학적 표현도 일체 언급하지 않았다.

일제 치하에서 우리의 말과 글은 철저히 일제의 검열을 받아야 했다. 또한 유신정권 시절 모든 매스컴은 당국의 검열을 받아야 했다. 만일 정부의 정책에 반하는 주장이나 말이 발견되면 금지조치는 물론 큰 화를 당했다. 언론의 자유가 없는 이 같은 묵시적 상황에서 교회의 안전, 신변의 보호 및 문서의 보존을 위해서는 되도록이면 당국의 눈에 거슬리는 말은 피하는 것이 지혜로운 처신이었다. 요한의 은폐기법이 바로 그러했고, 침묵기법은 그것에 대한 첨예화였다. 꼭 사용하지 않아도 된다면 요한은 '기도'나 '회개'라는 어휘조차 쓰지 않았다. 예수로부터 귀에 못이 박히도록 기도와 회개에 대해 듣던 그가 이런 어휘들을 간과하거나 몰라서 안 썼겠는가.

또한 '복음' 어휘가 그렇다. 바울서신이나 공관복음서가 이미 다 알려진 상황에서 자신이 지금 복음서를 쓰고 있는 상황에서 그가 '복음'이라는 말을 몰라서 안 썼겠는가. 회당에서 출교를 당하는 상황 속에서 이미 널려 있는 교회와 자신이 속한 교회에 대해 그가 몰라서 '교회'라는 말을 안 썼겠는가. 묵시문학적 상황에서 매일 영적 전쟁을 치르고 있는 그가 '전쟁' 어휘를 몰라서 안 썼겠는가. 묵시문학에 속하는 계시록에 보면 이 같은 표현은 널려 있다.[713] 이 같은 노출 방식은 계시록의 저자가 묵시문학적 상황에 대한 인식에 있어서 요한복음의 저자보다 철저하지 못했음을 반증한다. 이 점에서 요한복음은 같은 묵시문

---

713) '전쟁' 어휘에 대한 더 자세한 설명은 328쪽의 각주 703번을 참조하세요. 또한 교회(ἐκκλησία) 어휘는 20회, '기도' 어휘가 명사형(προσευχή)은 3회, 동사형(προσεύχομαι)은 없다. '복음' 어휘가 명사형(εὐαγγέλιον)은 1회, 동사형(εὐαγγελίζω)은 2회 나타난다. '회개' 어휘가 명사형(μετάνοια)은 없고, 동사형(μετανοέω)은 12회 나타난다.

학에 속하는 요한계시록보다 한 수 위의 모습을 보여준다.

c. 메노라(등잔대) 및 다윗의 별의 상징성[714]

메노라(menorah)와 다윗의 별은 이스라엘의 대표적 상징물이다. 이 두 상징물은 요한이 회당이나 성전에서 늘 보아온 것들이다.[715] 그래서 체질화된 상징물들이고, 이것들은 그의 복음서에서 중요한 상징물로 사용되고 있다.

메노라와 다윗의 별은 숫자 7을 공통점으로 갖고 있는데, 숫자상징 코드에 의하면 숫자 7은 대단히 중요하다. 완전수로 일컬어지는 숫자 7은 메노라와 다윗의 별과 밀접한 관계를 갖는다(계1:20 참조). 또한 이 두 상징물은 성전(성막)과 깊은 관련성을 갖고 있다. 그런데 그 차이점은 이러하다.

먼저, 메노라부터 살펴보자. 성전은 3부 구조로 되어 있는데 뜰, 성소, 지성소가 그것이다. 뜰에는 성막문, 번제단, 물두멍이 있고, 성소에는 오른쪽에 떡상, 왼쪽에 등잔대라 불리는 메노라, 그리고 정면 안쪽에 분향단이 놓여 있다. 가장 안쪽인 지성소에는 증거궤(법궤)가 놓여있다. 메노라는 모두 정금 한 달란트(금 30kg)로 만들어져 있는데, 성막의 기물 중에서 가장 화려하다.

메노라는 그 모양이 중심대로부터 양 옆으로 각각 세 가지가 뻗어나와 모두 일곱 가지를 이루고 있고, 살구나무 꽃 모양으로 장식되어 있다. 완전수인 7개의 등으로 이루어져 있는 메노라에서 중요한 것은

---

714) 대몽골제국이 '피눈물과 신바람의 이중주'라면, 요한복음은 '메노라와 다윗의 별의 이중주'이다.
715) 하늘에는 북극성이라는 별이 있듯이 땅에는 다윗의 별이 있다. 하늘에는 '태양의 빛'이 있듯이 땅에는 '메노라의 빛'이 있다. 하늘에는 '하늘성전(하나님 보좌)'이 있듯이 땅에는 '지상성전(예수교회)'이 있다.

일곱 가지 중 네 번째에 속하는 중심대이다.

히브리 문장법[716] 가운데 '교차대구구조(chiasmus)'라는 것이 있다. 이것은 유대인들이 흔히 사용하는 문장법인데, 그 모양이 메노라 모습으로 되어 있다. 즉 정가운데(중앙)를 중심으로 앞뒤가 3개씩 유사한 구나 단어로 이루어진 형태를 이루고 있는 구조이다. 예를 들면, 어떤 문단이 일곱 단락으로 이루어져 있다고 할 때 그 형태가 정가운데(D)를 중심으로 앞뒤로 유사한 구나 단어가 3개씩(ABC/C'B'A')으로 이루어진 구조를 말한다. 그래서 전체가 A-B-C-D-C'-B'-A'를 이루는 구조이다. 즉 메노라는 3-1-3의 구조를 지닌다.

이러한 메노라 방식은 요한복음 본문(2-20장)의 구조를 통해서 엿볼 수 있다. 또한 메노라 방식에 따르면 일곱 '에고 에이미' 말씀 중 정가운데 있는 네 번째 말씀인 "나는 선한 목자다"(요 10:11,14)가 중요하다. 이 말씀은 성전의 번제단을 상징하는데, 예수께서 우리의 죄를 대신한 것으로 유대교의 제사를 대치하러 오신 예수를 상징한다. "나는 세상의 빛"(요 8:12)이라고 하신 예수의 말씀은 성전의 메노라를 상징하고 있는데, 이는 다른 여섯 '에고 에이미' 말씀과 합하여 성전을 대체하러 오신 예수를 상징한다.[717]

한편, 다윗의 별은 현대 이스라엘 국기에서도 볼 수 있는데, 그 모양이 삼각형(△)과 역삼각형(▽)의 결합(△+▽)으로 되어 있다. 다윗의 별은 중앙에 한 개의 정육각형이 있고, 주변에 여섯 개의 삼각형을 이루고 있는 형태이다. 그 모양은 6개의 삼각형이 2개씩 마주보며 3쌍을 이루고 있는 모습이다. 다윗의 별의 구조는 성전(창조) 구조의 축도

---

716) 바울이 사용한 히브리 문장법에 대해서는 김형종, 《바울의 13가지 설교원리》를 참조하세요.
717) 더 자세한 설명은 358쪽 이하의 '말씀상징코드'를 참조하세요.

(microcosm)이다.[718] 성전은 이미 언급했듯이 3부 구조, 일곱 기구로 구성되어 있는데, 성막 입구(성막문)에서 보면 3-3-1의 구조이고, 그 반대편(증거궤) 쪽에서 보면 1-3-3의 구조로 되어 있다. 다윗의 별의 구조 또한 3-3-1 또는 1-3-3의 구조를 지닌다. 성전에서 가장 중요한 성물은 지성소에 있는 증거궤이다. 여기서의 1은 바로 증거궤이며, 그것은 다윗의 별의 정가운데(정육각형)에 해당한다.

다윗의 별이 갖는 수의 상징성은 성전이 갖는 수의 상징성과 유비된다. 즉 주변에서부터 셈을 시작하면 주변은 '첫째-여섯째(1-6)'가 되고, 중앙은 '일곱째(7)'가 된다.[719] 반대로 중앙에서부터 셈을 시작하면 중앙이 '첫번째(1)'가 되고, 그 주변은 둘째-일곱째(2-7)가 된다. 다윗의 별도 메노라처럼 정가운데(중앙)가 중요한데, 차이점은 메노라가 4(네번째)를 중요시한다면, 다윗의 별은 1(첫번째) 또는 7(일곱번째), 즉 처음과 끝을 중요시한다는 점이다.

가령, 창세기 1장의 일곱 창조순서는 첫째날(1)-넷째날(4), 둘째날(2)-다섯째날(5), 셋째날(3)-여섯째날(6)이 서로 대칭을 이루면서 일곱째날(7)이 중심을 이루고 있는 형태이다. 이것이 말해주는 메시지는 중앙에 있는 일곱째날인 안식일이 주변을 형성하고 있는 나머지 다른 여섯 날보다 중요하다는 것을 시사한다. 이 같은 다윗의 별이 갖는 상징성은 요한복음에 나타난 '일곱 표적'에 그대로 적용된다.[720]

---

718) 숫자 7로 된 성전구조와 창조구조의 상응성에 대해서는 J.Blenkinsopp, "The Structure of P", 275-292을 참조하세요.
719) 안식일이 6(평일)과 1(성일)의 원칙에 따라 이루어졌듯이, 다윗의 별과 메노라도 이 원칙에 따라 6(주변)과 1(중심)으로 이루어져 있다. 이를 뒤집어서 말하면 안식일이 철저히 다윗의 별이나 메노라의 형상에 기초하고 있음을 암시한다. 안식일이 핵심인 창조이야기(창 1:1-2:3)가 다윗의 별의 모습을 하고 있음에 대해서는 박호용,《성경개관I(구약편)》, 23-26을 참조하세요.
720) 더 자세한 설명은 349쪽 이하의 '표적상징코드'를 참조하세요.

요한은 자신의 문화 속에서 쉽게 접하는 종교적 상징물을 사용하여 기독교의 진리를 나타내는 상징물로 사용하는 탁월함을 보여주고 있다. 그 중에서 메노라와 다윗의 별은 가장 대표적인 두 상징물이다.[721] 이 두 상징물을 사용하게 되면 말씀 속에 숨겨진 상징적 의미가 자연스럽게 드러날 뿐 아니라 저자의 숨은 의도를 보다 명백히 알 수 있는 이중효과를 거두게 된다. 이 두 상징물은 요한복음만이 아니라 성경 내에서 널리 다양하게 사용되고 있음을 알아야 할 것이다.[722] 이 외에도 요한은 아이러니 기법,[723] 집중의 원리,[724] 마방진(魔方陣, magic square) 기법[725] 스푸마토(Sfumato) 기법[726] 등 다양한 상징적 표현을 사

---

721) 메노라와 다윗의 별의 이중주를 가장 잘 보여주는 요한복음의 대목은 '빌라도의 예수 심문기사'(18:28-19:16)이다. 더 자세한 설명은 837쪽 이하를 참조하세요.
722) 요한계시록의 구조가 '다윗의 별'의 구조(계 1:20 참조)로 되어 있다는 것에 대해서는 박호용,《성경개관Ⅱ(신약편)》, 347-351을 참조하세요.
723) '아이러니 기법'에 대한 더 자세한 설명은 388쪽 이하를 참조하세요.
724) 가령, 요한은 신학적 의도를 가지고 더 이상은 없다는 의미의 숫자 3을 다음과 같이 집중 사용한다. '열두 제자'를 6장에서만 3회(67,70,71절), 그것도 '생명의 떡'과 관련하여 사용한다거나 '카이로스' 어휘를 7장에서만 3회(6절[2회], 8절), 그것도 갈릴리 상황에서 사용하고 있다. 요한복음은 모든 신학적 주제들을 예수가 그리스도라는 기독론에 집중시키고 있다. 군사적 천재인 나폴레옹 전법의 금과옥조는 '병력의 집중'이었다. M. Gallo,《나폴레옹(2)》, 188. 집중은 집념에서 나온다. 한국경제의 대부 이병철 씨는 이렇게 말했다. "일이 되고 안 되고는 능력이 모자라서가 아니라 집념이 모자라서이다." 홍하상,《이병철 경영대전》, 167.
725) '마방진'이란 자연수를 정사각형으로 배열하여 가로나 세로나 대각선으로나 그 합친 수가 똑같이 되는 것을 말한다. 마방진 기법에 대한 자세한 설명은 본문 21:11의 주석을 참조하세요. 마방진은 마술적인 것이 아니라 수학적인 것이다. D. Brown,《로스트 심벌 1》, 70; 이정명,《뿌리깊은 나무 1》, 186-192, 269-273을 참조하세요.
726) '스푸마토 기법(안개기법)'이란 경계선을 희미하게 함으로써 신비감을 더하게 하는 기법인데, 레오나르도 다 빈치의〈모나리자〉가 그 대표적인 실례이다. 요한 또한 자신의 의도를 신비(암호)에 감추고자 살짝 비틀어 놓는 스푸마토 기법을 사용하고 있는데, 그 대표적인 실례가 '유대인의 명절'(5:1), 두 개의 명사를 사용하는 이중말씀 중 '길과 진리와 생명'(14:6)이나 '진리와 자유'(8:32)에서 '자유'가 명사가 아닌 동사형을 사용하고 있는 것을 들 수 있다.

용하고 있다.

B. 묵시문학의 성취(완성)로서의 요한복음

신구약성경은 형식상으로 보면 구약은 창세기가 첫 책이고 말라기가 마지막 책이며, 신약은 마태복음이 첫 책이고 요한계시록이 마지막 책으로 되어 있다. 그런데 내용상으로 보면 구약은 출애굽기가 첫 책[727]이고, 다니엘이 마지막 책이며, 신약으로는 마가복음이 첫 책이고, 요한복음이 마지막 책이다. 그 까닭은 이러하다.

구약은 출애굽 사건(Exodus Event)을 통한 이스라엘 백성의 창조에서부터 시작되기 때문이다. 따라서 창세기는 출애굽기의 서곡에 해당하는 책이다. 그리고 말라기는 주전 450년경에 속한 책이지만 다니엘서는 주전 167년경 헬라시대의 묵시문학에 속한 책이다.

또한 신약은 마가우선설에 따라 마태복음보다 마가복음이 시대적으로 먼저 쓰여진 책이다. 그리고 요한문헌에 속하는 계시록과 요한복음은 약간의 저작 연대의 차이는 있으나 중요한 것은 사상적, 특히 묵시문학적 관점에서 볼 때 요한복음은 계시록을 넘어서는 사상의 종언을 보여주고 있다. 여기서 중요한 것은 내용상으로 본 첫책(출, 막)과 끝책(단, 요)들은 모두 묵시문학적 위기상황 속에서 쓰여졌다는 사실이다.[728]

여기서 요한문헌(복음서와 계시록)의 묵시문학적 특징을 살펴보자. 묵시문학의 중요한 특징 중의 하나는 '역사적 이원론'이다. 현 시대는 사탄이 지배하는 악한 세상이고, 다가올 시대는 하나님이 사탄의 세력과

---

727) 더햄은 "출애굽기는 성경의 첫 번째 책이다"라고 말한다. J.I.Durham, 《출애굽기》, xix.
728) 출애굽기는 묵시문학적 상황(1-2장)이라는 고난의 상황에서 출발한다. 마가복음도 주후 70년경의 성전 파괴라는 비극적 상황에서 쓰여진 묵시문학적 특징(특히 13장)을 보여준다.

싸워 이김으로써 하나님이 통치하시는 영원한 새 세상이 도래할 것이라는 사상이다. 이것이 구약의 묵시문서인 다니엘의 사상이다. 그런데 계시록에 오면 이 같은 역사적 이원론이 다소 완화되어 나타난다. 사탄은 자신도 모르는 하나님의 뜻을 이루어가는 하나님의 도구로 사용된다(17:17). 그런 점에서 일반적인 묵시사상을 넘어선다. 그러나 계시록에는 여전히 하나님과 사탄은 서로 대적하는 존재로 나타난다. 즉 이 세상의 주권을 놓고 하나님과 사탄이 치열하게 싸우고 있다.[729]

계시록은 여전히 사탄과의 전쟁을 보여준다(12장). 12:7에서 우리는 묵시사상의 뚜렷한 언어를 발견한다. 거기에 보면 천사들의 반역에 관해서 말한 것이 있다. 즉 "이제 하늘에는 전쟁이 일어났다"라는 기록이 있다. 그리고 그 전쟁이 묘사되고 그 원수가 여러 가지 명칭으로 설명된다. 그는 "그 큰 용……그 옛 뱀…… 마귀 또는 사탄이라고도 하며 온 세계를 미혹하게 하던 자"(12:9)이다.

〈도표 9〉 형식상과 내용상에서 본 성경의 첫책과 끝책

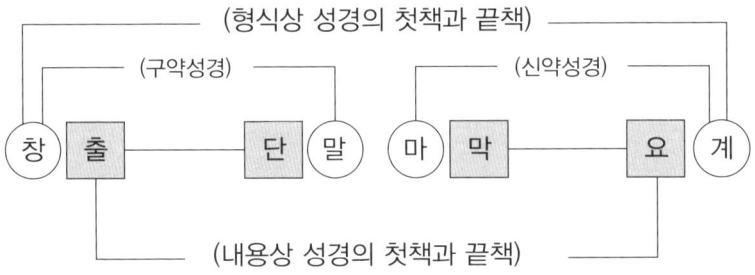

---

[729] 제임스 칼라스는 계시록이 형식적으로는 묵시문학적 요소들을 받아들이나 내용적으로는 묵시문학과 완전히 상치된다고 주장하지만 계시록은 아직도 사탄과의 전쟁 중에 있다는 것을 인정해야 할 것이다. 자세한 내용은 J.Kallas,《요한계시록》, 131-153을 참조하세요.

그러나 요한복음에 오면 사탄마저도 독립된 존재로 보지 않고 하나님의 주권 아래에 있는 심부름꾼 또는 도구에 불과하다. 요한복음은 묵시문학적 언어(상징)와 그 형식을 받아들였다. 그러나 그 어디에도 사탄과의 전쟁이나 역사적 이원론을 찾아볼 수 없다. 모든 것이 다 하나님의 주권 아래 포섭되어 버렸다.

요한복음에는 마귀론 또는 사탄론이 없다.[730] 그 까닭은 사탄 마귀를 독립적인 존재, 즉 하나님을 대적하는 독자적인 원수가 아닌 하나님의 뜻을 함께 이루어가는 심부름꾼이자 종으로 보기 때문이다. 그 대표적인 실례가 요한복음의 절정을 이루는 11장에서 가야바가 한 언설이다. 나사로의 소생으로 충격을 받은 산헤드린 의원들은 한 자리에 모여 대책을 강구하고 있었다. 이때 그해의 대제사장인 가야바가 이렇게 말한다. "한 사람이 백성을 위하여 죽어서 온 민족이 망하지 않게 되는 것이 너희에게 유익한 줄을 생각하지 아니하는도다"(요 11:50). 가야바는 지금 예수의 원수된 입장에서 말하고 있지만 자기도 모르는 사이에 하나님의 목적을 달성하는 도구로 사용되고 있다. 가야바만이 아니라 가룟 유다(요 13:27)도 그렇고, 빌라도(요 19:10-11)도 그렇다.

사물은 표면에 나타난 그대로가 아니다. 로마나 사탄이 세계의 지배자가 아니다. 세계의 지배자는 하나님이다. 하나님께서 모든 것을 주관하신다. 하나님을 반대해서 역사하는 독립적인 세력들이란 존재하지 않는다. 하나님의 뜻을 거역하는 자들도 스스로 속고 있을 뿐이지, 사실은 자기도 모르는 사이에 하나님의 종노릇을 하고 있는 것이다. 따라서 요한은 기존의 묵시문학에 대한 재해석(변주), 또는 관점의 변화를 시도하였다. 요한복음은 묵시문학적 언어와 형식은 받아들였지

---

730) 요한복음에는 '사탄(σατανάς)' 어휘가 단 1회(13:27), '마귀(διάβολος)' 어휘는 3회(6:70; 8:44; 13:2) 나온다. 사탄론(마귀론)에 대한 역사적 탐구에 대해서는 M.A. De La Torre & A.Hernandez, *The Quest for the Historical Satan*, 49-178을 참조하세요.

만 그 내용은 일반적 묵시사상을 완전히 넘어섰다. 이 점에서 요한복음은 '실현된 묵시문학'이라고 말할 수 있다. 즉 요한복음은 묵시문학의 꽃이자 피날레(대미)이다.

C. 예수의 상징세계: '말씀상징'과 '행위상징'

같은 선생으로서 예수와 서기관들은 무엇이 달랐는가?(막 1:22) 한마디로 말하면 서기관들은 세상 나라의 지식을 가르친 '지식의 사람'이었던 데 반해, 예수는 지식의 수준을 넘어 하나님 나라의 진리를 가르친 '진리의 사람'이었다는 점이다. 예수의 권위의 근거는 하나님 나라의 진리를 말씀하시고 그것을 실천적 행위로 보여주셨다는 데 있다. 요한은 바로 이 점을 통찰하였고 요한복음을 통해 이 사실을 알리는 데 일생을 걸었다.

예수의 진리는 하나님 나라의 진리이다. 따라서 그 말씀과 행위는 하나님 나라(천국)를 계시하는 것이었다. 예수의 하나님 나라 선포는 이스라엘의 역사가 예수 자신의 사역을 통하여 마지막 목표 지점인 위대한 절정의 순간에 도달했음을 말하고 있다. 그리고 그러한 주장은 이 세상을 뒤집어엎는 철저한 전복 성향을 지니고 있고 헤롯 가문에 반기(눅 13:31-33)를 드는 거의 죽음을 자초할 정도로 위험한 것이었다.

예수의 모든 비유 말씀은 하나님 나라를 계시하는 '말씀상징'이고, 이적을 포함한 모든 실천적 행위들은 하나님 나라를 계시하는 '행위상징'이다. 복음서의 예수 이야기는 이스라엘의 이야기에 대한 '다시 말하기(retelling)'이다. "옛 사람에게 말한 바 살인하지 말라 … 너희가 들었으나 나는 너희에게 이르노니 …"(마 5:21-22, 27-28, 33-34, 38-39, 43-44).

예수의 '다시 말하기'는 그 전제와 뿌리를 구약성경, 특히 예언자들의 말씀과 행위에 두고 있다. 따라서 예수의 '말씀상징'과 '행위상징'은 구약의 예언자들의 말씀과 행위를 재현한 것이다. 유대인 예수는 주후 1세기에 살았던 동시대의 유대인들과 같은 구약성서의 세계 속에서 살았으며 구약성서를 잘 알았다. 특히 예언자들의 상징세계를 잘 알았다.

예언자들은 앞으로 오실 메시아는 구약의 예언을 성취(완성)하는 분으로 묘사하였다. 종말론적 예언자, 즉 메시아인 예수는 구약의 예언자들이 행한 말씀과 행위들을 재현하는 것이 하나님의 뜻(말씀)에 순종하고 구약의 예언을 성취하는 길임을 잘 알았다. 그래서 예수는 '말씀상징'으로서 예언자들이 행한 비유(겔 17:1-21; 시 78:2[마 13:34-35])를 사용하셨고, 그 비유를 해석해 주셨다. 그리고 '행위상징'으로서 예언자들의 상징적 행동들(렘 19:1-15; 슥 9:9[마 21:1-11])을 재현하셨다.

이러한 '말씀상징'과 '행위상징'을 통하여 예수가 의도한 목표는 무엇이었는가? 그것은 나다나엘의 신앙고백에서 찾을 수 있다."랍비여 당신은 하나님의 아들이시요 이스라엘의 임금이로소이다"(요 1:49). 예수는 자신이 '이스라엘의 메시아', 즉 '하나님의 아들'이요 '이스라엘의 임금'임을 보여주고자 했다.[731] 그리고 자신이 유대교의 네개의 핵심 상징인 성전, 성경(토라), 성지(땅), 성민(민족적 정체성)을 대체하러 왔다고 믿었다.[732]

---

[731] 여기서 메시아 호칭인 '하나님의 아들'은 초보적인 삼위일체 사상과는 아무런 관련이 없다. 주후 1세기 유대인들이 사용했을 때의 이 호칭의 의미는 이스라엘의 대표자로서의 왕을 지칭하는 것이었다. 따라서 '하나님의 아들', '이스라엘 임금' 및 '메시아'는 같은 의미로 사용된 동의어이다. 메시아로서의 자의식을 가진 예수는 자신이 하나님 왕국을 가져온 자로서, 이제 이스라엘의 포로생활은 끝났고 새 시대, 새 세상이 왔다고 선포하였다. N.T.Wright,《예수와 하나님의 승리》, 739-740.

[732] 유대교의 네 핵심상징(성전, 토라, 땅, 민족적 정체성)에 대해서는 N.T.Wright,《신약성서와 하나님의 백성》, 372-387을 참조하세요. 요한복음은 네 핵심상징을 1-4장에서 차례로(성경, 성전, 성지, 성민) 언급한다.

(3) 요한의 상징세계: 일곱 상징코드

요한은 예수의 상징세계를 이어받아 일관된 상징체계를 수립하였다. 요한은 다양한 상징코드를 사용하여 차원이 다른 상징적 의미를 드러내주고 있다. '원 속의 원'이 있는 것처럼 '상징 속에 상징'이 들어 있는 식으로 상징을 다차원적으로 표현하고 있다. 요한의 천재성의 중심에는 숫자(횟수) 상징코드가 있다. 이를 도표(다윗의 별)로 그리면 다음과 같다.

① 숫자(횟수) 상징코드

요한의 일곱 상징코드는 모두 기본적으로 숫자(횟수) 상징코드에 기초하고 있다. "만물은 수(數)다"라고 말한 피타고라스(주전 570년경) 학파 이후 숫자에 대한 관심은 비단 수학에서만이 아니라 모든 학문의 주요 관심사가 되었다.[733] 특히 유대인은 숫자에 대한 관심이 유별나다.[734] 중세기 때 대표적인 유대교 신비주의인 '카발라(Kabbalah, 전승)'는 《조하르(빛남)》라는 소책자를 통해 숫자의 특성을 잘 보여주고 있다.

---

[733] 가령, 정사각형의 면적을 100이라 한다면 그에 내접하는 원의 면적은 약 78이 되고 나머지는 22가 된다. 또 공기의 성분 중 질소 대 산소의 비율도 78:22, 사람의 신체 중 수분 대 기타 물질의 비율도 78:22, 지구의 바다 대 대륙의 비율도 78:22의 비율로 되어 있다. '78:22의 법칙'은 인간의 힘으로는 도저히 어떻게 할 수 없는 대자연의 법칙이다. 이러한 대자연의 법칙 위에 유대인의 상술은 기초하고 있다. 유대 상술의 기본 법칙에 '78 대 22의 법칙'이라는 것이 있다. 무슨 일이든지 성공률은 78이고 실패율은 22이다. 이희영, 《탈무드 황금률 방법: 유대 5000년 불굴의 방패》, 149-150.

[734] 가령, 318명(창 14:14)은 "하나님은 나의 도움이시라"라는 뜻의 '엘리에젤(אליעזר)'을 상징하는 숫자이다(318=1+30+10+70+7+200). 그런데 유대인들은 일반적으로 짝수보다 홀수를 좋아한다. 이에 반해 중국인들은 일반적으로 홀수보다 짝수(특히 8, 88, 588 등)를 좋아한다. 중국인들의 '숫자의 비밀'에 대해서는 홍순도 외 지음, 《베이징 특파원 중국문화를 말하다》, 241-246을 참조하세요.

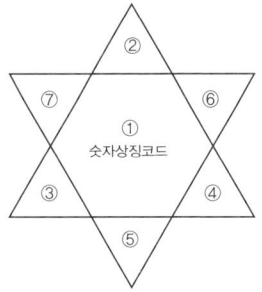

① 숫자(횟수) 상징코드
② 표적(징표) 상징코드
③ 말씀(언어) 상징코드
④ 구조(주제) 상징코드
⑤ 지리(공간) 상징코드
⑥ 절기(시간) 상징코드
⑦ 인물(인간) 상징코드

이 책에 나타난 카발라 신비주의자들은 하나님의 속성을 '에인 소프(끝이 없음)'라고 보면서 '끝이 없는(에인 소프)' 하나님의 권능을 10개의 '쓰피로트(頂點)'에서 발산하는 과정에서 찾았다.[735] 유대교 신비주의의 기본이 되는 《창조서》는 32개(히브리어 철자 22개에다가 10개의 쓰피로트)의 숫자로 하나님의 비밀을 밝히는 교서이다.

위에서 언급한 유대교 신비주의에 요한이 얼마나 영향을 받았는지는 알 수 없다. 다만 유대인 요한은 숫자에 아주 관심이 많고 자신의 의도를 숫자(횟수) 상징코드라는 '수비학(數秘學, gematria)'을 통해 표현하였던 것만은 분명하다. 그런데 숫자(횟수) 상징코드는 모든 것을 숫자로 풀려는 알레고리칼(풍유적) 해석[736]과 같은 영해(靈解)에 빠질 위험

---

735) 10개의 정점(頂點)은 아래와 같다. 맨 꼭대기 정점이 케테르(왕관)이다. 마치 왕이 왕관을 쓰고 있는 것처럼 하나님의 속성의 꼭대기를 가리킨다. 그 아래 오른쪽에 호크마(지혜)와 왼쪽에 비나(이해)가 자리잡는다. 그 아래로 헤세드(자비)와 그브라(공의)가 한 쌍을 이루며, 그들의 힘이 합해져서 가운데로 이어지는 정점이 티페레트(아름다움)이다. 다시 그 아래 양 옆으로 네짜흐(승리)와 호드(영광)가 한 쌍을 이룬다. 그 사이에 예쏘드(기초)로 하나님의 각 속성이 이어져 맨 아래에 형성되는 정점이 말쿠트(왕국)이다. '유대교에 있어서 수(數)의 상징학'에 대한 더 자세한 설명은 조철수, 《유대교와 예수》, 114-119을 참조하세요.

736) 선한 사마리아인의 비유(눅 10:25-37)에 대한 어거스틴의 해석은 대표적인 알레고리칼 해석에 속한다. 강도 만난 사람=아담(인간), 예루살렘=하늘나라, 여리고=세상, 강도들=마귀와 귀신들, 상처=죄, 옷을 빼앗김=하나님의 형상을 잃음, 반쯤 죽음=인간의 본성은 죽었으나 그의 영혼은 불멸, 제사장=율법, 레위인=예언자, 선한 사마리아인=그리스

성을 안고 있다.

따라서 지나친 자의적인 해석을 삼가면서 통전적인 시각에서 조심스럽게 사용해야 할 것이다. 주목할 것은 요한복음에 나오는 모든 숫자들은 역사적 사실 여부를 떠나 거의 예외없이 암호상징(상징코드)적 의미를 갖는다는 사실이다. 요한이 모든 숫자에 암호상징을 사용한 까닭은 그가 처한 삶의 자리가 암호상징을 사용할 수밖에 없는 묵시문학적 박해상황 때문이다.

a. 숫자(횟수) 상징코드 모음집

가. 숫자 3의 상징적 의미

숫자 3은 두 가지 의미를 가진다. 첫째, '부활'의 의미를 가진다. '사흘째 되던 날'(2:1)과 '안식 후 첫날'(20:1)은 3이라는 숫자가 갖는 부활의 의미를 잘 보여준다. 둘째, '더 이상은 없다', '끝'이라는 뜻의 '온전함'의 의미를 갖는다. 말씀(로고스)(1:1[3회]), 그 선지자(1:26; 6:14; 7:40), 디베랴(6:1,23; 21:1), 만나(6:31,49,58), 열두 제자(6:66,70,71), 세 차례의 유월절(2:13; 6:4, 11:55), 카이로스(7:6[2회],8), 출교(9:22; 12:42; 16:2), 부활과 관련된 세 명의 마리아(예수의 어머니, 나사로의 누이, 막달라 마리아), 니고데모와 관련된 장(3장, 7장, 19장), 이 세상의 임금(12:31; 14:30; 16:11), 베드로의 예수 부인(13:38)과 목양 사명(21:15-17), 십자가 명패에 쓰인 세 나라말(19:20), 부활하신 주님의 세 번 나타나심(21:14), 세개의 종결어(11:54-57; 20:30-31; 21:24-25) 등.

도, 짐승=그리스도의 몸, 포도주=영적인 권고, 기름=위로, 여관=교회, 여관주인=사도들과 후계자들, 두 데나리온=두 성경(구약과 신약), 돌아올 때에 대한 언급=재림에 대한 약속 등.

나. 숫자 5의 상징적 의미

숫자 5는 모세(오경) 또는 유대교를 상징하는 대표적인 숫자이다. 유대교를 대체하신 새 모세 예수는 5라는 숫자와 긴밀하게 관련되어 나타난다. 포도주(2:1-10), 가버나움(2:12; 4:46; 6:16,24,59), 나사렛(1:45,46; 18:5,7; 19:19), 유월절(5×2=10회; 2:13,23; 6:4; 11:55[2회]; 12:1; 13:1; 18:28,39; 19:14), 니고데모(3:1,4,9; 7:50; 19:39), 가야바(11:49; 18:13,14,24,28), 산(4:20, 21; 6:3, 15; 8:1), (하나님) 나라(3:3, 5; 18:36 [3회]), 히브리말로(5:2; 19:13, 17, 20; 21:16), 수군거리다(6:41, 43, 61; 7:12, 32), 열두 제자(6:13, 67, 70, 71; 20:24), 목자(10:2, 11, 12, 14, 16), 고별설교 다섯장(13-17장), 성령 대목(14:16-17, 26-27; 15:26; 16:7-11, 13-14), 5개의 절기(유월절, 오순절, 초막절, 수전절, 안식일), 1장의 5중구조, 애제자 대목(13:23-26; 19:25-27; 20:2-10; 21:7; 21:20-24), 하늘로부터(5x2=10회; 6:31, 32[2회], 33, 38, 41, 42, 50, 51, 58), 계명(5X2=10회; 10:18; 11:57; 12:49, 50; 13:34; 14:15, 21; 15:10[2회], 12) 등.

다. 숫자 7의 상징적 의미

숫자 7은 '하늘의 숫자(3)'와 '땅의 숫자(4)'를 더한 완전수로 충만함, 완전함을 상징한다. 또한 숫자 7은 부활(생명)의 숫자이다. 일곱 시(4:52), 빛(1:4-9), 선생(랍비)(1:38; 3:2, 10; 11:28; 13:13, 14; 20:16), 구원(구주)(3:17; 4:22, 42; 5:34; 10:9; 12:27, 47), 물(4:10-15), 일곱 표적(2-11장), 일곱 신앙고백(1:49; 4:42; 6:14; 6:68-69; 9:38; 11:27; 20:28), 마지막 날(6:39, 40, 44, 54; 7:37; 11:24; 12:48), '에고 에이미'의 비유적 용법(6:35; 8:12; 10:7; 10:11; 11:25; 14:6; 15:5), 증인 본문(1:19-51)의 기독론(하나님의 어린 양, 하나님의 아들, 메시아, 모세의 율법과 예언자들이 기록한 그이, 요셉의 아들 나사렛 예수, 이스라엘의 임금, 인자), 문(10:1, 2, 7, 9; 18:16; 20:19, 26), 도마(11:26; 14:5; 20:24, 26, 27, 28; 21:2), 성경(말씀)을 응하게 하려 함(12:38; 13:18; 15:25; 17:12; 19:24, 28, 36), 빌라도 단락(118:26-19:16), 밤(3:2; 7:50; 9:4; 11:10; 13:30; 19:39; 21:3), 일곱 부류의 여인들

737) 등.

라. 기타 숫자의 상징적 의미[738]

숫자 2는 반복 숫자(가령, '진실로 진실로')로서 강조의 의미를 가진다. 숫자 4는 사방(동서남북, 하나님 나라, 민 35:7 참조)을 상징한다. 실례로는 로고스찬가(1:1-18)에서 말씀(1:1[3회], 14), 세상(1:9, 10[3회]), 은혜(1:14, 16[2회], 17), 독생자(1:14, 18; 3:16,18), 보혜사(14:16, 26; 15:26; 16:7), 넉 달(4:35), 네 깃(19:23) 등이 있다.

숫자 6은 7에서 하나가 모자라는 숫자로서 불완전함을 드러낸다. 6개의 돌항아리(2:7)는 유대교의 불완전함을 드러낸다. 사마리아 여인의 여섯 남자(4:18)는 하나를 더한 신랑 되신 예수가 필요함을 나타낸다. 또한 숫자 6은 사탄의 숫자(계 13:18의 666)이며[739], 사탄의 역할을 한 가룟 유다가 6회(6:71; 12:4; 13:2; 18:2, 3, 5)나타난다. 또한 숫자 7이 부활(생명)의 숫자라면, 숫자 6은 죽음(십자가)의 숫자이기도 하다.

숫자 8은 7에서 하나를 더한 숫자로 새 시대 또는 새로운 시작을 나타낸다. 아이가 태어나면 팔일째 할례(눅 2:21), 한 주간이 시작되는 첫 날(20:26). 요한은 같은 의미를 갖는 '보혜사'(14:16, 26; 15:26; 16:7)와 '진리의 영(성령)'(14:17, 26; 15:26; 16:13)을 8회(각각 4회) 사용하여 성령님을 예수를 대신하여 새 시대에 오실 분으로 소개한다.

---

737) 예수의 모친 마리아(2:1-11); 우물의 여인(4:4-44); 마르다와 마리아(11:1-45; 12:1-12); 해산하는 여인(16:20-21); 대제사장의 뜰에 있었던 여인(18:15-17); 십자가 곁에 있었던 여인들(19:25-26); 막달라 마리아(20:1-18).

738) 숫자상징에 대한 더 자세한 설명은 J.L.Resseguie, *The Revelation of John*, 28-32을 참조하세요.

739) 사탄의 수인 6의 악마적 상징성에 대한 가장 두드러진 예는 황제숭배를 가리키는 숫자 666(계 13:18)이다. 666의 인물이 도미티안 황제를 가리킬 가능성에 대해서는 조철수, 《유대교와 예수》, 317-325을 참조하세요.

특히 주목할 것은 요한이 의도적으로 사용한 숫자(횟수) 13과 17과 25이다. 숫자 13은 예수와 열두 제자를 합한 숫자로써 하나님의 열세 가지 속성(출 34:6-7 참조)이나 열세 가지 성서해석방법론과 관련하여 초대 유대교 사회에서는 길상(吉祥)의 숫자이다.[740] 숫자 13은 예루살렘[741] 과 인자[742], 왕으로서의 예수[743]에서 나타난다. 이 세 어휘가 갖는 상징적 의미는 '예루살렘'에서 십자가에 달려 죽은 '인자' 예수는 곧 만왕의 왕, 또는 유대인의 왕이신 종말론적 '메시아(그리스도)'임을 암시한다.

또한 숫자 17은 10(구약 율법, 유대인의 숫자[십계명])+7(신약 복음, 이방인의 숫자[일곱 교회])의 합으로 '신구약성경' 또는 '만민 구원'의 숫자이다. 17회가 나타나는 어휘로는 죄,[744] '갈릴리'[745] '표적'[746] 및 그리스도[747]가 있다.[748] 이 네 어휘가 갖는 상징적 의미는 '갈릴리'에서 큰 '표적'을 행한 부활하신 예수는 우리의 '죄'를 위해 십자가를 지신 만왕의 왕, 만

---

[740] 초기 유대교에서 숫자 13이 축복을 상징하는 중요한 숫자로 쓰인 것에 대해서는 조철수, 윗책, 298-307을 참조하세요.

[741] '예루살렘'(1:19; 2:13,23; 4:20,21,45; 5:1,2; 7:25; 10:22; 11:18,55; 12:12).

[742] '인자'(1:51; 3:13,14; 5:27; 6:27,53,62; 8:28; 9:35; 12:23,34[2회]; 13:31).

[743] 요한복음에는 '왕' 8회(6:15;12:15; 18:37[2회], 19:12,14,15[2회]), 이스라엘의 왕 2회(1:49; 12:13), 유대인의 왕 6회(18:33,39; 19:3,19,21[2회]) 등 도합 16회 나온다. 이중에서 3회 (1:49; 6:15; 12:15)를 제외한 13회가 예루살렘과 관련해서만 사용되었다.

[744] '죄'(1:29; 5:14; 8:7, 11, 21, 24[2회], 34[2회]; 9:2, 3, 34, 41[2회]; 15:24; 19:11; 20:23).

[745] '갈릴리'(1:43; 2:4,11; 4:3,43,45,46,47,54; 6:1; 7:1,9,41,52[2회]; 12:21; 21:2).

[746] '표적'(2:11,18,23; 3:2; 4:48,54; 6:2,14,26,30; 7:31; 9:16; 10:41; 11:47; 12:18,37; 20:30).

[747] 요한복음에는 17구절에 걸쳐 '메시아' 2회(1:41; 4:25), '그리스도' 19회(1:17,20,25,41; 3:28; 4:25,29; 7:26,27,31,41[2회],42; 9:22; 10:24; 11:27; 12:34; 17:3; 20:31). 그런데 요한은 히브리적 어휘인 '메시아'를 설명하기 위해 두 곳(1:41; 4:25)에서 같은 의미를 가진 헬라적 어휘인 '그리스도'라는 해설을 붙이고 있다. 따라서 이 두 구절을 괄호로 묶으면 결국 '그리스도' 어휘는 17회가 된다. 또는 한 단어('그리스도')가 아닌 두 곳(1:17; 17:3)에서 두 단어로 된 어휘('예수 그리스도')를 사용하고 있는데, 이 두 구절을 제외하면 마찬가지로 '그리스도' 어휘는 17회가 된다. 요한복음에서 각각 2회 나타나는 '예수 그리스도'와 '메시아' 어휘는 "예수 그리스도는 메시아다"라는 의미를 지닌다.

[748] 요 1:1과 그에 상응하는 21:1이 17개의 헬라어 단어로 되어 있다.

주의 주가 되시는 '메시아(그리스도)'임을 암시한다. 이 네 어휘는 '큰 물고기 153'에 대한 해석[749]에 유용하게 사용된다. 또한 요한복음 1장에는 예수에게 주어진 기독론적 칭호[750]가 17회 나타난다.

한편, 숫자 25(=5x5)는 '진리(5x5=25)',[751] '진실로 진실로'[752]에서 사용한 숫자이다. 숫자 5의 반복(5x5)은 유대교(모세)를 반복한 의미로서 기독교(예수)의 우월성(우위성)을 나타낸다. '진리' 어휘가 같은 횟수로 사용되고 있는 '진실로 진실로' 어휘와 합해져 요한은 이를 통해 '진실로 진실로 예수 그리스도가 진리다'를 말하고자 했다는 것이 필자의 생각이다.

또한 요한복음에는 '로고스(말씀)' 어휘가 40회 사용되고 있다. 이는 숫자상징코드적 의미를 지닌다. 숫자 40은 '시험과 시련의 기간' 또는 '새로운 힘을 얻는 기간'을 의미한다. 구약에서 이스라엘 백성이 광야 방랑을 거쳐 가나안 입성까지의 40년 세월을 신약으로 말하면 '십자가 고난'을 거쳐 '부활의 영광'에 들어가는 것과 상응하는 의미를 지닌다. 40회 사용된 '로고스(말씀)' 어휘 속에는 요한의 십자가 신학과 부활의 신학이라는 케리그마가 암호처럼 숨겨져 있다고 말할 수 있다.

---

749) 특정한 암호숫자(숫자 17)가 다른 부분(큰 물고기 153)을 해독하는 단서가 된다. 이는 단순한 우연으로 치부할 수 없다. 이에 대한 자세한 설명은 본문 21:11주석을 참조하세요.
750) 말씀(1, 2절)/ 하나님(1c절,18절)/ 생명(4절)/ 빛(4, 5, 7, 8, 9절)/ 말씀이 육신이 되다(14a절)/ 아들(독생자, 하나님의 아들, 14b절, 18, 34, 49절)/ 나보다 뒤에 오시는 분(세례 요한의 증언, 15, 30절)/ 예수 메시아(기름부음 받은자, 17, [20],41절)/ 그 선지자(21절)/ 주(23절)/ 세상 죄를 지고가는 하나님의 어린 양(29, 36절)/ 성령으로 세례를 베푸는 이(33절)/ 랍비(선생, 38, 49절)/ 모세와 선지자가 기록한 자(45절)/ 요셉의 아들 나사렛 예수(45절)/ 이스라엘의 임금(49절)/ 인자(51절). F.D. Bruner, *The Gospel of John*, 124.
751) '진리'(1:14, 17; 3:21; 4:23, 24; 5:33; 8:32[2회], 40, 44[2회], 45, 46; 14:6, 17; 15:26; 16:7, 13[2회]; 17:17[2회], 19; 18:37[2회], 38).
752) '진실로 진실로'(1:51; 3:3, 5, 11; 5:19, 24, 25; 6:26, 32, 47, 53; 8:34, 51, 58; 10:1, 7; 12:24; 13:16, 20, 21, 38; 14:12; 16:20, 23; 21:18).

b. 숫자상징코드의 실례: 여섯 남편(4:1-26)

요한복음 4장에 보면 우리가 잘 아는 예수와 사마리아 여인과의 만남이라는 기사가 나온다. 여기서 우리가 주목해야 할 대목은 16-18절이다. 물을 소재로 대화하던 중 예수는 전혀 예상치 못한 말을 함으로써 다른 차원에서 이 여인과의 대화를 이어 나간다. "가서 네 남편을 불러오라"(16절). "여자가 대답하여 이르되 나는 남편이 없나이다 예수께서 이르시되 네가 남편이 없다 하는 말이 옳도다. 너에게 남편 다섯이 있었고 지금 있는 자도 네 남편이 아니니 네 말이 참되도다"(17-18절). 지금 예수와 사마리아 여인과의 대화는 일종의 '선문답(禪門答: 승려들 사이에서 진리를 찾기 위해 주고받는 종교적 대화)'이라고 할 수 있다.

성서 해석의 초기부터 남편의 수인 '다섯'이 무엇을 의미하는지에 대해 여러 견해들이 있었다.[753] 그런데 이 대화에서 놓치지 말아야 할 것은 남편이 다섯이 아니라 여섯이라는 사실이다. 과거의 남편 다섯에다가 지금 동거하고 있는 남자까지 합하면 여섯 남편이 되는데, 남편이 여섯이 있음에도 불구하고 남편이 없다고 한 여인의 말이나 그 말이 옳다고 하신 예수의 말씀은 무슨 뜻이냐 하는 것이다.

예수는 여인의 말이 옳다고 한 것으로 보아 일단 여인의 말이 옳다고 보아야 한다. 여기서 우리는 숫자 여섯에 주목할 필요가 있다. '여섯'이란 숫자는 완전수인 일곱에서 하나가 부족한 불완전함을 의미한다. 하나님이 사람을 제6일에 창조한 것은 사람은 하나, 즉 하나님이라는 한분이 있어야 온전해진다는 것을 암시한다.

마찬가지로 가나의 혼인잔치 표적에 나오는 돌항아리 여섯(2:6)은 불완전한 유대교를 상징한다. 이 본문에서 여섯 남자는 사마리아 종교(또는 유대교)의 불완전함을 상징한다. 그러니까 여기서 요한은 여섯

---

753) 더 자세한 설명을 579쪽의 각주 233-234번을 참조하세요.

남편이 있다 하더라도 참 신랑(남편) 되는 일곱 번째 남편인 예수가 없으면 남편이 없는 것과 마찬가지라는 그런 불완전함의 의미를 말하고자 한 것이다.

여기서 말하는 여섯 남편이란 어떤 상징적 의미를 담고 있을까? 그것은 모든 인간들이 가장 중요하다고 생각하는 것, 여섯 개를 상정해 보자. 돈이라는 남편, 명예라는 남편, 지위라는 남편, 학력이라는 남편, 쾌락이라는 남편, 건강이라는 남편 등. 그러나 이 같은 여섯 남편을 근원적으로 목마른 그녀의 영혼의 갈증을 메워줄 수 없었다. 그녀의 구멍 뚫린 허한 가슴을 메워줄 남편을 만나지 못했다. 메시아라는 유대인 남자를 만나기 전까지는. 요한이 여섯 남편을 말하고 일곱 번째 남편인 메시아 예수를 말한 것은 이 같은 깊은 뜻이 있다.

예수는 이 대화의 피날레를 이렇게 장식했다. "네게 말하는 내가 그라"(26절). 이 대목은 요한복음에 나오는 유명한 '에고 에이미' 말씀 가운데 하나이다. 여기서 주목할 것은 유대인 예수는 니고데모 같은 유명 인사에게도 밝히지 않았던 메시아로서의 자신의 정체성을 사마리아 여인에게 처음으로 밝힌 것이다. 이 메시아 발언은 타인이 아닌 본인이 직접, 처음으로, 그것도 부정한 사마리아 여인에게 밝혔다는 점에서 대단히 중요한 의미를 갖는다.

② 표적(징표) 상징코드
a. 표적에 대한 정의

요한은 공관복음이 사용하는 '이적(δύναμις)' 어휘를 전혀 사용하지 않고 '표적(σημεῖον)' 어휘만을 사용한다.[754] 이는 요한복음이 공관복음

---

754) 공관복음에서 '이적' 어휘는 마태 12회, 마가 10회, 누가 15회 사용하고 있으며, 요한은 '표적' 어휘를 17회 사용하고 있다.

과 결정적으로 차별화되는 실마리를 제공한다.[755] 요한복음의 '표적(세메이온)'은 히브리어의 '오트(אות)'와 상응하는 어휘로서 메시아적 능력(miracle)을 나타내는 사건 그 자체가 아니라 그 사건 배후의 그 무엇을 나타내는 암시(sign), 즉 묵시문학적 암호상징(상징코드)이다. 손가락 자체가 아닌 손가락이 가리키는 그 무엇을 말한다. 요한의 표적은 물리적, 현상적인 의미를 넘어선 '상징적 의미체'이다.

가령, 물로 포도주를 만든 표적은 단순히 예수의 메시아적 능력을 말하고자 하는 것을 넘어 기독교가 유대교보다 훨씬 낫다는 상징적 의미가 그 배후에 깔려 있다. 예수의 비유들이 그 양식상 하나님과 이스라엘에 관한 이야기들로 이루어진 유대적 배경 속에 확고하게 위치하고 있듯이, 표적사건은 '상징적 실천행위를 통한 비유'라고 말할 수 있다.

요한은 많은 기적 이야기를 전해 주는 공관복음과는 달리 완전함을 뜻하는 상징수 일곱 표적만을 선별하여 전략적으로 배치한다. 일곱 표적을 열거하면 다음과 같다. 첫 표적: 물로 포도주를 만드심(2:1-11), 두 번째 표적: 왕의 신하의 아들을 고치심(4:46-54), 세 번째 표적: 38년 된 병자를 치유하심(5:1-9), 네 번째 표적: 오병이어로 오천 명을 먹이심(6:1-15), 다섯 번째 표적: 물 위를 걸으심(6:16-21), 여섯 번째 표적: 태생소경을 치유하심(9:1-41), 일곱 번째 표적: 죽은 나사로를 살리심(11:1-44).

그런데 위에서 언급한 일곱 표적만이 아니라 요한복음에서 언급하고 있는 절기(가령, 유월절), 지명(가령, 요단강 건너편), 인명(가령, 디두모라고 하는 도마) 등 수많은 단어들이 그 어떤 것을 암시(sign)하기 위해 사용되고 있다는 점에서 요한복음은 전체가 '표적(sign)의 책'(1:50; 12:37;

---

755) 요한이 '이적' 어휘가 아닌 '표적' 어휘를 사용한 것은 이적(보이는 기적) 또한 그 무엇을 상징하는 말씀, '표적 곧 말씀'임을 말하고자 함에 있다.

20:30-31; 21:25 참조)이라고 말할 수 있다.[756]

한편, 요한복음의 신앙관은 '표적을 통한 믿음'을 그 특징으로 하고 있다. 요한복음의 기독론은 '믿음'과 불가분의 관계에 있다. 즉 "예수는 누구인가"라는 기독론의 질문에 대한 유일한 대답은 예수의 증언을 받아들일 것인가 거부할 것인가 하는 '믿음'뿐이다. 요한복음에 나타나는 '믿음' 어휘의 특징은 두 가지이다.

첫째는 '믿음' 어휘가 98회 사용되고 있는데, 모두 동사형으로 나타난다는 점이다.[757] 요한이 명사형을 피한 것은 중요한 신학적 동기의 결과이다. 공관복음에서 믿음은 예수에 대한 절대적 복종이나 카리스마적 강요에 의한 응답으로 주로 사용되었기에 믿음 자체가 동적인 결단보다는 정적이고 수동적인 복종적 성격이 강하였고 이런 성격이 명사로 나타났다.

이에 반해 요한복음에서 예수가 누구인지 깨닫는 길은 예수 자신이 말한 자기의 정체성과 그것을 받아들이는 독자의 결단에 달려 있다고 보았다. 이 점에서 요한복음은 믿음을 내적인 성향이나 정적인 복종, 또는 수동적인 수용이 아니라 스스로 판단하고 결단하고 응답하는 역동적인 행위, 즉 결단을 통한 행위이다. 이 점에서 요한복음은 믿음이란 명사를 사용하지 않고 '믿는다(πιστεύειν)'는 동사를 사용한 것이다.

둘째는 '믿는다' 동사형에 'εἰς(into)'라는 전치사를 동반한다는 점이다. 98회 사용된 '믿는다' 동사 가운데 30회가 'εἰς' 전치사를 동반한다.

---

[756] 대부분의 학자들이 일곱 표적이 전반부(2-11장)에 몰려 있다고 해서 이를 책의 주제로 삼아 전반부(2-12장)는 '표적의 책'이요, 후반부(13-20장)는 '영광의 책'이라는 제목을 붙여 제1부와 2부로 나누는 데, 이는 바람직하지 않다. 왜냐하면 요한복음은 전반부와 후반부를 가릴 것 없이 전체가 표적과 관련된 책이라는 점에서 '표적의 책'이자 전체가 '영광'과 관련이 있다는 점에서 '영광(또는 생명)의 책'이기 때문이다.

[757] 마태에서는 믿음 어휘가 20회 중 11회가 동사형이고, 마가에서는 19회 중 14회가 동사형이고, 누가에서는 20회 중 9회가 동사형이다.

이 형태는 칠십인역이나 세속 희랍어에서는 전혀 사용하지 않는 특수한 어법이다. 이 전치사를 사용한 경우를 보면 14:1(여기서는 '믿는다'의 대상이 하나님이다)을 제외하면 그 '믿는다'의 대상은 예수 자신이나 그의 말씀에 국한시키고 있다. 이는 믿음의 대상을 하나님이나 하나님 나라로 삼는 공관복음과는 대조적이다. 요한이 '믿는다'의 대상을 예수로 국한시킨 것은 매우 의미가 깊다. 하나님과 예수는 기능상 하나이기에 이제는 더 이상 보이지 않는 하나님을 믿음의 대상으로 삼지 않아도 되었다. 왜냐하면 예수가 보이는 하나님이기 때문이다. 요한은 이런 믿음의 특징을 'εἰς' 전치사로 나타낸 것이다.

그런데 요한은 '믿는다' 어휘를 단독으로 사용하기보다는 다른 개념들 가령, '안다', '본다', '듣는다'라는 단어들과 상관관계 속에서 종종 사용하고 있다. 특히 가장 중요한 어휘가 '표적'과의 상관관계이다. 이미 언급했듯이 요한의 '표적' 어휘는 종말론적 의미(마지막 때를 나타내는 징표)나 메시아적 표징(예수가 참 메시아임을 나타내는 징표)이나 단순한 이적('표적과 기사'라는 말로 사용)의 의미로 사용되는 공관복음의 '이적' 어휘와 달리 상징적 의미를 지닌 예수의 자기계시이다.

예수는 이적이란 행동을 통하여 자기의 능력을 과시한 것이 아니라 자신의 정체성을 보인 것이다. 그 정체성은 메시아라는 외적인 증표가 아니라 그가 지닌 내적인 본질을 의미한다. 이 점에서 요한의 표적은 공관복음에 나오는 예수의 비유와 같은 역할을 한다. 공관복음이 비유를 통하여 진리를 보여 주었듯이, 요한은 예수의 표적을 통하여 진리를 보여주고 있는 것이다.[758]

---

758) 김춘기, 《요한복음연구》, 96-101.

b. 일곱 표적사건의 상징적 의미

일곱 표적사건에서 주목해야 할 것은 요한은 왜 일곱 표적을 현재와 같은 순서로 배열했는가 하는 점이다. 표층적으로 보면 일곱 표적사건은 두 개씩 짝을 이루어 처음 두 표적은 '가나'라는 장소와 연관되어 있고, 그 다음 두 표적은 '유월절' 절기와 연관되어 있고, 마지막 두 표적은 '안식일'과 연관되어 병자를 치료하신 표적사건이다.

그런데 심층적으로 보면 배열 순서는 구약의 7일간의 창조구조와 상응한다. 이 같은 사실은 요한복음이 '부활신학', '구약적(히브리적) 배경'과 밀접하게 연관되어 있다는 필자의 주장을 가장 극명하게 보여주는 증거가 아닐 수 없다.

우선, 창세기에 나타난 7일간의 창조구조부터 살펴보자. 창세기 1:1-2:3에 나오는 일곱 날의 창조순서는 제7일인 안식일을 중심으로 여섯 날이 그 주변을 형성하며, 첫째날-넷째날, 둘째날-다섯째날, 셋째날-여섯째날이 대칭을 이루는 구조(다윗의 별)로 되어 있다. 좀더 부연설명해 보자.

첫째날은 빛 창조, 대응하는 넷째날은 빛의 발광체 창조, 둘째날은 물과 궁창의 분리, 대응하는 다섯째날은 물에는 물고기, 궁창에는 새를 창조, 셋째날은 땅과 식물 창조, 대응하는 여섯째날은 땅에는 인간 창조, 식물에는 동물창조, 그리고 일곱째날은 창조 사역을 마치고 안식하셨는데, 이 날이 다른 여섯 날과 구별되는 것은 이 날에만 '거룩하게'(창 2:3)라는 말을 사용하고 있다. 구약에서 '거룩'이라는 개념은 '구별'을 의미하는 말로 사용되고 있다.

따라서 제사장(P) 기자는 7일간의 창조구조를 말하면서 제7일 안식일은 특별히 다른 날과 구별된 날로 삼았다. 이 같은 7일간의 창조구조의 모습은 유대인들의 마인드 속에 깊이 새겨져 있는 다윗의 별의 모습을 띠고 있다. 7일간의 창조구조를 다윗의 별로 그릴 때의 장점은 중심과 주변을 선명하게 구별해 볼 수 있다는 점이다.

다음으로, 요한복음에 나타난 일곱 표적을 살펴보자.

일곱 표적도 7일간의 창조구조와 똑같이 일곱 번째 표적인 나사로 소생 표적을 중심으로 여섯 표적이 그 주변을 형성한다. 첫째 표적-넷째 표적, 둘째 표적-다섯째 표적, 셋째 표적-여섯째 표적이 대칭을 이루는 구조(다윗의 별)로 되어 있다. 이것을 좀 더 부연 설명해 보자.

첫째 표적은 물로 포도주를 만든 표적인데, 넷째 표적은 오병이어 표적이다. 이 두 표적은 둘 다 자연과 관련된 표적들이다. 둘째 표적은 왕의 신하의 아들 치유 표적이고 다섯째 표적은 물위를 걸으신 표적이다. 언뜻 보기에 이 두 표적은 아무 관계가 없는 듯이 보이나 두 표적 모두 죽음이 경각에 달린 혼돈의 상황에서 구원을 얻는 표적을 말하고 있다(성경에서 물 또는 바다는 혼돈과 죽음의 상징으로 제자들이 배를 타고 바다를 건너다가 큰 풍랑을 만나 위험에 처해 있을 때 예수께서 바다 위를 걸어오시면서 그들을 안심시키는 대목이 다섯 번째 표적이다). 셋째 표적은 38년 된 병자 치유 표적이고, 여섯째 표적은 태생소경 치유표적이다. 이 두 표적은 모두 인간의 질병과 관련된 표적들이다.

그리고 마지막 일곱째 표적은 죽었던 나사로를 살리는 표적이다. 이는 나중에 인류 역사상 초유의 사건인 예수의 부활을 상징적으로 보여주는 표적이라는 의미에서 표적 중의 표적이며, 앞의 여섯 표적과 구별된다. "나는 부활이요 생명이니"(11:25)라는 예수의 말씀은 부활신학을 가장 극명하게 드러내 주는 말씀이다. 여기서 주목해야 할 것은 나사로의 소생 사건을 요한복음 전체의 정가운데 장인 11장에 위치시켰다는 사실이다. 7일간의 창조순서와 일곱 표적의 구조를 도표로 그려보면 다음과 같다.

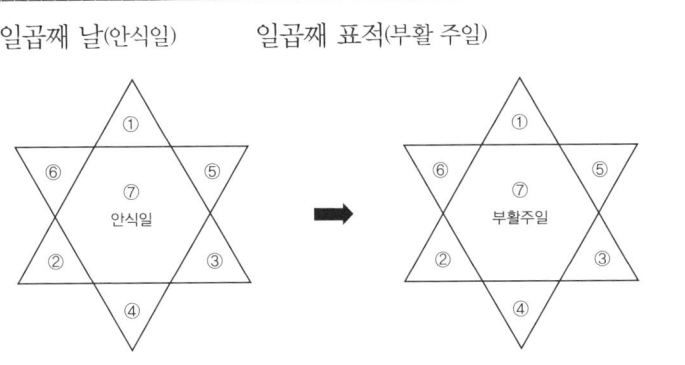

〈도표 10〉 7일 창조구조와 일곱 표적구조의 상응성

여기서 7일간의 창조의 핵심인 안식일(安息日)에 대해 살펴보자.

안식일은 유대 절기 가운데 가장 중요한 절기이다. 유대인들이 안식일을 그토록 중요시하게 된 역사적 배경은 이러하다. 이스라엘은 주전 587년에 바벨론에 망하게 된다. 이스라엘은 본디 국가 개념이나 혈통 개념이 아닌 여호와(야웨)를 한 하나님으로 믿는 신앙공동체 개념인데, 신앙공동체인 이스라엘이 그들의 삶과 신앙의 중심이라고 믿었던 예루살렘 성전이 이교도에 의해 파괴되는 상황에 처하게 되었다.

神들의 전쟁에서 이스라엘의 야웨 神이 바벨론의 마르둑(Marduk) 神에게 패했다고 생각한 나머지 이스라엘은 야웨 신앙에 대한 큰 회의에 빠지게 된 것이다. 더욱이 바벨론 포로로 잡혀간 많은 사람들이 포로생활을 하는 동안 바벨론 사람들에게 동화되어 갔다. 이렇게 되니까 이스라엘이라는 신앙공동체가 붕괴되고 와해되는 위기(危機)에 처하게 되었다. 민족적 위기상황에서 이를 극복하는 대처 방안으로 나오게 된 것이 두 가지였다.

하나는 조상 대대로 내려온 신앙의 전승들을 모아 책으로 엮어내는 일이었다. 그렇게 해서 포로기 이후에 나온 책들이 모세오경으로부터 시작하여 계속해서 역사서, 예언서들이 편찬되어 나오게 된 것이다. 이러한 책들의 편찬을 통해 이스라엘의 살 길은 '말씀을 붙드는 일', 즉 하나님의 말씀인 율법책을 붙들고 그것에 의지하여 사는 길밖에 없다는 것이 바벨론 포로기 때의 선지자들의 외침이었다(사 40:6-8 등).

또 하나는 그들이 이전에 여러 절기 가운데 하나로 지켜온 안식일을 제도화시키는 일이었다. 이스라엘은 안식일을 제도화시킴으로써 살 길을 찾았던 것이다. 거기에는 세 가지 의미가 내포되어 있다. 첫째, 바벨론 포로상황에서 과중한 노역으로부터 '휴식을 얻기 위하여' 안식일을 요구하지 않을 수 없었다. 둘째, 안식일에 예배를 드림으로써 하나님의 창조와 구속의 역사를 기념할 수 있었다. 셋째, 일주일에 한 번씩 정기적으로 한 장소에 모여 예배 집회를 가짐으로써 야웨 신앙을 의식화하고 '우리는 한 신앙공동체'라는 공동체 의식을 꾀할 수 있기 때문이다.

그래서 바벨론 포로기에 편집된 첫 번째 창조이야기(창 1:1-2:3)는 형식적으로는 하나님께서 우주 만물을 창조한 후에 안식하기 위하여 안식일이 생겼다고 이야기이지만, 그것이 바벨론 포로상황 아래에서 보면 이스라엘이 지금 사느냐 죽느냐 하는 생사(生死)의 갈림길에서 '안식일 제도'만이 이스라엘이 사는 유일한 길임을 천명한 것이다. 그래서 창조의 7일 가운데 일곱째 날은 특별히 구별하여 '거룩하게'(창 2:3) 하셨다는 말로 창조의 핵심이 안식일에 있음을 보여주고 있다.

또한 창조의 핵심이 안식일에 있을 뿐만 아니라 십계명(출 20:1-17; 신 5:1-21)의 핵심도 사실은 안식일에 있다고 할 수 있다. 십계명을 둘로 나눌 때에는 1-4계명(하나님과의 관계)과 5-10계명(인간과의 관계)으로 나누는데, 십계명을 셋으로 나눈다면 1-3계명(하나님과의 관계), 5-7계명(인간과의 관계), 8-10계명(자연 또는 물질과의 관계), 그리고 제4계명인 안식일 계명은 이 셋을 연결하는 계명이라고 할 수 있다. 모든 계명 가운데 안식일 계명이 가장 중요한 계명이라고 말할 수 있는 근거는 첫째, 이 계명이 가장 길게 언급되고 있고(다른 계명은 한 구절 또는 세 구절[제3계명]인데 반해 제4계명은 4구절로 되어 있음), 둘째, 다른 계명과 구별된다는 의미에서 '거룩'(출 20:8,11)이라는 말을 반복해서 사용하고 있기 때문이다.

출애굽기 31:12-17에 보면 안식일 관련 말씀이 나오는데, 이 말씀은 하나님께서 시내산 위에서 모세에게 말씀하시기를 마칠 때에 결론적으로 하신 말씀이다. 그 내용을 한마디로 말한다면 안식일은 거룩한 날(聖日)인데, 이 날을 더럽히는 자, 이 날에 일하는 자는 그 백성 중에서 그 생명이 끊어지리라 곧 죽임을 당한다는 말씀이다.

안식일이라는 것이 본디 휴식을 취하고 억압으로부터 자유와 해방을 얻기 위하여 주어진 것인데, 이제 그것이 안식일이라는 법 제도가 되면서 이 법 제도를 안 지키는 자는 죽임을 당하는 것으로 바뀌게 된 것이다. 이렇게 된 까닭은 이스라엘 신앙공동체의 생사가 안식일 제도의 준수 여부에 달려 있는 위기상황이었기 때문이다.

그리고 안식일을 지키기 위해서는 모이는 장소가 필요했는데, 그것이 바로 회당(synagogue)이다. 안식일에 회당에 모여 율법의 말씀을 읽고 들음으로써 이스라엘은 그들의 정체성(Identity)을 유지해 나갈 수 있었다. 그리하여 율법(말씀)과 안식일(제도), 이 두 기둥에 의해 생겨난 것이 바로 바벨론 포로기 이후의 유대교(Judaism)라는 종교였다. 여기에 한 가지 더 붙인다면 '할례'가 있다. 이스라엘은 율법과 안식일 그리고 할례의 의해 떠받쳐진, 즉 유대교라는 종교에서 자기들의 정체성을 찾았고 이방 민족에 동화되지 않고 살아남을 수 있게 된 것이다. 그래서 이런 말이 나왔다. "유대인이 안식일을 지킨 것이 아니라 안식일이 유대인을 지켜주었다."

주전 400년경의 초기 유대교 시절부터 예수 당시의 후기 유대교에 이르기까지 유대교는 '율법(말씀)과 안식일(제도)'이라는 두 기둥에 의해 유지되어 온 종교라고 말할 정도로 안식일 제도는 유대교의 정수였다. 안식일과 관련하여 요한은 셋째 표적과 여섯 번째 표적을 안식일에 있었던 표적(5:9; 9:14)으로 상정함으로써 안식일을 온전케 하신 예수를 말하고자 의도하였다. 즉 예수는 '안식일의 주인'(막 2:28)임을 암시하려고 하였던 것이다.[759]

일곱 표적에 안식일(셋째 표적과 여섯째 표적)이 두 번 강조되고 있는데, 이는 유대교 안식일의 중요성을 시사하는 것이며, 또한 그와 상응하게 부활(부활장인 2장과 11장에 나오는 첫 표적과 일곱째 표적)도 두 번 강조하고 있는데 이는 기독교의 부활 주일을 강조하는 것이다.

따라서 요한이 일곱 표적을 7일간의 창조구조와 상응하는 방식으로 배열한 것은 '다윗의 별'이 보여주듯 '유대교의 안식일'이 예수의 부활로 말미암아 '기독교의 주일'로 대체되었다는 것을 암시한다. 주일은 '주의 날'로서 주님이 부활하신 날을 말한다. 그러니까 매 주일은 주님의 부활을 기념하는 날이다. 그리고 주님의 부활을 기념하는 주일은 기독교의 출발이 되는 날이다.

③ 말씀(언어) 상징코드

요한은 예수의 정체를 설명하기 위해 '로고스' 개념만이 아니라 "내가 왔다"[760]라는 표현, 또한 독특한 말씀기법, 소위 '에고 에이미'(Ἐγώ

---

759) 안식일의 중요성과 현대인에게 안식의 필요성을 역설한 책을 소개한다. Abraham J. Heschel, 김순현 옮김, 《안식》; 한병철 지음, 김태현 옮김, 《피로사회》.
760) 요한은 '오다(왔다)'라는 헬라어 동사 ἔρχομαι(ἦλθον)를 무려 157회나 사용하고 있다.

εἰμι)'[761] 용법을 정형화(양식화)하여 사용하고 있다.[762] '에고 에이미'를 우리말로 옮기면 "나는…이다"가 된다.[763] 이 용법은 엄청나게 중요한 의미를 갖는다. 가령 "당신은 누구십니까?"라고 물었을 때 예수는 "나는 길이요 진리요 생명이다"라고 대답한다. 이 예수의 대답에서 우리는 예수가 어떤 사람인가 하는 그의 정체성을 알게 된다. 이는 우리에게 "나는 누구인가?[764]"라는 물음을 던지게 한다.

또한 요한은 두 단어를 연이어 반복해서 사용하는 '이중말씀' 기법을 사용하고 있다. 요한은 이 같은 기법들을 다양하고도 정교하게 사용하여 다차원적인 상징적 의미를 드러내 주고 있다. 이 같은 기법들은 공관복음에서는 좀처럼 찾아보기 어려운 요한만의 독특한 문장기법이다. 특히 일곱 '에고 에이미'의 비유적 용법은 성전(성막)의 일곱 기구와 상응한다는 점에서 요한의 천재성의 일면을 다시 보게 된다.

이는 요한이 예수를 '태어나 죽는 존재'가 아닌 '왔다가 가는 존재'로 그리고 있음을 잘 보여주는 실례라 하겠다.

761) 이 용법은 기본적으로 구약성경으로부터 유래하였다. L.Morris, *Jesus is Christ*, 107-125. 이 용법은 요한에게 있어서 독특한 것이지만 유일한 것은 아니다. 이 용법은 신약에서 이미 마가에 의해 다르지만 유사한 형태로 발견되고 있다(막 6:50; 13:6; 14:62).

762) '에고 에이미'의 용례는 요한복음의 독특한 기독론을 형성하는 사회어로서 기능한다. 유대인들은 유대교의 창시자인 모세에게 '에고 에이미' 용례를 적용하지 않는다. 이 용례는 유대교와는 갈등의 이해 관계를, 다른 기독교 공동체와는 경쟁적 이해 관계를 드러내는 사회어로서 다른 집단들과 구별해주고 요한공동체의 유대성과 정체성을 강화하는 기능을 담당한다고 볼 수 있다. 사회어의 기능에 관해서는 P.V.Zima,《텍스트사회학》, 99을 참조하세요.

763) '에고 에이미' 진술의 대표적인 해석의 실례를 불트만이 제공하였다. 그런데 그의 해석은 영지주의 자료가설에 근거한 종교사적 유추해석이기에 오히려 구약성서의 배경 아래 설명되어져야 한다. 더 자세한 논의는 김문경,《요한신학》, 100-106을 참조하세요.

764) 100여년 전 남인도에 '라마나 마하리쉬'라는 위대한 현자는 깨달음을 얻는 방법으로 "나는 누구인가?"라는 아주 간단한 것을 가르쳤다. 그는 문제를 안고 찾아온 사람들에게 똑같은 처방전을 들려주었다. "한 가지 질문을 명상하라 '나는 누구인가?' 자신이 누구인지 알게 되었을 때 삶의 모든 문제에 대한 해답을 알게 될 것이다. A.Cohen,《내것이 아니면 모두 버려라》, 27-28.

'예수의 자기계시 말씀'으로 일컬어지는 '에고 에이미' 말씀은 예수의 정체성(신적 권위)과 진리를 나타내는 방법 중의 하나이다. 이 문구는 마태 5회(14:27; 22:32; 24:5; 26:22,25), 마가 3회(6:50; 13:6; 14:62), 누가 4회(1:19; 21:8; 22:70; 24:39), 요한 23회, 사도행전 6회(9:5; 10:21; 18:10; 22:70; 24:39)[765], 그리고 요한계시록 5회(1:8,17; 2:23; 21:6; 22:16) 나온다. '에고 에이미' 말씀은 특히 요한문서 연구에서 중요하다.

요한이 사용한 이 표현은 기독론적인 의미를 담고 있으며, 그 용법은 세 가지 형태로 나타난다. 첫째, 술어를 갖지 않는 형태(절대적 말씀들, 8:24,28,58; 13:19). 둘째, 암시적인 술어를 갖는 형태(서술적 말씀들, 6:20; 18:5,6,8). 셋째, 명백한 술어를 가진 것(비유적 말씀들, 6:35; 8:12; 10:7; 10:11[14]; 11:25; 14:6; 15:1[5])이 그것이다.[766] 이 용법의 출처를 놓고 많은 이론이 있으나 그 출처는 구약적 배경에서 유래한 것이 확실하다.[767]

첫째, 절대적 말씀들이다. "나는 나다", 또는 "나는 있다"로 옮길 수 있는 이 용법은 구약성경에서 하나님의 이름으로 모세에게 계시된 '야웨'(출 3:14)와 맥을 같이 한다. 출애굽기 3:14을 히브리어 원문으로 보면 '에흐예 아쉐르 에흐예(אהיה אשר אהיה)'이다. 이 어구를 그 동안 서구에

---

765) 브라운은 '에고 에이미(I-AM)' 말씀의 공관복음서 용례를 조사한 뒤에 "요한의 'I-AM' 말씀은 '무로부터 창조된 것'이 아니라는 결론을 내렸다. 오히려 요한의 신학은 이전 전승의 주제를 이용했을 것이다"라고 하였다. R.E.Brown, *The Gospel to John*, Vol.1, 538.

766) '에고 에이미'의 세 용법은 야웨인지공식의 세 용법과 유사하다. 야웨인지공식은 그 공식의 기본이 되는 인지진술(ידע)에다가 하나님의 자기소개공식(אני יהוה)의 변화에 따라 다음과 같이 분류한다. (1) 단형공식: ידע + אני יהוה (2) 장형공식: הם 또는 כם + אלהיך + ידע (3) 변형1공식(. . .) יהוה אני + ידע; 변형2공식: (...) + אני יהוה דברתי + ידע; 더 자세한 설명은 박호용,《야웨인지공식》, 1-31을 참조하세요.

767) 김춘기 교수는 '에고 에이미'의 용법 중 술어가 없는 절대적 용법은 다른 곳에서는 발견되지 않는다고 하면서 '에고 에이미'의 배경을 주후 1세기 지중해 연안에 광범위하게 발전되었던 신비종교나 영지주의 문서에서 찾고자 하였다. 김춘기,《요한복음연구》, 84-85. 그러나 요한의 '에고 에이미' 용법은 구약적 배경을 갖고 있을 뿐 아니라 성막(성전)과 관련된 구약적 의미로 사용되고 있다.

서는 주로 존재론적인 시각에서, "나는 스스로 있는 자니라" 혹은 "나는 나다"로 해석해 왔다.[768] 필자는 이 어구를 본문 상황과 관련하여 관계론적인 시각에서 해석해야 한다고 보고, "나야 나(나라니까!)"로 해석하였다.[769] 이 절대적 용법은 예수가 바로 하나님의 다른 표현이기에 아주 특별하고 과격하다. 구약의 하나님이 야웨이듯이 신약의 하나님은 바로 예수 자신임을 보여주는 것이다. 그 만큼 강하고 충격적인 선언이다.[770]

둘째, 서술적 말씀들이다. 이는 술어를 생략하고 '에고 에이미'만 나타나는 경우이다. 그것은 그 술어가 무엇을 나타내는지 너무나 분명하기 때문에 생략한 것이다. "나는 그다"로 옮길 수 있는 이 용법은 출애굽기(3:14)의 용법에서 발전한 형태로 제2이사야(사 40-55장)에서 많이 찾아볼 수 있다: "내가 그다"(사 41:4; 43:10,13), "나는 야웨다"(사 43:11; 45:5,6,18), "나는 하나님이다"(사 43:12; 45:22; 46:9). 여기서 "내가 그다"라는 말은 "내가 야웨다," 그리고 "야웨는 하나님이다"(41:13)라는 말이다.

그런데 그 하나님은 이전에도, 이후에도 지음받은 일이 없으신 하나님이다. 그러므로 "나는 하나님이다"라는 말은 "나는 유일한 하나님이다"라는 의미를 지닌다. 즉 야웨가 유일한 하나님이라는 유일신 신앙

---

[768] 구약성경에서 하나님의 이름 야웨(יהוה)는 동사 하야(היה)에 기초하고 있다. 70인역은 이 동사를 '에고 에이미(Ἐγώ εἰμι)'로 번역하였다.

[769] 필자는 본문의 상황과 관련지어 그 의미를 두 가지로 해석하였다. 하나는 야웨 하나님은 '임마누엘 하나님'(출 3:12)이라는 것이다. 신약적으로 이는 우리와 함께 하시기 위해 이 역사 속에 오신 '임마누엘 예수'(마 1:23)의 모습으로 해석하였다. 또 하나는 야웨 하나님은 '히브리인의 하나님'(출 3:18)이라는 것이다. 신약적으로는 이는 가난한 자에게 복음을 전하기 위해 갈릴리에 오신 '나사렛 예수'(눅 4:16-19)의 모습으로 해석하였다. 예수께서 사용한 이 절대적 말씀들은 출애굽기 3:14의 야웨 하나님의 이 같은 모습을 대신하여 오신 분임을 선언하신 말씀이다. 더 자세한 설명은 박호용, 《출애굽기주석》, 96-102을 참조하세요.

[770] 유대교에 입장에서 보면 '에고 에이미' 말씀은 '로고스', '하나님의 아들'와 더불어 '하나님-예수'라는 이신론(二神論, ditheism)적 주장으로 보였을 것이다.

(Monotheism)을 말하고 있다. 물 위를 걸으실 때 두려워하는 제자들에게 하신 "나다"(6:20)라는 말씀과 기드론 골짜기에서 체포되실 때 "내가 그 사람이다"(18:5,6,8)라는 말씀은 예수께서 자신을 하나님과 동일시하는 표현이다. 즉 제2이사야의 말씀에 근거해 볼 때 야웨 하나님이 유일하신 하나님이듯이 예수 자신이 창조주요 구속주가 되시는 '유일한 하나님'이라는 것을 선언하신 말씀이다.

셋째, 비유적 말씀들이다. 이 용법은 "나는 … 이다"로 옮길 수 있다. 이 용법도 구약성경에서 하나님이 "나는 …이다"라고 당신을 소개(하나님의 자기소개 공식)하는 대목을 흔히 찾아볼 수 있다. "나는 네 조상의 하나님이다"(출 3:6). "나는 … 야웨다"(창 15:7). "나는 전능한 하나님이다"(창 17:1; 35:11). "나는 너를 애굽 땅…인도하여 낸 네 하나님이다"(출 20:2; 신 5:6). "나는 여호와 너희의 하나님이다"(레 18:2).

예수는 많은 비유의 말씀을 했는데, 요한은 완전수를 상징하는 일곱 말씀만을 선별해서 기록하고 있다. 여기에는 요한의 분명한 신학적 의도가 깔려 있다. 일곱 비유말씀은 구약성서의 성전(성막)의 일곱 주요기구와 상응한다.[771]

---

[771] 이와 관련하여 김문경 교수는 이렇게 말한다: "요한복음의 모든 비유말씀들이 구약성서의 배경을 지닌다. '떡-말씀'은 만나전승의 문맥에서 인용되고 있고, '빛-말씀'은 '하나님의 종'이 '백성들의 빛'으로 이해되는 이사야 42:6, 그리고 '빛'으로서의 토라에 대해 언급하는 창조전승을 상기시킨다(사 9:6). '목자-말씀'은 에스겔 34장의 '이스라엘의 목자들'과, '포도나무-말씀'은 시편 80장에서 이스라엘을 포도나무로 비유하는 진술과 관련된다(비교, 사 27:2 등). 이 구약적 배경을 지니는 비유들에 독특하게 '요한적인' 개념인 '생명', '진리'가 요한복음에 등장한다." 김문경, 《요한신학》, 105. 김문경 교수의 이 같은 진술은 예수의 비유말씀들이 구약적 배경을 갖는다는 주장에 대해서는 전적으로 동의하나 그는 이 비유말씀의 핵심의도, 즉 성전(성막)의 일곱 기구와 관련지음으로써 예수가 유대교의 성전(성막)과 제사를 대체하신 분이라는 사실을 놓치고 있다.

a. '에고 에이미'의 비유적 용법의 상징적 의미[772]

성전(성막)의 일곱 주요기구는 '에고 에이미'의 비유적 용법의 일곱 말씀과 상응한다.

① "나는 생명의 떡이다"(6:35,48) - 떡상(출 25:23-30).
② "나는 세상의 빛이다"(8:12) - 등잔대(출 25:31-40; 37:17-24).
③ "나는 양의 문이다"(10:7,9) - 성막문(출 27:13-16).
④ "나는 선한 목자다"(10:11,14) - 번제단(출 27:1-8).
⑤ "나는 부활이요 생명이다"(11:25) - 법궤(출 25:10-22).
⑥ "나는 길이요 진리요 생명이다"(14:6) - 분향단(출 30:1-10).
⑦ "나는 참 포도나무다"(15:1,5) - 물두멍(출 30:17-21).

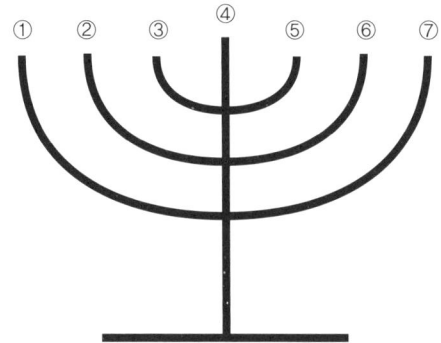

---

772) 하이렌은 요한복음의 언어를 '상징(symbol, 어느 것을 그 외의 다른 것을 의미하도록 나타내는 기법)'보다는 '은유(metaphor, 비유적 언어의 개념적 성격을 강조하는 기법)'로 보는 것이 요한복음을 더욱 깊이 이해하는 데 도움을 준다고 말하면서 '에고 에이미(나는…이다)' 용법을 그 실례로 들었다. S.E.Hylen, *Imperpect Believers*, 7-9. 그러나 '에고 에이미(나는…이다)' 용법은 은유보다는 상징에 속한다는 의미에서 그의 주장은 설득력을 결여한다.

성막(성전)에는 일곱 주요 내용물이 있는데, 입구부터 그 순서를 말하면 다음과 같다. 성막(성전)문, 번제단, 물두멍, 떡상, 등잔대, 분향단, 법궤의 순으로 되어 있다. 여기서 성막문, 번제단, 물두멍은 뜰에, 떡상, 등잔대, 분향단은 성소에, 그리고 법궤만이 지성소에 들어 있다. 성막의 일곱 기구에 상응하는 예수의 비유말씀에 대해 간단히 설명하면 다음과 같다.

'생명의 떡'은 이스라엘의 12지파를 상징하는 12개의 떡이 각각 6개씩 두 줄로 쌓아 놓은 진설병 '떡상'에 해당한다. '세상의 빛'은 '메노라(등잔대)'에 해당한다. '양의 문'은 하나밖에 없는 '성막문'에 해당한다. '선한 목자'는 양을 위해 스스로 희생제물이 되신 예수를 비유한 것으로 이는 희생제물을 태우는 '번제단'에 해당한다. '법궤' 안에는 만나를 담은 금 항아리와 아론의 싹난 지팡이와 언약의 돌판들(히 9:4)이 들어 있는데, 이는 '부활이요 생명'을 상징한다.

"나는 길이요 진리요 생명이니 나로 말미암지 않고는 아버지께로 올 자가 없느니라"(14:6)는 말씀이 '분향단'과 상응한다는 것에 대해서는 약간의 설명이 필요하다. "나는 길이요 진리요 생명이니…"에서 접속사 '카이(καί)'를 각각 번역하면 현재처럼 '길과 진리와 생명'으로 번역된다. 그런데 앞의 어휘를 강조하는 이중말씀에 대한 요한의 글쓰기의 특징에 따라 번역하면 '길 곧 진리와 생명'으로 번역될 수 있고, 이것이 더욱 적절한 번역이라고 할 수 있다.

여기서 '길'은 이중의미를 갖는다. 하나는 '길'은 분향단에서 기도를 통해 하나님께 가는 길이다. 또 하나는 '길'은 법궤가 있는 하나님이 임재하시는 지성소로 가는 길이다. 부연해서 설명하면 분향단은 하나님께 기도를 올리는 곳이다. 구약시대에 하나님께 갈 수 있는 길은 (대)제사장이 분향단에서 기도하는 길밖에 없다. 그렇다면 "나는 길이요…없느니라" 하면 될 것을 '진리와 생명'이라는 말을 첨가한 이유는 무엇

때문일까?

　예수는 '부활이요 생명'(11:25)이자 '진리요 생명'(14:6)이기에 예수의 진리는 '부활의 진리'가 된다. 그리고 '진리요 생명'은 '법궤'를 상징한다. 그런데 분향단(성소)과 법궤(지성소) 사이에는 휘장이 놓여 있다. 성소와 지성소를 가르는 휘장은 땅과 하늘의 경계로서 휘장과 휘장 너머의 세계를 구분짓는다. 지성소는 하늘로 간주되었고(시 11:4) 공간뿐만 아니라 시간을 초월하는 것으로 그곳에 들어가는 자는 영원에 들어가는 자이며 하늘에 들어간 자이다.

　구약시대에 지성소는 제사장도 못 들어가고 오직 대제사장만 1년에 하루 대속죄일에 들어갈 수 있었다. 그러기에 지성소 바로 앞에 놓인 분향단에서의 기도는 휘장으로 가로막혀 있어 불완전한 기도일 수밖에 없었다. 이제 길이요 진리요 생명이 되신 예수께서 성소(분향단)와 지성소(법궤) 사이를 가로막고 있는 휘장을 십자가로 찢으시고 부활하심으로 하나님께(지성소)로 가는 '새로운 살 길'(히 10:20)을 여신 것이다.

　마지막으로 '참 포도나무'는 구약에서 거룩한 이스라엘 백성을 상징하는 것으로 이 비유말씀은 참 이스라엘 사람인 거룩하신 예수께 붙어 있어야 거룩함을 보존할 수 있고 많은 열매를 맺을 수 있음(15:2-5)을 의미한다. 이는 성소에 들어가기 전에 성결을 위해 손을 깨끗하게 씻는 '물두멍'에 해당한다.

　그런데 여기서 주목해야 할 사실은 예수의 일곱 비유말씀이 성막(성전)의 일곱 기구의 순서로 되어 있지 않고 메노라(등잔대)처럼 네 번째 말씀인 '번제단'을 상징하는 '나는 선한 목자다'를 중심으로 나머지 여섯 기구가 둘러싸고 있는 형국으로 되어 있다는 사실이다.[773] 요한이

---

[773] 메노라(등잔대)에서 네 번째가 중심이듯이, 일곱 '에고 에이미' 말씀의 중심은 네 번째 말씀인 "나는 선한 목자다"(10:11,14)이다. 성막의 번제단을 상징하는 이 말씀은 예수의 십자가 죽음을 상징하는 것으로써 십자가장인 10장에 잘 어울리는 말씀이다.

번제단을 정가운데에 둔 것은 선한 목자이신 예수가 십자가를 지심으로 희생제물이 되사 이제부터는 더 이상 죄사함을 위한 번제가 필요 없음을 말하고자 하는 뜻이 담겨 있다.

요한은 일곱 비유말씀을 통해 예수가 대제사장 아론을 대신한 새 언약의 대제사장으로서(히 9장), 유대교의 성전을 대체하신 분임을 천명하는 동시에 그 중심에 번제단을 놓음으로써(요 10장) 자신을 십자가에 화목제물로 내어드림으로써 유대교의 성전제사제도를 대체하신 분임을 역설하고 있다. 나아가 요한은 전반부의 절정인 11장에서 예수의 부활을 상징적으로 예표하는 나사로의 소생사건을 둠으로써, 예수의 부활을 유대교와 결정적으로 구별되는 잣대로 삼고 있다.

b. 일곱 '이중말씀'

요한은 공관복음에서 찾아볼 수 없는 '이중말씀'을 7회 사용하고 있다. (a) 은혜와 진리(1:14,17), (b) 물과 영(3:5), (c) 영과 진리(4:23,24), (d) 영과 생명(6:63), (e) 진리와 자유(8:32), (f) 부활과 생명(11:25), (g) 길과 진리와 생명(14:6). 이 모든 어휘는 예수를 가리키는 어휘로서 동의어처럼 바꾸어 쓸 수 있는 어휘이다. 가령 '은혜와 진리'는 은혜 곧 진리, '영과 진리'는 영 곧 진리, '부활이요 생명'은 부활 곧 생명이라는 의미이다.

여기에 나타난 어휘를 종합하면 8개의 어휘가 19회 사용되고 있다. 요한복음이 '진리의 책'임을 암시라도 하듯이 '진리'라는 어휘가 가장 많이 사용되고 있다(6회), 그리고 '영'은 4회, '생명'은 3회 나오고, '은혜' 어휘가 2회, 그리고 나머지 네 어휘(물, 자유, 부활, 길)는 각각 1회 사용되고 있다. 이중말씀에 나타나는 8개의 어휘는 전부 예수를 가리킨다.[774]

---

774) 여기에 하나님(예수)의 속성인 '말씀'(1:1; 요일 1:1), '빛'(1:9; 요일 1:5), '떡'(6:33, 41), '사랑'(3:16; 요일 4:16)까지 합하면 요한은 예수를 12개의 상징 언어로 표현하고 있는 셈이다.

요한은 예수의 자기계시 말씀을 나타내는 '이중말씀'을 양식화(정형화)하는 기법을 사용하여 예수의 '정체성(신적 권위)'를 드러내고, 예수의 인격을 하나로 통합하는 천재성을 발휘한다. 여기에 나타난 이중말씀은 에스겔(1:16)의 '바퀴 안의 바퀴'의 모습을 보여주고 있다. 이는 역사의 수레바퀴의 모습이며, 하나님께서 예수 그리스도와 그의 말씀을 통해 구원의 역사를 이루어감을 보여주고 있다.

나아가 19회 사용된 '일곱 이중말씀'은 '십자가' 상징을 은폐하고 있다. 즉 가로축 11회(진리 6회, 생명 3회, 은혜 2회), 세로축 14회(진리 6회, 영 4회, 물, 자유, 부활, 길 각 1회) = 11+14=25(5×5)로 그려진다(가로축과 세로축이 겹쳐지는 관계로 19회에서 6회(진리 어휘)가 더해져 25회가 된 것임). 여기서 사용된 숫자 25는 '진리' 어휘와 '진실로 진실로' 어휘에서 사용된 횟수와 같은데, 25=5×5의 의미는 숫자 5를 상징하는 유대교(모세)를 거듭 강조하는 것으로 이는 유대교 율법을 넘어선 기독교 복음의 '우월성(성취)'을 상징한다

'일곱 이중말씀'에서 6회 사용된 '진리' 어휘를 십자가의 중심에 둔 것은 숫자 6이 십자가의 숫자이자 십자가의 진리임을 암시하기 때문이다.[775] 요한은 '일곱 에고 에이미' 말씀의 정가운데(네번째-메노라의 중심)에 "나는 선한 목자라"(10:11,14)를 둠으로써 자신이 번제단의 희생제물처럼 십자가의 화목제물이 될 것임을 말한 것처럼, '일곱 이중말씀'을 통해 자신이 십자가의 화목제물이 될 것임을 은밀히 역설하고 있다.

따라서 요한은 표적상징코드를 통해서는 '부활'의 말씀(진리, 복음)를 말하고, 말씀상징코드('일곱 에고 에이미 말씀'과 '일곱 이중말씀')를 통해서는 예수의 정체성이 '십자가의 말씀'(진리, 복음)'(고전 1:18)에 있음을 천명

---

775) 요한에게 있어서 십자가의 진리는 제6일에 해당하는 진리이고, 부활의 진리는 제7일(마지막 최종 진리)에 해당하는 진리이다.

하고 있다. 이는 환난과 핍박 중에 있는 요한공동체로 하여금 내가 진리를 위해 십자가를 진 것처럼 너희도 예수에 대한 충성 때문에 십자가를 질 것을 암시하고 있는 말씀이다. 이상의 논의를 그림으로 그리면 다음과 같다.

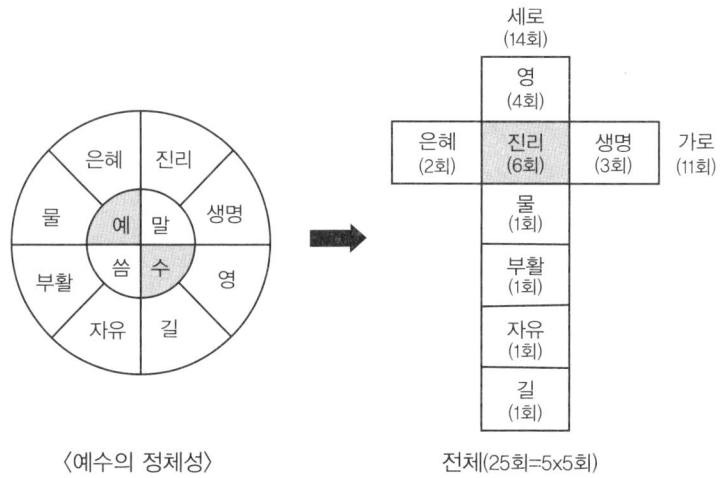

〈도표 11〉 일곱 이중말씀에 감추인 예수의 정체성 및 십자가 상징

④ **구조(주제) 상징코드**

앞에서 이미 언급했듯이[776] 저자는 자신의 복음서를 은밀하게 코드화시키는 것으로 자신의 의도를 드러내고자 하였다. 따라서 구조 속에 감추인 상징코드를 제대로 읽어낼 때 저자의 의도가 분명하게 알 수 있다. 저자가 자신의 복음서를 코드화시켜 놓은 것은 묵시문학적 박해상황에 기인한다. 즉 요한은 복음서의 구조를 과거에 있었던 예수의

---

[776] 더 자세한 설명은 221쪽 이하의 "요한복음의 구조"를 참조하세요.

십자가처형과 부활사건을 현재 요한공동체가 직면하고 있는 묵시문학적 박해상황 속에 적용시키고 있는 것이다. 저자는 부활을 외연으로, 십자가를 내연으로 하는 '부활-십자가 구조'를 통해 박해에 직면한 성도들에게 '부활신앙을 안고 십자가의 길로' 두려움 없이 나아갈 것을 강력히 촉구했던 것이다.

a. 상징코드(표적과 말씀)로 본 구조

요한복음은 표적상징코드에 의해 제1부(1-11장)와 제2부(12-21장)로 균형있게 두 부분으로 나누어진다. 그리고 말씀상징코드는 상응하는 두 장, 즉 6장에서 시작하여 15장으로 끝나고 있다. 이는 제1부의 첫 표적인 2장과 마지막 표적인 11장에서 각각 네 장씩 뒤로 물러난 정교한 구조를 보여주고 있다.

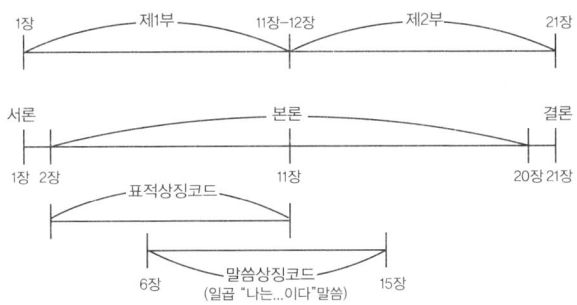

b. '부활-십자가(완전한 복음)' 구조

요한복음의 본론(2-20장)은 부활과 십자가의 관계를 잘 보여주고 있다. 본론의 핵심적 세 장(2,11,20장)은 부활장으로, 본론의 처음(2장)과 중간(11장)과 끝(20장)을 형성하고 있다. 그리고 부활장 안에 네 부분(3장, 10장, 12장, 18-19장)의 십자가장이 들어간 형국을 보여주고 있다. 부활의 세 부분(3)과 십자가의 네 부분(4)을 합하면 완전한 복음(7)이 된다.

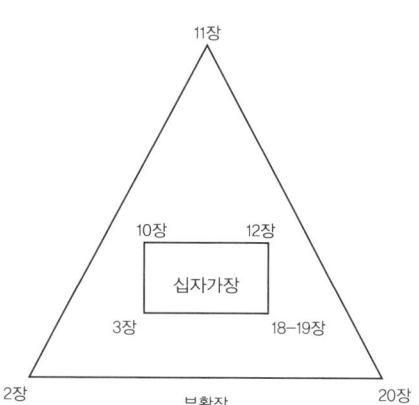

또한 요한복음은 전체를 '십자가-부활-십자가' 구조로도 정리할 수 있다. 부활의 특성을 띠는 로고스찬가(1:1-18)를 제외하면, 십자가(1:19-51)-부활(2장)-십자가(3장), 십자가(10장)-부활(11장)-십자가(12장), 십자가(18-19장)-부활(20:1-21:14)-십자가(21:15-25)구조로 되어 있다.

⑤ **지리(공간) 상징코드**

요한은 '공간의 해체와 재구성'을 통한 지리상징코드를 사용하고 있다. 요한의 지리상징코드는 5중하강구조를 포함하여 '갈릴리 對 유대(예루살렘)', '가나 對 가버나움'[777], 그리고 '요단 동편 對 요단 서편'이라는 대조를 통해 잘 드러난다. 또한 공관복음은 땅 및 갈릴리에서 시작

---

777) 요한이 일곱 표적 가운데 '첫 표적'(2:11), '두 번째 표적'(4:54)만을 말한 것은 '가나와 가버나움'에 대한 지리상징코드를 사용한 것으로 볼 수 있다.

하는 데 반해, 요한복음은 하늘 및 예루살렘에서 시작한다는 점에서 대조를 이룬다. 더욱이 공관복음은 한 차례의 유월절을 통해 일차원적이고 선적인 구도로 예수의 행적을 그리고 있는데 반해, 요한은 세 차례의 유월절을 통해 다중적 의미를 갖는 다차원적이고 입체적인 구도로 예수의 행적을 그리고 있다.

a. 성육신 교리의 의미

요한의 성육신 교리(1:14)는 공관복음과는 차원이 다른 다차원적 해석을 가능케 한다. 즉 하나님의 내리사랑, '태어나 죽는 존재'가 아닌 '왔다가 가는 존재'로서의 예수,[778] 영원과 시간을 비롯하여, 하늘과 땅, 하나님과 인간 등 시공인(時空人)의 일원론적 통합, 로고스찬가 내에서의 '성전을 대체한 예수' 등 다양한 의미를 내포하고 있다. 여기서는 '왔다가 가는 존재'로서의 예수를 중심으로 살펴보자.

성육신 교리는 예수의 본래 고향이 땅이 아닌 하늘임을 말하고 있다. 따라서 예수는 하늘로부터(위로부터) 오신 분이다(3:31). 이는 그가 본래 인간이 아니라 하나님(의 아들)이라는 것(1:18)을 말하고 있다. 예수는 하늘에 속한 분이요 하나님(하나님의 아들)이기에 그는 세례를 받으실 필요가 없다. 그래서 공관복음에서 예수가 세례 요한으로부터 세례를 받는(마 3:13; 막 1:9-11; 눅 3:21-22) 것과는 달리 요한복음에는 예수의 세례 기사가 없다.

한편, 요한은 기본적으로 '태어나 죽는 존재'로서의 예수를 그리고 있는 공관복음과는 차원이 다른, '왔다가 가는 존재'로서의 예수를 그

---

[778] 요한은 낳다(τίκτω) 동사를 단 1회(마 4회, 눅 5회, 계 5회) 사용하는데 반해, 오다(ἔρχομαι, ἦλθον) 동사를 무려 157회(마 115회, 막 85회, 눅 101회, 계 36회)나 사용하고 있다. 이는 예수가 땅에서 난 존재라기보다는 철저히 하늘로부터 온 존재로 그리고 있음을 잘 보여준다.

리고 있다. 공관복음은 예수를 땅(사람)에서 태어나 십자가에서 죽으신 존재로 그리고 있다. 이와 달리 요한복음은 예수를 하늘(하나님)에서 오셔서(보냄 받아서) 땅에 왔다가 사명을 다 이루고 다시 하늘로 돌아가는 존재로 그리고 있다. 물론 공관복음에도 예수가 사명을 이루기 위해 이 세상에 왔거나 아버지로부터 보냄 받았다(마 20:28; 막 1:38; 10:45; 눅 4:43 등)는 대목이 있으나 요한복음과 비교하면 너무도 빈약하다.

요한은 예수를 철저히 아버지 하나님으로부터 보냄 받은 존재로 이 세상에 오셨다가 아버지의 뜻을 다 이루고(4:34) 다시 하늘로(아버지께로) 돌아가신 분(8:23; 13:1; 16:28 등)으로 그리고 있다. 이것을 증명이라도 하듯이 요한은 신약에서 '보내다'라는 의미로 사용된 대표적인 두 단어 즉, 주로 공적 임무를 띠고 파견된 의미로 사용된 '아포스텔로(ἀποστέλλω)'를 28회, 그리고 일반적 의미의 보냄 받았다는 뜻을 지닌 '펨포(πέμπω)'를 32회, 도합 60회 사용하고 있다. 이것은 요한이 예수를 얼마나 철저히 "왔다가 가는 존재"로 그렸는가 하는 것을 극명하게 보여주고 있다.[779]

공관복음은 예수가 유대 땅 베들레헴에서 태어나셨다고 말한다(마 2:1; 눅 2:4). 이것을 기념하는 날이 성탄절(聖誕節)이다. 그런데 요한에 의하면 예수는 본래 사람이 아닌 하나님이다. 그러니까 예수는 사람처럼 구체적인 어느 장소에서 태어난 존재로 그릴 수 없다. 그리고 하늘에서 땅으로 내려온 분이기에 성탄절이 아니라 성래절(聖來節)이라고 말해야 할 것이다.

---

779) 요한은 '왔다가 가는 존재'로서의 예수를 '어디로부터(πόθεν, 신약 전체 29회 중 마 5회, 막 3회, 눅 4회, 요 13회)' 와서 '어디로(που, 신약 전체 49회 중 마 4회, 막 3회, 눅 7회, 요 19회)' 가는 두 어휘의 최다 사용을 통해 잘 보여주고 있다. 또한 사복음서 가운데 '내려오다(καταβαίνω, 마 11회, 막 6회, 눅 13회, 요 18회)'와 '올라가다(ἀναβαίνω, 마 9회, 막 9회, 눅 9회, 요 16회)' 두 어휘의 최다 사용을 통해서도 잘 보여주고 있다.

또한 땅에서 태어난 예수는 십자가 위에서 숨을 거두었다(마 27:50; 막 15:37; 눅 23:46). 여기서 "숨을 거두었다"는 것은 '죽으셨다', '운명하셨다'는 뜻이다. 그러니까 공관복음은 기본적으로 예수를 '태어나 죽는 존재'로 그리고 있다. 사람으로 땅에서 태어나 십자가 위에서 죽으신 예수가 부활 승천하심으로 하나님의 아들(주와 그리스도, 행 2:36)로 인정되었다는 것이 공관복음의 기독론이다.

이에 반해 요한은 하늘에서 땅(세상)으로 오신 예수는 땅(세상)에서 그를 보내신 하늘(하나님)의 뜻을 다 이루고 다시 하늘로 돌아가는 존재로 그리고 있다. 그러니까 십자가 위에서 예수가 마지막으로 하신 "다 이루었다"(19:30)는 말씀은 그가 이 세상에 온 목적,[780] 즉 하늘(하나님)의 사명인 인류의 구원을 온전히 성취(또한 구약의 성취) 하였음을 말하는 것이다. 그러기에 예수가 십자가 위에서 숨을 거두었다("영혼이 떠나갔다", 19:30)는 말씀은 '죽었다'는 의미의 공관복음에서와는 달리 '돌아갔다', 즉 본래 고향인 하늘로(아버지께로) 돌아갔다는 의미이다. 본래 하늘에서 선재(로고스)하신 하나님의 아들 예수께서 사람의 몸을 입으시고 이 세상(땅)에 오셨다가 십자가에 달리시고 부활 승천하여 다시 본래 고향인 하늘로 돌아갔다는 것이 요한복음의 기독론이다.

여기서 '태어나 죽는 존재로서의 인생관'과 '왔다가 가는 존재로서의 인생관'의 차이를 생각해 보자. '태어나 죽는 존재로서의 인생관'은 '자연인의 인생관'이라고 말할 수 있다. 자연적 인생관에서는 한 사람이 어떤 환경에서 태어났느냐 즉, 어느 나라, 어느 지방, 어떤 신분, 어떤 부모,

---

[780] 많은 이들에게 큰 도전과 영향을 준 릭 워렌(R. Warren) 목사의 《목적이 이끄는 삶》은 우리의 삶을 향한 하나님의 목적을 아는 것이 얼마나 중요한가를 역설하고 있다. 여기서 '목적'에 해당하는 헬라어는 '델레마(θέλημα)'인데, 요한은 이 어휘를 최다 사용(신약 전체 62회 중 마 6회, 막 1회, 눅 4회, 요 11회) 하고 있다. 이를 통해 우리는 요한이 하나님의 뜻, 목적 있는 삶에 얼마나 깊은 관심을 갖고 있는가를 엿볼 수 있다.

그리고 부자 집에서 태어났느냐 아니면 가난한 집에서 태어났느냐 하는 것이 대단히 중요하다. 그리고 죽을 때에도 얼마나 오래 편안히 죽었느냐 아니면 비참하게 횡사했느냐, 사회적 신분이 높은 자로 죽었느냐 그렇지 않느냐에 따라 죽음의 의미와 장례의 규모와 달라진다.

이와 달리 '왔다가 가는 존재로서의 인생관'은 '신앙인의 인생관'이라고 말할 수 있다. 신앙적 인생관에서는 한 사람이 어떤 환경에서 태어났느냐가 그리 중요하지 않다. 중요한 것은 이 세상에 와서 자신에게 주어진 사명을 온전히 다 이루고 죽었는가 아니면 그렇지 못하고 죽었는가 하는 것이 중요하다. 예수가 가난한 목수의 아들이요 갈릴리 나사렛 출신이라고 해서 비웃음 받을 것도 없고 최악의 죽음으로 여겨지는 십자가에서 참혹하게 죽으셨다고 해서 실패한 인생이라고 말할 수 없다.

그러니까 사람의 눈으로 볼 때 얼마나 화려하고 멋지게 성공하고 부귀와 영달을 누리고 오래 살다 죽었다는 것이 중요한 것이 아니다. 얼마나 온전히 자기에게 맡겨진 하늘의 사명을 온전히 이루었느냐가 중요하다. 그런 의미에서 "다 이루었다"는 말씀으로 생애를 마감한 예수는 이 세상의 그 누구와도 비교가 안 되는 온전한 삶을 살다 간 분이다. "내가 달려갈 길과 주 예수께 받은 사명 곧 하나님의 은혜의 복음을 증언하는 일을 마치려 함에는 나의 생명조차 조금도 귀한 것으로 여기지 아니하노라"(행 20:24)는 사도 바울의 고백은 그가 얼마나 사명에 충실한 삶을 살다 갔는가를 잘 보여주고 있다.

그리스도인, 즉 하나님의 자녀가 되었다는 것은 이 땅 어딘가에서 태어나 때가 되면 죽어 땅에 묻히는 존재(자연인)가 아니라, 예수처럼 하늘로부터 왔다가 이 세상에서 사명을 완수한 후 위에서 부르시면 다시 고향인 하늘로 돌아가는 존재(신앙인)이다. 따라서 그리스도인은 그 고향이 이 땅 어디가 아닌 저 하늘이요, 땅의 시민권이 아닌 하늘의 시민권을 갖고 사는, 차원이 다른 존재들이다(빌 3:20).

b. 지리상징코드의 실례: 요단 동편(건너편)과 요단 서편

요한의 지리상징코드는 요단 동편(건너편)과 요단 서편을 대조적인 장소로 그리는 데에서도 잘 나타난다. 요한은 지리상징코드를 사용하여 가나안 땅을 바라보며 모세가 죽었던 요단 동편을 멸망과 죽음의 땅이요, 구원 받지 못한 땅으로 상정하고 있는 데 반해, 요단 서편 가나안 땅은 생명과 부활의 땅이요 구원의 땅으로 상정하고 있다.

이에 대한 좋은 실례가 요단 동편 베다니에 머물던(10:40) 예수가 요단 서편 베다니로 자리를 옮겨(11:1) 죽은 나사로를 살리는 기사이다.[781] 지리상징코드로 보면 예수가 요단 동편 베다니에서 요단 서편 베다니로 옮겨 가신 행위는 멸망과 죽음의 땅에서 부활과 생명의 땅으로 옮긴 것을 암시한다. 그리고 예수는 부활과 생명의 땅에서 "나는 부활이요 생명이다"(11:25)라고 말씀하시면서 죽은 나사로를 살리신 것이다.

또한 요한복음에 나오는 일곱 표적 가운데 다섯번째 표적인 "바다 위를 걷는 표적"(6:16-21)이 있다. 이 표적은 네번째 표적인 오병이어의 표적(6:1-15)에 바로 이어져 나올 뿐만 아니라 길이도 가장 짧다는 특징이 있다. 그래서 이 표적사건은 요한복음의 특징도 많이 발견되지 않고 별로 중요하지 않은 표적으로 생각하는 학자[782]가 있는가 하면, 이 표적사건을 일곱 표적에서 빼고 그 대신 '십자가 사건'을 완전수에 해당하는 일곱째 표적으로 넣고 '부활'을 여덟째 표적으로 둔 학자[783]도 있다.

그러나 이 표적을 빼는 것은 제1부(1-11장)를 완전수인 일곱 표적으

---

781) 우리말 성경에서는 동일하게 '베다니'로 되어 있으나 일부 사본에서는 1:28이 '베다바라(Βηθαβαρά)'로 다르게 기술되어 있다.
782) 김동수,《요한신학 렌즈로 본 요한복음》, 109.
783) N.T.Wright,《하나님의 아들의 부활》, 1031, 1034.

로 구성하고자 하는 요한의 의도를 제대로 포착하지 못한 결과이며, 이 표적사건을 별로 중요하지 않은 것으로 생각하는 것은 지리상징코드를 제대로 파악하지 못한 결과이다. 이 표적사건은 요한의 지리상징코드를 이해하는 결정적 열쇠를 쥐고 있는 아주 중요한 사건이 아닐 수 없다.

요한과 마찬가지로 마태와 마가는 오병이어 표적(마 14:13-21; 막 6:30-44)에 이어 곧바로 예수께서 물 위를 걷는 사건(마 14:22-33; 막 6:45-52)을 보도한다. 그런데 마태와 마가는 오병이어 표적을 요단 서편 빈들에서 행한 뒤에 요단 동편인 벳새다(마 14:22; 막 6:45)로 가면서 물 위를 걷는 것으로 보도하고 있다. 이에 반해 요한은 요단 동편(갈릴리 바다 건너편)에서 오병이어를 행한 후에 요단 서편인 가버나움으로 가면서 물 위를 걷는 것으로 보도하고 있다. 여기서 마태나 마가의 보도와는 정반대로 예수의 행위를 보도하고 있는 요한의 의도는 무엇일까? 그것은 요한의 지리상징코드 때문이다.

이 표적사건의 마지막 구절은 요한의 지리상징코드를 잘 말해준다. "이에 기뻐서 배로 영접하니 배는 곧 그들이 가려던 땅에 이르렀더라"(6:21). 생명의 주님이 되신 예수가 탄 배는 요단 동편을 떠나 요단 서편 땅에 이르게 되었다. 요한은 출애굽 때의 '홍해도하사건'에 이은 '가나안 땅 정착'이라는 상징적 의미를 이 표적사건에 부여함으로써 예수가 제2의 출애굽과 가나안 땅을 선물로 주는 '새 모세'임을 의도하고자 한 것이 분명하다. 나아가 이 표적사건은 사망의 땅으로 상징되는 요단 동편에서 먹은 떡(만나)은 잠시 배부르다가 다시 허기가 지는 '썩을 양식'(육의 양식)이고, 생명의 땅으로 상징되는 요단 서편에서 행해진 예수의 가르침(말씀)은 '영생하도록 있는 양식'(영의 양식)이라는 것을 예시한다(6:27).

⑥ 절기(시간) 상징코드

요한은 '시간의 해체와 재구성'에 의한 절기상징코드를 사용하고 있다. 요한의 천재성은 요한복음의 전체 구조를 유월절을 비롯한 유대인의 다섯 절기와 '예수의 때'라는 절기(시간) 상징코드를 가지고 구성했다는 데 있다. 이미 언급했듯이 예수의 공생애를 공관복음은 한 차례의 유월절로 상정하고 기술하고 있는 데 반해, 요한은 세 차례의 유월절(2:13; 6:4; 11:55)을 상정하고 기술하고 있다. 요한은 절기상징코드로 본다면 '유월절'을 주제로 한 3년짜리 '유월절 복음서(A Passover Gospel)'를 쓰고자 했다.

a. 유월절 모티프

이스라엘의 최대 명절인 유월절(חספ, 페사흐)은 이스라엘이 애굽에서 구원된 해방의 날을 기념하는 절기(출 12장)이다. 유월절은 문자적으로 '넘어가다(pass over)', '지나가다'로 죽음의 사자가 애굽 장자들을 죽일 때 어린 양의 피를 문설주에 바른 이스라엘 백성의 집을 넘어간 데서 유래한다. 칠칠절(초실절), 초막절(장막절)과 함께 이스라엘 3대 절기(출 23:14-17)인 유월절은 니산월(태양력 3-4월경)[784] 14일 저녁에 지켜졌다.

유대인들은 니산월 13일 저녁부터 사실상 유월절 절기를 준비한다. 이날 저녁 등불을 켜면서 집안의 모든 누룩을 제거한다. 그리고 다음 날인 14일 저녁에는 유월절 식사를 한다. 이때 어린 양의 고기와 무교병 및 쓴 나물을 먹음으로써 출애굽 한 그 날을 기념한다. 구약의 유월절은 신약적으로 말하면 십자가 죽음으로부터 부활 생명을 기념하

---

784) 니산월은 바벨론 포로 이후에 불리워진 것으로 옛 이름은 아빕월이다. 또한 유월절은 니산월 14일이고, 이어서 '무교절'로 일주일간(15-21일) 지켜진다. 본래 유월절 예식은 봄철에 치르던 유목민들의 의식(유목사회)에서 나온 것이다. 무교절은 첫 추수와 관련이 있는 농업적인 축제(농경사회)에 뿌리를 두고 있다.

는 부활절(Easter)에 해당한다.

유월절과 관련하여 주목할 사실은 공관복음이 한 번의 유월절을 복음서 끝부분에 집중적으로 언급하고 있는데 반해, 요한복음은 여러 번의 유월절을 고루 펴져 언급하고 있다는 사실이다.[785] 이것은 요한복음 전체가 유월절과 관련해서 전개되고 있음을 시사한다.

숫자상징에 의하면 숫자 3 혹은 세 차례라는 횟수는 '더 이상은 없다'는 뜻의 '끝', 혹은 '온전함'을 상징한다. 요한이 그의 복음서를 세 차례의 유월절로 구성한 것은 부활하신 예수가 유월절을 온전히 이루신 분이라는 절기상징코드의 의미를 갖는다. 요한은 '유월절 여섯 전에'(12:1)라는 말로 요한복음의 후반부를 시작한다. 이 날로부터 부활한 주일 날까지 계산하면 요한복음은 절반이 8일 동안 일어난 사건을 기록하고 있는 셈이다. 초대교회 케리그마의 핵심인 '십자가와 부활'이라고 할 때 요한이 얼마나 초대교회 전통에 충실하고 있는가를 잘 보여준다.[786]

한편, 요한은 '유월절' 용어를 통해 요한복음 전체를 둘로 나눈다. 제1부인 11장까지는 유월절 용어가 단순히 '(유대인의) 유월절'(2:13, 23; 6:4; 11:55)이라는 말로만 기술되어 있다는 사실이다. 이에 반해 공생애의 마지막 유월절을 시작하는 12장부터는 '유월절' 용어가 구체적이고 다양하게 기술되어 있는 것을 볼 수 있다. 제2부가 시작되는 12:1에는 '유월절 엿새 전에'라는 말로 기술되어 있다. 그리고 고별설교가 시작되는 13:1에는 '유월절 전에'라는 말로 기술되어 있다. 정확하게 말하면 '유월절 전날에'이다. 그리고 '유월절'(18:28,39), '유월절 준비일'(19:14)로 되

---

785) 마태는 4회(26:2,17,18,19), 마가는 4회(14:1,12,14,16), 누가는 8회(2:41; 22:1,7,8,11,13,15,16), 요한은 9회 언급하고 있다(2:13,23; 6:4; 11:55; 12:1; 13:1; 18:28,39; 19:14).
786) 공관복음은 예루살렘 입성부터 부활까지를 요한(12-21장)보다 훨씬 적은 분량으로 다루고 있다(마태 21-28장, 마가 11-16장, 누가 19-24장).

어 있다.

이 같은 사실은 12장 이전까지의 공생애 초기와 12장 이후의 공생애 말기의 '일반적 시간' 용어를 살펴보더라도 거의 유사하다. 공생애 초기(1-11장)에 사용된 시간들은 정확하게 언제인지가 분명하지 않은 것이 대부분이다.[787] 공생애 말기(12장 이후)에 사용된 시간 용어는 그 시간이 언제인지가 구체적으로 명시되어 있다. 예루살렘 입성과 관련된 '그 이튿날'(12:12)은 토요일인 '유월절 엿새 전에'(12:1)에 비추어 볼 때 일요일에 해당한다. 주님이 제자들의 발을 씻던 '저녁 먹는 중에'와 유다가 빵 조각을 받고 나간 밤은 '유월절 전날'(13:1) 저녁과 밤이다.

'닭이 울'(19:27) 때와 예수를 로마 총독 관정으로 끌고 가던 '새벽'(19:28)은 십자가를 지던 날이다. "이 날은 유월절 준비일이요 때는 제육시라"(19:14)는 니산월 13일로써 성금요일 정오에 해당하는 시간이다. '안식 후 첫날 일찍이 아직 어두울 때에'(20:1)는 주님이 부활하신 날로서 일요일에 해당한다. 공생애 말기부터는 구체적이고 정확한 날짜와 시간을 알 수 있을 정도로 시간 사용이 정확하다. 여기서 우리는 마지막 유월절(12장)을 기점으로 전반부와 후반부를 구별하고자 의도한 요한의 절기상징코드를 분명히 엿볼 수 있다.

요한의 유월절 모티프는 당시 요한공동체가 당면한 교회적 상황에서 설명할 수 있다. 이 공동체는 무엇보다 유대교의 박해 속에서 기독교를 변증해야 하는 형편에 처해 있었다. 이런 가운데서 요한은 유대교의 핵심적인 모세와 핵심 되는 절기인 유월절의 빛에서 예수의 우월성을 옛 질서의 완전한 대형(對型)으로 제시하려고 했다. 예수는 유대교를 완성하고 성취함으로써 유대교를 능가하고, 그리하여 결국 유대교를 대체하신 분이다. 다시 말하면 이스라엘의 구원 사건인 출애굽과

---

787) 더 자세한 설명은 234쪽의 각주 490번을 참조하세요.

유월절은 새 이스라엘의 구원 사건인 예수의 부활 사건으로 말미암아 새 출애굽 사건과 새 유월절 사건으로 대체된 것이다.

b. 절기상징코드의 실례: 십자가 처형일

십자가 처형일에 관한 공관복음과 요한복음의 차이는 특히 주목할 만하다. 공관복음에서 최후의 만찬은 유월절이며, 예수는 유월절에 돌아가셨다. 즉 예수의 고별식사가 유월절 식사의 틀 속에서 행해진다. 그러나 요한복음의 따르면 예수는 이 시점에 이미 운명한 상태였다. 따라서 그 전날 밤에 있었던 예수의 고별식사(13장)는 유월절 식사의 성격을 갖지 않는다.

역사적으로 어느 것이 더 정확한지는 알 수 없다.[788] 다만 두 경우에 있어서 시간 설정에는 다음과 같은 신학적인 선포 의도와 결부되어 있다. 공관복음의 시간 설정은 예수의 고별식사(성만찬)가 새 언약을 체결하는 유월절 식사라는 의미를 지닌 시간 설정인데 반해, 요한복음의 시간 설정은 예수의 죽음이 참된 유월절 양의 죽음이었다는 의미를 지닌 시간 설정이다.

요한은 예수가 십자가에 달리신 날을 이렇게 보도하고 있다. "이 날은 유월절의 준비일이요 때는 제육시라 빌라도가 유대인들에게 이르되 보라 너희 왕이로다"(19:14). 여기서 '유월절의 예비일'은 니산월 14일 유월절 식사가 시작되기 바로 직전인 니산월 13일이다. 그리고 유대 시각으로 '제육시'는 우리 시각으로 12시(정오)를 가리킨다. 이 시각은 유월절 양 잡는 시각이다.

따라서 예수의 십자가 처형일은 니산월 13일 정오였다. 이 날은 아

---

[788] 바클레이는 이 사실을 두고 공관복음은 '사실'에서 올바르고 요한은 '진리'에서 올바르다고 말하면서 요한은 언제나 단순한 역사적 사실보다는 '영원한 진리'에 훨씬 관심을 쏟고 있었다고 말한다. W. Barclay, 《요한복음(하)》, 287-288.

직 목요일(우리 날짜로는 금요일)로서 오후 여섯 시부터 시작되는 금요일 유월절을 예비하는 날이다. 이 예비일은 유월절 어린 양을 잡는 날로서, 세례 요한이 예수를 보고 "보라 세상 죄를 지고 가는 유월절 어린 양이로다"(1:29)라고 예언한 말씀이 성취된 것이다. 또한 이는 구약 예언의 성취라는 큰 의미를 갖는다.

구약에서 유월절은 하나님의 전능하신 능력으로 애굽의 노예상태에서 이스라엘이 해방을 얻은 '출애굽 사건(Exodus)'을 기념하는 이스라엘의 최대 명절이다. 바로 이때에 하나님은 이스라엘의 왕으로 나타나셨고, 이스라엘은 하나님의 백성이 되었다. 이와 상응하게 신약에서 유월절에 예수가 '세상 죄를 지고 가는 하나님의 어린 양'으로 죽은 것은 이스라엘 민족만이 아닌 모든 민족의 해방이 되는 '제2의 출애굽 사건(Second Exodus)'이다.

또한 이는 제2이사야(사 40-55장) 예언의 성취이기도 하다. '하나님의 어린 양'이라는 칭호는 증인 본문(1:19-51)에 나타나는 첫 메시아 칭호로서 그 아래 36절에서 반복해서 언급하고 있다. 이 칭호는 네 개의 '야웨의 고난 받는 종의 노래'(42:1-9; 49:1-7; 50:4-9; 52:13- 53:12) 중 네 번째 노래와 관련되어 있다. 여기서 예수는 우리의 죄를 짊어지고(사 53:4-6) 우리의 죄 때문에 도수장으로 끌려가는 어린 양(53:7-8)으로 비유된다.

예수의 십자가 처형과 관련하여 메시아의 오심과 죽으심에 대해 다시 생각해 보고자 한다. 요한은 19장에서 '(유대인의) 왕'이라는 어휘를 7회(12,14,15[2회],19,21[2회]절) 사용하여 예수의 죽음이 진정한 메시아적인 '왕적 죽음'이라는 사실을 드러내주고 있다. 그런데 왕이신 주님이 유대 종교와 로마 정치의 야합으로 희생양으로서의 폭력적 죽임을 당한 것이다. 다시 말하면 희생양으로 죽은 예수는 메시아이면서 동시에 '호모 사케르'(Homo Sacer, 종교적이고 정치적인 폭력으로 저주받아 주어진 사회로부터 축출되고 버려진 자)라는 것을 의미한다. 메시아이자 '호모 사케르'로서의 주님의 죽음은 요한복음 초두에서 이미 예표되었다.

세례 요한이 자기에게 나아오는 예수를 보면서 행한 제일성은 이것이다. "보라 세상 죄를 지고 가는 하나님의 어린 양이로다"(1:29). 이 구절이 그 다음에 나오는 그의 두 제자들에게 행한 "보라 하나님의 어린 양이로다"(1:35)와 다른 점은 "세상 죄를 지고 가는"이라는 말이 들어 있다는 사실이다. 이 말과 더불어 이 말을 행한 장소가 요단 동편 광야라는 점이다. 그렇다면 이 구절을 통해 요한이 말하고자 하는 진정한 의도는 어디에 있을까? 유대 대속죄일에 '저주 전이 의식(curse transmission ritual)'에 따라 모든 죄와 저주를 뒤집어쓰고 광야로 축출되는 아사셀 희생염소(레 16:6-10)처럼 "세상 죄를 지고 가는" 주님은 '호모 사케르'의 아사셀 희생염소와 동일시되었다.

'호모 사케르'로 죽은 주님의 희생적 죽음은 유대교 희생제의에 내재되어 있는 폭력적인 희생양 기제 자체를 폐기하는 역설일 뿐만 아니라 당시 로마 법 자체도 적용될 수 없는 예외적 상태의 처참한 죽음을 통해서 로마 통치권의 근원적 모순을 드러내는 기능을 하고 있다. 예수의 죽음이 호모 사케르로서의 죽음이라면 그를 신원하신 하나님은 로마법에 의해서 결코 보호될 수 없었던 인권의 사각지대에 버려진 사회적으로 낙인찍힌 자들과 연대하여 로마제국의 근원을 무너뜨리게 된다. 이처럼 예수의 죽음을 저주 전이의식의 속죄론적 지평에서 이해하게 될 때, 이러한 죽음을 당한 주님을 따르는 자들은 이제 천상에서 하나님의 아들의 지위를 얻게 되고, 지상에서 '에클레시아(ἐκκλεσία, 교회)'의 구성원으로 인정받게 되는 지위의 역전 현상을 경험하게 된다.[789]

우리는 저주받은 자들의 '개죽음(?)'의 끔찍함을 최근 아프가니스탄

---

789) 김덕기, "로마서의 구속론과 희생제의", 《바울의 문화신학과 정치윤리》, 320-322.

의 탈레반에 의해서 내동댕이쳐진 인질들의 덧없는 죽음에서 경험하게 된다. 또한 우리는 이 사회에서 법의 이름으로 해고되어 돌아가지 못하는 비정규직 일용노동자와 억울한 재임용탈락자, 자의반 타의반 강제로 사직서를 쓰고 억울하게 직장에서 나온 자들, 명예 살인에 의해서 죽은 자들, 현재 문명의 이기로 인하여 기계와 함께 사고에 의해서 희생된 자들……그리고 무엇보다 법의 이름으로도 불의한 처우의 억울함이 풀리지 않아서 하나님의 정의에 의문을 던지는 사람들……이들의 억울함과 참혹함을 대변하는 신학을 바울은 이렇게 표현한다: "하나님이 사도인 우리를 죽이기로 작정된 자같이 끄트머리에 두셨으매 우리는 세계 곧 천사와 사람에게 구경거리가 되었노라(고전 4:9)……우리가 지금까지 세상의 더러운 것(쓰레기-표준새번역)과 만물의 찌꺼기(호모 사케르) 같이 되었도다(고전 4:13)."[790]

⑦ 인물(인간) 상징코드

요한은 '인간의 해체와 재구성'에 의한 인물(인간) 상징코드를 사용하고 있다. 인물상징코드는 다섯 항목에서 잘 드러난다. 모세(세례 요한)와 다윗, 마리아라는 이름을 가진 세 명의 여인, 니고데모(3,7,18장)와 빌라도(18:28-19:16), 애제자, 그리고 디두모라 하는 도마가 그것이다.

a. 세 명의 마리아

요한복음에는 여인들에 대한 기사가 많다.[791] 그 중에서 특히 세 명의 마리아는 요한복음에서 '예수의 부활'과 관련하여 아주 중요한 위

---

790) 김덕기, "호모 사케르가 된 자들을 위한 진혼곡", 윗책, 564-565.
791) 예수의 모친(2장), 사마리아 여인(4장), 간음하다 현장에서 붙잡힌 여인(8장), 마르다와 마리아(11장), 나사로의 누이 마리아(12장), 십자가 밑에 여인들(19장), 그리고 막달라 마리아(20장).

치에 포진되어 있다. 세 명의 마리아는 똑같이 각각 두 장씩에 걸쳐 나타난다. 예수의 모친 마리아는 2장과 19장에, 나사로의 누이 마리아는 11장과 12장에, 막달라 마리아는 19장과 20장에 각각 나타난다.

우선, 이들 세 마리아가 부활장(2,11,20장)[792]과 수난장(12,19장)에서만 나타난다는 사실은 예사로 볼 수 없는 주목할 만한 일이다. 요한이 세 명의 여성을 각각 부활장에 해당하는 본론의 첫장(2장)과 가운데장(11장)과 끝장(20장)에 배치한 것은 인물상징코드라는 철저한 신학적 의도에 따른 것으로 볼 수밖에 없다. 이 세 곳 모두에서 '마리아'라는 이름의 여성들은 부활과 관련된 중요한 역할을 담당하고 있다.

이 같은 구조는 요한이 복음서 전체를 '부활신학'의 관점에서 구조화하고, 부활의 빛에서 십자가를 그리고 있음을 암시하고 있다고 볼 수 있다. 결국 요한은 요한복음의 본론을 여성으로 시작해서(2장) 여성으로 절정을 이루고(11장) 여성으로 피날레를 장식하는(20장) 구조로 엮고 있는 것이다. 주후 1세기 고대 근동 상황에서 여성의 위치를 감안할 때 세 명의 마리아로 복음서를 구성한 것은 말 그대로 파격이 아닐 수 없다.

왜 요한은 낮고 천한 연약한 여성을 이토록 중요한 곳에 배치해서 복음서를 구성했을까? 그것은 예수를 진정으로 사랑하고 그의 말씀에 순종한 사람이 부활이라는 큰 기쁨의 선물을 가장 먼저 받을 자격이 있다는 것을 암시하는 사인이 아닐까. 하나님의 사랑의 눈으로 보면 멸시 천대받는 여성들도 남성들과 똑같이 하나님의 형상으로 창조된 존엄한 존재(창 1:26-27)이다. 그리고 사도 바울의 말처럼 그리스도 예수 안에서는 그 누구도 차별이 없다(롬 3:22). 여성도 하나님 나라를 이루

---

[792] 첫 표적인 가나의 혼인잔치 표적(2:1-11)이 부활과 관련되어 있다는 사실에 대해서는 본문 2:1-11 주석을 참조하세요.

고 확장하는 일에는 남성과 조금도 차이가 없다는 것을 요한은 천재적인 구성과 필치로 역설하고 있다.

첫째, 예수의 모친 마리아다. 갈릴리 가나에 혼인잔치가 있을 때 예수의 어머니가 그곳에 계셨다. 그런데 공교롭게도 혼인 잔치상에 마련된 포도주가 떨어지는 난감한 상황에 처하게 되었다. 그러자 그녀는 아들 예수에게 선처를 부탁했다. 그러나 아들로부터 "여자여 나와 무슨 상관이 있나이까"라는 말에서 보듯이 냉정하게 거절당하는 수모를 겪으면서도 그녀는 하인들에게 "너희에게 무슨 말씀을 하시든지 그대로 하라"는 명령을 내렸다. 이 같은 그녀의 믿음과 순종이 결국 물이 변하여 포도주가 되는 첫 표적을 이루어 내었다.

둘째, 나사로의 누이 마리아다. 그녀는 오라버니 나사로가 죽는 슬픔을 당하고 있을 때 그의 집으로 오고 계신 예수를 언니 마르다와 함께 맞아들였다. 그러고는 그녀의 특징인 예수의 발 앞에 엎드리어 (11:32; 눅 10:38-42 참조) 오라버니의 죽음을 안타까워하며 예수께 알렸다. 결국 예수의 말씀으로 나사로가 살아나는 최대의 표적을 체험하게 되었다. 그것에 대한 감사의 표시로 그녀는 자신의 전부라 할 수 있는 지극히 비싼 향유를 예수의 발에 붓고 자신의 머리털로 예수의 발을 닦아드리는 헌신을 한 것이다(12:1-8).

셋째, 막달라 마리아다. 누가의 기록에 따르면 그녀는 본래 일곱 귀신 들린 여자였다(눅 8:2). 그런 그녀가 예수에 의해 치유받고 나서 그녀는 십자가 현장까지 예수를 따라 나선 여제자가 되었다. 그녀는 19:25에서 처음으로 등장한다. "예수의 십자가 곁에는 그 어머니와 이모와 글로바의 아내 마리아와 막달라 마리아가 섰는지라." 대부분의 학자들은 이 구절에 나타난 예수의 어머니 이름을 밝히지 않은 이유라던가 십자가 아래에 몇 명의 여인들이 있었는가 하는 데 관심을 집중한 나머지 정작 중요한 문제인 이름을 거명한 순서의 중요성을 간과하고 있다. 고대근동세계에서 거명 순서는 대단히 중요한 의미를 갖는다.

공관복음에서는 예수의 어머니가 나타나지 않고, 세 명의 여인들 가운데 막달라 마리아가 제일 먼저 보도되고 있다(마 27:55-56; 막 15:40-41). 그런데 요한복음에서는 예수의 어머니 마리아가 제일 먼저 등장하고 막달라 마리아가 제일 마지막에 등장하고 있다. 그리고 공관복음에는 안식 후 첫날에 여러 여인들이 찾아가는 데 반해 요한복음은 오직 막달라 마리아만이 찾아가는 것으로 보도하고 있다.

나아가 그녀는 부활하신 주님을 가장 먼저 만나는 기쁨과 영광을 얻는다. 그리고 그녀는 부활의 소식을 제자들에게 전하는 부활의 첫 증인이 된다. 요한이 이토록 막달라 마리아를 중요한 인물로 부각시킨 까닭은 무엇일까. 요한은 가장 많은 사랑(죄사함)을 받은 자가 가장 예수를 사랑한다는 것을 보여주고자 한 뜻에서 그렇게 한 것이 아닐까.

b. 인물상징코드의 실례: 도마(최고의 신앙모델)

일반적으로 도마는 '의심 많은 제자'라는 부정적인 별명을 갖고 있다. "허물 많은 베드로를 용서하시고 의심 많은 도마에게 확신주시고"라는 찬송 가사도 있다. 그런데 공관복음에는 도마가 열두 제자의 명단에 이름만 언급될 뿐 그에 대한 기사는 전혀 나오지 않는다(마 10:3; 막 3:18; 눅 6:15). 또한 예수의 제자 가운데 하나인 도마가 의심 많은 사람이라는 역사적 증거는 아무 데도 없다.[793]

그럼에도 불구하고 지난 2천년 동안 도마는 '의심 많은 제자'라는 의심을 받아왔다. 이것은 요한복음에 나오는 도마 기사를 근거로 한 일반인의 생각인데, 과연 이러한 일반인의 생각이 요한의 본래 의도와

---

793) 전승에 따르면 도마는 인도에 기독교회를 세웠으며 거기서 무릎 꿇고 기도하던 중 죽었다고 한다.

어느 정도 일치하는지를 면밀히 검토해야 할 필요가 있다. 왜냐하면 도마에 대한 일반인의 생각은 선입견에 의한 편견이며, 오히려 요한의 글쓰기를 제대로 파악한다면 정반대의 해석이 가능하기 때문이다.

기존의 학자들은 공관복음과는 달리 요한복음에서 왜 도마가 중요한 장면에 자주 나타나는지에 대해 거의 묻지 않고, 다만 도마의 표면적 언표만 과도하게 관심을 기울였다. 요한의 글쓰기의 특징인 아이러니 기법과 인물상징코드에 대한 인식의 결여는 그를 단지 의심 많은 불신의 인물 또는 회의적 사실주의자 정도로 그를 단정지어버렸다.

도마의 불신을 말하는 본문으로 사용되고 있는 20:24-29의 핵심 문제는 예수의 부활을 보고 믿는 제자들과는 달리 부활 승천 이후의 예수가 없는 상황에서 어떻게 보지 않고 예수를 믿게 할 것이냐 하는 문제이다. 이를 위해 요한이 사용한 전략이 가까운 친구인 도마의 현장 부재 전략이었다.

보지 못하고 믿는 자가 복되다는 말씀을 하기 위해 요한은 지금 도마에게 현장 부재와 회의주의자 역할을 맡겼다고 볼 수 있다. 이후 주님을 보지 않고도 믿어야 할 사람은 굳이 도마와 같은 불신 단계를 거칠 필요가 없음을 말하고자 했다. 결국 요한복음은 이미 60년 전에 부활 승천하신 예수를 보지 않고 믿는 자들을 위해 기록된 책이다. 요한복음의 목적을 기술하고 있는 그 다음 대목(20:31)은 이 같은 목적을 요약 정리해 주고 있다. 이를 다시 상세히 고찰해 보자.

요한복음의 독특한 특징 중의 하나는 이중 의미[794] 로 나타나는 '오

---

794) 이중의미의 실례(1:5; 2:19; 3:3,8,14; 4:10,15,27,35; 8:22,31-33,51-53,57-58; 11:11-14,23-26; 13:6-9,36-37; 14:3-7,7-9,21-33 등등). 아이러니(풍자)의 실례(4:12; 7:35,42; 8:22; 11:50; 18:38; 19:2-3 등등). 박수암,《요한복음》, 29; 최승락, "요한복음의 경우를 통해 독창적 복음 증거에 이르게 하는 성경 해석",《빛과 소금》, 106-109.

해 모티프'와 '아이러니 기법'[795]이다. 이러한 기법들은 예수의 정체를 암시하는 복선 기능, 또는 예수의 정체를 드러내기 위한 문학적 장치이다. '오해 모티프'란 예수와 제자들, 또는 예수와 적대자들 사이에서 발생한 오해와 이해차이를 말한다. 즉 예수는 자신을 계시하는 말씀을 하지만 그 상대자는 그 의미를 깨닫지 못하거나 자주 오해하는 것으로 나타나는 것을 말한다. 그 대표적인 본문들은 다음과 같다.

(a) 성전에 대한 말씀(2:19-22)
(b) 니고데모와의 대화(3:3-10)
(c) 사마리아 여인과의 대화(4:10-15)
(d) 제자들의 몰이해(4:31-34)
(e) '생명의 떡'에 대한 말씀(6:48-52)
(f) 예수의 고난 예고(7:32-36; 8:21-22; 16:16-18)
(g) 자유에 대한 말씀(8:32-33)
(h) 영생에 대한 말씀(8:51-59)
(i) 아브라함에 대한 말씀(8:56-59)
(j) 선한 목자에 대한 말씀(10:7-21)
(k) '나와 아버지는 하나'라는 말씀(10:25-39)
(l) 나사로의 소생에 대한 말씀(11:23-24)
(m) '애제자'의 죽음에 대한 말씀(21:21-23)

---

795) 컬페퍼는 요한복음에 등장하는 대부분의 인물들은 요한복음 저자가 사용한 '아이러니의 희생자'라고 말한다. 나다나엘(1:46), 연회장(2:9-11), 니고데모(3:2,10), 사마리아 여인(4:10,12,29-38), 절름발이(5:7), 무리들(6:30-31; 7:26,42), 베드로(6:66-68; 13:37-38; 18:19), 예루살렘 사람들(7:27-29), 하속들(7:46), 도마(11:16), 제자들(16:30-32), 빌라도(18:33-19:22), 마리아(20:14-15). A.Culpepper, 윗책, 179. 요한이 그의 복음서 전체에서 아이러니 기법을 두루 사용하고 있는 것은 묵시문학적 박해상황, 즉 직접화법이 가져다 줄 필화를 면하기 위한 한 방책이라고 말할 수 있다.

'아이러니(Irony)'는 풍자(諷刺), 반어(反語) 또는 역설(逆說) 등으로 번역되는데, 예수의 반대자들이 예수께 자기들의 생각이 옳다고 강하게 주장해서 하는 말들을 독자들이 읽어가며 무엇이 정당한 것인가를 더 깊은 차원에서 확신하게 하는 어법을 말한다. 대표적인 본문은 다음과 같다.[796]

(가) 4:12: 사마리아 여인이 예수께 "당신이 야곱보다 더 크니이까"라고 질문한다. 그 여인은 그렇지 않다고 믿어 빈정대는 말투의 인상을 주나 독자들은 예수가 야곱보다 지극히 크신 분이라는 것을 안다.

(나) 7:42: 유대인들이 "성경에 이르기를 그리스도는 다윗의 씨로 또 다윗이 살던 촌 베들레헴에서 나오리라 하지 아니하였느냐"라고 질문한다. 이러한 질문들은 저희들이 예수가 다윗의 후손이 아니며 베들레헴에서 출생한 자가 아니라는 관점에서 한 말이다. 그러나 독자들은 그들의 요점 하나하나가 정확하게 적중하고 있음을 알고 있다.

(다) 11:50: "한 사람이 백성을 위해서 죽어서 온 민족이 망하지 않게 되는 것이 너희에유익한 줄을 생각지 아니하는도다"라고 가야바가 산헤드린에서 언명한다. 가야바의 의도는 예수를 과격 혁명가로 처형해야 로마제국의 의혹을 피할 수 있고, 그것이 나라를 살리는 해결책이라는 것이었다. 그러나 독자는 밝히 안다. 그것이 가야바가 자기도 모르는 사이에 예수의 죽음이 대속적인 죽음이며 그가 유대인만이 아니라 온 인류를 구원하시는 구주인 것을 예언하고 있다는 사실을.

(라) 18:38: 빌라도가 "진리가 무엇이냐"라고 질문했다. 물론 빌라도의 성격이 교활하고 또 냉소적인 것을 유추할 수도 있으나, 여기서의 초점은 진리가 무엇인지 찾을 수 없다고 한 빌라도의 질문과 상반되는 풍자적인 효과를 독자는 경험한다는 데 있다. 독자들은 그의 바로 앞에 서

---

796) 이상훈, 《요한복음》, 36-37.

계신 예수의 인격이 '길과 진리와 생명'(14:6)이심을 알고 있기 때문이다.

(마) 19:2-3: 병사들이 예수를 조롱하여 "유대인의 왕이여 평안할지어다"라고 했다. 여기에서 독자들은 이중적 풍자를 경험한다. 병사들이 풍자적으로 유대인의 왕이라고 했으나 독자들은 역으로 그가 진정한 왕임을 안다.

그런데 오해 모티프나 아이러니의 가장 극적인 실례는 '디두모라 하는 도마'이다. 그 동안 제자들 가운데 수제자 베드로나 애제자에 대해서는 많은 관심을 가지고 연구되었으나 도마에 대해서는 거의 관심이 없었던 것이 사실이다. 게다가 도마에게는 '의심 많은 제자'라는 꼬리표가 늘 따라 다녔다.

요한복음을 서사비평으로 접근한 컬페퍼는 도마에 대해 이렇게 말한다. "도마는 예수의 육신은 이해하지만 그의 영광은 이해하지 못하는 제자의 모델이다. .... 의심하는 자라기보다 사실주의자인 도마는 막달라 마리아처럼 지상의 예수를 영접하지만 아직 부활하신 그리스도를 인식하지 못하는 모든 사람을 대표한다."[797] 그러나 필자의 생각은 그와 상당히 다르다.

지금까지 도마에 대한 일반인들의 오해와 빗나감은 요한의 독특한 표현기법인 오해 모티프나 아이러니 기법, 나아가 분할기법을 제대로 이해하지 못한 데서 연유한다고 볼 수 있다. 도마의 엉뚱한 돌출발언이나 행동을 액면 그대로가 아니라 요한이 즐겨 사용하는 오해의 모티프와 아이러니 기법 및 분할기법을 통해 볼 때 도마에 대한 기존의 입장과는 전혀 다른 해석이 가능하다는 점이다.

요한복음에 조연으로 등장하는 도마야말로 요한복음 이해의 결정적 열쇠를 쥐고 있는 중요한 인물이라는 것이 필자의 생각이다. 즉 도

---

[797] R.A.Culpepper, 윗책, 123-124.

마는 천재 요한이 비밀리에 숨겨놓은 '히든카드'라는 것이다. 즉 도마는 요한공동체가 걸어가야 할 길이 부활의 복음을 가슴에 안고 예수가 이미 걸었던 십자가의 길임을 보여준 메신저(대사)이자 요한공동체가 본받아야 할 '최고의 신앙모델'이라는 것이 필자의 생각이다. 그 까닭을 이러하다.

도마는 공관복음에서 각각 단 한번 열두 제자를 소개할 때 아무런 설명 없이 단지 이름으로만 나올 뿐이다(마 10:3; 막 3:18; 눅 6:15). 그런데 요한복음에는 일곱 번('충만함'을 나타내는 상징적 숫자)이나 나타난다(11:16; 14:5; 20:24,26,27,28; 21:2). 그런데 여기서 주목할 것은 도마 어휘가 완전수를 상징하는 7회 등장하는 것은 요한이 다분히 신학적 의도를 가지고 그렇게 했다고 볼 수 있다. 즉 요한은 지금 분할 기법을 사용하여 도마를 그리고 있다는 사실이다. 일곱으로 분할된 도마를 하나로 모아보면 하나의 메시지가 자연히 나타난다.

더욱 중요한 사실은 도마는 요한복음 내에서 결정적으로 중요한 순간과 위치에서 나타난다는 점이다. 먼저, 요한의 신학은 '부활신학'이 그 핵심이라는 필자의 견해대로 도마는 철저히 부활과 관련된 대목에서 나타난다는 사실이다. 예수의 부활을 상징하는 나사로의 소생사건은 요한복음의 정가운데 장인데, 여기서 도마라는 이름이 처음으로 나타난다(11:16). 도마는 모세와 세례 요한의 옛 시대가 끝나고(1-10장까지), 새로운 시대를 여는 인물로 11장에서부터 등장하고 있다.

요한복음이 이중구조로 되어 있다는 필자의 견해에 따르면, 도마가 제1부의 절정인 11장에서 처음으로 등장한다는 것은 매우 중요한 의미를 시사한다. 다음으로, 이 땅을 떠나 아버지께로 돌아가는 예수의 부활과 승천을 다루고 있는 고별설교(14-16장)의 첫 대목에서 도마가 또다시 등장한다(14:5). 그리고 요한복음의 본론이 끝나는 장면, 즉 부활의 피날레 장면에서 도마가 네 차례 나타난다(20:24, 26,27,28). 그리고 부활

이후 디베랴 호수에서 일곱 제자 가운데 한 사람으로 나타난다(21:2). 여기서 도마가 등장하는 대목들을 하나씩 검토해 보자.

(가) 첫 대목(11:16)을 보자. "디두모라고도 하는 도마가 다른 제자들에게 말하되 우리도 주와 함께 죽으러 가자 하니라." 도마의 이 말은 곧 있을 나사로의 소생사건(11:17-44)의 바로 앞 구절에 위치하고 있다. 예수께서 나사로가 죽었으니 "그에게로 가자"(11:15)라는 말씀에 도마가 응수한 것이다. 지금 이 상황은 예수를 잡고자 하는 무리들을 벗어나 방금 요단강 건너편으로 피신했는데, 죽은 나사로를 방문하기 위해 다시 예루살렘 근방에 있는 베다니 마을로 다시 들어간다는 것은 죽음을 각오하지 않으면 안 되는 상황이다. "우리도 주와 함께 죽으러 가자"라는 도마의 이 발언은 바로 이 같은 상황에서 한 것이다.

도마가 한 이 말은 과연 생각 없이 무심코 툭 한번 던져 본 돌출발언인가? 필자는 그렇게 생각하지 않는다. 이 발언은 이중의미와 아이러니 기법을 즐겨 사용한 요한의 고도로 계산된 신학적 발언이라고 볼 수 있다. 이 발언에 대한 요한의 진정한 의도는 곧 있을 예수의 부활을 상징하는 나사로의 소생사건을 염두에 두면서 부활을 체험한 요한공동체(제자공동체)가 가야 할 길을 제시하고자 했다고 볼 수 있다. 부활하신 주님이 가신 길이 십자가의 길이기에 제자들(요한공동체)도 주님의 발자취를 따라 '부활신앙을 가슴에 안고 십자가의 길로'라는, 즉 '요한공동체의 구호(모토)'적 성격을 띤 발언이라는 것이 필자의 생각이다.

(나) 두 번째 대목(14:5)을 보자. "도마가 이르되 주여 주께서 어디로 가시는지 우리가 알지 못하거늘 그 길을 어찌 알겠사옵나이까?" 이 도마의 발언은 예수께서 제자들을 위해 아버지의 집으로 거처를 예비하러 갔다가 다시 와서 그들을 영접하려 한다고 말씀하시면서 내가 가는 그 길을 너희가 알 것이다라는 예수의 말씀에 대한 도마의 응수 이다.

이 질문은 요한이 독자나 요한공동체에 하고 싶은 말을 도마의 입을 통해 드러내고자 하는, 즉 도마로 하여금 예수의 입으로부터 위대한 말씀을 토해내도록 다분히 의도적으로 행한 유도성 질문이라는 것이 필자의 생각이다. 이 발언은 앞 대목에서처럼 언뜻 보기에는 무심코 뱉은 말 같으나 그 다음에 나오는 예수의 말씀을 통해 이 질문이 얼마나 중요한 질문인가를 엿볼 수 있다. "예수께서 이르시되 내가 곧 길이요 진리요 생명이니 나로 말미암지 않고는 아버지께로 올 자가 없느니라"(14:6).

인류 역사 이래 이보다 더 중요한 말은 없었다는 것이 필자의 생각이다. 그만큼 예수의 이 말씀은 역사상 최고로 중요한 말씀이다. 도마의 이 엉뚱한 질문은 그 이면에 요한의 신학적 의도가 깊이 깔려 있는 것이 아니냐는 것이다. 즉 예수의 입으로부터 이 같이 중요한 말씀을 이끌어내도록 하기 위해 치밀하게 계산된 요한의 장치라는 것이 필자의 생각이다.

(다) 세 번째 대목(20:24-29)을 보자. 우선 이 대목은 예수의 부활을 다루고 있는 장면으로 요한복음의 본론의 마지막 대목이다. 그 위치 자체만으로도 이 대목은 요한복음의 피날레를 장식하는 중요한 대목이다. 이 같이 중요한 대목에서 도마가 등장하고 있다. 부활하신 주님이 제자들을 만나러 왔을 때 하필이면 도마만 그 자리에 없다니! 우선 이것부터 심상치가 않다.

그런데 여드레가 지나서 주님이 다시 제자들에게 나타났다. 주님이 여드레 날에 나타난 것도 심상치가 않다. 여기서 '여드레'란 실제적 사실일 수도 있지만 요한이 의도적으로 상정한 날이라고 보아야 할 것이다. 이스라엘에서 '여드레' 날은 아기가 출생한 이후 할례를 받는 날이다(눅 2:21). 그러니까 "믿음 없는 자가 되지 말고 믿는 자가 되라"(20:27)는 예수의 말씀에 비추어볼 때 이 날의 의미는 '믿음의 할례를 받으라'는 의미로 해석할 수 있다. 또한 '여드레'는 다시 주일이 시작되는 날이다. 그러니까 제8일은 새로운 주기의 시작으로써, 유대교를 대체하는 기독교의 새 시대를 여는 날이라는 의미로 해석할 수 있다.

도마의 얘기를 들어보자. "도마가 이르되 내가 그의 손의 못자국을 보며 내 손가락을 그 못자국에 넣으며 내 손을 그 옆구리에 넣어 보지 않고는 믿지 아니하겠노라"(20:25). 그래서 여드레가 지나서 주님이 그에게 나타났을 때 도마는 자신이 말한 대로 행한 후에 주님의 부활을 믿었는가? 그렇지 않다. "네 손가락을 이리 내밀어 내 손을 보고 네 손을 내밀어 내 옆구리에 넣어보라 그리하여 믿음 없는 자가 되지 말고 믿는 자가 되라"(20:27)는 주님의 말씀에 도마는 단숨에 즉각 다음과 같이 대답하였다. "나의 주님이시요 나의 하나님이시니이다"(20:28).

도마의 이 신앙고백은 이중적 의미, 즉 예수를 십자가에 못 박은 가이사가 '주(κύριός)'가 아니라 죽은 자로부터 부활하신 예수가 '주(퀴리오스)'라는 전복적인 신앙을 담고 있다. 또한 유일신 야웨(신 6:4-5)에게만 부여하였던 '하나님(θεός)'을 부활하신 예수에게 부여하고 있다. 이 신앙고백은 인류 역사상 최고의 신앙고백이다. 예수가 '주님'일 뿐만 아니라 '하나님'이라고 하는 이 신앙고백은 지금까지 행한 어느 누구의 신앙고백, 즉 베드로의 신앙고백(마 16:16)이나 마르다의 신앙고백(요 11:27), 또는 나다나엘의 신앙고백(요 1:49)보다 더 위대한 신앙고백이다.

도마의 신앙고백은 요한복음 전체를 괄호로 묶는다는 측면에서 그 중요성을 더한다. 즉 요한복음은 "이 말씀은 곧 하나님이시니라"(1:1)라는 말로 시작하여 "나의 주 나의 하나님"이라는 말로 끝을 맺고 있다. 이것은 도마의 신앙고백이 요한공동체의 신앙고백이 되기를 바라는 요한의 깊은 신학적 의도를 담고 있다고 말할 수 있다.

또한 "믿음 없는 자가 되지 말고 믿는 자가 되라"(20:27)는 주님의 말씀에 대해서는 이러한 해석이 가능하다. 여기서 도마는 부활한 주님께서 그리스도요 하나님의 아들이라면 그분에 대한 믿음의 여부에 따라 구원과 멸망이 결정된다는 요한복음에서 결정적으로 중요한 구원론을 이끌어내는 역할을 하고 있다. 이 또한 고난당하고 있는 요한공동체에게 흔들림 없는 강력한 믿음을 촉구하는 요청이라고 볼 수 있다.

또한 "너는 나를 본 고로 믿느냐 보지 못하고 믿는 자들은 복되도다"(20:29). 이 말씀은 도마와 나눈 주님의 마지막 '축복의 말씀(beatitude)'이다. 요한복음에서 '복'이라는 말은 이 구절과 13:17에서 단 두 번만 나올 정도로 이 대목은 중요한 의미를 갖는다. 이 말씀은 주님이 떠나면 후대에 예수를 믿는 자들이 더 이상 표적을 볼 수도 없을 뿐만 아니라 또한 표적신앙을 넘어선 올바른 신앙을 갖도록 배려하는 주님의 유언과 같은 말씀이다. 그리고 요한공동체를 향한 예수의 축도와 같은 아주 중요한 의미를 갖는다. 그것이 지금 도마와의 대화 속에서 이루어지고 있는 것이다.

여기서 주목할 만한 사실은 이미 언급했듯이 요한복음의 저작 목적(20:30-31)이 도마의 신앙고백을 한 바로 이어서 나오고 있다는 사실이다. 지금까지는 이 대목을 주로 부록(또는 후기)으로 취급되는 21장을 제외한 요한복음의 결론으로 생각했다. 하지만 이미 언급했듯이 21장이 요한복음의 결론이고, 이 대목은 부활과 관련된 본문의 종결이라고 볼 경우 도마의 신앙고백이 이 자리에 배치되어 있다는 것은 요한이 도마를 부활신앙의 중요한 인물로 간주하고 있다는 것을 시사한다.

(라) 네 번째 대목(21:2)을 보자. "시몬 베드로와 디두모라 하는 도마와 갈릴리 가나 사람 나다나엘과 세베대의 아들들과 또 다른 제자 둘이 함께 있다가." 이 대목은 요한복음의 후기에 해당하는 대목이다. 부활하신 주님이 다시 디베랴(갈릴리) 호수에 나타났을 때 일곱 제자가 거기에 있었다. 여기서 중요한 것은 도마가 시몬 베드로에 이어서 두 번째 순위에 나오고 있다는 사실이다.

열두 제자 명단에서 도마는 여섯째(행 1:13), 일곱째(마 10:3), 또는 여덟째(막 3:18; 눅 6:15)에 위치한다. 그런데 이 대목에서는 도마가 그 유명한 신앙고백을 한 갈릴리 가나 사람 나다나엘(1:46,47,48,49; 21:2)보다 앞에 나올 뿐만 아니라 주님의 최측근인 세베대의 두 아들들보다 앞에 나온다. 이 사실은 예사로 볼 수 없는 일이다.

성서적(동양적) 사고방식에서는 사람의 순위를 정할 때 아무렇게나 정하는 것이 아니라 중요한 사람이나 연장자를 앞에 놓는다. 그래서 베드로는 항상 맨 수위 자리에 위치시킨다(마 10:2; 막 3:16; 눅 6:14; 요 21:2; 행 1:13). 그런데 이 대목에서 도마가 예상 밖으로 베드로 다음 자리에 위치하고 있다는 것은 아무 생각 없이 그 자리에 도마를 배치한 것이 아니라 다분히 요한의 신학적 의도가 깔려 있다고 보아야 할 것이다. 즉 요한복음에서의 도마의 중요성을 고려한 자리 배열이다.

끝으로, 한 가지 짚고 넘어가야 할 것은 도마라는 이름 앞에 늘 붙어 다니는 '디두모라 하는'(11:15; 20:24; 21:2)이라는 이 말이다. 한번만 하면 될 것을 왜 자꾸 반복(세 차례) 하는지 그 이유는 무엇일까? '디두모'는 '쌍둥이'라는 뜻이다. 그렇다면 도마가 정말 쌍둥이였을까. 그 어디에도 이것을 증명할만한 근거는 없다. 쌍둥이라는 이 말의 뜻을 통해서, 그리고 이 말을 반복해서 하고 있다는 면에서 우리는 여기에 요한의 의도가 들어가 있지 않나 생각해 볼 수 있다. 그것은 요한이 즐겨 사용하는 이중의미와 아이러니 기법으로 도마를 해석해 주기 바란다는 암시(사인)가 아닐까!

지금까지의 논의를 통해서 '의심 많은 제자의 모델'로서의 도마에 대한 기존의 생각이 얼마나 빗나간, 즉 요한의 글쓰기(아이러니 기법, 오해기법 및 분할기법)를 깊이 고려하지 않은 편견이라는 사실을 엿볼 수 있다. 오히려 도마는 요한에 의해 요한공동체의 '최고의 신앙모델'로 창조된 인물이라고 말할 수 있다. '디두모라는 도마'는 요한의 천재성이 찬란하게 빛을 발하는 인물상징코드가 아닐 수 없다. 요한은 도마를 통해 자신이 하고 싶었던 이야기를 대신한 인물이라고 볼 수 있다.

지금까지의 논의를 통해 지금 요한이 말하고자 하는 뜻은 이렇다. 도마가 '의심 많은 제자'가 아니라 도마는 '의심 많은 제자들'의 대표로서, 그리고 예수를 보지 않고 믿어야 할 후대의 신앙인들의 대표로서, 부활하신 주님을 의심하지 말고 도마처럼 "나의 주님, 나의 하나님"을 고백하는 자들이 되라는 메시지를 주고자 한 것이다. 즉 도마는 여기서 최고의 신앙모델로 선정된 인물이라는 것이 필자의 생각이다.

요한복음의 절정인 11장에 처음 등장하는 도마의 제일성은 이렇다. "우리도 주와 함께 죽으러 가자"(16절). 그리고 부활장인 20장에서 이러한 말로 피날레를 장식한다. "나의 주님, 나의 하나님"(28절). 요한은 도마의 제일성과 그의 신앙고백을 통해 부활하신 주님은 영원토록 경배와 찬양을 받으시기에 합당한 주님이요 하나님이라는 것, 그러기에 참 제자의 길은 주님을 사랑하는 까닭에 주님이 걸어가신 십자가 고난의 길을 주님과 함께 따라 걷는 것임을 말하고자 한 것이 아니겠는가.

3. 천하제일지서로서의 요한복음

1) 요한복음: 사랑의 복음서 - 진리의 복음서

(1) 주후 1세기 팔레스타인의 사회정황

주후 1세기는 묵시사상적(Apocalptic) 전망하에 있던 시대였다. 묵시사상적 전망을 택하는 자들은 사회적으로 소외된 피지배 집단으로 분류되는 사람들이었다. 여기에는 세 가지 타입, 즉 현실로부터 도피하는 타입의 에세네파(쿰란공동체)와 무장하여 싸우는 타입의 열심당(젤롯당)

및 현실 속에서 메시아를 기다리는 타입의 민중들(일반백성)이 있었다. 당시의 민중들은 지배 집단에 의해 3중 억압(정치적, 경제적, 종교적 억압)에 시달린 가난하고 억눌린 사람들이었다.

반면에 로마제국을 정점으로 헤롯왕가, 산헤드린 의회 및 예루살렘 성전체제에 속한 그룹들이 지배 집단을 형성하였다. 정치적 기구인 산헤드린 의회와 종교적 기구인 예루살렘 성전체제는 유대교를 그 배경으로 하고 있었다.[798] 여기에 속하는 사람들은 사두개파(귀족사제계급), 바리새파(율법학자 및 서기관들) 및 장로들(지주 및 자산계급)이 있었다.[799] 이같은 '주후 1세기 팔레스타인의 사회상'을 그려보면 다음과 같다.

<도표 12> 주후 1세기의 팔레스타인의 사회상

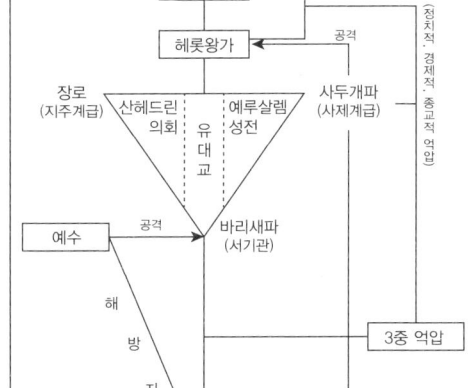

---

[798] 주후 1세기는 종교가 정치적, 사회적 구조의 일부였으며, 정치와 종교와 사회 구조가 서로 긴밀하게 결합되어 있기에 유대교에 속하는 대제사장들이나 바리새인들은 단순히 종교적 리더만이 아니라 정치적 지배 엘리트에 속하는 사람들이었다. 바리새인들은 가장 성공적이고 영향력있는 그룹에 속한 자들이었다. W.Carter, *John and Empire*, 65-68.

주후 1세기는 무엇이 진리이고 정의인지 알 수 없는 혼미한 시대였다.[800] 그런 속에서 모두를 참 진리로 이끌 자, 모두에게 기쁜 소식을 가져올 자, 포로생활을 끝내고 새 시대를 열 자, 이스라엘을 그 죄로부터 구원할 자, 저들의 굶주림과 목마름을 해결할 자, 짙은 먹장구름을 거둬내고 새 하늘을 열 자, 이교도들의 통치를 종식시키고 유대인들이 열망한 핵심적 상징들을 일거에 해결할 자는 누구인가? 그리고 참 혁명,[801] 진정한 구원과 평화의 길은 무엇인가? 이 모든 문제 해결의 길은 '예수의 길'에 있었다.

예수의 길은 유대적 세계관에 갇혀 있던 당시의 모든 집단들, 운동들, 사람들의 길과 사뭇 달랐다. 예수의 길은 사제 귀족인 사두개파의 길이 아니다. 모세의 율법을 붙잡고 있는 바리새파의 길도 아니다. 현실을 떠나 광야에 가서 홀로 고고하게 자기를 지키는 에세네파의 길도 아니다. 그들 이면 속에 감추인 '인간적 야심(헤게모니 싸움)'을 가지고 무력 투쟁으로 로마를 쫓아내겠다는 열심당(젤롯당)의 길도 아니다. 메시아를 무작정 기다리며 매일을 체념과 근심 속에 사는 민중의 길도 아니다.

또한 이교 세력과 야합하여 권력을 잡고 권력의 달콤한 맛에 빠져 있는 헤롯 왕가의 길도 아니다. 힘으로 남의 나라를 빼앗고 폭력으로 다스리며 아무 일 없다는 듯이 '평화, 평화로다'를 외치는 로마제국의 길도, 가이사의 길도 아니다.[802] 이 모든 인간적인 길로는 안 된다. 이 모든 세상적인 방법으로는 안 된다. 오직 하나님의 길, 하나님의 방법

---

799) 더 자세한 설명은 박호용,《성경개관Ⅱ(신약편)》, 375를 참조하세요.
800) 더 자세한 내용은 박호용,《요한의 천재성: 상징코드》, 35-49를 참조하세요.
801) '하나님 나라 혁명'이 아닌 '인간 혁명'은 참 혁명이 될 수 없다. 공산주의 혁명은 자리만 바꾼 '새로운 황제들'이라는 점에 대해서는 H.E.Salisbury,《새로운 황제들: 모택동과 등소평 시대의 중국》을 참조하세요.
802) 더 자세한 설명은 박호용,《성경개관Ⅱ(신약편)》, 375-378을 참조하세요.

으로만 된다.

그러면 무엇이 하나님의 길이고 하나님의 방법인가? 자기(나)를 부인하는(비우는) 길이 하나님의 길이다. 하늘의 것으로 하는 것이 하나님의 방법이다. 자기를 부인하는 방법이란 십자가를 지는 방법이다. 그 방법만이 하나님이 원하시고 기뻐하시는 방법이다. 그러기에 예수의 길은 십자가의 길이다.

예수는 참 제자가 되는 길을 이렇게 말했다. "누구든지 나를 따라 오려거든 자기를 부인하고 자기 십자가를 지고 나를 좇을 것이니라"(마 24:20). 예수는 남과 싸우지 않으면서(不爭)[803] 온전한 구원과 평화를 이루는 방법을 선택했다. 그것이 성육신의 끝자락인 '십자가'였다.[804] '십자가'는 아들 예수가 아버지 하나님의 뜻을 따르는 순명(順命)의 극치였다. 그러면 주후 1세기 유대교와 로마제국의 식민지 상황에서 십자가는 무엇을 의미하고 어떤 상징적 의미를 갖는가?

주후 1세기 예수가 싸워야 했던 진정한 원수는 유대교를 배경으로 한 예루살렘 성전체제나 로마라는 이방의 점령군이 아니라 그들 배후에 있는 고소하는 자 사탄이었다. 사탄은 야웨의 백성을 봉으로 삼아 이교도의 길을 가게 하고 야웨의 나라를 무력과 군사적 혁명을 통해서 이룩하게 하려 했다. 예수가 말하였던 하나님 나라 이야기들, 그리고 행동으로 보여주었던 상징들은 모두 진정한 원수와의 영적 전쟁이었다.

이 영적 전쟁을 위해 예수가 제자들에게 촉구한 것은 기이한 종류의 혁명이었다. 유다 마카비 같이 군사적이고 무력적인 싸움을 싸우는

---

803) 노자는 '최고의 선은 물과 같다(上善若水그)'라고 하면서 '물은 다투지 않으면서도 능히 만물을 이롭게 한다(水善利萬物而不爭)'고 했다.
804) 하나님의 구원방법이 '십자가'에 있음에 대해서는 D.M.Lloyd Jones, 《십자가: 하나님의 구원방법》을 참조하세요.

것을 통해서가 아니라 산상수훈(마 5-7장)의 말씀에서 보듯 다른 쪽 뺨을 돌려대고(마 5:39), 십리를 더 가고(마 5:41), 원수를 사랑하고 핍박하는 자를 위해 기도하는 것(마 5:44)이었다. 이러한 과제는 차원이 다른 혁명가가 되는 것이요 4차원의 혁명적 길이었다.

또한 예수는 당시 유대 지도자들인 바리새인들이 말하는 '인습적 가짜 지혜'에 반대하고 '참되고 전복적인 지혜'를 제시하였다. 그러한 전복적 지혜의 중심에는 최고의 역설인 십자가가 있었다. 로마세계에서 십자가 처형은 끔찍하고 혐오스러운 것으로 인간이 고안해 낸 가장 잔인한 사형방법이었다. 바울이 말한 것처럼 '십자가의 도'(고전 1:18)는 멸망하는 자들에게는 '어리석은(바보 같은)' 짓으로 보였다.

그런데 세상 나라로 대표되는 두 세력(유대교와 로마제국)을 전면에 내세운 악(사탄)의 세력을 단번에 패배시킬 방식은 그가 선포한 하나님 나라의 철저한 전복적 성격과 부합하는 방식이 되어야 했다. 그 방식이란 악(악의 세력)이 '최악의 것(십자가 처형)'을 행하도록 내버려 둠으로써 악을 패배시키는 역설적 방식이었다.[805] 이는 세상적 방식을 통한 혁명을 다시 뒤집는(전복하는) 이중적 혁명이며, 하늘(하나님)이 보여준 방식으로서의 '사랑의 혁명'이었다. '사랑'(마 22:34-40)이야말로 예수께서 말씀하신 하나님 나라 상징의 핵심이다.[806]

예수에게는 자기가 없고[807] 온통 하나님뿐이다. 예수의 길은 하나님의 길이다. 예수의 진리는 하나님의 진리이다. 예수의 생명은 하나님의

---

805) 역사상 최고지도자로서 '종(섬김)의 리더십'을 보여준 예수의 마지막 승부수는 십자가였다(막 10:45). L.Ford, 《변화를 일으키는 리더십》, 177-206.
806) N.T.Wright, 《예수와 하나님의 승리》, 839-858.
807) 장자는 말한다. "지인무기(至人無己), 신인무공(神人無功), 성인 무명(聖人無名)". 그 뜻은 진리에 이른 사람은 자기가 없고, 성령의 사람은 자기자랑이 없고, 거룩한 사람은 이름이 없다. 박영호, 《다석 류영모의 사상과 함께 읽는 장자》, 42-46을 참조하세요.

생명이다. 예수는 온통 하나님의 삶을 사셨다.[808] 그래서 인자이신 예수는 하나님이다. 이것을 거꾸로 말하면 하나님이기에 하나님을 사셨다. 예수는 자기의 생각이나 자기의 뜻을 이룬 것이 아니라 하나님의 생각, 하나님의 뜻을 이루기 위해 이 세상에 오셨다. 그 하나님의 생각, 하나님의 뜻은 먼 데 있는 것이 아니라 구약에 예언된 말씀을 단지 실천하여 성취하는 것이었다.

주후 1세기 그 곤고한 시절에 예수는 자신을 이스라엘 역사의 초점, 절정이라고 생각했다. 그리고 자기로 인해 포로생활이 끝났다고 생각했다. 그리고 백성을 구원하는 것이 하나님이 자신에게 주신 사명이라고 생각했다. 내가 죽어서라도 저들의 곤고함을 대신할 수 있다면 기꺼이 죽으리라. 번제단의 어린 양처럼, 온갖 저주를 뒤집어쓰고 광야로 내쫓긴 아사셀 염소처럼. 여기에 하나님의 평화가 있다. 하나님의 '기쁜 소식(복음)'이 있다(사 52:7).

예수(요한)가 인류에게 준 가장 위대한 진리, 최대의 공헌은 하나님(하늘)이 있다는 것, 하나님 나라(천국)가 있다는 것이다. 이것은 하나님(하늘)은 없다, 오직 사람, 땅, 이 세상만이 있다고 생각하고 살아가는 사람들에게 그 모든 것을 역전시키는 최고의 역설이다.

요한은 예수에게서 '하나님'을 보았다. 요한이 복음서를 쓰고 진정으로 들려주고 싶었던 메시지의 핵심이 여기에 있다. 요한은 '신앙이란 예수를 보고 하나님을 믿는 것'(14:9)이라고 말하고 싶었다. 그래서 그는 믿는 것과 관련된 '보다(또는 '보라') 어휘를 그렇게도 강조하고 있다.[809]

---

[808] 하나님의 말씀(1:1), 하나님의 평안(14:27), 하나님의 나라(18:36), 하나님 나라의 왕(18:37), 하나님의 아들(20:31), 하나님의 영(3:36), 하나님의 빛(1:9), 하나님(의 아들)의 영광(1:14), 하나님의 사랑(3:16), 하나님의 승리(16:31), 하나님의 지혜, 하나님의 비전, 하나님의 구원, 하나님의 마음, 하나님의 뜻 등등, 온통 하나님뿐이다.

[809] 요한에게 있어서 '믿는 것'은 '보는 것'이요 '아는 것'이요 '듣는 것'이다. '믿다'(76구절), '보다'(114구절), '알다'(141구절), '듣다'(58구절)가 모두 믿는 것과 밀접하게 관련된 어휘이다.

바울은 "우리가 믿음으로 행하고 보는 것으로 행하지 아니함이라"(고후 5:7)고 말하고 있다. 바울은 보는 것을 다소 부정적으로 표현하고 있는데 반해, 요한은 보는 것을 대단히 중요하게 생각하고 있다. 그 까닭은 요한이 예수에게서 뭔가를 보았기 때문이다.

그렇다면 요한은 무엇을 보았나? '하늘과 영원을 보았다'는 말로 표현할 수 있다. 이는 예수에게서 땅과 세상을 보려는 모든 시각을 교정한다. 예수 곧 하늘이요(예수 하늘), 예수 곧 영원이다(예수 영원).[810] '하늘과 영원'을 담은 것이 곧 하나님이요 참 진리요 참 복음이다. 요한이 공관복음 저자들과 결정적으로 차이가 나는 것이 바로 이 지점이다. 다시 말하면 요한은 예수에게서 '하늘과 영원(하나님)'을 본 사실을 애매하지 않게 너무도 분명하게 말해주고 있다(6:38-58; 8:21-30; 14:1-12 등).

새 시대는 어떻게 동터오는가? 인간이 아닌 하나님으로부터 온다. 새 세상은 어떻게 임하는가? 땅이 아닌 하늘로부터 온다. 하늘이 열려야 새 세상이 온다(겔 1:1; 막 1:10; 요 1:51). 세상이 어두운 것은 하늘과 땅 사이가 막혔기 때문이다. 막혔던 하늘이 열려야 밝은 새 세상이 온다. 누가 새 시대, 새 세상을 가져오는가? 땅(육)에 속한 자가 아닌 하늘(영)에 속한 자라야 한다. 인간으로 난 자가 아닌 하나님께로 난 자라야 된다. 그는 '사람의 아들(인자)'로서 하나님과 사람 사이를, 하늘과 땅 사이를 오르락내리락 하시는 예수다(1:51).

(2) 요한복음: 사랑의 복음서[811]

인류의 영원한 주제는 '사랑'이다. 요한은 '사랑의 사도'이고, 요한복

---

810) 더 자세한 설명은 박호용, 《감악산의 두 돌판: 요한복음서 강해설교》, 5-15을 참조하세요.
811) '사랑' 주제에 대해서는 박신배, 《사랑학: 아하브로지(Ahavelogy)》를 참조하세요.

음은 '사랑의 복음서'이다. 요한이 '사랑의 사도'로 불리게 된 것은 예수로부터 하나님의 '아가페' 사랑을 많이 받았기 때문이리라. 요한은 태초에, 즉 창조(역사) 이전에 아버지와 아들과 성령 세 분이 한 자리에서 사랑의 대화를 나누었다고 생각했다. 아들은 아버지의 품속에서 사랑을 전해 받았고(1:18), 그 아버지의 사랑을 전하기 위해 이 세상에 오셨다. 신약성서의 어느 저자보다 더 많이 요한은 아버지와 아들간의 사랑의 신학을 전개하고 있다. 분명한 것은 하나님의 사랑을 인간들에게 적용할 때 하나님의 사랑은 인간들의 사랑스러움의 결과 때문이 아니라 "하나님은 사랑이심이라"라는 숭고한 진리 때문이다.[812]

'사랑'이 요한복음에서 중요한 주제를 이루고 있다는 사실은 이 단어의 사용빈도수만 보더라도 쉽게 짐작할 수 있다[813] 뿐만 아니라 요한(요한의 제자)은 신약성서 저자들 중 "하나님은 사랑이다"(요일 4:8, 16)라고 하나님을 사랑으로 정의한 유일한 저자이다. 이런 점들만을 보더라도 우리는 요한을 '사랑의 사도'라고 불러 마땅하다. 그리고 예수는 '사랑의 왕'이다.

요한은 제4복음서의 다른 어느 부분보다도 고별설교(13-17장)에서 '사랑(ἀγάπη)' 또는 '사랑하다(ἀγαπάω)' 어휘를 자주 사용하고 있다. 특히 요한은 아버지와 아들과 제자들간의 사랑의 관계에 특별한 관심을 기울이고 있다. 아버지는 아들을 사랑한다(3:35; 10:17; 15:9-10; 17:23-24,26; 5:20은 다른 어휘[φιλέω] 사용). 아들은 아버지를 사랑한다(14:31). 예수는 그의 제자들을 사랑한다(11:5; 13:1,33,34; 14:21; 15:9-10,12; 21:7,20). 제자들은 예수를 사랑해야 한다(14:15,21,23-24,28; 21:15-17). 제자들은 서로 사랑해야 한다(13:34-35; 15:12-13,17; 17:26). 때때로 요한은 제자들에 대한

---

812) D.A.Carson, THe Gospel According to John, 205.
813) ἀγαπάω(마 9회, 막 6회, 눅 14회, 요 44회, 요일 46회), φιλέω(마 5회, 막 1회, 눅 2회, 요 13회, 요일 없음), 합계: 마 14회, 막 7회, 눅 16회, 요 57회, 요일 46회.

아버지의 사랑을 말하나(14:21,23; 17:23) 그것은 주로 그의 아들에 의해 중보된다. 그러나 세상은 하나님을 사랑하지도, 할 수도 없다(3:19; 5:42; 8:42).[814]

요한은 애제자를 13장에서 처음 등장시키면서 '사랑의 문제'를 집중적으로 다루고 있다. 여기서 요한은 예수가 자신을 팔 배신자 가룟 유다까지도 하나님의 사랑, 즉 아가페 사랑으로 끝까지 사랑하시는 사랑의 하나님임을 말하고자 했다. 예수는 가룟 유다가 없는 최후의 만찬 자리에서 제자들에게 '서로 사랑'이라는 새 계명(13:34-35)을 주셨다. 곧 세상을 떠날 예수는 제자들끼리 서로 미워하지 말고 사랑할 것을 신신당부하고 있다. 그리고 세상 사람들은 '서로 사랑'을 실천하는지 안 하는지를 보고 저들이 진정으로 예수의 제자인지 아닌지를 판단하게 될 것이라고 말씀하고 있다.

요한은 '하나님 사랑'(신 6:5; 마 22:37)과 '이웃 사랑'(레 19:18; 마 22:39)에 더하여 '서로 사랑'과 '친구 사랑'(15:13-15)까지 말할 정도로 사랑을 강조하였다. 요한이 이토록 '사랑'을 강조한 까닭은 어디에 있을까? 그것은 인간의 힘을 초월한 사탄(악)의 세력을 물리칠 수 있는 참된 힘은 그 무엇보다도 아가페 사랑에 있기 때문이리라.

(3) 요한복음: 진리의 복음서

'사랑의 복음서'인 요한복음은 또한 '진리의 복음서'이다. 요한은 '사랑의 사도'일 뿐 아니라 '진리의 사도'였다. 요한복음은 "진리가 무엇이냐?"라고 묻고 그것에 답변한 책이다. 요한이 사용한 상징코드는 모두 진리를 들어내기 위한 방편이었다. 요한복음은 '주님의 아가페 사랑'에

---

814) D.A.Carson, 윗책, 204.

대한 오랜 사색과 깊은 묵상을 통해 탄생한 진리의 복음서이다. "내 자녀들이 진리 안에서 행한다 함을 듣는 것보다 더 기쁜 일이 없도다"(요삼 4절)라는 말씀처럼 요한은 진리에 깊은 관심을 가진 자였다.

요한이 이토록 진리에 깊은 관심을 가진 까닭은 어디에 있을까? 그것은 모든 싸움은 결국 진리의 싸움이고, 최후 승리는 참 진리에 있음을 간파했기 때문이리라. 인류 역사는 '진리 투쟁의 역사'라고 해도 과언이 아니다. 요한은 인간의 '궁극적 관심(ultimate concern)'이 '진리의 문제'임을 정확히 통찰했고, 참 진리를 예수에게서 발견한 뒤 그것을 가장 잘 드러내기 위해 일생을 두고 치열하게 씨름하여 마침내 《요한복음》이라는 인류 최고의 걸작품을 창조해 내었다.

요한은 가장 가까이에서 진리되신 예수를 목격한 자였다. 그는 예수 안에서 진리를 귀로 듣고, 눈으로 보고, 손으로 만진 자였다(요일 1:1 참조). 그래서 그는 진리의 증인이 되고자 했다. 요한이 사용한 상징코드는 진리를 드러내기 위한 수단이요 방편이다. 암호 같은 상징코드를 제대로 풀어내야만 요한이 들려주고자 한 진리의 음성을 바르게 들을 수 있다.

먼저 히브리적 의미에서 진리가 무엇인지 '진리'에 해당하는 히브리어 '에메트(אמת)'의 세 문자를 풀이해 보면 이렇다.

첫 문자 알레프(א)는 '하나님'에 해당하는 '엘로힘'의 첫 문자이고, 두 번째 문자 멤(מ)은 '왕'에 해당하는 '멜렉'의 첫 문자이고, 세 번째 문자 타우(ת)는 '영원'이라는 의미의 '타미드'의 첫 문자이다. 이 세 문자를 결합하면 '진리'라는 히브리어 단어는 '하나님은 영원히 왕이시다'라는 의미를 지닌다. 그러니까 예수 그리스도의 진리(복음)는 '왕의 진리(복음)'이다.

그런데 히브리어 알파벳 22자 중에서 알레프(א)는 첫 문자이고, 멤(מ)은 꼬리가 길어지는 다섯 문자를 포함하여 27자 중에 정가운데인

14번째 문자이다. 그리고 타우(n)는 마지막 문자이다. 따라서 히브리어에서 진리 어휘는 처음과 중간과 마지막을 모두 포함하고 있다. 진리는 하나님과 더불어 시작하고 하나님으로 끝나는 특징을 갖는다. 예수께서 자신을 '알파와 오메가요 처음과 마지막이요 시작과 마침'(계 22:13)이라고 말씀하셨는데, 이는 진리가 가지는 전체성, 절대성을 내포하는 선언이다. 하나님과 상관없는 진리는 상대적(부분적) 진리가 될 수 있을지 몰라도 영원히 변치 않는 절대적(전체적) 진리는 될 수 없다.[815]

히브리적 개념에서 '진리' 어휘는 '확실하다', '견고하다'라는 어근에서 파생되어, '어떤 일에 견고함' 또는 '신뢰할 만한 것'을 의미한다. 따라서 히브리적 진리는 '하나님의 약속에 대한 신실함'이라는 관계적이고 실천적인 의미를 지닌다. 이에 반해 헬라적 개념의 진리는 '감추인 것 없이 다 드러남'을 의미한다. 이 점에서 진리는 관념적, 존재론적 실체(reality)와 깊은 연관이 있다.

플라톤 사상에 의하면 진리는 어둠의 세계에 대한 궁극적 실체의 세계를 드러내는 것으로 인식되었다. 필로(Philo)는 진리를 영지(靈知)와 비슷하다고 생각했다. 따라서 헬라적 진리는 관계적이고 실천적인 의미보다 존재론적이고 지적인 의미가 강하다.

요한이 사용한 진리 어휘는 헬라적 의미의 관념적, 존재론적인 개념이라기보다는 히브리적 의미의 동적이고 실천적인 의미를 갖고 있다. 진리는 결단하고 헌신하고 살아가는 동적 개념이다. 요한은 예수를 '진리'(14:6; 8:32)라고 단언한다. 예수가 참 진리이신 하나님의 자기표현이자 '화육된 말씀(the incarnated logos)'이기 때문이다.

진리의 반대 어휘인 거짓도 예수와 연관된 어휘이다. 예수가 진리이기에 예수를 거부하고 예수의 계명대로 살지 않는 것이 거짓이다. 거

---

815) 진리에 대한 더 자세한 설명은 박호용, 《왕의 복음》, 67-73을 참조하세요.

짓은 예수 없이 사는 삶 또는 예수와 아무 관계없는 삶을 의미한다. 진리 안에 거하는 삶은 예수와 뗄 수 없는 관계를 지닌 삶을 말한다 (8:39-47). 결과적으로 요한은 예수와의 관계 여부에 따라 진리와 거짓을 규정하고 상징화하였다.

요한은 공관복음 저자들이 거의 사용하지 않는 '진리(ἀλήθεια)' (마 1회, 막 3회, 눅 3회) 어휘를 25회나 사용하고 있다. 그리고 '진리'와 관련된 여러 어휘들, 가령, '참된', '진실한', '실제로'를 뜻하는 '알레데스(ἀληθής, 5:32; 10:41; 19:35; 21:24)', '알레디노스(ἀληθινός, 4:23; 6:32; 7:28; 15:1; 17:31; 9:35)', '알레도스(ἀληθῶς, 1:47; 8:31)' 등의 어휘를 자주 사용하였다.

또한 요한은 '진실로 진실로(Ἀμήν ἀμήν)' 어휘를 진리 어휘와 똑같이 25회 사용하고 있다.[816] 요한은 다른 어휘들은 되도록 아끼면서 왜 이 두 어휘에 대해서는 똑같이 무려 25회씩이나 사용하고 있는 것일까? 이 두 어휘가 갖는 의미는 무엇일까?

'진실로(아멘)' 어휘는 공관복음에서 50여 회나 사용될 정도로 예수께서 즐겨 사용하는 어법이다. 그런데 요한복음이 공관복음과 다른 점은 '한 번(진실로)'이 아닌 '두 번(진실로 진실로)' 거듭된 어휘로 사용했다는 점이다. 더욱이 요한의 독특한 점은 이 어구를 "내가 너희에게 말한다(λέγω ὑμῖν)"와 연결시켜 "진실로 진실로 너희에게 이르노니"라는 정형화된 어구로 사용하고 있다는 점이다. 이런 표현은 구약시대 선지자들이 자주 사용한 '메신저 공식("여호와께서 이같이 말씀하신다")'인데, 이는 그들의 말이 자신들의 사상이나 지혜가 아닌 '하나님으로부터 온 메시지(神託)'임을 강조하기 위한 것이다.

예수께서 이 문구로 말씀을 시작하신 것은 자신의 말씀이 신적인

---

[816] '진리' 어휘는 요일 9회, 요이 5회, 요삼 6회가 나타나나 계시록에서는 전혀 나타나지 않는다.

권위, 즉 명백한 하나님의 말씀(진리)임을 선언하는 상징적 의미를 지닌다. 따라서 요한이 똑같이 25회씩 의도적으로 사용된 이 두 어휘를 결합하면 "내가 말하는 것은 확실한(절대) 진리다. 그러니까 내 말을 믿으라"라는 의미를 갖는다. 요한이 '진리'와 '생명'을 그토록 반복해서 강조하는 까닭은 유대교와 로마제국으로부터 환난과 핍박을 당하는 묵시문학적 박해상황에서 "예수를 부인하고 살래, 아니면 예수를 시인하고 죽을래" 할 때 진리되신 예수를 위해 죽을 수 있어야 그가 참된 그리스도인임을 말하고자 함에 있다.

요한은 인생에 있어서 무엇보다도 중요한 것은 예수를 진리로, 즉 우리를 구원할 하나님의 아들 곧 메시아(그리스도)로 만나야 한다는 것(1:41), 그 예수 안에 하나님 나라(영원한 나라)가 있음을 발견하는 것(3:3), 그 하나님 나라 속에 깃든 하나님의 은혜와 사랑을 깨닫는 것(3:16), 그리고 율법 체계인 인간적 노력과 능력과 헌신이 아닌 은혜 체계인 예수 그리스도 안에 머물면서(15:5), 그분이 주시는 풍성한 생명을 누리는 것(10:10)이라고.[817] 그렇지 않으면 세상에서 좋고 귀하다고 하는 모든 것을 소유하고, 죽을 힘을 다해 히말라야 정상을 정복했다 하더라도 인생이 갖고 있는 허무감, 공허감, 무상감(無常感)에 치를 떨게 될 것이다.[818] 이 진리를 발견하기 전까지 그대는 결코 자유할 수 없다.

왕양명(王陽明, 1472-1529)은 송대(宋代)의 주자학을 이어 명대(明代)의

---

817) 그리스도인으로서 율법 체계인 '육의 삶'이 아닌 은혜 체계인 '영의 삶'의 승리와 평강과 기쁨에 대해서는 S.Mcvey, 《은혜 영성의 파워》을 참조하세요.
818) 역사(인생)는 이중구조, 즉 인간의 의지와 인간의 겸허를 요구한다. 이 모순된 이중구조 속에 역사의 비밀이 있다. 인생을 정확하게 파악하려면 삶과 함께 죽음을 볼 줄 알아야 한다. 역사에 있어서의 무상감(無常感)이란 인생에 있어서의 죽음과 같은 것이다. 결국 삶과 죽음, 역사와 무상감은 한 수레의 두 개의 바퀴라 할 수 있다. 이 두 개의 바퀴는 인간의 의지 뿐 아니라 인간의 겸허를 동시에 요구한다. 유주현, 《대원군(1)》, 330-334.

양명학을 창시한 인물이다.[819] 그는 진리는 밖에 있는 것이 아니라 "내 안에 있다"는 깨달음을 얻었다. 원효는 진리는 "마음에 있다"라는 사실을 깨달았다.[820] 그러나 요한은 진리는 내 밖에 있는 것도, 내 안(마음)에 있는 것도 아니라 "예수 그리스도에게 있다"는 것을 깨달았다.

진리는 우리 죄를 위하여 대신 십자가를 지시고 우리에게 천국과 영생의 소망을 주시고자 부활하신 우리 구주 예수 그리스도에게 있다. 행복이 가까운 데 있듯이, 그리고 하나님 나라가 우리 가운데 있듯이(눅 17:21), 진리는 아주 가까운 데 있다. 예수 그리스도가 곧 진리(엡 4:21)다. 또한 예수는 '진리의 왕'이다(18:37). 그러기에 요한은 말한다. "진리(예수)를 알지니 진리(예수)가 너희를 자유케 하리라"(8:32).

2) 요한복음: '제3의 종교개혁의 텍스트'

(1) 강자(부자)의 종교에서 약자(빈자)의 종교로!

인류 역사는 '소수의 강자(부자)와 다수의 약자(빈자)의 역사'라고 말할 수 있다. 성경(이스라엘)의 역사와 기독교회의 역사는 소수 강자(부자)의 종교와 다수 약자(빈자)의 종교의 충돌과 교체의 역사[821]라고 말할 수 있다. 따라서 소수 강자(부자)의 종교와 다수 약자(빈자)의 종교라는

---

819) 더 자세한 설명은 117쪽의 각주 241번을 참조하세요.
820) 고영섭,《원효탐색》, 21-27.
821) 불교의 역사 또한 '강자와 약자의 교체의 역사'이다. 힌두교(강자)→불교(약자)→소승불교(강자)→대승불교(약자)→교학불교(강자)→선불교(약자). 중국의 역사는 '호한(湖漢)의 충돌과 교체의 역사'이다. 한(한족)→당(선비족)→송(한족)→원(몽골족)→명(한족)→청(만주족)→중화민국(한족). 더 자세한 설명은 박한제,《중국역사기행3: 제국으로 가는 긴 여정》126-155, 224-255, 284-319; 박한제 외 4인 공저,《유라시아 천년을 가다》, 45-50을 참조하세요.

측면에서 고찰하는 것은 상당히 의미있는 일이다.[822]

애굽 종교는 신상을 숭배하는 종교로서 신상은 부와 권력의 상징이었다. 일반 민중은 신상을 세우고 싶어도 세울 수 있는 힘과 물질이 없었다. 이 같은 신상 숭배의 애굽 종교는 강자와 부자의 종교였다. 이에 대해 히브리의 하나님 야웨(출 3:18)는 히브리 백성을 출애굽 시킨 후 광야로 나오게 했다. 광야의 종교인 히브리 종교(신앙)는 신상을 철저히 금지하는 종교였다(출 20:4-6). 또한 히브리 종교는 사회적 약자의 대명사인 고아와 과부와 나그네를 멸시하지 말며(신 24:17-22), 자유와 평등의 이념에 입각한 율법의 종교로서 약자와 빈자의 종교였다.

그러다가 이스라엘 백성이 가나안에 들어가고 성전을 지으면서(왕상 6장) 약자와 빈자의 종교인 히브리 종교는 강자와 부자의 종교인 유대 종교(유대교)로 변해갔다. 근본적으로 성전과 제사를 중심으로 한 유대교는 사회적 지위나 제물의 차이에 의해 계급이 생길 수밖에 없는 강자와 부자의 종교일 수밖에 없었다. 율법도 점차 지배이데올로기의 도구로 전락해 갔다.

그러다가 400여년이 지난 후기 유대교 시대에 예수는 '강자와 부자의 종교인 유대교'에 대해 '약자와 빈자의 종교인 예수의 종교(예수교)'를 선포했다.[823] 하나님의 말씀으로 오신 예수는 자신이 성전이라고 하시면서 성전과 제사의 종교인 유대교를 폐하셨다(요 2:19-21). 그런 의미에서 예수교는 근본적으로 제사장의 전통을 잇기보다는 말씀을 중요시한다는 점에서 예언자의 전통을 잇고 있다.

---

822) 중국에서 약자에 속하는 소수민족들(티베트, 회족, 몽골족, 위구르족)의 애환에 대해서는 김호동, 《황하에서 천산까지》를 참조하세요.
823) '가난한 사람들을 위한 복음'에 대해서는 W.Stegemann, "가난한 사람들과 복음: 신약성서에 나타난 가난한 사람들의 신학에 관한 기원", 김창락(편), 《새로운 성서해석: 무엇이 새로운가?》, 187-247을 참조하세요.

약자(빈자)의 종교인 예수교를 다시 정리해서 쉽게 말하면 이렇다. 애굽의 바로 왕으로부터 시작하여 로마 황제 가이사에 이르기까지, 그리고 이 세상의 모든 신들은 높은 곳에 군림하면서 사람들로부터 존경과 영광을 받기 원한다(3차원의 율법의 사랑). 그런데 우리 하나님은 스스로 낮아지셔서 육신을 입고 이 세상에 오셨다(요 1:14). 질곡과 억압이 가장 심한 갈릴리에 오셔서 가난한 자(약자)에게 하나님 나라의 복음, 하나님 은혜의 복음을 선포하셨다(눅 4:19-20).

그러고는 끝내는 자신을 십자가에 내어주시기까지 가장 낮은 곳으로 내려가신 사랑을 보여주셨다. 이는 3차원의 율법의 사랑과 차원이 다른 4차원의 은혜의 사랑이다. 약자가 강자를 섬기는 곳이 세상 나라라면, 강자가 약자를 섬기는 곳이 하나님 나라이고, 이상적인 교회의 모습이다.

여기서 한 가지만 분명히 하고자 한다. 인간들은 자기 욕심에 이끌려 끊임없이 강자와 부자의 종교로 나아가기를 원한다. 그리고 엄청나게 크고 화려한 성당(교회)[824]을 짓고 그 안에 금관을 쓰신 예수를 모시고자 한다. 그러나 하나님은 끊임없이 약자와 빈자의 종교로 되돌아가기를 원한다. 그리하여 예수의 종교가 약자와 빈자의 종교에서 크게 빗나갔을 때 그때마다 하나님은 '하나님의 사람(종)'을 소명하여 종교개혁의 사명을 부여했던 것이다.

그러기에 내가 원하는 예수를 만들어 그를 잘 섬기려는 자세가 아니라 예수가 원하고 보여주신 모습에 순명하는 자세가 필요하다. 마굿간 말구유에 오신 예수, 갈릴리 나사렛에 오신 예수는 크고 화려한 교회당에는 불편해서 머물기를 싫어하신다. 예수가 그리도 좋고 사랑스

---

824) 성전(교회)과 율법을 자신의 기준(권력)으로 삼는 교권주의자들은 '예수와 말씀을 기준 삼자'는 예수와 스데반을 죽였다. 성전(교회)의 관점에서 보면 종교개혁은 '교회당 성전'에서 '예수 성전'으로의 환원을 의미한다.

러운 것은 스스로 낮아지셔서 육신이 되신 예수, 가시관 쓰시고 십자가를 지신 예수, 진실로 우리의 아픔과 고통을 친히 체휼하신(히 2:18; 4:15) '세리와 죄인의 친구'(눅 7:34), '약자와 빈자의 친구'가 되신 예수이기 때문이다.

21세기는 '아시아의 세기'이다. 이것은 기독교에서도 예외가 아니다. '서구 기독교에서 팔레스타인(아시아) 예수교로!' 이것이 '제3의 종교개혁의 모토'가 될 것이다. '서구'라는 말 대신 '아시아'라는 말을 사용하고, '기독교'라는 말 대신 '예수교'라는 말을 굳이 사용하는 이유가 있다. 본래 기독교는 서구에서 시작된 것이 아니라 아시아(팔레스타인)에서 시작되었다. 기독교는 본질에 있어서 '아시아의 종교'이다.[825]

그리고 '기독교' 이전에 '예수의 종교(예수교)'가 있었다.[826] 이제 기독교는 그 본래의 위치로 돌아가야 한다. 그 이유는 서구인(서구 기독교)의 '선적(線的) 멘탈리티'에서 아시아인(예수)의 '원적(圓的) 멘탈리티'로의 전환이 요청되기 때문이다.[827]

바울신학에 기초한 서구 기독교는 성경 말씀을 '칼'로 보았고, 결국 서구 기독교는 '칼의 종교(힘의 종교)'가 되었다.[828] 서구 기독교는 예수의 '십자가의 종교'를 '십자군의 종교'로 바꾸었다. 중세 십자군은 십자가를 들고 전쟁에 나갔지만 그 십자가는 '예수의 십자가'가 아니라 '교

---

825) 김용옥, 《절차탁마 대기만성》, 137-138.
826) 원의범 교수는 예수는 전형적인 동양종교가라고 하면서 '예수의 종교'와 '서양 기독교'는 다르다고 하였다. 그리스와 로마의 主知主義가 예수의 종교를 서양 기독교로 변질시켰다고 말한다. 원의범, 《인도철학사상》 375-380.
827) 더 자세한 설명은 박호용, "21세기 서구 기독교: 패러다임의 전환", W. von Loewenich, 《마르틴 루터》, 3-18을 참조하세요. 동양과 서양의 세상을 보는 서로 다른 시선에 대해서는 R.E.Nisbett, 《생각의 지도》를 참조하세요.
828) 서구 제국주의자들이 중앙아시아의 유물을 훔쳐간 탐험의 역사에 대해서는 P.Hopkirk, 《실크로드의 악마들》을 참조하세요.

황의 십자가'였다. 예수의 십자가는 칼을 쳐서 보습을 만드는 '사랑과 평화의 십자가'였지만(사 2:4), 교황의 십자가는 보습을 쳐서 칼을 만든 '탐욕과 폭력의 십자가'였다.[829]

칼은 선용하면 유익하지만 악용하면 해악이 된다. 직선적인 칼은 너무나도 차갑고 무섭다. 이제 기독교는 꽃처럼 따뜻하고 부드러운 모습으로 변해야 한다. 성경 말씀은 '꽃'이고 새로운 시대의 기독교(아시아 예수교)는 차갑고 무서운 '칼(폭력)의 종교'가 아닌 따뜻하고 부드러운 '꽃(사랑)의 종교'가 되어야 한다.

아시아 예수교는 강한 칼처럼 '힘으로 이기는 종교'가 아니라 약한 꽃처럼 '사랑 때문에 져주는 종교'가 되어야 한다. 아시아 예수교는 칼로 온 세상을 전쟁터로 만드는 종교가 아니라 꽃이 만발하여 온 세상이 사랑과 생명이 넘치는 평화의 꽃동산을 이루는 종교가 되어야 한다.[830] 부활의 빛에서 십자가를 보고, 사랑과 생명과 평화를 강조한 요한의 멘탈리티는 원적 멘탈리티이고, 그것이 또한 예수의 멘탈리티였다.[831]

(2) 기독교: 예수(말씀)의 종교

요한복음이 '제3의 종교개혁의 텍스트'인 까닭은 기준(중심)을 바꾸었다는 데 있다. 세상의 모든 기준(중심)을 폐하고 '하나님의 말씀으로 오신 예수'를 기준(중심)으로 삼았다는, 여기에 요한복음의 개혁성, 혁

---

829) '십자군 전쟁'에 대해서는 A.Maalouf, 《아랍인의 눈으로 본 십자군 전쟁》을 참조하세요. 중세교회의 기득권과 탐욕이 빚은 몰락에 대해서는 류징화(劉景華) 外, "천년제국 비잔티움",《제국은 어떻게 망가지는가: 기득권과 탐욕의 몰락사》, 115-156을 참조하세요.
830) 아시아인의 심성(신앙생활)에 대해서는 송천성,《아시아인의 심성과 신학》을 참조하세요.
831) 요한은 선적 멘탈리티와 원적 멘탈리티가 결합된 통합적 멘탈리티를 갖고 있었다. 더 자세한 설명은 300쪽의 〈도표 8〉 "요한복음서의 시간관"을 참조하세요.

명성이 있다. "기독교는 어떤 종교인가?"라는 물음을 던질 때 우리는 "무엇을 할 것인가?"라는 물음보다 "무엇을 '기준(중심)으로' 할 것인가?"라는 물음을 선결과제로 삼을 수밖에 없다. 이를 더 자세히 부연 설명해 보자.

기독교 신앙의 주체이자 대상은 예수 그리스도이다. 그런데 사도 요한보다 예수 그리스도를 잘 알고 사랑한 이도 없다. 따라서 그가 쓴 요한복음이야말로 복음의 핵심(본질)을 가장 잘 말하고 있다는 것이 필자의 생각이다.[832] 루터가 성경의 재발견, 특히 바울서신의 '로마서'를 재발견함으로 제2의 종교개혁을 일으켰다면, 21세기 제3의 종교개혁도 성경의 재발견, 특히 요한복음이 들려주는 메시지에 귀를 기울여야 할 것이다.[833]

종교개혁 당시는 '구원론'의 문제, 즉 인간은 어떻게 구원을 얻는가 하는 것이 중심문제였다. 여기서 루터는 율법을 행함으로 구원을 얻는 것이 아니라 십자가에 달리신 예수 그리스도의 은혜(sola gratia)를 믿음(sola fide)으로 구원을 얻는다는 것을 역설했다. 여기서 루터는 두 가지, 즉 '오직 성경(sola scriptura)', '오직 그리스도(solus Christus)'를 외친 것이다. '오직 성경'이란 '성경 말씀으로 돌아가자'는 것이었고, '오직 그리스도'는 '예수 그리스도에게 돌아가자'는 것이었다.

그리하여 루터의 종교개혁은 '근원으로 되돌아가자(Ad fontes)', 즉 '스콜라 철학(이성과 신앙의 종합)을 끊고 헤브라이즘(신앙)으로 돌아가자는 운동'이었다.[834] 그리고 인간과 우주 만물을 통하여 하나님과 관계를

---

832) 박호용, 《감악산의 두 돌판: 요한복음서 강해설교》, 13-14.
833) 서신이나 논문이 주는 상상력과 감동은 이야기(story)가 주는 상상력과 감동에 비할 바가 못 된다. 그런 의미에서 로마서는 요한복음서에 비할 바가 못 된다.
834) 중세와의 단절을 통한 근세로의 새 시대는 르네상스와 종교개혁으로 나타났는데, 이 두 운동은 새로운 사상을 통해서가 아니라 고대의 전승으로의 환원(Ad fontes), 즉 르네상스는 헬레니즘으로, 종교개혁은 헤브라이즘으로 돌아가자는 환원운동이었다.

갖는 경향의 신학, 즉 '영광의 신학(Theologia gloriae)'에 대해 오직 예수 그리스도를 통해서만 하나님과 관계를 맺는 '십자가의 신학(Theologia crucis)'을 주장하였다.

서구 기독교 내에서 일어난 제2의 종교개혁의 구호, '다시 성경', '다시 예수'는 제3의 종교개혁 시대에 요한복음을 통해 다시 외쳐져야 한다. 필자는 요한복음 연구를 통해 '스콜라 철학(헬레니즘)을 끊고, 성경(헤브라이즘)으로 돌아가자'고 외친다. 그 까닭은 오늘날 성경의 권위가 실추한 종교다원주의 시대에 하나님의 말씀인 '성경 말씀'을 통해 하나님의 음성에 귀기울여야 한다는 뜻에서이다. 요한은 '다시 성경'을 위해 이렇게 외친다. "태초에 말씀(성경=예수 그리스도)이 있었다." 이보다 더 적절한 종교개혁의 구호가 있는가.[835]

인간을 구원하기 위한 하나님의 건축 프로젝트는 3단계의 '말씀의 집', 즉 성막(성전)-예수-교회로 이루어졌다. 성막은 성부 하나님께서 명하신 대로 지어진 '말씀의 집'이다. 성자 하나님 예수는 육신을 입은 '말씀의 집'이다. 교회(믿는 자들의 공동체요 하나님의 백성)는 성령 하나님이 임재하시는 '말씀의 집'이다.

제1단계의 첫 성막은 어느 한 장소에 제한되어 있어서 하나님을 만나려면 그곳에 가야 했고, 제사장 이외에는 백성들이 성소에 들어갈 수 없었으며, 속죄를 위해서 늘 짐승의 피가 대신 드려져야 했다. 즉 첫 성막은 임시적이고 제한적인 '말씀의 집'이었다. 그런 의미에서 첫 성막은 둘째 성막인 예수 그리스도의 모형이자 그림자였다(히 8:5).

인간과 똑같이 혈과 육을 입고 오신 예수 그리스도는 장래 더 좋은 대제사장이요 더 좋은 성막으로서(히 9:11) 세상 끝에 오셔서 십자가에

---

835) 말씀 영성, 예수 영성과 더불어 요한의 영성인 '부활의 영성'과 '사랑, 생명, 평화의 영성'에 대해서는 박호용, 《요한복음서 재발견》, 512-515을 참조하세요.

서 자신의 피로 영원한 속죄를 단번에 이루셨다(히 9:12,22,26). 따라서 그를 믿는 자는 모두가 성소에 들어갈 수 있는 특권이 허락되었다. 이것이 은혜요 복음이다.

따라서 예수께서 십자가로써 죄를 대속하시고 부활로써 죽음을 이기고 영생을 주셨기에 우리가 하나님을 만나러 나아가고 구원을 얻기 위해 해야 할 일은 아무 것도 없다. 단지 하나님의 아들이요 구주가 되시는 예수께서 행하신 이 '은혜의 복음'(행 20:24), 즉 예수(말씀)를 단지 믿기만 하면 되는 것이다. 따라서 하나님을 만나기 위해, 구원을 얻기 위해 열심히 뭔가를 해야 한다는 생각은 기독교 신앙에 있어서 근본적으로 잘못된 것이다.

사도 바울이 로마서를 비롯한 그의 서신을 통해 그토록 강조하고 있는 '이신칭의(以信稱義)' 교리가 바로 이를 말한다(롬 3:24,28; 갈 2:16). 즉 죄인인 인간이 구원을 얻는 것은 율법을 행함으로 얻는 것이 아니라 십자가의 은혜로, 즉 예수께서 십자가에서 흘리신 피의 공로를 믿음으로 얻는 것이다. 바울이 율법주의자들과 맹렬히 싸웠던 까닭은 율법의 행위로 의롭다함(구원)을 얻고자 하는 것은 십자가의 은혜를 무효화하는, 즉 십자가를 필요없는 것으로 만드는 주장이기 때문이었다.

바울을 비롯한 위에서 말한 모든 주장들은 요한복음에서 더욱 세련되고 깊이있게 표현되었다. 1848년 칼 마르크스(K. Marx, 1818-83)는 '공산당 선언(Communist Manifesto)'를 제창함으로써 본격적인 공산주의의 막이 올랐다. 마찬가지로 요한복음을 여는 로고스찬가(1:1-18)은 '예수교 선언(Jesusianity Manifesto)'이다. 예수는 곧 말씀이요 그러기에 "기독교는 곧 '예수(말씀)의 종교'다" - 요한은 이 선언을 제일성으로 복음서의 포문을 열었다.[836] 이로써 이전에 세상의 기준(중심) 삼았던 모

---

836) 더 자세한 설명은 454쪽 이하의 "로고스 개념의 배경과 의미"를 참조하세요.

든 기준(중심)을 폐하고 예수(말씀)를 기준(중심) 삼는 '패러다임의 전환(paradigm shift)'을 선언한 것이다. 이보다 더 철저하고 완벽한 개혁, 혁명은 이 세상에 다시 없다.

율법과 성막(성전)으로 대표되는 구약의 종교 곧 유대교는 기본적으로 '행위의 종교'이다. 행위의 종교란 할례를 행하고, 제사를 드리고, 계명을 지키고, 절기를 지키는 등 뭔가를 열심히 일해야 하는 종교로서, 행위(일)의 영성을 특징으로 하는 종교를 말한다. 이에 반해 은혜와 진리, 곧 복음의 종교인 기독교는 기본적으로 '예수(말씀)의 종교'이다.[837]

지난 2천년 동안의 기독교회의 역사는 약 500년 단위로 분열과 개혁의 길을 걸어왔다.[838] 프로테스탄트 종교개혁이 있은 지 500년이 되어가고 있다. 그런데 많은 이들이 지금이야말로 또 다시 종교개혁이 필요한 때라고 말하고 있고[839] 필자도 이에 동의한다.

기독교 종교개혁의 역사는 언제나 '행위의 종교'에서 '말씀의 종교'로서의 환원(라틴어로 Ad fontes!-근원으로 되돌아가자!), 즉 '패러다임의 전환'에 있었다.[840] 주후 1세기 '제1의 종교개혁'은 '행위의 종교인 유대교'에

---

837) 쟈크 엘룰은 예수의 종교는 말씀의 종교이고, 예수 복음의 본질은 세상을 뒤집어엎는 것인데, 서구 기독교는 하나님의 말씀을 자기들의 입장에서 변형시키고 왜곡시킴으로써 뒤틀려진 기독교가 되게 하였다. 더 자세한 설명은 J.Ellul, 《뒤틀려진 기독교》를 참조하세요.
838) 기독교회는 셈계, 헬라계, 라틴계라는 세 종족으로 구성되었는데, 먼저 500년경 단성론자들인 셈계가 분열되어 나갔다. 이어서 1054년 동서교회의 분열로 헬라계(동방교회)가 분열되어 나갔다. 그 후 서방교회인 라틴계는 개신교 종교개혁으로 다시 가톨릭과 개신교로 분열되었다.
839) 더 자세한 설명은 박동현, "종교개혁의 현대적인 뜻", 《예언과 목회(1)》, 228-272을 참조하세요.
840) '예수의 종교'에 대해서는 박호용, 《출애굽기강의》, 345-351를 참조하세요. '제3의 종교개혁'에 대해서는 W. von Loewenich, 《마르틴 루터》, 박호용 옮김, 역자서문 "21세기 서구 기독교: 패러다임의 전환"(3-18쪽)과 역자해설 "종교개혁-베드로의 종교(가톨릭)에서 바울의 종교(개신교)로-"(587-597쪽)를 참조하세요.

서 '말씀의 종교인 예수교'로의 패러다임의 전환이었고, 이를 행한 자가 예수였다. 16세기 '제2의 종교개혁'은 행위의 종교인 '가톨릭(베드로의 종교)'에서 말씀의 종교인 '개신교(바울의 종교)'로의 패러다임의 전환이었고, 이를 행한 자가 루터였다.[841]

〈도표 13〉 종교개혁적 관점에서 본 기독교의 역사

(주후 1세기)	→	(주후 16세기)	→	(주후 21세기)
제1의 종교개혁		제2의 종교개혁		제3의 종교개혁
(예수의 종교)		(바울의 종교)		(예수의 종교)
예수(막 1:15)		루터(롬 1:16-17)		요한복음(요 1:1,17)
↑		↑		근원으로 되돌아가자!
모세		중세 가톨릭		말씀(들음)의 종교
(모세의 종교)		(베드로의 종교)		(요한의 종교)
(팔레스타인 유대교)	→	(서구 기독교)	→	(팔레스타인 예수교)

21세기인 오늘날 온갖 행위의 종교로 변질된 서구 기독교에서 단순한 예수 말씀의 종교인 주후 1세기 '팔레스타인 예수교(Palestine Jesusianity)'[842]로의 '제3의 종교개혁'이 요청되고 있다. 이를 잘 말해 주는 책이 요한복음이다. 이를 도표로 그리면 〈도표 13〉과 같다.

---

841) 루터는 로마서 1:17의 말씀(오직 의인은 믿음으로 말미암아 살리라)을 붙들고 제2의 종교개혁의 횃불을 들었다. 이 말씀은 헬레니즘에서 헤브라이즘으로의 패러다임의 전환을 요청한 말씀이다. 필자는 요한복음 1:17의 말씀(율법은 모세로 말미암아 주어진 것이요 은혜와 진리는 예수 그리스도로 말미암아 온 것이라)이야말로 제3의 종교개혁의 횃불을 들게 할 말씀으로 생각한다. 이 말씀은 협소한 유대민족주의(유대교)로 전락한 헤브라이즘을 저저시즘(Jesusism)으로의 패러다임의 전환을 요청한 말씀이다.
842) 진자의 우측인 서구신학은 신학적이고 과학적인 지식은 주었을지 모르나 종교적 도통에는 이르지 못하는 한계를 노출하였다. 진자의 좌측인 동양사상은 절대타자로서의 하나님을 배제하고 인간적 노력이나 행위(무위를 포함)에 의한 자기완성으로서의 성인지학에 머무는 한계를 갖고 있다.

말씀의 종교란 예수께서 이미 일을 다 하셨기에 우리가 할 일은 그분이 하신 일과 그분이 지금 무엇이라고 말씀하시는지를 듣는 종교로서, '말씀(들음)의 영성'을 특징으로 하는 종교이다. 그리스도인의 '제일 우선순위(Priority No.1)'는 '말씀을 듣는 것'이다. 예수께서 일하느라 분주한 '마르다의 영성'보다 주의 발치에 앉아 말씀을 듣는 '마리아의 영성'을 칭찬한 것도 이 때문이다(눅 10:38-42; 요 11:32; 12:2-3). 여기서 예수가 말하고자 하는 메시지의 핵심은 이것이다. "일을 멈춰라. 그리고 말씀을 들어라."[843]

예수 영성[844]은 '말씀 영성'이다(요 1:1; 6:68). 따라서 교회는 끊임없이 '건물 영성'에서 '말씀 영성'으로 돌아가야 한다. 예수의 종교는 '말씀 들음의 종교'이다. 따라서 그리스도인과 기독교회는 하나님께서 지금 나에게 그리고 이 시대에 무엇을 말씀하고 있는지 귀를 열고 잘 들어야 한다. 행위의 종교에서 말씀의 종교로 돌아가라! 일의 영성에서 들음의 영성으로 돌아가라!

오늘 한국교회는 8백년 전 프란치스코가 성 다미노 성당에서 기도하던 중 들었던 영음(靈音) 곧 "프란치스코, 가서 쓰러져 가는 내 집을 수리하라. 지금 내 집은 무너져가고 있다"는 세미한 음성(왕상 19:12)을 다시 새겨들어야 할 시점에 와 있다.[845] 이제 우리의 구호는 이러하다. 구원사(사상사)의 절정을 이루었던 그 가슴뛰던 시대인 "초대교회로 돌아가자(Return to the Early Christianity)." 이것이 제3의 종교개혁이다.[846]

---

843) 밀레의 〈만종〉이라는 명화는 오늘 신앙의 근본인 예배, 기도, 말씀묵상을 할 수 없을 정도로 일에 바쁜 그리스도인과 기독교회에 경종이 아닐 수 없다.
844) 예수 영성에 대해서는 유은호,《예수영성의 다양성》을 참조하세요.
845) 프란치스코에 대해서는 엄두섭,《프란치스코》를 참조하세요.
846) 종교개혁이라는 네글자는 다른 말로 하면 '우상타파'이다. 니체(F.W.Nietzsche, 1844-1900)는 "우상을 파괴하는 것이 차라리 나의 일이다"라고 했다. W. Nigg,《예언자적 사상가》, 397-405. 그런데 니체의 최대의 실수는 타파해야 할 우상과 타파해서는 안 될 하

◆ 보록 ◆

- 종교개혁 500주년에 대한 신학적 반성 -

1. 토마스 쿤(T. Kuhn, 1922-96)은 과학의 발전은 점진적으로 이루어지는 것이 아니라 '패러다임의 전환(paradigm shift)'에 의해 혁명적으로 이루어지며, 이 변화를 '과학혁명'이라고 불렀다. 역사상 최고의 과학혁명은 천동설(지구중심설)이 지동설(태양중심설)로의 변화이다.

이미 언급했듯이 지난 2천년 동안의 기독교회의 역사는 약 500년 단위로 분열과 개혁의 길을 걸어왔다. 이는 약 500년 단위마다 기존의 패러다임은 불가피하게 변화가 요청된다는 것을 시사한다. 프로테스탄트 종교개혁이 있은 지 500년이 지났다. 그렇다면 프로테스탄트 종교개혁이 주장한 기존의 패러다임 또한 변화가 불가피하다는 것을 시사한다.

역사가 부르크하르트(J. Burchhardt, 1818-97)는 기존의 균형(정치, 종교, 문화)이 깨어질 때 위기의식이 생긴다고 했다. 이런 위기에 책임 있게 응답하는 것이 참된 위대성이라고 보았다. 패러다임의 변화는 기존의 사고의 틀이 깨어지고 새로운 사고의 틀을 요청한다는 점에서 불가피하게 위기의식을 동반한다.

이미 오래 전부터 생각 있는 분들은 한국교회의 위기를 말해왔고, 2030년이 되면 한국교회는 반토막이 난다는 불길한 연구결과가 나왔다. 이런 위기상황 속에서 개신교회는 지난 2017년 역사적인 종교개혁 500주년을 맞이했다. 그리고 종교개혁과 관련된 여러 성지를 방문하거나 각종 기념행사를 치렀다. 이로 인해 개신교회는 이전보다 더욱 새

나님을 제대로 분간하지 못한 채 모든 것을 파괴하려고 한 데 있다.

로워지고 부흥 발전이 있어야 하는 것은 마땅하다.

그런데 아이러니하게도 한국교회는 이전보다 새로워지기는커녕 더욱 세상으로부터 지탄의 대상이 되고 있고, 쇠퇴의 내리막길을 걷고 있는 실정이다. 도대체 무엇이 잘못된 것인가? 그것은 한마디로 신학적 패러다임의 변화를 이해하지 못한 인식의 결여에서 비롯되었다는 것이 필자의 생각이다. 따라서 오늘의 한국교회는 신학적 반성과 새로운 길의 모색이 절실히 요청되고 있다.

2. 사회주의 체제에서 젊은이들이 '무엇을 해야 하나?'라는 질문을 던지자 러시아 공산주의 혁명가 레닌(1870-1924)은 "공부하고, 공부하고, 또 공부하라"고 조언했다. 루터(M. Luther, 1483-1546)의 종교개혁은 기도하면서 하나님의 말씀과 처절하게 씨름한 학문적 노력의 결과였다. 종교개혁의 횃불을 든 루터는 그 당시의 위기를 두 가지로 말했다. 하나는 '도덕적 위기'이고, 또 하나는 '신학적 위기'이다. 중세교회는 도덕적으로 타락했기에 도덕적 위기에 직면했다는 것이다. 그래서 종교개혁이 필요하다고 보았다.

그런데 더욱 중요한 것은 '신학적 위기'라고 보았다. 즉 도덕적 위기는 어느 시대에나 항상 있는 것이다. 이와는 달리 신학적 위기는 더욱 근본적인 위기로서, 그 시대가 요청하는 시대정신이기에 패러다임의 교체를 요청한다. 바로 그 시대는 '헬레니즘(인본주의)에서 헤브라이즘(신본주의)으로'의 패러다임의 교체를 요청한 시대였다. 이를 좀 더 구체적으로 말하면 '교리에서 성경으로', 즉 '스콜라 신학에서 십자가 신학으로'의 패러다임의 요청이 불가피했다.

지금 한국교회가 맞고 있는 위기에는 도덕적으로 부패하고 타락한 측면에서의 도덕적 위기에 직면한 것이 사실이다. 그런데 더욱 본질적인 위기는 신학적 위기이다. 즉 신학적 패러다임의 변화에 직면해 있다는 사실이다. 그렇다면 그것은 구체적으로 무엇인가?

3. 루터가 종교개혁을 할 당시 기독교회는 도덕적 타락뿐만 아니라 인본주의적인 요소들이 전통이라는 이름으로 만연되어 있었다. 교권주의자들은 자신들의 기득권이나 교회의 영향력 확대를 위해 '믿음' 또는 '은혜'와 같은 그 무엇과도 바꿀 수 없는 소중한 것들을 재물이나 교회 직책 또는 인간적 공로와 같은 것으로 대치할 수 있다는 거짓을 자행하고 있었다. 이와 같이 빗나간 중세교회적 상황에서 루터는 바울신학의 이신칭의(이신득의), 즉 돈으로 면죄부를 사는 것과 같은 인간적 행위(공로)로 구원 ('의롭다 함을 얻는 것'과 같은 의미)을 얻는 것이 아니라 주님께서 십자가를 통해 이미 의로움을 이루신 그 은혜를 사람이 단지 믿음으로 구원을 얻는 것을 말했던 것이다.

루터는 로마서 1장 16-17절(내가 복음[십자가의 복음]을 부끄러워하지 아니하노니~, 복음에는 하나님의 의가 나타나서 믿음으로 믿음에 이르게 하나니~)의 말씀을 붙들고 제2의 종교개혁의 횃불을 들었다. 루터의 제2의 종교개혁은 바울의 복음(바울서신), 즉 '십자가 신학'과 '하나님의 의(칭의)의 복음'에 기초한 개혁이었다. 그런데 프로테스탄트 종교개혁 500년이 지난 21세기 제3의 종교개혁은 또 다시 '아드 폰테스', 즉 바울에서 예수로의 패러다임 시프트가 필요하다. 즉 '십자가 신학'에서 '부활의 신학'으로, '하나님의 의의 복음'에서 '하나님 나라(천국)의 복음'으로의 전환이 필요하다는 것이 필자의 생각이다. 이를 바울신학적으로 말하면 '칭의(믿음)의 복음에서 성화(삶)의 복음으로'의 전환을 말한다. 이를 부연설명해 보자.

4. 먼저, 십자가 신학에서 부활의 신학으로의 패러다임의 전환이다. 십자가와 부활은 복음의 두 축(두 날개)이다. 그런데 지난 500년 동안

개신교는 십자가복음을 지나치게 강조한 나머지 또 한 축인 부활의 복음에 대해서는 거의 무시하다시피 하였다. 배가 양쪽이 균형을 이루어야 항해를 제대로 할 터인데, 십자가 쪽으로 지나치게 기울어진 나머지 개신교회라는 배는 침몰하고 말았다.

  십자가는 두 가지 의미를 갖고 있다. 하나는 사랑(은혜)의 십자가이고, 다른 하나는 고난(희생)의 십자가이다. 개신교회(신도들)는 십자가를 강조하면서도 십자가가 갖는 두 가지 의미 중 한 가지, 즉 전자에는 Yes하지만, 후자에는 No했다. 즉 제자도로서의 십자가는 지기 싫은 것이다. 이는 비단 지금만이 아니라 예수의 제자들도 마찬가지였다. 십자가를 지는 것이 싫은 것은 인지상정이기 때문이다. 이것이 가능하려면 고난과 죽음을 넘어서는 부활신앙이 필요하다.

  부활신앙은 죽음을 넘어서는 영생과 세상 나라를 능히 이기고 승리하는 하나님 나라를 담지하고 있기 때문이다. 십자가 앞에서 다 넘어진 제자들이 부활하신 주님을 체험하고 나서 그들은 죽음과 세상을 모두 이기고 순교의 길을 갈 수 있었던 것도 부활신앙 때문이다.

  오늘 세상사에 초연할 수 있는 비결, 즉 세상적인 것들로 인해 넘어지고 변질되는 것을 막아주는 강력한 힘은 부활신앙이다. 그리스도인들에게 있어서 삶의 변화가 없고, 세상에 져서 세상이 이끄는 대로 살면서 변질과 타락의 나락으로 떨어지는 것은 부활신앙에 대한 확고한 믿음이 결여되어 있기 때문이다. 그러기에 우리는 다시 부활의 복음을 강조할 필요가 있다. 십자가의 능력이란 부활의 능력에 기인한 것이다(고전 1:18 이하). 부활체험이 있어야 십자가의 의미를 깨닫게 되고, 제자도인 십자가의 길을 갈 수 있다.

  요한복음은 십자가-부활-십자가 구조를 명확히 보여주고 있다(요 10-11-12장; 19-20-21장). 예수의 길은 십자가와 부활의 길이고, 제자의 길은 부활에서 십자가로의 길이다. 십자가 ← 예수 → (부활) ← 제자 →

십자가. 그러니까 십자가와 십자가 사이의 중심에 부활이 있다. 예수님은 부활을 믿었기에 십자가를 질 수 있었고, 제자들은 부활을 체험했기에 십자가를 질 수 있었던 것이다('십자가의 복음'과 '부활의 복음'에 대한 자세한 설명은 필자의 저서, 《왕의 복음》 [서울: 쿰란출판사, 2018], 181-290쪽을 참조하세요).

5. 다음으로, 바울의 '하나님의 의(칭의)의 복음'에서 예수의 '하나님 나라(천국) 복음'으로의 패러다임의 전환이다. 이것이 바로 근원으로의 회귀, 즉 '아드 폰테스(Ad fontes!)'이다. 여기서 중요한 것은 하나님 나라(천국)에 대한 올바른 이해이다. 우리는 천국을 '죽으면 가는 나라인 천당'으로 생각하는 경향이 짙다. 그러나 천국은 그런 개념이 아니다.

루터는 바울의 '하나님의 의' 개념을 두고 능동개념이 아닌 수동 개념이라는 사실을 깨닫고, 이를 종교개혁의 신학적 토대로 삼았다.

마찬가지로 '하나님 나라' 개념은 '가는 나라' 즉 능동 개념이 아닌 '오는 나라', 즉 수동 개념이라는 사실이다. 즉 우리가 그 나라를 향해 '가는 것'이 아니라 그분이 우리를 향해 '오는 것'이다. 그래서 "아버지의 나라가 오게 하시며", "때가 찼고 하나님의 나라가 가까이 왔으니", "회개하라 천국이 가까이 왔느니라."

성경에 하나님 나라에 간다는 말은 단 한 구절도 없다. 왜냐하면 하나님 나라(하나님 왕국)는 하나님이 왕이 되어 우리(세상)를 통치하기 위해 우리에게 오는 나라이지, 어딘가에 있을 장소를 향해 우리가 가는 그런 의미가 아니기 때문이다.

여기서 하나님 나라(천국)의 수동 개념이 중요한 것은 왕으로 오시는 주님을 왕(주인, 최고, 기준의 의미)으로 모실 것인가 아닌가를 결단해야 한다는 것이다. 왕으로 행차하시는 그분을 왕으로 모시는 것(시 68:24), 즉 '왕의 교체'를 가리켜 믿음(회개, 거듭남)이라고 한다(갈 2:20).

그러니까 회개(거듭남)란 단지 회심과 같은 추상적인 마음의 변화가 아니라 내가 마음으로 왕 삼는 것을 내려놓고 예수를 왕 삼는 구체적인 삶의 변화를 말하는 것이다. 그분이 왕으로 오셨음에도 불구하고, 또는 그분을 믿는다고 하면서도 그분을 왕 삼지 않고 다른 그 무엇을 왕 삼는다면 그것은 믿음(회개, 거듭남)이 아니다. 니고데모 이야기(요 3:1-15)나 부자 청년 이야기는 바로 이를 잘 말해준다(마 19:16-30).

그런데 예수를 믿는 그리스도인들의 신앙 현실을 보면 천국의 본래 개념과는 너무나도 거리가 먼 모습으로 살아가고 있다. 그렇게도 즐겨 천국을 말하면서도 실상은 예수 그리스도로의 왕의 교체를 원하지 않는다. 하나님 나라(천국)가 예수로의 왕의 교체를 말하는 것이라면 그런 예수를 믿기를 원치 않았을 것이다. 몰라서 예수를 믿었을 뿐이다 (실은 예수를 믿지 않고 있는 것이다). 예수를 믿는 것이 기복신앙, 즉 예수가 왕이 아니라 내가 왕이고 예수는 내 문제의 해결사(또는 보디가드)가 되어, 내 소원과 욕심을 만족시켜주시는 분 정도로 생각하고 있는 것이다.

그런데 예수로의 왕의 교체가 이루어지지 않은 사람은 속사람이 변하지 않은 '육에 속한 그리스도인', '무늬만 그리스도인', 즉 유사 그리스도인일 뿐이다. 왕의 교체에 의한 속사람의 변화가 없이는 세상 사람과 하등 다를 바 없다. 지난 50년 동안 개신교회는 칭의를 지나치게 강조한 나머지 성화의 중요성을 간과하였다. 즉 삶의 변화가 없는 그리스도인을 양산한 것이다. 그 결과 그리스도인은 세상의 빛이 되지 못했고, 그리스도인으로 인해 세상은 아무것도 달라진 것이 없다.

마음 중심에는 예수 아닌 자기만의 또 다른 왕을 꼭꼭 숨겨놓고, 입으로만 "예수 우리 왕이여"를 소리 높이 외친들 달라지는 것은 아무것도 없다. 따라서 "왕의 교체를 이루라"는 말은 '예수 그리스도를 통한 삶의 변화'를 일컫는 말이다. 제3의 종교개혁이 요청하는 '하나님 나라

(천국) 복음'으로의 패러다임 시프트의 중요성이 바로 여기에 있다.

제2의 종교개혁은 칭의를 강조한 나머지 성화를 잃어버리는 우를 범했다. 제3의 종교개혁에서 하나님 나라를 말하고자 하는 것은 하나님 나라(천국) 개념이 왕의 교체라는 삶의 변화를 담지하고 있기 때문이다(왕의 교체로서의 '하나님 나라(천국) 복음'에 대해서는 필자의 저서, 《왕의 교체》 [서울: 쿰란출판사, 2017], 89-117쪽을 참조하세요). 복음서 중에서도 요한복음은 '부활의 복음'(요 11장, 20장)과 '하나님 나라(천국) 복음'(요 3장, 18장)을 가장 깊이 있게 묘사하고 있다는 점에서 요한복음은 '제3의 종교개혁의 텍스트'라고 말할 수 있다.

(3) 왕 사상으로 본 세 세계관

인류 역사는 진리를 향한 투쟁의 역사라고 해도 과언이 아니다. 진리의 싸움은 곧 사상의 싸움이라고 말할 수 있다. 진리는 사상이 되고, 사상은 철학이나 예술 등으로 표현되기도 하지만 특히 종교라는 그릇에 담겨 표현될 때 가장 긴 생명력을 갖는다. 공자 사상(유교), 노자 사상(도교), 석가 사상(불교), 무함마드 사상(회교), 예수 사상(기독교)이 그것이다. 그런데 인류가 지금껏 살아온 삶은 "누가 (참) 왕(최고의 존재)인가?"[847]라는 王 사상의 싸움이라고 말할 수 있다. 결국 인류 사상사를 王 사상의 관점에서 보면 셋으로 나누어 말할 수 있다. 天王사상시대, 人王사상시대, 神王사상시대가 그것이다.[848]

---

847) 더 자세한 내용은 박호용, 《출애굽기주석》, 165-170를 참조하세요.
848) 반 퍼어슨은 인류사상사를 사고구조에 따라 세 시대로 구분하였는데, 미분화된 신화적 사고시대, 분화된 개체적 사고시대, 통합된 관계적 사고시대가 그것이다. 이는 각각 천왕시대, 인왕시대, 신왕시대와 유비된다. Van Peurson, 《문화의 전략》을 참조하세요.

A. 천왕(天王) 사상: 천본주의(天本主義)

문명의 기축시대로 일컬어지는 주전 6세기 이전의 세계는 자연(自然)과 신화(神話)에 기초한 천(天)의 세계였다. 고대인들은 자연을 대표하는 天을 神으로 숭배하였다. 이 시대는 천(天)을 본(本)으로 하는 천본시대로써, '천왕(天王) 시대'였다.

이 시대는 모든 자연물(하늘, 비, 구름, 천둥, 번개, 바람, 바위, 나무, 물 등등)을 신으로 섬겼고, 따라서 이 시대는 자연히 다신교의 세계일 수밖에 없었다. 하늘 곧 자연은 인간이 극복하기 어려운 힘세고 두려운 신적 존재였다. 그리하여 연약한 인간은 신의 노여움을 달래기 위해 많은 제사를 드려야 했다.

이 일을 담당한 자가 곧 무당(巫)이었고 무당들은 주술(呪術)을 통해 신의 노여움을 달랬다. 이 같은 세계관 속에 살았던 고대인들은 자신의 운명을 스스로 바꿀 수 없다는 숙명적(宿命的) 가치관에 매여 있었다. 따라서 태어난 자신의 신분과 계층을 자연(하늘)의 뜻으로 알고 숙명(운명)으로 받아들이며 변혁의 의지를 갖지 못한 채 체념 속에 살았다.

B. 인왕(人王) 사상: 인본주의(人本主義)

주전 6-5세기는 위대한 성인(사상가)들이 대거 출현한 문명의 기축시대였다. 동양에서는 석가[849], 공자[850], 노자[851], 서양에서는 '인간은 만

---

849) 불교는 기본적으로 무신론이다. 즉 일체가 진리요 생명이요 부처다. 마음이 곧 부처다(心卽是佛). 따라서 내가 마음으로 깨달으면 그것이 곧 진리요 생명이요 부처가 된다. 더 자세한 내용은 김흥호,《푸른 바위 위에 새긴 글(벽암록 풀이)》, 116, 150을 참조하세요.
850) 공자는 신이나 죽음 이후에 대해서는 관심이 없고 오직 인간과 세계에 대한 경세(經世)에만 관심이 있었을 뿐이다.
851) 노자가 말한 도(道)는 절대타자로서의 하나님을 말하는 것이 아니라 인간이 인위적으

물의 척도'라는 수많은 소피스트들과 소크라테스가 출현하였다.[852] 석가는 인간이 신이 되는 길(解脫)을, 공자는 인간이 인간되는 길(克己復禮)을, 노자는 인간이 자연되는 길(無爲)를, 소크라테스는 이성적 존재로서의 자기 발견을 각각 주장하였다. 결국 인간이 주어요 인간을 중심문제로 삼았다는 점에서 그들의 사상은 인본주의요 그들은 인왕시대에 속한 인물들이다. 이들의 공통점은 인간을 최고의 존재인 왕 삼았다는 점이다.

지역(공간)은 다르지만 시대적으로 거의 같은 율법시대에 나타난 인류의 스승들은 3차원(時空人)이라는 세계내존재, 즉 세상 나라의 인간적 진리를 말했을 뿐이다. 이 시대는 가치관(세계관)의 일대 변혁을 가져온 개벽(開闢)의 시대였다. 天의 세계에서 人의 세계로, 즉 주술과 신화의 세계관에서 인간적 세계관으로 사상의 일대 전환이 일어났다. 이 시대는 인(人)을 본(本)으로 하는 인본시대로써 '인왕(人王) 시대'였다.

소크라테스와 이어지는 플라톤, 아리스토텔레스에 의해 확립된 서양의 헬레니즘은 근본적으로 인간의 이성에 의한 인간의 무한한 가능성과 잠재력을 설파한 인본주의였다.[853] 소크라테스와 거의 같은 시대에 나온 동양의 제종교도 모두 사상적으로 '무신론적 인본주의'라고 말할 수 있다. 석가는 인간이 깨달으면(고행을 통한 노력) 누구나 부처가 되기에[854], 불교라는 종교는 기본적으로 신이 따로 필요가 없는 '무신

로 만든 세계가 아닌 본래적으로 있는 자연의 도, 즉 무위의 도를 말할 뿐이다.
852) 애굽이나 앗시리아 제국이 하나님의 역사 섭리의 도구로 쓰였듯이(사 19:23-25), 인류의 성현들 또한 하나님의 역사 섭리의 심부름꾼들이었다.
853) 독일이 낳은 두 천재적인 시인 횔덜린(J.C.F.Hoderlin, 1770-1843)과 니체(F.W.Nietzsche, 1844-1900)는 각각 신학생이자 목사의 아들이었다. 이들은 헬레니즘적 인본주의에 도취되어 시와 음악을 통한 인간 구원을 노래했지만 이들의 최후는 정신이상과 비극적 자기파멸로 끝났다. 더 자세한 내용은 S.Zweig,《천재와 광기》, 179-279, 341-418을 참조하세요.
854) 파키스탄에 있는〈라호르 박물관〉에 가면 세계 3대 상 중의 하나인 '석가고행상'이 있다. 이 불상은 우리가 늘 보아오던 불상의 모습과는 전혀 다르다. 온 몸에 전율을 일으킬

론(무신론적 철학)'이다.[855] 공자는 신이나 죽음 이후의 내세에는 관심이 없었고[856] 오직 현세에만 관심을 인본주의적 경세가였다. 노자는 인위적인 작위를 거부하고 자연의 순리에 따라 사는 무위자연을 역설하였다.[857]

시기적으로 구약시대에 속하는 이들은 행(行)이라는 율법의 진리를 말했다는 점에서 공통점을 지니고 있다. 노자는 무위(無爲)를, 공자는 유위(有爲)를, 석가는 공위(空爲), 소크라테스는 이성(理性)을 각각 주장하였다.[858] 전부 인간적인 노력과 깨달음을 통해 구원(자유와 해탈)을 얻는 길을 제시하였다. 이는 모두 인간이 주어(인본주의)라는 점에서 동양의 제종교와 서양의 헬레니즘은 사상적으로 맥을 같이 한다. 역사의 큰 틀에서 보면 공자를 비롯한 주전 6-5세기의 성인들(석가, 노자, 소크라테스)은 모두 무신론적 인본주의를 말했다는 점에서 거의 대동소이하다.[859]

정도로 감동을 일으키는 이 부처상은 살가죽이 뼈에 붙어 피골이 상접한 모습을 적나라하게 보여주는 사실적 묘사로 유명하다. 이지상, 《실크로드 여행》, 353-354.

855) 불교는 모든 것이 '부처(신)'이기에 신 아닌 것이 없다(汎神論)는 사실을 깨달을 때 부처가 되는 무신론적 종교이다. 예수교와 불교에서 마음을 비운다고 할 때 그 의미는 다르다. 불교에서 명상을 하며 마음을 비운다는 것은 아무 것도 없는 상태, 즉 부처마저도 없는 공(空)의 상태를 말한다. 이에 반해 예수교에서 묵상을 하며 마음을 비운다는 것은 아무 것도 없는 공(空)의 상태를 말하는 것이 아니라 내 자아를 부인하고 그 자리에 하나님(예수 그리스도)을 자리하게 한다는 의미이다.

856) 《논어》, 선진편에 보면 제자 자로가 죽음에 대해 물었을 때 공자는 "아직 사람이 생존하는 이치도 완전히 이해하지 못했는데, 어찌 죽음에 관해 알 수 있겠는가?"라고 대답하였다.

857) 중국의 제자백가의 사유가 '인간 중심의 사유'라는 사실에 대해서는 장현근, 《중국사상의 뿌리》, 84-91를 참조하세요.

858) 중국 산서성 다퉁(大同) 남쪽 62km 지점에 있는 항산(恒山)의 현공사(懸空寺)에 가면 儒佛道 삼교의 교주인 공자, 석가, 노자를 모신 三神像이 있다. 이는 이 세 성인이 같은 차원에 속한 인물임을 시사한다.

859) 고대의 공자에서 20세기의 모택동에 이르기까지 중국의 사상사는 人의 세계에 속해 있다는 점에서 둘 사이에는 별 차이가 없다. 단지 둘 사이에 차이가 있다면 공자는 '도덕으

예수 이후의 주후 7세기에 시작된 이슬람교(回敎)는 기독교의 핵심인 기독론, 그 중에서도 가장 중요한 예수의 십자가 죽음을 부인한다. 이에 대한 가장 대표적인 구절은 꾸란 3:54과 4:157의 두 구절이다. "그들 유대인들은 예수를 살해하려 음모를 꾸몄으나 하나님은 방책을 세우셨으니"(꾸란 3:54). "유대인들은 알라의 사도(보내신 자), 마리아의 아들, 메시아, 이사를 죽였다고 말한다. 그러나 그들은 그를 죽이지 않았고 십자가에 못박지 않았다. 오히려 그는 그들에게 비슷한 모양으로 보여지게 했다"(꾸란 4:158).

이슬람교에서는 유대인들이 예수를 살해할 수도 없었을 뿐 아니라 (사형집행권이 없음) 죽이지도 않았고 십자가에 못 박지도 않았다는 것이다. 예수의 체포와 처형이 진행되었을 때 하나님은 예수를 보호할 계획을 세우고는 예수를 닮은 자를 대신 십자가에 죽게 하고 예수는 구출되었다는 것이다. 십자가 처형에서 구출된 예수는 하늘로 들리워졌다는 것이다.

왜 이토록 이슬람교는 '예수의 십자가 죽음'을 극구 부인하려고 하는가? 그것은 거기에 담긴 대속의 교리를 부인하고자 함에 있다. 이슬람교에는 속죄 개념이 없다.[860] 다시 말하면 예수에게 부여된 진정한 사명은 속죄를 통한 구원이 아니라 신의 가르침의 순수한 원리에 의해 올바른 인도로 인류를 구원하는 것이었다고 보고 있다.[861]

이슬람 전통에서의 구원관은 죄지은 자 자신이 회개와 참회를 통하

로서의 인(人)'을 말했다면 모택동은 '물질로서의 인(人)'을 말했을 뿐이다. 인류의 스승으로서의 공자에 대해서는 풍우란,《중국철학사》, 67-79을 참조하세요.
860) 예수의 십자가 죽음에는 무슬림들이 알지 못하는(아니면 그들도 알고 있는) 비밀이 숨어 있다. 즉 십자가는 사상사의 마침표인 다윗의 별의 완성(성취)이 그 속에 숨어 있다. 이 말은 이슬람 사상은 사상사(구원사)의 사족(蛇足)에 불과하다는 말에 다름 아니다.
861) 이슬람연구소 엮음,《무슬림은 예수를 누구라 하는가》, 12, 40-42; Abd-al Masih,《무슬림과의 대화》, 123-130; 권오문,《예수와 무하마드의 통곡》, 174-176.

여 하나님께 용서를 구하고 유일신 하나님께 귀의함으로써 구원된다는 것이다. 어떤 중간자(중보자)가 타인의 대속에 의해 속죄된다고 보지 않는다. 즉 은혜와 믿음에 의한 구원이 아닌 율법과 행위에 의한 구원을 주장한다. 그런 점에서 이슬람교는 복음(은혜와 믿음)을 말하는 기독교 이전의 율법시대로 후퇴한 종교이다.

차원높은 종교란 어떤 종교인가? 무수한 율법을 만들어놓고 그것을 잘 지키거나 아니면 훈련과 고행을 통해 진리를 깨닫거나 구원을 얻을 수 있다면 거기에 합격할만한 사람들은 얼마나 되겠는가? 필자 같이 부족한 사람은 턱도 없다. "선생들이여 내가 어떻게 하여야 구원을 받으리이까?" "주 예수를 믿으라 그리하면 너와 네 집이 구원을 받으리라"(행 16:30-31). 이 얼마나 쉬운 일인가? 이 얼마나 기쁜 소식인가? 이것이 복음이 아니고 무엇인가! 이것이 최고의 차원높은 종교가 아닌가! 그렇지 않은가!

C. 신왕(神王) 사상: 신본주의(神本主義)

군웅할거하던 고대국가 시대를 지나 거대한 제국주의에 이른 주후 1세기는 새로운 사상의 출현을 기다리고 있었다. 이 시대는 人의 세계에서 神의 세계로, 즉 인간의 노력과 행위에 의한 율법적(구도적) 세계관(율법의 종교)에서 하나님의 은혜와 믿음에 기초한 복음적 세계관(은혜의 종교)으로의 사상의 일대전환이 일어났다. 이 시대는 신(神)을 본(本)으로 하는 신본주의 시대로서 이 시대를 신왕시대라고 부른다. 이 시대는 주어가 인간이 아닌 하나님(신)이라는 점에서 이전시대와는 차원을 달리한다.

하나님은 경륜적 비밀에 속하는 구원사의 완성으로서의 예수 그리스도를 이 세상에 보내셨다(성육신). 요한은 말한다. "우리가 다 그의 충만한 데서 받으니 은혜 위에 은혜러라 율법은 모세로 말미암아 주신 것이요 은혜와 진리는 예수 그리스도로 말미암아 온 것이라"(1:16-17). 율법의 은혜시대에서 복음의 새 은혜시대로, 모세의 유대교에서 새 모세 예수 그리스도의 기독교 시대로의 전환, 요한은 이것이야말로 구원사의 절정으로서의 하나님의 비밀에 속한 경륜이라고 역설하였다.

바울은 말한다. "때가 차매 하나님이 그 아들을 보내사"(갈 4:4) "그 뜻의 비밀을 우리에게 알리신 것이요 그의 기뻐하심을 따라 그리스도 안에서 때가 찬 경륜을 위하여 예정하신 것"(엡 1:9)이라고 말하고 있다. 도도히 흐르는 거대한 인간 역사 속에서 하나님은 인간을 구원하기 위해 비밀에 속한 경륜을 가지고 계셨다. 그것은 먼저 이 세상에 예수 그리스도를 보내시고, 이어서 교회를 통해 그 뜻의 비밀을 이어가는 것이었다(엡 1-3장). 이 같은 구원의 경륜에 따른 구원사의 절정이 바로 예수 그리스도가 이 세상에 오신 주후 1세기였다.

주후 1세기(초대교회 100년)는 이전에도 이후에도 없을 인류 역사상 가장 위대한 세기로 불리어 마땅하다. 왜냐하면 그 한 세기는 인류 사상의 최대 보고(寶庫)인 구약성경이 완성되고 신약성경이 탄생함으로 더 이상의 새로운 진리가 없는 진리의 종언을 고한 시대이기 때문이다. 사상(진리)의 종언을 고한 예수 이후에 나타난 예언자 무함마드(Muhammad, 570-632)는 더 이상 새로울 것이 없는 뱀의 발, 즉 사족(蛇足)에 불과하다.[862]

인간 태풍 칭기스칸은 "한 사람의 꿈은 꿈이지만 만인(萬人)의 꿈은 현실이다"라고 말하면서 유라시아 대륙에 야망의 바람을 일으켰다.[863]

---

862) 이슬람에 관한 자세한 내용은 정수일, 《이슬람문명》을 참조하세요.
863) Pax Mongolica로 일컬어지는 칭기스칸의 대몽골제국(777만 km²)은 알렉산더 대왕 (348만 km²), 나폴레옹(115만 km²), 히틀러(219만 km²), 세 정복자가 차지한 땅을 합친 것보다 더 넓다. 칭기스칸과 대몽골제국에 대해서는 김종래, 《CEO 칭기스칸: 유목민에

십자가에 달리신 이가 다시 살아나는 사상 초유의 부활사건에 이어 팔레스타인 땅에 불어닥친 성령의 강력한 태풍은 초대교회를 탄생시켰고, 선교의 영인 성령에 감동 받은 제자들에 의해 온 세상에 복음이 전해지는 대변혁의 역사가 일어났다.

복음의 진리, 즉 구원은 율법의 행위에 의한 것이 아니라 하나님의 은혜에 의한 선물이라는 진리(엡 2:8-9), 세상 나라의 가이사(권력, 돈, 명예)가 왕(王)이요 주(主)가 아니라 예수(하나님의 아들)가 왕이요[864] 주(主)시라는 하나님 나라(神國)의 진리(요 18:37)는 이전에도 이후에도 다시없는 세계관과 가치관의 일대변혁을 일으켰다.

주후 1세기를 역사상 가장 위대한 세기로 만든 인물들이 있었다. 예수-베드로-바울-요한(J-P-P-J)이 그들이다. 성령이 주도한 초대교회 4인방[865]의 활동은 새 생명, 새 역사를 탄생시킨 위대한 복음의 시대였다. '하나님 나라(神國)의 복음'과 '하나님 은혜의 복음'을 말한 주후 1세기는 더 이상의 새로운 진리, 새로운 사상이 없는 진리와 사상의 종언시대였다. 천국의 복음, 은혜의 말씀, 성령의 강권적 역사, 회개와 중생, 나눔과 섬김의 사랑공동체, 임박한 재림과 종말신앙, 기독교인에 대한 핍박과 순교가 어우러져 빚어낸 주후 1세기, 초대교회 100년은 역사상 가장 드라마틱한 시대였다.

예수 사상은 공자를 비롯한 이전의 사상가들과 무엇이 다른가(아

게 배우는 21세기 경영전략》; 박원길,《유라시아 대륙에 피어났던 야망의 바람: 칭기스칸의 꿈과 길》; 배석규,《대몽골시간여행: 유목제국의 세계경영사》를 참조하세요.

864) 구약은 '야웨 하나님'이 참 왕이고, 신약은 '예수 하나님'이 참 왕이라는 것을 말하고 있다. 더 자세한 설명은 박호용,《출애굽기주석》, 165-170을 참조하세요.

865) 중국의 문화대혁명 시대(1966-76)에 4인방(강청, 왕홍문, 장춘교, 요문원)이 있었다. 이들이 주도한 역사는 문화를 파괴한 악령의 역사였다. '문혁'에 대해서는 산케이신문특별취재반,《모택동비록(상하)》; H.E.Sailsbury,《새로운 황제들》, 325- 454; 등용,《불멸의 지도자 등소평》을 참조하세요.

5:9; 막 1:22; 벧전 3:15)? 예수는 인(人)의 세계를 신(神)의 세계(초역사와 신앙의 세계)로 문명의 축을 또 다시 새롭게 바꾼 만세구주(萬世救主)였다. 예수의 오심은 기쁜 소식, 즉 복음(福音)이었다. 왜 그것이 기쁜 소식이었는가? 예수의 오심은 하나님 나라(神國)의 오심이었기 때문이다.

기독교가 말하는 하나님 나라는 이 세상을 더욱 살기 좋은 유토피아를 건설하자는 것이 아니다. 무신론적 공산주의가 이것을 주장한다. 그러나 그들은 인간의 죄성을 간과하였다.[866] 죄인인 인간이 만든 세상에는 결코 유토피아란 없다. 인간 차원을 넘어선 하나님이 다스리는 나라로서만 가능하다.

예수 사상, 예수의 꿈은 이 세상에 하나님 나라를 건설하는 일이었다. 이것은 결국 세상 나라와 하나님 나라 간의 치열한 영적 전쟁을 동반하지 않을 수 없었다. 이 전쟁은 어떤 사상이 참 진리인가 하는 진리(사상) 전쟁이었다. 주후 1세기 100년의 활화산처럼 분출하는 폭발적 에너지의 근원은 예수 사상(진리)의 힘이었고, 그 결과는 예수 사상(진리)의 승리였다. 예수 사상은 하나님 나라(神國) 사상(진리)으로서, 이 사상(진리)으로 세상 나라를 뒤집어엎고 마침내 승리했다. 지금까지의 논의를 정리하면 다음과 같다.

첫째, 예수 사상의 핵심은 복음(막 1:15)이며, 복음은 예수 그리스도(막 1:1)를 말한다. 예수 그리스도의 복음은 하나님 나라의 복음(눅 4:43; 16:16)이자 하나님 은혜의 복음(행 20:24)이다. '하나님 나라(神國)'란 하나님 왕국, 즉 하나님이 왕이 되어 통치하는 나라로서 지상 왕국, 즉 인간이 왕이 되어 통치하는 세상 나라와는 대조되는 개념이다.

---

[866] 공산주의의 허구와 망상에 대해서는 장융·존 핼리데이, 《마오: 알려지지 않은 이야기 (상하)》; 리즈수이(李志綏), 《모택동의 사생활》을 참조하세요. 공산주의자들의 비인간적 잔혹성에 대해서는 소련 비밀경찰 두목이자 스탈린 시대의 제2인자였던 베리아 행적을 다룬 S. Whitlin, 《베리아 일대기》를 참조하세요.

사실 성경 전체가 '하나님 나라' 사상을 말하고 있다. 이 말은 신약성경의 '하나님 나라' 사상은 구약성경에 그 뿌리를 두고 있다는 말이다. 창세기를 보면 최초의 인간인 아담의 계보를 가인과 셋이 잇고 있다. 가인의 후손은 보이는 문명의 세계, 즉 불신앙(선민 밖)의 족보를 형성하고, 셋의 후손은 보이지 않는 신앙의 세계, 신앙(선민)의 족보를 형성한다. 여기서 가인의 후손은 세상 왕국을 이룩하고, 셋의 후손은 하나님 왕국을 이룩한다. 이런 흐름은 가인-라멕 족보와 셋-에녹 족보의 특징에서 분명하게 나타납니다. 이를 도표로 그리면 다음과 같다.

	가인 - 라멕 족보	셋 - 에녹 족보
1	문명(문화)을 이룩. 고대근동문화를 대변	신앙을 유산으로 물려줌. 이스라엘 신앙을 대변
2	육에 속한 사람들(옛사람, 자연인)	영에 속한 사람들(새 사람, 신앙인)
3	어둠의 자식들 (불신앙[불순종]의 자식들)	빛의 자녀들 (신앙[순종]의 자녀들)
4	세속의 길(죄인의 길, 죽음의 길)	거룩한 길(의인의 길, 생명의 길)
5	7대손 라멕 - 강포한 자(살인자)	7대손 에녹 - 경건한 사람(성자)

이 같은 흐름은 요단 동편(성지 밖) 땅에 머무르는 불신앙의 사람들, 즉 롯-이스마엘-에서와 요단 서편(성지 안) 땅에 머무르는 신앙의 사람들, 즉 아브라함-이삭-야곱과 극명하게 대조되어 나타난다.

'하나님 왕국(天國)'은 현재적, 현실적(지금 여기) 주권적 개념으로 삶과 관련되어 있고, 천당(天堂)은 미래적, 내세적, 장소적 개념으로 죽음과 관련되어 있다는 점에서 천국과 천당은 근본적으로 다르다.

〈도표 14〉 천국(天國)과 천당(天堂)의 차이

	천국(天國)-하나님 나라(神國)	천당(天堂)
1	왕적 통치로서의 상태(시간) 개념	어딘가에 있는 장소(공간) 개념
2	이 세상-현세적(현재적) 개념 하나님께서 가지고 '오는 나라'	저 세상 - 내세적(미래적) 개념 우리가 죽음 이후에 '가는 나라'
3	묵시문학적 용어 - 인간 왕이 통치하는 기존 질서에 대한 전복적 성향을 띰	비묵시문학적 용어 - 인간 왕이 통치하는 기존 질서에 대한 안정 추구
4	국가적, 정치적 개념 (하나님이 '왕'이라는 개념)	개인적, 기복적 개념 (자신의 소원을 하늘에 투사하는 개념)
5	현실 변혁을 위한 역사의식이나 윤리적 책임의식 요청	현실 변혁을 위한 역사의식이나 윤리적 책임의식 결여
6	인간적 측면에서 '수동 개념' 그 나라에 들어가는 데 인간적 노력이나 공로가 필요 없는 은혜 개념	인간적 측면에서 '능동 개념' 그 나라에 들어가려면 인간적 노력이나 공로가 필요하다고 생각
7	하나님을 최고 왕 삼은 '왕의 교체' 필요 절실하게 '회개(거듭남)'가 요청됨	여전히 자신이 주인이거나 왕. 절실하게 회개가 요청되지 않음

모든 인간은 하나님 앞에서 죽을 수밖에 없는 죄인(롬 3:23)이라는 점에서 평등하다. 이는 새 세상을 여는 개벽(開闢)이자 인간(세상) 권세를 무력화(無力化, 골 2:15)시키는 혁명성을 갖는다(1차 혁명).

둘째, 하나님 은혜란 인간의 행위와는 관계없이 하나님께서 거저주시는 구원의 선물을 말한다(엡 2:8). 하나님의 은혜를 받지 않는, 즉 예수를 믿지 않는 불신자는 '사람의 자녀(人子)'인데 반해, 하나님의 은혜를 받는, 즉 예수를 믿는 자는 '하나님의 자녀(神子)'(요 1:12)가 된다. 이는 인간(세상) 자랑을 무효화(無效化, 고전 1:31)시키고 기존의 세상을 다시 뒤집어엎는 '운명의 역전'이라는 혁명성을 갖는다(2차 혁명).

셋째, "누가 왕인가?"라는 관점에서 인류 역사를 나눈다면 천왕시대, 인왕시대, 신왕시대로 나눌 수 있고, 거기에 따른 세 세계관이 있다. 모든 인간은 이 '세 사상(세 세계관)' 중의 어느 하나에 속하며 다른 새로운 사상은 없다.

〈도표 15〉 시대별로 본 세 가지 세계관

	주전 6 세기 이전	주전 6-5세기	주후 1세기
1. 王 (사상)	天(하늘) 王	人(땅) 王	神(하나님) 王
2. 정치체제	부족국가	고대국가	제국주의
3. 대표자	무당(巫), 제사장	석가 공자, 노자, 소크라테스	예수 그리스도
4. 神의 존재에 대한 생각	강하고 두려운 초월자(自然=神=王)	神은 없거나 관념적인(요청하는) 神	創造主(자연의 주), 救贖主(역사의 주)
5. 숭배 대상	鬼神(多神)	조상신(祖上神) 자기(自己)	유일신(唯一神)
6. 문화 (세계관)	종교(주술)	철학(정치)	신학(계시)
7. 학문	자연철학(신화)	인간철학(인문)	기독교 신학
8. 구원 방법	他力(他律)	自力(自律)	神力(神律)
9. 주제어	恐(두려움), 宿(숙명)	知(지식), 覺(깨달음)	信(믿음), 恩(은혜)
10. 삶의 종류	기복(거래와 보상)	율법 (행위와 자수성가)	복음(감사와 순종)
11. 사고방식	우연(運命)	노력(求道)(自己義)	하나님의 뜻(神義)
12. 핵심 가치	健康, 平安	好學, 虛心, 無我	神國, 福音
13. 목표	保身, 幸福	聖人, 得道, 解脫	하나님의 영광

	주전 6 세기 이전	주전 6-5세기	주후 1세기
14. 실천방안	귀신 달래기 (神 조정) (미신, 터부, 액땜)	仁(도덕실천), 普施(보시행함) 無爲 (억지로 하지 않음)	하나님 사랑, 이웃 사랑
15. 인간형	숙명(체념)형 인간	노력(구도)형 인간	은혜(감사)형 인간

3) 요약: 인류사상사의 종언으로서의 요한복음

사도 바울은 그리스도 예수 안에서 하나님의 때가 찬 경륜을 말하였다(엡 1:9). 그 하나님의 경륜은 은혜의 경륜(엡 3:2)이요 그리스도 예수에 속한 비밀의 경륜이었다(엡 3:4,9). 사상사에 있어서 예수는 오후 5시의 인물이었다. 이른 아침부터 오전 9시, 12시, 3시까지 차례로 석가, 노자, 공자, 소크라테스가 사상사의 포도원에 들어갔고, 1시간 남기고 예수가 오후 5시에 마지막으로 그 포도원에 들어갔다(마 20:1-16 참조). 그것은 사상사의 끝이었고, 종말의 시작이었다.

우리가 한 치의 오차도 없는 그리스도 예수 안에 있는 하나님의 경륜을 믿는다면, 요한복음을 통해 인류사상사의 종언으로써 모든 것의 완성, 성취라는 놀라운 하나님의 경륜을 보게 될 것이다. 지금까지의 고찰을 통해 요한복음에 나타난 인류사상사의 종언을 정리하면 다음과 같다.

첫째, 하나님의 역사 경륜적 관점에서이다. 인류 구원을 위한 하나님의 역사 경륜은 한 치의 오차도 없다. 하나님은 주전 6세기를 전후해서 이스라엘에 여러 선지자를 보내셨고, 동서양에 여러 성현들(중국에는 공자와 노자, 인도에는 석가, 서양의 그리스에는 소크라테스)을 보내셨다. 그리고 나서 500년 후인 주후 1세기 예수 그리스도를 보내셨다. 이를 연애와 결혼에 비유하면 구약시대의 여러 선지자와 동서양의 성현들은 연애에 해당되고, 신약시대인 예수 그리스도는 결혼에 해당된다.

연애할 때는 여러 연인과 사귈 수 있다. 그러나 결혼은 단 한 사람과 하는 것이다. 하나를 선택해야 하기 때문에 나머지는 포기해야 하는 것이다. 여기에 종교다원주의를 넘어선 예수교의 배타성이 있다. 요한은 하늘에 속한 자(3:31)인 예수 외에는 구원이 없다는 예수의 유일성, 즉 구원의 배타성을 말함으로써 하나님의 역사 경륜을 완성, 성취했다.

둘째, 하나님의 지리 경륜적 관점이다. 인류 구원을 위해 하나님이 보내신 메시아 예수는 진자의 중심처럼 지리적으로 동양과 서양이 만나는 팔레스타인 땅에 오셨다. 또한 그 당시 지구상에서 가장 고통과 질곡이 심한 때에 오셨다. 그 땅은 짧게는 500년, 길게는 700년 이상을 남의 나라 식민지로 빼앗긴 땅이었다. 때가 차매(갈 4:4) 하나님은 동서양의 중심이요 메시아를 가장 절실히 필요로 하는 팔레스타인 땅에 메시아 예수를 보내주심으로 인류 구원을 위한 하나님의 지리 경륜을 완성, 성취했다.

셋째, 창조주와 구속주의 관점에서이다. 성경의 창조 기사는 야웨 하나님이 우주 만물을 창조하신 창조주요 역사를 주관하신 구속주로서 피조물과 구별된 절대타자임을 말하고 있다. 그리고 인간과 자연은 신의 피조물이다. 따라서 창조 기사는 神은 神이고, 人間은 人間이고, 自然은 自然임을 분명히 했다. 그런데 예수 그리스도 이전의 성현들은 이 셋을 각각 주장하였다.

석가는 인간이 신이 되는 길(해탈을 통한 깨달은 자 붓다)을, 공자는 인간이 인간되는 길(자기를 극복하고 예로 돌아가는 것)을, 노자는 인간이 자연되는 길(모든 인위를 버린 무위)을 각각 주장하였다. 그런데 죄로 말미암아 신과 인간과 자연이 단절되었고, 단절된 이 셋을 연결하시기 위해 오신 분이 하나님의 아들 예수 그리스도이고 십자가를 통해서 다 이루었다(19:30). 그런 의미에서 예수 그리스도는 창조와 구속을 완성, 성취했다.

넷째, 구원자적 관점에서이다. 구약 율법시대에 속한 인류의 스승들은 하나님이 보내신 진리의 몽학선생들이다(갈 3:24). 즉 그들은 율법이 죄를 깨닫게 하는 역할을 하듯이(롬 3:20), 죄와 죽음을 깨닫게 하는 역할을 하였던 고마운 분들이다. 그들은 죄와 죽음의 문제를 진정으로 해결할 한 분을 기다린 예언자들이었다. 하나님은 때가 차매 죄와 죽음의 문제를 근본적으로 해결할 한 분을 보내셨는데 그가 아들 예수다. 예수는 십자가를 지심으로 죄의 문제를 해결하고, 부활하심으로 죽음의 문제를 해결하였다. 이것이 바로 '십자가의 복음'과 '부활의 복음'이다.

이스라엘 백성의 해방자(구원자)인 모세가 나타날 때까지 400여년의 중간기가 필요했다. 마찬가지로 새 이스라엘 백성(만민)의 해방자(구원자)인 예수 그리스도가 나타날 때까지 말라기와 에스라 이후 400여년의 중간기가 있었다. 새 모세로 오신 예수는 온 인류의 구원자로 오심으로 모세와 구약을 완성, 성취했다. 그런데 한 인간 모세에 의한 이스라엘 백성의 구원은 한 곳, 한 때, 한 백성의 구원에 지나지 않는 미완성의 구원이다. 중이 제 머리를 못 깎듯 만민을 위한 영원한 구원은 죄된 인간으로서는 안 된다. 죄 없는 하나님이 직접 오셔야만 했다. 그래서 하나님 아버지는 그의 아들 예수를 이 세상에 보내셔서 만민 구원을 완성, 성취했다.

다섯째, 묵시문학적 관점에서이다. 묵시문학이란 이 세상이 뒤집어지기를 바랄 정도로 악의 세력으로 인해 고난과 박해가 극한에 달한 위기상황에서 태동한 전복적 성향을 띤 문학장르이다. 그런 상황 하에서 이 세상을 주관하는 자가 누구냐라는 질문에 답하기 위해 쓴 글이다. 구약의 묵시문서인 다니엘은 묵시문학의 특징인 역사적 이원론을 그대로 보여주고 있다. 이에 반해 계시록은 사탄과의 전쟁 중에 있는 모습으로 보여주면서 하나님의 역사 주권을 완전히 이루지 못한 중간 단계의 모습을 보여주고 있다. 그런데 요한복음은 사탄마저도 하나님의 심부름꾼이요 종으로 보면서 모든 것이 하나님의 주권 아래 있음을 보여줌으로써 묵시문학을 완성, 성취했다.

여섯째, 성육신적 관점에서이다. 역사적 예수를 직접 만나지 못한 바울은 서신을 통해 '땅의 차원(예수의 공생애)'을 모른 채 하늘의 시각에서 십자가와 부활 이후의 메시아를 보여주었다. 공관복음 저자들은 복음서라는 장르를 통해 땅의 차원인 역사적 예수를 보여주었고, 땅(유대 땅 베들레헴)에서 인간의 몸을 입고 태어나 부활 후 하늘로 올리우신 메시아를 보여주었다. 이에 반해 요한복음은 예수가 태초에 선재하셨다가 때가 차매 이 세상에 육신을 입고 화육하셨고, 십자가로 인류 구원을 완성하고 다시 하늘로 오르시어 하나님의 우편에 앉아 계시는 분으로 예수를 묘사함으로써 바울서신과 공관복음을 완성, 성취했다.

일곱째, 부활신학의 관점에서이다. 요한은 완전한 복음으로 십자가와 부활을 동시에 강조했지만, 둘 가운데 강조점은 부활에 있었다. 즉 부활의 빛에서 십자가를 해석하였다. 십자가 신학은 구약의 완성이요 구원의 시작이라는 점에서 다윗의 별을 여는 삼각형에 해당하고, 부활신학은 신약의 시작이요 구원의 완성이라는 점에서 다윗의 별을 닫는 역삼각형에 해당한다. 요한복음은 그 어떤 책보다도 가장 완벽한 부활신학을 보여주고 있다는 점에서 구원론의 성취(완성)을 이룩했다.[867]

여덟째, 은혜 복음의 측면에서이다. 성경이 말하는 메시지는 '출애굽 사건'으로 역사가 시작되었고, '십자가-부활 사건'으로 종말이 시작되

---

867) 현대과학과 기술의 눈부신 발전은 효율과 편리함을 가져다 주었지만 종교적 구원을 가져다주지 못함에 대해서는 D.Brown, 《천사와 악마 2》, 146-153을 참조하세요.

었다. 전자는 율법을 낳았고, 후자는 은혜 복음을 낳았다. 은혜 복음을 끝으로 인간에게는 더 이상의 새로운 구원 사상은 없다. 즉 종말이 왔다. 그래서 예수 외에 구원을 얻을만한 다른 이름을 주신 일이 없다(행 4:12). 이제는 선택이 있을 뿐이다. "강도 바라바냐 그리스도라 하는 예수냐"(마 27:17; 요 18:40).

모든 시대는 '시대정신(Zeitgeist)'이라는 것이 있다. 인류의 성현들은 지역은 다르나 그들이 갖고 있는 시대정신은 거의 같다. 그런 의미에서 주전 6-5세기의 시대정신과 주후 1세기의 시대정신은 다르다. 전자는 율법시대이고 후자는 복음시대이다. 인류의 사상을 크게 둘로 나누면 율법(행위)과 복음(믿음)으로 나눌 수 있다. 율법은 인간이 구원을 위해 신을 찾아 올라가거나 신이 되는 것이고, 복음은 신이 인간을 찾아 내려와 단지 그를 믿기만 하면 구원을 선물(엡 2:8)로 주는 것이다. 전자는 타종교이고, 후자는 예수교이다.[868]

예수 오시기 전 인류의 스승되시는 성현들은 율법시대인 구약에 속하는 과정의 인물들이었다. 이들은 하나같이 인간이 구원(해탈)을 하려면 노력과 고행과 공덕을 쌓아야 하는 행위 율법을 강조하였다. 이에 반해 요한복음은 은혜가 곧 진리임을 역설하면서(1:17), 노력에 의한 행위(율법) 구원이 아닌 예수를 믿으면 누구나(만민) 하나님의 자녀가 되는 하나님의 값없이 거저주시는 은혜에 의한 구원을 선포했다. 이것을 '다윗의 별(△+▽)'로 비유한다면, 예수 이전의 율법(행위) 시대는 삼각형(△)으로 비유되고, 예수의 은혜(복음) 시대는 역삼각형(▽)으로 비유된다. 그리하여 주후 1세기 예수교의 은혜 복음의 선포는 다윗의 별의 완성을 의미한다. 이것은 온 인류에게 기쁜 소식(복음)이며, '하나님 은

---

868) '율법의 종교(타종교)'는 말한다. "산에 오르는 길은 여러 길이 있다." '은혜의 종교(예수교)'는 말한다. "하늘에서 내려오는 길은 오직 한 길(성육신)밖에 없다."

혜의 복음'(행 20:24)으로 행위 율법을 완성, 성취했다.

아홉째, 인류의 영원한 주제인 사랑의 관점에서이다. 모든 종교가 다 사랑을 말한다. 유교는 인(仁)을 말하고, 불교는 자비(慈悲)를 말하고, 노장은 인위(人爲)를 버린 무위(無爲)를 말한다. 용어는 다르나 다 같은 사랑을 말한다. 그러나 이러한 사랑은 어디까지나 죄인된 인간이 할 수 있는 최대한의 사랑을 말할 뿐 하나님께서 인간을 향해 보여주는 아가페 사랑과는 비교가 안 된다. 복음 중의 복음인 3:16은 요한이 보여준 하나님의 아가페 사랑의 극치이다(3:16). 즉 죄로 말미암아 영원히 죽을 수밖에 없는 인간을 구원하시고자 아버지 하나님이 자신의 아들을 하늘에서 땅으로, 신에서 인간으로, 가장 낮고 천한 마굿간 말구유로 오시고(1:14), 끝내는 가장 수치스럽고 고통스러운 십자가에 달리게 하심으로 하나님의 사랑을 다 이루었다(19:30).

바울은 로마서에서 '믿음으로 의를 얻는다'는 '이신득의(以信得義)' 교리를 말했는데, 요한은 '사랑으로 평화를 얻는다'는 '이애득화(以愛得和)' 교리를 말했다. 믿음은 다윗의 별을 여는 기독교 신앙의 출발점이고, 사랑은 다윗의 별을 닫는 기독교 신앙의 종착점이다. 그런 의미에서 요한은 참사랑을 완성, 성취했다.[869]

열째, 시간관(선형과 원형)의 관점에서이다. 이성을 강조하는 과학적 멘탈리티는 선적(線的)이고, 신앙을 강조하는 종교적 멘탈리티는 원적(圓的)이다. 여기에 역사의 시작인 태초부터 주님의 재림으로 끝나는 역사의 종말에 이르는 역사관은 선적인 특징을 보여주고 있다. 요한은 태초부터 종말에 이르는 선적인 시간관에다가 하늘에서 땅으로의 성육신하신 예수가 다시 세상의 사역을 마치고 부활 승천하여 하늘로

---

[869] 믿음의 사람 바울은 "믿음으로 하지 않는 것은 다 죄니라"(롬 14:23)고 말했다. 사랑의 사람 요한은 "사랑으로 하지 않는 것은 모두 다 죄니라"(요 13:34; 요일 4:20 참조)고 말한다.

돌아가는(16:28) 원적인 시간관을 동시에 보여주고 있다.

요한은 선형과 원형의 시간관을 종합함으로써 시간관을 완성, 성취했다. 이를 기독교 윤리적 측면에서 말한다면 자유와 정의는 선적이고 남성적이며, 사랑과 평화는 원적이고 여성적인데, 선형과 원형의 멘탈리티를 동시에 갖고 있는 요한은 사랑과 평화, 자유와 정의를 온전히 완성, 성취했다.

열하나, 기독론적 관점에서이다. 기독교(예수교)는 그 말 속에 담긴 대로 기독론(예수학)에 궁극적 목적(목표)이 있다. 구원론은 인간 구원에 관한 교리를 말한다. 바울의 로마서가 이를 잘 말해주고 있다.[870] 또한 교회론은 기독교회에 관한 교리를 말한다. 계시록이 이를 잘 말해주고 있다.[871] 이에 반해 요한복음은 기독론[872], 즉 예수가 하나님 아들 그리스도임을 말해주고자 쓰인 책이다(20:31).

구원론이나 교회론은 그 방향이 인간과 교회를 향하고 있는 데 반해, 기독론은 그 방향이 예수에게 향하고 있다. 즉 예배에 대상인 하나님의 아들이신 주 예수 그리스도에게 향하고 있다. 성경을 성전의 역사라는 관점에서 보면 모세의 성막성전, 다윗과 솔로몬의 시온성전은 몸으로 부활하신 '예수(몸)성전(예수교회)'에 의해 완성, 성취되었다.[873]

요한복음 21장은 부활하신 예수가 인간이 예배해야 할 주님이자 거룩한 하나님이 머무는 성전이기에 '예수사랑'이 인간의 궁극적 목적(목

---

870) 로마서의 구원론에 대한 좋은 참고서로는 곽요셉, 《로마서 강해(상중하)》를 참조하세요.
871) 요한계시록의 교회론에 대한 좋은 참고서로는 이필찬, 《요한계시록: 어떻게 읽을 것인가》를 참조하세요.
872) 바울의 기독론에 대해서는 G.D.Fee, 《바울의 기독론》을 참조하세요. 김세윤은 말한다. "바울에게 있어 기독론과 구원론은 전자가 후자의 기초가 된다는 점에서 별개의 둘이 아닌, 하나이다." Kim,Seyoon, *The Origin of Paul's Gospel*, 100,
873) 더 자세한 논의는 박철수, 《예수와 성전》, 65-162을 참조하세요.

표)임을 시사하고 있다. 그리스도인의 삶의 궁극적 목적(목표)은 인간이 아닌 하나님께 있다.[874] 다시 말하면 인간 구원이나 교회 부흥에 있는 것이 아니라 예배를 통해 아버지 하나님과 그 아들 예수 그리스도가 경배와 찬양, 영광을 받는 데 있다(시 67:3-7; 요 17:1-5; 계 11:15-18)는 것은 더 이상 말할 필요가 없다. 모든 기독교 교리는 하나의 초점인 기독론으로 수렴되어야 하고, 그런 의미에서 기독론을 주요 주제로 하는 요한복음은 모든 기독교 교리를 완성, 성취했다.

열둘, 삼위일체론적 관점이다. 교부시대부터 오늘날까지 요한복음은 삼위일체 하나님에 대한 기독교회의 교리와 예배의 주요 자료였다. 교부들은 요한복음을 구원에 대한 삼위일체적 신비뿐 아니라 양태론(modalism)과 아리우스파(Arianism, 그리스도의 신성을 부인)와 같은 이단들에 대한 반박을 위한 무기로서의 1차적 본문으로 사용되었다. 우리는 요한복음에서 아버지와 아들과 성령의 뚜렷한 인격적 동일성과 그들간에 존재와 의지와 사역의 통일성을 보는 반면 구원사역에 따른 삼위 하나님의 역할에 있어서의 중요한 인격적 차이(아버지는 보내시고, 아들은 보냄받고 또한 보내고, 성령은 보냄받는)를 본다.

또한 요한은 하나님으로서의 하나 속에 셋(아버지와 아들과 성령)을 말하면서 사역시대, 즉 성육신 이전까지의 아버지의 시대, 성육신한 아들의 시대, 아들의 부활-승천 이후의 성령의 시대라는 삼위일체 하나님의 사역시대를 명확하게 규정지었다. 신약문서 가운데 요한복음은 기독교회의 삼위일체 교리를 위한 가장 원초적인 자료를 제공할 뿐 아니

---

874) 에스겔서의 핵심 메시지가 바로 여기에 있다(겔 36:22,32). 더 자세한 설명은 W.Brueggemann, *Hopeful Imagination: Prophetic Voices in Exile*, 68-81을 참조하세요. 기독론이 모든 교리의 오메가이자 그리스도인의 궁극 목적(목표)이 되지 않을 때 그것은 결국 인본주의와 세속주의로 전락할 수밖에 없다. 요한복음은 바로 이것을 증언하고 있다는 점에서 기독교의 과녁을 가장 정확히 맞춘 책이다.

라 이 문제의 가장 발전된 패턴, 특히 아버지와 아들과 성령의 인성과 신성을 뚜렷하게 보여주는 패턴을 제공한다는 점에서 삼위일체 교리를 완성, 성취했다.

열셋, 왕 사상적 관점에서이다. 인류 역사는 누가 왕이냐, 그리고 누구를 왕으로 섬기느냐를 두고 싸운 진리(사상)의 투쟁의 역사이다. 왕 사상적 관점에서 인류 역사를 셋으로 구분하면, 첫째, 주전 6세기 이전의 하늘(天)을 신으로, 즉 최고의 존재인 왕으로 섬긴 天王시대(천본주의), 둘째, 주전 6-5세기의 사람을 왕으로 섬기는 人王시대(인본주의), 셋째, 주후 1세기의 하나님을 왕으로 섬기는 神王시대(신본주의)가 그것이다. 주후 1세기는 가치관(세계관)의 일대변혁을 가져온 혁명(革命)의 시대로서 예수로 시작하여 베드로, 바울, 요한으로 막을 내린 신왕시대였다.

하나님의 아들 예수는 '하나님 나라의 복음'(눅 4:43)과 '하나님 은혜의 복음'(행 20:24)을 선포했다. 하나님 나라, 즉 하나님이 왕이 되어 통치하는 세계와, 구원은 은혜 곧 인간의 노력이나 공덕에 의한 것이 아니라 하나님께서 거저 주신 은혜로 되어진 것이라는 측면에서 神을 최고의 존재인 왕으로 섬기게 된 神王시대(신본주의)였다. 요한은 성육신의 진리를 통해 신왕시대의 도래를 알렸고, 십자가와 부활의 신학을 통해 예수가 유대인의 왕(18:37; 19:3,19)이요 만왕의 왕이자 만주의 주(계 11:15; 19:16)인 신왕시대의 신학을 완성, 성취했다.

메소포타미아(Meso-potamia) 문명이 티그리스 강과 유프라테스 강의 두 젖줄 사이에서 탄생했고, 서구문명이 헬리니즘과 헤브라이즘의 두 젖줄에 의해 탄생했듯이, 요한복음은 구약을 배경으로 하여 바울서신과 공관복음이라는 두 젖줄을 먹고 탄생한 인류 역사상 마지막 최고 걸작품이다. 바울서신, 공관복음, 요한복음 이렇게 세 책의 관계는 변증법적 원리, 즉 바울서신(正), 공관복음((反), 요한복음(合)의 관계라고 말할 수 있다. 독일관념론이 칸트로 시작하여(正), 피히테와 쉘링을 거쳐(反) 헤겔에 와서 완성되었듯이(合), 예수교는 예수로 시작하여(正), 베드로와 바울을 거쳐(反) 요한에게 와서 완성되었다(合).

지금까지의 논의를 통해 우리는 예수교는 차원이 다른 배타적 진리를 말하고 있고, 따라서 예수일원주의라는 배타적 종교임을 말하지 않을 수 없다. 이제 더 이상의 새로운 사상(진리)은 없다. 사상사적 측면에서 예수교는 모든 사상(진리)의 마침이다. 그리고 모든 사상(진리)을 신학적으로 가장 완벽하게 표현한 자가 바로 요한이요 요한복음이다. 요한복음은 그 자체로 놀라움이요 신비요 기적이자 하나님이 인류에게 준 가장 귀한 선물이다. 요한복음 7:46의 말씀처럼, "그 사람(예수=요한)이 말하는 것처럼 말한 사람은 이때까지 없었다." 이런 점에서 요한복음은 이 세상에 어느 책과도 비교가 안 되는 천하제일지서이다.

〈도표 16〉 사상사적 관점에서 본 예수의 유일성

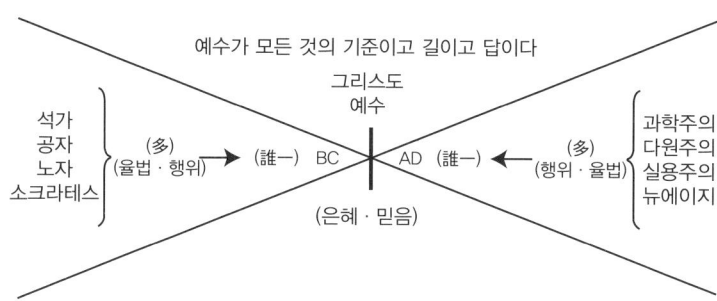

제 II 부 본문 주석

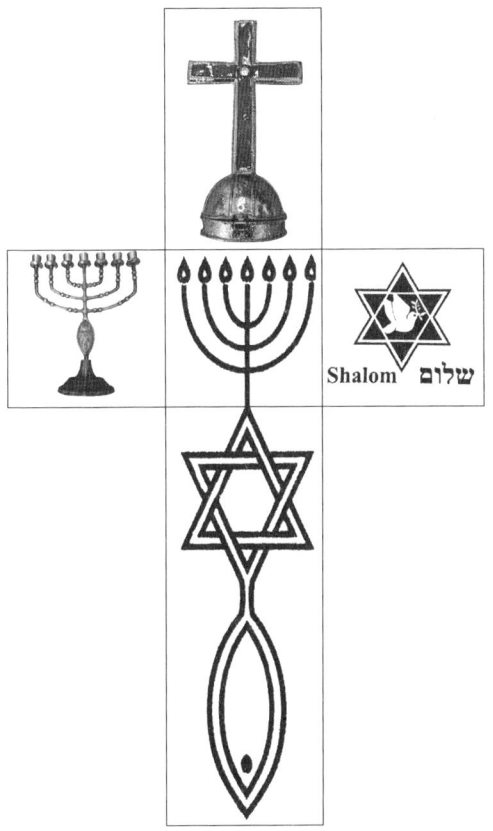

바리새인들이 서로 말하되 볼지어다 너희 하는 일이 쓸 데 없다
보라 온 세상이 그를 따르는도다 하니라(요 19:13)

1. 성육신 및 일곱 표적을 통한 영광과 생명(1-11장)

제 1 장 (서론)

〈본장 개요〉

1장은 요한복음의 서론이자 요한복음 전체를 요약한 '총론'의 성격을 띤다. 1장은 "예수는 누구인가?"라는 기독론 및 제자선택(제자도)을 주요 내용으로 하고 있다. 1장은 크게 두 부분, 즉 로고스찬가(1-18절)[1] 와 증인 본문(19-51절)으로 나누어진다.

그런데 1장은 모세오경을 염두에 둔 것처럼 다섯 단락(1-18/ 19-28/ 29-34/ 35-42/ 43-51절)으로 되어 있다. 이는 1장이 로고스찬가(1-18절)와 증인 본문(19-51절)으로 구분은 되지만 분리될 수 없음을 시사한다.[2] 증인 본문을 2장과 연결시켜 '표적의 책'(1:19-12:50)에 속하는 것으로 보는 일부 학자들도 있으나 이런 주장은 적절치 않다.

증인 본문(19-51절)은 세례 요한의 증언과 첫 제자들의 증언을 통하여 당시 유대 사회에 유행하던 다양한 메시아관을 종합하여 이 모든 것을 성취한 자가 나사렛 예수임을 보여주고 있다. 결국 증인 본문은 예수가 어느 한 공동체의 메시아가 아니라 모든 사람들이 기다리던 궁극적인 메시아이며, 그를 통하여 구약 예언이 성취되었음을 보여주고 있다(1:45).

1장(서론)은 숫자 5(모세오경 또는 유대교)와 관련된 다섯 사항을 보여

---

1) 요 1:1-18은 '로고스찬가' 외에 여러 다른 이름으로 불리고 있다. 프롤로그, 서막, 서문, 서론 등.
2) 카이저는 1:1-18을 '우주적 시작'으로, 1:19-51을 '역사적 시작'으로 서술하면서 이 둘을 나누는 것은 바람직하지 않다고 보고 있다. 그 까닭은 우주적인 그리스도-말씀은 세상과 역사로부터 동떨어진 것이 아니기 때문이라는 것이다. R. Kysar,《요한의 예수 이야기》, 17.

주고 있다. 모세오경과 관련된 1절의 "태초에 말씀이 있었다", 다섯 단락, 세례 요한에게 행한 다섯 질문, 다섯 제자[3], 다섯 날[4]이 그것이다. 이는 요한복음에서 25회(5×5)에 사용된 '진리' 어휘와 같은 숫자로써 '유대교를 대체한 예수교'가 참 진리됨을 암시하고 있다.

로고스찬가는 '요한복음의 축소판'으로 본론(2-20장)을 이해하는 열쇠가 된다. 로고스찬가는 모세[5]로 대표되는 율법의 종교인 유대교를 예수 그리스도로 대표되는 복음, 즉 은혜의 종교요 진리의 종교(1:17 참조)인 예수교로의 대체를 변증하고 있다. 요한은 로고스찬가에서 숫자 상징코드를 사용하여 유대교(나아가 로마제국)에 대한 예수교의 승리를 암시하고 있다. 먼저, 로고스찬가의 음절이 496(이 숫자는 1-31까지의 모든 수의 합)개로 되어 있는데, 독생자(14,18절)를 나타내는 헬라어 단어 μονογενής(40+70+50+70+3+5+50+8+200)의 수치가 496이다.[6] 이는 로고스찬가의 메시지가 독생자 예수 그리스도에게 있음을 암시한다.

또한 말씀(1:1[3회],14), 세상(1:9,10[3회]), 은혜(1:14,16[2회],17) 어휘가 각각 4회씩 사용되고 있는데, 이 세 어휘가 갖는 숫자상징코드적 의미는 율법이 지배하는 이 어둠의 '세상'에 성육신, 즉 빛 되신 예수 그리스도가 오셔서 하나님의 '은혜'의 '말씀' 곧 '복음'을 선포하심으로 이 세상 나라에 하나님 나라가 도래했음을 암시한다. 이는 율법의 종교인 유대교보다 은혜의 종교인 예수교가 우월하다는 것을 변증하는 것으로서, 박해

---

3) 안드레와 또 다른 제자, 베드로, 빌립과 나다나엘. 공관복음에서는 예수의 첫 제자가 넷(베드로와 그의 형제 안드레, 야고보와 그의 형제 요한)으로 나타난다(마 4:18-21; 막 1:16-20).
4) '다섯 날'에 대한 단락 구분은 19-28/ 29-34/ 35-38/ 39-42/ 43-51절이다. 보다 자세한 설명은 본문 1:39 주석을 참조하세요.
5) 로고스찬가에 세례 요한 기사(1:6-8, 15)를 삽입한 것은 세례 요한을 모세와 같은 공동운명체(선구자)로 보고자 했기 때문이다.
6) R. Bauckham, "The Fourth Gospel as the Testimony of the Beloved Disciple", 127.

에 직면한 요한공동체로 하여금 유대교(나아가 로마제국)에 대한 예수교의 승리를 선언하고자 하였던 것이다.

특히 '예수(말씀)의 오심(성육신)'은 '율법의 세계(삼각형)'에 '복음의 세계(역삼각형)'가 들어왔음을 의미하는 것으로, 이는 다윗의 별의 완성을 의미한다. 따라서 성육신 사건은 십자가 사건, 즉 예수께서 십자가 처형을 당하심으로 다윗의 별을 완성한 것과 그 맥을 같이 한다. 나아가 예수(말씀)의 오심은 하늘(영원)의 오심이요, 은혜(진리)의 오심이자 하나님(하나님 나라)의 오심이라는 점에서 4차원의 오심이다. 성육신 사건은 이전에 주장되어 온 모든 기준(canon)을 예수(말씀)로 바꾸었다는 점에서 최고의 혁명적 사건이다.[7]

요한은 로고스찬가를 통해 모세의 영광, 로마의 영광이 판을 치는 당시 상황에서 예수의 영광, 하나님의 영광을 드러내고자 했다. 또한 삼위일체론적 기독론의 출발이 되는 선재적 기독론은 유대교의 야웨 유일신 신앙(monotheism)과 로마 가이사 황제숭배에 대한 기독론적 변증의 성격을 갖는다. 로고스찬가에서 하나님/로고스 구분은 아버지/아들 구분으로 진행되면서 세련되게 다듬진 모습을 보여준다.

또한 로고스찬가는 유대인의 네 핵심가치인 성경(1절), 성전(14절), 성지(11절), 성민(12절)을 요약해 주고 있으며, 1-4장은 이것을 차례로 말해주고 있다. 1장은 성경(성육신), 2장은 성전(성전정화사건), 3장은 성지(하나님 나라), 4장은 성민(이방인 포함)을 말해주고 있다. 1장은 온통 구약과 관련된 상징(네 핵심가치를 비롯하여 야곱, 모세, 세례 요한과 같은 구약의 인물, 메시아적 칭호 등등)으로 가득차 있다.

1장은 새 시대가 왔음을 증언한다. 이 새 시대는 구약 시대(율법과 예

---

[7] 예수의 오심은 '세상 나라에 대한 전복'이라는 측면에서 인류 역사상 가장 충격적 사건이다. 더 자세한 설명은 P. Kreeft, 《예수충격》, 61-136을 참조하세요.

언자의 시대)도 아니고 준비의 시대(세례 요한)도 아니다. 이 새 시대는 하나님의 완전한 계시인 예수의 오심으로 시작되었다. 이제 로고스 예수가 모든 것의 기준이 되었다. 예수를 거부하면 '어둠의 자식(3차원의 세상 나라)'이고, 예수를 받아들이면 '하나님의 자녀(4차원의 하나님 나라)'가 된다. 이제 모든 인간에게는 이 둘 중의 하나를 선택해야 하는 결단만이 남았다.

1. 로고스찬가: 말씀의 화육(1-18절)[8]
  – 예수 나의 기준(자랑) –

〈성경 본문〉

1 태초에 말씀이 계시니라 이 말씀이 하나님과 함께 계셨으니 이 말씀은 곧 하나님이시니라 2 그가 태초에 하나님과 함께 계셨고 3 만물이 그로 말미암아 지은 바 되었으니 지은 것이 하나도 그가 없이는 된 것이 없느니라 4 그 안에 생명이 있었으니 이 생명은 사람들의 빛이라 5 빛이 어둠에 비치되 어둠이 깨닫지 못하더라 6 하나님께로부터 보내심을 받은 사람이 있으니 그의 이름은 요한이라 7 그가 증언하러 왔으니 곧 빛에 대하여 증언하고 모든 사람이 자기로 말미암아 믿게 하려 함이라 8 그는 이 빛이 아니요 이 빛에 대하여 증언하러 온 자라 9 참 빛 곧 세상에 와서 각 사람에게 비추는 빛이 있었나니 10 그가 세상에 계셨으며 세상은 그로 말미암아 지은 바 되었으되 세상이 그를 알지 못하였고 11 자기 땅에 오매 자기 백성이 영접하지 아니하였으나 12

---

[8] 로고스찬가에 대한 더 자세한 설명은 김달수, "요한복음 서문에 나타난 로고스 그리스도론", 《신약신학과 묵시문학》, 373-408을 참조하세요.

영접하는 자 곧 그 이름을 믿는 자들에게는 하나님의 자녀가 되는 권세를 주셨으니 13 이는 혈통으로나 육정으로나 사람의 뜻으로 나지 아니하고 오직 하나님께로부터 난 자들이니라 14 말씀이 육신이 되어 우리 가운데 거하시매 우리가 그의 영광을 보니 아버지의 독생자의 영광이요 은혜와 진리가 충만하더라 15 요한이 그에 대하여 증언하여 외쳐 이르되 내가 전에 말하기를 내 뒤에 오시는 이가 나보다 앞선 것은 나보다 먼저 계심이라 한 것이 이 사람을 가리킴이라 하니라 16 우리가 다 그의 충만한 데서 받으니 은혜 위에 은혜러라 17 율법은 모세로 말미암아 주어진 것이요 은혜와 진리는 예수 그리스도로 말미암아 온 것이라 18 본래 하나님을 본 사람이 없으되 아버지 품 속에 있는 독생하신 하나님이 나타내셨느니라.

a. 로고스[9] 개념의 배경과 의미

유대인들은 모든 책의 첫 절을 매우 중요시하는 관습을 갖고 있다.[10] 로고스찬가(prelude)[11]는 '요한복음 전체의 축소판'이라고 불릴 정

---

9) 로고스 연구사에 대한 자세한 논의는 구제홍, "요한복음서의 로고스 기독론", 10-15을 참조하세요.

10) 히브리 성경에서 모세오경의 제목은 첫 절(첫 단어)로부터 비롯되었다. 창세기("태초에"라는 뜻의 '베레쉬트'), 출애굽기("이름들"이라는 뜻의 '쉐모트'), 레위기("불렀다"라는 뜻의 '와이크라'), 민수기("광야에서"라는 뜻의 '베미드바르'), 신명기("말씀들"이라는 뜻의 '핫데바림'). 아울러 공관복음서의 첫 절도 매우 중요한 의미를 지닌다. "아브라함과 다윗의 자손 예수 그리스도의 계보라"(마 1:1), "하나님의 아들 예수 그리스도의 복음의 시작이라"(막 1:1), "우리 중에 이루어진 사실에 대하여"(눅 1:1). 더 자세한 내용은 박호용, 《감악산의 두 돌판》, 25-28을 참조하세요.

11) M. E. Boismard는 로고스찬가(1:1-18)가 '로고스'의 관점에서 교차대구구조로 되어 있다고 주장한다. A(1-2절), A'(18절): 하나님과 함께 하신 로고스, B(3절), B'(17절): 로고스를 통해 나타난 것, C(4-5절), C'(16절): 로고스로부터 받아들여진 것, D(6-8절), D'(15절): 요한이 로고스를 선포하다, E(9-10절), E'(14절): 로고스가 세상에 왔다, F(11절), F'(13절): 로고스와 그의 백성들, G(12a절), G'(12c절): 로고스가 영접되어지다, H(12b절): 그를 영접하는 자들에게 주어지는 로고스의 선물. 이는 로고스찬가가 얼마나 정교하게 의도적인

도로 매우 중요하다.[12] 따라서 이 부분을 어떻게 해석하느냐가 요한복음 해석의 향방이 결정된다고 해도 과언이 아니다.[13]

필자는 이런 상상을 해 보았다. 아름다운 지중해변인 에베소에서 어느 날 밤 요한은 복음서의 첫 말을 무엇으로 할까 고민을 하고 있었다. 그러다가 저 하늘에서 한 별똥이 갑자기 자신을 향해 떨어지는 순간 '바로 이 말이다'라는 통찰이 왔다. 그것이 '천하제일언(天下第一言)'이라 할 수 있는 "태초에 말씀이 계셨다"라는 말이리라.

이미 언급했듯이, "태초에 말씀이 계셨다"[14]는 이 심오한 제일성은 도올 선생이 말하듯 헬라철학에서 말하는 형이상학적인 심오한 진리를 말하고자 함에 있는 것이 아니다.[15] 요한이 처한 묵시문학적 박해 상황에서 터져나온 처절한 생존의 수사학이요 삶의 진실을 말한 절규이다.

"태초에 말씀[16]이 계시니라 이 말씀이 하나님과 함께 계셨으니 이

문학작품으로 구성되어 있는지를, 아울러 로고스찬가의 신학적 관심이 무엇인지를 잘 보여준다. 김득중,《요한의 신학》, 65-66. 또한 본서 237-238쪽에 기술한 두 개의 교차대 구구조를 참조하세요.

12) N.T.Wright,《신약성서와 하나님의 백성》, 691. 브라운은 요한복음이 신약성경 중 가장 가치있는 진주로 묘사될 수 있다면 로고스찬가는 이 복음서 내의 진주라며 로고스찬가의 중요성을 강조한다. R.E.Brown, *John*, Vol.1, cxxxviii.

13) 첫 절은 17개의 헬라어 단어로 되어 있다. 이는 대단히 중요한 의미를 담고 있는데, 이에 대한 자세한 설명을 본서 부록 앞에 있는 〈논문〉을 참조하세요.

14) 이 첫 문장은 너무나 유명하여 많은 유사한 표현들이 나왔다. "태초에 행동이 있었다"(J. W. von Goethe). "태초에 권태가 있었다"(S. Kierkegaard), "태초에 관계가 있었다"(M. Buber), "태초에 퍼포먼스가 있었다"(J. Crossan), 필자도 한마디 했다. "태초에 목마름이 있었다(요 4:1-26)." 박호용,《부르다가 내가 죽을 노래》, 174-187.

15) 더 자세한 설명은 93-94쪽을 참조하세요.

16) 하나님과 인간의 소통만이 아니라 인간과 인간의 소통의 매개로서의 말(언어)의 중요성은 아무리 강조해도 지나치지 않다. 인간은 '언어 능력을 가진 존재'라고 정의될 수 있는데, 인간은 가장 본질적인 의미에서 언어 속에서 산다고 할 수 있다. 하이덱거(Heidegger)는 그런 의미에서 언어를 '존재의 집'이라고 했다. 이규호,《말의 힘》, 137.

말씀은 곧 하나님이시니라"(1:1),[17] 물건마다 그 무게와 값이 각각 다르듯이, 말(글) 또한 누가, 어떤 상황에서, 어떻게 썼느냐에 따라 그 무게와 가치가 전혀 다르다.[18] 1그램도 안 되는 가치 없는 말(글)이 있는가 하면, 무게와 가치를 측량할 수 없을만큼 귀중한 말(글)도 있다.[19] 요한의 말(글)은 타의 추종을 불허하는 무게와 가치를 지닌다.[20] 복음서를 여는 제일성이 그러하다. 요한은 '우레의 아들'이라는 별명답게 "태초에 말씀이 계셨다"라는 천둥같은 일언을 던졌다.

첫 문장이 담고 있는 내용의 넓이와 깊이는 이 세상 그 무엇과도 비교할 수 없는 힘과 심오함과 아름다움과 혁명성을 내포하고 있다. 1848년 칼 마르크스는 '공산당 선언(Communist Manifesto)'[21]을 제창하였는데, 이로써 본격적인 공산주의의 막이 올랐다. 마찬가지로 요한복음의 첫 문장은 '예수교 선언(Jesusianity manifesto)'이라고 말할 수 있다. 요한은 '예수교는 곧 말씀의 종교'임을 제일성으로 하여 이 위대한 복음

---

17) 첫 절에서 '말씀(로고스)' 어휘를 '더 이상 없다'는 뜻의 3회 사용하고 있는데, 이는 하나님의 말씀은 인간을 구원하기에 부족함이 없는 완전함(사 33:16)을 암시한다.
18) 원자폭탄의 힘은 아인슈타인의 $E=mc^2$ 공식에서 비롯되었다. 이 공식은 20세기 과학혁명공식이었다. 에너지(E)는 빛의 속도의 제곱(c^2)에 질량(m)을 곱한 것이다. 빛의 속도는 상수로서 일정하니까 중요한 것은 변수인 질량이 많을수록 그 에너지의 힘은 커진다. 이에 반해 성경 말씀의 힘 곧 복음의 힘은 그 어떤 힘과도 비교가 안 되는 가장 큰 힘이다. 필자는 말씀의 힘을 $P=BJ^2$ 공식이라고 표현해 보았다. 이 공식은 21세기 신학혁명공식이라고 부르고 싶다. 여기서 P는 Power(힘)의 이니셜이고, B는 Bible(성경)의 이니셜이다. J^2은 Jesus in John(요한복음 내의 예수)의 이니셜이다. 복음(말씀)의 힘은, 기독교 신학의 노름마치(최고 고수)인 요한복음에 나타난 예수 그리스도라는 상수에다가, 변수인 성경을 많이 알면 알수록 그 힘은 그 무엇과도 비교가 안 되는 엄청난 힘으로 작용한다.
19) 세상을 바꾸어 놓은 성경 말씀이 갖는 힘에 대해서는 W.J.Peterson & R.Peterson, 《말씀의 힘: 세상을 바꾼 성경 말씀 100》을 참조하세요.
20) 세종의 한글창제가 갖는 문명사적 의의 및 한글의 우수성에 대해서는 백지원, 《백성편에서 쓴 조선왕조실록: 왕을 참하라!》, 191-227을 참조하세요.
21) 《공산당 선언》의 첫 문장은 벼락과 같은 위력을 지니고 있다. "무시무시한 한 유령이 유럽을 활보하고 있다. 공산주의라는 유령이." F. Wheen, 《마르크스 평전》, 175; H.Hesse, 《천마디를 이긴 한마디》, 291.

서의 포문을 열었다.[22]

요한복음에서 '말씀(로고스)'[23]은 곧 예수와 동의어이다(1:1,14; 6:68; 17:17). 따라서 "태초에 '말씀(로고스)'이 있었다"[24]는 말은 "태초에 예수가 있었다"는 말이다. 요한복음을 시작하는 이 짧은 단 한 문장[25]은 '천하제일언'이라고 필자는 단언한다. 천하제일언인 이 첫 문장의 혁명성을 부연설명하면 이러하다.

이 우주와 역사 속에서 영원한 실체(실상)는 오직 하늘에 속한 4차원의 세계 곧 하나님(하나님 말씀)뿐이다. 바로 그 하나님(하나님의 말씀)이 되시는 이가 성육신 하신 그리스도 예수이다. 그 나머지 것들은 모두 땅에 속하는 3차원의 세계, 즉 잠시 있다가 사라지고마는 허상일 뿐이다.[26] 따라서 예수의 오심(성육신)으로 말미암아 이제 예수(말씀)가 모든 것의 기준이 되었다.[27] 천하제일언인 이 첫 문장이 갖는 혁명성이

---

22) 에스라-느헤미야의 위대한 영적각성운동(종교개혁운동)은 수문 앞 광장에서 토라를 낭독하는 말씀사건(Word-Event)으로부터 시작되었다(느 8장). 말씀사건으로서의 예수의 오심은 유대교에서 예수교로의 새로운 종교개혁운동이다.
23) 로고스(말씀)는 4차원의 헤브라이즘(하나님=신)의 세계를 3차원의 헬레니즘(인간)의 세계로 매개해 주는 매체이다.
24) 이 대목은 주후 70년경 예루살렘성전 파괴 이후 성전보다는 토라, 즉 성경(말씀)의 중요성을 보여주고 있다고 말할 수 있다.
25) 짧은 명언 한마디가 천마디 말보다 오히려 더 무게와 가치를 지닌다. 가령 '너 자신을 알라'라는 말이 그러하다. 더 자세한 설명에 대해서는 H. Hesse,《천마디를 이긴 한마디》를 참조하세요.
26) 네덜란드의 철학자 스피노자(B.Spinoza, 1632-77)의 '영원의 모습 아래에서(sub specie aeternitatis)'라는 말은 실상과 허상에 대한 자각을 갖도록 교훈한다.
27) 예수(말씀)가 모든 것의 기준이 되었다는 말은 '예수(말씀)제일주의'라는 말이다. '예수'와 '말씀'을 기준 삼는다는 말은 '예수'와 '말씀'을 왕(최고) 삼는다는 것을 의미한다. 예수와 말씀 대신 나 자신을 비롯한 세상의 그 무엇(가령, 돈, 권력, 지위, 교회(교회당), 명예, 쾌락, 행복, 부모, 자녀, 내 생명 등등)을 기준(왕) 삼는 것은 모두 우상숭배요 불신앙이다. 그런데 유대인 로스차일드(Mayer A. Rothschild, 1750년경)는 "유대인의 살 길은 돈이다"라고 주장하면서 하나님보다 돈을 앞에 두었다. 이제 예수의 말씀처럼 하나님이냐 돈이냐(마 6:24)라는 영권과 물권의 전쟁이 본격화되었다. 로스차일드 가문에

바로 여기에 있다. 하나님 자녀 개념이 갖는 혁명성도 바로 이에 기인한다.

이 짧은 한 문장은 곧 성경의 요약이요 인생의 요약이요 역사와 우주 만물의 요약이다. 요한이 이 문장을 통해 말하고자 하는 뜻은 이런 것이리라. 신구약성경이 무엇인가? 그것은 구약과 신약, 즉 두 권으로 나누어진 책이 아니라 하나님 말씀인 예수 그리스도를 말하는 '한 권의 책'이 아닌가. 인생이 무엇인가?[28] 그것은 참 진리인 '말씀 하나' 바로 알자는 것이 아닌가.[29] 즉 하나님의 말씀 되시는 '예수 하나' 바로 알자는 것이 아닌가. 역사가 무엇인가? 초림의 약속의 말씀이 성취되었고(구약), 재림의 약속의 말씀이 다시 성취됨(신약)을 향해 나가고 있는 것이 아닌가. 역사란 태초부터 계셨던 예수가 모든 것의 시작이고 모든 것의 중심이요 모든 것의 끝임을 말하고자 있는 것이 아닌가.

신구약성경 66권의 그 많은 말씀들은 한마디로 "창세기 1:1의 주석에 불과하다." 창세기 1:1은 하나님은 창조주요 그 외의 모든 것은 피조물임을 선언하고 있다. 그러기에 창조주 하나님을 믿고 의지하고 섬기라는 것이다. 창조주 하나님 이외에 다른 그 무엇을 믿고 의지하고 섬기는 것이 우상숭배요 창조주 하나님을 떠난 것이 불신앙이다. 그런데 연약하고 불쌍한 인간들은 창조주 하나님보다는 하나님이 만든 피조물을 믿고 의지하고 섬기려 한다. 그 까닭은 보이지 않는 창조주 하나

대해서는 D. Wilson, 《가난한 아빠 부자 아들 (1,2,3)》을 참조하세요. 금융제국으로 세계를 정복하려는 로스차일드 가문의 음모에 대해서는 쑹훙빙(宋鴻兵), 《화폐전쟁》을 참조하세요.
28) 김흥호 선생은 "인생이 무엇이냐고 물으면 나는 선생이라고 대답한다"고 하시면서 "세상만사는 모두 암호요 말씀이다. 만물이 말씀이요 만사가 말씀이다"라고 말하였다. 김흥호, 《길을 찾은 사람들》, 5-7.
29) 다석 선생은 "하나를 알기 전에는 전부가 까막눈이다"라고 했다. 류영모, 《다석강의》, 740-747. esp. 743.

님보다는 보이는 피조물이 더 믿을 만하다고 믿기 때문이다.

그래서 보지 않고는 믿지 않으려는 인간을 위해 잠시 보이는 하나님(창조주)으로 오신 이가 바로 말씀이 육신이 되어 오신 예수 그리스도이다. 이것을 말하는 것이 요한복음 1:1이며, 따라서 요한복음 1:1은 창세기 1:1을 다른 말로 주석한 것에 불과하다. 이것이 성경(특히 요한)이 말하는 영원한 진리이고, 이 오직 하나인 영원한 진리를 붙드는 자는 세상이 주지 못하는 평강과 자유함을 누리고(요 8:32; 14:27), 구원과 영생을 얻게 되는 반면, 이 영원한 진리를 모르고 다른 것을 붙드는 자는 두려움과 근심 속에 살면서 심판과 멸망을 당하게 된다는 것이다(요 3:16).[30]

요한은 (하나님의) 말씀의 힘(능력)을 가장 정확히 꿰뚫어 알고 있었다. 창세기 1장에서 하나님은 우주 만물을 '말씀'으로 창조하시지 않았는가! 그러기에 이 세상에서 하나님의 말씀보다 더 전능한 힘을 가진 것은 아무 것도 없다. 요한은 그의 복음서를 여는 첫 절에서 이 말씀(로고스)이 모든 만물이 생기기 전 하나님과 함께 존재했으며, 이 말씀은 곧 '하나님'이라고 선언한다.

그런데 말씀인 예수가 육신이 되어 오신 분(1:14)이라면, 예수는 곧 태초부터 하나님과 함께 계신(2절) 선재했던 말씀(로고스)이자 곧 하나님이 되시는 분이다. 그리고 지은 바 된 우주 만물이 하나도 그가 없이는 된 것이 없다(3절)면, 이 예수는 창조주 하나님과 함께 했던 자 곧 하나님의 아들이 되는 분이다. 따라서 바울의 고백처럼 만물이 주에게

---

30) 불교의 진리는 색즉시공(色卽是空)과 고집멸도(苦集滅道)로 요약할 수 있다. 인간의 모든 고통과 불행은 눈에 보이는 색(色)이 공(空)임을 깨닫지 못하고 집착(執着)하는 데서 비롯되기에 이 집착을 버리면 진리(道)에 이르게 된다는 것이다. 더 자세한 내용은 정화, 《반야심경》, 84-85, 205-213; K. Amstrong, 《스스로 깨어난 자 붓다》, 119-160을 참조하세요.

서 나오고 주로 말미암고 주에게로 돌아가는 것이다(롬 11:36).

이 세상(우주와 역사) 모든 것은 하나님의 비밀스런 뜻(경륜)에 따라 말씀의 성취 곧 그리스도 예수 안에서 통일을 이루는 것에 그 존재목적이 있다(엡 1:10). 그러니 이 한 문장보다 더 무게가 있는 말이 세상 천지에 있는가. 이보다 더 폭탄발언이 존재하는가. 이보다 더 혁명적인 선언이 있는가. 없다. 과연 '천하제일언'이 아닐 수 없다.[31]

"태초에 말씀이 계시니라." 요한은 이제부터 하나님이 무엇이라고 말씀하시는지 들어보라는 것이다. 이 제일성은 '성전종교'인 유대교에서 '말씀종교'인 예수교로의 혁명적 전환을 선포하는 새벽종이다. 출애굽 시대를 열기 위해 400-430년 동안의 침묵을 깨고 모세가 등장했듯이, 말라기와 에스라 이후 400-430년 동안 하나님의 말씀을 대언할 예언자가 없는 암흑시대를 깨고 하나님 말씀의 사자로서 세례 요한과 하나님 말씀 자체이신 예수가 등장한 것이다. 이 시대가 오기를 얼마나 학수고대했던가.

푸슈킨(Pushkin, 1799~1838)은 그의 시 〈예언자〉에서 '말로써 사람들의 마음을 불태우는 것'이 작가(예술가)의 임무임을 갈파하였다.[32] 요한은 종말론적 메시아로 오신 예수야말로 '말씀으로 사람들의 마음을 불태운 예언자'임을 요한복음을 통해 잘 드러내 주고 있다. 요한복음을 여는 제일성은 그 문장이 담고 있는 측량할 수 없는 무게를 지니고 있다는 점에서 요한은 위대한 '하나님 말씀의 신학자'이다.[33] 이는 하나님 말씀의 신학자인 칼 바르트(1886~1968)를 연상케 한다.[34]

---

31) "그 사람이 말하는 것처럼 말한 사람은 이 때까지 없었나이다"(요 7:46)라는 말씀은 이를 두고 하는 말이 아닌가.
32) 공영호,《문화·예술 오디세이: 러시아 편》, 75-77.
33) 요한복음에서 말씀의 중요성은 베드로가 예수를 '영생의 말씀'(6:68)으로 고백하고 있고, 예수는 '아버지의 말씀은 진리'(17:17)라고 기도하는 대목에서 쉽게 엿볼 수 있다.
34) '하나님 말씀의 신학'에 대해서는 K. Barth,《로마서 강해》, 843-880을 참조하세요.

또한 이 대목은 비단 유대교의 성전종교에 대해서만 국한되는 말이 아니다. 로마 가이사 숭배에 대해서도 해당된다. 요한복음을 가리켜 필자가 '제3의 종교개혁의 텍스트'라고 말하고자 하는 까닭은 "헬레니즘(人言)을 끊고 헤브라이즘(神言)으로 돌아가라"는 혁명적 선언이 바로 첫절의 제일성에 담겨 있기 때문이다. 즉 로마 가이사 숭배를 강요당하는 묵시문학적 박해상황에서 인본주의 헬레니즘(人言)을 따르지 말고 신본주의 헤브라이즘(神言)을 따르라는 외침이 여기에 담겨 있는 것이다.[35]

천하제일언인 첫 문장의 '로고스(말씀)'은 어떻게 나오게 되었을까? 필자는 이렇게 생각해 보았다. 요한은 복음서를 쓰면서 예수를 무엇이라고 표현하면 좋을까를 놓고 많은 고심을 했을 것이다. 그러다가 그에게 떠오른 통찰이 바로 구약 예언자들이었다. 구약에서 예언자는 '하나님의 말씀의 대언자(심부름꾼)'[36]이다. 그런데 유대교의 대표자인 모세는 신명기에 의하면 최고의 예언자이다(신 34:10).

그렇다면 기독교의 대표자인 예수는 모세를 대신한 종말론적 예언자로서,[37] 단지 '하나님의 말씀의 대언자(심부름꾼)'를 넘어 '하나님의 말씀 자체'라고 말하지 않을 수 없다. 즉 요한은 구약의 '야웨의 말씀'(암 8:11)을 대신한 것으로 '예수의 말씀'을 말하고자 했다. 또한 요한은 모세에 의한 '토라의 말씀' 대신에 예수에 의한 '복음의 말씀'을 말하고자 했다. 이를 통해 요한은 예수가 곧 '하나님'이라는 것과, 따라서 기독교

---

35) 종교개혁자들이 로마 가톨릭 교황을 '적그리스도'로 본 것은 그를 인본주의 헬레니즘의 후예인 로마 가이사 황제를 대신한 존재로 보았기 때문이다. 그리스도(예수)와 적그리스도(교황)의 차이에 대해서는 756쪽의 각주 425번을 참조하세요.
36) 류호준은 예언자를 가리켜 '천상 왕되신 하나님이 보낸 지상특사'라고 말한다. 류호준, 《아모스》, 28.
37) 예수는 유대 민족 회복의 신학 전통에서 이해되는 종말론적 예언자였다. E. P. Sanders, *Jesus and Judaism*, 11.

(예수)가 유대교(모세)보다 우월하다는 것을 드러내고자 했다.

요한은 예수 이야기를 '태초에(In the Beginning)'라는 말로 시작한다. '태초에'는 창세기에 서술된 '태초에(역사의 시작)'에 근거를 두고 있으나 요한은 이를 역사 이전(선재)으로 변형시켜 새로운 의미를 창출했다.[38] '그리스도-말씀(Christ-Word)'의 실재는 인간 인식의 한계를 넘어선 곳에 그 기원을 두고 있다.

여기서 '예수는 누구인가'는 '예수는 무엇을 하였는가'와 밀접히 관련되어 있다. 구약의 하나님은 창조주(Creator)요 구속주(Redeemer)이다. 마찬가지로 예수는 창조시에 하나님과 함께 했던 창조주요 인간을 구원하기 위해 육신을 입고 이 세상에 오신 구속주이다. 창조와 구속은 분리될 수 없는 하나의 연속된 행위이다. 창조는 구속의 시작이요 구속은 창조의 계속이다.[39]

'말씀'으로 번역된 '호 로고스(ὁ λογος)'[40] 칭호[41]는 요한이 예수를 소개하는 데 사용한 칭호로, 신약성경 어디에도 나타나지 않는다. 40회[42]

---

[38] 창세기에서의 '태초'와 요한복음의 '태초'는 의미상의 차이가 있다. 창세기에서는 천지창조의 시작, 즉 '역사의 시작'이라는 의미를 띠지만, 요한복음에서는 역사 이전의 영원한 시간, 즉 '선재성'이라는 의미를 띤다.

[39] R. Kysar,《요한의 예수 이야기》, 13-14.

[40] 중국어 성경이나 한글 구역성경은 '로고스'를 '道'(도)라고 번역하고 있다. 그런데 道는 진리 또는 길, 또는 도교에서 말하는 핵심어라는 의미가 강해서 좋은 번역이 아니다. '말씀(言)'이 참 좋은 번역이다. '인간의 말'은 인간과 인간의 소통의 매개체이고, '하나님의 말씀'은 하나님과 인간의 소통의 매개체이다. 말씀의 예언자(중보자) 예수는 죄로 인해 단절된 하나님과 인간을 소통시키는 매개체(통로)이다.

[41] '로고스(말씀)'는 남성명사이고, '소피아(지혜)'는 여성명사이기에 예수 호칭으로는 로고스가 적당하다.

[42] 숫자 40은 모세의 미디안 광야 기간이고, 모세가 두 번째 십계명을 받을 때 시내산에서 머물던 기간이다(출 34:28; 신 9:18). 또한 이스라엘 백성의 출애굽 광야 유랑기간이고, 출애굽기의 전체 장이기도 하다. 또한 엘리야가 이세벨의 위협을 피해 호렙산까지 여행하던 기간이고(왕상 19:8), 예수의 광야시험 기간이기도 하다(마 4:2; 눅 4:1). 숫자 40은 '시험과 시련의 기간', 또는 '새로운 힘을 얻는 기간'이라는 상징적 의미를 갖는다.

사용된 로고스 어휘는 여러 가지 의미를 지니고 있는 헬라어를 어원으로 하고 있다. '로고스' 개념의 의미와 중요성을 다루기에 앞서 이 개념의 배경부터 살펴보자.

'로고스' 어휘가 헬라철학에서 널리 사용된 어휘라고 하여 요한복음의 주된 사상적 배경을 헬레니즘에서 찾으려고 했던 학자들이 많았다. 불트만을 비롯한 여러 학자들은 로고스 개념의 배경을 헬라적 영지주의에서 찾으려고 노력하였다. 특히 스토아 학파의 로고스 사상에서 찾으려는 시도도 있었다.[43]

그런데 로고스 개념의 배경을 주후 1세기 헬레니즘 세계에서 헬라적 사상에서 찾으려 했던 이러한 주장들은 제2차대전 이후 사해사본의 발견과 요한복음의 언어 연구를 통해 무너지기 시작했다. 이제는 그 개념을 구약성경과 유대적 배경에서 찾으려는 경향으로 기울어졌다.[44] 이를 네 가지 측면에서 살펴보면 다음과 같다.

첫째, '야웨의 말씀(דבר יהוה)'과의 비교연구이다. 히브리어 신약성경[45]은 로고스를 '그 말씀'이라는 뜻의 히브리어 '핫다바르(הדבר)'로 번역한다. 헬라어에서 차용된 이 로고스 개념은 1차적으로 구약성경에서 예언자들의 '전령자 공식(야웨께서 이 같이 말씀하셨다)'에서 사용된 '야웨의 말씀'에서 찾아야 한다. 요한복음의 로고스 개념은 '정적인(static)' 헬라

---

43) 스토아 학파는 플라톤의 '이원론(영혼과 육체)' 사상을 극복하고 모든 것은 하나의 힘에 의하여 움직인다고 보았는데, 그것이 로고스이다. 로고스는 우주의 모든 현상을 조절하고 주관하는 절대정신이며 주관자이다. 인간사에서 일어나는 모든 천재지변과 불행한 사건에 대해 이는 우연히 일어나는 것이 아니라 로고스의 목적에 따라 나타나는 것으로 보았다. 따라서 불행 속에서도 로고스의 뜻을 알게 되면 평정과 자유를 얻을 수 있게 된다는 것이다. 김춘기, 《요한복음 연구》, 79.
44) 로빈슨은 요한복음(로고스)의 헬라적 배경을 멀리하고 구약성경과 유대적 배경을 강조하는 이러한 흐름을 '요한복음의 새 시각(The New Look on the Fourth Gospel)'이라고 불렀다. J.A.T.Robinson, *Twelve New Testament Studies*, 94.
45) E.S.Gabe(ed), הברית החדשה, *New Testament*, 1:1.

적 개념보다는 '역동적인(dynamic)' 히브리어의 '말씀' 개념에 의해 더 잘 설명된다.

둘째, 구약성경의 지혜문학에 나타난 '지혜' 개념과의 비교 연구이다. 즉 '지혜의 신격화'(잠 8:22-30; 집회서 24:3-4)[46]라는 지혜문학 전통에서 찾아야 한다.[47]

셋째, 후기 랍비문서들에 나타나는 창조에 관여했을 뿐 아니라 선재했던 '토라(Torah)' 개념과 비교연구이다.[48]

넷째, '탈굼(Targum)'에 나타난 아람어 '멤라(Memra)'와의 비교연구이다. 요한복음은 칠십인역이 아닌 탈굼이나 아람어 역본들을 사용했을 뿐 아니라 멤라는 일종의 하나님의 대리자 성격도 있기 때문에 서로 비교될 수 있다.[49]

요한이 사용한 '로고스' 어휘는 헬라철학에서 널리 사용된 개념과는 근본적으로 다르다. 즉 같은 단어를 사용하고 있을지라도 그 의미는 전혀 다르다.[50] '상징의 천재'요 '은폐의 대가'인 요한은 또한 '변주의 달인'이다.[51] 그는 헬라적 개념인 로고스(1:1)를 히브리적 개념(1:14)으로

---

[46] 집회서(1:1-20)은 지혜가 만물보다 먼저 창조되었고, 하나님이 만드신 모든 것 위에 부어졌다고 말한다. 솔로몬의 지혜서(7:22-8:1)는 지혜가 하나님의 창조의 대리자이며 하나님과 세상의 중재로서 하나님과 거의 동일시된다. B.W. Anderson, *Understanding the Old Testament*(4th), 602-603. 하들리는 고대 이스라엘의 지혜문학에서 지혜가 여성으로 인격화되고 이것이 심지어 신적인 것으로 여겨졌다고 주장한다. J. M. Hadley, "Wisdom and goddess", 242. 이스라엘 역사에서 바벨론 포로 이후 지혜는 하나님께서 이스라엘에게 주신 가르침의 말씀 곧 토라(Torah)로 이해하게 된다. 그래서 지혜와 토라는 동일시된다. 이러한 지혜에 대한 신학화 작업은 신약시대로 이어졌다. 박준서, "고대 이스라엘의 지혜운동 ",《구약세계의 이해》, 237-252, esp. 251.
[47] 더 자세한 설명은 김달수, "요한복음 서문에 나타난 로고스 그리스도론", 380-389을 참조하세요.
[48] 더 자세한 설명은 C.S.Keener,《요한복음Ⅱ》, 1148-1167를 참조하세요.
[49] 멤라에 대한 더 자세한 설명은 윗책, 1137-1140을 참조하세요.
[50] 최안나,《나오너라: 성서가족을 위한 요한복음서 해설(1)》, 16-17.
[51] 가령, '하나님 나라(3장)'를 '내 나라(예수 나라, 18:36)'로 변주시켰다. 또한 헬라적 어휘

변주시켰다. 요한복음의 '로고스'는 (1) 인격을 갖고 있으며, (2) 영원 전부터 계셨으며, 특히 (3) 사람이 되었다는 점에서 우주를 다스리는 신(神)의 이성(理性), 또는 만물의 이성적 원리로 쓰인 헬라철학의 '로고스'와는 근본적으로 다르다.

요한은 '로고스' 어휘가 지닌 다양한 의미를 신학화시켜 새로운 기독론적 로고스로 창조해 내었다. 그것은 이 모든 로고스 개념을 역사적 예수로 연결시켰다. 추상적이며 관념적이고 신비적인 로고스의 요소를 벗기고 구체적인 인물 예수를 로고스라고 선언하였다. 이는 로고스를 사용한 어느 사상에서도 감히 시도한 적이 없는 혁명적 발상이다. 요한은 로고스를 아래와 같이 신학화시켰다.

첫째, 로고스(말씀)는 선재[52]한다는 것이다(1-2절). 로고스는 피조물이 아니다. 로고스는 시작이 없으므로 끝도 없는 무한적 존재이다. 태초부터 하나님과 함께 있었으며 그가 곧 하나님과 같은 신적 존재인 것이다. "말씀이 하나님과 함께 계셨다"에서 하나님은 관사를 지닌 ὁ θεός이다. 이는 성부 하나님을 말한다. 그 뒤에 나오는 "말씀이 곧 하나님이었다"에서 하나님은 관사가 없이 θεός로 표현된다.[53] 이는 한 실체(성부)를 말한 것이 아니라 그 속성을 말한다. 그러므로 "말씀은 신성을 지녔다"로 번역해야 한다. 요한은 말씀은 피조물이 아니며, 하나님과 같이 있었으며, 하나님과 같은 존재임을 보여주었다.

둘째, 말씀은 하나님과 같은 사역을 한다(3-5절). 로고스가 하나님과 같은 속성을 지녔기에 하나님과 같은 사역을 하는데, 그것이 창조 사

인 진리를 '은혜와 진리'(1:14,17)라는 한 쌍을 이루는 히브리적 개념으로 변주시켰다.
52) 하나님의 아들로서의 예수의 선재성은 시편 110:1 또는 시편 2:7에 대한 초대교회의 메시아적 주석의 결과이다. A.J.Köstenberger & S. R. Swain, *Father, Son, and Spirit: The Trinity and John's Gospel*, 39.
53) 더 자세한 설명은 본서 부록 앞에 있는 〈논문〉의 각주 55번을 참조하세요.

역과 구속사역이다.

셋째, 말씀이 구체적인 역사적 인물로 나타났다(9-14절). 다른 배경에서 사용된 로고스는 추상적인 철학개념이나 신비적인 종교체험이 아니면 사변적인 교리였지만, 요한복음에서는 로고스가 구체적인 인물로 나타났는데, 그가 바로 예수이다. 그는 세상의 빛이며 생명이다. 이 화육된 예수에게서 하나님의 영광이 나타나며 은혜와 진리가 충만하게 된다. 이제 빛이며 진리인 예수를 받아들이면 빛과 진리와 생명 안에 거하게 되지만, 그를 거부하면 그것이 바로 어둠이며 거짓이며 곧 죽음이다.

넷째, 화육된 말씀인 예수와 하나님과의 관계는 아버지와 아들의 관계이다(14-18절). 이 둘의 관계는 단순한 종속관계도 아니고, 그렇다고 두 신을 말하는 것도 아니다. 기능상 하나이지만 실체는 둘인 아버지와 아들의 관계와 같다. 이 점에서 예수를 보는 것은 하나님을 보는 것이며(18절), 예수에 대한 반응은 곧 하나님에 대한 반응이다.[54] 이렇듯 요한은 당시 헬라 세계와 히브리 세계(구약성경)와 유대 세계를 보편적으로 사용하고 있던 로고스 개념을 통하여 예수의 선재성과 우주성을 설명하였다.[55]

한편, 로고스 개념을 구약성경적 관점에서 살펴보면 다음과 같다.

---

54) 이 같은 요한의 '선재론적 로고스 기독론'은 기존의 기독론에 비해 가장 발전된 형태이다. 가장 초기의 기독론은 예수가 삶을 통하여 하나님께 온전히 복종함으로 하나님의 아들로 인정되었다는 '양자론적 기독론'이다(행 2:36; 3:13; 롬 1:3-4). 이러한 기독론이 좀 더 발전하여 하나님의 초월적인 능력에 의하여 예수가 이 땅에 보냄을 받았다는 '대리자적 기독론'으로 나타나다(마 1장과 눅 2장에 나오는 처녀 탄생 이야기). 이러한 두 기독론을 더욱 발전시켜 영원한 시간의 개념 속에서 예수의 삶을 조명한 것이 요한복음 서문에 나오는 '선재적 로고스 기독론'이다. 김춘기,《요한복음연구》, 81-83.
55) 로고스 개념에 대한 더 자세한 설명은 C.S.키너,《요한복음Ⅱ》, 1112-1167을 참조하세요.

요한은 신명기의 첫 단어인 '핫데바림(말씀)'에 해당하는 헬라어로 당시 독자들에게 익숙한 개념인 '로고스'를 차용해 왔다. "태초에 말씀이 계시니라"라는 문장은 창세기의 첫 단어인 '태초에'와 신명기의 첫 단어인 '말씀'이라는 단어로 이루어진 문장이다. 그러니까 이 문장은 모세오경(토라)의 첫 책인 창세기와 마지막 책인 신명기로 되어 있다. 이 말은 천지창조 이전에 토라, 즉 '모세의 율법'이 존재했음을 시사한다.[56]

그런데 변주의 달인인 요한은 그 다음 문장("이 말씀이... 곧 하나님이시니라")을 통해 그 의미를 반전시킨다. 즉 '모세의 말씀(율법)'을[57] '예수의 말씀(복음)'으로 전환시킨 것이다. 로고스찬가는 바로 이 사실을 들려주고 있다. 여기서 '모세의 말씀(율법)'은 유대교를 상징하고, '예수의 말씀(복음)'은 기독교를 상징한다. 따라서 요한복음은 '모세의 말씀(율법)'으로 대표되는 유대교를 '예수의 말씀(복음)'으로 대표되는 기독교로의 대체를 말하고자 쓰여진 책이다.

유대교의 대표인 모세가 '한 선지자(a prophet)'라면 기독교의 대표인 새 모세 예수는 '그 선지자(the prophet)'로서 예언자적 메시아이다. 예언자 모세가 '하나님 말씀의 대언자(심부름꾼)'이라면, 새 예언자 예수는 '하나님의 말씀 자체'이다. 그런 의미에서 공관복음에 대한 신앙적 해석서인 요한복음은 "태초에 말씀이 있었다"(1:1)라는 말로 예수의 정체성을 표현하고 있다.

하나님의 말씀의 대언자인 예언자 모세와 하나님 말씀 자체이신 예언자적 메시아인 새 모세 예수가 들려주고자 하는 메시지의 핵심은 하나님의 말씀이다(신 8:3; 마 4:3). 첫 문서예언자인 아모스가 멸망 직전

---

56) 조철수, 《유대교와 예수》, 52-53을 참조하세요.
57) 첫 절의 '말씀'은 좁은 의미에서 구약의 '모세의 말씀(율법)'만으로 볼 것이 아니라 구약의 선지자들이 선포한 '여호와의 말씀'(암 8:11; 렘 1:4; 겔 1:3 등등)을 의미하는 것으로 확대 해석하는 것이 옳다.

에 있던 북왕국 이스라엘을 향하여 피 토하듯 외친 것도 바로 하나님 말씀의 기갈이었다(암 8:11). 요한은 묵시문학적 위기상황에 처해 있는 요한공동체에게 있어서 위기 탈출의 해법은 하나님 말씀 자체이신 예수를 붙드는 데 있음(사 40:8)을 복음서의 제일성으로 외쳤던 것이다.

이와 관련하여 17절은 이렇게 말씀하고 있다. "율법은 모세로 말미암아 주어진 것이요 은혜[58]와 진리는 예수 그리스도로 말미암아 온 것이라."[59] 여기서 '율법'은 '은혜와 진리' 곧 복음과, '모세'는 '예수 그리스도'와 대응한다. 그리고 요한복음에서 처음 나오는 '예수 그리스도'라는 단어는 1절의 '호 로고스'인 '말씀'에 해당한다. 그리고 '은혜와 진리'의 결합은 헬라어적 관용법이 아니라 구약의 하나님과 이스라엘간의 언약 관계를 나타내는 어휘이다(헤세드[חסד]와 에메트[אמת], 출 34:6; 미 7:20; 시 40:9-10; 85:10 참조)[60]

여기서 한 가지 짚고 넘어가야 할 문제는 복음은 은혜이지만, 율법은 은혜가 아니라는 생각에 대한 것이다.[61] 하나님의 은혜에 의해 복

---

58) '은혜(χάρις)'는 바울 서신에서 '율법(νόμος)'에 대립되는 개념으로 101회(신약 전체 156회)나 나오는 데 반해, 요한복음에서는 로고스찬가에만 4회(1:14, 16[2회], 17) 나올 뿐이다.
59) 이 말씀이야말로 유대교와 기독교를 가르는 촌철생인(寸鐵生人)의 언어가 아닐 수 없다. '율법의 삶(유대교)'이란 내가 하나님을 위해 뭔가를 해드리는 것을 의미하고, '은혜의 삶(기독교)'이란 하나님이 나를 위해 뭔가를 해 주신 것을 의미한다. 사도 바울이 전 생애를 걸고 역설한 복음은 율법으로부터 해방된 '은혜의 복음'이었다(롬 3장; 갈 2장; 행 20:24). 율법의 삶과 은혜의 삶의 대조에 대해서는 S. McVey, 《은혜영성의 파워》를 참조하세요.
60) 나채운, "요한복음 서론의 문학적 구조와 신학적 의미(IV)", 221.
61) 김창락 교수는 '율법과 은혜의 이분법'에 관해 이렇게 말한다. "'율법과 복음'은 흔히 구원사적 두 시기 또는 구원에 이르는 두 가지 상반된 길을 가리킵니다. 이런 경우에 '율법'은 구약시대, 유다교, 행위, 공로주의 등을 뜻하며 '복음'은 신약시대, 그리스도교, 믿음, 하느님의 은총, 그리스도 등을 뜻합니다. 이러한 의미에서의 '율법'과 '복음'은 대립관계이며 양자택일의 가치입니다. 그러나 이러한 단순한 이분법은 현실에 그대로 적용될 수 없는 많은 곤란한 물음들을 야기시킵니다"(김창락, "율법과 복음", 149).

의 언약이 주어진 후에 율법이 주어진 것이기에 구약시대는 '율법의 시대'이고, 신약시대는 '은혜의 시대'라는 말은 전적으로 틀린 말이다. 창조 때부터 모든 인간들은 '은혜 시대' 속에서 삶을 영위해 왔다.[62] 단지 은혜 시대가 '언약', '율법', 그리고 '복음'에 의해 우리에게 나타난 것뿐이다. 그리고 그리스도의 복음을 통해 하나님의 은혜가 보다 더 구체적으로 완성되어 나타났을 뿐이다.[63]

은 혜 시 대		
언약	시내산 율법 (모세)	갈보리산 복음 (예수 그리스도)

바울이 구약(유대교, 모세)을 율법, 신약(기독교, 예수)을 복음, 이렇게 이분법적으로 대립시킨 것에 대해 비판하는 이들이 많으나 그는 결코 율법 무용론을 주장한 사람이 아니다. 율법과 복음을 대립시킨 것처럼 보여지는 이 같은 모습은 은혜의 복음을 만난 자로서의 감격을 강조한 것에서 비롯된 오해일 뿐이다. 즉 율법 없이 복음은 없다.

우리에게 율법을 주신 것이 하나님의 은혜이다. 이 율법 위에 복음을 주신 것은 '은혜 위에 은혜(恩上加恩)'이다.[64] 모세를 주신 것이 은혜이다. 이 모세 위에 새 모세인 예수를 주신 것은 '은혜 위에 은혜'(16절)이다.[65] 이 구절에서 '위에'로 번역된 '안티'(ἀντί)'는 '대신에'라는 뜻으로 율법의 은혜를 대신하여 복음의 은혜를 주셨다는 의미이다. 이는 '모세

---

62) 율법의 말씀도 은혜요, 복음의 말씀도 은혜다. 단지 그 차이를 다윗의 별로 말한다면 율법은 다윗의 별을 여는 삼각형이고, 복음은 다윗의 별을 닫는 역삼각형이다.
63) 김태평, 《자세히 보는 성막여행》, 170-171.
64) 더 자세한 내용은 박호용, 《출애굽기주석》, 377-382을 참조하세요.
65) '새 율법(복음)'을 말한 예수는 '새 모세(New Moses)'고, '새 은혜'를 말한 요한은 '새 바울(New Paul)'이다.

의 율법의 은혜'보다 '예수의 복음의 은혜'가 더 크다는 것을 시사한다.

모세와 예수를 대비시키는 본문 17절은 본문 18절과 상응한다. 하나님 아버지 품속에서 하나님과 얼굴을 맞대고 교제하던 하나님의 아들 예수 그리스도의 하나님 대면에 비하면 모세는 하나님의 얼굴을 보았다거나 하나님과 대면하여 말을 했다고 볼 수 없다는 것이다. 아무도 하나님을 본 사람이 없다는 18절의 선언은 모세의 하나님 영광 대면 경험을 상대화시키거나 무효화하는 말처럼 들린다(신 34:10).[66] 이 같은 진술은 모세(유대교)에 대한 예수(기독교)의 비교우위와 질적 차이를 드러내려는 요한의 신학적 의도에서 비롯된 결과라고 말할 수 있다.

그런데 요한복음은 구조상 구약의 신명기와 상응하는 책이다.[67] '말씀'의 중요성을 강조하는 신명기는 요한복음의 '원형(archetype)'이다. 신명기의 초두에서 모세는 이렇게 설교한다. "네 하나님 여호와께서 이 사십 년 동안에 네게 광야 길을 걷게 하신 것을 기억하라 이는...사람이 떡으로만 사는 것이 아니요 여호와의 입에서 나오는 모든 말씀으로 사는 줄을 네가 알게 하려 하심이니라"(신 8:2-3). 신명기의 끝부분에서도 모세는 온 이스라엘 백성에게 마지막 권고의 말씀을 한다(신 32:46-47).

모세가 들려주는 하나님의 말씀(율법의 모든 말씀)은 '백성의 생명'이라고 말한다. 즉 하나님의 말씀인 율법을 준수하는 일은 헛된 일(빈 말씀)이 아니라 가나안 땅을 차지하는 일(능력있는 말씀)이라는 것이다. 이와 비교할 때 예수가 들려주는 하나님의 말씀(복음의 모든 말씀)은 사람들의 생명(영원한 생명)[68]이자 사람들의 빛(영원한 빛)[69]이 되는 말씀이다

---

66) 김회권,《하나님 나라 신학의 관점에서 읽는 모세오경 2》, 374.
67) 더 자세한 설명은 274쪽 이하의 "신명기(모세 전승) 배경"을 참조하세요.
68) '생명' 어휘는 신약성경 전체에 135회 나오는데, 그 중에서 요한문헌에 66회(복음서에 36회) 나올 정도로 요한이 즐겨 사용하는 용어이다.
69) '빛' 어휘는 신약성경 전체에 73회 나오는데, 그 중에서 요한문헌에 33회(복음서에 23회) 나올 정도로 요한이 즐겨 사용하는 용어이다.

(4절).

지금까지의 논의를 통해 우리는 로고스찬가의 첫 문장이 모세오경과 관련되어 있다는 사실을 엿볼 수 있다. 17절의 '율법은 모세로 말미암아'라는 말이 이 같은 사실을 잘 대변해 준다. 여기서 주목해야 할 사실은 로고스찬가의 첫 절의 '말씀'과 끝 절의 '독생하신 하나님'이라는 표현을 통해 예수의 정체성 곧 예수가 '하나님'이라는 사실이다. 이는 여호와 이외에는 다른 신이 없다는 유일신교(Monotheism)를 신봉하는 유대인들에게는 전례없는 물의를 일으키는 혁명적 발상이 아닐 수 없다.

유대인들은 하나님이 율법을 주고 유대 백성들은 이 율법을 하나님의 말씀으로 지켰으며 때가 되어 메시아가 오시게 되면 '하나님-율법-메시아'의 연속성에서 신앙의 근본을 찾고자 했다. 그런데 요한은 '하나님-예수'라는 전혀 새로운 신앙의 양태를 제시했다. 이는 유대인의 입장에서 보면 '이신론(二神論, ditheism)'적 주장으로, 두 신을 섬기는 기독교는 분명히 이단이며 정통은 역시 회당을 중심한 유대교라는 생각을 갖게 한다. 이는 요한복음 저자가 극복해야 할 가장 큰 과제가 아닐 수 없다. 요한복음은 예수가 하나님의 궁극적이며 유일한 계시이기에 예수를 통하지 않고는 하나님을 알 수 없다는 점을 설명하면서 동시에 '예수-하나님'이라는 이신론의 위험에서 벗어나기 위하여 예수의 본질에 대한 새로운 개념을 필요로 하였는데, 그것이 바로 '아버지-아들'의 관계적 개념이다.[70]

---

[70] 김춘기, 《요한복음연구》, 69. 아버지-아들 기독론에 대해서는 본문 5장 주석을 참조하세요.

b. 빛과 생명의 의미

로고스인 예수는 태초에 하나님과 함께 계셨고(2절) 만물 창조시에 아버지 하나님과 함께 하셨다(3절)고 한다.[71] 여기서 '말미암아(διά)'라는 전치사를 통해서 볼 때 창조 사역에 있어서 예수는 창조자라기보다는 창조주인 아버지 하나님과 함께 한 창조의 동반자요 창조의 중재자라고 말할 수 있다.[72] 창조의 중재자요 만물의 생명이 되시는 예수는 빛으로 이 세상에 오셨다.

어부 요한은 '생명에 친숙한 사람'이었다. 생명이 빛(하늘)과 물(바다)에 있음을 날마다 몸으로 체득하며 살았던 사람이다. 슈바이처처럼 우리는 요한에게서 생명에의 외경을 본다.[73] 또한 요한은 '빛에 친숙한 사람'이었다. 고기를 잡으러 밤에 바다로 나가면 밤하늘에는 별빛이 가득했고, 만선(滿船)의 기쁨을 안고 돌아오는 아침이 되면 저 동쪽에서 찬란하게 떠오르는 태양빛에 반사되어 반짝이는 은빛 물결에 황홀해 했을 것이다.

그리고 요한은 회당이나 성전에 들어가면 늘 보는 일곱 금촛대인 메노라(등잔대)를 바라보면서 이방의 빛인 이스라엘의 사명을 상기하곤 했을 것이다.[74] 로고스찬가(4-9절)에는 빛 어휘가 완전수인 7회(4,5,7,8[2회],9[2회]절) 사용하고 있는데, 이는 메노라(등잔대)를 상징한다고 볼 수 있다.

---

71) 만물이 예수에 의해 창조되었다는 진술은 요한복음 외에 몇 차례 나타난다(고전 8:6; 골 1:16; 히 1:2).
72) 모세는 여호와 하나님과 이스라엘 백성 간의 중재자였다.
73) 슈바이처(A. Schweitzer, 1875-1965)의 '생명에의 외경'에 대해서는 그의 저서 《나의 생애와 사상: 물과 원시림 사이에서》, 221-379을 참조하세요.
74) 불트만은 로고스찬가에 나타나는 빛과 어둠에 대해 유대 성전의 메노라(등잔대)을 전혀 고려하지 않고 추상적이고 일반적인 인간 현존의 밝음과 어둠(순수한 자기이해)으로 이해한 것은 그가 얼마나 헬라적 영지주의 속에 빠져 있는가를 단적으로 보여준다. R. Bultmann, 《신약성서신학》, 376.

메노라의 가지와 살구나무(아몬드) 꽃 장식은 고대근동에서 다산과 생명을 상징하는 것으로 하나님의 빛과 생명 수여의 능력의 가시적 표현이다.[75] 메노라는 유대인들의 성전봉헌절인 '하누카 축제('수전절' 또는 '빛의 절기'라고 부른다)'[76]의 중요한 상징이다. 이 상징을 통해 요한은 예수가 성전(성막)을 대체하러 오신 분임을 암호상징으로 말하고 있다고 볼 수 있다.

요한은 예수를 흑암과 죽음에 앉은 인류를 밝힐 소망의 빛으로 생각하고, 인류를 구원할 완전한 빛으로 표현하고 있다.[77] 요한의 이 '빛'은 '부활의 빛'[78]이요 '말씀의 빛'으로써, 죽음과 어둠에 처한 인간들에게 영원한 생명과 구원을 주기에 부족함이 없다는 것을 보여주고자 했다. 가히 요한은 '빛의 신학자'라고 말할 수 있다.[79]

"빛이 어둠에 비치되 어둠이 깨닫지 못하더라"(5절).[80] 이 구절은 '빛'의 근원이신 예수가 이 세상에 왔으나 세상은 그 예수를 받아들이지 않았다는 것이다. 예수는 메노라(금촛대)의 빛이다. 성막 안에 메노라가 없을 때 완전한 어둠이듯이, 빛(생명) 되신 예수를 거부한 이 세상은 캄캄한 암흑(빛의 반대)이자 죽음(생명의 반대)이다.

어둠에 속한 세상 사람들은 태초에 하나님과 함께 하셨고(2절), 세상 만물을 창조하셨으며(3절), 사람들에게 생명과 빛이 되시는(4절) 예

---

75) D.T.Olson, 《민수기》, 87.
76) '수전절'에 대해서는 본문 10장의 "본장 개요"를 참조하세요.
77) 이 세상에서 가장 아름다운 빛은 '예수빛'이다. 왜냐하면 예수는 인류 구원의 완전한 빛이기 때문이다.
78) 메노라의 일곱 빛처럼, 부활의 일곱 빛은 기쁨(빨강), 밝음(주황), 생명(노랑), 소망(초록), 승리(파랑), 능력(남색), 영광(보라)의 상징이다.
79) 여기서 우리는 빛의 화가 렘브란트(Rembrandt, 1606-69)와 빛의 건축자 르 꼬르뷔제(Le Corbusier, 1887-1965)를 본다.
80) '깨닫다'를 의미하는 '카텔라벤(κατέλαβεν)'은 그 외에 '이긴다'라는 의미도 있다.

수가 이 세상에 오셨건만 그를 알아보지 못했다(10절).[81] 특히 선택받았다고 하는 이스라엘 땅, 유대인들에게 왔건만 오히려 그들은 예수를 배척했다(11절). 빛보다 어둠을 사랑하고 빛을 미워하여 생명의 빛으로 오신 예수를 영접하기를 거부한 자들에게는 심판과 멸망이 기다리고 있을 뿐이다(3:18-21).

한편, '모세와 예수 그리스도'와의 관계는 '세례 요한과 예수 그리스도'와의 관계에 그대로 적용된다. 요한이 세례 요한 기사(6-8,15절)을 로고스찬가에 삽입시킨 것은 세례 요한을 공동운명체인 모세와 같은 선구자로 보았기 때문이다. 둘 다 율법시대에 속한 자들이요, 복음시대를 열 예수의 선구자[82]로서의 기능을 하는 존재들이다. 로고스찬가에 나타나는 세례 요한에 관한 두 기사(6-8, 15절)[83]는 모세에 관한 기사와 동일한 기능을 한다고 말할 수 있다. 모세가 '참 말씀'이 아니듯이, 세례 요한은 '참 빛'이 아니다(9절). 그는 단지 모든 사람들이 자기로 말미

---

81) 10절에는 '세상' 어휘가 3회 언급되는데, 두 번째 언급된 '세상'은 '말씀'으로 말미암아 창조된 모든 것을 가리키는 총체적인 의미로서의 세상(3절)을 가리킨다. 첫 번째로 언급된 '세상'은 시공적인 인간세계로서의 세상(9절)를 가리킨다. 그리고 세 번째로 언급된 '세상'은 '말씀을 알아보지 못한 인간들을 가리키는 구체적인 의미로서의 세상을 가리킨다. 그러므로 요한복음에서 언급된 '세상'은 영지주의적인 사고에 따른 이원론적 개념(상호 대립적, 부정적, 존재적)과는 거리가 멀다. 이영헌,《요한복음서》, 67.

82) 불트만은 요한복음에서 세례 요한은 선구자로 부각되고 있지도 않다(1:7-8,19-34)고 말하면서 그는 '선구자'가 아니라 다만 '증거자'일 뿐이라고 말한다. R. Bultmann, *The Gospel of John*, 50.

83) 로고스찬가의 세례 요한 기사(6-8,15절)는 일반적으로 후대에 삽입구절들로 알려져 있다. 이 점은 다른 구절들이 시적(poetic)인데 비해서 산문적(prosaic)이라는 사실에서도 그 비본래성이 드러난다(R. Bultmann, 윗책, 4-6). Kee는 이 구절들을 빼면 로고스찬가는 부드럽게 대칭구조를 형성한다고 말한다. 하나님의 로고스(1,2,3절), 로고스와 빛(4,5,9절), 로고스와 세계(10,11,12절), 로고스와 하나님(14b,16,17절), 로고스와 계시(14a,18절). H.C.Kee, *Jesus in History*, 2nd. ed. 248. 그런데 여기서 중요한 것은 후대의 삽입 여부가 아니라 모세를 예수와 대비시키듯, 세례 요한 또한 예수와 대비시키고자 한데 있다. 같은 공동운명체인 모세와 세례 요한은 로고스찬가에서 교차대구구조로 나타난다. A 모세(1절), B 세례 요한(6-9절), B'세례 요한(15절), A' 모세(17-18절).

암아 '참 말씀'이자 '참 빛'인 예수 그리스도를 믿도록 하기 위해 하나님으로부터 보내심을 받은 사람(증언자)에 불과할 뿐이다(6-8절).

세례 요한은 "내 뒤에 오시는 이가 나보다 앞선 것은 나보다 먼저 계심이라 한 것이 이 사람을 가리킴이라"(15절)[84]고 증언하고 있다. 연대기적으로 세례 요한은 예수보다 앞서 왔지만 세례 요한은 예수가 선재하신 분[85]으로서 자신보다 앞선 분이라고 증언한다.[86] 세례 요한의 정체성은 바로 이 같은 증언자의 사명에 있다. 그의 위대성은 자신에게 주어진 사명에 충실했다는 바로 여기에 있다. "그는 흥하여야 하겠고 나는 쇠하여야 하리라"(3:30).

c. 하나님의 자녀의 의미

"자기 땅에 오매 자기 백성이 영접하지 아니하였으나 영접하는 자 곧 그 이름을 믿는 자들에게는 하나님의 자녀가 되는 권세를 주셨으니"(11,12절). 예수는 '자기 땅' 곧 세계의 중심이라고 일컬어지는 성전이 있는 예루살렘(팔레스타인)에 오셨다.

그러고는 예수는 '자기 백성' 곧 선민이라고 일컬어지는 유대인[87]에

---

84) 구약성경에 의하면 장자보다 차자를 중시하는 원리('차자 중시의 원리')가 나타난다. 가인보다 아벨을, 이스마엘보다 이삭을, 에서보다 야곱을, 요셉의 형보다 요셉을, 므낫세보다 에브라임을, 아론보다 모세를, 다윗의 형보다 다윗을 중시하는 원리가 나타난다(마 20:16; 롬 5:12-21; 히 10:9 참조).
85) 예수는 "아브라함이 나기 전부터 내가 있느니라"(8:58)고 말하였다.
86) 요한은 세례 요한에 대한 예수의 우위성(pre-eminence) 또는 우선성(priority)을 여러 형태로 강조하고 있다. 이는 예수 당시나 초대교회 당시 예수 종파(운동)와 세례 요한 종파(운동)가 대립적이고 경쟁적인 관계에 있었음을 시사한다. 따라서 요한은 다른 어떤 복음서 기자보다 세례 요한을 격하시키고 예수를 격상시키는 데 관심이 컸던 것으로 보인다. 요한복음에서 세례 요한을 다루고 있는 네 개의 본문(1:1-18; 1:19-42; 3:22-30; 5:31-37) 모두가 반(反) 세례 요한적 관점에서 기록되어 있다는 공통점과 특징이 있다. 예수와 세례 요한 종파와의 관계에 대해서는 김득중,《요한의 신학》, 208-229을 참조하세요.
87) 남왕국 유다 지파의 후손인 유대인의 정체성(Identity)은 선민사상에 있다. 그런데 에스

게 하나님의 말씀(복음)을 전했다. 그러나 그들은 율법에 매여 복음을 받아들이지 못했다. 그러나 누구든지(이방인을 포함) 예수(복음)를 영접하는(믿는) 자에게는 하나님의 자녀가 되는 권세(12절)[88]가 주어진다는 것이다. 이 얼마나 놀라운 기쁜 소식(복음)인가(3:16-17).

요한은 예수를 영접한 자는 '하나님 자녀'가 되는 권세가 주어졌다고 말하면서 예수를 영접한 사람들은 아래(인간)로부터, 즉 혈통이나 육정이나 사람의 뜻으로 난 자들이 아니라 오직 위(하나님)로부터 거듭난 자들이다(13절, 3:3-5 참조).[89] 이 말씀의 의미와 중요성을 설명하면 다음과 같다.

이스라엘 백성이 '하나님의 자녀'라는 사상은 구약(신 14:1; 호 2:1)과 고대 유대교(집 36:17; 제4에스라 5:28)에 이미 존재하는 사상이다. 이것과 연관되어 신자의 하나님 자녀됨은 약간씩 다른 표현으로 공관복음과 바울서신에도 나타난다(마 3:9; 5:9; 눅 20:36; 롬 8:16 이하). 요한은 전통적 용어를 사용해 신자의 특색을 설명하고 있다.

그 당시 자신들이 세계 최고라고 자랑하던 세 민족이 있었다. 유대인, 로마인, 헬라인이 그들이다. 선민이라는 혈통을 자랑했던 유대인들, 그들은 헤브라이즘(Hebraism)이라는 위대한 종교를 이룩했다. 군사적

라-느헤미야 이후에 나온 유대교는 '혈통에 의한 선민의식'을 갖도록 했다. 그러나 북왕국 출신의 요한은 '신앙(예수신앙)에 의한 선민의식'을 갖도록 했다. 즉 선민사상에 대한 기준을 바꾼 것이다. 이는 결국 북왕국 전승인 신명기의 참된 정신으로 되돌아가는 것이다(신 7:6-11).

[88]) 야웨를 믿는 이스라엘은 '하나님의 백성'이 되고, 예수를 믿는 새 이스라엘은 '하나님의 자녀'가 된다. 신구약성경은 '하나님의 백성(자녀)' 안에 들어와 살 것이냐 그 밖에서 살 것이냐 양자택일의 결단을 요청한다.

[89]) 구약의 예언자들은 '메신저 양식("여호와께서 이같이 말씀하신다")'을 사용하여 자신들의 권위가 하나님으로부터 나온다는 사실을 보여주었듯이, 신약의 하나님의 자녀들 또한 그들의 권세가 인간적인 것들(혈통, 육정, 사람의 뜻)이 아닌 하나님으로부터 나온다는 사실을 말해주고 있다.

힘이라는 인간적 육정을 자랑했던 로마인들, 그들은 거대한 로마제국(Pax Romana)이라는 위대한 정치를 이룩했다. 인간의 이성이라는 사람의 뜻을 자랑했던 헬라인들, 그들은 헬레니즘(Hellenism)이라는 위대한 문화를 이룩했다.

그런데 이들이 이룩한 그 엄청난 업적이라는 것이 다 땅(사람)에 속한 3차원의 것에 불과하다는 것이다. 이에 반해 예수를 믿는 신앙(요 1:12)은 하늘에 속한 것이요 하나님으로부터 온 것(요 1:13)으로 하늘에 속한 4차원의 것이라고 말한다. 그런 의미에서 위의 것들과 비교가 안 되는 차원이 다른 세계에 속한다.

이제 예수를 믿는(영접하는) 자와 예수를 거부하는(영접하지 않는) 자가 홍해 바다가 둘로 갈라지듯 갈라지게 되었다. 이편과 저편, 즉 광명(빛)의 나라와 흑암(어둠)의 나라로 갈리게 된 것이다(출 14:20). 이제 예수를 영접한 자는 4차원의 세계, 즉 하나님의 자녀(신의 아들), 하나님 나라에 속한 자, 빛의 자녀가 되고, 예수를 영접하지 않는 자는 3차원의 세계, 즉 사람의 자녀, 세상 나라에 속한 자, 어둠의 자식들이 된다.

요한은 예수(말씀)가 이 세상에 온(성육신) 이후 모든 것의 기준(canon)은 예수(말씀)가 되었다고 주장한다. 여기서 기준(기촛돌, 사 28:16 참조)을 삼는다는 것은 진리, 또는 왕(최고, 제일) 삼는다는 의미이다. 이 전까지는 나 자신이나 세상에 속한 그 무엇(가령, 돈, 권력, 명예, 신분, 지위, 외모, 행복, 성공, 아들 이삭 등등)이 기준(왕)이 되었으나 이제부터는 예수(말씀)를 기준(왕) 삼자는 것이다.

성육신 사건은 모든 것의 기준을 바꿈으로써 온 세상을 뒤집어엎는 예수혁명, 말씀혁명이다. 세상에 이에 비견할 혁명은 없다.[90] 가령, 엄

---

90) 신을 믿지 않았던 20세기 혁명가 레닌, 마오쩌둥 및 체 게바라의 혁명적 사상도 요한의 혁명적 사상과는 비교가 되지 않는다. 레닌에 대해서는 R. Service, 《레닌》을, 마오쩌둥에 대해서는 H.E.Salisbury, 《새로운 황제들》을, 체 게바라에 대해서는 J. Cormier, 《체

청나게 많은 돈을 가진 재벌이나 권력의 최정점에 있는 왕도 예수 믿지 않으면 3차원의 땅에 속한 '사람의 아들(人子)'이고, 아무런 가진 것도 없는 거지나 천민도 예수를 믿으면 4차원의 하늘에 속한 '신의 아들(神子)'이라는 것이다. 예수가 우주보다 귀하고, 예수 믿는 신자가 천하보다 귀하다는 것을 말한다.[91]

이는 기존의 세상 질서를 완전히 전복하는 최고의 혁명이 아닐 수 없다.[92] 이 사실을 믿는 사람이 그리스도인이라면, 그리스도인은 '세상이 감당할 수 없는 사람들'(히 11:38)이라는 의미를 갖는다. 여기에 예수의 정체성과 더불어 예수를 믿는 그리스도인의 정체성이 있다. 온 세상을 이기는 믿음이 '하나님의 자녀됨'이라는 이 말 속에 담겨 있다(요일 5:4). 이 세상에서 이보다 더 혁명적인 선언이 없다는 점에서 요한복음은 최고로 위험한 불온 문서이며, 그래서 감춰두어야 할 비밀문서적 성격을 지닌다.

한편, 하나님의 자녀됨의 또 하나의 특징은 이를 표현한 헬라어 동사 '겐나오(γεννάω)'가 미래형이 아닌 부정과거형으로 쓰여 하나님의 자녀가 이 땅의 신자들에게 이미 주어진 실현된 특권임을 보여주고 있다는 점이다. 하나님 자녀됨에 대한 바울의 강조점은 그것이 완성될 종

게바라 평전》을 참조하세요.
91) 동학(東學)의 핵심사상(인간 존엄성 사상)인 '인내천(人乃天)'과 '사인여천(事人如天)' 사상은 기독교 교리 특히 요한복음에 나타난 '하나님의 자녀'에서 비롯되었다는 것이 필자의 생각이다. 도올은 수운 선생이 구도(求道) 하던 중 받았다고 하는 '을묘천서(乙卯天書)'는 마테오 릿치(Matteo Ricci, 1552-1610)의 《天主實義》라고 한 바 있다. 수운 최제우 지음, 도올 김용옥 역주, 《東經大全 1: 플레타르키아의 신세계》, 200-211.
92) 도올은 《맹자》의 서문을 쓰면서 가장 먼저 생각한 부제가 "민본과 혁명"이었는데, 주석을 진행하면서 《맹자》를 가장 정확히 포괄적으로 대변할 수 있는 한마디는 '사람의 길'이라고 생각되었다고 말한다. 김용옥, 《맹자: 사람의 길(상)》, 9. 그런데 《맹자》가 갖는 '민본성과 혁명성'이 아무리 크다 한들 요한의 '민본성과 혁명성'에 비할 바가 못 되며, 《맹자》가 '사람의 길'을 말한다면, 요한은 '하나님의 길'을 말한다는 점에서 한 차원이 높다.

말에 있는 데(롬 8:18 이하) 반해, 요한복음의 하나님의 자녀됨은 그 강조점이 현재에 있고, 요한은 이것을 현재에 누리는 '특권'(요 1:12)이라고 말한다.[93] 이는 종교적 박해상황에서 지금 하나님의 자녀됨이라는 특권을 허락받았기에 죽어도 여한이 없다는 의미를 지닌다. 야웨(예수)를 자기 하나님으로 삼는 백성(자녀)은 복이 있도다(시 144:15).

d. 성육신의 의미

"말씀이 육신이 되어 우리 가운데 거하시매 우리가 그의 영광을 보니 아버지의 독생자의 영광이요 은혜와 진리가 충만하더라"(14절). 성육신(Incarnation)은 로고스찬가의 절정이다. 기독론의 핵심인 성육신 교리의 중요성은 많은 설명이 필요치 않다. 먼저, '말씀이 육신이 되었다'는 이 성육신 사상의 배경부터 살펴보자.

'나그 함마디(Nag Hammadi)'에서 나온 영지주의 문서에는 빛과 어둠의 비유가 사용되고 있으며 거기에는 물질세계에 갇혀 있는 신실한 자들을 해방시키기 위해 하늘로부터 내려오는 신적 구세주가 묘사되어 있다. 얼핏 보기에 이는 요한이 그린 하늘에서 내려온 인자로서의 예수(3:13; 6:62)와 비슷하다. 또한 영지주의 문서 중 가장 오래된 것으로 널리 인정받고 있는 '도마복음서'에 따르면 이 세상은 근본적으로 악하며, 구세주는 '여자에게서 나지 않는' 자로 그리고 있다. 이는 육체를 입은 예수의 인간됨을 강조하는 요한(1:14)과는 거리가 있다. 창조는 하나님의 사역이며, 육신이 된 말씀을 통한 구속의 소망을 강조하고 있다는 점에서 요한복음은 나그 함마디에서 나온 보다 후대의 영지주의 문

---

[93] 요한복음은 신자의 하나님의 자녀됨과 예수의 하나님의 아들됨을 철저하게 구별한다. 바울은 '휘오스(υἱός)'라는 단어를 예수의 아들됨과 신자의 아들됨에 혼용하여 사용하는데 반해(롬 1:3; 9:26), 요한은 전자는 '아들(υἱός)'이라는 단어로, 후자는 '자녀(τεκνια)'라는 단어로 구별하여 사용한다.

서의 이원론적 사고는 말할 것도 없고 도마복음서와도 멀리 떨어져 있다.[94]

오히려 성육신 사상의 배경은 다니엘서(7장)에 그 사상적 배경을 가지고 있다. 주후 1세기 유대인들은 구약 묵시문서에 속하는 다니엘서에 매우 친숙했다. 그들은 메시아의 나라가 임하기를 바라면서 다니엘서를 가까이 했다. 요한도 예외가 아니었을 것이다. 하나님이 하늘로 철수해 버린 것 같은 암울한 역사 현실에서 하늘(예수)이 땅(역사) 속으로 왔다. 이것이 성육신의 묵시문학적 읽기이다. 인자 같은 이가 하늘로부터 오신다는 것은 곧 메시아의 도래와 동시에 하나님 나라의 도래를 상징한다(단 7:13). 세상 나라를 상징하는 짐승은 바다로부터 올라오는 데 반해(단 7:3), 인자 같은 이 곧 메시아는 하늘로부터 내려오신다. 이는 짐승으로 상징되는 세상 나라와 천상에 속한 메시아 왕국 곧 하나님 나라의 본질적 차이를 보여준다.

다음으로, '말씀이 육신이 되어 우리 가운데 거하시매'라는 표현과 '우리가 그의 영광을 보니 아버지의 독생자의 영광이요'라는 표현은 그 근저에 구약적 배경이 깔려 있다. '거하시매'로 번역된 '에스케노센'(ἐσκήνωσεν)은 '천막을 치다'를 뜻하는 '스케노오'(σκηνόω)'의 부정과거이다. 여기서 '천막을 치다'라는 말은 이스라엘 백성이 광야생활 할 때 하나님의 임재의 상징으로 세운 성막(tabernacle)[95]을 반영하는 언어이다. 지상 성전인 성막은 하나님의 보좌인 천상 성전의 대응물이다.[96] 따라서 천상의 말씀이 지상의 육신이 되었다는 것은 '천상성전(말씀)'이 '지

---

94) H.C.Kee, *Understanding the New Testament*, 153-154.
95) 천상의 대왕이 그의 백성과 함께 살기 위해 지상(땅)에 내려왔다. 이것이 광야에서 모세가 지은 성막의 의미이다.
96) 성막이 하늘의 실재를 보여주기 위해 고안된 지상건물이듯이, 예수는 하늘의 실재를 보여주기 위해 지상에 성육신하였다. 성막을 이은 성전이 세계의 중심인 예루살렘에 지어졌듯이, 야웨를 이은 예수는 세계의 중심인 팔레스타인 땅에 성육신하였다.

상성전(육신)'이 되었다는 의미로 해석할 수 있다.[97]

또한 '그의 영광[98]'을 보니 아버지의 독생자[99]의 영광이요'. 요한은 복음서의 핵심 어휘인 '영광' 어휘를 여기서 처음으로 사용한다. 이 대목은 광야에서 성막이 건립된 이후 여호와의 영광의 상징인 구름이 성막에 충만한 모습을 연상케 한다(출 40:34-35). 이는 예수가 구약의 성막(성전)을 대신하여 오신 분이라는 사실을 말해주고 있다. 그리고 성육신은 하나님께서 우리와 함께 거하신다(임마누엘)는 사실의 절정이다.

'영광'은 하나님의 속성이기에 '영광'이 나타났다는 말은 하나님 자신이 나타났다는 의미이다. 요한은 성육신으로부터 시작하여 예수의 모든 삶의 모습에서 하나님의 영광이 나타나고 있음을 계속 강조한다(1:14; 2:11; 11:4; 12:28; 17:1,5 등등). 영광 어휘를 통해 요한은 하나님과 예수의 관계성을 아버지와 아들의 하나됨을 드러내고 있다.

그런데 여호와의 영광이 충만한 그 자리는 '은혜와 진리'가 충만한 자리라는 것이다. 여기서 주목할 것은 '영광' 어휘와 더불어 '은혜와 진리' 어휘가 처음으로 나타난다는 사실이다. '은혜와 진리'는 은혜가 곧 진리라는 의미이다. 예수의 진리는 은혜의 진리이다. 그만큼 요한복음에서 '은혜' 어휘는 중요하다('하나님 은혜의 복음', 행 20:24 참조) 그런데 사

---

97) 성막(출 26:1; 40:1)은 세계의 모사이며 거룩한 성전이 존재하기 이전의 보편적 성전이었다. 성막이 시나이 위에서 모세가 보았던 모형이듯이, 성전은 다윗이 받은 하늘의 환상을 따라 지어졌다(대상 28:19). 성막이 창조의 축도(microcosm)이듯이 성전 또한 창조의 축도이다. M. Barker, "Beyond the Veil of the Temple: The high Priestly Origins of the Apocalypses," *SJT* 51(1998): 1-21.
98) '영광' 어휘에 대한 자세한 설명은 225쪽의 각주 473번을 참조하세요.
99) '독생자(μονογενής)'는 요한복음(1:14,18; 3:16,18)에서 오직 예수를 지칭하는 데만 사용된 예수 칭호로서 단지 하나만 있는 아들이라는 뜻이 아니라 '유래가 없는 아들'이라는 의미를 지닌다. 그리스도의 신분에 관하여 바울서신, 히브리서, 요한계시록 등에서는 '프로토토코스(πρωτότοκος)를 사용하여, '맏아들'(눅 2:7; 롬 8:29; 히 1:6), '먼저 나신 자'(골 1:15,18; 계 1:5), '장자'(히 11:28; 12:23)로 번역했다. 나채운, "요한복음 서론의 문학적 구조와 신학적 의미(IV)", 218.

랑의 사도 요한은 '사랑(하다)' 어휘를 아껴 두었다가 복음 중의 복음인 3:16에서 처음 사용하였듯이, '은혜' 어휘를 성육신 구절에서 처음 사용하였다. 그리고 '로고스찬가'의 3구절에서 4회(1:14,16[2회],17)만 사용한 뒤 완전히 숨겨버렸다.[100] 그 까닭은 무엇일까?

필자는 요한이 '은혜'라는 말의 의미를 정확히 이해했다고 생각한다. 즉 '성육신'이야말로 '은혜'라는 말을 가장 잘 설명해 준다. 부연해서 설명하면 이렇다. '하늘(하나님)에서 땅(인간)으로'가 은혜(선물)이고, '땅(인간)에서 하늘(하나님)로'가 율법(행위)이다.[101] 그러기에 예수의 오심 곧 '성육신'이야말로 '하늘(하나님)에서 땅(인간)으로'라는 은혜 개념에 가장 걸맞는 말이 아닐 수 없다. 성육신이 곧 복음(은혜)이요 성육신의 복음의 끝자락(가장 낮은 자리)이 십자가요, '십자가의 복음(은혜의 절정)'이다(3:16; 고전 1:18-31).

성육신 사건을 언급하는 이 구절은 생각할수록 기막힌 역설이 아닐 수 없다. 성육신 사건은 십자가 사건처럼 역설적 진리를 보여주는 또 하나의 중요한 실례가 아닐 수 없다.[102] "말씀이 육신이 되었다." 여

---

100) 예수 복음의 두 핵심은 '하나님 나라의 복음'(눅 4:43)과 '하나님 은혜의 복음'(행 20:24)이다. 요한은 '하나님 나라' 어휘를 상응하는 두 장인 3장과 18장에서 3구절(3:3,5; 18:36)에서만 비밀리에 사용하고 숨겨버렸다. 마찬가지로 '은혜' 어휘를 '로고스찬가'에서 3구절(14,16,17절)에서만 사용하고 숨겨버렸다. 요한복음은 복음서 전체가 '하나님 나라의 복음(성육신한 예수가 곧 왕이라는 뜻)'이고 '하나님 은혜의 복음(성육신한 예수의 오심이 곧 은혜라는 뜻)'이기에, 더 이상 언급할 필요가 없다는 뜻이리라.

101) 이를 구약적으로 말하면 '십계명'을 지키면(율법) '거룩한 백성(성민)' 삼겠다(은혜)는 것이 아니라 먼저 '거룩한 백성(성민)' 삼고(은혜) 난 후에 거룩한 백성으로서의 거룩한 삶을 살도록 십계명이라는 율법을 주신 것이다. 즉 은혜가 먼저고 율법이 나중이다. 요한은 이 같은 은혜 개념을 '성육신'으로 표현하는 천재성을 발휘하였다.

102) 사도 바울은 부활하신 예수를 만나기 전 구약적 의미에서 십자가를 수치, 고난, 실패, 무능, 어리석음, 멸망의 상징으로 만 생각했다(신 21:23). 그런 바울이 다메섹 도상에서 부활하신 예수를 만난 후 십자가의 역설적 진리를 깨달았다. 즉 십자가는 자랑, 영광, 승리, 능력, 지혜, 구원의 상징이라는 것이다(고전 1:18). 기독교가 위대하면서도 위험한 까닭은 그 사상의 근저에 세상적 논리와는 상반되는 역설의 논리를 내포하고 있기 때문이

기서 말씀(λόγος)은 영원하고 무한하고 거룩하고 성스러운 하나님 또는 하늘에 속한 것을 의미한다. 이에 반해 육신(σάρξ)은 찰나적이고 유한하고 세속적이고 죄적인 인간 세상 또는 땅에 속한 것을 의미한다.

그러니까 말씀이 육신이 되었다는 말씀의 육화, 즉 성육신 사건은 하나님이 인간으로, 하늘이 땅으로, 위에서 아래로, 영원한 시간이 찰나적 시간 속으로, 무한이 유한으로, 거룩이 세속으로, 초역사가 역사로, 초자연이 자연 속으로 왔다는 뜻이다. 예수의 성육신 사건은 현 역사 속에 초자연적으로 개입해 들어오는 하나님의 간섭이라는 종말론적 성격을 갖는다.

그런데 이것이 '영광', 즉 '아버지의 독생자(예수)의 영광'이라는 것이다. 세상에 이런 영광은 없다. 인간 세상의 모든 영광은 높은 곳으로 올라가고 커지는 상승의 영광이다. 즉 왕의 영광이다. 아래로 내려가고 작아지는 하강의 영광, 즉 종의 영광이란 없다. 그런데 우리 주님의 영광, 하나님 나라의 영광은 역설적이게도 저 낮은 곳을 향하여 끝없이 내려가고 작아지는 하강의 영광, 종의 영광이라는 것이다. 사도 바울은 이같이 '겸비한 그리스도(kenosis 그리스도론)'를 그리스도 찬가를 통해 잘 표현해 주고 있다(빌 2:5-11).

로고스찬가는 끝없이 낮아진(작아지는) 바로 그 성육신의 자리가 '은혜와 진리'가 충만한 자리라고 말씀한다. 왜냐하면 거기에 우리를 사랑하시는 '하나님의 내리사랑'이 잘 드러내 있기 때문이다. 하나님의 내리사랑의 절정이 십자가의 죽으심이다. 로고스찬가에서 보여준 성육신적 내리사랑은 이미 언급했듯이 요한복음 전체 구조가 유대(예루살렘)에서 시작하여 갈릴리(사마리아)로 내려가는 '갈릴리 지향적 복음서'의 원형이 된다는 점에서 대단히 중요한 의미를 지닌다.

다. 기독교의 역설적 진리에 대해서는 박호용, 《감악산의 두 돌판》, 47-50을 참조하세요.

e. 요한의 이원론(?)의 문제[103]

요한복음에는 빛과 어둠, 생명과 죽음, 진리와 거짓, 하나님과 사탄, 하나님의 자녀와 악의 자녀, 위와 아래 등과 같은 극단적 대조를 이루는 이원론적으로 보이는 어휘가 많이 나타난다. 이를 두고 요한은 헬라의 이원론적 사고를 가진 사람으로 간주하는 경향이 있다.

그런데 여기서 주목해야 할 사실은 요한이 이 같은 이원론적으로 보이는 어휘를 사용한 것은 요한공동체가 처한 묵시문학적 현실을 타개하기 위한 필연적 결과라는 사실이다.[104] 서로 극단적인 대치 속에 있는 상황에서 자연히 요한공동체를 핍박하는 유대교와 로마제국을 악의 상징으로, 그리고 핍박받는 요한공동체를 선의 상징으로 표현할 수밖에 없었다. 이러한 상징언어 가운데 가장 두드러진 특징을 지닌 '세상' 어휘를 살펴보자.

요한은 '세상(κόσμος)' 어휘를 78회나 사용하고 있다. 요한복음에서 '세상' 어휘는 단순히 물리적 세계만을 의미하지 않고 인간과의 관계 속에서 폭넓게 사용되고 있다. 요한복음에서 '세상' 어휘는 두 가지 관점에서 볼 수 있다. 하나는 사랑과 구원의 대상으로서의 세상이다. 이 같은 긍정적 관점의 세상 어휘는 주로 제1부(1-11장)에서 나타난다(3:16-17; 8:12; 9:29-41; 11:9-10). 예수는 이 세상에 와서 생명(6:33,51)과 구원(4:42; 14:14)을 주었다. 이 점에서 요한복음은 물질적인 세상 자체를 부정적으로 보지 않는다. 이것은 당시 영지주의나 플라톤의 이원론에서 말하는 세상(물질)은 악하고, 영은 선하다는 이원론적 사고를 강하게 부정하는

---

103) 요한의 이원론에 대한 더 자세한 논의는 R.Kysar, *John: The Maverick Gospel*, 47-64을 참조하세요.
104) 요한의 이원론은 공동체의 가치를 강화하는 기능, 즉 그룹 결속력과 진리에 대한 고수에 동기를 부여하는 기능을 한다. 그런 의미에서 요한의 이원론은 기능면에서 사회학적이고 신학적이다. P.N.Anderson, *The Riddles of the Fourth Gospel*, 37-38.

중요한 요한적 특성을 보여준다.

또 하나는 부정적 관점을 지닌 세상이다. 요한복음에서 세상 어휘는 주로 부정적 관점이 지배적인데, 이 같은 부정적 관점의 '세상' 어휘는 특히 제2부(12-21장)로 가면서 더욱 분명하게 드러난다. 이제 세상은 하나님이 창조한 피조물이자 사랑과 구원의 대상이라는 긍정적 관점을 떠나 악의 상징, 즉 악의 세력('이 세상 임금')이 지배하는 장소로 나타난다(12:31; 14:30; 16:11). 이제 세상은 구원의 대상이 아니라 구제 불능의 파멸의 대상이다(16:20; 18:14,16; 18:36; 요일 2:15). 이 세상은 예수와 그의 추종자들을 미워하고 박해하는 세상이다(7:7; 15:19; 16:33; 요일 3:13).

결과적으로 요한복음이 말하는 세상은 그 자체로는 중립적 가치를 지니나 그것이 예수와의 관계에서는 중립적 상태로 존재할 수 없는 속성을 띤다. 따라서 예수를 거부한 이 세상은 예수와의 관계성 속에서 볼 때 파멸되어야 할 심판의 대상이다. 특히 제2부로 갈수록 요한공동체가 처해 있는 세상이란 요한공동체를 핍박하는 악의 세력으로 이해되었기 때문에 요한의 세상 개념은 하나님의 사랑과 구원의 대상이라는 세상 개념에서 심판과 파멸의 대상이라는 세상 개념으로 전환되고 있다.

여기서 짚고 넘어갈 것은 왜 요한은 제2부에서 더욱 세상을 부정적으로 보고 있으며, 요한공동체를 핍박하는 이 세상의 악의 세력(유대교와 로마제국)에 대한 요한의 반응은 어떠한 모습으로 나타나고 있느냐 하는 점이다.[105] 이에 대한 필자의 견해는 이러하다.

---

105) 이와 관련하여 유대인의 대표인 니고데모와 이방인의 대표인 빌라도를 상정할 수 있다. 요한은 유대인에 대해 무조건 부정적인 모습만을 갖고 있다는 생각은 재고되어야 한다. 복음서 초반에 니고데모는 예수에 대해 부정적인 모습이고 이방인(사마리아인과 왕의 신하의 아들)은 긍정적인 모습으로 나타나나 복음서 끝부분에 가면 오히려 니고데모는 예수를 수용하는 긍정적인 모습으로, 빌라도는 예수를 부정하는 부정적인 모습으로 나타난다. 사도 바울이 자기 동족 유대인의 구원을 애타게 갈망하였듯이(롬 9-11장), 유대

묵시문학적 박해상황 속에서 요한공동체가 싸워야 할 대상은 표면적으로는 로마제국(가이사)보다 유대교(회당)에 더 무게중심이 실리는 것 같지만 요한이 지향하고자 하는 칼끝은 오히려 로마제국(가이사)을 향하고 있다는 것이 필자의 생각이다.[106)]

결국 요한복음에 나타나는 이원론적 개념은 플라톤 사상이나 영지주의나 쿰란의 이원론의 배경과는 달리 오직 하나의 문제에서 파생되었다. 예수를 받아들이는 것은 선의 상징(진리, 위, 하나님, 빛, 영, 생명, 하나님의 자녀)이다. 그러나 예수를 거부하는 것은 악의 상징(거짓, 아래, 사탄, 어둠, 육, 죽음, 악의 자녀)이며, 이런 사람들을 세상에 속한 자 또는 유대인으로 통칭되고 있다.

따라서 요한복음이 말하는 이원론은 헬라적 사고에 속하는 플라톤주의나 영지주의에서 말하는 이원론과는 근본적으로 다르다. 즉 선의 세계와 악의 세계와 같은 두 세계가 존재한다는 의미의 이원론이 아니다. 요한복음의 이원론은 두 세계(분리)가 있다는 이원론이 아니라 한 개(하나님)의 세계에 대한 인간의 응답을 두 가지 관점(구분)에서 설명한 것이다.[107)] '이원론(dualism)'과 '이원성(duality)'은 다르다.[108)] 비유적으로

인 요한 또한 그러했다. 여기서 우리는 사도 바울의 구원의 논리인 이방인이 먼저 구원을 받고 유대인이 나중에 구원을 받는 하나님의 구원 경륜을 요한도 따르고 있음을 엿보게 된다.

106) 더 자세한 설명은 180쪽의 각주 373번을 참조하세요.
107) '요한복음의 이원론'에 대한 더 자세한 설명은 김춘기,《요한복음연구》, 115-131을 참조하세요.
108) 라이트는 '이원론'과 '이원성'을 구분하고 이원론은 몇몇 특정한 이원성에만 적용되는 용어로 사용할 것을 제안하면서 이원성의 유형을 열 가지로 제시한다. 통상적으로 받아들여진 것들(1-4번) 1. 신학적/존재론적 이원성 2. 신학적/우주론적 이원성 3. 도덕적 이원성 4. 종말론적 이원성. 주변적인 것들(5-7번) 5. 신학적/도덕적 이원성 6. 우주론적 이원성 7. 인간론적 이원성. 가능한 것들(8-10번) 8. 인식론적 이원성 9. 분파적 이원성 10. 심리학적 이원성. 이 가운데서 주변적인 것들(5-7번)만이 '이원론'이라고 불릴 자격이 있다고 말한다. 즉 5. 신학적/도덕적 이원성은 선한 신과 악한 신의 투쟁을 말하는 조로아

말하면 이원론은 양손에 해당하고, 이원성은 한손의 양면에 해당한다.

묵시문학은 종말 개념과 관련하여 두 시대 개념을 가지고 있다. 이 시대와 앞으로 올 새시대이다. 이 두 시대 개념을 중심으로 이원론이 나온다. 요한복음이 이원론이라면 그것은 헬라적, 영지주의적인 존재론적 이원론이 아니라 묵시문학적 이원론이다. 예수의 오심은 묵시문학적 이원론을 극복한 예수일원론의 성취이다.

그리고 요한복음의 예수일원론을 잘 보여주는 것이 '사랑'에 대한 강조이다.[109] 그리고 성육신(1:14), 예수의 선교(4장), 예수의 기도(17장), 십자가(18-19장), 부활(20장), 베드로공동체(교회)와 요한공동체(교회)의 연합(21장)도 모두 일원론에 기초하고 있다. 따라서 요한복음에서 헬라적 사고구조에 따른 단순도식적 이원론은 포기되어야 마땅하다.

궁극적 세계는 하나밖에 없다. 그것은 하나님이 만들고 통치하는 하나님의 세계이고 그 주관자는 오직 한분 하나님이다. 그것 외에 다른 세계나 다른 신은 없다. 문제는 이러한 사실을 인정하느냐 거부하느냐 하는 두 가지 중에서 하나를 인간이 선택할 수 있을 뿐이다. 요한복음에 이원론은 없다. 다만 예수 일원론만 있을 뿐이다. 따라서 요한복음에 '이원론' 용어를 사용하는 것은 적절치 않다. 요한복음이 이원성(이원론이 아닌)의 모습을 띠는 것은 묵시문학적 수난상황에서 로마 가이사를 주님으로 숭배할 것인가 그리스도 예수를 주님으로 예배할 것인가 하는 선택과 결단을 요구했기 때문이다.

스티교와 영지주의의 몇몇 형태들. 6. 우주론적 이원성은 현실(질료)과 이데아(형상)의 세계를 말하는 플라톤의 고전적 입장. 7. 인간론적 이원성은 인간은 육신과 영혼의 두 부분으로 이루어진 피조물. N.T.Wright,《신약성서와 하나님의 백성》, 418-424.

109) 요한복음은 '사랑의 복음서'라고 할 만큼 사랑을 강조하고 있다. 더 자세한 설명은 403쪽 이하의 "요한복음: 사랑의 복음서"를 참조하세요.

f. 로고스찬가에 나타난 기독론 문제

천재의 특징은 광기에 있다. 광기는 하나에 대한 몰두요 집중이다. 요한의 천재성은 예수 하나에 대한 몰두요 집중으로 나타났다. 요한의 모든 주제는 '기독론'이라는 하나에 집중되어 있다. 사복음서의 첫책(마태복음)과 끝책(요한복음)의 기독론의 차이를 비교해보면 마태는 예수를 다윗의 아들과 연관시킨다. 그리고 그의 복음서를 아브라함으로 시작하여(1:1) 그의 시선은 '세상의 끝'(28:20)을 응시한다. 마태에는 그리스도의 선재에 관한 언급이 없으며 그리스도는 하나님의 아들로 불리나 결코 하나님으로는 불리지 않는다.

이에 반해 요한은 '세상의 끝'이 아닌 창세기의 첫 시작인 '태초에'(1:1)로 그의 복음서를 시작한다. 요한의 예수는 약 60회 가량이나 아버지에 의해 보내어진 존재로 묘사된다. 수난설화에서 요한만큼 성경을 성취했고 예수의 왕권을 강조하는 복음서 기자는 없다. 특히 기독론에 관한 한 요한복음은 철저히 구약성경에 기초하고 있다. 신약문서 중 요한복음만큼 기독론적 호칭을 많이 사용한 문서는 없다.[110]

헹엘은 로고스찬가, 특히 14절의 말씀의 성육신(incarnation)은 그 절정이자 목표이며 이어지는 스물 한장의 열쇠가 된다고 하였다. 그는 하르낙(Harnack)이 로고스찬가는 요한복음을 이해하는 열쇠가 아니라 단지 헬라적 독자를 위한 준비에 불과하다는 주장에 반대하면서, 실제적으로 복음서 전체 신학이 14절의 4단어(ὁ λόγος σάρξ ἐγένετο)에 의해 이미 형성되었다고 주장하였다.

케제만은 요한의 예수는 '땅 위를 걷는 하나님'이라는 가현설(docetism)을 주장하면서 성육신은 케노시스(kenosis), 즉 우리와 같은

---

110) 기름부음 받은 자, 메시아, 왕, 랍비, 랍오니, 하나님의 아들, 사람의 아들(人子), 주, 하나님의 거룩한 자, 선택된 자, 독생자, 예언자, 하나님의 어린 양, 세상의 빛, 참 포도나무, 선한 목자, 절대적 '에고 에이미(ἐγώ εἰμι)', 심지어 하나님 등.

완전한 인간성으로 들어가는 것'을 나타내지 않는다고 주장하였다. 이는 1:14의 날카로운 역설(paradox)를 이해하지 못한 것이다. 요한의 육신(σάρξ)은 히브리어의 바사르(בשר)의 의미로 피조물의 인간 육체를 의미한다(사 40:6-8 참조). 예수의 속죄적 죽음은 공관복음보다 요한복음에서 더욱 자주 말해진다. 요한은 전치사 휘페르(ὑπέρ)를 사용(9회)하여 예수의 대리적 속죄 수난을 언급한다(6:51 참조). 요한은 1:14에 근거하여 결정적인 '십자가 신학(Theologia crucis)'을 말하고 있다.

로고스찬가는 신약성경에서 가장 영향력있는 기독론 텍스트이다. 요한의 기독론은 로고스찬가와 분리될 수 없다. 게다가 그것은 초대교회의 기독론적 진리를 위한 길을 보여준다. 동시에 로고스찬가는 성경 전체의 신학인 구원사에 대한 증언이다. 우리는 바울에게서 '고(高) 기독론'의 뿌리와 만나는데, '고 기독론'은 기독교 이전의 영지주의적 구속자 신화나 철학적 사변에 기초한 것이 아니라 성경적 유대사상에 기초한 것이다. 선재와 성육신 개념과 같은 이러한 기독론의 뿌리는 예수의 인격적 신비, 즉 아버지와 아들의 관계에 기초한 것이다. 요한복음에서 이러한 인격적 신비에 대한 철저한 집중은 공관복음의 예수 전승을 결정적으로 변형시켰다.

우리는 디모데전서 3:16에서 하나님의 신비로서의 성육신과 만난다. 이 본문은 그리스도를 하나님과 인간 간의 중보자와 관련시킨다. 요한복음에는 신비(μυστήριον) 어휘가 나타나지 않지만 성육신, 영생을 가져다주는 하나님의 아들의 영화는 하나님의 신비로 밖에는 이해될 수 없다. 로고스찬가에 나타난 요한의 기독론은 사변적 관심에서가 아니라 인류에 대한 구원론적 관심에서 발전한 것이다. 성육신의 신비는 칼케돈 회의(451년)에서 그리스도의 한 인격(person)안에 신성과 인성간의 관계에 대한 4중적 정의(혼합되지 않고, 변화되지 않고, 구분되지 않고, 분

리되지 않는)에 의해 역설적으로 묘사되었다.[111]

g. 로고스찬가에서 짚고 넘어갈 세 문제

첫째, 로고스찬가의 출처이다. 로고스찬가는 요한복음의 다른 부분과 다음과 같은 점에서 구별된다. 하나는 세례 요한 관련구절(6-8절, 15절)을 제외하면 시문으로 되어 있다는 점이다. 이는 산문으로 되어 있는 나머지 부분들과 다른 점이다. 또 하나는 로고스 사상이 다른 곳에서는 전혀 나타나지 않는다는 점이다. 또한 14절 이하에서 갑자기 주어가 3인칭에서 1인칭 복수형으로 변한다. 이 때문에 '로고스찬가'는 요한복음 저자의 창작이 아니라 요한복음이 쓰여지기 이전에 이미 교회 공동체에서 예배시에 고백되었던 공동고백문인 그리스도 찬가일 가능성이 크다는 주장이 있다.[112]

그런데 요한복음을 자세히 연구해 보면 로고스찬가와 요한복음의 다른 부분은 내용과 주제면에서 별 문제 없이 일치한다. 이를 어떻게 설명해야 할까? 저자는 이미 있던 어떤 형식의 공동고백문과 같은 자료를 가지고 요한복음의 나머지 부분을 써간 것인가? 아니면 먼저 본론을 다 쓴 후에 나중에 이러한 자료가 있음을 발견하고 본론에 맞춰 이러한 자료를 수정해서 현재와 같은 로고스찬가가 된 것인가. 이는 문제를 해결하기 보다 더 복잡하게 만든다. 이에 대한 필자의 생각은 이렇다.

시문과 산문의 차이를 가지고 저자의 창작이냐 아니냐를 판단하는 것은 적절치 않다. 욥기의 경우 가운데 부분(2-41장)은 시문이고 처음

---

111) 로고스찬가에 나타난 기독론에 대해서는 M. Hengel, "The Prologue of the Gospel of John as the Gateway to Christological Truth", in *The Gospel of John and Christian Theology*, 265-294을 참조하세요.
112) 김춘기,《요한복음연구》, 77-78.

과 끝(1장과 42장)은 산문으로 되어 있는데, 이를 두고 저자가 다르다는 판단은 적절치 않다. 또한 인칭의 변화도 마찬가지이다. 제2이사야(40-55장)의 '고난받는 종'은 단수와 복수로 혼용된다는 점에서 인칭의 변화를 가지고 저자가 다르다는 판단은 적절치 않다. 또한 '로고스(말씀)' 사상은 요한복음의 다른 곳에서는 나타나지 않는다는 주장도 다시 고려해 보아야 한다.

요한복음에서 예수는 무엇보다 '진리와 생명의 말씀', '하나님의 말씀', '말씀의 성취자'로 나타나는데, 이러한 모습은 곳곳에서 찾을 수 있다(5:39; 6:35,68; 8:47; 17:17; 19:30 등). 더 중요한 문제는 현재의 요한복음에 나타난 로고스찬가와 똑같은 자료나 아니면 비슷한 자료(문헌)라도 발견되었는가? 그렇지 않다면 로고스찬가가 저자의 창작이 아니라는 가정은 일단 보류되어야 한다.

둘째, 본론(2-20장)과의 관계(통일성)이다. 일부 학자들은 별로 관계가 없는 것으로 본다. 그것은 단지 헬라계 독자들의 관심을 끌기 위해 기독교의 메시지를 헬레니즘적인 용어로 표현한 것에 불과하다는 것이다. 특히 쉬나켄버그는 로고스찬가를 복음서 기자의 작품으로 보지 않고 이차적인 가필로 본다.[113]

그런데 또 다른 일부 학자들은 이 로고스찬가를 제4복음서의 서두로 인정하고 같은 저자의 것으로 보며 본문의 요약이나 개요로 생각한다.[114] 특히 브라운은 11,12절이 본문의 전반부(표적의 책, 1:19-12장)와 후반부(영광의 책, 13장-20장)를 각각 요약한다고 주장한다.[115] 그러나 필자

---

113) R. Schnackenburg, "Logos-Hymnus und Johnneischer Prolog," BZ 1(1957): 69-109.
114) C.K.Barrett, The Gospel According to St. John, 125-141.
115) R.E.Brown, The Gospel According to John, 19.

가 이미 언급했듯이[116] 전반부와 후반부를 '표적의 책'과 '영광의 책'으로 구분하는 것 자체가 무의미하며(요한복음은 전체가 다 표적의 책이고 영광의 책이다), 예수를 전반부에선 영접 안하고 후반부에선 영접하는 구분 자체가 본문 내용과는 거리가 먼 적절치 않는 주장이다.

필자는 로고스찬가를 포함하여 서론인 1장은 공통적인 언어(주제)[117] 뿐만 아니라 이미 언급했듯이 결론인 21장과 여러 측면에서 상응한다는 점[118], 유대교의 네 핵심가치(성경, 성전, 성지, 성민)가 이어지는 1-4장에서 다시 그대로 나타난다는 점, 그리고 예수를 '하나님'으로 보는 도마의 신앙고백(20:28)과 1:18이 상응한다는 점에서 동일저자에 의한 작품이라고 본다.

셋째, 로고스 기독론의 기능이다. 로고스 기독론은 사회적, 종교적 이중기능을 수행한다. 로고스 기독론은 세상과 유대인으로부터 거부당하는, 성육한 로고스 예수와 요한공동체 자신들과 동일시키켜 그들의 사회적 위기감을 해소하고 정당화시켜 줄 뿐 아니라 그들의 사회적 정체성을 강화시켜 주는 사회적 기능을 수행한다. 또한 로고스 기독론은 예수를 이전의 모든 종교적 권위들(모세, 오경, 성경, 조상들, 성전 등)을 대체하는 자로 묘사하고 있다. 하나님→모세→옛 이스라엘로 연결되는 옛 신앙 전통을 대체시켜, 하나님→예수→참 이스라엘(요한공

---

116) 더 자세한 설명은 221쪽 이하의 "요한복음의 구조"를 참조하세요.
117) 로빈슨은 로고스찬가와 본문 속에서 공통적으로 나타나는 주제들을 다음과 같이 열거한다. 선재(1:1=17:5), 사람들과 세계의 빛(1:4,9=8:12; 9:5), 빛과 어둠의 대조(1:5=3:19), 그의 영광을 보는 일(1:14=12:41), 외아들(1:14,18=3:16), 아들 외에는 하나님을 본 자가 없다는 주장(1:18=6:46) 등. 로빈슨은 로고스찬가와 본문은 동일저자의 작품이며 저자는 본문을 먼저 기록한 다음 로고스찬가를 썼다고 주장한다. J.A.T.Robinson, "The Relation of the Prologue to the Gospel of St. John", NTS 9(1962-63): 120-129.
118) 더 자세한 설명은 170쪽 이하의 "1장과 21장의 상응성 및 동일저자의 문제"를 참조하세요.

동체)이라는 새로운 신앙의 전통을 수립해 가도록 그 바탕을 제공해주며, 이로써 그들의 종교적 정체성을 강화시켜 주는 종교적 기능을 수행한다.[119]

2. 증인 본문(19-51절)
    － 예수 나의 열쇠(마스터키) －

⟨성경 본문⟩
  19 유대인들이 예루살렘에서 제사장들과 레위인들을 요한에게 보내어 네가 누구냐 물을 때에 요한의 증언이 이러하니라 20 요한이 드러내어 말하고 숨기지 아니하니 드러내어 하는 말이 나는 그리스도가 아니라 한대 21 또 묻되 그러면 누구냐 네가 엘리야냐 이르되 나는 아니라 또 묻되 네가 그 선지자냐 대답하되 아니라 22 또 말하되 누구냐 우리를 보낸 이들에게 대답하게 하라 너는 네게 대하여 무엇이라 하느냐 23 이르되 나는 선지자 이사야의 말과 같이 주의 길을 곧게 하라고 광야에서 외치는 자의 소리로라 하니라 24 그들은 바리새인들이 보낸 자라 25 또 물어 이르되 네가 만일 그리스도도 아니요 엘리야도 아니요 그 선지자도 아닐진대 어찌하여 세례를 베푸냐 26 요한이 대답하되 나는 물로 세례를 베풀거니와 너희 가운데 너희가 알지 못하는 한 사람이 섰으니 27 곧 내 뒤에 오시는 그이라 나는 그의 신발끈을 풀기도 감당하지 못하겠노라 하더라 28 이 일은 요한이 세례 베풀던 곳 요단 강 건너편 베다니에서 일어난 일이니라 29 이튿날 요한이 예수께서 자기에게 나아오심을 보고 이르되 보라 세상 죄를 지고 가는 하나님의

---
119) 구제홍, "요한복음서의 로고스 기독론", 92.

어린 양이로다 30 내가 전에 말하기를 내 뒤에 오는 사람이 있는데 나보다 앞선 것은 그가 나보다 먼저 계심이라 한 것이 이 사람을 가리킴이라 31 나도 그를 알지 못하였으나 내가 와서 물로 세례를 베푸는 것은 그를 이스라엘에 나타내려 함이라 하니라 32 요한이 또 증언하여 이르되 내가 보매 성령이 비둘기 같이 하늘로부터 내려와서 그의 위에 머물렀더라 33 나도 그를 알지 못하였으나 나를 보내어 물로 세례를 베풀라 하신 그이가 나에게 말씀하시되 성령이 내려서 누구 위에든지 머무는 것을 보거든 그가 곧 성령으로 세례를 베푸는 이인 줄 알라 하셨기에 34 내가 보고 그가 하나님의 아들이심을 증언하였노라 하니라 35 또 이튿날 요한이 자기 제자 중 두 사람과 함께 섰다가 36 예수께서 거니심을 보고 말하되 보라 하나님의 어린 양이로다 37 두 제자가 그의 말을 듣고 예수를 따르거늘 38 예수께서 돌이켜 그 따르는 것을 보시고 물어 이르시되 무엇을 구하느냐 이르되 랍비여 어디 계시오니이까 하니 (랍비는 번역하면 선생이라)39 예수께서 이르시되 와서 보라 그러므로 그들이 가서 계신 데를 보고 그 날 함께 거하니 때가 열 시쯤 되었더라 40 요한의 말을 듣고 예수를 따르는 두 사람 중의 하나는 시몬 베드로의 형제 안드레라 41 그가 먼저 자기의 형제 시몬을 찾아 말하되 우리가 메시야를 만났다 하고(메시야는 번역하면 그리스도라) 42 데리고 예수께로 오니 예수께서 보시고 이르시되 네가 요한의 아들 시몬이니 장차 게바라 하리라 하시니라 (게바는 번역하면 베드로라)43 이튿날 예수께서 갈릴리로 나가려 하시다가 빌립을 만나 이르시되 나를 따르라 하시니 44 빌립은 안드레와 베드로와 한 동네 벳새다 사람이라 45 빌립이 나다나엘을 찾아 이르되 모세가 율법에 기록하였고 여러 선지자가 기록한 그이를 우리가 만났으니 요셉의 아들 나사렛 예수니라 46 나다나엘이 이르되 나사렛에서 무슨 선한 것이 날 수 있느냐 빌립이 이르되 와서 보라 하니라 47 예수께서 나다나엘이 자기에게 오는 것을 보시고 그를 가리켜 이르시되 보라 이는 참으로 이스라엘 사람이라 그 속에 간사한 것이 없도다 48 나다나엘이 이르되 어떻게 나를 아시나이까 예수께서 대답하여 이르시되 빌립이 너를 부르기 전에 네가 무화과나무 아래에 있을 때에 보았노라 49 나다나엘이 대답하되 랍비여 당신은 하나님의 아들이시요 당신은 이스라엘의 임금이로소이다 50 예수께서 대답하여 이르시되 내가 너를 무화과나무 아래에서 보았다 하므로 믿느냐 이보다 더 큰 일을 보리라 51 또 이르시되 진실로 진실로 너희에게 이르노니 하늘이 열리고 하나님의 사자들이 인자 위에 오르락 내리락 하는 것을 보리라 하시니라.

1) 세례 요한의 첫 증언(19-34절)

로고스찬가에 이어 이 단락은 '예수의 정체성'과 '세례 요한의 정체성'을 다시 한번 반복해서 보여준다. 예수 시대에 세례 요한의 세력은 예수의 세력보다 컸으며 초대교회에도 그 세력이 오래 유지되었다. 이로 인해 초대교회는 "누가 큰 자인가, 또 누구를 따라야 하는가?"라는 문제가 생겼다. 여기서 요한은 예수가 '세례 요한보다 큰 자' 또는 '세례 요한보다 앞선 자'라는 점을 분명히 했다.

이 점에서 요한복음은 예수가 세례 요한으로부터 세례를 받았다는 구체적인 사건을 생략하면서 세례 요한 스스로 자신의 정체성을 밝히도록 유도하고 있다. 세례 요한은 예수의 길을 준비하고 예수가 모든 백성들이 기다리던 그분임을 증언하는 증언자임을 분명히 했다. 세례 요한은 예수를 '선재하신 분'(30절), '성령이 임재하신 분'(32절)이며, 그는 바로 '하나님의 아들'(34절)이라고 증언하였다. 먼저 세례 요한의 정체성에 대해 살펴보자.

예루살렘에 있는 유대인들이 제사장들과 레위인들을 세례 요한에게 보낸다(19절). 요한은 이들을 보낸 사람들이 당시의 주류였던 바리새파 사람들이라고 그들의 신분을 밝힌다(24절). 이는 앞으로 전개될 예수와 바리새인들과의 논쟁을 예고한다.

요한은 공관복음에서 16회(마 5회, 막 6회, 눅 5회) 사용하는 '유대인들(Ἰουδαιοι)' 어휘를 71회나 사용하고 있다. 공관복음에서 사용한 '유대인' 어휘는 서기관이나 바리새인과 같이 특수계층을 명명하는 데 주로 사용하였다. 그러나 요한은 다르다.[120] 가치중립적인 경우를 제외하면(4:22; 11:45), 이 어휘는 대부분 부정적인 의미를 나타내는 상징어로 사용하고 있다.

유대인들은 예수를 핍박했으며(8:59), 예수를 붙잡아 십자가에 죽이는 주범으로 나타난다(18:22; 19:12). 이 점에서 요한복음의 유대인은 민족적, 혈통적, 종교적 차원의 유대인이 아니라 예수를 반대하는 종교를 포함한 정치적 엘리트 지배세력(대제사장 및 바리새인들)을 상징하는 용어로 사용되었다. 이는 9장에 나오는 소경치유사건에서 분명하게 엿볼 수 있다. 고침받은 사람의 부모도 유대인이지만 요한은 그런 민족적이거나 혈통적인 관점에서 유대인을 사용하지 않고 예수를 거부하는 삶의 형태를 지닌 사람을 유대인이라고 상정하고 있다(9:22).

첫 번째 질문, "네가 누구냐?" 당시 논쟁의 초점은 "예수와 세례 요한 가운데 누가 메시아인가?"라는 데 있었다. 이 물음에 대해 세례 요한은 "나는 그리스도(메시아)가 아니다"(20절)라고 잘라 말한다. 이 대답은 요한복음에서 세례 요한이 처음으로 한 말이다. 요한은 이 같은 세례 요한의 첫 대답을 통해 그의 정체성을 극적으로 잘 보여주고자 했다. 이미 로고스찬가에서 밝혔듯이 세례 요한은 자신이 빛이 아니라

---

120) 이 어휘는 단순히 '유대인들(Jews)'이 아닌 대부분 '남유다인들(Judeans)'을 가리킨다. '갈릴리 예언자(예수)'에 대한 이들의 거부는 남왕국 유다와 북왕국 이스라엘간의 오랜 갈등 때문이다. P.N.Anderson, *The Riddles of the Fourth Gospel*, 39.

빛에 대해 증언하러 온 자(8절), 즉 궁극적 구원자로서의 그리스도의 선구자일 뿐임을 고백하였다.

두 번째 질문, "네가 엘리야(Elijah)냐?" 세례 요한은 엘리야의 모습을 닮았다. 그는 엘리야처럼 낙타 털옷을 입고, 허리에 가죽띠를 띠었으며, 메뚜기와 석청을 먹었다(왕하 1:8; 막 1:6). 그는 "엘리야의 심령과 능력으로 주 앞에 먼저 와서"(눅 1:17)라는 말씀처럼 메시아의 선구자인 엘리야로 왔다.

그럼에도 불구하고 본문에서 세례 요한은 "나는 (엘리야가) 아니다"(21a절)라고 대답한 까닭은 무엇일까? 그것은 당시 유대인들이 엘리야는 죽지 않고 승천한 자였기에(왕하 2:11) 말라기 3:1-2과 4:5-6의 예언에 근거하여 종말에 엘리야가 문자적 또는 육체적으로 재림할 것이라는 잘못된 엘리야관을 가지고 있었기 때문이었다.

세 번째 질문, "네가 그 선지자(the Prophet)냐?" 당시의 유대인들은 '그 선지자'는 모세가 예언한 오시기로 약속된 '그 선지자'(신 18:15,18; 막 6:15; 8:28)로서 구원의 시대에 등장할 메시아로 생각하고서 기다리고 있었다. 이에 대해 세례 요한은 자신은 "(그 선지자가) 아니다"(21b절)라고 분명하게 말했다.

세 번은 '더 이상은 없다', 즉 '끝이다'라는 의미를 갖는다. 세례 요한은 세 번에 걸쳐 자신이 그리스도도, 엘리야도, 그 선지자도 아니라고 분명하게 밝혔다. 그러면 이제 질문을 끝낼만 했다. 그러나 그들은 집요하게 다시 한번 이렇게 물었다. "(너는) 누구냐 우리를 보낸 이들에게 대답하게 하라 너는 네게 대하여 무엇이라 하느냐?"(22절). 이 질문에 세례 요한은 바벨론 포로기의 선지자 제2이사야[121]의 말씀(사 40:3)을

---

121) 바벨론 포로민에게 해방의 기쁜 소식을 전하고자 한 제2이사야의 열여섯 장(사 40-55장)은 히브리 예언문학의 최고봉으로, 최초의 복음서인 마가복음이나 바울신학의 요체라 할 수 있는 로마서의 열여섯 장과 비견된다. 제2이사야는 창조신학(40:26,28; 42:5;

인용하여 이렇게 대답한다. "나는 선지자 이사야의 말과 같이 주의 길을 곧게 하라고 광야에서 외치는 자의 소리로라."

세례 요한은 자신이 인격이 아니라 '소리'라고 했는데, 이는 자기를 낮추고 그리스도를 부각시키고자 의도적으로 취한 어휘로 보인다. 그는 "나는 아무 것도 아니며 다만 왕의 오실 길을 예비하라고 말하는 소리일 뿐"이라고 자신을 비하시켰다. 이러한 표현은 자기를 전혀 드러내지 않고 오직 사명에만 충실하고자 했던 그의 강직한 성품과 인격을 잘 반영해 준다.[122]

여기서 세례 요한이 인용한 말씀의 의미를 보다 깊게 하기 위해 뒤이어 나오는 이사야 40:8의 말씀에 귀를 기울여 보자. "풀은 마르고 꽃은 시드나 우리 하나님의 말씀은 영원히 서리라." 이 말씀을 통해 우리는 광야에서 외치는 자의 소리인 세례 요한은 잠시 있다가 사라질 풀이나 꽃과 같은 '하나님 말씀의 대언자(예언자)'일 뿐이고, 뒤에 오실 메시아 예수는 영원히 남을 '하나님의 말씀 자체'(요 1:1)라는 사실을 엿볼 수 있다.

다섯 번째 질문, "네가 만일 그리스도도 아니요 엘리야도 아니요 그 선지자도 아닐진대 어찌하여 세례를 베푸느냐?" 그는 이렇게 대답하였다. '나는 물로 세례를 베풀거니와'(26a절). 자신의 세례는 메시아적 의미의 세례가 아니라는 것이다. 즉 자신의 세례는 성령으로 세례를 베푸시는 분을 다만 알려주기 위해서 수행하는 '물의 세례'일 뿐이라는 것이다(31, 33절).

43:7; 45:7,18; 51:13-16), 새 출애굽(43:18-19; 48:20-21; 49:8-9; 51:9-11; 52:11-12; 55:12-13), 유일신 신앙(40:18; 43:8-13; 44:6-8,9-20; 45:5-21), 계약신학(51:2; 54:9-10; 55:3), 수난의 종(사 42:1-9; 49:1-7; 50:4-9; 52:13-53:12), 역사의 주로서의 하나님(40:21-31; 45:9-13; 48:12-16) 등 신학적 깊이와 넓이에 있어서 예언자 전승의 마지막 거인이었다.

122) 《옥스퍼드원어성경대전》(요한복음 제1-6장), 106.

세례 요한은 유대인들에게 알려지지 않은 그 신비스러운 인물을 '내 뒤에 오시는 분'이라고 말한다. 사실상 선구자인 그는 예수보다 먼저 왔다. 그럼에도 불구하고 그는 자신이 "그분의 신발끈을 풀어 드리기에도 합당치 못하다"고 고백한다(26b-27절). 신발끈을 푸는 행위는 노예들이 하는 일이어서 유대인 종들에게도 시킬 수 없는 일이었다. 그만큼 지금 세례 요한은 자신을 낮추고 있다.[123]

요한은 "이 일은 요한이 세례 베풀던 곳 요단강 건너편 베다니에서 일어난 일이니라"(28절)는 말로 1장의 두번째 단락(19-28절)을 마감한다. 이미 언급했듯이 세례 요한(=모세)의 별명은 '요단강 건너편'이다. 그들은 약속된 땅인 가나안 땅, 즉 요단강 서편(구원의 땅)에 들어갈 수 없는 존재들이다. 그래서 요한은 그들을 언제나 요단강 건너편(동편), 미완성의 땅이요 죽음의 땅에 머무르는 존재로 진술하였다. 그리고 생명과 구원의 땅은 오직 예수로만 들어갈 수 있는 것으로 묘사하였다.

여기서 한 가지 짚고 넘어갈 문제는 유대인들이 세례 요한에게 행한 다섯번의 질문이다. 왜 하필 다섯번의 질문인가? 여기에는 요한의 숫자 상징코드적 의도가 깔려 있다고 보아야 할 것이다. 즉 유대인들의 다섯번의 질문은 모세오경을 의미하며, 모세를 대신할 새 모세 예수의 출현을 위한 예비적 성격의 질문이라는 것이 필자의 생각이다.

이어서 예수의 등장에 대한 세례 요한의 증언이 시작한다. "보라 세상 죄를 지고 가는 하나님의 어린 양이로다"(29절). 유대교적 배경에서 '어린 양(ἀμνός)' 개념은 크게 네 가지 관점에서 살펴볼 수 있다.

첫째, '유월절 양' 개념이다. 이스라엘 백성들은 출애굽할 때 문설주에 유월절 양의 피를 바른 집만이 죽음에서 벗어난 구원을 받을 수 있

---

[123] 최안나, 《나오너라: 성서가족을 위한 요한복음서 해설(1)》, 87.

었다(출 12:3; 레 4:32). 세례 요한이 예수를 '어린 양'이라고 하였을 때 그 말을 듣는 청중은 예수의 피를 통하여 자신들의 생명을 구원받을 수 있다는 상징적 의미로 이해했을 것이다.

둘째, '대속적 양' 개념을 내포하고 있다. 세례 요한이 '세상 죄를 지고가는 하나님의 어린 양'이라고 말한 것은 이스라엘 백성들이 자신의 죄를 대신하여 그 죄값으로 속죄양을 잡아 제사를 드림으로 속량받은 것처럼, 예수가 세상 죄를 대신지고 죽어서 그 죄를 대속하는 속죄양의 상징이 내포된 것이다. 요한복음에서 예수는 세상 죄를 없애기 위해 십자가에서 속죄적인 죽음을 당한 유월절 양이기에 예수는 유월절 양 잡는 날에 십자가에 달린 것으로 묘사되고 있다(19:14,29,36).

셋째, '유대묵시사상에 나타나는 양' 개념이다. 묵시사상에 따르면 세상 마지막 때에 세상을 심판하는 심판자가 양의 모습으로 오신다(계 5:6-8). 예수는 미래의 궁극적 심판자이며 역사의 주관자의 의미를 갖는다.

넷째, '제2이사야의 고난의 종'의 모습이다. '하나님의 어린 양' 칭호는 증인 본문에 나타나는 첫 메시아 칭호로서 아래 36절에서 반복해서 언급하고 있다. 이 구절은 네 개의 '야웨의 고난받는 종의 노래'(42:1-9; 49:1-7; 50:4-9; 52:13-53:12) 중 네 번째 노래와 관련되어 있다. 여기서 예수는 우리의 죄를 짊어지고(사 53:4-6) 우리의 죄 때문에 도수장으로 끌려가는 어린 양(53:7-8)으로 비유된다.[124]

이어지는 30절의 말씀은 1:15과 똑같은 내용으로 이 대목이 로고스 찬가와 관계있음을 보여준다. 이 대목은 그리스도의 선재성을 다시 한 번 강조하는 대목으로 볼 수 있다. 계속해서 세례 요한은 자신의 사명

---

124) 초대교회는 일찍부터 예수를 이사야가 예언했던 '야웨의 고난받는 종'으로 이해했으며 (마 8:17; 행 8:32; 벧전 2:22-25), 또한 '유월절 희생양'으로 이해했다(막 14:22-25; 롬 3:25; 고전 5:7; 벧전 1:18-19; 계 5:6).

은 세례 사역을 통해 예수를 이스라엘[125]에게 나타내는 것이라고 밝히고 있다(31절).

이어지는 32-34절은 세례 요한의 성령체험사건[126]을 증언하고 있다. "나도 그를 알지 못하였으나"(31,33절)라는 말씀의 반복을 통해 세례 요한은 본디 예수가 "하나님의 어린 양"(29절)이요 '성령으로 세례를 베푸는 이'[127](33절)요 '하나님의 아들'(34절)임을 알지 못했다는 것을 알 수 있다. 그런데 예수가 이 같은 분임을 알 수 있었던 것은 '성령사건'을 통해서 알 수 있었다는 것이다. 즉 성령이 비둘기 같이 하늘로부터 내려와서 예수 위에 머무는 것을 보았고(32절), 또한 자기를 보내어 물로 세례를 베풀라 하신 분의 말씀, 즉 "성령이 내려서 누구 위에든지 머무는 것을 보거든 그가 곧 성령으로 세례를 베푸는 이인 줄 알라"(33절)는 하나님의 말씀을 기억하고 알았다는 것이다.

여기서 우리가 주목해야 할 사실은 요한은 로고스찬가에서 '말씀사건'을 다루고 증인 본문인 이 대목에서 '성령사건'을 다루고 있다는 사실이다. 요한은 요한복음의 목적인 예수께서 하나님의 아들 그리스도이심을 믿게 하려면(20:31), 이 두 사건이 함께 작동해야 함을 일깨워주고 있다. 이를 통해 우리가 교훈 받는 것은 건전하고 균형잡힌 신앙은 '말씀사건'과 '성령사건'이 함께 작동해야 한다는 사실이다.

---

125) 요한복음에서 '이스라엘'은 부정적인 의미로 사용되는 '유대인'과 달리 항상 긍정적인 의미를 지닌다(1:47; 3:10; 12:13). '유대인들'은 주로 예수의 적대자들로 언급된다(2:18; 5:10; 7:13; 8:12; 9:22; 19:38; 20:19).

126) 공관복음은 예수의 성령체험사건을 증언하고 있다(마 3:13-17; 막 1:9-11; 눅 3:21-22).

127) 메시아를 가리킨다. 물세례가 예비적이고 선구적인 의미를 지닌 것이라면(레 13-15장; 출 40:12), 성령 세례는 종말론적인 의미를 지닌다. 물은 인간의 도덕적 회개를 촉구함에 그치나, 성령은 인간의 본성을 변화시켜 신령한 사람으로 중생케 한다. 이러한 성령 세례는 메시아 시대에 있을 것으로 예언되었고(욜 2:28-29), 제2의 출애굽을 하는 하나님의 백성들이 광야에서 경험할 하나님 선물이었다(사 32:15; 44:3). 박수암, 《요한복음》, 65.

2) 첫 제자를 부르심(35-51절)

이 단락은 예수가 처음 제자들을 부르시는 내용을 담고 있다. '또 이튿날 요한이 자기 제자 중 두 사람과 함께 섰다가'(35절). 여기서 '이튿날'은 각 단락의 이야기를 연결시켜 주기 위해 요한이 관용적으로 쓰는 표현인데(29,43절), 이 날은 셋째 날에 해당한다. 이 날 세례 요한은 자기의 두 제자와 함께 섰다가 예수께서 지나가시는 것을 보면서 '보라 하나님의 어린 양'(36절)이라고 말한다.

세례 요한의 두 제자[128] 가 스승의 계시적 증언을 듣고 예수를 따라갔다(37절). '따라가다($ἠκολούθησαν$)'라는 단어는 공관복음 전승에서 제자됨(막 1:16-20; 마 4:18-22; 눅 5:9-11)을 가리키는 전형적인 동사이다. 제자들이란 스승을 따르는 이들이다. 예수를 따른다는 것은 일차적으로 그의 제자가 된다는 것이다. 그것이 요구하는 것은 갈보리까지 자기의 십자가를 지면서 스승을 따라가는(닮는) 것이다.[129]

자기를 따르는 두 제자를 향해 예수가 던진 첫 질문은 "무엇을 구하느냐?"[130]였다. 이 질문은 요한복음에서 예수의 입에서 나온 제일성(第一聲)으로써 대단히 중요한 의미를 지닌다. 요한복음에서 예수의 마지막 질문은 "...네가 나를 사랑하느냐"(21:15-17)라는 질문이다. 이 두 질문은 '인간의 존재 의미에 관한 질문'이요 '인간의 궁극적 관심에 관한 질문'이다. 따라서 이 두 질문이야말로 예수가 '온 인류에게 던지는 질문'

---

128) 한 사람은 베드로의 형제 안드레이다(40절). 그러면 익명의 다른 한 제자는 누구일까? '예수가 사랑한 제자'(13:23; 19:26; 20:2; 21:7,20), '또 다른 제자'(18:15; 20:2-4,8) 곧 세베대의 아들인 사도 요한으로 추정된다.
129) 최안나, 《나오너라: 성서가족을 위한 요한복음서 해설(1)》, 101.
130) 禪宗의 宗祖인 달마대사(527-)가 2조가 될 혜가(慧可)에게 한 질문도 "무엇을 구하느냐?"였다. 백성호 기자, "달마에서 혜능까지: 중국 선종 6대 선사를 만나다." 중앙일보 2007.3.15; 이선민, 《신앙의 고향을 찾아서》, 107.

이 아닐 수 없다.

　목마른 사슴이 시냇물을 찾듯 궁극적인 것(진리)을 갈급하게 찾는 존재가 '인간(求道의 人生)'이다. 그렇다면 인간이 구해야 할 가장 중요한 것은 무엇일까? 요한은 "우리가 메시아를 만났다!"(41절)는 말씀을 통해 '메시아를 구하는(만나는) 일만큼 중요한 일은 없다'는 것을 증언하고 있다. 이것이 요한복음 첫장이 우리에게 도전해 오는 가장 중요한 질문이다. 그 다음의 중요한 문제는 당신이 메시아를 만났다면 '그 메시아는 당신에게 어떤 메시아냐?' 즉 '그 메시아를 어떻게 사랑할 것인가' 하는 문제이다. 이것이 요한복음 끝장이 우리에게 도전해 오는 또 하나의 중요한 질문이다.

　"무엇을 찾고 있느냐?"는 예수의 질문에 두 제자는 "랍비여 어디 계시오니이까?"(38절) 즉, 선생님이 묵고 계신 곳을 찾는다고 대답한다. 유대인들의 스승 랍비는 보통 제자들을 모아 자기 집에서 가르쳤다. 제자들이 아직 유대교의 틀에 갇혀 있었으므로 가르침을 받기 위해 예수가 묵고 계신 곳을 찾았던 것이다. 두 제자는 예수 계신 곳에서 그날 함께 거하였다(39절). 그 시각이 열 시쯤 되었다고 했다. 이 시각은 우리 시각으로 오후 4시경으로, 이 시각은 곧 새로운 날이 시작될 저녁이 가까운 시각이다.

　그들의 인생을 완전히 바꾸어 놓은 너무나도 뜻 깊은 스승과의 첫 만남(요한은 일생 이 순간을 잊지 못했다)의 시각을 상세히 언급하고 있는데, 여기에는 무슨 상징적인 뜻이 있는 것은 아닐까?[131] '10'이라는 숫자는 '완전'이나 '성취'를 뜻하는 구약(유대인)의 대표적 숫자이다. 따라서 여기서의 숫자 10은 예수가 유대인이 그토록 고대하는 메시아임을 상

---

131) 미카엘스는 '10시' 언급은 상징적 의미를 갖고 있지 않다고 주장한다. J.R.Michaels, *The Gospel of John*, 121.

징하는 숫자상징코드이다. 두 제자는 그 날 예수와 함께 지내면서 예수가 이스라엘의 소망(구원)을 완전히 성취하러 오신 메시아임을 확실히 알게 되었다는 것을 뜻하는 것이 아닐까.

그토록 고대하던 메시아(그리스도)[132]를 만난 안드레는 그 감격과 충격을 주체할 수가 없었다.[133] 그는 두 시간 후인 그 다음날(넷째 날) 자신의 가장 가까운 골육인 형제 시몬을 찾아 "우리가 메시아를 만났다"[134]라고 말하면서 형을 예수께로 데려왔다(41,42a절). 이 대목에서 베드로는 안드레를 통해서 예수의 제자가 된 사람이기에 부정적 베드로 상(像)의 근거로 삼으려는 시각이 있는데, 이는 잘못된 것이다.[135] 서로 입씨름을 하는 동역자로서 베드로와 사랑하는 제자의 비교와 최악의 경우 그들 사이의 우호적인 경쟁은 20:3-8, 21:20-24에서 계속된다. 아마도 그러한 비교는 마가와 베드로 전승이 이미 지배적인 무리들 사이에서, 사랑하는 제자 전승이 확고한 인정을 받는 데 도움이 되었을 것이다. 그러나 이 복음서는 둘을 평등하게 보는 것처럼 보이지만, 베드

---

132) '메시아'는 히브리어이며, 헬라어로는 '그리스도(기름부음을 받은 자)'이다. 구약에서 기름 부음을 받은 '세 직분(메시아의 삼중직)'은 왕, 선지자, 제사장이다. 히브리서는 그리스도의 (대)제사장 직분에 치중하고 있는데 반해, 요한복음은 그리스도의 삼중직을 균형있게 다루고 있다. '그리스도' 어휘에 대해서는 346쪽의 각주 747번을 참조하세요.
133) 헨델의 오라토리오 〈메시아〉나 한일 월드컵 4강 신화를 이루었을 때의 감격을 연상해 보라.
134) 안드레는 예수를 처음에는 '랍비'라고 부르다가 이제는 '메시아'라고 신앙고백을 하고 있다.
135) 서중석 교수는 이 대목을 두고 이렇게 해석한다. "요한 기자에 따르면 제자을 선택하는 주도권은 예수에게 있다. ...그러나 예수와 베드로의 첫 대면에서 예수는 이러한 주도권을 행사하지 못하고 오히려 베드로가 안드레의 인도로 먼저 예수에게로 온다. 이것은 예수가 택한 사람들의 범위에 베드로가 들어 있지 않을지도 모른다는 불안한 분위기를 자아낸다." 서중석,《복음서해석》, 267. 이 같은 해석은 '차자중시의 원리'를 알지 못함에서 오는 크게 빗나간 해석이다. 오히려 본문을 통해 저자가 말하고자 하는 것은 앞으로 베드로가 크게 될 인물임을 말하고 있는 것이다.

로에게 부정적이지 않다.[136]

이 대목은 뒤에 오신 예수가 세례 요한보다 앞선 분이듯이, 뒤에 제자가 된 베드로가 앞선 제자가 된다는 것을 암시하는 '차자 중시의 원리'[137]를 보여주고 있다. 그러한 사실은 안드레가 시몬 베드로의 형제로 불리고 있다는 점(40절), 그리고 베드로를 눈여겨 본 예수는 베드로가 장차 교회의 중요한 지도자가 될 것임을 예언하신 말씀("네가 요한의 아들 시몬이니 장차 게바라 하리라"[42b절])[138]에서 찾아볼 수 있다(마 16:18-19 참조). 이 같은 예언은 베드로의 지도권과 우위권을 보여주는 21장(2절)에서 성취되고 있다.

이어서 43절부터는 예수께서 나다나엘을 만나는 장면을 다루고 있다. 43a절의 '이튿날'은 다섯째 날을 가리킨다. '갈릴리' 어휘가 처음 나타나는 이 대목은 중요한 대목이다. 로고스찬가에서는 말씀이 육신이 되어 하늘에서 땅으로 내려오신 예수를 그리고 있다면, 증인 본문은 유대 광야에서 갈릴리로 내려가시는 예수를 그리고 있다. 요한복음 첫 장이 그리고 있는 '내려가시는 예수상'은 요한복음이 '갈릴리 지향적 복음서'임을 시사한다.

44절에는 '안드레와 베드로' 순으로 나오는데, 21:2에는 그 순서가 역전되어 시몬 베드로가 맨 앞서 나오고 또 다른 두 제자(빌립과 안드레가 분명함)가 나타난다. 예수의 제자가 된 빌립은 고향(벳새다) 친구인 나다

---

136) C. S. Keener, 《요한복음 III》, 2462.
137) 공관복음에서의 첫 제자를 부르는 장면과는 달리 시몬 베드로가 안드레보다 뒤늦게 부름을 받은 것은 역사적 사실 여부를 떠나 이미 언급한(475쪽의 각주 84번) 구약성서의 '차자 중시의 원리(나중 된 자 먼저 된다)'에 따른 것으로 볼 수 있다(요 21:2 참조). 마르다와 마리아 자매의 경우도 이에 해당한다(11-12장 참조).
138) 시몬에게 한 예수의 이 말은 마태 16:17-19의 언급과는 커다란 차이가 있다. 우선 시몬의 아버지 이름이 다르다. 본문에서는 '요한'이라고 언급하고 있으나(요 21:15 참조) 마태 16:17에는 '요나'로 언급되어 있다. 시몬의 별명도 요한복음에서는 아람어로 '게바(바위)'로 나타나는데, 마태 16:18에서는 헬라말로 '베드로(바위)'라 칭해진다.

나엘[139]을 찾아가 이렇게 말한다. "모세가 율법에 기록하였고 여러 선지자가 기록한 그이를 우리가 만났으니 요셉의 아들 나사렛 예수니라"(45절). 이 대목에서 '율법(모세가 대표)'과 '선지자(엘리야가 대표)'는 구약성경을 공식적으로 총괄하는 표현으로(마 5:17; 17:3; 눅 24:27,44), 예수가 구약을 성취하러 오신 메시아임을 암시한다.

빌립의 초청에 나다나엘은 "나사렛에서 무슨 선한 것이 날 수 있느냐?"(46a절)면서 회의적인 태도를 보였다. '나사렛'은 구약성경이나 랍비들의 문헌에도 전혀 언급된 일이 없는 하찮은 곳이다. 나사렛은 정치적, 종교적으로 결코 드러나지 않은 촌락에 불과했다. 따라서 예수가 그 같은 나사렛 출신[140]이라면 그는 메시아일 리가 없다는 것이다(7:52 참조). 빌립은 긴 말하지 않고 '와서 보라'고 하면서, 안드레가 베드로를 예수께로 인도하였듯이 그를 예수께로 데려갔다(46b절).

나다나엘이 자기에게 오는 것을 본 예수는 그를 가리켜 이렇게 말한다. "보라 이는 참으로 이스라엘 사람이라 그 속에 간사한 것이 없도다"(47절). 이스라엘 12지파의 조상이 된 야곱은 본래 간사한 사람이었다. 그는 아버지와 형을 속이고 인간적인 방법으로 복을 차지하였다. 그러나 얍복강에서 '브니엘의 아침'을 경험한 이후 그는 변하여 새사람이 되었다. 이 일로 그의 이름은 '야곱(넘어뜨리는 자, 속이는 자)'에서 '이스라엘(하나님과 겨루어 이긴 사람)'로 불리게 되었다(창 32:28).

'참된 이스라엘 사람'이라는 말은 하나의 명예로운 호칭으로서 하나

---

139) '하나님이 주셨다', '하나님의 선물'이라는 뜻을 가진 그의 이름은 요한복음에만 나오고 공관복음에는 나오지 않는 제자이다. 공관복음에 나오는 열두 제자 명단에는 언제나 빌립 다음에 바돌로매의 이름(마 10:3; 막 3:18; 눅 6:14)이 나오는 관계로 바돌로매와 동일 인물로 보기도 한다.

140) 인류 최고지도자인 나사렛 예수는 비주류(left field)로 오셨다. 그는 어느 누구도 생각지 못한 곳, 어느 학자도 생각지 못한 목수왕(a carpenter king)으로 오셨다. 하나님은 놀라운 일을 연출하셨다. L.B. Jones, 《최고경영자》, 121-124.

님의 백성 이스라엘을 대표할만한 사람이란 뜻이다. 나다나엘 속에서 참 이스라엘 사람임을 보았던 예수는 사람의 마음 속까지 꿰뚫어볼 줄 아시는 신적 통찰력을 갖춘 분(2:25; 5:42), 즉 예수의 메시아성을 시사한다.

예수의 이 말을 듣고 깜짝 놀라 당황한 나머지 "어떻게 나를 아시나이까?"라고 묻는 나다나엘의 질문에 예수는 이렇게 대답한다. "빌립이 너를 부르기 전에 네가 무화과나무 아래에 있을 때에 보았노라"(48절). '무화과나무 아래 있다'라는 말은 서기관들이 흔히 올리브나무와 포도나무 그리고 무화과나무 아래 앉아서 율법서를 공부한 데서 연유된 랍비들의 은유적 표현이다. 따라서 나다나엘에게 행한 예수의 대답은 나다나엘이 율법서를 공부하면서 특히 메시아 대망에 열중하고 있었다는 것을 암시한다.

신적 통찰력을 갖춘 예수에게 압도된 나다나엘은 놀라운 한 마디를 토해 낸다. "랍비여 당신은 하나님의 아들이시요 당신은 이스라엘의 임금이로소이다"(49절). 이 신앙고백은 마르다의 신앙고백(11:27), 도마의 신앙고백(20:28)과 더불어 요한복음에 나타난 3대 신앙고백 중의 하나이다. 여기서 사용된 '하나님의 아들' 칭호는 '이스라엘의 왕'과 같은 개념이다.

구약성경에 보면 이스라엘의 왕을 흔히 '하나님의 아들'로 표현하고 있다(삼하 7:14; 시 2:7). '하나님의 아들' 칭호는 하나님과 밀접하게 결속된 관계를 가진 메시아적 칭호이고(11:27), '이스라엘의 왕' 칭호는 하나님의 왕권을 이스라엘에게 재건할 메시아임을 뜻하는 메시아적 칭호이다(6:15). 따라서 '유대인의 왕'(18:33,39; 19:3,19,21) 칭호와는 다른 의미를 지닌다(12:13 참조).[141]

---

141) 이영헌,《요한복음서》, 81-82.

나다나엘의 고백에 예수는 이렇게 대답한다. "내가 너를 무화과나무 아래에서 보았다 하므로 믿느냐 이보다 더 큰 일을 보리라"(50절).[142] '이보다 더 큰 일'이란 아래 2장에서부터 계속해서 행해질 표적들을 의미한다고 볼 수 있다. 지금까지는 예수의 신적 통찰력을 보고 믿었지만 앞으로는 예수의 영광이 잘 드러나는 표적들을 보고 믿게 될 것임을 시사한다. 그러나 이는 다음 구절과 관련하여 "하늘이 열리고 하나님의 사자들이 인자 위에 오르락 내리락 하는 것을 보리라"(51절)는 것을 언급하는 것으로도 볼 수 있다.

51절은 요한복음 첫장의 피날레를 이루는 마지막 구절이다. '진실로 진실로 너희에게 이르노니(Ἀμὴν ἀμὴν λέγω ὑμῖν)'에서 '진실로 진실로(아멘 아멘)'[143]는 히브리어 '아멘(אמן)'에서 유래한 말로, 이 말은 기도를 마친 후 그 기도의 진정성을 고백하는 의미로 사용되었다. 이 말은 다음에 하는 말이 아주 중요하다는 것을 시사하는 요한복음의 전형적 표현방식이다.

51절의 '인자' 칭호[144]는 예수가 자신을 칭할 때만 사용된 기독론적 칭호이다.[145] '인자' 칭호는 다른 기독론적 칭호보다 포괄적이고 우주론

---

142) 요한복음에 나타난 '봄(보다)'의 중요성에 대해서는 C. S. Keener, 《요한복음 Ⅰ》, 650-659를 참조하세요. 특히 증인본문(1:19-51)에는 '보다' 어휘가 다양한 헬라 단어로 18회(29[2회], 32, 33, 34, 36[2회], 38, 39[2회], 42, 46, 47[2회], 48, 50[2회], 51절) 나타난다.
143) '아멘(진실로)' 어휘는 공관복음에서 50여 회나 사용될 정도로 예수께서 즐겨 사용하는 어법이다. 그러나 '아멘' 어휘를 두 번 거듭해서 사용한 것은 요한복음에만 25회 나온다(더 자세한 것은 347쪽의 각주 752번을 참조하세요). 이는 요한이 '아멘'이란 표현 속에 포함된 신적 권위를 더욱 극대화시키기 위하여 두 번 거듭 사용하는 방식을 취했다고 볼 수 있다. 《옥스퍼드원어성경대전》(요한복음 제1-6장), 157.
144) 신약성경에 예수 칭호는 40여개나 되는데, 그 가운데 4대 칭호는 주(719회), 그리스도(468회), 하나님의 아들(40회), 인자(85)가 그것이다.
145) 단 7:13-14에 나오는 '인자 같은 이'는 학자들마다 다양한 인물로 주장되고 있다. 마카비적 지도자(유다 마카비), 다윗과 같은 메시아, 지극히 높으신 이의 성도(전체 이스라엘 백성), 또는 이스라엘 왕, 수난의 인물(사 52:13-53:12), 천상에서 이스라엘을 대표하는 천

적이다. 요한복음에는 인자 칭호가 13회[146] 나오는데, 공관복음의 인자 개념을 변형시키고 있다.[147] 요한은 공관복음에 나타나는 인자 개념을 발전시켜 독특한 기독론과 연관되어 사용되고 있다. 그것은 인자의 선재성이다. 묵시문학이나 공관복음에 나타난 인자는 미래적이고 종말론적 관점의 심판자 개념이 중심이라면, 요한복음에 나오는 인자의 특징은 '선재함'이다(3:13).[148] 요한의 인자는 하나님과 인간을 연결하는 분으로 하늘에서 '내려오셨다가(descending)' 일을 완성하고 다시 '올라가는(ascending)' 분으로 표현하였다. 불트만은 이러한 사실에 근거하여 요한복음이 말하는 인자 개념은 유대묵시사상에서 유래한 것이 아니라 영지주의의 원(原) 인간의 유형에서 나온 것으로 보았지만 뒷받침할 근거를 제시하지 못하였다.[149]

상적 존재, 미가엘 또는 가브리엘 천사 등. J.E.Goldingay, *Daniel*, 167-172. 인자 칭호가 갖는 메시아적 의미에 대해서는 C.G.Kruse, *John*, 90-92을 참조하세요.

146) 요 1:51; 3:13,14; 5:27; 6:27,53,62; 8:28; 9:35; 12:23,34[2회]; 13:31. 공관복음에는 69회가 나타나며, 바울서신에는 전혀 나타나지 않는다. 그 외에는 스데반의 순교와 관련하여 단 1회(행 7:56) 나타난다.

147) 공관복음에 나오는 인자는 세 형태로 나타난다. 첫째, 자신을 객관화시키는데 사용한 '나'에 대한 3인칭 대명사이다(막 2:10,28; 마 8:20). 둘째, 고난의 종의 모습으로 표현되는 인자이다(막 8:31). 셋째, 심판자로서의 인자인데, 이는 묵시문학(다니엘서, 에스겔서)에서 나타나는 개념이다. 여기서 강조하는 것은 예수의 재림과 심판의 모습이다(막 8:38; 14:62).

148) 김춘기 교수는 요한복음의 '인자' 개념에는 공관복음에 나타난 인자의 특성인 고난받음과 종말의 심판자 개념이 결여되었다고 주장한다. 김춘기, 《요한복음연구》, 76. 그러나 결여된 것이 아니고 선재한 인자가 곧 세상 죄를 지고가는 하나님의 어린 양으로서의 고난의 인자이며(1:29), 그 인자가 곧 심판하는 인자이다(5:27).

149) '인자 칭호'는 구약성서에서 오직 묵시문학적 저술에서만 나타나는데, 영원한 의(義)의 나라를 회복할 메시아적 인물을 두고 하는 말이다. 인자가 나타나면 죽은 자의 부활이 있을 것인데, 신약성서에서는 부활신앙이 하나님 나라와 인자 사상과 마찬가지로 하나의 인정된 전제인데, 이것도 역시 묵시문학에서 유래한 것이다. 더 자세한 설명은 K. Koch, "묵시문학과 종말론(Apokalyptic und Eschatologie)", 《기독교사상》(1981,9), 110-117(esp. 113)을 참조하세요. 요한의 '인자' 칭호가 유대묵시문서인 단 7장(특히 13-14절)에 그 뿌리를 두고 있다는 것에 대해서는 김달수, 《신약신학과 묵시문학》, 270-294을 참

이 구절은 창세기 28:12과 관계되어 있다. 옛날 야곱은 형의 눈을 피하여 밧단아람으로 갈 때에 루스에서 밤에 꿈을 꾸는데, 사다리의 꼭대기가 하늘에 닿았고 하나님의 사자들이 그 위에서 오르락내리락 하는 장면을 보았다. 이 꿈을 꾼 야곱은 그 계시의 장소를 "하나님의 집이요 이는 하늘의 문이로다"(28:17) 하면서 루스였던 그 곳 이름을 벧엘('하나님의 집'이라는 뜻)로 새롭게 불렀다(창 28:19).

예수는 옛 야곱 이야기를 통해 무엇을 말하고자 한 것인가? 그것은 2장부터 나오는 요한복음의 '대체동기(replacement motif)'를 말하고자 한 것이다. 즉 옛 야곱이 옛 이스라엘 민족의 시작이듯이, 새 야곱인 인자는 새 이스라엘 민족의 시작이라는 것이다. 즉 예수는 제2의 야곱, 제2의 이스라엘이 되신다. 실로 옛 은혜를 대체하는 새 은혜요, 옛 유대교를 대체하는 새 기독교이다. 이로써 이 구절은 서론인 1장의 결론이면서 2장부터 전개될 구원의 성취에 대한 예고가 된다.[150]

51절의 인자가 '하늘과 땅을 오르락내리락 한다'는 말은 무엇을 의미하는가? 예수는 하늘과 땅을 연결하는 사다리로서 오직 중보자 예수를 통해서만 하나님께 갈 수 있음을 의미한다. 그리고 이 말은 시공간의 초월 내지 통합을 내포하는데, 이 말 속에서 우리는 부활 사건(오르락)과 성육신 사건(내리락)을 동시에 보게 된다. 시간이 영원과, 땅이 하늘과 통합된 것이 부활 사건이요, 영원이 시간과, 하늘이 땅과 통합된 것이 성육신 사건이다.[151] 여기에 부활 사건과 성육신 사건의 논리적 상응성이 있다. 따라서 요한복음을 단순도식적 이원론으로 보려는 사

조하세요.
150) 박수암,《요한복음》, 74-75.
151) "왜 하나님은 인간이 되었을까(Cur Deus homo?)"라는 12세기의 안셀름(Anselm)의 질문은 이미 4세기의 어거스틴에게서 예견된 것이다. 어거스틴은 시간의 문제는 결국 인간의 실존문제라고 하면서 시간과 영원과의 관계를 성육신사건과 관련하여 풀이하고 있다. 선한용,《성 어거스틴에 있어서 시간과 영원》, 89-98을 참조하세요.

고는 수정되어야 한다.[152]

예수는 구약적이고 바리새적인 분리와 차별의 속성을 지닌 '거룩의 이원론'을 철저히 거부하고[153] 연합과 하나됨의 속성을 지닌 '사랑의 일원론'으로 일관했다. 예수께서 이원론적 장벽을 허물기 위해 오셨다는 사실을 요한복음만큼 분명하게 보여주는 책도 없다.

이원론이란 서로 대립되는 두 개의 원리(사물)가 통일되는 일 없이 그 자체로서 그 원리(존재)를 설명하려는 분리되고 닫혀진 체계를 말한다. 일원론은 서로 대립되는 것으로 보이는 두 개의 원리(사물)를 근본적인 것으로 보지 않고 이들을 어떤 하나의 원리로 통일시키려는 개방된 체계를 말한다. 이원론을 한방에 날려버리는 결정적 근거가 첫 장 마지막 구절(1:51)에 나오는 '인자의 오르내림'이라는 한마디이다.

성육신은 하늘이 땅과 만나는 공간의 통합이요, 영원이 시간과 만나는 시간의 통합이다.[154] 나아가 공간적 하늘과 시간적 영원이 그리스도 예수 안에서 하나가 된 시공간의 통합이다. "하늘에 있는 것이나 땅에 있는 것이 다 그리스도 안에서 통일되게 하려 하심이라"(엡 1:10)는 말씀처럼, 요한복음은 하늘(위)과 땅(아래), 영원과 시간, 하나님과 인간, 빛과 어둠, 영과 육, 참과 거짓, 생명과 사망, 유대인과 이방인, 예루살렘과 갈릴리, 하나님 나라와 세상 나라가 하나님의 사랑 안에서 하나가 되는 '예수일원론 지향적 복음서'이다.

한편, 1장의 첫절(1절)의 '말씀'과 끝절(51절)의 '인자'는 하나님과 인간

---

[152] "요한으로부터 나온 영지주의적 열광과 복음서 자체 사이의 차이점들은 우선 기억되어야 한다. 후에 기독교 이단은 이 복음서에서 폭넓은 이원론-물질과 영, 인성과 신성, 땅과 하늘-을 발견하게 될 것이다. 요한은 그러한 이원론을 제시하지 않는다." G. Sloyan, 《요한복음》, 101. '요한복음의 이원론'에 대해서는 박수암, 57-59을 참조하세요.
[153] M.J.Borg,《예수 새로보기》, 217-231,
[154] 시공간의 극복 및 영원과 시간과의 만남에 대해서는 김재진, "현대후기 성서해석의 모형: 시-공간의 극복과 하늘과 땅의 지평융합",《현실적 경험철학》, 122-140을 참조하세요.

을 이어주는 중보적 매체라는 점에서 서로 상응한다. 또한 1절의 '태초에'와 창세기 1:1의 '태초에'가 서로 상응하고, 하늘이 열리고 인자가 오르락내리락 하는 51절이 창세기 28:12과 상응한다는 점에서 요한복음 1장은 창세기에서 시작해서 창세기로 마치는 구조로 되어 있다. 이는 앞으로 전개될 일곱 표적(2-11장)이 창세기의 7일간 창조구조와 구조상 일치한다는 점에서 중요한 의미를 시사한다.

증인 본문(19-51절)에는 일곱 기독론적 칭호[155]가 나타난다.[156] 이는 로고스찬가에서 '빛' 어휘가 7회 나타나는 것과 상응한다. 이는 요한이 요한복음의 목적인 "예수께서 하나님의 아들 그리스도이심을 믿게 하려"(20:31)는 데 조금도 부족함이 없이 완전하다는 것을 나타내려는 신학적 의도라고 말할 수 있다. 그런데 여기서 주목할 것은 유대인들은 메시아가 다윗의 후손으로 올 것으로 굳게 믿었는데, 요한은 메시아적 칭호로서 '다윗의 후손' 칭호를 전혀 사용하지 않고 있다는 사실이다. 이는 다윗 왕 같은 힘 있는 메시아를 기대한 유대인들의 메시아관에 대한 강력한 거부(도전)이다.[157]

---

155) 하나님의 어린 양(29,36절)/ 하나님의 아들(34,49절)/ 메시아(그리스도, 41절)/ 모세의 율법과 예언자들이 기록한 그이(45절)/ 요셉의 아들 나사렛 예수(45절)/ 이스라엘의 임금(49)/ 인자(51절). 앤더슨은 여기에 세 개의 기독론적 칭호를 첨가한다. 너희가 알지 못하는 한 사람(1:26), 성령으로 세례를 베푸는 이(1:33), 선생을 의미하는 랍비(1:38,49). P.N.Anderson, *The Riddles of the Fourth Gospel*, 21. 이러한 열 개의 기독론적 칭호가 갖는 의미 또한 숫자상징코드적 의미, 즉 숫자 10은 구약 또는 이스라엘을 대표하는 상징 숫자라는 점에서 '예수는 이스라엘이 고대하는 메시아가 되시는 분이심'을 암시하고 있다. 또한 1장에는 예수에게 주어진 열 일곱 개의 칭호가 있다는 것에 대해서는 347쪽의 각주 750번을 참조하세요.
156) 기독론은 요한복음서의 기록 목적(20:30-31)에서도 시사하듯이 가장 기본적이고 핵심적인 신학사상이다. 요한복음의 기독론에 대한 더 자세한 설명은 김춘기, 《요한복음 연구》, 67-94을 참조하세요.
157) 요한은 오병이어 사건 후 예수를 잡아 왕 삼고자 할 때 예수는 그 자리를 피했으며(6:15), 또한 예루살렘 입성시 "호산나 다윗의 자손이여 찬송하리로다"(마 21:9)와는 달리 "호산나 찬송하리로다 이스라엘의 왕이시여"(요 12:13)라고 함으로써 '다윗의 자손'을 의

제 2 장

〈본장 개요〉

2장은 요한복음에서 본론(2-20장)의 첫 장이라는 점에서 중요하다. 2장은 '가나의 표적사건'(1-12절)과 '성전정화사건'(13-22절)을 언급하고 있는데, 예수의 부활이라는 관점에서 읽고 해석해야 그 의미를 제대로 파악할 수 있다.[158] 그런 의미에서 2장은 부활장인 20장과 상응한다. 본론의 첫 장(2장)과 마지막 장(20장)은 유대교와 기독교의 결정적 차이가 부활에 있다는 것을 극명하게 보여준다.

부활은 천국과 동전의 양면처럼 결합되어 있다. 가나의 혼인잔치 표적은 부활과 천국의 기쁨을 말해주고 있다. '천국과 부활'은 기독교의 특징을 가장 잘 말해주는 주제로서, 타종교와의 결정적 차이가 바로 여기에 있다. 2장의 성전사건은 요한복음 읽기의 해석학적 열쇠, 즉 독자들에게 부활의 빛에서 해석하도록 이끈다. 성전사건은 나사로의 소생사건(부활 예표)를 말하는 11장(부활장)과도 상응한다.[159]

요한이 성전사건을 공생애 초기에 위치시킨 것은 새 시대를 가져올 하나님의 아들 예수 그리스도의 중요성에 대한 전체 이야기들의 전범(典範)이기 때문이다. 성전정화사건은 메시아가 왔고 새 시대가 시작되었다는 한 표적이다.[160] 요한이 성전예배를 영과 진리(4:23,24)에 의한 영

도적으로 기피하고 있다. 이는 요한이 남왕국(다윗) 전승이 아닌 북왕국(모세) 전승에 속해 있다는 사실과 더불어 힘 있는 '다윗 왕 같은 메시아'가 아닌 힘 없이 십자가에 죽는 '어린 양 메시아관'을 견지하고 있음을 나타내준다.

158) D.Moody Smith, 《요한복음신학》, 50.
159) 산헤드린 공회에서 나온 11:48의 '우리의 땅(our place, '성전'을 의미)'은 2:13-22의 예수의 성전행위와 연관되어 있다. 즉 예수의 성전사건은 나사로의 소생처럼 확실하게 유대 당국자들로 하여금 예수를 죽일 음모를 가져왔다(11:52). B. Lindars, *John*, 136.
160) D.Tovey, *Narrative Art and Act in the Fourth Gospel*, 250-254.

감된 새 형식으로 대체하고, '한 장소(a place)'가 아닌 '한 사람(a person)' (9:38; 20:28)에 집중한 까닭은 무엇일까? 그것은 회당에서 출교를 당하는 묵시문학적 박해상황에서 진정한 예배(교회)는 장소(건물)로서가 아니라 부활하신 예수(몸성전)에 있음을 말하고자 했기 때문이다.

주후 1세기 유대교적 상황에서 유대인들의 세계관을 지배한 핵심적인 네 상징이 있었다. 성전(聖殿), 토라(聖經), 땅(聖地), 민족적 정체성(聖民)이 그것이다. 성전은 모든 측면에서 유대 민족의 삶의 구심점이었다. 가나안 땅 정착 이후 이스라엘의 역사는 성전의 역사라고 해도 과언이 아니다. 제1성전(솔로몬 성전, 주전 957년), 제2성전(스룹바벨 성전, 주전 515년경), 제3성전(헤롯 성전, 주전 19-주후 63년)이 그것이다. 그러기에 성전의 중요성은 아무리 강조해도 지나치지 않다.

요한은 성전정화사건을 본론 첫장(2장)에 전진 배치했는데, 이는 표면적으로는 예루살렘 성전체제에 기초한 유대교 엘리트 집단과의 종교적 갈등으로 보이지만, 이면적으로는 그들이 의존하고 있는 로마제국 치하의 계급구조(사회적 권력, 질서, 비전)에 대한 도전적 성격을 갖는다[161]는 점에서 요한복음이 무엇을 지향하는지를 보여주는 암호(이정표) 역할을 한다.

예수께서 유대인들의 삶의 구심점인 성전체제에 대해 도전한 것은 그들의 존재 기반의 근본을 흔들었다는 점에서 그들로서는 묵과할 수 없는 중대한 체제전복 행위로 간주되었다. 성전정화사건이 공생애 말기에 있었던 사건으로 기술하고 있는 공관복음(막 11:15-17과 평행본문)과는 달리 요한이 공생애 초기(본론의 첫장)에 이 사건을 배치한 것은 이 사건의 중요성(부활과 관련)에 따른 신학적 의도 때문으로 풀이된다. 참고로 '유월절'은 히브리인의 '애굽 탈출(출애굽)'을 기념하는 해방절로서,

---

161) W.Carter, *John and Empire*, 68.

니산월 14일(오늘날의 3-4월경)에 어린 양의 고기와 무교병 및 쓴 나물을 먹으며 그 날을 기념한다(출 12:1-28 참조).

마지막 단락(23-25절)은 앞선 단락과 3장의 니고데모 기사를 연결하는 고리 역할을 한다. 이 단락은 외견상으로는 중요하지 않은 첨가물 정도로 보이나 니고데모 기사에 대한 배경과 이해의 중요한 실마리를 제공한다. 또한 표적신앙과 부활신앙의 차이를 말해주는 요한복음의 목적을 서술한 20:30-31과 관련된다는 점에서 대단히 중요한 단락이다.

한편, 요한은 본론의 첫 부분인 2-4장에서 옛 것의 새 것으로의 대체를 말하고 있다. 물을 포도주로 대체(2:1-11), 새 성전(2:14-19), 새 출생(3:1-21), 새 샘물(4:7-15), 새 예배(4:16-26)로의 대체. 이러한 이야기들은 은혜 위에 은혜를 제공하는 예수 안에서의 성취를 드러낸다.[162] 예수는 구약의 예언들을 성취하였고, 유대교를 능가했으며, 유대교(구약)를 기독교(신약)로 대체한 하나님의 아들이요 그리스도이다. 여기서 발견할 수 있는 성취(완성)-능가-대체 구도는 요한복음뿐 아니라 신약 전체의 중심주제이다.[163]

또한 2-4장은 1장 서론의 성전(14절), 모세(세례 요한)(17,27절), 야곱(51절)보다 크신 예수를 보여준다. 2장은 성전(19절)보다 크신 예수를, 3장은 모세(세례 요한)(14,28-29절)보다 크신 예수를, 4장은 야곱(12절)보다 크신 예수를 보여주고 있다. 또한 2-4장은 갈릴리 가나에서 행하신 첫 표적(물로 포도주를 만든 사건)으로 시작하여 역시 갈릴리 가나에서 행하신 두번째 표적(왕의 신하의 아들 치유사건)으로 끝난다.[164]

---

162) R.A.Whitacre, *John*, 77.
163) 김세윤, 《요한복음강해》, 69.
164) 2장과 4장은 고리구조(inclusio)로 되어 있다. 가나(2:1; 4:46), 물로 포도주를 만든 표적(2:1-11; 4:46), 가버나움(2:12; 4:46), 이적들에 기초한 거짓신앙(2:23-25; 4:45,48), 표적에 대한 번호붙이기(2:11; 4:54). D.A.Carson, *The Gospel According to John*, 237.

1. 첫 표적: 가나의 혼인잔치(1-12절)
  - 예수 나의 축제(잔치) -

〈성경 본문〉

1 사흘째 되던 날 갈릴리 가나에 혼례가 있어 예수의 어머니도 거기 계시고 2 예수와 그 제자들도 혼례에 청함을 받았더니 3 포도주가 떨어진지라 예수의 어머니가 예수에게 이르되 저들에게 포도주가 없다 하니 4 예수께서 이르시되 여자여 나와 무슨 상관이 있나이까 내 때가 아직 이르지 아니하였나이다 5 그의 어머니가 하인들에게 이르되 너희에게 무슨 말씀을 하시든지 그대로 하라 하니라 6 거기에 유대인의 정결 예식을 따라 두세 통 드는 돌항아리 여섯이 놓였는지라 7 예수께서 그들에게 이르시되 항아리에 물을 채우라 하신즉 아귀까지 채우니 8 이제는 떠서 연회장에게 갖다 주라 하시매 갖다 주었더니 9 연회장은 물로 된 포도주를 맛보고도 어디서 났는지 알지 못하되 물 떠온 하인들은 알더라 연회장이 신랑을 불러 10 말하되 사람마다 먼저 좋은 포도주를 내고 취한 후에 낮은 것을 내거늘 그대는 지금까지 좋은 포도주를 두었도다 하니라 11 예수께서 이 첫 표적을 갈릴리 가나에서 행하여 그의 영광을 나타내시매 제자들이 그를 믿으니라 12 그 후에 예수께서 그 어머니와 형제들과 제자들과 함께 가버나움으로 내려가셨으나 거기에 여러 날 계시지는 아니하시니라.

요한복음의 '표적'은 신적인 능력을 나타내는 공관복음의 '이적(δύναμις)'과는 달리 '세미이온(σημεῖον)', 즉 사건 자체의 물리적, 현상적 의미를 넘어서 어떤 실체적인 상징적 의미를 띠고 있다. 요한은 예수가 행한 많은 이적 가운데 일곱 개만 선별하여 언급하고 있다. 그 가운데서도 '가나의 혼인잔치'를 첫 표적으로 선택했는데,[165] 여기에는 이 표적의 중요성은 물론 무언가 깊은 신학적인 의도가 깔려 있으리라는 것을 쉽게 짐작할 수 있다.

일곱 표적의 본보기인 첫 표적의 중요성은 하나님이 창조의 첫 날에 빛을 창조했듯이, 예수의 첫 표적은 부활의 빛에서 해석해야 한다는 것을 암시(sign)하는 것이리라. 구체적으로 말한다면 유대인의 결혼식이 저녁(밤)에서 시작하여 아침(새벽)으로 가듯이 어두운 저녁(밤)의 종교인 유대교를 밝은 새 아침(새벽)의 종교인 기독교로의 대체를 보여주고자 한 데 이 표적의 중요성과 신학적 의도가 있다 하겠다.

유대인들은 처음을 중요시 여기는 관습이 있는데, 마찬가지로 본론의 첫 장 첫 절(2:1)은 대단히 중요하다. 그러기에 이 구절에 관심을 집중할 필요가 있다. 첫 표적은 언제, 어디서 있었으며 그리고 그 주된 내용은 무엇인가?

첫째, '사흘째 되던 날'이다. 예수께서 빌립과 나다나엘을 만나 제자 삼은 후에(1:43-51) 그들을 데리고 사흘째(만 이틀) 되던 날 갈릴리 가나에 혼인 잔치에 참석했다는 것이다. '역사에 대한 해체와 재구성'에서 이미 언급했듯이 이 사건의 사실성 여부는 알 수 없다. 요한이 '사흘째 되던 날'이라는 말을 2장의 첫 자리에 언급한 것은 사건의 사실성을 보여주기 위해서 언급했다기보다는 이를 통해 독자들에게 자신이 들려주고 싶은 중요한 메시지가 있어서이다.

'사흘째 되던 날'이란 20장의 첫 대목인 '안식 후 첫날'과 상응하는 것으로 죽으셨다가 살아나신 예수 부활의 신비를 암시(sign)하는 것이라고 할 수 있다. 이 문구는 여호와 하나님이 셋째 날 아침에 시나이

---

[165] 마태는 베드로의 장모의 열병을 치유하는 사건(마 8:14-15)을, 마가와 누가는 귀신들린 자를 고치는 사건(막 1:21-28; 눅 4:31-37)을 첫 이적으로 기록하고 있다.

산 위에 장엄하게 현현한 것을 연상시킨다(출 19:6).

초대교회에서 '제삼일'은 예수께서 십자가에 달려 죽으셨다가 부활하신 날을 가리키는 관용적 표현이다(마 16:21; 17:23; 20:19; 눅 9:22; 18:33; 24:7,46; 행 10:40; 고전 15:4).[166] 이는 물이 포도주가 되었듯이 그리스도 안에 있으면 무엇이든지 새로운 피조물이 되는 것(고후 5:17)[167]과 같은 새 창조의 역사가 결정적으로 예수께서 죽으셨다가 다시 살아나신 부활 사건을 통하여 이루어진다는 사실을 암시한다.

'사흘째 되던 날'은 1장의 다섯 날과 합하면 제8일이 된다.[168] 예수께서 예루살렘에 입성하던 날(일요일)부터 안식 후 첫날(20:1)인 부활 주일까지가 제8일이다. 팔일째 되는 날 예수께서 부활하심으로 기독교라는 새 시대가 열렸다. 이렇듯 제8일은 새로운 한 주간이 시작되는 날로서 새로운 국면의 도래를 의미한다.

또한 제8일은 부활하신 예수께서 도마에게 나타난 날이기도 하다(20:26). 제8일은 출생한 아이에게 할례를 행하는 중요한 날로서 부활하신 예수께서 도마에게 제8일에 다시 나타났다는 것은 믿음의 할례를 받고 새 사람으로 출발하라는 의미가 있다. 따라서 이 문구는 예수의 오심으로 인해 유대교의 옛 시대를 닫고 기독교의 새 시대를 여는 새로운 날이 도래했음을 상징적으로 보여주는 중요한 의미를 지닌다.

둘째, '갈릴리 가나'이다. 갈릴리 가나는 예수의 고향인 나사렛에서

---

166) 최안나, 《나오너라: 성서가족을 위한 요한복음서 해설(1)》, 116.
167) 구약과 신약의 차이는 예수 그리스도로 말미암아 새 "新" 자가 들어가는 데 있다. 옛 언약-새 언약, 모세-새 모세, 출애굽-새 출애굽, 예루살렘-새 예루살렘, 옛 일- 새 일, 하늘과 땅-새 하늘과 새 땅, 옛 계명- 새 계명, 옛 부대-새 부대 , 옛 사람-새 사람 등등.
168) 비록 본문 자체는 그런 생각을 명확하게 밝히지는 않지만 많은 학자들이 이 대목에 대해 새 창조의 여명을 상징하는 일곱 날 주기로 보고 있다. R.A.Whitacre, *John*, 77. 그러나 저자가 갖고 있는 숫자상징코드적 의도를 생각하면 이 대목은 7일(제8일째) 주기 상징을 분명히 보여주고 있다.

북쪽으로 13km 떨어진 가난한 동네이다. 11절에 보면 "예수께서 첫 표적을 갈릴리 가나에서 행하여 그의 영광을 나타내시매"라고 언급하고 있다. 자신이 하나님의 아들 그리스도라는 사실을 드러내기 위해서라면 기왕이면 많은 사람이 모인 크고 부유한 도시 예루살렘에서 행하는 것이 바람직하지 않은가! 굳이 유대 땅으로부터 서둘러서 와서 소외와 멸시를 당하는 이방인의 땅 갈릴리, 그것도 작고 보잘것없는 가난한 동네 가나에서 행할 것이 무엇이란 말인가!

왜 예수는 유대가 아닌 갈릴리, 예루살렘이 아닌 나사렛 근처, 가버나움이 아닌 가나에서의 첫 표적을 행하셨을까. 이 문구는 이방의 갈릴리를 영화롭게 하시고 흑암에 앉은 백성이 큰 빛을 보고 사망의 그늘진 땅에 거하는 자에게 빛이 비추인다(사 9:1-2; 마 4:12-16)는 메시아의 탄생과 통치를 알리는 예언의 성취를 의미한다. 더욱이 이 문구야말로 성육신적 내리사랑을 극명하게 보여주는 대목이 아닐 수 없다. 높고 높은 하늘 보좌를 버리시고 낮고 천한 이 땅, 그것도 척박한 땅 팔레스타인, 그 가운데서도 작고 보잘 것 없는 베들레헴, 그 가운데서도 더럽고 추한 마구간 말구유에 오신 그분이 작고 가난한 동네 갈릴리 가나에 친히 찾아 오셨으니 이 은혜, 이 사랑을 무엇이라 말하면 좋으랴!

셋째, '혼례가 있어'이다. 요한이 선별한 일곱 표적 가운데 혼인잔치 표적을 첫 표적으로 삼은 중요한 이유는 혼인잔치의 상징성 때문이다. 구약에서는 하나님의 구원을 잔치(시 23:5)로, 특히 메시아 시대의 구원을 시온에서 베푼 아주 큰 잔치로 비유했다(사 25:6; 55:1-2). 신약성경은 하나님 나라의 구원을 잔치(마 11:19; 막 2:15-17; 눅 14:15-24; 15:11-32) 또는 혼인잔치(마 8:11; 22:1-14; 눅 22:16-18; 요 3:39; 계 19:7-9)로 자주 비유한다.

구약에서 여호와 하나님과 이스라엘의 관계를 '남편과 아내'의 부부관계로 표현하고 있듯이(호 2:16-25; 사 62:4-5), 요한은 본론의 첫 시작을 예수와 새 이스라엘의 관계를 '신랑과 신부'의 부부관계로 시작하고 있다. 신랑과 신부가 결혼함으로써 새 가정을 이루듯, 신랑되신 예수와 새 신자(교회)를 신부로 맞아 새 시대, 새 종교를 이룩하였다는 것이다. 즉 새 종교인 기독교는 옛 종교인 유대교를 대체한 것이다.

넷째, '예수의 어머니도 거기 계시고'이다. 본론이 시작되는 첫 대목에 예수의 어머니 마리아가 나오고, 전반부가 끝나는 11장과 후반부가 시작되는 12장에 나사로의 누이 마리아가 나오고, 본론이 끝나는 20장에 막달라 마리아가 나오고 있다. 이는 복음서 전체가 여성의 이야기로 시작해서 여성의 이야기로 끝나는 모습을 보여주고 있다. 이 세 곳 모두에서 '마리아'라는 이름의 여성들은 부활과 관련된 중요한 역할을 담당하고 있다.

그런데 요한이 이 같은 배치를 통해 하고자 하는 이야기는 무엇일까? 그것은 요한복음을 성육신적 내리사랑의 하강구조인 '부활-십자가' 구도로 엮으려고 하는 데 있다는 것이 필자의 생각이다. 부활(2장)과 십자가(3장), 부활(11장)과 십자가(12장), 부활(20장)-십자가(순교, 21:15-19)라는 구도이다. 이를 통해 말하고자 하는 메시지는 유대교의 박해가 다가오는 상황에서 요한공동체는 '부활의 감격 안고 십자가의 길로'를 모토로 삼는 순교공동체이기를 바란 것이 아닐까.

혼인잔치에 예수의 어머니와 예수, 그리고 제자들이 초청받은(2절) 것을 보면 이 잔치는 예수의 가까운 친척집에서 있었던 모양이다. 그런데 잔치 중에 포도주가 떨어진 것이다(3절). 한창 흥겨워야 할 잔치 자리에 포도주가 떨어졌으니 잔치 분위기는 파장이 되었을 것이다. 이때 주인은 얼마나 난처했겠는가. 예수의 어머니가 아들 예수에게 이 사실을 알리자 예수는 "여자여 나와 무슨 상관이 있나이까 내 때가 아직 이르지 아니하였나이다"(4절)라고 말한다.

여기서 먼저 '여자여(γύναι)' 호칭은 어떤 책망의 말이나, 무례한 말투, 또는 사랑의 결핍에서 나온 것이 아니라 다만 예수가 여인들을 부르는 일상적인 호칭이다(마 15:28; 눅 13:12; 요 4:21; 8:10; 19:26; 20:13).[169] 다음으로, "나와 무슨 상관이 있나이까?"라는 말에는 두 사람 사이에 관점의 차이나 어떤 거리감을 두는 표현임에 틀림없다.

'내 때가 아직 이르지 아니하였다'라는 말은 예수 생애 전반과 관련된 복선(伏線)이 깔린 심오한 의미가 담겨 있다. 요한복음에서 예수의 '때'란 보통 그의 죽음과 영광스럽게 되심을 나타낸다(7:30; 8:20; 13:1; 17:1). 예수는 구속사적 경륜을 이루기 위한 자신의 사명과 그 시기를 정확하게 인식하고 있었다. 그런데 그 '때'는 예수가 마음대로 할 수 있는 것이 아니라 아버지 하나님에 의해서만 결정된다. 따라서 이 말 속에는 가장 가까운 혈육인 인간 어머니조차도 성부의 영역을 침범할 수 없다는 뜻이 내포되어 있다.

아들 예수의 말은 사실상 거부의 의사를 밝힌 것이다. 그럼에도 불구하고 그녀는 포기하지 아니하고 하인들에게 이렇게 명령했다. "너희에게 무슨 말을 하시든지 그대로 하라." 그녀는 인간적인 조급함보다는 하나님의 때를 기다리는 심정으로 모든 것을 아들 예수에게 맡기고 자신과 다른 사람들을 예수의 뜻에 순종케 하려는 자세를 취하였다. 마침내 아들 예수는 어머니의 요청을 수락하게 되었고, 그녀는 끝내 아들 예수의 행동을 이끌어내는 개가를 올렸다. 예수는 "항아리에 물을 채우라"고 명령했고 하인들은 예수의 명령에 철저히 순종했다(7절). 기적은 이렇게 해서 일어나게 된다.

6절의 '정결 예식(정결례)'이란 유대인들이 식사 전후 혹은 외출하고

---

[169] 요한복음에서 6회(2:4; 4:21; 8:10; 19:26; 20:13,15) 나타나는 이 호칭은 '여자여' 또는 '여인아' 등으로 번역되고 있는데, 사실 이 어휘에 적합한 말은 존대의 의미를 갖는 '부인'이라고 말할 수 있다. 예수가 어머니에게 친근한 부름말인 '메테르(μήτηρ)'가 아닌 중립적인 의미를 가진 이 어휘를 사용한 것은 어머니와의 거리감을 통한 예수의 신적 본질을 표현하기 위함에서라고 볼 수 있다. 더 자세한 설명은 배재욱, "요한복음에 나오는 γύναι에 대한 소고: 예수는 자기 어머니를 '여자여'라고 불렀을까", 779-786을 참조하세요.

돌아왔을 때 손을 씻는 풍습을 말한다(막 7:3-4). 이는 단순히 위생적인 차원이 아니라 종교적인 의식의 의미를 지녔다. 유대인들은 사람들이 많이 모이는 시장이나 거리에서 돌아왔을 때 이방인, 유대 죄인들, 또는 부정한 물건과 접촉하지나 않았는지 해서 종교 의식적인 차원에서 손을 씻거나 전신목욕을 하였다.

물이 귀한 팔레스타인 지역에서는 물을 오래 보관할 목적으로 돌항아리를 사용하였다. 한통이 현대 계량 단위로 약 40리터이니까 한 항아리는 약 80~120리터 정도이다. 따라서 여섯 항아리의 물은 대략 420~720리터에 달하는 많은 양이다. 이런 엄청난 물이 포도주로 만들어졌다는 것은 물로 상징되는 유대교가 포도주로 상징되는 새 종교인 기독교로 대체되었다는 것을 의미한다.[170] 구약에서 포도주는 하나님이 인생에게 내리시는 구원의 풍성한 은혜를 나타내는 상징으로써 메시아 시대가 도래하면 포도주가 넘치는 시대가 되리라는 것을 일찍이 선지자들이 예언하였다(창 49:11-12; 암 9:13-14; 호 14:7; 에녹 1서 10:19; 바룩 2서 29:5).[171]

요한은 돌항아리의 수가 '여섯'이라고 밝혔는데, 이는 충만함을 상징하는 완전수 7에 하나가 모자라는 불완전함을 상징한다(계 13:18의 666 참조).[172] 하나님이 인간을 여섯째 날에 창조한 것은 하나가 부족한 상태, 즉 한분 하나님이 있어야 온전해진다는 것을 말하려는 의도가 담겨

---

170) 가나 혼인잔치에 나오는 물과 포도주는 십자가에 달린 예수의 심장으로부터 마지막으로 흘러나온 예수의 물과 피를 가리키는 것으로 볼 수도 있다(19:34).
171) 맛도 향기도 없는 물은 옛 시대를, 맛과 향기가 나는 포도주는 새 시대를 상징한다. 새 시대인 메시아 시대는 포도주가 물을 대신한다. 포도주는 구약성경에서 육신적이고 정신적인 기쁨(창 27:28)과 미래적인 희망(사 25:6; 욜 2:19) 및 풍요로움(욜 2:24; 3:18; 암 9:13)을 상징한다. 그리고 피와 관련된 포도주의 붉은 색은 고난과 죽음을 상징한다. R.A.Culpepper, *The Gospel and Letter of John*, 131.
172) 이는 '숫자상징코드'를 잘 보여주는 대목이다.

있다. 마찬가지로 여섯으로 상징되는 유대교는 하나가 부족한 상태, 즉 한분 예수가 있어야 온전해진다는 것을 말하려는 의도가 깔려 있다.

여기서 주목할 점은 이 구절이 사건 전개에 있어서 꼭 필요한 구절은 아니라는 점이다. 그럼에도 불구하고 요한이 이 구절을 언급한 까닭은 무엇일까? 그것은 결례 제도의 불완전함을 상징적으로 나타냄으로써 유대교의 시대는 지나갔음을 암시하려는 의도로 보인다.

물로 된 포도주를 맛본 연회장은 그의 놀라움을 이렇게 표시한다. "사람마다 먼저 좋은 포도주를 내고 취한 후에 낮은 것을 내거늘 그대는 지금까지 좋은 포도주를 두었도다"(10절). 여기서 '나중 나온 포도주'가 '먼저 나온 포도주'보다 훨씬 맛이 좋다는 것은 앞선 종교인 유대교보다 나중 종교인 기독교가 훨씬 우월하다는 것을 암시한다. 신앙의 세계는 언제나 처음보다 나중이 창대한 법이다(욥 8:7).

첫절이 중요하듯 마지막 절(11절) 또한 중요하다. 11절은 첫 표적이 예수의 영광을 나타냈으며, 제자들이 그를 믿었다고 언급한다. 요한은 가나의 혼인잔치 이야기를 마무리하면서 표적(첫 표적)과 실체(예수의 영광)를 연결한다. 첫 표적은 예수께서 하나님의 아들로서의 권능을 나타냄으로써 예수의 영광이 드러난 표적이었다. 요한은 처음으로 제자들의 믿음을 언급한다. 여기서 제자들의 믿음과 예수의 어머니의 믿음이 대조된다. 표적을 보고 믿게 된 제자들의 믿음은 아직 완전한 믿음이 아니다.[173] 이에 비해 아들 예수의 말씀을 무조건 신뢰한 예수의 어머니의 믿음은 완전하다는 것이다.

12절은 가나의 혼인잔치와 성전정화사건을 연결하는 고리 역할을

---

[173] 예수의 이적을 놓고 공관복음은 '놀랐다', 또는 '기이히 여겼다'라는 표현으로 이적의 결과를 언급하고 있는데 반해, 요한복음은 사람들이 '예수를 믿었다'라는 말로 언급하고 있다. 그런 점에서 공관복음은 이적 자체를 기술하는 데 목적이 있는데 반해, 요한복음은 이적을 사람들이 예수를 믿도록 인도하는 수단으로 사용하고 있다.

한다. 가버나움은 벳새다에서 그리 멀지 않은, 갈릴리 호수 북서쪽에 있는 도시이다. 이곳은 예수께서 빵의 기적을 행하신 후에 회당에서 담화한 장소로 유명한 곳이다(6:59). 이 구절에서 처음으로 예수의 형제들에 대한 말이 나타난다. 그들은 가나의 표적이 드러난 자리에 함께 있었다 할지라도 예수를 믿지 않았다(7:5). 이 대목은 예수께서 왜 그곳에 오래 머물지 않았는지를 말해준다. 그 까닭은 그들의 불신앙 때문이다. 요한은 가난한 동네 '가나의 신앙'과 부유한 도시 '가버나움의 불신앙'을 대조시키고 있는 것이다.

여기서 주목해야 할 사실은 요한이 '혼인잔치' 표적을 첫 표적으로 삼은 까닭은 무엇인가 하는 점이다. '혼인잔치'에 대해 다시 한번 생각해 보자. 결혼은 독일어로 '호흐자이트(Hochzeit)'라고 한다. 그 단어를 풀어보면 '최고의 시간', 즉 '절정'이라는 의미이다. 결혼은 인생의 절정이요 최고의 순간이라는 것이다. 참으로 의미심장한 단어가 아닐 수 없다. 인간적으로 최고의 기쁨과 영광의 순간이 결혼의 순간이라면, 신앙적으로 최고의 영광과 기쁨의 순간은 부활의 순간이다. 이 같은 관점에서 결혼의 기쁨과 영광(2장)은 부활의 기쁨과 영광(20장)과 상응한다.

결혼은 신랑과 신부의 사랑을 전제로 한다. 결혼을 통해 새 가정을 이루며, 아기라는 생명을 얻는다. 결혼은 신랑과 신부가 많은 이들로부터 축하를 받는 영광과 기쁨의 순간이다. 그 기쁨을 모두가 함께 나누는 것이 혼인잔치이다. 혼인잔치하면 풍요로움이라는 그림이 연상된다. 거기에는 배부름이 있고 배불리 먹고 마신 뒤에는 만족과 평안이 있다. 요한은 예수로 말미암아 시작된 예수교라는 새 종교야말로 이러한 혼인잔치와 같다고 본 것이다. 그러기에 예수교는 사랑, 생명, 기쁨, 영광, 풍성함과 만족과 평안의 종교라는 것이다.

당시 결혼은 보통 해가 진후에 진행되었다. 저녁 시간은 이스라엘의 하루가 시작되는 시간으로, 결혼이라는 인생의 새 출발을 하루가 시작되는 시간으로 삼고자 해서 저녁 시간에 진행하는 것이다. 결혼식은 신랑이 신부의 집으로 장가들러 오는 것으로부터 시작된다. 저녁에서 시작하여 밤이 깊어가면서 진행되는 혼인예식은 하객들의 즐거운 혼인잔치가 함께 동반된다. 이때 흥을 돋우기 위해 꼭 필요한 것이 포도주이다. 포도주가 없는 혼인잔치가 있는가. 그런데 잔치 중에 포도주가 떨어진 것이다. 잔치의 기쁨은 순식간에 사라지고 혼인잔치는 파장을 맞게 된 것이다.

이때 예수께서 물로 된 새 포도주를 만듦으로써 파장이 된 혼인잔치는 다시 시작되었고 잔치의 기쁨을 되찾은 것이다. 새벽이 되고 아침이 될 때까지 흥겹게 마시고 취함으로써 모두가 다 충만한 기쁨을 누리게 된 것이다. 로마 식민지 하에서 가난하고 소외된 마을인 갈릴리 가나, 고달픈 인생살이에서 이 날만큼은 모든 시름과 한과 슬픔을 잊고 맘껏 기쁨을 누리고 싶었던 결혼식 날에 포도주가 떨어져 분위기가 망쳐버린 그 순간, 전혀 예상치 못했던 예수의 이적으로 기쁨을 되찾은 것이다. 그들의 기쁨이 어떠했겠는가. 그대여, 보이지 않는가. 흥에 겨워 시간을 잊고 덩실덩실 춤을 추는 저들의 모습이. 그대여, 들리지 않는가. 감격에 겨워 부르는 저들의 환희의 노래를.[174]

저녁에서 시작된 혼인예식은 바야흐로 밤을 지나 새벽과 아침을 맞이하게 된 것이다. '저녁이 되고 아침이 되니'(창 1:5) 바로 그 말씀을 이루신 것이다. 하나님이 저녁을 아침 되게 하셨듯이. 저녁(밤)의 유대교를 새 아침(새벽)의 기독교가 되게 하신 분이 예수라는 것이다. '저녁에

---

174) 그 축제의 밤에 저들은 모두 세계적 무용수인 최승희가 되었고, 〈감격시대〉를 노래한 가수 남인수가 되었다. 세계적 무용수 최승희(1911-?)와 가요황제 남인수(1919-62)에 대해서는 김병종,《화첩기행 1: 예의 길을 가다》, 146-155, 222-231을 참조하세요.

서 아침으로 가는 종교'[175]-이것이 유대교를 대체한 기독교이다.

2. 성전정화사건(13-22절)
- 예수 나의 성전(성막) -

〈성경 본문〉

13 유대인의 유월절이 가까운지라 예수께서 예루살렘으로 올라가셨더니 14 성전 안에서 소와 양과 비둘기 파는 사람들과 돈 바꾸는 사람들이 앉아 있는 것을 보시고 15 노끈으로 채찍을 만드사 양이나 소를 다 성전에서 내쫓으시고 돈 바꾸는 사람들의 돈을 쏟으시며 상을 엎으시고 16 비둘기 파는 사람들에게 이르시되 이것을 여기서 가져가라 내 아버지의 집으로 장사하는 집을 만들지 말라 하시니 17 제자들이 성경 말씀에 주의 전을 사모하는 열심이 나를 삼키리라 한 것을 기억하더라 18 이에 유대인들이 대답하여 예수께 말하기를 네가 이런 일을 행하니 무슨 표적을 우리에게 보이겠느냐 19 예수께서 대답하여 이르시되 너희가 이 성전을 헐라 내가 사흘 동안에 일으키리라 20 유대인들이 이르되 이 성전은 사십육 년 동안에 지었거늘 네가 삼 일 동안에 일으키겠느냐 하더라 21 그러나 예수는 성전된 자기 육체를 가리켜 말씀하신 것이라 22 죽은 자 가운데서 살아나신 후에야 제자들이 이

---

175) '저녁이 되고 아침이 되니'(창 1:5,8,13,19,23,31). 창세기 첫장은 하나님으로 말미암아 저녁이 아침이 되는 새 날을 맞게 되었음을 반복해서 말씀하고 있다. 여기에는 기독교 복음의 진수, 참 소망의 메시지가 담겨 있다. 즉 기독교는 어둠에서 빛으로, 슬픔에서 기쁨으로, 절망에서 희망으로, 죽음에서 생명으로, 고난에서 영광으로, 십자가에서 부활로, 율법에서 복음으로, 죄인에서 의인으로, 심판에서 구원으로, 옛사람에서 새사람으로 가는 종교(시 30:5,11; 욥 8:7; 롬 8:18)이다. 박호용, "저녁이 되며 아침이 되니",《너와 나는 약혼한 사이》, 16-29.

말씀하신 것을 기억하고 성경과 예수께서 하신 말씀을 믿었더라.

성전정화사건을 다룸에 있어서 먼저 고려해야 할 두 가지 사항이 있다. 하나는 성전정화사건이 놓인 위치가 공관복음과 요한복음이 서로 다르다는 문제이다. 또 하나는 왜 예수는 성전을 정화하려고 했는가 하는 동기문제이다.

먼저, 첫 번째 문제부터 살펴보자. 이 사건은 공관복음에서는 공생애 말기(마 21:12-17; 막 11:15-19; 눅 19:45-48)에 일어난 사건으로 되어 있는데, 요한복음에는 공생애 초기에 있었던 사건으로 기술하고 있다. 이 차이를 어떻게 설명할 것인가? 필자의 결론부터 얘기하면 이 사건이야말로 이미 언급한 "역사의 해체와 재구성"을 잘 말해주는 가장 구체적인 실례라고 말할 수 있다.

사복음서를 조화시킨다는 의미에서 이 사건이 공생애의 초기와 말기, 이렇게 두 번 일어난 사건으로 볼 수도 있다. 그런데 과연 공생애를 시작하자마자 이 엄청난 사건을 저지르고 나서 사역을 계속할 수 있겠는가? 성전체제의 중요성에 비추어 볼 때 유대당국과 로마당국이 과연 예수를 그냥 놔둘 수 있겠는가? 상식적으로 생각할 때 일단 어렵다는 결론이 나온다.

공관복음에 의하면 예수께서 예루살렘에 입성하여 제일 먼저 하신 일이 성전정화였다. 그리고 이때부터 유대당국은 예수를 죽이고자 혈안이 되어 있었다. 성전의 권위에 도전한 이 사건이 도화선이 되어 예수는 곧 체포되어 심문받고 처형된다.[176] 이것이 자연스러운 이야기의 흐름이다.[177]

---

[176] 스데반은 유대교의 두 기둥인 '성전과 율법'에 도전한 일로 인해 순교했다(행 6:13; 7장 참조).
[177] 이 문제에 관해 현재 상당히 광범위한 의견의 일치를 보이는 점들은 다음과 같다. 1)

요한이 성전정화사건을 본론이 시작되는 첫장에 배치한 것은 이 사건이 예수의 전 생애와 사역의 모범이라 믿었기 때문에 여기에 둔 것이다. 따라서 이 사건은 요한복음 해석의 열쇠를 제공한다. 그렇다면 이 문제에 대해 요한이 갖고 있는 신학적 의도는 무엇인가? 그것은 요한이 가나의 혼인잔치와 마찬가지로 성전정화사건 또한 '부활'의 관점에서 다루고 있음을 보여주고자 한 것이다. 이 같은 관점은 이 사건에 대한 요한의 해설을 담고 있는 2:21-22이 잘 밝혀주고 있다. 이 같은 의미에서 2장은 부활장인 20장과 상응한다.

다음으로, 왜 예수는 성전을 정화하려고 했는가 하는 동기문제이다. 예수 당시 예루살렘 성전은 유대사회에서 종교적인 기능뿐만 아니라 거대한 정치적, 경제적, 사회적 권력을 발휘하는 특별하고 다양한 역할을 수행하였다. 정치적 측면에서 성전은 예부터 지배세력과의 야합을 통해 그 존립 근거를 확보해왔다. 예수시대에 대제사장직은 로마 총독에 의해 임명되었는데, 그 기준은 로마제국에 대한 충성이었다. 성전은 로마제국주의 세력의 충실한 시녀였고 산헤드린 의회와는 동전의 양면처럼 결합되어 있었다.

경제적 측면에서 성전은 모든 돈이 집중되는 은행의 역할을 하였다. 성전은 십일조와 성전세 및 성전 영지를 통해 수입을 올렸다. 그밖에도 성전 세겔이라는 특별화폐에 의한 환전 프리미엄으로 돈을 축적했

이 사건은 두 번이 아니라 단지 한번 일어났다. 2) 그것은 예수의 생애의 마지막 주에 일어났다. 3) 제4복음서 기자는 그 사건의 시점을 수정하려는 어떠한 의도도 지니고 있지 않았지만, 예수의 사역의 과정을 이해하는 일에 있어 그 기사의 중요성을 부각시키기 위해 그것을 시작부에 배치했다. 그 기사는 우리 주님의 사역, 즉 그의 말씀들과 행동들, 그의 죽음과 부활의 본질과 과정, 그리고 하나님에 대한 새로운 예배 안에서 나타나는 그 모든 것의 결과를 파악할 수 있는 극히 중대한 단서를 제공한다. 예수의 생애에 있어 유명한 사건을 보다 초기로 옮겨 배치하는 복음서 기자의 유사한 행동에 대해서는, 누가가 예수의 나사렛 방문에 대한 보고를 갈릴리 사역의 시작부 곧 눅 4:16-30에 배치시킨 것을 실례로 들 수 있다. G.R.Beasley-Murray, *John*, 38-39.

고, 제의용 희생동물의 전매특허로 엄청난 착취를 하였다. 따라서 성전은 착취와 부패의 온상이었고, 그런 성전은 저주받은 무화과나무처럼 없어져야 한다는 것이 예수의 입장이었다(막 11:12-25).[178]

예수께서 제물에 쓰일 짐승들을 내쫓고 환전상의 상을 뒤엎은 것은 자신의 행동을 극적으로 표현한 선지자적 행위였다.[179] 하나님과의 교제를 회복하는 것이 바로 성전제사인데, 예루살렘 성전은 부패와 타락으로 더 이상 성전기능을 상실했다.[180] 즉 성전제사를 중심으로 한 유대교는 하나님과 교제하는 역할을 수행할 수 없었다. 이런 상황에서 예수의 죽음은 성전기능(속죄제사)의 종말론적 완성으로서, 모든 피조물이 죄 용서를 받고 하나님과 올바른 관계를 회복하는 것이 되었다.[181]

성전은 지상에 있는 하나님의 거주 장소이다. 성전은 그의 백성들이 하나님을 만날 수 있는 장소이다. 그러나 요한은 예수의 오심으로 이 장소가 물리적인 예루살렘 성전이 아니라 한 인간인 예수 자신에게 옮기워졌다고 주장한다. 이는 부활시에야 비로소 명백하게 될 것이나 요한은 여기서 벌써 이 메시지를 암시해 주고 있다.[182]

이미 언급했듯이 첫 대목은 대단히 중요하다. 요한이 '유대인의 유

---

178) 박호용, "1세기 팔레스타인 상황에서의 예수의 길", 《부르다가 내가 죽을 노래》, 363. 더 자세한 설명은 안병무, "예루살렘 성전체제와 예수의 대결", 511-530을 참조하세요.
179) 성전을 정화하는 예수의 모습은 구약의 예언자의 모습을 연상케 한다. 그런데 이 둘의 차이는 구약의 예언자들이 단지 성전을 비판한 것과는 달리 예수는 성전을 자신으로 대체하려고 했다는 점이다.
180) 성전정화사건은 성전제의에 대한 비판으로서 '성전훼파사건'으로 보아야 하며, 이것은 궁극적으로 '유대교 훼파'라는 견해에 대해서는 J.Gnilka,《마르코복음 (2)》, 171-179을 참조하세요.
181) 김세윤,《요한복음강해》, 73-74.
182) R.Kysar,《요한의 예수이야기》, 27.

월절'(13절)[183]이라고 언급한 것은 끝절(23절)에 비추어 볼 때 죽은 자 가운데서 살아나신 예수로 말미암아 '유대교의 유월절'은 '기독교의 부활절'로 대체되었다는 것을 말하고자 그 같은 표현을 썼다고 볼 수 있다. 그리고 "예수께서 예루살렘으로 올라가셨더니"라는 대목은 요한복음에서 5중하강구조 가운데 세번째 하강구조가 시작됨을 보여주고 있다.[184]

14-16절[185]에 나오는 예수의 성전 정화는 공관복음에 비해 예수가 매우 사려 깊게 행동한 것으로 나타나고 있다.[186] 여기서 주목할 대목은 "내 아버지의 집으로 장사하는 집을 만들지 말라"(16절)는 대목이다.[187] 이 대목에서 예수는 하나님을 '내 아버지'[188]라고 함으로써 자신이 하나님의 아들임을 간접적으로 들어내고자 하였다(눅 2:49 참조). 그리고 '내 아버지의 집'과 '장사하는 집'이 대조되고 있다. 성전은 하나님

---

183) '유월절(τὸ πάσχα)'은 엄밀하게 니산월 14-15일 밤에 거행되는 유월절 축제를 말한다. 그런데 그것은 니산월 15-21일의 무교절기로 이어졌다. 나중에 유대교에서 두 절기가 하나의 용어로 결합되어 유월절이라고 불리웠다. 한편, 요한이 '유대인의 정결 예식'(2:6), '유대인의 유월절'(2:13), '유대인의 명절인 유월절'(6:4), '유대인의 명절인 초막절'(7:2)이라는 표현을 사용한 것은 기독교, 특히 요한공동체를 유대인과 구분하려는 의도에서 나온 것으로 이해된다.

184) 첫번째 하강구조(1:1-18), 두번째 하강구조(1:19-2:12)에 이어 세번째 하강구조는 2:13에서 시작하여 4:54에서 끝난다.

185) 14절의 '성전(τὸ ἱερόν)'은 전체 성전 복합체로서 성소(sanctuary), 부속 건물들, 성전 뜰로 구성되어 있는데, 엄격한 의미에서 19-20절에 나오는 '성전(ὁ ναός)', 즉 성소와 구별된다. 또한 15절에서 환전상의 돈을 쏟았다고 되어 있는데, 이는 당시에 환전해 주는 사람들이 필요했음을 말해준다. 그 이유는 유대인들은 자체적으로 동전을 주조할 수 있도록 허락되지 않았고, 로마 주화에는 신성모독을 상징하는 로마통치자들의 화상이 새겨져 있었기 때문이다.

186) 최흥진, 《요한복음》, 101-102을 참조하세요.

187) 공관복음(막 11:17; 마 21:13; 눅 19:46)에서는 구약을 인용하여 "내 집은 만민이 기도하는 집이라(사 56:7)...너희는 강도의 굴혈로 만들었도다"(렘 7:11)라고 되어 있다.

188) 이 어휘는 요한복음에 자주 나오는 독특한 용어로서, 마가에는 없고, 마태 16회, 누가 4회 사용되었으나 요한복음에는 27회가 나타난다.

이 임재하시고 하나님께 예배가 드려지는 거룩한 장소인데,[189] 사람들이 세속적 이익을 위해 장사하는 곳으로 변질시켰다. 이는 신성 모독에 해당하는 행위였다. 예수의 성전 숙정은 잘못된 관행에 경종을 울리고 하나님에 대한 참된 예배를 되찾고자 한 데서 비롯된 의분이었다.

17절은 시편 69:9의 전반절을 인용한 것으로 문맥상의 원뜻은 하나님에 대한 다윗의 열정이 너무도 강렬하여 하나님을 대적하는 악인들로 말미암아 고통을 받게 되었다는 뜻이다. '삼키리라'는 문구는 주의 전을 깨끗케 하고자 하는 열정에 사로잡힌 당시의 예수를 가리킨다고 볼 수 있으나 그 시제가 미래인 것으로 보아 예수께서 앞으로 당하실 고난과 죽음을 예시한 표현이라고 볼 수 있다. 이 대목은 예수의 하나님을 향한 열정을 잘 보여준다.

18절에서 '유대인들'[190]은 요한복음에서 대부분 예수에 대한 적대세력을 가리키는 문맥에서 사용된다. 유대인들이 참 선지자와 거짓 선지자를 구분할 때 행한 전통적 방법은 표적을 통하여 하는 것이었다(신 18:22). 따라서 유대인들은 예수에게 만일 하나님께서 이 일을 하도록 보냈다면 초자연적 표적을 보여 자신의 정당성을 입증하라고 요구하였던 것이다.

표적을 보이라는 유대인의 요구에 예수는 다음과 같은 말로 응수하였다. "너희가 이 성전을 헐라 내가 사흘 동안에 일으키리라"(19절). 이 구절은 요한복음에서 이중의미 또는 오해기법을 잘 드러내주는 대표적

---

189) 성전정화는 '하나님의 거룩성의 회복'이다. 포로기 이전 예루살렘 성전은 혼합주의(syncretism), 즉 야웨만을 위한 것이 아니라 여러 이방 신상으로 채워짐으로써 야웨의 거룩한 이름이 더럽혀졌다. 야웨가 성전을 멸망시키고 자기 백성을 포로가 되게 하신 것은 더럽혀진 야웨의 거룩한 이름을 정결케 하기 위함이었다(겔 36:22-23). 더 자세한 설명은 박호용,《야웨인지공식》, 196-206, 238-239을 참조하세요.
190) 이 어휘는 신약 전체에 193회 나오는데, 마태 5회, 마가 7회, 누가 5회 나오는데 반해, 요한복음에는 71회가 나온다. 더 자세한 설명은 496쪽의 각주 120번을 참조하세요.

인 실례이다. 보통 요한복음에 나온 오해들(3:4-12에서와 같이)은 요한에 의한 부연설명으로 바로잡아진다. 이 구절에서는 "예수는 성전 된 자기 육체를 가리켜 말씀하신 것이라"(21절)는 해설에 의해 그렇게 한다.

예수께서 성전 된 자신의 육신을 가리켜 헐라고 말씀하신 것은 앞으로 유대 교권주의자들에게 의해 자신이 십자가의 죽음을 당하게 될 것을 예언한 것이다. 그러나 아무도, 심지어는 제자들까지도 이 말씀의 참 의미를 깨닫지 못했다(22절). 성전을 헐라고 말씀하신 것이 바로 자신의 죽음을 의미했듯이, '사흘 동안에 일으키리라'는 예언은 바로 예수의 삼일만에 부활하여 다시 사심을 가리킨다.

이 대목은 예수 자신에게 부여된 죽고 부활할 수 있는 자유나 권능도 시사한다(10:18). 그뿐 아니라 예수의 '몸'이 '성전' 곧 하나님께 예배드리는 장소이기에 '영과 진리 안에서' 하나님께 예배드리는 시간이 예수와 함께 시작되었다고 말할 수 있다(4:23). 부활한 그리스도의 몸은 영과 진리 안에서 하나님께 예배드리는 중심이요(4:21-22), 하나님 현존의 장소이며(1:14), 생명수가 넘쳐흐르는 영적 성전이 된다(7:37 -39; 19:34).[191]

이러한 사실은 '일으키리라'란 표현 가운데 잘 드러난다. 이에 해당하는 '에게로(ἐγερω)'는 '에게이로(ἐγείρω)'의 미래시제로서 잠자는 사람을 깨운다는 것이 기본적 의미이나 비유적으로 죽은 사람을 다시 살리는 것을 나타나는 데 종종 쓰인다(마 10:8; 요 5:21; 행 5:30). 이는 당시 유대 지도자들에 의해 죽었던 예수께서 스스로 부활하실 것임을 예언한 말씀이다. 그러나 이들은 이러한 비유적 표현을 전혀 이해하지 못했다. 오히려 그들은 예수의 이 말씀을 신성모독죄로 삼아 예수를 정

---

191) 이영헌, 《요한복음서》, 89.

죄하고 사형을 언도하는 근거로 사용하였다(마 26:61).[192]

예수의 말씀과 사역은 구약에 대한 성취이자 자기 자신의 약속에 대한 성취이다. 이 구절은 다음과 같은 예언의 성취 방식을 보여준다. 즉 성전의 '파괴'는 예수의 육체의 파괴 안에서 성취되었으며, 새로운 성전의 건축은 예수의 부활로 말미암아 이루어진다. 유대인들은 전자를, 예수는 후자를 성취한 것이다. 이것이 '부활절'에 비추어서 이해되어지는 그 두번째 국면에 대한 해석이다.

부활하신 주님은 하나님의 영광이 드러나며, 그의 용서와 갱신이 경험되고, 하나님과의 교제가 영원히 유지되는 '처소'이다. 새 시대의 성전은 교회가 아니라 그리스도라는 사실을 주목하라. 새 성전되신 부활하신 주님이라는 동일한 개념은 에스겔 47:1-12로 소급되는 것과 더불어 요한복음 7:37-38에서 입증된다(계 21:22; 22:1-3 참조).[193]

'사흘 동안에 일으키리라'는 예수의 말에 유대인들은 "이 성전은 사십육 년 동안에 지었거늘 네가 삼일 동안에 일으키겠느냐"라는 반문으로 응수한다(20절). 예수께서는 상징적, 암시적으로 말씀하셨는데, 그들은 문자적, 표면적으로 이해한 것이다. 당시까지의 성전의 역사는 이러하다. 제1성전인 솔로몬 성전은 주전 957년에 예루살렘에 지어졌다. 이 성전은 587년에 바벨론 군대에 진멸되었다.

그 후 바벨론 포로에서 귀환한 유대인들은 515년경 제2성전인 스룹바벨 성전을 지었다. 그러다가 대헤롯(Herod The Great)에 의해 제3성전인 헤롯 성전이 지어졌다. 이 성전공사는 주전 19년에 시작되었으니 주후 27년경에는 건축을 시작한지 46년[194]이 된 셈이다. 이 성전건축은

---

192) 《옥스퍼드원어성경대전》(요한복음 제1-6장), 212.
193) G.R.Beasley-Murray, *John*, 41.
194) 역사적 사실 여부를 떠나 숫자 46에는 어떤 상징적 의미를 내포하고 있을까? 숫자 46은 40+6으로, 숫자 40은 모세와 이스라엘 백성들의 광야생활 40년을 연상케 하는 숫

그 후에도 계속되어 63년에 이르러 완공되었다. 그러나 이 성전은 70년 로마의 티투스(Titus) 장군에 의해 철저히 파괴되고 말았다.

이렇듯 46년 동안 많은 사람이 동원되어 건축했어도 아직 미완료된 성전을 어떻게 사흘 동안에 짓겠다는 것인가. "그러나 예수는 성전 된 자기 육체를 가리켜 말씀하신 것이라"(21절)고 요한은 해설을 첨가한다. 요한복음이 기록된 시기가 주후 90년 이후라고 본다면 이미 성전이 파괴된 지 20년이 지난 후였다. 유대인들의 삶의 중심이었던 예루살렘 성전의 파괴는 그들에게 엄청난 충격을 안겨주었다. 이런 상황에서 요한은 성전을 새롭게 해석해 줄 필요가 있었다.

성전은 하나님이 임재하시는 장소요 예배를 통해 하나님을 만나는 장소이다. 이제 성전이 없는 상황에서 어디서 예배를 드릴 것이며 하나님을 만날 수 있을 것인가? 돌로 만든 성전이 아니라 성육신 하신 예수가 바로 성전이라는 것이다. 그리고 몸성전인 예수를 통해서만 하나님께 나아갈 수 있으며, 부활하신 주님을 예배함으로 하나님을 만나고 구원을 얻을 수 있다는 것이다(요 3:16; 행 16:31). 실로 예수는 성전의 주이시며 성전보다 더 크신 분이다(마 12:6).

"나는 분노한다. 하나님만이 영광을 받아야 할 '하나님의 교회'를 자기 소유인양 세습하고 사유화하며 하나님의 영광을 가로채는 모든 대제사장들과 사두개인들에게 나는 분노한다. 하나님은 더 하시겠지.

나는 분노한다. 만민이 조용히 기도하는 처소인 '주님의 교회'를 자신의 유익을 위하여 시끄러운 장사치의 교회로 만드는 모든 바리새인

자이며, 숫자 6은 완전수 7에 하나가 모자란 숫자이다. 여기서 숫자 6은 돌항아리 여섯 (2:6)처럼 유대교(또는 성전)를 의미하며, 모자란 하나는 '예수로서 예수를 인정하지 않는 유대교(성전)는 헐고, 부활주되시는 예수(몸성전)로 다시 세워할 할 대상임을 말하고자 한 것이 아닐까.

들과 레위인들에게 나는 분노한다. 예수님은 더 하시겠지.

나는 분노한다. 세상과 구별된 거룩한 '성령의 교회'를 자신의 세속적 성공과 야망을 성취하기 위한 도구로 이용하는 모든 삯군 목자들과 장로들에게 나는 분노한다. 성령님은 더 하시겠지."

처음이 중요하듯 또한 마지막이 중요하다. 첫 기사와 두 번째 기사가 모두 제자들이 예수를 믿었다는 것으로 끝나고 있다(11절과 22절). 성전정화사건을 마무리 지으면서 요한이 결론적으로 말한 이 해설은 전후 문맥(1-11절과 23-25절)과 관련하여 대단히 중요한 의미를 갖는다.

이 구절은 요한복음 읽기의 해석학적 열쇠, 즉 독자로 하여금 부활의 관점에서 요한복음을 해석해 줄 것을 요청한다. 제자들은 성전과 관련된 예수의 말씀을 전혀 이해하지 못했다. 그러다가 예수의 '부활 이후(post-resurrection)', 즉 성령을 받고 난 후에(14:46) 비로소 예수의 계시 말씀을 상기하고(19절) 구약 성경과 예수의 말씀을 믿게 되었다(12:16; 눅 24:45). 즉 보이는 '표적신앙'에서 보이지 않는 '부활신앙'을 갖게 된 것이다. 제자들이 첫 표적을 보고 믿게 된 신앙은 초보신앙인 표적신앙이었다(11절). 이제 부활 승천 이후 성령강림을 통해 제자들은 보이지 않는 분을 믿는 부활신앙(22절)을 갖게 된 것이다.

그러면 표적신앙과 부활신앙의 차이는 무엇인가? 보지 않고 믿는 부활신앙은 죽음(수치)을 이긴 생명(영광)의 신앙이다. 영생과 영광을 담지한 부활신앙은 자기 몫에 태인 십자가를 능히 질 수 있는 십자가신앙(순교신앙)을 가능케 한다. 그러나 보고 믿는 표적신앙은 죽음(수치)을 이긴 생명(영광)의 신앙에 이르지 못했다. 그러기에 표적신앙은 신앙의 고난이 닥쳐올 때 이를 감당할 수 없어 고난(십자가)을 피해 달아나게 되어 있다. 당신의 신앙은 십자가 앞에서 무서워 도망가는 표적신앙인가 아니면 십자가를 담대히 지고 가는 부활신앙인가? "너는 나를 본

고로 믿느냐 보지 않고 믿는 자들은 복되도다"(20:29).

3. 사람을 꿰뚫어 보심(23-25절)
   - 예수 나의 통찰(계시) -

〈성경 본문〉
23 유월절에 예수께서 예루살렘에 계시니 많은 사람이 그의 행하시는 표적을 보고 그의 이름을 믿었으나 24 예수는 그의 몸을 그들에게 의탁하지 아니하셨으니 이는 친히 모든 사람을 아심이요 25 또 사람에 대하여 누구의 증언도 받으실 필요가 없었으니 이는 그가 친히 사람의 속에 있는 것을 아셨음이니라.

유대인들의 최대 명절인 유월절에는 명절을 지키려는 순례자들로 인해 예루살렘에는 많은 사람들이 모인다. 이들 가운데 많은 이들이 예수가 행한 표적을 보고 예수를 믿었다(표적신앙, 23절). 그러나 예수는 그의 몸을 그들에게 의탁하지 아니하셨는데, 그 까닭은 친히 모든 사람을 아시기 때문이라는 것이다(24절).
여기서 '의탁하다(πιστεύω)'는 '믿다', '맡기다', '신뢰를 가지고 의지하다'(마 8:13; 눅 1:45)라는 의미이다. 묵시문학적 박해상황에서 부활신앙(십자가신앙)에 이르지 못한 표적신앙은 언제 변할지 모르는 불완전한 신앙이기에 믿을만한 신앙이 못된다. 그러기에 예수는 표적신앙을 가진 자들에게 자신을 맡기지 않았다.
표적신앙은 예수의 능력을 이용하여 물질적 이득이나 정치적 야망을 이루려는 세속적 동기가 크게 작용할 수 있다. 우리는 요한복음 6장에서 표적을 맛본 많은 이들이 예수를 억지로 자신들의 왕으로 삼으려고 했고(6:15), 그것이 안 되자 예수를 떠나는(6:66) 장면을 보게 된다. 신적 통찰력을 지니신 예수는 이 같은 사실을 누구보다도 잘 알았다. 그래서 24절에 이어 25절에서 예수의 전지성을 다시 한번 강조하였던 것이다.

제 3 장

〈본장 개요〉

'복음 중의 복음'이라고 일컬어지는 요한복음 3:16은 '천하제일절'이다. 그런 의미에서 본장은 요한복음의 핵심장이자 전 성경의 핵심장이라 할 만큼 중요한 장이다. 그 까닭은 하나님의 인간에 대한 참 사랑과 구원의 메시지가 이 장에 담겨있기 때문이다.

3장과 수난사화(18-19장)는 '하나님 나라(천국)'라는 예수 선포의 핵심 주제가 담겨 있다는 점에서 서로 상응한다. 또한 3장과 18-19장은 '구원론(십자가 신학)'이라는 관점에서 상응한다. 즉 '하나님 나라'와 '십자가 신학'이라는 주제와 관련하여 3장(니고데모)과 18-19장(빌라도)은 서로 상응한다.

공관복음에서 그렇게도 많이 등장하는 '하나님 나라(천국)'(마태 55회, 마가 20회, 누가 46회, 총 121회)가 요한복음에서는 니고데모와의 대화(3:3,5)와 빌라도와의 대화(18:36[3회])에서만 5회 나타날 뿐이다. 공관복음 이해의 열쇠가 '하나님 나라'에 있다면, 요한복음 이해의 결정적 열쇠도 여기에 있다.

하나님 나라와 관련하여 요한이 말하고자 하는 뜻은 이렇다. 비록 우리가 불신자들과 함께 이 세상에 살지만 이 세상 나라를 초월한 '하나님 나라(예수 나라)', 즉 하나님 아들 예수를 왕(기준, 진리) 삼아 그와 함께 영원히 사는 삶을 살 것을 강력히 요청하고 있는 것이다.

요한복음에서 '하나님 나라' 어휘는 유대인의 최고 지도자인 니고데모와 이방인의 최고 지도자인 빌라도 기사에서만 나타난다. 이는 요한이 하나님(예수)을 왕(기준) 삼는 자와 그것을 거부하는 자를 대표적으로 대조시켜 '영생의 길'과 '멸망의 길'을 제시하고자 한 것이다(마 7:13-14; 요 5:29). 두 사람 모두 세상에서 가장 귀하다고 하는 권력과 명예와 물질을 소유한 자들인데. 처음에는 둘 다 하나님(예수) 나라가 무엇인지 몰랐다.

그 후 니고데모(3장)는 성령에 의한 거듭남을 체험하고(7장) 하나님(예수) 나라를 안고 성육신 하시고 십자가에 달린 예수를 왕(기준) 삼기로 결단함(19장)으로써 영생(빛)의 나라로 들어갔는데(구원) 반해, 빌라도는 이 사실을 깨닫지 못하고 끝까지 예수를 왕(기준) 삼기를 거부함(18-19장)으로써 멸망(어둠)의 나라에 들어갔다(심판). 이것을 요약한 말씀이 복음 중의 복음이라는 요한복음 3:16이고, 그것을 확대한 본문이 요한복음의 핵심본문이라고 할 수 있는 3:16-21이다.

이상적인 제자의 두 모델, 즉 21장이 애제자 이야기로 끝나고, 20장이 도마 이야기로 끝나듯이, 19장은 또 하나의 제자, 참 신앙인의 모델인 니고데모 이야기로 끝나고 있다. 요한복음에서 니고데모 이야기(3장, 7장, 19장)는 한 불신앙의 사람이 어떻게 참 신앙인의 모습으로 변해갔는가를 보여주는 좋은 실례를 제공한다. 그런 의미에서 니고데모의 경우는 9장의 치유된 소경의 경우와 평행한다.[195]

이어지는 대목(22-36절)은 두 부분으로 나누어진다. 첫 부분(22-30절)은 '세례 요한의 최후 증언'이고, 둘째 부분(31-36절)은 그에 따른 요한의 해설로, 예수(구원)의 유일성을 언급하고 있다. 신랑 되신 예수의 들러리라고 자신을 규정지은 세례 요한은 "그는 흥하여야 하겠고 나는 쇠하여야 하리라"는 멋진 말로 선구자로서의 자신의 사명을 다하고 조용히 역사의 무대에서 사라졌다.

요한복음에서 모세와 세례 요한은 예수의 선구적 역할을 한다는 점(제1부의 1-10장에서만 언급됨)에서 같은 운명을 지닌 존재이다. 율법과 선지자의 시대는 모세와 세례 요한까지이다(눅 16:16). 신랑의 들러리인 세

---

195) W.A.Meeks, "The Man from Heaven in Johannine Sectarianism", 54.

례 요한의 옛 시대(율법시대)는 끝나고, 이제 신랑 되신 예수로 인한 새 시대(복음시대)가 시작된 것이다.

한편, 예수(구원)의 유일성을 다루고 있는 둘째 단락(31-36절)은 요한복음 1-3장의 결론적 성격을 띤다. 요한은 땅에서 난 이는 땅에 속한 '사람의 말'을 하지만 하늘(위)에서 난 이는 하늘에 속한 '하나님의 말씀'을 한다는 것으로 예수 구원의 유일성을 역설하고 있다.

요한복음은 1장(서론)이 '말씀(로고스) 기독론'을 말하고, 2장부터 21장까지 '행위 기독론'인 표적을 말하고 있다. 2-11장까지는 일곱 표적을, 12-20장까지는 최대의 표적인 십자가와 부활의 표적을, 21장은 풍성한 어획고 표적을 보여주고 있다.

요한은 '말씀 기독론'과 '행위 기독론'을 통해 지금까지 예수처럼 말하고 행동한 사람은 없었다(7:46)고 증언하고 있다. 이를 통해 예수가 하나님의 아들이시며, 그를 믿는 하나님의 자녀로 풍성한 생명을 얻게 하는 '생명 기독론'을 보여주고 있다(20:31).

3장에서는 성령으로 거듭난 생명, 4장에서는 영생하도록 솟아나는 생수, 6장에서는 영원히 주리지 않는 생명의 떡, 10장에서는 선한 목자가 생명을 버림으로써 주어지는 생명, 11장에서는 죽어서도 사는 부활 생명을 다루고 있다. 요한이 생명(부활)을 강조하는 것은 삶의 자리가 생명을 위협하는 묵시문학적 박해상황 때문이다.

1. 니고데모와의 대화(1-15절)
  - 예수 나의 충격 -

〈성경 본문〉
1 그런데 바리새인 중에 니고데모라 하는 사람이 있으니 유대인의

지도자라 2 그가 밤에 예수께 와서 이르되 랍비여 우리가 당신은 하나님께로부터 오신 선생인 줄 아나이다 하나님이 함께 하시지 아니하시면 당신이 행하시는 이 표적을 아무도 할 수 없음이니이다 3 예수께서 대답하여 이르시되 진실로 진실로 네게 이르노니 사람이 거듭나지 아니하면 하나님의 나라를 볼 수 없느니라 4 니고데모가 이르되 사람이 늙으면 어떻게 날 수 있사옵나이까 두 번째 모태에 들어갔다가 날 수 있사옵나이까 5 예수께서 대답하시되 진실로 진실로 네게 이르노니 사람이 물과 성령으로 나지 아니하면 하나님의 나라에 들어갈 수 없느니라 6 육으로 난 것은 육이요 영으로 난 것은 영이니 7 내가 네게 거듭나야 하겠다 하는 말을 놀랍게 여기지 말라 8 바람이 임의로 불매 네가 그 소리는 들어도 어디서 와서 어디로 가는지 알지 못하나니 성령으로 난 사람도 다 그러하니라 9 니고데모가 대답하여 이르되 어찌 그러한 일이 있을 수 있나이까 10 예수께서 그에게 대답하여 이르시되 너는 이스라엘의 선생으로서 이러한 것들을 알지 못하느냐 11 진실로 진실로 네게 이르노니 우리는 아는 것을 말하고 본 것을 증언하노라 그러나 너희가 우리의 증언을 받지 아니하는도다 12 내가 땅의 일을 말하여도 너희가 믿지 아니하거든 하물며 하늘의 일을 말하면 어떻게 믿겠느냐 13 하늘에서 내려온 자 곧 인자 외에는 하늘에 올라간 자가 없느니라 14 모세가 광야에서 뱀을 든 것 같이 인자도 들려야 하리니 15 이는 그를 믿는 자마다 영생을 얻게 하려 하심이니라.

1절의 '그런데'라는 접속사는 이 단락이 유월절에 예루살렘에서 있었던 예수의 표적과 연결되어 있음을 보여준다. 이 단락의 정확한 이해를 위해 먼저 니고데모가 어떤 사람인가를 자세히 검토할 필요가 있다.

니고데모라는 사람은 공관복음에는 나오지 않고 오직 요한복음에서만 세 차례(3:1-5; 7:51; 19:38-42) 등장한다. '니고데모'라는 이름의 뜻은 '승리한 백성' 또는 '백성의 정복자'라는 뜻을 가진다. 유대인이었던 그가 헬라적 이름을 가졌다는 것은 헬라 교육을 받았던 지성인이라는 것을 암시한다.

그리고 그는 종교적으로 바리새파에 속하는 사람이다. 요즘은 바리새인이라고 하면 외식주의자라는 부정적인 이미지가 먼저 떠오른다. 그러나 예수 당시에는 6천명이 넘지 않은 소수 엘리트 집단으로서 모세의 율법을 엄격히 지키며 사는 윤리적이고 도덕적으로 뛰어난 사람을 가리켰다.

또한 그는 정치적으로 유대인의 지도자(관원), 즉 산헤드린 공회의 일원이었다. 당시 산헤드린 공회는 대제사장을 포함하여 71명으로 구성되어 있었다. 그 중의 한 사람이니까 그는 상류층에 속하는 성공한 사람이다. 한 마디로 그는 유대 사회를 대표하는 상류층 인사이자 세상적으로 부족할 것이 없는 사람이다. 이 같은 사람이 밤에 예수를 찾아왔다.

왜 찾아왔을까? 우선은 예수님을 시험하려고 왔다고 볼 수 있다. 2절은 그런 뉘앙스를 풍긴다. 그는 유월절에 예루살렘에서 여러 표적을 행한 예수에 관한 소식을 듣고 예수가 어떤 인물인가를 알고 싶어서 예수를 찾아 왔다고 볼 수 있다.[196] 또는 세상에서 좋은 것은 다 쥐고 누려 본 사람이었지만 인생의 의미와 마음의 평안을 얻지 못한 상태에서 인생의 참 의미와 마음의 평안 곧 진리에 대한 목마름과 영혼

---

196) 니고데모는 어떤 의미에서 예수를 믿으나 표적을 언급하는 앞 단락(2:23-25)과 관련하여 볼 때 부적절한 신앙(표적신앙)을 가진 자를 예증하는 것으로 보는 견해가 있다. D.A.Carson, *The Gospel According to John*, 185. 그러나 이런 주장은 니고데모가 성령 받기 이전의 사람으로, 아직 예수신앙에 들어오지 않은 자라는 점에서 지나친 추측에 불과하다.

의 갈증을 해결하고자 예수를 찾아 왔다고도 볼 수 있다. 이러한 해석은 예수를 '랍비', 또는 '하나님께로부터 오신 선생' 호칭에서 그런 뉘앙스를 엿볼 수 있다.

그런데 니고데모가 예수를 찾아온 진정한 이유는 무엇일까? 그것은 예수가 '이스라엘을 해방시킬 메시아'라고 생각했기 때문일 것이다. 그것을 우리는 그가 '바리새인'이라는 말에서 이 같은 생각을 해볼 수 있다. 우리는 바리새인들을 토라(율법)에나 관심을 가질 뿐 정치적 혁명 같은 것에는 전혀 관심이 없는 사람들로 생각하기 쉽다.

그러나 열심당원들 중에는 사실 적극적이고 극단적인 바리새인들이 많았다. 이들은 무력에 의한 저항(혁명)을 꿈꾼 자들이 많았다. 바리새파는 주후 135년 이후 정치에 대한 관심을 포기하고 오직 토라 연구와 정결 문제에만 몰두하였다. 그런데 바리새파는 마카비 혁명(주전 164년)과 바르 코크바 혁명(주후 135년) 사이에는 정치에 대한 관심, 즉 하나님 나라와 메시아의 오심에 대해 많은 관심을 가졌다.[197]

이 사실을 눈치 챈 예수는 표적 얘기가 나오자 바로 '하나님 나라'(3절)로 답변한 것이다. 그러니까 니고데모는 지금 하나님 나라의 오심, 즉 메시아를 찾고 있었던 것이다. 그것을 다른 말로 하면 니고데모는 목마르게 진리를 찾고 있었다고 보아야 할 것이다.

그런데 왜 당당하게 밝은 대낮에 찾아오지 않고 어두운 밤에 찾아왔을까? 아마도 사람들의 이목이 두려워 밤에 찾아왔을 것이다(19:38 참조). 당시 최상류층 인사요 바리새인에 속한 유명인사가 예수와 만난다는 사실이 알려지게 되면 그는 유대사회에서 매장되기 십상이다. 아니면 율법 공부가 주로 밤에 이루어지기 때문에 바리새인 랍비로서 예

---

[197] 바리새파에 관련된 자세한 논의는 N.T.Wright, 《신약성서와 하나님의 백성》, 303-358을 참조하세요.

수님과 진지한 신학적 토론을 하기 위해 밤에 찾아왔을 수도 있다.

여기서 짚고 넘어가야 할 한 가지는 '밤(νυκτός)' 어휘이다. 이 어휘는 요한복음에 완전수인 7회(3:2; 7:50; 9:4; 11:10; 13:30; 19:39; 21:3) 나온다. '밤'의 의미는 빛의 반대어인 어둠을 말하는 것으로, 예수와 복음을 만나지 못한 죄와 죽음의 밤, 율법의 밤, 영적 무지와 영혼의 어두운 밤을 말한다.

주목할 것은 니고데모는 세 대목(3:2; 7:50; 19:39) 모두에서 '밤'에 예수를 찾아 왔던 사람으로 묘사하고 있다는 점이다. 이것은 니고데모가 예수를 만나 진리를 발견하기 전까지 세상 나라와 유대교에 속한 밤의 사람, 즉 죄와 어둠과 영적 무지의 사람임을 상징한다. 율법에 매인 모세의 제자임을 암시한다. 그런 그가 예수를 만나 새 모세 예수의 제자가 되었음을 암시한다. 곧 율법에서 복음으로, 어둠에서 빛으로, 밤에서 새 아침의 인생으로 거듭났다는 것을 상징한다.

밤에 찾아온 니고데모가 예수가 행한 표적을 이야기의 화두로 들고 나오자 예수는 그로서는 알아들을 수 없는 엄청난 말씀을 툭 던진다. "진실로 진실로 네게 이르노니 사람이 거듭나지 아니하면 하나님의 나라를 볼 수 없느니라"(3절). 이 구절은 자세한 해설이 필요할 만큼 중요한 대목이다. 왜냐하면 복음의 핵심이 여기에 있기 때문이다.

이 구절에서 예수는 이 대화의 핵심에 속하는 '거듭남(중생)과 하나님 나라'와의 관계를 논하고 있다. 여기서 '거듭'이라고 번역된 '아노덴(ἄνωθεν)'은 '위로부터' 또는 '새로(다시)'라는 이중의미를 갖는다. '위로부터'란 '하나님으로부터'라는 의미이다. '거듭나다(γεννηθῇ ἄνωθεν)'라는 말은 '위로부터 새로 태어나다' 또는 '하나님으로부터 태어나다'라는 뜻을 갖는다. 이 말은 사람이 하나님으로부터 '새로 태어나서' 하나님과 새로운 관계를 갖는 중생(重生)을 의미한다.

한편, '하나님의 나라'[198]는 '하나님의 왕권(통치, 지배, 주권, 다스림)'를 의미한다.[199] 이 어휘는 공관복음에서 예수 선포의 주제로서 자주 나타나나 요한복음에서는 3:3,5에서만 나타난다. 이를 두고 많은 학자들이 요한복음에서는 '하나님 나라'가 '생명(영생)'이라는 말로 대체되었다고 말한다. 그러나 이미 언급했듯이 요한이 '하나님 나라' 어휘를 거의 쓰지 않은 까닭은 묵시문학적 박해상황에서 필화를 당하지 않기 위함 때문이다.[200] 요한에게 있어서 '하나님 나라'와 '생명'은 동의어이며, 결코 전자를 후자로 대체시킨 것이 아니다. 요한복음에서의 '생명(영생)'은 하나님 나라의 생명(영생), 즉 神的 생명, 靈的 생명, 天的 생명을 말한다.

그런데 본래 하늘에 속한 분이신 예수는 하나님이 다스리는 나라의 왕이며, 하나님 나라를 안고 이 세상에 오신 분이다. 그러기에 하나님 나라는 '예수 나라'이다(18:36 참조). 따라서 하나님 나라의 왕이신 예수를 보고 나서 그를 믿고 영접한(거듭난) 사람은 하나님 나라를 본 사람이 된다. 그러니까 거듭나지 않은 사람은 하나님의 나라를 볼(맛볼) 수 없다. 왜 그런가? 하나님 나라를 보려면 세상 나라를 내려놓아야 하기 때문이다.

여기서 우리는 하나님 나라(천국)는 어디에 있는가를 다시 묻는다. 천국은 우리 가운데 있거나 죽으면 가는 저 멀리 하늘 위에 있다고 말할 수 있다. 그런데 요한은 하나님 나라를 본다는 말로 표현하고 있다. 이 말의 의미는 이렇게 생각해 볼 수 있다. 하나님 나라는 바로 우리의 눈 위에 있는데, 세상 나라가 우리의 눈 위에 있는 하나님 나라를 가리

---

[198] '하나님 나라'에 대한 더 자세한 설명은 N.T.Wright, 《예수와 하나님의 승리》, 314-566; D.Wenham, 《바울:예수의 추종자인가 기독교의 창시자인가?》, 64-155을 참조하세요
[199] '하나님의 나라'에 대한 더 자세한 설명은 436-437쪽의 '하나님 나라' 설명을 참조하세요.
[200] 더 자세한 설명은 323쪽 이하의 "은폐기법 및 침묵기법"을 참조하세요.

고 있다. 따라서 하나님 나라를 보려면 하나님 나라를 가리고 있는 세상 나라를 내려놓아야 한다. 그래야 하나님 나라가 자연스레 보인다는 그런 의미이다. 이를 가리켜 중생(重生) 곧 '다시 남(거듭남)'이라고 하고, 개안(開眼) 곧 '다시 봄(눈이 열림)'이라고 말하는 것이다.

'거듭난다(중생한다)'는 말은 지금까지의 삶, 즉 나의 지식, 경험, 의지 그리고 세상적인 그 무엇을 내 마음의 왕으로 모시고 사는 삶(세상 나라의 삶)에서 돌이켜 하나님(예수 그리스도)을 내 마음의 왕으로 모시고 그분에게 나를 맡기고 그분의 주권과 인도하심에 따라 사는 삶(하나님 나라의 삶)을 말한다. 다시 말하면 내 주인이 내가 아니라 하나님을 내 주인으로 모시고 사는 가치관의 일대변혁을 말한다(마 6:24).

그러니까 내 것(세상 것)을 내려놓고(바울의 말에 따르면 '십자가에 못박고') 그 대신 십자가에 달리신 예수 그리스도를 내 마음의 왕으로 모시고 사는 삶, 이것을 가리켜 중생하여 하나님 나라를 사는(보는, 또는 들어가는) 것이라고 말하는 것이다.

니고데모는 혈통적으로 아브라함의 후손이요 사회적으로 조금도 부족함이 없는 성공한 상류층의 한 사람이었지만 이 말의 의미를 이해할 수 없었다. 그래서 그는 엉뚱한 말을 늘어놓았다. "사람이 늙으면 다시 날 수 있사옵나이까 두 번째 모태에 들어갔다가 날 수 있사옵나이까"(4절). 이 말에서 우리는 예수의 말씀을 육적 차원에서 이해한 니고데모의 영적 무지를 본다.

예수는 다시 이렇게 대답했다. "사람이 물과 성령으로 나지 아니하면 하나님의 나라에 들어갈 수 없느니라"(5절). 세례의 물과 성령의 오심은 이미 이 복음서에 연관되어 나타나고(1:31-33), 물로 씻음과 성령에 의한 새로운 삶은 이미 구약(겔 36:25-28)에 나타나 있다.[201] '물'은 구약

---

201) R.A.Whitacre, *John*, 88. '물과 성령'에 대한 더 자세한 설명은 D.A.Carson, 윗책, 191-

의식법상 어떤 대상에게 물을 뿌려서 정결케 하는 것으로 사용되었다(레 11:32; 민 19:12,19; 31:23). 이것이 신약시대에 와서 죄사함을 받아 깨끗케 되었음을 상징하는 물세례의 예표가 되었다(행 19:3). 물로 다시 난다는 것은 세례를 통해 다시 난다는 것을 암시한다.[202] 기독교 전통에서 세례의 물은 정화시키는 씻김(엡 5:26), 구원을 얻기 위한 방법(벧전 3:20-21), 나아가 중생의 씻김(딛 3:5)이라는 것을 표현하는 용어이다.

여기서 물이 무엇을 의미하던 간에 강조점은 '성령으로 거듭난다'는 사실에 있다. '위로부터 다시 난다'는 말은 '성령으로 난다', 즉 성령 가운데 임재한 하나님의 능력에 의해 사람이 영적으로 다시 태어난다는 말이다. 사람이 하나님 나라에 들어가려면 자연적 출생 외의 또 다른 출생, 즉 성령으로부터의 출생이 있어야 한다. 이것을 통해 요한복음의 구원론에서 중요한 것은 크리스천 공동체에 참여하기 위한 어떤 예식(성례전)보다도 내적인 변화, 거듭남이라는 것을 알 수 있다.[203] 여기서 중요한 점은 위로부터 태어나는(1:13) 중생의 주도권이 인간이 아닌 하나님, 즉 하나님의 주권적인 은혜로운 사랑의 행위에 의해서라는 점이다. 그런 의미에서 우리는 다시 한번 하나님의 은혜의 주제로 돌아간다.[204]

"육으로 난 것은 육이요 영으로 난 것은 영이니"(6절). 바울은 '육에 속한 사람(자연인)'과 '영에 속한 사람(신앙인)'를 대조시켜 언급한 바 있

---

196)을 참조하세요.
202) 불트만은 성례와 관련된 3:5과 6:41b-58을 편집에 의한 삽입으로 간주하였다. R.Bultmann, 《신약성서신학》, 368. '물과 성령'이라는 요한의 이중말씀이 편집자의 삽입이라면 요한복음에 나오는 일곱 이중말씀은 모두 편집자의 삽입에 의한 것이란 말인가. 그리고 생명의 떡 강화에 이어서 나오는 성례 말씀(6:51-58)이 어째서 편집자의 삽입인가. 그 근거가 무엇인가. 그리고 복음서 기자는 성례 신앙에 대한 불신을 보여주고 있는가. 15:1-17과 상응하는 이 대목은 성례 신앙을 말하는 것이 아닌가.
203) 김동수, 《요한신학 렌즈로 본 요한복음》, 83.
204) R.A.Whitacre, *John*, 88-89.

다(롬 8:3-9). 인간이 자기 스스로 '하나님의 나라'에 들어갈 수 없다는 것을 '육'과 '영'의 반대되는 두 실재를 가지고 대조하여 설명하고 있다. '육'은 하나님의 은혜를 떠나 있는 부패한 인간의 본성을 가리킨다. 중생은 오직 '성령'의 역사에 의해서만 되어질 수 있다. 따라서 '영(성령)'으로 난 자만이 하나님의 나라에 들어가기에 태어날 때부터 '육'의 영역에 속한 모든 인간은 반드시 '영', 즉 '위로부터' 새로 나야만 한다.

중생의 진리는 자연인으로서는 도저히 이해할 수도, 믿을 수도 없는 영적 신비에 속하는 진리이다. 따라서 예수는 니고데모에게 영으로 다시 나는 것에 놀라지 말라고 하시면서 이에 대한 설명을 계속한다. "바람이 임의로 불매 네가 그 소리는 들어도 어디서 와서 어디로 가는지 알지 못하나니 성령으로 난 사람도 다 그러하니라"(8절). 히브리어 '루아흐(חור)'와 헬라어 '프뉴마(πνεῦμα)'는 '바람'과 '영'을 뜻하는 이중의미를 지닌다. 따라서 여기서 '프뉴마'라는 말의 사용은 언어의 유희이다. 유대인이면서 헬라적 사고에 익숙해 있는 니고데모에게 바람과 성령을 관련시켜 거듭남의 의미를 설명하는 것은 적절한 방법이라 볼 수 있다.

바람이 어떻게 생겨나며, 어디로부터 와서 어디로 가느냐 하는 것은 고대 세계의 사람들에게는 이성적으로 설명하기 어려운 하나의 수수께끼이자 신비였다. 인간이 바람을 조종하지 못하고 그 기원과 방향을 알 수 없듯이, 성령 또한 인간의 의지로 조종하지 못할 뿐만 아니라 그 기원과 방향을 알 수 없다. 성령으로 거듭남은 오직 하나님의 주권에 의한 것이다.

아브라함의 후손이라는 선민사상으로 가득 차 있던 니고데모는 이같은 예수의 가르침을 이해할 수가 없었다. 그래서 이렇게 반문했다. "어찌 그러한 일이 있을 수 있나이까"(9절). 니고데모의 오해나 몰이해를 잘 보여주는 대목이다. 그러자 예수는 니고데모를 질책했다. "너는 이스라엘의 선생으로서 이러한 것들을 알지 못하느냐"(10절).

니고데모는 예수가 인정할 정도로 율법에 정통한 이스라엘의 선생(율법학자)이었다. 그러나 그는 영적인 일에 대해서는 전혀 무지한 상태였다. 그는 영적 소경으로 또 다른 소경을 인도하는 자에 지나지 않았다. 그래서 그는 예수로부터 책망을 받게 된 것이다. 아이러니하게도 가장 경건하다고 자부하던 바리새인(유대 지도자들)이 중생의 진리에 대해 아무 것도 몰랐다는 사실은 그 당시 이스라엘의 영적 상태의 한 단면을 보여준다.

11절에서 예수는 두 부류의 사람을 대립시키고 있다. 한 부류는 '우리' 속에 포함된 성령의 역사를 깨닫고 거듭난(중생한) 사람들이고, 다른 한 부류는 성령의 역사에 의해 거듭난 사람들을 보고도 이를 믿지 않는 '너희' 속에 포함된 사람들이다. 여기서 '우리'는 예수와 그의 제자들(교회)을 가리키고, '너희'는 니고데모와 그를 따르는 유대인들(유대교)을 가리킨다고 볼 수 있다.

12절에서 '땅의 일'이란 중생과 같은 지상에서 이루어지는 일로서, 관찰(감각이나 경험)을 통해서 누구나 다 알 수 있는 일을 가리킨다. 그리고 '하늘의 일'이란 성부의 속죄 계획이나 성자의 성육신, 십자가에서의 죽음과 부활, 승천 및 성령에 의한 궁극적인 구원의 성취 같은 계시를 통해서만 알 수 있는 일을 가리킨다. 그러니까 이 구절은 땅에서 관찰을 통해서 알 수 있는 자연적인 이치를 가지고 거듭남(중생)의 진리를 설명을 해도 믿지를 못한다면, 계시를 통해서만 알 수 있는 하늘에서 되어지는 일을 어떻게 믿을 수 있겠느냐고 책망하는 말씀이다.

13절은 예수의 정체를 잘 보여준다. 여기서 예수는 하늘에서 내려온 자로서 이스라엘 조상 중에서 모세를 비롯한 하늘에 올라간 자(에녹, 엘리야)와 대비시켜 자신을 소개하고 있다. 이 구절에서 주목해야 할 것은 미래형이 아니라 현재완료형으로서의 '올라간(ἀναβέβηκεν)'이다. 이 구절은 부활의 관점에서 성육신과 십자가를 말하고 있는 것으로 부활신학을 잘 보여준다.

부활하여 하늘로 올라간(승천한) 예수는 본래 하늘에 속한 분이다. 그러기에 성육신하신 분, 즉 인자(사람의 아들)는 땅에서 나지 않고 하늘에서 내려오신 분으로 묘사한 것이다. 이분이 십자가에서 죽었다가 다시 살아나 하늘로 올라갈 것이다. 그러니까 부활(승천)-성육신-십자가-부활(승천)의 순환과정으로 예수 그리스도를 그리고 있는 것이다.

"모세가 광야에서 뱀을 든 것 같이 인자도 들려야 하리니"(14절). 이스라엘 백성을 애굽에서 인도하여 낸 지도자 모세는 광야에서 여호와를 원망하다가 범죄한 이스라엘 백성을 구하고자 놋뱀을 만들어 장대 위에 달고 그것을 쳐다보는 자들을 살게 했다(민 21:4-9). 이 사건은 후일 인류를 구원하기 위해 친히 자기 몸을 내어준 예수 그리스도의 십자가 사건의 좋은 그림자(prototype)였다.

이 구절에서 요한은 일시적 생명을 주는 것으로 끝나는 모세의 놋뱀과 영원한 생명을 주는 새 모세 예수의 십자가를 대조 비교시키고 있다. 이는 유대교에 대한 기독교의 우위 및 대체를 말함으로써 모세(율법)의 제자인 니고데모로 하여금 예수(복음)의 제자가 되게 하려는 신학적 의도가 깔려 있다.

요한복음에서 '들려야 한다'는 말은 십자가의 죽음과 부활, 그리고 승천을 말하는 다의적인 표현이다. 그런데 이 대목은 특히 십자가를 강조하는 대목이다. 요한은 일관되게 '들어올리다'라는 말을 인자의 죽음에 적용한다(8:28; 12:32-33).[205] '들리다'는 십자가에 예수를 매다는 행동과 하나님의 영광으로 높이는 행동이라는 이중의미를 지니고 있다(12:23; 13:31 이하). 이 대목은 '야웨의 고난받는 종'의 넷째 노래의 시작 문장(사 52:13)을 염두에 둔 것으로 보인다.

---

205) G.R.Beasley-Murray, *John*, 50.

모세는 이스라엘 백성으로 하여금 일시적인 죽음을 면케 하기 위해 놋뱀을 들었다. 그러나 새 모세 예수는 전 인류로 하여금 영생(하나님 나라의 삶을 사는 것)을 얻게 하기 위해(15절) 자신이 십자가에 달렸다. 구속 사건이란 다름 아니라 바로 성육신 하신 예수께서 십자가에 달리시고 부활하신 사건을 가리킨다. 따라서 십자가에 달리셨다가 부활하신 주님 안에서 신자는 영생을 소유하게 된다.

이 시점에서 예수와 니고데모와의 대화는 더 이상 진전될 수 없었다. 니고데모는 인간의 공로 곧 율법의 준수를 통해 구원을 얻는다고 믿었던 바리새파 유대교를 대표하는 인물이었다. 예수와 니고데모와의 대화가 말해주는 진리는 사람을 구원하는 것은 인간의 의와 노력이 아니라 영혼을 거듭나게 하는 하나님의 능력이라는 것이다.

2. 복음(진리)의 핵심(16-21절)
- 예수 나의 복음 -

⟨성경 본문⟩

16 하나님이 세상을 이처럼 사랑하사 독생자를 주셨으니 이는 그를 믿는 자마다 멸망하지 않고 영생을 얻게 하려 하심이라 17 하나님이 그 아들을 세상에 보내신 것은 세상을 심판하려 하심이 아니요 그로 말미암아 세상이 구원을 받게 하려 하심이라 18 그를 믿는 자는 심판을 받지 아니하는 것이요 믿지 아니하는 자는 하나님의 독생자의 이름을 믿지 아니하므로 벌써 심판을 받은 것이니라 19 그 정죄는 이것이니 곧 빛이 세상에 왔으되 사람들이 자기 행위가 악하므로 빛보다 어둠을 더 사랑한 것이니라 20 악을 행하는 자마다 빛을 미워하여 빛으로 오지 아니하나니 이는 그 행위가 드러날까 함이요 21 진리를 따

르는 자는 빛으로 오나니 이는 그 행위가 하나님 안에서 행한 것임을 나타내려 함이라 하시니라.

본문이 갖는 의미(중요성)를 일곱 가지로 요약하면 다음과 같다.

첫째, 그 유명한 구절인 3:16에서 '하나님의 사랑'을 말하는 '아가파오(ἀγαπάω)' 어휘가 여기에서 처음 나온다는 점이다. 게다가 '이처럼'이라는 말을 맨 앞에 둠으로써 하나님의 아가페 사랑을 강조하고 있다.

둘째, '왜냐하면'이라는 접속사를 7회(γὰρ 4회[16,17,19,20절], ὅτι 3회[18,19,21절]) 사용(우리말 성경에는 나타나지 않음)하여 심판(멸망)과 구원(영생)의 이유를 분명하게 제시하고 있다. 또한 요한복음에서 처음 나타나는 '영생'(15절과 16절) 어휘로 서로 연결되어 있다.

셋째, '구원' 어휘가 여기에서 처음(3:17) 사용되고 있다. 더욱 중요한 것은 구원(구주) 어휘가 요한복음 전체에서 7회(3:17; 4:22,42; 5:34; 10:9; 12:27,47) 사용하고 있다는 점이다. 숫자상징코드로 볼 때 이는 진리되신 예수가 구원을 주시기에 부족함이 없는 구주임을 나타낸다.[206] 18:33-38에서 각각 3회씩 사용된 하나님 나라=왕=진리가 동의어이듯이, 여기서는 요한복음(또는 본론)에서 처음 사용된 하나님 사랑=구원=진리가 동의어 쓰였다. 여기서도 우리는 요한의 천재성의 일면을 다시 보게 된다.

넷째, 마지막 절(21절)에 사용된 '진리' 어휘는 본론(2-20장)에 후에 덧붙여진 로고스찬가(1:1-18)를 제외하면 니고데모와 관련된 여기서 처음 사용되고, 빌라도와 관련된 18:36에서 마지막으로 사용되고 있다.

다섯째, '독생자' 어휘를 2회(16,18절) 거듭 사용하고 있고(또한 1:14,18),

---

[206] 구원(구주) 어휘는 마태 17회, 마가 13회, 누가 22회 사용하고 있다. 요한이 '구원(구주)' 어휘보다 '진리' 어휘를 즐겨 사용한 것은 '진리' 어휘가 보다 포괄적 의미(구원, 자유, 생명 등)를 담을 수 있는 언어 때문일 것이다.

'심판하다(κρίνω)' 어휘를 3회(17, 18[2회]) 사용하고 있다. 이는 숫자상징코드적 의미를 갖는 것으로 믿는 자는 구원과 영생을, 믿지 않는 자는 심판과 멸망을 이미 받았다는 사실을 강조하고 있다.

여섯째, 어둠과 대조되는 '빛(φως)' 어휘를 5회(19[2회], 20[2회], 21절) 사용하고 있다. 이 또한 숫자상징코드적 의미를 갖는다. 로고스찬가(1:4-9)에서 보았듯이 이 어휘는 예수와 관련하여 사용될 때 유대교 또는 모세를 대체하는 상징적 의미를 지닌다.

일곱째, '악을 행하는 자'(20절)와 '진리를 따르는 자'(21절)가 대조된다. 악을 행하는 자(빌라도)는 빛(주님)을 미워하여 빛으로 나아오지 않는다. 그 까닭은 자기 행위가 밝히 드러날까 두려워서이다. 이와 달리 진리를 행하는 자(니고데모)는 빛(주님)을 사랑하여 빛으로 담대하게 나아온다. 그 까닭은 그 행위가 하나님 안에서 행한 것임을 나타내려 하기 때문이다.

지금까지의 모든 언급에 기초하여 볼 때 3장과 18-19장은 상응하며, 그 내용은 결국 두 길, 즉 '중생한 자(니고데모)의 길'과 '중생하지 못한 자(빌라도)의 길'을 말하고 있다는 사실이다.

본문은 3:31-36과 함께 요한의 묵상적 해설로서 우리가 잘 아는 그 유명한 구절(3:16)[207]이 나오는 단락이다. 16절을 가리켜 성경 전체를 요약한 '복음 중의 복음'이라고 한다. 이 세상에서 단 한권의 책을 선택하라면 성경책이고, 성경 66권 중 단 한권을 선택하라면 요한복음이고, 그 가운데 한장을 선택하라면 3장이고, 그 가운데 한절을 선택하라면 3:16[208]이 될 것이다.

---

207) 이 구절에 나오는 '독생자(μονογενής)' 어휘는 복음서 저자(1:14, 18; 요일 4:9)에 의해 사용된 단어이다.
208) 요 3:16은 바울의 로마서 5:8("우리가 아직 죄인 되었을 때에 그리스도께서 우리를 위

영원히 죽을 수밖에 없는 나 같은 죄인을 사랑하사 영원한 생명을 주시기 위해 하나밖에 없는 외아들을 낮고 천한 이 세상에 보내셔서 온갖 고초를 겪게 하시고 끝내는 십자가에 피 흘려 죽게 하신 그 크신 하나님의 은혜와 사랑을 어찌 필설로 다 말할 수 있으랴.
　먼저, 이 유명한 구절의 의미를 말한다면 이렇다. 본래 하늘에 계셨던 하나님(부활주), 그 하나님이 왜 사람이 되셨는가(성육신)? 그리고 왜 그토록 수치스럽고 참혹한 죽음을 당하셔야 했는가(십자가)? 그리고 왜 다시 사셔서 하늘로 올라가셔야 했는가(부활주)? 그 답은 이렇다. "우리를 사랑하는 까닭 때문이다." 달리 말한다면 우리로 하여금 하나님 나라의 생명(곧 영생=부활)에 참여하도록 하기 위해서이다. 부활주-성육신-십자가-부활주로의 순환적·원적 과정, 이것이 예수(요한복음)의 시간관이다.
　이 구절은 성자의 성육신, 십자가, 부활을 통한 성부의 인류 구원 계획이 잘 요약되어 있다. 그리고 예수의 유일성(唯一性), 예수라는 문 외에는 그 어떤 구원의 문도 없으며, 예수 이름 외에는 구원을 얻을만한 다른 이름이 없다(행 4:12)는 것을 잘 말해주고 있다. 이는 예수 그리스도를 믿음으로 구원을 얻는다는 바울의 이신칭의(以信稱義)와 그 맥을 같이 한다.
　이 구절을 원문으로 살펴보면 '하나님이 세상을 이처럼 사랑하사(ἠγάπησεν ὁ θεὸς τὸν κόσμον)'에서 '사랑한다'는 말이 앞에 강세를 받는 자리에 있어서 '하나님의 사랑'을 강조하고 있다. '독생자를 주셨다'는 말씀은 성육신을 말할 뿐 아니라 하나님이 우리를 사랑하사 구원하기 위해 성육신적 내리사랑의 극치인 십자가에 아들을 내어주셨다(대속적

하여 죽으심으로 하나님께서 우리에 대한 자기의 사랑을 확증하셨느니라")을 보다 세련되게 표현한 구절이라고 볼 수 있다.

죽음)는 의미를 담고 있다.

이 구절에서 우리는 요한의 일원론적 지향을 선명하게 볼 수 있다. 즉 하나님은 유대인과 이방인, 하나님 나라와 세상 나라를 분리하지 아니하시고 자신의 하나밖에 없으신 아들을 세상에 보내시고 그를 십자가에 내어주면서까지 세상을 사랑하셨다. 그리하여 아들을 믿는 자는 차별없이 누구나 영생(하나님 나라)으로 이끄시는 사랑 많으신 하나님이다. 따라서 요한복음이 '이원론적 복음서'라는 주장은 근본적으로 요한복음의 사상과 배치된다.

또한 이 구절에는 인간을 구원하기 위한 하나님의 의지(동기, 방법, 목적)가 잘 드러나 있다. '하나님이 세상을 이처럼 사랑하사'(동기), '독생자를 주셨으니'(방법), '그를 믿는 자마다 멸망하지 않고 영생을 얻게 하려 하심이라'(목적). 여기서 구원(영생)과 심판(멸망)은 하나님이 보내신 예수 그리스도를 믿느냐의 여부에 달려 있다. '복음 중의 복음'으로 일컬어 이 구절에 나타난 '믿는 자의 영생'과 '불신자의 멸망'은 다니엘 12:2을 연상케 한다.

17절은 16절의 방법과 목적을 다른 말로 설명하고 있다. '하나님께서 그 아들을 세상에 보내신 것은'(파견이라는 방법), '세상을 심판하려 하심이 아니요 그로 말미암아 세상이 구원을 받게 하려 하심이라'(파견의 목적). 아버지 하나님께서 아들을 이 세상에 보내시어 십자가에 화목제물로 내어주신 것은 우리를 구원하기 위한 사랑의 발로였다(롬 5:8-11).

그러기에 하나님으로부터 보냄을 받고 십자가에 달려 죽으신 예수 그리스도를 믿는 자는 구원을 받지만 그 이름을 믿지 아니하는 자는 벌써 심판을 받은 것이다(18절). 여기에는 종말의 구원이나 심판이 이 땅에서 이미 이루어졌다는 소위 요한신학의 '현재적 종말론' 사상이 나타나 있다(5:24; 11:25-26; 12:31 참조).

하나님은 구원의 문을 열어놓고 누구나 오라고 초청하셨다. 그런데 마음문을 닫고 귀를 쓰고 오지 않겠다고 버티는 자를 어떻게 하겠는가. 하나님도 어쩔 수 없다. 스스로 멸망의 길을 선택한 것이지 하나님이 그를 차별한 것이 아니다. 그러니까 십자가는 하나님의 구원과 심판이다. 하나님은 '사랑의 하나님'이자 '공의의 하나님'이다. 믿는 자에게는 영생이 주어지지만, 믿지 않는 자는 스스로 심판을 자초하는 것이다. 예수의 십자가는 진리와 거짓, 빛과 어둠, 구원과 심판을 나누는 하나님의 심판 잣대이다.

이어지는 19-21절은 빛과 어둠(19절), 악을 행하는 자(20절)와 진리를 따르는 자(21절)에 대해 말하고 있다. 요한이 니고데모와의 대화 이후에 구원과 심판을 비롯한 이러한 대조되는 말을 하는 까닭은 무엇일까? 그것은 앞으로 전개될 대조되는 두 사람의 길, 즉 진리를 따르는 자로서 빛 되신 예수에게로 나온 니고데모와 빛 되신 예수를 미워하여 어둠 속에 거하면서 악을 행하는 빌라도의 모습을 대조시키기 위한 전략적 의도에서였다는 것이 필자의 생각이다.

요한은 니고데모가 예수와의 만남이 있은 후에 (성령에 의해) 새 사람으로 변한 중생의 과정을 보여주기 위해 요한복음 중간에 그의 관한 기사를 취급하였다(7:50-52). 니고데모는 예수를 왕으로 모시고 하나님의 자녀로, 천국 백성으로 살기로 결단한 것이다. 야곱이 사랑하는 아들 요셉을 만난 후 "지금 죽어도 좋다"(창 46:30)라고 고백했듯이, 하나님의 아들 예수를 진리로, 메시아로 만난 후 니고데모는 지금 죽어도 한이 없었다.

마침내 그는 십자가에 달려 죽으신 예수의 장례를 돕는 일에 뛰어들었다(19:39-40). 이는 그가 유대사회에서 인정받고 평탄하게 사는 넓은 길을 버리고 주님의 고난에 동참하면서 험난한 좁은 길을 걸어갔음을 보여준다. 예수는 하늘로부터 오신 4차원이다. '하늘에 속한 4차원(하나님 나라)'만이 영원하다. '땅에 속한 3차원(세상 나라)'은 영원한 것이 없다. 차원이 다른 세계가 있음을 알려주려고 오신 분이 예수다. 니고데모는 '4차원의 하나님 나라(예수)'를 만난 후 '3차원의 세상(세상 나라)을 버렸다. 신앙의 길을 가고자 험악한 세월을 살았던 믿음의 선조 야곱처럼(창 47:9), 니고데모는 험한 십자가 끌어안고 험악한 세월을 살기로 결단했다.[209]

이와는 달리 로마 총독이었던 빌라도는 하나님 나라를 안고 오신 예수와 만나는 행운을 얻었다. 그러나 그는 하나님 나라에는 관심이 없고 오직 세상 나라의 권세와 그 권세가 가져다주는 세상적인 것들에 빠져 있었다. 영적인 눈이 먼 그에게는 이 세상이 전부였다. 그는 중생하기 이전의 영적인 눈이 열리지 않은 니고데모였다(계 3:17-18 참조). 그러기에 하나님 나라를 말하는 예수를 어이가 없다는 듯이 비웃고 조롱하였다.

그는 하나님의 자녀가 되는 권세, 하나님 나라를 얻을 천재일우의 기회를 스스로 포기하였다. 결국 하나님 나라의 진리(왕) 되신 예수를 십자가에 못 박는 멸망의 길을 걸어간 것이다. 그리하여 그는 〈사도신경〉을 통해 영원히 저주받는 이름으로 남게 되었다. 본문은 우리에게 말한다. 예수(하나님 나라) 신앙 때문에 충성과 순교를 택하고 영원히 살 것인가? 아니면 예수를 버리고 배교하고 잠시 살다가 영원히 죽을 것인가? 선택하고 결단하라.

여기서 "신앙이란 무엇인가?"를 다시 묻는다. "신앙이란 영원의 시각

---

[209] 컬페퍼는 니고데모를 미묘한 인물의 한 모델로 보면서 아리마대 요셉처럼 예수를 믿지만 회당에서 축출당하지 않기 위해 고백하기를 거부하는 자들을 대표하는 인물(12:42)이며, 하나님의 자녀들 가운데 한명이 아니라 '그들 중 한 사람(드러내지 않고 믿는 제자 가운데 하나, 19:38)'이며, 마가 12:28-34의 서기관처럼 하나님의 나라에서 멀지는 않지만, 하나님의 나라 밖에 머무는 부정한 인물로 묘사하고 있다. R.A.Culpepper, *Anatomy of the Fourth Gospel*, 134-136. 이러한 컬페퍼의 주장은 요한복음의 교차대구구조와 요한의 글쓰기를 잘 모르고 한 표면에 나타난 피상적 관찰이라는 것이 필자의 생각이다.

을 갖는 것이다." 영원한 시각을 선택한다는 것은 세속의 것들을 포기해야 할 경우 그것을 미련없이 포기해야 하는 고독한 길이며, 그런 의미에서 세속인과 구별된 예외자로 사는 길이다. '신앙의 예외자'로 살고자 했던 키르케고르의 절대고독을 체험할 때 신앙의 깊이에 들어가는 것이며, 그 존재의 깊이에서 우리는 참으로 은밀한 하나님을 만나게 될 것이다(사 26:20; 마 6:6).

여기서 우리는 "인생이란 무엇인가?"를 다시 물어본다. 그 물음에 이렇게 대답해 본다. "인생은 하나다. 그 하나란 '하나님의 말씀' 곧 하나님의 말씀으로 오신 '예수'가 그 하나다"라고. 하나님의 말씀으로 오신 예수를 아는 것이 인생이다(요 1:14). 그러니까 예수를 모르면 인생이 아니다. 예수를 모르는 인생이 곧 멸망(죽음)이고, 예수를 아는 인생이 구원(생명)이다(요 3:16). 이것이 복음(진리)의 핵심이다. 모든 것이 예수 하나로 모아지고, 모든 것이 예수 하나로 다시 돌아가는 것, 그것을 말하고자 하는 것이 신구약성경이고, 인류 역사(BC와 AD)이다(롬 11:36).[210] 당신의 평생 소원은 무엇입니까? "내 평생 소원은 '예수 하나' 제대로 알기 원하는 것입니다."

---

210) 이에 대해서는 448쪽의 〈도표 16〉를 참조하세요.

3. 세례 요한의 최후 증언(22-30절)[211]
— 예수 나의 신랑(신부) —

〈성경 본문〉

22 그 후에 예수께서 제자들과 유대 땅으로 가서 거기 함께 유하시며 세례를 베푸시더라 23 요한도 살렘 가까운 애논에서 세례를 베푸니 거기 물이 많음이라 그러므로 사람들이 와서 세례를 받더라 24 요한이 아직 옥에 갇히지 아니하였더라 25 이에 요한의 제자 중에서 한 유대인과 더불어 정결예식에 대하여 변론이 되었더니 26 그들이 요한에게 가서 이르되 랍비여 선생님과 함께 요단 강 저편에 있던 이 곧 선생님이 증언하시던 이가 세례를 베풀매 사람이 다 그에게로 가더이다 27 요한이 대답하여 이르되 만일 하늘에서 주신 바 아니면 사람이 아무 것도 받을 수 없느니라 28 내가 말한 바 나는 그리스도가 아니요 그의 앞에 보내심을 받은 자라고 한 것을 증언할 자는 너희니라 29 신부를 취하는 자는 신랑이나 서서 신랑의 음성을 듣는 친구가 크게 기뻐하나니 나는 이러한 기쁨으로 충만하였노라 30 그는 흥하여야 하겠고 나는 쇠하여야 하리라 하니라.

본문 및 이어지는 본문(31-36절)이 이곳에 들어간 것이 어색하다고 말하는 이들이 있다. 그러나 그것은 모르고 하는 소리이다. 사람이 죽으면서 마지막으로 하는 유언의 말은 귀담아 들을 필요가 있듯이 이 대목은 세례 요한의 최후 증언이라는 점에서 대단히 중요한 의미를 지닌다. 앞 본문(니고데모와의 대화)이 모세와 예수를 대비시켜 예수의 우

---

211) 세례 요한의 최후 증언은 두 개의 요한의 해설 사이에 샌드위치 되어 있다. 이 단락의 '신랑과 신부('그리스도와 교회'를 상징)' 언급은 4장의 '교회론'을 준비하기 위한 사전포석의 의미를 갖는다.

월성과 유일성을 강조했다면, 본문은 요한의 세례사역과 예수의 세례사역을 대비시켜 예수의 우월성과 유일성을 다시 한번 강조하고 있는 것이다.

니고데모와의 대화의 지리적 배경은 예루살렘인데, '유대 땅으로 갔다'(22절)는 표현은 무엇을 말하고자 함인가? 그것은 26절에 나와 있는 '요단강 저편(요단 동편)'에 대한 암시(사인)라고 말할 수 있다. 이미 언급했듯이 요한은 세례 요한을 요단 동편(사망의 땅을 상징)에서 사역하는 존재로 그리고 있다. 그 반면에 예수의 사역은 기본적으로 요단 동편에서 요단 서편으로, 즉 사망의 땅에서 생명의 땅으로 옮겨가는 것으로 그리고 있다. 아래 4장에서 예수는 생명을 주시기 위해 다시 요단 서편 땅인 사마리아 지역으로 옮겨가는 모습을 볼 수 있다.

정확한 위치를 알 수 없는 한 곳에서 예수는 세례를 베풀었고, 세례 요한도 정확한 위치는 알 수 없지만 예수가 사역하던 근처인 살렘 가까운 애논에서 세례를 베풀었다(22,23절). 그런데 갑자기 "요한이 아직 옥에 갇히지 아니하였더라"(24절)라는 말이 나온다. 이것은 요한복음이 기록될 당시 이미 요한은 투옥 후 처형되었다는 것이 널리 알려졌으므로 이 사역은 그가 옥에 갇히기 전에 있었던 사건임을 독자들에게 알려주기 위함에서였다. 또한 공관복음(막 1:14-15)과는 달리 요한복음은 세례 요한이 감옥에 갇히기 전부터 예수가 사역을 시작한 것으로 그리고 있다. 세례 요한과의 사역에 관계없이 예수가 사역을 시작하였다는 것은 세례 요한의 사역을 능가하는 분임을 간접적으로 시사한다.

이때 요한의 제자와 한 유대인이 정결예식, 아마도 세례에 관해 변론이 있었던 모양이다. 그러면서 유대인들이 요한에게 가서 하는 말이 "선생님이 증언하시던 이가 세례를 베풀매 사람이 다 그에게 가더이다"(26절)라고 말하였다. 요한의 제자들은 예수를 과대 칭찬하여 스승 요한에게 경쟁심을 불러일으키려고 했던 모양이다. 이에 요한은 이렇게 잘라 말했다. "하늘에서 주신 바가 아니면 아무 것도 받을 수 없느니라"(27절). 그것은 하나님 아버지께서 사람들을 아들 예수에게 주신 결과라는 것이다(6:65; 19:11).

그러면서 앞서 행한(1:20 이하) 증언자로서의 자신의 사명을 제자들에게 일깨우면서 이렇게 말한다. "신부를 취하는 자는 신랑이나 서서 신랑의 음성을 듣는 친구가 크게 기뻐하나니 나는 이러한 기쁨이 충만하였노라"(29절). 세례 요한은 지금 당시의 결혼 풍습에 따른 신랑과 신랑의 친구관계를 비유로 들어 예수는 신랑이고 자신은 신랑의 친구(들러리)라고 말하고 있다.

신랑의 친구는 신부를 신랑에게 데리고 가는 두 사람 가운데 하나다. 그는 신랑과 신부의 첫날밤을 신부 대기실에서 지켜보다가 신랑이 신부의 처녀성을 인정하고 기쁨의 환호성과 함께 신부를 아내로 맞이하면 신랑의 친구도 그 신랑과 함께 기쁨을 나누게 된다.[212] 이와 마찬가지로 세례 요한은 신랑 되신 예수의 들러리에 불과하지만 신랑의 기쁨에 동참하는 것만으로도 기쁨이 충만하다고 고백하였다. 그러면서 그는 유언처럼 마지막 한마디를 멋진 말로 장식하였다. "그는 흥하여야 하겠고 나는 쇠하여야 하리라"(30절).

여기서 세례 요한의 최후 증언에 담긴 깊은 뜻을 살펴보자. 구약에서는 이스라엘을 '하나님의 신부'로 불렀다(사 54:5; 62:4-5; 호 2:19-20). 신약에서는 교회를 '그리스도의 신부'로 불렀다(엡 5:25- 27; 고후 11:2; 계 19:7; 21:2; 22:17). 그리스도와 교회와의 관계는 큰 사랑의 비밀을 가지고 있다(엡 5:32). 신부인 교회는 그의 신랑 되신 그리스도만을 유일하게 사랑해야 할 구주로 삼아야 한다. 그 까닭은 신랑 되신 그리스도 예수가 그의 사랑하는 신부(교회)를 위해 먼저 십자가에 자신을 내어주기까지

---

212) 이영헌,《요한복음서》, 101.

사랑하였기 때문이다.

세례 요한의 최후 증언에서 우리는 두 가지를 살펴보려고 한다.

첫째, 세례에 관한 문제이다. 여기서의 세례는 물속에 들어갔다가 나오는 침례로서 이는 죽었다가 다시 산다는 의미이다. 즉 우리의 옛 사람이 예수와 함께 십자가에 못 박혀 죽었다가 그와 함께 다시 살아나 새 생명을 얻는 것을 의미한다(롬 6:3-11 참조). 세례 요한의 세례는 신랑 되신 예수 그리스도를 맞이하기 위해 신부가 몸단장을 하는 것과 같은 예비적 성격을 갖는다. 참 세례는 예수 그리스도가 주는 세례로서 십자가에서 죽었다가 부활하여 다시 사는 세례, 구원을 가져다주는 세례이다. 예수의 세례만이 옛 사람이 죽고 새 사람으로 거듭나게 하는 중생의 세례가 되는 것이다.

둘째, 이 단락은 2장의 가나의 혼인잔치를 연상케 한다. 저녁(밤)에서 시작된 결혼식이 아침(새벽)으로 가듯이 율법시대(구약시대)인 유대교는 쇠해야 하고 복음시대(신약시대)인 기독교는 흥해야 한다. 이미 언급했듯이 요한복음에서 모세와 세례 요한은 예수의 선구자 역할을 한다는 점에서 같은 운명을 지닌 존재이다. 율법과 선지자의 시대는 모세와 세례 요한까지이다(눅 16:16). 신랑의 들러리인 세례 요한의 옛 시대(율법시대)는 이제 끝나고, 신랑 되신 예수의 새 시대(복음시대)가 시작된 것이다. 그래서 그는 이 같은 멋진 한마디를 남기고 역사의 무대에서 조용히 사라진 것이다.

여호수아를 역사의 전면에 내세우고 자신은 조용히 역사의 무대 뒤편에 서 있었던 갈렙처럼(수 14:6-15), 세례 요한은 주역인 예수만 드러내고 조역인 자신은 역사의 무대 뒤편으로 조용히 사라짐으로써 증언자로서의 사명을 다하고 갔다. 하나님의 사람 요셉은 이 같은 말로 인생의 마지막 말을 장식했다. "하나님이 반드시 당신들을 돌보시리니 당신들은 여기서 내 해골을 메고 올라가겠다 하라"(창 50:25). 요셉은 자신의 영원한 고향은 성공한 애굽 땅이 아닌 하나님이 약속하신 가나안 땅임을 이 한마디 마지막 말로 대신했다. 그대는 인생의 마지막 말을 준비하고 사십니까?

4. 예수(구원)의 유일성(31-36절)
　　- 예수 나의 구원(구주) -

〈성경 본문〉
31 위로부터 오시는 이는 만물 위에 계시고 땅에서 난 이는 땅에 속하여 땅에 속한 것을 말하느니라 하늘로부터 오시는 이는 만물 위에 계시나니 32 그가 친히 보고 들은 것을 증언하되 그의 증언을 받는 자가 없도다 33 그의 증언을 받는 자는 하나님이 참되시다는 것을 인쳤느니라 34 하나님이 보내신 이는 하나님의 말씀을 하나니 이는 하나님이 성령을 한량 없이 주심이니라 35 아버지께서 아들을 사랑하사 만물을 다 그의 손에 주셨으니 36 아들을 믿는 자에게는 영생이 있고 아들에게 순종하지 아니하는 자는 영생을 보지 못하고 도리어 하나님의 진노가 그 위에 머물러 있느니라.

　본문은 세례 요한의 최종 증언에 대한 요한의 해설이다. 이 단락은 요한복음 1-3장까지의 내용을 요약 정리한 것이다. 그 구조는 위(부활)에 계신 아들이 아래(성육신)로 내려와 아버지께 순종(십자가)했다는 내용이다. 결국 세례 요한의 메시지는 예수의 유일성, 즉 예수만이 구원을 가져다주는 유일한 존재라는 것이다.
　신랑 되신 예수 이전의 자신을 포함한 모든 성인들은 다 '신랑을 위한 들러리'이다. 즉 그들은 모두 참 진리(구원)라는 최종 목표를 위한 과정에 있는 사람들에 불과한 존재들이다. 율법(인간의 행위)으로는 인간이 구원을 얻을 수 없다. 복음(십자가와 부활)만이 인간을 구원한다. 여기에 예수의 유일성, 즉 "왜 예수이어야만 하는가?"라는 질문에 대한 답변이 있다.

하나님께서는 신랑 예수가 오시기 전 5-6백년 전부터 신랑의 들러리로서 이 세상에 성인들을 보내주셨다. 석가, 공자, 노자, 소크라테스, 그리고 바벨론 포로기의 삼총사인 예레미야, 에스겔, 제2이사야 등 위대한 선지자들을 이 시기에 집중적으로 보내셨다. 율법시대에 속한 이들은 모두 신랑 예수의 오심을 준비하기 위해 예비된 사람들이다.

모세의 출애굽 사건이 있기까지 400-430년 동안의 고난의 기간이 있었다. 마찬가지로 새 모세의 새 출애굽사건이 있기까지 400-430년 동안의 예언자가 없는 긴 침묵의 암흑시대가 있었다. 드디어 침묵을 깨고 하나님께서는 율법시대의 마지막 주자인 세례 요한을 보내어 예수를 증언하도록 하셨다.

3장의 마지막 넷째 부분인 31-36절은 이에 대해 잘 말씀해 주고 있다. 31-32절은 '위(하늘)로부터 오시는 이(하늘에 속한 자)'와 '땅에서 난 이'를 대조시키고 있다. 예수는 바로 '위(하늘)로부터 오시는 이'이다. 이에 반해 예수 이외의 다른 모든 인간은 다 '땅에서 난 이(땅에 속한 자)'이다.

땅에 속한 자는 땅에 속한 것을 말할 수밖에 없다. 이에 반해 하늘에 속한 자는 하늘에 속한 것을 말할 수밖에 없다. 예수는 바로 하늘에서 친히 보고 들은 것을 증언하러 이 땅, 이 세상에 온 것이다. 그러나 이 세상은 하늘의 말씀을 처음 듣는 소리인지라 예수의 증언을 받을만한 사람이 없었다. 그러기에 33절에서는 그의 증언을 받는 자는 하나님이 참되시다 인친 것이다.

또한 34절은 이를 더욱 잘 설명해준다. 이 구절에서 "하나님이 보내신 이는 하나님의 말씀을 한다"고 했다. 예수 외에는 하나님이 보내신 분이 없으며 하늘에 속한 예수[213) 외에는 하나님의 말씀을 하실 분이 없다. 오직 예수만이 하나님이 보내신 분이요 따라서 하나님의 말씀을 하실 수 있는 유일한 분이다. 이는 하나님이 성령을 한량없이 그에게 부어주셨기 때문이다.[214) 예수는 하나님이 한량없이 부어주신 성령의 능력으로 하나님의 말씀과 표적을 행하였다.

35-36절의 말씀을 쉽게 풀이하면 이렇다. 예수의 아버지되시는 하나님은 온 우주 만물을 창조하시고, 구원과 심판을 주관하시는 분이다. 아버지 하나님은 아들 예수를 지극히 사랑하셨다. 또한 당신께서 창조하신 이 세상을 지극히 사랑하셨다. 그래서 자신이 가장 사랑하는 아들 예수를 이 세상에 보내셨고 십자가에 내어주셨다가 살리셨다. 부활하신 예수는 본래의 고향인 하늘로 다시 올라가셔서 하나님 우편에 앉아 계신 분이다. 이 같은 아들은 아버지와 함께 만물을 다스리는 전권을 갖고 계신 분이다. 따라서 아버지를 대신해서 아들이 구원과 심판의 전권을 맡고 계신 것이다.

따라서 아들이 아버지께 순종하여 십자가를 스스로 지심으로 영원한 생명에 들어간 것처럼 아버지 하나님이 보낸 아들 예수를 믿는 자는 영생을 얻게 될 것이다. 이것이 바로 하나님의 구원이다. 그러나 아들 예수를 믿지 않는, 즉 아들 예수의 말씀에 순종하지 않는 자는 영생을 받지 못하게 될 것이다. 그 사람은 아들 예수를 믿지 않는 고로 아버지 하나님의 진노가 그에게 머물게 될 것이다. 이것이 바로 하나님의 심판이다. 그 유명한 요한복음 3:16이 바로 이것을 말씀하고 있는

---

213) 더 자세한 내용은 박호용, "왜 예수(교)이어야 하는가? 하늘 때문", 《예수사랑의 연가》, 391-432을 참조하세요.
214) '성령 충만'이란 4차원에 속하는 하나님의 것들(성부, 성자, 성령, 성경)이 우리 영혼(마음)에 머물러 있는 상태를 말한다.

것이다.[215]

신명기는 생명과 복, 사망과 화가 하나님의 말씀인 토라의 순종 여부에 달려 있다고 말씀하고 있다(28-30장). 본장은 영생과 심판이 하나님의 말씀이요 하나님 나라를 안고 오신 예수 그리스도에 대한 믿음의 여부에 달려 있다고 말씀하고 있다. 모세의 율법(유대교)으로는 구원을 얻을 수 없고, 오직 하나님의 사랑의 징표인 십자가와 부활의 복음(예수 그리스도)만이 구원을 준다는 것이다. 본장은 바로 이 같은 '예수의 유일성'을 말하는 성경의 핵심장이다. 본장은 우리에게 "이렇게 도전해 온다. "당신에게 있어 예수는 어떤 존재입니까?"

모든 종교는 다 진리를 말하고 있고, 그런 의미에서 모든 종교는 다 똑같다고 말하는 사람이 있다. 그러나 그렇게 말하는 것은 논리의 비약이다. 각각의 종교는 나름대로의 진리를 말하고 있는데, 여기서 중요한 것은 '어떤 진리를 말하는가'이다. "뭇사람이 그의 교훈에 놀라니 이는 그가 가르치시는 것이 권위 있는 자와 같고 서기관들과 같지 아니함일러라"(막 1:22). 예수는 무엇이 달랐는가? 한마디로 말한다면 '차원이 달랐다.' 예수가 4차원이라면, 서기관을 비롯한 다른 모든 성인들은 3차원이다. 3차원의 세계는 아무리 커도 3차원의 세계이고, 4차원의 세계는 아무리 작아도 4차원의 세계이다. 돌은 아무리 커도 돌이고, 보석은 아무리 작아도 보석인 것과 같은 이치이다.

예수는 4차원의 하늘에 속한 자(3:31; 6:51)이고, 다른 이들은 3차원의 땅에 속한 자이다. 그래서 그 말씀하시는 진리가 달랐다. 하늘의 진리와 땅의 진리, 절대 진리와 부분 진리의 차이이다. 이를 다른 말로 표현하면 세상 나라의 진리와 하나님 나라의 진리의 차이이다. 다른 이들은 인간이 왕이 되어 통치하는 왕국, 즉 '세상 나라'를 말했다면, 예

---

215) 박호용,《감악산의 두 돌판》, 64-67.

수는 하나님이 왕이 되어 통치하는 왕국, 즉 '하나님 나라'를 말했다(눅 4:43).

성경이 들려주고자 하는 궁극적 메시지는 이것이다. 세상 나라가 그리스도의 나라가 되어(계 11:15), 온 세상이 예수의 발 아래 엎드려 그를 주와 그리스도로 고백하고(빌 2:10-11), 그리스도 예수가 왕이 되어 통치하는 나라를 이룩하는 것이다. 이것이 예수가 서기관들(성인들)과 달랐고, 요한은 이것을 자신의 전부를 걸고 역설했던 것이다.

바알 종교는 부부관계인 남신 바알과 여신 아세라와의 성관계를 통해 풍요와 다산을 가져다준다는 혼합주의(syncretism) 종교였다. 북왕국 이스라엘 백성은 바알의 자리에 야웨를 넣어 '야웨와 아세라'라는 혼합주의를 숭배하고 있었다. 선지자 호세아(주전 740년경)는 이같은 혼합주의를 배격하고 아세라 자리에 이스라엘을 넣음으로써(호 2:16-20) '야웨와 이스라엘'이라는 새로운 공식을 내놓았다. 야웨의 배우자는 아세라가 아니라 그의 언약 백성인 이스라엘이라는 대담한 주장을 통해 혼합주의를 극복했다.[216]

고대근동의 여신숭배처럼 이교도들의 여신숭배나 성모 마리아 숭배는 모두 혼합주의 종교이다. 예수 이외에 그 무엇을 덧붙이는 것은 모두 혼합주의 종교이다. 현대의 다원주의 기독교는 구약의 혼합주의의 변형된 형태이며, '사이비 기독교(기독교 이단)'임을 분명히 해야 할 것이다.

---

[216] 이 같은 '호세아의 결혼 은유'에 대해서는 강성열, "호세아의 결혼 은유에 관한 연구", 장로회신학대학교 박사학위논문, 19을 참조하세요.

제 4 장

〈본장 개요〉

교회의 두 본질적 사역은 '예배(모이는 교회)'와 '선교(흩어지는 교회)'이다.[217] 4장은 이 같은 교회의 두 본질적 사역을 잘 보여주고 있다는 점에서 '교회론'에 속하는 장이다(참고로 예수의 대제사장 기도인 17장도 '예배와 선교'를 신학적 주제로 하고 있다는 점에서 '교회론'에 속하는 장이다). 요한은 교회론의 두 기둥인 '예배와 선교'를 통해 독자 들로 하여금 '예배의 영성'과 '선교의 영성'을 갖도록 의도하고 있다.

3장의 니고데모와 4장의 사마리아 여인은 여러 가지 면에서 대조를 이루고 있다.[218] 요한은 3장에서 한 사회의 최상류층에 속하는 유대인 남자 니고데모를 통해 '구원론'을 전개하고 있는 반면, 4장에서는 한 사회의 최하류층에 속하는 사마리아 여인을 통해 '교회론'을 전개하고 있다. 이는 구원에 있어서, 교회 구성원에 있어서 차별이 없다는 3:16의 말씀 '누구든지'에 대한 구체적 실례이다.

---

217) Lee는 사마리아 여인 기사가 일차적으로 '신앙에 관한 이야기(신앙론)'로, 그 이야기의 절정은 마을사람들의 신앙고백(42절)이라고 보고 있다. D.A.Lee, *The Symbolic Narratives of the Fourth Gospel: The Interplay of Form and Meaning*, 64-65. 표층적으로는 그렇게 볼 수도 있으나 심층적으로는 사마리아 여인 기사는 예배로 이어지다가(1-26절), 이어서 사마리아 사람들(이방인들)에게까지 복음이 전해진다(27-42절)는 선교 이야기(이하 43-54로 계속)라는 점에서 '예배와 선교'라는 두 기둥으로 이루어진 '교회론'을 말하고 있다.

218) 니고데모와의 대화(3장)와 사마리아 여인과의 대화(4장)의 차이점을 대조하면 다음과 같다. 1. 때(시간): 밤중 / 대낮(정오), 2. 곳(장소): 유대(예루살렘) / 사마리아, 3. 대화의 발단: 계획적인 방문 / 우연히, 4. 접근한 사람: 니고데모 / 예수, 5. 인종: 유대인 / 사마리아인(혼혈인), 6. 사회적 신분: 바리새인이자 산헤드린 공회원 / 부정한 과거를 가진 여자, 7. 대화의 주제: 거듭남 / 참된 예배, 8. 대화의 결과: 처음에는 예수의 말씀을 잘 깨닫지 못했으나 나중에 거듭나 예수의 장사를 도움 / 예수가 메시아임을 깨닫고 이웃에게 전도함.

사마리아 여인과의 대화는 사복음서 가운데 요한복음에만 나타난다. 마태(제자파송설교[10:1-42])는 사마리아 전도에 부정적이다. 누가(사마리아 사람의 비유[10:25-37], 사마리아인의 감사[17:11-19])는 사마리아인에 관심을 보이기는 하나 전체적으로 볼 때 사마리아 선교에 소극적이다. 이에 반해 요한은 사마리아 전도에 적극적이다.[219]

2장에서 '옛 성전'과 '예수의 몸인 새 성전'이 대조되고, 3장에서 '이스라엘의 선생 니고데모'와 '하늘에서 오신 선생 예수'가 대조되듯이, 4장에서는 '야곱의 우물에서 나온 물'과 '예수가 주는 물', '유대인의 예루살렘 성전 예배'와 '사마리아인의 그리심산 예배', '성전 예배와 '영적 예배'가 대조되고 있다.

본문은 '물'[220]이라는 소재를 가지고 대화를 시작해서 참된 예배와 사마리아 선교(이방인 선교)라는 주제로 끝을 맺고 있다. 그리고 이를 통해 요한공동체의 교회론을 보여주고 있다. 특히 사마리아 여인을 통한 기독론적 인식이 점차 발전되어 가는 모습을 보여주고 있다.[221]

한편, 별로 중요하지 않게 보이는 왕의 신하의 아들 치유기사(43-54절)는 본론의 첫 대목(2-4장)을 종결짓는 단락이라는 점에서 중요한 의미를 지닌다(2-4장의 시작 부분은 반드시 접속사 - 2장에는 καί, 3장에는 δέ, 4장에는 οὖν -로 앞장과 연결되어 있다). 3장은 유대인(니고데모)의 구원을 언급하고 있고, 4장은 이방인(사마리아 여자와 가버나움의 왕의 신하의 아들)의

---

[219] 요한복음의 '친(親)사마리아적 경향(the pro-Samaritan bias)'에 대해서는 김득중, 《요한의 신학》, 230-236을 참조하세요.
[220] 요한복음 초반부는 온통 '물'이라는 소재로 꾸며져 있다. 1장은 세례 요한의 물세례를 언급(1:26,31,33), 2장은 물이 변하여 포도주가 되는 언급(2:1-11), 3장은 거듭남에 대한 물과 성령에 대한 언급, 4장에서는 물과 생수에 대한 언급, 5장에서는 베데스다 연못가의 물을 언급하고 있다.
[221] 처음에는 예수가 '유대인'(9절)으로, 다음에는 '주'(11,15절)로, 다시 '우리 조상 야곱보다 큰 이'(12절)로, 또 다시 '선지자'(19절)로, '메시아(=그리스도)'(26,29절)로, '세상의 구주'(42절)로 불리고 있다.

구원을 언급하고 있다. 특히 사마리아 여인과의 대화에 이어진 이방 선교의 문제를 다루고 있다.

마지막 단락(43-54절)은 둘로 나누어진다. 첫 단락(43-45절)은 2:23-25처럼 하나의 전환단락의 역할을 하고 있다. 둘째 단락(46-54절)은 두 번째 표적인 가버나움의 왕의 아들치유 사건을 언급하고 있는데, 이 표적 또한 첫 표적처럼 갈릴리 가나에서 행해진 표적사건이다.

이 치유기사는 이방인 로마 백부장기사(마 8:5-13; 눅 7:1-10)와 평행하는 자료일 가능성이 높다. 그럴 경우 '가버나움의 왕의 신하'는 '가버나움의 로마 백부장'으로 볼 수 있다. 아무튼 요한은 '이방인'이라는 말을 쓰지 않는다. 그 까닭은 모든 이가 복음 앞에서 동등하다는 의미에서 일 것이다.

3장이 구원론(구원의 문제)과 관련하여 '예수의 유일성'을 잘 말해주는 장이라면, 4장은 교회론(예배와 선교)과 관련하여 '예수의 포용성'을 잘 말해주는 장이라고 할 수 있다. 오늘날 포스트모던 시대의 특징인 종교다원주의를 이기는 길은 '예수의 유일성'을 확고히 하는 데 있다. 나아가 배타주의에 빠져 위기에 처한 기독교회를 살리는 길은 '예수의 포용성'임을 잊지 말아야 할 것이다.

1. 사마리아 여인과의 대화(1-42절)[222]
- 예수 나의 생수(샘물) -

〈성경 본문〉

1 예수께서 제자를 삼고 세례를 베푸시는 것이 요한보다 많다 하는 말을 바리새인들이 들은 줄을 주께서 아신지라 2(예수께서 친히 세례를 베푸신 것이 아니요 제자들이 베푼 것이라) 3 유대를 떠나사 다시 갈릴리로 가실새 4 사마리아를 통과하여야 하겠는지라 5 사마리아에 있는 수가라 하는 동네에 이르시니 야곱이 그 아들 요셉에게 준 땅이 가깝고 6 거기 또 야곱의 우물이 있더라 예수께서 길 가시다가 피곤하여 우물 곁에 그대로 앉으시니 때가 여섯 시쯤 되었더라 7 사마리아 여자 한 사람이 물을 길으러 왔으매 예수께서 물을 좀 달라 하시니 8 이는 제자들이 먹을 것을 사러 그 동네에 들어갔음이러라 9 사마리아 여자가 이르되 당신은 유대인으로서 어찌하여 사마리아 여자인 나에게 물을 달라 하나이까 하니 이는 유대인이 사마리아인과 상종하지 아니함이러라 10 예수께서 대답하여 이르시되 네가 만일 하나님의 선물과 또 네게 물 좀 달라 하는 이가 누구인 줄 알았더라면 네가 그에게 구하였을 것이요 그가 생수를 네게 주었으리라 11 여자가 이르되 주여 물 길을 그릇도 없고 이 우물은 깊은데 어디서 당신이 그 생수를 얻겠사옵나이까 12 우리 조상 야곱이 이 우물을 우리에게 주셨고 또 여기서 자기와 자기 아들들과 짐승이 다 마셨는데 당신이 야곱보다 더 크니이까

---

[222] 이 본문이 과연 실제로 있었던 역사적 사실에 근거하고 있는가 하는 문제가 오래 전부터 제기되어 왔다. "복음서 기자 자신의 의도가 실제의 사건을 정확히 기록하여 전해주는 데 있는 것이 아니기 때문에 우리로서는 이 본문을 실제의 역사적 사건에 대한 언급으로 이해하기보다는 오히려 신학적 의도와 메시지가 담긴 요한의 기록으로 보는 것이 더 좋을 것으로 보인다." 김득중, 《요한의 신학》, 238. 이 같은 김득중 교수의 견해는 필자가 말하고자 하는 "역사의 해체와 재구성"과 맥을 같이 하는 대목이다.

13 예수께서 대답하여 이르시되 이 물을 마시는 자마다 다시 목마르려니와 내가 주는 물을 마시는 자는 영원히 목마르지 아니하리니 14 내가 주는 물은 그 속에서 영생하도록 솟아나는 샘물이 되리라 15 여자가 이르되 주여 그런 물을 내게 주사 목마르지도 않고 또 여기 물 길으러 오지도 않게 하옵소서 16 이르시되 가서 네 남편을 불러 오라 17 여자가 대답하여 이르되 나는 남편이 없나이다 예수께서 이르시되 네가 남편이 없다 하는 말이 옳도다 18 너에게 남편 다섯이 있었고 지금 있는 자도 네 남편이 아니니 네 말이 참되도다 19 여자가 이르되 주여 내가 보니 선지자로소이다 20 우리 조상들은 이 산에서 예배하였는데 당신들의 말은 예배할 곳이 예루살렘에 있다 하더이다 21 예수께서 이르시되 여자여 내 말을 믿으라 이 산에서도 말고 예루살렘에서도 말고 너희가 아버지께 예배할 때가 이르리라 22 너희는 알지 못하는 것을 예배하고 우리는 아는 것을 예배하노니 이는 구원이 유대인에게서 남이라 23 아버지께 참되게 예배하는 자들은 영과 진리로 예배할 때가 오나니 곧 이 때라 아버지께서는 자기에게 이렇게 예배하는 자들을 찾으시느니라 24 하나님은 영이시니 예배하는 자가 영과 진리로 예배할지니라 25 여자가 이르되 메시야 곧 그리스도라 하는 이가 오실 줄을 내가 아노니 그가 오시면 모든 것을 우리에게 알려 주시리이다 26 예수께서 이르시되 네게 말하는 내가 그라 하시니라 27 이 때에 제자들이 돌아와서 예수께서 여자와 말씀하시는 것을 이상히 여겼으나 무엇을 구하시나이까 어찌하여 그와 말씀하시나이까 묻는 자가 없더라 28 여자가 물동이를 버려 두고 동네로 들어가서 사람들에게 이르되 29 내가 행한 모든 일을 내게 말한 사람을 와서 보라 이는 그리스도가 아니냐 하니 30 그들이 동네에서 나와 예수께로 오더라 31 그 사이에 제자들이 청하여 이르되 랍비여 잡수소서 32 이르시되 내게는 너희가 알지 못하는 먹을 양식이 있느니라 33 제자들이 서로 말하되 누가 잡수

실 것을 갖다 드렸는가 하니 34 예수께서 이르시되 필자의 양식은 나를 보내신 이의 뜻을 행하며 그의 일을 온전히 이루는 이것이니라 35 너희는 넉 달이 지나야 추수할 때가 이르겠다 하지 아니하느냐 그러나 나는 너희에게 이르노니 너희 눈을 들어 밭을 보라 희어져 추수하게 되었도다 36 거두는 자가 이미 삯도 받고 영생에 이르는 열매를 모으나니 이는 뿌리는 자와 거두는 자가 함께 즐거워하게 하려 함이라 37 그런즉 한 사람이 심고 다른 사람이 거둔다 하는 말이 옳도다 38 내가 너희로 노력하지 아니한 것을 거두러 보내었노니 다른 사람들은 노력하였고 너희는 그들이 노력한 것에 참여하였느니라 39 여자의 말이 내가 행한 모든 것을 그가 내게 말하였다 증언하므로 그 동네 중에 많은 사마리아인이 예수를 믿는지라 40 사마리아인들이 예수께 와서 자기들과 함께 유하시기를 청하니 거기서 이틀을 유하시매 41 예수의 말씀으로 말미암아 믿는 자가 더욱 많아 42 그 여자에게 말하되 이제 우리가 믿는 것은 네 말로 인함이 아니니 이는 우리가 친히 듣고 그가 참으로 세상의 구주신 줄 앎이라 하였더라.

1) 물과 생수에 관한 대화(1-15절)

1절은 왜 예수께서 유대를 떠나 갈릴리로 향하게 되었는가를 말해주고 있다. 바리새인들은 제자 삼는 문제와 세례 베푸는 문제를 가지고 예수와 세례 요한을 경쟁상대로 몰아 갈등을 조장하고자 했다. 예수는 바리새인들과의 충돌을 피하기 위해 갈릴리로 향했다. 괄호로 묶은 2절은 3:22의 말씀을 정정하기 위한 후대의 첨가로 보여진다(공관복음에서는 예수가 세례를 베풀었다는 언급이 없다).

유대에서 갈릴리로 가는 가장 빠른 길은 사마리아를 통과하는 길이다. 사마리아를 경유해서 가면 사흘길인데, 당시에 유대인들은 배나 걸리는 요단 강 건너편 베뢰아 지방으로 우회해서 갔다. 그 까닭은 수 백 년 동안 유대인과 사마리아인 간의 알력 때문이었다. 그런데 4절의 '하겠는지라'의 원어 '에데이(ἔδει)'는 사마리아로 가야겠다는 강한 의지 (must)를 나타내는 말이다. 예수는 갈 길이 바빠서 사마리아로 통과하지 않을 수 없었던 것이 아니라[223] 하나님의 뜻 가운데 의도적으로 사마리아를 통과하고자 했던 것이다.

그러니까 유대인 예수는 사마리아를 통과함으로써 유대와 사마리아 사이에 가로놓인 지역적 장벽을 허물고자 한 것이다. 횡선(橫線)으로 잘린 두 지역을 종선(縱線)으로 걸었던 예수의 발걸음은 곧 십자가의 발걸음이요 자신을 화목제물로 드리고자 했던 십자가의 길이었음을 보여준다. 이러한 예수의 발걸음은 빌립 집사(행전 8:4-40) 이전에 이미 예수에 의한 사마리아 선교가 이루어지는 계기가 되었다. 나아가 유대인(니고데모)이 복음을 받아들이지 않자 이방인들에게로 발걸음을 돌리는 계기가 되기도 하였다(행전 13:46).

예수는 수가라는 동네에 들어갔는데, 그곳에서 동북쪽으로 1.5km 가량 떨어진 곳에 '야곱의 우물'이 있었다(5절). 오랜 행로에 피곤했던 예수는 우물가에 앉았다(6절). 그 시각은 제6시였다. 유대인들은 해 돋을 때부터 해질 때까지를 12시로 나누었다.[224] 제6시란 우리 시각으로 정오를 가리킨다. 보통 여인들은 저녁 때에 우물가에 나오는 것이 상례인데 뜨거운 대낮에 그 먼 곳에서 물을 길러 온다는 것은 이 여인에게 말 못할 사정이 있음(부정한 여자)을 암시한다. 니고데모가 사람들의 시선을 피해 밤중에 예수를 찾아왔던 것처럼, 이 여인은 사람들의 시선을 피해 대낮에 우물가에 나온 것이다.

---

223) 예수 일행은 사마리아에서 이틀을 머물렀다(4:40)는 언급이 그것을 잘 말해준다.
224) 예수께서 빌라도에게 십자가 처형 선고를 받던 시각도 제6시 곧 정오였다(19:14).

"사마리아 여자 한 사람이 물을 길으러 왔으매 예수께서 물을 좀 달라[225] 하시니"(7절). 예부터 우물가는 여인들이 모여서 얘기를 나누며 정보를 얻는 곳이다. 특히 구약성경에 보면 믿음의 선조들이 우물가에서 만나는 이야기가 자주 나온다.[226] 당시에 유대인들은 길가에서 여인들, 심지어 자기 아내를 만나도 모른 척 해야 하는 시절이었다. 이러한 상황에서 유대인 남자인 예수께서 사마리아 여자에게 말을 건 것은 성적 장벽, 인종적 장벽, 종교적 장벽을 깨뜨리는 파격적 행동이 아닐 수 없다.

예수는 그녀에게 '물을 좀 달라'고 말을 걸었다. 유대인 남자 예수의 말에 사마리아 여자는 예민하게 반응하였다. 요한은 그 이유를 유대인이 사마리아인과 상종하지 않는다는 말로 설명했다(9절). 여기에는 유대인과 사마리아인간의 기나긴 반목의 역사가 깔려 있다.

솔로몬 사후 922년 이스라엘 나라는 북왕국 이스라엘과 남왕국 유다로 나누어졌다. 북왕국 이스라엘은 722년 앗시리아에 망하였다. 앗시리아는 북왕국의 사람들을 포로로 잡아갔고, 그 대신 북왕국의 수도 사마리아에 앗시리아 사람들을 데리고 와서 피를 섞음으로써 사마리아인들은 혼혈인이 되었다(왕하 17:24-41). 남왕국 유다 역시 587년에 바벨론에 망한 뒤 포로로 잡혀갔다가 538년에 페르시아 고레스 왕의 칙령에 의해 고토로 귀환하였다.

귀환한 유다 백성들은 선지자 학개와 스가랴의 종용에 따라 515년 경에 제2성전(스룹바벨 성전)을 지었다. 이 과정에서 사마리아인들이 성전 건축에 자기들도 참여케 해달라고 요청하였다. 그러나 유대인들은

---

[225] 여기서 예수가 물을 좀 달라고 요구하는데, 19:28에서는 "내가 목마르다"라고 말씀하신다.
[226] 리브가와 아브라함의 종의 만남(창 24:10 이하), 야곱과 라헬의 만남(창 29:1 이하), 모세와 이드로의 딸의 만남(출 2:15 이하).

거룩한 성전을 짓는데 이방인의 피가 섞인 사마리아인의 동참을 원치 않으므로 그들의 요청을 단호히 거부하였다. 그러자 사마리아인들은 성전 건축에 방해를 놓았다(스 4:1-4). 온갖 방해공작 속에서도 결국 성전은 완공되었다(스 6:13-18).

그러자 주전 4백년경 사마리아인들은 그리심 산에 따로 성전을 짓고 예배를 드렸다. 유대인들이 볼 때 예루살렘 이외의 성전을 건축하는 일은 바로 율법을 범하는 일이었다(신 12:1-14). 그리하여 유대 지도자 요한 힐카누스(주전 135-104)는 사마리아를 침공하여 그리심 성전을 파괴해 버렸다. 이 일로 인해 유대인과 사마리아인간의 적대감은 돌이킬 수 없는 지경에 이르게 되었다.

주후 1세기에 이르러 로마의 폼페이가 사마리아를 재건하자 사마리아는 더욱 친로마적이 되었다. 유대인들이 볼 때 사마리아는 이방지역이나 다름이 없었다. 이러한 가운데 주후 6~9년 사이 유월절 한밤중에 사마리아인들이 죽은 사람의 뼈를 예루살렘 성전 뜰에 뿌림으로써 성전을 모독하는 일을 자행하였다. 이는 유대인들의 분노를 가중시켰고 사마리아인들에 대한 미움을 더욱 심화시키는 계기가 되었다. 이러한 갈등과 반목, 적개심의 역사가 길게는 7백년 이상, 짧게는 4백년 이상이나 계속되었으니 이들 사이가 얼마나 불편한 관계에 있었는가를 가히 짐작하고도 남는다.

오랜 역사를 가진 두 민족 간의 해묵은 감정과 남녀유별 하는 당시의 관습으로 인해 퉁명스럽게 반응하는 사마리아 여자의 대답에 예수는 이렇게 응수하였다. "네가 만일 하나님의 선물과 또 네게 물 좀 달라 하는 이가 누구인 줄 알았더라면 네가 그에게 구하였을 것이요 그가 생수를 네게 주었으리라"(10절). 여기서 '하나님의 선물'[227]이 무엇을

---

227) 초대교회에서 '하나님의 선물'은 성령을 의미했다(행 2:38; 8:20; 10:45; 11:17; 히 6:4). 성

가리키는가 하는 것에 대해 많은 이론(異論)이 있으나 예수가 언급한 '생수(living water)'와 동일한 것으로 보는 게 적절할 것 같다.

'생수'[228]는 '살아있는 물'이라는 뜻으로, '고여 있는 우물물'과 대조되는 흐르는 시냇물이나 솟아나는 샘물을 가리킨다. 예수는 '하나님의 선물' 곧 '생수'를 선물로 주는 자로서 계시되었다.

11절에서 여인은 예수의 호칭을 '당신'에서 존경의 뜻을 가진 '주'로 바꾸어 부른다(12:21). '주'라는 호칭은 갈수록 더 존경의 뜻을 지닌다(15, 19절). 예수는 영적 차원의 생수를 말씀하고 있는데, 여인은 육적 차원의 마실 물을 말하는 것으로 오해하고 있다. 니고데모가 위로부터 거듭남에 대한 예수의 말씀의 의미를 이해하지 못한 것처럼, 이 여인은 생수를 주겠다는 예수의 말씀의 의미를 이해하지 못했다.

12절에서 우리는 '야곱의 우물' 곧 '이스라엘의 우물'을 '새 이스라엘의 우물'인 '예수의 우물'과 대조시켜, 이스라엘 민족의 조상이 되는 야곱보다 새 이스라엘로 상징되는 예수가 우월하다는 것을 나타내려는 요한의 의도를 엿볼 수 있다. '이스라엘의 우물(유대교)'은 육적 갈증은 잠시 해결할 수 있을지 모르나 인간의 근원적인 목마름인 영적 갈증은 해결할 수 없다. 그것은 오로지 '새 이스라엘의 우물(예수교)'되시는 예수로 말미암아 주어지는 것이다(13,14절).

'영생하도록 솟아나는 샘물'이라는 예수의 말에 몸이 달은 여인은 이렇게 말한다. "주여 그런 물을 내게 주사 목마르지도 않고 또 여기

령의 선물은 메시아 시대의 표지였다.
228) 구약에서 물은 하나님께서 주시는 선물이다(슥 14:8; 렘 2:13; 17:13; 겔 47:1-2). 랍비들은 물을 성령이나 토라를 상징하는 것으로 해석한다. 제1에녹서(48:1; 49:1)에서 물은 지혜를 가리킨다. 생명을 주는 물은 요한복음의 여러 구절에서 나타난다(3:5; 4:10-15; 7:38; 19:34). 물은 생명을 제공하는 성령을 말한다(6:63). 성령은 기독교인들의 시대의 대행자이다. 그리고 그것은 영원히 기독교인들 가운데 샘솟아서 그들의 영적인 삶을 유지시켜 주는 생명샘을 형성한다. C.K.Barrett, *The Gospel According to St. John*, 195.

물 길으러 오지도 않게 하옵소서"(15절). 이 여인은 아직도 예수의 말씀을 깨닫지 못한 오해나 몰이해 상태에 있다. 그녀는 마치 예수가 마술적인 물을 가지고 있는 듯 그런 물을 달라고 예수께 요청한다.

이 사마리아 여자에게는 인간적인 삼중적 굴레가 씌어져 있었다. 사마리아인이라는 굴레,[229] 여자라는 굴레,[230] 행실이 부도덕한 이혼녀라는 굴레[231]가 그것이다. 그러기에 진실로 목마른 자는 예수가 아니라 이 여인이며, 이제 상황은 역전되어 이 여인은 근원적 목마름을 해소시켜 줄 수 있는 생명수를 예수에게 요청한다.

2) 참 예배에 관한 대화(16-26절)

이제 대화의 방향은 급선회한다. 예수(또는 요한)는 전혀 예상치 못한 말을 함으로써 다른 차원에서 이 여인과의 대화를 이어 나간다. "가서 네 남편을 불러 오라"(16절). "여자가 대답하여 이르되 나는 남편이 없나이다 예수께서 이르시되 네가 남편이 없다 하는 말이 옳도다 너에게 남편 다섯이 있었고 지금 있는 자도 네 남편이 아니니 네 말이

---

[229] 그 당시 '사마리아인' 하면 이방인 노예보다 한 단계 낮은 계층으로 취급되었다. 그들은 유대인들에게 개처럼 취급되었다. 유대인들은 자식이 사마리아인과 결혼하게 되면 결혼식 대신 장례식을 올려서 그 자식을 죽은 자식으로 여길 정도였다.

[230] 그 당시 여자의 지위란 사람 축에도 끼지 못하는 존재였다. 여자는 족보에도 올라가지 못했고, 사람수에도 포함되지 않았다. 그 당시 바리새인 남자들은 이런 기도를 드렸다. "전능하신 하나님이시여, 저를 이방인으로 태어나지 않게 하셔서 감사드리나이다. 또한 저를 죄인으로 태어나지 않게 하셔서 감사드리나이다. 오, 전능하신 하나님이시여, 저를 여자로 태어나지 않게 하셔서 더욱 감사드리나이다."

[231] 그 당시 이혼 때문에 여자들이 당하는 상처는 엄청났다. 이혼에 해당하는 용어는 정확하게 문자적 의미로는 "내어버리다"라는 뜻이다. 예수께서 이혼을 반대한 것은(마 19:4-6) 가부장적 사회에서 여자를 값싼 소모품 정도로 생각하여 쉽게 버리는 악습 때문이었다. 1세기의 문화적 상황에서 이혼 당한 여자는 '중고품 여인(used property)'으로 여겨졌다. 그래서 그녀를 소유하기 위해서 다시 결혼할 필요가 없었다.

참되도다"(17,18절). 유대 교사들은 여인이 세 번 이상 결혼하는 것을 금지했다. 그런데 이 여인이 다섯 남편을 가졌다는 것은 당시의 관습에 어긋나는 비정상적 결혼행위를 했다는 것을 나타낸다.

그런데 이 여인은 지금 자기에게는 '남편이 없다'고 말한다. 이 말을 두고 이 여인이 자신의 치부를 감추기 위한 일종의 '방어기제'를 발동한 것이거나 진실을 감추기 위한 임기응변식 대답이라고 보는 견해가 있다.[232] 또한 성서해석의 초기부터 남편의 수인 '다섯'[233]이 무엇을 의미하는지에 대해 여러 견해들이 있었다.[234] 그런데 예수께서 여인의 말이 옳다고 했으면 옳은 것이다. 그렇다면 이 주고받은 대화의 의미는 무엇일까? 필자는 이를 '선문답(禪問答)'으로 보고자 한다.[235]

선종(禪宗)의 대표적 주저인 《벽암록》 12장에 보면 어떤 제자가 동산(洞産) 스님에게 "부처가 무엇입니까"라고 물었더니 "마(麻)가 세근이니라"고 대답했다고 한다. 제자는 동산 스님의 대답을 듣고 득도(得道)하였다고 전해진다.[236] 벽암록에는 이에 대한 아무런 설명이 없다. 따라서 이 대답의 의미를 잘 알 수 없으나 '베 세근'이란 '죽는다'는 말과 같은 뜻일 것이다. 그러니까 '부처가 별거냐, 죽는 거지'라는 정도의 의미

---

232) 김동수, 《요한신학 렌즈로 본 요한복음》, 92-93.
233) 다섯 남편은 외래 다섯 신들 아래에서 괴롭힘을 당하는 사마리아 백성을 상징한다고 볼 수도 있다(왕하 17:24-33 참조). 그러나 사마리아인들이 섬기는 신들은 다섯이 아니라 일곱이다(왕하 17:30-31). C.G.Kruse, *John*, 133.
234) 오리겐(Origen)은 사마리아인이 모세오경만을 정경으로 간주한 것을 들어 남편의 수 다섯은 '모세오경'을 의미하는 것이라고 주장하였다.
235) 선(禪)의 가장 큰 특징은 '불립문자(不立文字)'이고, 선의 전통에서 돈오(頓悟)의 방법으로 제시된 것이 '화두(話頭, 참선하는 이가 도를 깨치기 위해 실마리로 삼는 말)'이다. 선사들은 화두를 붙들고 도를 찾는다. 더 자세한 설명은 한영조, 《왜 동양철학인가》, 245-270을 참조하세요. 그리스도인에게 있어서 화두는 무엇인가? 그것은 두 글자 '예수' 곧 '말씀'이다.
236) 강진석, 《중국의 문화코드》, 66-67.

일 것이다.[237]

본문에서 주목해야 할 것은 과거의 남편 다섯에다가 지금 동거하고 있는 남자까지 합하면 여섯 남자가 되는데, 이것이 무엇을 말하는가 하는 점이다. 여기서 '여섯'이란 숫자는 완전수인 일곱에서 하나가 부족한 불완전한 것을 의미한다. 그러니까 예수(요한)가 말하고자 하는 것은 여섯 남자[238]가 있다 하더라도 참 신랑(남편) 되는 예수가 없으면 남편이 없는 것과 마찬가지라는 그런 의미이다.[239]

이 대목은 요한의 교회론에 있어서 중요한 암시를 하고 있다. 3:29에서 이미 암시하고 있듯이 신랑 되신 그리스도의 몸인 교회에서 예수가 빠지면 그 교회는 참 교회가 아니다. 나아가 그 무엇보다도 신랑 되신 예수만을 섬기는 예배가 참 예배임을 말하고 있다. 그러니까 여기서 요한은 예수의 예언자적 상상력(또는 초월적인 신적 지식)에 관심을 갖고자 이런 말을 하고 있는 것이라기보다는 유대교 또는 사마리아 종교(성전 예배)를 넘어선 예수와 더불어 시작되는 기독교(몸 성전인 예수 예배)로의 대체를 말하고 있는 것이다.

이 여인은 자신의 과거를 알고 있는 예수의 말에 놀라 "주여 내가 보니 선지자로소이다"(19절)라고 하면서 예배 장소의 문제를 들고 나왔다(20절). 즉 예배할 곳이 유대인들이 주장하는 예루살렘 성전이냐 사마리아인들이 주장하는 그리심 성전이냐 하는 것이다. 예배 장소의 문제는 두 민족간에 너무나도 첨예하게 대립된 문제이기에 서로 건드리기를 원치 않는 '뜨거운 감자'였다.

---

237) 김흥호, 《푸른 바위에 새긴 글: 벽암록 풀이》, 75-77.
238) 여섯 남편은 인간들이 최고의 가치로 여기는 돈, 명예, 권력, 학력, 쾌락, 선행이라는 남편일 수도 있고, 종교로 말한다면 불교, 유교, 도교, 이슬람교, 공산주의, 과학기술이라는 남편일 수도 있다. 일곱번째 남편인 예수라는 남편이 없으면 다 없는 것과 같다.
239) 더 자세한 설명은 348쪽의 "숫자상징코드의 실례: 여섯 남편(4:1-26)"을 참조하세요.

이 문제로 두 사람 간에 대화가 단절될 수 있는 상황에서 예수는 이렇게 말한다. "여자여 내 말을 믿으라 이 산에서도 말고 예루살렘에서도 말고 너희가 아버지께 예배할 때가 이르리라"(21절). 유대인들은 신명기의 말씀, 즉 "하나님 여호와께서 자기 이름을 두시려고 택하신 곳"(12:5,11,14,18,21)을 예루살렘으로 보았다. 특히 예루살렘 제의를 집중시킨 요시야 왕의 개혁(주전 621년) 이래로 유대인들의 유일한 성전은 '예루살렘 성전'[240]이라고 주장하였다. 반면에 사마리아인들은 아브라함이 처음 단을 쌓았던 세겜(창 12:6 이하) 근처에 있는 그리심 산을 하나님이 정해주신 예배 장소라고 주장하였다.

이렇듯 두 민족간에 첨예하게 대립된 예배 장소 문제에 대해 예수는 '예배 장소(localism)'를 타파하는 말씀을 한 것이다. 그러면서 다시 대화가 단절될 수 있는 말을 하였다. "너희는 알지 못하는 것을 예배하고 우리는 아는 것을 예배하노니 이는 구원이 유대인에게서 남이라"(22절). 여기서 '너희'는 사마리아인을 말하고, '우리'는 혈통적 유대인을 말한다. 예수는 메시아(구세주)가 유대인 가운데서 나온다고 말하고 있다(창 49:10; 사 2:3; 눅 1:69; 롬 1:3). 여기서 '유대인'이 부정적인 의미로 언급되지 않은 점이 특이하다.[241]

예수는 예배 장소가 아니라 영과 진리의 문제라는 것을 말함으로써 대화가 지속될 수 있었다. 23절에서 예수는 지금이 아버지의 아들인 자신(메시아)을 통한 예배의 혁신을 가져올 때라고 역설하고 있다. 따라

---

240) 유대인들은 '에레쯔 이스라엘(Eretz Israel, 이스라엘 땅)'을 토라와 더불어 하나님이 이스라엘에게 주신 최고의 선물이라고 믿었다. 그러면서 거룩한 땅의 원칙은 특별히 거룩한 곳 중의 가장 거룩한 곳을 예루살렘 성전에 적용시켰다. 그래서 유대 선생들은 거룩함의 순서에 관해 말할 때, 거룩한 땅(이스라엘 땅)의 거룩한 도시(예루살렘)에서 가장 거룩한 곳은 성전이었다. C. S. Keener, 《요한복음 II》, 1710-1714.
241) 요한복음에서 '유대인들'은 예수를 믿지 않는 지도자들 또는 예수의 적대자들을 가리키는 경우가 대부분이다(1:19; 5:15; 9:22 등).

서 "곧 이때라"는 새 성전되시는 예수로 말미암는 참 예배를 통해 아버지와 아들이 영광(영화)을 받을 때(17:1-5)이다.

24절은 이 대화의 절정인 동시에 예배와 관련된 혁명적 발언이 아닐 수 없다. "하나님은 영이시다(Πνευμα ὁ θεός)"[242]라는 말은 하나님의 존재 양식을 가리키는 것으로, 이 대목에서 영(프뉴마)을 강조하고자 맨 앞에 두고 있다. 영(프뉴마)은 바람처럼 어디에도 매이지 않고 자유자재로서 어디에나 편만하다는 것을 말하고 있다.

따라서 이 말의 깊은 뜻은 하나님은 아무 것에도 매이지 않으며 예배를 받는 데 있어서 아무런 차별(장벽)[243]을 두지 않는다는 말씀이다. 중요한 것은 '어디에서(장소의 문제)'가 아니라 '어떻게(예배하는 자의 자세)'에 있다는 것이다. 즉 '영과 진리(πνεύματι καὶ ἀληθείᾳ)'로 예배드리는 것이 중요하다고 말씀하고 있다. 여기서 '영과 진리로'라는 표현에서 하나의 전치사(ἐν)만을 사용하고 있으므로 각각 독립된 뜻이 아닌 동의어적 의미(성령 곧 진리)를 갖는 것으로 볼 수 있다. '성령 곧 진리'는 '진리의 성령'(15:26)이라고 말할 수 있다.

그러니까 예수가 온 이후로 진리의 성령으로 예배할 때가 이르렀다는 말씀이다. 하나님께서 기뻐하시는 예배는 성전에서 제물을 가지고 와서 마음에도 없는 형식적인 예배[244]가 아닌 마음 깊은 곳에서부터 우러나오는 진리의 성령으로 예배하는 것이 참 예배라는 말씀이다. 이

---

242) 이 진술은 "하나님은 빛이시라"(요일 1:5), "하나님은 사랑이심이라"(요일 4:8)처럼 하나님의 존재 양식을 묘사한다.
243) 인간 사회의 5대 차별을 말한다면 인종차별, 성차별, 지역차별, 빈부차별, 계급차별을 들 수 있다. 이 세상의 모든 차별적인 장벽을 철폐하러 오신 예수, 사실 이 때문에 십자가를 지셔야만 했던 예수, 이 얼마나 멋지고 위대한 모습인가! 우리 주님, 만세! 만세! 만만세!
244) 형식적 예배에 대해 질타하는 성경 구절(창 4:4-5[히 11:4]; 사 1:11-17; 호 6:6; 8:11-13; 암 5:21-24; 미 6:6-8; 마 5:22-23).

말씀은 장소적 개념인 성전 예배를 중심으로 하는 전통적 예배관을 뒤집어엎는 '혁파(breakthrough)'가 아닐 수 없다. 이 말씀은 예수의 종교는 성령과 진리(말씀, 기도, 은혜, 마음, 인격)의 종교임을 선언하는 혁명적 말씀이 아닐 수 없다.

이 말에 이 여인은 마지막 카드를 내민다. "메시아 곧 그리스도라 하는 이가 오실 줄을 내가 아노니 그가 오시면 모든 것을 우리에게 알려 주시리이다"(25절). 이 여인의 예수에 대한 호칭이 여기서 절정에 이른다(당신→주→선지자→메시아). 사마리아인들은 다윗적인 메시아상이 아닌 모세적인 메시아를 기대하였다. 그리하여 메시아를 '타헤브(Taheb, '돌아오는 자' 또는 '진리의 회복자')' 곧 '제2의 모세'로 이해하였다(신 18:15). 메시아가 오면 하나님에 대한 참된 믿음과 참된 예배가 회복될 것이라고 믿었다. 이 대목은 이 같은 사마리아인의 메시아적 기대가 담겨 있다.

이에 예수는 이 대화의 피날레를 장식하는 말을 하였다. "네게 말하는 내가 그라"(26절). 요한복음에 나오는 유명한 '에고 에이미' 말씀 가운데 하나이다. 예수께서 우회적으로, 또는 암묵적으로 하지 아니하고 자신의 입으로 직설적으로 자신이 그리스도임을 노출한 경우는 전 복음서를 통틀어 이곳이 유일하다. "내가 그라"를 문장의 서두에 놓아 강조하고 있는 것을 볼 수 있다. 여기서 주목할 것은 유대인 예수는 지금까지 아무에게도 밝히지 않았던 메시아로서의 자신의 정체성을 사마리아 여인에게 처음으로 밝힌 것이다. 이 대목의 메시아 발언은 타인이 아닌 본인이 직접 처음으로, 그것도 부정한 사마리아 여인에게 밝혔다는 점에서 대단히 중요한 의미를 갖는다.

사마리아인, 여인, 부정한 죄인이라는 근원적인 삼중의 굴레 속에서 목숨을 이어왔던 한맺힌 삶, 그녀는 얼마나 많은 나날을 삶을 포기하고 싶은 생각을 하며 살아왔을까. 그 누구도 거들떠보지도 않는 버림

받은 여인, 눈물로 밥을 짓고 한숨을 반찬 삼아 살아온 불쌍하고 불행한 여인, 이 같은 여인을 사람대접 해주며 당신도 사랑을 받아야 할 귀한 존재요 구원을 받아야 할 소중한 존재로 알아주고 안아주신 주님, 주님의 사랑이 눈물겹도록 아름답고 감동적이다.

3) 제자들과의 대화(27-38절)

예수와 사마리아 여인이 대화하는 동안 먹을 것을 사러 동네가 갔던 제자들이 돌아왔다. 그들은 스승 예수가 통념을 깨고 사마리아 여인과 대화하는 것을 보고 매우 놀랐으나 이를 놓고 무슨 일인지를 묻는 제자는 없었다(27절). 메시아를 만난 놀람에 이 여인은 물동이를 버려둔 채 동네로 들어갔다(28절). 그러고는 자신의 부끄러운 과거와 사람들의 따가운 시선도 잊은 채 "와서 보라 이는 그리스도가 아니냐"(29절)고 하면서 메시아를 만난 감격을 전했다.[245] 그러자 동네 사람들이 예수께로 나아왔다(30절).

그 사이에 제자들이 예수께 나아와 "랍비여 잡수소서"(31절)라고 하면서 음식을 권하였다. 그러자 예수는 이렇게 말한다. "내게는 너희가 알지 못하는 먹을 양식이 있느니라"(32절). 여기서 '너희가 알지 못하는 먹을 양식'이란 육의 양식이 아닌 영의 양식 곧 하늘 양식(6:27,32,51)을 말한다(마 4:4 참조).

그런데 제자들은 예수의 말씀을 알아듣지 못했다. 33절은 요한복음에서 자주 나타나는 오해(몰이해)의 모티프를 잘 말해준다. 니고데모가 '위로부터 난다'는 말을 오해했고, 사마리아 여인이 '생명수'를 이해하지

---

245) '복음'을 만난 자는 그 자신 '복음'이 되어 세상으로 흐르게 되어 있다. 그러기에 전도(傳道)는 교회의 사명 가운데 하나가 아니라 "교회 곧 전도"다. 이현주,《요한복음묵상》, 57.

못했듯이, 제자들은 '영의 양식'을 알아듣지 못했다. 34절의 '나를 보내신 이의 뜻을 행하며'는 5:30, 6:38에 나오고, '그의 일을 온전히 이루는' 것은 5:36, 9:4, 17:4, 19:30에 나타난다.

예수는 자신을 언제나 아버지께서 보내신(파견하신)[246] 자로 생각하였다. 예수의 '양식'은 한마디로 '아버지의 뜻'이다. 요한복음에서 하나님 아버지의 뜻은 아버지께서 주신 자 중에 하나도 잃지 않는 것이며(6:39), 그의 일을 온전히 이루는 것은 십자가의 죽으심으로 하나님의 구속 사업을 완성하는 것이다(17:4).

제자들의 오해를 지적하기 위해 예수는 추수와 관련된 한 속담을 제시한다. "너희가 넉 달이 지나야 추수할 때가 이르겠다"(35절)는 말은 당시 흔히 회자하는 한 속담으로 여겨진다. 추수 때인 초막절이 7월 중순경(15-21일)이면 그보다 넉달 전인 지금은 3월 중순경인 오순절 절기에 해당한다.

이 속담은 예수께서 사마리아 들녘을 보시면서 영적 추수의 시기가 임박했음을 경고하는 종말론적 의미를 지닌 상징으로 보아야 할 것이다. 그럴 경우 예수는 자기를 향해 달려오는 사마리아인들을 보시고 영혼의 추수를 말씀하신 것이다. 세상 농사에서는 파종과 추수 사이가 시간이 걸리나 영적인 추수에는 그런 간격이 필요없다. 파종 즉시 추수가 가능한 것은 메시아 시대의 풍요를 나타내는 한 특징이다(암 9:13). 이는 예수가 메시아로 오신 이후 영적인 세계에서 그대로 이루어지고 있다.

여인의 말을 들은(파종) 사마리아인들은 실로 4개월의 기다림도 없

---

246) 신약에서 '보내다'라는 의미로 사용된 대표적인 두 단어는 3:17에서 처음 사용된 '아포스텔로(ἀποστέλλω)'와 여기서 처음 사용된 '펨포(πέμπω)'이다. '아포스텔로(주로 공적 임무를 띠고 파견됨)'는 28회, '펨포(주로 일반적인 보냄)'는 32회 사용되고 있다. 요한복음에서 예수의 일을 '파견받으신 사명'으로 규정하는 대목이 무려 60회 나온다.

이 당장 예수께로 나왔다(추수). 사마리아인들은 흰색의 옷을 즐겨 입었다. 예수는 아마도 추수의 들녘을 통해 자신에게로 모여든 사마리아인들(30,39,40절)을 가리켜 말했으리라 여겨진다. '추수'는 '선교'를 상징적으로 가리키는 표현이기도 하다(마 9:37-38). 따라서 이 추수의 들녘은 사마리아 선교의 상징으로 볼 수 있다.[247]

36절에서 '거두는 자'는 제자들을 가리키며 '뿌리는 자'와 필연적으로 긴밀하게 관계된다. 뿌린 것이 없으면 거둘 것도 없듯이 선교의 결과 또한 뿌려진 것에 기초한다. 거두는 자들은 이미 품삯(보상)을 받았는데, 그 보상은 영생에 이르는 열매인 영혼의 구원이며, 구원받은 사람으로 인한 영적인 기쁨이 그것이다.

그런데 예수는 뿌리는 자인 동시에 거두는 자로서 제자들과 함께 열매를 모으는 기쁨에 동참하게 되었다. '열매'는 일종의 선교 용어이다(12:24). '영원한 생명을 위한 열매'는 사마리아인들 가운데 예수를 믿는 자들을 가리킨다. 예수는 그들에게 영원한 생명을 주고(3:16,36; 5:24), 영원한 생명으로 그들을 이끈다(12:25).

38절에서 문제가 되는 것은 '보내었노니'이다. 예수께서 제자들을 선교를 위해 파송하셨다는 아무런 언급이 없었다. 사실상 제자들의 선교활동은 부활한 주님으로부터 파견되고(20:21), 성령의 도우심으로 이루어진다(15:26-27; 16:7-11). 따라서 이 말은 미래 상황을 설정해 놓고서 언급한 일종의 예언이다(17:18 참조). 그러니까 예수와 사마리아 여인은 씨뿌리는 자로 노력하였고, 제자들은 그 노력한 것에 참여한 거두는 자가 된 것이다.

---

247) 이영헌,《요한복음서》, 113.

4) 사마리아인들의 회심(39-42절)

사마리아 여인의 증언에 힘입어 동네 많은 사람들이 예수를 믿게 되었다(39절). 유대인인 예수가 이방인보다 못한 사마리아인들과 함께 유한다는 것(40절)은 유대인의 전통을 깨뜨리는 파격적 행동이다. 그럼에도 불구하고 예수께서 거기서 이틀을 머물며 말씀을 전하자 믿는 자가 더욱 많아졌다(41절). 예수로부터 친히 말씀을 들은 그들은 예수를 '참으로 세상의 구주(truly Savior of the World)'[248]로 고백한다(42절).

이 고백은 이 이야기의 절정을 이룬다. 요한복음에서 단 한번 사용된 이 칭호는 사마리아 여인에게 처음으로 직접 자신을 메시아로 밝힌 것과 아울러 대단히 중요한 의미를 갖는다. 지금까지 사마리아인들은 여자의 간증만 듣고 예수를 믿었다. 이제 그들의 믿음은 처음 그리스도를 그들에게 가르쳐 준 여인의 믿음을 능가하게 되었다.

"그러므로 너희는 가서 모든 민족을 제자로 삼아 아버지와 아들과 성령의 이름으로 세례를 베풀고 내가 너희에게 분부한 모든 것을 가르쳐 지키게 하라 볼지어다 내가 세상 끝날까지 너희와 항상 함께 있으리라"(마 28:19-20). 이것이 부활 승천하시면서 하신 주님의 밀명(密命) 곧 지상명령(至上命令)이다. 모든 그리스도인은 주님의 지상명령을 성취하기 위해 부르심(소명)을 받았다. 그리고 모든 교회는 '성령과 말씀에 의한 선교'를 통해 '사도행전의 역사를 다시 써 가는 교회'로 부르심을 받았다.

기독교 선교의 역사는 서진화(西進化)를 그 특징으로 한다. 예루살

---

[248] 이 고백에서 '참으로'란 예수가 로마 황제보다 더욱 참된 구주라는 사실을 나타내며, '세상'이란 하나님의 목적을 반대하는 로마와 그를 추종하는 유대 동맹들을 나타나는 것이며, '세상의 구주'란 예수를 열방들 위에 하나님의 궁극적이고 구원하는 주권을 나타내는 자로서 인정하는 것이다. W.Carter, *John and Empire*, 191.

렘에 떨어진 복음의 씨앗은 소아시아를 거쳐 그리스와 로마 그리고 유럽 전역에서 싹을 틔웠다. 영국으로 건너간 복음은 대서양을 건너 미국에서 꽃피웠다. 다시 태평양을 건너온 복음은 한국에서 열매를 맺었다. 하나님은 '중국 선교의 불쏘시기'로 쓰시기 위해 한민족을 준비시키셨고, 중국 땅에 조선교포를 미리 보내셨다.

중국은 유라시아(Eurasia)와 실크로드(Silkroad)의 중심국가이다. 이제 요엘 선지자의 말씀대로 마지막 때에 하나님은 중국을 21세기 선교 중심국으로 쓰기기 위해 준비 중이시다. 황하 강이 5464km를 흐르며 계속 동진하듯이(萬折必東),[249] '복음의 서진화(萬折必西)[250]'는 중단없이 계속되어야 한다. 주님의 다급한 선교 명령이 들리지 않는가! "너희 눈을 들어 밭을 보라 희어져 추수하게 되었도다"(요 4:35).

2. 왕의 신하의 아들 치유(43-54절)[251]
- 예수 나의 고향(엄마품) -

〈성경 본문〉

43 이틀이 지나매 예수께서 거기를 떠나 갈릴리로 가시며 44 친히 증언하시기를 선지자가 고향에서는 높임을 받지 못한다 하시고 45 갈

---

249) 박한제, 《중국역사기행 2: 강남의 낭만과 비극》, 257, 289.
250) '만절필서'라는 말은 "일만번 꺾이어도 복음은 반드시 서쪽으로 흘러가야 한다"는 뜻으로 '복음의 서진화'를 두고 필자가 만든 신조어이다. 그런데 21세기 오늘의 '西(서쪽)'는 'Back to Jesus'의 의미로 변경되었다.
251) 이 부분은 5장의 베데스다 치유 표적과 연관된 단락으로 보아 '생명과 심판의 중재자되신 예수'라는 주제를 가진 한 개의 강화로 이루어진 통일체로 볼 수도 있다. 그러나 중요한 것은 유대(예루살렘)에서 시작된 사역이 (사마리아를 거쳐) 갈릴리에서 종결된다는 요한복음 전체 구조와 관련해 볼 때 4장으로 매듭짓고, 5장부터 새로운 부분(기독론 논쟁 5-8장)이 시작되는 것으로 보는 것이 더 적절하다.

릴리에 이르시매 갈릴리인들이 그를 영접하니 이는 자기들도 명절에 갔다가 예수께서 명절중 예루살렘에서 하신 모든 일을 보았음이더라 46 예수께서 다시 갈릴리 가나에 이르시니 전에 물로 포도주를 만드신 곳이라 왕의 신하가 있어 그의 아들이 가버나움에서 병들었더니 47 그가 예수께서 유대로부터 갈릴리로 오셨다는 것을 듣고 가서 청하되 내려오셔서 내 아들의 병을 고쳐 주소서 하니 그가 거의 죽게 되었음이라 48 예수께서 이르시되 너희는 표적과 기사를 보지 못하면 도무지 믿지 아니하리라 49 신하가 이르되 주여 내 아이가 죽기 전에 내려오소서 50 예수께서 이르시되 가라 네 아들이 살아 있다 하시니 그 사람이 예수께서 하신 말씀을 믿고 가더니 51 내려가는 길에서 그 종들이 오다가 만나서 아이가 살아 있다 하거늘 52 그 낫기 시작한 때를 물은즉 어제 일곱 시에 열기가 떨어졌나이다 하는지라 53 그의 아버지가 예수께서 네 아들이 살아 있다 말씀하신 그 때인 줄 알고 자기와 그 온 집안이 다 믿으니라 54 이것은 예수께서 유대에서 갈릴리로 오신 후에 행하신 두 번째 표적이니라.

본문은 2-4장의 마지막 단락이라는 점에서 대단히 중요한 의미를 갖는다. 특히 43-45절은 두 번째 표적(46-54절)[252]과 관련하여 2:23-25과 비슷하게 부활신앙과 표적신앙을 암시하는 하나의 전환 단락의 역할을 한다.

서두(43절)의 '이틀이 지나매'는 가나의 표적 서두에 나오는 '사흘째

---

252) 유승원은 이 표적 기사를 "사마리아 사건의 부록으로 읽고 싶다"는 견해를 피력하였다. 유승원, "사마리아 여인 그리고 예수의 양식",《요한복음: 어떻게 설교할 것인가》, 127. 그러나 요한복음에서 부록은 없다. 6장의 물 위를 걷는 표적도 대단히 중요하고, 이미 언급했듯이 21장도 부록이 아닌 대단히 중요한 장이다. 이 표적 기사는 세 가지 측면에서 대단히 중요하다. 1. 유대인만이 아닌 이방인 선교의 중요성, 2. 가버나움보다 가나의 중요성, 3. 표적신앙보다 말씀신앙의 중요성이 그것이다.

되던 날'(2:1)과 같다.²⁵³⁾ 아래 단락과 관련된 부활신앙을 암시하는 대목이다. 또한 요한복음의 구조가 유대(예루살렘)에서 시작해서 갈릴리로 마친다고 할 때 '거기(사마리아)를 떠나 갈릴리로 가신다'는 이 대목은 2-4장의 사역의 종언을 암시한다.

"친히 증언하시기를 선지자가 고향에서는 높임을 받지 못한다 하시고"(44절)²⁵⁴⁾ 이 구절은 다음 절(45절)의 말씀('갈릴리인들이 그를 영접하니')과 관련하여 그 의미가 불확실하다고 주장하는 학자²⁵⁵⁾가 있는가 하면 예수의 고향이 '유대'라고 주장하는 학자²⁵⁶⁾도 있다. 그러나 이런 주장과는 달리 여기서 이 구절의 의미는 분명할 뿐만 아니라 대단히 중요한 의미를 갖는다. 갈릴리로 가시면서 하신 이 말씀은 예수의 고향이 '갈릴리'라는 것을 분명하게 말씀하고 있다(마 13:57; 막 6:4; 눅 4:24).

예수는 "선지자가 고향에서 높임을 받지 못한다"고 하셨다. 예수는 세상이 자신을 알아주지 않아도 '하나님의 말씀의 대언자'인 예언자(預言者)의 길을 묵묵히 걸어갔다.²⁵⁷⁾ "그러나 오늘도 내일도 모레도 내가

---

253) 정태헌,《거룩한 독서(1)》, 277.
254) 예레미야와 같은 '선지자의 길'은 '고난의 길' 곧 '3고(고통, 고뇌, 고독)'와 '3난(가난, 수난, 환난)'의 길이다.
255) G.R.Beasley-Murray, *John* 229.
256) 페인터는 예수의 고향은 사마리아인들이 예수를 영접한 것으로 보아 사마리아인이 아니고, 갈릴리 사람들이 그를 영접한 것으로 진술하고 있기 때문에(4:45) 갈릴리 사람도 아니라고 주장하면서 유대(예루살렘)가 될 수 있다는 주장을 폈다. 이것은 4:9,22의 예수를 유대인이라고 선언한 것과 관계가 있다고 보았다. J. Painter, *The Quest for the Messiah*, 207-208. 서중석 교수도 예수의 고향이 갈릴리가 아니라 유대임이 분명하다고 주장하고 있다. 서중석,《복음서해석》, 250-251.
257) 공자(주전 552-479년)는《논어》에서 이런 말을 했다. "사람이 알아주지 않아도 성내지(원망하지) 아니하니 어찌 군자가 아니겠는가(人不知而不慍 不亦君子乎)." 이 말은 공자의 일생을 대변하는 말이 아닐 수 없다. 춘추전국시대에 살았던 공자는 자기 뜻을 세상에 펼치기 위해 정치의 길을 택했다. 그러나 철저한 신분제 사회에서 천한 계급 출신인 공자는 자신의 뜻을 제대로 펼칠 수가 없었다. 사람들은 그를 알아주지 않았다. 그는 평생 그늘에 가려 햇빛을 본 적이 몇 년 되지 않았다. 그럼에도 그는 세상을 원망하지 않

갈 길을 가야 하리니 선지자가 예루살렘 밖에서는 죽는 법이 없느니라"(눅 13:33).

그런데 45절에서는 갈릴리인들이 예수를 영접했다고 한다. 그들은 명절(유월절)에 예루살렘에 갔다가 예수가 행한 모든 표적을 본 사람들이다. 그러니까 갈릴리인들 모두가 예수를 영접한 것이 아니라 표적신앙을 가진 일부 사람들이 예수를 환영했음을 말한 것뿐이다. 따라서 여기서 예수의 선지자 발언은 예수의 고향 갈릴리, 특히 갈릴리 사역의 주요 활동무대인 아래 단락의 가버나움(46절)을 두고 한 발언임이 분명하다.

46절에서 요한은 갈릴리 가나와 갈릴리 가버나움을 대조시키고자 하는 의도(지리상징코드)를 가지고 있음을 엿볼 수 있다. 요한복음에서 작고 가난한 동네인 갈릴리 가나는 첫 표적을 행한 곳이며(2:1-11), 아래에서 두 번째 표적을 행할 곳으로 예수가 머물기를 원하는 긍정적인 곳으로 묘사되고 있다. 그러나 크고 부유한 도시인 가버나움은 오래 머물기를 원치 않았고(2:12), 표적신앙을 넘지 못하는 부정적인 곳으로 묘사되고 있다(6:22-66 참조).

이 구절의 '왕의 신하'에서 왕은 당시 갈릴리 지방을 다스렸던 분봉왕 헤롯 안티파스(주전 4년-주후 39년 재위)로 추정된다(마 14:1; 눅 3:1). 그런데 이 기사는 이방인 로마 백부장 기사(마 8:5-13; 눅 7:1-10)와 평행하는 자료일 가능성이 높다. 요한복음은 '이방인'이라는 말을 쓰지 않는다. 그 까닭은 모든 이가 복음 앞에서 동등하다는 의미에서일 것이다.[258] 그럴 경우 '가버나움의 왕의 신하'는 '가버나움의 로마 백부장'으

앉고, 자신의 이상과 뜻을 실현하기 위해 계속해서 도전하며 치열하게 살다 갔다. 더 자세한 설명은 Hiroshi Moriya, 《男子 後半生》, 33-41을 참조하세요.
258) 이는 요한복음이 얼마나 '일원론 지향적 복음서'인가를 잘 보여주는 중요한 단초를 제공한다.

로 볼 수 있다.

가버나움에 있는 왕의 신하의 아들이 병이 들었다. 그가 예수께서 유대로부터 갈릴리로 오셨다는 말을 듣고 예수께서 계신 가나까지 찾아와 아들의 병을 고쳐달라고 청한 것이다. 가버나움에서 가나까지는 약 34km나 떨어진 먼 곳인데, 이 같은 수고를 아끼지 않은 것은 사정이 매우 다급했음을 말해준다.

그러자 예수는 이렇게 말했다. "너희는 표적과 기사[259]를 보지 못하면 도무지 믿지 아니하리라"(48절). 이 구절은 눈에 보이는 이적만을 원하는 자들에 대해 예수의 실망을 표현하고 있다. 예루살렘 유대인들의 표적신앙(2:23)처럼 갈릴리 사람들도 표적신앙에 매여 있음을 지적해준다.

49절의 간청은 가버나움의 한 로마 백부장이 "주여 내 집에 들어오심을 나는 감당하지 못하겠사오니 다만 말씀으로만 하옵소서 그러면 내 하인이 낫게 사옵나이다"(마 8:8) 했던 것과는 믿음의 차이를 보여주고 있다. 표적에 의존하는 이 믿음은 말씀을 믿는 믿음에 비하면 낮은 단계의 믿음이다.

그 사람은 "가라 네 아들이 살아 있다"(50절)는 예수의 말씀을 믿고 내려가다가 길에서 종들을 만나 아이가 살아 있다는 소식을 접하게 되었다(51절). 그래서 그 나은 때를 물으니 어제 일곱 시에 열기가 떨어졌다고 말하였다. 이 말을 들은 그 사람이 이 시각이 "네 아들이 살아 있다"고 예수께서 말씀하신 그 때인 줄 알고 온 집안이 다 예수를 믿게 되었다(행 16:31 참조). 여기서 언급된 일곱이라는 숫자는 요한복음에서 유일하게 사용된 숫자 7로써 숫자상징코드적 의미를 지닌다. 즉 숫

---

[259] '표적과 기사'라는 표현은 요한복음에서 오직 이곳에서만 나온다. 성경의 다른 곳에서는 이 같은 표현이 많이 사용된다(행 2:22,43; 4:30; 5:12 등).

자 7은 부활(생명)의 숫자로써 그 아이가 생명을 다시 찾았다는 의미를 암시하고 있다. 이는 예수 부활의 예표적 성격을 갖기도 한다.

가버나움의 왕의 신하는 '표적을 믿는 믿음'에서 '말씀을 믿는 믿음'으로 한 단계 더 나아간 신앙의 모델을 보여주고 있다(50절). 여기서 주목해 보아야 할 대목은 세 번씩(50,51,53절)이나 반복해서 말하고 있는 "네 아들이 살아 있다"라는 대목이다. 이는 표적신앙을 넘어 부활이요 생명이신 예수를 믿는 부활신앙을 갖도록 하려는 요한의 의도를 엿볼 수 있다.

51절의 두번째 표적은 요한복음의 첫 부분(2-4장)을 마무리한다. 이 마지막 구절에서 요한은 두 가지 중요한 말을 하고 있다. 하나는 '유대에서 갈릴리로'이다. 이는 요한복음의 성육신적 하강구조를 잘 나타내 주는 대목이다. 또 하나는 '두 번째'라는 서수이다. 이미 예수께서 예루살렘에서 유월절에 행한 표적들(2:23; 3:2)은 왜 계산에 넣지 않고 '갈릴리의 가나'[260]에서 행한 표적에만 번호를 붙인 까닭은 무엇일까? 그것은 이렇게 설명할 수 있다.

요한은 '이것이 예수의 두 번째 표적'이라고 말하지 않고, 예수의 두 번째 표적은 '유대에서 갈릴리로 오신 후에' 일어난 것으로 말하고 있다. 즉 요한은 표적들의 지리적 모티프에 강조점을 두고 있음에 주목할 필요가 있다.[261] 요한은 지리상징코드를 통해 유대보다는 갈릴리가, 갈릴리 중에서도 가버나움보다는 가나가 신앙의 땅임을 암시하고 있다. 보다 구체적으로 말하면 요한이 일곱 표적 가운데 가나 표적과 관련해서만 번호를 붙인 까닭은 지리상징코드, 즉 가나는 신앙의 땅이고, 가버나움은 불신앙의 땅임을 말하고자 함(2:11-12; 4:46-54)에 있다 하

---

260) '가나'는 벳새다(1:44; 12:21), 나사렛(1:45-46), 가버나움(2:12; 4:46; 6:59 등)과는 달리, '갈릴리의 ~'라는 말로 특별히 명칭되고 있다.
261) R.A.Whitacre, *John*, 117.

겠다.[262]

4장의 두 이야기는 믿음에 있어서 먼저 된 유대인들은 나중 되고 나중 된 이방인들은 먼저 된다는 것을 보여주고 있다(행 13:46 참조). 즉 하나님의 선민이라고 자처하는 유대인들은 메시아로 오신 예수를 잘 받아들이지 않고 표적만을 구하면서(고전 1:22) 배척을 일삼는 데 반해, 이방인으로 멸시와 천대를 받는 사마리아인들과 이방인으로 여겨지는 왕의 신하는 오히려 예수를 받아들여 교회공동체의 일원이 되었다. 따라서 4장은 이방인 선교의 필요성(중요성)을 잘 말해주고 있다.

또한 요한복음 본론의 첫 부분인 2-4장은 요한의 교회(공동체)가 어떤 교회(공동체)인가를 잘 대변해 준다. 요한의 교회는 교회의 두 본질인 '예배와 선교'에 관해 중요한 메시지를 던져주고 있다. 예배공동체로서의 요한의 교회는 교회의 본질이 건물이나 직분이나 제도에 있는 것이 아니며, 또한 참 예배는 장소나 제물에 있는 것이 아니라 성령과 진리로 아버지와 아들을 예배하는 데 있음을 보여주고 있다.

또한 선교공동체로서의 요한의 교회는 누구나 차별없이 교회 안에 들어올 수 있도록 문을 활짝 열어놓고 만민에게 복음을 전하는 일 곧 선교가 교회의 본질임을 잘 보여주고 있다(시 67:2-3). 그리하여 교회의 궁극적 목적은 하나님이 가장 기뻐하시는 것, 즉 만민이 구원을 받아 만민으로부터 예배(경배와 찬양)를 통해 아버지와 아들을 영화롭게 하는 데 있음을 말하고 있다.

이슬람교(Islam)를 믿는 무슬림들(Muslim)은 예수가 하나님의 아들도 아니며, 단지 그들이 신봉하는 무함마드와 같은 예언자의 한 사람으로 간주할 뿐이다. 더욱이 예수가 십자가에 못 박히지도 않았으며, 인

---

262) 이에 대한 다른 예로는 가나 사람 나다나엘은 예수에 대한 놀라운 신앙고백을 하는 신앙의 모습을 보여주고 있는데 반해(1:49; 21:2), 가버나움 회당에서는 유대인들이 예수의 '생명의 떡' 말씀을 듣고도 떠나가는 불신앙의 모습을 보여주고 있다(6:59-66).

류의 죄를 대속하기 위해 십자가에 달렸다는 기독교의 주장을 부정한다. 무자혜딘[263]은 오늘도 그들이 신봉하는 이슬람을 위해 기꺼이 목숨을 바친다.

21세기 기독교의 최대 적은 이슬람이다. 기독교인들은 복음 진리를 위해 무자헤딘처럼 전사로 나서야 하지 않겠는가. 이 같은 예수교 전사를 '예수사상에 빠진 전사'라는 뜻의 '예사빠전(耶思波戰)'이라고 부르고자 한다. 선한 목자 되신 주님이 양인 우리를 위해 목숨을 내놓았듯이, 우리 또한 예사빠전이 되어 주님을 위해 목숨을 내놓아야 하지 않겠는가.

---

263) 이슬람을 위해 싸우는 이슬람 전사를 '무자헤딘(Mujahedin)'이라 한다. 그리고 이들이 수행하는 거룩한 전쟁, 즉 성전(聖戰)을 가리켜 '지하드(jihad)'라고 한다. 지하드를 행하다가 죽으면 이들은 순교자(殉敎者), 즉 '샤히드(shahid)'로 추앙을 받는다.

제 5 장

〈본장 개요〉

1-2장은 접속사 카이(καὶ)로 연결되고, 2-3장은 데(δὲ)로 연결되고, 3-4장은 운(οὖν)으로 연결되는데, 4-5장은 접속사가 없다. 이는 창세기-민수기(4경)는 접속사 '그리고(ו)'로 연결되는데, 민수기와 신명기는 접속사가 없는 것과 같다. 이는 신명기가 신명기 역사서(수-왕하)의 서론임을 시사하는데, 요한복음 5장부터는 본론의 제2막이 시작됨을 시사한다.

5장은 세 번째 표적인 안식일에 38년 된 병자를 치유하는 것으로 시작하여, 유대인들과의 안식일 논쟁으로 이어지고, '아버지와 아들'[264]이 하나(5:18; 10:30)[265]라는 기독론적 변증으로 끝나는 내용으로 되어 있다. 5장에서 주목할 것은 '아버지' 어휘가 1-4장에서는 한 구절씩만 나오는 데 반해, 5장에서는 무려 12구절에 걸쳐 나온다는 사실이다.[266] 요한이 5-8장인 대기독론 논쟁에서 '아버지와 아들'의 관계를 강조하는 까닭은 무엇일까? 그것은 이렇게 설명할 수 있겠다.

요한은 '아들' 호칭을 예수를 믿는 요한공동체와 야웨를 믿는 유대교 회당 간의 갈등 상황(논쟁 상황)에서 주로 사용했다. 따라서 이 호칭은 초대교회의 고백적 개념이 아니라, 요한공동체의 특수한 상황에서 창조해 낸 독특한 신학적 개념이다. 그런데 하나님과 예수를 아버지와

---

264) 요한은 '하나님(θεός)' 어휘(83회)보다 '아버지(πατήρ)' 어휘(136회)를 더 많이 사용하고 있다. '아들(υἱός)' 어휘는 55회 사용하고 있다.
265) 요한복음에서 '아버지와 아들이 하나라는 것'은 다음과 같은 의미를 포함한다. 1. 아들의 기능은 아버지의 기능과 하나이다(5:17,18,43; 14:9,10). 2. 아들을 섬기는 것과 아버지를 섬기는 것은 하나이다(5:23; 8:19; 14:7,21). 3. 아버지의 영광은 아들에게 나타난다(1:14; 2:11,18; 4:48,53; 5:36; 6:32,43; 8:21; 21:19). 4. 아버지와 아들은 친밀하다(1:14; 10:15,38; 17:20-23). 5. 아버지와 마찬가지로 아들도 신적인 존재다(1:1,18). 김동수,《요한 신학 렌즈로 본 요한복음》, 113.
266) 요 1:18; 2:16; 3:36; 4:23; 5장(17,18,19,20,21,22,23,26,36,37,43,45절).

아들의 관계성, 즉 아버지와 아들이 하나라는 기독론은 두 부류로부터 오해를 받을 수 있었다. 하나는 존재론적으로 신과 인간을 하나로 연결시키려는 영지주의적 오해이고, 다른 하나는 유대교에서 가장 이단시하는 이신론(二神論)적 오해이다.

이 문제는 유대교의 도전이자 기독교 자체 내의 도전이기에 이를 극복하지 못하면 요한공동체는 큰 어려움에 빠지는 위기를 맞게 된다. 요한은 이를 존재론적이거나 인격론적으로 설명하지 않고 기능적으로 설명하였다. 즉 예수와 하나님은 하나인데, 그것은 아들과 아버지의 관계이기 때문이다.

따라서 '아버지와 아들' 기독론은 예수의 본질이나 기원을 파악하기 위해서 도입된 것이 아니다. 이는 끊임없는 현실적 갈등 속에서 필연적으로 나타난 기독론이다. 즉 아버지와 아들 기독론의 시작과 목적은 신비세계의 추구나 신비적 관계 조성이 아닌 현실적이며 구체적인 능력이나 변혁을 추구하는 것에 있었다. 요한공동체는 이 기독론에 의거하여 구체적으로 예수를 선택함으로 회당에서 쫓겨났다. 그렇지만 이 기독론을 통하여 수많은 고난을 극복하는 공동체로 거듭날 수 있었다.[267]

5장에서 '아버지'를 강조함으로써 기대되는 효과는 다음과 같다. 첫째, 예수가 하는 모든 말과 일은 하나님 아버지와의 관계 속에서 이루어진 것이라는 사실을 통해 하나님의 아들로서의 정체성이 분명해졌다. 둘째, 유대인들의 박해가 본격적으로 시작되자 아버지께서 함께 하신다는 임마누엘 신앙을 통해 예수와 제자들은 위로와 격려를 얻고 박해를 이길 힘을 얻게 되었다. 셋째, 유대인들이 예수를 박해하고 죽이고자 한 것은 아버지와 아들(의 관계)을 알지 못해서였다는 것을 드

---

[267] 더 자세한 설명은 김춘기, 《요한복음연구》, 87-94을 참조하세요.

러내준다.

대기독론 논쟁을 담고 있는 5-8장은 본론의 두번째 부분으로 '유대인을 향한 긴 강화'를 언급하고 있다. 그리고 본론의 넷째 단락인 13-16장은 '제자들을 위한 긴 강화'를 언급하고 있다. 유대인들에 의한 예수의 박해가 본격적으로 시작되는 5장은 '아버지에 의한 아들의 위로'를 말씀하고 있고, 유대 회당에 의한 제자들의 출교가 본격화되는 16장은 '보혜사 성령에 의한 제자들의 위로'를 말씀하고 있다는 점에서 이 두 장은 서로 상응한다.

5장은 아버지와 아들의 관계를 다룬 '아들 기독론'을, 16장은 아들과 성령의 관계를 다룬 '아들의 영-성령론'을 그 신학적 주제로 삼고 있다. 따라서 5장과 16장은 함께 묶여져 '삼위일체론'을 취급하고 있다. 아들 기독론은 삼위일체 교리의 기초가 된다. 유일신교(Monotheism)에 머물러 있는 유대인들은 삼위일체 교리를 깨닫지 못했다.

삼위일체 교리는 신약성경 도처에 나타나 있지만(마 28:19; 고전 12:4-6; 고후 13:13) 가장 명확하게 나타난 곳은 요한복음이며, 그 중에서도 예수의 직접적인 자기계시가 본격적으로 시작되어 유대인들과 대충돌을 일으키는 5장이다.[268] 바울서신에서도 예수가 높이 고양되어 있지만 요한복음처럼 예수가 곧 하나님이라는 언명에는 이르지 못한다. 예수는 우리가 믿는 완전한 하나님으로서의 성자요, 삼위일체 하나님의 한 위격이다.

한편, 삼위일체론은 요한신학의 알파요 오메가다. 그리고 요한의 기독론은 삼위일체적 기독론이다. 이 같은 요한의 삼위일체론은 진공상태에서 예수의 본질과 기원에 대한 무시간적 진리를 말하기 위함에서가 아니라 주후 1세기 유대교의 유일신 신앙(monotheism)과 로마 가이

---

268) 김동수, 윗책, 112-113.

사 황제숭배라는 강력한 도전 앞에서 '예수신앙'을 고백하고 그에게만 충성하고자 하는 묵시문학적 삶의 자리에서 배태된 것이다.

요한은 예수가 본래부터 창조주 하나님과 함께 선재하신 하나님의 아들이며(선재 기독론), 인류 구원을 위한 아버지의 뜻을 이루기 위해 이 땅에 보내진, 즉 성육신한 분이라고 주장하였다. 또한 요한은 아버지와 아들에 의해 보냄받은 보혜사 성령도 앞서 보내진 보혜사 예수께서 행하신 일을 다시 대신 맡아 행하는 하나님으로 오신 분이다. 이 같은 아버지와 아들과 성령의 하나된 사역은 삼위일체론의 근간을 이룬다.

요한의 삼위일체론적 주장은, 유일하신 한 하나님 야웨(신 6:4) 외에 (모세와 같은) 인간 예수를 숭배하는 것은 우상숭배라는 유대교의 도전과 인간 예수를 신으로 숭배하는 것이나 인간 가이사 황제를 신으로 숭배하는 것이나 진배없는 것이 아니냐는 로마제국의 도전에 대한 기독론적 변명이다. 즉 요한은 예수가 인간 모세나 인간 가이사 황제와는 차원이 다른 선재하신 하나님이라는 것을 말함으로써 이 같은 도전을 불식시켰던 것이다.[269]

1-18절은 안식일에 병자를 치유한 세 번째 표적을 언급하고 있다. 이어지는 본문(19-47절)은 세 단락으로 나누어진다. 첫 단락(19-30절)은 아버지와 아들의 관계에 관한 강화, 둘째 단락(31-40절)은 예수에 대한 세 증인들에 관한 강화, 셋째 단락(41-47절)은 유대인들의 불신앙을 질책하는 내용을 담고 있다.

한편, 5-8장은 '생명' 주제를 담고 있다. 5장은 '생명의 주님'(14절), 6장은 '생명의 떡'(35,48절), 7장은 '생수의 강'(38절), 8장은 '생명의 빛'(12절)을

---

[269] 요한복음의 삼위일체론에 대한 자세한 설명은 A.J.Köstenberger & S.R.Swain, *Father, Son, and Spirit: The Trinity and John's Gospel*을 참조하세요.

말씀하고 있다. 그리고 5-10장은 유대인의 절기에 생명을 불어넣은 예수, 유대인의 절기를 온전케 하신 예수를 보여주고 있다. 5장은 안식일(오순절), 6장은 유월절, 7-9장은 초막절(안식일), 10장은 수전절과 관련된 예수의 사역과 가르침을 다루고 있다. 나아가 5:1-7:9은 예루살렘에서 갈릴리로의 네 번째 하강구조를 보여주고 있다.

1. 안식일에 병자를 치유하심(1-18절)
- 예수 나의 의사 -

〈성경 본문〉

1 그 후에 유대인의 명절이 되어 예수께서 예루살렘에 올라가시니라 2 예루살렘에 있는 양문 곁에 히브리 말로 베데스다라 하는 못이 있는데 거기 행각 다섯이 있고 3 그 안에 많은 병자, 맹인, 다리 저는 사람, 혈기 마른 사람들이 누워 [물의 움직임을 기다리니 4 이는 천사가 가끔 못에 내려와 물을 움직이게 하는데 움직인 후에 먼저 들어가는 자는 어떤 병에 걸렸든지 낫게 됨이러라] 5 거기 서른여덟 해 된 병자가 있더라 6 예수께서 그 누운 것을 보시고 병이 벌써 오래된 줄 아시고 이르시되 네가 낫고자 하느냐 7 병자가 대답하되 주여 물이 움직일 때에 나를 못에 넣어 주는 사람이 없어 내가 가는 동안에 다른 사람이 먼저 내려가나이다 8 예수께서 이르시되 일어나 네 자리를 들고 걸어가라 하시니 9 그 사람이 곧 나아서 자리를 들고 걸어가니라 이 날은 안식일이니 10 유대인들이 병 나은 사람에게 이르되 안식일인데 네가 자리를 들고 가는 것이 옳지 아니하니라 11 대답하되 나를 낫게 한 그가 자리를 들고 걸어가라 하더라 하니 12 그들이 묻되 너에게 자리를 들고 걸어가라 한 사람이 누구냐 하되 13 고침을 받은 사람은 그가 누구인지 알지 못하니

이는 거기 사람이 많으므로 예수께서 이미 피하셨음이라 14 그 후에 예수께서 성전에서 그 사람을 만나 이르시되 보라 네가 나았으니 더 심한 것이 생기지 않게 다시는 죄를 범하지 말라 하시니 15 그 사람이 유대인들에게 가서 자기를 고친 이는 예수라 하니라 16 그러므로 안식일에 이러한 일을 행하신다 하여 유대인들이 예수를 박해하게 된지라 17 예수께서 그들에게 이르시되 내 아버지께서 이제까지 일하시니 나도 일한다 하시매 18 유대인들이 이로 말미암아 더욱 예수를 죽이고자 하니 이는 안식일을 범할 뿐만 아니라 하나님을 자기의 친 아버지라 하여 자기를 하나님과 동등으로 삼으심이러라.

1절의 '유대인의 명절'은 어떤 절기냐에 대해 여러 견해가 있다. 혹자는 그것은 본문 이해에 중요하지 않으며, 만일 중요했다면 요한이 그것을 분명하게 밝혔을 것이라고 말한다.[270] 그렇게 볼 수도 있다. 그러나 요한의 글쓰기의 특징인 은폐기법을 보여주는 이 절기는 본문 이해에 중요하다.[271] 절기상징코드를 적용하면 이 절기는 오순절 절기[272]임이

---

270) 변종길, "요 5장: 아버지와 아들, 영생과 심판", 《요한복음: 어떻게 설교할 것인가》, 129.
271) 그 까닭은 두 가지이다. 하나는 절기를 온전케(대체) 하신 예수라는 절기상징코드적 의미인데, 4개의 절기(안식일, 유월절, 초막절, 수전절)에 하나의 절기(오순절)를 더해야 5대 절기(숫자 5는 유대교 상징)가 되어 요한의 절기상징코드가 온전해지기 때문이다. 또 하나는 삼위일체의 한 축인 성령과 관련 때문인데, 이를 위해서는 성령강림 절기인 오순절이 되어야 삼위일체 하나님이 온전해지기 때문이다.
272) 요한은 상징코드에 의해 알 수 있는 것에 대해서는 생략하는 글쓰기의 특징을 보여준다. 가령, 표적상징코드인 경우 첫 표적, 둘째 표적을 말한 후 그 나머지는 생략하고 있다. 마찬가지로 유대인의 3대절기인 유월절, 오순절, 초막절 중 오순절만 언급이 없는데, 절기상징코드를 통해 이 절기가 오순절임을 말해주고 있다. 4:35은 그에 대해 암시를 하고 있다. 이 구절에서 추수 때인 넉 달 후란 초막절(7월 15-21일)을 말하는 데, 지금은 유월절(1월 14-21일)이 지난 50일 후로써 자연스레 오순절이 된다. 그 외에도 요한의 글쓰기에 따르면 5장과 상응관계에 있는 16장은 성령강림을 언급하는 장으로, 성령강림은 오순절과 관련된 절기이다. 또한 오순절은 모세가 시내산에서 율법을 받은 사실을 축하하는 명절인데, 5장이 안식일 율법과 관련되어 있고, 모세가 언급된 점(5:45,46-47) 등이

자연스럽게 드러난다. 5장의 '유대인의 명절(오순절)'은 16장의 '(오순절) 성령강림'을 예표하는 성격을 갖는다.

유대인들은 유월절(무교절), 오순절(맥추절), 초막절(수장절), 이렇게 1년에 세 차례 절기를 지키러 예루살렘에 올라가야만 했다(출 23:14-17). "예루살렘에 있는 양문 곁에 히브리 말로 베데스다 하는 못이 있는데 거기 행각 다섯이 있고"(2절). 양문(sheep gate)은 예루살렘 성전의 북쪽에 위치한 성문(느 3:1; 12:39)으로 이 문을 통해 제물로 쓰일 양들이 성전 구내로 들어갔다. 양문 곁에 '베데스다('자비의 집'이란 뜻)' 연못이 있었고, 거기에 다섯 개의 행각이 있었다. 이 행각 안에는 많은 병자들이 모여 있었는데, 그 이유는 가끔 천사가 못에 내려와 물을 휘저어놓을 때 가장 먼저 들어간 사람은 무슨 병에 걸렸든지 낫는다는 민간 전설 때문이었다.

5절에서 말하는 38년은 오랜 동안의 실제 질병 기간을 나타낼 수 있겠지만 숫자상징코드적 의미를 담고 있다. 38년 기간은 이스라엘 백성이 광야에서 방황하던 연수와 같은데(신 2:14), 38년이나 오랫동안 병든 환자처럼 유대교야말로 가나안 땅에 들어가지 못한 채 방황하는 종교임을 암시한다.

본문은 "이 날이 안식일이니"(9b절)라고 말한다. 이 대목은 안식일 [273] 율법이 큰 문제가 될 것임을 암시한다. 요한이 이 사건을 치유 사역

다. 이영헌은 "일반적으로 오순절을 가리키는 것으로 여긴다. 그 이유는 7장에서 초막절이, 10장에서 성전 봉헌절이, 11-12장에서 예수의 마지막 해방절이 언급되기 때문이다"고 말하고 있다. 이영헌, 《요한복음서》, 119. 각주 (ㄴ).

273) 십계명의 제4계명은 안식일 계명인데, 출애굽기의 안식일 계명(출 20:8-11)과 신명기의 안식일 계명(신 5:12-15)에는 차이가 있다. 안식일의 근거를 전자는 창조신앙, 즉 하나님이 천지 만물을 창조하신 후 일곱째 날에 쉬신 것을 기념한 것에 둔 반면, 후자는 구속신앙, 즉 하나님이 이스라엘 백성을 출애굽시킨 것(인도주의적 관점)을 기념한 것에 두고 있다.

끝에 언급함으로써 자연스럽게 또 다른 사건으로 연결되고 있다. 요한은 치유사건 자체보다는 그 사건 다음에 나오는 기독론적 논쟁에 더 관심이 있다. 그래서 표적 자체는 간단히 서술하고 이 표적의 상징적 의미에 많은 지면을 할애하고 있다.

안식일은 유대인의 절기 가운데 하나로서(레 23:2), 이 날은 일체의 노동이 금지되었다. 그런데 예수가 안식일에 환자에게 네 침상을 들고 걸어가라고 한 것은 안식일의 금지조항(39가지) 가운데 하나를 어긴 것으로 본 것이다. 그래서 유대인들은 병 나은 사람에게 "안식일인데 네가 자리를 들고 가는 것이 옳지 아니하니라"(10절)고 말하였다. 그들은 수십 년 동안 깊은 좌절 속에 빠져 있던 병자가 고침받고 새로운 삶을 시작할 수 있게 된 이 놀라운 사실에는 관심이 없었다. 그들의 유일한 관심사는 오직 전통에 규정된 안식일 규례 파기에 있었다.

그래서 그들은 병 나은 사람을 불러다가 "너에게 자리를 들고 걸어가라 한 사람이 누구냐"(12절)며 다그쳤다. 예수는 병자를 고치자마자 그 자리를 피했기 때문에 고침을 받은 사람은 그가 누구인지 몰랐다. 그 후에 예수는 이 사람을 성전에서 만나 이같이 말했다. "네가 나았으니 더 심한 것이 생기지 않게 다시는 죄를 범하지 말라"(14절).[274] 예수는 질병이 반드시 죄 때문에 기원하는 것은 아니라고 가르쳤지만(9:2-3), 여기서는 질병의 기원이 근본적으로 인류의 범죄에 기인한다는 점에서 이 같이 말했다고 볼 수 있다.

왕의 신하가 자기 아들이 치유 받은 후 가진 믿음과는 달리 이 사람은 예수를 밀고하기까지 하였다(15절). 이 행위로 인해 예수와 유대인들의 논쟁(16절 이하)이 야기되었다.[275] 여기서 주목할 점은 이 사람은

---

274) 구약성경과 초기 유대교의 견해에 따르면 질병은 죄의 결과이며, 따라서 죄의 용서 없이는 건강도 가능하지 않다(시 103:3; 사 33:24).
275) 예수가 안식일에 행한 사역으로 인해 유대인들과의 논쟁이 야기된 것은 사복음서 모두

예수로 인해 고침을 받았지만 예수가 누구인지 깨닫지 못했다. 그리하여 그냥 '예수라 하는 이'라고만 대답하였다. 이 같은 태도는 4장의 사마리아 여인이나 9장의 소경으로 태어나 눈을 뜨게 된 사람과는 대조를 이룬다.

안식일에 행한 일로 인해 유대인들이 예수를 박해하기 시작하였다. "내 아버지께서 일하시니 나도 일한다"(17절)는 말씀은 기존의 모든 관념을 뒤집어엎는 폭탄선언이 아닐 수 없다. 그 까닭을 간단히 정리하면 이렇다.

예수 당시 가난하고 억눌린 일반 백성들은 '땅의 백성', 히브리어로 '암 하아레츠(עם-הארץ)'라고 불렀다. 이들은 먹고 살기에도 바빠 안식일법을 지킬 수 있는 여유가 없는 사람들이었다. 그러다 보니 이들은 자연히 안식일법을 어긴 죄인으로 취급받으며 살아야 했다. 그리고 그것을 당연한 것으로 받아들이며 살아야 했던 불쌍한 사람들이었다. 더구나 질병에 걸린 자들은 하나님으로부터 징벌을 받은 자로 취급받으면서 죄인처럼 살아야 했다.

그런데 안식일법을 지키며 살 수 있는 사람들은 서기관이나 바리새인들처럼 먹고 살만한 여유가 있는 지배계층의 사람들뿐이었다. 그러니까 안식일법을 통해 이득을 보는 집단은 그것을 지킬 수 있는 여유 있는 지배계층의 사람들이었다. 그들은 안식일법을 통해 자신들의 기득권을 유지하면서 그것으로 일반 백성들을 죄인으로 몰아 억압하고 지배하는 도구로 삼았던 것이다. 이러한 상황에서 주님은 안식일임에도 불구하고 죄인으로 취급당하는 병자를 고쳐주시고 오랜 질병으로부터 자유케 해 주신 것이다.

여기서 주님이 하고자 하시는 말씀은 이것이다. "내 아버지 하나님

에서 흔히 볼 수 있다(막 3:1-6; 마 12:9-14; 눅 6:6-11; 요 9:13-17).

도 일하시고 나도 일하고 일반 백성들도 열심히 일하는데, 일하지 않고 놀고먹으면서 열심히 일하는 일반 백성들을 죄인으로 정죄하는 너희들은 도대체 어떤 놈들이냐 이 나쁜 놈들아!"라고 일갈하고 있는 것이다. 주님은 지금 안식일에도 불구하고 열심히 일하는 일반 백성들이 죄인이 아니라 일하지 않고 놀고먹으면서 그들을 정죄하는 유대 지도자들이야말로 진짜 죄인들이고 진짜 나쁜 놈들이라고 호통을 치고 있는 것이다.

이는 서기관들이나 바리새인들의 위선과 허세를 날카롭게 폭로한 것이 되었다. 그들의 위선과 허세에 메스를 가함으로써 그들의 비뚤어진 정체성을 여지없이 드러낸 것이다. 그들은 자기들의 비뚤어진 정체성이 들통나자 더 이상 주님을 그냥 가만히 놓아둘 수가 없었다. 그리하여 하나님을 친아버지로, 그러니까 자신을 하나님의 아들이라고 말하는 예수가 신성모독을 했다는 죄목으로, 그리고 지배이데올로기의 마지막 보루였던 안식일법을 범한 중죄인으로 몰아 예수를 죽이고자 했던 것이다(18절).

2. 유대인들과의 논쟁(19-47절)
  − 예수 나의 권세(능력) −

⟨성경 본문⟩

19 그러므로 예수께서 그들에게 이르시되 내가 진실로 진실로 너희에게 이르노니 아들이 아버지께서 하시는 일을 보지 않고는 아무 것도 스스로 할 수 없나니 아버지께서 행하시는 그것을 아들도 그와 같이 행하느니라 20 아버지께서 아들을 사랑하사 자기가 행하시는 것을 다 아들에게 보이시고 또 그보다 더 큰 일을 보이사 너희로 놀랍게 여

기게 하시리라 21 아버지께서 죽은 자들을 일으켜 살리심 같이 아들도 자기가 원하는 자들을 살리느니라 22 아버지께서 아무도 심판하지 아니하시고 심판을 다 아들에게 맡기셨으니 23 이는 모든 사람으로 아버지를 공경하는 것 같이 아들을 공경하게 하려 하심이라 아들을 공경하지 아니하는 자는 그를 보내신 아버지도 공경하지 아니하느니라 24 내가 진실로 진실로 너희에게 이르노니 내 말을 듣고 또 나 보내신 이를 믿는 자는 영생을 얻었고 심판에 이르지 아니하나니 사망에서 생명으로 옮겼느니라 25 진실로 진실로 너희에게 이르노니 죽은 자들이 하나님의 아들의 음성을 들을 때가 오나니 곧 이 때라 듣는 자는 살아나리라 26 아버지께서 자기 속에 생명이 있음 같이 아들에게도 생명을 주어 그 속에 있게 하셨고 27 또 인자됨으로 말미암아 심판하는 권한을 주셨느니라 28 이를 놀랍게 여기지 말라 무덤 속에 있는 자가 다 그의 음성을 들을 때가 오나니 29 선한 일을 행한 자는 생명의 부활로, 악한 일을 행한 자는 심판의 부활로 나오리라 30 내가 아무 것도 스스로 할 수 없노라 듣는 대로 심판하노니 나는 필자의 뜻대로 하려 하지 않고 나를 보내신 이의 뜻대로 하려 하므로 내 심판은 의로우니라 31 내가 만일 나를 위하여 증언하면 내 증언은 참되지 아니하되 32 나를 위하여 증언하시는 이가 따로 있으니 나를 위하여 증언하시는 그 증언이 참인 줄 아노라 33 너희가 요한에게 사람을 보내매 요한이 진리에 대하여 증언하였느니라 34 그러나 나는 사람에게서 증언을 취하지 아니하노라 다만 이 말을 하는 것은 너희로 구원을 받게 하려 함이니라 35 요한은 켜서 비추이는 등불이라 너희가 한때 그 빛에 즐거이 있기를 원하였거니와 36 내게는 요한의 증거보다 더 큰 증거가 있으니 아버지께서 내게 주사 이루게 하시는 역사 곧 내가 하는 그 역사가 아버지께서 나를 보내신 것을 나를 위하여 증언하는 것이요 37 또한 나를 보내신 아버지께서 친히 나를 위하여 증언하셨느니라 너희는 아무 때에도 그 음성을 듣지 못하였고 그 형상을 보지 못하였으며 38 그 말씀이 너희 속에 거하지 아니하니 이는 그가 보내신 이를 믿지 아니함이라 39 너희가 성경에서 영생을 얻는 줄 생각하고 성경을 연구하거니와 이 성경이 곧 내게 대하여 증언하는 것이니라 40 그러나 너희가 영생을 얻기 위하여 내게 오기를 원하지 아니하는도다 41 나는 사람에게서 영광을 취하지 아니하노라 42 다만 하나님을 사랑하는 것이 너희 속에 없음을 알았노라 43 나는 내 아버지의 이름으로 왔으매 너희가 영접하지 아니하나 만일 다른 사람이 자기 이름으로 오면 영접하리라 44 너희가 서로 영광을 취하고 유일하신 하나님께로부터 오는 영광은 구하지 아니하니 어찌 나를 믿을 수 있느냐 45 내가 너희를 아버지께 고발할까 생각하지 말라 너희를 고발하는 이가 있으니 곧 너희가 바라는 자 모세니라 46 모세를 믿었더라면 또 나를 믿었으리니 이는 그가 내게 대하여 기록하였음이라 47 그러나 그의 글도 믿지 아니하거든 어찌 내 말을 믿겠느냐 하시니라.

1) 아버지와 아들간의 관계에 관한 강화(19-30절)

이 단락은 안식일에 행하신 일에 대한 변론으로 전체가 예수의 독백으로 구성되어 있다. 여기에는 요한의 깊은 신학사상이 반영되어 있다. 19-23절에서는 아버지와 아들의 상호관계가 객관적인 3인칭 문체로 언급되어 있다. 아들은 아버지께서 하시는 일을 보지 않고는 아무것도 스스로 할 수 없다(19절). 아들은 마음대로 행하지 않고 아버지를 따라 행한다.

아버지께서 아들을 사랑하사 자기의 모든 것을 아들에게 보이시고 '그보다 더 큰 일'을 보이사 사람들로 하여금 놀라게 하신다(20절). 여기서 '그보다 더 큰 일'(1:50; 14:12 참조)이란 병자 치유보다 더 큰 일, 즉 죽은 이들을 일으키어 살게 하거나(21절) 심판하는 것(22절)으로 설명되어 있다. 그런데 요한복음 전체 맥락에서 보면 '태생소경 치유'(9장)나 '나사로의 소생'(11장)과 관련되어 있다고 볼 수 있다.

아버지께서 아들에게 모든 것을 맡긴 이유는 모든 사람으로 아버지를 공경하듯이 아들을 공경하게 하려는 데 그 목적이 있다. 아들을 공경하지 아니하는 자는 그를 보내신 아버지를 공경하지 않는 자이다(23절). 바리새인들은 하나님을 공경한다고 하면서 하나님이 보내신 아들을 공경하지 아니하기에 실제로는 아버지를 공경하지 않는 자들이다.

성자를 모신 사람은 성부를 모신 자이고, 성자를 모시지 못한 사람은 성부도 모시지 못한 자이다. 아들의 말을 듣고 또 아들을 보내신 자를 믿는 자는 영생을 얻었고 심판에 이르지 아니한다. 그 까닭은 사망에서 생명으로 옮겨졌기 때문이다(24절). 이 구절에는 요한의 '실현된 (현재적) 종말론' 사상이 잘 드러나 있다. 아들을 믿는 사람은 영생을 앞으로 얻을 것(미래형)이 아니라 영생을 이미 얻었고(현재형), 죽음에서 생명으로 옮겨졌다(6:47; 8:51; 11:26; 요일 3:14). 그러나 아들을 믿지 아니하는 자는 이미 심판을 받았다(3:18,36).

죽은 자들이 하나님의 아들의 음성을 들을 때가 오는데 바로 지금이다(25절). 죽은 자들의 부활은 하나님의 약속인데, 그때가 이미 왔다('바로 지금')는 것은 약속의 성취를 가리킨다. 아들의 약속의 말씀을 듣고 믿는 자는 살아날 것이다. 아버지께서 자신 안에 가지고 계신 생명을 아들에게 주어 아들 속에 생명이 있게 하셨다(26절). 말씀이신 아들 안에 생명이 있기에(1:4), 아들은 믿는 자들에게 생명의 원천이 된다(7:37-38; 11:25; 14:6).

아버지께서는 사람의 아들에게 심판하는 권한을 주셨다(27절). '하나님의 아들'(25절)이 여기서는 '사람의 아들(인자)'²⁷⁶⁾로 표현되었다. 세상을 구원하러 온 예수가 '사람의 아들'로서 심판을 하게 된다는 사실에 놀라지 말아야 한다. 무덤 속에 있는 자들이 모두 인자의 음성을 들을 때가 올 것이다(28절). '때가 이미 왔다' 대신에 '때가 온다'는 말로 미래적 종말론을 보여주고 있다.

선한 일을 한 사람은 생명의 부활을 얻고, 악한 일은 한 사람은 심판의 부활을 얻는다(29절). 이는 마지막 날에 있을 신자의 부활과 불신자의 부활을 가리킨다(단 12:2-3; 사 26:19; 호 13:14). 결국 모든 사람은 종말에 부활주인 예수 앞에 설 것인데, 어떤 사람은 생명의 부활로, 어떤 사람은 심판의 부활로 종말을 맞게 될 것이다.

아들은 아무 것도 스스로 하지 않고 아버지로부터 들을 대로 심판한다. 아들은 그를 보내신 아버지의 뜻대로 행하기에 아들의 심판은 의롭다(30절).²⁷⁷⁾ 이 단락의 종말론적 발언은 시작부 곧 19절로 되돌아감으로 종결된다. 아들의 아버지에 대한 의존은 그의 아버지를 위한 사역에서 정점에 이른다. 아들의 심판은 자의적인 아닌 공의의 하나님이신 아버지의 뜻에 따라 행하기에 항상 공평하다.

2) 예수에 대한 증인들(31-40절)

이 단락은 아들 예수를 위한 여러 증인들을 다루고 있다. 본문은

---

276) '사람의 아들(인자)'은 요한복음에서 더러 언급되지만(3:13; 6:62; 12:23,34; 13:31), 심판자로서는 거의 언급되지 않는다. 심판자로서의 '사람의 아들(인자)'은 오히려 초대 그리스도교 전승자료, 특히 공관복음서(마 24:30; 막 8:38; 14:62; 눅 12:8-9; 17:26-27,30)나 사도행전(7:56)에서 기인된 것으로 볼 수 있다. 이영헌,《요한복음서》, 128-129.
277) 세 종류의 인생이 있다. 남이 써 간 내 인생드라마는 졸작(拙作)이 되고, 내가 써 간 내 인생드라마는 평작(平作)이 되나, 하나님이 써 간 내 인생드라마는 불후의 명작(名作)이 된다.

구약의 제2이사야에 나타나는 이스라엘의 하나님과 이방신들 간의 재판 장면을 연상시킨다(사 43:8-13; 44:6-11). 소송을 성사시키려면 두 사람 이상의 증인이 필요하다(신 19:15). 첫째 증인은 세례 요한(33-35절), 둘째 증인은 아버지 하나님(36-38절), 셋째 증인은 구약성경(39-40절)이다. 세 증인[278]이 예수의 아들됨(신성)을 증언하고 있다.

예수의 증언은 참인데, 그 까닭은 성부 하나님께서 대신 증언하시기 때문이다(31-32절). 세례 요한은 이미 진리에 대하여 증언하였다(33절; 1:19-34; 3:27-30). 예수도 진리에 대하여 증언하러 이 세상에 왔다(18:37). 그러나 예수는 사람에게서 증거를 취하지 않는다(34절). 이 점에서 세례 요한의 증언은 예수에 비해 상대적인 가치를 지닐 뿐이다. 예수는 빛(1:5)이 되시지만 세례 요한은 단지 빛을 증언하는 등불(35절)에 지나지 않는다(1:7-8). 예수에게는 요한의 증거보다 더 큰 증거가 있는데 그것은 아버지로부터 부여받아 행한 표적들이다(5:17,19). 이 '일들'은 특히 예수가 아버지로부터 파견되었다는 사실을 증언해준다(8:28-29; 9:30-33; 10:25,32,37-38; 12:37; 15:24).

39절은 요한복음 연구방법론-구약적(유대적) 방법론-을 암시하는 구절이라는 의미에서 대단히 중요한 구절이다.[279] 예수는 유대인들이 영생을 얻기 위해 연구하는 구약성경이 바로 자신에 대한 증언이라고 말하고 있다. 요한복음에서 성경의 각 '말씀'은 예수에게서 이루어진다(12:38; 13:18; 15:25; 17:12; 19:24,36).[280] 예수는 성경의 핵심이요 목적이다

---

278) 여기서 '셋'은 '더 이상은 없다, 끝이다'라는 '숫자상징코드'의 의미를 갖는다.
279) 필자는 성경연구에 도움이 되는 열 가지 항목을 '십계명'이라는 이름으로 정리해 보았다. 더 자세한 설명은 부록4를 참조하세요.
280) 성경은 객관적 계시요 성령은 주관적 계시로서 성령은 말씀과 함께 협력적으로 역사한다. 이것이 성경론에 있어 결정적으로 중요한 부분이다. 객관적 계시가 없는 주관적 계시는 신비주의에 빠지고, 주관적 계시가 없는 객관적 계시는 역사적 사실로 남아 있을 뿐이다. 성경과 성령의 관계에 대해서는 곽선희, 《사도행전강해: 교회의 권세(상)》, 671-

(1:45; 2:22; 5:39,46; 12:16,41; 19:28; 20:9).[281]

따라서 이 구절은 구약에 대한 초대교회의 기독론적 성경해석의 절정을 이루는 구절이라는 점에서 결정적인 중요성을 갖는다. 그런데 유대인들은 생명을 얻기 위해 열심히 구약성경을 연구하지만 구약성경이 예수에 관한 책이며, 예수 안에 생명이 있다는 사실을 모르기 때문에 예수께로 오기를 원치 않았다(40절).

3) 유대인들의 불신앙을 질책하심(41-47절)

본문에서 예수는 유대인의 불신앙을 노골적으로 질책하고 있다. "나는 사람에게서 영광을 취하지 아니하노라"(41절). 예수는 사람의 증언을 필요로 하지 않듯이(34절), 사람들로부터 영광 받고자 하지 않는다. 예수는 오직 하나님의 영광만을 위해서 산다는 것을 시사하고 있다.

하나님의 가장 중요한 속성 두 가지는 '거룩과 영광'이다. 거룩은 '하나님의 내적 본질'이고, 영광은 '하나님의 외적 현시'이다. 요한복음은 '영광의 복음서'라고 말할 정도로 '영광'을 강조한다. 예수가 바리새인들과 다른 점이 바로 여기에 있다. 바리새인들은 자기 영광을 구하나 예수는 오직 하나님의 영광을 구했다(5:44; 12:43). 마르틴 루터를 비롯한 종교개혁자들이 부르짖는 모토는 "오직 하나님께만 영광을!"이었다 (고전 10:31).

674을 참조하세요.

[281] 이용도(李龍道, 1901-33) 목사는 이런 고백을 하였다. "예수다-우리 신앙의 초점은 예수다. 소망도 예수요, 인내도 예수요, 기도에도 예수요, 찬송에도 예수다. 떠들어도 예수요, 잠잠해도 그저 예수뿐이다. 생시에도 예수요, 꿈에도 예수, 그리고 또 잠꼬대에도 예수다. 먹어도 예수요, 입어도 예수요, 자도 예수요, 일하여도 예수다. 오-예수는 우리의 모든 것의 모든 것이요, 또 우리의 생명이다. 만일 사람이 온 천하를 얻고도 이 생명을 잃어버리면 아무 이익이 없게 되는 것이다." 이용도, '예수', 《是無言》, 30.

종교개혁자들이 이 같은 모토를 내세운 것은 하나님만이 받아야 할 영광을 교황이나 성모 마리아(인간) 및 제도(교회, 교리 등)가 가로챘기 때문이다. 하나님은 당신의 영광을 가로채는 것을 가장 싫어하신다(민 20:10-13; 삼상 15:12; 행 12:23). 우상숭배를 금하도록 명하신 까닭이 여기에 있다. 신의 존재 유무는 내 알 바 아니라거나(공자), 해탈하면 인간이 신이 된다거나(부처), 자연과 하나되는 것이 신의 품에 안기는 것이라고(노자) 하는 이 같은 발상들은 모두 하나님을 떠나 인간이 그 영광을 차지하겠다는 우상숭배적이고 바벨탑적인 발상이다.

하나님이 고대근동지방을 떠돌아다니던 노예 히브리들을 사랑하여 출애굽 해방과 가나안 땅을 선물로 주었다(신 7:6-9; 26:5-9). 이스라엘은 이 같은 하나님의 은혜와 사랑에 대한 보답으로 하나님을 사랑하는 것이 지극히 당연한 일이었다(신 6:4-9). 그러나 이스라엘 백성은 배은망덕하게도 하나님이 가장 싫어하시는 우상숭배와 이방신을 좇으며 반역을 일삼았다(겔 20장). 유대인들 또한 하나님을 안다고 하였지만 그들에게는 하나님께 대한 사랑이 없었다(42절). 그리하여 하나님과 하나가 되신 아들 예수를 거절하였다. 오히려 유대인들은 자칭 메시아[282]라고 자처하는 거짓 예언자들[283]을 좇아가는 어리석음을 행했다(43절).

유대인들은 자기들의 영광을 취하면서 유일하신 하나님께 돌려야 할 영광을 구하지 않았다. 이는 하나님을 믿지 못하는 행위이며, 따라서 하나님이 보내신 아들을 믿지 못하는 것과 같은 것이다(44절). 모세의 율법은 하나님의 영광을 선포하고(출 40:34-35) 하나님을 사랑할 것을 가르쳤건만, 그들은 하나님의 영광을 가로채고 하나님을 사랑하지

---

282) 가령, 제2유대인 반란(주후 132-135년) 때에 자칭 메시아라고 했던 '시몬 바 코크바'를 추종했다.
283) "아버지의 이름으로 온다"는 말은 "자신의 이름으로 온다"는 말과 대조되는 표현으로 거짓 예언자들을 지칭한다(신 18:20; 렘 14:14-15; 29:9; 겔 13:2,19).

않기에(사 29:13; 겔 33:31) 모세의 율법은 그들을 정죄할 것이다(45절).[284] 모세의 글(모세오경)은 예수의 말에 대한 증언의 역할(46절)을 한다(신 18:15-18; 눅 24:44; 요 6:14). 모세오경을 통해서 예수가 '약속된 메시아'라는 증거들[285]을 믿지 않고는(47절), 하나님의 아들에 대한 믿음은 불가능하다(1:45).

---

[284] 요한복음은 공관복음에서처럼 바리새인이나 서기관에 대한 저주가 나타나 있지 않고 그 대신 이런 묘사로 당시의 유대교를 공격한다.

[285] 여자의 후손(창 3:15), 출애굽과 유월절(출 12장), 성막의 기구들(출 25-31장, 35-40장), 여러 제사들(레위기의 제사법전) 등.

제 6 장

⟨본장 개요⟩

요한복음에서 가장 긴 장인 6장은 '요한복음 이해의 분수령'이라고 할 만큼 대단히 중요한 장이다.[286] 6장은 크게 둘로 나누어진다. 요한복음의 일곱 표적사건 가운데 유일하게 연이어 나오는 두 표적사건(1-21절)[287]과 이에 대한 해설로서의 긴 강화(22-71절)가 그것이다. 오병이어 표적사건은 사복음서(마 14:13-21; 막 6:32-44; 눅 9:10-17; 요 6:1-15) 모두에 나오고 있다. 이어서 바다 위를 걷는 표적사건은 누가복음을 제외한 세 복음서(마 14:22-33; 막 45-52; 요 6:16-21)에 나오고 있다. 6장에 나타난 예수는 한마디로 새 출애굽을 이루고 새 땅을 주시는 새 모세이자, 성만찬에 나타난 자신의 대속적 죽음을 통해 새 언약을 이루신 새 창조와 새 구원의 하나님이다.

6장은 연대기적 배열에 따라 이곳에 배치된 것이 아니다.[288] '역사에 대한 해체와 재구성'[289]이라는 요한신학의 특성에 따라 15장과 상응하는 요한판 최후의 만찬[290]을 다루기 위해 이곳에 배치되어 있다는 것

---

[286] 요 6장에 대한 종합적 연구에 대해서는 P.N.Anderson, *The Christology of The Fourth Gospel*을 참조하세요.

[287] 요한복음에서 유일하게 연이어 나오는 이 두 표적사건의 중요성은 이어지는 긴 강화(길게는 50절[22-71절], 짧게는 38절[22-59절])가 잘 말해주고 있다.

[288] 요한복음 연구에 있어서 많은 학자들이 6장이 적절한 위치에 있지 않다고 보고 있는데, 이 같은 생각은 요한의 신학적 의도를 제대로 파악하지 못한 데서 비롯되었다는 것이 필자의 생각이다.

[289] "역사에 대한 해체와 재구성"이라는 요한의 관점에서 보면 성전정화사건이 마지막 유월절 기간에 있을 필요가 없듯이, 최후의 만찬도 반드시 수난사화 바로 앞에 있어야 할 필요는 없다.

[290] 최후의 만찬에 대한 말씀은 네 전승 모두에 나타나는데, 크게 두 갈래로 나누어진다. 마태판(26:26-29)과 마가판(14:22-25)은 거의 같고, 누가판(22:14-20)과 바울판(고전 11:22-26)은 유사하다. 요한복음에서 떡과 잔의 말씀에 대한 신학적 해설은 몇 군데에 나타나

이 필자의 생각이다.[291] 요한판 최후의 만찬을 다루는 데 있어서 6장은 다음과 같은 독특한 전략, 즉 앞 장(5:39-47)에서 미리 암시한 구약(모세오경)에 대한 기독론적 변형 및 공관복음과의 신학적 차별화를 구사하고 있다.[292]

요한복음에서 예수의 자기계시 말씀인 '에고 에이미'의 일곱 비유적 용법이 6장("나는 생명의 떡이다")에서 처음 나타나 15장("나는 포도나무다")에서 끝나고 있다. 이는 말씀상징코드에 의해 6장과 15장이 서로 상응한다는 것을 시사한다. 또한 6장과 15장은 '성만찬'[293]에 참여함이 갖는 참 제자도의 의미(6:60-71; 15:8-25)가 무엇인지를 밝혀주고 있다.

는데(13장, 15장 참조), 요한판 최후의 만찬은 6:51-59에서 가장 현저하게 나타난다. 김세윤, 《요한복음강해》, 113-114.

291) "요 6:51-58에서 우리는 복음서에서 가장 분명한 성례전적인 언어를 발견하게 된다." R. Kysar, 《설교자를 위한 요한복음 해석》, 211.

292) 첫째, 오병이어 표적사건을 다루면서 공관복음에 없는 '유월절'(4절) 절기를 배경에 삽입함으로써 유월절/출애굽 유형론을 구사하고 있다. 둘째, 바다 위를 걷는 표적사건을 다루면서 공관복음(마, 막)과는 반대로 요단 동편 땅에서 요단 서편 땅(21절)으로 옮겨 가도록 함으로써 공관복음과는 전혀 의미가 다른 '지리상징코드'를 구사하고 있다. 셋째, 생명의 떡에 관한 긴 강화를 예수에 적대적인 예루살렘이 아닌 갈릴리(가버나움)에서 구사하고 있다.

293) 요한복음의 성례전 문제는 요한복음 해석에 있어서 가장 논란이 많이 된 문제 중의 하나이다. 대표적인 세 가지 입장을 들면 다음과 같다. 1) 무성례전(non-sacramentalism)이나 반성례전(anti-sacramentalism)의 입장이다. 요한공동체는 성례전에 대해 알지 못했거나(대표자 R. Kysar), 또는 성례전을 알았지만 잘못된 관습에 대한 적극적인 반대의사를 갖고 있었다(대표자 R. Bulmann)는 입장이다. 2) 친성례전(ultra-sacramentalism)의 견해이다. 요한은 성례전에 지대한 관심을 갖고 있기에 요한복음 여기 저기에 성례전에 대한 암시와 상징이 강하게 드러난다는 입장이다(대표자 O. Cullmann). 3) 성례전을 영적으로 해석하는 입장이다(대표자 Kikuo Matsunaga). 이에 대한 자세한 논의는 김득중, 《요한의 신학》, 279-293을 참조하세요. 위의 세 입장에 대한 필자의 견해는 세 입장 모두에 반대한다. 첫 번째 입장에 대해서는 '모자랐고', 두 번째 입장에 대해서는 '지나쳤으며', 세 번째 입장에 대해서는 영적보다는 '실제적(구체적)'이라는 점에서 세 입장 모두에 반대한다.

요한복음에서 '거하다' 어휘는 14회[294] 나온다. '하나님 나라' 어휘가 3장과 18-19장에서만 유일하게 나타나 서로 상응관계에 있듯이, 6장과 15장은 두 곳에서만 유일하게 등장하는 성만찬이 갖는 새 언약관계로서의 '상호 거주(이중적 거함)' 어휘(6:56; 15:4,7,10)를 통해 서로 상응관계를 이루고 있다. 그리고 "나는 생명의 떡이다"라는 예수의 자기계시 말씀은 성막(성전)의 일곱 기구 중 '떡상'(출 25:23-30 참조)에 해당한다.

한편, 이어지는 본문(22-59절)은 두 표적사건에 대한 해설의 성격을 띤 긴 강화로써 '생명의 떡'에 관해 말씀하고 있다. 이 강화의 주제인 '생명의 떡'은 주로 22-50절에서는 계시적 의미로, 51-59절에서는 성례전적 의미로 사용되고 있다. 특히 본문에서 주목해야 할 사실은 예수의 정체성을 암시하는 '하늘로부터 내려 온' 어휘가 10회(31,32[2회],33,38,41,42,50,51,58절)나 사용되고 있다는 점이다.

마지막으로, 6장의 결론적 성격을 띠고 있는 본문(60-71절)은 두 단락으로 나누어진다. 첫 단락(60-65절)은 '생명의 떡' 말씀을 들은 많은 제자들의 몰이해와 이에 대한 예수의 반응이다. 둘째 단락(66-71절)은 제자들 가운데 많은 이들이 떠나고 열두 제자만 남은 상황에서 "너희도 가려느냐?"는 예수의 질문에 대한 베드로의 신앙고백과 이에 대한 예수의 반응이다.

오병이어 표적을 맛보고 예수를 따랐던 많은 이들이 예수를 떠났다. 그 까닭은 서로의 관심사('하늘'과 '땅'의 차이)가 달랐기 때문이다. '땅 이야기(세상 나라)'를 듣고 싶었던 땅에 속한 무리들(제자들)이 '하늘 이야기(하나님 나라)'를 말씀하고 있는 하늘에 속한 예수의 영생의 말씀을 이해하지 못한 것은 어쩌면 당연하다.

한때 예수로부터 '사탄'(마 16:23)이라는 책망을 받은 베드로와 훗날

---

294) 요 1:14,39; 5:38; 6:56; 8:31,35; 10:40; 12:46; 14:17; 15:4,6,7,9,10.

예수를 팔게 됨으로써 '마귀'(요 6:70)라는 책망을 받은 가룟 유다의 엇갈림은 영생의 말씀이신 예수에 대한 그들의 관심사의 차이에서 비롯되었다. 주목할 사실은 요한복음에서 '열두 제자'의 명단은 나오지 않고 그 어휘만 4회 중 여기서 3회(67,70,71절)가 집중적으로 나올 뿐이라는 점이다(요 20:24 참조).

6장에서 주목해야 할 사실 두 가지가 있다. 첫째, 생명의 떡 강화에서 '영생'(40,47,51,54절)과 '마지막 날'(39,40,44,54절)이 평행한다는 사실이다. 이 두 어휘는 부활의 언어로써 6장에 언급된 예수의 죽음을 기리는 성만찬(최후의 만찬) 언급은 부활을 전제하고 있다. 그리고 부활장인 11장에도 이 두 어휘(24-26절)가 함께 나오고 있다.

둘째, 본론(2-20장)에서 부활장인 2장(처음), 11장(정가운데), 20장(끝)이 세 마리아와 관련되어 나타나듯이, 전반부의 일곱 표적 가운데 세 표적(2장의 첫 표적[처음], 6장의 넷째 표적[정가운데], 11장의 일곱째 표적[끝])이 '유월절'이 가까이 다가온 상황(2:13; 6:4; 11:55)에서 일어났다는 사실이다. 이는 요한복음이 기본적으로 부활신학으로 구조화되어 있으며, 예수는 유월절을 온전케 하신(새 유월절=부활절) 분임을 시사한다.

1 오병이어 표적 및 바다 위를 걷는 표적(1-21절)
 - 예수 나의 기적(표징) -

〈성경 본문〉

1 그 후에 예수께서 디베랴의 갈릴리 바다 건너편으로 가시매 2 큰 무리가 따르니 이는 병자들에게 행하시는 표적을 보았음이러라 3 예수께서 산에 오르사 제자들과 함께 거기 앉으시니 4 마침 유대인의 명절인 유월절이 가까운지라 5 예수께서 눈을 들어 큰 무리가 자기에게로

오는 것을 보시고 빌립에게 이르시되 우리가 어디서 떡을 사서 이 사람들을 먹이겠느냐 하시니 6 이렇게 말씀하심은 친히 어떻게 하실지를 아시고 빌립을 시험하고자 하심이라 7 빌립이 대답하되 각 사람으로 조금씩 받게 할지라도 이백 데나리온의 떡이 부족하리이다 8 제자 중 하나 곧 시몬 베드로의 형제 안드레가 예수께 여짜오되 9 여기 한 아이가 있어 보리떡 다섯 개와 물고기 두 마리를 가지고 있나이다 그러나 그것이 이 많은 사람에게 얼마나 되겠사옵나이까 10 예수께서 이르시되 이 사람들로 앉게 하라 하시니 그 곳에 잔디가 많은지라 사람들이 앉으니 수가 오천 명쯤 되더라 11 예수께서 떡을 가져 축사하신 후에 앉아 있는 자들에게 나눠 주시고 물고기도 그렇게 그들의 원대로 주시니라 12 그들이 배부른 후에 예수께서 제자들에게 이르시되 남은 조각을 거두고 버리는 것이 없게 하라 하시므로 13 이에 거두니 보리떡 다섯 개로 먹고 남은 조각이 열두 바구니에 찼더라 14 그 사람들이 예수께서 행하신 이 표적을 보고 말하되 이는 참으로 세상에 오실 그 선지자라 하더라 15 그러므로 예수께서 그들이 와서 자기를 억지로 붙들어 임금으로 삼으려는 줄 아시고 다시 혼자 산으로 떠나 가시니라 16 저물매 제자들이 바다에 내려가서 17 배를 타고 바다를 건너 가버나움으로 가는데 이미 어두웠고 예수는 아직 그들에게 오시지 아니하셨더니 18 큰 바람이 불어 파도가 일어나더라 19 제자들이 노를 저어 십여 리쯤 가다가 예수께서 바다 위로 걸어 배에 가까이 오심을 보고 두려워하거늘 20 이르시되 내니 두려워하지 말라 하신대 21 이에 기뻐서 배로 영접하니 배는 곧 그들이 가려던 땅에 이르렀더라.

1) 오병이어의 표적(1-15절)[295]

1절에서 '디베랴'라는 이름은 헤롯 안티파스가 로마 황제 티베리우스를 기념하기 위해 주후 25년경에 갈릴리 호수 남서쪽에 세운 도시로서 갈릴리의 수도였다. 요한복음에서만 볼 수 있는 이 명칭(6:23; 21:1)은 이 사건의 첫절(1절)에 나오는데, 특히 끝절(15절)과 관련하여 중요한 의미를 갖는다. 요한이 이 자리에서 이 명칭을 사용한 것은 우연이라기보다는 신학적 의도, 즉 황제의 도시인 디베랴 바다에서 누가 진정한 왕인가 하는 것을 문제 삼고자 한 것이라고 생각할 수 있다.

이 구절에서 주목해야 할 것은 '갈릴리 바다 건너편'이라는 대목이다. 이곳은 '요단 동편' 지역으로 누가복음(9:10)에 의하면 벳새다 지역이다. 이 대목을 주목해야 하는 이유는 오병이어 표적사건은 요단 동편에서 있었고, 이어지는 물 위를 걷는 표적과 긴 강화가 요단 서편에서 있었다는 데 있다. 요단 동편에서 요단 서편으로의 옮겨짐은 '사망의 자리에서 생명의 자리로의 전환'(5:24)을 의미한다.

앞 장에서 병자가 치유되는 표적을 본 큰 무리들이 예수를 따랐다(2절). 예수는 산에 올라 제자들과 함께 거기 앉았다(3절). 광야에서 행해진 표적사건에 굳이 '산'(3,15절)에 올랐다는 문구를 사용한 것은 모세 유형론(모형론), 즉 모세가 시내산에서 율법(계명)을 주었듯이, 산상수훈과 같은 새 율법(새 계명)을 주는 새 모세 예수를 말하려고 했다고 볼 수 있다.

4절은 다른 세 복음서에는 나타나지 않는 대목이기에 특히 주목해

---

295) 요한의 오병이어 표적사건의 내용을 자세히 분석해 보면 공관복음에 없는 자료들을 보충해 주고 있다(4,8,14,15절). 이에 대한 설명은 다양하지만 필자는 궁극적으로 동일한 전승으로부터 유래했으며, 다만 요한이 자신의 신학적 의도를 가지고 전승 자료를 재구성했다는 입장을 취하고자 한다.

야 한다. 여기서 '유월절'[296] 언급은 요한이 이 사건을 새롭게 재구성하고자 하는 의도가 있음이 분명하다. 이 구절은 6장 전체가 '유월절'이라는 문맥에서 해석되어야 한다는 것을 강력하게 암시한다.

유월절은 이스라엘 백성들이 애굽의 노예상태로부터 해방된 것을 기념하여 지키는 절기이다. 유대인들은 이 명절이 다가오게 되면 왠지 모르게 마음이 들뜨게 된다. 지금 로마제국에 지배를 당하고 있는 식민지 상황에서 유대인들은 이 유월절 절기가 다가오면 모세나 다윗 왕 같은 자기 백성을 억압과 질곡으로부터 해방시켜줄 메시아를 더욱 간절히 고대하였다.

예수는 큰 무리가 자기에게 다가오는 것을 보고 벳새다 출신인 빌립을 시험하고자 이렇게 물었다. "우리가 어디서 떡을 사서 이 사람들을 먹이겠느냐"(5절).[297] 그러자 빌립은 예수의 물음이 믿음에 관한 것인지를 미처 깨닫지 못하고 이렇게 대답했다. "각 사람으로 조금씩 받게 할지라도 이백 데나리온의 떡이 부족하리이다"(7절). 한 데나리온이 노동자의 하루 품삯이라면 200데나리온은 200일의 노동량에 해당하는 엄청난 금액이다.

빌립에 이어 한 동네 사람인 안드레(1:44 참조)가 예수의 말씀의 의미를 깨닫지 못하고 이렇게 예수께 여쭈었다. "여기 한 아이가 있어 보리떡 다섯 개와 물고기 두 마리를 가지고 있나이다 그러나 그것이 이 많은 사람에게 얼마나 되겠사옵나이까"(9절). 보리떡은 밀떡보다 못한 빵

---

[296] '유월절(פסח, 페사흐)'은 문자적으로 '넘어갔다(pass over)'고 하여 '파스카(pasḥa)'라 불렸다. 본래 유월절 예식(니산월 14일)은 봄철에 치르던 유목민들의 의식(유목사회)에서 나온 것이다. 무교절(니산월 15-21일)은 첫 추수와 관련이 있는 농업적인 축제(농경사회)에, 뿌리를 두고 있다. J.I.Durham, 《출애굽기》, 278-286.

[297] 표적을 행하는 동기가 공관복음은 '무리를 불쌍히 여김'(마 14:14; 막 6:34)에서 나온 것으로 언급하고 있는 반면, 요한은 하나님이 그의 백성에게 허락한 특별한 양식과 연결시킨다.

으로 주로 가난한 사람들이 먹던 빵이었다. 요한은 한 아이가 가져온 떡이 보리떡이라고 진술함으로써 무리를 먹인 표적을 성만찬과 관련시키려는 의도를 보여준다.[298]

예수는 5천(10절) 명쯤 되는 사람들을 앉게 한 후에 떡을 가져 축사한 후에 손수 떡과 물고기를 나눠주었다(11절). 공관복음에서는 먹은 숫자가 이적을 행한 후에 맨 끝에 기록하고 있으나 요한은 이 사건 맨 끝에 다른 중요한 문제를 다루려고 숫자를 중간에 간단히 처리해 버렸다. 공관복음과는 달리 여기서도 5절처럼 예수가 주도권을 가지고 행하는 모습을 보게 된다.

무리들이 먹고 배부르자 예수는 제자들에게 "남은 조각을 거두고 버리는 것이 없게 하라"(12절)고 명령하였다. 이 대목에는 아버지께서 주신 자 중에 하나도 잃어버리지 아니하리라는 전형적인 요한의 주제(6:39; 10:28; 17:12; 18:9)가 반영되어 있다. 보리떡 다섯 개로 먹고 남은 조각을 거두니 열두 바구니가 되었다(13절). '열두 바구니'는 '열두 제자'(6:67,70-71)를 시사한다. 각 제자마다 바구니 하나씩 빵조각들을 거두어들였던 것으로 볼 수 있다.

14절은 예수를 모세와 같은 '종말론적 예언자'(신 18:15-18)로 고백하고 있는데, 이는 공관복음에서는 볼 수 없는 내용이다. 7회 사용된 '세상에 오실'(1:9; 3:19; 9:39; 11:27; 12:46; 16:28; 18:37) 표현과 3회 사용된 '그 선지자'(1:21,25; 7:40) 칭호는 요한의 주된 관심사로서 숫자상징코드에 따라 예수가 완전한 메시아로 이해되어져야 한다는 것을 의미한다. 이 표적은 결국 예수가 누구인가라는 '기독론'의 문제를 다루고 있다.

15절의 '임금'은 '유대인의 왕'(18:33,39; 19:19,21)이란 말과 동일한 의미

---

[298] 주후 2세기 후반경 히에라폴리스에서 발견된 아베르키우스(Abercius)의 한 비문에는 물고기(익투스)가 그리스도를 상징하는 것으로, 빵과 포도주는 성만찬을 상징하는 것으로 말하고 있다. R.E.Brown, *John*, Vol.1: XII, 247.

로서 요한복음에서는 항상 부정적으로 사용된 용어이다. 지금 이 엄청난 표적을 경험한 유대인들은 이분이야말로 자신들이 그토록 고대하던 바로 '그 선지자' 곧 메시아라고 생각했다. 그래서 이 기회에 예수를 억지로라도 붙들어다가 자기들의 임금으로 삼고자 했다. 그들의 이같은 생각을 안 예수는 그 자리를 급히 피해 산으로 도망쳤다. 여기서 우리는 유대인들의 메시아관과 예수의 메시아관에는 커다란 시각차가 있음을 간파할 수 있다.

유대신학은 '종말'을 태초의 회복으로 보았다. '종말'은 항상 구원의 시대를 말한다. 출애굽은 이스라엘 민족의 구원사건이었다. 유대인들은 출애굽 사건을 종말론적으로, 동시에 태초론적을 해석하였다. 그래서 다가올 메시아 시대의 종말의 구원을 제2의 출애굽 구원으로 보았다. 유대인들은 이런 관점에서 예수의 표적을 해석했다.

첫 출애굽 때 시내 광야에서 하나님이 만나를 먹이셨듯이, 예수께서 첫 출애굽 구원을 기념하는 유월절에 광야에서 오천 명을 먹였다. 따라서 유대인들은 당연히 자기들의 신학적 관점에서 예수가 바로 신명기(18:15)에 약속된 모세와 같은 선지자인 '제2의 모세'라고 생각하고 모세가 이루었던 첫 출애굽을 재현한다고 생각했다. 더욱이 예수께서 갈릴리 호수 위를 걸어 건너간 사건(16-21절)은 유대인들에게 이러한 해석을 더욱 강화시켜 주었던 것이다.[299]

한마디로 유대인들은 땅의 메시아, 세상(땅) 나라의 메시아를 꿈꾸었다. 당시에 유대인들은 자신들의 배를 채워주는 경제적 메시아, 로마의 억압으로부터 자신들을 해방시켜줄 다윗 왕과 같은 정치적 메시아를 기대했다. 그리하여 그들은 예수를 통해 자신들이 꿈꾸던 메시아 왕국을 건설하고자 했다. 이에 반해 예수는 하늘의 메시아, 하나님(하

---

299) 김세윤,《요한복음강해》, 109-111.

늘) 나라의 메시아관을 갖고 있었다. 예수가 갖고 있던 메시아관과는 너무나도 동떨어진 이 같은 정치적이고 세속적인 메시아 사상이 결국에는 그들의 메시아를 십자가에 못 박는 결과를 가져왔다.

2) 바다 위를 걸으심(16-21절)[300]

이 표적사건은 길이도 짧고 요한복음의 특징도 많이 발견되지 않는 별로 중요하지 않은 표적[301]으로 생각하기 쉬우나 결코 그렇지 않다. 이 표적사건은 요한복음을 이해하는 핵심적 열쇠를 쥐고 있는 아주 중요한 표적사건이다. 요한이 여기서만 예외적으로 두 표적을 연속적으로 언급하고 있는 까닭은 무엇인가?[302] 여기에는 요한의 분명한 의도가 깔려 있다.

예수보다 앞서 제자들은 먼저 배를 타고 요단 서편 땅으로 가다가 큰 바람과 파도를 만나 어려움에 빠졌다(16-18절). 제자들이 노를 저어 십여 리쯤[303] 가다가 예수께서 바다 위를 걸어 오는 것을 보고 제자들은 두려움에 빠졌다(19절). 이때 예수는 "내니 두려워 말라"(20절)고 하였다. 여기서 '내니'란 예수의 신적 자기계시를 표현하는 요한의 전형적인 문구 '에고 에이미(서술적 용법)'로써, 구약(사 41:4; 43:10,13)에 그 근거를 두고 있다.

이 바다 위의 표적사건은 시편 107:25-30에 기록된 감사의 노래 내

---

300) 이 이적은 누가복음을 제외한 다른 세복음서에 나오고 있는데(막 6:45-52; 마 14:22-33), 많은 무리를 먹이신 이적과 연결되어 나타난다.
301) 김동수,《요한신학 렌즈로 본 요한복음》, 109.
302) 카이저는 이 두 이적이 하나로 결합된 이유를 독자들에게 출애굽 사건을 기억하기 위한 것이라고 말한다. R.Kysar,《요한의 예수 이야기》, 45.
303) 갈릴리 바다의 폭이 약 6마일쯤 됨으로, 십여 리는 약 3,4마일에 해당한다. 그러니까 이때 제자들은 바다 한가운데에 있었다고 볼 수 있다.

용과 거의 일치한다. 여기서 물(바다)은 혼돈과 죽음의 상징이다.[304] 다섯번째 표적인 이 사건은 혼돈과 죽음을 주관하시는 메시아로서의 예수를 그리고 있다는 점에서 두번째 표적사건(왕의 신하의 아들 치유 표적)과 상응한다. 생명의 주님이 되신 예수가 탄 배는 요단 동편에서 서편 땅에 이르게 되었다(21절).

이 구절을 통해 요한은 출애굽 때의 홍해도하사건에 이은 가나안 땅 정착이라는 상징적 의미를 이 사건에 부여함으로써 예수가 제2의 출애굽과 가나안 땅을 선물로 주신 '새 모세'임을 의도하였다. 나아가 이 표적사건은 사망의 땅으로 상징되는 요단 동편에서 먹은 떡은 잠시 배부르다가 다시 허기가 지는 '썩을 양식'이고, 생명의 땅으로 상징되는 요단 서편에서 행해진 예수의 말씀은 '영생하도록 있는 양식'이라는 것을 예시한다(27절 참조).

2. 생명의 떡 강화(22-59절)
- 예수 나의 참떡(생명) -

〈성경 본문〉

22 이튿날 바다 건너편에 서 있던 무리가 배 한 척 외에 다른 배가 거기 없는 것과 또 어제 예수께서 제자들과 함께 그 배에 오르지 아니하시고 제자들만 가는 것을 보았더니 23(그러나 디베랴에서 배들이 주께서 축사하신 후 여럿이 떡 먹던 그 곳에 가까이 왔더라) 24 무리가 거기에 예수도 안 계시고 제자들도 없음을 보고 곧 배들을 타고 예수를 찾으러 가버나움으로 가서 25 바다 건너편에서 만나 랍비여 언제

---
304) 강성열, 《기독교 신앙과 카오스 이론》, 87.

여기 오셨나이까 하니 26 예수께서 대답하여 이르시되 내가 진실로 진실로 너희에게 이르노니 너희가 나를 찾는 것은 표적을 본 까닭이 아니요 떡을 먹고 배부른 까닭이로다 27 썩을 양식을 위하여 일하지 말고 영생하도록 있는 양식을 위하여 하라 이 양식은 인자가 너희에게 주리니 인자는 아버지 하나님께서 인치신 자니라 28 그들이 묻되 우리가 어떻게 하여야 하나님의 일을 하오리이까 29 예수께서 대답하여 이르시되 하나님께서 보내신 이를 믿는 것이 하나님의 일이니라 하시니 30 그들이 묻되 그러면 우리가 보고 당신을 믿도록 행하시는 표적이 무엇이니이까, 하시는 일이 무엇이니이까 31 기록된 바 하늘에서 그들에게 떡을 주어 먹게 하였다 함과 같이 우리 조상들은 광야에서 만나를 먹었나이다 32 예수께서 이르시되 내가 진실로 진실로 너희에게 이르노니 모세가 너희에게 하늘로부터 떡을 준 것이 아니라 내 아버지께서 너희에게 하늘로부터 참 떡을 주시나니 33 하나님의 떡은 하늘에서 내려 세상에 생명을 주는 것이니라 34 그들이 이르되 주여 이 떡을 항상 우리에게 주소서 35 예수께서 이르시되 나는 생명의 떡이니 내게 오는 자는 결코 주리지 아니할 터이요 나를 믿는 자는 영원히 목마르지 아니하리라 36 그러나 내가 너희에게 이르기를 너희는 나를 보고도 믿지 아니하는도다 하였느니라 37 아버지께서 내게 주시는 자는 다 내게로 올 것이요 내게 오는 자는 내가 결코 내쫓지 아니하리라 38 내가 하늘에서 내려온 것은 내 뜻을 행하려 함이 아니요 나를 보내신 이의 뜻을 행하려 함이니라 39 나를 보내신 이의 뜻은 내게 주신 자 중에 내가 하나도 잃어버리지 아니하고 마지막 날에 다시 살리는 이것이니라 40 내 아버지의 뜻은 아들을 보고 믿는 자마다 영생을 얻는 이것이니 마지막 날에 내가 이를 다시 살리리라 하시니라 41 자기가 하늘에서 내려온 떡이라 하시므로 유대인들이 예수에 대하여 수군거려 42 이르되 이는 요셉의 아들 예수가 아니냐 그 부모를 우리가 아는데 자기가 지금 어찌하여 하늘에서 내려왔다 하느냐 43 예수께서 대답하여 이르시되 너희는 서로 수군거리지 말라 44 나를 보내신 아버지께서 이끌지 아니하시면 아무도 내게 올 수 없으니 오는 그를 내가 마지막 날에 다시 살리리라 45 선지자의 글에 그들이 다 하나님의 가르치심을 받으리라 기록되었은즉 아버지께 듣고 배운 사람마다 내게로 오느니라 46 이는 아버지를 본 자가 있다는 것이 아니라 오직 하나님에게서 온 자만 아버지를 보았느니라 47 진실로 진실로 너희에게 이르노니 믿는 자는 영생을 가졌나니 48 내가 곧 생명의 떡이니라 49 너희 조상들은 광야에서 만나를 먹었어도 죽었거니와 50 이는 하늘에서 내려오는 떡이니 사람으로 하여금 먹고 죽지 아니하게 하는 것이니라 51 나는 하늘에서 내려온 살아 있는 떡이니 사람이 이 떡을 먹으면 영생하리라 내가 줄 떡은 곧 세상의 생명을 위한 내 살이니라 하시니라 52 그러므로 유대인들이 서로 다투어 이르되 이 사람이 어찌 능히 자기 살을 우리에게 주어 먹게 하겠느냐 53 예수께서 이르시되 내가 진실로 진실로 너희에게 이르노니 인자의 살을 먹지 아니하고 인자의 피를 마시지 아니하면 너희 속에 생명이 없느니라 54 내 살을 먹고 내 피를 마시는 자는 영생을 가졌고 마지막 날에 내가 그를 다시 살리리니 55 내 살은 참된 양식이요 내 피는 참된 음료로다 56 내 살을 먹고 내 피를 마시는 자는 내 안에 거하고 나도 그의 안에 거하나니 57 살아 계신 아버지께서 나를 보내시매 내가 아버지로 말미암아 사는 것 같이 나를 먹는 그 사람도 나로 말미암아 살리라 58 이것은 하늘에서 내려온 떡이니 조상들이 먹고도 죽은 그것과 같지 아니하여 이 떡을 먹는 자는 영원히 살리라 59 이 말씀은 예수께서 가버나움 회당에서 가르치실 때에 하셨느니라.

이 강화는 유월절(4절)에, 요단 서편 땅에 속하는 갈릴리 가버나움 회당(59절)에서 행해졌다는 사실을 먼저 염두에 두어야 한다. 요단 동편에서 예수의 표적을 본 무리들은 다음 날 예수와 제자들이 안 보이자 배를 타고 가버나움에 가서 만나 "랍비여 언제 여기 오셨나이까"(25절)라고 물었다. 예수가 행한 두 표적을 보고도 무리들이 예수를 '선생(랍비)'이라고 칭한 것을 보면 아직도 그들은 예수가 누구인지를 깨닫지 못하고 있음을 엿볼 수 있다.

26절은 무리들이 예수의 이적이 '표적'하는 바를 제대로 깨닫지 못했다는 것을 지적하고 있다. 유대인들은 예수의 '표적'을 또 다시 아래(땅)의 세상적, 물질적 관점에서 해석하고 있다. 여기서 요한은 유대교의 정치적 메시아관, 물질주의적 구원관을 은밀히 배격하고 있다. 구원은 단순히 출애굽 구원의 문자적 재현이 아니다. 정치적 자유, 경제적 풍요, 사회적 정의의 실현이 아니다. 왜냐하면 이는 영생을 주지 못하기 때문이다.[305]

27절에는 '썩을 양식'과 '영생하도록 있는 양식'이 대조되고 있다. '썩을 양식'이란 죽음의 땅인 요단 동편에서 먹은 떡으로, 모세가 준 만나를 비롯하여 예수가 오병이어 표적을 통해서 준 떡을 포함한다. 이와는 달리 '영생하도록 있는 양식'은 생명의 땅인 요단 서편에서 예수가 주는 '영생의 말씀'(68절)의 떡을 의미한다.[306] 이 양식은 아버지 하나님이 하나님의 아들로 인치신 자 곧 하늘에서 내려와 다시 하늘로 올라가는 사람의 아들(인자)이 주는 것이라고 말하고 있다.

그들이 "우리가 어떻게 하여야 하나님의 일(들)을 하오리까"(28절)라고 묻자 예수는 "하나님께서 보내신 이를 믿는 것이 하나님의 일이니라"(29절)라고 대답한다. 무리들이 묻는 28절에서는 복수인 '일들로 되

---

305) 김세윤, 《요한복음강해》, 111.
306) 구약에서 양식(떡)은 하나님(여호와)의 말씀을 가리킨다(신 8:3; 느 9:20; 암 8:11-12; 사 55:1-2; 55:10-11).

어 있는데, 예수의 대답인 29절에서는 단수인 '일'로 되어 있다. 즉 하나님이 요구하시는 '일'은 당신이 세상에 파견한 아들을 믿는 한 가지 뿐이다.

무리들은 성경을 인용하면서 조상들이 광야에서 먹었던 만나와 같은 확실하게 믿을만한 표적을 다시 예수에게 요구했다(30,31절). 32절에서 예수는 무리들의 잘못된 성경 해석을 바로잡고 있다. 첫째, 만나는 모세가 아니라 자신의 아버지께서 주신 것이라고 말함으로써 자신이 모세를 능가하는 자임을 시사하였다. 둘째, 과거형 '주었다'를 현재형 '주다'로 설명함으로써 그 시대가 지금 와 있다는 것을 시사하였다(4:23 참조). 셋째, 하늘로부터 주시는 떡은 참된 떡으로 만나보다 뛰어난 떡임을 시사하였다.[307]

32절의 하늘에서 내린 참 떡은 33절에서 '하늘에서 내려 세상에 생명을 주는 것' 곧 '하나님의 떡'으로 묘사되고 있다. 무리들은 "주여 이 떡을 항상 우리에게 주소서"(34절)라고 요청한다. 이는 사마리아 여인의 요청(4:15)처럼 전형적인 요한복음의 오해 모티프를 보여준다. 그들은 아직도 배를 채우기 위한 떡을 생각하고 있는 것이다.

35절의 '나는 생명의 떡이니'라는 대목은 일곱 '에고 에이미' 말씀들 중 비유적 용법으로 사용된 첫번째 말씀이다. 여기서 예수는 자신을 '생명의 떡'으로 비유함으로써 하늘에서 내린 참 떡과 하늘에서 내려온 자신을 일치시키고 있다. 목마른 사마리아 여인에게 영원한 '생명의 물'이 되신 예수는 여기서 그를 믿는 자에게 결코 주리지 않는 영원한 '생명의 떡'이 되신다. 여기서 예수는 믿음(35,36,40,47절) 또는 믿음의 다른 표현인 '그에게 옴'(35,37,44,45절)을 강조하고 있다.

38절은 부활하신 주님의 본향은 하늘이며, 그분이 하늘에서 내려온

---

[307] 이영헌,《요한복음서》, 146-147.

이유, 즉 성육신의 이유는 자신의 뜻을 행하려 함이 아니고 자신을 보내신 아버지의 뜻을 행하려고 함에 있다. 그 아버지의 뜻은 아들에게 주신 자를 하나도 잃지 않고 마지막 날에 다시 살리는 것이다. 또한 아버지의 뜻은 '아들을 보고 믿는 자마다 영생을 얻는 것'(40,47절)이라고 말씀하고 있다.

그러나 예수는 유대인 군중 가운데서뿐 아니라 심지어 그의 제자 무리 가운데서도 자기를 '믿지 않는' 사람들이 있으리라는 사실을 알고 있었다(36, 64절). 그 이유를 "나를 보내신 아버지께서 '이끌지'(44절, 또는 '오게 하여 주시지' 65절) 아니하시면 아무도 내게 올 수 없기" 때문이라고 밝혔다. 예수는 하나님이 자기에게 '주신 자들'과 자기를 불신하는 세상과 구별해서 말했다(10:25-29; 17:2,4,6,9). 요한복음에 나타난 하나님의 선택과 예정 교리는 불신과 불순종에 대한 인간의 책임을 면제하지 않는다.[308] 사도 요한은 주권적인 하나님의 예정과 함께 책임을 동반한 인간의 반응을 동시에 전제하고 있으며, 이 점에서는 사도 바울도 마찬가지다(롬 9:14-24).[309]

여기에는 요한의 종말론, 즉 예수를 믿는 자는 '지금 여기서' 영원한 생명을 체험하는 실현된 종말론(5:24; 6:35-51)과 '마지막 날'이라는 재림 때에 부활할 것이라는 미래적 종말론(39,40,44,54절)이 동시에 나타난다. 하나님 나라에의 현재적 참여와 미래적 참여라는 이중성은 사복음서 모두에 기록된 예수의 선포의 기본적 성격이다.

42절의 '수군거리다' 표현은 예수에 대한 불신을 가리킨다(43,61절 참

---

308) 요한복음의 이원성(이원론)이 하나님과 예수에 대한 두 가지 가능성을 나타낸다면 그 가능성은 인간의 선택인가 아니면 하나님의 허락인가에 대한 문제에 대해서는 김춘기, 《요한복음연구》, 125-131을 참조하세요.
309) 장해경, "요 6장: 하늘에서 내려온 생명의 빵", 《요한복음: 어떻게 설교할 것인가》, 159-160.

조). '수군거림(원망과 불평)'은 이스라엘의 광야 방랑의 특징이었다. 그들은 마실 물과 먹을 양식의 부족, 약속의 땅을 정복하는데 있어서의 어려움, 심지어는 만나 외에 먹을 것이 없다며 불평하였다.[310] 예수는 무리들에게 '수군거리지 말라'(43절)고 하시면서 조상들은 광야에서 만나를 먹었어도 죽었거니와 하늘에서 내려온 살아 있는 떡인 자신을 먹으면 죽지 않고 영생하리라고 말하였다(47-51a절).

"내가 줄 떡은 곧 세상의 생명을 위한 내 살이니라"(51b절). 여기서부터 성만찬적 차원의 떡을 말씀하고 있다. '몸(σωμα)'이라고 하지 않고 '살(σάρξ)'을 사용한 것은 요한이 성육신의 실제성(1:14), 특히 19:34에서와 같이 성육신 하신 자의 죽음의 실제성을 강조하고 있음을 반영한다. '휘페르(ὑπέρ, '…위한')' 어휘는 타인을 위한 예수의 희생적 죽음을 표현할 때 사용된다(10:11,15에서는 양떼, 11:50-51; 18:14에서는 유대 백성, 11:52에서는 전 인류, 15:13; 17:19에서는 제자들). '세상의 생명을 위한 내 살'이라는 표현은 '많은 사람을 위하여 흘리는 피'(막 14:24; 마 26:28)와 비교될 수 있는 말이다.[311]

이스라엘 백성들은 출애굽한 후 광야에서 어려움을 당하자 하나님과 모세를 원망했을 뿐만 아니라 모세와 다투었다고 언급하고 있다(출 17:2; 민 20:3). 마찬가지로 그들의 계승자인 유대인들은 예수에게 투덜대다가 그의 말씀에 대해 서로 격렬한 다툼을 하였다. "이 사람이 어찌 능히 자기 살을 우리에게 주어 먹게 하겠느냐"(52절). 이 대목은 예수의 계시 말씀을 문자적으로만 듣고 오해 내지 불신하는 유대인들의 모습을 잘 드러내 주고 있다. 그러자 예수는 본격적으로 성찬의 의미를 피

---

310) 광야에서의 원망과 불평을 나타내는 구절들(출 15:24; 16:7-9,12; 17:3; 민 11:1; 14:27,29; 16:41; 17:5; 시 59:5; 106:25).
311) G.R.Beasley-Murray, *John*, 94.

력하였다.

52절의 '진실로 진실로' 어휘는 이 단락에서 4회(26,32,47,51절)에 걸쳐 반복해서 언급되고 있다. 이 구절에서 주목해야 할 대목은 '인자의 살'과 '인자의 피'이다. 이 같은 표현은 다른 어떤 최후의 만찬 기사에서도 볼 수 없는 구체성(실제성)을 띠는 표현이다.[312] 요한은 27절에서 사용한 '인자(사람의 아들)' 칭호를 여기서 다시 사용하고 있는데, 이 칭호는 예수의 희생적 죽음을 의미한다. 지금 예수는 유월절에 제자들과 최후의 만찬을 나누면서 자신의 임박한 죽음을 '인자'로서의 죽음으로 말하고 있다.

최후의 만찬에 나오는 모든 것은 상징성을 띤다(54,55절). 그 죽음의 의미를 '흰 떡(인자의 살)'을 부수어 나누어줌으로, '빨간 포도주(인자의 피)'를 부어 마시게 함으로 극화(劇化)하여 설명하고 있다. 다가오는 자신의 죽음을 새 유월절 죽음 곧 출애굽 구원의 종말론적 성취로 설명하고 있다.

예수는 자신의 임박한 죽음을 두 범주로 해석했다. 하나는 '대속의 제사'(사 53:10-12)이고, 다른 하나는 '새 언약의 제사'(출 24:8; 사 42:6; 49:8; 렘 31:31-34)이다. '대속의 제사'를 통해 백성의 죄를 씻어 의롭게 해서 그들을 하나님과의 올바른 관계로 회복한다. '새 언약의 제사'를 통해 하나님의 새 백성을 창조한다. 시내 언약이 이스라엘의 자녀들을 하나님의 언약백성[313]으로 삼았다면, 십자가의 새 언약의 제사를 통해 새 이

---

312) 공관복음은 '살' 대신에 '몸'으로, '피' 대신 '잔'이라는 표현을 쓰면서, '잔'을 '언약의 피'(막 14:24; 26:28; 22:20; 고전 11:25)로 언급하고 있다. 요한은 '진실로 진실로'어휘처럼 '내(인자) 살'과 '내 피'라는 문구를 각각 4회씩 사용하여 하나님 나라의 성만찬의 실제성(구체성)을 표현하고 있다.
313) 구약에서는 하나님과 이스라엘의 관계를 '언약관계'로 보고 여러 가지 비유로 표현하고 있다. 아버지와 아들, 왕과 백성, 남편과 아내, 신랑과 신부, 목자와 양떼, 농부와 포도원 등등.

스라엘의 자녀들을 하나님의 새 언약백성이 되게 한다. 따라서 인자(예수)의 피는 옛 언약 곧 구약(舊約)을 대신할, 새 언약 곧 신약(新約)의 피(눅 22:20; 고전 11:25)가 된다.[314]

56절은 이 강화의 절정에 해당하는 구절이라고 말할 수 있다. 성찬은 예수의 살(떡)과 피(포도주)를 먹고 마시면서 예수와 신자가 인격적 일치로서의 '상호 거주'[315]를 이루는 거룩한 행위이다. 이것은 바울의 '코이노니아(κοινωνία, 교제)' 개념과 매우 흡사한 신앙의 개인적 관계성을 가리킨다(갈 2:19-20). 먹고 마시는 그 자체가 중요한 것이 아니라 먹고 마심으로써 그리스도와의 인격적 일치를 이루는 결속관계(15장의 포도나무와 가지와의 관계)가 중요하다.

예수는 성찬의 말씀을 담고 있는 이 긴 생명의 떡 강화를 요단 서편 갈릴리 땅, 그 가운데서도 '가버나움'에 있는 유대교 '회당'에서 하셨다는 것으로 이 긴 강화를 마치고 있다(59절). 이 구절에 담긴 요한의 의도는 무엇인가? 상반된 두 가지 의미를 고려해 볼 수 있다.

첫째, 약속과 구원의 땅인 요단 서편 갈릴리 땅에서 행한 예수의 생명의 떡 강화는 부활이요 생명이신 예수와 신자 간의 인격적 일치를 통한 새 언약관계에 들어감을 보여주고 있다. 이를 통해 모세 및 유대교의 옛 언약을 대체하는 새 모세 예수의 새 언약을 말씀하고 있다.

둘째, 요한복음에서 가버나움[316]은 가나와, 유대교 회당은 요한공동

---

314) 김세윤, 《요한복음강해》, 115-118.
315) 이 구절에서 사용된 '거주하다(μένω)' 어휘는 중요한 의미를 지닌다. 이 어휘는 아버지와 아들과 성령의 관계(1:32,33; 14:10; 15:10) 뿐만 아니라 예수와 신자 간의 인격적 관계(5:38; 8:31; 15:4,7,9,10)를 규정한다. 예수와 제자들의 서로 거함은 포도나무 비유(15장)에서 자세히 설명되고 있다.
316) 요한복음에서 '가버나움'은 5회 나온다(2:12; 4:46; 6:17,24,59). 따라서 59절은 마지막 가버나움 구절인 셈이다. 가버나움 회당에서의 성만찬(최후의 만찬)의 말씀을 마치고 예수는 십자가의 길로 나아갔다.

체(기독교회)와 대조되는 부정적 의미를 갖고 있는 곳이다. 이 같은 곳에서 행한 예수의 생명의 떡 강화를 가버나움과 유대교 회당에 속한 유대인들은 받아들이지 못했고, 결국 그들은 예수의 제자가 될 수 없었음을 말씀하고 있다. 실로 안타까운 일이 아닐 수 없다. 이 같은 사실은 이어지는 무리들의 반응에서 엿볼 수 있다.

3. 무리들과 제자들의 반응(60-71절)
   - 예수 나의 말씀 -

〈성경 본문〉

60 제자 중 여럿이 듣고 말하되 이 말씀은 어렵도다 누가 들을 수 있느냐 한대 61 예수께서 스스로 제자들이 이 말씀에 대하여 수군거리는 줄 아시고 이르시되 이 말이 너희에게 걸림이 되느냐 62 그러면 너희는 인자가 이전에 있던 곳으로 올라가는 것을 본다면 어떻게 하겠느냐 63 살리는 것은 영이니 육은 무익하니라 내가 너희에게 이른 말은 영이요 생명이라 64 그러나 너희 중에 믿지 아니하는 자들이 있느니라 하시니 이는 예수께서 믿지 아니하는 자들이 누구며 자기를 팔 자가 누구인지 처음부터 아심이러라 65 또 이르시되 그러므로 전에 너희에게 말하기를 내 아버지께서 오게 하여 주지 아니하시면 누구든지 내게 올 수 없다 하였노라 하시니라 66 그 때부터 그의 제자 중에서 많은 사람이 떠나가고 다시 그와 함께 다니지 아니하더라 67 예수께서 열두 제자에게 이르시되 너희도 가려느냐 68 시몬 베드로가 대답하되 주여 영생의 말씀이 주께 있사오니 우리가 누구에게로 가오리이까 69 우리가 주는 하나님의 거룩하신 자이신 줄 믿고 알았사옵나이다 70 예수께서 대답하시되 내가 너희 열둘을 택하지 아니하였느냐 그러나

너희 중의 한 사람은 마귀니라 하시니 71 이 말씀은 가룟 시몬의 아들 유다를 가리키심이라 그는 열둘 중의 하나로 예수를 팔 자러라.

60절에서 제자들이란 유대인 무리와는 다른 초대 기독교인들로서 예수를 따르는 모든 신앙인들을 가리킨다. 기독교인들도 유대인들처럼 (41,52절) 생명의 떡 강화와 성만찬의 가르침을 어렵다고 하여 믿음으로 받아들이려 하지 않았다. 그렇다면 예수의 말씀이 어려운 진짜 이유는 무엇인가? 그것은 한마디로 예수의 관심사와 제자들의 관심사가 전혀 달랐기 때문이라고 말할 수 있다.

예수는 온통 땅에만 관심이 있던 유대인들에게 땅만 있는 것이 아니라 하늘도 있다는 것을 말씀하기 위해 이 땅에 왔다. 하늘 이야기를 들려주고자 이 세상에 온 것이다. '땅의 나라(地國)', '세상 나라'만이 아니라 '하늘 나라(天國)', '하나님 나라(神國)'도 있다는 것을 말씀하고자 이 세상에 친히 육신을 입고 왔다.

그런데 예수를 3년씩이나 따라다녔던 제자들도 이러한 사실을 잘 이해하지 못했다. 그들 또한 예수를 통해 이스라엘 나라의 회복을 기대하며 예수를 따라다녔다(행 1:6 참조). 제자들의 관심사는 온통 이스라엘 나라의 회복 곧 땅의 나라에 있었다. 이에 반해 예수의 관심사는 새 이스라엘 나라의 회복 곧 천국인 하나님 나라에 있었다. 온통 땅에 속한 생각으로 가득 찬 제자들에게 하늘에 속한 예수의 말씀이 어려운 것은 당연하다고 하겠다.[317]

예수는 제자들이 자신의 말씀에 대해 수군거리는 줄 알고 "이 말이 너희에게 걸림이 되느냐"(61절) 하면서 "그러면 너희는 인자가 이전에 있던 곳으로 올라가는 것을 본다면 어떻게 하겠느냐"(62절)고 말했다. '이

---

317) 더 자세한 내용은 박호용, 《감악산의 두 돌판》, 102-111을 참조하세요.

전에 있던 곳'은 '사람의 아들(인자)'의 고향인 '하늘'을 가리킨다. 이전 있던 곳(하늘)으로 올라간다는 말은 예수의 부활(승천)을 의미한다(3:14; 12:34). 문맥상으로 이 구절은 '하늘에서 내려오다'(33, 38, 41, 50, 51, 58절) 에 상응하는 표현이다. 땅에 속한 제자들은 하늘에 속한 예수의 이 같은 말씀을 이해하지 못했다.

63절의 '육은 무익하다'라는 말은 '육'은 아무런 소용이 없다는 것을 뜻하지 않는다. 예수 자신이 '육'으로 오셔서(1:14) 십자가에 죽기까지 헌신(6:51)함으로 세상에 생명을 가져다주었다는 점에서 육은 중요한 의미를 지닌다. 다만 여기서 '영'과 '육'의 대조(3:6 참조)[318]는 천상적(신적) 영역과 지상적(인간적) 영역의 대조를 비교 언급한 것이다. 예수의 말씀은 영적(하늘) 차원에서 한 것이며 육적(땅) 차원에서 한 것이 아니다. 즉 육(땅)에 속한 사람(생각)은 사망, 즉 구원을 가져다주지 못하고 영(하늘)에 속한 예수(생각)만이 생명, 즉 구원을 가져다준다는 말씀이다(롬 8:6 참조).

64절은 영이며 생명인 예수의 말씀을 믿음으로 받아들이지 못하는 제자들 곧 예수의 말씀이 걸림돌이 되는 제자들이 있음을 증언한 것이다. 예수는 땅에 속한 생각으로 가득 찬 나머지 영과 생명의 말씀인 자신의 말씀을 받지 못하고 제자 중에 결국 자기를 팔 자가 누구인지를 이미 알고 계셨다(70,71절).

예수로부터 땅에 속한 이야기, 즉 이스라엘 나라의 회복이나 물질적 축복을 기대했던 사람들은 더 이상 기대할 것이 없다고 판단하고는 예수를 떠나버렸다(66절).[319] 여기서 우리는 예수의 고독을 본다.

---

318) 우리의 몸은 날마다 물이 필요하다. 물이 몸 안에 있는 독소를 해소시켜 준다. 우리의 영은 날마다 말씀이 필요하다. 말씀이 우리 안에 있는 죄악을 깨닫게 해 준다.
319) 공자는 《논어》에서 이렇게 말했다. "군자유어의(君子喩於義)요 소인유어리(小人喩於利)라." 군자는 의(義) 곧 의리에 따라 살지만, 소인배들은 이(利) 곧 이해관계에 따라 산다

이런 상황에서 예수는 열두 제자[320]에게 물었다. "너희도 가려느냐"(67절).[321]

그러자 제자들의 대표격인 시몬 베드로가 이렇게 말했다. "주여 영생의 말씀이 주께 있사오니 우리가 누구에게 가오리이까 우리가 주는 하나님의 거룩한 자이신 줄 믿고 알았사옵나이다"(68,69절). 여기서 '열두 제자'와 '영생의 말씀'은 중요한 의미를 지닌다. '생명의 떡'은 성전 안의 기구에서 '떡상'에 해당하는데, 떡상에는 열두 개의 진설병이 있다. 열두 개의 진설병은 신약의 '열두 명의 제자'요 진설병(떡)은 바로 '예수 그리스도의 말씀' 곧 '영생의 말씀'을 상징한다.

여기서 베드로의 고백은 제자도라는 관점에서 볼 때 아래의 가룟 유다와 대조된다. 마태복음(16:16-17)에 의하면 이러한 고백을 할 수 있었던 것이 자신에게서 나온 것이 아니라 하늘에 계신 아버지께서 알게 해 주신 것으로 되어 있다. '영생의 말씀'을 갖고 계신 분, 성부에 의해 성별되고 세상에 보내진 '하나님의 거룩한 자'[322]인 예수가 가야할

는 말이다.
320) 요한복음에서 '열두 제자'의 명단은 나오지 않고 6장에서만 그 단어가 세 번(67,70,71절) 나올 뿐이다. 요한이 열두 제자의 명단을 소개하지 않은 까닭은 무엇일까? 필자는 열두 제자가 고정된 것이 아니고 누구나 열두 제자 속에 들어올 수 있다는 개방성(열어 놓음) 때문이라고 생각한다.
321) 마르크스의 딸 셋은 모두 빅토리아 여왕 시대의 응접실 게임인 '고백'-요즘 흔히 '프루스트 설문'이라고 부르는 것-을 좋아했다. 1860년 중반 그들은 아버지를 불러서 심문을 했다. 당신이 생각하는 행복이란: 싸우는 것. 당신이 생각하는 불행이란: 굴복하는 것. 당신이 가장 좋아하는 일은: 책에 파묻히기. 당신이 가장 좋아하는 시인은: 셰익스피어, 아이스킬로스, 괴테. 당신이 가장 좋아하는 꽃은: 월계수. 당신이 가장 좋아하는 색깔은: 빨강. F.Wheen,《마르크스 평전》, 528-529. 필자에게 묻기를 "요한복음에서 가장 슬픈 말은: '너희도 가려느냐?'이다"라고 말하고 싶다.
322) '하나님의 거룩한 자'라는 이 신앙고백은 메시아적 칭호로 이해되어야 한다(마 16:16; 막 8:29 참조). 여기서 베드로는 예수를 메시아로도, 인자로도, '아들'로도, '신이 보낸' 자로도, '구세주'로도 고백하지 않고 '하나님의 거룩한 자'로 고백했다. 그렇다면 이 문맥에서 베드로의 신앙고백이 주는 의미는 무엇인가? 그것은 예수가 이 세상에 대해 철저히

길은 십자가 고난의 길이었다. 그런데 베드로는 이러한 훌륭한 신앙고백을 하고서 곧 예수를 부인했다는 점에서 이 신앙고백이 갖는 의미가 무엇인지 제대로 알지 못했다. 그러기에 예수는 이 같은 베드로의 훌륭한 신앙고백에 대해 칭찬을 하지 않았다.

요한은 70-71절에서 마귀 곧 예수를 '넘겨줄 자'란 다름 아닌 열두 제자 중의 하나인 가롯 유다(12:4; 13:2,11; 18:2,5; 21:20)라고 밝히고 있다. 유다는 노예 한 사람의 몸값인 은 삼십(마 26:15)이라는 헐값에 스승 예수를 팔아버린 자이다.

열두 제자 가운데 베드로와 가롯 유다는 예수로부터 사탄(마귀)이라는 책망을 받았다. 그런데 훗날 이 두 사람의 운명은 극명하게 엇갈렸다. 한 사람은 예수로부터 천국 열쇠(마 16:19)를 부여받은 '최고의 행운아'가 되었고, 또 한 사람은 예수로부터 "차라리 태어나지 아니하였더라면 좋을 뻔하였다"(마 26:24)는 말을 듣고 자살로 인생을 마친 '최악의 불운아'가 되었다.

피안적인 존재로서, 하나님께 속한 자로서, 즉 유일한 자로서 하나님의 거룩한 자라는 것을 명시한다(10:36 참조). R.Bultmann, 윗책, 448-449.

제 7 장

〈본장 개요〉

　7장은 초막절(장막절)에 있었던 예수와 유대인들과의 충돌을 언급하고 있다. 이를 통해 초막절의 의미를 온전케 한 예수를 다루고 있다. 5장에서부터 계속된 유대인들과의 충돌은 7장에 와서 더욱 고조된다. 그리하여 7장은 예수의 사로잡힘과 관련된 종말론인 '카이로스'의 때가 다가오고 있음을 본격적으로 다루고 있다. 7장은 이 같은 '종말론' 주제를 초막절이 갖는 의미를 통해 '성령론'과 관련시키고 있다.

　7장에는 종말론적 표현인 '때'(6,8,30절) 주제가 본격적으로 나타나기 시작함과 동시에 '왔던 곳으로의 귀환'(33,34절) 주제가 처음으로 나타나기 시작한다. 이어서 예수는 초막절의 의미를 신자들이 '앞으로 받을 성령'(38,39절)과 관련지어 말씀하고 있다. 이 같은 '종말론'과 '성령론'을 핵심주제로 하고 있는 7장은 고별설교가 본격적으로 시작되면서 '왔던 곳으로의 귀환' 주제(14:4,5,28)와 아울러 또 다른 보혜사인 성령의 도래를 처음으로 언급(14:16-17,26)하고 있는 14장과 상응한다.

　5-6장의 예수와 유대인들간의 첫 충돌에 이어 7-8장은 초막절에 있었던 두번째 충돌을 언급하고 있다. 7장에서는 이러한 충돌이 더 깊어지다가 8장에서 최고조에 달한다. 7:1-9은 갈릴리에 머문 예수를 언급하고, 7:10에서 20장까지 긴 이야기는 예수의 예루살렘(유대) 활동을 다루고 있다. 그 첫 시작인 7장부터 예수의 종말론적 죽음(영광)의 때가 본격적으로 언급되고 있다. 참고로 초막절은 이스라엘 백성들이 광야에서 40년 동안 초막에서 지낸 것을 기념하는 절기로서, 7월 15일(오늘날 9-10월경)에 시작하여 7일 동안 거행된다(레 23:33-43).

　한편, 초막절 끝날에 있었던 사건을 언급하고 있는 본문(37-52절)은 두 단락으로 나누어진다. 첫 단락(37-44절)은 초막절 끝 날에 예수께서 성전에서 성령과 관련된 초막절의 의미를 설명하자 이에 대한 유대인들의 반응을 언급하고 있다. 초막절을 온전케 하신 예수를 말하는 이 단락은 요한에 의해 '종말론'과 '성령론'이 결합된 대단히 중요한 대목이다. 둘째 단락(45-53절)은 초막절에 있었던 예수의 활동에 대한 유대인들간의 논쟁을 언급하고 있다. 특히 이 단락에서는 3장에 나온 니고데모 기사(50-52절)가 다시 등장한다. 이 기사는 초막절과 관련하여 볼 때 니고데모의 성령에 의한 중생을 암시한다.

1. 초막절에 예루살렘에 가심(1-36절)
  - 예수 나의 단비(은혜, 선물) -

〈성경 본문〉
1 그 후에 예수께서 갈릴리에서 다니시고 유대에서 다니려 아니하심은 유대인들이 죽이려 함이러라 2 유대인의 명절인 초막절이 가까운지라 3 그 형제들이 예수께 이르되 당신이 행하는 일을 제자들도 보게 여기를 떠나 유대로 가소서 4 스스로 나타나기를 구하면서 묻혀서 일하는 사람이 없나니 이 일을 행하려 하거든 자신을 세상에 나타내소서 하니 5 이는 그 형제들까지도 예수를 믿지 아니함이러라 6 예수께서 이르시되 내 때는 아직 이르지 아니하였거니와 너희 때는 늘 준비되어 있느니라 7 세상이 너희를 미워하지 아니하되 나를 미워하나니 이는 내가 세상의 일들을 악하다고 증언함이라 8 너희는 명절에 올라가라 내 때가 아직 차지 못하였으니 나는 이 명절에 아직 올라가지 아니하노라 9 이 말씀을 하시고 갈릴리에 머물러 계시니라 10 그 형제들이 명절에 올라간 후에 자기도 올라가시되 나타내지 않고 은밀히 가시니라 11 명절중에 유대인들이 예수를 찾으면서 그가 어디 있느냐 하고

12 예수에 대하여 무리 중에서 수군거림이 많아 어떤 사람은 좋은 사람이라 하며 어떤 사람은 아니라 무리를 미혹한다 하나 13 그러나 유대인들을 두려워하므로 드러나게 그에 대하여 말하는 자가 없더라 14 이미 명절의 중간이 되어 예수께서 성전에 올라가사 가르치시니 15 유대인들이 놀랍게 여겨 이르되 이 사람은 배우지 아니하였거늘 어떻게 글을 아느냐 하니 16 예수께서 대답하여 이르시되 내 교훈은 내 것이 아니요 나를 보내신 이의 것이니라 17 사람이 하나님의 뜻을 행하려 하면 이 교훈이 하나님께로부터 왔는지 내가 스스로 말함인지 알리라 18 스스로 말하는 자는 자기 영광만 구하되 보내신 이의 영광을 구하는 자는 참되니 그 속에 불의가 없느니라 19 모세가 너희에게 율법을 주지 아니하였느냐 너희 중에 율법을 지키는 자가 없도다 너희가 어찌하여 나를 죽이려 하느냐 20 무리가 대답하되 당신은 귀신이 들렸도다 누가 당신을 죽이려 하나이까 21 예수께서 대답하여 이르시되 내가 한 가지 일을 행하매 너희가 다 이로 말미암아 이상히 여기는도다 22 모세가 너희에게 할례를 행했으니(그러나 할례는 모세에게서 난 것이 아니요 조상들에게서 난 것이라) 그러므로 너희가 안식일에도 사람에게 할례를 행하느니라 23 모세의 율법을 범하지 아니하려고 사람이 안식일에도 할례를 받는 일이 있거든 내가 안식일에 사람의 전신을 건전하게 한 것으로 너희가 내게 노여워하느냐 24 외모로 판단하지 말고 공의롭게 판단하라 하시니라 25 예루살렘 사람 중에서 어떤 사람이 말하되 이는 그들이 죽이고자 하는 그 사람이 아니냐 26 보라 드러나게 말하되 그들이 아무 말도 아니하는도다 당국자들은 이 사람을 참으로 그리스도인 줄 알았는가 27 그러나 우리는 이 사람이 어디서 왔는지 아노라 그리스도께서 오실 때에는 어디서 오시는지 아는 자가 없으리라 하는지라 28 예수께서 성전에서 가르치시며 외쳐 이르시되 너희가 나를 알고 내가 어디서 온 것도 알거니와 내가 스스로 온 것이 아니

니라 나를 보내신 이는 참되시니 너희는 그를 알지 못하나 29 나는 아노니 이는 내가 그에게서 났고 그가 나를 보내셨음이라 하시니 30 그들이 예수를 잡고자 하나 손을 대는 자가 없으니 이는 그의 때가 아직 이르지 아니하였음이러라 31 무리 중의 많은 사람이 예수를 믿고 말하되 그리스도께서 오실지라도 그 행하실 표적이 이 사람이 행한 것보다 더 많으랴 하니 32 예수에 대하여 무리가 수군거리는 것이 바리새인들에게 들린지라 대제사장들과 바리새인들이 그를 잡으려고 아랫사람들을 보내니 33 예수께서 이르시되 내가 너희와 함께 조금 더 있다가 나를 보내신 이에게로 돌아가겠노라 34 너희가 나를 찾아도 만나지 못할 터이요 나 있는 곳에 오지도 못하리라 하시니 35 이에 유대인들이 서로 묻되 이 사람이 어디로 가기에 우리가 그를 만나지 못하리요 헬라인 중에 흩어져 사는 자들에게로 가서 헬라인을 가르칠 터인가 36 나를 찾아도 만나지 못할 터이요 나 있는 곳에 오지도 못하리라 한 이 말이 무슨 말이냐 하니라.

1) 초막절에 갈릴리에 머무심(1-9절)

유대인의 3대 명절 중 하나인 초막절이 다가왔지만 예수는 유대 지방으로 가려고 하지 않고 계속 갈릴리에 머물렀다. 그 까닭은 안식일에 병자를 고친 사건(5장) 이후 유대인들이 예수를 죽이고자 함을 예수가 알았기 때문이다(1절).

초막절은 제2성전 재건 이후 히브리 민족에게 중요한 축제였으나 신약에서는 여기서만 언급되었다(2절). 이 구절은 7-8장의 배경이 초막절에 있었던 사건임을 말해준다. 그러면서 이 장들을 통해 예수는 초막절을 온전케 하신 분이라는 사실을 보여주고 있다. 초막절은 이스라엘 백성들이 광야생활 40년 동안 초막에서 지낸 것을 기념하는 명절로서

'장막절'(帳幕節)이라고도 하고, 한 해의 추수한 곡식을 하나님께 드리는 감사절로 '수장절'(收藏節)이라고도 한다(출 23:16; 레 23:34).

초막절은 7월(티쉬리 월=오늘날의 9월 말-10월 초순) 15일의 안식일 집회로 시작하여 제팔일이 되는 또 한번의 성회로 끝나는 방식으로 7일 동안 거행되었다(레 23:34-44; 신 16:13-15; 겔 45:25). 이 절기는 본래 포도, 올리브, 과일 추수에 대한 감사와 기쁨의 대축제였다. 그런데 나중에 종말 구원에 대한 희망 내지는 대망과 연결되었고, 나뭇잎으로 만든 움막, 즉 초막은 종말론적 구원에 대한 상징이 되었다.

초막절을 맞아 예수의 형제들은 예수가 하나님의 아들 메시아라면 갈릴리와 같은 시골구석에 쳐 박혀 메시아 주장을 할 것이 아니라 초막 명절에 많은 사람들이 몰려드는 예루살렘에 올라가서 한번 멋지게 메시아적 능력을 보여 줄 것을 주문하였다. 이를 두고 요한은 "이는 그 형제들까지도 예수를 믿지 아니함이러라"고 묘사하고 있다.[323] 예수의 형제들은 예수의 능력을 믿었고 예수가 성공적인 인물이 되기를 바라는 마음에서 그 같은 주문을 하였다. 그러나 이 같은 그들의 생각은 더 높은 하나님의 뜻과 생각을 모르는 무지와 불신의 소치였다. 하나님의 뜻과 생각은 그들의 뜻과 생각과 다르며 더 높고 깊었다(사 55:8-9).

형제들의 예루살렘 방문 충고에 예수는 6-9절에서 중요한 말씀을 토해낸다. 여기서 세 번 나타나는 '때'의 원어는 '카이로스(καιρός)'로서, 이는 요한복음에서 이곳에서만 유일하게 나타난다. 요한복음은 예수

---

[323] 요한복음에는 공관복음에 나오는 세 가지 시험을 받는 기사(마 4:1-11; 막 1:12-13; 눅 4:1-13)가 없다. 그러나 다른 방식으로 세 가지 시험을 보여주고 있다. 6:15은 무리들이 예수를 임금 삼으려 했는데, 이는 마귀가 천하 만국과 그 영광을 보여주겠다는 시험과 같다. 6:31은 무리들이 예수께 기적적인 떡을 구했는데, 이는 마귀가 돌로 떡을 만들 것을 요구하는 시험과 같다. 7:3은 예수의 형제들이 예수께 예루살렘에 올라가 많은 이들 앞에서 능력을 보여줄 것을 요구했는데, 이는 마귀가 예수를 성전 꼭대기에 세우고 뛰어내려 능력을 보여달라는 시험과 같다.

의 죽음과 영광을 나타내는 결정적인 순간과 관련하여 '카이로스'와 의미상 별 차이가 없는 '호라(ὥρα)'를 병행하여 사용한다. 그런데 '카이로스'의 때는 '호라'의 때에 비해서 하나님의 부르심에 따라 결단을 해야 할 종말론적 (결정적) 순간의 뜻이 더욱 강조된다고 말할 수 있다.[324]

이 대목에서 주목해야 할 사실은 '호라'가 아닌 '카이로스'라는 어휘를 바로 이 7장에서만, 세 차례('끝이다', '더 이상은 없다'는 뜻)나, 그것도 예루살렘이 아닌 갈릴리 땅[325]과 관련해서 사용하고 있다는 점이다. 이에 대한 요한의 의도는 무엇일까. 그것은 "하나님 나라가 가까이 왔다"는 종말론적인 기쁜 소식(복음)의 선포(막 1:14-15 참조)[326]가 예루살렘이 아닌 소외와 멸시를 당하는 땅, 그러나 메시아의 고향인 갈릴리(7:41,52)에서 시작되었다(지리상징코드)는 것을 말하려고 했다는 것이 필자의 생각이다.

헬라적 사고에 따른 '결정적 순간(카이로스)'은 '운명(인간)'에 의해 결정된다고 한다면, 성경적 계시에 따른 '결정적 순간(카이로스)'은 하나님에 의해 결정된다. '예수의 형제들의 때(카이로스)'는 스스로의 판단에 따라 움직이지만 '예수의 때(카이로스)'는 하나님의 뜻을 헤아리고 그 뜻에 따라 움직인다. 하나님의 뜻을 이루는 예수의 죽음(영광)의 때는 아직 이르지 않았다. 왜냐하면 예수는 '세상 죄를 지고 가는 유월절 어린 양'(1:29)이기에 초막절이 아닌 유월절에 죽어야 하기 때문이다.

세상에 속해 있는 예수의 형제들은 세상으로부터 미움을 받지 않는다. 그러나 세상으로부터 구별된 예수는 세상의 미움을 받을 수밖에

---

324) 이영헌, 《요한복음서》, 163.
325) 예루살렘에서는 모두 '호라'(7:30; 8:20; 12:23,27; 13:1; 16:2,32; 17:1)를 사용한다.
326) 예수가 갈릴리에서 하나님의 복음을 전파하기 시작하면서 터트린 제일성이 바로 이 구절이다. 여기서 '때'는 천시(天時), 즉 하늘(하나님)의 시간, 실존적인 결단의 시간, 질적 시간을 말하는 '카이로스(καιρός)'의 때로써, 세월처럼 흐르는 물리적 시간, 양적 시간인 '크로노스(χρόνος)'의 때와는 다르다.

없다(15:18-19). 더욱이 예수는 하나님 나라의 진리를 말하면서(8:26,40; 18:37) 세상(유대 지도자들)에 대하여 그 행사가 악하다 (7절)고 증언하였다. 그러다 보니 세상(유대 지도자들)은 자신들의 기득권을 위협하는 예수를 가만히 둘 수가 없었다. 그러니까 하나님 나라를 선포하기 시작한 바로 그 시점부터 예수의 길은 미움과 박해와 죽음의 길 곧 십자가의 좁은 길이 시작되었다.

2) 초막절에 성전에서 가르치심(10-24절)

예수의 형제들이 명절에 올라간 후에 예수는 공적으로 드러나지 않게 사적으로 은밀히 예루살렘으로 올라갔다(10절). 예루살렘에 올라가 보니 무리들이 예수에 대해 말하는데, 어떤 사람은 좋은 사람이라고 하고 어떤 사람은 무리를 미혹하는 나쁜 사람이라고 하면서 수군거림이 많았다(12절). 그러나 그들은 위협과 보복을 일삼는 유대인들(유대 지도자들)에 대한 두려움(9:22; 12:42; 19:38) 때문에 드러내놓고 예수에 대해 말하지 못했다(13절).

예수는 명절의 중간쯤에 예루살렘에 올라가서 성전에서 가르치기를 시작하였다(14절). 예수의 가르침은 서기관과는 달리 권위와 은혜가 있었다(막 1:22; 눅 4:22 참조). 예수의 가르침에 놀란 유대인들은 "이 사람은 배우지 아니하였거늘 어떻게 글을 아느냐"(15절)며 반문하였다.[327] 예수는 정규적인 교육을 받았다는 기록이 없다(막 1:22; 6:2). 예수는 사람들이 보기에 베드로나 요한처럼 '학문 없는 범인'(행 4:13)이었다. 그러나 예수는 선생들 중에서도 가장 뛰어난 스승을 모시고 있으니, 그분

---

[327] 유대인들의 교육제도는 6세부터 회당에서 율법을 배우는 것으로 시작한다. 더 높은 교육은 예루살렘에서 시행되었다. 거기서는 초등(Beth Hassepel, 서책의 집), 고등(Beth Hattalmud, 설명의 집), 전문(Beth Hammidrash, 연구의 집) 교육기관이 있었다.

은 하나님 자신이다(8:28).

예수는 "내 교훈은 내 것이 아니요 나를 보내신 이의 것이니라"(16절)고 응수한다. 그러면서 하나님의 뜻을 따르는 사람이라면 자신의 교훈이 하나님으로부터 왔는지 아니면 스스로 말함인지는 알 것이라고 말한다(17절). 그런데 바리새인들은 하나님의 뜻을 행하려는 열망이 없기에 예수의 교훈이 하나님께로부터 온 것인지 예수 스스로 하는 말인지를 알지 못했다. 예수의 가르침은 율법을 능가한다. 그래서 유대인들은 예수의 가르침에 놀란다.

예수는 자기 자신의 영광을 구하는 것이 아니라 자기를 보내신 아버지의 영광을 구하는 것이기에(5:41-44) 참될 뿐만 아니라 불의가 없다(18절). 그러나 유대인들 중에는 모세가 그들에게 준 율법을 지키는 자가 없기에 의로운 예수를 죽이고자 했다(19절; 5:18). 이 말을 들은 무리들은 "당신은 귀신이 들렸도다 누가 당신을 죽이려 하나이까"라고 묻는다. 여기서 '귀신이 들렸다'는 표현은 '귀신에 사로잡혔다'(막 3:22; 요 8:48,49,52)라기보다는 '미쳤다'(10:20)에 가까운 표현이다. 무리들은 유대 지도자들이 예수를 죽이려는 음모를 아직 모르고 있었기에 이 같은 질문을 한 것이다.

그러면서 예수는 안식일에 38년 된 병자를 고친 표적(5:1-18)에 대해 다음과 같은 해석을 하였다. 유대인들은 남자 아이가 태어나면 팔일째 되는 날 그 아이에게 모세가 준 계명(사실은 모세 이전부터 있었던 관습)에 따라 할례를 행했다. 유대인들은 할례는 하나님의 뜻을 따르는 행위이므로 비록 안식일에 행하더라도 안식일법을 위반하는 것이 아니라고 여겼다. 안식일임에도 불구하고 할례(몸의 작은 일부)가 허용된다면 하물며 사람의 전신을 치유하는 행위는 어떠해야 하겠느냐는 것이 예수의 논리였다(23절).

그러면서 "외모로 판단하지 말고 공의롭게 판단하라"(24절)고 다그쳤다. 이 구절은 유대 지도자들의 치부를 찌르는 말씀이다. 하나님은 사람을 외모로 판단하지 않는데(롬 2:11), 하나님의 백성의 지도자라고 하는 자들이 오히려 사람을 외모로 판단하는 일을 서슴지 않고 행하고 있는 것을 질타하는 말씀이다. 이 구절은 외모로 사람을 판단하는 이들에 대한 종말론적 심판을 언급한 말씀이다.

3) 무리들의 반응(25-36절)

예루살렘 사람 중 몇 사람이 예수의 기원에 대해 말한다. "우리는 이 사람이 어디서 왔는지 아노라 그리스도께서 오실 때에는 어디서 오시는지 아는 자가 없으리라"(27절). 메시아가 기원을 모르는 데서 온다는 말은 메시아가 하나님으로부터, 즉 역사를 초월하여 초역사적으로 온다는 말이다(1:1). 그런데 유대인들은 예수가 갈릴리 나사렛 출신이요 그 부모도 잘 알고 있기에(6:42), 예수는 메시아일 수 없다는 논리를 폈다.

당시 유대인들은 일반적으로 그리스도가 다윗의 자손으로 베들레헴에서 나시리라고 생각하고 있었다(7:42; 마 2:5). 예수는 역사적 기원으로 볼 때 베들레헴에서 탄생하였으나(마 2:1), 갈릴리 나사렛에서 성장하였기에 '나사렛 사람'(마 2:23; 눅 2:39)으로 불렸다.

그러나 예수의 기원은 역사적인 기원을 넘어 초역사적인 하나님에게서 났으며 하나님에 의해 이 세상에 보내졌다는 사실이다. 하나님에 의한 선지자의 파송(세례 요한을 포함, 1:6)과 예수의 파송의 궁극적 차이는 예수는 땅에서 난 이(3:31)가 아닌 '위(하늘)에서' 왔다는 점이다. 성육신의 신비는 바로 그 나사렛인이 하늘로부터 왔다는 사실에 있다.[328]

---

328) G.R.Beasley-Murray, *John*, 111.

유대인들은 이 사실을 깨닫지 못하고 현상적으로만 보고 예수를 판단했기에 예수에 대해 부정적으로 판단한 것이다(7:24).

예수는 28-29절에서 자신의 기원을 하나님에게서 났고 하나님이 자신을 보내서 이 세상에 왔다고 말한다. 유대인들은 예수의 인간적인 면만을 알고 있었다. 그들은 예수가 나사렛 목수인 요셉의 아들이며 갈릴리 출신이라는 것도 알고 있었다. 그러나 예수의 신적인 면, 즉 예수가 하나님으로부터 보냄을 받아 왔다(8:55)는 사실을 알지 못했다. 예수는 자신이 하나님으로부터 왔기 때문에 그분을 잘 안다고 말한다. "나는 아버지로부터 왔고 아버지는 나를 보내셨다"는 말로써 예수는 하나님과의 상호일치와 결속관계를 시사하였다(10:15,38; 14:10,11; 17:21).

30절의 예수의 때는 성부에 의해 이루어지는 수난과 죽음의 때를 가리킨다. 성부가 허락하는 그 종말론적 시간이 예수에게 아직 오지 않았다(7:44; 8:20,30,59; 10:39).[329] 따라서 유대인들이 예수를 잡아 죽이려고 음모를 꾸미나 그들의 손에 넘겨질 때가 아직 이르지 않았기에 그 음모는 이루어지지 않았다.[330]

무리 중에 많은 사람들이 그들이 기대하는 메시아보다 예수가 더

---

[329] 예수께서 하나님의 예정된 시간표에 따라 움직인다는 "예수의 때" 개념은 "역사적 결정론"으로서의 묵시문학적 특징을 극명하게 보여주는 개념이다. 더 자세한 설명은 박준서, "구약 묵시문학의 역사이해",《구약세계의 이해》, 154-159을 참조하세요.

[330] 때의 중요성에 관해서는 로마 황제가 된 줄리어스 시저(주전 100-44년)의 "주사위는 던져졌다. 루비콘 강을 건너라"는 말이 유명하다. 이때부터 이 말은 돌이킬 수 없는 운명적 결정을 일컫는 말로 사용되었다. H. Hesse,《천마디를 이긴 한마디》, 72-79. 사진작가 앙리 까르띠에 브레송(Henri Cartier Bresson, 1908-2004)은 "매순간은 결정적 순간이다"라는 유명한 말을 했다. 때의 중요성을 일컫는 말이다. 세월호 사건(2014.4.16)을 통해 우리는 골든타임(Golden Time)의 중요성을 알게 되었다. 지혜문학에 속하는 전도서는 '때의 중요성'을 이렇게 말한다. "범사에 기한이 있고 천하 만사에 다 때가 있다"(전 3:1). 지혜문학이 가르치는 최고의 지혜는 '때를 분별하는 능력', '때에 대한 감각(타이밍 감각)'이라고 말한다. 주님의 일생은 매 순간을 하늘의 때, 하나님의 시간표를 의식하며 산 일생이었다.

많은 표적을 행한다고 보고 예수를 믿기 시작했으나 대제사장들과 바리새인들은 오히려 예수를 체포하고자 아랫사람들을 보냈다(31,32절). 이에 예수는 "내가 너희와 함께 조금 더 있다가 나를 보내신 이에게로 돌아가겠노라 너희가 나를 찾아도 만나지 못할 터이요 나 있는 곳에 오지도 못하리라"(33,34절)고 말했다.

예수는 초막절을 지내고(10월경) 다음 해 유월절에 십자가에 죽으신 후에는(4월경) 본향인 하늘로 돌아갈 것이다. 그때에는 예수를 찾아도 만나지 못할 것이고, 예수가 가는 곳에 오지도 못할 것이며, 그들은 죄 가운데서 죽을 것이다(8:21). 예수가 가는 길의 목적지가 요한복음에서 자주 언급된다.[331] 예수의 목적지는 그가 왔던 곳으로의 귀환(13:3; 16:28)이고, 그 길은 영광의 길이다(13:31-32; 17:1). 그리고 예수를 믿고 따르는 자들에게는 천상적 영광에 이르는 길이 약속(보장)된다.

유대인들은 이 말씀의 참 뜻을 깨닫지 못했다. 그래서 그들 가운데서 서로 논쟁이 일어났다. "헬라인 중에 흩어져 사는 자들에게로 가서 헬라인을 가르칠 터인가"(35절)라는 말은 유대인들의 영적 무지와 더불어 예수를 경멸하는 태도를 잘 보여준다. 유대인들의 말은 예수가 유대 땅에서 실패한 후에 이방인 지역에 흩어져 사는 디아스포라(διασπορά)에게로 가서, 그곳에서도 유대인들의 환영을 받지 못하고 결국 이방인(헬라인)이나 상대하게 될 것이라는 조롱의 의미로 하는 말이다.

그런데 산헤드린에서 예수의 죽음을 주장한 가야바와 같이(11:49-50), 아이러니하게도 그들은 부지중에 예수의 미래 사역에 대한 한 예언을 발설한 것이다. 유대교 당국자들이 자신들의 목적을 달성하여 그를 죽게 한 일로 말미암아 놀라운 일이 발생했다. 예수는 하늘로 떠나면서 선교의 영인 성령을 보냈다. 성령을 받은 제자들에 의해 예수의 복음

---

331) 요 8:14,21-22; 13:3,33,36; 14:4-5,28; 16:5,10,17,28.

은 전 로마제국에 퍼졌고, 결국 헬라인들도 가르치게 되는 결과를 가져왔던 것이다.

2. 초막절 끝날에 있었던 사건의 의미(37-53절)
- 예수 나의 생수의 강(생명강) -

〈성경 본문〉
37 명절 끝날 곧 큰 날에 예수께서 서서 외쳐 이르시되 누구든지 목마르거든 내게로 와서 마시라 38 나를 믿는 자는 성경에 이름과 같이 그 배에서 생수의 강이 흘러나오리라 하시니 39 이는 그를 믿는 자들이 받을 성령을 가리켜 말씀하신 것이라 (예수께서 아직 영광을 받지 않으셨으므로 성령이 아직 그들에게 계시지 아니하시더라) 40 이 말씀을 들은 무리 중에서 어떤 사람은 이 사람이 참으로 그 선지자라 하며 41 어떤 사람은 그리스도라 하며 어떤 이들은 그리스도가 어찌 갈릴리에서 나오겠느냐 42 성경에 이르기를 그리스도는 다윗의 씨로 또 다윗이 살던 마을 베들레헴에서 나오리라 하지 아니하였느냐 하며 43 예수로 말미암아 무리 중에서 쟁론이 되니 44 그 중에는 그를 잡고자 하는 자들도 있으나 손을 대는 자가 없었더라 45 아랫사람들이 대제사장들과 바리새인들에게로 오니 그들이 묻되 어찌하여 잡아오지 아니하였느냐 46 아랫사람들이 대답하되 그 사람이 말하는 것처럼 말한 사람은 이 때까지 없었나이다 하니 47 바리새인들이 대답하되 너희도 미혹되었느냐 48 당국자들이나 바리새인 중에 그를 믿는 자가 있느냐 49 율법을 알지 못하는 이 무리는 저주를 받은 자로다 50 그 중의 한 사람 곧 전에 예수께 왔던 니고데모가 그들에게 말하되 51 우리 율법은 사람의 말을 듣고 그 행한 것을 알기 전에 심판하느냐 52 그들이 대답

하여 이르되 너도 갈릴리에서 왔느냐 찾아 보라 갈릴리에서는 선지자가 나지 못하느니라 하였더라 53 [다 각각 집으로 돌아가고].

1) 초막절 끝날에 있었던 사건의 의미(37-44절)

초막절을 성취하신 예수를 말하는 이 대목(37-39절)은 요한에 의해 종말론과 성령론이 결합된 대단히 중요한 대목이다. '명절 끝날 곧 큰 날'은 제7일인지 제8일인지 분명치 않으나 제8일은 휴식의 날이므로 명절 행사가 계속되는 제7일로 보는 것이 좋을 것이다. 이 날을 '큰 날'이라고 하는 것은 이 날에 마지막 중요한 초막절 행사가 행해지기 때문이다. 이 날 아침에 제사장들은 실로암(9:7) 못에 가서 물을 길어다가 무리들이 환호하는 가운데 제단에 일곱 번 물을 붓는 예식을 거행한다. 이 같은 의식은 종말에 하나님께서 성령을 부어주심(욜 2:28,29)을 고대하는 의미가 있다

이 예식은 출애굽 당시 므리바의 바위에서 샘물이 터져 나온 기적(출 17:1-7)을 기념하며, 오는 한 해도 하나님께서 물을 넉넉히 공급해 주셔서 목축과 농업을 풍성케 해 달라고 하는 일종의 기우제이다. 초막절을 포함한 모든 유대 축제는 출애굽 때의 구원을 기념하면서 동시에 종말에 출애굽 구원의 재현을 바라는 것이다. 초막절은 종말론적 실체를 가져오는 메시아를 모형론적으로 그려준다.[332]

그래서 선지자들은 메시아 시대에 누리게 될 성령의 축복을 강(또는 샘물)으로 상징하여 예언했다(사 12:3; 44:3; 겔 47:1-12; 욜 3:18; 슥 14:8). 실로암에서 물을 길어다가 성전 제단에 뿌리는 의식은 종말에 하나님께서 성령 부어주심(욜 2:28-29)을 고대하는 의미가 있었다. 초막절 행사가 행

---

332) 김세윤,《요한복음강해》, 132-133.

해지는 바로 이 순간에 예수는 자신이 그 물을 공급하는 자(고전 10:4)라고 선언하였다.

"성경에 이름과 같이 그 배에서 생수의 강이 흘러나리라"에서 '그 배'는 누구의 배인가에 대해 동방교회는 주로 '신자의 배'를 주장하는 반면, 서방교회는 주로 '그리스도의 배'를 주장한다. 예수가 성령을 주신다(20:22)는 요한 사상에 따라, 그리고 '생수의 강'이 '성령'을 가리킨다(39절)는 요한의 해설에 의거할 때 일단 '그리스도의 배'로 볼 수 있다.[333] 그런데 문제는 '나를 믿는 자' 문구가 문장 앞에 붙음으로써 문제는 단순하지 않게 되었다.[334] 필자는 두 주장을 결합해서 이 구절을 "나(예수)를 믿는 자는 예수께서 주실 성령을 받아 누리게 될 것이다"라는 종말론적 약속의 말씀으로 해석하고자 한다.

요한은 이를 예수가 영광 받으신 후에 우리에게 주실 성령을 가리키는 것으로 해석하였다. 성령은 이미 구약시대부터 활동하셨지만(창 41:38; 민 27:18; 삿 3:10; 삼상 16:13 등) 그때에는 특별한 사람에게만 제한되었다. 그러나 신약시대에는 요엘의 예언처럼(욜 2:28) 모든 믿는 이들에게 허락되었는데, 그 시기는 부활절(오순절) 이후이다(요 20:22). 요한에 의하면 성령은 예수 대신 오는 분이기 때문에(16:7) 이때에는 아직 저희에게 오지 않았다는 것이다.

초막절 끝날에 있었던 예수의 발언을 두고 의견이 첨예하게 갈리었다. 긍정적인 한 부류의 사람들은 예수가 '그 선지자'(40절), 또는 '그리스도'(41절)라고 말하는가 하면, 부정적인 다른 부류의 사람들은 "그리

---

[333] 많은 헬라인들과 로마 계승자들은 델피(Delphi)가 세상의 중심 또는 배꼽이라고 생각했다. 이에 반해 많은 유대인들은 예루살렘, 성전, 제단 밑의 주춧돌이 세상의 중심에 있다고 단언했다. 이 중심으로부터 생명의 강물이 흘러나와 온 세상을 적실 것이다. 그리고 예수의 몸이 새 성전이 되는 요한복음(2:19-21)에서 예수는 생명의 강물이 흘러나오는 부서진 모퉁잇돌이 된다. C. S. Keener, 《요한복음 II》, 1964-1965.

[334] 더 자세한 논의는 G.R.Beasley-Murray, *John*, 115-116을 참조하세요.

스도가 어찌 갈릴리에서 나오겠느냐 성경에 이르기를 그리스도는 다윗의 씨로[335] 또 다윗이 살던 마을 베들레헴에서 나오리라 하지 아니하였느냐"(41,42절)라고 말하였다.[336] 예수로 말미암아 무리 중에서 쟁론이 있었고(43절) 그 중에서 예수를 체포하고자 하는 자들도 있었다. 그러나 예수의 권위에 압도되어 예수께 손을 대는 자는 없었다(44절).

2) 예수에 대한 유대인들 간의 논쟁(45-52절)

대제사장들과 바리새인들이 보낸 아랫사람들이 돌아오자 "어찌하여 잡아오지 아니하였느냐"(46절)며 물었고, 그들은 "그 사람이 말하는 것처럼 말한 사람은 이때까지 없었나이다"(47절)라고 대답하였다. 아랫사람들이 예수를 체포하지 못한 이유는 예수를 따르는 군중들이 두려웠기 때문이었다. 그러나 그들 또한 예수의 말씀에 깊이 감동되어 그 사실을 숨기지 않고 말했다. 아이러니하게도 이 말은 역사적 사실이 되었다. 역사상 예수처럼 말한 사람은 아무도 없었다. 요한의 아이러니 기법을 잘 보여주는 실례이다.

바리새인들은 아랫사람들의 말을 듣고는 "너희도 미혹되었느냐"(47절)하면서 "당국자들이나 바리새인 중에 그를 믿는 자가 있느냐"(48절)고 다그쳤다. 이 질문은 '없습니다'라는 대답을 기대하면서 던진 질문이다. 이는 요한의 또 다른 아이러니를 보여주는 사례이다. 왜냐하면 바로 이어지는 대목에서 산헤드린 의원이자 바리새인이었던 니고

---

[335] 이 문구와 자구적으로 동일한 표현은 구약성경에 없으나 이와 흡사한 표현들은 상당히 많다(삼하 7:12-16; 시 18:51; 89:4-5,36-37; 사 11:1,10; 렘 23:5). '씨(후손) 모티프'의 중요성에 대해서는 B. K. Waltke & C. J. Fredricks, 《창세기 주석》, 73-77을 참조하세요.

[336] 요한복음에서 '다윗' 어휘가 나오는 유일한 구절이다. 북왕국 전승에 속한 요한은 모세를 즐겨 사용하는 반면, 남왕국 전승에 속한 '다윗' 어휘를 사용하는 것을 극히 꺼리고 있다.

데모가 등장하기 때문이다.

49절은 일반 백성에 대한 바리새인들의 태도를 반영한다. '율법을 알지 못하는 무리'라는 말은 랍비들의 표현에 의하면 '암 하아레츠'[337] 즉 '이 땅의 백성'을 의미한다. 바리새인들은 이들이 율법을 모르고 지키지도 않기 때문에 저주받은 자들(신 27:14-26)이라고 욕했다.

그러자 전에 예수께 왔던 니고데모가 저희에게 말하였다. "우리 율법은 사람의 말을 듣고 그 행한 것을 알기 전에 심판하느냐"(51절). 성령의 부어주심과 관계된 초막절 절기를 다루고 있는 7장의 마지막을 니고데모로 장식하는 것은 요한의 고도의 신학적 의도에 깔려 있는 것으로 볼 수밖에 없다. 유대 당국자들의 바람(48절)과는 달리 아이러니하게도 당국자들 가운데 전에 예수를 찾아온 니고데모는 그 후 중생하여 은밀히 예수를 믿는 '숨은 그리스도인'이 되어 있었다. 나중에 그는 예수의 장례에 동참하는 참 제자로 나타나는데(19:39-40), 그에 앞서 그가 거듭나 변화된 사실을 언급할 필요가 있었던 것이다.

니고데모의 이의 제기에 일격을 당한 바리새인들은 "너도 갈릴리에서 왔느냐 찾아보라 갈릴리에서는 선지자가 나지 못하느니라"(52절)로 응수하였다. 이 구절에 나타난 바리새인들의 말은 갈릴리 지역에 대한 경멸의 의도가 담겨 있다. 그런데 과연 갈릴리에서 선지자가 나지 못했는가? 사실상 갈릴리에도 요나(또는 호세아나 나훔)와 같은 예언자가 있었다(왕하 14:25). 그런 의미에서 이 같은 바리새인들의 말은 예수에 대한 시기와 질투로 인해 이성을 잃은 모습을 극명하게 보여준다.

인간 사회에는 온갖 편견(선입견)이 자리하고 있다. 사람들은 알게 모르게 여러 편견을 지닌 채 산다. 인종적, 지역적, 성적, 신분적, 종교

---

337) 이 말은 첫째, 이스라엘 전 민족(겔 22:39), 둘째, 지배자들과 구분되는 민중(렘 1:18), 셋째, 바벨론 포로 이후에는 귀환한 유대 포로민들과 구분되는 그 땅에 남아 있던 혼혈 주민(스 10:2,11)을 나타내는 말로 사용되었다.

적, 문화적 편견 등등. 예수의 오심은 바로 이 같은 편견의 장벽을 깨뜨리기 위해 오셨고, 결국 이 때문에 모진 고초와 죽임을 당하였다고 말할 수 있다. 빌립의 전도를 받은 나다나엘은 나사렛에 대한 편견을 가지고 있었다. "나사렛에서 무슨 선한 것이 날 수 있느냐"(1:46). 바리새인들은 갈릴리에 대한 편견을 가지고 있었다. "찾아보라 갈릴리에서는 선지자가 나지 못하느니라"(7:52). 바리새인들의 불행은 그들이 가진 편견 속에 갇혀 예수를 제대로 볼 수 없었다는 데 기인한다.

제 8 장

〈본장 개요〉

8장은 예수와 유대인들 간의 논쟁이 최고조로 달한 모습을 언급하고 있다. 7장에서는 예수를 홀대받는 '갈릴리 사람'으로 강조하던 것에 이어, 8장에서는 '사마리아 사람'이라는 또 하나의 카테고리를 사용하여 예수의 공적 지위에 손상을 입히고 그를 존경하는 대신 천대받는 부류 가운데 하나로 매도하고 있다.

8장은 간음녀에 대한 '죄론'의 문제로부터 시작하여 죄로부터 구원을 주시는 "예수는 누구인가"라는 '기독론'의 문제로 끝나고 있다. 8장은 예수의 정체성에 관한 그 동안의 모든 논쟁에 종지부를 찍는 장이다. 예수의 정체에 대해 묻는 유대인들의 질문(25,53절)이나 세 차례에 걸쳐 반복되는 '에고 에이미' 말씀(24,28,58절)이 그것을 잘 반영해 준다. 8장은 예수가 본래 영원에 속한 선재하신 분이요 위로부터 오신 하나님의 아들 되시기에 인간의 죄를 사할 수 있는 분임을 잘 보여준다.

간음하다 현장에서 잡힌 여인에 대한 기사(7:53-8:11)는 많은 초기 사본에는 빠져 있다. 그래서 이 기사는 원래 요한복음의 일부가 아니었다는 것이 본문 비평학자들에 의해 보편적으로 받아들여지고 있다.[338] 이 기사가 원래 복음서에서 빠진 까닭은 일찍부터 초대교회에 전해졌으나 예수께서 이 같은 음행의 죄를 용서하신 것이 초대교회의 신자 훈련에 도움이 되지 않기 때문일 것이다.

그런데 이 기사가 현재의 위치에 배치된 것은 아마도 8:12에 있는 "나는 아무도 판단하지 아니하노라"고 하신 예수의 말씀에 대한 예증 때문인 것으로 볼 수 있으나 필자는 '죄론', 즉 예수께서 제자들의 발

---

338) 더 자세한 논의는 G.R.Beasley-Murray, *John*, 143-144을 참조하세요.

씻김과 가롯 유다의 배반을 말하는 13장과의 상응을 이루기 위해서라고 보여진다.

13장은 예수의 세족식을 통한 '죄론'과 그 상징 행위가 갖는 구원론적 의미를 윤리적 모범('서로 사랑하라'는 새 계명 수여)과 연결시켜 다루고 있다. 13장이 예수의 세족 행위를 유다의 배신과 거듭 관련시킨 까닭이 여기에 있다. 여기서 죄란 빛 되시고 진리 되신 예수를 모르는(떠나는) 것이며, 하나님이 보낸 예수를 아는(믿는) 것이 죄에서 자유함을 얻는 길임을 말씀하고 있다.

이어지는 본문(12-30절)은 두 단락으로 나누어진다. 첫 단락(12-20절)은 성전의 바깥 뜰(여자들의 뜰)에 있는 헌금함 앞에서 하신 예수의 말씀이다. 이 단락에 나오는 "나는 세상의 빛이다"(12절)는 '에고 에이미'의 일곱 비유적 용법 중 두 번째 말씀으로, 이 예수의 자기계시 말씀은 성막(성전)의 일곱 기구 중 '등잔대'에 해당한다(출 25:31-40).

둘째 단락(21-30절)은 예수의 기원, 즉 예수는 아래(세상)에서 나지 아니하고 위(하늘)로부터 왔으며, 따라서 이 세상에 속하지 아니한다는 것을 언급하고 있다. 이 단락에서 주목할 것은 '내가 그'(24,28절)라는 '에고 에이미'의 서술적 용법인데, 이는 '나는 하나님이다'(사 41:4; 43:10; 48:12)라는 의미를 지닌다.

마지막 본문(31-59절)은 대기독론 논쟁의 절정을 장식하는 대목이다. 본문은 예수의 말씀의 압권인 "진리를 알지니 진리가 너희를 자유롭게 하리라"(32절)는 유명한 구절을 담고 있다. 유대인과의 '진리' 논쟁을 담고 있는 본문에는 '진리' 어휘가 완전수 7회(32[2회],40,44[2회],45,46절) 나타나는 것을 비롯하여 '내 말(예수의 말씀)'이 6회(31,43[2회],51[2회],52절), '진실로 진실로' 어휘가 3회(34,51,58절), 특히 '아브라함'이 11회(33,37,39[3회],40,52,53,56,57,58절)나 나타난다.

본문에서는 아브라함(또는 아브라함의 자손)을 놓고 예수와 유대인간의 뜨거운 논쟁이 벌어지고 있다. 문제의 핵심은 '아브라함'에 대한 유대인들의 이해와 예수의 이해가 전혀 다르다는 데 있다. 유대인들은 '아브라함'을 육적인 의미로, 즉 지연이나 혈연 같은 혈통적 의미로 이해하는 데 반해, 예수는 아브라함을 영적인 의미, 즉 신앙적 의미로 이해하고 있다는 점이다.

1. 간음하다 잡힌 여인(1-11절)
  - 예수 나의 용서 -

〈성경 본문〉
  1 예수는 감람산으로 가시니라 2 아침에 다시 성전으로 들어오시니 백성이 다 나아오는지라 앉으사 그들을 가르치시더니 3 서기관들과 바리새인들이 음행중에 잡힌 여자를 끌고 와서 가운데 세우고 4 예수께 말하되 선생이여 이 여자가 간음하다가 현장에서 잡혔나이다 5 모세는 율법에 이러한 여자를 돌로 치라 명하였거니와 선생은 어떻게 말하겠나이까 6 그들이 이렇게 말함은 고발할 조건을 얻고자 하여 예수를 시험함이러라 예수께서 몸을 굽히사 손가락으로 땅에 쓰시니 7 그들이 묻기를 마지 아니하는지라 이에 일어나 이르시되 너희 중에 죄 없는 자가 먼저 돌로 치라 하시고 8 다시 몸을 굽혀 손가락으로 땅에 쓰시니 9 그들이 이 말씀을 듣고 양심에 가책을 느껴 어른으로 시작하여 젊은이까지 하나씩 하나씩 나가고 오직 예수와 그 가운데 섰는 여자만 남았더라 10 예수께서 일어나사 여자 외에 아무도 없는 것을 보시고 이르시되 여자여 너를 고발하던 그들이 어디 있느냐 너를 정죄한 자가 없느냐 11 대답하되 주여 없나이다 예수께서 이르시되 나도 너를 정죄하지 아니하노니 가서 다시는 죄를 범하지 말라 하시니라.

감람산으로 갔던 예수가 아침에 다시 성전으로 돌아오자 백성들이 예수께 나아왔다. 예수는 자리에 앉아서 그들을 가르치기 시작하였다(2절).[339] 3절의 '서기관들'은 율법학자들로서 요한복음에서는 유일하게 이 대목에서만 볼 수 있다.[340] 여기서 '음행 중에 잡힌 여자'는 기혼자였을 가능성이 크다.[341]

서기관들과 바리새인들은 간음하다가 현장에서 잡힌 여자를 예수 앞에 세우고는 "모세는 율법(신 22:22-24; 레 20:10 참조)에 이러한 여자를 돌로 치라 명하였거니와 선생은 어떻게 말하겠나이까?"라고 물었다. 이를 두고 요한은 이렇게 해설을 붙였다. "그들이 이렇게 말함은 고발할 조건을 얻고자 하여 예수를 시험함이러라"(6a절).

그들의 질문은 예수를 진퇴양난(올무)에 빠뜨리고자 한 질문이었다. 만일 예수가 돌로 치라고 하면 그들은 예수를 로마법 위반자로 고소할 것이다. 당시 유대인들은 산헤드린 공회에서 사형을 구형할 수는 있으나 집행에는 로마 총독의 허락이 있어야 했다(18:31). 뿐만 아니라 평소 사랑과 자비를 선포한 예수 자신의 가르침과 모순되어 대중들로부터 반감을 사게 되는 결과를 초래할 것이다. 반대로 예수가 이 여자를 용서해 주라고 말한다면 모세의 율법을 거슬린 죄목으로 산헤드린 공회에 의해 고발당하게 될 것이다.

---

339) 예수가 낮에는 성전에서 가르치고 밤에는 감람산에서 지냈다는 이 같은 진술은 누가복음 21:37을 연상케 한다. 앉아서 가르치는 자세는 랍비들이 취하는 자세로서 요한복음에서는 볼 수 없고 공관복음에서 볼 수 있는 묘사이다(막 4:1; 마 5:1; 눅 5:3).
340) '서기관과 바리새인'이란 표현은 특히 마태 기자의 전형적인 표현이다(마 12:38; 15:1; 23:2,13,15,23,27,29).
341) 그 까닭은 두 가지 면에서이다. 첫째, 70인역과 헬라어 저작들에서 배타적으로 기혼인 사람들에게만 사용되었던 '모이큐에인'(μοιχεύειν, 간음하다) 어휘와 그 파생어들이다. 둘째, 부도덕한 성적 행위의 처벌에 대한 미쉬나에 있는 규정들은 예수시대에는 적용되지 않았다는 명백한 사실이다. 따라서 재판 받기 위해 예수에게 끌려온 여인은 기혼자였다.

"예수께서 몸을 굽히사 손가락으로 땅에 쓰시니"(6b절). 예수의 이 같은 행동은 구약 예언자의 상징적 행동을 연상케 한다. 예언자들은 말로만이 아닌 '상징적 행동(symbolic action)'으로도 하나님의 말씀을 전달하였다.[342] 예언자들의 상징적 행동은 메시지를 효과적으로 전하기 위한 극적인 전달방법이었다. 예수는 왜 이 같은 행동을 했을까? 그것은 바리새인들의 분노를 가라앉히기 위해서 또는 생각할 시간을 벌기 위해서 그랬을 것이라고 짐작할 수 있다.

그렇다면 예수는 땅에 무엇을 썼을까? 단지 낙서를 했을 것이라고 생각할 수도 있다. 고대로부터 이 사건을 예레미야 17:13("여호와를 떠나는 자는 흙에 기록이 되오리니 이는 생수의 근원이신 여호와를 버림이니이다")과 연관시켜 설명하는 것이 지배적이다. 여기서 중요한 것은 예수가 무슨 말씀을 썼느냐 하는 것보다는 그 행동 자체만으로도 충분한 메시지가 되었을 것이라는 점이다.

예수의 대답을 빨리 듣고 싶었던 그들은 초조한 나머지 계속해서 예수에게 물었던 것이다. 그러자 예수는 말없는 행동에서 말로 자신의 의사를 표현하였다. "너희 중에 죄 없는 자가 먼저 돌로 치라"(7절)고 명령했다. 먼저 돌로 치는 자는 증인이 된다(신 17:7). 예수의 언사는 하나님 앞에 자신도 죄인인 주제에 다른 사람을 죄인으로 정죄하지 말라는 메시지를 선포한 것이다(마 7:1; 눅 6:37).

예수는 다시 몸을 굽혀 손가락으로 뭔가를 땅에 쓰고 있었다(8절).

---

[342] 이사야는 3년 동안 맨발과 거의 벌거벗은 몸으로 지냈다(사 20장). 호세아는 음란한 여인 고멜과 결혼생활을 계속하였다(호 1-3장). 예레미야는 베띠를 새로 사서 이것을 바위틈 사이에 묻어버린다(렘 13장). 또한 질그릇을 하나 사서 그것을 많은 사람들이 보는 앞에서 산산이 부숴버린다(렘 19장). 에스겔은 예리한 칼로 자신의 머리카락과 수염을 잘라 그것을 셋으로 나누어 불로 태우고, 칼로 치고, 바람에 날려버린다(겔 5장). 또한 390일 동안은 왼편으로 누워 자고, 40일 동안은 오른편으로 누워 자는 괴팍한 행동을 한다(겔 4장).

그러자 "그들이 이 말씀을 듣고 양심에 가책을 느껴 어른으로 시작하여 젊은이까지 하나씩 하나씩 나가고 오직 예수와 그 가운데 섰는 여자만 남았더라"(9절). "너희 중에 죄 없는 자가 먼저 돌로 치라"는 예수의 비수와 같은 한마디가 그들의 가슴에 내리꽂힌 것이다. 말씀의 칼을 받은 그들은 양심의 가책을 받아 어른부터 젊은이까지 차례로 그 자리를 떴다. 왜 그랬을까? 그들은 모세의 율법에 비추어볼 때 자신들도 결코 의롭지 못하다는 사실을 그들의 양심이 말하고 있었기 때문이다.

그들은 그 똘똘 뭉친 죄성을 꼭꼭 숨기고 싶었다. 그리고 남에게, 즉 연약한 여자에게 돌을 던짐으로써 자신들의 죄로부터 자위하고자 했다. 그런데 예수가 그 꼭꼭 숨어있는 죄성을 밝은 대낮에 온 세상에 밝히 드러낸 것이다. 그들이 떠난 후에 예수는 용서받은 여인을 향해 "너를 정죄한 자가 없느냐"(10절) 물었고, "주여 없나이다"라고 그 여인은 대답했다. 그러자 "나도 너를 정죄하지 아니하노니 다시는 죄를 범하지 말라"(11절)는 예수의 말씀으로 이 기사는 끝난다.[343]

2. 예수의 정체성(12-30절)
   - 예수 나의 태양(햇빛) -

〈성경 본문〉

12 예수께서 또 말씀하여 이르시되 나는 세상의 빛이니 나를 따르는 자는 어둠에 다니지 아니하고 생명의 빛을 얻으리라 13 바리새인들

---

[343] "내가 죄가 있다면 첫째는 예수를 더 빨리 만나지 못한 죄요, 둘째는 예수를 더 잘 알지 못한 죄요, 셋째는 예수를 더 사랑하지 못한 죄이옵니다."

이 이르되 네가 너를 위하여 증언하니 네 증언은 참되지 아니하도다 14 예수께서 대답하여 이르시되 내가 나를 위하여 증언하여도 내 증언이 참되니 나는 내가 어디서 오며 어디로 가는 것을 알거니와 너희는 내가 어디서 오며 어디로 가는 것을 알지 못하느니라 15 너희는 육체를 따라 판단하나 나는 아무도 판단하지 아니하노라 16 만일 내가 판단하여도 내 판단이 참되니 이는 내가 혼자 있는 것이 아니요 나를 보내신 이가 나와 함께 계심이라 17 너희 율법에도 두 사람의 증언이 참되다 기록되었으니 18 내가 나를 위하여 증언하는 자가 되고 나를 보내신 아버지도 나를 위하여 증언하시느니라 19 이에 그들이 묻되 네 아버지가 어디 있느냐 예수께서 대답하시되 너희는 나를 알지 못하고 내 아버지도 알지 못하는도다 나를 알았더라면 내 아버지도 알았으리라 20 이 말씀은 성전에서 가르치실 때에 헌금함 앞에서 하셨으나 잡는 사람이 없으니 이는 그의 때가 아직 이르지 아니하였음이러라 21 다시 이르시되 내가 가리니 너희가 나를 찾다가 너희 죄 가운데서 죽겠고 내가 가는 곳에는 너희가 오지 못하리라 22 유대인들이 이르되 그가 말하기를 내가 가는 곳에는 너희가 오지 못하리라 하니 그가 자결하려는가 23 예수께서 이르시되 너희는 아래에서 났고 나는 위에서 났으며 너희는 이 세상에 속하였고 나는 이 세상에 속하지 아니하였느니라 24 그러므로 내가 너희에게 말하기를 너희가 너희 죄 가운데서 죽으리라 하였노라 너희가 만일 내가 그인 줄 믿지 아니하면 너희 죄 가운데서 죽으리라 25 그들이 말하되 네가 누구냐 예수께서 이르시되 나는 처음부터 너희에게 말하여 온 자니라 26 내가 너희에게 대하여 말하고 판단할 것이 많으나 나를 보내신 이가 참되시매 내가 그에게 들은 그것을 세상에 말하노라 하시되 27 그들은 아버지를 가리켜 말씀하신 줄을 깨닫지 못하더라 28 이에 예수께서 이르시되 너희가 인자를 든 후에 내가 그인 줄을 알고 또 내가 스스로 아무 것도 하지 아니하고 오직 아버지께서 가르치신 대로 이런 것을 말하는 줄도 알리라 29 나를 보내신 이가 나와 함께 하시도다 나는 항상 그가 기뻐하시는 일을 행하므로 나를 혼자 두지 아니하셨느니라 30 이 말씀을 하시매 많은 사람이 믿더라.

1) 세상의 빛이신 예수(12-20절)

간음하다 잡힌 여자 기사가 있은 후에 터져 나온 예수의 제일성이 이것이다. "예수께서 또 말씀하여 이르시되 나는 세상의 빛이니 나를 따르는 자는 어둠에 다니지 아니하고 생명의 빛을 얻으리라"(12절). 부활의 주님은 '세상의 빛'이자 '생명의 빛'이다. 이 구절에는 빛과 어둠, 생명과 죽음이 대조를 이루고 있다. 세상의 빛과 생명 되신 예수를 따르는 자들(제자들)은 하나님과의 올바른 관계를 이루는 자(義人)로서 빛과 생명을 얻을 것이다. 반면에 세상의 빛과 생명 되신 예수를 멀리하는 자들(바리새인들)은 하나님과의 관계가 단절된 자(罪人)로서 어둠과 죽음에 처하게 될 것임을 말씀하고 있다.

이 구절에 나오는 "나는 세상의 빛이다"는 '에고 에이미'의 비유적 용법 가운데 두번째 말씀으로, 성막(성전)의 '등잔대(menorah)'에 해당한다. 하나님은 이스라엘이 '이방의 빛'(사 49:6)이 되기를 원하셨다. 그러나 이스라엘은 이방의 빛으로서의 사명을 망각함으로써 하나님의 뜻을 온전히 이루지 못했다. 그리하여 하나님은 예수를 이 세상에 보내 '이방의 빛'(눅 2:32)의 사명을 감당하게 하셨다. 그리고 우리로 하여금 "너희는 세상의 빛이라"(마 5:14)고 말씀하셨다.

"나는 세상의 빛이다"라는 예수의 자기계시 말씀은 초막절과 관련된 또 하나의 놀라운 선언이다. 초막절은 출애굽 당시 불기둥과 구름기둥으로 이스라엘을 인도하시고 시내산에서 그의 영광의 광채 가운데 율법을 계시하셨음을 기념하는 축제이다. 유대인들은 이것을 기념하여 초막절 마지막 밤에 여인들의 뜰에서 '횃불 밝힘 행사'가 있었다. 이것은 시내산에서 주신 하나님의 율법 계시(시내 계시)를 기념한다. 그러면서 종말에 하나님의 계시가 시온에 이루어지고 그 계시가 온 세상을 비추어 암흑과 혼돈의 세계에 하나님을 아는 지식이 가득 차도록 기원하는 행사이다.[344]

초막절에 '생수의 원천'(7:37)이라고 선언한 예수는 여기서 여인들의 뜰에 밝혀 놓은 거대한 횃불들을 보면서 자신을 '세상의 빛'이라고 선언한다. 예수는 온 세상을 밝게 비추는 하나님의 빛이다. 예수는 온 인류에게 빛과 생명을 주기 위해서 종말론적 빛으로 이 세상에 왔다(1:4,9; 3:19-21; 9:4-5; 11:9-10; 12:35-36,46). 여인들의 뜰로부터 나온 빛은 예루살렘을 밝히지만, 세상의 빛이신 예수는 예루살렘을 넘어 온 세상을 비춘다. 이로써 예수는 초막절을 온전케 하신 분이다.

바리새인들은 예수가 자신을 위해 증언하기에 예수의 증언은 참되지 않다고 말한다. 자기 자신을 위한 증언은 신뢰할 수도 유효하지도 않다는 것이 유대인들의 입장이다(신 17:6; 19:15). 그런데 예수는 스스로 자기 자신에 대해 증언함에도 불구하고 그것이 '참된 증언'이라고 말한다. 그 까닭은 예수 자신과 그를 보내신 아버지가 두 증인이 된다는 것이다(16-18절). 예수는 하나님으로부터 파견된 자로서 스스로가 증인이 되기에 자신은 그 누구의 증언도 받을 필요가 없다는 것이다.

바리새인들은 "네 아버지가 어디 있느냐?"고 묻자 예수는 이렇게 응수한다. "너희는 나를 알지 못하고 내 아버지도 알지 못하는도다 나를 알았더라면 내 아버지도 알았으리라"(19절). 바리새인들은 예수의 영적 차원의 말씀을 육적인 차원(15절 참조)에서 이해했다. 아버지로부터 파

---

344) 김세윤,《요한복음강해》, 133-134.

견된 아들을 참으로 알았다면 아버지도 알게 된다는 기독론적 신관이 반영된 말씀이다(14:6,9).

20절의 헌금함은 성전의 바깥 뜰(여인들의 뜰)에 13개가 놓여 있었다. 예수는 그곳에서 공개적으로 말씀하였으나 아무도 예수를 잡지 못했다. 이를 두고 요한은 아직 하나님의 정하신 때가 이르지 않았기 때문이라고 해설한다(7:30).[345]

2) 위로부터 오신 예수(21-30절)

21절의 '내가 가리니'라는 문구는 앞의 구절(7:33-34)과 뒤의 고별강화의 구절들(13:1; 14:2,19; 16:5,16; 17:13)을 연상시킨다. 예수는 아버지가 계신 하늘로부터 왔기에 다시 하늘로 돌아갈 것이다. 예수가 부활 승천하여 하늘로 돌아가게 되면 그곳에는 아무도 올 수 없고 그때 가서 예수를 아무리 찾아도 그를 만나지 못할 것이다. 그럴 경우 예수를 믿지 않은 불신자들은 죄 사함을 받지 못한 채 영원한 죽음에 처하게 될 것이다(16:8-9).

죄는 생명의 빛이신 예수에 대해 마음의 문을 닫고 예수를 믿지 않는 것이다. 따라서 빛을 등지면 어둠이듯이, 생명의 빛이신 예수를 등

---

[345] 요한은 여기서 천명(天命)사상을 말하고 있다. 천명사상은 사람의 생사(生死)는 하나님의 주권에 달려 있다는 사상이다. 공자는 나이 50에 천명, 즉 하늘의 뜻을 알게 되었다라고 말하였다. 한편, 주나라의 천명사상에 의하면 천(天)으로부터 받은 명(命)에 따라 군주는 지상을 통치한다. 그런데 상족의 은나라는 천명이 다 했기 때문에 주나라의 무왕이 천명에 따라 왕조를 교체하였는데, 이를 '은주혁명'이라고 한다. 논어(論語)의 맨 끝 장에서 공자는 이런 말을 했다. "子曰 不知命無以爲君子也 / 不知禮無以立也 / 不知言無以知人也." 그 뜻은 이렇다. "공자께서 말씀하시기를 '하늘의 명령(天命)'을 모르면 군자라 할 수 없고, 예를 알지 못하면 바로 서지 못하고, 말을 알지 못하면 사람을 알지 못하느니라." 이 셋은 결국 하나인데, 그것은 명을 알고 예를 알고 말을 알아 군자가 되자는 것이다.

지면 어둠(죄와 죽음)에 빠질 수밖에 없다(롬 5:12; 6:23). 예수의 제자들은 빛 가운데로 걷기에 영원한 생명을 얻지만(3:16-21; 12:35-36), 불신자들은 어두움 가운데 걷기에 결국 하나님의 진노 위에서 죽게 될 것이고(3:36), 하나님 나라에 들어가지 못하게 될 것이다.

예수의 말을 알아듣지 못한 유대인들은 이렇게 말한다. "그가 말하기를 내가 가는 곳에는 너희가 오지 못하리라 하니 그가 자결하려는가"(22절). 유대적 사고에서 자살은 사람이 찾을 수 있는 범위를 넘어서는 곳에 그를 둔다는 것을 의미한다. 따라서 자살은 하나님 나라에 들어갈 수 없는 무거운 죄로 인정되었다. 유대인들의 말은 자살은 지옥행이기에 지옥으로 가겠다는 것인가라고 말하는 일종의 조롱이다. 생명의 빛을 약속한 예수의 말을 이렇게 조롱함으로써 그들은 여전히 '죄 가운데' 머물러 있음을 드러낸 셈이다.

23절에서 예수는 '아래에서(지상적 세계)'와 '위에서(천상적 세계)'라는 대립적 용어를 사용하여 자신과 유대인들을 구별하고 있다. 예수의 기원을 이보다 더 잘 표현해 주는 말은 없을 것이다(3:31-34).[346] 예수의 유일성 곧 오직 예수로만 구원이 가능하다는 것 또한 이에서 비롯된다. 인간 세상(아래 땅)으로부터 난 자는 인간을 구원할 수 없고 하나님(위 하늘)으로부터 오신 자만이 인간을 구원할 수 있음을 말해 준다.

24절의 '내가 그인 줄'은 '에고 에이미'의 절대적 용법으로 '나는 하나님이다'(사 41:4; 43:10; 48:12)라는 의미를 지닌다. 예수가 하나님이면 인간

---

346) 믹스는 8장에 나오는 위와 아래의 날카로운 이원론적 진술(주제)은 요한의 크리스천들의 회당으로부터의 분리라는 정신적 상처와 밀접히 연결되어 있다고 주장한다. W.A. Meeks, "The Man from Heaven in Johannine Sectarianism", 55. 그렇게 볼 수도 있으나 여기서의 논의의 핵심은 요한공동체에 있는 것이 아니라 예수에게 있다. 즉 기독론적 논쟁들 속에 있는 본문은 예수가 아래(땅)에서가 아니라 위(하늘)로부터 온, 즉 예수의 기원과 본질이 하나님이라는 것을 말함으로써 아래(땅)로부터 온 자(인간)라는 유대교와 로마제국의 주장을 불식시키는 데 있다.

의 죄를 사할 능력을 가진 분이며, 따라서 그를 믿지 않는 자들은 죄 가운데서 죽을 수밖에 없다. 예수의 제자들은 죄 사함을 받고 '이 세상'에 속해 있지 않은 거룩하게 성별된 자들이다(15:19; 17:14, 16). 그러나 유대인들은 '이 세상'에 속한 자들로서 그들은 '죄 가운데서' 죽도록 내 버려져 있다.

유대인들은 "네가 누구냐"고 예수의 기원에 대해 묻자 예수는 "나는 처음부터 너희에게 말하여 온 자니라"(25절)라고 응수한다. 그러면서 "나를 보내신 이가 참되시매 내가 그에게 들은 그것을 세상에 말하노라"(26절)라는 말씀을 덧붙였다. 그러나 유대인들은 예수가 말한 '나를 보내신 이'가 아버지(하나님)를 가리켜 말씀하신 줄을 깨닫지 못하였다(27절).

28절의 '들어올려지다'(3:14; 12:32,34)라는 표현은 하나님의 계획에 의해 이루어진 예수의 죽음을 가리킨다. 따라서 '너희가 인자를 든 후에'라는 말은 '유대인들이 예수를 십자가에 못 박은 후에'라는 의미이다(19:11,16). 그런 일이 있은 후에야 유대인들은 '내가 그인 줄', 즉 예수가 하나님이 보내신 메시아(하나님이 아들)인 줄을 알게 될 것이라는 말씀이다.

구약 예언자들은 '천상(天上) 왕 하나님이 보낸 지상(地上) 특사(ambassador)들'[347]이다. 그들은 자기의 말을 하는 자들이 아니라 하나님이 그들에게 들려준 말씀을 단지 전달하는 '하나님 말씀의 심부름꾼'이었다. 그들의 권위는 자기로부터 나온 것이 아니라 자신을 보낸 하나님으로부터 나온 권위였다. 따라서 그들은 하나님의 권위를 가지고 말씀을 전했기에 담대히 증언할 수 있었다. 예수 또한 구약 예언자들처럼 아버지께로부터 보냄을 받아 아버지께서 주신 말씀을 전하는 메

---

347) 류호준, 《아모스》, 387.

시아적 예언자였다.

29절은 보내신 아버지와 보냄받은 아들의 일치(하나됨)를 말하고 있다(10:30). 그러기에 예수는 항상 자신을 보낸 아버지가 기뻐하시는 일, 즉 십자가에 달리는 일까지도 기쁨으로 순종하는 아들이다. 아버지에게조차 외면당한 것 같은 십자가 사건에서도 아버지는 아들을 홀로 두지 아니하고 함께 하셨다. "이 말씀을 하시매 많은 사람이 믿더라"(30절). 당시 상황에 대한 요한의 해설이다. 예수의 계시 말씀에 많은 유대인들이 예수를 믿었지만 그 믿음은 '이적에 바탕을 둔 믿음'(2:23; 7:31)과 별 차이가 없는 믿음임을 아래 대목은 보여주고 있다.

3. 아브라함의 참된 후손(31-59절)
— 예수 나의 진리(자유, 해방) —

〈성경 본문〉
31 그러므로 예수께서 자기를 믿은 유대인들에게 이르시되 너희가 내 말에 거하면 참으로 내 제자가 되고 32 진리를 알지니 진리가 너희를 자유롭게 하리라 33 그들이 대답하되 우리가 아브라함의 자손이라 남의 종이 된 적이 없거늘 어찌하여 우리가 자유롭게 되리라 하느냐 34 예수께서 대답하시되 진실로 진실로 너희에게 이르노니 죄를 범하는 자마다 죄의 종이라 35 종은 영원히 집에 거하지 못하되 아들은 영원히 거하나니 36 그러므로 아들이 너희를 자유롭게 하면 너희가 참으로 자유로우리라 37 나도 너희가 아브라함의 자손인 줄 아노라 그러나 내 말이 너희 안에 있을 곳이 없으므로 나를 죽이려 하는도다 38 나는 내 아버지에게서 본 것을 말하고 너희는 너희 아비에게서 들은 것을 행하느니라 39 대답하여 이르되 우리 아버지는 아브라함이라 하

니 예수께서 이르시되 너희가 아브라함의 자손이면 아브라함이 행한 일들을 할 것이거늘 40 지금 하나님께 들은 진리를 너희에게 말한 사람인 나를 죽이려 하는도다 아브라함은 이렇게 하지 아니하였느니라 41 너희는 너희 아비가 행한 일들을 하는도다 대답하되 우리가 음란한 데서 나지 아니하였고 아버지는 한 분뿐이시니 곧 하나님이시로다 42 예수께서 이르시되 하나님이 너희 아버지였으면 너희가 나를 사랑하였으리니 이는 내가 하나님께로부터 나와서 왔음이라 나는 스스로 온 것이 아니요 아버지께서 나를 보내신 것이니라 43 어찌하여 내 말을 깨닫지 못하느냐 이는 내 말을 들을 줄 알지 못함이로다 44 너희는 너희 아비 마귀에게서 났으니 너희 아비의 욕심대로 너희도 행하고자 하느니라 그는 처음부터 살인한 자요 진리가 그 속에 없으므로 진리에 서지 못하고 거짓을 말할 때마다 제 것으로 말하나니 이는 그가 거짓말쟁이요 거짓의 아비가 되었음이라 45 내가 진리를 말하므로 너희가 나를 믿지 아니하는도다 46 너희 중에 누가 나를 죄로 책잡겠느냐 내가 진리를 말하는데도 어찌하여 나를 믿지 아니하느냐 47 하나님께 속한 자는 하나님의 말씀을 듣나니 너희가 듣지 아니함은 하나님께 속하지 아니하였음이로다 48 유대인들이 대답하여 이르되 우리가 너를 사마리아 사람이라 또는 귀신이 들렸다 하는 말이 옳지 아니하냐 49 예수께서 대답하시되 나는 귀신 들린 것이 아니라 오직 내 아버지를 공경함이거늘 너희가 나를 무시하는도다 50 나는 내 영광을 구하지 아니하나 구하고 판단하시는 이가 계시니라 51 진실로 진실로 너희에게 이르노니 사람이 내 말을 지키면 영원히 죽음을 보지 아니하리라 52 유대인들이 이르되 지금 네가 귀신 들린 줄을 아노라 아브라함과 선지자들도 죽었거늘 네 말은 사람이 내 말을 지키면 영원히 죽음을 맛보지 아니하리라 하니 53 너는 이미 죽은 우리 조상 아브라함보다 크냐 또 선지자들도 죽었거늘 너는 너를 누구라 하느냐 54 예수께서 대답하시되 내가 내게 영광을 돌리면 내 영광이 아무 것도 아니거니와 내게 영광을 돌리시는 이는 내 아버지시니 곧 너희가 너희 하나님이라 칭하는 그이시라 55 너희는 그를 알지 못하되 나는 아노니 만일 내가 알지 못한다 하면 나도 너희 같이 거짓말쟁이가 되리라 나는 그를 알고 또 그의 말씀을 지키노라 56 너희 조상 아브라함은 나의 때 볼 것을 즐거워하다가 보고 기뻐하였느니라 57 유대인들이 이르되 네가 아직 오십 세도 못되었는데 아브라함을 보았느냐 58 예수께서 이르시되 진실로 진실로 너희에게 이르노니 아브라함이 나기 전부터 내가 있느니라 하시니 59 그들이 돌을 들어 치려 하거늘 예수께서 숨어 성전에서 나가시니라.

31절의 '내 말'은 '예수의 말'로서, 이 단락에서 여러 차례 강조되고 있다(37,43,51절). '예수의 말'은 '하나님의 말씀'(47절)이며 '진리'라는 말로 여러 차례 강조되고 있다(32,40,44,45,46절). 여기서 '내 제자'란 곧 '예수의 제자'를 말한다. 그 동안 유대인들은 모세의 율법에 거한 '모세의 제자'였다. 그런데 예수의 말에 거하게 되면 '예수의 제자'가 된다고 말하고 있다. 그러기에 '내 말에 거하라'(15:7)는 것은 예수의 참 제자가 되는 표지이다.

32절의 말씀은 11:25과 14:6과 더불어 요한복음의 '3대 압권의 말씀'으로 볼 수 있다. 14:6에 근거하여 예수가 '진리'라면 이 구절은 "예수를 알지니 예수가 너희를 자유롭게 하리라"는 말씀이 된다. 이를 달리 표현하면 예수는 '4차원의 진리'이니까 "4차원의 진리를 알지니 4차원의 진리가 너희를 자유롭게 하리라"가 된다.

구약의 출애굽 당시에는 모세가 이스라엘 백성을 애굽의 노예상태로부터 자유롭게 함으로써 첫 번째 구원자의 역할을 담당했다. 그런데 이제는 예수가 제2의 출애굽, 즉 모세의 율법과 로마의 식민지 상태라는 노예상태로부터 자유롭게 할 두 번째 구원자가 된 것이다.

"그들이 대답하되 우리가 아브라함의 자손이라 남의 종이 된 적이 없거늘 어찌하여 우리가 자유롭게 되리라 하느냐"(33절). 이에 예수는 이렇게 응수한다. "진실로 진실로 너희에게 이르노니 죄를 범하는 자마다 죄의 종이라"(34절). 이 두 구절에서 우선 직면하는 어려운 문제는 33절의 유대인들의 질문과 34절의 예수의 답변이 전혀 연결이 안 되는, 즉 동문서답을 하고 있는 것처럼 보인다는 점이다. 그러나 유대인들의 질문에 대한 예수의 답변은 정말 심오한 내용을 담은 정곡을 찌르는 말씀이다. 그 까닭은 이렇다.

예수는 유대인들이 아브라함의 자손임을 인정한다(37절). 그러나 문제의 핵심은 '아브라함' 또는 '아브라함의 자손'에 대한 유대인들의 이해와 예수의 이해가 전혀 다르다는 데 있다. 유대인들은 아브라함을 육적인 의미로, 즉 지연이나 혈연 같은 혈통적인 의미로 이해하고 있다. 이에 반해 예수는 아브라함을 영적인 의미로, 즉 신앙적인 의미로 이해하고 있다는 점이다. 유대인들은 그들의 말(33절)과는 달리 정치적으로 볼 때 남의 종이 된 적이 많았다. 애굽, 앗시리아, 바벨론, 페르시아, 헬라, 로마 등 그들은 참으로 오랫동안 남의 지배를 당한 역사가 있다. 그럼에도 불구하고 유대인들은 남의 종이 된 적이 없다고 말한다. 이 말의 뜻은 이렇다.

유대인들은 자기네들이 아브라함의 여종이었던 하갈에게서 난 이스마엘의 후손이 아니라 정실인 사라에게서 난 이삭의 후손이라고 생각하였다. 그러므로 우리는 종의 자손이 아니라 자유하는 여자의 후손이라는 것이다(갈 4:22-23). 이렇듯 유대인들은 아브라함, 또는 아브라함의 후손을 육적으로, 즉 혈통적으로 이해했다.

그러나 아브라함을 육적으로 이해하게 되면 그것이 바로 죄를 범하는 것이요, 따라서 죄의 종이 된다는 것이 예수의 주장이다. 그 까닭은 아브라함의 육적 자리가 바로 죄의 자리이기 때문이다. 즉 아브라함은 본래 이방인으로서 그의 고향인 갈대아 우르는 우상숭배로 가득 찬 죄의 자리였다. 그러므로 아브라함은 육적, 혈통적으로 보면 죄의 종자가 되는 것이다.

그런데 아브라함이 하나님의 말씀에 순종하여 갈대아 우르를 떠났을 때 죄의 자리에서 의의 자리로 옮겨지게 된 것이다. 그가 자유하는 여자를 통해 이삭을 낳아 후손을 이어갔다고 해서 그것이 의가 되는 것은 아니다. 왜냐하면 육적 아브라함과 그의 후손은 하나님의 말씀을 떠난 죄적 존재이기 때문이다. 다만 영적 아브라함, 즉 그가 하나님의 말씀을 믿고(창 15:6) 순종했을 때 그것이 의요 거기에 자유함이 있었다. 따라서 예수는 육적 아브라함의 자리를 버리고 영적 아브라함의 자리로 나아갈 때만 죄의 종에서 벗어나 자유롭게 될 것임을 말하고 있는 것이다.

유대인들은 육적 아브라함의 후손에 집착한 나머지 예수의 말을 이해하지 못했다. 더 솔직히 말하면 이 말을 받아들이고 싶지 않았다. 왜냐하면 육적 아브라함을 포기하면 자기네들의 기득권, 선택된 백성이라는 우월감이 없어지고마는 결과를 가져오기 때문이다. 자기들만이 아브라함의 후손이 되어야 한다는 이기성, 자기중심성이 바로 죄를 범하는 것이요 죄의 종이 되게 하는 것이다.

죄란 다름 아닌 '이기성', '자기중심성'이다. 죄의 기원, 즉 원죄를 말하는 창세기 3장이 이것을 잘 보여준다. 하나님께서 아담에게 동산 각종 나무의 실과는 다 따먹어도 좋지만 선악과만은 따먹지 말라고 명령했다. 그러나 선악과마저도 내 것으로 하려는 이기성, 자기중심성이 결국 하나님의 명령을 거역하는 죄를 범하게 된 것이다. 그리고 죄를 범하게 됨으로써 그는 죄의 종이 되었고(34절), 결국 자유함을 잃게 되었다.

"종은 영원히 집에 거하지 못하되 아들은 영원히 거하나니"(35절).

종은 언제든지 팔리게 되면 집을 떠나게 되어 있음으로 집에 영원히 거할 수 없지만, 상속권을 가지고 있는 집 주인의 아들은 집에 계속 머물 수 있다(롬 8:14-17). 따라서 종이 집에 영원히 머무르려면 구원자가 필요하다. 집 주인의 아들이 종을 자유롭게 머물게 할 때에만 종은 자유로울 수 있다(36절).

예수는 유대인들이 자신의 말을 깨닫지 못하고 죽이려고 하는 몇 가지 이유를 개진한다. 그것은 그들 안에 예수의 말이 있을 곳이 없거나(37b절), 그들이 진정으로 아브라함의 자손이 아니거나(39절), 예수가 하나님께로부터 나와서 세상에 왔음을 알지 못하거나(42절), 예수의 말을 들을 줄 알지 못하기 때문(43절)이라고 말한다.

그러면서 예수는 "지금 하나님께 들은 진리를 너희에게 말한 사람인 나를 죽이려 하는도다 아브라함은 이렇게 하지 아니하였느니라"(40절)고 일갈하였다. 그러자 유대인들은 "우리가 음란한 데서 나지 아니하였고 아버지는 한 분뿐이시니 곧 하나님이시로다"(41절)고 응수하였다. 여기서 '우리가 음란한 데서 나지 아니하였고'라는 말은 자신들이 아브라함의 첩 하갈에게서 난 자식들이 아니라는 말이고, '아버지는 한 분뿐이시니'라는 말은 자신들은 오직 여호와 한 분만을 유일한 하나님으로 섬겨 왔다는 것을 말한다.

예수는 하나님께 들은 진리를 말하는 자신을 죽이고자 한 유대인들을 향해 독설을 퍼부었다(44절). 예수는 자신이 아버지로부터 난 '하나님의 아들'(42절)인 반면, 유대인들은 마귀로부터 난 '마귀의 자식'(44절)이라고 규정한다.[348] 마귀는 인류의 첫 인간인 아담을 거짓과 간

---

348) 이스라엘의 죄악과 비극은 야웨 하나님이 '아버지'라는 사실을 잊은 데 있듯이(참조 사 63:16; 64:8), 헨리 나우웬(1932-96)은 현대인의 비극은 '아버지 부재(상실)'에 있다고 보았다. 따라서 상처치유(healing)가 필요하다. 더 자세한 설명은 H. Nouwen, *The Wounded Healer*를 참조하세요.

교로써 범죄케 하였다(창 3장). 마귀는 인간으로 하여금 영원한 생명을 빼앗아갔고 결국은 죽음에 이르게 한 장본인이다. 그러기에 마귀는 인류의 처음부터 살인자요 거짓말쟁이이다. 예수는 진리를 말하는(45절) 진리의 왕(18:37)인 데 반해, 마귀는 거짓의 왕인데 그 까닭은 그 속에 진리가 없기 때문이다.

47절의 '하나님께 속한 자'는 하나님의 자녀로서 마귀의 자녀들과는 달리 하나님으로부터 파송된 아들의 목소리를 알아듣지만(10:4), 마귀의 자식들인 유대인들은 예수의 말에 귀를 막고 듣지 아니하는데, 그 까닭은 하나님께 속하지 않고 마귀에 속해 있기 때문이다(요일 4:5-6). 예수의 말에 유대인들은 "우리가 너를 사마리아 사람이라 또는 귀신이 들렸다 하는 말이 옳지 아니하냐"(48절)고 대답하였다. 유대인들은 예수가 자기네들을 아브라함의 후손이 아닌 마귀의 자식이라는 발언을 하자 예수야말로 그들이 가장 적대시하는 사마리아인에 속한 자[349]이거나 귀신이 들려 그 같은 말을 하는 것이 아니냐고 적나라하게 비난을 퍼부었다.

그러자 예수는 이렇게 응수하였다. "나는 귀신 들린 것이 아니라 오직 내 아버지를 공경함이거늘 너희가 나를 무시하는도다"(49절). 예수는 온전한 정신을 가지고 자신을 보내신 아버지를 공경하는 뜻에서 아버지가 주신 진리의 말씀을 전하는 사명을 다하였는데, 유대인들은 진리를 거절함으로써 예수의 명예를 손상시켰던 것이다. 그러면서 예수는 자신의 영광이 아닌 아버지의 영광을 구했다는 사실을 판단하실 분은 재판장이신 하나님이라고 말했다(50절).

51절의 '내 말을 지킨다'는 것은 예수의 말을 하나님의 말씀으로 듣

---

[349] 브라운은 유대인들의 이 같은 발언은 요한공동체가 사마리아적 요소를 가진 것으로 간주했음을 뜻한다고 보고 있다. R.E.Brown, *The Community of the Beloved Disciple*, 37.

고 그 말씀을 믿어 그 말씀에 순종하는 것을 의미한다. 그런 자에게는 부활이요 생명이신 예수로 말미암아 죽음을 넘어선 영원한 생명이 주어진다. 유대인들은 이 같은 예수의 말을 문자적으로만 이해하였다. 그리하여 아브라함과 선지자들도 모두 죽었거늘 어찌 그런 일이 있을 수 있느냐고 하면서 예수의 정체에 대해 물었다. "너는 너를 누구라 하느냐?"(52절).

54-55절에서 예수는 자신이 아버지께 영광을 돌리듯이, 그 반대로 아버지가 아들에게 영광을 주심으로써 아버지와 아들의 하나됨에 자신의 정체가 있음을 역설한다. 그러면서 만일 아들 예수가 아버지 하나님을 모른다고 하면 그것이야말로 유대인들처럼 거짓말하는 자가 될 것이다. 그럴 정도로 예수는 아버지를 잘 알고 또한 그분의 말씀을 철저히 지키는 거기에 자신의 정체가 있음을 역설한다.

"너희 조상 아브라함은 나의 때 볼 것을 즐거워하다가 보고 기뻐하였느니라"(56절). 일찍이 아브라함은 약속의 씨인 이삭('웃음'이라는 뜻)의 출생에서 그리스도의 오심을 내다보며(갈 3:16) 기뻐하였다. 이 구절은 아브라함이 미래를 내다볼 수 있다는 유대인들의 통념에 바탕을 둔 기독론적 해석으로 볼 수 있다. 아브라함이 내다본 희망(창 17:17-19)은 예수에게 와서 완전히 성취되었다(눅 10:24; 히 1:13; 벧전 1:10-12).

그러자 유대인들은 이 같이 응수하였다. "네가 아직 오십 세도 못되었는데 아브라함을 보았느냐"(57절). 여기서 '오십 세'는 단순히 남성의 노동 연한의 마지막 시기(민 4:2-3,39; 8:24-25) 또는 남자의 원숙한 연배를 가리키는 지천명(知天命)의 나이와 같은 상징적인 의미를 나타내는 것으로 볼 수도 있다.[350] 유대인들의 통념에 따르면 의인은 나이 들

---

350) 이재철 목사는 이 대목을 문자 그대로 받아들여 주님의 나이가 48-49세, 즉 50세에 근접한 나이였다고 주장한다. 이재철, 《요한과 더불어: 세 번째 산책》, 386-391. 이럴 경우 예수께서 헤롯 왕 때(마 2:1), 가이사 아구스도가 호적하라고 할 때(눅 2:1), 예수께서 가

어 죽기 직전에 천상계를 내다본다. 이런 사고를 바탕으로 표현된 말로서, "예수는 아직 그런 연배도 아닌데 천상계를 내다보았단 말이냐?"고 빈정대는 말이다.[351]

예수의 정체에 대한 유대인들의 몰이해에 대해 예수는 결정적인 한 마디로 마지막 일격을 가한다. "아브라함이 나기 전부터 내가 있느니라"(58절). 이 구절은 예수의 신적인 선재를 시사한다(1:1-2). 아브라함은 한정된 시공 속에서 태어난 한낱 인간에 불과하지만, 예수는 본질적으로 시공을 초월하여 하나님의 영원 속에 계신 분이기에 아브라함보다 먼저 계셨다. 이 구절의 '내가 있느니라('에고 에이미')' 말씀은 아무런 술어가 없다는 점에서 24절과 28절의 그것과는 약간 다르다. 하지만 그 말씀에는 구약의 하나님의 자기계시 말씀(출 3:14)이 그리스도 안에서 성취되었다는 것을 시사해 준다.

아브라함보다 먼저 있었다는 예수의 말을 듣고 하나님을 모독했다고 여긴 유대인들은 돌을 들어 예수를 치려고 하였다. 이에 예수는 몸을 숨긴 채 몰래 성전을 빠져 나갔다(59절). 간음하다가 현장에서 붙잡힌 여자에게 던지려다 내려놓은 돌을 이번에는 예수에게 던지려고 다시 들었다. 유대인들은 진리의 말씀을 듣고 회개하고 생명과 자유함을 얻는 길을 선택하기보다 꼭꼭 숨기고 싶은 자신들의 죄를 밝은 세상에 드러나게 한 예수를 돌로 쳐서 없애려는 길을 선택하였다. 여기에 그들의 불행이 있다. 그리고 새 성전 되신 예수는 생명과 빛을 상실한 낡은 성전을 떠나 숨어버렸다.

르치심을 시작하실 때에 삼십 세쯤(눅 3:23)되었다는 말씀과 크게 상치되고, 또한 긍정적 측면보다는 부정적 측면이 더욱 많기에 받아들이기 어렵다.
351) 이영헌,《요한복음서》, 199.

제 9 장

〈본장 개요〉

9장은 잘 짜여진 '한편의 드라마'라 할 수 있다. 본장을 크게 둘로 나누면 태생소경 치유사건(1-7절)과 표적에 따른 후속 사건들(8-41절)로 구분할 수 있고, 세분하면 '일곱 장면'(1-7/ 8-12/ 13-17/ 18-23/ 24-34/ 35-38/ 39-41절)으로 구분할 수 있다.

9-12장은 본론의 세번째 부분으로 9-10장과 12장이 정점인 11장을 둘러싸고 있는 형국(Inclusio)으로 되어 있다. 9-10장은 바로 앞에 있는 7-8장과 내용상 직접적인 연관성을 찾기 어렵다는 점에서 9장은 새로운 부분의 시작으로 볼 수 있다. 하지만 예수와 유대 당국자간의 기독론과 연관된 대충돌이라는 점에서 9-10장은 앞 장과 주제상 깊이 연관되어 있다. 12장은 9-10장과 상응관계에 있는데, '구원론(십자가 신학)'을 말하고 있는 12:1-36은 10장과, 신앙론(죄론)을 말하고 있는 12:37-50은 9장과 교차대구구조를 이루고 있다는 것이 필자의 생각이다.

9장의 핵심주제는 '신앙론'인데, 이를 '죄론'에 기초하여 서술하고 있다. 9장은 죄에 관한 제자들의 물음으로 시작하여(2절) 죄에 관한 예수의 대답으로 끝나고 있다(41절). 그런데 요한에게 있어서 죄란 다름 아닌 불신앙이란 점에서 '신앙론'과 직결되는 주제이다. 이미 언급했듯이 여섯째 표적인 태생소경의 치유사건은 5장의 셋째 표적인 38년 된 병자를 고치는 사건과 많은 면에서 평행을 이룬다.[352] 이 같은 평행은 다

---

[352] 컬페퍼는 두 표적사건이 다음과 같은 점에서 유사성을 지니고 있다고 보았다. (i) 그 사람의 역사가 기술되어 있다(38년; 5:5) / 그 사람의 역사가 기술되어 있다(출생으로부터; 9:1). (ii) 예수가 솔선하여 치료한다(5:6) / 예수가 솔선하여 치료한다(9:6). (iii) 연못이(베데스다) 어떤 기간 동안 치료의 능력을 가지고 있다(5:2). / 그 사람은 연못에서(실로암) 씻고 치유된다(9:6). (iv) 예수께서 안식일에 치료하신다(5:9). / 예수께서 안식일에 치료하신다(9:14). (v) 유대인들이 예수가 안식일을 범했다고 비난한다(5:10). / 바리새인들이

분히 요한의 신학적 의도에 따른 것이다.

9장(태생소경 치유기사)은 8:12("나는 세상의 빛이니 나를 따르는 자는 어둠에 다니지 아니하고 생명의 빛을 얻으리라")에 대한 주석의 성격을 띠고 있다. 역사적 배경은 8장과 관련하여 초막절 직후에 속하는 것처럼 보이나 시간이나 장소에 대한 어떠한 언급도 주어지지 않았다(요한의 특징인 "시간의 해체와 재구성"을 보여줌). 요한은 초막절이라는 시점(정확한 시간은 모름)에 이 표적기사는 둠으로써 소경의 눈을 열어준 예수는 세상의 빛이며, 그런 의미에서 유대교의 초막절을 온전케 한 메시아임을 보여주려고 했다.

9장은 태생소경 치유사건을 대하는 세 가지 유형의 사람을 보여주고 있다. 첫째, 유대인들(바리새인들)처럼 모세의 율법에 매여 예수를 믿기를 거부하는 불신앙의 죄인들, 둘째, 치유된 소경의 부모처럼 회당으로부터의 출교를 두려워한 나머지 예수를 메시아로 공개적으로 고백하지 못하는 숨은 기독교인들, 셋째, 치유된 소경처럼 출교를 당하는 고난을 감수하면서도 예수를 메시아(주님)로 담대히 고백하는 신앙인들이 그것이다.

한편, 9장 이야기는 요한 당시의 유대 회당과 요한공동체 사이에 일어난 논쟁을 반영하고 있다. 논쟁의 초점은 누가 참 메시아인가이다. 나아가 9장의 이야기는 무엇이 죄이며, 누가 참 죄인인가를 말하고 있

예수가 안식일을 범했다고 비난한다(9:14). (vi) 유대인들이 누가 그를 치료했는지 질문한다(5:12). / 바리새인들이 그가 어떻게 치유되었는지 질문한다(9:15). (vii) 그 사람은 예수가 어디 계시며 누구인지를 모르고 있다(5:13) / 그 사람은 예수가 어디에 계시는지 모르고 있다(9:12). (viii) 예수는 그를 찾아가서(5:14) 믿음으로 초청한다. / 예수가 그를 찾아가서(9:35) 믿음으로 초청한다. (ix) 예수는 죄와 고통이 관계가 있다고 암시한다(5:14) / 예수는 죄를 인간의 고통의 원인으로 설명하기를 거절한다(9:3). (x) 그 사람은 유대인에게 간다(5:15). / 유대인들이 그 사람을 추방한다(9:34-35). (xi) 아버지가 일하고 계시기 때문에 예수도 일해야만 한다(5:17). / 예수는 그를 보내신 분의 일을 해야 한다(9:4). R.A.Culpepper, 윗책, 139-140.

다. 육적 소경이 참 죄인이 아니라 예수를 메시아로 받아들이기를 거부하는 영적 소경이 참 죄인이라는 것이다. 즉 빛을 거부하고 어둠 속에 거하고자 하는 불신앙이 죄라는 것이다(8:12; 11:9-10; 12:35-36,46).

1. 태생소경 치유표적 (1-7절)
  - 예수 나의 시선(광명) -

〈성경 본문〉

1 예수께서 길을 가실 때에 날 때부터 맹인 된 사람을 보신지라 2 제자들이 물어 이르되 랍비여 이 사람이 맹인으로 난 것이 누구의 죄로 인함이니이까 자기니이까 그의 부모니이까 3 예수께서 대답하시되 이 사람이나 그 부모의 죄로 인한 것이 아니라 그에게서 하나님이 하시는 일을 나타내고자 하심이라 4 때가 아직 낮이매 나를 보내신 이의 일을 우리가 하여야 하리라 밤이 오니 그 때는 아무도 일할 수 없느니라 5 내가 세상에 있는 동안에는 세상의 빛이로라 6 이 말씀을 하시고 땅에 침을 뱉어 진흙을 이겨 그의 눈에 바르시고 7 이르시되 실로암 못에 가서 씻으라 하시니(실로암은 번역하면 보냄을 받았다는 뜻이라) 이에 가서 씻고 밝은 눈으로 왔더라.

예수가 길을 가다가 날 때부터 맹인인 한 사람을 보았다. 2절에서 우리는 제자들이 태생소경을 죄인으로 보고 있음을 엿볼 수 있다. 유대인들은 질병과 고난의 원인을 인과론적으로 봄으로써 그것들을 죄의 결과로 생각했다(5:14,17).[353] 그래서 본래 유대인이었던 제자들은 모

---

353) 욥의 세 친구는 인과론의 대표자들이다. 하나님이 욥에게 준 대답은 인과론을 초월한

세의 율법에 따라 태어날 때부터 맹인 된 사람을 죄인으로 규정지으며 물었다.

여기서 문제가 되는 것은 그 죄가 누구의 책임이냐 하는 것이다. 부모(조상)에게 그 책임을 돌리는 견해(출 20:5; 34:7; 민 14:18; 시 79:8; 109:14; 사 65:6,7)와 본인에게 그 책임을 돌리는 견해(렘 31:29; 겔 18:20)가 있다. 이러한 사고방식 때문에 질병을 치유해 주는 일과 죄를 용서해 주는 일이 같은 의미로 사용되기도 한다(시 103:3).

이러한 견해에 대해 예수는 이렇게 말한다. "이 사람이나 부모의 죄로 인한 것이 아니라 그에게서 하나님이 하시는 일을 나타내고자 하심이라"(3절). 예수는 태경소경 안에서 '하나님이 하시는 일' 곧 그 속에는 하나님의 깊은 경륜이 있다고 대답하였다. 즉 하나님의 영광을 드러내기 위한 도구로 이 사람을 맹인되게 했다는 것이다. 여기서 우리는 불쌍한 사람에 대한 예수의 연민과 따스한 시선을 엿보게 된다.

4절의 '낮'은 일하기에 적당한 시간으로, 예수의 지상활동을 뜻한다(5:17; 눅 13:32). 이와는 달리 '밤'은 일하기에 적합지 않은 시간으로, 예수의 지상활동이 끝나는 시간을 가리킨다(13:30). 5절의 '내가 세상에 있는 동안'이라는 말은 예수가 세상에 있는 시간이 얼마 남지 않은 절박한 상황을 암시한다. '나'라는 단수가 '우리'라는 복수로 바뀐 것에는 하나님의 일을 예수만이 아닌 제자들도 동참해야 할 특권과 책임이 있음을 말하고자 함이다.

7절의 진흙을 이겨 맹인의 눈에 바른 예수의 이 같은 행동은 침이 치료에 효과가 있다고 믿는 당시의 민간 치유요법에 따른 것이다(막 7:33; 8:23). 8절의 실로암 못은 예루살렘 성벽 동남쪽 바로 안에 있는 못으로 히스기야 왕이 성벽 밖에 있는 기혼 샘(오늘날 '처녀의 샘')의 물을

하나님의 자유로운 주권이었다(욥 38-41장).

지하로를 통해 성안으로 끌어들여 만들었다. 초막절에 제사장은 이곳에서 물을 길었다.

예수는 소경된 자를 실로암 못에서 씻도록 보냈는데, 이것은 엘리사가 나아만을 그의 문둥병 치료를 위해 요단강에 가서 씻도록 보낸 것을 생각나게 한다(왕하 5:10-14). 실로암은 '보냄을 받았다'는 뜻으로, 요한은 예수를 '영적인 실로암'으로서 하나님으로부터 보냄받은 자로 간주한다. 이 표적기사는 태생소경이 예수의 말에 순종함으로써 치유되었다는 것으로 끝나고 있다(4:50-53 참조).

사람의 백체 중에 눈이 7할 이상을 차지한다고 한다. 이는 눈의 중요성을 두고 하는 말이다. 그렇게 중요한 눈도 빛이 없으면 무용지물이 되고 만다. 성경에서 하나님이 하신 첫 말씀은 "빛이 있으라"(창 1:3)였다. 요한은 그 누구보다도 빛을 강조하였다. "하나님은 빛이시다"(요일 1:5 참조). 예수는 참 빛(1:9)이요 세상(생명)의 빛(8:12)이다. 빛 되신 예수가 없는 세상 - 그 어두움의 세상은 상상하는 것조차 끔찍하다.

2. 표적에 따른 후속 사건들(8-41절)
  - 예수 나의 개안(개벽) -

〈성경 본문〉
8 이웃 사람들과 전에 그가 걸인인 것을 보았던 사람들이 이르되 이는 앉아서 구걸하던 자가 아니냐 9 어떤 사람은 그 사람이라 하며 어떤 사람은 아니라 그와 비슷하다 하거늘 자기 말은 내가 그라 하니 10 그들이 묻되 그러면 네 눈이 어떻게 떠졌느냐 11 대답하되 예수라 하는 그 사람이 진흙을 이겨 내 눈에 바르고 나더러 실로암에 가서 씻으라 하기에 가서 씻었더니 보게 되었노라 12 그들이 이르되 그가 어디

있느냐 이르되 알지 못하노라 하니라 13 그들이 전에 맹인이었던 사람을 데리고 바리새인들에게 갔더라 14 예수께서 진흙을 이겨 눈을 뜨게 하신 날은 안식일이라 15 그러므로 바리새인들도 그가 어떻게 보게 되었는지를 물으니 이르되 그 사람이 진흙을 내 눈에 바르매 내가 씻고 보나이다 하니 16 바리새인 중에 어떤 사람은 말하되 이 사람이 안식일을 지키지 아니하니 하나님께로부터 온 자가 아니라 하며 어떤 사람은 말하되 죄인으로서 어떻게 이러한 표적을 행하겠느냐 하여 그들 중에 분쟁이 있었더니 17 이에 맹인되었던 자에게 다시 묻되 그 사람이 네 눈을 뜨게 하였으니 너는 그를 어떠한 사람이라 하느냐 대답하되 선지자니이다 하니 18 유대인들이 그가 맹인으로 있다가 보게 된 것을 믿지 아니하고 그 부모를 불러 묻되 19 이는 너희 말에 맹인으로 났다 하는 너희 아들이냐 그러면 지금은 어떻게 해서 보느냐 20 그 부모가 대답하여 이르되 이 사람이 우리 아들인 것과 맹인으로 난 것을 아나이다 21 그러나 지금 어떻게 해서 보는지 또는 누가 그 눈을 뜨게 하였는지 우리는 알지 못하나이다 그에게 물어 보소서 그가 장성하였으니 자기 일을 말하리이다 22 그 부모가 이렇게 말한 것은 이미 유대인들이 누구든지 예수를 그리스도로 시인하는 자는 출교하기로 결의하였으므로 그들을 무서워함이러라 23 이러므로 그 부모가 말하기를 그가 장성하였으니 그에게 물어 보소서 하였더라 24 이에 그들이 맹인이었던 사람을 두 번째 불러 이르되 너는 하나님께 영광을 돌리라 우리는 이 사람이 죄인인 줄 아노라 25 대답하되 그가 죄인인지 내가 알지 못하나 한 가지 아는 것은 내가 맹인으로 있다가 지금 보는 그것이니이다 26 그들이 이르되 그 사람이 네게 무엇을 하였느냐 어떻게 네 눈을 뜨게 하였느냐 27 대답하되 내가 이미 일렀어도 듣지 아니하고 어찌하여 다시 듣고자 하나이까 당신들도 그의 제자가 되려 하나이까 28 그들이 욕하여 이르되 너는 그의 제자이나 우리는 모세의 제자라

29 하나님이 모세에게는 말씀하신 줄을 우리가 알거니와 이 사람은 어디서 왔는지 알지 못하노라 30 그 사람이 대답하여 이르되 이상하다 이 사람이 내 눈을 뜨게 하였으되 당신들은 그가 어디서 왔는지 알지 못하는도다 31 하나님이 죄인의 말을 듣지 아니하시고 경건하여 그의 뜻대로 행하는 자의 말은 들으시는 줄을 우리가 아나이다 32 창세 이후로 맹인으로 난 자의 눈을 뜨게 하였다 함을 듣지 못하였으니 33 이 사람이 하나님께로부터 오지 아니하였으면 아무 일도 할 수 없으리이다 34 그들이 대답하여 이르되 네가 온전히 죄 가운데서 나서 우리를 가르치느냐 하고 이에 쫓아내어 보내니라 35 예수께서 그들이 그 사람을 쫓아냈다 하는 말을 들으셨더니 그를 만나사 이르시되 네가 인자를 믿느냐 36 대답하여 이르되 주여 그가 누구시오니이까 내가 믿고자 하나이다 37 예수께서 이르시되 네가 그를 보았거니와 지금 너와 말하는 자가 그이니라 38 이르되 주여 내가 믿나이다 하고 절하는지라 39 예수께서 이르시되 내가 심판하러 이 세상에 왔으니 보지 못하는 자들은 보게 하고 보는 자들은 맹인이 되게 하려 함이라 하시니 40 바리새인 중에 예수와 함께 있던 자들이 이 말씀을 듣고 이르되 우리도 맹인인가 41 예수께서 이르시되 너희가 맹인이 되었더라면 죄가 없으려니와 본다고 하니 너희 죄가 그대로 있느니라.

1) 소경과 그의 이웃(8-12절)

치유된 소경을 두고 이 사람이 앉아서 구걸하던 그 사람이다, 혹은 아니다 그와 비슷하다 하며 이웃 사람들간에 쟁론이 벌어졌다. 치유된 소경은 내가 그 사람이다(9절)라고 말하자 그들은 "네 눈이 어떻게 떠졌느냐"(10절)고 물었다. 이에 치유된 소경은 "예수라 하는 그 사람이 진흙을 이겨 내 눈에 바르고 나더러 실로암에 가서 씻으라 하기에 가서 씻었더니 보게 되었노라"(11절)고 대답했다. 그들이 다시 "그가 어디 있느냐"라고 묻자 치유된 소경은 "알지 못하노라"(12절)고 대답했다.

태어날 때부터 맹인이었던 사람은 그 동안 죄인 취급을 당하면서 구걸하며 힘들게 살아왔다. 그런 맹인이 눈을 떴다면 그 기적을 보며 말할 수 없이 기뻐하며 축하해 주는 것이 인간의 마땅한 도리이다. 그런데 이웃사람들의 반응은 덤덤했다. 그러면서 오직 그들의 관심은 네 눈이 어떻게 떠졌으며 눈을 뜨게 한 그 사람은 어디 있느냐는 식의 호기심으로 이 사건을 바라보는 것으로 나타난다. 또한 예수로부터 치유받은 소경은 예수를 '그 사람', 즉 아직 예수가 누구인지 잘 모르는 상태에 있음을 보게 된다.

2) 소경과 바리새인들(13-17절)

이웃 사람들은 치유된 소경을 데리고 바리새인에게 데리고 갔다. 요한은 "예수께서 진흙을 이겨 눈을 뜨게 하신 날은 안식일이라"(14절)고 언급한다. 5장의 병자 치유사건도 안식일에 있었는데, 공교롭게도 소경 치유사건도 안식일에 있었다는 것이다. 어쩌면 예수는 의도적으로 안식일을 택해서 치유를 행했는지도 모를 일이다.

바리새인들은 치유된 소경의 변화된 신분과 새로운 삶에는 관심이 없고 오로지 예수가 안식일 금지 규정을 지켰느냐 안 지켰느냐에 관심이 있을 뿐이었다(16절). 안식일에 금지된 39가지 일 중에는 반죽에 관한 규정이 있는데, 예수가 안식일에 진흙을 이겨 맹인의 눈에 바른 것은 이 규정을 위반했다는 것이다. 더구나 안식일에 위급하지도 않은 환자를 치유했다는 것은 명백히 안식일 규정을 위반한 것에 해당한다는 것이다.

여기서 문제는 예수가 안식일에 행한 표적이 단순히 일로 보아야 하느냐 아니면 사람을 살리는 하나님의 자비로운 행위냐 하는 것이다. 그것이 단순히 일이면 예수는 안식일 율법을 범한 것이 된다. 반면 그것이 사람을 살리는 하나님의 자비로운 행위라면 이는 안식일 율법을 초월한 거룩한 사건이 된다. 전자의 관점에서 보면 예수는 죄인인 반면, 후자의 관점에서 보면 예수는 하나님께로부터 온 자이다. 그래서 그들 사이에 분열이 일어났다(6:66-69; 7:12-13,30-31,43; 10:19).

바리새인들은 치유된 소경을 다시 불러 물었다. "그 사람이 네 눈을 뜨게 하였으니 너는 그를 어떠한 사람이라 하느냐." 이에 그는 "선지자니이다"(17절)라고 대답하였다. 기독교 박해자들이 기독교인을 심문할 때 항상 묻는 질문은 "예수를 누구라고 생각하느냐"라는 예수의 정체에 관한 질문이었다. 치유된 소경은 예수를 '선지자'로 생각한 것이다. 이 대답은 구약의 예언에 근거한 대답이다(사 29:18-19; 35:5-6; 61:1-2). 이들 예언 중 하나가 맹인이 눈을 뜨는 것이다. 예수가 나사렛 회당에서 처음 설교할 때 이사야 61:1-2을 인용하면서 자신이 그 예언을 성취하러 왔다고 하였다.

3) 바리새인들과 소경의 부모(18-23절)

유대인들은 맹인으로 있다가 보게 된 것을 믿지 아니하고 치유된 소경의 부모를 불러다가 물었다. "이는 너희 말에 맹인으로 났다 하는 너희 아들이냐 그러면 어떻게 해서 보느냐"(19절). 그 부모가 대답하였다. "이 사람이 우리 아들인 것과 맹인으로 난 것을 아나이다 그러나 지금 어떻게 해서 보는지 또는 누가 그 눈을 뜨게 하였는지 우리는 알지 못하나이다 그에게 물어보소서 그가 장성하였으니 자기 일을 말하리이다"(20,21절). "그가 장성하였으니"라는 말은 그가 열세번째 생일을 지났으므로 법적 책임을 질 나이에 도달했음을 의미한다.

그 부모의 말을 두고 요한은 이렇게 해설을 붙였다. "그 부모가 이렇게 말한 것은 이미 유대인들이 누구든지 예수를 그리스도로 시인하는 자는 출교하기로 결의하였으므로 그들을 무서워함이라 이러므로 그 부모가 말하기를 그가 장성하였으니 그에게 물어보소서 하였더라"(22,23절). 이 대목은 요한공동체의 시대상황을 반영하는 중요한 대목이다. 신약성경 중 요한복음에서만 세 번(9:22; 12:42; 16:2) 나오는 '출교' 어휘는 유대교 회당에서 추방당함을 의미한다.

주후 70년 예루살렘 성전파괴 이후 시작된 유대교와 기독교간의 갈등상황은 예수를 믿는 유대인들을 향한 회당에서의 추방이 시작되었고 급기야 주후 90년 얌니아 회의 이후 그것이 더욱 본격화되었다. 따라서 이 대목은 예수 당시의 상황이라기보다는 1세기 말경의 요한공동체 상황을 반영한 대목으로 보아야 할 것이다. 치유된 소경의 부모가 예수를 메시아로 고백하는 것을 꺼려한 모습은 요한공동체 내의 숨은 기독교인의 모습을 대변하는 것으로 볼 수 있다.

4) 바리새인들과 소경(24-34절)

바리새인들은 다시 치유된 소경을 불러 이렇게 말한다. "너는 하나님께 영광을 돌리라 우리는 이 사람이 죄인인 줄 아노라"(24절). 구약성경에서는 하나님께 자기의 죄를 고백함으로써 하나님께 영광을 돌리는 것으로 언급된 구절이 많다(수 7:19; 삼상 6:5; 대하 30:8; 렘 13:16). 이 구절에서 바리새인들은 외견상으로는 하나님의 영광을 생각하는 것 같으나 실은 자신들의 영광만을 생각하는 자들이다(5:44; 7:18; 12:43). 바리새인들은 치유된 소경으로 하여금 예수가 안식일법을 위반한 죄인으로 말하도록 압력을 가하고 있다.

치유된 소경은 바리새인들의 회유에 넘어가지 않고 소신있게 말한다. 예수 덕분에 자신이 눈을 떴다는 사실만큼은 부인할 수 없다는 것이다(25절). 그러자 앞에서 이미 물었던 질문(10,15절)을 유대인들이 다시 물었다. 그러자 치유된 소경은 이렇게 말한다. "내가 이미 일렀어도 듣지 아니하고 어찌하여 다시 듣고자 하나이까 당신들도 그의 제자가 되려 하나이까"(27절). 보다 많은 것을 알기 위해 예수의 제자가 되기 원하느냐는 치유된 소경의 말은 역설의 극치를 이룬다. 이 말을 들은 유대인들은 욕을 하면서 이렇게 말한다. "너는 그의 제자이나 우리는 모세의 제자라 하나님이 모세에게는 말씀하신 줄을 우리가 알거니와 이 사람은 어디서 왔는지 알지 못하노라"(28,29절).

이 대목은 유대인과 기독교인 간의 대립된 당시 상황을 시사한다. 유대인들은 모세의 제자인 반면 기독교인들은 예수의 제자이다. 따라서 유대인들은 자신들이 모세의 제자인 것을 자랑스럽게 생각하면서 예수의 제자가 되는 것을 모욕으로 생각했다. 그들은 예수가 하나님께로부터 왔다는 사실을 인정하기를 거부하였다.

치유된 소경은 유대인들의 태도를 이해할 수 없다는 듯이 '이상하다'라고 말하면서 이 같이 덧붙였다. "하나님이 죄인의 말을 듣지 아니하시고 경건하여 그의 뜻대로 행하는 자의 말은 들으시는 줄을 우리가 아나이다… 이 사람이 하나님께로부터 오지 아니하였으면 아무 일도 할 수 없으리이다"(31-33절). 여기서 사용된 '우리'라는 표현은 주후 1세기 말경의 기독교인들을 대변하고, 바리새인들은 요한복음이 기록될 당시의 회당의 유대인들을 대변한다고 볼 수 있다. 그래서 이 기사에서는 바리새인들과 유대인들이 상호 교환적으로 사용되고 있다(13,15,16,18,40절).

하나님은 죄인의 말은 듣지 아니하시나 하나님의 뜻을 행한 예수의 말은 듣는 것을 보니 예수는 죄인이 아니라 하나님께로부터 온 자라는 결론이 나온다. 그러면서 치유된 소경은 만일 예수가 하나님께로부터 온 자가 아니라면 맹인의 눈을 뜨게 하지 못했을 것이며 아무 일도 하지 못했을 것이라는 논증을 폈다. 그러자 유대인들은 최후의 대책을 강구하였다. 34절에서 우리는 치유된 소경을 보면서도 조금도 변화된 모습을 보이지 않는 돌 같이 굳은 그들의 강퍅한 마음을 읽을 수 있다. 그들은 치유된 소경을 죄인으로 바라보는 차가운 시선을 거두지 못했다. 그들은 결국 치유된 소경을 회당에서 추방하였다.

5) 예수와 소경(35-38절)

예수는 유대인들이 그 사람을 쫓아냈다는 말을 듣고는 회당에서 쫓겨난 그 사람을 만나 "네가 인자를 믿느냐"(35절)고 물었다. 요한은 예수의 죽음을 '인자의 들림받음'으로 누차 표현하였다(3:14; 8:28; 12:32,34). 그것은 공관복음이 '인자의 넘겨짐(버려짐)'으로 표현하는 것과 같다(막 8:31; 9:9,12,31; 10:33,45; 14:21). 예수는 자신의 죽음을 예고할 때 항상 '인자' 어휘를 쓴다(막 10:45). 치유된 소경은 예수가 '인자'로서 십자가에서 죽임당하는 메시아임을 믿음으로, 온전한 신앙에 이를 것이다.

그가 대답한다. "주여 그가 누구시오니이까 내가 믿고자 하나이다"(36절). 그러자 예수는 "네가 그를 보았거니와 지금 너와 말하는 자가 그이니라"(37절). 이 말에 그는 "주여 내가 믿나이다"(38절) 하고 예수 앞에서 절하였다. 치유된 소경은 사마리아 여인처럼 믿음이 한 단계씩 발전해가는 모습을 보여준다. 처음에 예수로부터 치유 받았을 때 '예수라 하는 그 사람'(11절)이라고 하였다. 그 후 '선지자'(17절), 그 다음에는 '하나님으로부터 오신 분'(33절), 그리고 마지막으로 '주님'(38절)으로 고백한다.

6) 예수와 바리새인들(39-41절)

39절에서 '내가 심판하러 세상에 왔으니'라는 말은 예수가 세상을 심판하러 오지 않았다는 말(3:17; 8:15; 12:47)과 모순되는 것처럼 보인다. 그러나 하나님으로부터 보냄받은 자를 거부하는 자는 자신의 불신으로 이미 심판을 자초한 것이 된다(3:18-21; 12:48). 예수의 심판은 맹인을 보게 하고 눈뜬 자를 맹인되게 하는 것이다. 이것이 요한복음의 역설(아이러니)이다. 유대인들은 자기들의 성경인 구약(모세의 율법)이 예수를 증언하고 있다는 사실을 모른다(5:39,45,46).

바리새인들이 예수의 말을 듣고 "우리도 맹인인가"라고 묻자 예수는 마지막으로 결정적인 펀치를 날렸다. "너희가 맹인이었다면 죄가 없으려니와 본다고 하니 너희 죄가 그대로 있느니라"(41절). 태생소경을 죄인으로 취급하고 눈뜬 자신들은 죄가 없는 의인으로 생각한 바리새인들은 예수의 말로 인해 역전된다. 차라리 눈먼 맹인이라면 애초부터 몰랐기에 죄가 없겠지만은 치유된 소경을 통해 예수가 행한 표적을 분명히 눈을 뜨고 보았음에도 불구하고 예수를 강력히 거부하는 바리새인들이야말로 정말로 맹인이자 죄인이 아닐 수 없다. 예수는 육적인 맹인만이 아닌 영적인 맹인이 있음을 말하고 있다.

9장에서 요한은 치유된 소경이 단지 육적인 시력이 열리는 것만이 아니라 그의 영적인 신앙의 눈이 점차로 밝아져 가는 모습을 말하고 있다. 반면에 요한은 율법 지식을 갖고 있다고 자만하는 유대인들, 특히 바리새인들은 육적으로는 눈을 떴다고 하지만 영적으로는 예수를 메시아로 보지 못하고 어둠 속에 머무는 영적 소경에 대해 말하고 있다(계 3:17).

제 10 장

〈본장 개요〉

10장은 크게 두 부분으로 나누어진다. 첫 부분(1-21절)은 주로 목자와 그의 양떼에 관한 강화를, 둘째 부분(22-42절)은 수전절에 있었던 유대인들과의 기독론적 논쟁을 언급하고 있다. 첫 부분은 예수의 자기 계시 말씀('에고 에이미')의 비유적 용법 두 개("나는 양의 문이다"와 "나는 선한 목자다")가 동시에 언급되고 있는데, 그것들이 구원론과 관련되어 있다.[354] 성막(성전)의 일곱 기구와 관련해서 볼 때 "나는 양의 문이다"(10:7,9)는 '성막(성전)문'(출 25:13-16)에, "나는 선한 목자다"(10:11,14)는 '번제단'(출 27:1-8)에 각각 해당한다.

성막(성전)문이 오직 하나밖에 없듯이 구원으로 인도하는 문은 오직 예수 그리스도 이외에 없다(행 4:12; 16:31). 또한 선한 목자는 양을 위하여 목숨을 버리듯이(10:15) 어린 양 되신 예수 그리스도는 우리의 구원을 위해 십자가에 죽임을 당하므로 번제로 드려졌다. 따라서 10장의 핵심주제는 '구원론'으로, 구원을 이루기 위한 예수의 죽음이라는 '십자가 신학'이 그 배경에 깔려 있다. 10장은 마지막 유월절에 우리를 위한 대속물로서의 어린 양이 되고자 예루살렘에 입성하는 12:1-36과 상응한다.

10장은 본문의 순서가 혼란스럽기 때문에 재배치해야 한다는 주장이 많은 학자들에 의해 제기되었다. 그래서 10:19-29이 1-18절 앞으로 이동해야 한다는 제안, 즉 19-21절은 소경의 치유에 대하여 언급하고 있기에 9:39-41 직후에 후속되어야 하며, 이어서 22-29절이 후속되어야

---

[354] 요한의 교회론과 관련하여 양과 목자(10:1-18) 및 포도나무와 그 가지(15:1-17) 이미지는 마태의 교회 이미지, 즉 '반석'과 '열쇠'보다 더욱 교회의 유기적 근원을 드러내준다. P.N.Anderson, *The Riddles of the Fourth Gospel*, 41.

한다는 제안이 있다. 그럴 경우 10장 전체는 수전절 배경 아래 놓이게 될 것이다.[355] 현재의 본문을 있는 그대로 읽어야 한다는 것이 필자의 일관된 생각인데, 요한이 현재의 순서로 자료를 배치한 까닭은 '구원론적 관점' 때문이라는 것이 필자의 생각이다.

한편, 22-42절은 수전절에 있었던 예수와 유대인들간의 논쟁을 언급하고 있다. 본문에 나타난 기독론적 주제는 앞 단락의 구원론이 기독론에 근거하고 있음을 말하는 동시에 5장에서 시작된 기독론 논쟁의 피날레("나와 아버지는 하나이니라"[10:30])를 장식하고 있다. 특히 24-36절의 많은 표현들이 공관복음의 평행구절(마 26:57-65)과 비슷하다는 점에서 본문은 공생애 말기의 예수재판의 성격을 강하게 암시한다. 요한은 수전절에 예수께서 행한 강화를 통해 예수야말로 수전절을 온전케 하신 분으로, 참 성전 되시고 참 목자 되심을 교훈하려고 했다.

1. 선한 목자이신 예수(1-21절)
   - 예수 나의 목자 -

〈성경 본문〉
1 내가 진실로 진실로 너희에게 이르노니 문을 통하여 양의 우리에 들어가지 아니하고 다른 데로 넘어가는 자는 절도며 강도요 2 문으로 들어가는 이는 양의 목자라 3 문지기는 그를 위하여 문을 열고 양은 그의 음성을 듣나니 그가 자기 양의 이름을 각각 불러 인도하여 내느니라 4 자기 양을 다 내놓은 후에 앞서 가면 양들이 그의 음성을 아는 고로 따라오되 5 타인의 음성은 알지 못하는 고로 타인을 따르지 아

---
355) 10장의 순서에 대한 자세한 논의는 G.R.Beasley-Murray, *John*, 166를 참조하세요.

니하고 도리어 도망하느니라 6 예수께서 이 비유로 그들에게 말씀하셨으나 그들은 그가 하신 말씀이 무엇인지 알지 못하니라 7 그러므로 예수께서 다시 이르시되 내가 진실로 진실로 너희에게 말하노니 나는 양의 문이라 8 나보다 먼저 온 자는 다 절도요 강도니 양들이 듣지 아니하였느니라 9 내가 문이니 누구든지 나로 말미암아 들어가면 구원을 받고 또는 들어가며 나오며 꼴을 얻으리라 10 도둑이 오는 것은 도둑질하고 죽이고 멸망시키려는 것뿐이요 내가 온 것은 양으로 생명을 얻게 하고 더 풍성히 얻게 하려는 것이라 11 나는 선한 목자라 선한 목자는 양들을 위하여 목숨을 버리거니와 12 삯꾼은 목자가 아니요 양도 제 양이 아니라 이리가 오는 것을 보면 양을 버리고 달아나나니 이리가 양을 물어 가고 또 헤치느니라 13 달아나는 것은 그가 삯꾼인 까닭에 양을 돌보지 아니함이나 14 나는 선한 목자라 나는 내 양을 알고 양도 나를 아는 것이 15 아버지께서 나를 아시고 내가 아버지를 아는 것 같으니 나는 양을 위하여 목숨을 버리노라 16 또 이 우리에 들지 아니한 다른 양들이 내게 있어 내가 인도하여야 할 터이니 그들도 내 음성을 듣고 한 무리가 되어 한 목자에게 있으리라 17 내가 내 목숨을 버리는 것은 그것을 내가 다시 얻기 위함이니 이로 말미암아 아버지께서 나를 사랑하시느니라 18 이를 내게서 빼앗는 자가 있는 것이 아니라 내가 스스로 버리노라 나는 버릴 권세도 있고 다시 얻을 권세도 있으니 이 계명은 내 아버지에게서 받았노라 하시니라 19 이 말씀으로 말미암아 유대인 중에 다시 분쟁이 일어나니 20 그 중에 많은 사람이 말하되 그가 귀신 들려 미쳤거늘 어찌하여 그 말을 듣느냐 하며 21 어떤 사람은 말하되 이 말은 귀신 들린 자의 말이 아니라 귀신이 맹인의 눈을 뜨게 할 수 있느냐 하더라.

1) 목자와 양떼 및 강도에 관한 비유(1-6절)

10장은 배경적 말도 없이 갑자기 시작되기 때문에 9장과의 연관성이 문제가 되어 왔다. 그런데 10장 전반부의 마지막 구절인 21절에 근거하여 볼 때 10장은 9장에 나오는 유대인들과의 논쟁의 연속으로 볼 수 있다.

10장은 요한의 특징적인 표현인 '진실로 진실로' 말씀으로 시작한다. 10장을 시작하는 1-2절은 '구원론'을 말하고 있다는 점에서 이 장을 이해하는 결정적 열쇠가 된다. 여기서 중요한 것은 '문', 즉 양의 문이다. "나는 양의 문이라"라는 7절에 근거하여 이 '문'은 '예수 그리스도'를 가리킨다.

예수 그리스도라는 문으로 들어가는 자는 양의 목자이고, 예수 그리스도라는 문으로 들어가지 않고 다른 데로 넘어가는 자는 절도요 강도다. 양을 지키고 살리는 이가 목자라면, 양을 훔치고 죽이는 자는 절도요 강도다. 그런 의미에서 양의 목자인 예수 그리스도만이 구원의 유일한 문이다. 이것이 10장이 말하고자 하는 핵심 메시지이다.

3절의 문지기는 문 앞에서 밤새워 양을 지키다가 목자가 나타나면 양 우리의 문을 열어준다. 이때 목자가 각각의 양들의 이름을 부르면 양들은 자기 목자의 음성을 알아듣고 따라 나온다(4절). 그러면 목자는 양들을 푸른 초장과 쉴만한 물가로 인도한다.

5절의 '타인'은 누구인가? 자기 양을 지키는 목자가 아닌 양을 훔치러 온 강도일 것이다. 본문을 당시 상황 하에서 해석할 경우 타인은 양의 목자인 예수와 논쟁을 벌이며 예수를 거부하고 죽이고자 하는 유대 지도자들(바리새인들)이라고 말할 수 있다. 양들은 자기 주인의 음성을 안다. 예수의 우리 안에 있는 양들, 즉 신자들은 예수의 음성을 듣고 그가 자기 주인인 줄 알고 그를 따른다. 그런데 자기 주인이 아닌 유대 지도자들(바리새인들)이 따라오라고 부를 때 그 음성이 자기 주인의 음성이 아니므로 오히려 도망가게 된다.

6절은 이 단락을 '비유'[356]라고 말하고 있다. 유대인들(바리새인들)은 예수가 한 이 비유의 말씀을 알아듣지 못했다. 그렇다면 이 단락은 단순히 목자와 양의 관계를 말하기보다는 그 이면에 감추인 은유적(상징적) 의미가 있다는 얘기가 된다. 그것이 무엇일까? 전후 문맥과 관련지어 볼 때 이 비유는 그를 믿는 이들에게는 예수가 그들의 메시아 곧 구주가 되지만, 모세의 율법에 빠져 있는 유대인들(바리새인들)은 예수를 그들의 메시아 곧 구주로 받아들이기를 거부했음을 말하는 비유라고 말할 수 있다.

2) 비유에 대한 해석(7-18절)

7절은 앞에서 예수가 한 말에 대한 해석으로 예수는 "나는 양의 문이라"라고 말하고 있다. 예수의 자기계시 말씀('에고 에이미')에 해당하는 이 표현(7,9절)은 "나는 선한 목자라"(11,14절)는 표현과 더불어 이 장에서 각각 두 번씩 반복해서 나타난다. 이는 강조용법으로, 이 표현이 이 단락에서 중요한 의미를 지니고 있음을 시사한다.

"나는 양의 문이라"는 말씀은 성막(성전)의 일곱 기구 중 문(입구)에 해당한다. 이 문은 오직 하나밖에 없다는 의미에서 유일한 문이다. 이 문으로 들어가야만 성막(성전) 안으로 들어갈 수 있다. 따라서 이 말씀은 다른 문이나 다른 곳으로가 아닌 성막문 되시는 예수 그리스도만

---

[356] '비유'는 원어로 '파로이미아(παροιμία)'인데, 여기와 16:25,29 그리고 베드로후서 2:22에만 나타난다. 이 어휘는 70인역에서는 히브리어 '마샬(משל)'에 해당하는 단어로 격언, 비유 혹은 풍유, 수수께끼를 의미한다. 공관복음에서 비유는 항상 '파라볼레(παραβολή)'로 나타나며, 요한복음에서는 '파라볼레'로 나타나지 않고 항상 '파로이미아'로 나타난다.

이 구원으로 가는 유일한 문임을 말하고 있다(3:16; 행 4:12). 노아의 방주(창 7:13) 외에는 구원이 없듯이, 그리스도 외에는 구원이 없다.

8절은 비유의 수사적 표현일 뿐이다. 즉 구약의 신앙의 인물들 가령, 아브라함, 모세, 예언자, 세례 요한이 절도요 강도라고 말하는 것은 아니다. 예수 이전의 어느 누구도 하나님 나라에 들어가는 참 구원의 문이 될 수 없다는 것을 말하고자 함이다. 하나님의 아들 예수 이외에 자신이 구원의 문이라고 주장하는 자가 있다면 그 사람은 바로 양들을 죽음으로 인도하는 절도요 강도이다. 예수는 하나님 나라로 가는 문이요 길이다(14:6). 따라서 예수 그리스도의 문을 통해 들어가고 나오는 자만이 구원(영생)을 얻고 그가 주시는 하늘 양식을 풍성히 얻게 된다(9절).

10절은 예수의 오심을 잘 말해주고 있는데, 그 기본 사상은 요한복음의 요절인 3:16과 같다. 여기서 '도둑'은 하늘로부터 온 자들이 아닌 거짓 선지자나 거짓 메시아로서, 이들은 양들을 도둑질하고 죽이고 멸망으로 이끄는 자들이다. 오직 하늘로부터 온 하나님의 아들 예수 그리스도만이 양들의 목자가 되어 그들에게 꼴을 먹여 주고 더욱 풍성한 '하늘 양식(영원한 생명)'을 제공해 주는 구주가 된다.

구원이란 곧 생명(영생)을 얻는 것이다. 그 생명(영생)은 예수를 떠나서는 없다. 잠시 있다가 사라질 생명은 참 생명이 아니다. 요한이 생명(예수에 의한 구원)을 강조하는 것은 순교냐 배교냐 하는 선택의 갈림길에 있는 요한공동체의 묵시문학적 수난상황에서 영원한 생명인 예수를 선택하고 내 목숨(생명)을 포기할 수 있는 순교적 결단이 요청되었기 때문이다.

구약에서 하나님과 이스라엘 백성간의 언약 관계를 말할 때 목자와 양의 관계로 표현하기도 하였다.[357] 특히 11-12절에 나오는 '선한 목자'와 '삯꾼'의 대조는 에스겔 34장에서 그 단초를 엿볼 수 있다.[358] "나는 선한 목자라"라는 예수의 자기계시 말씀은 일곱 '에고 이이미'의 비유적 용법 중에서 네번째인 한가운데 자리하고 있다는 점에서 중요한 의미를 갖는다.

성막(성전)의 일곱 기구와 관련해서 볼 때 이 말씀은 '번제단'에 해당하는 말씀이다. 선한 목자는 자신의 양들을 위하여 자신의 목숨을 내놓는다. 우리의 선한 목자 되시는 예수 그리스도는 우리를 위해 십자가를 지므로 자신의 목숨을 내놓았다. 이러한 모습이 선한 목자와 악한 목자, 참 목자와 거짓 목자를 구분하는 기준이다.

이와는 달리 삯꾼은 삯을 받고 고용된 일꾼이기에 양을 위해 희생을 감수할 마음이 없다. 따라서 이리가 오는 것과 같은 위험한 상황이 닥치게 되면 양을 버리고 도망쳐 버린다. 이때 아무런 보호를 받지 못한 양들은 이리의 밥이 되고 만다.

양들을 보호해야 할 결정적인 순간에 도망가는 삯꾼은 악한 강도일 뿐이다(목자가 아님). 양들(백성들)에게 생명을 가져다주지 못하고 모세의 율법으로 양들을 억압하고 자신들의 기득권을 지키면서 예수와 그를 믿는 공동체를 해치는 데 열중하는 유대 지도자들(바리새인들)이

---

357) 그 밖에도 왕과 백성, 아비와 자녀, 남편과 아내, 신랑과 신부 등으로 표현하고 있다.
358) 구약성경이나 고대근동문헌에 보면 '목자' 칭호는 왕이나 이스라엘의 지도자들(제사장, 선지자)을 가리키는 용어로 사용되었다. 또한 '목자' 칭호는 야웨 하나님을 언급하는 데 사용되기도 했다(창 49:24; 시 23편; 77:21; 80:2; 사 40:11; 렘 31:10). 그런데 에스겔 34장은 백성을 이용하여 자기의 배를 채우는 악한 목자들과 다윗 왕과 같은 선한(이상적인) 목자를 대조하여 말하고 있다. W.Zimmerli, *Ezekiel II*: 213- 214. 신약성경에서는 '목자' 칭호가 많이 나타나는데, 주로 예수와 관련되어 21회가 사용되었다(마 2:6; 9:36; 25:32; 26:31; 막 6:34; 14:27; 눅 2:8,15,18,20; 요 10:2,11,12,14,16; 벧전 2:25; 5:4; 엡 4:11; 히 13:20; 유 1:12; 계 7:17).

야말로 삯꾼과 같은 악한 강도들(이리떼)이다.[359]

14-15절은 아버지 하나님과 아들 예수와의 관계가 예수와 양들(예수에게 속한 자들)의 관계의 원형이 됨을 말하고 있다. 아버지가 아들을 잘 알고 아들이 아버지를 잘 알듯이 목자는 자기 양을 알고 양들은 자기 목자를 안다. 여기서 '안다'는 것은 머리로 아는 이성적이고 합리적인 앎이 아니라 상호간의 인격적이고 체험적인 앎을 말한다. 목자는 양을 위해 자기의 목숨을 버릴 만큼 이들의 관계는 깊고 친밀하다(암 3:2; 신 7:6-11).

이 단락에는 "나는…목숨을 버리노라"는 말이 네 번(11,15,17,18절)이나 나타난다. 이것은 구원이 저절로 이루어지는 것이 아니라 예수의 십자가 죽음이라는 값비싼 대가(은혜)가 있어야 이루어진다는 것을 시사한다. 예수의 죽음과 관련된 '위하여'의 원어 '휘페르(ὑπέρ)' 전치사는 양들을 대신하여 죽는 목자의 대속적 죽음의 의미를 갖는다.[360]

16절의 '우리에 들지 아니한 다른 양들'이 누구냐에 대해 '이방인들(Brown, Barrett, Schnackenburg)'이라는 주장과 '유대 기독교인들(Martyn)'이라는 주장이 있다. 이미 우리 안에 부분적으로 연합되어 있는 양들 중 현저한 그룹은 유대 기독교인들과 이방인들이라는 점에서 그 둘 모두라고 할 수 있다.[361]

'다른 양들(모든 민족)'을 불러 모으는 목적은 한 목자 아래 두기 위함이다(11:50-52; 17:20-24). 하나의 새로운 공동체인 '한 목자 아래 한 양

---

359) 요한복음에서 예수가 '악한 목자', 즉 강도요 삯꾼으로 공격한 자들은 예루살렘 지도자들만이 아니라 그들이 굳게 의존하고 있는 로마제국과 관련된 전체 제국 시스템에 대한 공격이라는 점에 대해서는 W.Carter, *John and Empire*, 186-188을 참조하세요.
360) H.Conzelmann, *I Corinthians*, 255. 이영헌은 이 대목에서 양들을 위해서 끝까지 헌신하는 '목자'의 희생과 사랑(15:13)이 강조되었을 뿐 양들을 대신하여 죽는 목자의 대속적인 죽음의 의미는 없다고 말한다. 이영헌,《요한복음서》, 215.
361) 서중석,《복음서해석》, 256-257.

떼'는 예수와 제자들에 의한 이스라엘의 선교(마 10:5-6)와 이방인 선교 (요 20:21; 마 28:18-20)를 통해 이루어질 것이다.[362]

아버지께서 아들을 사랑한 것은 아들이 자발적으로 자신의 목숨을 내놓기 때문이다(17절). 요한은 예수의 자발적 순종을 특히 강조한다 (5:30; 7:28; 8:28,42; 14:10). 예수가 자발적으로 목숨을 버리는 것은 목숨을 다시 얻는 부활이 뒤따르기 때문이다. 여기서 요한복음의 특징은 '죽음과 부활' 양자의 결합을 보게 된다(2:19-21; 3:14-15; 8:28; 12:31-32).[363] 예수의 죽음은 그의 아버지에게로의 복귀를 의미하며, 예수의 부활은 아버지에 의해 그가 영화롭게 되는 일이다(17:1,5,11).

자신의 목숨을 버릴 권세도 있고 다시 얻을 권세도 있다는 말씀 (18절)은 아버지께로부터 위임받은 예수의 절대적인 주도권이나 신적 권한을 표현하는 말이다(3:35; 13:3; 17:2). 그리하여 수난사화(18-19장)에서 보듯이 요한복음의 예수는 힘이 없어서 체포되고 끌려가서 죽는 나약한 모습이 아니라 주도적으로 수난을 향해 나아가고 당당하게 죽는 왕자다운 늠름한 모습으로 그려진다.

목자가 있고 양이 있으면 교회이다. 그러면 어떤 모습의 교회가 이상적인 교회일까? 교회는 "말씀과 성령의 역사로 깨달은 진리를 함께 나누는 은혜공동체이자, 십자가의 도를 따라 강자가 약자를 섬김으로 하나님 나라(천국)를 이루어가는 사랑공동체이다." 이 같은 이상적 교회의 모습을 우리 주님이 앞서 본을 보이셨다.

---

[362] 요한공동체를 폐쇄공동체인 하나의 분파(소종파)로 보려는 학자들의 주장과는 달리 이 대목은 요한공동체는 실제적으로 하나의 분파가 아님을 보여준다. R.E.Brown, *The Community of the Beloved Disciple*, 88-91.
[363] 수난에 관한 마가복음의 예언에서도 인자의 죽음은 그의 부활과 결합되는 것을 볼 수 있다(막 8:31; 9:31; 10:32).

3) 무리들의 반응(19-21절)

지금까지 행한 예수의 말씀으로 인해 유대인들 사이에서 분쟁이 일어났다(19절; 7:43; 9:36; 10:19). 그들 가운데 많은 이들이 "그가 귀신 들려 미쳤거늘 어찌하여 그 말을 듣느냐"(20절)고 하는가 하면, 어떤 사람은 "이 말은 귀신 들린 자의 말이 아니라 귀신이 맹인의 눈을 뜨게 할 수 있느냐"(21절)고 말했다.

이 대목에서 소경치유 언급이 있다고 해서 이 대목을 9:41에 직결된 것으로 볼 수는 없다(11:37). 예수의 행위를 귀신들려 미쳤다고 보는 것은 앞에서도 여러 차례 있었다(7:20; 8:48,52). 예수의 행위를 귀신 들린 것으로 볼 수 없다는 의견은 소경의 눈을 뜨게 하는 일을 메시아적 사역으로 보기 때문이다(사 29:18-19; 35:5-6; 마 11:1-6; 눅 7:18-23).

2. 수전절에 유대인들과의 논쟁(22-42절)
- 예수 나의 하나(의미, 해답) -

〈성경 본문〉
22 예루살렘에 수전절이 이르니 때는 겨울이라 23 예수께서 성전 안 솔로몬 행각에서 거니시니 24 유대인들이 에워싸고 이르되 당신이 언제까지나 우리 마음을 의혹하게 하려 하나이까 그리스도이면 밝히 말씀하소서 하니 25 예수께서 대답하시되 내가 너희에게 말하였으되 믿지 아니하는도다 내가 내 아버지의 이름으로 행하는 일들이 나를 증거하는 것이거늘 26 너희가 내 양이 아니므로 믿지 아니하는도다 27 내 양은 내 음성을 들으며 나는 그들을 알며 그들은 나를 따르느니라 28 내가 그들에게 영생을 주노니 영원히 멸망하지 아니할 것이

요 또 그들을 내 손에서 빼앗을 자가 없느니라 29 그들을 주신 내 아버지는 만물보다 크시매 아무도 아버지 손에서 빼앗을 수 없느니라 30 나와 아버지는 하나이니라 하신대 31 유대인들이 다시 돌을 들어 치려 하거늘 32 예수께서 대답하시되 내가 아버지로 말미암아 여러 가지 선한 일로 너희에게 보였거늘 그 중에 어떤 일로 나를 돌로 치려 하느냐 33 유대인들이 대답하되 선한 일로 말미암아 우리가 너를 돌로 치려는 것이 아니라 신성모독으로 인함이니 네가 사람이 되어 자칭 하나님이라 함이로라 34 예수께서 이르시되 너희 율법에 기록된 바 내가 너희를 신이라 하였노라 하지 아니하였느냐 35 성경은 폐하지 못하나니 하나님의 말씀을 받은 사람들을 신이라 하셨거든 36 하물며 아버지께서 거룩하게 하사 세상에 보내신 자가 나는 하나님의 아들이라 하는 것으로 너희가 어찌 신성모독이라 하느냐 37 만일 내가 내 아버지의 일을 행하지 아니하거든 나를 믿지 말려니와 38 내가 행하거든 나를 믿지 아니할지라도 그 일은 믿으라 그러면 너희가 아버지께서 내 안에 계시고 내가 아버지 안에 있음을 깨달아 알리라 하시니 39 그들이 다시 예수를 잡고자 하였으나 그 손에서 벗어나 나가시니라 40 다시 요단 강 저편 요한이 처음으로 세례 베풀던 곳에 가사 거기 거하시니 41 많은 사람이 왔다가 말하되 요한은 아무 표적도 행하지 아니하였으나 요한이 이 사람을 가리켜 말한 것은 다 참이라 하더라 42 그리하여 거기서 많은 사람이 예수를 믿으니라.

1) 메시아(그리스도)로서의 예수(22-31절)

본문은 수전절(修殿節)에 있었던 예수와 유대인들간의 논쟁을 다루고 있다. 22절에 나오는 수전절의 역사적 배경은 이러하다. 수리아 왕 안티오쿠스 에피파네스(Antiochus Epiphanes, 주전 175-164년)는 강력한 헬라화 정책을 추진하면서 유대인들을 억압하였다. 이 과정에서 주전 167년 12월 25일 예루살렘 성전에 제우스 상을 세우고 유대인들로 하여금 거기에 절하게 하는가 하면 돼지를 잡아 그 피를 번제단에 바르는 등 성전을 모독했다. 이에 분개한 유대의 제사장 맛다디아(Mattathias)는 그의 다섯 아들과 더불어 예루살렘 서북쪽 모데인(Modein)에서 저항운동을 시작하였다.

맛다디아가 죽은 후 셋째 아들 유다 마카비(Judas Maccabaeus)가 지휘권을 이어받아 헬라군과 전쟁을 벌였다. 마침내 수리아군을 격파하고 성전을 수리한 뒤 주전 164년 12월 25일 하나님께 성전을 다시 봉헌하였다. 성전을 다시 봉헌한 사건을 기념하여 지키는 수전절은 해마다 12월 25일에서 시작하여 8일 동안 계속된다. 이 절기는 초막절처럼 성전과 관련된 절기라고 하여 '기슬렙(Kislev) 월의 초막절'이라 불리기도 한다(1마카 4:59; 2마카 1:9). 또한 '하누카(Hanukkah)', 즉 '빛의 절기'라고도 불리우는 수전절은 절기 동안 성전을 8개의 등불로 장식한다.

수전절에 예수는 성전 안 솔로몬 행각을 거닐었다. 이 행각은 성전의 이방인의 뜰 동편에 위치한 기둥으로 초기 기독교인들의 회합 장소였고, 유대교 지도자들과 기독교인들간의 갈등의 무대였다(행 3:11; 5:12). 이때 유대인들이 예수를 에워싸고는 이렇게 물었다. "당신이 언제까지나 우리 마음을 의혹하게 하려 하나이까 그리스도이면 밝히 말씀하소서"(24절).

지금까지 예수는 공개적으로 자신을 메시아(그리스도)라고 말한 적이 없다(4:26의 사마리아 여인에게 한 것은 사적인 것). 이는 예수가 메시아에 대한 유대인들의 생각과 거리를 두려는 생각 때문일지도 모른다(6:15). 그런데 유대인들의 입에서 예수의 정체를 묻는 이 같은 질문이 나온 것이다. 이 질문은 공관복음(막 14:61-65; 눅 22:66-71)에서 묘사하는 대제사장의 질문과 유사하다.

예수는 그 질문에 간접적인 방식으로 대답하였다. 25절의 '내가 너희에게 말하였으되'라는 말씀은 들을 수 있는 귀와 볼 수 있는 눈을 가진 자라면 그 동안에 예수가 아버지의 이름으로 행한 말과 행위로 예수가 메시아임을 충분히 알 수 있었으리라는 뜻이다. 그러나 유대인들은 예수를 믿지 않았다. 그 까닭은 그들은 예수에게 속한 양들이 아니기 때문이다. 예수에게 속한 양들은 아버지께서 아들에게 맡겨준 자들을 일컫는다(6:37,44,65; 10:29)

14-15절의 견해를 반복하는 27절은 목자의 부름과 양들의 응답이라는 친밀한 관계를 표현한 것이다. 선한 목자 예수는 자신의 목숨을 양들을 위해 버릴 권세도 있고 다시 얻을 권세도 지닌 분이기에 양들에게 영원한 생명을 줄 수 있는 분이다. 양들을 지키고 보호할 수 있는 예수의 힘은 만유보다 크신 아버지로부터 오는 것이기에 아무도 양들을 빼앗을 수 없다(29절). 예수는 아버지께서 주신 양들을 구원(영생)으로 이끌 수 있는 확실성을 아버지에게 두었다(6:37,39; 17:6,9-10).

여기서 예수는 '촌철활인(寸鐵活人)'의 한마디를 토해낸다. "나와 아버지는 하나이니라"(30절). 이 말은 그 동안 유대인들과 벌인 기독론 논쟁의 종지부를 찍는 결정구이다. 이 문장은 기독론과 삼위일체 교리에 대한 초대교회의 논쟁들에서 중요한 역할을 했다. 5:17-18에서 간접적으로 밝힌 아버지와 아들의 일체성이 이 구절에서 명시적으로 언급되고 있다.

여기서 '하나'로 번역된 '헨(ἕν)'은 중성으로, 이는 구별이 없는 존재의 동일성(oneness)을 나타낸다. 즉 성부와 성자의 동일본질을 밝힌 것으로 아버지와 아들은 협력자의 관계 이상이며 본질상 본래 하나이다. '유일신 신앙(Monotheism)'을 철저히 신봉하는 유대인들의 입장에서 볼 때 예수의 이 선언은 신성모독의 극치였다. 그러나 실로 예수만이 우리의 유일한 구원자가 될 수 있는 근거는 그가 하나님의 아들이자

하나님과 동일한 분이라는 바로 여기에 있다.[364]

2) 하나님의 아들로서의 예수(31-39절)

"나와 아버지는 하나이니라"는 예수의 발언에 유대인들은 돌을 들어 예수를 치려고 하였다(31절). 이에 예수는 "내가 아버지로 말미암아 여러 선한 일을 너희에게 보였거늘 그 중에 어떤 일로 나를 돌로 치려 하느냐"(32절)고 묻자 유대인들이 선한 일로 인함이 아니라 사람으로서 자칭 하나님이라고 말한 신성모독 때문(33절)이라고 대답하였다(레 24:16 참조). 여기서 예수는 자신이 하나님의 아들임을 성경과 아버지의 이름으로 행한 놀라운 일들이라는 이중논리를 편다.

34절의 '율법'이란 구약 전체를 가리키는 것으로, 시편 82:6을 인용하고 있다. 하나님을 대신하는 사람들을 가리켜 '신'이라 칭한 사례를 구약성경의 여러 대목에서 볼 수 있다(출 4:16; 7:1; 시 45:7; 슥 12:8). 예수는 여기서 '작은 것으로부터 큰 것으로(a minori ad maius)'의 논증을 통해 자신이 하나님의 아들임을 역설한다.

'하나님의 말씀을 받은 사람들'이란 '하나님의 말씀이 임한 사람들'이란 뜻으로 '하나님의 말씀의 대언자들'인 예레미야나 에스겔 같은 예언자를 두고 하는 말이다. 이들을 신이라고 칭한다면 하물며 종말론적 예언자로서 아버지께서 성별하여 거룩한 사명을 띠고 세상에 파견된 '하나님의 말씀 자체'인 예수가 자신을 하나님의 아들이라고 말하는 것은 당연하지 않느냐는 것이다.[365]

마카비 형제들이 성전을 거룩케 한 것처럼 하나님께서 아들을 거

---

364) 《옥스퍼드원어성경대전》(요한복음 제7-12장), 399-400.
365) 최안나, 《나오너라: 성서가족을 위한 요한복음서 해설(1)》, 363-364.

룩케 하셨다. 아들은 진정으로 하나님의 참 성전이다(1:14; 2:21). 그리고 예수는 5장에서 10장까지의 이스라엘의 절기를 대체하신 분이다. 예수는 안식일을 진정한 안식일로(5장), 유월절에 출애굽 시대의 만나를 생명의 떡으로(6장), 초막절에 성전의 물과 빛을 생수와 세상의 빛으로(7-9장), 수전절에 성전을 참 성전으로 대체하신 분이다(10장).[366]

37-38절에서 예수는 설령 자신이 그들에게 믿을 만한 사람으로 보이지 않더라도 자신이 행한 '일들'만이라도 진지하게 보고 믿을 것을 역설한다. 그렇게 되면 아버지 하나님과 아들 예수가 상호 내주하는 친밀한 관계(14:10-11; 17:21)에 있음을 분명하게 알게 된다고 말하고 있다.

이 말을 들은 유대인들이 다시 예수를 잡고자 했으나 예수는 그들을 피해 성전을 떠나셨다(39절). 예수는 이중의 근거(성서의 권위와 행적의 증거)를 토대로 유대인들에게 설득력있는 논증을 폈음에도 불구하고 불신앙에 빠진 그들은 예수를 완강히 거부했다. '다시'라는 표현을 통해 더욱 강조되고 있는 예수에 대한 그들의 완고한 불신은 예수를 붙잡거나(7:30,32,44; 8:20; 10:39), 죽이려 하거나(5:18; 7:1; 8:37,40), 돌로 치려고 하였다(8:59; 10:31).

3) 요단강 건너편으로 물러가심(40-42절)

10장을 마감하는 이 세 구절은 중요한 의미를 갖는다. 이 대목은 1장의 증인 본문(1:19-51)을 돌아보게 한다. 이 대목은 예수의 부활을 상징하는 최후의, 그리고 최고의 표적을 준비하는데, 그 장소는 요단강 건너편 세례 요한이 처음 세례를 주던 '베다니'이다(40절; 1:28). 예수는 자신을 잡으려고 하는 유대인들을 피해 예루살렘에서 요단강 동편으

---

[366] 박수암, 《요한복음》, 262.

로 자리를 옮겼다. 여기서 우리는 또다시 요한의 '지리상징코드'를 엿보게 된다.

이미 언급했듯이 모세와 운명을 같이 하는 세례 요한에 대한 언급은 더 이상 나타나지 않는다. 예수에게 속하는 부활(11장)을 앞두고 그들의 사역은 요단 동편에서 종지부를 찍는다. 선구자(증언자) 세례 요한은 요단강 동편(베다니)이 상징하는 미완성의 땅이자 죽음의 땅에서 그의 사역을 마치는 것으로 그려진다. 부활이라는 결정적 사건은 요단강 서편(베다니)이 상징하는 완성의 땅이자 생명의 땅에서 예수에 의해 이루어진다. 그래서 요한은 부활을 앞두고 예수를 요단강 건너편에 머물도록 의도했다는 것이 필자의 생각이다.

더욱이 요한은 세례 요한이 아무 표적도 행하지 아니하였으며 그가 예수에 대해 말한 것은 다 참이었다라고 언급하고 있다(41절). 이는 많은 표적을 행한 예수가 세례 요한보다 우월한 분이자 참 메시아임을 암시한다. 그리고 세례 요한이 예수를 두고 행한 증언으로 인해 많은 사람들이 예수를 믿는 결과를 가져왔다.

제 11 장

⟨본장 개요⟩

나사로의 소생표적을 다루고 있는 11장은 요한복음 제1부의 절정이자, 부활의 구조(2장-11장-20장)로 된 본론의 중심에 해당하는 장이다.[367] 인생에 있어서 가장 중요한 두 문제는 죄와 죽음의 문제일 것이다. 10장이 십자가를 통한 죄의 정복을 말하고 있다면, 11장은 부활을 통한 죽음의 정복을 말하고 있다.

본장은 일곱 부분으로 나눌 수 있다.(1-6/ 7-16/ 17-27/ 28-37/ 38-44/ 45-54/ 55-57절). 그리고 등장인물들도 일곱 부류로 나눌 수 있다(주인공 예수, 간접적으로 언급된 하나님, 사건의 대상 인물인 나사로, 나사로의 두 자매들, 예수의 제자들, 유대인들, 종교지도자들인 바리새인과 대제사장들).[368]

제1부의 일곱 표적 가운데 마지막 표적인 죽은 나사로를 살리는 표적은 예수의 죽음을 초래하는 직접적인 원인이 되며, 남은 살리고 자신은 죽어야 하는 아이러니를 보여준다. 11장의 나사로 소생사건은 9장의 태생소경 치유사건과 밀접한 관계를 보여주고 있는데, 9장의 사건이 세상에 빛을 주는 예수를 말하고 있다면, 11장의 사건은 세상에

---

367) 부활장인 11장과 20장의 평행은 다음과 같다. 1. 예수처럼 막달라 마리아는 '무덤에 옴' (11:38; 20:1). 2. 여제자들의 슬픔과 신앙(베다니의 마르다와 마리아, 막달라 마리아). 3. 무덤은 돌로 된 동굴(11:38; 20:1), 무거운 돌을 옮김(11:39,41; 20:1). 4. 죽은 사람을 덮고 있는 수건(11:44; 20:7), 수건을 벗음(11:44; 20:6-7). 5. 두 설화는 부활절 사건과 관련하여 신앙과 관계되어 있음(11:40; 20:8,16,18). 동시에 두 설화간의 상이성은 다음과 같다. 1. 나사로의 소생과는 달리 예수의 부활은 인간 대리자 없이 발생. 2. 예수는 나사로와 같은 정상적인 인간 생명으로 회복된 것이 아니라 죽음의 한계를 초월한 생명으로 회복됨 (12:10; 20:17,19,26). 3. 수건은 예수에게 있어서 더욱 깊은 상징적 의미, 즉 하나님과 관련된 예수의 독특한 역할을 지니고 있음. D.A.Lee, *The Symbolic Narratives of the Fourth Gospel*, 214-215.
368) 조석민, "예수 부활의 예언적 표적사건", 《요한복음: 어떻게 설교할 것인가》, 212-219.

생명을 주는 예수를 말하고 있다(1:4; 4:46-54; 5:1-9).

이 사건의 핵심은 예수의 자기계시 말씀인 "나는 부활이요 생명이니"(25절)에 있다. 이 말씀은 성막(성전)의 일곱 기구 중에서 가장 중요한 '법궤'를 상징한다. '법궤'는 하나님이 임재해 계신 지성소에 있다. 따라서 "나는 부활이요 생명이다"라는 예수의 자기계시 말씀은 예수가 성막(성전)을 대체한 참 성전임을 말해준다. 주목할만한 사실은 일곱번째 마지막 표적인 이 사건이 첫 표적(물로 포도주를 만든 표적)과 평행을 이룬다는 점이다.[369]

또한 본문에는 '마르다의 신앙고백'이 들어 있다. 요한복음에는 일곱 신앙고백이 있다. 나다나엘(1:49), 사마리아인들(4:42), 오병이어 표적을 경험한 군중들(6:14), 베드로(6:68-69), 치유된 소경(9:38), 마르다(11:27), 도마(20:28). 이 중에서 마르다는 유일하게 여성이라는 점에서 획기적이다. 마르다의 신앙고백은 예수가 하나님의 아들 그리스도라는 본문의 기록 목적(20:31)과 맥락을 같이한다(마 16:16 참조). 마르다의 말에 나타난 마지막 날(종말) 부활(24절)은 당시 유대인들(바리새 유대교)의 확고한 신념으로서, "네 오라비가 다시 살아나리라"는 예수의 말씀을 마르다는 지금 현재가 아닌 미래의 마지막 날에 부활할 것으로 이해했다.

마지막 본문(45-57절)은 두 단락으로 나누어진다. 첫 단락(45-53절)은 산헤드린 공회의 예루살렘 음모를 언급하고 있다. 둘째 단락(54-57절)은 전국적으로 예수 체포령이 내려지자 에브라임이라는 동네로 몸을 피한 예수께서 유월절을 앞두고 예루살렘 입성을 준비하는 것을 언급하고 있다.

나사로를 살리신 표적을 두고 상반된 반응이 일어났다. 한 부류의

---

[369] 둘 다 가정에서 일어난 일이고, 둘 다 제자들에게 믿음을 갖게 하였고(2:11; 11:15), 둘 다 하나님의 영광을 드러냈으며(2:11; 11:4,40), 둘 다 마리아(예수의 어머니와 나사로의 누이)라는 이름이 등장한다는 사실이다(2:1; 11:1).

유대인들은 예수가 행한 일을 보고 그를 믿게 되었다(45절). 다른 한 부류의 유대인들은 예수가 행한 일을 바리새인들에게 가서 이 사실을 보고하였다(46절). 유대 지도자들은 예수를 종교적으로, 정치적으로 자신들의 기득권을 빼앗는 위험인물로 간주하였다.

그리하여 산헤드린 공회는 예수를 죽이기로 결의하였다(53절). 예수를 죽이고자 했던 직접적인 원인이 공관복음에서는 성전정화사건이지만 요한복음에서는 나사로의 소생사건에 있다. 이는 요한복음이 '부활신학'에 기초하여 구성되었음을 보여주는 좋은 실례이다.

11장의 주제어인 부활(復活)이라는 말, 그것은 듣기만 하여도 가슴 떨리는 희망의 언어이다! 부활신앙을 가진 자가 갈 길은 십자가의 길이다. 또한 십자가의 길을 가는 것이 결국 부활로 가는 길이다. 이제 예수는 십자가의 길로 향한다.

1. 나사로의 질병과 죽음(1-16절)
   - 예수 나의 비전(꿈) -

〈성경 본문〉
1 어떤 병자가 있으니 이는 마리아와 그 자매 마르다의 마을 베다니에 사는 나사로라 2 이 마리아는 향유를 주께 붓고 머리털로 주의 발을 닦던 자요 병든 나사로는 그의 오라버니더라 3 이에 그 누이들이 예수께 사람을 보내어 이르되 주여 보시옵소서 사랑하시는 자가 병들었나이다 하니 4 예수께서 들으시고 이르시되 이 병은 죽을 병이 아니라 하나님의 영광을 위함이요 하나님의 아들이 이로 말미암아 영광을 받게 하려 함이라 하시더라 5 예수께서 본래 마르다와 그 동생과 나사로를 사랑하시더니 6 나사로가 병들었다 함을 들으시고 그 계시던 곳에

이틀을 더 유하시고 7 그 후에 제자들에게 이르시되 유대로 다시 가자 하시니 8 제자들이 말하되 랍비여 방금도 유대인들이 돌로 치려 하였는데 또 그리로 가시려 하나이까 9 예수께서 대답하시되 낮이 열두 시간이 아니냐 사람이 낮에 다니면 이 세상의 빛을 보므로 실족하지 아니하고 10 밤에 다니면 빛이 그 사람 안에 없는 고로 실족하느니라 11 이 말씀을 하신 후에 또 이르시되 우리 친구 나사로가 잠들었도다 그러나 내가 깨우러 가노라 12 제자들이 이르되 주여 잠들었으면 낫겠나이다 하더라 13 예수는 그의 죽음을 가리켜 말씀하신 것이나 그들은 잠들어 쉬는 것을 가리켜 말씀하심인 줄 생각하는지라 14 이에 예수께서 밝히 이르시되 나사로가 죽었느니라 15 내가 거기 있지 아니한 것을 너희를 위하여 기뻐하노니 이는 너희로 믿게 하려 함이라 그러나 그에게로 가자 하시니 16 디두모라고도 하는 도마가 다른 제자들에게 말하되 우리도 주와 함께 죽으러 가자 하니라.

1절은 선행하는 사건들과 관계없이 시작하고 있다. 이 구절이 보여주는 역사적(연대기적) 시간의 불확정성은 제1부 전체에 해당하는 특징적 모습으로, 그런 점에서 분명한 시점을 제공하는 제2부가 시작되는 12장과 구분된다. 다만 요한은 나사로의 소생표적을 마지막 가장 중요한 표적으로, 그리고 유월절이 가까운 시점에 둠으로써 유월절을 온전케 하신 예수, 제2의 출애굽을 이룬 예수로 그리고자 했다.

베다니는 예루살렘 동쪽 3km 떨어진 감람산 기슭에 위치한 마을로 세례 요한이 세례를 베풀던 요단강 건너편 베다니(1:18; 10:40)와는 다른 장소이다. '나사로'라는 이름은 "하나님이 도와주신다"는 뜻을 가진 '엘 아자르'의 준말 '라자르'가 헬라어로 발음된 것으로, 당시 흔한 이름 가운데 하나였다(눅 16:20).

2절은 마리아가 예수의 발에 향유 부은 이야기(12:1-8)를 미리 언급한 선취적 언급으로써 이 이야기가 요한공동체에 잘 알려졌음을 암시한다. 그리고 '주' 칭호는 기독론적 존칭(4:2; 6:23; 13:13,14)으로 이 해설이 요한의 것임을 암시한다. 사람들의 입술을 통해 나사로는 예수가 사랑하는 자로 소개되고 있다(3절). 요한복음에서 나사로는 예수로부터 '사랑하는 자'로 소개된 유일한 남자이다. 그래서 나사로를 요한복음에 등장하는 '그 사랑하는 제자(애제자)'가 아닌가 하는 추측을 낳았다.

4절은 이 기사가 어디를 향하고 있는가를 잘 보여준다. 그것은 "오직 하나님의 영광을 위하여(Soli Deo Gloria)"이다. 예수는 나사로의 질병에서 인간적인 어두운 절망을 본 것이 아니라 믿음의 눈으로 밝은 희망을 보았다. 그 희망은 아들의 사역으로 말미암아 아버지가 영광을 얻는 것이요, 또한 이로 말미암아 아들이 영광을 받게 된다는 것이다. '하나님의 영광'은 하나님의 권능을 통해 드러나는 하나님의 임재(현존)를 가리키는 구약성경의 용어 '케보드 야웨(כבוד יהוה)'와 동의어다.

예수는 사랑하는 나사로가 병들었다는 소식을 듣고도 그 머물던 곳에서 이틀을 더 유했다(6절). 나사로를 사랑하는 예수라면 하루라도 빨리 그에게로 갔어야 하는 것이 상식이다. 그러나 예수는 의도적으로 시간을 지체하는 것처럼 보인다(14-15절에 근거할 때 실은 나사로가 죽기를 기다린 것이다!). 이는 오직 아버지의 뜻을 따라 행동하는 예수의 모습을 보여준다(2:4). 그 후에 예수는 제자들에게 "유대로 다시 가자"(7절)고 하니 제자들은 "랍비여 방금도 유대인들이 돌로 치려 하였는데 또 그리로 가시려 하나이까"(8절)고 반문했다. 여기서 '유대'는 예수를 죽이려고 한 지역으로 예루살렘을 암시한다. 얼마 전 수전절에 유대 적대자들로부터 돌을 맞을 뻔한 곳으로 다시 가자는 예수의 말에 제자들은 적이 놀라 이같이 반문한 것이다.

9-10절은 선행하는 장들의 빛과 어둠의 주제를 상기시킨다(8:12; 9:4-5). 유대인들은 낮과 밤을 각각 12시간으로 나누어 이해하였다. 낮에 다

니는 것은 빛 되신 예수와 함께 걷는 것과 같으므로 실족할 염려가 없지만, 밤에 다니는 것은 그 반대이기에 실족할 수밖에 없다는 것이다.

11-12절은 요한복음의 특징인 오해가 다시 한번 나타나는 대목이다(2:20; 3:4; 4:11). 예수는 나사로의 죽음을 말한 것인데, 제자들은 나사로가 병들었다가 잠시 쉬는 것으로 오해한 것이다(13절). 그러자 예수는 "나사로가 죽었느니라"(14절)고 밝히 말했다.[370]

"내가 거기 있지 아니한 것을 너희를 위하여 기뻐하노니 이는 너희로 믿게 하려 함이라 그러나 그에게로 가자"(15절). 예수는 나사로가 병들어 죽어감에도 불구하고 일찍 서두르지 않았는데, 그 까닭은 그에 대한 애정의 결핍 때문이 아니라 나사로의 소생표적을 통해 제자들이 부활신앙을 갖게 하는 데 있었기 때문이다.

16절은 제1부의 절정인 이 장에서 처음으로 도마가 등장한다는 점에서 주목할 필요가 있다. "우리도 주와 함께 죽으러 가자"라는 도마의 발언은 요한공동체의 구호라는 성격, 즉 유대교와 로마제국으로부터 박해를 당하고 있는 상황에서 요한공동체 독자들을 향한 신앙적 독려라는 것이 필자의 생각이다.

다른 제자들은 유대 땅으로 가시려는 예수의 행보를 가로막는 사람들로 묘사되고 있는 데 반해, 도마는 예수와 함께 죽으러 가자고 다른 제자들에게 말한다. 부활장에서 행한 이 도마의 발언은 부활신앙을 확고히 지닌 자만이 십자가의 길을 흔들림없이 갈 수 있음을 사사한다.

---

370) '죽음'을 '잠들었다'는 말로 표현하는 것은 신약성경에서 여러 차례 나타나며(막 5:39; 고전 15:6; 살전 4:14), 구약성경에서는 열왕기와 역대기에서 왕들의 '죽음공식'의 상투적 문구에서 쉽게 볼 수 있다. "므낫세가 그의 조상들과 함께 자매 그의 궁궐 동산 곧 웃사의 동산에 장사되고 그의 아들 아몬이 대신하여 왕이 되니라"(왕하 21:18). 더 자세한 것은 김지찬,《요단강에서 바벨론 물가까지》, 403-404을 참조하세요.

예수와 함께 유대로 가는 길은 그와 함께 죽으러 가는 십자가의 길이다(막 8:34-35). 스승 예수와 운명을 함께 하겠다는 제자 도마의 의리가 참으로 아름답고 멋지다! 〈공주의 남자〉라는 TV 드라마(2009년 가을)에 이런 대사가 나온다. "정이란 대체 무엇이냐? 세상을 향해 나는 묻습니다. '우리로 하여금 아무런 망설임 없이 삶과 죽음을 서로 허락하는 것', 그것이 바로 정이라고." 무엇이 사랑이고 충성인가? 아무런 망설임 없이 삶과 죽음을 서로 허락하는 것이 아닌가. 주군 예수를 향한 일편단심의 사랑과 충성을 도마는 이렇게 고백하였다. "우리도 주와 함께 죽으러 가자."[371]

2. 죽은 나사로를 살리신 표적(17-44절)
   - 예수 나의 부활(영광) -

〈성경 본문〉

17 예수께서 와서 보시니 나사로가 무덤에 있은 지 이미 나흘이라 18 베다니는 예루살렘에서 가깝기가 한 오 리쯤 되매 19 많은 유대인이 마르다와 마리아에게 그 오라비의 일로 위문하러 왔더니 20 마르다는 예수께서 오신다는 말을 듣고 곧 나가 맞이하되 마리아는 집에 앉았더라 21 마르다가 예수께 여짜오되 주께서 여기 계셨더라면 내 오라버니가 죽지 아니하였겠나이다 22 그러나 나는 이제라도 주께서 무엇

---

[371] 도마를 의심 많은 제자나 회의주의자로 보는 기존의 주장과는 달리 '인물상징코드'에서 이미 밝혔듯이 그를 '요한공동체의 최고의 신앙모델'로 보려는 필자는 그에게서 '돈키호테적 초극성'을 본다. "이룩할 수 없는 꿈을 꾸고 / 이루어질 수 없는 사랑을 하고 / 이길 수 없는 적과 싸움을 하고 / 견딜 수 없는 고통을 견디며 / 잡을 수 없는 저 하늘의 별을 잡자."

이든지 하나님께 구하시는 것을 하나님이 주실 줄을 아나이다 23 예수께서 이르시되 네 오라비가 다시 살아나리라 24 마르다가 이르되 마지막 날 부활 때에는 다시 살아날 줄을 내가 아나이다 25 예수께서 이르시되 나는 부활이요 생명이니 나를 믿는 자는 죽어도 살겠고 26 무릇 살아서 나를 믿는 자는 영원히 죽지 아니하리니 이것을 네가 믿느냐 27 이르되 주여 그러하외다 주는 그리스도시요 세상에 오시는 하나님의 아들이신 줄 내가 믿나이다 28 이 말을 하고 돌아가서 가만히 그 자매 마리아를 불러 말하되 선생님이 오셔서 너를 부르신다 하니 29 마리아가 이 말을 듣고 급히 일어나 예수께 나아가매 30 예수는 아직 마을로 들어오지 아니하시고 마르다가 맞이했던 곳에 그대로 계시더라 31 마리아와 함께 집에 있어 위로하던 유대인들은 그가 급히 일어나 나가는 것을 보고 곡하러 무덤에 가는 줄로 생각하고 따라가더니 32 마리아가 예수 계신 곳에 가서 뵈옵고 그 발 앞에 엎드리어 이르되 주께서 여기 계셨더라면 내 오라버니가 죽지 아니하였겠나이다 하더라 33 예수께서 그가 우는 것과 또 함께 온 유대인들이 우는 것을 보시고 심령에 비통히 여기시고 불쌍히 여기사 34 이르시되 그를 어디 두었느냐 이르되 주여 와서 보옵소서 하니 35 예수께서 눈물을 흘리시더라 36 이에 유대인들이 말하되 보라 그를 얼마나 사랑하셨는가 하며 37 그 중 어떤 이는 말하되 맹인의 눈을 뜨게 한 이 사람이 그 사람은 죽지 않게 할 수 없었더냐 하더라 38 이에 예수께서 다시 속으로 비통히 여기시며 무덤에 가시니 무덤이 굴이라 돌로 막았거늘 39 예수께서 이르시되 돌을 옮겨 놓으라 하시니 그 죽은 자의 누이 마르다가 이르되 주여 죽은 지가 나흘이 되었으매 벌써 냄새가 나나이다 40 예수께서 이르시되 내 말이 네가 믿으면 하나님의 영광을 보리라 하지 아니하였느냐 하시니 41 돌을 옮겨 놓으니 예수께서 눈을 들어 우러러 보시고 이르시되 아버지여 내 말을 들으신 것을 감사하나이다 42 항상 내 말을 들으시는 줄을 내가 알았나이다 그러나 이 말씀 하옵는 것은 둘러선 무리를 위함이니 곧 아버지께서 나를 보내신 것을 그들로 믿게 하려 함이니이다 43 이 말씀을 하시고 큰 소리로 나사로야 나오라 부르시니 44 죽은 자가 수족을 베로 동인 채로 나오는데 그 얼굴은 수건에 싸였더라 예수께서 이르시되 풀어 놓아 다니게 하라 하시니라.

1) 부활이요 생명이신 예수(17-27절)

나사로가 무덤에 있은 지 이미 나흘(17절)이라는 말은 이스라엘의 관례대로 그가 죽은 후에 장사지냈다는 것을 가리킨다. 유대인들은 사람이 죽으면 영혼이 무덤 근처에서 삼일 동안 떠돌아다니다가 떠나버린다고 믿었다. 따라서 여기서 죽은 지 나흘이라는 언급은 다시 살아날 가망이 없는 완전히 죽었다는 것을 나타낸다.

많은 유대인들이 두 자매를 위로하러 왔다. "마르다는 예수께서 오신다는 말을 듣고 곧 나가 맞이하되 마리아는 집에 앉았더라"(20절). 누가복음(10:38-42)에 있는 두 자매의 모습처럼 마르다는 활동적이고, 마리아는 사색적인 모습을 보여주고 있다. 22절은 오라비의 죽음이 마르다의 믿음을 무너뜨린 것은 아님을 보여준다. 그렇다고 그녀가 오라비의 소생을 확신한 것도 아님을 39절의 겁에 질린 반응에서 엿볼 수 있다. 다만 그녀는 예수가 하나님께 구하면 하나님이 모든 것을 선하게 인도하시리라는 예수의 중재 능력을 믿었다.

예수가 "네 오라비가 다시 살아나리라"(23절)고 말하자 마르다는 "마지막 날 부활 때에는 다시 살아날 줄을 내가 아나이다"(24절)라고 대답한다. 이 구절은 종말 부활에 대한 당시 유대인들(바리새 유대교)의 확고한 관념을 나타낸다(단 12:2; 막 12:18-27; 살전 4:13-18). "내 오라비가 살아나리라"는 예수의 말을 마르다는 지금 현재가 아닌 미래의 마지막 날에 부활할 것으로만 이해했다. 신약성경에서 요한만이 '마지막 날'(6:39,40,44,54; 12:48)이라는 표현을 사용한다.[372] 보다 흔한 문구인 '말세'(행 2:17; 딤후 3:1; 약 5:3)는 마지막 날에 앞선 때를 가리킨다.

"나는 부활이요 생명이니"(25a절)라는 이 대목은 예수의 자기계시 말씀의 절정으로, 성전의 법궤를 상징한다. 법궤에는 만나를 담은 금 항아리(생명 상징)와 아론의 싹난 지팡이(부활 상징) 및 언약의 돌판들(진리=예수=부활과 생명 상징)이 들어 있다(히 9:4). '부활과 생명'[373]은 '영광과 거룩'처럼 동전의 양면이다. 부활은 '생명의 외적 현시'요 생명은 '부활의 내적 본질'이라고 말할 수 있다. 이 땅에서 잠시 사는 우리네 유한한 인생에서 예수를 믿는 자에게 죽지 않고 영원히 사는 영생의 인생이 있다니, 이 감동을 무엇이라고 말하랴! 예수는 자신이 부활을 보여주심으로 이 말씀을 확증하였다.

"무릇 살아서 나를 믿는 자는 영원히 죽지 아니하리니 이것을 네가 믿느냐"(27절)는 예수의 말에 마르다는 이렇게 고백한다. "주여 그러하외다 주는 그리스도시요 세상에 오시는 하나님의 아들이신 줄 내가 믿나이다"(27절). 마르다의 이 신앙고백은 예수가 하나님의 아들 그리스도라는 요한복음의 기록 목적을 나타내는 20:31과 맥락을 같이 한다. 나아가 가이사랴 빌립보에서 행한 베드로의 신앙고백과 흡사하다(마

---

372) 그리스도가 계신 곳에 부활이 있다. 부활은 마지막 날을 위해 약속된 것이나 그리스도는 '마지막 날'을 이루셨다. 그리스도는 '마지막 날'을 가져오신다. 그런 의미에서 6장과 11장은 서로 연결지어 읽는 것이 타당하다. R.Kysar,《설교자를 위한 요한복음 해석》, 135.

373) '부활이요 생명'은 히브리 문장법에 의하면 부활과 생명이 동의적 평행법에 속하는 동의어로 볼 수 있다. 그런데 요한복음에서 '부활'과 '부활하다' 어휘는 자주 나오지 않는다(5:29; 6:39,40,44,54; 20:9). 그 대신 '일으키다'가 하나님 또는 그리스도가 사람들을 죽음 가운데서 일으키는 것으로 사용된다(2:19,20,22; 21:14; 또한 5:21; 12:9,17). 한편, 형용사 '영원한'이 붙거나 붙지 않는 '생명' 어휘는 자주 나온다. '생명' 어휘에 대해서는 225쪽의 각주 474번을 참조하세요.

16:16). 이 같은 마르다의 사도적 신앙고백은 당시 교회의 세례시의 신앙고백을 반영하는 것으로 생각된다.

2) 죽은 자에 대한 예수의 연민(28-37절)

마르다에 이어 마리아가 유대인들과 함께 동구 밖에 있는 예수를 맞이하러 나갔다. 마리아는 예수를 만나 그 발 앞에 엎드려 "주께서 여기 계셨더라면 내 오라버니가 죽지 아니하였겠나이다"(32절)라고 앞서 마르다가 한 말(21절)과 똑같은 말을 하였다. '그 발 앞에 엎드려'라는 표현은 마리아의 특징적인 모습이다(12:2; 눅 10:39).

33절에서 '심령에 비통히 여기시고'와 '불쌍히 여기사'를 어떻게 해석해야 하느냐를 두고 많은 논쟁이 있었다. 즉 그것은 나사로의 죽음 앞에서 느끼는 비탄이나 고통 또는 동정심 등에 의해 야기된 내적 혼란인가? 아니면 부활이요 생명이신 예수를 믿지 못하는 유대인들과 마리아의 불신앙, 그리고 인간에게 깊은 슬픔을 가져다주는 사망의 권세에 대한 내적인 분노를 표현한 것인가?[374] 이 모든 것이 복합된 것으로 보아야 할 것이다.

예수가 "그를 어디 두었느냐"고 묻자 마리아는 "주여 와서 보옵소서"(34절)라고 대답했다. 그러자 "예수께서 눈물을 흘리시더라"(35절). 영어로는 "Jesus wept."인데, 우리말로 가장 짧게 번역하면 "예수는 울었다" 또는 '예수는 우셨다'가 될 것이다. 예수의 인간미의 극치를 보여주는 이 구절은 신구약성경에서 가장 짧은 절로서 그 의미는 깊다.[375] 사

---

374) 더 자세한 논의는 G.R.Beasley-Murray, *John*, 192-193을 참조하세요.
375) 천재 음악가 모차르트는 35세로 생을 마감했다. 너무도 짧았던 그의 생애처럼 그의 음악적 특징을 이렇게 말한다. "짧게 짧게 / 가장 짧게 / 아름답게 아름답게 / 눈물이 나도록 아름답게." 이 말은 33세의 너무도 짧은, 그러나 눈물이 나도록 아름다운 우리 주님

랑하는 자의 죽음 앞에서 무슨 긴 말이 필요하겠는가. 그래서 눈물로 말했다. 마르다와의 만남에서는 예수의 신성이 강조되어 나타났다면, 마리아와의 만남에서는 예수의 인성이 부각되어 나타난다.[376]

예수의 슬픔을 본 유대인들은 예수가 나사로를 얼마나 사랑했는지에 대해서는 감동을 했지만(36절), 소경의 눈을 뜨게 한 예수가 나사로를 살릴 수는 없었는가(37절) 하며 중얼거렸다(9:1-7,32; 10:21). 그들은 예수가 죽은 자를 살릴 것이라는 믿음이 없었다. 그러나 아이러니하게도 그들이 내뱉은 말 그대로 예수는 나사로를 곧 살려내었다.

3) 나사로를 살리심(38-44절)

사람들의 눈물 앞에서 비통해 하신 예수는 나사로의 무덤으로 가면서 다시 비통해 하셨다. 나사로의 무덤은 바위를 파서 만든 예수의 무덤과는 좀 다르게(막 15:46) 큰 바위돌로 막은 동굴로 되어 있었다. 예수께서 "돌을 옮겨 놓으라"고 말하자 마르다는 "주여 죽은 지가 나흘이 되었으매 벌써 냄새가 나나이다"(39절)라고 대답했다. 죽은 지가 나흘[377]이 된 나사로의 시체에서는 이미 썩은 냄새가 나고 있었다. 이것은 그가 확실히 죽었다는 것을 말해준다(17절).

40절은 나사로의 질병과 죽음이 하나님의 영광을 위한 것이고, 이로 말미암아 하나님의 아들이 영광스럽게 된다는 예수의 예언적인 말

의 생애에 가장 어울리는 말이다. 눈물에 젖은 말구유에서 시작해서 눈물조차 말라버린 십자가 위에서 끝난 우리 주님의 생애는 그야말로 눈물로 시작해서 눈물로 마감한 눈물의 생애였다.

376) 예수의 인성을 보여주는 구절들: 목마름(4:7; 19:28), 피곤함(4:6), 사랑함(20:2), 주림(마 4:2), 기쁨(눅 10:21), 탄식(막 3:5), 노여움(막 3:5).

377) 나흘(예수께 오는데 걸린 하루, 그가 계셨던 곳에 머무른 이틀, 베다니로 가는데 걸린 하루).

씀(4절)과 맥락을 같이한다. 이제 그 예언적 말씀 성취를 앞두고 있는 것이다. 요한복음에 의하면 예수의 모든 표적은 하나님과 예수의 영광을 드러내고 나아가 믿는 자들이 그 영광을 보기 위함이다(2:11).

41절에서 예수는 눈을 들어 하늘을 우러러 기도한다(17:1). 그런데 여기서의 기도는 특이하다. 아버지께 무엇인가를 청원하는 것이 아니라 기도의 응답에 감사하고 있는 것처럼 기도하고 있다는 점이다(42절). 예수는 항상 아버지께서 기뻐하시는 일을 행했기 때문에(8:29) 아버지께서 자신의 청원을 들어주실 것을 확신했다. 단지 이 같은 감사 기도를 드리는 것은 무덤 주위에 둘러서 있는 무리들로 하여금 자신이 아버지로부터 보냄을 받은 자라는 사실을 믿도록 하기 위해서라는 것이다.

43-44절은 드디어 죽었던 나사로가 소생하는 극적인 순간이다. "나사로야 나오라"는 예수의 명령은 무덤 속에 있는 자가 다 인자의 음성을 들을 것이라는 말씀(5:28)에 대한 선취적 의미를 지닌다. 이 대목에서 '나사로의 소생'과 '예수의 부활'의 차이를 엿보게 된다. 나사로는 얼굴을 수건으로 싸인 채 무덤에서 나온다. 이러한 모습은 그가 아직도 죽음의 권세에 매여 있음을 보여준다.

그는 소생하였지만 다시 죽었다. 이와는 달리 예수는 부활할 때 수건을 그 얼굴에서 제거하였다(20:7). 그는 사망을 스스로 이겼고 결코 다시 죽지 않았다. 그 개켜진 수건은 이사야(25:7-8)의 예언("사망을 영원히 멸하실 것이다")이 성취되었음을 말해준다. 결국 이 마지막 표적에서 최후의 적(죽음)은 결국 거꾸러졌다.

3. 산헤드린 공회의 예수살해 모의(45-53절)
– 예수 나의 보화(보배, 보석) –

〈성경 본문〉

45 마리아에게 와서 예수께서 하신 일을 본 많은 유대인이 그를 믿었으나 46 그 중에 어떤 자는 바리새인들에게 가서 예수께서 하신 일을 알리니라 47 이에 대제사장들과 바리새인들이 공회를 모으고 이르되 이 사람이 많은 표적을 행하니 우리가 어떻게 하겠느냐 48 만일 그를 이대로 두면 모든 사람이 그를 믿을 것이요 그리고 로마인들이 와서 우리 땅과 민족을 빼앗아 가리라 하니 49 그 중의 한 사람 그 해의 대제사장인 가야바가 그들에게 말하되 너희가 아무 것도 알지 못하는도다 50 한 사람이 백성을 위하여 죽어서 온 민족이 망하지 않게 되는 것이 너희에게 유익한 줄을 생각하지 아니하는도다 하였으니 51 이 말은 스스로 함이 아니요 그 해의 대제사장이므로 예수께서 그 민족을 위하시고 52 또 그 민족만 위할 뿐 아니라 흩어진 하나님의 자녀를 모아 하나가 되게 하기 위하여 죽으실 것을 미리 말함이러라 53 이 날부터는 그들이 예수를 죽이려고 모의하니라.

나사로를 살리신 표적을 두고 상반된 반응이 일어났다. 한 부류의 유대인들은 예수가 한 일을 보고 그를 믿게 된 것이고(45절), 다른 한 부류의 유대인들은 예수가 한 일을 보고 바리새인들에게 가서 보고하였다(46절; 9:13). 산헤드린 공회[378]는 '많은 표적'[379]을 행한 예수를 두고

---

378) '산헤드린(Sanhedrin)'은 유대의 최고회의 기관으로 사두개파에 속하는 대제사장들(전·현직 대제사장)과 바리새파에 속하는 서기관들 및 장로들 등 모두 71인으로 구성되었다(7:32,45; 11:47; 18:3).
379) '많은 표적'이라는 표현은 예수의 표적에 대한 요한의 관용적 표현이다(12:37; 20:30).

어떻게 하면 좋겠느냐고 대책을 논의하였다(47,48절).

예수의 활동(메시아 운동)을 저지하지 않으면 민중운동이 발생하게 되고, 그것이 로마의 지배에 대항하는 것이 되면 로마 군대가 와서 예수의 메시아 운동을 진압할 것이다. 그렇게 되면 그 메시아 운동에 참여한 사람들이 많이 다치게 될 것이고, 성전(본문에는 '땅'으로 되어 있다)이 파괴되고 유대 민족이 완전히 파멸하게 될 것이다. 유대 지도자들은 예수를 종교적, 정치적 위험인물로 여겼다(19:12).[380]

그들의 우려는 전혀 터무니없는 것은 아니다. 그러나 그들의 진정한 관심은 성전이나 백성에게 있는 것이 아니라 그들 자신의 지위(기득권)였다. 나사로 사건을 통해 예수는 생명을 수여하는 세력인데 반해, 기득권을 지키려는 '현상유지(status quo)' 세력들은 죽음을 가져오는 세력으로서,[381] 예수를 자신들의 기득권을 위협하는 위험한 인물로 보고 죽임의 음모에 착수하였다.

'그 해의 대제사장인 가야바'(49절)는 이전 대제사장 안나스(주후 6-15년 재위)의 사위로서 주후 18-36년까지 대제사장으로 있었다. 그는 당시 대제사장이었기에 산헤드린 의장이기도 했다. 대제사장은 백성을 위해 하나님께 묻고, 그 뜻을 알아 백성에게 전달해 주어야 할 책임이 있었다. 대제사장 가야바는 거짓 예언자처럼 다음과 같은 예언을 했다. "한 사람이 백성을 위하여 죽어서 온 민족이 망하지 않게 되는 것이 너희에게 유익하다"(50절). 이 말은 요한의 전형적인 아이러니가 아닐 수 없다.

요한은 가야바의 말을 확대해서 다음과 같은 해석을 내렸다. "이 말은 스스로 함이 아니요 그 해의 대제사장이므로 예수께서 그 민족

---

380) 이영헌, 《요한복음서》, 238.
381) W.Carter, *John and Empire*, 169-170.

을 위하시고 또 그 민족만 위할 뿐 아니라 흩어진 하나님의 자녀를 모아 하나가 되게 하기 위하여 죽으실 것을 미리 말함이러라"(51,52절). 예수는 '그 백성을 위하여(ὑπὲρ τοῦ λαοῦ)' 죽어야만 했다. 전치사 '휘페르(ὑπερ, '위하여')'는 예수의 죽음이 구원론적이고 속죄론적인 의미를 갖는다는 것을 말해준다.[382]

예수는 '(유대) 민족을 위하여' 죽었지만, 그것은 단지 그 민족만을 위해서가 아니라 '흩어진 하나님의 자녀들'을 위한 것이다. '흩어진 하나님의 자녀들'은 본래 구약에서는 이스라엘 밖에 살면서 메시아 시대에 모여들 백성들을 말한다(사 11:12; 43:5,6; 미 2:12; 렘 23:3; 겔 34:16; 37:21). 그런데 요한은 이것을 유대인과 이방인의 구별없이 신자를 가리키는데 사용한다.[383]

예수의 죽음은 흩어진 하나님의 백성이 모여 하나가 되게 하기 위한 것이다(요 17:24; 막 13:27; 살전 4:17; 살후 2:1; 계 21:2-4). 요한은 예수의 죽음이 유대인들의 정치적 음모에 의해 것이 아니라 하나님의 계획에 따라 이루어진 것임을 분명히 하고 있다. 산헤드린 공회는 그 날 예수를 죽일 것을 결의하였다(53절). 이제 남은 것은 다만 그들의 목적을 달성할 방법을 찾는 일이다.

---

382) 김지철, 《고린도전서》, 569.
383) 김동수, 《요한신학 렌즈로 본 요한복음》, 154.

4. 제1부의 종결어(1): 예루살렘 입성 준비(54-57절)
- 예수 나의 신비(비밀) -

〈성경 본문〉
54 그러므로 예수께서 다시 유대인 가운데 드러나게 다니지 아니하시고 거기를 떠나 빈 들 가까운 곳인 에브라임이라는 동네에 가서 제자들과 함께 거기 머무르시니라 55 유대인의 유월절이 가까우매 많은 사람이 자기를 성결하게 하기 위하여 유월절 전에 시골에서 예루살렘으로 올라갔더니 56 그들이 예수를 찾으며 성전에 서서 서로 말하되 너희 생각에는 어떠하냐 그가 명절에 오지 아니하겠느냐 하니 57 이는 대제사장들과 바리새인들이 누구든지 예수 있는 곳을 알거든 신고하여 잡게 하라 명령하였음이러라.

이 대목은 요한복음의 첫 종결어에 해당한다. 예수는 몸을 피해 에브라임이라는 동네에 들어가 그곳에서 제자들과 함께 머물렀다(54절). '에브라임'은 그 위치가 확실치 않으나 예루살렘 북동쪽 20km쯤 떨어진 산악지역으로 알려져 있다. 예루살렘에서의 마지막 한주를 빼면 그의 공적 사역은 끝났다.

예수는 '유월절 어린양'으로서 자신의 죽음의 때(유월절)가 가까이 오고 있음을 직감하였다. 예수는 깊은 산 속에서 은둔하며 제2의 출애굽을 위한 예루살렘 입성을 치밀하게 준비하였다. 그것은 모든 민족을 '예수 나라'라는 신세계('새 약속의 땅')로 인도하기 위한 준비였다.

드디어 최후의 일전이 벌어질 유월절이 가까이 왔다(55절). 유월절 절기에 참여하기 위해서는 제의적 성결이 요구되었다(민 9:6-13; 19장; 대하 30:15-19; 요 18:28). 대제사장들과 바리새인으로 대표되는 공회원들은 예수가 유월절에 예루살렘으로 올라올 것으로 예상하였다. 그리하여

"누구든지 예수 있는 곳을 알거든 신고하여 잡게 하라"(57절)고 명령하였다. 전국적으로 '예수 체포령'이 내려졌다. 이는 예수에 대한 유대인들의 적대감을 반영한다(7:25, 32; 8:59; 10:31, 39; 11:47 -53, 57). 예수는 그동안의 은둔을 끝내고 예루살렘을 향해 올라가셨다. 드디어 '왕의 귀환'이 시작된 것이다.

2. 십자가 및 부활을 통한 영광과 생명(12-21장)

제 12 장(1-36절)

〈12:1-36 개요〉

12장은 요한복음의 제2부가 시작되는 장이면서 본론의 세 번째 부분(9-12장)을 마감하는 전환장이기도 하다. 요한은 '때'의 관점, 즉 예수의 죽음과 부활의 '때가 왔다'(23절)는 언급으로 12장을 "때가 이르지 않았다"고 말하고 있는 선행하는 장들과 분명히 구분짓고 있다. 또한 '유월절 엿새 전'(1절)이라는 표현으로 이전과는 다른 분명한 역사적 시점을 제시하고 있다.

12장은 인류 구원을 위한 예수의 '수난과 죽음(십자가)'이 시작되는 장으로, 이 부분의 핵심주제는 '십자가 신학'에 기초한 '구원론'이다. 그런 의미에서 '구원론(십자가 신학)'을 말하는 10장과 상응한다. 나아가 12장은 전반부(1-36절)와 후반부(37-50절)로 나누어지는데, 전반부는 10장과 후반부는 9장과 상응한다.

예수의 발에 향유를 붓는 마리아의 희생적 행위(1-11절)는 자신의 목숨을 양을 위해 희생하는 10장의 선한 목자 예수와 상응하는 모습이다. 반면에 마리아의 희생적 행위를 비난하는 유다는 돈을 훔쳐가는 도둑으로 이리가 오면 양들을 버리고 달아나는 삯꾼의 모습이다. 이런 모습은 이 부분이 10장과 상응함을 말해준다. 그리고 예수의 예루살렘 입성(12-19절)은 한 알의 밀이 되고자 걷는 십자가의 길이다.

이어지는 본문(20-36절)은 두 단락으로 나누어진다. 첫 단락(20-26절)은 자신을 한 알의 밀에 비유하신 예수를 언급하고 있다. 둘째 단락(27-36절)은 자신의 수난을 앞두고 기도하시는 예수와 빛 되신 예수의 증언을 언급하고 있다. 예수는 여기서 처음으로 "인자가 영광을 얻을 때가 왔다"(23절)고 말씀하면서 자신은 한 알의 밀처럼 죽어야 한다고 말씀하고 있다. 수난을 앞두고 하신 예수의 기도는 '요한복음의 겟세마네 기도'(마 26:36-46 및 평행본문)라고 말할 수 있다. 요한이 이 기도를 수난사화(18-19장)가 아닌 이곳에 배치한 까닭은 전체 구조의 절정인 11장(부활신학)을 중심으로 십자가 신학을 말하는 두 장(10장과 12장)을 전후에 두고자 한 때문으로 볼 수 있다.

1. 베다니 향연 및 예루살렘 입성(1-19절)
- 예수 나의 향기 -

〈성경 본문〉

1 유월절 엿새 전에 예수께서 베다니에 이르시니 이 곳은 예수께서 죽은 자 가운데서 살리신 나사로가 있는 곳이라 2 거기서 예수를 위하여 잔치할새 마르다는 일을 하고 나사로는 예수와 함께 앉은 자 중에 있더라 3 마리아는 지극히 비싼 향유 곧 순전한 나드 한 근을 가져다가 예수의 발에 붓고 자기 머리털로 그의 발을 닦으니 향유 냄새가 집에 가득하더라 4 제자 중 하나로서 예수를 잡아 줄 가룟 유다가 말하되 5 이 향유를 어찌하여 삼백 데나리온에 팔아 가난한 자들에게 주지 아니하였느냐 하니 6 이렇게 말함은 가난한 자들을 생각함이 아니요 그는 도둑이라 돈궤를 맡고 거기 넣는 것을 훔쳐 감이러라 7 예수께서 이르시되 그를 가만 두어 나의 장례할 날을 위하여 그것을 간직하게 하라 8 가난한 자들은 항상 너희와 함께 있거니와 나는 항상 있지 아니하리라 하시니라 9 유대인의 큰 무리가 예수께서 여기 계신 줄을 알고 오니 이는 예수만 보기 위함이 아니요 죽은 자 가운데서 살리신 나사로도 보려 함이러라 10 대제사장들이 나사로까지 죽이려고 모

의하니 11 나사로 때문에 많은 유대인이 가서 예수를 믿음이러라 12 그 이튿날에는 명절에 온 큰 무리가 예수께서 예루살렘으로 오신다는 것을 듣고 13종려나무 가지를 가지고 맞으러 나가 외치되 호산나 찬송하리로다 주의 이름으로 오시는 이 곧 이스라엘의 왕이시여 하더라 14 예수는 한 어린 나귀를 보고 타시니 15 이는 기록된 바 시온 딸아 두려워하지 말라 보라 너의 왕이 나귀 새끼를 타고 오신다 함과 같더라 16 제자들은 처음에 이 일을 깨닫지 못하였다가 예수께서 영광을 얻으신 후에야 이것이 예수께 대하여 기록된 것임과 사람들이 예수께 이같이 한 것임이 생각났더라 17 나사로를 무덤에서 불러내어 죽은 자 가운데서 살리실 때에 함께 있던 무리가 증언한지라 18 이에 무리가 예수를 맞음은 이 표적 행하심을 들었음이러라 19 바리새인들이 서로 말하되 볼지어다 너희 하는 일이 쓸 데 없다 보라 온 세상이 그를 따르는도다 하니라.

1) 예수의 발에 향유를 부은 마리아(1-11절)

한 여인이 예수의 몸에 향유를 부은 이야기는 사복음서(마 26:6-13; 막 14:3-9; 눅 7:36-50; 요 12:1-8)에 모두 나오고 있다. 이 사화들은 문체와 내용에 있어서 많은 부분이 유사하지만 차이도 두드러지게 나타난다. 이를 두고 여러 견해가 있다.[384] 마태-마가 전승과 누가 전승을 잘 알고 있는 요한은 자신의 신학적 의도에 따라 철저히 변형시켰다는 것이

---

384) 요한복음은 공관복음과 공통된 전승 자료를 가진 것이 아니라 하나의 독립된 전승 자료라는 주장이 있다. 이영헌,《요한복음서》, 241. 전승상 두 개의 사건이 전해졌을 가능성이 있다. 하나는 예수의 발에 눈물을 흘리고 머리털로 그 발을 씻은 죄인인 한 여인에 대한 전승(누가 전승)과 또 하나는 값비싼 나드 향유를 가져와서 그것을 예수의 머리에 부은 한 여인에 대한 전승(마태와 마가 전승)이다. 이 두 전승이 전달 과정에서 혼합되었다고 볼 수 있다. G.R.Beasley-Murray, *John*, 206.

필자의 생각이다.[385]

12장의 첫절에 나오는 '유월절 엿새 전'은 중요한 의미를 지닌다.[386] 이 사건 이전까지의 예수의 사역은 그것이 역사적으로 정확히 언제 일어난 사건인지 알 수 없었다. 그런데 이 사건에서부터 예수의 부활까지는 팔일이 된다. 요한복음의 절반이 마지막 유월절 팔일 동안 일어난 사건으로 구성되어 있다는 점에서 이 사건은 요한복음의 제2부를 시작하는 기준점이 된다.

'유월절 엿새 전'[387]은 토요일에 해당하는 날로서, 이 날은 유대인들에게는 안식일에 해당하는 날이자 예수에게는 일주일 후에 십자가에 달리신 후 무덤에 머무르는 시간이다. 따라서 이 날짜가 의미하는 바

---

385) 예수의 몸에 향유를 부은 사건을 다룬 공관복음과 요한복음의 비교

	마태-마가	누가	요한
1. 시기	유월절 이틀 전 (마 26:2 / 막 14:1)	예수의 갈릴리 사역 중 (7:36)	유월절 엿새 전(12:1)
2. 장소	베다니 나병환자 시몬의 집 (마 26:6 / 막 14:3)	바리새인 시몬의 집 (7:36)	베다니 나사로의 집 (12:1)
3. 이름	한 여자 (마 26:7 / 막 14:3)	죄를 지은 한 여자 (7:37)	나사로의 누이 마리아 (12:1-3)
4. 시행	예루살렘 입성 후	예수의 갈릴리 사역 중	예루살렘 입성 전
5. 향유 부은 곳	예수의 머리 (마 26:7/막 14:3)	예수의 발(7:38)	예수의 발(12:3)
6. 의미	예수의 장사 준비 (마 26:12 / 막 14:8)	예수에 대한 선행(7:47)	예수의 장사 준비(12:7)

이 비교를 통해 요한은 누가보다는 대체로 마태-마가 전승과 유사한데, 향유 부은 곳에서는 누가와 유사하다는 것을 알 수 있다.

386) "요한이 이 사건이 일어난 시간을 유월절과 연관하여(유월절 엿새 전) 기술하고, 이 사건을 기준으로 다음의 날짜를 계산한 것(12:12)은 우연이 아니다. 요한복음에 있어서 마리아의 향유 부음 사건은 그 이전까지의 예수의 구속 사역에 대한 요약이고, 구속 사역을 완성할 예수의 수난과 죽음에 대한 시작으로서 자리매김하고 있는 것이다." 김동수, 《요한신학 렌즈로 본 요한복음》, 157.

387) 여기서 '엿새'라는 숫자 6은 '십자가(죽음)'의 숫자로서, 숫자상징코드적 의미를 지닌다.

는 유대교의 안식일은 예수의 죽음과 더불어 장사되고 예수의 부활로 인해 그것이 기독교의 주일로 대체되었다는 것을 말한다.

요한이 이 사건을 예루살렘 입성 후의 사건으로 다룬 공관복음과는 달리 예루살렘 입성 전의 사건으로 다룬 것은 중요한 신학적 의미를 갖는다. 요한은 이 사건을 (예수를 죽인) 예루살렘이 아닌 나사로의 소생이 있었던 베다니에 위치시킴으로써 예수의 죽음을 준비하는 이 사건을 부활과 연관시키고자 했다. 아울러 예수의 죽음을 예수의 부활이 갖는 의미, 즉 죽음을 이긴 승리자요 사망 권세를 쥔 이 세상 임금 사탄을 정복한 왕으로서의 왕적 죽음을 예시하는 것으로 그리려고 했다.

나사로가 살아난 것을 감사하면서 예수에 대한 지극한 사랑과 보은의 표시로 나사로의 집에서 잔치가 벌어졌다. 이때에도 마르다는 잔치 준비를 하고 있었고(눅 10:40) 나사로는 예수와 함께 잔치 자리에 앉아 있었다(2절). 이때 나사로의 누이 마리아가 등장한다(3절).

3절의 나드 향유는 인도의 북쪽 지역에서 자라는 나드 식물의 뿌리에서 채취한 것으로 왕들이 사용하는 고급 향유였다. '순전한 나드'는 다른 물질이 섞이지 않은 100% 나드임을 나타낸다. 나드 한 근은 300데나리온에 해당하는 비싼 것으로 한 데나리온이 당시 노동자들의 보통 일일 임금이라고 할 때 1주 노동시간이 안식일을 뺀 6일임을 감안하면 1년치의 임금에 해당한다. 마리아가 간직한 이 향유는 가난한 집 딸이 결혼하기 위해 모은 그의 전 재산에 해당하는 것이다.

마리아의 향유부음 행위는 물질의 가치보다 생명(죽음과 부활)의 가치가 더 소중함을 말해준다. 그리고 자기의 머리털로 남의 발을 씻기는 것은 노예의 행위이다. 여인이 공공석상에서 머리를 푸는 것은 치욕스러운 행위였다. 그런데 마리아는 그토록 소중한 머리털을 풀어 예수의 발을 씻어줌으로써 예수를 높이고 자신을 낮추는 행위를 하였다. 이 같은 마리아의 행위는 자존심(인격)보다 예수가 더 소중함을 보여준다.

여기서 중요한 것은 왜 향유를 마태와 마가 전승처럼 예수의 머리에 붓지 않고, 누가 전승처럼 예수의 발에 부었는가 하는 점이다.[388] 신체 중에서 발은 가장 낮은 곳에 있는 동시에 가장 더럽고 천한 것으로 여겨진다. 발은 온갖 수고를 다하지만 상은 손이 대신 받는 희생과 순종의 상징이다. 따라서 가장 낮고 천한 발에 향유를 부었다는 것은 예수가 제2이사야의 수난의 종처럼 '기름부음을 받은 종'(사 52:13-53:12)이라는 의미를 지닌다.

부활의 주님, 왕 되신 예수는 자기를 비워 '종($\delta o \upsilon \lambda o \varsigma$)'의 형체를 입어 이 세상에 성육신 하시고 끝내는 자기를 십자가에 내어주기까지 낮아졌다. 그런데 하나님은 예수를 지극히 높여 모든 존재가 예수에게 무릎을 꿇고 예수를 '주($\kappa \upsilon \rho \iota o \varsigma$)'로 고백하게 하셨다(빌 2:6-11). 따라서 예수의 죽음이란 발이 갖는 이 같은 상징성과 상응한다는 점에서 머리가 아닌 발에 향유를 부은 것은 더욱 깊은 신학적 의미를 지닌다.

하나님께 제물을 드릴 때 흠 없는 것으로 드려야 했던 것처럼(레 3:1; 겔 43:22-25), 마리아는 예수의 장사를 준비하면서 불순물이 섞이지 않은 순결한 것으로 드렸고, 여인의 소중한 머리털로 예수의 발을 씻음으로써 몸과 마음 다 바쳐 예수께 최고의 헌신을 보여주었다. 향유 냄새가 온 집안에 가득하듯 마리아의 아름다운 헌신은 복음이 전파되는 곳이면 어디서나 그녀의 아름다운 향기가 전해질 것이다(마 26:13; 막 14:9).

이 같은 마리아의 행동에 대해 제자 중의 하나로서 앞으로 예수를

---

388) 구약시대에 왕의 즉위식에는 기름을 붓는 전통이 있는데, 제사장이 기름을 왕의 머리에 붓는다(삼상 10:1).

팔아 넘길 가룟 유다(6:71; 12:4; 13:2,21,26; 18:3)는 불만이 가득하여 이 같이 말했다. "이 향유를 어찌하여 삼백 데나리온에 팔아 가난한 자들에게 주지 아니하였느냐"(5절). 이를 두고 요한은 다음과 같은 해설을 붙였다. "이렇게 말함은 가난한 자들을 생각함이 아니요 그는 도둑이라 돈궤를 맡고 거기 넣은 것을 훔쳐 감이러라"(6절). 여기서 유다에게 사용한 '도둑(κλέπτης)'은 목자 강화에 3회 나오는 도둑(10:1,8, 10)과 같은 어휘로 유다는 선한 목자와 대조되는 도둑이자 삯꾼임을 말하고 있다. 요한은 돈궤를 맡은 유다가 가난한 자들을 생각하는 척 하면서 구제비용을 횡령했다고 말하고 있다.

유다의 발언에 대해 예수는 마리아의 행동이 자신의 장례를 준비하기 위한 행동으로 간주하였다(7,8절). 마리아가 귀하고 값비싼 순전한 나드를 예수에게 부은 것은 '거룩한 낭비'로서 예수를 왕으로 섬기는 행위이자 예수의 죽음을 왕적 죽음으로 치른 행위였다. 가난한 자는 이 세상이 존속하는 한 항상 있다(신 15:11). 그러기에 그들을 위한 구제는 기회만 있으면 언제든지 할 수 있다. 그러나 예수는 육체적으로 이 세상에 항상 있지 않고 잠시 후면 하늘로 갈 것이다. 그러기에 예수는 마리아가 자신의 장례를 단 일회적으로 왕의 등극식처럼 치르게 해준 숭고한 헌신을 귀하게 본 것이다. 결국 유다는 예수의 뜻을 이해하지 못한 예수의 제자였다. 그는 물질을 구하고 예수를 버렸다.

요한은 이 사건을 통해 예수의 죽음을 직감하고 예수에게 향유를 부은 마리아의 행위야말로 영적 통찰력을 가진 자로 묘사하고 있다. 이 대목은 예수를 구하고 물질을 버린 마리아와 물질을 구하고 예수를 버린 유다를 대조시킴으로써 마리아야말로 예수의 가르침을 실천한 참 제자임을 보여주고자 했다. 요한은 12장의 '마리아의 발 씻김'의 행위를 13장의 '예수의 발 씻김의 행위'의 선취적 사건으로 그리고 있다. 이 여인은 예수와 함께 놀라운 계시자의 직무를 담당하며 참 제자

가 되려면 다른 사람의 발을 씻어 주라는 예수의 명령을 몸소 실천한 참 제자임을 알려준다.[389]

이어지는 대목은 나사로의 소생과 마리아의 향유 부은 사건에 대한 유대 군중들과 대제사장들의 반응을 언급하고 있다. 유대인들은 나사로가 베푼 잔치자리에 왔는데, 이는 예수를 보기 위해서뿐만 아니라 죽었다가 살아난 나사로를 보기 위해서였다(9절). 많은 유대인들이 나사로를 인해 예수를 믿게 되자 시기심과 두려움이 생긴 대제사장들(안나스와 가야바)은 예수만이 아니라 나사로까지 죽이려고 모의하였다(10절). 이 대목을 통해 요한은 우리에게 예수는 사람을 살리기 위해 '죽음의 길'을 선택한 데 반해, 대제사장들은 자기들이 살기 위해 예수뿐만 아니라 나사로까지 없애버리려는 '죽임의 길'을 선택하였음을 보여주고 있다.

2) 예루살렘 입성(12-19절)

이 기사는 사복음서에 모두 언급되고 있는데(마 21:1-11; 막 11:1- 11; 눅 19:28-40; 요 12:12-19), 핵심 언급을 제외한 다른 세세한 내용들은 많은 차이를 보여준다.[390] 그 차이는 요한복음 전승이 공관복음 전승과 다르다는 데 기인하기보다는 요한이 공관복음 전승을 자신의 신학적 의도에 따라 재구성했다는 것이 필자의 생각이다.

공관복음은 이 사건이 정확히 언제인지 밝히지 않고 있으나 요한은 '그 이튿날'이라는 말로 그 시점을 정확히 밝히고 있다(12절). 즉 그날은 유월절 닷새 전인 일요일에 해당한다. 그러니까 예루살렘 입성일은 한

---

389) 최영실, "기름 부은 여인, 그녀는 누구인가", 69.
390) 가장 큰 차이점은 공관복음에서는 제자들을 보내 나귀를 끌고 오는 장면을 상세하게 언급하고 있는 데 반해, 요한복음에는 이 같은 언급이 생략되어 있다는 점이다.

주 후에 있을 부활절과 상응한다. 예수는 이미 사망 권세 이긴 부활한 왕이요 승리자로 예루살렘에 입성하였다.

13절의 '종려나무 가지를 가지고'라는 말은 요한복음에만 나오는 말이다. 종려나무는 존경과 희열을 표시하는 식물로서(레 23:40), 승리의 상징이다(계 7:9). 마카비 혁명 때 지도자 시몬이 예루살렘에 입성할 때 백성들이 종려나무 가지를 들고 그를 환영했다고 한다(1마카 13:51). 요한은 이 표현을 사용함으로써 예수의 예루살렘 입성이 죽음을 이긴 승리의 입성임을 나타내려고 했다.

또한 '호산나'는 '구원하소서!(제발 구원하소서!)'라는 뜻이고, '호산나 찬송하리로다 주의 이름으로 오시는 이'라는 외침은 시편 118:25-26을 인용한 것으로, 초막절 때 성전 성가대에 의해 불린 할렐시편(시편 113-118편)에서 발견된다. 지금 군중들은 예수를 이스라엘을 회복할 다윗왕과 같은 메시아, 즉 '이스라엘의 왕'으로 환호하고 있다(6:14-15).

여기서 주목할 것은 오실 이 메시아에 대한 기대 속에서 군중들의 외침은 당연히 '다윗의 자손'(마 21:9)이나 '다윗의 나라'(막 11:10)라고 하는 것이 문맥상 맞다고 보여지는데, 요한은 '이스라엘의 왕'이라고 표현하고 있다. 이는 스바냐 3:15을 반영한 것으로 볼 수도 있으나 변주의 달인인 요한의 깊은 의도가 깔려 있다고 보아야 한다.[391] 즉 북왕국(이스라엘) 전통에 속한 요한은 남왕국(유다) 전통인 다윗에 대한 어휘를 피하면서, 이중의미를 갖는 '이스라엘'[392] 어휘로 변주시킨 것이다.

---

391) 조병수는 큰 무리가 '이스라엘의 왕'이라는 이름 하에 전투적이고 군사적인 무력의 왕을 기대하고 있다고 보고 있다. 조병수, "죽음으로 나아가시는 예수님", 《요한복음: 어떻게 설교할 것인가》, 227. 그러나 '이스라엘 왕' 어휘는 구약에서 42회나 사용되고 있다는 점에서 꼭 스바냐 인용이라고 볼 수 없고, 문맥상 할렐시편 인용이라는 점에서 이 어휘는 요한의 의도적 변주로 보아야 할 것이다.

392) 이스라엘은 북왕국의 이름일 뿐 아니라 유다를 포함한 '전체 이스라엘'을 지칭하는 포괄적 어휘로 사용되었다. 더 자세한 설명은 W.Zimmerli, "'Israel' in the Book of Eze-

예수는 그들의 잘못된 메시아적 기대를 수정하려는 듯이 한 어린 나귀를 탔다고 언급되어 있다(14절). 예수가 군중들이 기대하는 메시아라면 왕 같은 힘있는 권세자나 전쟁 영웅들이 타는 건장한 말(준마)을 타고 입성해야 했을 것이다(사 31:1-3; 왕상 4:26). 그런데 예수는 건장한 말(준마) 대신에 초라한 어린 나귀를 타고 입성했다. 이는 예수의 사명이 평화와 구원에 있음을 시사한다.

메시아를 '평화의 왕'으로 묘사한 15절은 스가랴 9:9을 주로 인용하고 있다. 여기서 '두려워하지 말라'라는 대목은 스가랴에는 없는 말로서 스바냐 3:16에서 온 것으로 보여진다(스바냐 3:14-20은 스가랴 예언과 가까운 병행을 보여준다). 예수가 힘센 다윗 왕과 같은 위풍당당한 모습으로 왔다면 예수를 두려워했을 것이나 보잘것없는 어린 나귀를 타고 왔기에 그를 두려워할 필요가 없다. 그는 연약함(가난함)과 낮아짐(겸손)의 모습으로 오신 '평화의 왕(메시아)'이다.

16절은 요한의 해설로써 '영광을 받으신 후'라는 말은 예수가 부활한 이후를 가리킨다. 제자들은 예수가 나귀 새끼를 타고 입성한 이유를 그때에는 깨닫지 못했다가 부활절(=오순절) 이후 성령이 오셔서 가르쳐 주신 후에야 그 의미를 깨닫게 되었다(2:22; 7:39; 20:9). 19절에 나타난 바리새인의 하소연("보라 온 세상이 그를 따르는도다")은 요한적 아이러니의 최고의 실례이다. 하나님이 하시는 일에 인간의 온갖 방해는 무력하다. 이 구절은 예수를 따르는 군중들을 막아보려는 바리새인들의 방해공작이 한계에 이르렀음을 스스로 인정한 발언이다.

---

kiel," in *Ezekiel II*: 563-565을 참조하세요.

2. 밀알 하나 비유 및 예수의 기도(20-36절)
 - 예수 나의 밀알(십자가) -

⟨성경 본문⟩
20 명절에 예배하러 올라온 사람 중에 헬라인 몇이 있는데 21 그들이 갈릴리 벳새다 사람 빌립에게 가서 청하여 이르되 선생이여 우리가 예수를 뵈옵고자 하나이다 하니 22 빌립이 안드레에게 가서 말하고 안드레와 빌립이 예수께 가서 여쭈니 23 예수께서 대답하여 이르시되 인자가 영광을 얻을 때가 왔도다 24 내가 진실로 진실로 너희에게 이르노니 한 알의 밀이 땅에 떨어져 죽지 아니하면 한 알 그대로 있고 죽으면 많은 열매를 맺느니라 25 자기의 생명을 사랑하는 자는 잃어버릴 것이요 이 세상에서 자기의 생명을 미워하는 자는 영생하도록 보전하리라 26 사람이 나를 섬기려면 나를 따르라 나 있는 곳에 나를 섬기는 자도 거기 있으리니 사람이 나를 섬기면 내 아버지께서 그를 귀히 여기시리라 27 지금 내 마음이 괴로우니 무슨 말을 하리요 아버지여 나를 구원하여 이 때를 면하게 하여 주옵소서 그러나 내가 이를 위하여 이 때에 왔나이다 28 아버지여, 아버지의 이름을 영광스럽게 하옵소서 하시니 이에 하늘에서 소리가 나서 이르되 내가 이미 영광스럽게 하였고 또다시 영광스럽게 하리라 하시니 29 곁에 서서 들은 무리는 천둥이 울었다고도 하며 또 어떤 이들은 천사가 그에게 말하였다고도 하니 30 예수께서 대답하여 이르시되 이 소리가 난 것은 나를 위한 것이 아니요 너희를 위한 것이니라 31 이제 이 세상에 대한 심판이 이르렀으니 이 세상의 임금이 쫓겨나리라 32 내가 땅에서 들리면 모든 사람을 내게로 이끌겠노라 하시니 33 이렇게 말씀하심은 자기가 어떠한 죽음으로 죽을 것을 보이심이러라 34 이에 무리가 대답하되 우리는 율법에서 그리스도가 영원히 계신다 함을 들었거늘 너는 어찌하여 인자가 들려

야 하리라 하느냐 이 인자는 누구냐 35 예수께서 이르시되 아직 잠시 동안 빛이 너희 중에 있으니 빛이 있을 동안에 다녀 어둠에 붙잡히지 않게 하라 어둠에 다니는 자는 그 가는 곳을 알지 못하느니라 36 너희에게 아직 빛이 있을 동안에 빛을 믿으라 그리하면 빛의 아들이 되리라 예수께서 이 말씀을 하시고 그들을 떠나가서 숨으시니라.

1) 한 알의 밀이 되신 예수(20-26절)

예수의 예루살렘 입성과 20절 사이에는 예수의 성전정화사건이 있었다고 보여진다. 20절에서 '헬라인들'은 단순히 헬라인들이거나 유월절 명절에 예배하러 올라왔다는 표현으로 볼 때 이들은 헬라어를 쓰는 유대인들로 볼 수도 있으나 유대인 예수께 직접 말을 걸지 못하는 것을 볼 때 태생 헬라인들로서 유대교로 전향한 이방인들을 가리키는 것으로 보여진다.[393]

그들은 예수의 예루살렘 입성과 성전정화사건을 접하면서 예수를 만나보고 싶었다. 그들이 제자들과 먼저 접촉한 사실은 유대인 예수가 이방인들을 받아들일지에 대해 확신하지 못했기 때문일 것이다. 그들은 예수를 만나기 위해 헬라식 이름을 가진 빌립에게 청을 넣었고, 빌립은 자신의 단짝(1:44; 6:7-8)인 동향(갈릴리 벳새다) 사람 안드레에게 이것을 말하고, 그들의 면담요청을 예수께 전한다(22절).

이때 예수는 이렇게 대답했다. "인자가 영광을 얻을 때가 왔도다"(23절). 이 구절에서 헬라인들(이방인들)의 등장은 예수의 죽음으로 인해 이루어질 보편적인 구원의 때가 이르렀음을 말하고자 하는 요한의 신학적 의도가 깔려있는 것으로 볼 수 있다. 헬라인들의 면담요청을 전

---

[393] 이영헌,《요한복음서》, 247; 박수암,《요한복음》, 287.

해들은 예수는 이때가 바로 자신이 죽어 하나님께 영광을 돌릴 시간이 도래했음을 직감했다.

여기서 처음으로 '때가 이르렀음'이 말해지는데, 12장은 '아직 때가 이르지 않았음'(2:4; 7:30; 8:20)을 말하는 선행하는 장들과 구별되고 있다. '영광의 때'는 예수의 죽음의 때로써 '인자의 들어올려짐'(3:14; 8:28; 12:32)을 의미한다. 예수의 죽음이 '영광'인 것은 예수가 단지 아버지께로 돌아가기 때문만이 아니라 '들어올려짐(십자가에 달리심)'으로 인간에게 구원과 생명을 가져다주기 때문이다.

예수의 영광은 헬라인이나 제자들이 기대하는 것과는 전혀 다른 방식으로 이루어진다. 그것은 '한 알의 밀' 방식이다(24절). 예수는 진정한 영광을 땅에 떨어져 죽는 밀알로 설명하였다. '땅에 떨어져 죽는' 것은 옛 자신에 대한 가장 적절한 묘사이다. '땅에 떨어짐'은 그의 성육신이며, '죽음'은 그의 십자가 죽음이다. 예수의 떨어짐은 더 이상 내려갈 수 없는 가장 낮은 데로의 떨어짐이며, 예수의 죽음은 바로 그 가장 낮은 데를 뚫고 한층 더 낮은 데로 내려가는 것이다. '예수의 종교(기독교)'는 이렇게 시작되었다. 떨어짐과 죽음으로![394]

밀알 비유는 죽음을 통한 생명의 법칙을 말하는데, 하나님 나라의 법칙은 자연의 법칙과 같이 생명을 얻기 위해 필히 죽음이 뒤따른다는 것을 암시한다.[395] 선교의 풍요로운 결실을 얻기 위해 예수의 죽음은 필연적이다(32절).[396] 25절은 앞의 밀알 비유를 제자도(자기 생명에 대

---

394) 조병수, 윗글, 231-232.
395) 이순신 장군은 '필사즉생 필생즉사(必死卽生 必生卽死)'라는 말을 남겼다. 이 말은 "죽기를 각오하는 자는 반드시 살 것이요 살려고 꾀하면 반드시 죽을 것이다"라는 뜻이다. 이는 예수의 밀알 하나의 비유(12:24)와 그 사상적 맥을 같이 한다. 죽기를 각오하고 끝장을 보겠다는 정신으로 사는 자는 죽음 대신 많은 열매를 얻게 될 것이다. 이순신에 대해서는 윤영수,《불패의 리더 이순신: 그는 어떻게 이겼을까》를 참조하세요.
396) 바울은 썩어지는 밀알 비유를 예수의 부활에 적용하였다(고전 15:36).

한 사랑과 미움)[397]에 적용한 것으로 공관복음에서도 그 전승을 추적해 볼 수 있다(마 10:39; 막 8:35; 눅 9:24; 17:33).

앞 절에 이어 제자도를 말하는 26절은 '십자가를 지고 나를 따르라'(마 16:24; 막 8:34; 눅 9:23)는 말씀과 상응한다. 아들이 아버지의 뜻을 따라 십자가를 짐으로써 아버지의 영광에 참여했듯이 제자들도 예수를 따라 십자가를 질 때 아버지께서 아들 예수의 영광에 참여케 해주시리라는 약속의 말씀이다(17:24-26).

2) 겟세마네 기도 및 빛 되신 예수(27-36절)

본문은 성전정화사건과 더불어 요한의 글쓰기를 이해하는 데 있어서 중요한 단서를 제공한다는 점에서 결정적으로 중요한 대목이다.

먼저, 요한복음에는 공관복음의 '겟세마네 기도'가 생략되어 있다는 일반적 주장에 대해 27-33절이 바로 '겟세마네 기도'와 그에 대한 요한의 해석을 말하고 있다는 것이 필자의 생각이다.[398] 다만 공관복음과

---

397) 공산당에 입당하고자 하는 자에게 세 가지 서약을 하게 한다. '굶어죽을 각오, 얼어죽을 각오, 맞아죽을 각오'가 그것이다. 그렇다면 예수당에 입당하고자 하는 자(제자)의 각오는 어떠해야 할까. 세 가지를 두려워말아야 한다. 가난, 감옥, 죽음.

398) "요한복음 기자가 겟세마네 장면을 예수의 영광과 그것이 수반하는 승리라는 주제의 예시라는 견지에서 이 지점으로 단순히 옮겼을 수 있다(성전정화사건을 예수의 임무에 대한 청사진적인 묘사 부분으로서 예수의 사역의 초기로 이동시킨 점)." G.R.Beasley-Murray, John, 206. 필자는 자리를 이동시켰다는 점에서는 비슬리-머리와 견해가 같으나 그 이유에 대해서는 다른 생각을 가지고 있다. 요한은 근본적으로 '부활신학'의 관점에서 전체 구조를 짰기 때문에 '성전정화사건'이라는 중요한 사건을 20장(부활장)과 상응하는 본론의 맨 앞(2장)에 두어 부활의 관점에서 읽기를 의도했다는 점이다("역사의 해체와 재구성" 참조). '겟세마네 기도'도 같은 경우이다. 전체 구조의 절정인 11장(부활신학)을 중심으로 전후에 상응하는 두 장(10장과 12장, 십자가 신학)을 둔 것이다. 따라서 외견상으로는 적절치 않은 곳에 위치해 있는 것으로 보이나 "역사의 해체와 재구성"의 관점에서 보면 적절한 곳에 위치해 있는 셈이다.

비교할 때 그 위치와 내용에서 상당히 다를 뿐이다. 그 차이는 요한이 신학적 의도를 가지고 '겟세마네 기도'를 이곳에 배치했으며, 예수의 십자가(수난과 죽음)를 예수의 부활(영광과 승리)의 관점에서 해석한 데 기인한다.

다음으로, 34-36절은 요한이 깊은 신학적 의도를 가지고 이곳에 배치했다는 것이 필자의 생각이다. 즉 이 대목은 유대인들의 불신앙과 빛 되신 예수를 말하는 아래 단락(37-50절)과의 전이 역할을 할 뿐만 아니라 11장(나사로의 소생)을 준비하는 10:40-42과 상응하는 역할을 하고 있다.

27절의 '지금 내 마음이 괴로우니'라는 대목은 요한복음에서 세 차례 나타난다(11:33; 12:27; 13:21).[399] '괴로우니'에 해당하는 원어 '테타락타이'(τετάρακται)는 '타랏소'(ταράσσω)의 완료시제 수동태로서 그 의미는 '뒤흔들다', '불안하게 하다', '혼란케 하다' 등이다. 예수의 '고통'(ταραχή)은 심령의 흥분, 공포, 충격을 의미한다. 예수의 이 같은 모습은 성육신 하신 인간으로서 우리와 동일한 고통과 시험을 받았음을 보여준다(히 4:15).

필자는 요한복음의 예수를 아무런 인간적 감정도 없는 부동의 신처럼 다루려는 견해에 강력히 반대한다. 천하보다 귀한 목숨을 내놓아야 하는 상황에서 고민하지 않는 사람이 있겠는가? 그런 사람이 있다면 그는 자신(자기 생명)을 진정으로 사랑하지 않는 사람이다. 문제는 죽음 앞에서 어떤 자세를 갖느냐이다.

"아버지여 나를 구원하여 이 때를 면하게 하여 주옵소서"라는 대목을 기원문으로 번역하기도 하고 의문문으로 번역하기도 한다.[400] 이 대

---

399) 여기서 요한의 '숫자상징코드'를 고려할 때 '더 이상은 없다'는 의미의 세 차례는 예수의 인간적인 면을 완벽히 드러냈음을 암시한다.
400) 한글개역성경과 KJV은 표준 원문(Textus Receptus)의 마침표에 따라 기원문으로 번역

목은 예수가 실제로 기도하기를 원했던 바를 표현한 기원문으로 읽는 것이 바람직하다. 예수는 수난과 죽음을 앞둔 상황에서 마음이 혼란하여 아버지께 그것으로부터의 모면을 간구한다.

여기서 중요한 것은 공관복음은 "이 잔을 내게서 옮기시옵소서"(마 26:39; 막 14:36; 눅 22:42)라는 인간적 측면이 강조된 반면, 요한복음은 "이 때를 면하게 하여 주옵소서"라는 시간적 측면이 강조되고 있다는 사실이다. 여기서 요한은 예수가 수난과 죽음이 없기를 바라기보다는 그것을 기꺼이 받아들이되 그때가 지금인지에 대해 아버지의 뜻을 묻는 것으로 묘사하고 있다.

"그러나 내가 이를 위하여 이 때에 왔나이다." 예수는 자신이 이 세상에 온 목적과 사명을 분명히 자각했다. 이 고백은 아버지가 원하시는 때가 지금이라면 기꺼이 받아들이겠다는 결연한 의지를 반영한다. 예수의 고뇌에 찬 기도에 이은 이 같은 고백은 아버지의 뜻을 확인하고 그 뜻을 겸허히 받아들이겠다는 절대 순종의 자세이다.

28절은 겟세마네 기도를 영광의 관점에서 해석한 요한의 신학적 의도를 잘 보여주고 있다. '거룩'은 하나님의 내적 본질이고, '영광'은 하나님의 외적 현시이다. '아버지의 이름'은 주기도(마 6:9; 눅 11:2)의 첫 자리를 차지하는 가장 중요한 간구이다. 예수는 자신의 수난과 죽음이 아버지를 영화롭게 하는 것이 되기를 기원했다.

그러자 하늘에서 소리가 났다. 이 소리는 요한복음에서 하늘로부터 들려온 유일한 소리이다. 세례 받을 때(마 3:17; 막 1:11; 눅 3:22)와 변화산의 변모 때(마 17:5; 막 9:7; 눅 9:35)에 하늘로부터 들려온 소리는 모두 예수가 하나님의 아들이라는 소리였다. 공관복음과는 달리 예수의 죽음

하였다. 그러나 UBS3판은 본문을 의문부호(;)로 마친다. 이럴 경우 "아버지여, 이때로부터 나를 구원하여 주옵소서라고 기도할까?"로 번역된다. 대부분의 영역본들이 이 입장을 취하였다(RSV, JB, NASB, GNB, NIV 등).

과 부활을 강조하는 요한은 바로 이 수난과 죽음의 상황에다가 하늘의 음성을 둠으로써 예수가 하나님의 아들이며 영광의 메시아임을 분명하게 드러내려는 의도를 가지고 있었음을 엿보게 된다.

'내가 이미 영광스럽게 하였고(ἐδόξασα)'는 과거형으로, 이전의 예수의 공생애 활동이 아버지를 영광스럽게 한 행동이었음을 말하고, '또다시 영광스럽게 하리라(δοξάσω)'는 미래형으로 앞으로 있을 예수의 십자가상의 죽음과 부활과 승천을 통해 아버지와 아들이 받을 영광을 의미한다(13:31; 17:5). 이 대목은 요한의 '영광 신학' 사상을 잘 보여준다.

하늘로부터 온 소리를 두고 무리들은 천둥이 울었다고도 하고 또 어떤 이들은 천사가 그에게 말하였다고도 하였다(29절). 여기서 천둥과 천사[401]는 신현(theophany)을 나타내는 묵시문학적 표현으로 무리들의 몰이해와 오해를 보여주고 있다. 예수가 하나님의 아들되심을 확인시켜 준 하늘의 음성은 예수의 십자가 사역이라는 구속사의 절정의 순간에 있었던 것으로 시의적절한 것이다. 그런데 예수는 "이 소리가 난 것은 나를 위한 것이 아니라 너희를 위한 것이니라"고 대답한다. 즉 하늘의 소리가 무리들을 깨우치기 위한 것이었음을 강조하는 말이다(11:42).

31절의 '이제'에 해당하는 원어 '눈(νυν)'이 27절에 이어 거듭 사용된 것은 결정적인 종말적 심판이 이르렀음을 시사한다. '이 세상'은 어둠과 거짓과 죽음의 영역으로, 불신앙의 세계를 가리킨다(8:23-24; 15:18-19; 16:8-11). '이 세상 임금'(12:31; 14:30; 16:11)은 사탄(악마)을 가리키는 어휘로,[402] 3회 언급된 이 어휘는 숫자상징코드에 의하면 예수 그리스도에

---

401) 천둥(출 19:16; 삼상 12:17-18; 시 29:3-9; 욥 37:2-5; 겔 1:13), 천사(창 21:17; 왕상 13:18; 단 10:9; 14:33).
402) '사탄' 어휘는 1회(13:27), '마귀' 어휘는 3회(6:70; 8:44; 13:2) 나타난다.

의한 사탄의 완벽한 패배를 암시한다.[403]

요한복음에서 '들어올려지다'(3:14; 8:28; 12:32,34)라는 표현은 예수의 죽음뿐만 아니라 부활과 승천을 모두 포함한다. 특히 32-33절은 3:14처럼 십자가에 달린 예수의 죽음과 관련해서 사용되고 있다. '모든 사람을 내게로 이끌겠노라'라는 표현은 종말론적 구원의 보편적 범위를 말하지만, 거기에는 '믿음'이라는 하나의 조건이 내포되어 있다.

34절에서 '율법'은 구약성경을 일컫는다(10:34; 15:25). 시편 89:37(한글 개역 36절)에 근거하여 하나님 나라의 영존처럼 메시아도 영원히 존속하리라는 생각을 갖고 있던 무리들은 메시아라고 주장하는 예수가 자신의 죽음을 언급한 것을 이해할 수 없었다. 그래서 이 인자는 어떠한 부류의 인자냐라고 물었던 것이다. 35-36절은 유대인들의 불신앙과 빛 되신 예수를 언급하는 그 아래 대목(37-50절)을 준비하는 성격을 갖고 있는 동시에, 44-50절과 상응하는 9장(치유된 소경), 그리고 8장(세상의 빛), 나아가 11장(9-10절)과도 사상적 맥이 닿아 있다.

빛으로 오신 예수가 이 지상에 머물 시간은 얼마 남지 않았다. 그래서 빛이 있을 동안에 빛을 믿어 빛의 자녀가 되기를 마지막으로 당부하고 있는 것이다. 예수가 죽었다가 부활하여 이 지상을 떠나 하늘로 가게 되면 다시는 예수를 믿을 수 있는 기회가 없기 때문이다. 수전절에 유대인들과 기독론 논쟁을 끝내고 예루살렘을 떠나 요단 강 건너편에 숨어서 11장의 나사로의 부활을 준비하였던 것처럼(10:40-42), 바로 그 대목과 상응하는 36b절 또한 그 같은 역할을 수행한다. 예수는 이제 유대인들과의 논쟁을 접고 수난과 부활을 준비하기 위해 깊숙이 숨었다.

---

[403] 요한복음에는 공관복음과는 달리 '마귀 축출'이 나타나지 않는데, 요한은 '세상의 축출'로 '마귀 축출'을 대신한다. J.R.Michaels, *The Gospel of John*, 696.

제12장(37-50절)

⟨12:37-50 개요⟩

 12:37-50은 본론의 세 번째 단락(9-12장)을 마감하는 단락으로 심판과 구원(영생)이라는 신앙론(죄론)을 다루고 있다. 본문은 두 단락으로 나누어진다. 첫 단락(37-43절)은 유대인의 불신앙을 언급하고 있고, 둘째 단락(44-50절)은 심판과 구원(영생)에 대한 말씀을 언급하고 있다.

 본문은 9-12장, 더욱 넓게는 2-12장까지의 모든 것을 요약하는 말씀으로 볼 수도 있지만, 좁게는 9장에 상응하는 본문으로 볼 수 있으며 이것이 더욱 어울린다는 것이 필자의 주장이다. '봄과 보지 못함'(44-48절)이라는 은유(신앙과 불신앙)가 갖는 일반적인 상응만이 아니라, 요한복음 연구의 중요한 어휘인 출교(9:22; 12:40)의 상응 및 이사야 인용구절(사 6:10; 요 12:40)에서의 '귀먹음에 대한 언급'의 삭제는 본문이 9장과 상응관계에 있음을 잘 보여주고 있다.

⟨성경 본문⟩

 37 이렇게 많은 표적을 그들 앞에서 행하셨으나 그를 믿지 아니하니 38 이는 선지자 이사야의 말씀을 이루려 하심이라 이르되 주여 우리에게서 들은 바를 누가 믿었으며 주의 팔이 누구에게 나타났나이까 하였더라 39 그들이 능히 믿지 못한 것은 이 때문이니 곧 이사야가 다시 일렀으되 40 그들의 눈을 멀게 하시고 그들의 마음을 완고하게 하셨으니 이는 그들로 하여금 눈으로 보고 마음으로 깨닫고 돌이켜 내게 고침을 받지 못하게 하려 함이라 하였음이더라 41 이사야가 이렇게 말한 것은 주의 영광을 보고 주를 가리켜 말한 것이라 42 그러나 관리 중에도 그를 믿는 자가 많되 바리새인들 때문에 드러나게 말하지 못하니 이는 출교를 당할까 두려워함이라 43 그들은 사람의 영광을 하나님의

영광보다 더 사랑하였더라 44 예수께서 외쳐 이르시되 나를 믿는 자는 나를 믿는 것이 아니요 나를 보내신 이를 믿는 것이며 45 나를 보는 자는 나를 보내신 이를 보는 것이니라 46 나는 빛으로 세상에 왔나니 무릇 나를 믿는 자로 어둠에 거하지 않게 하려 함이로라 47 사람이 내 말을 듣고 지키지 아니할지라도 내가 그를 심판하지 아니하노라 내가 온 것은 세상을 심판하려 함이 아니요 세상을 구원하려 함이로라 48 나를 저버리고 내 말을 받지 아니하는 자를 심판할 이가 있으니 곧 내가 한 그 말이 마지막 날에 그를 심판하리라 49 내가 내 자의로 말한 것이 아니요 나를 보내신 아버지께서 내가 말할 것과 이를 것을 친히 명령하여 주셨으니 50 나는 그의 명령이 영생인 줄 아노라 그러므로 내가 이르는 것은 내 아버지께서 내게 말씀하신 그대로니라 하시니라.

1. 유대인들의 불신앙(37-43절)
  – 예수 나의 실상(실체) –

본문은 앞 단락의 예수의 말씀에 대한 요한의 해설로서, 유대인들의 불신앙을 선지자 이사야의 글 중 두 구절을 인용하는 것으로 자신의 논지를 개진하고 있다. 37절의 '많은 표적'은 단지 2장부터 시작된 7개의 표적만을 말하는 것이 아니라 예수의 활동에 대한 관용적 표현이라고 말할 수 있다.[404]

예언자들의 말씀을 듣기를 거부한 이스라엘 백성들처럼(사 1:2-3; 5:7;

---

[404] 요한에게 있어서 '표적'과 '말들'은 동의어적 개념이다. R. Bultmann, 《요한복음서연구》, 497

겔 3:7-8) 예수의 사역에 대한 유대인들의 반응은 완고한 불신앙이었다. 이 구절은 지금까지의 예수의 사역이 실패한 것으로 언급하고 있는 듯 보이나 이어지는 구절들은 예수의 사역에 일부 작은 결실이 있었음을 보여주고 있다.

요한은 유대인들의 불신앙을 구약 예언의 성취로 이해하고 있다. 38절은 이사야 53:1의 70인역을 정확하게 인용하고 있다. 이에 반해 40절은 이사야 6:10의 70인역을 정확하게 인용하지 않고 있다. 따라서 두 인용문은 한 사람에 의해 기록된 것으로 볼 수 없다는 주장이 있다.[405]

필자는 40절이 이사야 6:10의 말씀을 정확하게 인용하지 않고 귀먹음에 대한 언급을 생략하고 백성들의 눈멂을 맨 앞에 놓은 것은 9장과의 상응을 위한 요한의 신학적 의도에 기인한다고 생각한다. 즉 요한은 이사야를 인용할 때 9장에서 소경이 눈을 뜨는 것과 관련하여 육안(눈)과 영안(마음)에 해당하는 것만 인용하고 귀먹음에 대한 대목은 의도적으로 생략했다는 것이 필자의 생각이다.

이 대목에서 유대인들의 강퍅한 마음은 하나님이 바로의 마음을 완악하게 했다는 표현이나 바로가 자신의 마음을 완고하게 했다는 출애굽기의 언급을 생각나게 한다.[406] 이사야 6:9-13은 하나님께서 이사야로 하여금 선포한 메시지를 그 백성들이 깨닫고 회개하지 못하도록 귀와 눈과 마음을 멀게 했다고 진술하고 있다. 이 같은 이스라엘 백성

---

405) R.Bultmann, 윗책, 452-453.
406) '바로의 마음의 강퍅해짐' 주제는 출 4-14장 사이에서 20회 나타난다. 이 주제는 출애굽기에서 한 중요한 주제이다. 이 주제는 4-14장에 세 가지 히브리어 동사들 - 카바드 (כבד), 하자크(חזק), 카샤(קשה) - 로 20회 나타난다. 여기서 두 경우, 즉 바로가 자기의 마음을 완고(카바드)하게 하는 경우(7:14; 8:15,32; 9:7,34; 10:1)와 하나님께서 바로의 마음을 완악(하자크와 카샤)하게 하는 경우(하자크: 4:21; 7:13,22; 8:19; 9:12,35; 10:20,27; 11:10; 14:4,8,17, 카샤: 7:3; 13:15)가 있다. 박호용, 《출애굽기주석》, 127.

에 대한 심판의 선언은 선지자의 경험을 반영한다고 볼 수 있다. 그러나 이스라엘 백성 가운데 '그루터기'(사 6:13)에 해당하는 '거룩한 씨(남은 자)'는 하나님께 돌아오리라는 희망섞인 전망을 내놓고 있다.

40절의 인용문에서 그 백성의 눈멂을 맨 앞에 놓은 것은 아마도 소경된 자를 치유하심에 대한 반영과 세상의 빛으로서의 예수에 대한 강조 때문일 것이다(소경됨과 봄이라는 말로 표현된 9:39-41의 진술). 더욱이 선행하는 단락은 빛 가운데 다니라는 호소로 종결되고(35-36절), 후속하는 단락은 빛으로 세상에 온 예수를 믿으라는 명료한 호소를 하고 있다(46절). 이를 통해 요한의 시대에 유대인들로 하여금 불신앙에 대한 심판의 상황에서 뛰쳐나와 그들을 치유하는 예수께로 돌이킬 것을 요구한다.[407]

41절의 '주의 영광'은 이사야가 성전에서 본 하나님의 영광의 환상을 말하는데(사 6:3), 요한은 이사야의 환상을 그리스도의 영광에 대한 환상을 예견하는 것으로 보고 있다(요 1:14). 이사야로부터 인용된 두 구절은 강퍅 모티프에 의해 연결될 뿐만 아니라 들리워짐(사 6:1; 52:13)과 영광(사 6:3; 52:13 LXX) 및 죄(사 6:7; 53:12)의 주제에 의해서도 연결되고 있다. 특히 들리워짐과 영광 주제는 요한 기독론과 적절한 조화를 이룬다. 죄의 용서(사 6:7) 혹은 죄를 지고 가심(사 53:12)은 1:29, 34과 상응한다. 그리고 이사야가 하나님의 영광을 보았다는 진술은 고양된 수난의 종(사 52:13-53:12)을 생각나게 한다. 요한은 12장을 구성할 때 마음속에 '종의 노래(Servant Song)'를 그렸을 것이다.[408]

출교와 관련된 42-43절은 9장과 12:37-50이 상응관계에 있음을 보여주는 결정적 단서를 제공한다. 관리 중에서 예수를 믿은 사람 가운데

---

407) G.R.Beasley-Murray, *John*, 216.
408) D.A.Carson, *The Gospel According to John*, 450.

니고데모(7:48)와 아리마대 요셉(19:38)을 예로 들 수 있다. 관리 중에 믿는 자가 많다는 진술은 보다 많은 일반인들이 예수를 믿었다는 것을 쉽게 알 수 있다.

그런데 이들은 출교가 두려워 공개적으로 예수를 메시아로 고백하지 못하고 있다. 이 같은 진술은 '회당 안에 머무른 기독교 유대인들' 곧 '숨은 기독교인들(Crypto-Christian)'이라는 요한시대의 상황을 반영하고 있다. 요한은 이들을 경멸했다. 그 이유는 그들이 하나님의 영광보다 사람들의 칭찬을 좋아했기 때문이다(행 4:19; 5:29). 그러면서 9장의 치유된 소경 이야기를 통해 출교당하기를 기꺼이 감수한 한 사람을 소개하고 있다.

요한은 예수를 공공연히 고백하지 못하는 그들 역시 실제로 예수를 믿지 않는 것으로 판단했다. '유대인들'처럼 숨은 기독교인들은 예수를 따르는 제자들로서보다 모세의 제자들로 알려지기를 원했다. 따라서 요한의 진술은 예수를 메시아로 고백하도록 결단을 촉구하는 무언의 호소이자 숨은 기독교인들에게 회당을 떠나도록 설득하기 위한 시도로 볼 수 있다.[409]

---

409) R.E.Brown, *The Community of the Beloved Disciple*, 71-73.

2. 심판과 구원(영생)에 대한 말씀(44-50절)[410]
  - 예수 나의 기쁨(소망) -

앞 단락(37-43절)이 요한의 해설로 되어 있는 데 반해, 이 단락은 예수의 말씀을 언급하고 있다. 동의적 평행법을 사용한 44-45절은 "보내진 자는 그를 보낸 자와 같다"라는 잘 알려진 유대 격언을 연상케 한다(13:20; 마 10:40; 눅 10:16). 이 대표성의 원리는 예수가 성부의 이름으로 권위있게 말하고 행동하도록 위임받은 하나님의 보냄을 받은 자라고 언급하는 반복되는 진술에서 쉽게 찾아볼 수 있다(3:31-36; 5:19-23; 6:36-40; 7:27-29,33-34; 8:14-17,28-29,42-43; 10:34-36).

'보는 자'(45절)라는 표현은 '믿는 자'라는 말과 평행하며, '믿음으로 보는 자'를 의미한다. 요한은 예수를 믿는 일에 대해 다양한 표현을 사용하기를 좋아한다(6:40,44,45,47,51 등에서 '보기', '오기', '듣기', '믿기', '먹기' 등은 신앙이라는 하나의 실체에 대한 다양한 묘사들이다). 믿음으로 보는 일은 신자로 하여금 예수 안에서 성부를 볼 수 있게 해 준다(1:9).[411]

46절은 '세상의 빛'되신 예수를 언급하는 것(8:12; 1:4,5,9; 3:19-21), 특히 태생소경 치유사건에 대한 전체 삽화로 되돌아간다(9:5,39-41). 예수의 빛이 세상에 비췰 때 구원과 심판의 두 가지 특성이 나란히 나타난다.

---

410) "예수의 자기계시 말씀으로서 문맥상 매끄럽지 못하게 연결된 대목이다. 왜냐하면 예수의 공적인 계시활동에 관한 언급은 이미 마무리되었고(36절), 예수의 활동에 대한 성과도 앞서 요약 언급되었기 때문이다(37-43절). 따라서 상황이 결여된 예수의 자기계시 말씀이 현 문맥에 잘못 연결된 것으로 보기도 한다. 원래 8장 12절이나 12장 36절 또는 12장 37절에 연결되었을 것으로 추정하기도 한다." 이영헌,《요한복음서》, 257. 이러한 주장은 제1부가 여기서 끝나는 것으로 보는 견해가 적절치 않다는 것을 반증해 준다. 여기서 주목해야 할 것은 잘 어울리지 않는 이 대목을 요한은 왜 이곳에 배치했느냐 하는 것이다. 요한은 9장과 교차대구를 이루게 하려는 의도로 이 대목을 이곳에 배치했다는 것이 필자의 생각이다.

411) G.R.Beasley-Murray, *John*, 217.

세상에 구원을 가져오는 바로 그 빛은 세상에 심판을 야기한다. 예수의 말씀을 듣고 지키는 일은 그 말씀에 따라 살아가는 것을 의미한다.

예수는 심판하러 오지 않았지만 예수의 활동은 심판적 의미를 띤다(47,48절). 왜냐하면 예수는 하나님의 대리자로서 예수에 대한 거절은 곧 하나님에 대한 거절이기 때문이다. 따라서 예수의 말을 믿지 아니하는 자는 종말론적 의미에서 이미 하나님의 심판을 받은 것이다(3:17-18). 9:35의 인자라는 이름의 사용은 인자의 오심으로 종말 심판이 시작되었다는 의미에서 48절의 마지막 날에 심판하리라는 종말 심판의 말씀과 상응한다.

49-50절은 예수가 하나님으로부터 파송되었으며, 그의 메시지가 하나님으로부터 기원한다는 것을 말하고 있다. 이는 요한복음의 서론에서부터 계속된 주제이다(1:14-18; 3:31-36; 7:14-17; 8:26-29). 또한 하나님의 명령은 '영생'이라는 말씀은 그가 보낸 예수의 말을 믿는 자에게 '영원한 생명'을 준다는 것을 뜻한다(3:16; 5:19-29,39-40; 6:38-40,68).

예수는 자신의 말이 자의로 하는 것이 아니라 자기를 보낸 아버지께서 그에게 주신 말씀을 대언하는 것(7:16; 8:18,28,40)이라는 말로 자신의 가르침을 마감하고 있다. 여기서 아버지에 대한 예수의 절대적인 순종을 보게 된다. 이제 육신이 된 말씀이신 예수(1:14)는 세상 죄를 지고 가는 하나님의 어린 양으로써 절대적인 순종 속에서 십자가 죽음의 길을 걸어가게 된다.

42절은 '회당으로부터 쫓겨남(출교)'이 두려워 예수 믿는 것을 숨기는 '숨은 그리스도인'이 있음을 두고 하는 말씀이다. 세상에는 강한 자와 약한 자, 두 종류의 사람이 있을 뿐이다. 그것을 구분하는 기준은 두려워하느냐 두려워하지 않느냐 하는 데 있다.[412]

---

412) 종교개혁은 신앙과 진리에 의한 용기의 산물이다. 파면은 곧 죽음이었던 중세 시절, 루

제 13 장

〈본장 개요〉

13-17장을 '고별설교'라고 부른다.[413] 고별설교[414]가 시작되는 13장은 본론의 네번째 단락(13-16[17]장)의 첫장이다. 8장은 간음녀라는 '죄론'의 문제와 죄로부터 구원을 주시는 '예수는 누구인가?'라는 수직적 차원의 '기독론'을 강조하고 있다. 이에 반해 13장은 예수의 세족식을 통한 '죄론'과 그 상징 행위가 갖는 구원론적 의미를 '구원받은 제자들은 어떻게 행하여야 하는가?'라는 수평적 차원의 '기독교 윤리학("서로 사랑하라"는 새 계명 수여)'을 강조하고 있다.

첫 본문(1-20절)은 고별강화, 즉 다락방 강화의 서문(1-3절), 세족행위(4-11절) 및 그 행위의 의미에 대한 해석(12-20절)으로 구성되어 있다. 서문(1-3절)을 제2부 '영광의 책'(13-20장) 전체에 대한 서론으로 보는 견해도 있으나[415] 13장이 아닌 12장부터 제2부로 보는 필자는 이 서문을 고

터는 파면을 두려워하지 않고 교황의 교서를 불태워 버렸다. 그리고 보름스(Worms) 국회에 출두하라는 명령을 두려워하지 않고 '죽으면 죽으리라'는 각오로 당당하게 보름스를 향해 발걸음을 옮겼다(요일 4:18).

413) 고별설교는 흔히 세 부분으로 나누어(13:1-14:31; 15:1-16:4a; 16:4b-33) 세 층의 설교가 있다고 생각한다. 각각에서 보혜사 본문 등 반복되는 것이 많음을 볼 때 예수의 고별설교는 여러 층이 합쳐졌다고 볼 수 있다. 하지만 최종 형태의 본문을 편집자가 그대로 남겨 놓은 것은 그것이 문학적으로 통일성이 있다고 생각했기 때문이다. 요한은 같은 내용을 반복적으로 이야기하는 것으로 잘 알려져 있다. 그래서 고별설교는 여러 층으로 되어 있다는 것도 가능하지만 현재의 본문 자체가 요한의 본래 의도였다고 보는 것이 보다 설득력이 있는 주장이다. 김동수,《요한신학 렌즈로 본 요한복음》, 171-172.

414) 13-17장(고별설교)와 20장(부활)은 밀접한 관련성을 보인다. 1. '보다'와 관련하여(14:19; 16:16-19,22/ 20:20), 2. '평안'과 관련하여(14:27; 16:33/ 20:20-21), 3. '성령의 약속'과 관련하여(14:16-17,26; 15:26-27; 16:7-15/ 20:22), 4. '세상으로의 보냄'과 관련하여(13:16,20; 15:16a; 17:18/ 20:31). 이는 고별설교가 예수 부활 이후의 복음서 저자(교회와 신자)의 상황을 말하고 있음을 암시한다. D.B.Stevick, *Jesus and His Own*, 7-8.

415) R.E.Brown, *John*, Vol.2: 563.

별설교(13-17장) 서론으로 보고자 한다. 그 까닭은 13-17장은 수난사화(18-19장) 및 부활사화(20장)와는 독립된 한 묶음의 설화군이기 때문이다.

이어지는 본문(21-38절)은 세 단락으로 나누어진다. 첫 단락(21-30절)은 최후의 만찬 자리에서 예수께서 가룟 유다의 배신을 예고하고 있다. 여기서 주목할 것은 '예수께서 사랑하시는 제자(愛弟子)'의 등장이다(23절). 둘째 단락(31-35절)은 가룟 유다가 나간 후에 예수께서 인자가 영광을 받았다고 말씀하시면서 제자들에게 새 계명을 수여한다(34-35절). 이 대목은 요한복음에만 있는 말씀으로 15:12-17에서 부연되고 있다. 흔히 사도 요한을 가리켜 '사랑의 사도'라고 부르는 것은 새 계명, 곧 "서로 사랑하라"는 이 말씀에서 연유한다. 시내 언약에 따라 모세의 옛 계명(십계명)이 주어졌듯이, 새 모세 예수는 새 언약을 따라 새 계명("서로 사랑하라")을 주었다. 셋째 단락(36-38절)은 예수께서 베드로가 자신을 세 번 부인할 것을 예고하고 있다.

한편, 전체로서 통일된 고별설교 대부분은 다음과 같은 교차대구구조를 이룬다.[416]

  A. 예수의 떠남, 영광, 공동체 안의 사랑(13:31-38 또는 14:1)
  B. 예수의 도래와 거함(14:1 또는 14:2-15:17)
    C. 세상(15:18-16:12)
      a. 세상의 증오(15:18-25)
        b. 세상에게 주는 성령의 증언(15:26-27)
      a′ 세상의 증오(16:1-4)
        b′ 세상에게 주는 성령의 증언(16:5-12)
  B′ 예수의 도래와 거함(16:13-33)
  A′ 예수의 떠남, 영광, 공동체 안의 연합(17:1-26)

---

416) C. S. Keener, 《요한복음 III》, 2415.

1. 세족행위와 그 의미(1-20절)
- 예수 나의 선생(스승) -

〈성경 본문〉
1 유월절 전에 예수께서 자기가 세상을 떠나 아버지께로 돌아가실 때가 이른 줄 아시고 세상에 있는 자기 사람들을 사랑하시되 끝까지 사랑하시니라 2 마귀가 벌써 시몬의 아들 가룟 유다의 마음에 예수를 팔려는 생각을 넣었더라 3 저녁 먹는 중 예수는 아버지께서 모든 것을 자기 손에 맡기신 것과 또 자기가 하나님께로부터 오셨다가 하나님께로 돌아가실 것을 아시고 4 저녁 잡수시던 자리에서 일어나 겉옷을 벗고 수건을 가져다가 허리에 두르시고 5 이에 대야에 물을 떠서 제자들의 발을 씻으시고 그 두르신 수건으로 닦기를 시작하여 6 시몬 베드로에게 이르시니 베드로가 이르되 주여 주께서 내 발을 씻으시나이까 7 예수께서 대답하여 이르시되 내가 하는 것을 네가 지금은 알지 못하나 이 후에는 알리라 8 베드로가 이르되 내 발을 절대로 씻지 못하시리이다 예수께서 대답하시되 내가 너를 씻어 주지 아니하면 네가 나와 상관이 없느니라 9 시몬 베드로가 이르되 주여 내 발뿐 아니라 손과 머리도 씻어 주옵소서 10 예수께서 이르시되 이미 목욕한 자는 발밖에 씻을 필요가 없느니라 온 몸이 깨끗하니라 너희가 깨끗하나 다는 아니니라 하시니 11 이는 자기를 팔 자가 누구인지 아심이라 그러므로 다는 깨끗하지 아니하다 하시니라 12 그들의 발을 씻으신 후에 옷을 입으시고 다시 앉아 그들에게 이르시되 내가 너희에게 행한 것을 너희가 아느냐 13 너희가 나를 선생이라 또는 주라 하니 너희 말이 옳도다 내가 그러하다 14 내가 주와 또는 선생이 되어 너희 발을 씻었으니 너희도 서로 발을 씻어 주는 것이 옳으니라 15 내가 너희에게 행한 것 같이 너희도 행하게 하려 하여 본을 보였노라 16 내가 진실로 진실로 너

희에게 이르노니 종이 주인보다 크지 못하고 보냄을 받은 자가 보낸 자보다 크지 못하나니 17 너희가 이것을 알고 행하면 복이 있으리라 18 내가 너희 모두를 가리켜 말하는 것이 아니니라 나는 내가 택한 자들이 누구인지 앎이라 그러나 내 떡을 먹는 자가 내게 발꿈치를 들었다 한 성경을 응하게 하려는 것이니라 19 지금부터 일이 일어나기 전에 미리 너희에게 일러 둠은 일이 일어날 때에 내가 그인 줄 너희가 믿게 하려 함이로라 20 내가 진실로 진실로 너희에게 이르노니 내가 보낸 자를 영접하는 자는 나를 영접하는 것이요 나를 영접하는 자는 나를 보내신 이를 영접하는 것이니라.

1절의 '유월절 전에'라는 대목은 유월절 식사를 하는 전날, 즉 유월절 양을 잡는 니산월 13일 저녁을 가리킨다. 예수의 최후의 만찬을 예수가 유월절 양 잡는 날로 삼은 것은 요한의 신학적 의도에 따른 결과이다. 아사셀 염소가 백성의 죄를 지고 광야로 내보내진 것처럼(레 16:10) 예수는 세상 죄를 지고 가는 유월절 양으로 죽었다(1:29; 19:33-36)는 것을 말하고자 하는 것과 맥락을 같이 한다.

하늘로부터 땅에 온 예수는 본래 고향인 하늘로 다시 돌아갈 때(수난과 부활과 승천의 때)가 가까이 왔음을 알았다(9:4; 11:9; 12:7, 23, 24, 27, 32, 33, 35). 그리하여 이 세상에 온 자신의 목적, 즉 자기와 함께 한 사람들(제자들)을 사랑하되 끝까지 사랑하였다. '끝까지 사랑함'은 고별강화(13-17장)의 주제이기도 하다. 그 사랑의 범주에는 자신을 팔게 될 가롯 유다도 포함된다. 예수는 제자들의 발을 씻겨줌으로써 제자들에 대한 자신의 마지막 헌신적인 사랑을 보여주었다(15:13).

6장에서 유다를 마귀(70절)라고 말한 요한은 8장에서 유대인들을 가리켜 마귀의 자식(44절)이라고 하였고, 13장에서 유다의 마음속에 마귀(2절)와 사단(27절)이 들어갔다고 표현하고 있다. 육에 속한 이스라엘이 마귀의 자식이듯이 육에 속한 유다는 마귀의 자식이 되었다. 유다의 마음에 마귀가 들어가자 예수를 팔려고 하는 배신이 일어났다. 예수를 죽이기 위해 마귀는 유다를 자신의 도구로 삼았다. 예수가 제자들에게 지극한 사랑을 보여주고 있을 때 마귀는 예수와 정반대되는 배신의 활동을 은밀히 진행하고 있었다.

본문의 저녁식사는 예수의 최후의 만찬이 된다. 아버지 하나님께서 심판과 구원의 모든 것을 아들 예수에게 위임하셨기에 세상이나 마귀조차도 하나님의 주권적 의지를 막을 수 없다. 1절에서 말한 하늘로의 귀향을 다시 언급한 것은 곧 다가올 예수의 죽음이 외압에 의한 것이 아니라 스스로 택한 자발성에 근거한 것임을 시사한다.

유대인들은 샌들을 신고 다녔기에 밖에 나갔다 들어오면 반드시 발을 씻어야 할 정도로 더러웠다. 그런데다가 베다니로부터 예루살렘까지의 먼 여행으로 인해 제자들의 발은 먼지투성이가 되어 있었을 것이다. 그러기에 식사를 하기 전에 먼저 발을 씻는 것이 일반화된 관습이었다(눅 7:44). 종이 그런 일을 도맡아 했다(삼상 25:41). 그런데 본문에서는 예수가 식사 중에 일어나 제자들의 발을 씻는 것으로 되어 있다(4,5절). 이것은 예수의 세족행위가 단순히 발의 먼지를 씻기 위한 것이 아님을 시사한다.

상전의 발을 씻기는 것은 유대인 노예에게조차도 요구할 수 없는, 이방인 노예나 아내와 아이의 몫으로 남겨질 정도로 천한 일이었다. 그런데 선생인 예수가 제자들의 발을 씻긴 행위는 일반적 관례를 크게 벗어난 행위가 아닐 수 없다. 겉옷을 벗고 수건을 가져다가 허리에 두르는 예수의 행위는 그의 행위의 굴욕성을 강조한다(빌 2:7).[417] 예수가

---

[417] 세족사건은 주님의 '카타바시스(katabasis, '비하')를 의미하는 것으로, 세족 기사는 빌립보서 2:1-11과 상응한다. G.R.Beasley-Murray, *John*, 239.

제자들 앞에서 그런 비천한 자세를 취함으로써 끝까지 사랑하는 겸손과 봉사의 모습을 보여주었다.[418]

6장에 이어 시몬 베드로가 제자들의 대표자로 다시 등장한다. 6절의 '주(퀴리오스)' 호칭은 부활하신 그리스도를 가리키는 '주님'(Lord, 20:2-28; 21:7,12)이라는 극존칭보다는 낮은 단순한 존칭의 '주'(lord, 9:36-38; 12:21; 20:15) 정도가 될 것이다. 이 구절은 예수의 세족 행위에 대한 시몬 베드로의 몰이해를 보여주고 있다. 감히 스승이신 예수께서 자기의 발을 씻게 할 수는 없다는 것이다.

7절의 '이후에는'은 어느 시점인가? 요한에게는 부활과 더불어 시작되는 성령강림 이후가 될 것이다. 베드로를 비롯한 제자들은 예수의 세족행위가 갖는 희생적 죽음의 의미를 지금은 알지 못하지만(몰이해 상태) 예수께서 죽음에서 부활하신 이후에는 그 의미를 깨닫게 될 것을 시사한다(2:22; 12:16). 그때에 성령은 제자들에게 예수의 말과 행위의 의미를 일깨워줄 것이다(14:26; 16:12,13,25,29-32).

8절은 예수의 말을 아직도 이해하지 못한 베드로의 몰이해를 보여준다(막 8:32,33; 14:29). '상관'이라는 말은 유대인들에게는 기업, 특히 약속의 땅, 또한 종말론적으로는 하나님 나라를 분깃으로 소유하는 것과 관련되는 말이다(눅 15:12; 22:29-30; 마 24:51; 계 20:6). 여기서 예수의 이 말은 예수가 죽고 난 후에 제자들이 받게 될 몫(구원)과 관련된 말이다(14:3; 17:24). 예수와의 상관이라는 선물은 하나님 나라에서 나눌 예수와의 코이노니아('교제')를 의미한다.

나와 상관이 없다는 예수의 말에 놀란 베드로는 어린 아이처럼 손과 머리도 씻어 달라고 요청한다(9절). 이 구절은 지나친 열정과 충동

---

418) 불트만은 예수의 발 씻김 행위를 단순한 봉사가 아니라 하나님의 모습을 알리는 '계시 사건'으로 보고 있다. R.Bultmann, 윗책, 446.

에 빠져 또다시 예수의 말을 오해(몰이해)한 베드로의 모습을 보여주고 있다(13:37; 21:7). 10절은 오랫동안 논쟁이 되어온 구절이다. 먼저 '발밖에'라는 대목이 원문에 포함되어 있는지 생략되어 있는지가 오랫동안 문제가 되어 왔다. 그리고 '씻는다'는 것에 성례전(세례와 성만찬)적 의미가 들어있는지에 대해서도 논란이 되어 왔다.[419]

먼저, '발밖에'라는 대목이 일부 고대 사본에는 생략되어 있고, 그래서 이 대목은 편집자에 의한 후대의 첨가로 보는 이들이 많다.[420] 이 주장을 택할 경우 이 대목의 의미는 이미 목욕한 자는 씻을 필요가 없는데, 그 까닭은 온 몸이 깨끗하기 때문이라는 것이다. 그러므로 손과 발을 씻는 일은 전혀 불필요하다. 예수의 발을 씻기는 행동은 예수의 대속의 죽음을 상징한다. 그것에 의해 제자들과 그들을 통해 믿게 될 모든 사람(17:20)이 죄의 용서뿐만 아니라 영원한 나라에서 예수와의 상관됨을 누리게 될 것이다.

그런데 현재의 본문을 그대로 읽어야 한다는 것이 필자의 입장이다. '발밖에'가 갖는 요한의 의도가 무엇인가를 깊이 생각해 보아야 한다. '목욕'은 전신적 씻음, 즉 예수를 믿고 중생함을 의미하고, '발씻음'은 부분적인 깨끗함, 즉 일생생활에서의 성화를 가리킨다고 볼 수 있다(딛 3:5; 엡 5:26; 히 10:22). 전자는 단회적인 것이고, 후자는 반복적인 것이다. 베드로는 예수를 믿고 이미 거듭난 자이기에 발밖에 씻을 필요가 없는 것이다.[421]

"너희가 깨끗하나 다는 아니니라"(10절)라는 말은 가룟 유다에게 해당하는 말로서, 그는 예수로부터 발은 씻었지만 온 몸을 목욕한 깨끗

---

419) 더 자세한 설명은 G.R.Beasley-Murray, *John*, 229, 234을 참조하세요.
420) 이영헌,《요한복음서》, 265; 최홍진,《요한복음》, 210; 김동수,《요한신학의 렌즈로 본 요한복음》, 176.
421) 박수암,《요한복음》, 298.

한 자가 되지 못했다. 즉 그는 예수를 믿고 거듭난 자가 되지 못했고 결국 예수를 파는 자가 되고 말았다. 그래서 이를 두고 요한은 "이는 자기를 팔 자가 누구인지를 아심이라 그러므로 다는 깨끗하지 아니하다"(11절)라고 말했던 것이다.

한편, 11절에서 '씻는다'는 것에 성례전적 의미가 들어 있느냐에 대해서는 부정적인 견해가 우세하다. 우선 세족식이 성례전으로 사용되었다는 증거가 신약성경에는 없고 후대의 증거도 빈약하기 때문이다. 예수가 세족식을 행한 것은 죽음에 앞서 자신의 갈 길을 제자들에게 보여준 것이며, 제자들로서는 그것을 받아들여야만 믿음이 성립하는 것이다.[422] 세족행위는 그 자체가 죄를 씻는 행위라기보다는 거꾸로 예수의 십자가 대속의 죽음으로 말미암아 죄로부터 구원받았다는 상징적 행동으로 보아야 할 것이다.

1-11절까지의 세족사건은 구원론적 의미를 갖는다. 예수가 제자들의 발을 씻는 세족행위는 종처럼 가장 낮은 자리에까지 내려간 극단적 섬김, 즉 예수의 죽음을 통한 인간의 구원을 극적으로 보여준 상징적 행위였다. 예수의 죽음은 종으로 자기 백성을 섬기는 것이며, 그 섬김의 내용은 그들의 죄를 씻는 속죄의 제사라는 성격과 함께 하나님의 새 백성을 창조하는 새 언약의 제사라는 뜻을 갖는다.

새롭게 탄생한 하나님의 백성은 하나님과의 올바른 관계에 들어가고 이웃과도 올바른 관계에 들어간다. 이 관계를 정의하는 것이 '사랑'이다. 그래서 예수가 제자들의 발을 씻긴 후에 "서로 사랑하라"는 새 계명을 준 것도 그 같은 의미를 암시한다. 따라서 세족행위의 구원론적 의미가 12절 이하에서는 기독교 윤리학적 의미로 새롭게 해석되는

---

[422] 김동수, 윗책, 175-176.

것을 볼 수 있다.[423]

제자들의 발을 씻긴 후에 예수는 그들에게 세족행위의 의미를 이렇게 말한다. "내가 주와 또는 선생이 되어 너희 발을 씻었으니 너희도 서로 발을 씻어 주는 것이 옳으니라"(14절). 제자들은 예수를 존경하는 뜻으로 '선생님(랍비)'(1:38; 3:2; 11:28; 20:16), 또는 '주님'(6:68; 13:6,9,36-37)이라고 불렀다. 주와 선생이 되신 예수가 먼저 제자들의 발을 씻어주는 모범을 보여주었다.[424] 그렇다면 예수의 제자들 또한 예수를 본받아 서로 발을 씻어주는 섬김의 도를 다해야 할 것이다.[425]

그런데 세족행위를 통해 보여준 이 같은 예수의 모범의 배경은 공관복음에 의하면 제자들간에 서로 누가 크냐 하는 다툼에서 비롯된 것으로 되어 있다(마 20:20-28; 막 10:35-45; 눅 22:24-26). "내가 너희에게 행한 것 같이 너희도 행하게 하려 하여 본을 보였노라"(15절). '내가…같이 너희도'라는 문구는 13:34의 용법('내가 너희를 사랑한 것 같이')을 상기시킨다. 요한은 예수의 세족행위를 통해 보여준 겸손과 섬김의 정신을 기독교인들이 실천해야 모범으로 제시하고 있다.

16-17절은 종이 주인보다 크지 못하고 보냄을 받은 자가 보낸 자보다 크지 못하나니 이것을 알고 행하면 복이 있겠다고 말씀하고 있다.

---

423) 김세윤, 《요한복음강해》, 169-170.
424) 예수의 이 같은 '섬김(servant)의 리더십'은 21세기 탈권위주의 시대에 새로운 리더십을 요구한다. 사람들이 쳐다보면서 따라갈 만하다고 판단하면 그 삶을 따르는, 영어로는 '팔로-워디(follow-worthy)' 리더십이다. 즉 따라갈 만한 가치가 있다고 판단되는 사람을 리더로 인정하고, 그런 사람에게 대중이 선물로 주는 것이 그런 리더십이다. 안철수, 《안철수의 생각》, 41. 인류 최고의 리더 중의 한 사람인 모세의 리더십에 대해서는 박호용, "모세의 리더십"을 참조하세요.
425) 종교개혁 당시의 한 그림을 보면 그리스도(예수)와 적그리스도(교황)의 차이를 이렇게 그리고 있다. 예수는 제자들의 발을 씻기고 있는데, 교황은 군주들에게 자기 발에 입을 맞추게 하고 있다. 이러한 교황의 모습은 '거룩을 가장한 세속'의 전형을 보여준다. R.H.Bainton, 《마틴 루터의 생애》, 162.

세상 나라의 질서와는 달리 하나님 나라의 질서는 크고 귀한 자가 작고 천한 자를 섬기는, 즉 선생이 제자를, 상전이 종을, 보낸 자가 보냄을 받은 자를 섬기는 새로운 사랑의 질서에 기초한 나라이다.

이 사실을 알고 행하는 자는 복되다고 말하고 있다. 요한복음에서 '복'이란 단어는 20:29("보지 못하고 믿는 자들은 복되도다") 외에 여기에서만 나타나는데, 세족사건이 보여주는 깊은 뜻을 알고 행하는 자는 복되다는 예수의 언명은 이 복이 얼마나 귀한 복인가를 간접적으로 시사한다.

18절은 10절의 말씀을 상기시킨다. 예수는 자기가 택한 자들이 누구며 자기를 팔 자가 누구인지를 알았다. 예수는 유다가 자기를 팔 것이라는 사실을 알았지만 그를 제자로 택한 것은 구약의 말씀(시 49:9)을 응하게 하기 위함이었다. '발꿈치를 들었다'는 표현은 말이 발꿈치를 들고 뒤로 차는 것을 가리키는 것으로 경멸이나 배신을 나타내는 말이다.

"지금부터 일이 일어나기 전에 미리 너희에게 일러둠은 일이 일어날 때에 내가 그인줄 너희가 믿게 하려 함이로라"(19절). 우리는 이와 유사한 말을 첫번째 고별강화 끝부분(14:29)에서도 볼 수 있다. 유다의 배신행위로 인해 제자들의 믿음이 흔들리지 않도록 하기 위해 지금 미리 일러둔다는 것이다.

'내가 그인줄'이라는 문구는 이미 언급했듯이(8:28) 예수가 메시아라는 기독론적 언명이다. 유다의 배신행위는 제자들의 믿음을 해치기보다는 오히려 하나님의 섭리에 따라 예수가 메시아라는 예수의 정체를 드러내고 제자들로 하여금 예수를 믿게 하는 계기가 된다는 것이다.

20절은 예수가 보낸 자(제자들)를 영접하는 자가 곧 예수를 영접하는 것이요 예수를 영접하는 것은 그를 보내신 아버지 하나님을 영접하는 것이라고 말한다(마 10:40). 이 구절은 성부와 성자와 제자들간의 사랑의 일치를 시사한다. 따라서 제자들에 대한 미움은 예수에 대한 미움이요, 예수에 대한 배신은 곧 성부 하나님에 대한 배신행위가 된다. 우리에게는 이 세상의 그 어떤 훌륭한 선생과도 비교할 수 없는 영원한 참 스승이 계시다. 그분은 바로 예수 그리스도다.

2. 가룟 유다의 배신, 새 계명 수여 및 베드로의 부인예고(21-38절)
 - 예수 나의 사랑(의리) -

〈성경 본문〉
21 예수께서 이 말씀을 하시고 심령이 괴로워 증언하여 이르시되 내가 진실로 진실로 너희에게 이르노니 너희 중 하나가 나를 팔리라 하시니 22 제자들이 서로 보며 누구에게 대하여 말씀하시는지 의심하더라 23 예수의 제자 중 하나 곧 그가 사랑하시는 자가 예수의 품에 의지하여 누웠는지라 24 시몬 베드로가 머릿짓을 하여 말하되 말씀하신 자가 누구인지 말하라 하니 25 그가 예수의 가슴에 그대로 의지하여 말하되 주여 누구니이까 26 예수께서 대답하시되 내가 떡 한 조각을 적셔다 주는 자가 그니라 하시고 곧 한 조각을 적셔서 가룟 시몬의 아들 유다에게 주시니 27 조각을 받은 후 곧 사탄이 그 속에 들어간지라 이에 예수께서 유다에게 이르시되 네가 하는 일을 속히 하라 하시니 28 이 말씀을 무슨 뜻으로 하셨는지 그 앉은 자 중에 아는 자가 없고 29 어떤 이들은 유다가 돈궤를 맡았으므로 명절에 우리가 쓸 물건을 사라 하시는지 혹은 가난한 자들에게 무엇을 주라 하시는 줄로 생각하더라 30 유다가 그 조각을 받고 곧 나가니 밤이러라 31 그가 나간 후에 예수께서 이르시되 지금 인자가 영광을 받았고 하나님도 인자로 말미암아 영광을 받으셨도다 32 만일 하나님이 그로 말미암아 영광

을 받으셨으면 하나님도 자기로 말미암아 그에게 영광을 주시리니 곧 주시리라 33 작은 자들아 내가 아직 잠시 너희와 함께 있겠노라 너희가 나를 찾을 것이나 일찍이 내가 유대인들에게 너희는 내가 가는 곳에 올 수 없다고 말한 것과 같이 지금 너희에게도 이르노라 34 새 계명을 너희에게 주노니 서로 사랑하라 내가 너희를 사랑한 것 같이 너희도 서로 사랑하라 35 너희가 서로 사랑하면 이로써 모든 사람이 너희가 내 제자인 줄 알리라 36 시몬 베드로가 이르되 주여 어디로 가시나이까 예수께서 대답하시되 내가 가는 곳에 네가 지금은 따라올 수 없으나 후에는 따라오리라 37 베드로가 이르되 주여 내가 지금은 어찌하여 따라갈 수 없나이까 주를 위하여 내 목숨을 버리겠나이다 38 예수께서 대답하시되 네가 나를 위하여 네 목숨을 버리겠느냐 내가 진실로 진실로 네게 이르노니 닭 울기 전에 네가 세 번 나를 부인하리라.

1) 가룟 유다의 배신을 예고하심(21-30절)

앞 본문의 세족행위에서 가룟 유다가 자신을 팔 것을 말했는데(11,18절), 예수는 이로 인해 심령이 괴로웠다. 예수의 괴로움은 유다에 대한 인간적인 배신감과 연민의 정이 동시에 반영된 것으로 볼 수 있다. 이런 상황에서 예수는 이전보다 유다의 배신을 더욱 분명하게 말한다(21절). 이 말에 제자들은 서로 쳐다 보며 그가 누구인지 의심하면서 몹시 당황한다(22절).

이러한 혼란스러운 상황에서 '사랑하는 제자(애제자)'가 처음으로 등장한다(23절). 애제자가 누구인가에 대해서는 많은 이론(異論)이 있다. 그는 열두 제자 중의 한 사람이다. 그리고 이미 언급했지만 필자는 그가 '이상적인 제자의 모델로서의 사도 요한'이라고 보고자 한다. 중요한 것은 그가 여기서 처음으로 등장하는 이유는 무엇일까 하는 점이다.

전후 문맥과 관련해서 볼 때 예수를 배신하는 유다(21-30절)와 예수를 부인하는 베드로(36-38절)에 대한 참 제자상을 보여주고자 한 것이라고 것이 필자의 생각이다.[426]

이 구절에 나오는 '품(κόλπος)'이라는 단어는 요한복음에서 아버지와 아들의 독특한 관계를 나타낼 때 사용된다(1:18). 요한은 예수와 애제자의 관계가 아버지와 아들의 관계 모델에 근거한 것을 나타내려는 의도로 이 단어를 사용했다고 볼 수 있다. 애제자가 예수의 품에 의지하여 누웠다는 표현으로 볼 때 그는 예수와 가장 친밀한 관계에 있었다는 것을 쉽게 짐작할 수 있다.

이 구절은 당시 식사 자리가 어떠했는가를 그려주고 있다. 식사 시에 유대인들은 옆으로 누워 왼팔은 몸을 받치고 오른손으로 음식을 먹었다. 세 사람이 손님일 경우 중간석이 상석이고, 그의 왼쪽(머리쪽)이 둘째 손님이, 그의 오른쪽(발쪽)이 셋째 손님이 앉는다. 이때 애제자는 예수의 발쪽에, 베드로는 머리쪽에 앉았을 것이다. 베드로가 볼 때 애제자는 예수의 품에 의지하여 누워 있는 모습으로 보였을 것이다.[427]

24-25절에 나오는 베드로가 직접 묻지 않고 머릿짓을 하여 애제자에게 부탁했다는 표현을 두고 애제자가 베드로보다 더 우월함을 나타내려고 하였다는 주장을 하는 이들이 많다. 그러한 주장도 일리는 있지만 요한복음 전체에서 볼 때 베드로의 지도권(대표자)은 변함이 없다는 것이 필자의 생각이다. 애제자가 "주여 누구니이까"라고 묻는 질문은 공관복음에서는 제자들이 직접 "주여 내니이까"라고 묻는 것으로 되어 있다(마 26:22; 막 14:19).

유다는 예수가 떡 한 조각을 팔을 뻗어 건네줄 수 있을 만한 자리

---

426) 제자들 가운데 오로지 그 제자만이 십자가 곁에 서서(19:26) 부활신앙을 가지게 된 이상적 제자로 묘사되고 있다(20:8).
427) 박수암, 《요한복음》, 303.

에 앉아 있었다(26절). 예수가 건네 준 떡 조각을 받자 곧 사탄[428]이 유다의 마음속에 들어갔다(27a절)고 요한은 언급한다(막 5:12; 눅 8:30). 이에 예수는 유다를 향해 "네가 하는 일을 속히 하라"(27b절)고 하였다. 이 말은 유다가 사탄의 지시에 따라 예수를 배신했지만 이 사건의 주도권은 사탄이 아닌 예수가 쥐고 있다는 것을 시사한다(10:18; 14:30). 예수는 유다의 결단을 강요하였다. 이 말을 들은 유다는 상당히 고민했을 것이다. 회개하고 예수께 돌아올 것인지 아니면 사단의 지시에 따라 예수를 떠날는지 이제 그의 결단만이 남았다. 사탄에 완전히 장악된 유다는 회개할 수 있는 힘을 잃고 제 길로 갔다(행 1:25).

예수의 말이 무엇을 말하는지 몰랐던 제자들은 유다가 돈궤를 맡았으므로 명절에 쓸 물건을 사라고 하신 말씀으로, 또는 가난한 자들에게 무엇을 주라는 말씀으로 생각하였다(28,29절). 여기에도 제자들의 몰이해가 나타난다. "유다가 그 조각을 받고 곧 나가니 밤이러라"(30절). 이 구절은 단순히 시간적인 서술 이상의 상징적 의미를 갖는다(눅 22:53). 유다는 어둠의 세력이 시키는 일을 하러 갔다. 빛 되신 예수를 떠난 유다의 영혼은 캄캄한 밤이었다(9:4; 11:10; 12:35). 빛이 없는 밤에 속한 그는 실족하여 넘어지고 말았다. 이 언급은 요한공동체의 독자들로 하여금 "선 줄로 생각하는 자는 넘어질까 조심하라"(고전 10:12)는 바울의 격언을 생각나게 했을 것이다.

2) 이별 예고와 새 계명 수여(31-35절)

유다가 나간 후에 예수는 제자들에게 다음과 같은 계시의 말씀을

---

[428] 요한복음에는 '사탄' 어휘가 1회(13:27), 사탄의 부하인 '마귀' 어휘가 3회(6:70; 8:44; 13:2) 나타난다. 이는 한 분 하나님과 성 삼위 하나님과 상응하는 숫자상징코드적 의미를 갖는다.

하였다. "지금 인자가 영광을 받았고 하나님도 인자로 말미암아 영광을 받으셨도다"(31절). 헬라인들이 예수를 찾아왔을 때 하신 말씀도 인자의 영광 얻음에 관한 것이었다(12:23). 유다의 배신도 인자의 영광을 위한 것이다. 예수는 이미 영광을 얻었다고 말한다. 이 영광은 다음에 올 십자가와 부활과 승천을 가리킨다. 예수가 십자가를 지심으로 성부가 영광을 얻었다면, 성부는 예수의 부활을 통해 성자에게 영광을 주신다. 성부와 성자가 서로를 영광스럽게 한다(32절).

33절의 '작은 자들아(τεκνία)' 문구는 선생이 제자들을 귀엽게 여겨 부르는 애칭으로 요한일서에 자주 나타난다(요일 2:1,12,28; 3:7,18; 4:4; 5:21). 이미 예수는 유대인들에게 내가 가는 곳에 너희는 올 수 없다(7:34)는 말을 했는데, 이 같은 말을 지금 제자들에게 하고 있다. 그러나 그 의미는 사뭇 다르다. 그 말이 유대인들에게는 영원한 이별이 되겠지만(8:21), 제자들에게는 일시적인 이별로서 잠시 떠났다가 다시 올 것을 약속하는 말이다(14:2-3).

34-35절은 요한복음에만 있는 말씀으로, 15:12-17에서 부연되고 있다. 이웃 사랑에 관한 계명(레 19:18)이 이미 있는데, 예수가 제자들에게 준 계명을 '새 계명'이라고 한 까닭은 무엇인가? 예수의 사랑 계명이 '새롭다'는 것은 예수의 사랑이 세족행위(13:4-17)에서 보여주었듯이 자기 비하의 사랑, 즉 윗사람이 아랫사람을 섬기는 겸손과 십자가 죽음으로 보여준 헌신적 사랑 때문이다.

예수는 모든 계명을 두 마디로 요약하였다. 전심을 다해 하나님을 사랑할 것과 이웃을 내 몸과 같이 사랑하라는 것이다(막 12:28-31; 마 22:34-40). 세족행위를 통해 참 사랑의 모범을 실천으로 보여준 예수는 제자들간의 '서로 사랑'을 강조했는데, 그 속에는 이웃 사랑뿐만 아니

---

429) 박수암 교수는 요한문헌 가운데는 '하나님 사랑', '이웃 사랑', '원수 사랑'에 대한 언급

라 하나님 사랑도 전제되어 있다.[429]

'내가 너희를 사랑한 것 같이'(34절)의 원모델은 '아버지께서 나를 사랑하신 것 같이'에 있다. 아버지로부터 사랑을 받은 아들 예수는 그 사랑으로 제자들을 사랑하였다. 예수로부터 사랑을 받은 제자들은 이제 서로를 사랑해야 한다. 그것이 예수를 사랑하는 것이요 아버지를 사랑하는 것이다. 예수의 사랑을 가지고 제자들이 서로 사랑할 때 세상은 우리가 진정 예수의 제자인 것을 알게 될 것이다(마 5:·13-16).

3) 베드로의 부인을 예고하심(36-38절)

36절에 나오는 "주여 어디로 가시나이까"는 센키비츠의 소설 〈쿼바디스〉에 의해 잘 알려진 대목이다. 네로의 박해를 피해 압비아 가도를 통해 로마를 떠나 도망가려고 한 베드로는 압비아 가도에서 십자가를 지시고 로마로 가시는 주님의 모습을 보면서 "주여 어디로 가시나이까?(Quo Vadis, Domine?)"라고 물었다고 한다.

이 구절은 33절과 연결되어 있다. 여기서 예수의 답변은 12:26의 말씀("사람이 나를 섬기려면 나를 따르라 나 있는 곳에 나를 섬기는 자도 거기 있으리니")을 상기시킨다. 이미 언급했듯이 '따르다'는 말은 제자도를 가리키는 말로서 '따름'과 '순교'는 서로 연관되어 있다(21:18-19). 얼마 안 있어 ('지금은') 베드로는 예수와 아무런 관계가 없다고 예수를 부인함으로써

이 없으며, 그 대신 '서로 사랑', '형제 사랑', '친구 사랑'이 강조되고 있는데, 그 까닭은 요한공동체가 배타적인 종파적 의식을 지닌 공동체였으며, 자신들을 박해하는 유대교에 대한 공동체의 굳은 결속을 촉구하려 했기 때문이라고 보고 있다. 박수암, 《요한복음》, 308. 그러나 요한공동체는 폐쇄된 종파공동체라기보다는 이방인(사마리아인)을 포함한 다양한 그룹의 사람들로 형성된 공동체였다. 따라서 내부 결속과 외부 박해를 이기기 위해서는 '서로 사랑'이 더욱 강조되었던 것이다. 형제간의 서로 사랑이 이루어지면 그것이 곧 이웃 사랑이자 하나님 사랑이 되는 것이다(요일 4:16-21).

예수를 따라 올 수가 없다(18:15-18, 25-27). 그러나 언젠가('후에는') 자신의 목숨을 버리면서까지 예수를 따를 것이다(21:15-17,18-19).

37절에서 우리는 베드로의 참 모습, 즉 예수의 말을 이해하지 못하는 그의 통찰력의 부족, 자제하지 못하는 성급한 모습, 나아가 예수에 대한 베드로의 열정적인 충성을 엿볼 수 있다. 베드로의 이 같은 장담은 공관복음에도 그대로 나타난다(마 26:31-35; 막 14:27-31; 눅 22:31-34).

베드로의 장담에 예수는 베드로가 자기를 부인할 것을 분명하게 예고하였다(38절). '닭이 운다'는 표현은 새벽이 왔음을 가리킨다. 안나스가 예수를 심문하는(18:12-27) 새벽녘에 베드로는 예수를 세 번이나 모른다고 부인하였다. 고별설교의 서론에 해당하는 13장은 베드로의 부인예고로 끝나고 14장부터 예수의 본격적인 고별강화가 시작된다.

제 14 장

⟨본장 개요⟩

14장은 예수의 떠나심과 다시 오심이라는 '종말론'과 예수의 사역을 대신할 보혜사 성령의 도래라는 '성령론'을 다루고 있다. 제자들은 스승 예수의 떠나심에 대해 근심하고 두려워하나 예수는 평안을 선포하면서 자신의 떠나심이 갖는 두 가지 의미를 설명하고 있다. 하나는 예수의 떠나심이 그들을 위한 하늘의 거처를 마련하는 일이라는 것이고, 다른 하나는 예수의 떠나심이 자신의 사역을 대신할 성령의 도래를 의미한다는 것이다.

엄밀히 말해 '고별설교'는 14장부터 시작된다.[430] 고별설교는 구약성경(또는 유대묵시문서)에도 여러 곳에서 등장한다.[431] 구약의 모든 고별설교와 예수의 고별설교에는 근본적인 차이가 있다. 전자의 경우에는 유언한 자가 모두 죽었지만 후자의 경우에는 죽으셨다가 다시 살아나셨다. 그러기에 예수의 고별설교는 부활의 빛 아래에서, 그리고 성령의 오심을 통해서 재해석된 요한의 교회를 향한 그리스도의 설교라고 말할 수 있다.

14장은 예수의 떠나심과 관련된 '종말론'과 보혜사 성령의 사역과 관

---

[430] 고별강화('고별설교')는 예수가 잡히던 날 밤에 마가의 다락방에서 있었다고 해서 '다락방 강화'라고도 불린다. 고별강화의 범위에 대해 여러 견해가 있다. 넓게는 13-17장(R.E.Brown; G.R.Beasley-Murray)으로, 좁게는 14-16장(이상근)으로 본다. 13장은 강화만 있지 않고 사역에 관한 기술도 있으며, 17장은 전체가 예수의 기도문으로 되어 있다. 필자는 13장은 '고별강화의 서언'으로, 14-16장을 '고별강화의 본론'으로, 17장을 '고별강화의 결어'로 보고자 한다. 고별설교가 다섯 장으로, 그 안에 보혜사 성령 대목이 다섯인 것은 요한이 모세(모세 오경)를 염두에 두고 다섯이라는 '숫자상징코드'를 사용했다는 것이 필자의 생각이다.
[431] 야곱(창 49장), 모세(신명기), 여호수아(수 22-24장), 다윗(대상 28-29장), 유대묵시문서("12족장의 유언서").

련된 '성령론'을 핵심주제로 한다는 점에서 7장과 상응한다. 본문에는 '예수의 자기계시 말씀('에고 에이미')의 압권인 "내가 곧 길이요 진리요 생명이다"(14:6)가 나타난다. 이 말씀은 성막(성전)의 일곱 기구 가운데 '분향단'에 해당한다.

신약성경에서 보혜사 어휘는 5회 나타난다. 요한일서 2:1을 제외하면 모두 요한복음에서만 나타난다(요 14:16,26; 15:26; 16:7). '보혜사'로 번역된 '파라클레토스(παράκλητος)'는 '곁으로(παρα΄)', '불리운 자(κλητός)'란 뜻으로, 헬라 사회에서, 특히 재판 시에 피고인을 돕기 위해 부름 받은 자, 즉 변호인, 법률 자문자, 또는 조력자를 뜻했다.

요한복음에서는 제자들을 위로하거나 제자들의 임무 수행을 돕는다는 뜻에서 '위로자' 또는 '협조자'로 번역할 수 있다. 보혜사 성령이 '또 다른 보혜사'로 소개되고 있다는 점에서 예수 자신이 첫 보혜사임을 암시한다. 예수가 제자들에게 보혜사로 역할을 했듯이(요일 2:1, 한글 개역성경은 '대언자'로 번역), 보혜사 성령은 예수를 대신해서 제자들에게 또 한분의 보혜사(제2의 보혜사)가 될 것이다.

1. 예수의 떠나심과 다시 오심(1-14절)
- 예수 나의 갈 길 -

〈성경 본문〉

1 너희는 마음에 근심하지 말라 하나님을 믿으니 또 나를 믿으라 2 내 아버지 집에 거할 곳이 많도다 그렇지 않으면 너희에게 일렀으리라 내가 너희를 위하여 거처를 예비하러 가노니 3 가서 너희를 위하여 거처를 예비하면 내가 다시 와서 너희를 내게로 영접하여 나 있는 곳에 너희도 있게 하리라 4 내가 어디로 가는지 그 길을 너희가 아느니라 5

도마가 이르되 주여 주께서 어디로 가시는지 우리가 알지 못하거늘 그 길을 어찌 알겠사옵나이까 6 예수께서 이르시되 내가 곧 길이요 진리요 생명이니 나로 말미암지 않고는 아버지께로 올 자가 없느니라 7 너희가 나를 알았더라면 내 아버지도 알았으리로다 이제부터는 너희가 그를 알았고 또 보았느니라 8 빌립이 이르되 주여 아버지를 우리에게 보여 주옵소서 그리하면 족하겠나이다 9 예수께서 이르시되 빌립아 내가 이렇게 오래 너희와 함께 있으되 네가 나를 알지 못하느냐 나를 본 자는 아버지를 보았거늘 어찌하여 아버지를 보이라 하느냐 10 내가 아버지 안에 거하고 아버지는 내 안에 계신 것을 네가 믿지 아니하느냐 내가 너희에게 이르는 말은 스스로 하는 것이 아니라 아버지께서 내 안에 계셔서 그의 일을 하시는 것이라 11 내가 아버지 안에 거하고 아버지께서 내 안에 계심을 믿으라 그렇지 못하겠거든 행하는 그 일로 말미암아 나를 믿으라 12 내가 진실로 진실로 너희에게 이르노니 나를 믿는 자는 내가 하는 일을 그도 할 것이요 또한 그보다 큰 일도 하리니 이는 내가 아버지께로 감이라 13 너희가 내 이름으로 무엇을 구하든지 내가 행하리니 이는 아버지로 하여금 아들로 말미암아 영광을 받으시게 하려 함이라 14 내 이름으로 무엇이든지 내게 구하면 내가 행하리라.

제자들은 13장에 나오는 유다의 배신예고(21-30절), 스승 예수의 이별예고(31-35절), 그리고 베드로의 부인예고(36-38절)로 인해 마음에 근심이 가득했고 믿음까지 저버릴 위기에 처했다. 이때 예수는 하나님을 믿는다면 또 자신을 믿어 달라고 하면서 동요하지 말 것을 부탁하였다(1절). 그러면서 마음의 근심을 덜어줄 이 같은 약속의 말씀을 하였다.

2절의 '내 아버지 집'은 무엇을 가리키는가? 하나님의 임재 장소인

'예루살렘 성전'(2:16; 눅 2:49)[432]을 가리킨다는 주장과 하나님이 계신 하늘의 도성(고후 5:1-2; 히 11:15-16; 12:22; 계 21:9-22:5)[433]을 가리킨다는 주장이 있다. 필자는 '내 아버지 집'을 이중의미를 가진, 즉 '지상성전(예루살렘 성전)'과 '천상성전(하늘의 도성)'으로 보고자 한다.

"내 아버지 집에 거할 곳이 많도다"는 성전에 여러 부속 건물들이 많듯이 하늘의 도성에는 제자와 신자들이 거처할 곳이 많다는 것이다. 예수의 떠나심은 그 '집' 안에 제자들의 몫의 거처를 준비하기 위함이다. 그러기에 이 대목에는 스승 예수의 떠남에 대해 너무 근심하지 말라는 격려가 담겨 있다.

3절의 '내가 다시 와서'에서 '예수의 다시 오심'은 무엇을 가리키는가? 그것은 요한의 이중적(다중적) 의미를 고려할 때 예수의 부활, 보혜사 성령의 오심, 재림을 종합적으로 지칭하는 종말론적 표현으로 볼 수 있다.[434] 예수가 있는 곳에 제자들도 있게 하리라는 말은 제자들이 예수와 함께 사랑의 일치를 이루는 것을 뜻하는 비유적 표현이다(12:26; 17:24).

6절은 요한복음의 3대 압권의 말씀(8:32; 11:25; 14:6)중의 하나이다.[435] 여기서 문제가 되는 것은 이 대목에 나오는 도마의 질문(5절)이 오해에 근거한 엉뚱한 질문인가 하는 점이다. 대부분 일반적인 생각은 그렇다. 하지만 필자는 이 같은 일반적인 생각과는 견해를 달리 하는데, 그

---

432) 최안나,《예수님의 사랑: 성서가족을 위한 요한복음서 해설(2)》, 59; R.H.Gundry, *ZNW* (58), 68-72; C.K.Barrett, *The Gospel According to St. John*, 381.
433) 박수암,《요한복음》, 313; G.R.Beasley-Murray, *John*, 249.
434) 예수의 다시 오심을 린다스는 '예수의 부활'로 간주한다. B.Lindars, *Behind the Fourth Gospel*, 471. 건드리는 '보혜사 성령의 오심'(14:16,26)으로 간주한다. R.H.Gundry, *ZNW* [58], 68-72. 다드는 '예수의 재림'으로 간주한다. C.H.Dodd, *The Interpretation of the Fourth Gospel*, 404-405.
435) "이 구절은 3:16과 더불어 요한복음의 으뜸가는 구절이다." G.R.Beasley-Murray, *John*, 252.

것은 이 질문에는 요한의 고도의 전략이 깔려 있다는 것이다. 4절에 의하면 예수는 자신이 가는 길을 제자들이 안다(제자들도 알지 않느냐)고 분명히 말하고 있다. 도마를 비롯한 유대인들은 하나님을 만나러 가는 길은 성전의 지성소로 가는 것임을 알고 있다는 뜻에서 예수는 그렇게 말했을 것이다.

그런 정황에서 최후의 만찬 자리라는 이 중요한 순간에 도마가 스승 예수의 가는 길을 모른다고 한 발언의 진의는 무엇일까? 그것은 예수의 입에서 6절과 같은 최고의 계시의 말씀을 유도해 내려는 전략적 의도에 있다고 볼 수 있다. 그러니까 도마의 발언은 아이러니(역설)라는 요한의 특유의 반어법에서 나온 것이라는 것이 필자의 생각이다.

6절의 "내가 곧 길이요 진리요 생명이니…"에서 접속사 '카이(καί)'를 어떻게 볼 것이냐에 따라 해석이 달라진다. '그리고'로 번역하면 각각 "길이요 진리요 생명이다"라고 해석된다. 그런데 '길'을 강조하는 의미로 본다면 "길 곧 진리와 생명이다"라고 해석된다. 즉 진리와 생명은 길이라는 개념을 설명하기 위한 첨가어로 보인다. 4-6절의 문맥에서 볼 때 후자의 해석이 더 어울린다. 그렇다면 예수가 가는 길은 어떤 길인가? 지상성전으로 보면 그것은 하나님이 임재(현존)하시는 장소 곧 '성전의 지성소'라고 말할 수 있다.

이미 언급했듯이 일곱 '에고 에이미'의 비유적 용법에서 이 구절의 '길'은 성전 안의 '분향단'에 해당한다. 분향단은 '기도'를 상징하며, 기도는 구약시대에 하나님께 가는 유일한 길이다. 그리고 '진리와 생명'에서 '진리'는 부활(11:25) 또는 말씀(17:17)으로서 '진리와 생명'은 지성소의 '법궤(언약궤)'에 해당한다.

그런데 분향단이 있는 성소와 법궤가 있는 지성소 사이에는 휘장이 가로놓여 있었고 아무나 들어갈 수 없었다. 하나님의 임재 장소인 지성소에는 오직 대제사장이 홀로 일년에 한 차례 대속죄일에 짐승의 피를 가지고 들어갈 수 있었다. 그런데 예수는 분향단과 법궤 사이에 가로 놓인 휘장을 십자가 보혈의 피로 여시므로 영원한 새 대제사장이 되사 우리의 '새로운 살 길'이 된 것이다(히 9:7; 10:20).

지상성전은 천상성전의 모형이요 그림자이다(히 8:5). 예수로 말미암아 지상성전에서 하나님께로 가는 수평적 길이 열렸다는 것은, 그 동안 아담의 죄로 인해 하나님(하늘)께로 가는 길이 막혔는데, 이제 예수로 인해 수직적 길이 열렸다는 것을 의미한다. 예수로 인해 신자들은 누구나 천상성전에서 하나님과 더불어 영원한 생명을 누리게 된 것이다. 모세는 참 길이 아니다. 새 모세 예수만이 참 길이다. 오직 예수만이 하나님께로 가는 유일한 길 곧 하늘로 가는 길이요, 진리와 생명의 길이요, 구원의 길이다. 따라서 구원으로 가는 다른 길은 없다(행 4:12). 이 구절은 예수의 자기계시에 근거한 요한의 기독론과 구원론의 최고봉이요 요약이다.[436]

여기서 한 가지 주목할 사실은 "아버지께로 '갈' 자가 없다"가 아니라 "아버지께로 '올' 자가 없다"이다. '오라'는 말은 말하는 자의 자리가 목적지일 때 비로소 가능하다. 예수는 시방 아버지를 길 저쪽 어디에 모셔 두고 그 곳을 향해 서서 말하는 게 아니라 아버지와 한 자리에 서서 이쪽을 향해 말하고 있는 것이다. 이 말은 이런 말이다. "나로 말미암지 않고는 나한테로 올 자가 없다."[437]

요한에게 있어서 진리는 곧 생명이다. 생명은 영생과 동의어이다. 왜냐하면 영생이 아닌 생명은 생명이라고 말할 수조차 없기 때문이다. 천년이 하루 같은(벧후 3:8) 주님의 시간 속에서 100년 장수한들 그것은 지난 밤의 한 경점에 지나지 않는(시 90:4) 시간일 뿐이다.

---

436) 이영헌,《요한복음서》, 276.
437) 이현주,《요한복음묵상》, 264.

6절의 말씀을 통해 예수는 아버지와 한 자리에 서서 우리를 오라고 부르시는 분이요, 아버지께로 가는 길 되시는 분임을 분명히 밝혔다. 그래서 예수는 "너희가 나를 알았더라면 내 아버지도 알았으리로다 이제부터는 너희가 그를 알았고 또 보았느니라"(7절)고 말씀한 것이다. 그럼에도 불구하고 빌립은 이렇게 요청했다. "주여 아버지를 우리에게 보여 주옵소서 그리하면 족하겠나이다"(8절).

빌립의 이 같은 요청은 모든 종교의 신비가들(유대교 신비가, 기독교 영지주의자, 직접적인 하나님 체험을 갈망하는 자들)이 궁극적으로 열망하는 것이다. 모세는 시내산에서 "주의 영광을 내게 보이소서"(출 33:18)라고 요청하였다. 그러자 하나님은 "네가 내 얼굴을 보지 못하리니 나를 보고 살 자가 없음이니라"(출 33:20)라고 대답한다. 그럼에도 불구하고 모세는 여호와의 영광이 그를 지나갈 때 하나님의 등을 힐끗 보도록 허용되었다(출 33:23). 영안이 어두웠던 빌립은 예수 안에서 하나님의 영광, 은혜, 진리를 보지 못했다(1:18).

예수의 답변은 이러하다. "나를 본 자는 아버지를 보았거늘 어찌하여 아버지를 보이라 하느냐"(9절). 이 말은 예수를 본 것이 곧 하나님을 본 것이다. 그러니까 더 이상 하나님을 딴 곳에서 찾지 말고 나를 통해서 하나님을 만나라는 말이다. 이 말은 어느 누구도 예수를 통하지 않고는 하나님을 보지 못한다는 것이다. 예수는 하나님의 말씀이며(1:14), 따라서 하나님의 음성이며(1:1-18), 하나님의 형상이다(고후 4:4; 골 1:15; 히 1:3). 예수께서 말씀이므로 성경(5:39)은 오직 예수 안에서만 참으로 깨달아질 수 있다.

이어서 "내가 아버지 안에 거하고 아버지는 내 안에 계신 것"(10절)이라는 말은 15장 포도나무 강화가 잘 말해주듯 아버지와 아들간의 상호 거주를 통한 완전한 일치를 표현한 말이다(11절에서 반복). 예수의 말들은 자기 자신에게서 나온 것이 아니라 아버지로부터 들은 것들이며(8:26), 아버지께로부터 위임받은 것들(12:49-50)이다. 만일 아버지와 아들의 상호 거주를 믿지 못하겠거든 예수가 행한 여러 일들, 즉 표적들을 보고서라도 아들을 믿으라는 것이다.

그러면서 예수는 이렇게 말한다. "나를 믿는 자는 내가 하는 일을 그도 할 것이요 또한 그보다 큰 일을 하리니 이는 내가 아버지께로 감이라"(12절). 아들 예수가 행한 일은 그 무엇과도 비교가 되지 않는 유일한 일이다. 예수의 죽음과 부활을 능가할 일은 아무 것도 없다. 그러나 '그보다 큰 일'이란 육신의 제한성을 지닌 예수가 공생애 때 행한 것을 능가하는 일 곧 그가 떠난 후 보혜사 성령의 충만을 입은 제자들에 의한 복음의 세계적인 전파와 능력의 역사들은 말한다.

'에고 에이미' 말씀인 "내가 곧 길이다"는 성전 내의 분향단을 상징하며, 분향단은 기도를 의미한다고 이미 언급했다. "내 이름으로 무엇이든지 구하라"(14절)는 언급은 분향단(기도)과 관련된 말씀으로 고별설교인 여기서 처음으로 등장한다. '예수의 이름으로 하는 기도'에 나타난 예수의 역할은 하나님과 그의 백성을 중재하는 대제사장적 중보자로서의 역할이다.

여기서 예수는 이 세상을 떠나 부활, 승천, 승귀를 통하여 믿는 자들의 기도의 대상이 되었다. '선포자(the proclaimer)'가 '선포되신 자(the proclaimed)'가 된 것이다. 지금까지는 아버지께 구하였으나 이제부터는 아들의 이름으로 구하면 그 기도를 들어주겠다는 것이다. 예수는 자신이 기도를 받고 자신이 응답을 행하겠다고 한다. 이제 부활의 주님은 하늘에서 제자들의 기도를 들으시고 과거보다 더 큰 일을 행함으로 아버지로 하여금 영광을 받도록 한다(17:4). 부활을 통하여 하늘과 땅의 모든 권세를 쥔 부활의 주님은 무엇이든지, 어디에서나, 어느 때나, 자신의 이름으로 구하면 들어주겠다는 약속의 말씀을 하고 있다.

2. 보혜사 성령 및 평안의 약속(15-31절)
- 예수 나의 평안(평화) -

〈성경 본문〉

15 너희가 나를 사랑하면 나의 계명을 지키리라 16 내가 아버지께 구하겠으니 그가 또 다른 보혜사를 너희에게 주사 영원토록 너희와 함께 있게 하리니 17 그는 진리의 영이라 세상은 능히 그를 받지 못하나니 이는 그를 보지도 못하고 알지도 못함이라 그러나 너희는 그를 아나니 그는 너희와 함께 거하심이요 또 너희 속에 계시겠음이라 18 내가 너희를 고아와 같이 버려두지 아니하고 너희에게로 오리라 19 조금 있으면 세상은 다시 나를 보지 못할 것이로되 너희는 나를 보리니 이는 내가 살아 있고 너희도 살아 있겠음이라 20 그 날에는 내가 아버지 안에, 너희가 내 안에, 내가 너희 안에 있는 것을 너희가 알리라 21 나의 계명을 지키는 자라야 나를 사랑하는 자니 나를 사랑하는 자는 내 아버지께 사랑을 받을 것이요 나도 그를 사랑하여 그에게 나를 나타내리라 22 가룟인 아닌 유다가 이르되 주여 어찌하여 자기를 우리에게는 나타내시고 세상에는 아니하려 하시나이까 23 예수께서 대답하여 이르시되 사람이 나를 사랑하면 내 말을 지키리니 내 아버지께서 그를 사랑하실 것이요 우리가 그에게 가서 거처를 그와 함께 하리라 24 나를 사랑하지 아니하는 자는 내 말을 지키지 아니하나니 너희가 듣는 말은 내 말이 아니요 나를 보내신 아버지의 말씀이니라 25 내가 아직 너희와 함께 있어서 이 말을 너희에게 하였거니와 26 보혜사 곧 아버지께서 내 이름으로 보내실 성령 그가 너희에게 모든 것을 가르치고 내가 너희에게 말한 모든 것을 생각나게 하리라 27 평안을 너희에게 끼치노니 곧 나의 평안을 너희에게 주노라 내가 너희에게 주는 것은 세상이 주는 것과 같지 아니하니라 너희는 마음에 근심하지도 말고 두

려워하지도 말라 28 내가 갔다가 너희에게로 온다 하는 말을 너희가 들었나니 나를 사랑하였더라면 내가 아버지께로 감을 기뻐하였으리라 아버지는 나보다 크심이라 29 이제 일이 일어나기 전에 너희에게 말한 것은 일이 일어날 때에 너희로 믿게 하려 함이라 30 이 후에는 내가 너희와 말을 많이 하지 아니하리니 이 세상의 임금이 오겠음이라 그러나 그는 내게 관계할 것이 없으니 31 오직 내가 아버지를 사랑하는 것과 아버지께서 명하신 대로 행하는 것을 세상이 알게 하려 함이로라 일어나라 여기를 떠나자 하시니라.

1) 보혜사 성령을 보내심(15-26절)

15절은 앞 장에서(13:34-35) 예수가 제자들에게 준 새 계명 곧 "서로 사랑하라"는 계명을 지키는 것이 예수를 사랑하는 것이라는 말씀이다. 제자들간의 서로 사랑이 예수의 제자의 징표이기 때문이다. 사랑은 순종하게 하고, 순종은 사랑하게 한다. 예수를 사랑한다면 예수가 가르쳐 준 새 계명의 말씀을 지켜야 한다.

이어서 갑자기 새로운 주제로 넘어간다. 새 주제는 '보혜사(파라클레토스)'를 보내주겠다는 예수의 약속이다(16절). 요한복음에 나오는 다섯 대목의 보혜사 말씀(14:16-17; 26; 15:26; 16:7-11,12-15) 중에 이 대목은 첫 번째에 해당한다. 또한 보혜사가 17절에서 '진리의 영'으로 언급되는데, 26절에서는 더욱 분명하게 '성령'으로 언급되고 있다. 보혜사는 진리를 증언하고(요일 5:6) 제자들을 진리로 인도하는(16:13) 역할을 한다. '진리'는 계시의 총체적 개념으로 예수 자신이 '진리'(14:6)로 언급된다. 예수는 '진리의 영' 안에서 함께 하며 다시 오게 된다.[438]

---

438) '영'과 '진리'의 결속관계에 관한 언급은 4:24; 15:26; 16:13; 요일 4:6; 5:6에서 볼 수 있다.

세상이 아들을 영접하기를 거부했듯이(1:10-11), 세상은 성령을 받아들일 수 없다(8:44; 요일 4:3-4). 당시 유대교는 성령의 역사를 믿지 않았다. 그들은 성령의 존재는 인정하고 그것이 하나님의 영이라는 것을 알고 있었으나 그러한 영은 이미 에스라와 말라기 시대 이후 끊어졌다고 생각했다. 세례 요한의 제자들은 성령이 있음도 듣지 못했고(행 19:2), 바리새인들은 성령을 훼방하고 있었다(막 3:29).

그러나 세상에 속하지 않은 제자들은 성령을 받았기 때문에 그 성령을 알 수 있는 능력을 가지고 있다(요일 3:24; 4:13). 여기서 주목할 것은 전치사 '함께(παρά)'와 '속에(ἐν)'이다. '함께'는 성령의 인격적 임재를 가리키고(8:38; 14:23; 17:5), '속에'는 성령의 내주를 가리킨다. 고별강화에 나오는 보혜사의 여러 기능은 '제자들과 함께 거함'이라는 기본적인 기능에서 근원한다. 보혜사는 제자들과 인격적 관계를 맺고(14:16-17), 제자들에게 예수의 말씀을 가르치고 생각나게 하고(14:25-26), 예수를 증언하고(15:26), 세상을 책망하고(16:8-11), 모든 진리 가운데로 인도한다(16:13).

18절은 예수의 재림보다는 다음 절과 관련해 볼 때 예수의 죽음과 부활을 시사한 약속의 말이다. "조금 있으면 세상은 다시 나를 보지 못할 것이로되 너희는 나를 보리니 이는 내가 살아 있고 너희도 살아 있겠음이라"(19절). '조금 있으면'은 예수의 죽음(13:33)만이 아니라 다음 대목과 관련해 볼 때 부활한 주님과의 만남을 말하고 있다. 17절의 내용처럼 믿음의 눈을 갖지 못한 세상은 부활의 주님을 보지 못하지만 성령에 의해 믿음의 눈을 갖게 된 제자들은 부활의 주님을 선물로 받게 될 것이다.

20절의 '그 날'은 원래 그리스도의 재림과 관련된 최후의 날을 가리키지만(막 13:32), 현 문맥에서는 예수의 부활과 그 이후 시간을 가리키는 종말론적 표현이다(16:23,26). 예수의 부활은 불가분의 관계에 있는 죽음과 더불어 그 나라의 '표적들'을 세상에 드러내는 종말론적 사역을 절정에 이르게 하는 종말론적 사건이다. 예수는 제자들과 재회하시며(18절) 그들과의 관계를 새롭게 하기 위해 부활절에 오신다.[439]

앞의 10-11절에서는 아버지와 아들의 상호 내주를 말했는데, 이 구절에서는 아버지와 아들과 제자들이라는 삼중의 상호 내주(함께 거함)를 말하고 있다. 아들을 중보자로 해서 아버지와 그의 백성인 제자들(교회)이 상호 내주하는 것을 말하고 있다. '서로에게 거한다(μένειν)'는 말은 고별강화에서 계속되는 주요 주제로서 가장 친밀한 관계를 언급하는 표현이다.

부활 이후 제자공동체는 사랑을 바탕으로 하는 공동체요, 사랑 안에서 성장되어 가는 공동체이다(21절). 이 공동체의 유지와 성장을 위해서는 예수가 가르쳐 준 '새 계명(서로 사랑하라)'을 지키는 것이 전제되어 있다.

22절의 '가룟인 아닌 유다'라는 말은 '가룟 시몬의 아들 유다'(6:71)가 아니라는 것을 가리킨다. 여기서의 '유다'는 '야고보의 아들'(눅 6:16; 행 1:13) 또는 '다대오'(막 3:18; 마 10:3)라 불리는 사도와 동일 인물로 추정되기도 한다. 여기서 유다의 질문은 예수께 당신이 메시아라면[440] 세상 나라들을 심판하고 하나님 나라의 영광을 드러내는, 그러한 세상을 놀라게 하는 사건을 왜 일으키지 않느냐는 것이다.

이에 예수는 "우리가 그에게 가서 거처를 그와 함께 하리라"(23절)고 대답한다. 여기서 '거처(μονή)'는 '거할 곳(μοναί)'를 생각나게 한다(14:2-3). 성부와 성자가 함께 거하심은 재림을 통해 이루어지는 종말론적 구원의 최종목표이다(겔 37:26-27; 슥 2:10; 계 21:3). 따라서 이 말씀은 제자

---

439) G.R.Beasley-Murray, *John*, 258.
440) 메시아의 출현에 대해서는 사 9장; 11장; 슥 9장; 합 3:3-15을 참조하세요.

를 포함한 모든 성도들이 이 세상에서의 성령의 영적 임재뿐만 아니라 앞으로 있을 재림을 통한 하나님 나라에서의 영원한 동거를 뜻한다.

이미 언급한 말(15,21절)을 여기서 또 다시 반복 강조하고 있다(24절). 예수를 사랑하는 제자라면 가까이 있는 제자들끼리 '서로 사랑하라'는 새 계명을 지켜야 한다. 예수가 준 새 계명은 자신에게서 나온 말이 아니라 자기를 보낸 아버지께서 주신 말씀을 대신 전하는 것이라고 말하고 있다. 여기서 또다시 아버지와 아들의 일체(하나됨)를 엿보게 된다.

"내가 아직 너희와 함께 있어서 이 말을 너희에게 하였거니와"(25절). 이 문구는 14-16장의 최후의 강화에서 자주(7회) 나타나는 문구이다 (15:11,17; 16:1,4,25,33).[441] 25절은 세상에서의 예수의 가르침의 사역이 종결되고 이제 이별의 시점에 이르렀음을 시사한다. 26절은 요한복음의 성령에 관한 다섯 대목 중 두번째 대목이다. 여기서 '성령'은 예수의 '이름으로' 아버지께서 보내주신다고 함으로써 성령의 파견이 아들의 파견과 연관됨을 사사하고 있다(갈 4:4-6).

예수가 가르치는 사역을 하셨듯이(7:16-17,28; 8:28), 보혜사 성령의 중요한 사역은 제자들을 가르치는 것이고, 예수가 가르친 모든 것을 '생각나게 하는(ὑπομινήσκω)' 일이다. 이 어휘는 요한복음에서 중요한 두 구절에서 발견된다(2:19; 12:16). 제자들은 예수께서 부활하신 후에야 예수께서 하신 말씀을 기억하고 생각할 수 있었다.[442] 그것은 예수의 부

---

[441] 반복의 중요성은 유대인들이 쉐마(신 6:4-9)나 '테필린'의 말씀을 아침저녁으로 평생을 반복해서 외우는 것에서 알 수 있다. 더 자세한 설명은 김형종,《테필린》, 28-41을 참조하세요. 에스겔은 기회가 있을 때마다 야웨인지공식("너희[그들]가 나를 야웨인 줄 알리라", 74회)이나 다양한 말씀공식을 반복해서 말한 것도 반복의 중요한 예이다. 더 자세한 설명은 박호용,《에스겔주석》, 23-27을 참조하세요.

[442] 구약에서 '기억하다' 어휘는 139구절이 나오는데, 특히 신명기에서 출애굽("너는 기억하라 네가 애굽 땅에서 종이 되었더니...")과 관련해서 15구절이나 나타날 만큼 중요하게 다루어지는 낱말이다.

활을 통해 성령이 그들에게 임했기 때문이다.

2) 평안의 약속(27-31절)

평안을 언급하는 27절은 14장의 시작부(14:1)와 관련되며, 15-16장의 고별강화의 결론(16:33)과도 관련된다. '평안(εἰρήνη)'은 히브리어로 '샬롬(שלום)'이다. '샬롬'(20:19)은 유대인들이 만날 때나 헤어질 때 하는 인사말이다(삼상 1:17; 20:42; 29:7). 그런데 여기서 예수가 언급한 '평안'이라는 말은 종말론적 구원 개념으로서 예수는 이것이 있게 하기 위해 세상에 왔고, 떠났다가, 다시 올 것이다.[443]

로마의 첫번째 황제였던 아우구스투스는 '로마의 평화(Pax Romana)'를 외치면서 '아라 파시스(Ara Pacis)' 곧 '평화의 제단'을 세웠다. 그러나 거기에는 평화의 구호만 있었을 뿐 진정한 평화는 없었다. 예수가 오심으로 이 땅에 진정한 평화가 임했던 것이다(눅 2:14). 세상이 주는 평안은 재물, 지위, 권력과 같은 환경에서 오는 일시적이고 피상적인 평안일 뿐이다. 예수가 주는 평안은 하나님과의 화목에서 오는 진정한 평안(롬 5:1)이자 성령이 주는 하나님 나라에 속한 항구적인 평안이다(14:17).

28절에서 예수가 제자들을 떠나 아버지께 가는 것을 기뻐할 일이라고 한 것은 그것이 예수가 존귀와 영광을 얻는 길이자 성령의 오심으로 복음이 온 세상에 전파되는 일이기 때문이다. "아버지는 나보다 크심이라"는 진술은 교회사에서 줄곧 논쟁이 되어 왔던 대목이다. 이 진술은 아들이 아버지보다 지위가 낮거나 못하다는 뜻이 아니다(1:1; 5:26;

---

443) 메시아를 '평화를 가져오는 자'로 여기는 개념에 대해서는 사 9:6-7; 52:7; 57:19; 겔 37:26; 학 2:9; 행 10:36; 롬 14:17을 참조하세요.

10:30; 17:5). 이 진술은 성자의 성부에 대한 순종(4:34; 8:29), 그리고 성부 안에 있는 것으로서의 성자의 계시와 구속에 있어 중개 역할의 기원과 결말(1:14,18; 5:21-27) 및 그의 사역(5:19; 12:48-49)의 모든 측면에서 성자가 성부께 의존한다고 말하는 요한복음의 수많은 표현들과 일치한다.[444]

29절은 13:19과 관련해서 볼 때 한 제자의 배신으로 인한 예수의 임박한 죽음을 반영하고 있다. 즉 이 강화가 예수가 장차 당할 일을 미리 예언한 고별설교에 속하는 강화임을 암시한다. 그리하여 예언이 성취되었을 때 예언의 진실성을 믿게 될 것이다.

14장의 강화를 끝내면서 예수는 '이 세상 임금'(30절)에 대해 말한다 (12:31; 16:11; 요일 5:19). 가룟 유다가 마귀의 하수인이듯이(막 14:41), 로마 제국(가이사)도 마귀의 하수인이다. 마귀의 하수인인 가룟 유다는 예수를 넘기기 위해 올 것이다. '그러나 그는 내게 관계할 것이 없으니'(30b 절)라는 말은 예수의 체포와 수난과 죽음이 마귀나 그 누구에 의해 일어나는 것이 아니라 오직 아버지의 뜻에 따른 예수의 자발적인 선택에 의한 결과임을 말한다(10:18).

마지막 구절인 31절에서 예수는 고별강화의 목적을 밝히고 있다. 그것은 자신이 아버지를 사랑했다는 것, 그리고 아버지의 뜻에 순종했다는 것(8:28; 10:18; 12:49)을 세상으로 알게 하려는 데 있다는 것이다. 마지막 대목인 "일어나라 여기를 떠나자"라는 진술은 마가 14:42을 반영하며, 일반적으로 수난설화가 시작되는 18:1과 자연스럽게 연결된다고 보고 있다.[445] 이러한 주장은 현재의 장들의 배열 순서를 바꾸어야 한다

---

[444] "아버지는 아들의 존재의 근원이 되는 '신성의 원천(fons divinitatis)'이다. 아버지는 보내시고 명령하는 하나님, 아들은 보내심을 받고 복종하는 하나님이다." G.R.Beasley-Murray, *John*, 262.

[445] 14:31이 18:1에 연결된다면 15-17장은 어떻게 보아야 할 것인가? 이에 대해 브라운은 이러한 제안을 내놓았다. 현재의 요한복음은 두 단계의 출판이 있었다. 첫 출판은 14장만을 다락방 강화(제1고별설교)로 가지고 있는 형태였고, 두번째 출판은 현재의 15-17장이

는 생각을 갖게 하거나, 복음서가 연대기적 순서로 되어 있어야 한다는 고정관념으로 인해 이중편집의 문제를 거론하게 되는 결과를 빚었다. 그런데 필자는 이와 생각이 다르다. 요한은 왜 현재와 같은 배열을 했을까를 먼저 생각해 보아야 한다는 것이 필자의 생각이다.

분명히 논리적으로 볼 때 현재의 배열은 어색하다. 그러나 이것은 요한의 특성 곧 역사의 해체, 특히 장소(공간)의 해체를 보여주는 좋은 실례이다. 예수께서 14장의 강화를 끝내고 18장의 수난으로 나아갔는지, 아니면 그 장소에서 강화를 계속했는지, 아니면 장소를 옮겨 강화를 계속했는지는 모를 일이다. 요한은 우리가 생각하는 합리적인 생각을 가지고 고별설교를 연대기적 순서로 배열(편집)하지 않았고, 그런 것에는 거의 관심이 없었다. 그는 단지 들려주고 싶은 메시지를 위해 신학적 주제에 따라 자기 앞에 놓인 자료들(전승들)을 배열하고 편집했을 뿐이다.

첨가된 형태의 것이었다는 것이다. 요한복음의 두번째 출판자는 유대교의 기독교 박해라는 당시의 상황과 교회의 필요성에 의해 14장에 없는 예수의 다락방 강화 말씀을 수집하여 첨가했다는 것이다. 15-17장이 역사적 예수의 다락방 전승에서 온 것이라는 것은 이 부분이 14장과 많은 평행을 가진 점에서 확인되고 있다는 것이다. R.E.Brown, *John*, Vol.2: 589-591.

제 15 장

〈본장 개요〉

고별설교로 일컬어지는 13-16장은 서론(13:1-30)과 제1고별설교(13:31-14:31), 그리고 요한에 의해 남겨진 자료로 작성되고 원 설교의 부연인 제2고별설교(15-16장)로 이루어져 있다.[446] 두 개의 고별설교가 하나의 설교로 통합되지 않고 요한복음 안에서 나란히 배치된 일이 어떻게 발생했는가에 대해 많은 질문들이 제기되었다.[447] 필자는 요한이 전승 자료를 연대기적 순서로 배치하기보다는 신학적 주제에 따라 장들을 전반부와 후반부가 상응하게 배열하다보니 현재와 같은 순서로 배치되었다고 생각한다.

15장의 포도나무 강화는 좁게는 성례전, 넓게는 '교회론'이라는 틀 안에서 보아야 그 의미를 제대로 파악할 수 있다. 15장은 포도나무 강화를 통한 예수와 제자 간의 일치, 그리고 이어지는 제자와 세상과의 관계를 말하고 있다는 점에서, 성만찬이 갖는 예수와 제자간의 일치, 그리고 이어지는 생명의 떡 강화 말씀에 대한 제자들의 반응을 말하는 6장과 상응한다. 6장은 성만찬을 통해 새 언약의 말씀을 하고 있고, 15장은 포도나무 강화를 통해 새 언약의 말씀을 하고 있다는 점에

---

446) 더 자세한 설명은 G.R.Beasley-Murray, *John*, 222-225을 참조하세요.
447) 버나드는 15-16장, 13:31-38, 14장과 17장의 순서를 제안했다. J.H.Bernard, *A Critical and Exegetical Commentary on the Gospel According to St. John*, Vol.I: xx. 불트만은 17장, 13:31-35, 15-16장, 13:36-38, 14장 순서를 제안했다. R.Bultmann, 윗책, 457-631. 박수암은 15-17장은 14장보다 후기에 기록된 것이라고 보면서 이렇게 주장한다. "14장 강화만 가진 요한복음이 출판된 후 요한공동체는 얌니아 회의의 결과로 인한 유대교의 박해를 경험했고, 이런 박해 속에서 요한공동체의 한 지도자는 그 상황에 맞는 예수의 다락방 강화 말씀들을 더 수집 첨가하여 현재와 같은 긴 다락방 강화가 이루어졌을 것이다. 박수암,《요한복음》, 328.

서 6장과 15장은 상응한다.[448]

1-17절에는 '예수의 자기계시 말씀('에고 에이미')'의 비유적 용법 중 마지막 말씀인 "나는 포도나무요 너희는 가지라"(5절)는 말씀 ('에고 에이미'의 첫 말씀은 6:15의 "나는 생명의 떡이다")이 나온다. 이 말씀은 성막(성전)의 일곱 기구 중 '물두멍'에 해당한다. 그 까닭은 물두멍이 성전 안의 기구 가운데 죄를 씻는 성결의 의미를 갖듯이, 포도나무에서 난 포도주는 예수 그리스도의 피를 상징하는데, 그 피가 우리의 죄를 사하므로 깨끗하여졌기 때문이다.

이어지는 본문(18-27절)은 앞 본문에서 예수 안에서의 사랑공동체와는 대조되는 제자에 대한 세상의 미움을 언급하고 있다. 세 번째 보혜사 구절인 26절은 성부, 성자, 성령, 성삼위 하나님이 모두 언급되는 중요한 구절이다. 이 구절은 동방교회와 서방교회가 분열(1054년)하는 결정적 계기가 된 필리오케(filioque) 논쟁 구절로 유명하다.

동방교회는 성령은 성부로부터 나와서 성자를 통하여 인간에게 거처한다고 주장한다. 서방교회는 성령은 성부와 성자(이중발출)로부터 나온다고 주장한다.[449] 여기서 중요한 것은 성령이 어디로부터 나오느냐가 아니라 성자가 성부에 의해 파송되었듯이, 성령은 예수의 부활(승천) 이후 성자에 의해 파송된다는 사실이다(16:7; 20:22).

---

448) 포도나무와 가지라는 형상은 자연스럽게 '포도나무에서 난 것'에 관한 말씀들을 회상시킨다. 예수는 그것을 자신의 제자들에게 주었지만, 자신은 다시는 그것을 마시지 않았을 것이다(막 14:25). 그리스도의 살과 피를 나눈다는 견해는 당연히(고전 10:16-17) 죽으시고 살아나신 그리스도와의 하나된다는 개념을 수반하는데, 그것은 포도나무 비유의 중심주제이다. 그 비유와 최후의 만찬과의 유사성은 요한의 후계자와 그의 교회들이 그 비유와 성만찬의 내적 관계를 인식하고 있었음을 시사한다. G.R.Beasley-Murray, *John*, 269-270.

449) 더 자세한 논의는 이형기,《세계교회사(1)》, 288-292, 433을 참조하세요.

1. 포도나무 강화(1-17절)
  - 예수 나의 친구(참벗) -

〈성경 본문〉

1 나는 참포도나무요 내 아버지는 농부라 2 무릇 내게 붙어 있어 열매를 맺지 아니하는 가지는 아버지께서 그것을 제거해 버리시고 무릇 열매를 맺는 가지는 더 열매를 맺게 하려 하여 그것을 깨끗하게 하시느니라 3 너희는 내가 일러준 말로 이미 깨끗하여졌으니 4 내 안에 거하라 나도 너희 안에 거하리라 가지가 포도나무에 붙어 있지 아니하면 스스로 열매를 맺을 수 없음 같이 너희도 내 안에 있지 아니하면 그러하리라 5 나는 포도나무요 너희는 가지라 그가 내 안에, 내가 그 안에 거하면 사람이 열매를 많이 맺나니 나를 떠나서는 너희가 아무 것도 할 수 없음이라 6 사람이 내 안에 거하지 아니하면 가지처럼 밖에 버려져 마르나니 사람들이 그것을 모아다가 불에 던져 사르느니라 7 너희가 내 안에 거하고 내 말이 너희 안에 거하면 무엇이든지 원하는 대로 구하라 그리하면 이루리라 8 너희가 열매를 많이 맺으면 내 아버지께서 영광을 받으실 것이요 너희는 내 제자가 되리라 9 아버지께서 나를 사랑하신 것 같이 나도 너희를 사랑하였으니 필자의 사랑 안에 거하라 10 내가 아버지의 계명을 지켜 그의 사랑 안에 거하는 것 같이 너희도 내 계명을 지키면 내 사랑 안에 거하리라 11 내가 이것을 너희에게 이름은 내 기쁨이 너희 안에 있어 너희 기쁨을 충만하게 하려 함이라 12 내 계명은 곧 내가 너희를 사랑한 것 같이 너희도 서로 사랑하라 하는 이것이니라 13 사람이 친구를 위하여 자기 목숨을 버리면 이보다 더 큰 사랑이 없나니 14 너희는 내가 명하는 대로 행하면 곧 필자의 친구라 15 이제부터는 너희를 종이라 하지 아니하리니 종은 주인이 하는 것을 알지 못함이라 너희를 친구라 하였노니 내가 내 아버지

께 들은 것을 다 너희에게 알게 하였음이라 16 너희가 나를 택한 것이 아니요 내가 너희를 택하여 세웠나니 이는 너희로 가서 열매를 맺게 하고 또 너희 열매가 항상 있게 하여 내 이름으로 아버지께 무엇을 구하든지 다 받게 하려 함이라 17 내가 이것을 너희에게 명함은 너희로 서로 사랑하게 하려 함이라.

본문은 포도나무 강화(1-8절)와 그 강화에 대한 적용(9-17절)으로 나누어진다. 이 두 부분은 아버지(1절과 9절), 거하다(4-8절과 9-10절), 기도 모티프(7절과 16절) 등으로 서로 연결되어 있다. 이 단락에는 '…안에 거하다'와 '열매를 맺다'라는 두 핵심 문구가 강화 전체에 나타난다. "나는 참포도나무요 내 아버지는 농부라"(1절). 이 구절에 나오는 '에고 에이미' 말씀은 일곱 비유적 용법 중 마지막 것이다. 그리고 부가적인 보어("내 아버지는 농부라")가 결합된 유일한 구절이다.

'포도나무' 또는 '포도원'은 구약에서 흔히 이스라엘을 가리키는 은유로 자주 사용되었다(호 10:1-2; 사 5:1-7; 렘 2:21; 겔 15:1-5; 17:1-21; 19:10-15; 시 80:8-18). 하나님의 백성에 대한 은유로 포도나무가 사용된 것은 유대교 문헌(제2바룩서 39:7; 집회서 24:17)과 공관복음(막 12:1-11; 마 20:1-16; 눅 13:6-9)에서 계속된다. 요한의 포도나무 비유는 예수와 제자들의 관계에 대한 묘사로서, 구약과 유대교 배경에서 우선적으로 이해되어야 한다.

구약에서 역사상의 이스라엘은 포도나무 혹은 포도원으로 묘사되는데, 그 나라가 부패, 또는 좋은 열매를 맺는 일에 실패했기 때문에 하나님의 심판 아래 놓이게 되었다(사 5:1-7; 렘 2:21). 그러므로 예수를 참포도나무로 묘사하는 것은 주로 포도나무인 이스라엘이 하나님을 위해 열매를 많이 맺는 소명을 달성하는 일에 있어 실패한 일과 대조된다.

예수를 '참포도나무'라고 말하는 것은 '참이스라엘'이라는 말로써,

이는 옛 이스라엘에 대조되는 '새 이스라엘'을 시사한다. "내 아버지는 농부라"는 말은 농부되신 성부께서 이 비유의 배경이 된다는 것을 암시한다(2,6,8,9,10절). 이 비유에서 성자와 신자의 관계는 성부와 성자의 관계에 대한 모형이 되는 동시에 신자를 성부와 관계시키는 매개가 된다(14:10; 17:21-23).

2절에는 '아이레이(αἴρει)'와 '카타이레이(καθαίρει)'라는 단어 유희가 담겨 있다. '아이레이'는 죽은 가지를 제거하는 것을 의미한다. '카타이레이'는 살아있는 가지로부터 쓸모없는 가지를 떼어내는 것을 나타낸다. 무릇 포도나무 가지는 열매를 맺기 위해 존재한다. 그런데 열매를 맺지 못하는 가지는 아버지에 의해 제거를 당한다. 이와는 달리 열매를 맺는 가지는 더 열매를 맺게 하기 위해 살아있는 가지의 쓸모없는 부분을 베어내어 깨끗하게 한다.

3절의 '깨끗하여졌다'에 해당하는 '카타로이(καθαροί)'는 2절의 '깨끗하다'에 해당하는 '카타이로(καθαίρω)'와 어원이 같다. 이 말은 종교적 의미에서 '정결케 하다'를 의미한다. 예수의 말로 말미암아 제자들이 이미 깨끗하게 된 것은 예수의 계시 말씀이 영과 생명이기 때문이다(6:63). 이 대목은 당시에 세례와 관련된 것으로 추정된다(히 10:22; 벧전 1:23). 즉 제자들이 구원의 상태에 있음을 뜻한다.[450]

여기서 주목할 사실은 "나는 포도나무요 너희는 가지니"라는 '에고 에이미' 말씀과 성전 안의 기구와의 관계이다. 포도나무에서 난 포도주는 예수 그리스도의 피를 상징한다. 그 피가 우리의 죄를 사함으로 우리가 깨끗하여졌다. 따라서 이 말씀은 성전 안의 기구 가운데 죄를 씻는 성결의 의미에서 '물두멍'을 상징한다.

요한복음에서 예수와 신자들간의 깊은 유대관계는 '거하다'라는 어

---

450) 이영헌, 《요한복음서》, 290.

구로 설명된다(4a절). 이 문구는 본문 4-10절에서 무려 10회나 나타난다. 예수와 신자간의 상호 거주는 이 비유의 핵심주제이다.[451] 이는 성만찬에서 예수의 살과 피를 먹고 마시면서 인격적 일치를 이루는 것에 비유된다.

"내 안에 거하라 나도 너희 안에 거하리라"라는 이 대목은 구약의 '언약공식'[452]과 관련된 예수와 신자간의 '새 언약공식'이라는 점에서 대단히 중요하다. 가지들은 스스로 열매를 맺을 수 없다. 가지들은 반드시 포도나무에 붙어 있어야 생존할 수 있고, 포도나무로부터 영양을 공급받아야 열매를 맺을 수 있다(4b절). 이와 마찬가지로 가지인 신자들도 반드시 포도나무인 예수 안에 머물러야만 열매를 맺을 수 있다.

"나는 포도나무요 너희는 가지라"(5a절). 요한복음 내에서 포도나무 강화보다 예수와 신자들간의 친밀성을 더 분명하게 표현한 곳은 없다. 포도나무라는 한 몸에는 많은 가지들이 붙어 있다. 이는 한 몸에 붙은 많은 지체들로 비유된다(롬 12장; 고전 12장; 엡 4장). 여기서 포도나무와 가지의 관계는 머리되신 그리스도와 그의 몸된 교회의 관계와 같다.

'열매를 맺는다'는 것은 예수와의 깊은 유대를 통해 믿음과 사랑으로 충만한 공동체적인 삶, 또는 제자들의 선교활동의 결실을 가리킨다

---

451) 스몰리는 바울과 요한은 둘 다 삼위일체 전체를 신자 안에 내주하는 것과 관련시킨다. S. S. Smalley, "John's Revelation and John's Community", 98.

하나님 안에 너희	골 3:3	요 17:21
그리스도 안에 너희	고후 5:17	요 15:4-5
성령 안에 너희	롬 8:9	요 4:23-24
너희 안에 하나님	빌 2:13	요 14:23
너희 안에 그리스도	골 1:27	요 14:18-20
너희 안에 성령	고전 3:16	요 14:16-17

452) 야웨 하나님과 이스라엘 백성간에 맺어진 "나는 너희의 하나님이 되고 너희는 내 백성이 되리라"는 언약공식은 구약신앙의 핵심이다(출 6:7; 레 26:12; 렘 7:23; 11:4; 13:11; 24:7; 30:22; 31:1; 32:38; 겔 11:20; 14:11; 36:28; 37:23,27; 호 2:23; 슥 8:8; 13:9).

고 볼 수 있다(4:36-38). 가지가 포도나무를 떠나면 수액을 공급받지 못하므로 아무런 과실을 얻을 수 없듯이 신자가 생명의 원천인 예수를 떠나서는 생명이 없기에 무능력에 빠지고 아무 것도 할 수 없게 된다(5b절).

6절의 '버려져'와 '마르나니'라는 표현은 사람이 예수 안에 거하지 않으면 이미 심판을 받은 것으로 보는 종말론적 표현이다. '불'은 심판과 징벌에 대한 상징적 표현이다(마 13:40-42). 이 구절은 요한이 예수 안에 거하지 아니하고 예수를 떠난 가룟 유다나 박해가 두려워 예수의 대한 충성을 버린 초대교회 배교자들을 염두에 두고 표현한 것으로 볼 수 있다.

7절의 '내 말' 곧 예수의 말씀이 제자들 안에 거할 때 말씀의 능력이 생기고(히 4:12), 그 능력에 힘입어 확신을 가지고 기도할 때 구하는 것을 얻을 수 있다는 용기를 주는 약속의 말씀이다. 예수의 제자는 열매를 많이 맺어야 할 의무와 책임이 있다(8절). 아들 예수가 그의 사역을 통해 아버지 하나님께 영광을 돌렸던 것처럼(12:23,28,31-32; 13:31-32; 17:1), 제자들이 열매를 많이 맺어야만 아버지 하나님께 영광을 돌릴 수 있게 되는 것이다. 포도나무 강화는 결국 제자도로 끝을 맺고 있다는 사실을 주목해야 한다. 따라서 이 후의 언급은 제자도와 관련된 내용임을 기억할 필요가 있다.

9-17절은 포도나무 강화에 대한 해설로서 '사랑'이 중심주제를 이룬다. 성자가 성부의 사랑 안에 거하였고, 스승 예수가 제자들을 사랑하였던 것처럼, 제자들은 예수의 사랑 안에 거하여야 한다. 10절은 예수의 사랑 안에 거하는 구체적인 방법을 알려준다. 그것은 '내 계명' 곧 예수가 가르쳐주신 계명을 지키는 것이다. 예수의 사랑은 아버지의 사랑에 근거하고 예수가 아버지의 계명을 지킨 것은 동시에 제자들도 그렇게 할 수 있도록 해주는 동기가 된다.

예수가 가르쳐 준 새 계명은 내가 너희를 사랑한 것 같이 "너희도 서로 사랑하라"(12,17절)는 계명(13:34-35)이다.[453] 새 계명은 상호 내주에 의한 서로 사랑을 통해 하나님의 새 백성이 된 제자들에게 주어진 사랑의 계명이다(요일 4:7-21).

예수가 강화의 말씀을 통해 주려고 한 것은 하나님 아버지의 사랑 안에 있는 자신의 기쁨을 제자들에게 주어 제자들도 기쁨이 충만하게 하려는 데 있다(11절). 이 기쁨은 그리스도의 현존과 더불어 주어지고 체험된 기쁨이기에 그 누구도 그 충만한 기쁨을 빼앗지 못한다(16:22,24). 그리스도와의 일치, 제자들간의 서로 사랑의 일치를 통한 충만한 기쁨의 힘이 없이는 곧 닥칠 박해에 대항할 힘을 가질 수 없고, 세상에 나가서 선교의 열매를 맺을 수 없다.

13-15절에서 예수는 '친구'라는 말을 세 번 사용하면서 자신과 제자의 관계를 주인과 종, 또는 스승과 제자라는 수직적 관계가 아닌 서로 친구 사이라는 수평적 관계로 말씀하고 있다. 지금까지 "서로 사랑하라"는 새 계명을 주신 예수는 여기서 더 큰 사랑을 말한다. 그것은 '친구 사랑'이다. 부모와 자식, 형제 관계는 혈육 관계이기 때문에 종종 목숨을 버리면서까지 사랑하는 일이 있다. 그러나 피 한 방울 섞이지 않은 친구를 위해 목숨을 버리는 일은 쉽지 않다. 그러기에 주님께서는 이보다 더 큰 사랑이 없다고 말한 것이다.

역사상 위대한 성인들은 그 수하의 문도들을 상하 관계, 즉 스승과 제자 관계로 대했다. 제자를 수평적인 친구 관계로 대한 성인은 없다. 그런데 예수는 높고 높은 하늘 보좌를 버리고 이 세상에 와서 '세리와 죄인의 친구'(눅 7:34), 제자들의 진실한 친구가 되었다. 주인과 종의 수직

---

453) 예수는 구약의 율법 중 가장 큰 계명은 '하나님 사랑'(신 6:4-5)과 '이웃 사랑'(레 19:18)이라고 하였는데(마 22:37-40), 요한복음에서 예수는 새 계명으로 '서로 사랑'이라는 보다 가까운 사랑(제자들간의 사랑)에 대해 말하고 있다.

적 관계에서는 서로 깊은 인격적 관계를 가질 수 없다. 명령과 복종의 관계가 있을 뿐이다. 거기서는 참된 인격적 대화가 어렵다. 수평적 친구 관계가 될 때만 진정한 인격적 대화가 가능하다. 예수는 자신이 아버지께 들은 것을 친구인 제자에게 모두 알려 주는 참 좋은 친구이다.

야웨 하나님께서 고대근동지방을 떠돌아다니던 히브리 백성을 선택하여 하나님의 백성인 이스라엘 백성 곧 선민(選民)이요 성민(聖民)이요 언약민(言約民) 삼은 것은 하나님의 전적인 사랑과 은총이었다(신 7:6-10; 시 118:22-23). 이것은 하나님이 주도권(initiative)을 쥐고 행한 것이다. 마찬가지로 예수는 주로 천하디 천한 갈릴리 어부였던 제자들을 선택하여 하나님의 새 백성 곧 새 이스라엘 백성 삼은 것은 주님의 전적인 은혜와 사랑이었다(고전 1:26-31). 제자들이 예수를 선택한 것이 아니라 예수가 친히 먼저 찾아와 그들을 만나 주시고 친구삼아 주셨다(16절). 이것이 주님의 은혜요 사랑이다.

찬송가 가사처럼 주님은 "주 예수 내가 알기 전 날 먼저 사랑했네 저 포도비유 같으니 참 좋은 나의 친구"이다. 주님께서 그들을 제자 삼으신 까닭은 세상에 나아가 많은 열매를 맺도록 하기 위함 때문이다. 그리고 친구 예수는 자기 이름으로 무엇을 구하든지 다 받을 수 있도록 중보적 역할을 해 주는 정말 좋은 친구이다. 친구(親舊)란 '곁에 두고 오래 사귄 벗'이란 뜻이다. 참 좋은 친구를 가진 사람은 행복한 사람이다.[454] 공자는 말하기를 "벗이 있어 먼 곳으로부터 찾으면 또한 즐

---

[454] '괴테와 실러의 우정'을 두고 청년독일파의 서정시인이자 〈로렐라이〉 작가인 하이네(H.Heine, 1797-1856)는 이런 말을 했다. "인간으로서의 괴테(Goethe, 1749-1832)는 소극적이고, 실러(Schiller, 1759-1805)는 적극적인 인간미를 간직하고 있다고 보겠으나 시인으로서의 인간은 역시 괴테가 우리 독일문학의 자랑이 될 것이고, 실러는 우리 독일민족의 자랑스런 인간이 될 것이다." 오한진, 《하이네연구》, 211. 남녀간에 이루어진 허균(1569-1618)과 기생 매창(1573-1610)의 아름다운 우정이야기에 대해서는 정민,《미쳐야 미친다(不狂不及): 조선 지식인의 내면읽기》, 138-155을 참조하세요.

겁지 아니하랴"(有朋自遠方來 不亦樂乎)라는 말을 했다.

　이 세상의 그 어떤 우정보다도 더 아름다운 우정 이야기가 있다. 그것은 포도나무 친구인 예수가 우리와 맺은 우정이다. 포도나무가 그 가지와 떼려야 뗄 수 없는 관계이듯이 예수는 영원토록 변함없는 진실한 친구였다. 세리와 죄인조차도 친구라 부르시고 그 친구를 위해 십자가에 자기 목숨을 버린 눈물이 나도록 아름다운 우정 이야기-이것이 예수와 우리 사이의 우정이다.

2. 제자들에 대한 세상의 미움(18-27절)
　- 예수 나의 운명(천명) -

〈성경 본문〉

18 세상이 너희를 미워하면 너희보다 먼저 나를 미워한 줄을 알라 19 너희가 세상에 속하였으면 세상이 자기의 것을 사랑할 것이나 너희는 세상에 속한 자가 아니요 도리어 내가 너희를 세상에서 택하였기 때문에 세상이 너희를 미워하느니라 20 내가 너희에게 종이 주인보다 더 크지 못하다 한 말을 기억하라 사람들이 나를 박해하였은즉 너희도 박해할 것이요 내 말을 지켰은즉 너희 말도 지킬 것이라 21 그러나 사람들이 내 이름으로 말미암아 이 모든 일을 너희에게 하리니 이는 나를 보내신 이를 알지 못함이라 22 내가 와서 그들에게 말하지 아니하였더라면 죄가 없었으려니와 지금은 그 죄를 핑계할 수 없느니라 23 나를 미워하는 자는 또 내 아버지를 미워하느니라 24 내가 아무도 못한 일을 그들 중에서 하지 아니하였더라면 그들에게 죄가 없었으려니와 지금은 그들이 나와 내 아버지를 보았고 또 미워하였도다 25 그러나 이는 그들의 율법에 기록된 바 그들이 이유 없이 나를 미워하였다

한 말을 응하게 하려 함이라 26 내가 아버지께로부터 너희에게 보낼 보혜사 곧 아버지께로부터 나오시는 진리의 성령이 오실 때에 그가 나를 증언하실 것이요 27 너희도 처음부터 나와 함께 있었으므로 증언하느니라.

본문을 포함한 15:18-16:4a은 긴밀하게 통합된 부분으로 앞 단락(15:1-17)의 예수 안에서의 사랑공동체와는 대조되는 제자에 대한 세상의 미움을 다루고 있다. 15:26-27의 보혜사 언명은 사고의 흐름의 단절을 보여준다. 그럼에도 불구하고 15:18-25과 16:1-4a 사이의 관련성은 매우 확실하다.

제자들은 세상으로부터 미움을 받을 터인데, 그 같은 미움과 박해를 받을 때 예수가 먼저 그 같은 미움과 박해를 받았다는 사실을 기억하라는 것이다(18절). 제자들이 세상으로부터 미움을 받는 까닭은 두 가지 때문이다. 하나는 제자들이 세상에 속하였으면[455] 미움을 받지 않을 터이나 세상(세상 나라)에 속하지 않고 예수로부터 택함을 받아 다른 세상(하나님 나라)[456]에 속했기 때문에 미움을 받는 것이다(19절).

예수는 "종이 주인보다 크지 못하다 한 말을 기억하라"(20절; 13:16 참

---

[455] 사실적인 조건문(If)인 '에이(εἰ)'의 사용은 제자들이 이미 세상으로부터 미움을 받은 실제적 체험을 시사한다.
[456] 영지주의적(헬라적, 존재론적) 이원론은 위 세상과 아래 세상이라는 '공간적 이원론'이다. 묵시적(유대적, 역사적) 이원론은 현 세대(세상)와 오는 세대(세상)라는 '시간적 이원론'이다(바울의 로마서의 경우). 더 자세한 설명은 P.J.Achtemeier, 《로마서》, 36-45을 참조하세요. 요한복음에서 '세상' 개념은 양면성을 지닌다. 구원의 대상인 동시에 심판의 대상이다. 여기서 중요한 것은 세상과 다른 세상(하나님 나라)이라고 할 때 이 구별은 '공간적 이원론'이나 '시간적 이원론'이라기보다는 예수(=하나님 나라)와 함께 한 세상이냐 예수와 함께 하지 않은 세상이냐라는 '영적 구별'을 말한다. 따라서 '다른 세상(하나님 나라)'이라고 할 때의 세상은 이 세상을 떠난 또 다른 세상이 있는 것이 아니라 이 세상에 있지만(in the world) 이 세상에 속하지 않은 세상(out of the world), 즉 예수와 함께 한 세상을 의미한다.

조)고 말한다. 종과 주인은 같은 공동운명체로서 같은 길을 가야 한다. 따라서 더 큰 주인이 박해를 받는데 더 작은 종이 박해를 받지 않을 수 없듯이 예수가 박해를 받은즉 제자들이 박해를 받는 것은 너무도 당연하다는 말씀이다.

또 하나는 세상이 예수를 보내신 하나님을 알지 못하기 때문이다(21절). 여기서 '알지 못하다'는 말은 '믿지 않는다'는 뜻이다. 하나님으로부터 파견받아 이 세상에 온 예수는 하나님에 대해 끊임없이 말했지만 세상은 예수의 말을 믿지 않음으로 하나님을 알지 못했고, 아들(예수)과 아버지(하나님)를 동시에 미워하였다.[457] 그래서 그들은 더 이상 죄가 없다고 핑계할 수 없게 되었다(22-23절).

요한은 이러한 세상의 태도가 성경 말씀(시 35:19; 69:4)을 이루려 함이라고 설명하고 있다. "기록된 바 그들이 이유 없이 나를 미워하였다 한 말을 응하게 하려 함이라"(25절). 예수의 운명은 성경 말씀을 성취시키기 위한 것이다. 도저히 이해할 수 없는 예수에 대한 세상의 미움과 박해는 하나님의 구원계획과 관련해서만 이해될 수 있다. 예수에 대한 유대인들의 이유 없는 미움과 박해는 배신자 유다의 경우처럼(13:18; 17:12) 성경에 이미 예언되었던 것이다. 이 같은 언급은 당시의 유대교와 기독교의 논쟁적 상황을 반영한다.

26-27절에서 예수는 자신을 증언할 자로 보혜사(파라클레토스)와 제자들을 언급하고 있다. 세번째 보혜사 구절인 26절에서 보혜사 곧 아버지께로부터 나오시는 진리의 성령은 예수가 세상에서 증언활동을 했듯이 증언하는 분으로 소개된다. 성령의 증언은 제자들의 증언과 직결된다. 성령은 직접적으로 증언하는 것이 아니라 제자들을 통해 증

---

[457] 모세에 대한 원망은 그를 세운 하나님에 대한 원망이듯이(출 16:2-3, 7-8), 새 모세 예수에 대한 미움은 그를 보낸 하나님에 대한 미움이다.

언하고 제자들은 성령의 도움으로 증언한다는 점에서 이 둘은 하나의 증언을 이룬다. 제자들은 처음부터 마지막까지 예수와 동행했기 때문에 예수를 증언할 수 있게 되었다(행 1:22-23).

제 16 장

⟨본장 개요⟩

　16장의 첫 대목(1-24절)은 세 단락으로 나누어진다. 첫 단락(1-4절)은 제자들이 당할 박해에 대한 예수의 권면을 언급한다. 둘째 단락(5-15절)은 성령이 하시는 일을 언급한다. 특히 이 단락은 요한복음에 나오는 다섯 묶음의 보혜사 본문 가운데 마지막 부분에 해당하는 부분으로 보혜사 본문의 절정을 이룬다. 셋째 단락(16-24절)은 예수께서 떠나시는 이별의 슬픔과 다시 만날 재회의 기쁨을 언급한다. 이어지는 대목(25-33절)은 예수로 말미암은 환난을 이긴 승리의 찬가이다.

　5장이 아버지에 대한 아들의 관계(아들 기독론)를 말하고 있다면, 16장은 아들에 대한 성령의 관계(아들의 영-성령론)를 말하고 있다. 5장은 예수시대에 세상(유대인들)과 예수간의 대립(예수에 대한 박해)이고, 16장은 교회시대에 세상(유대인들)과 제자들간의 대립(제자에 대한 출교)을 묘사하고 있다는 점에서 5장과 16장은 서로 상응한다.

⟨성경 본문⟩

1 내가 이것을 너희에게 이름은 너희로 실족하지 않게 하려 함이니 2 사람들이 너희를 출교할 뿐 아니라 때가 이르면 무릇 너희를 죽이는 자가 생각하기를 이것이 하나님을 섬기는 일이라 하리라 3 그들이 이런 일을 할 것은 아버지와 나를 알지 못함이라 4 오직 너희에게 이 말을 한 것은 너희로 그 때를 당하면 내가 너희에게 말한 이것을 기억나게 하려 함이요 처음부터 이 말을 하지 아니한 것은 내가 너희와 함께 있었음이라 5 지금 내가 나를 보내신 이에게로 가는데 너희 중에서 나더러 어디로 가는지 묻는 자가 없고 6 도리어 내가 이 말을 하므로 너희 마음에 근심이 가득하였도다 7 그러나 내가 너희에게 실상을 말하

노니 내가 떠나가는 것이 너희에게 유익이라 내가 떠나가지 아니하면 보혜사가 너희에게로 오시지 아니할 것이요 가면 내가 그를 너희에게로 보내리니 8 그가 와서 죄에 대하여, 의에 대하여, 심판에 대하여 세상을 책망하시리라 9 죄에 대하여라 함은 그들이 나를 믿지 아니함이요 10 의에 대하여라 함은 내가 아버지께로 가니 너희가 다시 나를 보지 못함이요 11 심판에 대하여라 함은 이 세상 임금이 심판을 받았음이라 12 내가 아직도 너희에게 이를 것이 많으나 지금은 너희가 감당하지 못하리라 13 그러나 진리의 성령이 오시면 그가 너희를 모든 진리 가운데로 인도하시리니 그가 스스로 말하지 않고 오직 들은 것을 말하며 장래 일을 너희에게 알리시리라 14 그가 내 영광을 나타내리니 내 것을 가지고 너희에게 알리시겠음이라 15 무릇 아버지께 있는 것은 다 내 것이라 그러므로 내가 말하기를 그가 내 것을 가지고 너희에게 알리시리라 하였노라 16 조금 있으면 너희가 나를 보지 못하겠고 또 조금 있으면 나를 보리라 하시니 17 제자 중에서 서로 말하되 우리에게 말씀하신 바 조금 있으면 나를 보지 못하겠고 또 조금 있으면 나를 보리라 하시며 또 내가 아버지께로 감이라 하신 것이 무슨 말씀이냐 하고 18 또 말하되 조금 있으면이라 하신 말씀이 무슨 말씀이냐 무엇을 말씀하시는지 알지 못하노라 하거늘 19 예수께서 그 묻고자 함을 아시고 이르시되 내 말이 조금 있으면 나를 보지 못하겠고 또 조금 있으면 나를 보리라 하므로 서로 문의하느냐 20 내가 진실로 진실로 너희에게 이르노니 너희는 곡하고 애통하겠으나 세상은 기뻐하리라 너희는 근심하겠으나 너희 근심이 도리어 기쁨이 되리라 21 여자가 해산하게 되면 그 때가 이르렀으므로 근심하나 아기를 낳으면 세상에 사람 난 기쁨으로 말미암아 그 고통을 다시 기억하지 아니하느니라 22 지금은 너희가 근심하나 내가 다시 너희를 보리니 너희 마음이 기쁠 것이요 너희 기쁨을 빼앗을 자가 없으리라 23 그 날에는 너희가 아무 것도 내게 묻지 아니하리라 내가 진실로 진실로 너희에게 이르노니 너희가 무엇이든지 아버지께 구하는 것을 내 이름으로 주시리라 24 지금까지는 너희가 내 이름으로 아무 것도 구하지 아니하였으나 구하라 그리하면 받으리니 너희 기쁨이 충만하리라.

1. 보혜사 성령의 사역(1-24절)
  - 예수 나의 보혜사(변호사) -

1) 제자들이 당할 박해에 대한 예수의 권면(1-4절)

1절에서 '이것'은 앞장(15:18-27)에서 말한 박해에 관한 말씀이다. '실족하다'에 해당하는 '스칸달론(σκάνδαλον)'은 원래 '돌에 걸려 넘어지다'는 뜻을 가진 말로서, 죄를 짓거나 신앙을 저버리는 의미로 많이 사용된다(6:61). 이 구절에서 예수는 앞으로 임할 박해로 인해 제자들이 믿음에서 벗어나 배교하거나 배신하지 않도록 대비하고자 이 말씀을 하고 있다.

2절에 나타난 '출교(ἀποσυναγωγή)'는 당시에 유대교와 기독교의 갈등 상황을 반영하고 있다. 90년경부터 유대인들은 회당으로부터 유대 그리스도인들을 추방하는 조치를 취했다. 이런 추방에는 사형에 처하는 박해까지 수반되었다. 유대교 당국자들 가운데는 기독교인들을 신성 모독자들로 여겨 그들을 죽이는 것이 하나님께 봉사하는 것으로 생각한 광신적 열광주의자들이 있었다(행 9:1; 빌 3:6). 그들이 이런 일을 하는 까닭은 아버지와 아들을 알지 못했기 때문이다(3절; 15:18-25; 계 2:9; 3:9).

예수가 지금 이 말을 하는 것은 다가올 박해의 때를 예견하면서 제자들로 하여금 그때에 예수가 지금 한 말을 기억할 것을 주문하고 있는 것이다. "처음부터[458] 이 말을 하지 아니한 것은 내가 너희와 함께 있었음이라"(4절). 제자들이 예수와 함께 있을 때에는 박해가 없어 걱정할 것 없이 안전했지만 이제 예수가 떠난 후에는 박해가 있게 될 것이기에 이런 말을 한다는 것이다.

2) 성령이 하시는 일(5-15절)

본문은 요한복음에 나오는 다섯 보혜사 본문 가운데 마지막에 해당하는 부분으로 보혜사 본문의 절정을 이룬다. 5절은 베드로의 질문(13:36) 및 도마의 질문(14:5)과 맞지 않는다는 이유로 여러 가지 설명이 있어 왔다.[459] 여기서는 예수의 떠나가심과 세상(유대인들)의 박해가 있을 것이라는 말이 제자들을 근심케 하여 말문을 막아버렸다고 볼 수 있다(6절 참조).

7절에서 '떠나간다'는 말은 죽음과 부활과 승천을 통해 예수가 아버지께로 가는 것을 의미한다. 그러나 제자들은 스승 예수가 떠나가면 자기들만 홀로 남게 될 것이라고 생각하여 근심하면서 그것이 자기들에게 유익이 될 것이라는 생각을 전혀 하지 못했다. 예수는 자신이 떠나는 것이 제자들에게 유익이 될 것인데, 그 까닭은 그래야만 보혜사

---

458) '처음부터'라는 문구는 15:27과 연결되는 역할을 한다.
459) 1. 현재의 본문은 위치가 잘못되어 있다. 15-16장은 원래 13:31 앞에 와야 한다(Bernard, Bultmann), 2. 예수가 어디로 가는지를 설명하기 때문에 더 이상 물을 필요가 없다(Lagrange, Dodd), 3. "나더러 어디로 가느냐 묻지 않기 때문에 마음에 근심이 가득하다"는 말이다(Hoskyns), 4. 요한복음서 형성에 여러 번의 편집이 있었기 때문이다(Brown, Schnackenburg), 5. 베드로나 도마가 예수께 가는 곳을 물었지만 저들은 예수께서 기대하셨던 그런 차원의 질문을 던지지 않았다. 즉 그들은 육적인 차원에서만 질문했고, 예수의 가심의 참 의미를 생각하고 질문치 않았다(Beasley-Murray), 박수암, 《요한복음》, 343.

가 오기 때문이라고 설명한다. 예수가 가면 보혜사가 와서 예수를 대신하기에 걱정하지 않아도 된다고 말하고 있다. 지상의 예수는 성육신하신 예수로서, 시공간의 제약을 받는 인성을 가진 분이다. 따라서 모든 사람들의 마음에 내주하고 역사하는 일은 예수가 아닌 성령이 해야 할 일이다.

여기서 주목해야 할 것은 예수의 지상 사역과 보혜사의 제자들에 대한 사역은 겹쳐질 수 없다는 점이다. 예수의 지상 사역 완수 후에만 보혜사의 제자들에 대한 기능이 시작될 수 있다. 요한의 생각에는 예수의 시간과 구별되는 보혜사의 시간이 있는데, 이것은 다름 아닌 부활 후의 신자공동체의 시간이다.[460]

8절의 '책망한다'의 원어 '엘렝크세이'(ἐλέγξει)'는 '폭로하다'(3:20; 8:46)와 동의적이다. 보혜사가 오면 제자들의 증언을 통해서(15:26-27) 죄와 의와 심판에 대하여 세상의 잘못된 생각을 폭로할 것이다. 이는 세상에 대한 예수와 제자들의 승리를 시사한다(16:33; 요일 5:4). 그가 폭로하는 세 가지 대상은 죄와 의와 심판이다(9-11절).

"죄에 대하여라 함은 그들이 나를 믿지 아니함이요"(9절). 예수를 믿지 않는 그 자체가 바로 '죄'라는 사실을 보혜사가 와서 폭로할 것이다(8:21-24; 15:22-24). "의에 대하여라 함은 내가 아버지께로 가니 너희가 다시 나를 보지 못함이요"(10절). 여기서 '의'는 '하나님의 의' 곧 그리스도 안에서 인간을 구원하는 하나님의 의(마 5:6,20; 6:33; 롬 3:21 참조)이다.

예수가 십자가에 달렸을 때에는 세상이 이긴 것 같았으나 예수가 죽음의 권세를 이기고 부활하심으로 하나님의 구원계획이 옳았고 세상의 생각은 그릇되었다는 것이 드러났다. 이제 예수는 부활 승천하여 아버지께로 가심으로 다시 보이지 않게 되었고 보혜사가 이 같은 사실

---

460) 김동수,《요한복음의 교회론》, 115-116.

을 폭로할 것이다.

"심판에 대하여라 함은 이 세상 임금이 심판을 받았음이라"(11절). 여기서 '이 세상 임금'은 사탄의 세력(12:31; 14:30; 엡 2:2; 6:12), 보다 구체적으로 가이사 황제를 신으로 숭배하는 로마제국을 의미한다. 사실상 '심판'은 예수가 이 세상에 옴으로써 이미 이루어졌다. 그리고 예수가 '땅에서 들어올려짐(죽음과 부활과 승천)'으로써 사탄을 결정적으로 패배시켰다(12:31-32). 그럼에도 불구하고 세상은 아직도 사탄이 왕인 줄 알고 그를 섬기고 있다. 보혜사가 와서 이 같은 세상의 잘못된 생각을 폭로할 것이다.

요한은 예수 자신을 '진리'로 묘사한다(14:6). 진리는 계시의 총체적인 개념으로, 예수가 이 세상에 계시한 진리, 즉 생명을 보장하고 약속한 계시 내용이다. 13절에서 보혜사는 '진리의 영(성령)'으로 말해지고 있다(14:17,26). 진리의 영은 제자들을 모든 진리로 인도하는 영이다. 진리의 영인 보혜사의 임무는 제자들이 아직 깨닫지 못한 그 계시의 깊이와 높이를 이해할 수 있도록 그들을 인도하는 일이다.

그런데 성령은 임의로 말하지 않고 예수로부터 들은 것을 말한다. 이는 예수와 성령의 연속성을 보여주는 것으로, 예수가 계시를 아버지께로부터 받은 것처럼, 성령은 예수로부터 계시를 전달받아 제자들에게 전하는 역할을 한다. '장래 일을 너희에게 알리시리라'는 진술은 적지 않은 논쟁을 불러일으켰다. 이 대목은 성령의 예언자적 사역을 표현하는 말로 해석할 수 있다(사 41:21-24). 즉 성령은 예수의 계시의 말씀을 종말론적 의미에 비추어서 제자들에게 알려준다는 의미로 해석할 수 있다.

요한에게 있어서 '영광을 나타내다(14절)'라는 문구는 예수의 '죽음과 부활(구속사역)'과 관련되어 있는데, 성령의 계시사역은 예수의 구속사역과 밀접한 관계가 있음을 시사한다. 성령은 예수의 구속사역을 계속 수행함으로써 예수의 영광에 기여한다. 그리고 성부의 것은 모두 성자에게 위탁되었는데(17:10), 성령은 성부의 것(=성자의 것)을 제자들에게 알려주는 역할을 할 것이다(15절).

3) 이별의 슬픔과 재회의 기쁨(16-24절)

16절의 '조금 있으면'은 요한이 즐겨 사용하는 표현으로(14:19) 예수의 죽음의 시간을 가리킨다. '조금 있으면' 어휘는 구약에서 하나님의 종말론적 구원의 기대와 관련된 문구이다(사 10:25; 29:17; 렘 51:53; 호 1:4). '너희가 나를 보지 못하겠고'라는 문구는 예수가 아버지께로 간다는 것을 말한다(7:33; 13:33; 14:19). '또 조금 있으면'은 예수의 부활을 가리킨다(14:19-20). 즉 제자들은 부활하신 주님을 다시 보게 될 것이다. 요한이 이 문구를 자주 말하는 까닭은 박해와 순교라는 묵시문학적 상황에서 신자들로 하여금 위로와 용기를 주기 위함 때문이다.

제자들은 예수의 이 말을 이해하지 못해 "무엇을 말씀하시는지 알지 못하노라"(18절)하자 예수는 이렇게 말한다. "너희는 곡하고 애통하겠으나 세상은 기뻐하리라 너희는 근심하겠으나 너희 근심이 도리어 기쁨이 되리라"(20절). 여기서 '애통하다(θρηνέιν)'는 장송곡을 부르는 것을 가리키는 말로서(마 11:17; 눅 7:32; 23:27), 제자들은 예수의 죽음에 대해 곡하고 애통해 할 것이다. 제자들과는 대조적으로 '세상'은 자신의 적으로 여겨지던 예수의 죽음을 기뻐할 것이다. 그러나 제자들의 상황은 곧 예수의 부활로 급변할 것이며, 이로 인해 그들의 근심은 기쁨으로 바뀔 것이다.[461]

이어서 예수는 제자들이 경험하게 될 이 같은 근심(죽음)과 기쁨(부

---

461) G.R.Beasley-Murray, *John*, 285.

활)을 '해산하는 여인'의 비유를 들어 설명한다. 여자가 해산할 때가 이르면 해산의 고통으로 근심하겠으나 아이가 태어나면 세상에 사람 난 기쁨으로 말미암아 그 고통을 기억하지 않게 된다(21절).[462] 마찬가지로 지금은 제자들이 예수와 이별하여 스승의 죽음을 보아야 하는 슬픔과 고통이 있지만은 부활하신 주님을 다시 보게 될 터인데, 그때의 기쁨은 그 무엇과도 바꿀 수 없는 영원한 기쁨이자 하늘이 준 그 기쁨을 아무도 빼앗지 못할 것이다(22절). 이런 기쁨은 이 세상이 예수를 이겼다고 좋아하는 삼일 동안의 기쁨(삼일천하)과는 좋은 대조가 된다.

23a절의 '그 날'은 예수의 부활과 성령강림을 가리킨다(14:20; 20:19-20). 예수의 부활과 성령강림 이후 제자들은 예수의 대속적 죽음과 부활의 의미와 자신들의 사명을 깨달아 복음을 전하는 일에 매진하게 될 것이다. 그리고 제자들이 지금까지 '예수의 이름으로' 기도하지 못했던 것은 예수가 아직 영광스럽게(죽음과 부활) 되지 않았기 때문이다. 예수가 영광을 얻은 이후부터 제자들은 '예수의 이름으로'(24절) 아버지께 기도할 수 있게 되었고(26절에서 반복), 그 기도를 아버지께서 들어주심으로 그들은 충만한 기쁨을 누리게 될 것이다.

---

[462] 구약에서 '해산하는 여인 비유'는 흔히 하나님의 심판을 선포하도록 소명받았을 때의 선지자의 고뇌, 하나님의 심판 자체의 고난, 시온의 새로운 자녀의 탄생, 메시아 왕국을 가져오기 위한 재앙을 가리킬 때 사용되었다(사 21:3; 26:17; 37:3; 66:7-14; 렘 13:21; 30:6; 호 13:13; 미 4:9,10; 막 13:8; 살전 5:3). 예수의 죽음의 고통은 하나님 나라를 탄생케 하기 위한 여인의 해산의 고통과 같다(계 12:2). 박수암,《요한복음》, 349.

2. 환난을 이긴 승리(25-33절)
  - 예수 나의 승리 -

〈성경 본문〉
25 이것을 비유로 너희에게 일렀거니와 때가 이르면 다시는 비유로 너희에게 이르지 않고 아버지에 대한 것을 밝히 이르리라 26 그 날에 너희가 내 이름으로 구할 것이요 내가 너희를 위하여 아버지께 구하겠다 하는 말이 아니니 27 이는 너희가 나를 사랑하고 또 내가 하나님께로부터 온 줄 믿었으므로 아버지께서 친히 너희를 사랑하심이라 28 내가 아버지에게서 나와 세상에 왔고 다시 세상을 떠나 아버지께로 가노라 하시니 29 제자들이 말하되 지금은 밝히 말씀하시고 아무 비유로도 하지 아니하시니 30 우리가 지금에야 주께서 모든 것을 아시고 또 사람의 물음을 기다리시지 않는 줄 아나이다 이로써 하나님께로부터 나오심을 우리가 믿사옵나이다 31 예수께서 대답하시되 이제는 너희가 믿느냐 32 보라 너희가 다 각각 제 곳으로 흩어지고 나를 혼자 둘 때가 오나니 벌써 왔도다 그러나 내가 혼자 있는 것이 아니라 아버지께서 나와 함께 계시느니라 33 이것을 너희에게 이르는 것은 너희로 내 안에서 평안을 누리게 하려 함이라 세상에서는 너희가 환난을 당하나 담대하라 내가 세상을 이기었노라.

25절의 '비유'는 원어로 '파로이미아(παροιμία)'로 일반적으로 '속담'을 가리킨다.[463] 이 어휘는 '분명하게 알려주다'(25절) 또는 '분명하게 말하다'(29절)와 대조된다. 즉 은닉된(애매한) 말투를 가리키는 '수수께끼 같은 비유(말)'로 의역할 수 있다. 이 구절은 수수께끼로 말씀하는 예수의

---
463) 더 자세한 설명은 693쪽의 각주 356번을 참조하세요.

현재적인 말과 분명하게 알려주는 예수의 미래적인 말이 대조되어 있다.

28절은 요한의 기독론에 따른 예수의 길 전체를 요약한 구절이다. 예수는 아버지를 떠나 이 세상에 왔고, 영광스러운 죽음과 부활로 아버지께로 돌아가게 되었다(6:46; 7:29; 13:3; 17:8). 제자들은 예수가 비유가 아니라 분명하게 말씀하자 이제야 예수가 하나님께로부터 나온 분임을 믿게 되었다(29,30절). 그러자 예수는 "이제는 너희가 믿느냐"(31절)라고 물었다. 이 물음은 제자들의 통찰의 빈곤과 몰이해를 간접적으로 지적한 말이다.

32a절은 스가랴 13:7을 배경으로 한 말씀이다(막 14:27; 마 26:31). 예수가 수난을 당할 때 제자들은 예수를 버리고 흩어져 각기 제 길로 갔다. "그러나 내가 혼자 있는 것이 아니라 아버지께서 나와 함께 계시느니라"(32b절). 예수가 수난을 당할 때 제자들은 예수를 홀로 남겨두고 떠날지라도(막 14:50) 아버지는 아들 예수와 언제나 함께 하신다(8:29).

33a절의 평안은 세상의 안락이 주는 편안함이 아니라(14:27) 임마누엘 신앙과 부활신앙으로 영생을 소유한 자로서의 죽음을 이기고 세상을 이긴 데서 나오는 평안이다. 수난과 죽음을 앞두고도 승리자처럼 혼자서 당당하게 적진을 향해 나아간 예수의 멋진 모습, 이것을 가능하게 했던 그 비밀(비결)은 바로 아버지께서 함께 하신다는 '임마누엘 신앙'과 죽음을 능히 이기고 부활하심으로 이 세상 임금인 사탄의 세력을 이긴(11절 참조) '부활신앙' 때문이다.[464]

그러기에 "세상에서는 너희가 환난을 당하나 담대하라 내가 세상을 이기었노라"(33b절)고 소리 높여 외치면서 당당하게 왕 같은 모습으

---

464) 시인 윤동주의 친구인 문익환(1918-94) 목사는 70년대 유신 독재의 암울한 시대상황 중 그의 시 〈히브리서 11장 1절〉에서 '믿음'을 이렇게 노래했다. "그것은 오늘을 내일처럼 바라는 마음이요, 오늘을 내일처럼 믿는 마음이다." 김형수, 《문익환 평전》, 407

로 십자가의 길로 나아갔던 것이다. '이기었노라(νενίκηκα)'는 완료형으로, 예수가 세상을 '이길 것'이 아니라 '이미 이겼다'고 말하고 있다.[465] 예수는 부활하심으로 사망 권세를 이기고 세상 임금은 이미 심판을 받았다.

이제 부활공동체인 요한공동체가 세상(유대인들)에 의한 박해와 순교를 요구당하고 있는 상황에서 세상에서 어떤 환난을 당한다 할지라도 두려워말고 담대하라고 말하고 있다.[466] 예수가 이미 세상(죽음)을 이긴 것처럼 그리스도 안에서 하나님의 넉넉한 승리(롬 8:31-39)라는 승리에 대한 확신을 갖고 담대하게 살면서 복음을 증거할 것을 주문하고 있다.[467]

---

465) 리베스테드(R.Lievestad)는 《정복자 그리스도》(1954년)라는 책에서 "엄격히 말해서, 제4복음서에서 유일한 전쟁 어휘는 16:33에 나타난 '이기었노라(νενίκηκα) 뿐이다"라고 말했다. D.B.Steveck, *Jesus and His Own*, 281.
466) 요한복음에서 신앙의 반대는 '불신'이라기보다는 '두려움'이라 할 수 있다. 유대인들의 박해는 두려움을 산출시키고, 그 두려움은 예수에 대한 증언을 침묵시킨다. 따라서 '두려움에 대한 승리'가 저자가 겨누고 있는 주요 목적 중의 하나라 할 수 있다(16:33). 서중석, 《복음서해석》, 261.
467) 근대 일본의 기독교 선각자인 우찌무라 간조(內村鑑三, 1861-1930)는 이런 시를 남겼다. "예수를 생각하고 나는 / 나의 가난함도 슬프지 않고 / 남의 부유함도 부럽지 않으니 / 예수를 생각하고 나는 / 오직 감사한 마음이 넘칠 따름이라. / 예수를 생각하고 나는 / 몸의 환난도 괴롭지 않고 / 그 행복도 사모하지 않나니 / 예수를 생각하고 나는 / 오직 평강과 만족만 있을 따름이라. / 예수를 생각하고 나는 / 일의 실패에 실망하지 않고 / 그 성공에 뛰며 기뻐하지 않나니 / 예수를 생각하고 나는 / 영원한 승리자이기 때문이다."

제 17 장

〈본장 개요〉

예수의 고별기도(17장)는 고별설교(14-16장)의 대미를 장식하는 끝자락에 위치하고 있다.[468] 고별기도를 고별설교에 포함시킨 것은 구약과 유대문헌에서 흔히 볼 수 있다.[469] 이 기도는 16세기 루터파 신학자인 키트리우스(David Chytraeus) 이래로 "대제사장의 기도"로 불리워 왔다.[470] 예수가 하나님과 제자들 사이에서 중보의 기도를 하고 있으며, 예수가 스스로를 거룩케 하고 제자들을 거룩케 해달라(17,19절)고 기도하는 내용은 예수에게 대제사장적 역할이 부여되고 있다는 점에서 이 명칭을 쓰는 것은 무리가 없다.[471]

요한복음의 고별기도는 예수의 수난을 앞두고 행한 기도라는 점에

---

468) 필자는 고별설교의 끝장인 16장은 18장의 수난사화로 이어지는 것으로 본다. 17장(고별기도)은 괄호 속에 넣을 수 있는 전환장(요한공동체의 교회론)으로 생각한다. 이 기도가 표면적으로는 고별설교 자리를 배경으로 하고 있지만 17장은 독특한 성격과 특징을 갖고 있다. 여기에는 고별설교에서 강조되는 보혜사가 한번도 언급되지 않고 있다. 17장은 저자의 의해 고별설교보다는 그 이후의 시기를 반영하며 요한공동체의 연합의 주제가 집중적으로 나타난다. 따라서 17장은 저자에 의해 후대에 편집된 본문으로 보아야 하며 고별설교와 독립적으로 다루어져야 한다. F.F.Segovia, *Love Relationship in the Johannine Tradition: Agape / Agapan in I John and the Fourth Gospel*, 98 참조.
469) 구약에서는 야곱의 축복기도(창 49:1-33), 모세의 축복기도(신 33장)가 있다. 유대문헌에서는 에스라의 기도(에스라4서 8:19-36), 바룩의 기도(바룩2서 48), 모세의 기도(희면서 1:19-21), 노아의 기도(희년서 10:3-6), 아브라함의 기도(희년서 20-22장), 이삭의 기도(희년서 36:17) 등이 있다.
470) 호스킨스는 이 기도를 '성별의 기도(The Prayer of Consecration)'라고 불렀다. 그는 기도의 중심점을 19절로 보고 그 기도를 '죽음에 대한 예수의 성별과 사명에 대한 제자들의 성별(ad gloriam dei)'이라고 말했다. E.C.Hoskyns, *The Fourth Gospel*, 494. 한편, 아폴드는 '거룩하게 하오니'(19절)라는 단어에는 희생적인 죽음에 대한 분명한 언급이 없다는 이유로 이 장을 '대제사장의 기도'로 부르는 것에 대해 반대한다. M.L.Appold, *The Oneness Motif in the Fourth Gospel*, 194-195.
471) 구약에는 대제사장인 '아론의 축도'(민 6:24-26)가 있다.

서 공관복음의 겟세마네 기도와의 관련성에 대한 질문이 제기된다.[472] 그런데 두 기도를 비교해 보면 상당히 거리가 있다. 공관복음의 겟세마네 기도는 수난을 앞두고 아버지의 뜻을 묻는 자신을 위한 기도인 데 반해, 요한복음의 고별기도는 기본적으로 자신을 위한 기도라기보다는 제자들을 위한 기도이다.

고별기도의 해석상의 어려움은 과거 예수시대의 다락방에서의 고별기도('그때 거기')라는 시점과 현재 부활공동체인 요한공동체의 기도('지금 여기')라는 두 시점을 동시에 갖고 있다는 데 있다. 이 기도는 주후 90년경의 유대교의 '이단자들에 대한 저주문(Birkath ha- minim)'을 생각나게 한다. 기독교회의 부흥에 위기를 느낀 유대교는 내적 결속을 꾀하는 동시에 기독교회의 발전을 저지하고자 하는 일환으로 이 기도문을 작성하였다.

이러한 상황 속에서 고별기도는 '예수의 기도'라는 형식을 통한 문제 해결, 즉 기독교회의 변호와 발전을 위한 교회론적 관점에서 기록되었다. 요한공동체는 두 가지 문제와 씨름하여야 했다. 첫째, 예배공동체인 요한의 교회가 어떻게 하면 유대교와 로마제국의 박해로부터 교회를 보존하느냐 하는 절박한 생존의 문제이다. 둘째, 선교공동체인 요한의 교회가 전도를 통해 교회 안에 새로이 들어온 신자들과 기존의 제자들간의 갈등이 없는 하나됨을 어떻게 이룰 수 있겠는가 하는 일치의 문제이다.

예수의 고별기도는 기본적으로 묵시문학적 정황 아래에 있는 '요한

---

472) 이 기도는 소위 '요한복음의 겟세마네 기도'(12:27-28)와 닮았다. 두 기도는 모두 "아버지여 아버지의 이름을 영화롭게 하옵소서"(12:28과 17:1)라고 하며, 이미 영화롭게 했다(12:28과 17:4)고 말하고 있다. 한편, 요한의 고별기도와 마태의 주기도문과의 관련성에 대해서는 N.Walker, "The Lord's Prayer in Matthew and in John," *NTS* 28: 237-256을 참조하세요.

공동체(요한의 교회)'의 정황을 보여주고 있다. 밖으로는 로마제국으로부터 황제를 주와 신으로 숭배할 것을 강요당하고, 유대교로부터 회당에서 쫓겨나는 출회를 경험하였다(9:22; 12:42; 16:2). 또한 안으로는 고난과 박해에 따른 동요와 배교에 공동체의 존재가 위협받고 있었다. 이러한 상황에서 제자와 교회의 보전을 위한 하나됨과 거룩이 절실히 요청되었다.

교회의 두 기둥을 '모이는 교회(예배공동체)'와 '흩어지는 교회(선교공동체)'라고 규정할 때, 고별기도의 핵심주제는 이 세상으로부터의 '보존'(11,12,15절)과 제자와 신자들 사이의 '하나됨'(21,22,23절)이다. 즉 예배공동체인 요한의 교회는 외적으로 '거룩공동체'로 '보존(보호)'되어야 하고, 선교공동체인 요한의 교회는 내적으로 '사랑공동체'로 '하나됨(일치)'을 이루어야 한다는 것이 이 기도의 핵심주제라고 말할 수 있다.

이 같은 교회론적 관점에서 17장의 구조를 분석하면 세 부분으로 나눌 수 있다. 첫 부분(1-8절)은 '자신을 위한 예수의 기도'이다. 이는 또한 부활공동체인 요한공동체의 기도로서 핵심어는 '영광(영화)'이 다. 둘째 부분(9-19절)은 '제자들을 위한 예수의 기도'이다. 이는 또한 예배공동체인 요한공동체의 기도로서 핵심어는 '보존(거룩)'이다. 셋째 부분(20-26절)은 '신자들을 위한 예수의 기도'이다. 이는 또한 선교공동체인 요한공동체의 기도로서 핵심어는 '하나됨(사랑)'이다.

예수의 기도는 '하나님-예수-제자'가 하나되는 폐쇄적 공동체를 꿈꾸는 것이 아니다. 예수의 삶과 파라클레토스를 통하여 '하나님-예수-제자-세상'이 궁극적으로 하나되는 것이다. 요한공동체는 신비한 체험적 폐쇄공동체가 아니라 구체적인 사랑으로 하나되는 공동체이자 세상을 위한 개방된 공동체이다. 결국 예수의 기도는 요한복음의 중심구절인 3:16의 완성을 의미한다.

고별기도는 이미 부활하신 주님을 믿는 부활공동체로서의 요한의 교회가 유대교(회당)와 로마제국을 이기는 길이 무엇이며, 어떤 공동체가 되어야 하는가를 제시하고 있다. 기본적으로 부활공동체, 예배공동체, 선교공동체인 요한공동체는 여덟 가지 특징을 지닌 공동체를 지향하고자 한다: 영광공동체, 영생공동체, 말씀공동체, 거룩공동체, 기쁨공동체, 순교공동체, 사랑공동체, 정의공동체가 그것이다. 그러니까 고별기도는 '예수의 기도' 형식을 띤 요한공동체의 염원을 담은 '선언서(Manifesto)'이자 요한공동체의 '교회론'이다. 그런 의미에서 17장은 '교회론'을 말하고 있는 4장과 상응한다.

1. 자신을 위한 예수의 기도(1-8절)
   - 예수 나의 찬송(찬미) -

〈성경 본문〉

1 예수께서 이 말씀을 하시고 눈을 들어 하늘을 우러러 이르시되 아버지여 때가 이르렀사오니 아들을 영화롭게 하사 아들로 아버지를 영화롭게 하게 하옵소서 2 아버지께서 아들에게 주신 모든 사람에게 영생을 주게 하시려고 만민을 다스리는 권세를 아들에게 주셨음이로소이다 3 영생은 곧 유일하신 참 하나님과 그가 보내신 자 예수 그리스도를 아는 것이니이다 4 아버지께서 내게 하라고 주신 일을 내가 이루어 아버지를 이 세상에서 영화롭게 하였사오니 5 아버지여 창세 전에 내가 아버지와 함께 가졌던 영화로써 지금도 아버지와 함께 나를 영화롭게 하옵소서 6 세상 중에서 내게 주신 사람들에게 내가 아버지의 이름을 나타내었나이다 그들은 아버지의 것이었는데 내게 주셨으며 그들은 아버지의 말씀을 지키었나이다 7 지금 그들은 아버지께서 내게 주신 것이 다 아버지로부터 온 것인 줄 알았나이다 8 나는 아버

지께서 내게 주신 말씀들을 그들에게 주었사오며 그들은 이것을 받고 내가 아버지께로부터 나온 줄을 참으로 아오며 아버지께서 나를 보내신 줄도 믿었사옵나이다.

이 단락은 둘로 나누어진다. 1-5절은 예수께서 자신을 위해 드리는 간구이고, 6-8절은 그 이유다. 간구의 내용은 자신을 영화롭게 하심이며, 그 이유는 제자들의 믿음 때문이다. 본문은 요한의 교회론이 기독론(신론)에 기초하고 있음을 잘 보여준다. 즉 예수는 아버지(하나님)의 아들이 되시며, 아버지와 아들이 창세 전부터 사랑 안에서 함께 영광 가운데 거하셨음을 보여준다.

첫절은 예수의 기도자세와 기도를 들으시는 대상을 부르는 부름말로 시작된다. '눈을 들어 하늘을 우러러'[473]는 예수의 기도의 특징이다(마 14:19; 막 6:41; 눅 9:16; 요 11:41). 예수는 하나님을 '아버지여'[474]라고 부르며 기도를 시작한다. 여기서 '아버지(Πάτερ)'는 아람어로 '아바(Abba)'로서 예수가 하나님을 부르는 호칭[475]으로 이 말은 예수 이전 그 어디에도 찾아볼 수 없는 예수의 언어였다.[476]

---

473) 북간도가 낳은 민족시인 윤동주(1917-45)의 〈서시〉 첫 대목, "죽는 날까지 하늘을 우러러 / 한 점 부끄럼이 없기를"이 절창이듯이, 죽음을 앞두고 눈을 들어 하늘을 우러러 기도하는 첫 대목, "아버지여 때가 이르렀사오니 아들을 영화롭게 하사 아들로 아버지를 영화롭게 하게 하옵소서"라는 예수의 기도는 절창이다. 시인 윤동주에 대해서는 송우혜,《윤동주평전》을 참조하세요.
474) 사복음서에서 '아버지' 호칭은 마태 37구절, 마가 4구절, 누가 29구절이 나온다. 공관복음 전체에는 70구절이 나온다. 그런데 요한복음에는 무려 116구절에 걸쳐 나온다. 17장의 고별기도에서 '아버지' 호칭(대명사 제외)은 6회(1,5,11,21,24,25절) 나타나는데, 한글 개역개정판에서는 무려 40회가 나타난다.
475) 예레미아스는 이 '아바' 호칭은 확실히 예수 전승에 기초하고 있다고 말한다. 보다 자세한 내용은 J.Jeremias,《신약신학》, 102-111을 참조하세요.
476) "복음의 핵심이자 가장 혁명적 주제에 대해 어떤 사람은 이렇게 말한다. 성경에 가장 충격적인 메시지는 예수 그리스도를 믿으면 하나님의 자녀가 되는 권세를 갖는다는 것

'아바'는 어린아이가 자신의 아버지를 향해 부를 때의 호칭 '아빠'에 해당하는 말이다. 예수는 기도할 때 하나님을 항상 '아빠 아버지'[477]라고 불렀다. 이 호칭은 아들(예수)과 아버지(하나님)와의 '친밀성'을 잘 보여주는 것으로, 기도의 '은밀성'(마 6:5-6)과 함께 예수의 기도의 두 특징이라고 말할 수 있다.

예수 기도의 특징인 '아바' 호칭은 하나님에 대한 이해를 완전히 뒤집어 놓은 혁명적 사건이다. 유대인들은 자신들이 하나님이라고 부른 여호와를 '가까이 하기에는 너무나 먼 당신'과 같은 그런 분으로 생각했다. 하나님은 하늘 위에 높고 높은 곳에 계신 분, 가까이 할 수 없는 거룩하시고 근엄하신 분, 항상 노여워하시고 죄를 가만히 보시지 않으시고 심판하시는 분, 삶의 손에 닿지 않는 멀리 계신 분으로 생각했다.

그러나 예수의 하나님 이해는 유대인들과 달랐다. 하나님을 아버지와 같은 분, 더 정확하게 말하면 '아빠'와 같은 그런 분으로 보았다. 집에 계신 아빠처럼 늘 가까이 계시고 다정다감하시고, 아이의 모든 필요를 채워주시는 사랑의 아빠로 본 것이다. 하나님을 '아빠로서의 아버지'로 호칭한 것만큼 하나님의 정체성을 구체적이고도 생생하게 묘사한 말은 다시 없다. 이것이 유대인들이 볼 때는 위험천만한 불경죄가 아닐 수 없었다. 여기서 우리는 요한이 아버지와 아들, 즉 성부 하나님과 성자 하나님의 친밀한 부자관계에 얼마나 깊은 관심을 가지고 있는가를 쉽게 엿볼 수 있다.

'때가 이르렀사오니'라는 문구는 예수의 전 사역이 집중되는 바로 그 '때'[478]를 일컫는 것으로 십자가와 부활의 때를 가리킨다. '영화롭게

이다. 하나님을 '아빠'라고 부르는 것은 우리 인생에 있어서 가장 혁명적 사건이다." 김지철, 《영혼의 혁명을 일으키시는 성령》, 61.
477) 이 호칭은 막 14:36, 롬 8:15, 갈 4:6에서 볼 수 있다.
478) '때'가 사용된 구절(2:4; 7:6,8,30; 8:20; 12:23,27; 13:1,31).

하옵소서'는 1절과 5절에서 거듭 언급된다. 기도 중에 말씀하시는 분은 이미 죽었다가 다시 살아난 부활의 주님으로 아버지 하나님과 영광을 함께 누리는 분이다. 예수의 부활을 믿는 부활공동체로서의 요한공동체의 첫 특징은 영광을 함께 나누고 누리는 '영광공동체'이다.

아버지께서 아들에게 주신 모든 사람에게 영생을 주게 하시려고 만민을 다스리는 권세를 아들 예수에게 주셨다(2절). 주님의 부활을 믿는 부활공동체로서의 요한공동체의 두 번째 특징은 영생을 함께 나누고 누리는 '영생공동체'이다. 3절은 요한복음에서 유일하게 영생을 정의한 구절로서, 요한의 삽입구라고 말할 수 있다.[479] 영생은 요한이 남긴 가장 중요한 신학적 개념이다. 예수께서 세상에 오셔서 '하나님 나라'를 전하였고, 사도 바울이 이를 자신의 중심적인 신학 개념인 '하나님의 의'로 정리했다면, 요한은 이를 다시 '영생' 어휘로 요약했다.

요한복음에서 영생은 하나님과 그분이 보내신 아들 예수 그리스도를 아는 것이다.[480] 여기서 '알다'란 '믿다'와 바꾸어 쓸 수 있는 단어로 요한이 즐겨 사용하는 어휘이다. '유일하신 참 하나님'은 오직 한분이시고 실체(reality)에 해당하는 하나님이라는 뜻이다. 이 세상의 모든 신은 가짜요 그림자 신이요 모형에 불과한 신임을 암시한다. '그의 보내신 자 예수 그리스도를 아는 것'은 기독교와 유대교를 분리시키는 중요한 대목이다. 유대인들은 유일신 야웨 하나님은 믿지만 하나님이 보내신 예수 그리스도를 믿지 않는다. 예수 그리스도를 통해서 본 하나님만이 성경이 말하는 참된 하나님이다.[481]

---

479) 요한은 복음서를 기록하면서 종종 자신의 해설을 붙이는 버릇이 있다(2:21; 7:39; 8:27; 11:13; 12:16; 12:43 등).
480) 《팡세》의 저자 파스칼(B.Pascal, 1623-62)은 신음하면서 진리를 추구한 사람이다. 그는 31세 되던 해인 1654년 11월 23일 기도하던 중 성령의 '불'을 체험했다. 파스칼이 체험했던 성령의 '불(fire!)'은 요한복음에 나타난 예수 그리스도의 모습을 잘 말해주고 있다.
481) 박수암, 《요한복음》 359-360.

여기서 '아는 것(γινώσκωσίν)'은 헬라적 의미에서의 머리로 아는 것, 또는 지적으로 아는 것을 의미하기보다는 히브리어 '야다(ידע)', 즉 지적으로만 아는 것이 아니라 체험과 경험을 통해 아는 것, 또는 관계와 교제를 통해 아는 것을 말한다.[482] 하나님 나라는 하나님과의 인격적인 관계를 통해 사귐을 나누는 세계요 그러한 삶이 바로 영생이다. 그런 의미에서 이 구절을 소위 '요한의 영지주의(Johannine Gnosticism)'라고 말하는 것은 적절치 않다.

4절의 이 '일'은 이미 언급되었던 말씀으로(4:34; 5:36), 앞으로 예수의 죽음(19:30)을 통해 완성될 일이다. 그런데 이런 일을 이미 이루어 아버지를 이 세상에서 영화롭게 하였다고 말하고 있는 것으로 보아 이 구절은 부활 이후 요한의 예수 묵상에서 온 말씀임을 엿볼 수 있다.

5절의 '창세 전에' 선재(先在)했던 아들 예수는 아버지로부터 세상에 보내져 아버지의 일을 다 이루고 이제 다시 아버지 품으로 되돌아 갈 시간이다. 그러기에 선재 시에 아버지와 함께 누렸던 영화로서 아들을 영화롭게 해 달라고 간구하고 있다. 이 간구는 선재 시에 아버지와 아들이 함께 영광을 누린 것처럼 부활공동체인 요한공동체 또한 아버지와 아들이 누린 영광을 함께 누리게 해 달라는 염원을 담은 기도이다.

이 단락에는 로고스(말씀) 기독론과 성육신 기독론 외에 요한복음의 특징적인 기독론이 거의 다 나타난다. 곧 예수 그리스도는 창세 전에 계셨으며(선재 기독론), 아버지의 보내심을 받은 아들이며(파송 기독론), 이제 십자가를 지심으로써 받은 과업을 완수하고 아버지께로 되돌아 갈 것을 기다린다(복귀 기독론).

자신을 위한 간구를 한 예수는 그 이유를 구체적으로 밝힌다. 아들

---

482) 김득중,《요한의 신학》, 322; 구약은 '야훼를 아는 지식'(겔 36:23; 호 6:6), 신약은 '예수를 아는 지식'(빌 3:8; 벧후 3:18)이라고 말할 만큼 '앎'은 중요하다. 더 자세한 설명은 박호용,《야훼인지공식》을 참조하세요.

을 영화롭게 해야 할 이유는 아들이 제자들에게 아버지의 이름을 나타냈기 때문이다(6a절). 이름은 곧 존재다. 하나님의 이름은 그분의 본성과 인격을 의미한다. 주기도문에서 주님은 "(하나님의) 이름이 거룩히 여김을 받으시오며"(마 6:9)라고 기도하셨다. 이렇게 기도한 까닭은 하나님의 이름이 거룩히 여김을 받지 못하고 그 대신 모세의 이름이나 로마 황제의 이름이 높임을 받는 상황이 되어버렸기 때문이다. 모세가 가나안 땅에 못 들어간 것은 하나님의 거룩하심을 나타내지 아니하였기 때문이라고 말하고 있다(민 20:12).

예수는 하나님께서 자신에게 준 제자들이 아버지의 말씀을 지켰다(6b절)고 기도하고 있다. 부활공동체인 요한공동체의 세 번째 특징은 진리되신 하나님의 말씀(17절)을 지키는 '말씀공동체'이다. 예수는 하나님이 주신 말씀들을 제자들에게 주어 그들이 이것을 받고 아들이 아버지께로부터 나온 것임을 알고 아버지께서 아들을 보냈다는 것을 믿었다(8절)고 기도하고 있다. 이로써 아들은 제자들에게 아버지의 이름을 나타내었고, 아들은 아버지께 '자신을 영화롭게 하소서'라고 간구하였던 것이다.

그리스도인들의 삶이란 '예수를 닮아가는 삶'이어야 한다고 말한다. '예수 닮기'의 삶 가운데 예수가 하신 기도를 닮아가는 일이야말로 가장 중요한 일 중의 하나일 것이다. 예수의 기도는 당시에 유대인들이 하던 기도처럼 거창하지도 화려하지도 않았다. 너무도 단순한 기도였다. 그것은 바로 '아빠 아버지 기도'였다. '아빠 아버지여'라고 시작하는 이 단순한 기도 속에 예수 기도의 비밀과 능력이 있다.

예수는 우리에게 기도란 한 가족 안에 계신 아빠 아버지처럼 언제나 아빠 아버지와 친밀한 관계 속에 머무는 것이며, 그분을 어린 아이처럼 철저히 의지하고 순종하는 것이라고 가르쳐 주셨다. 여기에 예수께서 하신 '아빠 아버지 기도'의 비밀과 능력이 있다. 왜냐하면 아빠 아버지는 세상 만물보다 크시며 우리의 사정을 너무나도 잘 알고 계신 전능하시고 사랑 많으신 하나님이시기 때문이다. 숨을 들이키며 '아빠 아버지여'라고 부르고, 숨을 내쉬며 '내게 은혜를 내려 주옵소서'라고 해 보라. 그러면 그대에게 놀라운 일이 생길 것이다.[483]

2. 제자들을 위한 예수의 기도(9-19절)
   - 예수 나의 거룩(경건) -

〈성경 본문〉

9 내가 그들을 위하여 비옵나니 내가 비옵는 것은 세상을 위함이 아니요 내게 주신 자들을 위함이니이다 그들은 아버지의 것이로소이다 10 내 것은 다 아버지의 것이요 아버지의 것은 내 것이온데 내가 그들로 말미암아 영광을 받았나이다 11 나는 세상에 더 있지 아니하오나 그들은 세상에 있사옵고 나는 아버지께로 가옵나니 거룩하신 아버지여 내게 주신 아버지의 이름으로 그들을 보전하사 우리와 같이 그들도 하나가 되게 하옵소서 12 내가 그들과 함께 있을 때에 내게 주신 아버지의 이름으로 그들을 보전하고 지키었나이다 그 중의 하나도 멸망하지 않고 다만 멸망의 자식뿐이오니 이는 성경을 응하게 함이니이다 13 지금 내가 아버지께로 가오니 내가 세상에서 이 말을 하옵는 것은 그들로 내 기쁨을 그들 안에 충만히 가지게 하려 함이니이다 14 내가 아버지의 말씀을 그들에게 주었사오매 세상이 그들을 미워하였사오니 이는 내가 세상에 속하지 아니함 같이 그들도 세상에 속하지 아니함으

---

483) 필자는 '민족 사랑'과 '예수 사랑'을 가지고 '아빠 아버지 기도'를 이렇게 드려본다. "아빠 아버지여, 구하옵나니 / 모세처럼 그렇게 민족을 사랑하게 하시고 / 요한처럼 그렇게 예수를 사랑하게 하소서."

로 인함이니이다 15 내가 비옵는 것은 그들을 세상에서 데려가시기를 위함이 아니요 다만 악에 빠지지 않게 보전하시기를 위함이니이다 16 내가 세상에 속하지 아니함 같이 그들도 세상에 속하지 아니하였사옵나이다 17 그들을 진리로 거룩하게 하옵소서 아버지의 말씀은 진리니이다 18 아버지께서 나를 세상에 보내신 것 같이 나도 그들을 세상에 보내었고 19 또 그들을 위하여 내가 나를 거룩하게 하오니 이는 그들도 진리로 거룩함을 얻게 하려 함이니이다.

'내가 비옵나니'(9절)로 시작되는 이 단락은 두 가지 간구로 나누어진다. 하나는 그들을 '보전하소서'(11,15절)라는 간구이고, 다른 하나는 그들을 '거룩하게 하소서'(17절)라는 간구이다. 전자는 악에 빠지지 않을 것을 구하는 부정적이고 소극적인 간구이고, 후자는 긍정적이고 적극적인 간구이다.

예수께서 제자 보전을 위해 기도하신 목적은 세 가지다. 첫째는 하나님과 예수가 하나된 것처럼 제자들도 하나가 되게 하기 위함이다(11b절). 둘째는 예수의 기쁨을 제자들 안에 충만히 가지게 하기 위함이다(13절). 셋째는 제자들이 악에 빠지지 않게 하기 위함이다(14,15절).

"내가 비옵는 것은 세상을 위함이 아니요 내게 주신 자들을 위함이니이다 그들은 아버지의 것이로소이다"(9절). 요한복음에서 '세상'[484]은 주로 불신앙과 죄악을 상징하는 부정적 어휘로서, 교회와 대조되는 유대교와 유대인의 세상을 말한다. 예수는 유대교 회당으로부터 박해를 당하고 있는 제자들을 아버지께 속한 사람으로 세상으로부터 보호해 달라고 기도한다. 이 기도는 아버지와 아들을 알지 못하는 세상을 위

---

484) 요한복음 전체에서 '세상'은 78회 나타나며, 그 중에서 17장에서 17회가 나타난다(6, 9, 11[2회], 13, 14[3회], 15, 16[2회], 18[2회], 21, 23, 24, 25).

한 기도가 아니라 세상으로부터 구별된 요한공동체를 위한 기도이다.

그런데 이 구절은 세상과 제자를 분리하기 위한 이원론적 관점을 말하려는 것이 아니다.[485] 예수는 이 세상 속에(in the world) 사는 제자들을 이 세상으로부터 구별해 내신(out of the world) 후 다시 이 세상을 구원하기 위해 제자들을 세상 속으로(into the world) 보낸다. 비록 세상이 밉지만 세상을 구원하기 위해 세상에 파송된 예수처럼 제자들도 세상을 향해 나아가야 한다는 것이 예수의 말씀이다(18절).

요한복음은 교회가 세상과 분리되기에 세상을 향하여 존재한다는 점을 강조한다. '분리함(from)'은 분리를 위한 분리가 아니라 다시 세상을 '향하기(for)' 위한 분리이다. 예수는 이 땅에 속하지 않는 영원한 로고스로 계셨지만(from), 이 세상을 하나님과 연결하여 하나로 되게 하기 위하여(for) 이 땅에 오셨다. 이 점에서 요한복음은 예수를 하나님에 의하여 파송되었다는 '파송 기독론(Gesandten Christologie)'을 강조할 수밖에 없었다.[486]

10절은 아버지와 아들의 공유(公有)를 나타내고 있다. 제자들은 아버지와 아들의 소유이다. 예수는 제자들로 말미암아 영광을 받았다고 기도하고 있다. 그 까닭은 처음부터 예수와 함께 있던 제자들은 죽었다가 부활하사 영광을 얻은 예수의 이름을 온 세상에 증언함으로 영광을 받기 때문이다(15:27). 예수는 세상을 떠나 아버지가 계신 곳으로 가고 제자들은 이 세상에 남게 된다(11a절). 그래서 예수는 이렇게 기도한다. "거룩하신 아버지여 내게 주신 아버지의 이름으로 그들을 보

---

[485] 박수암 교수는 이 구절을 예수의 이원론적 관점에서 이해해야 할 것이라고 말한다. 박수암, 《요한복음》, 364.
[486] 요한복음에서 파송의 주제는 처음부터 끝까지 계속되고 있음을 볼 수 있다. 먼저 '세례 요한의 보내심', 그 다음 '아들을 보내심', 그리고 '아들은 파라클레토스를 보내심', 마지막으로 '제자들(성도 또는 교회)을 세상에 보내심'으로 나타난다.

전하사 우리와 같이 그들도 하나가 되게 하옵소서"(11b절). 이 구절에서 하나님을 '거룩하신 아버지여'라고 호칭하고 있는데, 요한복음에서 하나님을 부를 때 '거룩하신(ἅγιε)'이라는 형용사를 사용한 경우는 이곳뿐 이다.

하나님을 거룩한 분으로 호칭한 것은 요한공동체가 세상, 구체적으로 유대교 회당으로부터 아버지의 이름으로 보전(11,12,15절)되고 구별된 공동체임을 말하고자 그렇게 호칭한 것이다. 예배공동체인 요한공동체의 네 번째 특징은 세상과 구별된 '거룩공동체'이다. "우리와 같이 그들도 하나가 되게 하옵소서"라는 아버지와 아들의 일치의 기도는 아래에 있을 제자들과 신자들의 일치의 기초가 된다. 요한이 이토록 '하나됨'을 강조하는 까닭은 맞서 싸워야 할 대상(로마제국과 유대교)이 너무 강하기에 하나됨의 강한 결속력이 없이는 그들의 탄압(공격)을 이겨낼 수 없기 때문이다.

12절의 '멸망의 자식'은 신약에 2회(이곳과 살후 2:3)나오는 문구로써, 가룟 유다는 멸망으로 들어갈 운명의 자식이었다. 여기서 말하고 있는 성경의 기록은 가룟 유다의 배신이 간접적으로 예언된 시편 41:9을 가리킨다(13:18). 13절에서 예수는 지금 비록 십자가 고난이 앞에 놓여 있지만 세상을 이기고(16:33), 죽음을 이긴 승리의 부활을 선취한 자로서의 기쁨을 말씀하고 있다. 마찬가지로 예배공동체인 요한공동체의 다섯 번째 특징은 부활하신 주님이 주신 부활의 기쁨을 서로 나누는 '기쁨공동체'이다. 기쁨은 성령이 충만한 사람 곧 예수와 연합한 사람들의 삶 속에 나타나는 열매들 중의 하나이다(15:11; 갈 5:22).

빛 되신 예수가 하나님의 말씀을 듣고 세상에 왔으나 세상이 그를 영접하지 아니하고 미워함같이(1:1; 15:19), 제자들은 예수께서 주신 하나님의 말씀을 듣고 세상에 나아갔으나 빛보다 어둠을 사랑한 세상(1:5; 3:19)은 진리를 거부하고 오히려 제자들을 미워하였다(14a절). "내가 세상에 속하지 아니함 같이 그들도 세상에 속하지 아니함으로 인함이니이다"(14b절). 이 대목을 16절에서 다시 반복하는 것은 거룩의 중요성 때문이다. 모세를 믿는 유대교나 예수를 믿지 않는 세상은 예수를 믿는 제자공동체를 미워할 수밖에 없는데, 그 까닭은 거룩한 예수처럼 제자들도 세상에 속하지 아니한 거룩공동체이기 때문이다.

요한공동체는 속세를 떠나 사는 금욕적이고 종말론적인 도피집단인 에세네파(Essene)와는 달리 악한 세상 속에서 악한 자들과 함께 살아가야 하기에 그들이 자기를 지켜 세속에 물들지 않도록(약 1:27) 보호받게 해 달라고 간구하고 있다(15절). 따라서 요한공동체는 교회를 세상으로부터 분리시킨 이원론적 폐쇄집단이 아니라 세상을 향해 보냄받은(18절) 일원론 지향적 공동체이다.

"그들을 진리로 거룩하게 하옵소서 아버지의 말씀은 진리니이다"(17절). '진리'와 '아버지의 말씀'(6,14절)이 동의적 평행법을 이루고 있다. 예수가 진리고, 예수의 말씀이 진리고, 하나님의 말씀이 진리다. 여기서 예수는 진리인 아버지의 말씀으로 제자들이 거룩하게 되기를 간구하고 있다(19절). 진리 곧 하나님의 말씀으로 무장되고, 성결 곧 세속에 물들지 않은 거룩(깨끗함)으로 무장되어야 한다. 그렇지 아니하면 세상에 복음을 들고 나아가더라도 세상을 이길 수 없고 세상을 변화시킬 수 없다.

18절은 요한공동체가 '선교공동체'임을 잘 말해주고 있다. 여기서 예수께서 보냄 받으신 것과 제자들이 보냄 받은 것 사이의 병행(선교의 사명)을 주목해야 한다. 예수의 사명이 세상을 위함인 것처럼, 제자들의 사명 또한 동일한 목적으로 방향지워진다. '보내었고(ἀπέστειλα)'는 부정과거동사로서, 이는 요한의 부활절 이후의 관점을 반영한다.

19절은 제자들을 향한 예수의 기도의 정점에 이르게 한다. 본질상 거룩하신 분이 '내가 나를 거룩하게 하오니(ἐγὼ ἁγιάζω ἐμαυτόν)'라는 예수의 말은 모순처럼 들린다. 여기서 '하기아조(ἁγιάζω)' 동사는 '바치다', '봉헌하다'는 뜻으로 예수의 십자가 죽음을 의미한다. 구약성경에서 '성별'은 '희생제사'와 동의어로 쓰인다(신 15:19,21). 예수께서 그러한 목적을 위해 자신을 거룩하게 하신 것은 대단히 특이한 언어형태이다.[487]

죽음으로 자신을 드리는 예수의 헌신은 제자들도 역시 예수와 동일한 정신으로 세상에 구원을 가져오기 위해 헌신해야 한다. 그런 의미에서 선교공동체인 요한공동체의 여섯 번째 특징은 '순교공동체'이다. 예수는 우리 죄를 위한 화목 제물이 되사(요일 2:2), 아버지의 뜻을 좇아 자신을 십자가에 내어 주셨다. 이러한 일은 우리로 하여금 거룩함에 이르도록 하기 위함이다. 예수께서 흠없는 제물이 되셨듯이 예배공동체인 요한공동체는 흠없는 제물로 아버지께 드려져야 한다(레위 3:1; 4:3; 겔 45:23; 46:6).

신약의 핵심주제가 '사랑'이라면, 구약의 핵심주제는 '거룩'이다. 사랑이 '연합'의 의미를 갖는다면, '거룩'은 '구별'의 의미를 갖는다. 그런데 사랑과 거룩은 분리될 수 없고 동전의 양면처럼 구분될 뿐이다. 구약에서 하나님은 모든 피조물로부터 구별된 '거룩한 하나님(聖神)'이다. 따라서 거룩한 하나님과 관련된 모든 것 또한 거룩하게 구별되었다. 시내산에서 이스라엘 백성과 언약을 맺으시고 그들을 '거룩한 백성(聖民)' 삼으신 하나님(출 19:6)은 "내가 거룩하니 너희도 거룩하라"(레 11:44-45)고 하시며 거룩한 삶을 명하셨다. 본문에 나타난 예수의 기도(6-19절)는 그 초점이 거룩한 삶에 있다.

우리는 최후의 만찬석상에서 거룩을 강조하신 주님의 기도를 명심해야 한다. 성경은 거룩한 삶에 대해 끊임없이 강조하고 있다(살전 4:3; 벧전 1:15; 약 1:27; 고전 6:19-20 등). 성화되지 못한 그리스도인은 불신자들

---

487) G.R.Beasley-Murray, *John*, 301.

과 하등 다를 바가 없는 세속인에 불과하다. 세속에 물들지 않는 거룩한 삶을 위한 영적전쟁, 이것이 오늘 기독교회의 서고 넘어지는 자리이다.

3. 신자들을 위한 예수의 기도(20-26절)
  - 예수 나의 연합(일치) -

〈성경 본문〉
20 내가 비옵는 것은 이 사람들만 위함이 아니요 또 그들의 말로 말미암아 나를 믿는 사람들도 위함이니 21 아버지여, 아버지께서 내 안에, 내가 아버지 안에 있는 것 같이 그들도 다 하나가 되어 우리 안에 있게 하사 세상으로 아버지께서 나를 보내신 것을 믿게 하옵소서 22 내게 주신 영광을 내가 그들에게 주었사오니 이는 우리가 하나가 된 것 같이 그들도 하나가 되게 하려 함이니이다 23 곧 내가 그들 안에 있고 아버지께서 내 안에 계시어 그들로 온전함을 이루어 하나가 되게 하려 함은 아버지께서 나를 보내신 것과 또 나를 사랑하심 같이 그들도 사랑하신 것을 세상으로 알게 하려 함이로소이다 24 아버지여 내게 주신 자도 나 있는 곳에 나와 함께 있어 아버지께서 창세 전부터 나를 사랑하시므로 내게 주신 필자의 영광을 그들로 보게 하시기를 원하옵나이다 25 의로우신 아버지여 세상이 아버지를 알지 못하여도 나는 아버지를 알았사옵고 그들도 아버지께서 나를 보내신 줄 알았사옵나이다 26 내가 아버지의 이름을 그들에게 알게 하였고 또 알게 하리니 이는 나를 사랑하신 사랑이 그들 안에 있고 나도 그들 안에 있게 하려 함이니이다.

또다시 예수는 '내가 비옵는 것은'(20절)으로 기도를 시작한다. 제자들의 선교로 인해 제2세대 신자들이 생기게 되는데 예수는 이들을 위해 기도한다. 기도의 동기나 관심사가 공동체의 일치에 있음을 역설한다(21-23절). 이 단락은 두 부분(20-23/ 24-26절)으로 나누어진다. 특히 전반부(20-23절)의 구조를 분석해보면 '같이'(καθώς, 1회)'와 접속사 '히나 (ἵνα, 3회)'를 사용하여 문학적 평행을 이루는 두 문장(20-21/ 22-23절)으로 구성되어 있음을 보게 된다.

예수는 제자들의 말을 통하여 자신을 믿게 될 미래의 신자들을 위한 중보기도를 하고 있다(20절). 여기서 '나를 믿는 사람들'에 해당하는 '피스튜손톤(πιστευσόντων)'은 현재분사복수형으로 '계속해서 믿게 될 사람들'이라는 미래적인 의미를 포함한다. 미래의 신자들은 현재의 제자들의 증언을 통해서 믿게 된다는 점에서 이 구절은 요한공동체가 선교공동체임을 잘 말해주고 있다.

"아버지여 아버지께서 내 안에, 내가 아버지 안에 있는 것 같이 그들도 다 하나가 되어 우리 안에 있게 하사 세상으로 아버지께서 나를 보내신 것을 믿게 하옵소서"(21절). 아버지와 아들의 일치(14:10, 11, 20)는 요한공동체의 '일치(하나됨)'의 근거이자 모델이 된다. '아버지께서 나를 보내신'(18,21,22,25절)이란 아들 예수는 세상을 구원하기 위한 특별한 사명을 띠고 아버지로부터 이 세상에 파견된 특별한 존재임을 말하는 것이다. 이것을 반복해서 말하는 까닭은 일치의 궁극적 목적이 아버지께서 아들을 세상에 보냈다는 사실을 세상으로 믿게 하려는 데 있다.

또한 예수가 '그들도 다 하나가 되어'를 세 차례(21,22,23절)나 반복하고 있는 것은 미래 교회의 성패는 첫 제자들과 제2세대 신자들, 유대인과 이방인 사이의 연합과 일치에 있다는 것을 강조하기 위해서이다. 선교공동체인 요한공동체의 일곱번째 특징은 이해와 협력, 나눔과 섬김, 일치와 연합을 통한 '사랑공동체'이다.

"하늘에 있는 것이나 땅에 있는 것이 다 그리스도 안에서 통일되게 하려 함이라"(엡 1:10). 그리스도(복음) 안에서의 천하통일 - 이것이 예수와 요한과 바울이 바랐던 최종목표였다. 성경은 무엇보다 먼저 제자의 하나됨(요 13:34-35; 17:11,22; 요일 4:7-8)과 교회의 하나됨(고전 12:12-27; 엡 4:1-6)을 강조하고 있다. 나이, 성별, 빈부, 지위, 학력, 신분, 지역, 인종 등 각양각색의 다른 사람들이 모여 하나의 공동체를 이룬다는 것은 결코 쉬운 일이 아니다.

그러기에 여기서 필요한 것은 서로간의 차이를 인정하고 겸손과 관용과 사랑으로 서로 품는 자세이다. 오늘 온 세상이 분열과 갈등으로 몸살을 앓고 있다. 성 프란치스코(St. Francisco, 1182-1226)의 기도가 정말 그립다. "주여 나를 평화의 도구로 써 주소서 / 미움이 있는 곳에 사랑을, 상처가 있는 곳에 용서를, 분열이 있는 곳에 일치를, 의혹이 있는 곳에 믿음을 심게 하소서 / 주여 나를 평화의 도구로 써 주소서…"

세대가 다르고 출신이 다른 다양한 사람들이 모인 요한공동체(10:16; 11:52)가 서로 사랑하지 못하고 내적인 갈등과 분열을 일삼는다면 '서로 사랑'을 강조한 예수의 가르침(13:34-35)을 제자들이 스스로 저버리는 것이 된다. 그뿐만 아니라 기독교회를 무너뜨리려고 하는 유대교를 비롯한 세상의 적대자들의 도전과 공격을 제대로 막아 낼 수가 없다.

마지막으로 예수는 창세 전인 선재 시에 아버지와 아들이 서로 사랑하고 누렸던 천상세계의 무궁한 영광을 미래 세대의 모든 신자들이 함께 맛보기를 원한다고 기도하고 있다(24절). 그러면서 "의로우신 아버지여 세상이 아버지를 알지 못하여도 나는 아버지를 알았사옵고 그들도 아버지께서 나를 보내신 줄 알았사옵나이다"(25절). 11절에서 '거룩하신 아버지여'라고 기도한 예수는 여기서 '의로우신 아버지여'라고 기도한다. 이 호칭은 하나님이 '공의의 하나님'이심을 말한다. 선교공동체인 요한공동체의 여덟 번째 특징은 '정의공동체'이다.

하나님은 '사랑의 하나님'만이 아닌 '공의의 하나님'도 되시는 분으로, 이는 아들을 믿는 자에게는 구원을, 아들을 믿지 않는 자에게는 심판이 주어진다는 사실을 말하고 있다(3:16-18; 롬 3:19-24). 이 사실을 아들 예수도 알고 제자들도 알고 있으나 세상은 알지 못한다. 여기서 교회와 세상의 대조는 '알다'와 '알지 못하다'로 표현된다. 3절과 마찬가지로 여기서도 '알다'는 '믿다'와 동의어이다. 세상은 아들을 믿지 않음으로 결국 최후의 심판을 면치 못하게 된다.

고별기도를 마치면서 예수는 현재와 미래의 모든 제자들을 향해 아버지의 이름을 알게 하였고, 앞으로 성령을 통해 계속해서 알게 하겠다고 기도하고 있다(26절). 예수의 기쁨과 영광은 아버지의 이름을 나타내는 데 있음(6,12,26절)을 보여준다. 이 같이 하는 목적은 아들을 사랑한 아버지의 사랑을 모든 제자들에게 머물게 하여 상호 내주의 기쁨과 영광을 누리게 하려는 데 있다. 이것이 미래 교회의 자랑스러운 모습임을 역설하고 있다.

제 18-19 장

⟨본장 개요⟩

18-19장(수난사화)은 '십자가 신학'에 기초한 '구원론'을 말하고 있다는 점에서 3장과 상응한다. 사복음서가 공히 수난사화를 두 장에 걸쳐 다루고 있으나 그 분량을 검토해 보면 상당히 다르다. 요한의 수난사화는 상당히 짧고, 그 대신 부활사화는 오히려 길게 서술되어 있다.[488] 더욱이 요한의 수난사화는 공관복음과 비교할 때 전체적인 흐름은 비슷한 것 같으나 자세히 들여다 보면 내용적으로 아주 많이 다르다.[489] 특히 차이가 나는 부분은 '빌라도의 예수 심문'에 관한 기사이다.[490]

더욱 중요한 사실은 요한의 수난사화에 나타난 예수상은 공관복음에 나타난 예수상과는 아주 다른 모습을 보여주고 있다는 사실이다.

---

[488] 수난 이야기: 마태(141절=26장 75절, 27장 66절), 마가(119절=14장 72절, 15장 47절), 누가(127절=22장 71절, 23장 56절), 요한(82절=18장 40절, 19장 42절). 요한이 가장 짧게 다루고 있음을 알 수 있다. 한편, 부활 이야기는 공관복음에서 공히 한 장에 다루어지고 있는 데 반해 요한복음은 두 장에 걸쳐 가장 길게 다루어지고 있다. 마태(28장, 20절), 마가(16장, 20절), 누가(24장, 53절), 요한(20-21장, 56절).

[489] **요한에 없는 기사**: (겟세마네 동산의 고민), 가룟 유다의 입맞춤, 제자들의 도망침, 공회의 야간 심문, 선지자로 희롱함, 새벽의 심문, 판결 후의 조롱, 구레네 시몬의 대역(代役), 관중의 욕설, 예수 운명 후 어두움의 임함, 십자가상의 절규, 휘장의 찢어짐, 백부장의 고백, 헤롯의 심문, 여인들의 애통, 십자가상에서의 세 번 말씀하심, 강도의 회개 등. **요한에만 독특한 기사**: 잡히실 때의 권위 있는 말씀(18:4-9), 안나스의 심문(18:13-24), 유대인과 빌라도의 회담(18:28-37), 처음 조롱과 "이 사람을 보라"(19:2-5), 명패에 대한 빌라도의 고집(19:21-22), 어머니를 부탁하심(19:25-27), 십자가상에서 세 번 말씀하심(19:26-27, 28-30), 옆구리를 찌름(19:31-37), 니고데모의 장례준비(19:39), 저자의 증거(19:26,35) 등. 요한은 예수의 죽음이 왕적인 죽음, 고난 가운데서 구차히 인간들의 동정을 구하지 않고 끝까지 주권적인 존엄성을 유지하시는 그리스도의 모습을 보여주려 했다. 박수암, 《요한복음》, 370-371,395.

[490] 마태(27:1-2,11-26, 141절 중 18절, 12.7%), 마가(15:1-15, 119절 중 15절, 12.6%), 누가(23:1-7,13-25, 127절 중 20절, 15.7%), 요한(18:28-19:16, 82절 중 29절, 35.4%). 공관복음과 비교할 때 요한복음은 2-3배나 길게 다루고 있다.

요한의 예수상은 힘없이 끌려가 죽임을 당하는 '수난의 예수상'이 아니라 하나님의 깊은 경륜에 따라 자발적으로 선택한 수난이며, 요한은 예수의 수난을 왕적 메시아로 등극하는 것으로 그리고 있다는 점이다. 즉 전쟁에서 승리하고 돌아온 개선장군이나 왕처럼 위엄있고 당당하게 죽음을 향해 전진하는 '부활의 예수상'을 보여주고 있다.[491]

역설적이게도 요한의 수난사화에는 예수의 수난이 없다. 예수의 수난 이야기는 하나님이 이스라엘을 구원(출애굽)하기 위해 요셉을 죄악의 땅 애굽으로 먼저 보냈듯이(창 45:7-8; 50:20-21), 새 이스라엘을 구원(새 출애굽)하기 위해 예수를 죄악의 나무인 십자가에 달게 하심으로 인류를 구원한 위대한 구원(감동)의 드라마이다. 악으로 선을 이긴 것을 환호하며 자축하는 이 세상에서, 선으로 악을 이기기 위해 고난을 스스로 선택한 십자가 사건은 '수난은 곧 영광'이라는 아이러니의 극치, 인류 최대의 역설, 통쾌한 역전 드라마가 아닐 수 없다. 이 감동의 드라마를 연출한 우리 하나님은 참으로 멋진 하나님이시다.

이 같은 요한의 특성은 요한의 신학적 의도로부터 비롯된 것이다. 여기서도 요한은 "역사의 해체와 재구성"을 확실하게 보여주고 있다. 그는 기존의 공관복음이 다루는 사건들을 다시 언급하려는 목적에서가 아니라 새로운 관점을 가지고 예수의 수난을 새롭게 재해석하고자 했다.[492] 그는 부활에 대한 깊은 묵상을 통해 십자가에 대한 새로운 시

---

491) 마가복음의 고난과 요한복음의 고난은 각각 예수의 마지막 말씀으로 "나의 하나님, 나의 하나님, 어찌하여 나를 버리셨나이까"(막 15:34)와 승리를 의미하는 "다 이루었다"(요 19:30; cf. 막 15:37)로 기록하고 있는데, 이 두 말씀은 두 복음서의 고난의 차이점을 상징적으로 요약하고 있다. C. S. Keener, 《요한복음 III》, 2797.

492) 역대기 역사(대상-느)는 신명기 역사(수-왕하)를 대본으로 정치적 공동체가 무너진 상황에서 종교적 공동체로서의 이스라엘이라는 관점에서 역사를 다시 썼다. 그리하여 이스라엘에게 종교제도를 마련해 준 다윗 왕과 솔로몬 왕을 높이면서 그들에게 누가 되는 부분은 과감히 삭제하였다. 더 자세한 논의는 장일선, 《역대기 사가의 신학》을 참조하세요. 마찬가지로 요한은 수난사화를 쓰면서 공관복음의 '수난당하는 예수상'이 아닌

각(부활신학)을 갖게 되었다는 것이 필자의 생각이다. 이 같은 새로운 관점은 교회(요한공동체)가 박해를 당하는 위기상황에서 비롯되었다고 보아야 할 것이다. 요한이 수난사화를 통하여 들려주고자 하는 메시지를 세 가지로 요약하면 다음과 같다.

첫째, 예수는 왕이다. 예수는 세상 나라의 (한) 왕을 능가하는 하나님 나라의 왕, 즉 만왕의 왕이라는 것이다. 둘째, 예수는 하나님의 말씀(구약의 예언과 예수의 말씀)을 성취(완성)하신 분이다. 십자가에 달린 예수는 이로써 하나님의 말씀을 온전히 성취(완성)하신 분이다.[493] 셋째, 참 제자에 관한 문제이다. 십자가 앞에서 스승 예수에 대한 의리와 충성여부에 따라 참 제자냐 아니냐가 결정된다는 것이다.

이 같은 내용을 담은 요한의 수난사화는 크게 세 단락으로 나누어진다. 예수의 체포와 심문 및 베드로의 예수부인(18:1-27), 빌라도의 예수 심문(18:28-19:·16), 예수의 죽으심과 장사(19:17-42)가 그것이다. 이렇게 나누어 볼 때 수난사화의 구조는 빌라도의 예수 심문을 중심으로 정확히 양분되어 있음을 볼 수 있다.[494] 이것은 수난사화의 핵심이 '빌라도의 예수 심문'에 있음을 시사한다.

수난사화(18-19장)는 세 가지 측면에서 3장과 상응한다. 첫째, '십자가 신학'에 기초한 '구원론'을 말하고 있다는 점, 둘째, 니고데모와의 대화에서처럼 빌라도의 예수 심문의 핵심주제가 '하나님 나라'라는 점, 셋째, 수난사화가 니고데모에 관한 기사(19:38-42)로 끝나고 있다는 점이 그것이다.

수난사화(18-19장)와 상응하는 3장을 통해 요한이 말하고자 하는 메

'왕으로서의 예수상'으로 수난사화를 새롭게 썼다.
493) 십자가는 '구약의 완성'이고, 부활은 '신약의 시작'이라고 말할 수 있다.
494) 예수의 체포와 심문 및 베드로의 예수부인(27절), 빌라도에 의한 심문(29절), 예수의 죽으심과 장사(26절).

시지는 분명하다. 니고데모와 빌라도가 둘 다 주류 상류층에 속하는 지도자인데, 니고데모는 예수를 만나 중생한 후 세상 나라의 일시적 부귀영화를 버리기로 결단하고 영생으로 가는 좁은 길을 선택한 반면(마 10:37-38; 눅 14:26-27), 빌라도는 세상 나라의 일시적 부귀영화를 버리지 못해 멸망으로 가는 넓은 길을 선택했다는 것이다.

한편, 수난사화에는 아이러니가 지배한다. 첫째, 13:30에서 밤에 나갔던 유다는 이제 어둠 속에서 세상의 빛을 체포하기 위해 돌아온다. 둘째, 독자들은 예수님이 왕이라는 것을 알고 있는데, 총독인 빌라도는 예수님에게 그가 왕인지를 묻는다. 셋째, 독자들은 예수님이 진리라는 것을 알고 있는데(14:6), 빌라도는 "진리가 무엇이냐"고 묻는다. 넷째, 군사들은 예수님이 참으로 이스라엘의 왕이며(1:49), 그를 십자가에 매다는 것이야말로 틀림없이 그의 재위를 시작한다는 것을 알지 못한 채, 예수님을 "유대인의 왕"이라고 부르며 조롱한다.[495]

1. 예수의 체포와 심문 및 베드로의 예수부인(18:1-27)
　　- 예수 나의 용기 -

〈성경 본문〉

1 예수께서 이 말씀을 하시고 제자들과 함께 기드론 시내 건너편으로 나가시니 그 곳에 동산이 있는데 제자들과 함께 들어가시니라 2 그 곳은 가끔 예수께서 제자들과 모이시는 곳이므로 예수를 파는 유다도 그 곳을 알더라 3 유다가 군대와 대제사장들과 바리새인들에게서 얻은 아랫사람들을 데리고 등과 횃불과 무기를 가지고 그리로 오는지라

---

[495] C. S. Keener, 《요한복음 III》, 2791.

4 예수께서 그 당할 일을 다 아시고 나아가 이르시되 너희가 누구를 찾느냐 5 대답하되 나사렛 예수라 하거늘 이르시되 내가 그니라 하시니라 그를 파는 유다도 그들과 함께 섰더라 6 예수께서 그들에게 내가 그니라 하실 때에 그들이 물러가서 땅에 엎드러지는지라 7 이에 다시 누구를 찾느냐고 물으신대 그들이 말하되 나사렛 예수라 하거늘 8 예수께서 대답하시되 너희에게 내가 그니라 하였으니 나를 찾거든 이 사람들이 가는 것은 용납하라 하시니 9 이는 아버지께서 내게 주신 자 중에서 하나도 잃지 아니하였사옵나이다 하신 말씀을 응하게 하려 함이러라 10 이에 시몬 베드로가 칼을 가졌는데 그것을 빼어 대제사장의 종을 쳐서 오른편 귀를 베어버리니 그 종의 이름은 말고라 11 예수께서 베드로더러 이르시되 칼을 칼집에 꽂으라 아버지께서 주신 잔을 내가 마시지 아니하겠느냐 하시니라 12 이에 군대와 천부장과 유대인의 아랫사람들이 예수를 잡아 결박하여 13 먼저 안나스에게로 끌고 가니 안나스는 그 해의 대제사장인 가야바의 장인이라 14 가야바는 유대인들에게 한 사람이 백성을 위하여 죽는 것이 유익하다고 권고하던 자라 15 시몬 베드로와 또 다른 제자 한 사람이 예수를 따르니 이 제자는 대제사장과 아는 사람이라 예수와 함께 대제사장의 집 뜰에 들어가고 16 베드로는 문 밖에 서 있는지라 대제사장을 아는 그 다른 제자가 나가서 문 지키는 여자에게 말하여 베드로를 데리고 들어오니 17 문 지키는 여종이 베드로에게 말하되 너도 이 사람의 제자 중 하나가 아니냐 하니 그가 말하되 나는 아니라 하고 18 그 때가 추운 고로 종과 아랫사람들이 불을 피우고 서서 쬐니 베드로도 함께 서서 쬐더라 19 대제사장이 예수에게 그의 제자들과 그의 교훈에 대하여 물으니 20 예수께서 대답하시되 내가 드러내 놓고 세상에 말하였노라 모든 유대인들이 모이는 회당과 성전에서 항상 가르쳤고 은밀하게는 아무 것도 말하지 아니하였거늘 21 어찌하여 내게 묻느냐 내가 무슨 말을 하

였는지 들은 자들에게 물어 보라 그들이 내가 하던 말을 아느니라 22 이 말씀을 하시매 곁에 섰던 아랫사람 하나가 손으로 예수를 쳐 이르되 네가 대제사장에게 이같이 대답하느냐 하니 23 예수께서 대답하시되 내가 말을 잘못하였으면 그 잘못한 것을 증언하라 바른 말을 하였으면 네가 어찌하여 나를 치느냐 하시더라 24 안나스가 예수를 결박한 그대로 대제사장 가야바에게 보내니라 25 시몬 베드로가 서서 불을 쬐더니 사람들이 묻되 너도 그 제자 중 하나가 아니냐 베드로가 부인하여 이르되 나는 아니라 하니 26 대제사장의 종 하나는 베드로에게 귀를 잘린 사람의 친척이라 이르되 네가 그 사람과 함께 동산에 있는 것을 내가 보지 아니하였느냐 27 이에 베드로가 또 부인하니 곧 닭이 울더라.

본문은 두 부분으로 나누어진다. 첫 단락(1-11절)은 예수의 체포 장면을 언급하고 있다. 이 단락에서 주목할 사실은 예수의 자기계시 말씀('에고 에이미'의 서술적 용법)인 "내가 그니라"(18:3,6,8)가 세 차례 나타난다는 점이다. 둘째 단락(12-27절)은 안나스의 심문과 베드로의 세 차례의 예수부인을 언급하고 있다.

1) 예수의 체포(1-11절)

요한은 수난사화의 첫 부분부터 공관복음에 나타나는 '수난 당하는 예수'와는 달리 '왕으로서의 예수'를 그려주고 있다. 따라서 왕다운 예수의 위엄과 품위에 어울리지 않는 모습들은 과감히 생략한다.[496]

---

[496] 요한의 수난사화에는 공관복음에서 비중있게 다루는 '겟세마네 동산의 기도'(마 26:36-46; 막 14:32-42; 눅 22:39-46)가 상당히 다르게 기술되어 있다(요 12:27-33 참조).

항상 말하지만 첫절(1절)은 중요하다.

첫째, '이 말씀을 하시고'이다. 이 대목이 17장에서 계속된 대목이라면 "이 기도를 마치시고"로 되어야 하지 않을까? 이를 14:31에 직결된 내용으로 보거나[497] '강론과 기도를 마치시고'로 보는[498] 이가 있다. 그러나 필자는 16장 끝부분(32-33절)과 연결된 말씀으로 보고자 한다.[499] 이러한 필자의 생각은 하나님이 함께 하심(임마누엘)으로 세상(죽음)을 이긴 부활의 승리를 안고 개선장군(왕)처럼 십자가의 길을 당당하게 걸어가는 예수상을 그리고 있는 18장의 첫절이 16장의 끝부분과 어울리기 때문이다.

둘째, '제자들과 함께'이다. 수난사화의 첫절부터 이 문구가 반복되어 나오고, 수난사화의 끝 부분(19:38-42)이 제자들(아리마대 요셉과 니고데모)로 끝나는 것으로 볼 때 이는 수난 이야기에서 참 제자[500]의 문제가 중요하다는 것을 암시한다.

셋째, '기드론 시내 건너편으로 나가시니'이다. 이 대목은 일찍이 다윗 왕이 아들 압살롬의 반란을 피해 예루살렘을 떠날 때 기드론 시내를 건너는 장면을 연상케 한다(삼하 15:23). 요한만이 구체적으로 장소를 언급하고 있는데, 그 까닭은 예수의 수난과 관련하여 예수를 왕다운 위엄있는 모습으로 묘사하려는 요한의 신학적 의도 때문일 것이다.

---

497) 이영헌,《요한복음서》, 328.
498) G.R.Beasley-Murray, *John*, 321.
499) '교회론'을 주제로 서로 상응하는 4장과 17장은 각각 3장과 5장, 16장과 18장 사이에 샌드위치 되어 있다. 4장과 17장은 대논쟁(5-8장)과 수난과 부활(18-21장)이라는 중요한 문제를 앞두고 숨을 고루기 위한 간주곡의 성격을 갖는다. 나아가 '기도' 어휘를 철저히 은폐시키고자 하는 요한의 상징코드적 의미를 담고 있다는 것이 필자의 생각이다.
500) 신약성서에서 '사도' 어휘가 주로 사도행전(28회)과 바울서신(34회)에서 많이 나타나는 것과 달리, '제자'란 말은 사복음서와 사도행전에만 나오는 단어이다. 마태 72회, 마가 46회, 누가 37회, 요한 78회, 행전 28회. 이 어휘는 요한에서 가장 많이 나오는데, 수난설화에서 13회(18장 9회, 19장 4회)나 나온다.

넷째, '그곳에 동산이 있는데'이다. 이 동산은 '겟세마네 동산'임이 분명하다. 그런데 그 장소 이름을 밝히지 않은 것은 겟세마네에서의 수난의 예수상을 보여주는 공관복음과는 달리 하나님의 아들로서의 자발적인 순종과 왕다운 위엄을 강조하고자 하는 요한의 신학적 의도 때문일 것이다.

가롯 유다가 예수의 체포를 위해 로마 병사들[501]과 산헤드린 공회의 주된 세력들[502]을 데리고 왔다(3절)는 것은 예수를 체포하기 위해 이방세계와 유대민족이 함께 협력했다는 것을 강조하고자 하는 의도가 엿보인다. 요한복음에만 언급되는 '등과 횃불'은 어둠에 빠진 유다를 비롯한 악의 세력들에 대한 상징적인 의미를 지닌다(1:5; 3:20; 12:35; 13:30).

"예수께서 그 당할 일[503]을 다 아시고 나아가 이르시되 너희가 누구를 찾느냐"(4절). 예수가 모든 것을 미리 다 아는 것은 요한의 전형적인 기독론적 표현이다(1:47-48; 2:24-25; 13:1 등). "너희가 누구를 찾느냐"는 예수의 물음은 막달라 마리아에게 부활하신 주님이 "누구를 찾느냐"(20:15)나 첫 제자들에게 "무엇을 원하느냐"(1:38)를 생각나게 한다. 사람들은 예수의 제자가 되기 위해 그를 찾기도 하지만 예수를 잡아 죽이기 위해 그를 찾기도 한다.[504] 여기서 예수는 원치 않게 체포된 것이

---

501) 이 구절의 '군대'는 문자적으로는 '코호르트(cohort)'라 불리는 600명으로 구성된 로마군 1개 대대(大隊)를 가리킨다. 그런데 하나의 '코호르트'는 200명으로 구성된 1개 중대를 의미할 수도 있다. G.R.Beasley-Murray, *John*, 322.
502) 요한만이 수난사화에서 바리새인들을 언급하고 있다. 이는 바리새인들이 요한 당시 유대교의 대표적인 종파였기 때문일 것이다. 3장의 바리새인이었던 니고데모도 연상케 한다.
503) 여기서 묘사된 '그 당할 일'은 예수의 왕적 위엄과 잘 어울리지 않는 표현이다. 예수는 체포를 당한다기보다는 자기 앞에 '전개될 일'을 모두 아셨다고 하는 것이 요한신학에 더 부합된 번역일 것이다. 김동수, 《요한신학 렌즈로 본 요한복음》, 214.
504) 요 5:18; 7:1, 11, 19,2 5, 30; 8:37, 40; 10:39; 11:8, 56 등.

아니라 체포의 주도권(initiative)을 쥐고 상황을 당당하게 주도해 나가는 의연한 모습을 보여주고 있다.

그들이 '나사렛 예수'를 찾는다고 하자 예수는 "내가 그니라"(5절)라고 말한다. "내가 그니라"(에고 에이미) 문구는 요한복음에서 예수의 신적 본질을 나타낼 때 흔히 쓰이는 예수의 자기계시의 말씀이다(6:20; 18:5,6,8). 즉 자신이 하나님이라는 것을 간접적으로 표현한 말이다. 이 문구가 이 단락에서 세 차례('더 이상은 없다'는 뜻)나 언급된 것은 예수의 신적 본질을 강조하기 위해서이다.

이 말에 "저희가 물러가서 땅에 엎드러지는지라"(6절). 죄인인 인간이 거룩한 하나님의 임재 앞에서 느끼는 감정은 두려움이다. 이것을 종교학적으로 '누미노제(numinose)' 체험[505]이라고 한다(출 3:6; 19:16; 사 6:5; 눅 5:8-10; 요 6:19-20; 19:8). 예수를 잡으러 온 무리들은 한 불법자인 '나사렛 예수'를 체포하려고 왔다. 그런데 예수가 "내가 그다", 즉 "내가 바로 하나님이다"라고 당당하게 말하자 신적 권위에 눌려 그들은 두려워 떨면서 순식간에 뒤로 물러나 땅에 엎드린 것이다. 이것은 예수가 힘이 없어서 고난을 당하는 것이 아니라 하나님의 뜻을 이루기 위해 주도적으로 고난의 길을 택했다는 것을 보여준다.

다시 그들이 나사렛 예수를 찾는다고 하자 예수는 "나를 찾거든 이 사람들이 가는 것을 용납하라"(8절)고 말한다. 예수는 자신이 체포되는 상황에서도 제자들의 안전을 염려해서 이 같이 말했던 것이다. 이는 도적과 이리떼가 올 때 생명을 내걸고 양떼를 지키는 선한 목자의 모습이다(10:11-15). "이는 아버지께서 내게 주신 자 중에서 하나도 잃지 아니 하였사옵나이다 하신 말씀을 응하게 하려 함이라"(9절). 요한이

---

505) 루돌프 오토(R. Otto)가 그의 저서 *The Idea of the Holy*에서 사용한 용어이다. 성서에 나타난 '누미노제'에 대해서는 D.E.Gowan, 《출애굽기신학》, 77-131을 참조하세요.

선한 목자로서의 예수의 모습을 임의대로 인용한 해설이다(6:39; 10:28; 17:12).

"시몬 베드로가 칼을 가졌는데 그것을 빼어 대제사장의 종을 쳐서 오른편 귀를 베어버리니 그 종의 이름은 말고라"(10절). 일부 학자들은 공관복음에서는 칼을 뺀 사람의 이름을 밝히지 않는 이유[506]에 관심을 갖는다. 그러나 그보다는 왜 요한이 그 이름을 굳이 밝혔는가에 관심의 초점을 두어야 있다. 그것은 예수와 베드로를 비교시켜 십자가 앞에서 철저히 다른 길을 걸어간 두 사람을 대조시키기 위해서였다는 것이 필자의 생각이다.

베드로는 대제사장의 종인 '말고'의 귀를 자름으로써 자신의 분노를 표출한다. 이 같은 베드로의 행동에 대해 예수는 그를 질책하며 이렇게 말한다. "칼을 칼집에 꽂으라 아버지께서 주신 잔을 내가 마시지 아니하겠느냐."[507] 이 구절은 요한의 특성을 잘 말해준다. 여기에 나오는 '잔'이라는 말은 구약적 배경에서 보면 '고통' 또는 '진노'의 잔을 의미한다(사 51:17,22; 렘 25:15).

예수는 고난을 주도적으로 스스로 선택한 것이지, 수동적으로 힘이 없어 당한 것이 아니다(10:18; 막 10:45). 그러니까 예수는 자신에게 일어나는 모든 일(고난)이 어떤 인간의 계획, 즉 유다의 배신이나 유대인들의 모략에 의한 것도, 그렇다고 베드로의 칼부림 같은 인간의 노력으로 막을 수 있는 것도 아닌, 전적으로 아버지 하나님의 뜻과 경륜 속에 있다는 것을 말씀하고 있다.

---

506) 가령, 브라운은 만일 마가복음이 로마에서 기록되었다면 그곳은 네로에 의한 박해가 있는 곳이기에 베드로에게 불리한 증거를 원치 않았기 때문이라는 것이다. R.E.Brown, *The Death of the Messiah*, Vol.1: 266-267.

507) 마 26:52은 이렇게 되어 있다. "네 칼을 도로 칼집에 꽂으라 칼을 가지는 자는 다 칼로 망하느니라." 대적자들처럼 무력을 사용하지 말 것을 지시하고 있다.

2) 안나스의 심문과 베드로의 예수부인(12-27절)

이 단락은 공관복음(막 14:53-72 평행구)과 많은 차이점을 보이고 있다. 특히 겉으로 보기에 예수의 수난에 관심이 없어 보이는 요한은 재판과 관련된 자세한 내용을 과감히 생략하고 있다. 공회의 소집, 증인들, 직접적인 심문 내용, 단죄 내지 판결 내용, 예수에 대한 경멸 내지 야유 등이 이 단락에서는 전혀 언급되지 않는다.

12-14절에서 요한은 두 명의 대제사장(안나스와 가야바)을 언급한다. 공관복음에는 현직 대제사장인 가야바에게 심문을 받는 것으로 되어 있다(마 26:57; 막 14:53). 그런데 요한복음에는 예수를 결박하여 안나스에게 심문을 받게 한 후 예수를 가야바에게 보냈다는 말만 전한다(24절). 그 후 가야바의 집에서는 아무 것도 하지 않은 채 총독 관정으로 데려갔다라고만 전한다(28절).

이것은 무엇을 말하는 것인가? 현직 대제사장인 사위 가야바를 제치고 안나스에게로 데려갔다는 것은 당시 그가 막후 실세로서 그의 영향력이 대단했다(눅 3:2; 행 4:6)는 것을 시사한다.[508] 그리고 마땅히 현직 대제사장인 가야바[509]가 예수의 재판을 맡아야 함에도 불구하고 전직 대제사장인 안나스가 맡았다는 것은 이 재판은 공정하지 못한 불법 재판임을 말하고자 하는 요한의 의도가 깔려 있다고 보아야 할 것이다.

---

508) 안나스는 주후 6-15년에 대제사장을 지냈고, 가야바는 18-36년에 대제사장을 지냈다. 안나스의 다섯 아들과 손자가 대제사장이었고, 가야바는 그의 사위였다. 결국 그의 가족은 주후 6-41년이라는 기간 동안 대제사장직을 독점하였다. 따라서 안나스는 대제사장 그룹의 좌장의 위치를 차지했을 것이고, 적어도 가야바가 재직하고 있을 때에는 더욱 그러했을 것이다.
509) "가야바는 유대인들에게 한 사람이 백성을 위하여 죽는 것이 유익하다고 권고하던 자러라"(14절)는 말은 예언의 성취를 시사한다(11:45-53 참조).

15-18절은 베드로의 1차 예수부인을 언급하고 있다. 15절에서 "대제사장을 안다는 또 다른 제자"는 누구일까? 이 익명의 제자는 갈릴리 어촌의 어부일 수가 없다는 견해가 있다. 그래서 어떤 이들은 바로 이 구절 때문에 애제자가 세베대의 아들 요한이라고 하는 것에 이의를 제기하고 있다. 그런데 이 익명의 제자가 애제자 곧 세베대의 아들 (사도) 요한을 가리킨다고 추정하는 것이 일반적인 견해이다.[510]

　"문지키는 여종이 베드로에게 말하되 너도 이 사람의 제자 중 하나가 아니냐 하니 그가 말하되 나는 아니라"(17절). 공관복음과는 달리 요한복음은 부정적 대답을 기대하는 '아니다'라는 의미의 메(Mὴ)가 문장 첫머리에 쓰면서 부정의문문으로 묻고 있다. 이에 베드로는 "나는 아니라"라고 대답한다. 이 대답은 앞에서 예수의 "내가 그니라"와 좋은 대조를 이룬다. 예수는 적대자들 앞에서 용감하게 세 번이나 "내가 그니라"고 자신의 신분을 드러냈지만, 베드로는 비겁하게 세 차례나 "나는 아니라"고 하면서 예수의 제자됨을 감추었다.

　19-24절에서는 예수가 안나스에게 심문을 받는 장면을 언급하고 있다. 대제사장 안나스는 예수의 교훈에 대해 묻자(19절) 예수는 이렇게 대답한다. "내가 드러내 놓고 세상에 말하였노라 모든 유대인들이 모이는 회당과 성전에서 항상 가르쳤고 은밀하게는 아무 것도 말하지 아니하였거늘"(20절). 이 구절에서 '드러내 놓고'와 '은밀하게'가 대조를 이

---

[510] 요한복음에서 베드로와 관련되어 있으면서 이름을 밝히지 않는 제자는 언제나 애제자이기에, 이는 요한복음의 전승의 전달자인 '사도 요한'이라 본다. 그는 제자 중 예수의 처형 장면을 처음부터 끝까지 지켜보았던 예수 수난의 유일한 목격자였다(19:25-27,31-35). 요한의 어머니 살로메는 예수의 어머니 마리아와 자매간이고(19:25; 마 27:56), 마리아는 제사장 계통의 세례 요한의 어머니 엘리사벳의 친족이므로(눅 1:5,36), 사도 요한은 대제사장과 아는 사람일 수 있다. 박수암,《요한복음》, 378-379. 여기서의 '다른 제자'의 모습은 '사실 그대로의 사도 요한'이라기보다는 요한이 그린 '이상적인 제자상으로서의 사도 요한'이라는 것이 필자의 생각이다.

루고 있다. 예수는 모든 것을 빛 가운데 드러내놓고 행했지만 적대자들은 어두움 가운데 예수를 죽이고자 은밀하게 음모를 꾸몄다.

예수가 심문 받는 자가 아니라 심문 하는 자처럼 행동하자 대제사장 하속이 예수의 태도가 불손하다고 하면서 손찌검을 하였다(22절). 이에 예수는 자신이 무슨 잘못을 했는지 대라며 오히려 다그쳤다(23절). 대제사장은 이 같은 예수의 위엄있는 행동에 아무 말도 못한 채 예수를 대제사장 가야바에게 보낸다(24절).

25-27절은 베드로의 2차, 3차에 걸친 예수 부인 장면을 언급하고 있다. 공관복음은 베드로의 세 차례의 부인을 한꺼번에 언급하고 있지만, 요한복음은 시차를 두고 두 차례(1차와 2,3차)에 걸쳐 나누어 언급하고 있다. 요한이 일부러 이렇게 나누어 언급할 이유가 없다고 하면서 요한의 기록이 더 초기 전승임을 보여준다고 보는 이도 있다.[511]

그러나 안나스 앞에서의 예수의 항변과 베드로의 부인을 동시에 배열시킨 것은 예수와 베드로를 대조시키려는 목적, 즉 예수는 질문자들 앞에서 담대히 맞서 아무 것도 부인하지 않았지만 베드로는 겁을 먹고 모든 것을 부인했다는 것을 극적으로 대조시키려는 목적이 있는 것 같다.[512] 또는 이 같은 샌드위치 방식을 통해 독자들로 하여금 베드로의 예수 부인에 대한 주의를 다시 한번 환기시키려는 목적이 있다고도 볼 수 있다.[513]

---

511) 박수암, 《요한복음》, 381-382.
512) R.E.Brown, *John*, Vol.2: 842.
513) 베드로의 철저한 예수 부인에 대해 요한복음이 공관복음(마 26:69-75; 막 14:66-72; 눅 22:54-62)과 다른 점을 다섯 가지로 요약하면 다음과 같다. 첫째, '추운 고로.' 빛 되신 예수와 함께 하지 않으니 추울 수밖에. 둘째, '종과 아랫사람과 함께.' 예수와 함께 해야 할 시간에 베드로는 하찮은 사람들 무리에 끼어 그들과 함께 하고 있다. 셋째, '서서 쬐더니.' 앉아서가 아니라 서서 불을 쬐고 있는 것은 도망치기에 더 적합한 자세이다. 넷째, '문지키는 여종'의 질문에서 '종과 하인들'의 질문으로, 마침내 '귀가 잘린 말고의 친척'의 질문으로 진행되면서 점점 확정적인 단서로 나아가고 있다. 다섯째, '닭이 울더라.' 요한

2. 빌라도의 예수 심문(18:28-19:16)
— 예수 나의 주군(임금, 참왕) —

〈성경 본문〉

28 그들이 예수를 가야바에게서 관정으로 끌고 가니 새벽이라 그들은 더럽힘을 받지 아니하고 유월절 잔치를 먹고자 하여 관정에 들어가지 아니하더라 29 그러므로 빌라도가 밖으로 나가서 그들에게 말하되 너희가 무슨 일로 이 사람을 고발하느냐 30 대답하여 이르되 이 사람이 행악자가 아니었더라면 우리가 당신에게 넘기지 아니하였겠나이다 31 빌라도가 이르되 너희가 그를 데려다가 너희 법대로 재판하라 유대인들이 이르되 우리에게는 사람을 죽이는 권한이 없나이다 하니 32 이는 예수께서 자기가 어떠한 죽음으로 죽을 것을 가리켜 하신 말씀을 응하게 하려 함이러라 33 이에 빌라도가 다시 관정에 들어가 예수를 불러 이르되 네가 유대인의 왕이냐 34 예수께서 대답하시되 이는 네가 스스로 하는 말이냐 다른 사람들이 나에 대하여 네게 한 말이냐 35 빌라도가 대답하되 내가 유대인이냐 네 나라 사람과 대제사장들이 너를 내게 넘겼으니 네가 무엇을 하였느냐 36 예수께서 대답하시되 내 나라는 이 세상에 속한 것이 아니니라 만일 내 나라가 이 세상에 속한 것이었더라면 내 종들이 싸워 나로 유대인들에게 넘겨지지 않게 하였으리라 이제 내 나라는 여기에 속한 것이 아니니라 37 빌라도가 이르되 그러면 네가 왕이 아니냐 예수께서 대답하시되 네 말과 같이 내가 왕이니라 내가 이를 위하여 태어났으며 이를 위하여 세상에 왔나니 곧 진리에 대하여 증언하려 함이로라 무릇 진리에 속한 자는 내 음성을

은 '그리고 아무 말도 하지 않았다'("밖에 나가서 심히 통곡하니라"가 없다-베드로는 눈물 한 방울 흘리지 않았다. 철저히 부인했다). 이는 예언의 말씀의 성취이다(13:38).

듣느니라 하신대 38 빌라도가 이르되 진리가 무엇이냐 하더라 이 말을 하고 다시 유대인들에게 나가서 이르되 나는 그에게서 아무 죄도 찾지 못하였노라 39 유월절이면 내가 너희에게 한 사람을 놓아 주는 전례가 있으니 그러면 너희는 내가 유대인의 왕을 너희에게 놓아 주기를 원하느냐 하니 40 그들이 또 소리 질러 이르되 이 사람이 아니라 바라바 하니 바라바는 강도였더라 1 이에 빌라도가 예수를 데려다가 채찍질 하더라 2 군인들이 가시나무로 관을 엮어 그의 머리에 씌우고 자색 옷을 입히고 3 앞에 가서 이르되 유대인의 왕이여 평안할지어다 하며 손으로 때리더라 4 빌라도가 다시 밖에 나가 말하되 보라 이 사람을 데리고 너희에게 나오나니 이는 내가 그에게서 아무 죄도 찾지 못한 것을 너희로 알게 하려 함이로라 하더라 5 이에 예수께서 가시관을 쓰고 자색 옷을 입고 나오시니 빌라도가 그들에게 말하되 보라 이 사람이로다 하매 6 대제사장들과 아랫사람들이 예수를 보고 소리 질러 이르되 십자가에 못 박으소서 십자가에 못 박으소서 하는지라 빌라도가 이르되 너희가 친히 데려다가 십자가에 못 박으라 나는 그에게서 죄를 찾지 못하였노라 7 유대인들이 대답하되 우리에게 법이 있으니 그 법대로 하면 그가 당연히 죽을 것은 그가 자기를 하나님의 아들이라 함이니이다 8 빌라도가 이 말을 듣고 더욱 두려워하여 9 다시 관정에 들어가서 예수께 말하되 너는 어디로부터냐 하되 예수께서 대답하여 주지 아니하시는지라 10 빌라도가 이르되 내게 말하지 아니하느냐 내가 너를 놓을 권한도 있고 십자가에 못 박을 권한도 있는 줄 알지 못하느냐 11 예수께서 대답하시되 위에서 주지 아니하셨더라면 나를 해할 권한이 없었으리니 그러므로 나를 네게 넘겨 준 자의 죄는 더 크다 하시니라 12 이러하므로 빌라도가 예수를 놓으려고 힘썼으나 유대인들이 소리 질러 이르되 이 사람을 놓으면 가이사의 충신이 아니니이다 무릇 자기를 왕이라 하는 자는 가이사를 반역하는 것이니이다 13 빌라도가 이 말을 듣고 예수를 끌고 나가서 돌을 깐 뜰(히브리 말로 가바다)에 있는 재판석에 앉아 있더라 14 이 날은 유월절의 준비일이요 때는 제 육시라 빌라도가 유대인들에게 이르되 보라 너희 왕이로다 15 그들이 소리 지르되 없이 하소서 없이 하소서 그를 십자가에 못 박게 하소서 빌라도가 이르되 내가 너희 왕을 십자가에 못 박으랴 대제사장들이 대답하되 가이사 외에는 우리에게 왕이 없나이다 하니 16 이에 예수를 십자가에 못 박도록 그들에게 넘겨 주니라.

본문은 요한의 수난설화에서 양적으로도 가장 길고, 내용적으로도 그 핵심을 이룬다. 수난설화에서 가장 두드러지게 눈에 띄는 문학적 특징은 아이러니 기법이다. 즉 예수의 적대자들이 하는 조롱의 말이 아이러니하게도 예수의 참된 정체(예수의 왕권)를 드러내주는 진리의 대변자들이 되고 있다는 점이다. 특히 주목해야 할 사실은 3장(니고데모 기사)과 18-19장(빌라도 기사)이 구원론의 입장에서 깊은 관련이 있다는 사실이다.

하나님 나라를 안고 이 세상에 성육신 하셔서 십자가에 달리신 예수를 믿는 자는 구원(영생)을 얻는다는 진리를 말씀하고 있다. 이 두 부분은 진리 되신 예수 앞에서 세상 권력자로 대표되는 두 사람, 즉 니고데모(유대인)와 빌라도(이방인)가 어떻게 반응하고 결단했는지를 보여준다.

이 단락은 관정 안팎을 오가는 빌라도의 동작에 따라 일곱 장면으로 나누어진다. '중앙집중식 구조(메노라 구조)'와 '상향식 구조(다윗의 별 구조)'라는 정교한 구조를 보여주고 있다. 이 같은 정교한 구조는 요한의 치밀한 신학적 의도에 기인한다. 이 일곱 장면을 상향식 구조(다윗의 별 구조)로 볼 때 일곱째 장면의 "보라 너희 왕이로다"(19:14)에서 절정에 이른다. 그런데 중앙집중식 구조(메노라 구조)로 볼 때 넷째 장면(19:1-3),

즉 예수의 대관식이 제일 현저하게 나타난다.

    A. 18:28-32(관정 밖의 빌라도)-예수의 죽음을 요구하는 유대인들
    B. 18:33-38a(관정 안의 빌라도)-예수의 왕권에 대해 심문하는 빌라도
    C. 18:38b-40(관정 밖의 빌라도)-예수의 죄를 찾지 못했다는 빌라도
    D. 19:1-3(관정 안의 빌라도)-예수를 매질하며 모욕하는 군병들
    C'. 19:4-8(관정 밖의 빌라도)-예수의 죄를 찾지 못했다는 빌라도
    B'. 19:9-12(관정 안의 빌라도)-예수의 권세에 대해 묻는 빌라도
    A'. 19:13-16(관정 밖의 빌라도)-예수의 죽음을 요구하는 유대인들

일곱 장면을 내용적으로 검토해 보면, 첫째 장면(A)과 일곱째 장면(A'), 둘째 장면(B)과 여섯째 장면(B'), 셋째 장면(C)과 다섯째 장면(C')이 서로 상응하고 넷째 장면(D)은 한가운데 자리잡고 있다(18-19장의 정중앙에 위치). 첫째 장면과 일곱째 장면은 예수에 대한 배척이 주제이며, 둘째 장면과 여섯째 장면은 예수의 왕국과 왕권이 주제이며, 셋째 장면과 다섯째 장면은 예수의 무죄 증명이 주제이다. 그리고 넷째 장면은 군병들이 자신도 모르는 사이에 예수의 왕권, 즉 '예수는 유대인의 왕이다'라는 사실을 증언하고 있다.

일곱 장면은 재판 과정 전체가 예수를 중심으로 그 주위에서 진행된다. 그러니까 일곱 장면은 왕권이 선명하게 드러나는 순간이 두 번 나오는 셈이다. 이를 통해 수난설화의 핵심은 '예수의 왕권'임을 깨닫게 된다. 빌라도의 재판은 겉으로는 예수가 심문 받는 자이지만 실제로는 예수가 심판관으로서 빌라도가 심문을 받고 있다.

1) 관정 밖에서의 빌라도(18:28-32)

안나스의 심문을 받은 예수는 이어서 빌라도[514]의 심문을 받기 위해 빌라도의 관정으로 끌려 갔다. 그 시각은 '새벽'이었다. 유대 시간법으로는 제4경으로 오늘날의 시간으로는 오전 3시에서 6시 사이의 시간대이다. 산헤드린 공의회는 밤에 소집될 수 없었고 설사 소집되어 구형이나 선고가 내려지더라도 그 다음날 재심을 다시 열어야 한다는 공의회 법이 있었다.

이 같은 절차를 완전히 무시한 채 밤에 예수를 체포하여 심문한 후 날이 새기도 전에 빌라도에게 넘긴 것이다. 이는 그들이 자신들의 기득권을 위협하는 예수를 속히 처형하고자 하는 강한 열망으로 가득 차 있었음을 보여준다. 그러나 그 배후에는 유월절 어린 양으로 예수를 죽게 하려는 하나님의 역사하심이 있었다.[515]

안나스가 유대인의 대표자라면, 빌라도는 이방인의 대표자이다. 예수는 유대인과 이방인(온 세상)으로부터 동시에 배척을 받았다. 요한은 안나스의 종교적 심문에는 관심이 적은 반면, 빌라도의 정치적 심문에는 큰 관심을 보이고 있다. 요한에게 있어서 진정한 재판은 빌라도의 재판이고, 안나스와 가야바는 고소자에 불과하다.

예수를 대적하는 무리들은 예수를 빌라도가 머물고 있는 로마 총

---

[514] 빌라도는 제5대 총독으로 주후 26-36년까지 유대 지방을 다스렸다. 총독은 사형에 처할 권한도 가지고 있었다. 요한복음에 그려진 빌라도 상(像)은 다분히 변증적인 성격을 갖고 있다. 유대인의 역사적 자료들 가운데서 다루어지고 있는 빌라도의 모습과는 아주 다르게 제시되어 있다. 필로에 의하면, 갈리굴라에게 보낸 아그립바 1세의 편지 가운데서는 빌라도가 "고지식하고 무자비하고 완고한" 자로 그려지고 있으며, 또한 "부패, 폭력, 강도, 학대, 억압, 불법적인 처형, 그리고 끊임없는 가장 가혹한 잔인성"을 갖고 있는 것으로 나타나고 있다. 빌라도의 이런 모습은 다른 유대인의 자료들(가령, 요세푸스의 《유대고대사》) 가운데서도 확증되고 있다. 김득중, 《마가복음의 부활신학》, 200.
[515] 《옥스퍼드원어성경대전》(요한복음 제13-21장), 447.

독 궁정으로 끌고 갔다. 이때가 유대인들이 가장 큰 의미를 부여하는 유월절이 시작되기 바로 직전인 그날 새벽이었다(28절). 유대인들은 이방인의 집에 들어가는 것을 부정하게 여긴다(행 10:28).

그러기에 그들은 일년에 단 한번만 시행되는 유월절 식사 잔치에 참여하기 위하여 의식적인 부정을 범하기를 원치 않았다. 여기서 우리는 하나님의 아들이요 의인인 예수 그리스도를 적법한 절차도 밟지 않고 불법 재판으로 죽이려는 도덕적 부정은 안중에도 없고 단지 의식적 부정만을 피하려는 아이러니의 극치를 보게 된다.

빌라도는 고소 죄목도 명확치 않기 때문에 유대 지도자들에게 유대법에 따라 알아서 처리하라고 하자 유대인들은 "우리에게는 사람을 죽이는 권한이 없나이다"(31절)라고 말한다. 주후 20년경 유대 나라가 로마의 직할지가 된 후 유대인들은 사형집행권을 박탈당했다. 그래서 유대 지도자들은 로마 총독 빌라도에게 예수를 넘겨주면서 사형에 처할 것을 요구했던 것이다.

32절은 요한의 해설로서 일찍이 예수는 자신이 십자가에 달려 죽으리라는 것을 예언하였다(3:14; 8:28; 12:32). 유대인들의 처형법은 돌로 쳐 죽이는 것이었다(8:59; 10:31). 그런데 유대인들은 로마인들의 손에 예수가 죽기를 원했다. 그 까닭은 십자가에 못 박혀 죽는 처형은 율법의 저주와 연관되기 때문이었다(신 21:23).

유대 지도자들은 예수를 하나님의 대의를 위한 순교자가 아니라 하나님의 저주를 받아 죽은 사기꾼으로 확신시키기를 원했다. 하지만 아이러니하게도 그들의 십자가 처형의 요구는 예수의 예언을 이루기 위한 방편이 되었다. 예수는 하나님의 택한 백성인 유대인의 종교적 음모와 이방인의 대표격인 로마제국의 정치적 재판에 의해 죽임을 당하게 되었다. 이것은 예수가 유대인과 이방인, 즉 온 인류의 죄악을 짊어지고 죽임을 당한 것을 시사한다.

2) 관정 안에서의 빌라도(18:33-38a)

본문은 그 유명한 예수에 대한 빌라도의 심문이다. "네가 유대인의 왕이냐?"(33절).[516] 이렇게 시작되는 이 단락은 예수의 왕국(왕권)의 문제를 다루고 있다. 유대 지도자들은 예수를 정치적 반란죄, 즉 메시아를 사칭한 죄로 빌라도에게 고소했다.[517] 그러자 예수는 빌라도에게 되묻는다. "이는 네가 스스로 하는 말이냐 다른 사람들이 나에 대하여 네게 한 말이냐"(34절). 이 말은 왕권을 주장하는 것이 명백하나 '왕' 호칭이 줄 오해(6:15; 참조 1:49; 12:13)를 피하기 위해 에둘러 표현한 느낌을 갖게 한다.[518]

예수의 정체에는 관심이 없고 오직 예수가 정치적인 반역자인가 아닌가에만 관심이 있었던 빌라도는 또 엉뚱한 질문을 한다. "내가 유대인이냐[519] 네 나라 사람과 대제사장들이 너를 내게 넘겼으니 네가 무엇을 하였느냐"(35절). 이에 예수는 이렇게 말한다. "내 나라는 이 세상에 속한 것이 아니니라 만일 내 나라가 이 세상에 속한 것이었더라면 내 종들이 싸워 나로 유대인들에게 넘겨지지 않게 하였으리라 이제 내 나라는 여기에 속한 것이 아니니라"(36절).

---

516) '유대인의 왕' 칭호는 비유대인들로부터 유래한 표현이다(18:39; 19:3,15,19). 유대인들은 '이스라엘의 왕'이란 표현을 사용했다(마 27:42; 막 15:32).
517) 제사장 귀족들처럼, 로마는 예수가 자칭 왕이라는 주장을 혁명적인 관점에서 이해했을 것이다. 이 혐의 배후에 어떤 종교적인 동기들이 있었든, 예수를 고소한 혐의는 정치적인 것이다. 누가복음 23:2의 정치적인 혐의는 마가복음과 마태복음의 혐의를 정확하게 요약한다. 예수가 혁명가(revolutionary)라는 것이다. 이것은 요한복음의 혐의를 이해하는 가장 자연스러운 방법이다. 혐의는 엄밀히 말해서 반역이며, 식민지에서 그것에 관한 일반적인 형벌은 십자가형이었다. C. S. Keener, 《요한복음 III》, 2889-2890.
518) R.A.Whitacre, *John*, 443.
519) 가장 역설적이고 중요한 것은, 요한복음에서 예수께서 유대인이라고 말하는 두 인물은 사마리아 여인(4:9)과 빌라도(18:35)이다. 요한의 아이러니에서, 그의 백성은 그를 받아들이지 않았다(1:11). C. S. Keener, 《요한복음 III》, 2893.

'내 나라(βασιλεία ἡ ἐμὴ)'[520]는 '예수 나라'를 가리키며, '나라'라는 말은 '왕국' 또는 '왕권'을 말한다. 예수 나라란 예수가 왕권으로 가지고 통치하는 왕국으로, 이는 하나님 나라와 같은 의미이다. 그러기에 하나님 나라란 하나님 되신 예수가 왕권을 가지고 통치하는 왕국이라고 말할 수 있다. 결국 내 나라(내 왕국)라는 말 속에는 예수 자신이 바로 왕이라는 암시가 들어있다.

그런데 예수의 왕국은 지상적 영역과 별개의 천상적 영역(3:3,5 참조)을 가리키지 않는다. 예수의 왕국은 세상에 속한 것(세속적인 것)은 아니지만, 세상으로부터 떠나버린 영역 곧 세상 밖의 왕국은 결코 아니다. 즉 완전히 부정적인 뜻으로서의 '세상'(12:31; 16:11)을 가리키는 것이 아니라 초월적 세상에 대한 지상적 실존 공간(영적 영역)을 뜻한다(12:25; 13:1).[521] 사복음서를 통해서 분명한 것은 하나님 나라(예수 나라)는 그 근원과 특성상 내세적이지만 또한 여기 이 세상에 현존하는 나라이다.[522]

예수는 만일 내 왕국이 이 세상에 속한 정치적이고 세속적인 왕국이었다면 내게 속한 종들이 싸워 그 왕국을 차지했을 것이라고 말하면서, 내 왕국은 이 세상에 속한 그 같은 정치적이고 세속적인 왕국이 아니라고 말했다. 그러나 정치적이고 세속적인 권력으로서의 왕국에만 익숙해 있던 빌라도는 내 왕국은 이 세상에 속한 것이 아니라는 예수의 말을 전혀 이해하지 못했다.

그래서 또다시 이렇게 물었다. "그러면 네가 왕이 아니냐"(37a절). 그러자 예수는 주저하지 않고 말했다. "네 말과 같이 내가 왕이니라"(37b

---

520) 여기서 세 차례('더 이상은 없다'는 뜻) 사용된 '내 나라'는 '숫자상징코드'적 의미를 갖는다.
521) 이영헌, 《요한복음서》, 339.
522) R.A.Whitacre, *John*, 443.

절). 즉 "내가 왕이라고 네가 말하고 있다." 빌라도는 지금 자신도 알지 못한 채 예수가 왕이라는 것을 증거하고 있다. "내가 이를 위하여 태어났으며 이를 위하여 세상에 왔나니"(37c절). 예수의 정체를 드러내는 이 말은 예수의 선재(1:1-18; 3:13; 9:39)에 대한 심오한 진술이다.[523]

"곧 진리에 대하여 증언하려 함이로라 무릇 진리에 속한 자는 내 음성을 듣느니라"(37d절). 예수의 나라는 진리의 나라이다. 중생의 진리를 알지 못했던 니고데모처럼 빌라도는 예수가 하나님 나라의 진리, 중생과 구원(영생)의 진리를 증언하고자 이 세상에 왔다는 말을 전혀 이해할 수 없었다. 그리고 예수의 진리에 속한 자가 아니었기에 그는 진리의 음성을 따를 수가 없었다. 마침내 이 정치적 동물은 "진리가 무엇이냐"(38a절)라는 냉소적인 말을 남기고는 그 자리를 떴다. 땅(육)의 세계에 속한 자가 어찌 하늘(영)에 속한 세계를 알겠는가.

이상의 대화를 쉽게 풀이하면 이렇다. 로마 총독 빌라도는 로마와 같은 세상 나라만 알았지, 예수가 말한 '내 나라', 즉 예수 나라, 하나님 나라가 있다는 것에 대해서는 듣지도 보지도 못했다. 따라서 예수가 "내가 왕이니라"는 말이 로마와 같은 세상 나라의 왕으로만 생각했지, 그것이 하나님(예수) 나라의 왕이라는 것을 전혀 이해할 수 없었다.

또한 예수가 말한 진리가 세상 나라의 진리가 아닌 하나님 나라의 진리라는 것을 전혀 이해하지 못했다. 그래서 "진리가 무엇이냐?"라는 뚱딴지같은 말을 하였다. 바로 이 같은 하나님 나라 사상, 즉 하나님 나라의 왕(진리)을 말했기 때문에 이를 이해하지 못하거나 이를 원치 않는 사람들에 의해 예수는 고난을 당하고 십자가에 달려야만 했다.

하나님의 이름, 하나님의 뜻이 사람의 이름, 사람의 뜻과 대립되는 역설이듯이, 하나님 나라는 세상(유대와 로마) 나라와 대립되는 역설이

---

[523] R.A.Whitacre, John, 442.

다. 현세주의에 빠진 기득권 세력들에게는 하나님 나라 사상은 유대(로마) 나라의 체제를 뿌리째 흔들어 놓는 위험천만한 혁명 사상이 아닐 수 없었다. 그러니까 하나님 나라가 오는 것을 원치 않는 유대(로마) 나라에 속한 사람들은 하나님 나라를 말하는 예수를 체제반란자 또는 민중선동가로 없애버리려 했다.

3) 관정 밖에서의 빌라도(18:38b-40)

예수와의 심문이 끝난 후 빌라도는 제1차 무죄선언을 한다(38b절). 아무런 죄목도 찾지 못했으나 빌라도는 예수를 '유대인의 왕'이라고 부르고 있다. 옛날이나 지금이나 명절에는 민족의 화합을 위해 죄수들을 사면하는 전례가 있듯이 유월절 명절을 맞아 빌라도는 무죄한 예수를 석방하려는 타협안을 내놓았다. 그래서 "너희는 내가 유대인의 왕을 너희에게 놓아주기를 원하느냐"(39절)고 물었다. 유대 지도자들과 군중들은 예수가 아니라, '바라바'라고 소리를 질렀다. 타협안이 거절당한 것이다. 요한은 바라바를 '강도'(40절)[524]라고 언급하고 있다.

바라바는 로마 정부에 대해 유대의 독립을 꾀하던 열심당원으로 로마에 반항하여 동굴에 은신하다 '강도(λῃστής)'가 되었다는 전설이 있다. 무리들은 이런 민란을 꾸미고 살인한 폭력배를 석방키를 원했다. 그렇게 되면 유대인들의 나라에도 유익하고 자신들의 목적도 달성할 수 있어 좋을 것이라고 생각했다. 이런 바라바를 놓아주고 예수를 죽이게 함으로써 유대인들의 계략은 성공하고 빌라도의 계략은 실패했다.[525]

---

524) 마가는 바라바를 "민란을 꾸미고 그 민란 중에 살인하고 체포된 자"(15:7), 누가는 "성 중에서 일어난 민란과 살인으로 말미암아 옥에 갇힌 자"(23:19)라고 언급하고 있다.
525) 박수암, 《요한복음》, 388.

4) 관정 안에서의 빌라도(19:1-3)

예수를 태형하는 로마 군인의 손에 든 채찍(19:1)에는 가죽끈 사이사이에 납덩이가 박혀 있고 채찍 끝에는 뾰족한 뼈가 붙어 있다. 그 채찍에 맞으면 살점이 찢기고 피하출혈이 생긴다. 이런 태형을 맞는 죄수는 그 엄청난 고통에 미쳐버리거나 매맞는 도중에 의식을 잃기도 한다. 예수는 이런 무서운 태형을 맞고 초죽음이 된 상태에서 십자가 가름대를 지고 '비아 돌로로사(Via dolorosa)'의 길을 걸어갔다. 그리고 다른 죄수들보다 먼저 운명하였다.[526]

2-3절은 수난사화 전체의 중심에 있는 중요한 대목이다. 이 대목은 역사가의 눈에는 수치와 조롱과 치욕의 장면이다. 그러나 요한은 아이러니와 역설로 이 장면을 왕의 등극식으로 변형시켜 놓았다. 군인들은 장난스러운 행동으로 그렇게 했지만 그들은 예수께 왕의 옷인 자색옷과 가시로 만든 왕관을 씌우고, "유대인의 왕이여 평안할지어다"(3절)라고 조롱하지만 아이러니하게도 그들은 자신들도 모르는 사이에 "예수는 (유대인의) 왕이다"라는 사실을 증언하고 있는 것이다. 군인들은 예수를 조롱한다고 생각했겠지만 예수는 정말 왕으로 등극하고 계시며, 구원 계획을 실제로 성취시키고 있다는 것이 요한의 해석이다. 예수의 왕권에 대한 치욕적인 조롱 속에서 하나님의 사랑, 하나님의 영광이 드러나고 있다.

---

[526] 십자가 처형에 대한 자세한 설명은 박호용, 《부르다가 내가 죽을 노래》, 88-91을 참조하세요.

5) 관정 밖에서의 빌라도(19:4-8)

빌라도가 다시 밖으로 나아가 이렇게 말한다. "내가 그에게서 아무 죄도 찾지 못한 것을 너희로 알게 하려 함이로라"(4절). 빌라도의 제2차 무죄선언이다. 빌라도는 얼굴에는 머리에 쓴 가시관에 찔려 피가 흐르고 온 몸은 무서운 채찍질로 인해 만신창이가 된 참혹한 모습을 하고 있는 예수를 밖으로 데리고 나와 유대인들 앞에 세움으로써 그들의 분노를 잠재우고 이 문제를 끝내려고 했다.

계속해서 빌라도는 이렇게 말한다. "보라 이 사람이로다"(5절). 라틴어로 "에케 호모(Ecce Homo!)"라고 빌라도는 외쳤다. 역사적 측면에서 본다면 이 말에는 예수께 대한 동정심이 들어 있다. "자, 보아라, 너희가 두려워하는 사람이 바로 이 사람이다. 이렇게 불쌍한 사람이다." 요한은 독자들에게 지금 응시하고 있는 이 가련하고 참혹한 모습의 사람(사 53:2,3)이 바로 만인의 죄를 대속하기 위해 하나님으로부터 보내진 진리의 왕임을 역설적으로 보여주고자 했다. 이 모습은 "말씀이 육신이 되다(성육신)"라는 선언의 가장 극단적인 상태를 보여준다.

빌라도는 한편으로는 예수의 무죄를 선언하지만, 다른 한편으로는 무리들에게 예수를 벌주고 그의 왕권을 조롱하는 이중적인 모습을 보여준다. 그러나 이 타협안은 처음 것보다 더 효력이 없어서 이제 무리들은 예수를 "십자가에 못 박으소서"라고 더욱 소리를 지른다. 그러자 빌라도는 이렇게 말한다. "너희가 친히 데려다가 십자가에 못 박으라 나는 그에게서 죄를 찾지 못하겠노라"(6절). 빌라도의 제3차 무죄선언이다. 그러면서 자신은 더 이상 이 문제에 관여하고 싶지 않다는 의미에서 책임을 유대 지도자들(무리들)에게 떠넘긴다(마 27:24).

그러자 유대인들은 이렇게 말한다. "우리에게 법이 있으니 그 법대로 하면 그가 당연히 죽을 것은 그가 자기를 하나님의 아들이라 함이니이다"(7절). 이제 그들은 정치적인 심문 내용에서 종교적인 심문 내용으로 그 방향을 바꾸었다. 새로운 고소 내용은 예수가 자신을 하나님의 아들이라 주장했기 때문에 죽어야 한다는 것이다. 즉 예수는 율법 규정(레 24:16)에 의하면 사형에 해당하는 신성모독죄를 지었으므로 죽어 마땅하다는 것이다(5:18; 10:33).

"빌라도가 이 말을 듣고 더욱 두려워하여"(8절). 자신이 스스로 왕이라고 주장하는 예수의 말과 예수가 하나님의 아들이라고 자처했다(5:17-18; 10:30-39)는 무리들의 말을 들은 빌라도는 혹시 이분이 하나님이 보낸 사람이 아닐까(행전 14:11) 해서 몹시 두려워하였다. 이 같은 빌라도의 반응은 죄적 인간이 거룩하고 신적인 하나님 앞에서 느끼는 '누미노제'의 불안과 공포이다(6:19-20). 빌라도의 두려움은 예수를 학대한 사람에게 임할 하나님의 복수에 대한 생각에 더욱 더 증폭되었을 것이다.

6) 관정 안에서의 빌라도(19:9-12)

관정 안으로 다시 들어온 빌라도는 불안과 공포 가운데서 예수께 이렇게 물었다. "너는 어디로부터냐"(9절). "예수가 어디에서 왔느냐" 하는 예수의 기원(정체)의 문제는 대단히 중요한 문제이다. 예수 심문에 대한 빌라도의 첫 질문은 "네가 유대인의 왕이냐"였다. 그런데 두번째 질문은 "네가 어디서 왔느냐"였다. 이 질문은 믿지 않는 유대인들이 묻는 질문과 그 맥을 같이 한다(7:27-28; 8:14; 9:29-30). 예수의 육적인 기원이 아닌 영적인 기원(정체), 즉 그가 과연 하나님의 아들인지를 물은 것이다.

그러나 예수는 아무런 대답을 하지 않았다. 이 같은 예수의 침묵은 야웨의 고난받는 종의 이미지를 연상시킨다(사 53:7). 왜 예수는 입을 열지 않았을까? 육적 차원에 머물러 있는 자에게 영적 차원의 하늘에 속한 진리를 말한들 이해할 수 있겠는가(3:12; 고전 2:13). 대답을 한들 이해하지도 받아들이지도 못할 것이기에 예수는 침묵했던 것이다(8:25).

빌라도가 "내게 말하지 아니하느냐 내가 너를 놓을 권한도 있고 십자가에 못 박을 권한도 있는 줄 알지 못하느냐?"라고 하자 예수는 "위에서 주지 아니하셨더라면 나를 해할 권한이 없었으리니 그러므로 나를 네게 넘겨준 자의 죄는 더 크다 하시니라"(11절)고 대답하였다.

빌라도는 자신의 권력이 로마 황제로부터 기원하는 것으로 믿었다. 인간적으로 말해 이것이 사실이나 예수는 모든 권력은 '위로부터(from above)', 즉 '하늘로부터' 또는 '하나님으로부터' 오는 것이라고 말했다. 하나님은 왕들이나 황제들을 세우기도 하고 폐하기도 한다(단 2:20-21; 4:25,32). 따라서 하나님이 허락하지 않으면 빌라도도 예수께 아무런 권세를 행사할 수 없다. 예수는 기꺼이 아버지의 계획에 순종했을 뿐만 아니라, 빌라도에게도 스스로를 내 주었다(10:18; 18:11). 빌라도는 그가 비록 정의와 용기를 가지고 책임있게 행하지 못했을지라도 하나님에 의해 주어진 책임을 수행하고 있는 것이다.[527]

이어지는 '나를 네게 넘겨준 자'란 누구를 가리키는가? 외견상으로는 유대 지도자들, 특히 대제사장 가야바(18:28; 11:51)나 가룟 유다(13:18; 17:12)를 말할 수도 있으나 궁극적으로는 이 모두를 뒤에서 배후 조정하여 죄를 짓게 하는 '이 세상 임금'(12:31; 14:30; 16:11) 곧 '사탄'(8:44; 13:2; 요일 3:8)[528]이라고 할 수 있다.[529] 따라서 사탄에 비하면 이들의 죄는 오히

---

527) C.G.Kruse, *John*, 357.
528) J.R.Michaels, *The Gospel of John*, 936-938.
529) 쟈크 엘룰은 11절의 '위에서'라는 말을 하나님으로 생각하여 이 본문이 예수께서 빌라도의 권력을 합법화하신 것으로 읽는 것은 잘못이라고 지적한다. 그러면서 그 다음에 나오는 "그러므로 나를 네게 넘겨 준 자의 죄는 더 크니라"를 놓고 이렇게 말한다. "누가 그를 넘겨주었나" 가룟 유다인가? 가야바인가? 이들은 오히려 이 관계 속에서 매우 미미한

려 작다고 하겠다. 이제 예수는 자기를 넘겨준 자들에 대한 하나님의 심판을 알리는 재판관의 역할을 한다. 빌라도는 하나님을 알지 못하는 이방인이지만 재판관으로서 그가 저지른 잘못을 피할 수 없다.

빌라도는 그 동안에 있었던 예수의 말에 감동도 받고 충격도 받아 심히 마음에 동요를 일으켰다. 그래서 어떻게 해서든지 예수를 놓아주려고 했다. 그러나 이 사실을 감지한 유대 지도자들은 빌라도를 꼼짝 못하도록 최후의 일격을 가했다. "이 사람을 놓으면 가이사의 충신이 아니니이다 무릇 자기를 왕이라 하는 자는 가이사를 반역하는 것이니이다"(12절). 여기서 '충신'으로 번역된 '필로스(φίλος)'는 직역하면 '친구'이다.

가이사의 친구가 아니라는 말은 정치적 출세를 원하는 사람에게는 급소를 찌르는 치명적인 말이다. 비록 다른 세계라 할지라도 자신의 왕국(왕권)을 주장하는 예수를 놓아준다면 이는 가이사에 반역하는 일이 된다. 가이사에 대한 반역은 빌라도의 정치생명을 끝나게 하는, 어쩌면 목숨을 잃을지도 모르는 결과를 초래할 것이다.

예수의 석방은 가이사를 배반하는 것이라는 무리들의 말은 빌라도로 하여금 예수를 십자가의 죽음으로 내모는 결정적 계기가 되었다. 그러니까 빌라도는 지금까지 예수를 측은히 본 것이지, 자신의 모든 것을 걸면서까지 진리 되신 예수를 변호하고자 한 것이 아님이 드러났다. 빌라도에게는 영생을 주는 하나님 나라보다는 세상 권력이 가져다주는 일시적인 부귀영화와 안녕(안전)이 더 중요했다.

존재들이다. 예수의 말은 유다가 빌라도보다 더 죄가 있다고 말한 것으로 보이지 않는다. 내 생각엔 위로부터 세워진 둘 사이의 유일한 끈은 하나님도 아니고 황제도 아니며 오히려 정치권력의 힘으로써, 이것은 반역의 힘 곧 하나님께 대항하는 사탄인 것이다." J. Ellul, 《뒤틀려진 기독교》, 192.

7) 관정 밖에서의 빌라도(19:13-16)

결국 유대인들에게 항복한 빌라도는 예수를 끌고 나가서 돌을 깐 들(히브리 말로 '가바다')에 있는 재판석에 앉았다. 빌라도는 마지막 선고를 내리기 위해 재판석에 앉았다. "이 날은 유월절의 준비일이요 때는 제육시라 빌라도가 유대인들에게 이르되 보라 너희 왕이로다"(14a절). 예수께서 잡히시고 심문을 받고 처형된 날은 인류 역사상 가장 비극적인 날인 동시에 인간의 모든 불행의 근본 원이인 죄의 문제가 해결되는 너무나 중요한 날이다. 요한은 이때의 중요성을 감안하여 정확한 날짜와 시간을 밝히고 있다.

제육시는 정오경이며, 많은 촌락 사람들이 그늘을 찾으려고 하는, 한낮의 가장 더울 때이며, 예수의 죽어야만 하는 인성(human mortality)이 4:6("피곤하여")에서 드러났던 때와 같은 시간이다. 예수의 때(2:4; 7:30; 8:20; 12:23, 27; 13:1; 16:21; 17:1), 즉 하나님의 새 시대가 침입해 올 "때"가 온 것이다(4:21, 23; 5:25, 28).[530]

'유월절의 예비일'은 니산월 14일 유월절 식사가 시작되기 바로 직전인 니산월 13일이다. 그리고 유대 시간법으로 '제육시'는 우리 시각으로 12시(정오)를 가리킨다. 이 시각은 유월절 양 잡는 시각이다. 따라서 예수의 십자가 처형은 니산월 13일 정오였다. 이 날은 아직 목요일(우리 날짜로는 금요일)로서 오후 여섯 시부터 시작되는 금요일 유월절을 예비하는 날이다. 이 예비일은 유월절 어린 양을 잡는 날로서, 세상 죄를 지고 가는 유월절 어린 양(1:29; 19:36)으로 오신 예수께서 이 날 체포되어 고난을 당하시고 돌아가신 것은 구약의 예언이 성취되는 큰 의미를

---

530) C. S. Keener, 《요한복음 III》, 2938.

갖는다.[531]

구약에서 유월절은 하나님의 전능하신 능력으로 애굽의 노예상태에서 이스라엘이 해방을 얻은 '출애굽 사건(Exodus)'을 기념하는 이스라엘의 최대 명절이다. 바로 이때에 하나님은 이스라엘의 왕으로 나타나셨고, 이스라엘은 하나님의 백성이 되었다. 이와 상응하게 신약에서 유월절에 예수가 '세상 죄를 지고 가는 하나님의 어린 양'으로 죽은 것은 이스라엘 민족만이 아닌 모든 민족의 해방이 되는 '제2의 출애굽 사건(Second Exodus)'이다.

"빌라도가 유대인들에게 이르되 보라 너희 왕이로다"(14b절). 요한의 수난사화의 절정은 예수를 메시아적 왕으로 그리고 있는 바로 이 장면이다. 여기서 예수는 복음서 중에서 가장 명확하게 자신이 왕임을 선포하고 있고 빌라도는 이것을 인정하고 있다. 요한은 예수를 단순히 고난을 당하는 이로 묘사하기보다는 고난 자체도 스스로 선택하고 자신의 길을 당당하고 의연하게 가는 영광의 왕으로 묘사하고 있다.[532]

요한의 수난사화에서 핵심이 되는 주제는 '예수의 왕권'이다. 그렇다면 그리스도의 진정한 왕권은 과연 어떤 것인가? 다시 말하면 그리스도가 정작 메시아로 나타나는 장면은 어디인가? 어디에서 메시아의 승리가 완전하게 실현되는가? 이런 질문에 떠오르는 즉각적인 답변은 '부활'이라는 대답이 가장 합당할 것이다. 그러나 요한은 합당한 대답에서 한걸음 더 앞으로 나아가서 이미 수난 중에도 그리스도는 왕으로 군림하고 계시다고 한다. 따라서 '파스카(πάσχα)'의 신비는 이미 수난 중에 작용하고 있었다고 주장한다.

---

531) 《옥스퍼드원어성경대전》(요한복음 제13-21장), 493. 공관복음(막 14:12-14 평행구절)은 요한복음과는 달리 예수와 제자들이 유월절 음식을 함께 나누는 데 역점을 둠으로써 예수 처형 날짜가 하루가 다르다.
532) 김동수, 《요한신학 렌즈로 본 요한복음》, 220.

요한은 '하나님의 신비'라는 것이 인간적 행위와 비교하면 어느 면에서 역설적임을 포착했다. 모든 것을 역설로 보는 요한의 시선은 예수의 죽음이라는 극히 가증할만한 상황 속에서도 그분의 메시아적 사명 완수를 보고 있다. 예수는 전대미문의 기묘한 방법으로 아버지의 사랑을 드러내시며, 그리하여 이 사랑의 힘으로 왕이요 메시아가 되신다. 그분이 당신의 주된 사명, 즉 자기 헌신을 통해 아버지의 사랑을 사람들에게 드러내는 그 순간이 메시아로서의 즉위식이 거행되는 순간이다.[533]

"내가 너희 왕을 십자가에 못 박으랴"라는 빌라도의 조롱 섞인 질문에 대제사장들은 정신 나간 어처구니없는 대답을 한다. "가이사 외에는 우리에게 왕이 없나이다"(15절). 대제사장들의 이 같은 대답은 심히 충격적이다. '유일신 신앙(Monotheism)', 즉 여호와 이외에는 신이 없고 왕이 없다고 자처하는 저들의 입에서 로마 황제인 가이사 외에는 왕이 없다는 이런 말이 나왔다. "헤롯과 빌라도가 전에는 원수였으나 당일에 서로 친구가 되니라"(눅 23:12)라는 말씀처럼 예수를 죽이고 자신들의 교권(기득권)을 지키기 위해 대제사장들은 '적과의 동침'조차 서슴지 않고 자행했다. 그리고 빌라도는 예수를 십자가에 못 박도록 그들에게 넘겨주었다(16절).

빌라도의 재판 기사는 이렇듯 일곱 장면으로 정교하게 구성되어 있다. 여기서 예수와 무리들 사이를 불안한 발걸음으로 왔다갔다 하는 빌라도의 태도와 줄곧 조용하고 흐트러지지 않는 왕다운 품위를 유지하고 있는 예수의 태도가 분명한 대조를 이룬다. 그리고 무리들과 빌라도는 예수의 운명을 자신들이 결정하는 것으로 생각하나 우리는 그

---

533) C.M.Martini, 《요한복음》, 192-197.

모든 사건의 배후에서 하나님이 역사하신다는 사실을 보게 된다.

나아가 진실과 정의, 양심에 따라 판단하지 못하고 여론과 힘의 논리에 따라 움직이는 빌라도의 우유부단하고 무책임한 모습도 본다. 이로 인해 빌라도는 2천년이 지난 오늘날까지 예수를 십자가에 못 박은 장본인으로 낙인찍히는 불행한 결과를 자초했다. 과정이야 어찌되었든 십자가 처형의 모든 책임은 빌라도에게 있으며, 이는 요한의 창끝이 궁극적으로 로마제국을 향하고 있음을 시사한다.[534]

3. 예수의 죽음과 장사(19:17-42)
- 예수 나의 성취(성공) -

〈성경 본문〉

17 그들이 예수를 맡으매 예수께서 자기의 십자가를 지시고 해골(히브리 말로 골고다)이라 하는 곳에 나가시니 18 그들이 거기서 예수를 십자가에 못 박을새 다른 두 사람도 그와 함께 좌우편에 못 박으니 예수는 가운데 있더라 19 빌라도가 패를 써서 십자가 위에 붙이니 나사렛 예수 유대인의 왕이라 기록되었더라 20 예수께서 못 박히신 곳이 성에서 가까운 고로 많은 유대인이 이 패를 읽는데 히브리와 로마와 헬라 말로 기록되었더라 21 유대인의 대제사장들이 빌라도에게 이르되 유대인의 왕이라 쓰지 말고 자칭 유대인의 왕이라 쓰라 하니 22 빌라도가 대답하되 내가 쓸 것을 썼다 하니라 23 군인들이 예수를 십자가에 못 박고 그의 옷을 취하여 네 깃에 나눠 각각 한 깃씩 얻고 속옷도 취하니 이 속옷은 호지 아니하고 위에서부터 통으로 짠 것이라 24

---

[534] 더 자세한 설명은 180쪽의 각주 373번을 참조하세요.

군인들이 서로 말하되 이것을 찢지 말고 누가 얻나 제비 뽑자 하니 이는 성경에 그들이 내 옷을 나누고 내 옷을 제비 뽑나이다 한 것을 응하게 하려 함이러라 군인들은 이런 일을 하고 25 예수의 십자가 곁에는 그 어머니와 이모와 글로바의 아내 마리아와 막달라 마리아가 섰는지라 26 예수께서 자기의 어머니와 사랑하시는 제자가 곁에 서 있는 것을 보시고 자기 어머니께 말씀하시되 여자여 보소서 아들이니이다 하시고 27 또 그 제자에게 이르시되 보라 네 어머니라 하신대 그 때부터 그 제자가 자기 집에 모시니라 28 그 후에 예수께서 모든 일이 이미 이루어진 줄 아시고 성경을 응하게 하려 하사 이르시되 내가 목마르다 하시니 29 거기 신 포도주가 가득히 담긴 그릇이 있는지라 사람들이 신 포도주를 적신 해면을 우슬초에 매어 예수의 입에 대니 30 예수께서 신 포도주를 받으신 후에 이르시되 다 이루었다 하시고 머리를 숙이니 영혼이 떠나가시니라 31 이 날은 준비일이라 유대인들은 그 안식일이 큰 날이므로 그 안식일에 시체들을 십자가에 두지 아니하려 하여 빌라도에게 그들의 다리를 꺾어 시체를 치워 달라 하니 32 군인들이 가서 예수와 함께 못 박힌 첫째 사람과 또 그 다른 사람의 다리를 꺾고 33 예수께 이르러서는 이미 죽으신 것을 보고 다리를 꺾지 아니하고 34 그 중 한 군인이 창으로 옆구리를 찌르니 곧 피와 물이 나오더라 35 이를 본 자가 증언하였으니 그 증언이 참이라 그가 자기의 말하는 것이 참인 줄 알고 너희로 믿게 하려 함이니라 36 이 일이 일어난 것은 그 뼈가 하나도 꺾이지 아니하리라 한 성경을 응하게 하려 함이라 37 또 다른 성경에 그들이 그 찌른 자를 보리라 하였느니라 38 아리마대 사람 요셉은 예수의 제자이나 유대인이 두려워 그것을 숨기더니 이 일 후에 빌라도에게 예수의 시체를 가져가기를 구하매 빌라도가 허락하는지라 이에 가서 예수의 시체를 가져가니라 39 일찍이 예수께 밤에 찾아왔던 니고데모도 몰약과 침향 섞은 것을 백 리트라쯤 가지고 온지라 40 이에 예수의 시체를 가져다가 유대인의 장례 법대로 그 향품과 함께 세마포로 쌌더라 41 예수께서 십자가에 못 박히신 곳에 동산이 있고 동산 안에 아직 사람을 장사한 일이 없는 새 무덤이 있는지라 42 이 날은 유대인의 준비일이요 또 무덤이 가까운 고로 예수를 거기 두니라.

본문은 다섯 부분으로 나누어진다. 첫 단락(17-22절)은 예수에 대한 십자가 처형을 언급하고 있다. 요한의 수난사화만이 갖는 특징은 예수의 죽음에 관한 이야기를 선별해서 실었다는 사실이다. 예수의 죽음에 관하여 가장 주도적인 주제는 '예수의 왕권'이다(19절). 둘째 단락(23-27절)은 십자가 아래에 있었던 사람들을 언급하고 있다. 네 명의 군인들은 예수의 옷을 나누어갖느라 정신이 팔려 있는 데 반해, 네 명의 여인들은 십자가를 바라보며 예수의 죽음을 슬퍼하고 있다.
셋째 단락(28-30절)은 예수의 죽음을 언급하고 있다. 십자가 위에서 "내가 목마르다"(28절) 하셨던 예수는 "내가 다 이루었다"(30절)는 마지막 말씀을 하시고 하늘로 돌아가셨다. 넷째 단락(31-37절)은 예수의 죽음에 대한 요한의 해설이다. 요한은 이 단락을 통해 예수의 죽음이 실제적이라는 점과 성경 예언의 성취라는 점을 강조한다. 다섯째 단락(38-42절)은 수난사화의 마지막을 장식하는 단락으로 예수의 장례가 왕적 장례임을 보여주는 동시에 참 제자도의 모델을 제시한다. 특히 아리마대 요셉보다 니고데모가 장례를 주도하고 있는 모습으로 나타나고 있다.

1) 십자가 처형(17-22절)

요한의 수난사화가 갖는 특징은 예수의 죽음에 관한 이야기를 선별해서 실었다는 사실이다. 요한이 일곱 표적을 선택하고 그것에 많은 의미를 부여했던 것처럼, 그는 그에게 가장 의미있게 나타난 예수의 죽음에 관하여 얻은 전승 중에서 몇 가지 점에 집중한다. 그 가운데 가장 주도적인 주제는 '예수의 왕권'이다. 그러므로 십자가는 예수의 즉위로 간주된다.[535]

예수께서 못 박히신 언덕의 이름은 히브리말로 '골고다(Γολγοθα)', 헬라말로 '크라니온(κρανίον)', 라틴말로 '갈보리(Calvaria)'였다(17절). 그 산의 모양이 해골처럼 생겼다고 해서 붙여진 이름일 것이다. 당시 로마는 로마법을 어긴 사람이 어떤 죽음을 당하게 될 것인지를 보여주기 위해 높은 언덕 위에서 십자가 처형을 시행했다. 역설적으로 골고다 언덕이야말로 온 세상이 '들어올려진'(3:14; 8:28; 12:32, 34) 예수를 볼 수 있는 곳이다.

여기서 '자기의 십자가를 지시고'는 정확하게는 '자기 스스로 십자가를 지시고'이다. 요한복음에서 구레네 시몬(마 27:31-32 평행구절)에 대한 언급은 없다. 예수는 남의 도움 없이 자기 홀로 십자가를 지고 간다. 예수가 직접 십자가를 지셨다는 사실을 강조하는 이유는 영지주의적인 견해를 반박하고자 하는 데 있다는 견해도 있다. 그러나 보다 중요한 이유는 자신의 운명을 지배하는 자로서 홀로 십자가를 짊어지는 왕 같은 예수의 모습을 보여주고자 하는 데 있다고 말할 수 있다(사 9:6 참조).

이 모습은 희생을 드리려고 스스로 나무를 지고 가는 이삭의 모습을 연상케 한다(창 22:6). 요한이 골고다로 나아가는 예수와 아버지와 함께 산을 향하여 가는 이삭을 병행시키고 있는 것은 놀라운 일이 아니다. 그리스도인들은 골고다로 자신의 십자가를 지고 가는 예수를 십

---

535) G.R.Beasley-Murray, *John*, 344.

자가를 지고 그를 따르라는 예수의 부르심과 밀접하게 연결시켰다(눅 14:27).[536]

요한은 예수의 십자가가 두 강도 사이, '가운데' 위치에 있다는 사실을 강조한다(18절). 이 또한 예수의 왕적인 품위를 시사한다. 요한은 십자가상의 예수를 하나님의 계획안에서 '들어올려진' 왕 곧 메시아로 선포하고자 했다. 나아가 두 죄인들 사이에서 예수가 십자가에 달렸다는 것은 이사야 53:12의 예언의 성취를 암시한다.

19절에서 빌라도는 예수의 십자가 위에 붙이는 패에 '나사렛 예수 유대인의 왕'이라고 썼다. 요한은 이 명패를 빌라도의 의도와 관련시키고 있기 때문에 대제사장에 대한 그의 복수심이 시사된 것으로 볼 수 있다(19, 21-22절 참조). 여기서도 빌라도는 자신도 그 의미를 잘 알지 못하는 행동을 하여 예수의 왕 되심을 증언하고 있다.

"많은 유대인이 이 패를 읽는데 히브리와 로마와 헬라 말로 기록되었더라"(20절). 그 당시 히브리어(아람어)는 대중언어, 로마어(라틴어)는 공무와 행정언어, 헬라어(그리스어)는 상거래 언어였다. 이 세 언어는 각각 세 개의 문화 곧 종교, 정치, 문화를 대표하는 언어였다. 따라서 이 세 가지 언어로 씌어진 십자가 죄패는 누구나 읽을 수 있다는 점에서 예수의 왕권을 온 세상 사람들에게 선포한다는 의미를 지닌다.

요한은 모든 초점을 예수의 왕됨에 맞추고 있다. 당시 세계를 지배하던 로마 총독 빌라도는 '유대인의 왕' 죄패를 통하여 십자가에 달린 예수가 바로 유대인의 왕임을 선포하는 아이러니를 연출한다. 여기서 요한의 아이러니는 극에 달한다. 결국 예수의 십자가 사건은 예수가 공식적으로 왕으로 등극하는 장면이 된다.

---

536) 헨첸은 이에 주목하여 이렇게 말한다. "예수는 스스로 십자가를 짊어지심으로 제자들의 모델(막 8:34)이 되었다." E. Haenchen, *John*, Vol. 2: 192.

빌라도가 세 가지 언어로 쓴 죄패의 죄목이 마음에 들지 않았던 대제사장들은 빌라도에게 "유대인의 왕이라고 쓰지 말고 자칭 유대인의 왕이라 쓰라"(21절)고 청원한다. 빌라도는 그들의 청을 완강히 거절하면서 이렇게 말한다. "내가 쓸 것을 썼다"(22절). 빌라도는 대제사장에게 당한 화풀이로 의도적으로 그렇게 썼던 것이다. 이로써 빌라도는 그 자신도 의식하지 못한 채 예수가 유대인의 왕 곧 메시아라는 것을 재천명했다(19:15).

2) 십자가 아래에 있었던 사람들(23-27절)

군인들은 예수를 십자가에 못 박은 후 예수의 옷을 취하여 '네 몫으로' 분배하여 가졌다. 당시 관례에 따르면 처형된 자의 옷은 전리품으로 간주되어 처형한 사람들의 몫이었다. 당시 군인들은 네 명이 한 조였다. '네 몫으로' 분배하였다는 것은 군인들이 네 명이었음을 시사한다.

요한은 '속옷'에 상당한 관심을 부여하였다(23절). '속옷'이란 제일 안에 입는 옷이다. 유대 역사가 요세푸스에 의하면 이렇게 호지 않은(겹쳐서 꿰매지 않은) 긴 속옷은 베를 끊지 않고 길게 짜서 만든 것으로 상당히 값이 나가는 것이었고 제사장들이 흔히 입는 옷이라고 하였다. 이 속옷은 예수의 제사장으로서의 신분을 암시하려는 요한의 의도가 깔려 있다. 예수의 십자가 위에서의 죽음은 더 이상 제사장을 필요로 하지 않는, 예수 자신이 영원한 대제사장이 되시는 제사였다(히 4:14; 5:5). 본절에서 요한은 예수의 복장을 제사장의 복장과 일치시킴으로써 예수의 속죄 사역을 강하게 암시하고 있다.[537]

---

537) 《옥스퍼드원어성경대전》(요한복음 제13-21장), 521-522.

요한은 이 속옷을 '위에서부터' 통으로 짠 것이라고 자세히 설명하고 있다(23절). 여기서 '위에서부터' 문구는 요한복음 3장에 세 번 나타난다(3:3,5,31). 니고데모는 예수에게서 위로부터 거듭나야 한다는 말씀을 들었다. 빌라도 또한 예수에게서 '위로부터' 주어지는 권한에 대해 듣는다(19:11). 이 문구에서 니고데모와 빌라도가 중생과 관련하여 함께 나타나고 있음을 주목할 필요가 있다. 그리고 이 속옷에 대한 설명은 위로부터 오신 예수의 기원을 시사하고 있다.

군인들은 이 비싼 속옷을 네 등분하면 효용 가치가 떨어지기에 제비를 뽑아 한 사람이 갖기로 결정한다(24a절). "이는 성경에…한 것을 응하게 하려 함이러라"(24b절)라는 말씀은 예언의 성취(시 22:18)를 보여준다. 나아가 벌거벗긴 채 십자가에 달린 예수는 자신의 속옷마저도 아낌없이 온전히 헌신한 하나님의 아들이심을 보여주고 있다. 이 같은 예수의 모습은 인간을 향한 하나님의 아낌없이 주는 사랑을 보여주는 최대의 표징이 아닐 수 없다.

'군인들은 이런 일을 하고'(24c절). 이 대목은 그 다음 절의 "예수의 십자가 곁에는 그 어머니와 이모와 글로바의 아내 마리아와 막달라 마리아가 섰는지라"(25절)와 대조를 이룬다. 네 명의 군인들은 예수의 십자가를 감시하면서 예수의 옷을 나누는 데 정신이 없는데 반해, 네 명의 여인들은 십자가를 바라보며 예수의 죽음을 슬퍼하면서 헌신을 다짐하며 기도를 하고 있었을 것이다.

대부분의 학자들은 이 구절에 나타난 예수의 어머니 이름을 밝히지 않은 이유라든가 십자가 아래에 몇 명의 여인들이 있었는가 하는 데 관심을 집중한 나머지 정작 중요한 문제인 이름을 거명한 순서의 중요성을 간과하고 있다.[538] 공관복음의 수난사화에서는 예수의 어머니가

---

538) 요한복음에서 거명 순서는 대단히 중요한 의미를 갖는다. 가령, 1장에서 안드레-베드로

나타나지 않고, 세 명의 여인들 가운데 막달라 마리아가 제일 먼저 언급되고 있다(마 27:55-56; 막 15:40-41). 그런데 요한복음에서는 예수의 어머니 마리아가 제일 먼저 등장하고 막달라 마리아가 제일 마지막에 등장하고 있다. 이 순서는 결코 우연으로 볼 수 없다. 그렇다면 이를 통해 말하고자 하는 요한의 의도는 무엇일까? 필자의 생각은 이렇다.

요한복음에서 예수의 어머니는 부활과 관련된 2장과 십자가 현장인 이곳에서 등장하고, 막달라 마리아는 이곳과 부활장인 20장에서 등장하고 있다. 그러니까 예수의 어머니는 부활로 시작해서 십자가로 마치고, 막달라 마리아는 십자가로 시작해서 부활로 마치고 있다. 이를 하나로 묶으면 부활(2장)-십자가(19장)-부활(20장)의 구조, 즉 부활로 시작해서 십자가를 거쳐 부활로 끝나는 구조를 하고 있다. 이 같은 구조는 3:13의 하늘-땅-하늘의 구조와 상응한다. 상응하는 부활장(2장과 20장)이 상응하는 십자가장(3장과 18-19장)을 감싸고 있는 형국을 보여준다. 따라서 이 구절은 요한이 어떤 식으로 요한복음을 구성했는가를 엿보게 해주는 중요한 단서를 제공한다.

십자가상의 예수는 자기 어머니를 향해 "여자여 보소서 아들이니이다"(26절)라고 말하고는 십자가 아래에 있는 애제자에게 자기 어머니를 부탁한다(27절). 십자가상의 예수는 마지막 유언처럼 애제자에게 자신의 모친을 맡긴다. 그리고 애제자를 어머니의 아들로 삼는다. 예수는 옛 유대 가족법의 공식적인 형식에 따라 자신의 모친을 애제자 요한의 보호 아래 둔다. 이로써 십자가 아래에 있는 자들로 이루어진 새로운 예수가족공동체, 즉 믿음공동체요 소망공동체요 사랑공동체인 교회가 형성된 것이다.

의 순서(차자중시의 원리), 빌립-나다나엘의 순서(메시아 - 하나님의 아들[천상 영역의 메시아], 이스라엘의 임금[지상영역의 메시아]), 21장의 일곱 제자의 순서(베드로, 도마, 나다나엘...의 서열) 등.

3) 예수의 죽음(28-30절)

예수의 사명은 성경의 모든 예언을 이루는 것이었다(28절). 이제 자신의 사명을 모두 완성할 시간이 다가온 줄 안 예수는 성경에서 자신에 대해 예언한 모든 일을 이루려고 했다. 사람이 인생의 마지막에 관심을 가져야 할 일은 하나님께서 내게 주신 사명을 다 이루었느냐 하는 것이다.

"내가 목마르다"(28절)라는 이 짤막한 말은 시편 69:21을 응하게 하려 함이다. 십자가상에서 겪는 예수의 이 육체적 갈증은 지독한 고통이자 쓰라린 슬픔이다. 이 말씀은 이어지는 "다 이루어졌다"(30절)라는 예수의 마지막 말씀과 연결지을 때 더 깊은 의미를 갖는다. 요한복음에 따르면 예수의 '음식'은 자신을 파견하신 아버지의 뜻을 행하고 그분의 일을 다 이루는 것이다(4:34). 또한 예수는 아버지께서 자신에게 주신 '잔'을 마셔야만 한다(18:11). 따라서 배고픔과 갈증은 아버지의 뜻을 끝까지 다 이루고자 하는 예수의 갈망에 대한 형상어에 속한다.[539]

29절의 '신 포도주'는 가난한 서민층이 마시는 하등 포도주로서 군인들이 죄수가 운명할 때까지 지키면서 그들도 마시고 동시에 죄수에게도 주었다. 공관복음에서는 '갈대'(막 15:36 평행구)라고 되어 있는 '우슬초'는 출애굽 사건이 있었던 날 밤 유월절 어린 양의 피를 문설주에 뿌릴 때 사용한 식물이었다.

"예수께서 신 포도주를 받으신 후에 이르시되 다 이루었다 하시고 머리를 숙이니 영혼이 떠나가시니라"(30절). '다 이루었다'의 원어 '테텔레스타이(τετέλεσται)'는 완료수동태 3인칭 단수형으로 '그 일이 이루어졌다(It is finished, KJV, NASA, NIV)'라는 식의 수동태로 번역되어야 한다.

---

539) 이영헌, 《요한복음서》, 354-355.

예수는 '자신이' 어떤 일을 성취하였다는 의미로 말씀하신 것이 아니라 '하나님께서' 자신을 통해서 이루고자 하신 '그 모든 일들이' 온전히 이루어졌다는 의미로 말씀하신 것이다.

예수는 오직 영광을 하나님께만 돌리는 겸손함을 보였다. 이때 예수께서 이룬 것은 창세 전에 계획된 전 인류와 온 우주에 대한 구속사역이었다. 예수는 하나님의 인류 구원방법에 따라 예루살렘(시온)에서, 유월절 절기 때에, 십자가 죽음으로 '다윗의 별'을 완성(성취)한 것이다. 즉 '은혜(율법) 위의 은혜(복음)'(요 1:17)를 완성(성취)하였다.

예수는 십자가 죽음으로 구약의 제사를 통한 사죄의 방식을 단번에 완전히 이루었다(롬 6:10; 히 7:27).[540] 이는 구약에 나타난 구원에 관한 하나님의 모든 약속과 예언이 성취된 것이기도 하다. 예수의 죽음이 대속과 새 언약의 제사이므로 예루살렘 성전제의의 모든 의미와 기능을 다 성취한 것이기도 하다.[541] 이 짧으면서도 장엄한 한마디는 십자가상에서의 예수의 죽음이 인간 역사의 절정이요 인류의 모든 희망의 근거라는 사실을 온 세상에 천명한다.

"영혼이 돌아가시니라(παρέδωκεν τὸ πνευμα)." 정확한 번역은 '숨을 넘겨주시니라'이다. '돌아가시니라'로 번역된 '파라도켄'은 '내놓다', '포기하다'라는 의미로, 능동태가 사용되었다는 점에 주의할 필요가 있다. 예수는 자신의 영혼을 아버지에게 능동적으로 내어놓으셨다(눅 23:46). 정확히 말하면 예수는 죽은 것이 아니라 왔던 곳(하늘, 아버지 품)으로 돌아가신 것이다(16:28). 예수의 죽음은 빌라도에 의해서도 아니고, 대제사장들에 의해서도 아니고, 스스로 버린 것이다(10: 18). 예수의 죽음은 말씀을 성취한 자발적 죽음이었다(사 53:12).[542]

---

540) 《옥스퍼드원어성경대전》(요한복음 제13-21장), 532.
541) 김세윤, 《요한복음강해》, 217-218.
542) 이 대목에서 '프뉴마'를 '성령'으로 번역하여 "예수가 십자가상에서 그를 따르는 자들에

4) 예수의 죽음에 대한 요한의 해설(31-37절)

요한은 이 단락을 통해 예수의 죽음이 실제적이라는 점과 성경 예언의 성취라는 점을 강조한다. 31절의 준비일은 14절의 '유월절의 준비일'과는 달리 '안식일의 준비일' 곧 니산월 14일(금요일)을 가리킨다. 이 날은 어린 양의 고기와 무교병 및 쓴 나물을 먹음으로써 출애굽한 그 날을 기념하는 특별한 식사를 한다. 유월절 기간 중에 있는 안식일은 보다 특별한 안식일로서 '큰 날'로 간주되었다(출 12:16; 레 23:7).

유대인의 율법에 따르면 나무에 달려 죽은 사람은 하나님에 의해 저주를 받았고(신 21:23), 그 땅을 더럽힐 수 있기 때문에 거룩한 안식일에 죄수가 십자가 위에 매달려 있어서는 안 된다는 규정이 있다. 그래서 유대인들은 죄수의 다리를 부러뜨려 속히 죽게 한 후 시체를 치워 달라(31b절)고 빌라도에게 요청한 것이다.

그래서 군인들이 가서 예수 좌우편에 있는 두 사람의 다리를 꺾었다(32절). 그런데 "예수께 이르러서는 이미 죽으신 것을 보고 다리를 꺾지 아니"(33절)하였다. 예수께서 이같이 일찍 운명한 것(막 15:44)은 심한 고초 때문이거나, 아니면 구차하게 생명을 연장하려고 받침대에 몸을 의지하지 아니하고 생명을 자발적으로 버리셨기(10:18) 때문일 것이다. 그야말로 예수의 죽음은 왕의 위엄을 갖춘 죽음을 보여준다.

한 군인이 예수가 죽었다는 것을 눈으로 보고 다리를 꺾지 않은 대신에 예수의 죽음을 분명히 확인하고자 창으로 옆구리를 찔렀다. 그랬더니 옆구리에서 피와 물이 흘러나왔다(34절). 후에 옆구리의 상처는 부활한 예수의 중요한 표적이 된다(20:20,27).

게 성령을 주셨다"거나 "특별히 두 사람, 그의 어머니와 사랑하는 제자에게 성령이 임했다"로 해석하는 것은 옳지 않다. 왜냐하면 요한신학에서 성령의 시대는 예수의 부활절(오순절) 이후부터 시작되기 때문이다(20:22 주석을 참조하세요).

예수의 몸에서 피와 물이 흘러나왔다는 것은 독자들로 하여금 예수의 죽음의 실제성과 살과 피를 가진 인간으로서의 그의 인성의 실제성을 인지하기를 원해서였을 것이다(1:14).[543] 당시에 예수의 인성과 실제적인 죽음을 부정하는 자들[544]이 있었던 상황을 고려한다면(요일 4:2-3; 5:6), 이 대목은 그러한 자들의 잘못된 생각을 바로잡는 데 매우 중요한 역할을 한다.

35a절은 21:24과 매우 유사하다. 따라서 여기서 목격 증인('이를 본 자')은 애제자일 것이다(19:26-27; 21:20-23). 그가 본 것은 군인이 예수의 옆구리를 찔렀던 장면과 피와 물이 흘러나왔던 장면이다. 이 같은 장면을 직접 보았기에 애제자의 증언은 믿음을 일깨워주기 위한 참된 증언(35b절)이라고 강조하고 있다. 애제자는 예수의 죽음을 목격한 마지막 증인이요 부활한 주님을 목격한 첫 증인이다(20:8). 그는 예수의 죽음과 부활을 연속적으로 목격한 증인이다. 따라서 그의 증언은 참되고 믿을만하다는 것이다.

36절의 "그 뼈가 하나도 꺾이지 아니하리라 한 성경을 응하게 하려 함이라"는 말씀은 33절에 대한 예언의 성취를 시사한다(출 12:46; 민 9:12; 시 34:20). 이 구절을 통해 요한은 예수의 죽음을 유월절 어린 양의 죽음과 동일시함(유월절 준비일에 죽음)으로써 유월절의 의미를 성취하셨고(고전 5:7-8) 제2의 출애굽(대속적 죽음을 통한 구원)을 이루었음을 말하고 있다.

37절의 "또 다른 성경에 그들이 그 찌른 자를 보리라"는 말씀은

---

543) 이 대목에 나오는 '피와 물'은 '세례와 성찬'이라는 성례전으로 해석하는 견해(대표적으로 O.Cullmann)도 있으나 이 구절을 성례전과 연관짓는 일은 지나친 해석으로 보인다. 더 자세한 논의는 G.R.Beasley-Murray, *John*, 355-358을 참조하세요.
544) 가현설(docetism)을 말함. 가현설은 예수 그리스도의 참된 인성을 부인하고 신성만 주장하는 이론으로, 예수 그리스도는 참으로 인간이 된 것이 아니라 단지 인간의 모습만 취했다고 주장하는 이단이다.

34절에 대한 예언의 성취를 시사한다. 이 구절에서 인용된 '또 다른 성경'은 예언서에 속하는 스가랴 12:10("그들이 그 찌른 바 그를 바라보고")이다(계 1:7). 십자가상에서 죽은 예수를 바라보리라는 것은, 신앙의 눈으로 바라보는 자에게는 구원을, 불신앙의 눈으로 바라보는 자에게는 심판을 의미한다(3:14-15 참조).

5) 예수를 장사 지냄(38-42절)

수난사화의 마지막을 장식하는 이 단락은 예수의 장사가 왕적 장사임을 보여주는 동시에 제자도의 참 모델을 제시한다. "아리마대 요셉은 예수의 제자이나 유대인이 두려워 그것을 숨기더니"(38a절). 아리마대(Arimathea)는 요셉의 출신지로서, 예루살렘 서북쪽 10km 쯤에 있는 사무엘의 고향인 라마다임소빔(삼상 1:1)을 가리킨다. 아리마대 출신의 이 요셉은 예수의 숨은 제자였다(12:42; 마 27:57).[545]

사회적 신분이 높았던 그는 그 동안 유대인들이 두려워 자신이 예수의 제자인 것을 숨기고 살아왔다. 그런데 예수께서 십자가에 달려 운명한 것을 알고는 예수의 시신을 거두게 내어달라고 빌라도에게 요청하였다.[546] 사회적 신분이 높았던 공회원으로서 신분의 노출에 따른 위험과 불이익을 감수하면서까지 저주받아 죽임을 당한 예수께 동정을 보인 것은 대단한 용기와 결단이 아닐 수 없다. 그의 요청을 빌라도가 받아들여 그는 예수의 시신을 가져갔다.

로마인들은 십자가에서 부끄러운 죽음을 당한 사람에게 우아한 장

---

545) 공관복음에 따르면 그는 부자였으며(마 27:57), 존귀한 공회원이었고(막 15:43; 눅 23:50), 선하고 의로웠으며(눅 23:50), 하나님 나라를 기다리던 자였다(막 15:43; 눅 23:51).
546) 마가복음 15:43에 의하면 "당돌히 빌라도에게 들어가 예수의 시체를 달라"고 요청하였다.

례를 치르도록 허락하지 않았다. 일반적으로 십자가에 처형당한 사람은 까마귀밥이 되었다. 따라서 예수의 시신을 달라고 요청하는 일은 쉬운 일이 아니었다. 아마도 존귀한 공회원이었던 요셉의 위치가 빌라도를 만날 수 있는 기회를 가져다주었을 것이다. 그리고 빌라도가 예수의 시신을 가져가도록 쉽게 허락한 것은 예수에 대한 자신의 판결이 잘못된 것이었음을 잘 알고 있었기 때문일 것이다.

39절은 니고데모를 '일찍이 예수께 밤에 찾아왔던 니고데모'라고 표현하고 있다. 이 표현은 현재의 수난사화(18-19장)와 어느 날 밤 중생에 관하여 예수와 대화를 나누었던 3장을 상응시키고자 한 요한의 의도가 엿보인다. 몰약과 침향 섞은 것을 백 근(리트라)을 가져왔다고 한다. 몰약과 침향은 값비싼 향료로써, 이는 왕실의 장례에 사용되었다(대하 16:14).[547] 그런데 그것을 백 근을 가지고 왔다는 것이다. 백 근은 약 34kg이 되는데, 이는 보통 사람의 장례에서 쓰는 양 치고는 엄청나게 많은 양이다.[548] 이는 그가 부자였고 주님에 대한 사랑이 그만큼 컸다는 사실을 시사할 뿐만 아니라 예수의 장례를 왕의 장례로 치르고자 했음을 상징적으로 보여준다.[549]

수난사화 마지막 단락에 나타나는 니고데모의 등장은 대단히 중요

---

547) 요세푸스에 의하면 헤롯왕이 죽었을 때에 500명의 노예가 향을 들고 군대를 따라 왕의 장례식에 참여했다고 한다. Josephus, 《유대전쟁사》 1권 33장 9: 199.
548) 니고데모는 12:3에서 여인이 그랬던 것처럼, 예수를 넘치도록 공경했다. 그러나 그 여인의 선물이 300데나리온(denarius)의 값어치가 있었다면(12:5), 니고데모의 예물은 아마도 "유대인의 왕"에게 걸맞는 30,000데나리온의 값어치가 있었다. C. S. Keener, 《요한복음 III》, 3013.
549) 믹스는 이 같은 니고데모의 행위를 익살스러운 행위로 간주하면서 그가 '인자의 들리움'을 이해하지 못했음을 명백히 드러낸다고 주장하였다. 또한 그는 니고데모는 표적을 보고 예수를 믿는 2:23 이하의 유대인들의 대표자가 되었다고 주장한다. W.A.Meeks, "The Man from Heaven in Johannine Sectarianism", 55. 그러나 필자는 이 같은 믹스의 주장은 빌라도와의 대조를 고려하지 못한 피상적인 이해라고 생각된다.

한 의미를 지닌다.[550] 공관복음에는 전혀 나타나지 않는 그가 요한복음 중에서도 (가장) 중요한 장에 속하는 3장에 나타날 뿐만 아니라 수난사화의 마지막 사람으로 등장하고 있다. 여기에는 요한의 신학적 의도가 짙게 깔려 있다.

먼저, 니고데모와 수난사화의 첫 부분(18:1-27)에 나타난 요한의 의도를 살펴보자.

첫째, 요한은 공관복음과는 달리 예수를 잡으러 온 사람들 속에 '바리새인'(18:3)이 있다는 사실을 언급함으로써 수난의 책임이 바리새인에게도 있다는 것을 드러내는 동시에 니고데모처럼 바리새인이지만 수난에 동참한 사람도 있었다는 것을 보여주고 있다. 이는 예수를 죽인 책임을 일부 유대 지도자들에게 국한시키지 않고, 모든 유대인들에게 확대시켜 책임을 돌리는 '반셈주의(Anti-semitism)'를 조장하려는 빗나간 작태를 경계하는 효과를 거두고 있다.

둘째, 요한은 예수의 장사를 치르는 데 있어서 아리마대 요셉 혼자서 했다는 공관복음의 언급과는 달리 니고데모가 여기에 합세했다고 언급함으로써 수난사화의 첫 부분에 나오는 부정적인 두 제자(유다와 베드로)의 모습과 비교되는 긍정적인 두 제자를 그려주는 효과를 거두고 있다.

다음으로, 니고데모와 수난사화 둘째 부분(18:28-19:16)의 빌라도와의 비교를 통해 말하고자 하는 요한의 의도를 살펴보자.

첫째, 요한복음에서 니고데모의 대화(3장)와 빌라도와의 대화(18-19장)에서만 '하나님 나라(예수의 왕권)' 주제가 나타난다는 점에서 이 둘

---

550) 컬페퍼의 '니고데모'에 대한 부정적 견해에 대해서는 557쪽의 각주 209번을 참조하세요.

은 서로 상응한다.

둘째, 수난사화의 중심부에 나타나는 빌라도는 로마 총독으로 이방인을 대표하는 세상 권력자이고, 니고데모는 유대 산헤드린 공회원으로 유대인을 대표하는 세상 권력자라는 점에서 서로 상응한다.

셋째, 빌라도는 진리 되신 예수와 만나고도 거듭나지 못하여 세상 나라의 권력을 내려놓지 못해 예수를 십자가에 못 박는 일에 가담하는 악을 행함으로 멸망(심판)의 길을 간 데 반해, 니고데모는 예수와 만난 후 거듭나 새 사람이 된 후 세상 나라의 권력을 내려놓고 십자가에 달린 예수를 장사하고, 진리 되신 예수를 따름으로 영생(구원)의 길을 갔다.

끝으로, 니고데모와 수난사화 셋째 부분(19:17-42)의 아리마대 요셉과의 비교를 통해 말하고자 하는 요한의 의도를 살펴보자.

첫째, 아리마대 요셉은 요한복음에서 이곳에서 처음 그 이름이 등장하지만 니고데모는 세 장(3,7,19장)에 걸쳐 언급되고 있다.

둘째, 아리마대 요셉은 마가복음(15:43)에서는 당돌히 빌라도에게 들어가 예수의 시신을 요구하는 모습으로 나타나지만, 이 대목에서는 예수의 제자이면서 유대인이 두려워 그것을 숨겼다고 언급되고 있다. 이에 반해 니고데모는 예수의 제자라는 언급이 없음에도 불구하고, 7장에 보면 바리새인들 앞에서 당당하게 예수의 행위를 변호하고 있으며, 이 구절에서도 유대인을 두려워했다는 표현이 없다.

셋째, 아리마대 요셉은 빌라도에게 단지 예수의 시신을 요구하는 자에 불과하지만, 니고데모는 수난사화에 나타나는 왕으로서의 예수에 걸맞는 엄청난 양의 향료를 가지고와서 왕의 장례를 치르는 자로 나타난다.

넷째, 아리마대 요셉은 니고데모와 함께 장례를 치르지만, 니고데모가 장례의 피날레를 장식하고 있으며 부활장인 20장에 가장 가까이 있는 인물로 나타나고 있다.

  여기서 우리는 요한이 신학적 의도를 가지고 '구원론(십자가 신학)'이라는 관점에서 3장과 18-19장(수난사화)을 구조적으로 상응시켰음을 엿보게 된다.

  아리마대 요셉과 니고데모는 예수의 시신을 가져다가 유대인의 장례법대로 장례를 치렀다(40절). 로마의 장례 관습은 화장하는 방식이고, 애굽의 장례 관습은 미라를 만드는 방식인 데 반해, 유대의 장례 관습은 시신을 훼손하지 않고 방부처리 하는 방식이었다(11:34,44). 그들은 예수의 시신을 씻고 향품을 바르고 세마포로 장례를 치렀다.

  유대인들은 그들이 처형한 사람들의 장사를 거부하지는 않았지만 가까운 가족묘에 묻히는 것을 허락하지 않았다. 그 까닭은 처형된 사람이 이미 묻힌 사람들을 오염시킨다고 믿었기 때문이다. 그래서 도시에서 멀리 떨어진 공동묘지에 매장하도록 장소를 제공했다(41,42절).

  그런데 예수는 안식일이 닥쳐오기에 속히 매장해야 했다. 마침 십자가에 달리신 곳 가까이에 동산이 있었고 그 동산 안에 아직 장사한 일이 없는 새 무덤이 있었다(마 27:60). 예수의 시신은 그곳에 안치되었다. 예수는 마지막 순간까지도 평범한 범죄자의 무덤에 묻힌 것이 아니라 왕적인 품위와 거룩함에 어울리는 새 무덤에 장사된 것이다(사 53:9).

제 20 장

〈본장 개요〉

　요한복음은 예수의 부활에 대해 두 장(20,21장)을 할애하고 있다. 이는 한 장만을 부활장으로 언급하고 있는 공관복음과 비교할 때 요한은 부활신학을 강조하고 있음을 엿보게 된다. 또한 예수 부활의 출현에 대해 마태와 마가는 갈릴리 출현에 집중하고, 누가는 예루살렘(유대) 출현을 다루고 있는 데 반해, 요한은 예루살렘(유대) 출현(20장)과 갈릴리 출현(21장)을 모두 다루고 있다. 그리고 그 중간에 복음서 전체의 기록 목적이 삽입되어 있다. 본론의 첫 장(2장)과 정가운데 장(11장)과 끝장(20장)이 부활과 관련되어 있다는 점에서 요한복음은 기본적으로 '부활신학'으로 엮어진 책이다.

　예수의 부활에 관한 초기 전승에는 두 형태가 전해진다. 하나는 부활하신 주님께서 제자들에게 나타나셨다는 '현현 전승'(고전 15:5-8)이고, 다른 하나는 예수의 시신을 매장했던 무덤이 비어 있다는 빈무덤 전승(막 16:1-8)이다. 요한복음에는 이 두 전승이 결합되어 있다. 예수의 부활은 표적 중에 표적이다. 가장 큰 표적인 부활을 가장 먼저 접한 자들은 '마리아'라 이름 하는 세 여인이었다. 본론의 세 장(2, 11, 20장)에 나오는 이들이야말로 부활신앙을 지닌 예수의 참된 제자라는 것을 말씀하고 있다.

　첫 본문(1-23절)은 세 부분으로 나누어진다. 첫 단락(1-10절)은 막달라 마리아와 두 제자의 빈 무덤 방문을 언급한다. 둘째 단락(11-18절)은 막달라 마리아에게 나타나신 예수를 언급하고 있다. 셋째 단락(19-23절)은 제자들에게 나타나신 예수를 언급하고 있다. 특히 이 단락에서 주목할 사실은 선교를 위해 제자들을 보내시며 '성령을 받으라'고 말씀하고 있다는 점이다.

이어지는 본문(24-31절)은 두 부분으로 나누어진다. 첫 단락(24-29절)은 도마가 부활하신 주님을 만나 신앙을 고백하는 장면을 언급하고 있다. 도마의 신앙고백은 완전히 한바퀴 순환해서 로고스찬가(1:1-18)의 '첫 절(이 말씀은 하나님이시니라)'과 '끝 절(독생하신 하나님)'로 우리를 인도한다. 이는 요한복음 전체를 괄호로 묶는 역할을 하고 있다. 둘째 단락(30-31절)은 본론의 종결어로 요한복음의 기록 목적을 언급하고 있다. 간결하게 요약된 이 기록 목적을 통해서 우리는 예수가 하나님의 아들 그리스도라는 '기독론'과 그를 믿는 '신앙론', 그리고 그를 믿어 생명을 얻는 '구원론'이 함께 연결되어 있음을 볼 수 있다.

1. 부활하신 주님의 현현(1-23절)
— 예수 나의 감격(감동, 감탄) —

〈성경 본문〉

1 안식 후 첫날 일찍이 아직 어두울 때에 막달라 마리아가 무덤에 와서 돌이 무덤에서 옮겨진 것을 보고 2 시몬 베드로와 예수께서 사랑하시던 그 다른 제자에게 달려가서 말하되 사람들이 주님을 무덤에서 가져다가 어디 두었는지 우리가 알지 못하겠다 하니 3 베드로와 그 다른 제자가 나가서 무덤으로 갈새 4 둘이 같이 달음질하더니 그 다른 제자가 베드로보다 더 빨리 달려가서 먼저 무덤에 이르러 5 구부려 세마포 놓인 것을 보았으나 들어가지는 아니하였더니 6 시몬 베드로는 따라와서 무덤에 들어가 보니 세마포가 놓였고 7 또 머리를 쌌던 수건은 세마포와 함께 놓이지 않고 딴 곳에 쌌던 대로 놓여 있더라 8 그 때에야 무덤에 먼저 갔던 그 다른 제자도 들어가 보고 믿더라 9(그들은 성경에 그가 죽은 자 가운데서 다시 살아나야 하리라 하신 말씀을 아직 알지 못하

더라)10 이에 두 제자가 자기들의 집으로 돌아가니라 11 마리아는 무덤 밖에 서서 울고 있더니 울면서 구부려 무덤 안을 들여다보니 12 흰 옷 입은 두 천사가 예수의 시체 뉘었던 곳에 하나는 머리 편에, 하나는 발 편에 앉았더라 13 천사들이 이르되 여자여 어찌하여 우느냐 이르되 사람들이 내 주님을 옮겨다가 어디 두었는지 내가 알지 못함이니이다 14 이 말을 하고 뒤로 돌이켜 예수께서 서 계신 것을 보았으나 예수이신 줄은 알지 못하더라 15 예수께서 이르시되 여자여 어찌하여 울며 누구를 찾느냐 하시니 마리아는 그가 동산지기인 줄 알고 이르되 주여 당신이 옮겼거든 어디 두었는지 내게 이르소서 그리하면 내가 가져가리이다 16 예수께서 마리아야 하시거늘 마리아가 돌이켜 히브리 말로 랍오니 하니(이는 선생님이라는 말이라)17 예수께서 이르시되 나를 붙들지 말라 내가 아직 아버지께로 올라가지 아니하였노라 너는 내 형제들에게 가서 이르되 내가 내 아버지 곧 너희 아버지, 내 하나님 곧 너희 하나님께로 올라간다 하라 하시니 18 막달라 마리아가 가서 제자들에게 내가 주를 보았다 하고 또 주께서 자기에게 이렇게 말씀하셨다 이르니라 19 이 날 곧 안식 후 첫날 저녁 때에 제자들이 유대인들을 두려워하여 모인 곳의 문들을 닫았더니 예수께서 오사 가운데 서서 이르시되 너희에게 평강이 있을지어다 20 이 말씀을 하시고 손과 옆구리를 보이시니 제자들이 주를 보고 기뻐하더라 21 예수께서 또 이르시되 너희에게 평강이 있을지어다 아버지께서 나를 보내신 것 같이 나도 너희를 보내노라 22 이 말씀을 하시고 그들을 향하사 숨을 내쉬며 이르시되 성령을 받으라 23 너희가 누구의 죄든지 사하면 사하여질 것이요 누구의 죄든지 그대로 두면 그대로 있으리라 하시니라.

1) 막달라 마리아와 두 제자의 빈 무덤 방문(1-10절)

이 단락은 막달라 마리아가 예수의 빈 무덤을 발견하고 난 후 시몬 베드로와 애제자에게 그 사실을 알린 내용(1-2절)과 두 제자가 예수의 빈 무덤을 확인한 내용(3-10절)으로 구성되어 있다. 막달라 마리아에 관한 기사는 이어서 계속된다(11-18절). 이런 언급으로 보면 막달라 마리아가 언급의 중심을 이루고 두 제자에 대한 언급은 삽입된 셈이다.

첫절은 많은 중요한 정보를 제공한다. 예수가 죽음으로 모든 것이 끝장난 것이 아니다. 오히려 새로운 시작이다. '안식 후 첫날'은 주님께서 부활하신 날, 주님의 날(主日, 계 1:10)로써 일요일에 해당한다. 요한은 부활절 전날인 구약의 유월절에 대해서는 언급하지 않는다. 그리스도인의 축제일, 해방절(부활절)은 주님께서 부활하신 날로서 주간의 첫날이다. 영광을 드러내신 주님의 날은 부활하신 주님께 평화의 축복을 받는 날, 생명과 사랑과 기쁨이 가득 찬 날이다. 그러니까 부활하던 날(20장)은 결혼하던 날(2장)과 상응하는 내용을 갖는 날이다.

공관복음과 달리 '아직 어두울 때에'라는 말이 들어가 있는데, 이는 예수의 부활을 믿지 못한 것(9절 참조)을 가리키는 상징적 의미로 이해할 수도 있다(8:12; 12:35,46 참조). '막달라 마리아'는 요한복음에서 십자가 밑에 있었던 네 명의 여인들 중 한 사람으로 처음 등장한다(19:25). '막달라'는 갈릴리 바다 서안에 위치한 지명으로 마리아의 출생지를 가리킨다. 이 여인은 일곱 귀신 들렸다가 예수에 의해 고침받은 여인으로(눅 8:2; 막 16:9), 이제 부활사건에서 중요한 역할을 한다. 공관복음에는 여러 여인들[551]이 무덤에 간 것으로 서술되어 있으나 요한복음은 오직

---

[551] 마태는 '막달라 마리아와 다른 마리아'(28:1), 마가는 '막달라 마리아와 야고보의 어머니 마리아와 또 살로메'(16:1), 누가는 '여자들'(24:1)이라고 서술하고 있다.

막달라 마리아 혼자서 간 것으로 언급하고 있다. 요한은 대표성의 원리를 사용하여 막달라 마리아만을 빈 무덤의 최초의 발견자요 증언자로 묘사하였다.

이 사건은 당시 억압받던 여성들에게 사명과 권위를 부여하는 예수의 인권(해방) 선언이라고 말할 수 있다. 더욱이 여자의 증인됨을 신뢰하지 않던 시절에 막달라 마리아가 부활 목격의 첫 증인이 되었다는 것은 사건 기록의 진실성을 반증한다. 회의론자들이 주장하듯이 만일 부활 스토리가 교회가 지어낸 가공의 이야기라면 여인을 첫 증인으로 내세우는 것은 아주 형편없는 전략이 될 것이다.[552]

'돌이 무덤에서 옮겨진 것을 보고'(1절) 막달라 마리아는 주님의 시신을 누군가가 훔쳐간 것으로 생각했다(2,13절). 당시에는 무덤을 도굴하는 일은 흔히 있는 일이었다.[553] 그녀는 '시몬 베드로와 예수께서 사랑하시던 그 다른 제자'(2절)에게 이 사실을 알렸다. 요한복음에서 이 두 제자는 제자들의 대표자들로 나타난다. 2절에서 그녀는 '시신' 대신 '주님'(13절에 다시 나타남)이라는 말을 쓰고 있는 데에서 우리는 말을 조심스럽게 가려서 하는 모습을 보게 된다.

이 같은 추측적인 발언을 한 것은 그 당시에 널리 유포되어 있던 유대인 적대자들의 주장, 즉 예수의 제자들이 예수의 시체를 훔쳐갔다는(마 27:64; 28:11-15) 주장과 의식적으로 관련지은 것으로 볼 수 있다. 그녀는 시신이 사라진 것에 대해 두 제자에게 '우리가 알지 못하겠다'고

---

552) 유승원, "요 20-21장: 다시 사신 주님을 만난 사람들", 《요한복음: 어떻게 설교할 것인가》, 321.

553) 나사렛에서 발견된 클라우디우스 황제(주후 41-54년)의 칙령 사본에는 무덤을 파헤치거나 시체를 훔쳐가는 행위, 또는 인봉한 것이나 돌을 옮겨 놓는 등의 죄를 범한 자는 중벌에 처하라고 명하고 있다. C.K.Barrett, *The New Testament Background, Selected Documents*, 15.

말한다.[554]

이제 막달라 마리아는 사라지고 두 제자의 빈 무덤 확인 언급이 나타난다(3-10절). 유대인들이 무서워서 문을 걸어 잠그고 있는 상황에서(19절 참조) 제자들의 대표격인 두 제자가 나가서 무덤을 향해 달려갔다. 그런데 애제자가 베드로보다 더 먼저 무덤에 다다른 것이다(4절). 여기서 우리는 두 제자 사이에 긴장관계를 엿볼 수 있다. 이를 두고 애제자가 더 젊기에 빨리 달렸다고 말할 수도 있고, 그가 베드로보다 예수에 대한 애정이 더 컸다고 말할 수도 있다.

그런데 우리가 항상 염두에 두어야 할 사실은 복음서가 기록될 당시 이미 베드로는 교회의 권위있는 지도자의 위치에 있었다는 사실이다. 애제자는 몸을 굽혀 세마포가 놓인 것을 보았으나 들어가지는 아니하였다(5절). 이는 연장자 베드로에 대한 예의로 볼 수도 있고, 초대교회가 사도들에 대해 가졌던 존경과 수제자로서의 베드로의 권위있는 위치에 대한 반영일 수도 있다(6:69; 21:2,15-19). 애제자는 주님께서 자기를 사랑해 주신 것(13:23; 19:26; 20:2; 21:7,20)처럼 베드로를 사랑했다. 요한은 애제자를 통해 실수한 베드로를 여전히 존중함으로 제자들끼리 맺는 관계에 대한 새 계명(13:34; 15:17)을 실천하는 제자로서의 상을 제시하고 있다.

뒤늦게 도착한 베드로는 무덤에 들어가 세마포가 놓였고 머리를 쌌던 수건이 딴 곳에 개켜있는 것을 보았다(6,7절). 무덤 내부에 대한 자세한 묘사는 시체가 도둑맞지 않았음을 입증해 준다. 그런데 변증적인 입장에서 말한다면 당시에 여자들의 증언은 유대인들에게 받아들여지지 않았다. 유대 풍습에 어떤 증언이 효력이 있으려면 성인 남자

---

554) 여기서 '우리'라는 말은 다른 사람들이 그녀와 함께 있었다는 것을 암시해 준다(막 16:1-3 평행구절). 아니면 복수형이 단수로 사용될 수 있는 동양적인 표현법으로 볼 수도 있다.

두 사람의 증언이 필요했다. 따라서 두 제자의 빈 무덤 확인은 신명기 19:15에 따라 확실한 증거를 원하는 유대인들의 요구를 충족시킬 수 있었음을 보여준다.

머리를 쌌던 수건이 딴 곳에 개켜 있었다는 묘사는 나사로의 사건과 비교된다. 나사로는 베에 동인 채로 나왔다(11:44)고 했는데, 이는 그가 죽음의 권세를 온전히 벗어나지 못했다는 것을 상징한다. 이에 반해 예수는 머리에 썼던 수건을 벗고 나옴으로써 죽음의 권세를 온전히 이겼음을 상징한다. 요한은 이러한 비교를 통해 나사로의 소생과 예수의 부활을 구분하고 있다.

애제자가 무덤에 들어가 보고 믿은 것(8절)을 두고 애제자의 믿음과 베드로의 몰이해를 분명하게 대비시키는 것으로 보기도 한다. 그러나 그 이후의 구절들을 통해 볼 때 애제자가 베드로와는 달리 예수의 부활을 믿었다고 보기는 어렵다(9,10절). 단지 두 제자 모두 무덤이 비어 있음을 알았다는 정도로 이해할 수 있다.

인류 초유의 사건인 예수의 부활을 믿는다는 것은 쉬운 일이 아니다. 부활하신 주님을 만나고 성령 강림을 체험하기 전까지 제자들은 예수의 말씀과 사건들이 무엇을 의미하는지를 정확하게 이해하지 못했다(2:22; 12:16). 그래서 두 제자는 빈 무덤을 보고도 여전히 예수의 부활을 확신할 수 없었다. 그래서 그들은 쓸쓸히 발걸음을 집을 향해 옮겼던 것이다(10절).

2) 막달라 마리아에게 나타남(11-18절)

요한복음에는 여인들에 대한 기사가 많다.[555] 그 가운데서도 세 명

---

555) 예수의 모친(2장), 사마리아 여인(4장), 간음하다 현장에서 붙잡힌 여인(8장), 마르다와

의 '마리아'는 요한복음에서 '예수의 부활'과 관련된 아주 중요한 위치에 포진되어 있다. 이같이 여인의 역할을 중요시하는 복음서에서 요한은 부활장인 제일 마지막 장에서 막달라 마리아 이야기를 싣고 있다. 단지 싣지만 않고 그녀를 아주 중요한 인물로 부각시키고 있다. 초대교회 전승(고전 15:5; 눅 24:34)과 달리 부활하신 주님께서 막달라 마리아에게 제일 먼저 나타나시고, 그녀가 부활의 소식을 제자들에게 전했던 부활의 첫 증인이 된다.[556]

이 단락은 두 천사의 현현(11-13절)과 부활한 예수의 현현(14-18절)이라는 두 장면으로 구성되어 있다. 11-13절은 마가복음 16:5과 누가복음 24:3-4을 상기시키고, 14-18절은 마태복음 28:9-10을 상기시킨다. 서로 다른 이 두 장면은 막달라 마리아가 '뒤로 돌이켜'라는 묘사(14절)로써 연결되어 언급되고 있다.

두 제자는 집으로 돌아갔는데, 마리아는 무덤에 혼자 남아 예수의 시신이 없어진 것에 대해 슬퍼하며 울고 있다(11절). 이 모습은 그녀 또한 두 제자처럼 예수의 부활을 확신하지 못했다는 사실을 뒷받침한다. 그러나 이 모습은 주님의 사랑을 많이 받은 마리아의 예수에 대한 애정을 보여준다. 이 대목은 누가 부활하신 주님을 가장 먼저 만나는 행운을 쟁취하느냐 할 때 '주님의 사랑을 많이 받고 주님을 가장 사랑한 사람'이라는 사실을 보여주고 있다.

흰옷 입은 두 천사는 하나는 머리 편에, 또 하나는 발 편에 앉아 있

마리아(11장), 나사로의 누이 마리아(12장), 십자가 밑에 여인들(19장), 그리고 막달라 마리아(20장).

556) 브라운은 막달라 마리아에게 사도와 유사한 역할이 부여되었음을 주장한다. 그 까닭은 사도직의 가장 본질적인 요소가 부활하신 예수를 만난 것과 주님의 부활을 선포하기 위해 보냄을 받았다는 이 두 가지인데(고전 9:1-2; 15:8-11; 갈 1:11-16), 막달라 마리아가 그 역할을 수행했다는 점을 들고 있다. R.E.Brown, *The Community of the Beloved Disciple*, 189-190.

었다(12절).557) 두 천사는 마리아에게 "여자여 어찌하여 우느냐"(13절)라고 말할 뿐 아무 것도 선언하지 않는다. 부활하신 주님이 그녀에게 나타나서서 천사가 했던 것과 유사한 질문을 하신다. "여자여 어찌하여 울며 누구를 찾느냐"(15a절). 이 질문은 중요한 의미를 지닌다. 첫 제자들을 향하여 "무엇을 찾고 있소?"(1:38)라고 물으셨던 주님이 이번에는 "왜 울고 있습니까? 누구를 찾고 있습니까?"라고 묻고 계신다. 주님은 그 사람이 처한 처지에서 질문을 시작하시고, 본인이 자기 처지를 스스로 깨닫게 만든 다음에 당신의 정체를 드러내신다.

마리아가 동산지기를 '주여'라고 한 표현(15b절)은 남자에 대한 정중한 호칭으로 '아저씨' 정도의 의미이다. 시신을 찾으려는 열의로만 가득 찬 그녀는 아직도 부활하신 주님을 알아보지 못하고 연약한 여자의 몸으로 시신이라도 자기가 메고 가겠다는 것이다. 사랑은 두려움도, 약함도 잊게 한다.

예수께서 '마리아야'(16a절)라고 한 이 부름은 평상시에 마리아가 듣던 바로 그 음성이었다. 마치 목자가 양들의 이름을 부르는 것(10:3 참조)을 연상케 한다. 이제야 그녀의 귀와 눈이 열린 것이다. 마리아는 돌이켜 히브리말로 '랍오니'(16b절)했다. 여기서 히브리말은 다른 대목에서처럼(5:2; 19:13,17,20) 아람어를 가리킨다. 그 뜻은 '나의 선생님'이란 뜻이다.558) 마리아는 예수의 음성을 듣고 평상시에 자기가 사용한 존칭으로 응답한 것이다(10:4 참조).

---

557) 무덤의 돌판 양 끝에 있었던 천사들은 부활이요 생명을 상징하는 법궤의 속죄소의 양 끝에 있던 그룹 천사들과 같은 역할을 한다고 볼 수도 있다. N.T.Wright, 《하나님의 아들의 부활》, 1032. 천사에 대한 언급에 있어서 공관복음과 차이가 난다. 마가(16:5)는 '흰옷을 입은 한 청년', 마태(28:5)는 '천사', 누가(24:4)는 '찬란한 옷을 입은 두 사람'으로 언급하고 있다.
558) 이 말은 '랍비'(1:38,49; 3:2,26; 4:31; 6:25; 9:2; 11:8)라는 말과 병행해서 사용되지만 좀더 정중하고 엄숙한 의미가 있다.

부활하신 주님을 만난 마리아는 너무나도 기쁜 나머지 주님을 붙들려고 했다.559) 그런데 주님은 "나를 붙들지 말라"(17a절)고 하셨다. 학자들은 마리아에게는 예수를 만지는 것이 금지된 반면, 8일 후에 도마에게는 허용된 것과 관련하여(26-27절) 문제를 제기했다. "나를 붙들지 말라"는 말은 '나를 붙잡지 말고 놔두라'는 뜻이다. 왜 주님은 마리아에게 붙잡지 말라고 명령하셨을까?

그녀는 예수께서 죽으시기 이전의 모습대로 이해하며 다시금 주님과의 관계가 이전과 같이 이 지상에서 지속되리라고 생각했다. 하지만 주님은 단순히 이전의 모습이 아니라 부활주로서 승천하여 새로운 하나님의 영광에 참여해야만 했다. 마리아는 그것을 이해하지 못하고 계속 같이 계실 것을 바라며 예수를 붙잡고자 했기에 주님은 붙잡는 것을 멈추고 가서 제자들에게 부활한 자신을 알리라고 명령한 것이다.560)

17절의 '아버지께로 올라간다'라는 표현은 요한복음에서만 볼 수 있는 독특한 표현으로 요한복음의 이해를 위해 중요한 구절이다. 부활의 중요성은 죽음(십자가)을 내포하면서 승천과 관계하기 때문이다. 부활과 승천을 하나로 연결시키는 것은 요한의 기독론의 전형적인 모습이다. 예수의 땅의 사역은 죽음(십자가)으로 끝나고, 부활(승천)은 하늘의 사역이 시작됨을 의미한다.

주님은 이 사역을 위해 죽으셨다가 부활하셨으며 아버지께로 올라가신다. 그 일은 특별히 다락방 강화를 통해 제자들에게 알려졌다. 주님은 본향인 하늘 아버지께로 올라가서 성도들을 위하여 처소를 예비해야 한다(14:2,18-19). 무엇보다도 중요한 것은 보혜사 성령을 부어주시

---

559) 마 28:9에는 여자들이 '그 발을 붙잡고 경배'했다고 언급하고 있다.
560) 《그랜드종합주석》(누가복음-요한복음), 1001

겠다고 약속하신 것이다. 성령은 예수를 대신하여 그들에게 그리스도의 계시를 밝히 알려주고 그들이 자기들의 사역을 감당할 수 있도록 도울 것이다(14:16-17,26; 16:13-14).

예수의 승천은 만지고 보는 믿음에서 보혜사 성령의 도움으로 보지 않고 믿는 믿음으로 대체되는 새로운 시대가 시작되었음을 말해준다. 하늘 아버지께로 돌아가는 예수의 부활(승천)은 그를 믿는 모든 성도들이 하늘 가족이 되어 아버지 하나님 안에서 다 '형제(자매)'가 된다(막 3:35; 행 9:17; 히 2:11). 그러기에 부활하신 주님은 전에는 제자들을 '친구'라고 부르셨는데(15:15), 이제는 '내 형제들'이라고 부르시고, '내 아버지 곧 너희 아버지'라는 말씀을 하셨던 것이다. 그러니까 부활공동체로서의 요한공동체(교회)는 부활로 말미암아 하나님을 아버지로 모시는 한 가족 곧 '예수가족공동체'가 된 것이다(룻 1:16 참조).[561]

막달라 마리아는 곧 달려가서 제자들에게 내가 주를 보았다(18절)며 제자들에게 부활의 소식을 전했다. 마가복음 16:11에 의하면 그들은 마리아의 말을 듣고도 믿지 아니하였다. 그리고 누가복음 24:11에 의하면 사도들이 예수가 살아 계시다는 여인들의 말을 허탄한 듯이 들려 믿지 아니하였다고 언급하고 있다. 예수께서 직접 제자들을 상대해야 할 필요성이 절박해졌다.

초대교회에서 막달라 마리아가 그렇게 나서서 극성을 부리지 않았더라면, 자기가 보고 아는 대로 남한테 알려주어 사람들을 충동하지 않았더라면, 무덤은 빈 채로 있었고 아무도 그곳을 찾아가지 않았을지도 모른다. 예수의 부활이 아무 소용이 없게 되었을지도 모른다.[562] 부

---

561) 엄밀하게 구분해서 표현해 보자면 육화된 말씀은 유일한 의미로 '하나님의 독생자'(1:14,18; 3:16,18 등)이며, 그리스도인들은 '하나님의 자녀들'(1:12-13; 11:52)이라고 할 수 있겠다.
562) C.M.Martini, 《요한복음》, 209.

활하신 주님은 천하디 천한 막달라 마리아를 만나주시고 부활의 증인으로 삼았던 것이다. 주님을 믿고 사랑했던 그녀는 부활을 증언한 예수의 참 제자였다.

요한을 비롯한 모든 복음서는 막달라 마리아(또는 그와 함께 한 다른 여자들)를 예수 부활의 첫 증인으로 기록한다. 이것은 여자는 증인이 될 수 없다는 당시의 관습에 비추어 볼 때 매우 놀라운 일이다. 이는 여인을 차별하는 당시의 관습의 장벽을 넘어서 그리스도의 부활의 '기쁜 소식(복음)'을 선포하는 데 있어서 아무 차별을 두지 않았음을 의미한다.[563]

기독교는 성경적 진리에 기초한 계시의 종교이다. 성경적 진리에 근거한 기독교가 타종교와 결정적으로 구별되는 것은 '천국과 부활'이다. 천국과 부활은 동전의 양면과 같은 관계이다. 비기독교 세계를 향한 교회의 선포에서 가장 강조된 것은 예수의 지상 사역도, 심지어 예수의 죽음에 나타난 속죄의 의미도 아니라 '예수의 부활'이었다. 고난과 핍박 중에 있는 교회에 요구되는 것은 십자가 신학이나 고난의 기독론이 아니라 승리의 기쁜 소식, 즉 '부활의 복음'이었다. 사도 바울은 부활장(고전 15장)에서 그리스도의 부활이 없으면 우리의 전파하는 것도 헛것이요 우리의 믿음도 헛것이라고 갈파하였다(고전 15:17).[564]

---

563) 김세윤, 《요한복음강해》, 220.
564) 부활신앙의 가장 감동적인 실례를 든다면 지하묘지인 카타콤일 것이다. 로마의 기독교 박해시대에 약 250년 동안 기독교 신자들은 폭 1m, 높이 3m 가량의 지하공간인 카타콤에서 불멸(영생)의 부활신앙을 지켜갔다. 현재 이태리에 산재해 있는 카타콤을 합치면 그 전체 길이가 880km, 매장되어 있는 신자 수가 700만 명에 이른다.

3) 제자들에게 나타나심(19-23절)

이 단락은 부활하신 주님의 현현 장면(19-20절)과 제자들에게 사명을 부여하는 장면(21-23절)으로 구성되어 있다. 예수는 두려워하는 제자들에게 나타났다. 예수의 죽음 이후 제자들은 두 가지 두려움에 시달렸다. 하나는 예수를 죽인 로마제국과 유대인들이 예수의 추종자인 그들까지 죽이지 않을까 하는 현실적 두려움이고, 또 하나는 자신들이 믿고 따른 예수가 죽음으로 앞으로 어떻게 해야 할지 모르는 내적인 두려움이다. 이때 부활하신 주님이 제자들이 모인 곳에 찾아온 것이다.

부활하신 주님이 돌무덤을 열고 나왔듯이(20:1; 막 16:3 평행구절) 굳게 닫혀 있던 문을 열고 제자들에게 나타났다. 이제 주님은 인간의 이해를 벗어나 원하시는 곳은 어디든지 나타나실 수 있다. 이는 주님이 더 이상 육체나 시공간의 제한을 받지 않음을 보여준다. 주님의 부활체는 육체인 동시에 육의 제한을 받지 않는 영체였다. 바울은 '육의 몸'과 구별되는 '영의 몸'이 있음을 말하였다(고전 15:44). 바울의 이 증언은 부활하신 주님은 육의 몸을 벗어버리고 영의 몸이 되셨다는 의미가 아니라 영과 육이 함께 하는 변형된 몸을 가지셨다는 것을 의미한다.

두려움에 떨고 있는 제자들에게 나타나신 주님은 "너희에게 평강이 있을지어다"(19b절)라고 인사말을 하셨다. 이 말은 유대인들의 일상적 인사인 히브리어 '샬롬(שלום)'(헬라어 '에이레네[Εἰρήνη]')인데, 평소에도 예수께서 제자들에게 자주 사용하신 인사말이었을 것이다. 바울 서신에는 '은혜'와 더불어 '평강(샬롬)'이라는 말을 늘 함께 사용하고 있다(롬 1:7; 고전 1:3; 고후 1:2; 갈 1:3 등등). 부활하신 주님을 만난 자들의 상황은 슬픔이 기쁨으로(막달라 마리아의 경우), 두려움이 평안으로(제자들의 경우) 변화하였다.

주님은 고별강화에서 제자들에게 평안을 주시겠다는 약속을 하셨는데(14:27-28), 이제 그 약속을 이루신 것이다. 그런데 여기서의 '샬롬'은 더욱 큰 의미가 있다. 그것은 죽음의 공포와 불안을 이기고 나서 하는 가장 적합한 부활절 인사였다. 특히 이러한 상황에서 이 같은 인사를 건넨 것은 주님의 갑작스런 출현과 아울러 문이 닫혀 있었음에도 불구하고 그곳에 나타난 주님에 대해 두려워하는 제자들을 안심시켜 주려는 의도에서였다. 사실 제자들은 처음에는 이러한 주님의 출현을 유령으로 생각할 정도로 크게 놀랐다(눅 24:37-38).

주님께서 상처를 보여주신(20절) 까닭은 자신이 십자가에 못 박힌 바로 그 예수임을 깨닫게 하려는 의도에서였다. 십자가에 못 박힌 분이 부활하신 주님이며, 부활하신 주님이 바로 십자가에 못 박힌 분이다. 손에는 못자국, 옆구리에는 창자국이 나신 분이 죽으셨다가 부활하신 자신들의 스승 예수라는 사실을 깨달은 제자들은 그제서야 크게 기뻐하였다. 이것은 "너희 근심이 도리어 기쁨이 되리라"(16:20)는 예수의 예언의 말씀이 성취된 것이다. '부활의 기쁨'이야말로 천국 백성에게 주신 하나님의 선물이며(롬 14:17; 빌 4:4; 살전 5:17), 부활절에 가장 적합한 어울리는 축복의 언어이다.

부활하신 주님의 나타나심은 항상 선교 명령으로 막을 내린다(마 28:16-20; 막 16:14-18; 눅 24:44-49; 행 1:6-8; 갈 1:15-16). 요한복음에서 이 선교 명령은 '보냄의 형식'으로 표현된다(17:18 참조). "아버지께서 나를 보내신 것 같이 나도 너희를 보내노라"(21b절). 선교 명령은 '샬롬'이라는 반복된 인사말에 뒤이어 나온다. 그러니까 샬롬의 말씀은 자신만이 홀로 누리는 단순한 위로의 말씀이 아니라 제자들의 사명 수행과 관련된 말씀이다.

여기 '보내다'라는 말에서 '보냄을 받은 자'라는 뜻의 '사도'(使徒)의 원어 '아포스톨로스(ἀπόστολος)'라는 말이 나왔다. 당시 제자들에게 주어진 명예로운 칭호인 '사도'는 단순히 그냥 보내는 것이 아니라 사명을 주어 파견하는 것을 말하는 어휘이다. 주님 자신이 하나님으로부터 '보냄을 받은 자'이듯이 제자들은 주님으로부터 '보냄을 받은 자들'이다.

예수께서 아버지로부터 보내심을 받은 존재라는 파견사상은 요한복음의 일관된 주제이다.[565] 이 구절은 유대인들의 권한 위임 법칙을 잘 반영해준다. "보냄 받은 자는 그를 보낸 자와 같다"(사 6:8; 렘 1:7; 겔 3:4-7). 보냄 받은 자는 보낸 자의 전권 대사이다. 예수께서 보냄 받은 아들로서 보내신 아버지의 전권을 대행하듯이 보냄 받은 제자들(곧 교회)은 보내는 예수의 전권을 대행하는 대리인으로서 세상 속으로 나아가야 할 때가 되었다(13:20 참조).

아들의 사역은 그가 하늘로 '올라가심'으로 끝나지 않는다. 부활하신 주님은 그의 사역을 제자들에게 완전히 넘겨주신 것이 아니라 그의 사역을 남겨주셨다. 14:12-14에 전제되어 있는 놀라운 말씀들은 이 같은 배경에서 주어진 것이다. 제자들은 세상에 나아가 자신들이 맡은 사역을 감당하며 거기에서 주님의 도우심을 구한다. 그리하면 그들의 기도에 응답하여 주님은 그들을 통해 자신이 육신으로 이 땅에 있을 때보다 '더욱 큰 일'을 행하신다. 그것은 '아버지로 하여금 아들로 인하여 영광을 얻으시게' 하기 위함이다.[566]

"이 말씀을 하시고 그들을 향하여 숨을 내쉬며 이르되 성령을 받으라"(22절). 이 구절은 요한복음에서 부활의 중요성을 단적으로 보여주는 결정적 실마리를 제공한다. 부활절은 죽음을 이긴 새 생명이 탄생하는 새 창조의 날로서 십자가와 접촉점을 가지는 날이다. 동시에 유대교의 옛 시대를 닫고 기독교의 새 시대를 여는 날이다. 부활절은 하늘로 올라가는 날이라는 점에서 승천일과 연결된다. 또한 부활절은 제

---

565) 요 3:34; 5:36; 7:29; 13:20; 16:28; 17:3,8.
566) G.R.Beasley-Murray, *John*, 379-380.

자들이 성령을 받는 날로서 오순절과 연결되며 성자 시대를 접고 성령 시대가 열리는 날이다.567) 또한 제자들이 사명을 받고 온 세상을 뒤집기 위해 세상으로 나아가는 날이다.

'숨을 내쉬며'라는 표현은 구약성경에서 '생명'을 주는 상징적 의미로 사용되었다. '숨'은 히브리어 '루아흐(רוח)'에 해당하는 말로, 이 단어는 바람, 생기, 하나님의 영 등을 의미한다. 하나님은 흙으로 사람을 지으시고 생기를 그 코에 불어넣으심(창 2:7)으로 생명을 창조하셨다. 또한 에스겔은 마른 뼈들에 생기가 들어가서 살아 일어나는 환상을 보았는데(겔 37:9), 이는 이스라엘 민족의 회복(부활)과 관련된 환상이었다.

부활하신 주님은 제자들에게 성령을 불어 넣어 주셨다. 이것은 당신이 높임 받은 후 성령을 주시겠다고 말씀한 약속의 성취이다(7:39; 16:7). 성령은 '예수의 영'(행 16:6-7), 또는 '그리스도의 영'(롬 8:9)으로서 '숨'으로 표현되었다. 주님께서 제자들에게 성령을 주신 것은 사람을 살리는 일, 세상을 구원하는 일에 헌신하도록 사명을 주신 것이다.

이 단락은 부활하신 주님이 제자들에게 죄를 용서하는 권한을 주시는 것으로 끝나고 있다(23절). 제자들에게 주어진 복음 전파의 사명은 기본적으로 '용서의 복음'을 선포하는 것이다. 제자들에게 숨을 불어넣으신 것이 사람을 살리는 일인 것처럼 사람을 용서할 수 있는 권한을 주신 것 또한 사람을 살리는 일이다.568) 여기서 '죄의 용서와 유

---

567) 요한복음에서 그리스도의 죽음, 부활, 그리고 승천은 본질적으로 하나의 행위이며, 성령의 수여는 부활절 사건에서 앞의 세 가지 일과 밀접한 관계를 이룬다. 누가는 부활이 발생한 지 40일 이후에 승천이 일어났고, 오순절에 성령이 임했다고 말한다. 여기서 부활절과 오순절(성령강림)을 분리하여 다루는 누가복음과 하나로 취급한 요한복음의 차이를 어떻게 보아야 할 것인가? 요한은 두 권의 성경을 기록한 누가와는 달리 (부활의 관점에서) 단 한권만을 남겼다. 성령의 오심에 관련하여 그가 기록한 내용은, 주님 안에서 형제된 누가의 기록에 비추어 보아도, 신학적으로, 그리고 역사적으로 아무 문제가 없다. G.R.Beasley-Murray, *John*, 381-382.
568) 최안나,《예수님의 사랑: 성서가족을 위한 요한복음 해설서(2)》, 220-221.

지'는 마태복음 16:19(18:18)의 '매다와 풀다'와 관련해서 이해할 필요가 있다.

예레미아스는 '매다와 풀다'는 죄를 사하는 것과 죄를 선언하는 것에 관련된 재판관의 권세인데, 이 한쌍의 반의어는 셈어에서 전체를 묘사하는 데 종종 사용된다고 하였다.[569] 여기서의 한쌍도 제자들이 구원의 선포와 죄의 판결이라는 이중적 권세를 부여받았음을 의미한다. 그리스도를 못 박고 그의 말씀을 거부한 자들에게는 죄의 선고와 멸망이 주어지고, 그리스도를 사랑하고 그의 말씀을 받아들인 자들에게는 죄의 용서와 구원이 주어진다(3:17; 9:39).

도마는 이 복음서에서 이전에도 제자들을 대변했었으며(11:16), 그의 깨달음은 "나의 주님이시오 나의 하나님이시니이다"(20:28)라는 복음서의 절정의 기독론적 고백을 이끌어내며, 이 고백은 프롤로그(1:1,18)와 함께 인클루지오(inclusio)를 형성한다.[570]

2. 도마의 신앙고백(24-29절)
   - 예수 나의 행복(간증) -

〈성경 본문〉

24 열두 제자 중의 하나로서 디두모라 불리는 도마는 예수께서 오셨을 때에 함께 있지 아니한지라 25 다른 제자들이 그에게 이르되 우리가 주를 보았노라 하니 도마가 이르되 내가 그의 손의 못 자국을 보며 내 손가락을 그 못 자국에 넣으며 내 손을 그 옆구리에 넣어 보지

---

569) J. Jeremias, 《신약신학》, 346.
570) 이보다 좀 작은 성령론적 인클루지오(inclusio)는 1:33과 20:22에 의해 형성된다. C. S. Keener, 《요한복음 III》, 3120.

않고는 믿지 아니하겠노라 하니라 26 여드레를 지나서 제자들이 다시 집 안에 있을 때에 도마도 함께 있고 문들이 닫혔는데 예수께서 오사 가운데 서서 이르시되 너희에게 평강이 있을지어다 하시고 27 도마에게 이르시되 네 손가락을 이리 내밀어 내 손을 보고 네 손을 내밀어 내 옆구리에 넣어 보라 그리하여 믿음 없는 자가 되지 말고 믿는 자가 되라 28 도마가 대답하여 이르되 나의 주님이시요 나의 하나님이시니이다 29 예수께서 이르시되 너는 나를 본 고로 믿느냐 보지 못하고 믿는 자들은 복되도다 하시니라.

요한복음에서 도마는 회의주의자나 의심 많은 제자라는 일반적인 평가와는 달리 이미 언급했듯이 애제자와 더불어 이상적인 제자의 모델이라는 것이 필자의 생각이다. 예수의 부활은 인류 초유의 사건이기에 쉽게 믿어지는 일이 아니었다. 더구나 동료들이 부활하신 주님을 보았다는 경험을 자신도 함께 공유하기를 원하는 것은 너무나도 당연한 일이다.

'여드레를 지나서'(24절) 주님은 전과 같은 방법으로 나타나셨다. 그 날은 '여덟번째' 날, 즉 그 다음 일요일이었다. 이 날은 예수께서 죽음에서 부활하신 날, 즉 '주의 날'로 기억되었다. '주의 날'은 부활하신 주님께서 하나님의 보좌로 승천하신 것을 축하하는 날이 되었다. 그리하여 초대교회는 매주의 첫째 날인 이 날을 예배를 위해 모이는 주일날로 삼았다.

요한복음에서 도마의 말과 행동은 요한의 독특한 어법인 이중의미 (또는 아이러니 기법)를 고려해야 제대로 파악할 수 있다. 도마의 말과 행동은 액면 그대로의 의미보다는 예수로부터 위대한 말과 행동을 이끌어내기 위한 길잡이 역할을 한다는 것이다. 곧 부활하신 주님으로부터 '믿음 없는 자(ἄπιστος)'가 되지 말고 '믿는 자(πιστός)'가 되라(27절)는 요한 복음의 핵심 메시지에 도달하는 역할을 도마가 맡고 있는 것이다.

요한은 이 구절에서만 신실함, 충성의 의미인 피스토스(πιστός)를 2회 반복해서 사용하고 있는데, 이는 배교를 강요당하는 묵시문학적 박해상황에서 믿음은 있지만 변개치 않는 신실한 믿음, 즉 부활신앙으로 끝까지 충성할 것(계 2:10)을 요청하고 있는 것이다. 이 같은 주님의 말씀에 도마는 어떠한 행동도 없이 곧바로 이렇게 고백한다. "나의 주님이시요 나의 하나님이시니이다"(28절). 원문으로 보면 완전한 문장이 아니라 '호 퀴리오스 무 카이 호 테오스 무(Ὁ κύριός, μου καὶ ὁ θεός, μου)'로 되어 있다. 몇몇 영역 성경이나 일부 한글 성경은 이를 "나의 주님, 나의 하나님!"으로 감탄의 외침처럼 번역하고 있다(NIV, RSV, NASB, 공동번역, 표준신약성서 등). 이 도마의 신앙고백은 요한복음의 피날레를 이룬다.

도마가 회의주의자나 의심 많은 사람이었다면 어떻게 부활하신 주님을 만져 보지도 않고 주님의 말씀 한마디에 곧바로 이 세상에서 가장 위대한 신앙고백을 할 수 있었겠는가! 도마의 신앙고백이야말로 부활한 예수가 서문의 절정인 육화된 말씀(1:14) 바로 그분이라는 사실을 입증한다.[571]

부활장인 20장에 상응하는 2:23 이하에 보면 예수는 표적을 보고 그 이름을 믿는 신앙, 곧 표적신앙은 믿을만한 신앙이 못된다며 예수는 그런 사람에게 자신을 의탁하지 않겠다고 언급하였다. 즉 보고야 믿는 표적신앙이 아닌 보지 않고도 (부활을) 믿는 신앙, (부활의) 말씀만

---

[571] 김춘기 교수는 이렇게 말한다. "20:24 이하에 나오는 도마의 부활 증언은 선교적 관점에서 볼 수 있지만, 예수가 마지막으로 도마에게 한 말(20:29)은 예수를 보지도 않고 믿을 수 있는 기독교인들을 두고 한 말이다. 도마의 위대한 고백('나의 주님, 나의 하나님')은 불신자의 고백이 아니라 이미 믿고 있는 자의 보다 확고한 고백으로 보아야 한다." 김춘기, 《요한복음연구》, 57.

으로도 예수를 믿는 신앙을 갖도록 하기 위해 도마를 그 대표자로 내세운 것이지, 도마가 정말 의심 많은 제자였다는 것을 말하려고 한 것이 아님이 분명하다.

제자들 가운데 부활하신 예수를 도마처럼 '하나님'으로 고백한 제자는 없었다. 로고스찬가에 뚜렷하게 드러나 있는 '고등 기독론(선재한 아들 기독론)'은 도마의 신앙고백에서 그 절정에 도달한다. 로고스찬가의 첫 절(1:1)과 끝 절(1:18)은 궁극적으로 이 부활체험으로부터 성장한 것들이다.[572] 그리고 도마의 신앙고백은 요한공동체의 신앙고백이기를 바란다는 점에서 도마는 요한공동체의 대변인(메신저)이자 최고의 신앙모델의 역할을 하고 있다.

인물상징코드에서 이미 언급했듯이 지금 요한이 말하고자 하는 것은 이렇다. 도마가 '의심 많은 제자'가 아니라 도마는 '의심 많은 제자들'의 대표로서, 그리고 예수를 보지 않고 믿어야 할 후대의 신앙인들의 대표로서, 부활하신 주님을 의심하지 말고 도마처럼 "나의 주님, 나의 하나님"을 고백하는 자들이 되라는 메시지를 주고자 한 것이다. 즉 도마는 여기서 '최고의 신앙모델'로 선정된 인물이라는 것이 필자의 생각이다.[573]

한편, 도마는 부활하신 예수를 '나의 주님'이라고 고백하였는데, 이 또한 대단히 중요한 의미를 지닌다. '주님(퀴리오스)'이라는 말은 다른 사람에 대한 정중한 호칭(님, 씨, 귀하 등)에서부터 '능력의 하나님(아도나이=야웨)'에 이르기까지 탄력적으로 사용할 수 있지만 부활하신 예수에게 적용될 때에 가장 완전한 의미를 지니게 된다.[574]

---

572) 《성경전서 개역개정판》(독일성서공회해설), 신약 184.
573) 더 자세한 설명은 386쪽 이하의 "인물상징코드의 실례: 도마(최고의 신앙모델)"를 참조하세요.
574) G.R.Beasley-Murray, *John*, 389-390.

예배를 받으실 분은 하나님이시며 그분만이 주님이 될 수 있다. 그런 의미에서 도마의 고백은 부활하신 예수가 예배를 받으실 하나님이시며 주님이 되신다는 고백이다. 이는 유대교의 하나님 야웨를 대신해서 예수가 예배를 받으실 기독교의 하나님이 되신다는 의미이다. 나아가 이 대목은 부활장인 20장과 성전정화를 통해 예수가 성전을 대신할 자임을 말씀하고 있는 2장과 상응한다.

요한의 부활 현현 기사는 예수 이야기의 절정(climax)이며, 특히 도마를 모든 제자를 대표해서 부활 이야기의 최정점에 등장시킴으로써 불신자에게는 신앙을 갖도록 하고, 믿는 자에게는 표적신앙에서 부활신앙으로 나아가도록 하고자 하는 메시지를 전하고자 이 같은 장치를 마련했다. 도마는 제자들 가운데 가장 늦게 부활체험을 하였으나 가장 완벽한 신앙고백을 함으로써 베드로처럼 나중 된 자 먼저 된다는 '차자중시의 원리'를 다시 보여주고 있다.

"너는 나를 본 고로 믿느냐 보지 못하고 믿는 자들은 복되도다"(29절). 요한복음 20장의 부활 기사는 보지 않고 믿는 자에게 주어지는 복으로 끝난다. 주후 30년경에는 예수께서 행한 표적을 보고 예수를 믿는 자가 많았다. 60년이 지난 주후 90년경 지금은 이 같은 예수의 표적을 볼 수 없고, 이제는 부활 승천하신 보이지 않는 예수를 단지 믿음으로 받아들일 수밖에 없는 것이 믿음의 현실이 되었다.

그러기에 보지 않고 믿는 자가 복이 있는 것이다(히 11:1). 즉 도마와 같은 경험을 하지 않고서도 도마의 믿음을 소유한 사람은 복이 있다는 말씀이다. 여기서 말하는 복은 '삼박자 구원'과 같은 유치한 복이 아니라 배교가 강요되는 묵시문학적 박해상황에서 진리되신 예수를 위해 죽을 수 있는, 즉 십자가를 질 수 있는 복을 말하는 것이다.

도마는 부활체험을 하고 부활신앙을 가졌지만, 이제 부활 승천하셔서 직접 주님을 볼 수 없는 후대의 신앙인들은 제자들의 증언이나 기록된 말씀만으로 부활신앙을 가질 수밖에 없다. 그런 상황에서 '보고 믿는 신앙(표적신앙)'을 넘어서 '보지 않고 믿는 신앙(부활신앙)'을 갖는 이들은 더욱 복되다는 말씀이다.

3. 본론의 종결어(2): 요한복음의 기록 목적(30-31절)[575]
   - 예수 나의 화두(전부) -

〈성경 본문〉
30 예수께서 제자들 앞에서 이 책에 기록되지 아니한 다른 표적도 많이 행하셨으나 31 오직 이것을 기록함은 너희로 예수께서 하나님의 아들 그리스도이심을 믿게 하려 함이요 또 너희로 믿고 그 이름을 힘입어 생명을 얻게 하려 함이니라.

이 대목은 다른 복음서에서 볼 수 없는 요한복음의 기록 목적이 쓰여 있다는 점에서 그 중요성을 갖는다. 이 대목을 해석하는 데 있어서 고려해야 할 두 가지 사항이 있다. 첫째, 이 대목은 '그러므로(οὖν)'라는 연결접속사로 시작하고 있다는 사실이다. 둘째, 요한복음의 기록 목적을 말하는 이 중요한 대목을 왜 요한은 이곳에 배치했느냐 하는 점이다.

먼저, 첫째 사항에 대해 살펴보자. 이 대목이 '그러므로(οὖν)'라는 접속사로 시작한다는 것은 보지 않고 믿는 자들에게 복이 있다는 예수의 말씀(29절)과 직접적으로 연결되어 있음을 시사한다. 앞의 도마에

---

[575] 두 종결어(20:30-31과 21:24-25)의 관계성은 똑같이 43개의 단어로 구성되어 있다는 점에서 찾아볼 수 있다. R.Bauckham, "The Fourth Gospel as the Testimony of the Beloved Disciple", 127.

관한 기사(20:24-29)는 보고 믿는 표적신앙이 아닌 보지 않고 믿는 부활신앙을 역설하고 있다. 그러고 나서 "예수께서 제자들 앞에서 이 책에 기록되지 아니한 다른 표적도 많이 행하셨으나"(30절)라는 말씀이 이어지고 있다.

여기서 '이 책'이란 요한복음 전체를 가리키는 것이고, 따라서 여기서 언급된 표적은 이 장과만 관계된 것이 아니라 요한복음 전체와 관계된 것이다. 요한은 예수의 지상활동 전체를 '표적' 개념으로 요약하고 있다. 즉 제1부의 일곱 표적만이 아니라 부활 자체도 일련의 표적들 중의 하나이자 마지막 표적이다. 지금 요한은 부활을 20장에만 국한시키는 것이 아니라 복음서 전체와 관련시키고 있다.

31절은 '오직 이것을 기록함은'으로 시작하고 있다. 이는 부활체험을 고백한 도마의 신앙고백 위에서 이 기록 목적을 생각해야 한다는 것이다. 즉 예수가 행한 표적을 보고 믿는 표적신앙이 있으나 책을 쓰는 또 다른 목적, 즉 보지 않고 믿는 부활신앙을 촉구하기 위해 이것을 기록했다는 것이다. 부활과 관련된 모든 장들 끝부분(2:23; 11:47; 20:30)에 가서 표적 이야기를 하는 것은 표적신앙과 부활신앙의 대조를 극명하게 밝힐 목적으로 기술되었음이 분명하다. 이는 요한복음의 기록 목적이 부활과 관련되어 있음을 시사한다.

다음으로, 둘째 사항에 대해 살펴보자. 현재의 대목은 요한복음의 본래 맨 끝자락에 위치해 있다. 요한복음은 다른 복음서보다 위치의 중요성을 대단히 중요시하는 책이다. 그 동안 이 단락은 1-20장의 마지막 결론으로만 생각한 나머지 이 단락이 두 부활장(20장과 21장) 사이에 있다는 사실의 중요성을 간과하였다.

지금까지는 이 대목을 요한복음의 결론으로 보고, 21장은 후기 내지는 부록으로 취급하였다. 그런데 현재 이 대목은 부활로 시작해서 부활로 끝나는 본론(2-20장)의 종결어 역할을 하고 있다. 그리고 21장은 요한복음의 결론 역할을 하고 있는 셈이다. 그럴 경우 요한복음은 서론(1장), 본론(2-20장), 결론(21장)으로 된 완벽한 한편의 신학논문 형식을 갖춘 셈이 된다. 이는 지금까지 별로 중요하지 않은 부록 정도로 취급된 21장이 결론의 의미를 갖는다는 점에서 대단히 중요한 장임을 시사한다.

왜 요한은 기록 목적을 말하는 이 대목을 하필 이곳에 배치했는가? 그것은 이미 언급했듯이 요한복음을 부활의 관점에서 해석하라는 암시(사인)라는 것이 필자의 생각이다. 그렇다면 왜 요한은 '부활'을 그토록 강조하는 것일까? 그 까닭은 요한복음에서 부활은 생명과 동의어인데(11:25), 묵시문학적 박해상황에서 부활(생명)은 '죽음을 이긴 승리의 복음'이기 때문이다.

요한복음의 기록 목적이 비그리스도인이 신앙을 갖도록 하기 위해 쓴 것인지, 아니면 그리스도인의 계속적인 신앙 성장을 위해 쓴 것인지에 대한 많은 논쟁이 있었다.[576] 포트나(R.T.Fortna)는 요한복음의 기록 목적을 말하는 20:31을 두고 그 구절의 앞부분("너희로 예수께서 하나님의 아들 그리스도이심을 믿게 하려 함이요")은 표적 자료의 결론으로써 선교적 차원을 말하는 공관복음의 목적과 유사하고, 뒷부분("또 너희로 믿고 그 이름을 힘입어 생명을 얻게 하려 함이니라")은 생명을 주제로 한 진정한 요한복음의 주제이자 요한복음 저자의 결론으로 보았다.[577]

---

576) 카슨은 요한복음의 기록 목적이 유대인과 개종자들에 대한 복음 전도에 있다고 주장한다. 더 자세한 논의는 D.A.Carson, *The Gospel According to John*, 87-95.

577) R.T.Fortna, *The Gospel of Signs: A Reconstruction of the Narrative Source Underlying the Fourth Gospel*. 포트나의 이 주장을 수용한 김춘기 교수는 요한복음 저자가 사용한 자료(표적 자료)와 전승(애제자 전승)의 목적은 다분히 불신자를 주요 대상으로 한 선교에 있으나, 요한복음 저자는 자신의 독특한 상황 때문에 불신자에 대한 선교적 차원보다는 이미 믿고 있는 자신들의 정체성 확립을 위해 선교적 차원의 전승을 요한공동체 구성원의 정체성 확립으로 해석했다고 보고 있다. 김춘기, 《요한복음연구》, 57-58.

그런데 요한복음의 목적을 말하는 이 구절을 둘로 나눈 이러한 주장은 요한복음의 삶의 자리인 묵시문학적 박해상황과 요한의 글쓰기를 고려하지 않는 주장이라는 것이 필자의 생각이다. 이 구절은 똑같은 말을 달리 표현한 것이지 다른 주제(목적)를 말하는 것이 아니다. 그 까닭은 이러하다.

요한이 '하나님 나라' 어휘를 철저히 숨기려 했고, 그 대신 '생명' 어휘를 강조한 것은 묵시문학적 박해상황과 관련이 있다. 유대교 회당으로부터의 축출과 로마 가이사 황제숭배를 강요당해야 했던 요한공동체는 순교와 배교의 갈림길에 있었다. 이때 예수를 '하나님의 아들 곧 그리스도(메시아)'[578]로 고백하는 행위는 예수에 대한 충성이고, 그것은 죽음(순교)을 선택하는 행동이다. 그런데 부활(생명)주가 되시는 예수를 위해 죽음(순교)을 선택하는 것은 곧 생명(영생)을 얻는 것이다(12:24-25). 그 반대로 예수를 거부, 즉 믿지 않고 배교하는 것이 곧 멸망(심판)이다(3:16). 요한복음의 기록 목적이 바로 여기에 있다.

요한복음의 기록 목적을 도마의 위대한 신앙고백 "나의 주님, 나의 하나님"에 이어 부활장 맨 끝에 놓은 것도 이 때문이다. 즉 이미 부활 승천하셔서 지금은 안 보이는 예수이지만 그 부활하신 예수를 "나의 주님, 나의 하나님"으로 고백하고 믿는 사람은 부활(생명)을 얻게 된다는 말이다. 그러니까 요한복음의 1차적 기록 목적은 묵시문학적 박해

---

578) 톰 라이트는 '하나님의 아들'의 일차적 의미는 삼위일체의 두 번째 위격이 아니라 '이스라엘의 메시아'라고 말한다. N.T.Wright, 《하나님의 아들의 부활》, 598. 그런데 히브리어의 '기름부음 받은 자(The Anointed One)'라는 뜻의 '메시아'를 헬라어로 번역한 것이 '그리스도'이지만 그 뉘앙스는 다르다. 특수와 보편이라는 측면에서 메시아는 '유대인의 구주'(특수)라는 뜻을 가지고, 그리스도는 '만민의 구주'(보편)라는 뜻을 지닌다. 나아가 '그리스도'와 '하나님의 아들'은 뉘앙스가 조금 다르다. '그리스도'는 구주가 되시는 특별한 인간(인성)을 의미하고, '하나님의 아들'은 '아버지 하나님'에 대한 '아들 하나님'(신성)의 의미를 지닌다. 이는 보혜사 성령과 더불어 삼위일체적 의미를 내포한다는 것이 필자의 생각이다.

상황에서 신자들로 하여금 신앙의 용기를 갖게 하는 것이고, 여기에 요한공동체의 정체성이 있다. 나아가 이 같은 순교적 신앙을 철저히 견지할 때 그것이 불신 세상(불신자)에는 선교적 의미를 띠게 되는 것이다.

제 21 장(결론)[579]

〈본장 개요〉

21장은 1-20장과의 관계성 속에서 형성된 요한복음의 결론적 성격을 갖는다.[580] 모든 것의 첫 시작이 중요하듯이 마지막 끝도 중요하다. 그 동안 요한복음 연구에 있어서 첫장(1장)은 중요하게 취급되었으나 끝장(21장)은 후대에 첨가된 부록[581]으로서 없어도 괜찮을 정도로 소홀히 취급되어 왔다. 그러나 21장은 요한복음 전체의 결론이자 사복음서 전체의 결론이라는 점에서 1장 못지않게 중요한 장이다. 21장은 1장 서론과 상응하는 결론의 역할을 한다.[582]

여기서 중요한 사실은 21장이 내포하고 있는 시대적 상황이다. 21장은 예수의 부활이 있은 지 수십 년의 세월이 지난 후에 '요한의 교회(요한공동체)'가 당면한 문제를 해결하기 위해 쓰여졌다고 말할 수 있다. 이미 수제자 베드로는 순교했고(18-19절), 날로 성장하던 기독교회는 로마제국과 유대회당으로부터 박해를 당하고 있었다.

이 같은 상황에서 요한은 사후(事後) 예언의 형식[583], 즉 예수께서 제자들에게 앞으로 일어날 일들을 예상하듯 말씀하는 것으로 기록하고 있다. 그러기에 본장에서의 예수의 말씀은 요한복음의 특징인 이중 의미, 즉 부활 직후에 있었던 과거의 사실이라는 문자적 의미를 넘어

---

579) 21장은 교회적 성격이 현저하기에 마르티니는 "장로(長老)들의 교회"라는 제목을 붙였다. C.M.Martini, 《요한복음》, 219.
580) 21장이 1-20장과 여러 가지 면에서 관련이 있다는 사실에 대해서는 박수암, 《요한복음》, 417-418; S.S.Smalley, 《요한신학》, 147-148을 참조하세요.
581) R.Bultmann, 윗책, 700.
582) 더 자세한 설명은 170쪽 이하의 "1장과 21장의 상응성 및 동일저자의 문제"를 참조하세요.
583) 이영헌, 《요한복음서》, 384.

현재의 교회상황이라는 상징적 의미를 동시에 띠고 있다는 사실이다. 그러니까 본장은 부활 이후에 있었던 과거의 예수의 이야기를 통해 현재의 요한(요한공동체)의 이야기를 하고자 한 것이다.[584]

1장에서 예수는 성육신적 내리사랑을 보여주고 있듯이, 본장의 첫 단락은 부활하신 주님의 갈릴리행을 통해 그 같은 내리사랑의 모습을 재현하고 있다. 그런데 본장의 핵심주제는 부활하신 주님과 베드로와의 대화(15-23절) 중에 나오는 '나를 따르라'(19b절, 22절), 즉 제자도(제자의 길)에 있다.

제자를 향한 주님의 사랑이 '십자가로 보여준 사랑'이라면, 주님을 향한 제자(베드로)의 사랑은 '순교로 보답한 사랑'이다. 그리고 애제자는 천하제일지서인 요한복음을 기록함으로써 예수에 대한 사랑과 증인으로서의 사명을 완수했다. 요한복음의 결론이자 사복음서의 결론, 나아가 성경 전체의 결론은 이 네 글자이다. '예수사랑(Amore Jesusi)'.

1. 디베랴 바닷가에 나타나심(1-14절)
- 예수 나의 충만(만족) -

〈성경 본문〉
1 그 후에 예수께서 디베랴 호수에서 또 제자들에게 자기를 나타내셨으니 나타내신 일은 이러하니라 2 시몬 베드로와 디두모라 하는 도

---

584) "요한복음서 기자(혹은 기자들)는 '그때'(예수의 시대)와 '지금'(요한의 시대)을 시간적으로 연결시키는 방법으로 과거 사건들을 소개하고 있다. 여기서 과거의 '역사적인 이야기들'은 현재 요한공동체를 위한 '상징적인 이야기들'이 된다. 예수의 이야기와 그 이야기를 다시 이야기하는 요한의 이야기가 너무 밀접하게 관련되어 있어, 이 둘은 서로 쉽게 나누어질 수 없다. 따라서 요한이 전하는 예수의 옛 이야기 속에는 요한(요한공동체)의 현재 모습이 직접, 간접으로 반영될 수밖에 없다." 서중석, 《복음서해석》, 239.

마와 갈릴리 가나 사람 나다나엘과 세베대의 아들들과 또 다른 제자 둘이 함께 있더니 3 시몬 베드로가 나는 물고기 잡으러 가노라 하니 그들이 우리도 함께 가겠다 하고 나가서 배에 올랐으나 그 날 밤에 아무 것도 잡지 못하였더니 4 날이 새어갈 때에 예수께서 바닷가에 서셨으나 제자들이 예수이신 줄 알지 못하는지라 5 예수께서 이르시되 얘들아 너희에게 고기가 있느냐 대답하되 없나이다 6 이르시되 그물을 배 오른편에 던지라 그리하면 잡으리라 하시니 이에 던졌더니 물고기가 많아 그물을 들 수 없더라 7 예수께서 사랑하시는 그 제자가 베드로에게 이르되 주님이시라 하니 시몬 베드로가 벗고 있다가 주님이라 하는 말을 듣고 겉옷을 두른 후에 바다로 뛰어 내리더라 8 다른 제자들은 육지에서 거리가 불과 한 오십 칸쯤 되므로 작은 배를 타고 물고기 든 그물을 끌고 와서 9 육지에 올라보니 숯불이 있는데 그 위에 생선이 놓였고 떡도 있더라 10 예수께서 이르시되 지금 잡은 생선을 좀 가져오라 하시니 11 시몬 베드로가 올라가서 그물을 육지에 끌어 올리니 가득히 찬 큰 물고기가 백쉰세 마리라 이같이 많으나 그물이 찢어지지 아니하였더라 12 예수께서 이르시되 와서 조반을 먹으라 하시니 제자들이 주님이신 줄 아는 고로 당신이 누구냐 감히 묻는 자가 없더라 13 예수께서 가셔서 떡을 가져다가 그들에게 주시고 생선도 그와 같이 하시니라 14 이것은 예수께서 죽은 자 가운데서 살아나신 후에 세 번째로 제자들에게 나타나신 것이라.

부활하신 예수가 디베랴 호수에 다시 나타났는데(1절), 예루살렘에서 제자들에게 이미 두 번 나타났으니까(20:24-29) 이번은 세 번째 나타난 셈이다(14절).[585] 그런데 여기서 주목할 사실은 예루살렘이 아닌 디

---

585) 1-14절의 처음과 끝에 "예수께서 제자들에게 나타나셨다"라는 표현, 그것도 세 번째라

베랴 호수(바다)[586]로 일컬어진 갈릴리 해변(어촌)에 나타났다는 사실이다.[587] 즉 부활하신 주님이 '예루살렘에서 갈릴리로 내려오신' 것이다. 1장과 상응하는 21장의 중요성은 바로 이 '예수의 하강'에 있다. 요한은 요한복음을 다섯 차례의 하강구조로 편집해 놓았다. 21장은 마지막 하강구조를 보여주는데, 예수의 모든 사역이 갈릴리에서 마치는 것으로 끝나고 있다.[588]

2절에는 일곱 제자를 열거하고 있다. 시몬 베드로[589]와 디두모라 하는 도마와 갈릴리 가나 사람 나다나엘과 세베대의 아들들과 또 다른 제자 둘[590]이라고 기술하고 있다. 충만함을 나타내는 상징적 숫자 '일곱'이란 표현은 요한계시록 1:11의 일곱 교회처럼 교회 전체를 대표하는 것으로 볼 수 있다.[591] '세베대의 아들들'은 야고보와 요한을 가리

는 표현은 주목할 만한 대목이다. '삼세번'이라는 말이 있듯이 세 번째란 마지막, 즉 더 이상은 없다는 뜻을 내포한다. 마지막이라는 의미에서 세 번째 출현은 매우 중요한 의미를 지닌다.

586) 디베랴 바다가 구약성경에서는 긴네렛 바다(민 34:11), 또는 긴네롯 바다로 불리기도 했다(수 12:3). '디베랴'란 헤롯 안디바가 주후 25년경에 로마 황제 티베리우스(Tiberius)를 기념하기 위해 갈릴리 바다 서쪽 해변에 도시를 건설하고 그 이름을 붙인 것에서 연유해 불린 명칭이다(요 6:1 참조). 《그랜드종합주석》(누가복음-요한복음), 697-698. 이 명칭은 아마도 예수시대 이후 특히 이방인들에게 더 일반적으로 사용되었다는 방증(傍證)이 될 수 있다. 황제의 도시에서 누구를 경배하고 사랑해야 할 것인가 할 때 이 세상 나라의 왕인 로마 황제가 아니라 하나님 나라의 왕인 부활하신 주님을 경배하고 사랑해야 한다는 것을 암시하는 것은 아닐까.

587) 부활하신 주님이 갈릴리에 먼저 현현했느냐(마 28:7, 16; 막 14:28; 16:7), 아니면 예루살렘에서 먼저 현현했느냐(눅 24:13; 요 20:19)에 대한 진실성 여부는 알 수 없다. 또한 제자들이 예루살렘을 떠나 갈릴리로 돌아온 이유에 대해서도 요한은 침묵하고 있다(마 28:7; 막 16:7 참조).

588) 더 자세한 설명은 243쪽 이하의 "5중하강구조(갈릴리 지향적 복음서)"를 참조하세요.

589) 여기서 시몬 베드로가 제일 앞서 나오는 것은 21장이 기록될 때에 이미 베드로는 순교하였고, 그는 교회의 수장으로 추인되어 있었음을 쉽게 짐작할 수 있다.

590) '다른 제자 둘'은 아마도 요한복음에서 중요한 위치를 차지하고 있는 안드레와 빌립(1:44; 6:7-8)일 것이다.

591) 《성경전서: 개역개정판》(독일성서공회해설), 185.

킨다(마 4:21). 이 구절에서 베드로가 맨 앞에 나오고 일곱 제자 가운데 '애제자'(7절)가 포함되어 있는 것으로 볼 때 베드로의 지도권과 우위권을 보여준다.

한편, 이 단락에는 고기잡이 이야기(1,3,4a,5-6,10,11절)와 식사 이야기(4b,7-9,12-13절)라는 두 개의 이야기가 결합되어 있는데, 전자는 베드로가 고기잡는 이야기(눅 5:1-11)[592]와, 후자는 성만찬(요 6장)과 관련된 것으로 읽을 수 있다. 그러나 여기서 주목해 보아야 할 핵심문제는 제자들이 물고기를 잡으러 갔으나 그날 밤에 아무 것도 잡지 못하였다(3절)는 대목과 다음 날 새벽에 많은 물고기를 잡았다(4절 이하)는 대목에 있다.

베드로가 "나는 물고기 잡으러 가노라"(3절)고 말하자 다른 제자들도 함께 가기로 뜻을 모았다. 이 같은 제자들의 행동을 어떻게 해석해야 할까?[593] 이미 언급했듯이 요한복음은 예수의 시대와 요한의 시대가 함께 결부되어 있다. 따라서 "나는 물고기 잡으러 가노라"는 말은 실제적인 문자적 의미와 더불어 상징적 의미를 담고 있는 말이라고 보아야 한다. 이 말 속에는 사람 낚는 어부로서의 제자들의 전도(선교)적 사명이 내포되어 있다. 이 일에 제자들 모두가 함께 동참한 것이다.

그런데 문제는 그날 밤에 고기를 전혀 잡지 못했다는 데 있다. 이

---

592) 요한복음 21장의 이야기는 누가복음의 베드로의 소명 당시의 정황을 염두에 두고 있음이 확실하다.

593) 첫째, 제자들은 목적 상실과 실망 속에서 사람 낚는 어부로서의 사명을 저버리고 예전의 일터로 되돌아간 일종의 환속(還俗)이라는 견해이다. 이 견해는 본래 어부 출신이 아닌 제자들(도마나 나다나엘 등)도 있다는 점에서 설득력이 적다. 둘째, 제자들이 갈릴리에 나타나실 주님을 기다리는 동안 무료함을 달래기 위해서 소일삼아 고기 잡으러 갔다고 보는 견해이다. 요한복음은 주님이 부활 후에 갈릴리에서 만나자고 제자들에게 약속한 일이 없다는 점에서 이 견해도 설득력이 적다. 셋째, 비록 제자들이 사도로서의 사명을 포기한 것은 아니나 생활비를 벌어야 할 현실적 필요성 때문에 고기잡이에 나섰다는 견해이다. 이 견해는 상당히 개연성이 있으나 요한복음이 말하고자 하는 핵심에는 미치지 못하고 있다는 것이 필자의 견해이다.

말도 상징적 의미를 담고 있다고 보아야 한다. 갈릴리 바다에서 오랫동안 고기 잡는 일에 경험이 많았던 그들이 밤에 나가 고기를 잡는 것은 자연스러운 일이다. 갈릴리 호수가 맑아서 낮에는 배 그림자가 보이므로 고기들이 모두 도망쳐 버리기 때문이다. 따라서 여기서의 문제는 '어두운 밤'이라는 상징어가 갖는 부정적 의미에 있다고 보아야 할 것이다(13:30 참조). 제자들은 지금 영혼의 어두운 밤, 즉 빛 되신 부활의 예수가 없는 밤 속에 머물러 있었던 것이다.

부활하신 주님은 이미 그들에게 두 번이나 나타났고(20:19-29), 성령을 받으라(20:22)고 말씀하셨다. 그런데 많은 세월이 흐르면서 제자들은 첫 사랑을 잃어버리고(계 2:4 참조), 부활에 대한 감격도, 성령 체험의 뜨거움도 다 잊어버리고, 형식적 신앙과 일상적인 일에 매몰되어 갔다.

따라서 그들은 부활하신 주님을 다시 만나 사명자로서의 자각을 새롭게 하고, 다시 성령 충만으로 능력을 받기 위해 깨어 있어야 할 필요성이 있었다. 그렇지 않고서는 교회에 곧 닥칠 박해를 감당하기도 어렵고 사람 낚는 어부로서의 선교적 사명도 제대로 감당할 수 없다.[594]

밤의 '빈 그물'(3절)과 새벽의 '고기로 가득 찬 그물'(4절 이하)의 차이는 부활의 주님을 새롭게 만났느냐의 여부에 달려 있다. 야곱의 밤(옛 사람)이 이스라엘의 새 아침(새 사람)이 되기 위해서는 브니엘의 체험이 필요한 것처럼, 부활하신 주님과의 새로운 만남과 체험, 즉 부활신앙을 간직한 자만이 사람 낚는 어부로서의 확실한 전도자가 될 수 있고(1-14절), 제대로 된 목양을 할 수 있으며, 주님과 양떼를 위해 순교할 수

---

594) 우리의 신앙생활 속에서도 베드로처럼 '빈 배'와 같은 영적 침체기가 있을 수 있다. 이때 우리가 해야 할 급선무는 '잃어버린 예수를 다시 찾는 일'(눅 2:41-51)이다. 그것만이 빈 배와 같은 영혼의 어두운 밤을 은혜로 가득찬 새 아침을 맞이하는 비결이다. 예수는 우리의 꿈이다. 꿈을 잃으면 모든 것을 잃게 되듯, 예수를 잃으면 모든 것을 잃게 된다. 예수 없는 배가 '빈 배'이고 예수로 가득 찬 배가 '꿈의 배'이다.

있는 것이다(15절 이하).
　제자들이 부활하신 주님을 빨리 알아보지 못한 것은 어둠이 가시지 않은 새벽시간에다 예상치 못한 출현에 주님을 주목해 보지 않았기 때문이다. 그런데 제자들의 영적 상태라는 측면에서 본다면 그들은 부활하신 주님을 알아보지 못할 정도로 그들의 영안은 열리지 않았고, 영적으로 어둡고 무지한 상태 속에 처해 있었다.
　"애들아 너희에게 고기가 있느냐"라는 주님의 질문에 "없나이다"(5절)라고 대답하자 주님은 "그물을 배 오른편에 던지라 그리하면 잡으리라"(6절)고 말씀하였다. 그러자 물고기가 많아 그물을 들 수가 없었다고 언급하고 있다. 예수께서 제자들에게 "그물을 배 오른편에 던지라"고 명하신 것은 오른편이 행운을 가져다준다는 통설 때문이라고 보기는 어렵다.
　이 말씀은 죽은 자 가운데서 부활하신 주님은 하늘의 오른편에 앉으신 분(엡 1:20)으로, 부활하신 주님이 서 계신 오른쪽(우편)에 그물을 던지라는 것이다. 나아가 자신의 경험에 비추어 볼 때 상식적으로 이해가 안 되는 명령이라도 초자연적 지식을 지닌 주님의 말씀에 순종하여 그물을 던지라는 말씀일 것이다. 그럴 때 무수히 많은 사람들이 주님께로 돌아오는 예상치 못한 엄청난 기적의 역사가 일어난다는 영적 교훈을 담고 있다고 하겠다.
　애제자가 베드로보다 먼저 주님을 알아보고 "주님이시라"고 외친다. 이 장면은 신기하게도 빈무덤에서 있었던 일과 비슷하다(20:4-8). 주님이시라는 말에 시몬 베드로는 벗고 있던 겉옷을 두른 후에 바다로 뛰어 내렸다고 언급하고 있다(7절). 베드로가 겉옷을 입은 것은 예의를 갖추고 부활하신 주님을 만나고자 함이라고 볼 수 있다.
　그런데 여기서 문제가 되는 것은 요한이 요한복음을 통해 베드로를 부정적인 시각으로 묘사하면서 애제자가 베드로보다 우월하다는 시각에 대한 문제이다.[595] 애제자는 베드로보다 먼저 주님을 알아본 데 반해, 베드로는 뒤늦게 주님을 알아보았으며 주님을 보자 자신의 벌거벗은 수치(계 3:17 참조)를 가리기 위해 겉옷을 둘렀다는 말에서 우리는 베드로의 영적 빈곤을 엿볼 수 있다. 그러나 이것이 베드로에 대한 애제자의 우위를 드러내는 것은 아니다. 베드로는 영적 지각에서 뒤졌지만 그의 성급한 성격이 보여주듯 바다에 먼저 뛰어들었고 고기가 가득 담긴 그물을 해변에 끌어내면서 주님께 가장 먼저 도달했다.

'다른 제자들은 육지에서 거리가 불과 한 오십 칸쯤'(8절) 떨어져 있었다. '오십 칸'은 원문에 '페콘 디아코시온(πηχων διακοσίων)'으로 '페콘'은 '규빗'이고 '디아코시온'은 '200'이다. '규빗'이란 성인 남자의 손가락 끝에서 팔꿈치까지의 길이를 말하는 것으로 짧게는 45.6cm, 길게는 52.5cm 로서 약 50cm로 잡을 때, 200규빗은 약 100m쯤 된다.

베드로를 비롯한 제자들이 육지에 올라왔을 때 이미 주님은 숯불을 피워놓고 생선과 떡으로 아침식사를 마련해 놓고 기다리고 계셨다(9-13절). 이 장면은 우리가 주님을 사랑하기에 앞서 주님이 먼저 우리를 사랑하사 선택하시고 세워주시는(15:16 참조) '여호와 이레'(창 22:14) 되시는 하나님을 연상케 한다. 이 대목에서 중요한 것은 "그물을 육지에 끌어올리니 가득히 찬 큰 물고기가 백쉰세 마리라 이같이 많으나 그물이 찢어지지 아니하였더라"(11절)는 말씀이다.

---

595) 요한복음에서 애제자의 문제는 두 가지 문제, 즉 "그가 누구인가?"라는 문제와 더불어 "베드로와 애제자와의 관계"라는 문제가 있다. "베드로와 애제자와의 관계"에 대해 요한은 베드로를 부정적으로 묘사함으로써 애제자의 현저한 우위를 보여준다는 주장이 있다. 그와는 정반대로 요한은 베드로를 부정적으로 소개하고 있는 것이 아니라 오히려 그를 긍정적으로 요한공동체에 소개함으로써 애제자가 죽은 이후 요한공동체와 베드로공동체간의 통합을 시도하고 있다는 주장이 있다. 서중석 교수는 전자의 견해인 애제자의 현저한 우위를 주장한다. 서중석, "요한복음서의 베드로와 애제자", 《복음서해석》, 263-288. 필자는 후자의 견해를 지지한다. 이 문제에 대한 자세한 논의는 김득중, 《요한의 신학》, 181-203을 참조하세요.

여기서 153마리를 실제적인 고기의 숫자로 볼 수도 있으나[596] 요한은 대략적인 숫자(가령, 약 오천명[6:10], 약 두세 통 드는 돌항아리[2:6], 약 백 근[19:39] 등)를 말할 때와는 달리 여기서는 153이라는 정확한 숫자(가령, 38년 된 병자[5:5])를 말하고 있기에 상징적(알레고리적) 의미를 가지고 있다고 보아야 할 것이다. 이미 언급했듯이 요한복음에 나타난 숫자는 거의 예외없이 다 상징적 의미를 지닌다. 그렇다면 숫자 153에는 어떤 상징적 의미가 있는 것일까? 지금까지 숫자 153에 대해 많은 견해들[597]이 있었다.

여기서 주목할 만한 통찰을 말해주는 두 견해를 소개하고자 한다. 첫째, 153은 1부터 17(=10+7)까지의 수를 모두 종합한 것으로 충만함을 나타내는 상징적 숫자이다(어거스틴). '큰 물고기들'이 그물 안에 가득 들어 있었다는 말과 함께 이 숫자는 충만함과 보편성을 가리키는 상징적 의미로 폭넓게 이해할 수 있다. '물고기들'은 '사람 낚는 어부들'(막 1:18)인 사도들의 인도로 그리스도인이 된 여러 민족의 모든 신앙인들을 가리킨다고 할 수 있다.[598]

---

[596] 크루즈는 이 숫자는 상징적인 의미보다는 많은 물고기를 포획했다는 기적적 성격을 강조하는 것으로 보고 있다. C.G.Kruse, *John*, 384.

[597] 대표적인 견해를 소개하면, 첫째, 153은 당시에 전체 물고기 종류가 153 종(種)이었다는 지식에 근거한 견해로 이는 모든 종류의 사람들이 구원받는 것을 의미한다(Jerome). 둘째, 153은 17수의 三角數(1+2+3+···+17=153)로서 17은 10+7로서 10은 율법의 숫자(구약의 십계명), 7은 은혜의 숫자(신약의 성령)를 상징하는 것으로 율법과 은혜로 말미암아 하나님에게로 돌아올 충만한 사람의 수를 의미한다(Augustine). 셋째, 153은 100+50+3으로서 100은 이방인의 완전수(10X10), 50은 이스라엘의 남은 자의 수, 3은 성삼위의 수를 의미한다(Cyril of Alexandria). 넷째, 153은 에스겔 47:10에 나오는 히브리어 '에글라임(עגלים)'의 수를 의미한다(Emerton, Ackroyd), 다섯째, 153은 헬라어 ΙΧΘΥΣ의 약자인 ΙΧΘ의 수를 의미한다(McEleny). 153은 Σίμων=76과 Ἰχθύς=77의 합수를 의미한다(R. Eisler). 153은 유월절 어린 양의 수이다(Paul Dulliaud). 더 자세한 설명은 R. Bultmann, 윗책, 709. n. 2; G.R.Beasley-Murray, *John*, 401-404; 박수암, 《요한복음》, 422-423을 참조하세요.

[598] 200주년 신약성서 번역위원회, 《200주년 신약성서 주해》, 595.

둘째, 조철수 교수는 물고기 153마리에는 열일곱이라는 숫자가 숨겨져 있으며, 이러한 숫자의 은유적 표현을 찾아내서 당대의 문화적 환경을 이해하는 것은 바람직한 방법이라고 말하면서 이러한 주장을 편다. 물고기 153마리의 경우에 그 열쇠는 그 단락의 마지막 문장에 있다. "이것은 예수께서 죽은 이들 사이에서 일어나신 뒤 그분의 제자들에게 나타나신 세번째이다"(14절). 이 문장을 그들의 일상언어였던 아람어(혹은 히브리어) 순서로 바꾸어 보면, 첫 문구는 "이것은 세번째이다"라는 표현이 된다. 셋이라는 숫자가 상징적으로 사용된 것을 알려준다. 즉 153의 숫자에 셋이라는 숫자가 상관됨을 알려준다고 하면서, 이는 당시 청중들에게 예수가 죽은 이들 가운데에서 사흘 만에 일어났다는 것을 알 수 있게 하는 숫자라는 것이다. 그리고 153을 3×3으로 나눈 숫자가 바로 열쇠라고 하면서 153은 열일곱을 세번 또 세번 셈한다(17×3×3)는 뜻이라고 주장하고 있다.

그러면서 노아의 홍수에 나오는 열일곱째 날(창 7:11; 8:4)을 예로 든다. 노아가 그의 식구들과 온갖 짐승들을 방주에 태우러 가는 시작의 날이 그달의 열일곱째 날이며, 그들이 탄 방주가 새로운 땅에 내린 날짜가 바로 그달의 열일곱째 날이다. 노아의 식구(공동체)가 새로운 삶을 바라며 새 공동체 의식에 참여하는 출발시기가 열일곱이며, 장기간의 고난 끝에 새로운 땅에 도착하여 새 생활을 시작할 그날이 또한 열일곱이다. 여기에서 열일곱은 노아의 방주와 같은 배를 상징하는 숫자이다라고 말하고 있다.[599]

이 두 견해에 담긴 통찰을 힘입어 외람되지만 필자는 다음과 같은 견해를 제시하고자 한다. 큰 물고기 153마리라는 숫자는 사실상의 숫자일 수도 있겠지만 이 숫자는 묵시문학적 박해상황 속에서 요한공동

---

599) 조철수, 《유대교와 예수》, 273-275.

체 성도들간에 그들만의 '비밀암호가 담긴 상징적 숫자(숫자상징코드)이다. 그렇다면 이 숫자는 어떤 의미를 갖는 암호일까? 이 숫자를 해석하는 데 있어서 다음과 같은 다섯 가지를 함께 고려해야 할 필요성이 있다고 여겨진다.

첫째, 당시 유대교와 로마제국의 박해상황을 전제로 하고 있는 숫자라는 것, 둘째, 당시 요한공동체 멤버들이 쉽게 알 수 있는 상징적 숫자라는 것, 셋째, 본문의 상황과 관련된 숫자라는 것(물고기라든지, 세번째라든지), 넷째, 예수 그리스도와 그분에 대한 신앙고백적 성격을 담고 있을 것이라는 것, 다섯째, 기독교 선교의 성공적 확장을 의미하는 숫자라는 것 등이 그것이다. 위의 언급들을 종합적으로 검토한 필자는 다음과 같은 두 가지 견해를 제시하고자 한다.

첫째, '마방진 기법'에 속하는 숫자상징코드이다. 마방진 기법은 가로, 세로, 대각선의 합이 같은 수로 된 정방형의 도형을 말한다. 숫자 153은 숫자 17이 가로와 세로 각각 3세트로 된 숫자이다. 숫자 17은 10+7로써 숫자 10은 구약(율법, 십계명)의 대표적 숫자[600]이자 유대인을 상징하는 숫자이고, 7은 신약(복음)의 대표적 숫자(성령, 일곱 교회)이자 이방인을 상징하는 숫자이다. 이 둘을 합하면 구약과 신약, 즉 신구약성경이 되고, 유대인과 이방인, 즉 만민이 된다. 요한은 지금 숫자 153을 통해 부활하신 주님이 말씀(신구약성경)을 다 성취했으며, 만민을 구원한 구주되심을 말하고 있다. 그리고 만민 구원은 지금 있는 바로 그곳 갈릴리에서 시작된다는 것을 말하기 위해 이 같은 숫자상징코드를 사용하고 있다고 볼 수 있다.

요한복음에서 숫자 17은 네 어휘에서 나타나는데 죄, 갈릴리, 표적,

---

[600] 숫자 10은 구약에서 열 가지 재앙, 십계명, 속죄일(7월 10일), 유월절에 쓰일 희생제물을 마련하는 때(정월 10일), 그리고 여호수아가 요단강을 건넌 날(정월 10일) 등이다.

그리스도(메시아)가 그것이다. 이 네 어휘를 종합해서 한 문장으로 만들면 이러하다.

"갈릴리(17회) 바닷가에서 여덟 번째 표적으로 행한 큰 물고기 153(17×3×3) 표적(17회)은 부활하신 주님께서 만민의 죄(17회)를 대신하여 십자가를 지신 구주 그리스도(17회)임을 나타낸다. 따라서 요한의 아들 시몬아! 네가 나를 사랑한다면 내가 진 십자가를 너도 지고 나를 따르라." 종교적 박해(순교) 상황에서 이보다 더 명쾌한 암호는 없다.

요한은 숫자 153을 통해 그의 저작 목적(20:30-31)인 예수께서 만왕의 왕, 만주의 주가 되시는 메시아(그리스도)라는 사실을 말할 뿐만 아니라 생존이 위협당하는 종교적 박해상황 아래에서 요한 공동체와 제자들이 가야 할 길(제자도)이 십자가의 길임을 '숫자상징코드'(게마트리아)를 통해 명확히 제시하고 있다. 이를 도표로 그리면 다음과 같다.

⟨도표 18⟩ 큰물고기 153의 상징적 의미(魔方陣)

⟨숫자 153=(17×3)×3=십자가(魔方陣)⟩

	17	
17	17	17
	17	

(실제 배열: 3×3 격자에서 십자가 모양으로 17이 배치됨)

17	17	17
17	17	17
17	17	17

둘째, 11절의 '물고기'는 5절의 '프로스파기온(προσφάγιον)'이나 9절의 '옵사리온(ὀψάριον)'과는 달리 '익투스(ΙΧΘΥΣ)' 단어를 사용하고 있다. 이 단어는 초대교회에서 널리 사용한 암호문으로 '예수스 크리스토스 데우 휘오스 소테르(Ἰησοῦς χριστὸς θεοῦ Υἱὸς Σωτήρ)', 즉 '예수 그리스도 하나님의 아들 구세주'라는 의미를 갖고 있다. 초대교회에서 '물고기'와 더불어 '십자가'는 가장 중요한 기독교의 상징적 부호였다.

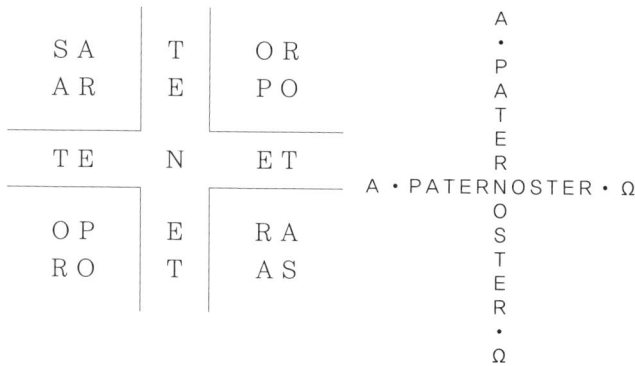

〈도표 19〉 십자가형의 암호문과 주기도

요한의 이 숫자 암호는 이후에 다양한 암호문으로 나타나고 있는 것을 엿볼 수 있다. 론강 근처에서 SATOR AREPO 암호문이 발견되었는데, 이 암호문은 3세기 이전부터 사용된 것으로 판명되었다. 이 암호문에 나오는 SATOR, AREPO, TENET, OPERA, ROTAS라는 다섯 라틴어 단어는 여러 가지 음역이 가능하다.[601]

---

601) SATOR는 구세주, AREPO는 쟁기 또는 십자가의 상징, TENET는 인도를 뜻하는 전진, OPERA는 온 우주와 그 안의 작용들, ROTAS는 구원의 행위, 그리고 가로축과 세로축으로 십자가를 구성하고 있는 TENET는 그리스도의 십자가가 지닌 범우주적 작용을 말하

이러한 암호문은 당시에 박해받고 흩어져 살던 그리스도인들이 서로를 알아내는 데 사용하던 암호문이었다. 이 암호문과 더불어 수직과 수평 양쪽으로 읽을 수 있는 '주의 기도' 첫 구절인 'PATER NOSTER'(우리의 아버지)에다가 상하·좌우 양 끝에 각각 알파(A)와 오메가(Ω)가 들어간 암호문이 있다(위 〈도표 19〉 참조). 이 처럼 다양한 십자가 형상은 하나님의 아들 메시아(그리스도)의 신비를 십자가의 신비를 통해 보고자 한 초대 기독교인들의 깊은 믿음의 핵심을 드러내 보여준다.[602]

그물 안에 큰 물고기가 "이같이 많으나 그물이 찢어지지 아니하였더라"라고 언급하고 있다. 이 대목은 문자적 의미만이 아닌 상징적 의미가 있다고 보아야 할 것이다. 여기서 그물은 교회를 나타내며, 교회는 모든 나라의 백성을 그 품에 품을 만큼 충분히 넓다, 즉 교회의 보편성을 말하고 있다.

요한이 복음서를 쓸 당시 초대교회는 급속히 성장했고, 그 결과 교회 안에 모여든 다양한 사람들로 인한 여러 공동체간의 갈등이 있었다. 이런 상황에서 유대교와 로마제국의 박해라는 외적인 도전만이 아니라 내적으로 공동체간의 연합과 일치라는 하나됨이 절실히 요청되었다. 따라서 이 대목은 교회의 연합과 일치를 바라는 희망 섞인 전망을 담고 있다(10:16; 17:20-23 참조).

는 것으로 생각된다.
602) 김상옥, 《십자가의 신비》, 76-77.

2. 베드로의 회복과 사명(15-23절)[603]
- 예수 나의 연인(첫사랑) -

〈성경 본문〉

15 그들이 조반 먹은 후에 예수께서 시몬 베드로에게 이르시되 요한의 아들 시몬아 네가 이 사람들보다 나를 더 사랑하느냐 하시니 이르되 주님 그러하나이다 내가 주님을 사랑하는 줄 주님께서 아시나이다 이르시되 내 어린 양을 먹이라 하시고 16 또 두 번째 이르시되 요한의 아들 시몬아 네가 나를 사랑하느냐 하시니 이르되 주님 그러하나이다 내가 주님을 사랑하는 줄 주님께서 아시나이다 이르시되 내 양을 치라 하시고 17 세 번째 이르시되 요한의 아들 시몬아 네가 나를 사랑하느냐 하시니 주께서 세 번째 네가 나를 사랑하느냐 하시므로 베드로가 근심하여 이르되 주님 모든 것을 아시오매 내가 주님을 사랑하는 줄을 주님께서 아시나이다 예수께서 이르시되 내 양을 먹이라 18 내가 진실로 진실로 네게 이르노니 네가 젊어서는 스스로 띠 띠고 원하는 곳으로 다녔거니와 늙어서는 네 팔을 벌리리니 남이 네게 띠 띠우고 원하지 아니하는 곳으로 데려가리라 19 이 말씀을 하심은 베드로가 어떠한 죽음으로 하나님께 영광을 돌릴 것을 가리키심이러라 이 말씀을 하시고 베드로에게 이르시되 나를 따르라 하시니 20 베드로가 돌이켜 예수께서 사랑하시는 그 제자가 따르는 것을 보니 그는 만찬석에서 예수의 품에 의지하여 주님 주님을 파는 자가 누구오니이까 묻던

---

[603] 신앙사건이란 '주어가 바뀌는 혁명사건'이다. 그리스도인의 삶의 근본적 변화는 일차적으로 하나님을 믿는 것으로 되어지는 것이 아니라 이차적으로 '하나님(예수)과의 다시 만남' 사건이 있어야 한다. 야곱의 브니엘 체험사건, 모세의 시내광야 체험사건, 유대교인 요한의 예수와의 만남사건, 유대교인 바울의 부활주와의 만남사건, 베드로의 재소명 사건 등.

자더라 21 이에 베드로가 그를 보고 예수께 여짜오되 주님 이 사람은 어떻게 되겠사옵나이까 22 예수께서 이르시되 내가 올 때까지 그를 머물게 하고자 할지라도 네게 무슨 상관이냐 너는 나를 따르라 하시더라 23 이 말씀이 형제들에게 나가서 그 제자는 죽지 아니하겠다 하였으나 예수의 말씀은 그가 죽지 않겠다 하신 것이 아니라 내가 올 때까지 그를 머물게 하고자 할지라도 네게 무슨 상관이냐 하신 것이러라.

숯불을 피워놓고 아침식사를 하면서 주님은 베드로에게 세 차례 질문(21:15-17)을 던졌다. 이 같은 분위기는 앞서 베드로가 주님을 부인할 때 숯불 곁에서 불을 쬐고 있는 상황(18:15-27)을 연상케 한다. 베드로가 세 차례 주님을 부인한 것에 상응하게 주님은 세 차례 베드로에게 질문을 하고 있다. 이 질문은 예수께서 베드로에게 세번의 부인을 상쇄하는 세번의 사랑고백을 발언하게 함으로써 세 번의 부인의 기억을 씻어 버릴 기회를 주신 것이다.

사실 베드로의 세 차례의 예수부인 사건은 당시 사람들에게는 스캔들이었을 것이다. 과연 베드로가 그런 비겁한 부인을 하고 나서도 여전히 교회의 지도자일 수 있을까? 이런 권위의 의문을 일거에 지워버린 것이 이 만남과 대화였다. 15-17절에 나타난 예수의 질문, 베드로의 대답, 그리고 목양의 사명 부여를 일목요연하게 정리하면 아래와 같다.

A. 예수의 질문
1. "요한의 아들 시몬아, 네가 이 사람들보다 나를 더 사랑하느냐(ἀγαπας)?"(15절)
2. "요한의 아들 시몬아, 네가 나를 사랑하느냐(ἀγαπας)?"(16절)
3. "요한의 아들 시몬아, 네가 나를 사랑하느냐(φιλεις)?"(17절)

B. 베드로의 대답

1. "주님, 그러하나이다. 내가 주님을 사랑하는(φιλω) 줄 주님께서 아시나이다"(15절)
2. "주님, 그러하나이다. 내가 주님을 사랑하는(φιλω) 줄 주님께서 아시나이다"(16절)
3. "주님, 모든 것을 아시오매 내가 주님을 사랑하는(φιλω) 줄 주님께서 아시나이다"(17절)

C. 목양의 사명 부여

1. "내 어린 양(ἀρνία)을 먹이라(βόσκε)"(15절)
2. "내 양(πρόβατά)을 치라(ποιμαινε)"(16절)
3. "내 양(προβατά)을 먹이라(βόσκε)"(17절)

먼저, 생각해 볼 수 있는 것은 예수의 질문, 베드로의 대답, 목양의 사명 부여가 조금씩 다르게 나타나는 것을 볼 수 있다. 예수의 첫 질문에서 '이 사람들보다'라는 말이 들어가 있다. 베드로의 세번째 대답에서 '모든 것을 아시오매'라는 말이 들어가 있다. 목양의 사명 부여에서는 '내 어린 양'과 '내 양', 그리고 '먹이라'와 '치라'가 다르게 나타나는 것을 볼 수 있다.

원어로 보면 '사랑하다(ἀγαπάς와 φιλεις)'와 '먹이다(βόσκε와 ποιμαινε)'라는 두개의 동사와 '양'에 대한 두 개의 명사(ἀρνία와 προβατά)가 다르게 나타나는 것을 볼 수 있다. 이 같이 다른 용어들이 사용된 것에 대해 여기에는 분명한 의도를 가지고 있다고 주장하는 학자도 있으나(Westcott) 대부분의 학자들은 이것을 단순한 문체적인 변용을 구사한

것으로 보고 있다.[604]

　다음으로, 이 대목에서 우리가 주목해 보아야 할 것은 세 차례씩이나 길게 반복해서 '요한의 아들 시몬아'라는 주님의 질문이다. 요한복음은 베드로를 주로 '시몬 베드로'라고 부르고 있다.[605] 그런데 유독 첫 장(1:42)과 끝 장(21:15-17)에서만 "요한의 아들 시몬아"라고 부르고 있다. 그냥 '시몬아' 또는 '베드로야'라고 부르면 될 것을 번거롭게 이 같이 하신 데에는 주님의 깊은 뜻이 깃들어 있다.

　주님은 옛 이름, 부름받기 이전의 이름, 즉 당신과 관계를 맺기 전의 이름으로 부르고 있다. 이는 베드로(믿음의 반석)라는 귀한 이름을 받기 이전 갈릴리 해변에서 미천한 어부로서 부름 받았을 때, 즉 요한의 아들 시몬이었던 시절을 기억하라는 것이다. 즉 첫사랑의 날카로운 추억을 간직한 곳-아름다운 갈릴리 바닷가에서 처음 예수를 만났을 때의 그 시절, 그때의 그 초심(初心)으로 돌아가라, 첫 눈에 반해버린 연인처럼 그 첫사랑의 떨리던 순간을 잊지 말라는 사인이 아닐까.[606]

　"요한의 아들 시몬아 네가 이 사람들보다 나를 더 사랑하느냐?"[607]

---

604) G.R.Beasley-Murray, *John*, 394; J.F.Walvoord & R.B.Zuck(ed), *The Bible Knowledge Commentary(New Testament)*, 345. 요한복음 내에서 하나님이나 예수의 사랑을 언급할 때 '아가파오(αγαπάω)'와 '필레오(φιλέω)' 두 동사는 70인역에서 같은 히브리 단어 '아하브(אהב)'에 대한 번역으로 의미의 차이 없이 교대로 사용되었음(3:35; 5:20; 13:23; 19:26; 20:2,20; 21:17)을 감안하면 반복을 피하려는 문체의 구사로 간주할 수 있다. 흔히 오해하고 있는 것처럼 동사 '아가파오'가 하나님의 고상한 사랑을 가리키는 데만 사용되는 단어가 아님을 알아야 한다. 가령 세상을 사랑하여 바울을 저버린 데마의 사랑(딤후 4:10)이나 그리스도인이 하지 말아야 할 세상 사랑을 언급할 때(요일 2:15) 모두 '아가파오' 동사가 사용되고 있다. F.F.Bruce, *The Gospel of John*, 405.

605) 마태 1회(16:16), 누가 1회(5:8), 요한 18회가 등장한다.

606) 더 자세한 설명은 박호용, 《첫사랑의 날카로운 추억》, 20-28을 참조하세요.

607) 이 질문은 "너희는 나를 누구라 하느냐?"라는 질문과 더불어 예수가 인류에게 던진 가장 중요한 두 질문이다. 현대경영학의 아버지로 일컬어지는 피터 드러커(P. Drucker, 1909-2005)는 스스로 자신에게 두 가지 질문을 할 것을 조언하였다. "내가 꼭 해야 할 일은 무엇인가?", "나는 어떤 사람으로 기억되기를 바라는가?" E.H.Edersheim, 《피터 드러

그러자 베드로는 이렇게 대답한다. "내가 주님을 사랑하는 줄 주님께서 아시나이다." 그러자 주님은 목양의 사명("내 어린 양을 먹이라"[15절], "내 양을 치라"[16절], "내 양을 먹이라"[17절])을 그에게 맡기셨다. 이로써 베드로는 실패한 제자로서의 면모를 일신하고 사도들의 대표요 '동료 중에 첫번째(primus inter pares)'로 복직하게 되었다.

하나님은 크신 하나님이요 예수는 크신 분이듯이, 수제자 베드로는 큰 사람이었다. 하나님은 실패하고 넘어진 자를 일으켜 세워 찬란하게 들어쓰시는 멋진 하나님이시다. 믿음의 영웅들이었던 아브라함, 모세, 엘리야, 바울, 베드로가 모두 넘어졌다가 다시 세워주신 주님에 의해 크게 쓰임받은 신앙의 인물들이었다.

베드로가 전에는 "주를 위하여 내 목숨을 버리겠나이다"(13:37)라고 호언장담했지만 그 결국은 세 번의 부인이라는 참담한 결과로 끝났다. 그러기에 "네가 나를 사랑하느냐?"라는 주님의 거듭된 질문에 베드로는 전처럼 그렇게 대답하지 않았다. 베드로는 "내가 주님을 사랑하는 줄 주께서 아시나이다"라고 거듭해서 겸손하게 대답하였다.

심지어 주님의 세번째 질문에 베드로가 근심(슬퍼)하였다고 언급하고 있다. 이는 이전에 예수를 부인한 일을 상기하면서 부끄러움과 슬픔에 빠져 참회하는 모습을 그려주고 있다. 그리고 세번째 대답 속에 담겨 있는 '모든 것을 아시오매'라는 말 속에서 우리는 베드로가 모든 자기 확신을 포기하고 자신을 전적으로 부활하신 주님께 내맡기는 겸허한 자세를 엿볼 수 있다.

이 대목에서 주목해 보아야 할 또 하나의 사실은 첫장의 증인 본문에서 거론된 7개의 기독론적 호칭이 단 하나의 호칭인 '주님(퀴리오

커, 마지막 통찰》, 366.

스)'으로만 나타난다는 사실이다(7,12,15,16,17,20,21절).[608] 이 같은 현상은 20장(종결어 제외)에서도 두드러지게 나타난다(13,15,18,20,28절). '주님'이라는 기독론적 칭호는 예배의 대상에게 붙여진 칭호이다. 부활 이후 예수는 하나님만이 받으실 수 있는 예배의 대상이 되었고, 따라서 주님이라는 칭호를 획득했다. 로마 황제 가이사나 유대교의 여호와 하나님 대신 기독교의 예수 하나님이 예배의 대상이 된 것이다. 도마의 고백(20:28)은 바로 이것을 잘 드러내 주고 있는 좋은 실례이다.

베드로에게 행한 주님의 첫 질문에 '이 사람들보다'라는 말이 들어 있는데, 이는 제자들의 대표자요 당시에 교회를 대표하는 지도자로서 "네가 네 동료 제자들이 사랑하는 것보다 더 사랑하느냐?"라는 의미를 내포하고 있는 것이 분명하다. 또한 이 같은 질문 속에는 이전에 예수를 세번씩이나 부인한 전력을 가지고 있는 베드로이기에 다른 제자들보다 예수에 대한 충성을 더 분명하게 해 둘 필요가 있음에서 나온 질문이라고 볼 수 있다(마 26:33; 요 13:36-37 참조).

그런데 이 대목(15-17절)의 중요성은 1장에 나타나는 예수의 첫 질문, "무엇을 구하느냐?"(38절)에 상응하는 질문이라는 데 있다. 1장의 예수의 질문은 인간 실존의 궁극적 문제인 메시아를 찾고 메시아를 만나는 것이 가장 중요하다면, 21장의 예수의 마지막 질문은 당신이 만난 그 메시아를 어떻게 사랑할 것이냐 하는 질문이다. '네가 이 사람들보다'(15절)라는 질문의 의미는 '그 무엇보다', 즉 주 예수보다 더 귀한 것은 아무 것도 없다는 신앙고백을 요청하는 대목이다.

'예수사랑', 이것이 요한복음의 결론이요 사복음서의 결론이요 심지

---

[608] '주님' 호칭은 지상 예수가 아니라 '부활의 그리스도'를 가리키는 대목에서만 언급된다(20:2-28; 21:7,12). 물론 지상 예수를 가리키는 예외적인 대목도 있다. 하지만 후대의 최종 편집자에 의해서 삽입되었거나(6:23; 11:2), 단순히 하나의 존칭으로 사용된 것에 지나지 않는다(9:36-38; 12:21). 이영헌, 《요한복음서》, 44.

어 성경 전체의 결론이라는 것이 필자의 생각이다. 21장의 중요성은 바로 이 점에 있다. 21장에는 두 개의 예수사랑이 있다. 하나는 제자를 향한 예수의 사랑(십자가로 보여준 예수의 사랑)이고, 또 하나는 예수를 향한 제자의 사랑(순교로 보답한 베드로의 사랑)이 있다.

'예수에 대한 사랑'이라는 분명한 신앙고백이 선행되어야 '영혼에 대한 사랑'으로서의 목양이 가능하다. '주님사랑'에 대한 신앙고백이 분명치 않을 때 내게 맡겨준 양떼를 '주님의 양떼'가 아닌 '목사의 양떼'로 착각하고 목회자 자신을 위한 빗나간 목양을 하게 된다. 그리고 목양을 하다가 어려움에 처하면 양떼를 버리고 도망치는 삯군 목사로 전락할 수밖에 없게 된다.

주님의 양을 돌보는 목자로서 주님을 섬기라고 베드로에게 내려진 명령은 그를 지도적인 제자로 또는 사도로서 복직시켜 주시는 과정의 일부였다. 이제 주님과의 교제가 회복되고 제자들의 대표자의 위치에 있는 베드로는 목자장인 예수를 대신하여 주님의 양을 치고 양 무리의 본이 되어야 한다(벧전 5:1-3; 행 20:28).

그리고 선한 목자인 예수께서 양들을 위해 자신의 생명을 바쳤듯이 (10:11-18 참조), 베드로 또한 좋은 목자로서 양떼를 위해 자신의 생명을 바침으로써 주님이 가신 그 길을 따라 걸어가야 한다. 그런데 베드로의 죽음은 양들을 위한 죽음이라기보다는 오히려 예수에 대한 사랑, 즉 주님에 대한 순종(충성)의 죽음으로 이해된다.[609]

한편, 이어지는 18-19절은 60년대 중반에 있었던 베드로의 순교를 시사한 사후 예언이다. 이 대목은 베드로가 장차 순교하게 될 것임을 예고하는 대목이다. 베드로를 비롯한 예수의 제자들이 십자가 앞에서

---

609) 이영헌, 《요한복음서》, 387.

무너지고 실패한 까닭은 부활신앙이 없었기 때문이다. 부활신앙을 가지게 되면 죽음은 아무 것도 아니다. 부활을 믿지 못하면 십자가 지는 것을 두려워할 수밖에 없다. 부활하신 주님을 만난 베드로는 이제 주님을 위해 십자가를 기꺼이 질 수 있었다.

19a절은 12:33의 말씀을 거의 그대로 되풀이한 것이다(18:32 참조). 예수의 죽음이 하나님께 영광이 된 것처럼(12:27-28; 13:31-32; 17:1), 베드로의 죽음 또한 그러하다고 말씀하고 있다. 십자가를 지심으로 부활의 영광에 참여한 주님처럼, 베드로는 순교함으로 부활의 영광에 참여한 자가 되었다(13:36의 성취). 로마에서 베드로가 주님을 위해 죽을 때 십자가에 거꾸로 달아 달라고 부탁했다. 그는 자신이 주님과 같은 방법으로 죽을 가치가 없다고 생각했기 때문이다.

"이 말씀을 하시고 너는 나를 따르라"(19b절)는 대목은 그 아래 22절과 더불어 제자도를 언급하는 21장의 핵심부분이다. 그런 의미에서 이 단락은 증인 본문 1장과 상응한다. 첫장은 세례 요한을 증언자로 묘사하고 있고 첫 다섯 제자들도 예수의 부름을 받고 제자가 되어 예수의 증인으로서의 길을 갔다. 끝장에서 두 제자(베드로와 애제자) 또한 예수의 증인으로의 삶을 살다 갔다.

베드로와 요한의 직분은 달랐다. 베드로의 직분은 하나님의 양떼를 먹이는 일(목양)과 최후에는 자신의 죽음으로 하나님께 영광을 돌리는 일(순교)이었다. 요한의 직분은 장수하는 가운데 그리스도께서 하신 일을 증언하고 기록으로 남기는 일이었다.[610] 그것은 두 사람이 명예와 명성 때문에 서로 경쟁한다든지 적대하게 된다는 것이 아니었다. 또한 어느 쪽은 크고 어느 쪽은 작은 것이 아니었다. 두 사람은 모두 그리스도의 종이었다. 베드로와 요한은 명예를 서로 쟁탈하는 사이가 아니

---

610) D.A.Carson, *The Gospel According to John*, 683.

다. 베드로는 위대한 목자로서의 증인이었고, 요한은 위대한 복음서 저자로서의 증인이었다.[611]

베드로는 피흘리는 순교(김대건 신부의 예)[612]로 짧게 살다 갔고, 애제자는 땀흘리는 순교(최양업 신부의 예)[613]로서 평안히 오래 살다 갔다. 공통점은 둘 다 '예수를 사랑하는 까닭(Amore Jesusi)[614]에 예수의 증인으로서의 삶을 살다 갔다는 점이다. 그 결과 베드로는 첫 순교자라는 영광의 면류관을 썼고, 뒤따르는 제자들에게 제자도의 모델이 되었다. 애제자는 성령의 영감으로 그 어떤 책과도 비교가 되지 않는 천하제일지서 '요한복음'을 기록한 자로 영원히 기억되었다.[615]

예수와 베드로의 대화(20-23절)는 두 제자의 운명의 상이성, 즉 제자도에 있어서 은사와 소명이 각기 다르다는 것을 보여주고 있다. 베드로는 애제자가 예수를 따르고 있는 것을 보면서(20절) "주님 이 사람은 어떻게 되겠사옵나이까?"(21절)라고 애제자의 운명에 대해 물었다. 그러자 주님은 이렇게 대답하신다. "내가 올 때까지 그를 머물게 하고자 할지라도 네게 무슨 상관이냐 너는 나를 따르라"(22절). 다른 제자들이야 순교하든 말든 네가 상관할 바가 아니고 오직 네게 주어진 순교의 길을 가면 된다는 말이다.

그런데 22절의 '내가 올 때까지'라는 표현은 그리스도의 재림(고전 4:5; 11:26; 계 1:7; 3:11; 22:7,12,20 참조), 특히 그리스도의 임박한 재림을 가

---

611) W. Barclay, 《요한복음(하)》, 283.
612) 김대건 신부에 대해서는 최석우, 《나의 교회, 나의 역사》, 54-84; A.S.De Doncoure, 《순교자의 꽃》, 70-89을 참조하세요.
613) 최양업 신부에 대해서는 배은하, 《역사의 땅, 배움의 땅: 배론》, 137-220을 참조하세요.
614) '바울을 사랑하는 까닭에(Amore Pauli)', '베드로를 사랑하는 까닭에(Amore Petri)', '요한을 사랑하는 까닭에(Amore Johanni).'
615) 요한은 천하제일지서인 《요한복음》을 역사 속에 남기고 감으로써 다니엘 12:3의 말씀을 성취한 사람으로 기억될 것이다. "지혜 있는 자는 궁창의 빛과 같이 빛날 것이요 많은 사람을 옳은 데로 돌아오게 한 자는 별과 같이 영원토록 빛나리라."

리킨다(살전 4:15-17; 롬 13:11). '그를 머물게 하고자 할지라도'라는 이 표현은 요한공동체로 하여금 애제자가 살아있을 때 그리스도의 재림이 이루어진다는 오해를 불러일으켰던 것 같다.

23절의 말씀에서 분명한 것은 애제자는 이상적인 추종자 또는 교회의 일부에 대한 이상화가 아니라 실제적인 한 개인이며, 22절의 소문은 이 장이 쓰여지기 전에 일부 교회에서 널리 유포되었다는 사실이다. 그런데 이 구절에서 중요한 문제는 "애제자가 결코 죽지 않을 것이라고 말하지 않았다"는 말씀을 두고, 요한복음이 최종적으로 마무리되었을 때는 애제자는 이미 죽었다는 주장(Brown, Smalley 등)[616]과 그는 아직 살아 있었다는 주장[617]이다.

일부 학자들이 주장하듯이 애제자는 이미 죽었으며, 이를 근거로 애제자의 요한복음 저작설을 부정하려는 견해가 있다. 그러나 본문의 말씀은 애제자가 이미 죽었다는 것을 기정사실화하는 것이 아니다. 이 대목은 앞 절에 나타난 사람들의 뜬소문을 단지 해설하는 설명일 뿐이다. 따라서 본절을 근거로 애제자의 요한 저작설을 부정하는 것은 타당하지 않다.

또한 많은 학자들이 24-25절을 21장의 나머지와는 다른 자료들로부

---

616) Kee는 애제자가 예수가 죽은 후 그리 오래 생존해 있지 않았다는 분명한 암시가 있으며, 설령 그가 오래 살았다 하더라도 그는 저자라기보다는 목격자에 불과한 듯이 보인다고 주장하였다. H.C.Kee, *Understanding the New Testament*, 152. 그러나 21장은 베드로의 순교를 사후예고(이미 이루어진 역사적 사실들을 하나의 예고형식으로 기술하는 것)로 보도하고 있다. 21장에 나오는 애제자는 베드로의 순교 이후까지 산 것으로 묘사되어 있다. 베드로의 순교(주후 60년대) 이후까지 살았던 것으로 나타나고 있으며, 애제자가 분명히 저자라고 언급하고 있다는 점에서 그의 주장은 설득력이 없다. 단지 그 저자가 누구냐라고 하는 것이 문제가 될 뿐이다.
617) 카슨은 애제자가 이미 죽었다면 애제자의 무덤을 지적하면서 그러한 해석의 허위가 끊임없이 입증되었을 것이라는 주장이 합리적이며, 그러한 주장이 침묵하고 있다는 것은 애제자가 복음서를 저술할 당시 아직 살아 있었다는 견해를 지지한다. D.A.Carson, 윗책, 682.

터 왔다고 취급한다. 최소한도 이 구절들은 앞 절과 별로 관련이 없는 분리된 결론으로 읽어야 한다고 주장한다. 그러나 24절은 21절에 있는 베드로의 질문("주여 이 사람은 어떻게 되겠사옵나이까?")에 대한 대답의 일부로 보는 것이 더 나아 보인다. 24절은 20-23절의 일부로서 읽어야 한다. 그리고 20절은 애제자가 제4복음서 전체를 통해 나타나는 그 애제자 외에 다른 이가 아님을 입증한다.[618]

여기서 또 하나 쟁점이 되는 것은 베드로와 애제자와의 관계이다. 요한복음에서 애제자는 요한의 신학적 의도가 반영된 후반부에서만 나타난다(13:23-25; 19:26-27,35; 20:2; 21:7,20-24). 요한은 애제자를 제자도의 이상적 모범으로 제시하고 있다. 애제자는 가르쳤고, 생각나게 했으며, 참된 증거를 해왔다는 점에서 보혜사 성령의 역할(14:17,26; 16:13)을 해왔다.[619] 그리고 21장의 주인공은 베드로이다. 베드로는 일곱 제자의 대표, 베드로와 예수의 대화, 베드로와 요한의 대조 등 세번으로 나뉘어 나온다.

초대교회 당시 베드로를 중심으로 한 예루살렘의 유대 기독교공동체가 있었고, 바울을 중심으로 한 이방 기독교공동체, 그리고 '애제자'를 중심으로 한 요한공동체가 있었다는 것을 가정하는 것은 어려운 일이 아니다. 요한복음은 베드로로 대표되는 사도공동체와 애제자로 대표되는 요한공동체간의 관계(통합, 연합 등)가 중요 관심사로 논의되던 시기에 기록되었을 것으로 보인다.

그렇다면 베드로와 나란히 애제자의 중요성을 부각시키려는 의도는 무엇인가?[620] 요한은 이중적 목적을 가지고 본장을 기술했다는 것이

---

[618] D.A.Carson, 윗책, 683.
[619] R.A.Culpepper, 윗책, 120-122.
[620] "요한은 두 공동체의 '하나됨'을 기도하고 있다(17:11,21,22,23). 또한 '새 계명'이란 이름으로 '서로 사랑(형제사랑)'을 강조하고 있다(13:34-35). 이렇게 본다면 요한복음은 1세기

필자의 생각이다. 첫째로, 요한은 제자들의 대표로 베드로공동체(교회)의 주도적 역할을 긍정적으로 인정하고 있다는 점이다.[621] 둘째로, 애제자로 대표되는 요한공동체(교회) 또한 베드로 공동체(교회) 못지않게 중요하다는 것을 여러 방식으로 드러내고 있다.[622] 이는 외적으로는 유대교와 로마제국의 박해에 대처하고, 내적으로는 대립이나 경쟁관계로 인한 교회의 통일성을 깨는 혼란을 피하면서 서로 협력을 통한 교회 발전을 이룩해 갈 것을 소망한 것이라고 볼 수 있다.[623]

말경에 기독교공동체에서 싹트고 있었던 통합운동의 한 단면을 보여주고 있는 셈이며, 바로 이 점에서 요한복음은 기독교 통합운동을 위한 최초의 성서적 전거가 되고 있는 셈이다." 김득중, 《요한의 신학》, 201-203.

621) 요한은 요한복음이 기록될 당시에 이미 베드로는 교회의 대표자로서 다른 모든 제자들보다 우위에 있었다는 것을 전제하고 인정한 것이다. 베드로는 일곱 제자 가운데 제일 앞서 기술되어 있으며(2절), 부활하신 예수께 제일 먼저 도달하는 자로 묘사되어 있다(11절). 또한 그는 유일하게 주님과 대화하는 제자로서 과거의 실수를 용서받고 지도권을 회복했으며 양 무리를 치는 자로 위임명령을 받았다(15-17절). 그리고 그는 주님처럼 순교를 당함으로써 하나님께 영광을 돌린 최초의 증인이라는 면류관을 획득한 자로 묘사되고 있다(18-19절).

622) 애제자는 부활하신 주님을 제일 먼저 알아보는 영적 지각을 가졌으며(7절), 예수로부터 특별히 신뢰받는 제자로 여겨졌으며(20절), 요한공동체에 잘 알려진 중요한 인물이었으며(23절), 요한복음은 애제자의 권위적인 증언에 근거한다고 말하고 있다(24절).

623) 요한의 의도는 베드로공동체로 하여금 베드로의 권위만을 내세우지 말고 요한공동체를 인정하고 이해하도록 이끌어주고, 요한공동체는 베드로의 권위를 인정하면서 공동체의 창설자요 스승인 애제자의 명예를 존중하도록 강조하고자 한 것이다. 이영헌, 《요한복음서》, 388-389.

3. 요한복음의 종결어(3): 애제자의 증언(24-25절)
- 예수 나의 알파(오메가) -

〈성경 본문〉
24 이 일들을 증언하고 이 일들을 기록한 제자가 이 사람이라 우리는 그의 증언이 참된 줄 아노라 25 예수께서 행하신 일이 이 외에도 많으니 만일 낱낱이 기록된다면 이 세상이라도 이 기록된 책을 두기에 부족할 줄 아노라.

24절의 '이 사람'은 애제자를 가리키는 것으로 볼 수 있다. 이 복음서의 기록은 애제자의 권위적인 증언에 근거한다는 것이다. 즉 요한은 복음서 전체를 최종적으로 마무리 지으면서 그의 증언이 참되다는 것을 말함으로써 '애제자'의 권위를 강조했다. 그런데 24절의 '우리(We)'는 누구를 말하는가? 크게 세 가지 견해가 있다.

첫째, 에베소 교회의 장로들(B.F.Westcott), 애제자와 밀접하게 연관되어 있는 다른 사람들(A.Schlatter), 애제자가 속한 교회(R.Bultmann) 등. 둘째, '잘 알려진 바와 같이'와 같은 막연한 표현(C.H.Dodd). 셋째, '편집상의 우리'처럼 복음서 저자가 자기 자신을 언급할 때 사용하는 어휘라는 견해이다. 이러한 실례는 바울에게서도 찾아볼 수 있고(고후 12:2-4), 자신의 복음서(3:2; 11:20; 20:2)와 서신서(요일 1:2,4; 요삼 11절)에서도 볼 수 있다(J.Chapmann). 이 견해에 대한 가장 강력한 증거는 프롤로그에 있는 "우리가 그의 영광을 보았다"(1:14)에서 찾아볼 수 있다.[624]

여기서 주목해야 할 사실은 제자도의 핵심이 증언(증거)에 있다는

---
[624] D.A.Carson, 윗책, 683-684; G.R.Beasley-Murray, *John*, 413-414.

사실이다. 요한복음은 '제자'와 '증언'에 대해 특별히 강조한다.[625] 이는 제자도의 핵심이 증언에 있음을 잘 말해주고 있다. 요한복음이 '부활 신학'에 기초하고 있다는 사실에 대한 중요한 근거는 바로 이 증언이라는 동사의 사용이다. 제자는 예수를 따라다니면서 자신이 직접 보고 들은 바를 증언하는 예수의 증인이다. 사도(제자)의 가장 중요한 요건은 그가 부활의 증인이냐에 있다(행 1:22).

증인에 해당하는 '마르튀레스(μάρτυρες)'의 원형 '마르튀스(μάρτυς)'에서 영어에 마터(martyr[순교자])가 나왔다. 증인의 사역을 하다가 체포, 비방, 추방, 죽음을 당했기 때문에 증인=순교자가 된 것이다. 제자로 부름을 받는다는 것은 세상적으로 볼 때는 결코 자랑스럽거나 즐거운 일이 아니다. 그것은 죽음을 각오해야 하는 순교의 길이기 때문이다. 그러기에 본회퍼(1906-45)는 이런 말을 했다. "그리스도께서 제자를 부르실 때 죽으라고 부르신다."[626]

25절은 요한복음의 마지막 절이다.[627] 이 구절에 나타나 과장법은 예수의 행적들을 문학적인 기교로서 더욱 빛내는데 기여한다. 요한은 붓을 놓기에 앞서 다시 한번 예수 그리스도의 놀라우신 광채를 생각하고 있다. 우리가 예수 그리스도에 대해 얼마만큼 알고 있든지간에 그것은 불과 얼마 안 되는 일부분일 뿐이다. 어떤 인간도 그리스도를 저술할 능력이 없으며, 인간의 어떤 서적도 예수를 그 속에 담아 두기

---

625) 제자(μαθητής)가 신약 전체에 261회 나타나는데, 마 72회, 막 46회, 눅 37회, 요 48회가 나타난다. 증언하다(μαρτυρέω)가 신약 전체에 76회 나타나는데, 마 1회, 막 없음, 눅 1회, 요 33회가 나타난다.
626) 크리스천 제자도에 대해서는 D. Bonhoeffer, *The Cost of Discipleship* 을 참조하세요.
627) 요한복음의 마지막 절(21:25)은 본론의 마지막 부분(20:30-31)과 유사하다. 예수께서... 이 책에 기록되지 아니하나 / 다른 표적도 많이 행하셨으나 / 오직 이것을 기록함은 / 너희로... 믿게 하려 함이라(20:30-31). 예수의 행하신 일이 이 외에도 많으니 / 만일 낱낱이 기록된다면 / 이 세상이라도 이 기록된 책을 두기에 / 부족할 줄 아노라(21:25).

에는 불충분하다.[628] 그래서 요한은 예수 그리스도의 헤아릴 수 없는 승리와 무한한 능력과 한량없으신 은혜를 나타내는 것으로 이 복음서를 끝내고 있다.[629]

　이 주석을 마치면서 마지막으로 하고 싶은 말을 여덟 글자로 표현하면 이렇다.

예수 사랑(요 19:30) · 주께 영광(롬 11:36)

---

[628] 이 대목에서 필자는 가수 김수희의 〈애모(愛慕)〉 가사의 한 구절이 떠오른다. "~ 한 마디 말이 모자라서 다가설 수 없는 사람아~"
[629] W.Barclay, 윗책, 283-284.

Epilogue(발말)

한국교회재건운동(KCRM)[630]의 깃발을 들어야 할 때

1. 누군가가 "왜 이 일을 하게 되었습니까?"라고 묻는다면 난 "그 무엇보다 이 일이 제 가슴을 뛰게 했기 때문입니다"라고 대답할 것이다. 1972년 8월, 열일곱 살 그 눈부신 나이에 삶의 무게에 눌려 생을 포기하려던 순간, 처음으로 교회를 찾았다. 그 첫날, 말씀(마 20:16)에 은혜받고 주 예수 내가 알기 전 날 먼저 사랑했다는 사실에 감격하여 그 자리에서 주의 종이 되기로 결단을 했다. 그리고 첫사랑의 뛰는 가슴을 안고 지난 40여년 동안 예수와 함께 꿈꾸고, 예수와 함께 신앙의 역사를 써가며 하나님의 인도하심 속에 오늘에 이르렀다.

외람되지만 지난 40여년 동안의 그 숱한 세월의 기나긴 방황은 이 한 권의 책을 쓰기 위한 준비요 훈련과정이요 순례여정이었다는 것이 필자의 간증(신앙고백)이다. 돌이켜 보니 지난 40여년 동안은 나사렛 예

---

630) 평신도 신학자 임재천(바이산 테크네트 대표)은 '한국교회재건운동(Korean Church Reconstruction Movement)'에 대해 다음과 같은 의견을 피력하였다. 성경이 제시하는 보편교회의 원형으로 되돌아가서(restoration) 진리와 생명을 되살리는(refresh) '인식체계의 전환(paradigm shift)'이 요구된다고 했다. 그 구체적인 내용은 다음과 같다. 1. 칭의의 복음에서 성화의 복음으로, 2. 공간의 종교에서 시간의 종교로, 3. 십자가 신학에서 부활의 신학으로, 4. 수직적 구조에서 동심원적 구조로, 5. 교권주의에서 예수 주권으로, 6. '가는 천국'에서 '오는 하나님의 나라(the coming kingdom of God)'로, 7. 경건의 모양에서 경건의 능력으로. 이를 위해 '교육'과 '개혁'이 요구된다. 교인들을 변화시키는 실질적 교육이 일어나지 않으면 '유사 그리스도인들(the almost Christians)'이 늘어나고, 교회 체제를 개혁하지 않으면 '가나인 교인들'이 늘어날 것이다. 결론은 1. 총체적 복음의 실재화와 2. 성령의 체험과 3. 공공성이다. (말씀교육×성령체험)×공공성!

수가 좋아 연인처럼 그를 끌어안고 살았고, 특히 지난 10여년간은 요한에 빠져 미쳐 살았다. 고단한 인생 속에서도 예수와 요한에 빠져 미쳐 산 시간들은 내게 행복한 시간들로 남아 있다.[631]

2. 지금 우리(한국교회)는 어디에 서 있는가? 그리고 우리(한국교회)는 어디로 가고 있는가? 이 물음을 던지는 것은 지금 우리(한국교회)는 미래를 예측할 수 없을 만큼 심각한 영적 위기에 빠져 있기 때문이다. 과연 우리(한국교회)는 우리의 후손들에게 어떤 교육을 통한 기독교 신앙의 유산을 남겨주어야 할 것인가?[632] 애국(愛國)·애교(愛敎)의 길은 무엇인가에 대한 책임의식을 통감할 때가 아닌가 생각한다.

주전 587년 남왕국 유다는 바벨론 제국에 망하고, 솔로몬 성전은 불탔으며, 지도자들은 바벨론에 포로로 끌려갔다. 이 같은 민족적 수난 속에서 유다의 지도자들은 왜 이러한 민족적 불행을 당하게 되었는지를 뼈저리게 반성하지 않을 수 없었다. 즉 그들은 이스라엘 민족의 장래를 놓고 철저한 '신학적 반성(Theological Reflection)'에 들어갔다. 이는 이스라엘 민족이 갖고 있던 독특한 역사의식의 발로에 기인한다.

"풀은 마르고 꽃은 시드나 우리 하나님의 말씀은 영원히 서리라"(사 40:8)는 말씀처럼 그들은 하나님의 말씀을 붙드는 것만이 이스라엘 민족이 살 길이라는 결론에 이르렀다. 그리하여 조상들이 유산으로 남겨

---

631) 사람은 뭔가에 미쳐 살 때 행복하고, 제대로 미쳐 있는 사람에게 인생은 통한다는 것에 대해서는 이태형, 《미쳐야 통한다(發狂而通)》을 참조하세요.
632) 제주도에 가면 〈생각하는 정원〉이라는 세계 최고의 분재 정원이 있다. 이 정원을 만든 성범영 선생은 이런 말을 했다. "나이가 들면서 우리 후손들에게 무엇을 남겨줄 수 있을 것인가를 고민하게 되었습니다. 그것은 바로 내가 가지고 있는 모든 것이라는 결론에 이르렀습니다. 내가 가진 것이란 나무를 가꾸며 깨달은 순리, 풀과 돌맹이와 물과 바람이 가르쳐준 순리, 내가 만난 사람들을 통해 느낀 교훈, 그리고 무엇보다 이 모든 것이 한데 어우러져 탄생한 나의 정원, 바로 그것입니다." 성범영, 《생각하는 정원》, 27.

놓은 신앙 전승들을 모아 책으로 편찬하기 시작하였다. 그것이 구약성경의 출발이 되는 모세오경의 탄생이었다.

한편, 주후 70년 유대 민족은 로마제국에 의해 헤롯 성전은 불타고, 민족은 뿔뿔이 흩어지는 민족적 불행을 당하였다. 이러한 상황에서 유대인들은 유대교의 정체성을 확립하기 위한 차원에서 구약성경을 마무리 지었다. 이때 그리스도인들도 위기의식을 갖고 그리스도교 신앙의 유산을 남겨놓아야 할 필요성 때문에 글을 쓰고 책을 편찬하기 시작하였다. 이것이 신약성경의 출발이었다. 즉 지금 우리 손에 들려진 신구약성경은 역사적 비극을 가장 창조적으로 승화해서 이룩한 인류 최고의 걸작품이다.[633]

3. 존경하는 김교신 선생은 "《성서조선》의 이해"라는 글에서 사랑하는 자에게 주고 싶은 것은 한두 가지에 그치지 않는데, 그는 다만 성서를 조선에 주고자 미력을 다하겠다고 피력하였다.[634] 그런데 성서 66권은 너무나 많다. 키르케고르의 말처럼[635], 필자는 사랑하는 자에게 단 한 권의 책 '요한복음'만을 주고 싶다. 복음에 빚진 자의 마음으로 시작된 요한복음 연구가 《유레카·익투스 요한복음》이라는 책으로 결실을 맺어 주님을 향한 필자의 마지막 사랑을 고백하게 된 것이 한없이 기쁘다.

---

[633] '바벨론 포로시대의 의미'에 대한 더 자세한 설명은 박호용, 《성경개관 1(구약편)》, 397-398을 참조하세요.
[634] 김정환, 《김교신: 그 삶과 믿음과 소망》, 30-31.
[635] 루터교도인 키르케고르는 루터의 95개 조항은 너무나 많기에 그는 '하나의 논제-단 하나의 것'으로 축소했는데, 그것은 '신약성경의 기독교는 한마디로 존재하지 않는다'는 것이었다. 기독교회가 그 동안 저지른 범죄는 교활하게도 기독교를 온전케 한다는 미명 하에 조금씩 조금씩 하나님을 속여서 기독교를 빼앗아 내어 기독교를 신약성경에 나온 모습과는 정반대로 만드는 데 성공했다는 것이다. O. Guinnes, 《소명》, 173-174.

비즈니스 컨설턴트이자 미국 제일의 동기유발 전문가인 브라이언 트레이시는 이런 말을 했다. "당신이 이 세상에 태어난 이유는 무엇인가? 뭔가 위대한 일을 하기 위해서, 당신 자신과 다른 사람들에게 도움을 줄 수 있는 멋진 일을 해내기 위해서 이 땅에 태어난 것이다."[636] 이 말을 필자에게 적용하면 이렇다. "내가 이 세상에 태어난 이유는 무엇인가? 그것은 요한복음이 '천하제일지서'라는 이 위대한 일을 밝히기 위해서 태어났다. 이를 통해 나 자신과 다른 사람들에게 진리와 자유의 삶을 살도록 도와주는 멋진 일을 하고 싶어서 이 땅에 태어났다고 말하고 싶다."

4. 20세기 타이타닉호 침몰(1912.4.15)을 내다보듯, 키르케고르는 타락한 기독교회를 향하여 폭탄을 던졌다. "무서운 밤이 있다. 근심없이 떠들고 있는 많은 여행객들을 생각하면 이것은 무서운 일이다. 선장이 위험에 대해 전혀 알고자 하지 않는 것은 무서운 일이다. 더욱 무서운 것은 이것을 알아보고 무슨 일이 다가올 것인가를 알고 있는 유일한 사람이 승객이라는 사실이다. 기독교적으로 보아 무서운 폭풍우가 다가온다는 것을 의미하는 흰 점이 수평선에 나타나 있다는 것 - 그것을 나는 알았다. 아, 그러나 나는 다만 하나의 승객이고 승객이었다."[637] 그는 현대 기독교계의 타락에 대한 교회 개혁의 시각을 12시 5분전이라고 말했다.[638]

종교개혁자 마르틴 루터는 이런 말을 했다. "우리는 지금 새 시대의 새벽에 서 있다." 이 말은 새 시대를 여는 패러다임의 전환, 즉 '베드로의 종교(가톨릭)'에서 '바울의 종교(개신교)'로의 '패러다임의 전환'을 말하

---

636) B.Tracy, 《내 인생을 바꾼 스무살 여행: 사하라에서 배운 성공의 원칙》, 24.
637) W.Nigg, 《예언자적 사상가》, 103.
638) W.Nigg, 윗책, 175-176,

는 것이었다.[639] 16세기 종교개혁 시대가 새로운 패러다임을 요청하는 시대였다면, 21세기야말로 새로운 패러다임을 강력히 요청하는 변화의 시대가 아닐 수 없다.

21세기인 오늘날 기독교, 특히 개신교는 위기에 처해 있다.[640] 기독교회는 안으로는 교권과 교인들의 '세속주의'에 의한 부패와 타락으로 세인들에게 실망을 안겨주고 있으며, 밖으로는 '상대주의'로 무장한 종교다원주의에 제대로 대응하지 못함으로 인해 '예수의 유일성'이라는 절대 진리가 무너지는 위기에 처해 있다.[641] 게다가 기독교회의 위기는 설교의 위기에서도 찾을 수 있다. 사람들의 귀를 즐겁게 하는 유창한 설교는 홍수처럼 넘쳐나나 성경적이고 복음적인 살아계신 하나님의 말씀은 듣기 힘들다.[642]

5. 지난 2천년 동안의 기독교 역사는 선교라는 명분 아래 예수의 정신에서 벗어나 많은 죄악을 범한 것이 사실이다.[643] 게다가 '오직 믿음으로', '오직 성경으로'를 외치며 시작된 개신교는 500주년을 지나온

---

639) 이에 대해서는 박호용, 역자해설 "종교개혁-베드로의 종교(가톨릭)에서 바울의 종교(개신교)로-", W. von Loewenich, 《마르틴 루터》, 587-597을 참조하세요.
640) 전세계적 차원에서 위기를 맞고 있는 기독교의 미래에 대해서는 A.McGrath,《기독교의 미래》; D.Jr. Cha,《마지막 신호: 21C 인간을 통제하기 위한 거대한 계획》를 참조하세요. 또한 서구교회의 몰락과 한국교회의 미래에 대해서는 김승연,《유럽교회는 어디로 갔는가?》,《21세기 한국교회 어디로 가야 하나?》를 참조하세요.
641) 성경의 훼손과 복음의 변질은 인본주의, 즉 성공신학, 기복신앙, 율법주의, 열광주의, 신비주의, 교양주의, 도덕주의, 주지주의, 실용주의 등 다양한 형태로 나타났다. 종교다원주의 신학에 따른 교회의 위기에 대해서는 H. Kraemer,《기독교 선교와 타종교: 종교다원주의 신학에 대한 비교종교학적 비판》, 36-42을 참조하세요.
642) 설교의 위기에 대해서는 정용섭,《속빈설교 꽉찬설교》,《설교와 선동 사이에서》,《설교의 절망과 희망》을 참조하세요.
643) 지난 2천년 동안 기독교가 범한 죄악에 대해서는 조찬선,《기독교 죄악사(상,하)》를 참조하세요. 선교의 위기와 선교 패러다임의 변화에 대해서는 D.J.Bosch,《변화하고 있는 선교》를 참조하세요.

지금 다시 종교개혁을 하지 않으면 안 될 정도의 위기상황에 처해 있다.[644] 교회 내부를 깊이 들여다보면 거기에는 성경도, 예수도 잘 안 보이고 대신 그 자리에 물질과 인간이 따리를 틀고 있는 모습을 어렵지 않게 볼 수 있다. 이제 자정 능력을 상실한 개신교는 관성의 법칙에 따라 굴러갈 뿐 새로운 것을 줄 만한 것이 별로 없다.

개신교 종교개혁은 한마디로 '베드로의 종교(가톨릭)'에서 '바울의 종교(개신교)'로의 '패러다임의 전환'을 말하는 것이었다.[645] 여기서 '패러다임의 전환'이란 다른 말로 '기준'을 바꾸었다는 의미이다. '교회(성당)'와 '교황을 비롯한 모든 인간적 제도' 대신 '예수'와 '말씀'으로 그 기준을 바꾸었다는 것을 의미한다. 그리고 '예수'와 '말씀'을 기준 삼는다는 말은 '예수'와 '말씀'을 왕(최고) 삼는다는 것을 의미한다. 예수와 말씀 대신 나 자신을 비롯한 세상의 그 무엇을 기준(왕) 삼는 것은 모두 우상숭배요 불신앙이다.

중세의 한 교황이 토마스 아퀴나스와 함께 화려한 금으로 치장된 성 베드로 대성당을 둘러보면서 이렇게 말했다. "토마스, 이제 우리는 '은과 금은 내게 없거니와'라는 말을 못하겠군." 그러자 토마스 아퀴나스는 이렇게 대답했다고 하다. "'은과 금은 없다'는 말뿐 아니라 '내게 있는 이것을 네게 주노니 나사렛 예수 그리스도의 이름으로 걸으라'는 말도 못합니다. 이제 우리 교회에는 예수 이름의 권세가 없습니다."

김회권 교수는 "은금이 풍부한 교회를 부러워하여 대형교회로 발돋움하려는 것이 성령충만의 결과일까? 목회자와 당회의 야심은 아닐까?"라고 물으면서 이 같이 말했다. "영어 숙어에 'as poor as church

---

644) '내리막길에 서 있는 기독교'에 대해서는 J.F.MacArthur, 《복음을 부끄러워하는 교회》, 24-57을 참조하세요.
645) 이에 대해서는 박호용, "종교개혁-베드로의 종교(가톨릭)에서 바울의 종교(개신교) 로-", W. von Loewenich, 《마르틴 루터》, 587-597을 참조하세요.

mouse(교회 쥐처럼 가난한)'라는 말이 있다. 이 말은 정말로 가난하다는 뜻이다. 교회가 가난할 때는 세상을 살리는 '영성의 수원지' 역할을 수행할 수 있었다(겔 47장). 그런데 교회가 은과 금으로 가득 찰 때는 영적으로 무기력한 공동체가 되어 버린다. 거룩한 성령의 개혁과 갱신의 요구를 외면한 교회는 지방질이 가득 찬 정치화된 공동체가 되어 버린다. 정치화된 교회는 사회의 상부구조로 편입되며, 가장 수구적이고 반개혁적인 이데올로기와 정치 이념을 지지하고 주창하는 집단으로 전락한다. 이 경우 교회는 세습의 대상이 되고, 권력 쟁탈의 온상으로 전락한다. 시체에 날파리 떼가 운집하듯 성령의 지배에서 벗어난 교회는 비린내 나는 종교집단이 되어 버린다."[646]

우리는 모든 운동들이 처음 시작할 때에는 순수했으나 시간이 흐르면서 처음 가졌던 순수성을 잃고 변질과 부패로 전락하는 것을 흔히 보게 된다. '하나님에 대한 열심'으로 출발한 젤롯당 운동이 그러했다. 처음 시작할 때는 순수하게 시작했으나 시간이 흐르면서 젤롯당 운동은 헤게모니(패권주의) 싸움으로 변질되었다. 종교개혁으로 태동한 개신교회도 마찬가지다. 500년이 지난 지금 개신교회는 다시 그 순수성을 회복해야 할 시점에 와 있다. '오직 예수'와 '오직 말씀'으로 시작된 개신교회는 끊임없이 예수와 말씀에 포커스를 맞추지 않으면 변질되고 부패할 수밖에 없다.[647]

종교개혁 시대가 '새로운 패러다임'[648]을 요청하는 시대였다면, 오늘

---

[646] 김회권, 《하나님 나라 신학으로 읽는 사도행전 1》, 123-124.
[647] 종교개혁이 필요한 한국교회의 변질과 부패상에 대해서는 다음의 책들을 참고하세요. 제2종교개혁연구소 엮음, 《제2종교개혁이 필요한 한국교회》; 곽영신, 《거룩한 코미디: 한국교회의 일그러진 맨얼굴》; 한용상, 《교회가 죽어야 예수가 산다》. 지금이야말로 한국교회재건운동(KCRM)의 깃발을 들어야 할 때이다. 당신이 아니면 누가 하겠는가? 지금이 아니면 언제 하겠는가? 십자가를 지는 것 외에 다른 방법이 있겠는가?
[648] 수운(水雲) 최제우 선생은 19세기말 무너져 가는 조선을 향하여 '다시 개벽(開闢)'을 외

21세기 포스트모더니즘(Post-Modernism) 시대에 이슬람의 발흥[649]과 종교다원주의[650]의 만연 및 개신교회의 변질과 부패에 직면하여 무너져 가는 기독교회를 다시 세우기 위해서는 본질로 돌아가는 길밖에 없다. 나 천명(天命)은 외친다. '다시 예수!', '다시 성경!'[651]

6. 오늘날을 '제4차 산업혁명시대'라고 한다. 인공지능, 생명공학을 비롯한 엄청난 과학기술의 발달은 우리로 하여금 눈에 보이지 않는 하나님이나 영혼을 부정하는 시대 속에 살도록 우리를 이끌어 간다. 이런 시대에 예수 그리스도를 '하나님의 비밀'이라고 말하는 것은 어리석고 무의미하며 시대착오적인 것으로 생각된다.

예루살렘 히브리대학교의 역사학자 유발 하라리 교수가 쓴《호모 데우스(Home Deus): 미래의 역사》라는 책은 '호모 사피엔스(생각하는 인간)'를 넘어 이제는 인본주의의 극치인 인간이 신이 되는 '호모 데우스

쳤다. 새로운 문명의 패러다임이 요청되는 시대에 그는 동학(東學)을 통해 서학(西學)과 맞섰다. 김용옥,《동경대전(1)》, 110-111.

[649] 이슬람의 학교 마드라사에서는 이슬람 사상을 배운다. 학생들은 사상가가 되어 세상에 나와 전사(무자헤딘)가 된다. 우리는 신학교에서 신학 지식을 배운다. 학생들은 지식인이 되어 세상에 나와 직업인(목회자)이 된다. 사상가와 전사 對 지식인과 직업인, 이 둘이 싸운다면 어떻게 될까. 그 결과는 뻔하지 않겠는가.

[650] 강아지는 순종이라야 귀하고 값비싼 강아지다. 변종이나 잡종 강아지는 싸구려 천한 강아지다. 신앙의 변종(變種)과 잡종(雜種)이 판을 치는 이 시대에 하나님은 신앙의 순종(純種)을 지닌 그리스도인을 목마르게 찾고 계신다.

[651] 민경배 교수(1934~)는 '내연(內燃)과 외연(外延)의 신앙 구조'를 역사 해석의 중요한 키워드로 삼았는데, 이는 신앙의 내연이 활활 타오를 때 외연으로 표출되어 역사 변혁의 에너지로 나타난다는 의미를 담고 있다. 평소 복음과 성령으로 내면이 활성화될 때 내면의 생명력이 외연으로 나타나서 개인의 일생을 변화시키며 역사를 개혁하는 원동력으로 작용한다. 평소 내연의 활동이 없으면 외연의 변화를 가져올 수 없다. 우리는 현재 신앙의 내연 활동을 위해 무엇을 하고 있는가? 그것을 보면 미래의 내 모습과 사회 개혁을 전망할 수 있으리라. '내연(內燃)과 외연(外延)의 신앙 구조'에 대해서는 민경배,《교회와 민족》, 31을 참조하라.

(이 말은 '人神'을 말함)'의 경지에까지 이르렀음을 극명하게 보여주고 있다. 그는 이런 말을 했다. "성경은 더 이상 창조적 자극을 주지 못하는데도 권위의 원천으로서 계속 자리를 지킨다. 그러므로 전통 종교들은 자유주의의 진정한 대안이 될 수 없다. 성경은 유전공학, 인공지능에 대해 할 말이 없고, 대부분의 신부, 랍비, 무프티(mufti, 회교도 법관)는 생물학과 컴퓨터 공학 분야에서 일어난 최신 발견을 이해하지 못한다. 이런 발견들을 이해하고 싶다면 다른 도리가 없다 고대 문헌을 외우고 그 내용에 대해 논쟁하는 대신, 과학 논문을 읽고 실험하는 데 시간을 보낼 필요가 있다."[652]

그렇게 말한 그가 지난 30년 동안 엄청난 과학기술의 발견에도 불구하고 인간은 더욱 행복하다고 느끼지 못하며, 한국에서 연간 자살률이 4배(10만 명당 9명에서 36명으로)나 증가했다고 언급하였다. 이는 어거스틴(Augustine)의 말대로 "사람이 하나님 안에 있기 전까지는 안식(행복)을 모른다"는 반증이고, 예수 그리스도가 없는 인생이나 역사는 아무 의미가 없음을 잘 드러내주고 있다. 즉 과학기술 문명은 인간에게 편리함을 가져다줄지는 모르나 인생의 의미와 행복을 가져다주지는 못한다. 바울 사도는 하나님의 비밀인 그리스도 예수 안에 모든 지혜와 지식의 보화가 담겨 있음을 모르는 자들이 하는 속임수에 속지 말 것을 엄히 경고하고 있다(골 2:2-3).

이 세상에는 인간의 이해를 초월하는 비밀들이 너무나도 많다. 역사상 가장 위대한 과학자 중의 한 사람인 아인슈타인조차 이런 말을 했다. "우리로서는 도저히 이해할 수 없는 것들이 분명히 존재한다. 자

---

[652] Yuval N. Harari, 《호모 데우스(Home Deus): 미래의 역사》, 381-382. 하라리 교수의 주장에 대해 김용규 교수는 "시대를 파멸로 몰고 가는 우리의 이성을 신앙 앞에 무릎을 꿇려야 하지 않을까요?"라면서 그를 비판한다. 김용규, 《신: 인문학으로 읽는 하나님과 서양문명 이야기》, 245-249을 참조하세요.

연의 비밀 뒤에는 뭔가 미묘하고 난해하며 설명할 수 없는 것들이 남아 있다. 우리가 이해할 수 있는 범위를 벗어나는 이 같은 힘에 대한 경배, 그것이 나의 종교다." 첨단 과학기술이 인류에게 영생을 가져다 줄지 아니면 지구의 파괴와 인류의 종말을 가져올지는 두고 볼 일이다.

7. 세계 최초의 퍼스널 컴퓨터를 만들어 낸 애플의 창업자 스티브 잡스(Steve Jobs, 1955-2011)는 큰 꿈을 꾸었다. 그 꿈은 "컴퓨터를 가지고 세상을 바꿔보겠다"는 꿈이었다. 그는 새로운 기계가 산업혁명과 같은 새로운 혁명을 가져올 것으로 확신했다.[653] 그러나 분명한 것은 기계에 의한 혁명은 새로운 기계가 등장하면 그 혁명은 종결되는 일시적 혁명에 불과하다.

요한의 꿈은 "예수로 세상을 바꿔보겠다"는 꿈이었다. 이 꿈은 산업혁명과 같은 기계에 의한 일시적 혁명이 아니라 인간의 영혼을 새롭게 하는 4차원의 혼의 혁명이자 영원한 혁명이다. 러시아 혁명가 네차예프(S.Nechaev, 1847-82)는 "혁명가는 오직 한 가지 - 혁명밖에 생각하지 않는다"는 말을 했다.[654] 필자는 "그리스도인은 오직 한 가지 - 예수밖에 생각하지 않는 사람이다"라고 말하고 싶다.

반 고흐(Van Gogh, 1853-90)는 '그림을 통해서만 말할 수 있는 사람'이었고,[655] 이를 위해 '자신의 이성을 반쯤 파묻은 사람'이었듯이, 그리스도인은 '예수를 통해서만 말할 수 있는 사람(예수 마니아)'이어야 한다.[656] 이 같은 정신을 가지고 필자가 이 책을 통해 추구하고자 한 것

---

653) 이지훈, 《魂創通》, 63-68.
654) 김학준, 《러시아 혁명사》, 56. 일생을 혁명가로 살다가 혁명가로 죽었던 레닌에 대해서는 R. Service, 《레닌》을 참조하세요.
655) 반 고흐에 대해서는 V. van Gogh, 《반 고흐, 영혼의 편지》를 참조하세요.
656) 가수 조영남 씨의 철학이 재미즘(Jaemism)이라면, 그리스도인의 철학은 지저시즘(Jesusism, 예수주의)이어야 한다.

은 이것이었다.

첫째, 인본주의 헬레니즘(Hellenism)에 입각한 변질된 '서양 기독교(기독교회)'를 혁파(革罷)하고 신본주의 헤브라이즘(Hebraism)에 입각한 '성경적 예수교(예수교회)'로 돌아가고자 한다.

둘째, 종교다원주의를 포함한 일체의 '혼합주의(syncretism)' 우상을 척결(剔抉)하고 예수일원주의로 돌아가고자 한다.[657]

셋째, 요한복음은 '제3의 종교개혁의 텍스트'로서, 제3의 종교개혁[658]은 교회(교인)가 3차원의 '건물(교회당) 영성'에서 4차원의 '말씀(예수) 영성'으로 돌아가야 한다.

넷째, 4차원의 말씀(예수) 영성을 통해 삶의 변화를 이루고[659], 예수의 얼을 지닌 전사가 되어 복음 전도와 세계 선교라는 거룩한 사명을 다하는 교회와 교인이 되어야 한다.

다섯째, 세상의 그 무엇이 주어나 기준(중심)이 아닌 하나님과 그가 보내신 아들 예수 그리스도가 주어(主語)요 모든 것의 기준(중심)[660]이 되는 '팍스 크리스티나(Pax Christina, 그리스도 제국)의 새 시대, '지저스크

---

657) 서구신학(서구기독교)이 우측(헬레니즘)으로 치우쳤다면, 동양신학(토착화신학)은 좌측(종교다원주의)으로 치우쳤다. 이제 진자의 중심으로서의 새로운 신학(아시아 예수교)은 예수(말씀) 중심의 '환원신학(Ad Fontes Theology)'으로 돌아가야 한다.
658) 네 글자 '종교개혁'은 네 글자 '우상타파'와 동의어이다. 제3의 종교개혁의 텍스트 요한복음은 '예수유일주의'를 표방하는데, 이는 '혼합주의(syncretism)'에 대한 경종이다. 혼합주의에는 종교다원주의, 물신숭배, 풍요와 다산의 바알종교(기복주의), 황금만능주의, 과학기술주의, 외모지상주의, 거대주의, 제국주의, 성공주의, 행복주의, 쾌락주의, 율법주의, 교황주의, 성모 마리아 숭배, 성인숭배, 교회주의, 뉴에이지, 역술, 선 등등.
659) 칼 마르크스(K. Marx)는 이런 말을 했다. "철학자들은 지금까지 여러 가지 방식으로 세계를 해석하기만 했다. 중요한 것은 세계를 변혁시키는 것이다." 필자는 이렇게 말하고 싶다. "신학자들은 지금까지 여러 가지 방식으로 성경을 해석하기만 했다. 중요한 것은 세상을 바꾸는 것이다."
660) 세계(역사)의 중심이란 지리적인 의미의 시온이나, 아덴이나, 로마나, 장안이나, 메카가 아니라 예수가 세계(역사)의 중심임을 말한다.

라티아(Jesuscratia, 예수나라)'의 신세계로 돌아가고자 한다.[661]

나의 사랑하는 형제, 사모하는 누이, 동역자인 '예수교전사(예사빠전)'여![662] 그리스도인이란 "예수를 위해 항상 죽을 각오(준비)가 되어 있는 사람"이 아닌가.[663] 그리고 우리 민족은 이스라엘의 뒤를 이은 또 하나의 선민(제2의 선민)이 아닌가.[664] 이 시대의 우리 민족의 사

---

[661] 바보 노무현이 꿈 꾼 나라는 '국민이 대통령이 되는 나라'였다. 이정우 외 38명 지음, 《노무현이 꿈꾼 나라》, 10. 도올 선생이 꿈꾸는 나라는 플레타르키아(Pletharchia, '多衆'을 뜻하는 plathos와 '지배하다'를 뜻하는 archia를 합성한 신조어, 번역하면 '민본성'[民本性]이라 할 수 있다)의 신세계이다. 김용옥, 《東經大全 1-플레타르키아의 신세계》, 37-48. 도올이 꿈꾸는 신세계는 서구중심주의에 대한 반기로서 21세기 아시아적 가치인 '민본성'에 있다. 그는 이를 위해 치열하게 씨름하는 '고독한 지적 방랑자'이다. 필자인 나 天命 (John Park)이 꿈꾸는 신세계는 이 땅에 예수가 다스리는 '지저스크라티아(Jesuscratia, 예수 나라)'의 신세계이다. 이를 위해 치열하게 씨름하는 '고독한 영적 순례자'가 되고 싶다.

[662] 필자가 쓴 예사빠전(耶思波戰)이라는 신조어는 이슬람의 전사인 '무자헤딘'에 대응하는 말로 '예수사상에 빠진 전사'라는 말의 약자이다. 예수교전사인 '예사빠전'은 예수의 정신인 사랑과 평화의 전사로서, 이는 서양 기독교의 전쟁과 폭력의 전사인 '십자군'을 대체하는 말로 사용하고자 한다. 이슬람의 전사 무자헤딘은 이슬람을 위해 자폭하는 것을 두려워하지 않는다.

[663] 탁오(卓五)라는 호로 널리 알려진 이지(李贄, 1527-1602)는 16세기 중국의 양심적 지성이며, 양명좌파의 한 사람이자 계몽주의적 사상가로서, 희대의 반항아로 유명하다. 그는 죽기 직전 '五死(죽는 다섯 가지 길)'라는 글을 남겼다. "제일 바람직한 죽음은 정당한 명분을 위하여 죽는 영웅적 죽음이고, 둘째로 좋은 죽음은 전쟁터에서 죽는 것이고, 셋째로는 순교자적(보살적) 죽음이고, 넷째로는 정직한 관리로서 중상모략에 죽는 것이고, 다섯째는 자기의 작품을 완성하고 명성을 획득한 후에 젊어 죽는 것이다. 예수교전사인 예사빠전(그리스도인)의 죽음철학은 이러하다. ① 까짓것 죽기밖에 더하겠나! ② 그래, 죽여라 죽여! ③ 죽으면 죽으리라! ④ 죽으면 살리라! ⑤ 죽으면 영생하리! 요한의 마지막 말은 이것이다. "우리 다 같이 (예수를 위해) 죽으러 갑시다." 목숨 걸고 선교하는 이야기에 대해서는 최광, 《내래, 죽어도 좋습네다: 최광 선교사의 탈북자선교실화》를 참조하세요.

[664] 아시아의 서쪽 끝에 자리한 선민 이스라엘은 셈의 4대손인 에벨의 두 아들 '벨렉과 욕단' 가운데 벨렉의 후손이다. 그리고 아시아의 동쪽 끝에 자리한 또 하나의 선민인 우리 한민족(아리랑민족)은 욕단의 후손으로 구원사의 마지막 주자라는 것에 대해서는 유석근, 《또 하나의 선민: 알이랑민족》을 참조하세요.

명은 무엇인가. 복음의 나팔수가 되는 것이 아닌가.[665] 그렇다면 온 세상이 예수 앞에 무릎을 꿇고 경배와 찬양을 드리는 그날까지 Pax Christina(Jesuscratia)의 새 시대(신세계)의 꿈을 함께 공유하고 함께 열어가지 않으려는가.

첫 마음(初心)으로 예수를 위해 불꽃(聖焰)처럼 살다가
부르심(召命)을 다 이루고 바람(聖風)처럼 가리라
- 몽골의 드넓은 초원을 말타고 달리면서 -

2019년 부활절에
愿天天我死基督生

무명(無名) 쓰다.

---

[665] 중국선교 현장에서 복음의 핵심(본질)인 '십자가의 도(복음)'를 증언한 사례에 대해서는 황요한·오한나,《광야에 세우는 십자가》를 참조하세요.

참 고 문 헌

Abd-al Masih. *Dialogue with Muslim*.《무슬림과의 대화》이동주 옮김, 서울: 기독교문서선교회, 2001.

Achtemeier,P.J. *Romans*. Interpretation.《로마서》김도현 옮김, 서울: 한국장로교출판사, 2003.

Achtemeier,P.J. Green, J.B. & Thompson,M.M. *Introducing The New Testament: Its Literature and Theology*.《새로운 신약성서개론》소기천·윤철원·이달 옮김, 서울: 대한기독교서회, 2004.

Amstrong,K.《스스로 깨어난 자 붓다》서울: 푸른숲, 2003.

Anderson,B.W. *Understanding The Old Testament*(4th). New Jersey: Prentice-Hall, 1986.

Anderson,P.N. *The Christology of the Fourth Gospel: Its Unity and Disunity in the Light of John 6*. Oregon: Cascard Books, 2010.

_____. *The Riddles of the Fourth Gospel: An Introduction to John*. Minneapolis: Fortress Press, 2011.

Ashton,J.A. *Understanding the Fourth Gospel*. Oxford: Clarendon, 1994.

Aune,D.E. *Revelation 1-5*. WBC.《요한계시록(1-5장) 김철 옮김, 서울: 솔로몬, 2003.

Bainton,R.H. *Here I Stand: A Life of Martin Luther*.《마틴 루터의 생애》이종태 옮김, 서울: 생명의 말씀사, 1982.

Barclay,W. *The Gospel of John*.《요한복음(상·하)》서울: 기독교문사, 2009.

Barker,M. "Beyond the Veil of the Temple: The high Priestly Origins of the Apocalypses." *SJT* 51(1998).

Barrett,C.K. *The Gospel According to St. John*. London: SPCK, 1960.

_____. *The New Testament Background, Selected Documents*. London: SPCk, 1957.

Barth,K. *Der Römerbrief*. 《로마서 강해》 조남홍 옮김, 서울: 한들, 1997.

Bauckham,R. *The Climax of Prophet*. 《예언의 절정(1): 요한계시록 연구》 최흥진 옮김, 서울: 한들, 2002.

_____. "The Fourth Gospel as the Testimony of the Beloved Disciple." in *The Gospel of John and Christian Theology*, R. Bauckham & C. Mosser(ed.), Grand Rapids: Eerdmans, 2008: 120-139.

_____. *The Theology of the Book of Revelation*. 《요한계시록 신학》 이필찬 옮김, 서울: 한들출판사, 2000.

_____. *Jesus and the Eyewitness: the Gospel as Eyewitness Testimony*. Grand Rapids, Michigan: Eerdmanns, 2006.

_____. "The Fourth Gospel as the Testimony of the Beloved Disciple." *The Gospel of John and Christian Theology*. R.Bauckham & C.Mosser(ed.). Grand Rapids, Michigan: Eerdmanns, 2008: 120-139.

Beasley-Murray,G.R. *John*. WBC. Vol.36. Texas: Word Books, 1987.

Beker,J.C. *The Triumph of God: The Essence of Paul's Thought*. Minneapolis: Fortress Press, 1990.

_____. *Paul The Apostle: The Triumph of God in Life and Thought*. 《사도바울: 바울의 생애와 사상에서의 하나님의 승리》 장상 옮김, 서울: 한국신학연구소, 1991.

Beutler, J. *A Commentary o the Gospel of John*, Grand Rapids: Eerdmans, 2013.

Blenkinsopp,J. *Prophecy and Canon: A Contribution to the Study of Jewish Origins*. Notre Dame: University of Notre Dame Press, 1977.

Bloch,M. *Apologie pour L'histoire ou Metier D'historien*. 《역사를 위한 변명》

정남기 옮김, 서울: 한길사, 1979.

Bonhoeffer,D. *The Cost of Discipleship*. 6th ed. London: SCM, 1962.

Boorstin,D.J. *The Seekers*, 《탐구자들》 강정인·전재호 옮김, 서울: 세종서적, 2000.

Borchert, G. L. "Excursus 6: Numbers", *John 1-11*, Vol.25A, Nashville: Publishing Group, 1996: 254-256.

_____. "Excursus 31: John 21:1-14 and Luke 5:1-11: A Form and Redactional Note," *John 12-21*, Vol.25B, Nashville: Publishing Group, 2002: 331-332.

Borg,M.J. *Jesus: A New Vision*. 《예수새로보기》 김기석 옮김, 천안: 한국신학연구소, 1997.

Bosch,D.J. *Transforming Mission*. 《변화하고 있는 선교: 선교신학의 패러다임의 전환》 김병길·장훈태 옮김, 서울: 기독교문서선교회, 2000.

Braaten,C.E. *History and Hermeneutics*. 《역사와 해석학》 채위 옮김, 서울: 대한기독교서회, 1969.

_____. "The Significance of Apocalypticism for Systematic Theology." *Interpretation*. Vol.25(1971, 4), 《신학사상》 30, 1980(가을호), "묵시문학과 조직신학.": 512-534.

Brown,D. *The Da Vinci Code*. 《다빈치코드 1,2》 안종설 옮김, 서울: 문학수첩, 2003.

_____. *The Lost Symbol*. 《로스트심볼 1,2》 안종설 옮김, 서울: 문학수첩, 2003.

Brown,R.E. *The Gospel According to John*. 2 Vols. New York: Doubleday & Company, 1966.

_____. *The Community of the Beloved Disciple*. New York: Paulist Press, 1979.

Bruce,F.F. *The Gospel of John*. Grand Rapids, Michigan: Eerdmans, 1983.

_____. *The New Testament Documents: Are They Reliable?* 5th rev. ed. Grand Rapids: Eerdmans, 1981.

Brueggemann,W. *Hopeful Imagination: Prophetic Voices in Exile*. Philadelphia: Fortress Press, 1986.

Bruner,F.D. *The Gospel of John*. Grand Rapids, Michigan: Eerdmans Publishing Company, 2012.

Buber,M. *Ich Und Du*. 《나와 너》 김천배 옮김, 서울: 대한기독교서회, 2000.

Bultmann,R. *The Gospel of John*. Orgon: Wipf & Stock, 1971.

_____. *The Gospel of John*. 《요한복음서연구》 허혁 옮김, 서울: 성광문화사, 1979.

_____. *New Testament Theology*. 《신약성서신학》 허혁 옮김, 서울: 성광문화사, 1976.

Burney,C.F. *The Aramaic Origin of the Fourth Gospel*. Oxford: Oxford University Press, 1922.

Buttrick,G.A. (ed). *The Interpreter's Bible*. Vol. 8(Luke-John). New York: Abingdon Press, 1952.

Carson,D.A. *The Gospel According to John*. Grand Rapids, Michigan: Eerdmans Publishing Company, 1991.

Carter,W. *John and Empire: Initial Explorations*. New York: T & T Clark International, 2008.

Childs,B.S. *Biblical Theology of the Old and New Testament*. Minneapolis: Fortress Press, 1993.

_____. *Introduction to the Old Testament as Scripture*. Philadelphia: Fortress Press, 1979.

Cha,D.Jr. *The Final Sign*. 《마지막신호: 21C 인간을 통제하기 위한 거대한 계획》

서울: 예영, 2010.

Cohen,A. 《내 것이 아니면 모두 버려라》 서민수 옮김, 서울: 도솔, 2000.

Collins,A.Y. Crisis and Catharsis: The Power of the Apocalypse. Philadelphia: Westminster Press, 1984.

Conzelmann,H. *I Corinthians*. Hermeneia. Philadelphia: Fortress Press, 1975.

_____. "Jesus von Nazareth und der Glaube an den Auferstandenen." *Der historische Jesus und der Kerygmatische Christus*. Berlin: Evangelische Verlagsanstalt, 1960.

_____. *The Theology of St Luke*. London: SCM Press, 1982.

Cormier,J. *Che Guevara*. 《체 게바라 평전》 김미선 옮김, 서울: 실천문학사, 1997.

Corrigan,J. *Business Leaders: Steve Jobs*.《스티브 잡스 이야기》권오열 옮김, 서울: 명진출판, 2009.

Crossan,J.D. *The Historical Jesus: The Life of a Mediterranean Jewish Peasant*. 《역사적 예수》 김준우 옮김, 서울: 한국기독교연구소, 2000.

Culpepper,R.A. *Anatomy of the Fourth Gospel: A Study in Literary Design*. Philadelphia: Fortress Press, 1983.

_____. *The Gospel and Letters of John*. Nashville: Abingdon Press, 1998.

_____. *The Gospel and Letters of John*, Ch. 1. 최흥진 옮김, "요한복음의 독특성." 《신학이해》(제28집), 호남신학대학교, 2008: 237-255.

De La Torre,M.A. & Hernandez, A. *The Quest for the Historical Satan*. Minneapolis: Fortress Press, 2011.

Dodd,C.H. *Interpretation of the Fourth Gospel*. Cambridge: Cambridge University Press, 1953.

De Doncoure,A.S. *Fleurs des Martyrs*. 《순교자의 꽃》 김영환 편역, 서울: 춘추사, 1993.

Durham,J.I. *Exodus*. 《출애굽기》 손석태·채천석 옮김, 서울: 솔로몬, 2000.

Edersheim,E.H. *The Definitive Ducker*. 《피터 드러커: 마지막 통찰》 이재규 옮김, 서울: 명진출판, 2007.

Ellul,J. *La Subversion du Christianisme*. 《뒤틀려진 기독교》 쟈크엘룰번역위원회 옮김, 서울: 대장간, 1990.

Enz,J.J. "The Book of Exodus as a Literary Type for the Gospel of John." *JBL* 76(1957): 208-215.

Fee,G.D. *Pauline Christology*. 《바울의 기독론》 홍인규 외 옮김, 서울: 기독교문서선교회, 2009.

Ferguson, S. B. and Thomas, D. W. H. *ICHTHUS*, 《익투스》, 구지원 역, 서울: 생명의말씀사, 2016.

Fuller,R.H *The New Testament in Current Study*. 《현대신약학의 주류》 황성규 옮김, 서울: 한구신학연구소, 1984.

Ford,L. *Transforming Leadership*. 《변화를 일으키는 리더십》 김기찬 옮김, 서울: 생명의 말씀사, 1991.

Fortna,R.T. *The Gospel of Signs: A Reconstruction of the Narrative Source Underlying the Fourth Gospel*. Cambridge: Cambridge University Press. 1970.

_____. *The Fourth Gospel and its Predecessor: From Narrative Source to Present Gospel*. London·New York: T&T Clark International, 2004.

Foster,R.J. *Streams of Living Water*. 《생수의 강: 기독교 영성의 여섯 가지 위대한 전통》 박조앤 옮김, 서울: 두란노, 1999.

Fuller,R.H. *The Foundations of New Testament Christology*. Collins: The Fontana Library, 1969.

_____. *The New Testamment in Current Study*. 《현대신약학의 주류》 황성규 옮김, 서울: 한국신학연구소, 1984.

Gabe,E.S.(ed.). *New Testament*(הברית החדשה). England: The Society for Distributing Hebrew Scriptures, 2000.

Gallo,M. *Napoleon*.《나폴레옹(1-5권)》임헌 옮김, 서울: 문학동네, 1998.

Gerhard,J. *The Literary Unity and Compositional Method of John*. Unpublished Dissertation. Washington: The Catholic University of America, 1975.

Goldingay,J.E. *Daniel*. WBC. Vol.30. Texas: Word Book, 1989.

Gnilka,J. *Das Evangelium nach Markus*.《마르코복음(II)》국제성서주석, 서울: 한국신학연구소, 1986.

Gowan,D.E. *Theology in Exodus*.《출애굽기신학》박호용 옮김, 서울: 성지출판사, 2004.

Guiness,O. *The Call*.《소명》홍병룡 옮김, 서울: IVP, 2000.

Gundry,R.H. "In My Father's House Are Many Monai." *ZNW* 58(1967): 68-72.

Hadley,J.M. "Wisdom and Goddess." *Wisdom in Ancient Israel*. J.Day, R.P.Gordon and H.G.M. Williamson eds.: 234-243.

Hasel,G.F. *Old Testament Theology: Basic Issues in the Current Debate*.《구약신학: 현대 논쟁의 기본이슈들》김정우 옮김, 서울: 엠마오, 1991,

Haenchen,E. *A Commentary on the Gospel of John*. 2 Vols. Philadelphia: Fortress Press, 1984.

Hamilton, V. P. *The Book of Genesis: Chapters 1-17(1)*, NICOT, Grand Rapids: Eerdmans, 1990.

_____. *The Book of Genesis: Chapters 18-50(2)*, NICOT, Grand Rapids: Eerdmans, 1995.

Hanson,P. *The Dawn of Apocalyptic: The Historical and Sociological Roots of Jewish Apocalyptic Eschatology*. Philadelphia: Fotress Press, 1979.

Harari, Y. N. *Homo Deus*,《호모 데우스: 미래의 역사》, 김명주 옮김, 서울: 김

영사, 2017.

Hartmann,L.F. "Survey of the Problem of Apocalyptic Genre." *Apocalypticism in the Mediterranean World and the Near East*. Tübingen: Mohr-Siebeck(1983): 329-343.

Hengel,M. *The Johannine Question*. London: SCM Press, 1989.

_____. "The Prologue of the Gospel of John as the Gateway to Christological Truth." *The Gospel of John and Christian Theology*. ed. R. Bauckham & C. Mosser, Michigan: Eerdmans Publishing Company, 2008.

Heschel,A. *The Prophets*. New York: Harper & Row, 1963.

_____. *The Sabbath*, 《안식》, 김순현 옮김, 서울: 복있는 사람, 2011.

Hesse,H. *HIER STEHE ICH, ICH KANN NIGHT ANDERS*. 《천마디를 이긴 한마디》 박종대 옮김, 서울: 북스코프, 2007.

Holland,T. *Contours of Pauline Theology*. 《바울신학개요》 박문재 옮김, 서울: 크리스챤다이제스트, 2005.

Hopkirk,P. *Foreign Devils on the Silk Road*. 《실크로드의 악마들》 김영종 옮김, 서울: 사계절, 2000.

Hoskyns,E.C. *The Fourth Gospel*. ed. F. N. Davey. London: Faber & Faber, 1947.

Hylen,S.E. *Imperfect Believers: Ambiguous Characters in the Gospel of John*. Louisville, Kentucky: John Knox Press, 2009.

Jaspers,K. *Socrates, Buddha, Confucius, Jesus*. 《소크라테스, 불타, 공자, 예수》 황필호 옮김, 서울: 종로서적, 1980.

Jeremias,J. *New Testament Theology*. 《신약신학》 정충하 옮김, 서울: 새순출판사, 1990.

Jones,L.B. *JESUS CEO*. 《최고경영자 예수》 송경근·김홍섭 옮김, 서울: 한·언, 1999.

Jones,M.L. *The Cross: God's Way of Salvation*. 《십자가: 하나님의 구원방법》 서창원 옮김, 서울: 두란노, 1987.

Josephus.F. *Jewish War*. 《유대전쟁사》 서울: 생명의 말씀사, 1987.

Kaiser,Jr.W.C. *The Use of the Old Testament in the New*. 《신약의 구약사용》 성기문 옮김, 서울: 크리스챤다이제스트, 1997.

Käsemann,E. "Zum Thema der urchristlichen Apocalyptic." *ZThK* 59(1962): 257-284.

_____. "The Problem of the Historical Jesus." *Essays on New Testament*. London: SCM Press, 1964.

Kee,H.C. *Jesus in History*. 2nd. New York: Harcourt Brace Jovanovich, Inc, 1977.

_____. *Understanding the New Testament*(4th). New Jersey: Prentice-Hall, 1983.

_____. *Community of the New Age*. 《마가복음연구: 새 시대의 공동체》 서중석 옮김, 서울: 대한기독교 출판사, 1983.

Keener, C. S. *The Gospel of John: A Commentary*(I, II, III), Grand Rapids: Baker Publishing Group, 2003. 《요한복음(I, II, III)》 이옥용 역. 서울: 기독교문서선교회, 2018.

Kim, Seyoon. *The Origin of Paul's Gospel*. WUNT 2/4. Tübingen: Mohr-Siebeck, 1981.

Kimball,D. *They like Jesus but not the Church*. 《그들이 꿈꾸는 교회》 차명호 옮김, 서울; 미션월드, 2008.

Klink III, E. W. *John*, Exegetical Commentary on the New Testament, Zondervan, 2016.

Koch,K. "묵시문학과 종말론(Apokalyptic und Eschatologie)." 《기독교사상》 (1981.9): 110-117.

Kohlenberger,J.R. *The NRSV Concodance*. Grand Rapids: Zondervan Publishing House, 1991.

Köstenberger,A.J. & Swain,S.R. *Father, Son, and Spirit: The Trinity and John's Gospel*. Illinois: Inter Varsity Press, 2008.

Kraemer,H. *The Christian Message in a Non-Christian World*.《기독교 선교와 타종교: 종교다원주의신학에 대한 비교종교학적 비판》최정만 옮김, 서울: 기독교문서선교회, 1993.

Kraybill,J.N. *Imperial Cult and Commerce in John's Apocalpse*. JSNTS 132. England: Sheffield Academic Press, 1996.

Kreeft, P. *Jesus Shock*,《예수충격》, 김성웅 옮김, 서울: 김영사, 2009.

Kruse,C.G. *John*, Tyndale New Testament Conmmentaries. Vol.4, Nottingham: Inter Varsity Press, 2003.

Kümmel,W.G. *Einleitung in das Neue Testament*.《신약정경재론》박익수 옮김, 서울: 대한기독교출판사, 1988.

Kysar,R. *The Fourth Evangelist and His Gospel: An Examination of Contemporary Scholarship*. Minneapolis: Augsburg, 1975.

_____. *John: The Maverick Gospel*. Atlanta: John Knox Press, 1970.

_____. *John's Story of Jesus*.《요한의 예수이야기》최흥진 옮김, 서울: 한국장로교출판사, 1995.

_____. *Preaching John*.《설교자들을 위한 요한복음 해석》최흥진 옮김, 서울: 한국장로회출판사, 2006.

Lamprecht,S.P. *Our Philosophical Traditions*.《서양철학사》김태길·윤명노·최명관(공저), 서울: 을유문화사, 1963.

Lee,D.A. *The Symbolic Narratives of the Fourth Gospel: The Interplay of form and Meaning*. JSNTS Series 95. England: Sheffield Academic Press, 1994.

Lenin,B.I. *Что делать*.《무엇을 할 것인가?》최호정 옮김, 서울: 박종철출판사, 1999.

Levy,D.M. *The Tabernacle: Shadows of the Messiah*. NJ: The Friends of Israel Gospel Ministry, Inc, 1993.

Lindars,B. *Behind the Fourth Gospel*. London: SPCK, 1971.

_____. *John*. NTG: Sheffield Academic Press, 1990.

Lloyd Jones,D.M. *The Cross: God's Way of Salvation*.《십자가》서창원 옮김, 서울: 두란노, 1987.

Lohse,E. *Umwelt des Neuen Testament*.《신약성서배경사》박창건 옮김, 서울: 대한기독교출판사, 1991.

Maalouf,A. *Les croisades vues par les Arabes*.《아랍인의 눈으로 본 십자군 전쟁》김미선 옮김, 서울: 아침이슬, 2002.

MacArthur,J.F.Jr. *Ashamed of the Gospel*.《복음을 부끄러워하는 교회》황성철 옮김, 서울: 생명의말씀사, 1994.

Marucci, C. "Il significato del numero 153 in Gv 21,11." *RivB* 52(2004): 403-440.

Martyn,J.L. *The Gospel of John in Christian History: Essays for Interpretations*. NY: Paulist Press, 1978.

_____. *History and Theology in the Fourth Gospel*. Nashville: Abingdon Press, 1979.

Martini,C.M. *Il Vangelo Secondo Giovanni nell' esperienza degli esercizi spirituali*.《요한복음》성염 옮김, 서울: 바오로딸, 1986.

Matson,M.A. *John*. Interpretation. Louisville·Kentucky: John Knox Press, 2002.

McGrath,A. *The Future of Christianity*.《기독교의 미래》박규태 옮김, 서울: 좋은 씨앗, 2005.

McVey,S. *The Power of Experiencing Grace*.《은혜영성의 파워》NCD 편집부

옮김, 서울: NCD, 2002.

Meeks,W.A. "The Man from Heaven in Johannine Sectarianism." *JBL* 91(1972): 44-72.

Metzger,B.M. *The Canon of the New Testamen*. 《신약정경형성사》 이정곤 옮김, 서울: 기독교문화사, 1993.

Michaels,J.R. *The Gospel of John*. NICNT. Michigan: Eerdmans Publishing Company, 2010.

Milton,J.P. *Our Hebrew-Christian Heritage*. 《히브리식 사고와 기독교》 신성종 옮김, 서울: 컨콜디아사, 1980.

Minear,P.S. "The Original Functions of John 21." JBL 102: 85-98.

Mochulskij,K. *Dostoevsky*. 《도스토예프스키(2)》 김현택 옮김, 서울: 책세상, 2000.

Moloney, F. L. *The Gospel of John*, Nashville: Liturgical Press, 1998.

Mordillat,G. & Prieur,J. *Jésus Après Jésus*. 《예수 후 예수》 이상용 옮김, 서울: 한언, 2005.

Moriya,H. 《男子後半生》 양억관 옮김, 서울: 푸른숲, 2002.

Morris,L. *The New Testament and the Jewish Lectionaries*. London: Tyndale, 1964.

_____. *Jesus is the Christ: Studies in the Theology of John*. Grand Rapids, Michigan: Eerdmans Publishing Company, 1989.

Muhammad Taqî-ud-Dîn al-Hilalî & Muhammad Mushin Khân. *The Noble Qur'an*, Madina(K.S.A.): King Fahd Com plex for the Printing of The Holy Qur'an.

Müller,U.B. "Die Parakletenvorstellung im Johannesevangelium." *ZThK* 71/1, "요한복음서의 보혜사 표상." 황현숙 옮김, 《신학사상》 31, 1980(겨울호): 638-691.

Nouwen,H. *The Wounded Healer: Ministry in Contemporary Society*. New York: Doubleday Image Books, 1972.

Neyrey,J.H. *The Gospel of John in Cultural and Rhetorical Perspective*. Grand Rapids, Michigan: Eerdmans Publishing Company, 2009.

Nigg,W. *Prophetische Denker*. 《예언자적 사상가: 키르케고르, 도스토예프스키, 니체》 강희영·임석진·정경석 옮김, 경북: 분도출판사, 1991.

Nisbett,R.E. *The Geography of Thought*. 《생각의 지도》 최인철 옮김, 서울: 김영사, 2004.

Nouwen,H. *The Return of the Prodigal Son*. 《탕자의 귀향》 김항안 옮김, 서울: 글로리아, 1997.

Olson,D.T. *Numbers*, Interpretation. 《민수기》 차종순 옮김, 서울: 한국장로교출판사, 2000.

Oshita,E. 孫正義 起業の若き獅子. 《나는 절대로 쓰러지지 않는다》 은영미 옮김, 서울: 나라원, 2002.

Pascal.B. Pensées. 《팡세》 신상초 옮김, 서울: 집문당, 1979.

Perrin,N. *New Testament*. Chichago: Harcourt Brace Jovannovich, Inc. 1974.

Peterson,E.H. *Eat This Book: A Conversation In the Art of Spiritual Reading*. 《이 책을 먹으라》 양혜원 옮김, 서울: IVF, 2006.

Peterson,W.J. & Peterson,R. *100 Bible Verses That Changes the World*. 《말씀의 힘: 세상을 바꾼 성경말씀 100》 서희연 옮김, 서울: 엔크리스토, 2008.

Perkins,P. *Gnosticism and the New Testament*. 《영지주의와 신약성서》 유태엽 옮김, 서울: 감신대성서학 연구소, 1993.

Quast,K. *Peter and the Believed Disciple: Figures for a Community in Crisis*. JSNTS. Series 32, Sheffild: JSOT Press, 1989.

Resseguie,J.L *The Revelation of John*. Grand Rapids, Michigan: Eerdmans Publishing Company, 2009.

Reymond,R.L. *Paul Missionary Theologian*. 《바울의 생애와 신학》 원광연 옮김, 서울: 크리스챤 다이제스트, 2003.

Riley,G.J. *The River of God: A New History of Christian Origins*. 《하느님의 강: 그리스도교 신앙의 원류를 찾아서》 박원일 옮김, 서울: 한국기독교연구소, 2005.

Robinson,J.A.T. "The Relation of the Prologue to the Gospel of St. John." *NTS* 9(1962-63): 120-129.

_____. *Twelve New Testament Studies*. London: SCM Press, 1962.

Rolland,R. *Vie De Beethoven*. 《베에토벤의 생애》 이휘영 옮김, 서울: 문예출판사, 1972.

Russell,D.S. *The Method and Message of Jewish Apocalyptic*. Philadelphia: Westminster, 1964.

Ru suichu(ed). *Confucian Temple, Mantion and Family Cemetery*, China Intercontinental Press, 2002.

Ryken,P. G. *Exodus: Saved for God's Glory*. Illinois: Crossway Books, 2005.

Saint-Exupéry. 《어린 왕자 外 4권》 안응렬 옮김, 서울: 동서문화사, 1978.

Salisbury,H.E. *The New Emperors: China in the era of Mao and Deng*. 《새로운 황제들: 모택동과 등소평 시대의 중국》 박월라·박병덕 옮김, 서울: 다섯수레, 1993.

Sanders,E.P. *Jesus and Judaism*. Philadelphia: Fortress Press, 1985.

Sarna, N. M. *Understanding Genesis*, New York: Schocken Books, 1970.

Schnackenburg,R. *The Gospel According to John*. 3 Vols. AB., New York: Crossroad, 1990.

_____. "Logos-Hymnus und Johnneischer Prolog." *BZ* 1(1957): 69-109.

Schweitzer, A. 《나의 생애와 사상: 물과 원시림 사이에서》 지경자 옮김, 서울: 홍신문화사, 1990.

Segovia, F. F. *Love Relationship in the Johannine Tradition: Agape/ Agapan in I John and the Fourth Gospel*. California: Scholars Press, 1982.

Sevice,R. *Lenin: A Biography*. 《레닌》 정승현· 홍민표 옮김, 서울: 시학사, 2001.

SKA,Jean-Louse. *Introduction la lecture du Pentateuque*. 《모세오경 입문》 박요한 영식 옮김, 서울: 성바오로출판사, 2000.

Sloyan,G. *John*. Interpretation. 《요한복음》 김기영 옮김, 서울: 한국장로교출판사, 2000.

_____. *What are they saying about John*. 《요한복음신학》 서성훈 옮김, 서울: 기독교문서선교회, 2000.

Smalley, S. S. *John Evangelist & Interpreter*. 《요한신학》 김경신 옮김, 서울: 생명의 샘, 2004.

_____. "John's Revelation and John's Community." *Bulletin of the John Rylands Library 69*(1987): 549-571.

_____. *1,2,3 John*. WBC. Texas: Word Books, 1984.

Smith, D. Moody. *The Theology of the Gospel of John*. 《요한복음신학》 최홍진 옮김, 서울: 한들, 2001.

_____. *Interpretation*. 《요한 1,2,3서》 유승원 옮김, 서울: 한국장로교출판사, 2001.

Smith,H. *The World's Religions*. 《세계의 종교》 이종찬 옮김, 서울: 은성, 1991.

Stanton,G.N. *Gospels and Jesus*. 《복음서와 예수》 김동건 옮김, 서울: 대한기독교서회, 1996.

Stevick,D.B. *Jesus and His Own: A Commentary on John 15-17*. Grand Rapids, Michigan: Eerdmans Publishing Company, 2011.

Theißen,G. & Merz,A. *Der Historische Jesus*. 《역사적 예수: 예수의 삶에 대한 총체적 연구》 손성현 옮김, 서울: 다산글방, 2001.

Theissen,G. *A Socio-Rhetorical Approach*. 《복음서의 교회정치학》 류호성·김학철 옮김, 서울: 대한기독교서회, 2002.

Tovey,D. *Narrative Art and Act in the FourthnGospel*. JSNTS Series 151. England: Sheffield Academic Press, 1997.

Towner,W.S. *Daniel*. Interpretation. 《다니엘서》 신정균 옮김, 서울: 한국장로교출판사, 2004.

Toynbee,A. *A Study of History*. 《역사의 연구(1)》 강기철 옮김, 서울: 현대사상사, 1979.

Tracy,B. *Success is a Journey*. 《내 인생을 바꾼 스무살 여행: 사하라에서 배운 성공의 원칙》 강주헌 옮김, 서울: 작가정신, 2002.

Van Gogh, V. 《반 고흐, 영혼의 편지》 신성림 옮김, 서울: 예담, 1999.

Van Peursen. *The Strategy of Culture*. 《문화의 전략》 오영환 옮김, 서울: 법문사, 1979.

Von Loewenich,W. *Martin Luther*. 《마르틴 루터》 박호용 옮김, 서울: 성지출판사, 2002.

Von Rad, G. *Old Testament Theology*. 2 Vols, Edinburgh and London: Oliver and Boyd. 1965.

Walker,N. "The Lord's Prayer in Matthew and in John." *NTS* 28: 237-256.

Waltke, B. K. & Fredricks, *Genesis: A Commentary*, C. J. 김경열 옮김, 《창세기 주석》, 서울: 새물결플러스, 2018.

Walvoord,J.F. & Zuck R.B. ed. *The Bible Knowledge Commentary(New Testament)*. USA: Victor Books, 1983.

Wenham,D. *Paul: Follower of Jesus or Founder of Christianity?* 《바울: 예수의 추종자인가 기독교의 창시자인가?》 박문재 옮김, 서울: 크리스챤 다이제스트, 2002.

Wenham, G. J. *Genesis 16-50(2)*, WBC, Dallas: Word, 1995.

Westermann,C. *Genesis*. 《창세기주석》 강성렬 옮김, 서울: 한들, 1998.

Wever,H.R. *Kreuz*, 《십자가: 신약문화권 안의 십자가형의 전승과 해석》 전경연 편집, 강한균 옮김, 서울: 한국신학대학출판부, 1978.

Wheen, F. *Karl Marx*. 《마르크스 평전》 정영목 옮김, 서울: 푸른숲, 2000.

Whitlin, S. *The Commissar*. 《베리아 일대기》 이대훈 옮김, 서울: 지문출판사, 1975.

Wilson, D. *Rothschild*. 《가난한 아빠 부자 아들(1,2,3)》 신상성 옮김, 서울: 동서문화사, 1999.

Wilson, E.O. *Consilience: The Unity of Knowledge*. 《통섭: 지식의 대통합》 최재천 옮김, 서울: 사이언스북스, 2005.

Wright,N.T. *Jesus And The Victory of God*. 《예수와 하나님의 승리》 박문재 옮김, 서울: 크리스챤 다이제스트, 2004.

_____. *The New Testament and the People of God*. 《신약성서와 하나님의 백성》 박문재 옮김, 서울: 크리스챤 다이제스트, 2003.

_____. *The Resurrection of the Son of God*. 《하나님의 아들의 부활》 박문재 옮김, 서울: 크리스챤 다이제스트, 2005.

Yee,G.A. *Jewish Feasts and The Gospel of John*. Delaware: Michale Glazier, 1989.

Zimmerli,W. *Ezekiel II*. Hermeneia. Philadelphia: Fortress Press, 1983.

_____. 'Israel' in the Book of Ezekiel." *Ezekiel II*. Hermeneia. Philadelphia: Fortress Press, 1983: 563-565.

Zima,P.V. *Text Sociololgy: Eine Kritische Einführung*. 《텍스트사회학: 비판적 개론》 허창훈 옮김, 서울: 민음사, 1991.

Zweig,S. *Baumeister der Welt*. 《천재와 광기》 원당희·이기식·장영은 옮김, 서울: 예하, 1994.

강문호. 《성막으로 성경을 말한다》 서울: 한국가능성계발원, 2005.
강성열. 《기독교 신앙과 카오스 이론》 서울: 대한기독교서회, 2005.
_____. "예언자들의 결혼 은유에 관한 연구." 장로회신학대학교 박사학위논문, 1998.
강진석. 《중국의 문화코드》 서울: 살림, 2004.
고미숙. 《열하일기: 웃음과 역설의 유쾌한 시공간》 서울: 그린비, 2004.
_____. 《나비와 전사》 서울: 휴머니스트, 2006.
고영섭. 《원효탐색》 서울: 연기사, 2005.
고종희. 《일러스트레이션 미술탐사》 서울: 생각의 나무, 2002.
공영호. 《문화·예술 오디세이: 러시아 편》 서울: 경희대학교 출판국, 2003.
곽노순. 《동양신학의 토대와 골격》 서울: 대한기독교서회, 1997.
곽선희. 《사도행전강해: 교회의 권세(上下)》 서울: 계몽문화사, 1995.
곽영신. 《거룩한 코미디: 한국교회의 일그러진 맨얼굴》 서울: 오월의 봄, 2015.
곽요셉. 《로마서 강해(상): 하나님의 복음의 위하여》 서울: 쿰란출판사, 2011.
구제홍. "요한복음서의 로고스 기독론." 서울: 연세대학교 대학원 신학과 석사학위논문, 1988.
김경래. 《유대인 예수》 서울: 대장간, 1991.
김경진. 《설교를 위한 누가복음연구: 잃어버린 자를 찾아오신 주님》 서울: 한국성서학연구소, 2000.
김경희 外 공저. 《신약성서개론》 서울: 대한기독교서회, 2002.
김교신. 《신앙과 인생 (上)》 노평구편, 김교신전집 I, 서울: 일심사, 1988.
김달수. 《신약신학과 묵시문학》 서울: 나눔사, 1994.
김덕기. "로마서의 구속론과 희생제의." 《바울의 문화신학과 정치윤리》 대전: 이화, 2007: 320-322.
김동건. 《현대신학의 흐름(계시와 응답): 종교개혁에서 틸리히까지》 서울: 대한기독교서회, 2008.

김동수. 《요한의 교회론》 서울: 대한기독교서회, 2005.

_____. 《요한신학의 렌즈로 본 요한복음》 서울: 솔로몬, 2006.

_____. "요한복음과 요한서신." 《신약성서개론》 김경희 外 공저, 서울: 대한기독교서회, 2002.

김득중. 《마가복음과 부활신학》 서울: 컨콜디아사, 1981.

_____. 《복음서 신학》 서울: 컨콜디아사, 1985.

_____. 《요한의 신학》 서울: 컨콜디아사, 1994

김문경. 《요한신학》 서울: 한국성서학연구소, 2004.

김병국. "설교에 도움이 되는 요한복음의 상징어 연구." 《요한복음: 어떻게 설교할 것인가》 목회와 신학 편집부, 서울: 두란노 아카데미, 2009.

김병종. 《화첩기행(1,2)》 서울: 효형출판, 1999-2000.

김상옥. 《십자가의 신비》 경북:: 분도출판사, 1978.

김세윤. 《요한복음강해》 서울: 두란노, 2001.

김선정. 《요한복음서와 로마황제숭배》 서울: 한들, 2003.

김승연. 《유럽 교회는 어디로 갔는가?》 서울: 생명의 말씀사, 1997.

_____. 《21세기 한국 교회 어디로 가야 하나?》 서울: 생명의 말씀사, 1997.

김연아. 《김연아의 7분드라마》 서울: 중앙출판사, 2010.

김용규. 《신: 인문학으로 읽는 하나님과 서양문명 이야기》 서울: IVP, 2018.

김용선. 《코란(꾸란)》 서울: 명문당, 2002.

김용옥. 《東洋學 어떻게 할 것인가?》 서울: 통나무, 1986.

_____. 《여자란 무엇인가》 서울: 통나무, 1986.

_____. 《절차탁마 대기만성》 서울: 통나무, 1987.

_____. 《讀氣學說: 최한기의 삶과 생각》 서울: 통나무, 1990.

_____. 《도올논문집》 서울: 통나무, 1991.

_____. 《금강경강해》 서울: 통나무, 1999.

_____. 《노자와 21세기(1,2,3)》 서울: 통나무, 1999-2000.

_____. 《도올논어(1,2,3)》 서울: 통나무, 2000-2001.

_____. 《동경대전 1》 서울: 통나무, 2004.

_____. 《삼봉 정도전의 건국신화》 서울: 통나무, 2004.

_____. 《혜강 최한기와 유교》 서울: 통나무, 2004.

_____. 《요한복음강해》 서울: 통나무, 2007.

_____. 《중용: 인간의 맛》 서울: 통나무, 2011.

_____. 《맹자: 사람의 길(상·하)》 서울: 통나무, 2012.

김이곤. 《神의 約束은 破棄될 수 없다》 서울: 한국신학연구소, 1980.

_____. 《출애굽기의 신학》 서울: 한국신학연구소, 1989.

김정빈. 《리더의 아침을 여는 책》 서울: 동쪽나라, 2003.

김정준. 《히브리서》 서울 대한기독교서회, 1964.

김정환. 《김교신: 그 삶과 믿음과 소망》 서울: 한국신학연구소, 1994.

김재진. "현대후기 성서해석의 모형: 시-공간의 극복과 하늘과 땅의 지평융합." 《현실적 경험철학》 서울: 대한기독교서회, 2003: 122-140.

김종래. 《CEO 칭기즈칸: 유목민에게 배우는 21세기 경영전략》 서울: 삼성경제연구소, 2002.

김종빈. 《갈등의 핵, 유태인》 서울: 효형출판, 2001.

김지찬. 《요단강에서 바벨론 물가까지: 구약 역사서의 문예적-신학적 서론》 서울: 생명의 말씀사, 1999.

김지철. 《성서주석: 고린도전서》 서울 대한기독교서회, 1999.

_____. 《영혼의 혁명을 일으키시는 성령》 서울: 두란노, 2006.

김진명. 《최후의 경전》 서울: 새움, 2010.

_____. 《신의 죽음》 서울: 새움, 2012.

김진호. 《급진적 자유주의자들》 서울: 동연, 2009.

_____(편). 《예수 르네상스: 역사적 예수의 새로운 지평》 서울: 한국신학연구소, 1996.

김창락. "율법과 복음."《신약성서는 오늘 우리에게 이렇게 증언한다》월요신학
　　　서당 편, 서울: 한국신학연구소, 1991: 149-170.
_____(편).《새로운 성서해석: 무엇이 새로운가?》서울: 한국신학연구소, 1987.
김춘기.《요한복음연구》서울: 한들, 1998.
김태평.《자세히 보는 성막여행》서울: 멘토, 1998.
김탁환.《혁명: 광활한 인간 정도전》서울: 민음사, 2014.
김학준.《러시아혁명사》서울: 문학과 지성사, 1979.
김형석.《헤겔과 그의 철학》서울: 연세대학교 출판부, 1978.
김형수.《문익환 평전》서울: 실천문학사, 2004.
김형종.《바울의 13가지 설교원리》서울: 처음, 2001.
_____.《테필린》서울: 솔로몬, 2015.
김호동.《황하에서 천산까지》서울: 사계절, 1999.
김회권.《모세오경 2: 하나님 나라 신학의 관점에서 읽는》서울: 대한기독교서
　　　회, 2006.
_____.《하나님 나라 신학으로 읽는 사도행전 1》서울: 복있는 사람, 2007.
김홍식.《세상의 모든 지식》서울: 서해문집, 2007.
김흥호.《길을 찾은 사람들》서울: 솔, 1999.
_____.《푸른 바위에 새긴 글: 벽암록 풀이》서울: 솔, 1999.
나채운. "요한복음 서론의 문학적 구조와 신학적 의미(IV)."《교회와 신학》(제
　　　25집), 1993: 215-239.
남정우.《동방정교회 이야기》서울: 쿰란출판사, 2003.
도몬 후유지(童門冬二).《도쿠가와 이에야스의 인간경영》이정환 옮김, 서울: 작
　　　가정신, 2000.
등　용.《불멸의 지도자 등소평》서울: 김영사, 2001.
류영모.《다석강의》(다석학회 엮음) 서울: 현암사, 2006.
류징화(劉景華) 外.《제국은 어떻게 망가지는가: 기득권과 탐욕의 몰락사》서울:

아이필드, 2012.

류호준. 《아모스》 서울: 크리스챤다이제스트, 1999.

리쭝우(李宗悟). 《난세를 평정하는 중국통치학》 신동준 편역, 서울: 효형출판사, 2003.

리즈수이(李志綏). 《모택동의 사생활(1-3)》 손풍삼 옮김, 서울: 고려원, 1995.

목회와 신학 편집부. 《요한복음: 어떻게 설교할 것인가》 서울: 두란노 아카데미, 2009.

_____. 《요한계시록: 어떻게 설교할 것인가》 서울: 두란노 아카데미, 2008.

_____. 《요한일·이·삼서: 어떻게 설교할 것인가》 서울: 두란노 아카데미, 2007.

문상희. "강의노트." 1983, 미간행.

민경배. 《교회와 민족》 서울: 대한기독교서회, 1981.

박동현. "종교개혁의 현대적인 뜻." 《예언과 목회(1)》 서울: 한국장로회출판사, 1993: 228-272.

박두환. "요한계시록 상징에 대한 연구: 동물과 색깔을 중심으로." 신약논단 제9권 제3호(2002 가을): 753-778.

박성모. 《갈릴리의 예수》 서울: 대한기독교서회, 2003.

박수암. 《요한복음》 서울: 대한기독교서회, 2002.

_____. 《요한계시록》 서울: 대한기독교출판사, 1989.

박신배. 《구약의 개혁신학》 서울: 크리스천헤럴드, 2006.

_____. 《태극신학과 한국문화》 서울: 동연, 2009.

_____. 《환원신학과 구약성서》 서울: 그리스도대학교출판부, 2008.

_____. 《사랑학: 아하브로지(Ahavelogy)》 서울: 한국학술정보, 2012.

박영호. 《다석 류영모를 통해 본 노자의 도덕경》 서울: 두레, 1998.

_____. 《다석 류영모의 사상과 함께 읽는 장자》 서울: 두레, 1999.

_____. 《진리의 사람 다석 류영모(상하)》 서울: 두레, 20019.

박원길. 《유라시아대륙에 피어났던 야망의 바람: 칭기즈칸의 꿈과 길》서울: 민속원, 2003.

박준서.《구약세계의 이해》서울: 한들, 2001.

_____.《이스라엘아! 여호와의 날을 준비하라》서울: 대한기독교서회, 2001.

박철수.《예수와 성전》서울: 반석문화사, 1993.

박한제.《중국역사기행 1: 영웅시대의 빛과 그늘(삼국·오호십육국 시대)》서울: 사계절, 2003.

_____.《중국역사기행 2: 강남의 낭만과 비극(동진·남조 시대)》서울: 사계절, 2003.

_____.《중국역사기행 3: 제국으로 가는 긴 여정(북조·수·초당 시대)》서울: 사계절, 2003.

박호용.《너와 나는 약혼한 사이》서울: 성지출판사, 1997.

_____.《부르다가 내가 죽을 노래》서울: 성지출판사, 1997.

_____.《야웨인지공식》서울: 성지출판사, 1999.

_____. "21세기 서구 기독교: 패러다임의 전환과 "종교개혁-베드로의 종교(가톨릭)에서 바울의 종교(개신교)로-." Von Loewenich, W.《마르틴 루터》박호용 옮김, 서울: 성지출판사, 2002: 3-18, 587-597.

_____.《첫사랑의 날카로운 추억》서울: 성지출판사, 2003.

_____.《폰 라드: 실존적 신앙고백과 구원사의 신학》서울: 살림출판사, 2004.

_____.《예수사랑의 연가》서울: 성지출판사, 2005.

_____.《감악산의 두 돌판: 요한복음서 강해설교》서울: 성지출판사, 2005.

_____. "요한복음서의 구조와 시간의 문제."《시간과 해석학》(제8회 학술발표회) 광주: 호남신학대학교, 2006: 30-68.

_____.《요한복음서 재발견》서울: 쿰란출판사, 2007.

_____. "모세의 리더십"《평화논총 6집》한국평화학회, 서울: 평화출판사, 2007.

_____.《요한의 천재성: 상징코드》서울: 쿰란출판사, 2009.

_____. "요한의 신학과 인류사상사 비교."《문화와 신학》(2009. Vol. 04): 81-109.

_____. "요한복음: 복음서의 큐비즘(상대성원리)."《문화와 신학》(2010. Vol. 07): 191-225.

_____.《성경개관Ⅰ,Ⅱ》서울: 예사빠전, 2015.

_____.《창세기주석》서울: 예사빠전, 2015.

_____.《출애굽기주석》서울: 예사빠전, 2015.

_____.《에스겔주석》서울: 예사빠전, 2015.

_____.《왕의 교체》서울: 쿰란출판사, 2017.

_____.《왕의 복음》서울: 쿰란출판사, 2018.

_____.《왕의 노래》서울: 쿰란출판사, 2018.

배석규.《대몽골시간여행: 유목제국의 세계경영사》서울: 굿모닝미디어, 2004.

배은하.《역사의 땅, 배움의 땅: 배론》서울: 바오로딸, 1991.

배재욱. "요한복음에 나오는 γύναι에 대한 소고: 예수는 자기 어머니를 '여자여'라고 불렀을까."《신약논단》제9권 제3호(2002 가을): 779-786.

백성호. "달마부터 혜능까지:중국 선종 6대 선사를 만나다." 중앙일보(2207.3.15).

백지원.《백성편에서 쓴 조선왕조실록: 왕을 참하라!(상하)》서울: 진명출판사, 2009.

변종길. "요 5장: 아버지와 아들, 영생과 심판."《요한복음: 어떻게 설교할 것인가》, 목회와 신학 편집부, 서울: 두란노 아카데미, 2009.

사서삼경편찬위원회.《四書三經》백철(감수), 서울: 명문당, 1994.

산케이신문 특별취재반.《모택동비록(상하)》임홍빈 옮김, 서울: 문학사상사, 2001.

서중석.《복음서 해석》서울: 대한기독교서회, 1991.

_____. "예수의 하강과 특권상실."《현대와 신학》서울: 연세대연합신학대학원, 1999.6: 63-79.

_____. "요한공동체의 기원과 성장."《신약성서는 오늘 우리에게 이렇게 증언한

다》월요신학서당 편, 서울: 한국신학연구소, 1991: 128-148.

서용원. "마가복음에 나타난 '생존' 모티프: 마가의 '갈릴리-예루살렘 구조와 공간 정체성." 한국기독교 신학논총(제18집), 2000: 33-60.

_____.《생존의 복음: 초기 기독교의 산앙과 복음 해석에 대한 탐구》서울: 한들, 2000.

선한용.《성 어거스틴에 있어서 시간과 영원》서울: 대한기독교서회, 1998.

《성경전서: 개역개정판》(독일성서공회해설) 서울: 대한성서공회, 2004.

성서와함께 편집부.《어서 가거라: 성서가족을 위한 출애굽기해설서》서울: 성서와함께, 1991.

_____.《예수를 따라: 성서가족을 위한 마르코복음서 해설》서울: 성서와 함께, 1998.

성범영.《생각하는 정원》서울: 자연과생태, 2014.

성종현.《신약총론》서울: 장로회신학대학교출판부, 1992.

_____.《성서헬라어사전》서울: 장로회신학대학교출판부, 1999.

_____.《신약성경: 해설대조연구》서울: 장로회신학대학교출판부, 2002.

송우혜.《윤동주평전》서울: 열음사, 1988.

송재소.《茶山詩硏究: 附 茶山年譜》서울: 창작과 비평사, 1986.

송천성.《아시아인의 심성과 신학》왜관: 분도출판사, 1982.

쑹훙빙(宋鴻兵). Currency War.《화폐전쟁》차혜정 옮김, 서울: 랜덤하우스, 2008.

스이진.《21세기 선교의 길: 서쪽을 향하여 땅끝까지》서울: 서역제, 2005.

신채호.《단재 신채호 문집》서울: 범우사, 1999.

안병무. "예루살렘 성전체제와 예수의 대결."《신학사상》한국신학연구소 (1987년 가을호): 511-530.

안승일.《열정의 천재들, 광기의 천재들》서울: 을유문화사, 2000.

안점식.《세계관과 영적 전쟁: 예수의 유일성에 대한 비교종교학적 변증》서울:

죠이선교회출판부, 1995.

안철수.《안철수의 생각》제정임 엮음, 서울: 김영사, 2012.

양용의. "요한계시록은 어떤 책인가."《요한계시록: 어떻게 설교할 것인가》서울: 목회와 신학 편집부, 서울: 두란노 아카데미, 2008.

엄두섭.《예수의 얼》서울: 은성, 1988.

_____.《프란치스코》서울: 은성, 1985

오픈성경편찬위원회.《오픈성경》서울: 아가페출판사, 1987.

오한진.《하이네연구》서울: 문학과 지성사, 1977.

옥스퍼드원어성경대전.《요한복음 제1-6장》/《요한복음 제7-12장》/《요한복음 제13-21장》서울: 제자원, 2000.

왕대일.《묵시문학연구: 구약성서 묵시문학 다니엘서의 재해석》서울: 대한기독교서회, 1994.

_____.《새로운 구약주석》서울: 성서연구사, 1996.

_____.《다시 듣는 토라: 설교를 위한 신명기 연구》서울: 한국성서학연구소, 1998.

우광호.《이태석 신부 이야기: 나는 당신을 만나기 전부터 사랑했습니다》서울: 여백, 2011.

우찌무라 간조(內村鑑三).《우찌무라 간조 회심기》양혜원 옮김, 서울: 홍성사, 1986.

유광종.《중국은 어떻게 모략의 나라가 되었나: 중국인의 행동을 읽는 7가지 문화코드》서울: 웅진 지식하우스, 2012.

유동식.《풍류도와 요한복음》서울: 한들, 2007.

유석근.《또 하나의선민 알이랑 민족》서울: 예루살렘, 2005.

유주현.《대원군(1)》서울: 신원문화사, 1993.

원의범.《인도철학사상》서울: 집문당, 1977.

유승원. "신약성서의 세계."《신약성서개론》김경희 외 공저, 서울: 대한기독교서회, 2002.

―――. "사마리아 여인 그리고 예수의 양식." "요 20-21장: 다시 사신 주님을 만난 사람들."《요한복음: 어떻게 설교할 것인가》목회와 신학 편집부, 서울: 두란노 아카데미, 2009.

유은호.《예수영성의 다양성》서울: 예수영성, 2010.

윤영수.《불패의 리더 이순신: 그는 어떻게 이겼을까》서울: 웅진 2005.

윤철원. "요한복음 설교를 위한 배경."《요한복음: 어떻게 설교할 것인가》목회와 신학 편집부, 서울: 두란노아카데미, 2009.

이경숙.《노자를 웃긴 남자》서울: 자인, 2000.

이대희.《삶의 변화를 이루는 이야기대화식 성경공부》서울: 엔 크리스토, 2003.

이덕형.《천년의 울림: 러시아 문화 예술》서울: 성균관대학교출판부, 2001.

이무열.《러시아 100장면》서울: 가람기획, 1994.

이상훈.《요한복음》서울: 대한기독교서회, 1993.

이영직.《세상을 움직이는 100가지 법칙》서울: 스마트비즈니스, 2009.

이선민.《신앙의 고향을 찾아서》서울: 조선일보사, 2001.

이영헌.《요한복음서》경북: 분도출판사, 1999.

이슬람연구소 엮음.《무슬림은 예수를 누구라 하는가?》서울: 예영, 1995.

이용도.《是無言》예수교회 엮음, 서울: 다산글방, 1993.

이원우.《성서-거룩한 글들의 도서관》서울: 살림, 2005.

이재철.《요한과 더불어: 세번째 산책》서울: 홍성사, 2003.

이정명.《뿌리깊은 나무 (1)》서울: 밀리언하우스, 2006.

이정우 외 38명.《노무현이 꿈꾼 나라》서울: 동녘, 2010.

이지상.《실크로드 여행》서울: 북하우스, 2003.

이지훈.《魂創通》서울: 쌤앤파커스, 2010.

이태형.《미쳐야 통한다(發狂而通)》서울: 갤리온, 2006.

이필찬. 《요한계시록: 어떻게 읽을 것인가》 서울: 성서유니온선교회, 2000.
_____. 《내가 속히 오리라: 요한계시록》 서울: 에레서원, 2006.
이현주. 《요한복음묵상》 서울: 대한기독교서회, 1998.
_____. 《예수에게 도를 묻다: 이현주 목사의 마르코 복음서 읽기》 서울: 삼인, 2005.
이형근. 《예수 그리스도의 복음》 서울: 한들, 1999.
이형기. 《세계교회사(I)》 서울: 한국장로교출판사, 1994.
이희영. 《탈무드 황금률 방법: 유대 5000년 불굴의 방패》 서울: 동서문화사, 2001.
장일선. 《역대기 사가의 신학》 서울: 한국신학연구소, 1981.
_____. 《구약전승의 맥락》 서울: 대한기독교출판사, 1983.
장영일. 《이스라엘의 경건과 학문》 서울: 장로회 신학대학출판부, 2000.
장융·존 핼러데이(공저). MAO: The Unknown Story. 《마오: 알려지지 않은 이야기》 황의방 외 옮김, 서울: 까치글방, 2006.
장정일·김운회·서동훈 공저. 《삼국지 해제》 서울: 김영사, 2003.
장해경. "요 6장: 하늘에서 내려온 생명의 빵." 《요한복음: 어떻게 설교할 것인가》 목회와 신학 편집부, 서울: 두란노 아카데미, 2009.
장현근. 《중국사상의 뿌리》 서울: 살림, 2004.
정기철. 《시간문제와 종말론-시간의 철학과 시간의 신학》 서울: 한들, 2000.
정 민. 《미쳐야 미친다(不狂不及): 조선 지식인의 내면읽기》 서울: 푸른역사, 2004.
정수일. 《이슬람문명》 서울: 창작과비평사, 2002.
정양모. 《마태오 복음 이야기》 서울: 성서와함께, 1999.
_____. 《루가복음서》 경북: 분도출판사, 1983.
정용섭. 《속빈 설교 꽉찬 설교》 서울: 대한기독교서회, 2006.
_____. 《설교와 선동 사이에서》 서울: 대한기독교서회, 2007.

_____. 《설교의 절망과 희망》 서울: 대한기독교서회, 2008.
정재현. 《신학은 인간학이다》 경북: 분도출판사, 2003.
정태헌. 《거룩한 독서(1): 모세오경·네 복음서》 서울: 바오로딸, 2002.
정 화. 《반야심경》 서울: 법공양, 1998.
제2종교개혁연구소. 《제2종교개혁이 필요한 한국교회》 서울: 기독교문사, 2015.
제자원(편집). 《그랜드종합주석》(누가복음-요한복음) 서울: 성서교재간행사, 1991.
_____. 《그랜드종합주석》(예레미야-에스겔) 서울: 성서교재간행사, 1995.
조건회. 《예수: 하나님과의 만남》 서울: 다리놓는사람들, 2008.
조병수. "죽음으로 나아가시는 예수님." 《요한복음: 어떻게 설교할 것인가》 목회와 신학 편집부, 서울: 두란노 아카데미, 2009.
조석민. "요한서신과 요한복음의 관계성과 의미." 《요한일·이·삼서》 목회와 신학 편집부, 서울: 두란노 아카데미, 2007.
_____. "예수 부활의 예언적 표적사건." 《요한복음: 어떻게 설교할 것인가》 목회와 신학 편집부, 서울: 두란노 아카데미, 2009.
조선일보 문화부. 《아듀 20세기(1,2)》 서울: 조선일보사, 1999.
조찬선. 《기독교 죄악사(상하)》 서울: 평단문화사, 2000.
조철수. 《유대교와 예수》 서울: 길, 2002.
_____. 《예수평전》 서울: 김영사, 2010.
지승룡. 《민들레영토에 핀 사랑》 서울: 골든북, 2001.
陣 來. 《양명철학》 전병욱 옮김, 서울: 예문서원, 2003.
진옥섭. 《노름마치 (1,2)》 서울: 생각의 나무, 2007.
천사무엘. 《사해사본과 쿰란공동체》 서울: 대한기독교서회, 2004.
최광. 《내래, 죽어도 좋습네다: 최광 선교사의 탈북자선교실화》 서울: 생명의 말씀사, 2006.
최동원. 《천부경강전》 울산: 천지성지사, 2002.
최동환. "생존의 수사학을 통해 본 마가복음서의 성전 모티프 연구." 박사학위논문, 호서대학교 대학원, 2003.

최석우. 《나의 교회, 나의 역사》 서울: 한국교회사연구소, 1991.

최승락. "요한복음의 경우를 통해 독창적 복음 증거에 이르게 하는 성경 해석." 《빛과 소금》 서울: 두란노 (2004. 10): 106-109.

최안나. 《나오너라: 성서가족을 위한 요한복음서 해설(1)》 서울: 성서와 함께, 1998.

_____. 《예수님의 사랑: 성서가족을 위한 요한복음서 해설(2)》 서울: 성서와 함께, 1999.

최인호. 《商道 1》 서울: 여백, 2000.

최영실. "기름 부은 여인, 그녀는 누구인가?" 한국기독교 신학논총(제22집), 2001: 57-76.

최재천·주일우 엮음. 《지식의 통섭: 학문의 경계를 넘다》 서울: 이음, 2007.

최흥진. "예수에 대한 고백과 만찬." 《설교를 위한 성서연구》 서울: 한국성서학연구소, 1999: 134-141.

_____. 《요한복음》 서울: 한국장로회출판사, 2006.

표정훈. 《하룻밤에 읽는 동양사상》 서울: 중앙M&B, 2002.

풍우란. 《중국철학사》 서울: 형설출판사, 1979.

한병철. *Müdigkeitsgesellschaft*, 《피로사회》 김태환 옮김, 서울: 문학과 지성사, 2012.

한용상. 《교회가 죽어야 예수가 산다》 서울: 해누리, 2001.

한영우. 《정도전: 왕조의 설계자》 서울: 지식산업사, 1999.

한형조. 《왜 동양철학인가》 서울: 문학동네, 2001.

함석헌. 《함석헌 평전》 서울: 삼인, 2001.

함석헌기념사업회 편. 《민족의 큰 사상가 함석헌 선생》 서울: 한길사, 1976.

홍순도 外. 《베이징 특파원 중국문화를 말하다: 베이징 특파원 13인이 발로 쓴 최신 중국문화코드 52가지》 서울: 서교출판사, 2011.

홍영기.《하나님 나라 비전 프로젝트》서울: 대한기독교서회, 2002.

홍하상.《이병철 경영대전》서울: 바다출판사, 2004.

황창연. "십자가 신학을 통한 중국선교." 장로회신학대학교 세계선교대학원, 석사학위논문, 2007.

황요한(오한나).《광야에 세우는 십자가》서울: 쿰란출판사, 2019.

200주년 신약성서 번역위원회.《200주년 신약성서 주해》경북: 분도출판사, 2001.

田川建三.《마가복음과 민중해방: 원시그리스도교연구》김명식 옮김, 서울: 사계절, 1983.

● 논문 ●

숫자 17과 큰 물고기 153표적(요 21:11)의 의미[1)]

1. 숫자 153에 대한 선행연구사와 그 문제점

본 논문은 성경에서 사용된 숫자 17과 그것의 구체적 사례인 큰 물고기 153표적(요 21:11)의 의미를 고찰하는 데 그 목적이 있다. 요한복음 21장 11절의 큰 물고기 백쉰세 마리에 나오는 숫자 153이 무슨 의미인가를 놓고 교부시대부터 오늘에 이르기까지 다양한 해석들이 있었다. 먼저, 숫자 153에 대한 서구학자들의 견해를 살펴보자.

클린크(Klink III)는 이를 다섯 범주로 나누어 설명하고 있다.[2)] 사실적 묘사(Historical Description)[3)], 자연적 상징(Natural Symbolism)[4)], 성서적 상징(Biblical Symbolism)[5)], 수학적 상징(Mathematical Symbolism)[6)] 및 게마

---

1) 이 논문은 한국신학정보연구원의 성서학 전문저널 〈Canon&Culture〉의 2019년 봄호에 기고한 논문임.
2) Edward W. Klink III, *John*, Exegetical Commentary on the New Testament (Zondervan, 2016), 901-903.
3) 이 해석은 숫자 153을 포획한 물고기의 정확한 숫자를 말한다는 해석이다. 따라서 상징적 의미로의 해석을 부정한다.
4) 이 해석은 숫자 153을 독자들에게 상징적 메시지를 주는 데 있다는 해석이다. 가령, 제롬(Jerome)은 에스겔 47장 6-12절을 주석하면서 숫자 153은 헬라(라틴)의 생물학자들이 물고기를 153 종류로 분류했다는 주장을 한다.
5) 이 해석은 숫자 153을 성서로부터 이미 확립된 상징 숫자라고 해석한다. 가령, 그 숫자는 솔로몬의 성전 건축을 다루는 본문(왕상 5:15-16)에 나오는 153,300 노동자를 암시한다고 보거나 홍수이야기(창 6-9장)에 나오는 홍수의 전체 날수(153일)를 나타내는 것으로 해석한다.
6) 이 해석은 수학적 접근을 사용하여 신학적 진리를 드러내고자 하는 해석이다. 오리겐(Origen)은 그 숫자가 삼위일체를 나타내는 것으로 해석하면서 153=(50×3)+3을 말하였

트리아(Gematria)[7]가 그것이다. 또한 마루치(C. Marucci)는 4가지 모델을 제시한다.[8] 역사적 모델(물고기의 정확한 숫자), 어류학적 모델(153 종류의 물고기라는 제롬의 주장), 숫자적 상징 모델(1에서 17까지의 자연수의 총합이라는 어거스틴의 주장), 게마트리아 모델(그 숫자는 겔 47:10에서 언급하는 '에네글라임'과 같은 일련의 문자)이 그것이다.

최근에 보캠(Bauckham)은 게마트리아 방식을 사용하여 숫자 153의 문제를 해결하고자 시도하였다. 요한복음의 기록목적을 말하는 20장 30-31절의 핵심어 4개, 곧 표적(17회), 믿음(98회), 그리스도(19회), 생명(36회) 용어를 가지고, 첫 단어(표적)의 숫자 17은 삼각수이며, 뒤의 세 용어의 합이 153이라는 주장을 하였다. 그러면서 그는 현대 독자들에게 게마트리아는 별로 중요하지 않은 것으로 느낄지 모르나 고대 세계에서 게마트리아는 중요한 의미를 지닌다는 통찰력 있는 주장을 하였다.[9]

다음으로, 이 문제에 대한 국내의 대표적인 학자들의 견해를 살펴보자. 박수암 교수는 요한복음이 묵시문서가 아닌 까닭에 숫자 153을

다. 또한 어거스틴(Augustine)은 153 숫자는 1부터 17까지의 자연수의 총합(삼각수, triangular number)으로 보면서 십계명(10)과 성령의 일곱 선물(7)을 상징하는 것으로 보았다.
7) 이 해석은 각 숫자가 지니고 있는 수치를 가지고 해석하는 방식이다. '게마트리아(gematria)'는 '수의 상징학'으로 수치학(數値學) 또는 수비학(數秘學)으로 번역된다. 필자는 게마트리아가 지닌 숨겨진 상징적 의미라는 측면에서 '숫자상징코드'라는 용어를 함께 사용한다. 게마트리아에 대한 더 자세한 설명은 조철수, 《유대교와 예수》 (서울: 길, 2002), 258-344; 요한복음에 나타난 '숫자상징코드'에 대해서는 박호용, 《요한복음주석 1(해석편)》(서울: 예사빠전, 2015), 344-353을 참조하라.
8) Corrado Marucci, "Il significato del numero 153 in Gv 21,11," *RivB* 52(2004), 403-440. 더 자세한 설명은 Johannes Beutler, *A Commentary o the Gospel of John* (Grand Rapids: Eerdmans, 2013), 531-534; Craig S. Keener, *The Gospel of John: A Commentary III*(Grand Rapids: Baker Publishing Group, 2003), 《요한복음 III》, 이옥용 역 (서울: 기독교문서선교회, 2018), 3162-3167을 참조하라.
9) Richard Bauckham, "The 153 Fish and the Unity of the Four Gospel," 283-284. E. W. Klink III, 위의 책, 902에서 재인용.

게마트리아로 볼 수 없다는 견해를 피력했다. 그러면서 153을 (10+7)× 3×3으로 보고, 10은 세상 만수, 7은 종교적인 만수로 보아, 세계적으로 구원받을 사람의 전부를 표시한다고 주장하였다.[10]

김동수 교수는 이렇게 말한다. 왜 153마리인가? 단순히 많은 물고기라고만 하면 될 것을, 아니면 대략 100여 마리나 된다고 해도 될 것을 왜 구체적으로 153마리라고 했을까? 어거스틴을 비롯해서 수많은 신학자들이 상상력을 동원해서 이 난제를 풀어 보려고 시도했지만 모든 제안들은 그야말로 제안일 뿐 그 어느 것도 확정할 수 있는 것은 없었다는 것이다. 그러면서 아마도 이렇게 숫자를 구체적으로 언급한 것은 예수가 바닷가에 나타난 사건이 역사적으로 실재했던 사건이며 이것에 대한 증언이 확실하다는 것을 말하는 것일 것이다라는 견해를 피력했다.[11]

최홍진 교수는 숫자 153에 대한 논란은 153이 실제적인 고기의 숫자인지, 아니면 다른 상징적 의미가 있는지에 관한 것이라고 하면서 다음과 같은 견해를 피력하였다. 상징적 의미가 있다고 이해한 해석의 예를 살펴보면, 이 숫자가 삼위일체의 표적이라고도 하고, 바다에 있는 특별한 고기 종류라고도 한다. 그러나 본문의 상황으로 판단할 때 상징적인 의미라기보다는 실제 물고기의 수로 생각된다. 곧 많은 물고기가 정확히 실제로 잡혔음을 증거한다. 또한 그물이 찢어지지 않은 것은 통으로 짠 속옷처럼 연합과 일치를 나타내고자 함이라고 주장하였다.[12]

가톨릭 신학자인 이영헌 교수는 다음과 같은 견해를 피력하였다. 정확하게 알 수는 없으나 상징적인 의미가 내포된 듯하다(계 13:18 참조). 분명한 것은 큰 물고기들이 그물에 가득 찼으나 그물이 찢어지지 않았

---

10) 박수암, 《요한복음》 (서울: 대한기독교서회, 2002), 422-423.
11) 김동수, 《요한신학 렌즈로 본 요한복음》 (서울: 솔로몬, 2006), 255.
12) 최홍진, 《요한복음》 (서울: 한국장로교출판사, 2006), 292-293.

다는 내용과 함께 이 숫자는 기적사화 안에 보도되어 고기잡이 기적의 놀랍고 위대함을 시사해 준다는 점이다. "큰 물고기들"은 사도들의 인도로 그리스도인들이 된 여러 민족의 모든 신앙인들을 가리키는 것으로, 큰 물고기 153 숫자는 충만함과 보편성을 가리키는 상징적 의미로 폭넓게 이해할 수 있다고 주장하였다.[13]

개신교 신학자 가운데 숫자 153에 대해 가장 심도있게 다룬 학자로는 조철수 교수를 들 수 있다. 그는 153표적에 숫자 17이 숨겨져 있으며, 이러한 숫자의 은유적 표현을 찾아내서 당대의 문화적 환경을 이해하는 것은 바람직한 방법이라면서 다음과 같은 주장을 피력하였다. 베드로의 그물에 걸려든 물고기가 모두 153마리였다는데, 그 숫자가 우연히 생긴 수는 아닐 법하다. [잡은 물고기를 하나하나 세어보았더니 153마리였다고 전하지 않는다. "그물을 뭍으로 끌어올리니, 153마리의 큰 물고기들이 가득 하였다(요 21:11)는 문구가 말해준다. 그물 속에 들어 있는 물고기를 어떻게 헤아려서 153마리라는 수효가 나왔겠느냐는 질문이다.]

이 일화는 '아가다(짧은 이야기)'의 범주에 속하는 이야기다. 일반적인 아가다의 성격상 물고기를 많이 잡았다고 이야기하지 구태여 153이라고 그 숫자를 말하지 않는다. 그런데 이렇게 그 숫자를 알려주는 것은 그 숫자에 담겨 있는 상징성이 있음을 말해준다. 흔히 153은 1에서 17까지 합한 수로 사도들에 의해 초대교회 일원이 된 신앙인들을 뜻한다고 설명한다. 17의 숫자가 상징적으로 사용되었다고 볼 수 있다. 그러나 이 이야기에서는 1에서 17까지 더한 수로 보이지 않는다.

어느 숫자가 상징적으로 사용되는 경우 흔히 그 단락에서 그 숫자를 해결해주는 단어나 문구를 찾을 수 있다. 그래야 청중이 숫자의 상징성을 파악하고 전개되는 결과를 기대할 수 있다. 큰 물고기 153마리

---

13) 이영헌, 《요한복음서》 (경북: 분도출판사, 1999), 382-383.

의 경우 그 실마리는 그 단락의 마지막 문장(14절)에서 찾을 수 있다. "이것은 예수께서 죽은 자 가운데서 살아나신 후에 세 번째로 제자들에게 나타나신 것이라." 이 구절은 153의 수에 셋이 상관됨을 일러준다. 또 하나의 숫자는 직접 언급은 하고 있지 않으나 "예수께서 죽은 자 가운데서 살아나신"이라는 말 속에 담긴 사흘(3)이라는 숫자이다. 보통 상징하는 숫자가 크면 그 수를 나누어서 해답을 찾는다. 153을 3과 3으로 나눈 숫자가 그것이다(또한 153을 3으로 나누는 이유는 나눌 수 있는 수가 3밖에 없기 때문이기도 하다). 큰 물고기 153마리 이야기는 17의 상징성에서 그 진의를 찾아볼 수 있다.

그러면서 조철수 교수는 노아의 홍수에 나오는 열일곱째 날(창 7:11; 8:4)을 예로 든다. 노아가 그의 식구들과 온갖 짐승들을 방주에 태우기 시작한 날이 둘째 달의 열일곱째 날이며, 그들이 탄 방주가 새로운 땅에 내린 날짜가 바로 일곱째 달의 열일곱째 날이다. 노아의 식구(공동체)가 새로운 삶을 바라며 새 공동체 의식에 참여하는 출발 시기가 열일곱째 날이며, 장기간의 고난 끝에 새로운 땅에 도착하여 새 생활을 시작할 그날이 또한 열일곱째 날이다. 여기에서 열일곱은 새 언약의 시대 서막에 등장하는 구원의 배를 상징하는 숫자라고 주장하였다.[14]

지금까지 살펴본 숫자 153에 대한 학자들의 주장의 문제점을 크게 본문(text)과 상황(context)이라는 두 측면에서 설명하면 다음과 같다. 첫째, 본문의 측면에서, 요한[15]이 그 숫자를 말하는 본문(21장) 전체, 나아가 요한복음 전체에서 숫자를 어떤 방식으로 사용했는가를 다루기보다는 본문 전후의 몇 구절을 가지고 설명하거나 아니면 본문 밖에서

---

14) 조철수, 《예수평전》 (서울: 김영사, 2010), 743-747.
15) 요한복음의 저자 문제에 대한 자세한 설명은 박호용, 위의 책, 163-188을 참조하라. 본 논문에서는 '요한'이라고 부르기로 한다.

가지고 와서 설명하는 방식을 사용함으로써 단편적인 이해에 머물렀다는 점이다. 둘째, 상황의 측면에서, 요한은 어떤 상황에서 이 숫자를 사용하고 있는가 하는 점을 고려하지 않은 채 이 숫자의 의미를 개진함으로써 요한의 의도를 제대로 파악하지 못했다는 것이 필자의 생각이다.

그동안 대부분의 학자들은 요한복음이 단순한 예수의 전기가 아닌 묵시문학 장르에 속한다는 사실을 깊이 천착하지 못했다.[16] 즉 요한의 숫자 사용방식[17]은 묵시문학적 글쓰기의 특징 중의 하나인 '게마트리아'를 사용하고 있으며, 그러한 방식을 사용할 수밖에 없었던 요한 공동체의 묵시문학적 상황을 고려하여 '큰 물고기 153표적'을 다루어야 한다는 점을 깊이 인식하지 못했다. 따라서 숫자 153을 요한복음 본문 전체 그리고 묵시문학적 상황을 고려하여 게마트리아로 해석할 때, 숫자 153은 요한복음 전체(성경 전체)의 복음의 핵심인 '십자가와 부활'을 담고 있으며, 나아가 제자도로서의 십자가의 길을 말하고 있다는 사실을 제대로 밝히지 못했다는 것이 필자의 생각이다.

특히 숫자 153을 심도있게 다룬 조철수 교수의 문제점은 그가 가장 중요한 숫자 17의 문제를 다루면서 그것을 가깝고도 단순한 해석인 '간결성의 법칙(Law of Parsimony)'[18], 즉 이 숫자와 관련된 가장 가까이 있는 본문(21장), 또는 보다 넓게는 요한복음 안에 깊이 천착하기보다는 멀리 있는 창세기, 그것도 연관성이 별로 없어 보이는 노아 홍수 이야기에서 찾고자 했다는 점이다. 이는 예수께서 제자를 부르신 근본 목

---

16) 더 자세한 설명은 박호용, 위의 책, 327-335을 참조하라.
17) 요한복음에 나타난 숫자에 대한 더 자세한 설명은 Gerald L. Borchert, "Excursus 6: Numbers", *John 1-11*, Vol.25A (Nashville: Publishing Group, 1996), 254-256을 참조하라.
18) '간결성의 법칙'에 대한 더 자세한 설명은 Bruce K. Waltke, *Genesis: A Commentary*(-Zondervan, 2001),《창세기 주석》, 김경열 옮김 (서울: 새물결플러스, 2018), 69.

적이 사람을 낚는 어부(마 4:19)로서의 제자도, 즉 십자가의 길을 걷는 데 있으며(마 16:24), 이를 153표적을 통해 다시 상기시켜주고자 했음을 그가 제대로 인식하지 못했다는 것이 필자의 생각이다.

2. 요한의 묵시문학적 상황과 숫자 사용방식

요한복음은 주후 90년을 전후해서 유대교 회당에서 기독교인들이 출교(9:22; 12:42; 16:2)를 당하고, 도미티안 황제의 기독교 박해상황 속에서 신앙의 정조를 지킬 것을 호소하고자 쓰인 문서이다. 종교적 박해 상황을 '묵시문학적 상황'이라고 하고, 그러한 상황에서 쓰인 문서를 전문용어로 '묵시문학(묵시문서)'이라고 한다.[19] 요한복음은 유대교와 로마제국이라는 종교적이고 정치적인 강력한 두 세력의 협공을 받으며, 박해와 순교라는 생존의 위기상황 속에서 나온 묵시문학 장르에 속하는 책이다.[20]

묵시문학적 위기상황에서 쓰인 요한복음은 전반부(1-11장)에서 모세(유대교)에 대한 기독교의 승리(특히 로고스찬가[1:1-18]에서)를, 후반부(12-21장)에서 "이 세상 임금"(12:31; 14:30; 16:11)인 가이사(로마제국)에 대한 기독교의 승리(특히 디베랴 바닷가의 부활하신 예수의 153표적[21:1-14]에서)를 보여주고 있다.[21] 장르상 묵시문학에 속하는 구약의 다니엘서와 신약의

---

19) '묵시문학'에 대한 더 자세한 설명은 왕대일, 《묵시문학연구: 구약성서 묵시문학 다니엘서의 재해석》 (서울: 대한기독교서회, 1994), 11-80을 참조하라.
20) 더 자세한 설명은 박호용, 위의 책, 39-50, 312-344을 참조하라.
21) 더 자세한 설명은 박호용, 《요한복음주석2(주석편)》, 496-498, 528-532을 참조하라. 21장에서 '큰 물고기 153표적'은 여덟 번째 표적으로 숫자 8은 새로운 시작을 상징한다. 21장에는 예배의 대상인 '주(κύριος)'가 8회 나타난다(7[2회], 11,15,16,17,20,21). 이는 가이사 황제가 예배의 대상인 주가 아니라 부활한 예수께서 '새로운 주', 즉 만왕의 왕, 만주의

요한계시록처럼 묵시문서인 요한복음은 여러 '묵시문학적 특징들'[22]을 가지고 있다. 그 가운데 본 논문과 관련하여 암호와 같은 비밀언어(암호상징)로서의 게마트리아를 살펴보자.[23]

유대인들은 각각의 숫자에 의미를 부여하는 것에 깊은 관심을 가지고 있었다.[24] 필자의 연구에 따르면 유대인인 요한은 요한복음에서 숫자(또는 횟수)를 사용할 때 객관적 사실 여부와 관계없이 거의 게마트리아(숫자상징)적 의미를 부여하고 있다는 점이다.[25] 요한은 '대략'을 말

주가 되신다는 상징적 의미를 갖는다.
22) 묵시문학의 특징들 가운데 가장 중요한 특징 세 가지를 들면 가명성, 암호상징(특히 숫자) 사용, 역사적 이원론(환란을 당하는 현재의 세상과 다가올 새 세상)을 들 수 있다. 이를 요한복음에 적용하면 이렇다. 문서가 검열을 당하는 묵시문학적 박해상황 속에서 요한은 필화를 모면하기 위해 '사도 요한'이라는 실명을 사용하는 대신 '예수께서 사랑하는 제자'(13:23)라는 가명을 사용한 점, 공관복음에서 사용된 메시아적 능력을 나타내는 '기적(뒤나미스)' 어휘를 전혀 사용하지 않고 그 대신 사건 배후의 그 무엇을 암시(sign)하는 '표적(세메이온)' 어휘(2:11)를 사용한 점, 사탄의 통치 아래에서 환란을 당하는 현재의 세상과 앞으로 사탄을 이기고 하나님이 통치하는 새로운 세상을 말하고 있는 점(16:33). 요한복음의 묵시문학적 상황과 그 문학적 특징에 대한 더 자세한 설명은 박호용, 《요한복음주석 1(해석편)》, 39-51, 312-323을 참조하라.
23) 여기서 주의할 점은 모든 것을 숫자로 풀려는 알레고리칼(풍유) 해석이나 인간적 이익을 위해 세속적 목적으로 사용되는 것을 경계해야 한다는 점이다. 가령, 인침을 받은 자들의 숫자 144,000(계 6:4)을 자기 교회에 들어온 자들만 구원을 받는 숫자로 오용(남용)하여 이 숫자가 거의 찼으니 속히 이 교회에 들어올 것을 강요하는 것이 이에 해당한다. 한편, 대표적인 알레고리칼 해석은 어거스틴의 '선한 사마리아인의 비유'(눅 10:25-37)에 대한 해석을 들 수 있다. 더 자세한 설명은 박호용, 《요한복음주석1(해석편)》, 346의 각주 720을 참조하라.
24) 가령, 1은 하나님, 절대, 2는 반복, 강조, 3은 하늘(하나님)의 숫자, 4는 땅(세상, 동서남북), 5는 모세오경(유대교), 6은 완전수 7에서 하나 모자라는 불완전(부족)의 의미, 사탄과 죽음의 숫자, 7은 완전수(3+4), 천지의 숫자, 부활(생명)의 숫자, 8(7+1)은 새로운 주기(시작)의 의미, 9는 10에서 1이 모자란 불완전한 숫자, 10(5+5 또는 1+2+3+4)은 양손의 손가락의 합수로, 또 하나의 완전수이다.
25) 가령, 여섯 돌항아리(2:6), 여섯 남편(4:18), 제 칠시(4:52), 38년 된 병자(5:5), 큰 물고기 153마리(21:11), 일곱 표적(2-11장), 일곱 '에고 에이미' 말씀(6:35; 8:12; 10:7,11; 11:25; 14:6; 15:5) 등.

하는 숫자, 예를 들어 두세 통 드는 돌항아리(2:6), 오천 명쯤(6:10), 십여 리쯤(6:19), 백 리트라쯤(19:39), 한 오십 칸쯤(21:8)에서 사용된 숫자와는 달리 구체적인 숫자, 즉 돌항아리 여섯(2:6), 여섯 남편(4:18), 가룟 유다(6회),[26] 일곱 시(4:52), 38년 된 병자(5:5)[27], 열두 바구니(6:13)[28], 여드레(20:26)[29] 등등은 게마트리아적 의미로 사용하였다. 특히 본 논문에서 다루고자 하는 큰 물고기 153마리(요 21:11) 표적이 그러하다.

　이 숫자는 실제적인 물고기의 숫자(어획의 풍성함 또는 예수의 큰 기적)로 볼 수도 있다.[30] 그러나 필자는 이 숫자가 묵시문학적 박해상황에서 요한공동체 성도들 간에 그들만의 암호비밀처럼 사용된 '게마트리아(상징숫자)'임이 분명하다고 본다. 즉 '큰 물고기 153마리'에 나타난 숫자 153에는 요한이 게마트리아를 통해 말하고자 하는 하나님의 비밀이 숨겨져 있다고 확신한다. 숫자 153은 요한복음이 말하고자 하는 결론적 메시지를 담고 있는 가장 중요한 숫자로써 '게마트리아의 압권'이라고 생각한다.[31] 그렇다면 '큰 물고기 153마리'는 어떤 상징적 의미를

---

26) 요 7:71; 12:4; 13:2; 18:2,3,5. '가룟 유다'의 6회 사용은 그가 사탄에 사로잡힌 자임을 암시한다.
27) 숫자 38은 이스라엘 백성의 광야 38년 동안의 방황을 말하는 숫자(신 2:14)이며, 요한복음에서는 구원의 의미인 가나안 땅으로 이스라엘 백성을 인도하지 못하는 '유대교'를 상징한다고 볼 수 있다.
28) 숫자 12는 3×4인데, 구약의 12지파처럼 신약의 12제자를 상징한다.
29) 숫자 8은 새로운 시작을 의미하는 숫자로써, 부활 후 제8일에 예수께서 다시 제자들에게 나타났다는 것은 예수 부활이 기독교의 새 출발을 의미하는 것을 상징한다.
30) 크루즈는 이 숫자는 상징적 의미보다는 많은 물고기를 포획했다는 기적적 성격을 강조하는 것으로 보고 있다. Colin G. Kruse, *John*, Tyndale New Testament Commentaries. Vol.4 (Nottingham: Inter Varsity Press, 2003), 384.
31) 숫자 153이 게마트리아가 아니라면 요한은 대략의 숫자를 말할 때 쓰는 그냥 큰 물고기를 '많이 잡았다', 또는 '약 150여 마리' 등으로 표현했을 것이다. 또한 팔딱팔딱 뛰는 생생한 물고기를 그 자리에서 한 마리씩 세다가 한 마리를 잘못 세어 152마리나 154마리라고 표현할 경우 이런 숫자들은 아무런 의미가 없다. 이와는 달리 요한이 구체적인 숫자를 기술할 경우에는 게마트리아임이 분명하다.

가지고 있는가? 이를 규명하기 위해서는 숫자 153과 관련된 숫자 17을 먼저 살펴볼 필요가 있다.

3. 숫자 17과 십자가의 상응성

1) 숫자 17 고찰

아리비아 숫자는 1에서 10(또는 0에서 9)까지의 10개의 숫자로 이루어져 있고, 이것으로 모든 숫자를 표현한다. 성경의 백성인 유대인들은 숫자 7과 숫자 10을 완전수로 좋아한다. 숫자에 대한 유대인들의 유별난 관심은 하나님께서 이 세상을 창조하실 때 어떤 일정한 법칙이 있다는 데 근거한다.[32] 이러한 대자연의 법칙은 성경에도 적용된다. 하나님은 '문자 언어'만이 아니라 그 속에는 '숫자 언어' 또는 '그림 언어'[33]를 사용하여 메시지를 전달하신다. 하나님은 숫자를 통해서 자신이 들려주고자 하는 어떤 비밀스러운 중요한 메시지를 말씀하신다. 특히 종교적 박해상황 아래에서 숫자를 암호상징으로 많이 사용하신다. 그 까닭은 문서 검열에 따른 필화를 면하고, 공동체 신자들 상호 간에 결속과 신앙적 격려를 위해서이다.

---

[32] 정사각형의 면적을 100이라 한다면 그에 내접하는 원의 면적은 약 78이 되고 나머지는 22가 된다. 또 공기의 성분 중 질소 대 산소의 비율도 78:22, 사람의 신체 중 수분 대 기타 물질의 비율도 78:22, 지구의 바다 대 대륙의 비율도 78:22의 비율로 되어 있다. '78:22의 법칙'은 인간의 힘으로는 도저히 어떻게 할 수 없는 대자연의 법칙이다. 이희영,《탈무드 황금률 방법: 유대 5000년 불굴의 방패》(서울: 동서문화사, 2001), 149-150.
[33] 유대교의 상징인 다윗의 별이나 메노라(등잔대), 기독교의 상징인 십자가나 물고기(익투스)가 이에 해당함.

그렇다면 153표적과 관련된 숫자 17은 어떤 의미를 가지고 있는가?[34] 숫자 17은 하나님이 비밀스럽게 감추어 둔 완전수이다. 숫자 153은 17이라는 숫자에 기초하고 있는데, 숫자 17을 선택한 이유는 10과 7을 더한 17이라는 숫자가 상징적 의미를 산출하기 때문이다.[35] 숫자 17은 완성과 완전을 뜻하는 두 완전수 10과 7의 합수이다.[36] 두 완전수인 이 두 숫자를 풀어보면 이렇다. 숫자 7은 3+4 또는 5+2이고, 숫자 10은 5+5 또는 5×2이다. 각 숫자는 그 수의 가치(의미)를 갖고 있는데, 숫자 3은 하늘 또는 하나님의 수이고, 4은 땅, 인간의 수이다. 즉 숫자 3은 '삼위일체 하나님(성부, 성자, 성령)'의 숫자이고, 숫자 4는 '사방(동서남북)'을 의미하는 땅의 숫자이다. 숫자 7을 완전수라고 말하는 것은 전체를 의미하는 천지(天地), 즉 하늘과 땅을 합한 숫자이기 때문이다.

여기서 먼저 짚고 넘어갈 것은 '게마트리아'에서 더하기(+)와 곱하기(×)는 상호 호환된다는 점이다. 가령 3+4는 3×4와 상호 호환되는 숫자로 7도 되고 12도 된다. 그런 의미에서 숫자 12도 숫자 7과 더불어 완전수의 의미를 띤다.[37] 숫자 10은 각각 5개의 손가락을 가진 두 손의 합(5+5)으로, 완전수의 의미로 사용되고 있다. 십계명(출 20장)이나 10가지 재앙(출 5-11장) 등이 좋은 예이다.

더하기(+)와 곱하기(×)가 상호 호환되는 '게마트리아'에서 숫자 7(5+2)과 숫자 10(5×2)은 똑같이 7도 되고, 10도 된다는 점에서 둘 다 완전수

---

34) 어거스틴은 숫자 17(17=10+7)에서 숫자 10은 십계명(출 20장)과 관련된 숫자, 즉 구약(유대인)을 대표하는 율법의 숫자이고, 숫자 7은 성령(계 1:4)과 관련된 숫자, 즉 신약(이방인)을 대표하는 은혜의 숫자라고 보았다. 숫자 17은 완전수인 두 숫자(10과 7)의 합수로써 가장 완전한 숫자이다.
35) Gerald L. Borchert, *John 12-21*, Vol.25B (Nashville: Publishing Group, 2002), 330.
36) Charles K. Barrett, *The Gospel According to St. John* (London: SPCK, 1960), 484.
37) 이스라엘의 12지파나 예수님의 12제자가 이에 해당한다.

이다.[38] 가령, 오병이어(보리떡 다섯 개와 물고기 두 마리) 기적은 사실 여부와 관계없이 주님께서 가장 완전한 두 숫자(5+2 또는 5×2)를 통해 놀라운 큰 기적을 일으켰다는 의미를 지닌다. 바로 그 두 완전수 7과 10의 합수가 17(7과 10의 곱수는 70)이고, 그런 의미에서 숫자 17은 가장 완전한 숫자적 의미를 지닌다. 먼저 요한이 숫자 17을 중요하게 사용하고 있다는 것을 말하기 전에 숫자 17의 좋은 실례가 되는 구약의 창세기를 통해 이를 고찰해 보자.

2) 창세기에 나타난 숫자 17 고찰

가장 완전한 숫자 17은 두 개의 완전수인 10과 7의 합수이다. 완전수에 해당하는 숫자 7[39]과 숫자 10[40]은 구약성경에서 자주 나타날 뿐 아니라 대단히 중요한 의미를 띤다. 먼저, 숫자 10을 살펴보자. 율법의 숫자 10은 구약(유대인)을 대표하는 숫자이다. 특히 창세기[41]는 숫

---

38) 게마트리아에서 더하기(+)와 곱하기(×)는 상호 호환이 된다는 점에서 17(10+7)과 70(10×7)은 같은 숫자상징적 의미를 지닌다.
39) 숫자 7이 갖는 상징성이 부각되었던 가장 큰 이유 가운데 하나는 북두칠성의 일곱과 관련되어 있다. 유대교의 상징으로 사용되는 메노라(일곱 등잔이 달린 등잔대)는 주후 3-4세기에 세워진 유대교 회당 건물터에서 볼 수 있다. 일곱의 상징성은 복음서에서도 엿볼 수 있다(일곱 개의 문장으로 된 주기도문, 일곱 표징, 일곱 개의 빵과 일곱 바구니, 바리새인들에게 일곱 차례 불행을 선언하는 예수의 언명 등 매우 많다). 더 자세한 설명은 조철수,《예수평전》(서울: 김영사, 2010), 793을 참조하라.
40) 유대교 카발라 신비주의자들은 하나님의 권능을 10개의 '쓰피로트(頂點)'에서 발산하는 과정에서 찾았다. 조철수,《유대교와 예수》, 114-119. 그 외에도 숫자 10은 10재앙(출 5-12장), 십계명(출 20장, 신 5장), 지성소의 크기 10규빗, 성전의 물두멍, 떡상, 촛대 10개씩, 십일조, 대속죄일(7월 10일), 유월절 준비일(1월 10일), "여호와께서 모세에게 명령하신 대로"(10회, 출 39:1,5,7,21,26,29,31,32,42,43) 등.
41) 요한복음이 창세기와 깊은 관련이 있다는 사실에 대해서는 "태초에"(요 1:1)를 비롯하여 로고스찬가(요 1:1-18)에 나타난 창조주 하나님 및 일곱 표적이 7일간의 창조와 상응한다는 사실 등을 통해 쉽게 엿볼 수 있다. 더 자세한 설명은 박호용,《요한복음주석1(해석

자 10을 많이 사용하고 있다. 창세기는 10개의 톨레도트(족보)로 되어 있다(2:4-4:26; 5:1-6:8; 6:9-9:29; 10:1-11:9; 11:10-26; 11:27-25:11; 25:12-18; 25:19-35:29; 36:1-37:1; 37:2-50:26). 또한 홍수 이전 아담에서 노아까지가 10대, 홍수 이후 셈에서 아브라함까지가 10대로 되어 있다. 뿐만 아니라 의인 십 명(창 18:32), 십분의 일을 드림(창 28:22), 품삯을 열 번이나 변개(창 31:41), 첫 번째 창조기사(창 1:1-2:3)에 나오는 '하나님이 이르시되'(창 1:3,6,9,11,14,20,24,26,28,29)와 '종류대로'(창 1:11,12[2회],21[2회],24[2회],25[3회]) 등등.

다음으로, 숫자 7을 살펴보자. 창세기 첫 절(1:1)은 완전수인 '일곱 단어'[42]로 되어 있다. 이는 하나님의 천지창조가 한 치의 오차도 없이 완벽하게 창조되었음을 암시한다.[43] 창세기 1장에서 "보시기에 (심히) 좋았더라"는 말씀이 7회(1:4,10,12,18,21,25,31) 사용되고 있음이 이를 잘 증명해 준다. 첫 번째 창조기사(창 1:1-2:3)는 숫자 7을 반복적으로 사용하고 있음을 잘 보여준다.[44] 그 외에도 아담의 7대손 에녹(창 5:19), 칠일 후의 홍수 내림(창 7:10), '노아 언약' 용어 7회(9:9,11,12,13,15,16,17), 아브라함이 아비멜렉과 언약을 맺기 위해 일곱 암양 새끼를 따로 놓음(창 21:27-28) 등등. 그 외에도 창세기에는 게마트리아의 특징들이 다양하게

편)》, 353-362; 박호용, 《요한복음주석2(주석편)》, 503-519을 참조하라.
42) '베레쉬트 바라 엘로힘 에트 핫샤마임 웨에트 하아레츠'(בְּרֵאשִׁית בָּרָא אֱלֹהִים אֵת הַשָּׁמַיִם וְאֵת הָאָרֶץ). 공교롭게도 중국어 성경도 창 1:1을 일곱 단어로 번역하고 있다(起初神創造天地). 하늘(天)의 숫자(3)와 땅(地)의 숫자(4)를 합한 수가 7인데, 천지의 숫자 7은 '전체'와 '온전함'이라는 의미를 지닌다.
43) 7일 간의 천지창조가 샬롬을 상징하는 '다윗의 별' 형상을 띠고 있다는 사실에 대해서는 박호용, 《창세기주석》(서울: 예사빠전, 2015), 40-42, 48-50을 참조하라.
44) 첫 창조기사(창 1:1-2:3)는 7의 배수로 가득 차 있다. 1:2은 14(7×2)단어, 2:1-3은 35(7×5)단어, 1:1-2:3에서 엘로힘(35회), 땅(21회), 하늘(21회), 그대로 되니라(7회), 창조하다(bara 동사 7회), 7일 천지창조, '거룩하게'로 구별된 제7일 안식일의 강조(2:3) 등등. cf. 출 1:1(8단어), 레 1:1(8단어), 민 1:1(17단어), 신 1:1(22단어).

나타나고 있다.[45]

한편, 숫자 17은 의도를 가지고 사용하지 않는 한 기수(서수)로나 또는 횟수로나 잘 나타나지 않는 숫자이다.[46] 창세기에서 숫자 17이 직접적으로 나타나는 것은 노아 홍수와 관련하여 '노아가 육백 세 되던 해 둘째 달 열이렛날'에 홍수가 시작되었고(창 7:11), '일곱째 달 열이렛날에 방주가 아라랏 산에 머물렀다'(창 8:4)는 대목이다. 또한 요셉이 형들에게 미움을 받고 애굽으로 팔려간 나이가 17세였다(창 37:2). 그리고 야곱은 애굽 땅에서 17년을 살았다(창 47:9,28 참조). 창세기에 숫자 17이 직접적으로 나타나는 대목은 이 네 구절뿐이다.

그런데 흥미로운 사실은 족장사(창 12-50장)에 나타난 족장들의 수명을 고찰해 보면 일관된 패턴을 보여주고 있다는 사실이다. 특히 세 족장(아브라함, 이삭, 야곱)의 향년이 모두 숫자 17과 관련되어 있다. 아브라함은 175세(창 25:7), 이삭은 180세(창 35:28), 야곱은 147세(창 47:28), 요셉은 110세(창 50:26)를 살았다.[47] 족장들의 수명에 나타난 인수분해는 뚜렷한 패턴을 따르고 있다.

아브라함: 175 = 7×5×5 / 이삭: 180 = 5×6×6 /

---

45) 가령, 아브라함이 그의 조카 롯을 구하기 위해 전쟁에 데리고 나간 병사가 318명이라고 한다(창 14:14). 여기서 숫자 318은 실제적인 병사의 숫자일 수도 있으나 이 숫자는 게마트리아적 의미를 담고 있다고 보아야 한다. 그 까닭은 이러하다. 15장 2절에 보면 아브라함의 양자 이름이 '엘리에젤(אליעזר)'인데, 그 이름의 뜻은 "하나님은 나의 도움이시라"라는 뜻이다. 엘리에젤의 여섯 알파벳 숫자의 합이 318(318=1+30+10+70+7+200)이다. 따라서 숫자 318이란 아브라함이 하나님의 도우심으로 전쟁에 승리하여 조카 롯을 무사히 구할 수 있었다는 신앙고백적 의미를 담고 있다. Victor P. Hamilton, *The Book of Genesis: Chapters 1-17(1)*, NICOT (Grand Rapids: Eerdmans, 1990), 406-407.
46) 구약에 나타난 숫자 17의 기수와 서수를 살펴보면, 기수(基數): 창 37:2; 47:28; 왕상 14:21; 왕하 13:1; 대상 7:11; 대하 12:13; 스 2:39; 느 7:42; 렘 32:9. 서수(序數): 창 7:11; 8:4; 왕상 22:51; 왕하 24:15; 25:24.
47) 여호수아의 향년도 요셉과 같다(수 24:29).

야곱: 147 = 3×7×7 / 요셉: 110 = 1×($5^2+6^2+7^2$)

요셉의 110년은 연속적인 정방형 숫자의 총합(110=$5^2+6^2+7^2$)이다. 창세기의 첫 사람 아담은 930년(30^2+30)이고, 창세기의 마지막 사람인 요셉은 110년(10^2+10)이다. 요셉에게는 세 사람의 족장과 관련하여 7-5-3-1의 패턴(두 숫자씩 줄어든다)과 ($5^2+6^2+7^2$)의 패턴(한 숫자씩 늘어난다)이 나타난다.[48] 이 같은 일정한 패턴을 통해 제4의 족장인 요셉은 족장 내러티브의 결론을 가져온 인물로서, 그의 조상들의 족장들과 긴밀히 연관되어 있을 뿐만 아니라 세 족장의 성취로서의 인물이라는 사실을 엿볼 수 있다.[49]

여기서 중요한 것은 게마트리아에서 곱하기와 더하기는 상호 호환이 된다고 할 때 아브라함의 숫자(7+5+5), 이삭의 숫자(5+6+6), 야곱의 숫자(3+7+7)은 모두 17과 관련되어 있다는 사실이다.[50] 숫자 17은 이미 요셉이 애굽에 팔려간 나이(창 37:2)와 야곱이 애굽에서 체류한 세월(창 47:9, 28 참조)에 이미 암시되어 있다. 주목할 점은 세 족장의 합수가 51(17+17+17)이라는 사실이다. 숫자 51은 아래에서 살펴보게 될 복음의 핵심인 십자가(17)와 부활(3)의 곱수인 51의 마방진(魔方陣)을 구성한다는 점에서 중요한 숫자이다.

---

[48] 이를 두고 사르나는 이렇게 말한다. "이러한 인수분해적 패턴을 통하여 족장들의 연대기는 심오한 성경적 확신을 표현하는 수사학적 장치를 구성하는 것으로써, 이스라엘을 형성하던 시대는 우연한 사건들의 연결이 아니라 하나님의 거대한 설계에 따른 질서 잡힌 일련의 사건들이었다는 것이다." Nahum M. Sarna, *Understanding Genesis* (New York: Schocken Books, 1970), 324.

[49] Victor P. Hamilton, *The Book of Genesis: Chapters 18-50(2)*, NICOT (Grand Rapids: Eerdmans, 1995), 709-710.

[50] 구약에서 아브라함과 더불어 가장 유명한 신앙의 두 인물인 모세와 다윗의 향년도 숫자 17과 관련되어 있다. 모세 120세=(3×4)×10; 다윗 70세=(3+4)×10.

3) 숫자 17과 십자가의 상응성

예수 그리스도는 죄 된 인류를 구원하시기 위해 만세 전부터 하나님께서 감추어 두신 가장 큰 비밀이다(롬 16:25-27; 엡 3:3,9; 골 1:26-27; 2:2 등). 그 중에서 십자가는 가장 큰 비밀에 속한다(고전 1:18-25; 2:6-12; 갈 2:16-21; 6:11-14 등). 예수는 십자가 위에서 인류의 모든 죄를 온전히 사했다는 의미로 "다 이루었다"(요 19:30)는 승리의 외침을 선포하셨다.[51] 여기서 십자가를 숫자로 표현하면 이렇다.

십자가는 세로와 가로라는 두 개의 축으로 되어 있다. 세로축을 구약(유대인, 율법)으로, 가로축을 신약(이방인, 은혜)으로 비유하면, 여기서 "다 이루었다"는 외침은 온 인류(만민), 즉 '유대인과 이방인'의 구원을 다 이루었다는 것이며, 이는 구약과 신약, 율법과 은혜(성령)을 다 성취하였음을 의미한다. 이를 숫자로 표현하면 십자가의 세로축은 숫자 10(구약, 유대인, 율법의 숫자)이며, 십자가의 가로축은 숫자 7(신약, 이방인, 은혜의 숫자)로써, 이 두 완전수의 합수는 17이 된다. 즉 십자가의 숫자는 가장 완전한 숫자인 17과 상응하며, 숫자 17의 중요성은 바로 여기에 있다. 그리고 숫자 17은 아래에서 논할 숫자 153표적의 의미를 밝히는 열쇠가 된다.

4) 요한복음에 나타난 숫자 17 고찰

숫자(횟수) 17은 의도를 갖고 쓰지 않는 한 쉽게 나타날 수 없는 숫자(횟수)이다. 가령, 수많은 게마트리아를 사용하고 있는 대표적인 책인

---

[51] '십자가의 복음'에 대한 더 자세한 설명은 박호용, 《왕의 복음》 (서울: 쿰란출판사, 2018), 235-290을 참조하라.

계시록은 숫자 10과 7은 무수히 사용하고 있으면서도[52] 그 두 숫자의 합수인 17은 거의 나타나지 않는다. 그런데 놀라운 것은 요한복음에서는 17과 관련된 숫자(횟수)가 많이 나타나고 있을 뿐만 아니라 결정적으로 중요한 대목에서 나타나고 있다는 사실이다. 이는 결코 우연이라고 볼 수 없으며, 요한의 깊은 신학적 의도가 깔려 있음이 자명하다. 그런 의미에서 요한복음에 나타난 숫자(횟수) 17은 요한복음을 이해하는 '결정적 열쇠'라고 말할 수 있다.

유대인들은 '처음'을 중요하게 취급하는 전통이 있다. 모세오경의 책 이름은 각 책의 첫 절(또는 첫 단어)로부터 비롯되었다는 사실이 그 좋은 실례이다.[53] 이 같은 전통은 복음서에서도 찾아볼 수 있다.[54] 요한복음 또한 예외가 아니다. 요한복음을 여는 첫 절("태초에 말씀이 계시니라 이 말씀이 하나님과 함께 계셨으니 이 말씀은 곧 하나님이시니라")은 대단히 중요하다. '태초에'로 번역된 '엔 아르케('EN ἀρχῇ)'는 창세기의 첫 단어

---

[52] 계시록에서 숫자 7은 60회 사용되고 있다. 그리고 숫자 10과 관련해서는 10(2:10; 12:3; 13:1; 17:3,12,16), 1,000년(10×10×10, 20:2,4,7), 1,600스다디온(4×4×100, 14:20), 12,000(12×1000, 21:16), 144,000(12×12×1000, 7:4; 14:1) 등등. 박호용, 《성경개관2(신약편)》 (서울: 예사빠전, 2015), 365-367.

[53] 창세기("태초에"라는 뜻의 '베레쉬트'), 출애굽기("이름들"이라는 뜻의 '쉐모트'), 레위기("불렀다"라는 뜻의 '와이크라'), 민수기("광야에서"라는 뜻의 '베미드바르'), 신명기("말씀들"이라는 뜻의 '핫데바림'). 아울러 공관복음서의 첫 절도 매우 중요한 의미를 지닌다. "아브라함과 다윗의 자손 예수 그리스도의 계보라"(마 1:1), "하나님의 아들 예수 그리스도의 복음의 시작이라"(막 1:1).

[54] 첫 복음서인 마가복음의 첫 절("하나님의 아들 예수 그리스도의 복음의 시작이라")은 8단어로 되어 있는데, 숫자 8이 갖는 숫자상징적 의미(새로운 시작의 의미), 곧 예수 그리스도의 오심은 기쁜 소식(복음)이며, 이제부터 복음으로 말미암은 새로운 시대, 새로운 역사가 시작되었다는 것을 암시한다. '시작'을 의미하는 '아르케('APXH)'로 복음서의 문을 열고 있다는 점이 이를 잘 보여준다. 또한 마가복음에 전적으로 의지하고 있는 마태복음의 첫 절("아브라함과 다윗의 자손 예수 그리스도의 계보라") 또한 8단어로 되어 있다. 마태복음은 '책'을 의미하는 '비블로스(BIBΛOΣ)'로 복음서의 문을 열고 있는데, 이는 마태복음이 예수 그리스도로 말미암은 '구약성경의 성취'라는 의미를 암시하고 있다.

와 같다. 이는 창세기와의 상응성을 잘 보여준다. 또한 '말씀'으로 번역된 '로고스'가 세 번 나타난다. 횟수 3은 '더 이상은 없다'는 의미를 지니고 있다. 이는 말씀의 화육이신 예수야말로 온전한 하나님의 말씀임을 암시한다.

더욱 주목할 점은 요한복음의 첫 절(1:1)이 17개[55]의 헬라어 단어로 되어 있다는 점이다. 요한복음 전체가 교차대구구조(chiasm)[56]로 되어 있는데, 1장 1절에 상응하는 21장 1절 또한 17개[57]의 헬라어 단어로 되어 있다. 이는 결코 우연이라고 볼 수 없다. 왜냐하면 1장과 21장을 제외한 나머지 장들(2-20장)에서는 첫 절이 17단어로 나타나지 않기 때문이다. 따라서 17개의 헬라어 단어로 되어 있는 1장 1절에는 요한의 깊은 신학적 의도가 내포되어 있다고 볼 수밖에 없다. 즉 이미 언급한 십자가의 숫자가 17이라고 할 때 1장 1절(21장 1절)의 17개의 헬라어 단어는 말씀(로고스)이신 예수께서 십자가에서 하나님의 말씀을 온전히 다 이루었다는 것을 암시한다.

게다가 1장에는 17개의 기독론적 칭호[58]가 나타난다. 이는 요한복

---

55) 요 1:1('EN ἀρχῇ ἦν ὁ λόγος καὶ ὁ λόγος ἦν πρὸς τὸν θόεν καὶ θεὸς ἦν ὁ λόγος). 이 구절에서 '하나님'에 해당하는 '데오스(θεός)'에 관사 호(ὁ)가 생략되어 있는 것을 볼 수 있다. 여기의 무관사에 대해 로고스가 하나님이심을 나타내기는 하지만 그 로고스가 유일한 존재는 아님(아버지의 신성과는 구별된 단순히 '신적인'이라는 더 약한 의미)을 나타낸다는 주장이 있다. Charles K. Barrett, 위의 책, 130. 그러나 요 1:1을 상응관계에 있는 요 21:1과 관련지어 보면 요한은 숫자 17을 맞추려고 관사 호(ὁ)를 생략했음이 분명하다. 따라서 관사가 생략된 '데오스(θεὸς)'는 관사가 붙은 것과 같은 의미이다. 한편, 문법적 측면에서 보면 신약의 250개의 주격 술어 명사(predicative nominatives)에 관한 한 연구에서 동사 뒤에 올 때는 90퍼센트가 관사가 붙지만, 여기서처럼 동사 앞에 올 때는 87퍼센트에 달하는 경우에 관사가 붙지 않았다. Bruce M. Metzger, "On the Translation of John i.1", *Exp Tim* 63(1951-1952), 125.
56) 더 자세한 설명은 박호용,《요한복음주석1(해석편)》, 238-245을 참조하라.
57) 요 21:1(μετὰ ταυτα ἐφανέρωσεν ἑαυτὸν πάλιν ὁ Ἰησους τοις μαθηταις ἐπι της θαλάσσης της τιβεριάδος ἐφανέρωσεν δὲ οὕτως).
58) 말씀(1,2절)/ 하나님(1c절,18절)/ 생명(4절)/ 빛(5,7,8,9절)/ 말씀이 육신이 되다(14a절)/

음의 저작 목적(20:30-31)과도 맥을 같이 한다. 즉 예수께서 완전한 하나님의 아들이요 메시아(그리스도)임을 한 치의 오차도 없이 보여주고 있다. 또한 1장에서 예수는 새 야곱(새 이스라엘)으로 나타나는데(51절), 족장 야곱은 애굽에서 17년을 보냈으며, 그의 나이(147=3×7×7)는 숫자 17과 관련되어 있음을 이미 살펴보았다.

또한 1장 전체가 공교롭게도 51절로 되어 있다는 사실이다.[59] 여기서 숫자 51은 숫자 17을 세 번 더한 합수(17+17+17)로, 이는 이미 언급한 세 족장(아브라함과 이삭과 야곱)의 합수(17+17+17=51)와 같다. 창세기에서 요셉이 세 족장의 결론적 성격을 갖는 인물인 것처럼, 예수는 '아브라함과 이삭과 야곱의 하나님'에 대한 성취적 인물로 오신 분임을 암시한다. 그리고 숫자 17의 3배수인 숫자 51(17×3)은 복음의 핵심인 십자가(17)와 부활(3)의 곱수로써 51의 마방진을 구성한다는 점에서 중요한 숫자상징적 의미를 갖는다. 그 외에도 요한복음에서 숫자(횟수) 17은 결정적으로 중요한 어휘들에서 나타나고 있다.

첫째, '표적' 어휘이다. 요한복음은 '표적의 책'[60]이라고 할 정도로 표

아들(독생자, 하나님의 아들, 14b절, 18, 34, 49)/ 나보다 뒤에 오시는 분(세례 요한의 증언에서, 15,30절)/ 메시아(기름부음 받은 자, 17, [20],41절)/ 그 선지자(21절)/ 주(23절)/ 세상 죄를 지고 가는 하나님의 어린 양(29,36절)/ 성령으로 세례를 베푸는 이(33절)/ 랍비(선생, 38,49절)/ 모세와 선지자가 기록한 자(45절)/ 요셉의 아들 나사렛 예수(45절)/ 이스라엘의 임금(49절)/ 인자(51절). Frederick D. Bruner, *The Gospel of John* (Grand Rapids: Eerdmans Publishing Company, 2012), 124.

59) 장과 절의 구분은 후대의 편집적 작업에 의한 것이지만, 자의적으로 장과 절을 구분하기보다는 본문(저자)의 문법(의도) 및 성령의 역사가 개입되어 이룩된 것임을 인정해야 한다.

60) 다드는 요한복음의 구조를 크게 두 부분, 즉 '표적의 책(The Book of Signs, 2:1-12:50)'과 '수난의 책(The Book of Passion, 13:1-20:31)'으로 나눌 만큼 '표적'을 중요시하였다. Charles H. Dodd, *Interpretation of the Fourth Gospel* (Cambridge: Cambridge University Press, 1953), 297, 390.

적 어휘는 중요하다. 요한은 표적 어휘를 17회[61] 사용하고 있는데, 이를 통해 요한복음의 저작 목적(요 20:30-31), 즉 예수께서 그리스도(메시아)요 하나님의 아들이자 그를 믿는 자는 생명을 얻게 하시는 구주임을 말하고자 하였다. 이는 큰 물고기를 나타내는 헬라어 '익투스(ΙΧΘΥΣ)'[62]를 보여준다는 점에서 대단히 중요한 의미를 갖는다.

둘째, '갈릴리' 어휘이다. 그 동안 대부분의 학자들이 요한복음을 '예루살렘 중심적 복음서'라고 칭하였다. 이는 예수의 활동무대가 거의 예루살렘에서 이루어지고 있기 때문이다.[63] 그런데 주목할 점은 '갈릴리' 어휘(17회)[64]가 '예루살렘' 어휘(13회)[65]보다 더 많이 나타날 뿐 아니라 요한복음은 구조상 전체가 '다섯 차례의 하강구조'로 되어 있다는 사실이다.[66] 이 같은 5중하강구조는 요한복음이 표면적인 관찰과는 달리 '갈릴리 지향적 복음서'임을 암시한다.[67] 이는 요한(예수)의 고향인 갈릴리의 중요성[68]을 엿보게 하는 대목이다. 나아가 새로운 시작을 의미하는 여덟 번째 표적(큰 물고기 153표적)이 갈릴리 바다(21장)에서 행해졌다는 것도 주목할 대목이다.

---

[61] '표적'(2:11,18,23; 3:2; 4:48,54; 6:2,14,26,30; 7:31; 9:16; 10:41; 11:47; 12:18,37; 20:30).
[62] 21:11에서 사용된 큰 물고기 '익투스([ΙΧΘΥΣ], Ἰησους χριστὸς Θεου Υἱὸς Σωτήρ)' 어휘는 '작은 생선'을 일컫는 '옵사리온(ojyavrion)'(요 6:911; 21:9,13)과는 달리 신앙고백이 담긴 어휘이다.
[63] 갈릴리 기사(2:1-12; 4:43-54; 6:1-7:9; 21:1-25)는 전체의 일부에 지나지 않는다. 사마리아 기사(4:1-42)를 제외한 나머지는 모두 예루살렘 기사이다.
[64] '갈릴리'(1:43; 2:4,11; 4:3,43,45,46,47,54; 6:1; 7:1,9,41,52[2회]; 12:21; 21:2).
[65] '예루살렘'(1:19; 2:13,23; 4:20,21,45; 5:1,2; 7:25; 10:22; 11:18,55; 12:12).
[66] '하늘에서 땅으로의 하강구조(1:1-18)와 더불어 네 차례의 예루살렘에서 갈릴리로의 하강구조(1:19-2:12/ 2:13-4:54/ 5:1-7:9/ 7:10-20:31/ 21:1-26)가 그것이다.
[67] 더 자세한 설명은 박호용,《요한복음주석1(해석편)》, 246-250을 참조하라.
[68] 요한은 두 시간 용어(호라와 카이로스) 중 갈릴리에서만 유독 '카이로스' 용어를 3회 (7:6[2회],8) 사용하고 있는데, 이 또한 갈릴리의 중요성을 시사하는 대목이다.

셋째, '죄' 어휘이다. 신약 전체에 173회[69] 나타나는 '죄(άμαρτια)' 어휘를 요한이 17회[70] 사용했다는 것은 다분히 의도적이다. 구원론의 핵심이 되는 '죄' 어휘는 사도 바울이 "모든 사람이 죄를 범하였으매 하나님의 영광에 이르지 못하더니"(롬 3:23)라고 하였다. 요한은 지금 '죄' 어휘를 17회 사용하여 '만민(유대인과 이방인)'이 모두 죄인이라는 사실을 암시하고 있다. 십자가 사건은 만민의 죄를 예수께서 지셨음을 상징하는 사건으로, 죄 어휘의 중요성은 이에 근거한다.

넷째, 요한복음에는 '그리스도' 어휘가 19회 나타난다. 그 중에서 '메시아를 그리스도로 설명'하는 두 구절(1:41; 4:25)을 제외하면 결국 '그리스도' 어휘는 17회[71] 사용되고 있는 셈이다. 요한복음의 저작 목적(20:31)에도 나와 있듯이, 요한은 예수께서 '그리스도(메시아)'라는 사실을 밝히고자 요한복음을 썼다. 곧 예수는 '만민의 구주(그리스도)'가 되신다는 것을 숫자 17을 통해 암시하고 있다.

다섯째, 요한복음 17장에는 '세상(κόσμος)' 어휘가 17회[72] 나타난다. 묵시문학은 사탄(악한 세력)이 지배하는 세상에서 신자들이 세상을 이김으로 배교하지 아니하고 신앙을 지키는 것이 주제(핵심 내용)이다. 이를 잘 말해주는 구절이 요한복음 16장 33절("…세상에서는 너희가 환난을 당하나 담대하라 내가 세상을 이기었노라")이다. 이 구절에 이어지는 17장에서 '세상' 어휘를 17회('다 이루었다'는 성취의 의미) 사용하고 있다. 예수는 세상을 온전히 이긴 자이기에 18장에서부터 시작되는 '십자가의 길'을

---

[69] 마 7회, 막 6회, 눅 11회, 행 8회, 롬 48회, 히 25회, 요일 17회, 계 3회 등.
[70] '죄'(1:29; 5:14; 8:7, 11, 21, 24[2회], 34[2회]; 9:2, 3, 34, 41[2회]; 15:24; 19:11; 20:23).
[71] '그리스도'(19회, 1:17,20,25,41; 3:28; 4:25,29; 7:26,27,31,41[2회],42; 9:22; 10:24; 11:27; 12:34; 17:3; 20:31). 그런데 요한은 히브리적 어휘인 '메시아'를 설명하기 위해 두 곳(1:41; 4:25)에서 같은 의미를 가진 헬라적 어휘인 '그리스도'라는 해설을 붙이고 있다. 따라서 이 두 구절을 괄호로 묶으면 결국 '그리스도' 어휘는 17회가 된다.
[72] '세상'(17:4,5,6,9,11[2회],14[3회],15,16[2회],18[2회],21,24,25).

당당하게 걸어갈 수 있었다.

주후 30년경에 사신 예수는 세상을 온전히 이겼다. 그때로부터 60년이 지난 주후 90년경은 예수 당시처럼 묵시문학적 박해상황에 놓여 있다. 예수를 본받아 이제 제자들이 세상을 이겨야 할 차례다. 이를 잘 보여주는 증거가 요한복음에서 공히 78회 나타나는 '세상' 어휘와 '제자(μαθηται)' 어휘다. 숫자 78이 그 증거가 되는 까닭은 숫자 78은 숫자 17과 관련된 (10×7)+8이다. 여기서 숫자 8은 새로운 시작을 의미하기 때문이다.

4. 십자가(17)와 부활(3)의 곱수인 51의 마방진과 제자의 길

외람되지만 지금까지 숫자 153의 의미를 제대로 파악하지 못한 이유는 묵시문학적 박해상황 아래에서 요한의 숫자 사용, 즉 게마트리아에 대한 이해의 결여와 이 숫자가 나타나는 요한복음 21장과 1장이 교차대구구조로 되어 있다는 이해의 결여에 있다는 것이 필자의 생각이다.[73] 여기서 1장과 21장이 교차대구구조로 서로 상응관계에 있다는 것을 밝히려는 목적은 제자도 때문이며, 제자도는 곧 제자들이 걸어가야 할 십자가의 길과 관계되어 있기 때문이다.

교차대구구조로 서로 상응하는 서론 1장(prologue)과 결론 21장(epilogue)은 각각 크게 두 부분으로 나눌 수 있다. 1장의 전반부(1-18절)

---

73) 153표적을 담고 있는 21:1-14과 상응관계에 있는 로고스찬가(1:1-18)의 음절이 496개 (이 숫자는 31의 삼각수, 즉 1에서 31까지의 모든 수의 합)로 되어 있는데, 이는 독생자 (1:14,18)를 나타내는 헬라어 단어 모노게네스(monogenh", 40+70+50+70+3+5+50+8+200) 의 수치이다. Richard Bauckham, "The Fourth Gospel as the Testimony of the Beloved Disciple", in *The Gospel of John and Christian Theology*, R. Bauckham & C. Mosser(ed.), (Grand Rapids: Eerdmans, 2008), 127.

는 하늘에서 땅으로 내려오신 예수(성육신)를 다루고 있고, 후반부(19-51절)는 성육신하신 예수께서 첫 제자들을 부르는 장면을 기술하고 있다. 이에 상응하는 21장의 전반부(1-14절)는 부활하신 주님께서 예루살렘에서 갈릴리로 내려와 153표적을 행하심을 다루고 있고, 후반부(15-25절)는 초대교회의 반석이 될 제자 베드로에게 목회사명을 위임하는 내용을 기술하고 있다.

우선 요한복음에서 "요한의 아들 시몬" 문구는 1장(42절)과 21장(15-17절)에만 등장한다. 따라서 이 문구는 공히 17개의 헬라어 단어로 되어 있는 1장 1절과 21장 1절과 더불어 1장과 21장이 상응관계에 있음을 보여준다. 이 문구가 중요한 것은 제자도와 관련되어 있기 때문이다. 1장에서는 예수께서 "요한의 아들 시몬"을 부르심(소명)으로 장차 게바(베드로, 반석이라는 뜻), 즉 초대교회 초석을 놓을 반석 같은 제자가 될 것을 예시하고, 21장에서는 예수께서 세 차례나 그 이름을 다시 부르심(재소명)으로 제자도를 확인하는 중요한 의미를 지닌다.

그런 의미에서 153표적을 담고 있는 21장의 전반부(1-14절)[74]는 후반부(15-25절)의 베드로의 목회사명 위임을 위한 배경을 제공한다. 즉 153표적은 주후 90년경 묵시문학적 박해상황에서 베드로로 대표되는 제자들이 가야할 길, 즉 제자도를 위한 배경을 제공한다. 제자도란 스승 예수를 따르는 길이라고 할 때 1장에서 성육신 하신 예수께서 부르실 때 제자들이 따라 나선 것처럼(1:37,40), 21장에서 부활하신 예수께서 다시 제자들(특히 베드로)을 불러 자신을 따르도록 명령하고 있다(21:18-19, 20-22).

목양에 대한 세 차례의 예수의 질문과 베드로의 대답(21:15-18) 이후

---

74) 기적적인 어획을 보도하는 요 21:1-14과 눅 5:1-11의 유사점과 차이점에 대해서는 Gerald L. Borchert, "Excursus 31: John 21:1-14 and Luke 5:1-11: A Form and Redactional Note," *John 12-21*, Vol.25B, 331-332을 참조하라.

이어지는 두 구절(18-19절)은 이미 30년 전 로마 황제인 네로 박해 때 베드로가 십자가를 거꾸로 지고 순교한 모습을 그려주고 있다. 그렇다면 베드로의 순교 이후 30년이 지난 도미티안 황제 치하에서 박해를 당하고 있는 요한공동체(요한의 교회)는 어떤 길을 걸어가야 할까? 박해에 굴복해 로마 황제를 숭배하는 배교의 길을 갈 것인가? 아니면 부활하신 예수를 '만왕의 왕이요 만주의 주'(계 19:16)로 예배하고자 베드로처럼 순교의 길을 갈 것인가? 숫자 153표적은 이러한 배경 아래에서 이해되어야 한다. 이와 더불어 다음과 같은 사항들이 함께 고려되어야 한다.

첫째, 당시 유대교와 로마제국의 묵시문학적 박해상황을 전제로 한 숫자라는 것, 둘째, 당시 요한공동체 멤버들이 쉽게 알 수 있는 상징적 숫자라는 것, 셋째, 본문과 관련된 숫자라는 것(1절의 17단어, 3일만의 부활, 세 번째 나타남 등), 넷째, 예수 그리스도와 그분에 대한 신앙고백적 성격을 담은 상징적 숫자라는 것, 다섯째, 기독교 선교의 성공적 확장과 그에 따른 제자도와 관련된 숫자라는 것 등이 그것이다. 위의 언급들을 종합적으로 검토한 필자는 다음과 같은 견해를 제시하고자 한다.

숫자 153은 묵시문학적 박해상황에서 비밀코드로 사용된 숫자로써, 인수분해할 경우 숫자 17(또는 51)과 관련되어 있다(153=[17×3]×3). 주목할 점은 상응관계에 있는 1장과 21장의 첫 절이 공히 17개의 단어로 되어 있다는 사실이다. 또한 표적(sign) 어휘가 17회 나타난다. 이는 153표적을 푸는 중요한 실마리를 제공한다. 즉 153표적(sign)은 숫자 17로 풀어가야 한다는 사인(sign)을 제공한다. 또한 부활하신 예수께서 제자들에게 세 번째 나타났다(21:14)고 구체적으로 언급되어 있다. 이 또한 숫자 3과 관련된다. 그리고 예수께서 죽은 자 가운데서 사흘만에 부활했다는 것은 부활의 숫자 3과 관련된다.

여기서 우리는 숫자 153이 여러 측면에서 숫자 17과 관련되어 있을 뿐 아니라 그 숫자의 삼배수인 51(17×3)과도 관련되어 있음을 엿볼 수 있다. 즉 숫자 17을 세 번 더하면 51(17+17+17)이 된다. 이는 아브라함과 이삭과 야곱의 합수가 51(17+17+17)이며, 21장과 상응관계인 1장이 51절로 되어 있다는 사실에서도 엿볼 수 있었다.

그런데 더욱 중요한 것은 숫자 51이 기독교 복음의 핵심인 '십자가와 부활'[75)]의 곱수와 관련되어 있다는 사실이다. 요한복음은 전체를 '십자가-부활-십자가' 구조[76)]로 정리할 수 있을 정도로 '십자가와 부활'을 강조하고 있다. 이 구조가 중요한 것은 예수께서 십자가를 지신 후 부활하셨듯이, 제자들은 부활 체험을 한 후에 주님가신 길을 따라 십자가의 길을 따라 갈 것을 시사하고 있기 때문이다. 여기서 십자가의 숫자가 17이고, 부활의 숫자가 3이기에, 이 둘의 곱수는 51(17×3)이다. 여기서 숫자 51이 중요한 까닭은 '숫자 17의 삼배수(17+17+17)'인 51의 마방진(魔方陣)[77)]으로 그려지기 때문이다.

마방진이란 가로, 세로, 대각선의 합이 같은 수치로 된 정방형의 도형을 말한다. 따라서 가로로 숫자 17을 세 번 더하면 51(17+17+17)이 되고, 세로와 대각선도 마찬가지로 51이 된다. 그리고 가로로 51을 세 번 더하면 153(51+51+51)이 된다. 이는 세로와 대각선도 마찬가지로 153이 된다. 즉 숫자 153은 숫자 17이 가로와 세로로 각각 세 번씩 곱한 수(17×3×3)이다. 이것은 마방진 내에서 정확히 '십자가' 형상을 띤다. 에스겔이 본 '바퀴 안의 바퀴'(겔 1:16) 형상처럼, 숫자 153은 '십자가 안의 십

---

75) 사도 바울은 복음의 두 기둥인 십자가(고전 1:18-2:9; 갈 6:14)와 부활(행 17:18; 고전 15장)을 강조하였다. 또한 사도 요한도 요한복음의 구조를 통해 복음의 두 기둥인 십자가와 부활을 분명하게 보여주고 있다. 더 자세한 설명은 박호용, 위의 책, 251-262을 참조하라.
76) 요한복음은 십자가(1:19-51)-부활(2장)-십자가(3장)-십자가(10장)-부활(11장)-십자가(12장), 십자가(18-19장)-부활(20:1-21:14)-십자가(21:15-25)구조로 되어 있다.
77) 마방진에 대한 자세한 설명은 Dan Brown, *The Lost Symbol* (Eric Yang Agency, 2009), 《로스트심벌(2)》, 안종설 역 (서울: 문학수첩, 2003), 209-214을 참조하라.

자가' 형상을 하고 있다. 그러니까 숫자 153은 숫자 17로 된 십자가가 9개가 있는 마방진 속에 또 하나의 십자가가 있는 형상이다. 이를 그림으로 그리면 다음과 같다.

● 숫자 153=(17×3)×3=십자가(魔方陣) ●

17	17	17
17	17	17
17	17	17

이 그림은 예수께서 십자가를 지심으로 '구약의 약속(구원의 성취)'을 다 이루었듯이(요 19:30), 베드로 또한 십자가를 짊어짐으로 1장 42절의 말씀("네가 요한의 아들 시몬이니 장차 게바['반석'이라는 뜻라 하리라")을 온전히 성취할 것(베드로는 이미 순교함으로 이 말씀이 성취되었음)을 암시한다. 초기 기독교 문헌들은 "팔을 벌리는 것"(21:18)을 십자가형에 적용시켰다.[78] 초기 기독교 전승은 베드로가 십자가에 거꾸로 매달려 처형당했으며(21:19), 마침내 예수님을 완전히 따랐다(13:37)고 보고한다. 이러한 베드로의 모습은 묵시문학적 박해상황 속에 있는 초대교회 요한공동

---

78) Craig S. Keener, 위의 책, 3178.

체로 하여금 순교의 모델로 기능한다. 베드로의 소명은 궁극적으로는 순교이며, 그의 주님을 따르는 것(제자도)과 관련이 있다(21:21-22).[79]

그런데 153표적 사건 배후에는 예수의 부활사건과 베드로의 부활체험사건이 깔려 있다. 3대원수(사탄, 세상, 사망)에 대한 승리를 말하는 예수의 부활사건은 죽어도 다시 산다는 영생을 보여준 사건이다. 또한 세상 나라만이 아닌 하나님 나라(천국)가 있음을 증명한 사건이자 예수께서 만왕의 왕이자 만주의 주로 등극한 사건이다.[80] 따라서 죽음이 두려워 십자가 앞에서 예수를 부인하고 도망간 베드로에게 있어서 부활체험사건은 그가 이전에 고백한 대로 예수께서 그리스도요 하나님의 아들(마 16:16)임을 다시 상기시켜 준 사건이다.

부활하신 주님은 여덟 번째 표적으로 '큰 물고기 153표적'을 행하셨다. 숫자 8[81]은 새로운 시작(출발)을 의미하는 숫자이다. 이제 황제의 도시인 디베랴 바닷가(21:1)에서 "누가 예배를 받기에 합당한 참 주님인가? 누가 죽도록 충성해야 할 진정한 왕인가?" 이 물음에 대한 대답은 부활하셔서 갈릴리 바닷가에 다시 나타나신 예수를 향해 "주님이시라"(요 21:7)[82]라는 외침 속에 분명히 드러나 있다. 즉 잠시 살다가 죽을 인생인 로마 황제가 아니라 죽었다가 다시 사신 부활의 예수가 진정한 왕(주)임이 분명해졌다. 이제 부활공동체인 요한공동체가 걸어가야 할 길은 부활하신 주님께서 앞서 걸어가신 십자가의 길이다.

---

79) 위의 책, 3169.
80) '부활의 복음'에 대한 더 자세한 설명은 박호용,《왕의 복음》181-234을 참조하라.
81) 할례를 8일째 하는 것이 이에 근거한다(창 17:12; 눅 2:21; 빌 3:5).
82) 21장에는 주님(퀴리오스) 어휘가 8회(7[2회],12,15,16,17,20,21절) 나타난다. 이는 부활하신 예수가 새로운 주님(황제)임을 시사한다.

5. 나가는 말(요약 및 결론)

요한복음 21장 11절에 나오는 숫자 153을 놓고 초대교회로부터 오늘에 이르기까지 수많은 해석들이 있어 왔다. 그런데 그 많은 해석들의 문제점은 무엇보다도 요한복음의 문학적 특징, 즉 묵시문학적 박해 상황이라는 역사적(문화적) 상황을 제대로 고려하지 못함으로써 이 숫자가 게마트리아(상징숫자)적 의미를 갖고 있다는 사실을 제대로 이해하지 못했다는 데 있었다. 나아가 숫자 153을 해석하는 데 있어서 본문(21장)과 1장의 관계 및 요한복음 전체에서 숫자 17이 갖는 중요성과 그 의미를 제대로 파악하지 못한 데 있었다는 것을 고찰해 보았다.

지금까지 고찰을 통해 우리는 숫자 153이 단순히 실제적인 물고기 숫자라기보다는 요한의 깊은 신학적 의도가 담긴 게마트리아적 성격을 띠고 있음을 살펴보았다. 먼저, 숫자 153과 관련하여 숫자 17이 중요한데, 그 까닭은 숫자 17이 두 완전수인 10과 7 및 그 두 수의 합수(17)가 갖는 중요성 때문이다.

숫자 10은 율법의 숫자로써, 이는 구약(유대인)의 대표적인 숫자로 기능하고, 숫자 7은 성령(은혜)의 숫자로써, 이는 구약(이방인)의 대표적 숫자로 기능한다. 그리고 예수께서 십자가에서 이 모든 것을 다 이루었다(요 19:30)고 할 때, 이를 숫자로 표현하면 십자가는 두 수(10과 7)의 합수인 17로 표현할 수 있다. 나아가 십자가와 더불어 기독교 복음의 또 한 축인 부활은 주님께서 죽으셨다가 사흘 만에 다시 살아나셨다는 뜻에서 초대교회부터 숫자 3은 부활의 숫자로 간주하였다.

기독교 복음의 두 기둥인 '십자가와 부활'은 숫자 153을 해석하는 데 중요한 기능을 갖는다. 그 까닭은 십자가(17)과 부활(3)의 곱수가 51인데, 이는 숫자 153과 제자도와 관련하여 중요한 의미를 갖기 때문이다. 부연설명하면 이렇다. 바울처럼 요한 또한 십자가와 부활을 강조하였다. 요한복음은 전체 구조가 '십자가(10장/18-19장)-부활(11장/20:1-21:14)-십자가(12장/21:15-25)'의 구조로 되어 있다. 이 구조가 중요한 것은 예수께서 십자가를 지신 후 부활하셨듯이, 제자들은 부활 체험을 한 후에 주님가신 길을 따라 십자가의 길을 따라 갈 것을 시사하고 있기 때문이다. 바로 여기서 십자가의 숫자 17과 부활의 숫자 3의 곱수인 숫자 51(17×3)이 나타난다.

숫자 51은 마방진(魔方陣) 형상, 즉 가로와 세로와 대각선의 합이 똑같이 51로 된 마방진으로 그려진다. 그리고 51의 마방진은 숫자 17(십자가)이 가로 세 번(3)과 세로 세 번(3)으로 된 형상, 곧 '바퀴 안에 바퀴'가 있듯이(겔 1:16) 17로 된 십자가 9개가 있는 전체 십자가 속에 '또 하나의 십자가(17×3×3)'가 있는 형상이다. 이 마방진 형상이 말하고자 하는 메시지는 주님이 지신 십자가를 제자들도 따라 질 것을 시사하고 있다는 것이다. 그러니까 21장에 여덟 번째 표적인 숫자 153은 십자가(17)에 달리신 예수께서 사흘 만에 부활(3)하여 제자들(특히 베드로)에게 세 번째(3) 나타나 제자의 길을 암호로 말하고 있는 게마트리아적 숫자임이 분명하다.

이를 증명하듯이 요한은 숫자 153 문제의 관건인 핵심 숫자 17을 다른 어떤 성경에서도 보기 어려운 정도로 다양하고 반복해서 사용하고 있다. 요한복음의 첫 절인 1장 1절과 상응하는 21장 1절이 헬라어 단어 17개로 되어 있다는 것을 비롯하여 1장의 17개의 기독론적 표현, 숫자 17과 관련된 야곱과 새 야곱이 되시는 예수, 그리고 중요 단어인 갈릴리, 표적, 죄, 그리스도를 17회 사용하고 있는 데에서도 찾아 볼 수 있다. 숫자 17과 관련된 큰 물고기 153표적의 의미를 한 문장으로 만들면 이렇다. "갈릴리(17회) 바닷가에서 여덟 번째(새로운 시작을 의미)로 행한 큰 물고기 153마리 표적(17회)은 부활하신 주님께서 만민의 죄(17회)를 대신하여 십자가를 지신 구주 그리스도(17회)가 되심을 말해준다."

따라서 요한은 '큰 물고기 153표적'을 통해 "요한의 아들 시몬아! 네가 나를 사랑한다면 내가 진 십자가를 너도 지고 나를 따르라"는 주님의 명령을 숫자 153이라는 암호로 말하고 있고, 베드로는 이를 순교로서 증언했던 것이다(요 21:18-19). 따라서 현재 요한공동체가 당하고 있는 묵시문학적 박해와 순교 상황에서 '큰 물고기 153표적'보다 더 명쾌한 암호는 없다고 본다. 즉 '큰 물고기 153표적'은 게마트리아의 백미(白眉)이자 압권(壓卷)이다.

한편 '큰 물고기'를 나타내는 익투스(ΙΧΘΥΣ, Ἰησους χριστὸς Θεου Υἱός Σωτήρ) 어휘 속에는 요한복음의 저작 목적(요 20:30-31), 즉 예수께서 만왕의 왕, 만주의 주가 되시는 그리스도(메시아)요 하나님의 아들인 동시에 그를 믿는 자에게 새 생명(구원)을 주시는 구주되시는 분이라는 신앙고백이 담겨 있다. 그러니까 '익투스 153표적'은 앞서 십자가를 지신 주님을 따라 "우리도 주와 함께 죽으러 가자"(요 11:16)[83]고 한 도마의 고백처럼 제자들도 십자가의 길을 갈 것을 강력히 요청한다. 예수의 길이 십자가의 길이요, 또한 그 길이 영광의 길이었듯이(요 12:23-24), 목양의 사명을 위임받은 제자 베드로의 길이 바로 그런 길이었다(요 21:15-19). 그렇다면 묵시문학적 박해상황 아래 있는 요한공동체가 걸어가야 할 길 또한 앞서 가신 주님과 베드로의 발자취를 따라 부활의 감격과 능력, 그 승리를 가슴에 안고 당당하게 걸어가는 십자가의 길(마 16:24)이다.

초대교회에서 암호문으로 사용된 물고기(익투스)[84] 상징은 바로 이에 대한 좋은 증거이다. 다시 말하면 '큰 물고기 153표적'은 순교냐 배

---

83) 이 같은 도마의 발언은 요한공동체가 걸어가야 할 제자도의 모습을 잘 보여준다.
84) 더 자세한 설명은 예수의 생애를 '익투스의 관점에서 다룬 Sinclair B. Ferguson and Derek W. H. Thomas, *ICHTHUS* (Murrayfield Road, 2015), 《익투스》, 구지원 역 (서울: 생명의 말씀사, 2016)을 참조하라.

교냐라는 묵시문학적 박해상황에서 요한공동체(제자들)가 가야할 길(제자도)이 십자가의 길, 즉 순교로써 주님께 충성할 것을 게마트리아(숫자상징코드)를 통해 명확히 제시하고 있다. 유대교의 두 상징이 다윗의 별과 메노라(등잔대)라면, 기독교의 두 상징은 십자가와 익투스(물고기)이다.[85] '큰 물고기(익투스)' 속에는 기독교 최고의 신앙고백이라는 놀라운 비밀이 담겨 있고, 숫자 153표적 속에는 복음의 핵심인 십자가와 부활의 비밀이 담겨 있다. 그런 의미에서 '큰 물고기 153표적'의 중요성은 아무리 강조해도 지나치지 않을 것이다.

Abstract

Number 17 and the Meaning of the Large Fish 153Sign(Jn 21:11)

Prof. Ho-Yong, Park

(Daejeon Theological University)

This article deals with 'Number 17 and the Meaning of the Large Fish 153Sign(Jn 21:11)'. The Jews are very peculiar to the interest in numbers. The Jews bestowed peculiar meanings unto respective numbers. John, a Jew, also utilizes fully 'gematria' through numeric symbols in the Gospel of John.

Number 17 is the sum of number 10 and 7. The perfect number 7

---

[85] 샬롬(평화, 화해)의 상징인 '다윗의 별과 십자가'의 상응성에 대한 자세한 설명은 박호용, 《왕의 교체》 (서울: 쿰란출판사, 2017), 118-147을 참조하라.

and number 10 are shown up often in the Old Testament, especially in the first account of creation(Gen 1:1-2:3) and the lifespans of three patriarchs(Abraham, Isaac and Jacob).

Upto now there has been many opinions about 'number 153.' Prof. Chul-Soo, Cho argues that number 17 is hidden in the fish 153. However, the problem is that upto now in the Gospel of John, especially chapter 1, the reason (proof) has not been drawn why number 153 is related to number 17. Further it has not been properly interpreted what kind of meaning has the number 153, manifested in chapter 21, in relation to the entirety of the Gospel of John.

Thus to interpret properly the number 153 in chapter 21, first of all, the clue is to be revealed, which is related to the number 17 in the Gospel of John. For this, therefore, it has to be deducted that chapter 1 and 21 forms the chiastic structure corresponding each other and that chapter1 belongs to introduction, chapter 21 to conclusion. The reason why this is important is that the number 153 (17×3×3) in chapter 21 is deeply related to number 17(Cross) and number 3(Resurrection), and its multiple 51 (17×3), and that the key for solving this matter is hidden in chapter 1 in relation to the discipleship.

However, Number 17 and its multiple 51 (17×3), manifested in chapter 1, are deeply related to the Book of Genesis. Thus before the study of the Gospel of John, the study of Genesis is to be preceded. That is to say, after the study on number 17 manifested in Genesis and in the Gospel of John, the secret of number 153 written in chapter 21 is to be solved.

Through this study, it is spoken as follow: "The sign of large fish 153, which was performed by the Sea of Galilee as the eighth sign, refers to Christ Jesus who took up the Cross for the sin of all nations. Therefore, Simon, son of John! follow me, if you love me, with the Cross which I took up." There is no other obvious code than this under the situation of apocalyptic literary persecution and martyrdom.

Therefore, through the number 153, i.e. numeric symbolic code (gematria), John clearly presents, as in the statement of the purpose of his writing (20:31), not only that Jesus is Messiah (Christ) who is 'the King of kings and the Lord of lords'(Rev 17:14; 19:16) but that under the apocalyptic persecuting situation in which one's survival is threatened, the way (discipleship) the community of John and disciples should take is the way of the Cross.

● 부록: 성경(신학) 이해의 도움을 위한 자료모음집 ●

부록 1. 히브리어 알파벳(22자)
부록 2. 헬라어 알파벳(24자)
부록 3. 수의 상징적 의미(數秘學, gematria)
부록 4. 성경공부 십계명
부록 5. 중심(기준) 싸움(중요도의 차이/창조질서)
부록 6. 이스라엘의 달력
부록 7. 광야 시대의 성막 설계도와 12지파 진영
부록 8. 일반사(3間의 歷史)와 이스라엘 역사(4間의 歷史)
부록 9. 이스라엘 역사 개관
부록 10. 유대교와 기독교의 관점에서 본 성경개요
부록 11. 족보로 본 성경의 맥(차자 중시의 원리)
부록 12. 익투스로 본 성경 개요(이스라엘 역사)
부록 13. Yahwism(야웨신앙)의 관점에서 본 이스라엘 역사
부록 14. 익투스로 본 요한복음의 구조(아트배쉬 암호)
부록 15. 신구약성경의 관련성
부록 16. 익투스 방법론(153의 법칙)
부록 17. 새 테필린(유레카 8복)
부록 18. 진리는 하나 차이(예수와 코페르니쿠스)
　　　　－ 세상 나라(3차원/차이나)와 하나님 나라(4차원/본차이나) －
부록 19. 종교개혁(가톨릭과 개신교의 사상체계 비교)
부록 20. 한 컷으로 그린 대표적인 신학자들
부록 21. 요한복음의 관점에서 본 인류사상사 개요(박호용의 역사철학)

부록 1. 히브리어 알파벳(22자)

문자	미형(尾形)	명칭	발음(영어)	발음(한글)	수치(數値)
א		알렙('Aleph)	'		1
ב		베트(Beth)	b, bh	ㅃ, ㅂ	2
ג		기멜(Gimel)	g, gh	ㄲ, ㄱ	3
ד		달렛(Daleth)	d, dh	ㄸ, ㄷ	4
ה		헤(He)	h	ㅎ	5
ו		바브(Vav)	v	우	6
ז		자인(Zayin)	z	ㅈ	7
ח		헤트(Heth)	ḥ	ㅎㅎ	8
ט		테트(Teth)	ṭ	야	9
י		요드(Yod)	y	이	10
כ	ך	카프(Kaph)	k, kh	ㅋ,	20
ל		라메드(Lamed)	l	ㄹㄹ	30
מ	ם	멤(Mem)	m	ㅁ	40
נ	ן	눈(Nun)	n	ㄴ	50
ס		싸멕(Samekh)	ṣ	ㅆ	60
ע		아인('Ayin)	'	'	70

문자	미형(尾形)	명칭	발음(영어)	발음(한글)	수치(數値)
פ	ף	페(Pe)	p, ph	ㅍ, ㅇㅍ	80
צ	ץ	짜데(Tsadhe)	ts	ㅊ	90
ק		코프(Qoph)	q	ㅇㅋ	100
ר		레쉬(Resh)	r	ㄹ	200
שׂ שׁ		신(Sin) 쉰(Shin)	s sh	ㅅ 슈	300
ת		타브(Tav)	t, th	ㅌ,	400

부록 2. 헬라어 알파벳(24자)

대문자	소문자	명 칭	발음(영어)	발음(한글)	수치(數値)
A	α	알파(Alpha)	a, ā	아, 아–	1
B	β	베타(Beta)	b	ㅂ	2
Γ	γ	감마(Gamma)	g	ㄱ	3
Δ	δ	델타(Delta)	d	ㄷ	4
E	ε	엡실론(Epsilon)	e	에	5
Z	ζ	제타(Zeta)	z	ㅈ	7
H	η	에타(Eta)	ē	에–	8
Θ	θ	테타(Theta)	th	ㅌㅎ	9
I	ι	이오타(Iota)	i, ī	이	10
K	κ	캅파(Kappa)	k	ㅋ	20
Λ	λ	람브다(Lambda)	l	ㄹ	30
M	μ	뮈–(Mu)	m	ㅁ	40
N	ν	뉘–(Nu)	n	ㄴ	50
Ξ	ξ	크시(Xi)	ks	ㅋㅅ	60
O	ο	오미크론(Omicron)	o	오	70
Π	π	피(Pi)	p	ㅍ	80
P	ρ	로–(Rho)	r	ㄹ	100

대문자	소문자	명 칭	발음(영어)	발음(한글)	수치(數値)
Σ	σ(ς)	시그마(Sigma)	s	ㅅ	200
Τ	τ	타우(Tau)	t	ㅌ	300
Υ	υ	웁실론(Upsilon)	ü, y	위	400
Φ	φ	피-(Phi)	ph	ㅍㅎ	500
Χ	χ	키-(Chi)	ch	ㅋㅎ	600
Ψ	ψ	프시(Psi)	ps	ㅍㅅ	700
Ω	ω	오메가(Omega)	ō	오-	800

부록 3. 수의 상징적 의미(數秘學, gematria)

숫자	상징적 의미	해설	관련성경
1	처음, 유일, 절대	유일하신 하나님, (하나 차이가 나는 님)	창 1:5; 마 23;9; 요 8:41
2	조화, 통일, 강조	하늘과 땅(남녀), 두 돌판, 두 증인	창 2:24; 신 17:6; 엡 1:10; 5:31
3	하늘의 수, 완전 조화	삼위일체 하나님, 더 이상은 없다(끝), 부활의 수	사 6:3; 마 28;9; 고후 13:13
4	온 세상, 땅의 수	사방(동서남북), 4차원	창 2:10-14; 겔 37:2,9; 계 7:1
5	율법의 수	모세오경, 유대교	창 45:22
6	불완전, 미완성, 사탄, 인간의 수	완성의 전 단계, 사망(십자가)	창 2:31; 신 15:12; 수 6:3; 요 4:18; 계 13:18
7	완전수(3+4), 신약의 수, 성령의 수	창조 사역 완성 (다윗의 별), 생명(부활)	창 2:2,3; 레 25:8; 왕상 10:16-17; 요 21:2; 계 1:20
8	새 출발, 새 생명	새 시대의 시작, 할례	창 17:12; 마 28:1
9	불완전 수	부족 상태	눅 15:4,8
10	완전수(구약의 수), 모든 존재	때와 양이 참	창 18:32; 눅 19:13; 요 1:39; 계 2:10
12	하나님 나라와 그 백성, 거룩(3×4=12)	12 지파(12 보석), 12 제자	창 35:22; 출 39:14; 마 10:2; 눅 19:13
13	12+1, 길상(吉祥)의 숫자	예수와 12제자, 하나님의 열세 속성	출 34:6-7; 행 1:26

숫자	상징적 의미	해설	관련성경
17	10(구약 율법, 유대인의 숫자) + 7(신약 복음, 이방인의 숫자), 7과 더불어 또 하나의 완전수	신구약성경, 표적의 수, 만민 구원의 숫자	창 7:11; 8:4; 37:2; 요 21:11(숫자 153)
24	12의 배수	절대 완전	계 4:4,10
40	한 세대, 연단과 시련	광야 40년, 40주야 사단의 도전과 응전	출 24:18; 신 8:2; 왕상 19:8; 마 4:2
1,000	10의 3배수	충만, 무한의 수	출 18:21; 신1:11; 삼상 18:7; 계 20:6
7,000	1,000 × 7(완전)	헤아릴 수 없이 많은 상태(남은 자)	왕상 19:18; 계 11:13
12,000	1,000 × 12	충만한 양, 하나님의 통치와 임재	계 7:5-8; 21:16
144,000	1,000 × 12 × 12	충만하고 완전한 상태, 선택된 백성의 총합	계 7:4; 14:1

부록 4. 성경공부 십계명

	성경공부(Bible Study) 십계명(외워라)
제1계명	**모든 것은 해석이다. 해석을 잘하라.**
	(해설) 꿈보다 해몽이다(요셉, 다니엘). 성경도, 인생도, 사업도 전부 해석이다. 고정관념을 깨고 생각 바꾸기(역발상)를 시도하라. 예) 행복, 빈부, 성공의 문제. 키가 크고 작음은 땅을 기준으로 잰 것. 하늘을 기준으로 재면 반대가 된다.
제2계명	**공부 잘하는 방법 두 가지는 '차이점 발견하기'와 '그림 그리기'이다.**
	(해설) 두 개를 비교하면 반드시 우열, 장단, 미추, 강약, 승패가 있다. 중요한 것은 차이점을 '짧게 한 마디로 말하는 것'이다. 예) 구약과 신약의 차이점은? 구약에다 '새'(new) 자를 넣어라. (옛) 이스라엘-'새' 이스라엘. 피조물-'새' 피조물(고후 5:17). 그림(도표, 도형)이 잘 그려져야 제대로 이해한 것이 된다.
제3계명	**끊임없이 왜? 라고 묻고, 성령의 조명을 받으라**
	(해설) 좋은 선생은 좋은 질문을 하는 사람이다. 차이(다름)의 이유는 무엇인가? 예) 왜 요한은 성전정화사건을 주님의 공생애 초기(요 2장)에 두었는가? 왜 요한은 '하나님 나라'(요 3:3,5; 18:36)를 거의 사용하지 않았는가? 질문을 던진 후 성령의 음성을 기다리라.
제4계명	**신구약성경은 한 권의 책이다. 통전적으로 읽고 해석하라.**
	(해설) 신구약성경은 '예수에 관한 한 권의 책'이다(예수학, Jesustics). '토막신학'이 아닌 '통합신학'이 되도록 통전적으로 공부하라. 예) 구약의 성막은 그리스도에 관한 예표이다. 요한복음과 계시록은 문학적 친척관계에 있기에 함께 관련지어 연구해야 한다.

제5계명	**본문(Text)의 상황(Context) 속으로 들어가 그들과 공감하라.**
	(해설) 성경은 거의 다 유대인이 썼다. 따라서 21세기 한국인(서양인)의 상황(역사와 문화)이 아닌 유대인의 상황(역사와 문화) 속으로 들어가 그들과 공감하라. 공감이 되어야 더 깊이 이해가 되고, 해석이 빗나가지 않는다. 예) 주후 1세기 말경은 묵시문학적 상황이다. 따라서 계시록이 묵시문학이면 요한복음도 묵시문학 작품임을 연상하라.
제6계명	**헬라적 사고를 지양하고 히브리적 사고로 전환하라.**
	(해설) 헬라적(서양적) 사고는 명사적(분석적) 사고이다. 예) A와 B가 다를 경우 A가 참(眞)이며 B는 거짓(僞)이다. 히브리적(동양적) 사고는 동사적(종합적) 사고이다. 예) 빛과 그림자는 양 손의 '분리'가 아닌 한손의 '구분'의 의미. 예언(역사)과 묵시(초역사)도 마찬가지.
제7계명	**차원이 다른 세계가 있음을 알라(생각의 차별화).**
	(해설) 역사의 세계(세상 나라)는 時空人(間)의 3차원(삼각형-평면, 땅), 신앙의 세계(하나님 나라)는 時空人神의 4차원(삼각뿔-입체, 하늘). 예) 예수와 서기관(성인들)의 가르침의 차이는 복음(4차원)과 율법(3차원)의 차이이다. 하나님 나라(천국)의 비밀을 알라.
제8계명	**하늘에 속한 차원이 다른 삶을 살라(삶의 차별화).**
	(해설) 성경공부의 목적은 가치관의 변화에 따른 삶의 변화에 있다. 회개는 세상나라의 가치관을 하나님나라의 가치관으로 전환하는 것이다. 예) 3차원의 세계는 아무리 커도 3차원(삼각형)이고 4차원의 세계는 아무리 작아도 4차원(삼각뿔)이다. 그리스도인은 '차원이 다른 (삶을 사는) 사람'이다.

제9계명	**귀로만 듣는(청각적) 공부를 넘어 눈으로 보는(시각적) 공부를 하라.**
	(해설) 할 수만 있으면 많은 곳을 여행하라. 많이 본 자가 잘 이해한다. 특히 성지순례를 하라. 예) 시내 광야, 이스라엘, 터어키, 그리스, 로마, 독일, 러시아. 또한 중국의 서안, 낙양, 정주, 곡부, 북경, 상해, 돈황, 곤명, 우르무치, 청도, 목단강 등.
제10계명	**모든 것은 〈예수님 때문에〉라고 말하라.**
	(해설) 우리의 만남도, 왜 사냐?도, 왜 공부하냐?도 다 '예수님 때문에'이다. 우리의 신앙고백은 '주 예수보다 더 귀한 것은 없다'이다. 예수 없는 삶은 의미가 없다. "모든 영광 하나님(주님)께"(Soli Deo Gloria!). 할렐루야 아멘.

부록 5. 중심(기준) 싸움(중요도의 차이/창조질서)

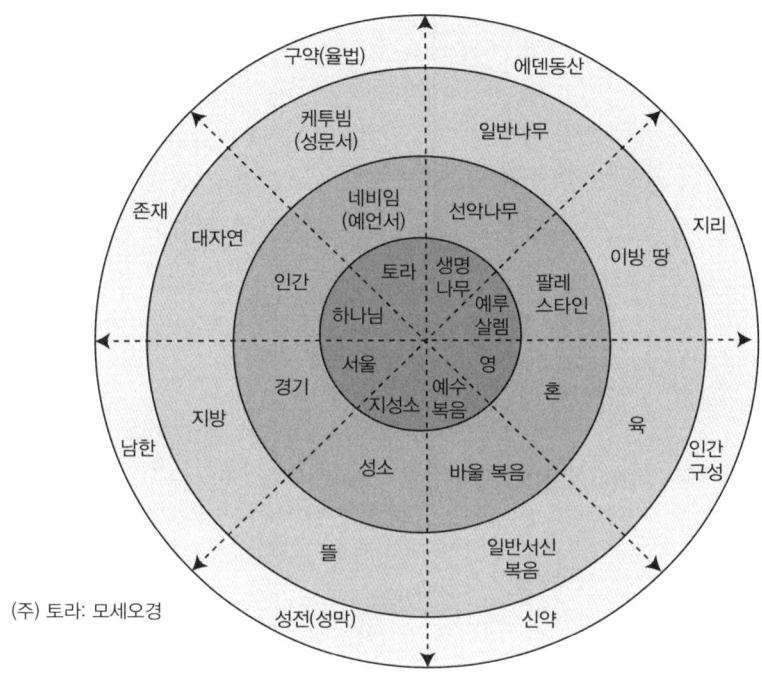

(주) 토라: 모세오경

부록 6. 이스라엘의 달력

그레고리안력	유대력(종교력)	농사력	특별한 날
3-4월	첫째달: 니산 (Nissan) (옛이름: 아빕[Abib])	늦은 비 보리추수 아마추수	1. 니산 14일: 유월절 (출 12:1-11; 레 23:5) 2. 니산 15-21일: 무교절 (레 23:6-8) 3. 니산 21일: 첫열매 (레 23:9-14)
4-5월	둘째달: 이야르 (Iyyar) (옛이름: 찝[Ziv])	건기 시작	
5-6월	셋째달: 시완(Sivan)	이른 무화가가 익음 포도 손질	4. 시완 6일(첫 열매 절기 후 50일째) : 오순절 (레 23:15-22)
6-7월	넷째달: 탐무즈 (Tammuz)	밀추수 조생포도도 익음	
7-8월	다섯째달: 아브(Ab)	포도추수	
8-9월	여섯째달: 에룰 (Elul)	대추야자와 여름무화과	
9-10월	일곱째달: 티쉬리 (Tishiri) (옛이름: 에다임 Ethaim)	이른 비	5. 티쉬리 1일: 나팔절 (레 23:23-25) 6. 티쉬리 10일: 속죄일 (레 16;23:26-32) 7. 티쉬리 15-21일 : 초막절 (레 23:33-36)

그레고리안력	유대력(종교력)	농사력	특별한 날
10-11월	여덟째달: 마체스완 (Marchesvan) (옛이름 : 불[Bul])	땅을 갊 올리브 추수	
11-12월	아홉째달: 키슬렙 (Kislev)	포도 파종	8. 키슬렙 25일: 수전절 (하누카[Hanukkah]) (요 10:22)
12-1월	열째달: 테벳 (Thebeth)	늦은 비	
1-2월	열한째달: 쉐밧 (Shebat)	알몬드나무 개화	
2-3월	열두째달: 아달 (Adar)	시트루스 (Citrus) 열매추수	9. 아달 14-15일: 부림절 (에 9:26-28)

부록 7. 광야 시대의 성막 설계도와 12지파 진영

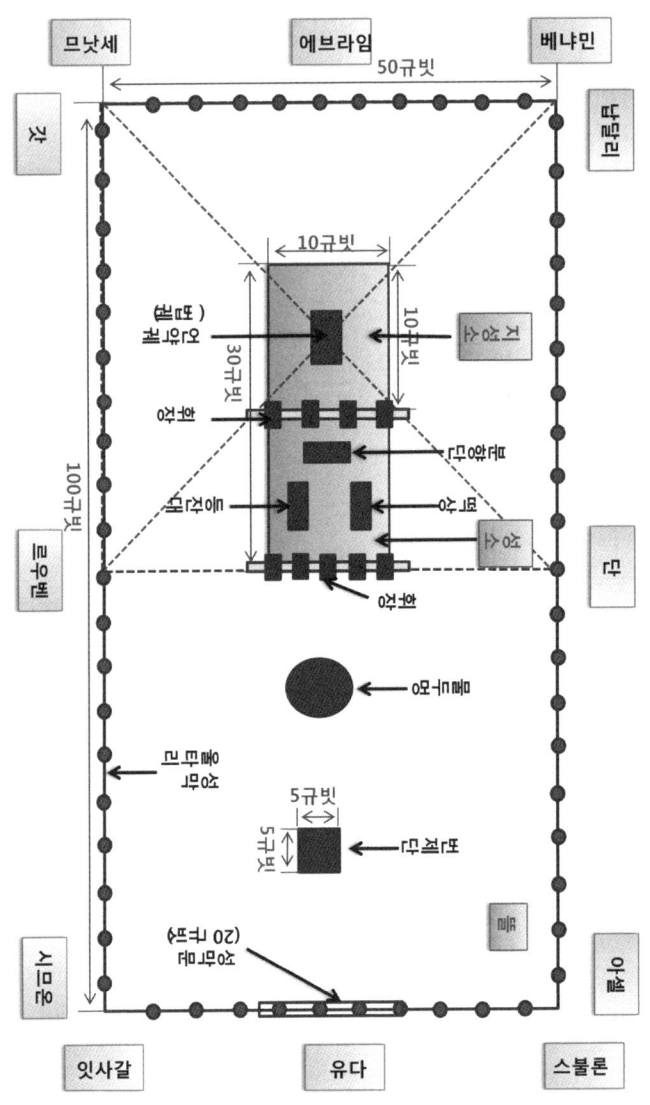

부록 8. 일반사(3間의 歷史)와 이스라엘 역사(4間의 歷史)

먼저, 일반(역)사는 시간(時間), 공간(空間), 인간(人間)이라는 3대 요소로 구성된다. 단재(丹齋) 신채호 선생은 이것을 時·地·人이라고 하였다. 그런데 3대 요소는 모두 '사이 간(間)' 자를 갖고 있다는 점에서 일반사는 '3間의 역사'라고 말할 수 있다. 이 세 요소 가운데 하나라도 빠지면 그것은 엄밀한 의미에서 역사라고 부를 수 없고, 다만 신화(神話)나 전설(傳說)이 되고 만다. '3間의 역사'인 일반사는 삼각형의 세 점으로 이루어진 평면의 역사요 3차원[86]의 역사라고 말할 수 있다.

'3間의 역사'에 대한 예를 들어보자. 가령, 민족적 차원에서 조선시대의 역사라고 하면, 시간적으로 1392-1910년에, 공간적으로 한반도에서, 인간적으로 한민족과 관련된 역사, 이것이 조선시대의 역사이다. 또한 개인적 차원에서 종교개혁자 마르틴 루터의 역사라고 하면, 시간적으로 1483-1546년에, 공간적으로 독일에서, 인간적으로 루터라는 한 개인이 살다간 역사, 이것이 마르틴 루터의 역사이다.

그런데 일반사는 주로 왕조사나 정치사를 중심으로 구성된 '세속의 역사(secular history)'이다. 가령, 조선조 세종 때라든가, 이승만 정권 시절이라든가 하는 말들이 모두 이러한 왕조사나 정치사를 중심으로 해서 역사를 말하고 있는 것이다. 결국 일반사는 역사의 주체가 '인간'이다. 이것을 잘 말해 주는 것이 도올(檮杌) 김용옥 선생의 다음과 같은 말이다. "역사는 하나님이 이끌어가거나 우연이 이끌어가는 것이 아니라 꿈을 가진 인간들이 창조해 가는 것이다."[87]

---

86) 여기서 말하는 '차원'은 공간적 의미에서가 아니라 인간 역사를 구성하는 세 개의 차원(시간, 공간, 인간)을 말한다.
87) 표영삼, 《동학 1: 수운의 삶과 생각》, 79-80.

다음으로, 이스라엘 역사를 살펴보자.

이스라엘 역사는 3間(3차원의 평면)으로 이루어진 일반사와는 달리 神(하나님)이 인간 역사 속에 들어와 '神의 역사' 또는 '信仰의 역사'를 이룬다는 것이다. 즉 인간 역사를 규정하는 3間 속에 神이 들어와 또 하나의 차원(神間)을 이룬다(4차원의 입체). 따라서 이스라엘 역사는 3間의 역사에 또 하나의 차원인 神間이 들어온 '4間의 역사'이다. 이러한 이스라엘 역사는 왕조사나 정치사를 중심으로 하는 일반사와는 달리 하나님이 인간 역사에 개입하는 신앙사나 종교사로 구성된 거룩한 역사 곧 '성역사(聖歷史, sacred history)'이며, 하나님이 인간을 구원하는 과정을 그린 '구원의 역사(salvation history)'이다.

여기서 잠시 구원사를 사는 그리스도인과 세속사를 사는 비그리스도인의 차이를 생각해 보자. 그리스도인은 하나님 나라를 안고 오신 예수를 그리스도로 믿는 사람이다. 그러기에 '하나님 나라(하늘)'를 사는 그리스도인은 '4차원에 속한 사람'이고, '세상 나라(땅)'를 사는 비그리스도인은 '3차원에 속한 사람'이다. 그런데 '3차원(평면-삼각형)'은 아무리 커도 '3차원(평면-삼각형)'이고, '4차원(입체-삼각뿔)'은 아무리 작아도 '4차원(입체-삼각뿔)'이다. 따라서 그리스도인은 비그리스도인과는 '차원이 다른 삶을 사는 사람들'이다.

구원사적 관점에서 본다면, 구약은 "이스라엘 역사에 나타난 하나님의 구원활동"이고, 신약은 '예수 그리스도에 나타난 하나님의 구원활동'이라고 말할 수 있다. 구약(이스라엘)의 역사를 넘어 神(하나님)이 3間으로 구성된 인간 역사 속에 들어온 분을 '예수 그리스도'라고 부르고, 그 사건을 '성육신 사건'이라고 부르며, 그 날을 '성탄절(크리스마스)'로 기념한다. 그리고 하나님이 우리를 사랑하사 인간 역사 속에 들어와 우리와 함께 하셨다는 의미로 그분의 이름을 '임마누엘(마 1:23)'이라고 부른다. 일반사와 이스라엘 역사에 대한 지금까지의 논의를 도표로 정리하면 다음과 같다.

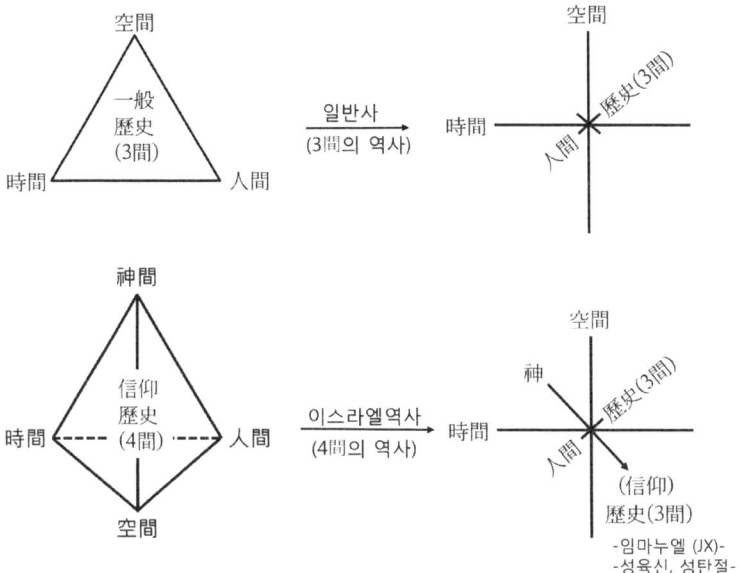

부록: 성경(신학) 이해의 도움을 위한 자료모음집

부록 9. 이스라엘 역사 개관

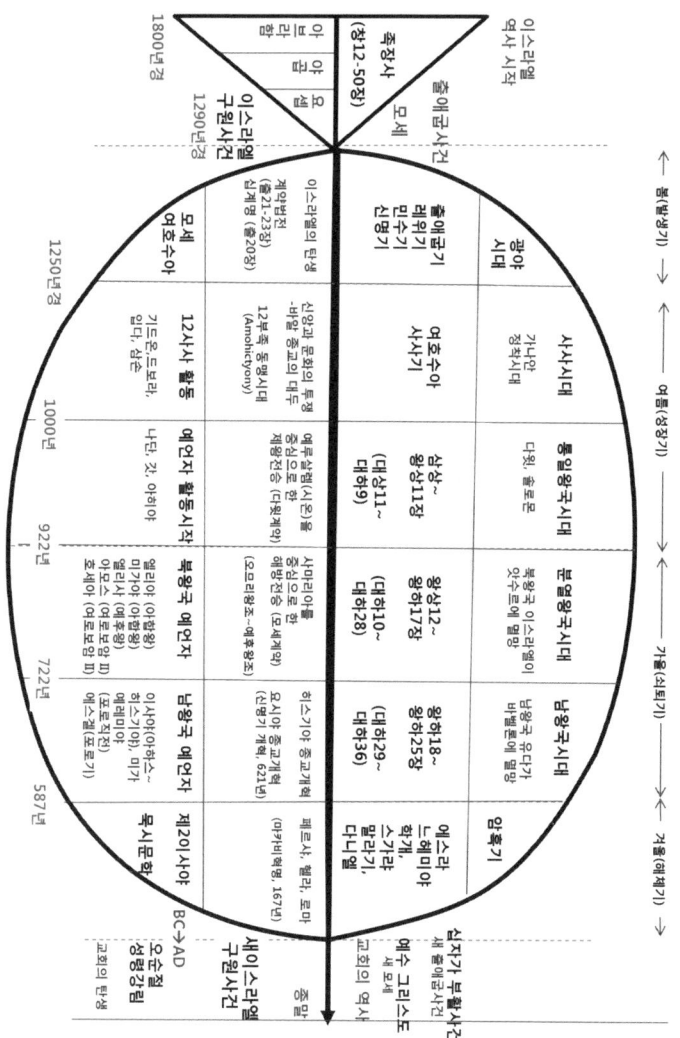

부록 10. 유대교와 기독교의 관점에서 본 성경개요

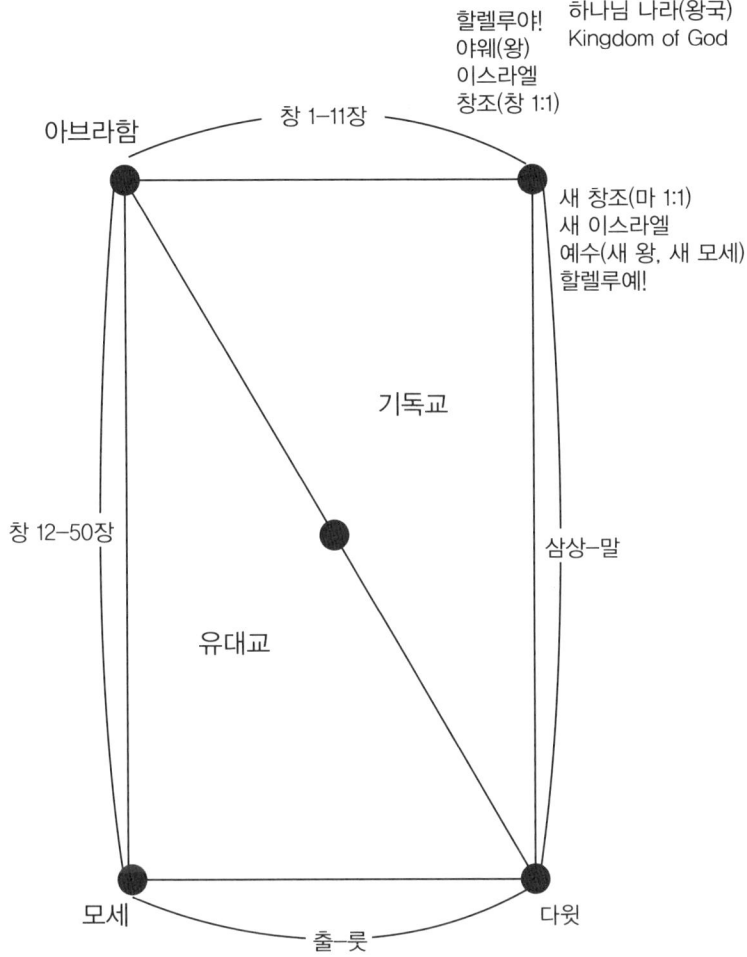

부록 11. 족보로 본 성경의 맥(차자 중시의 원리)

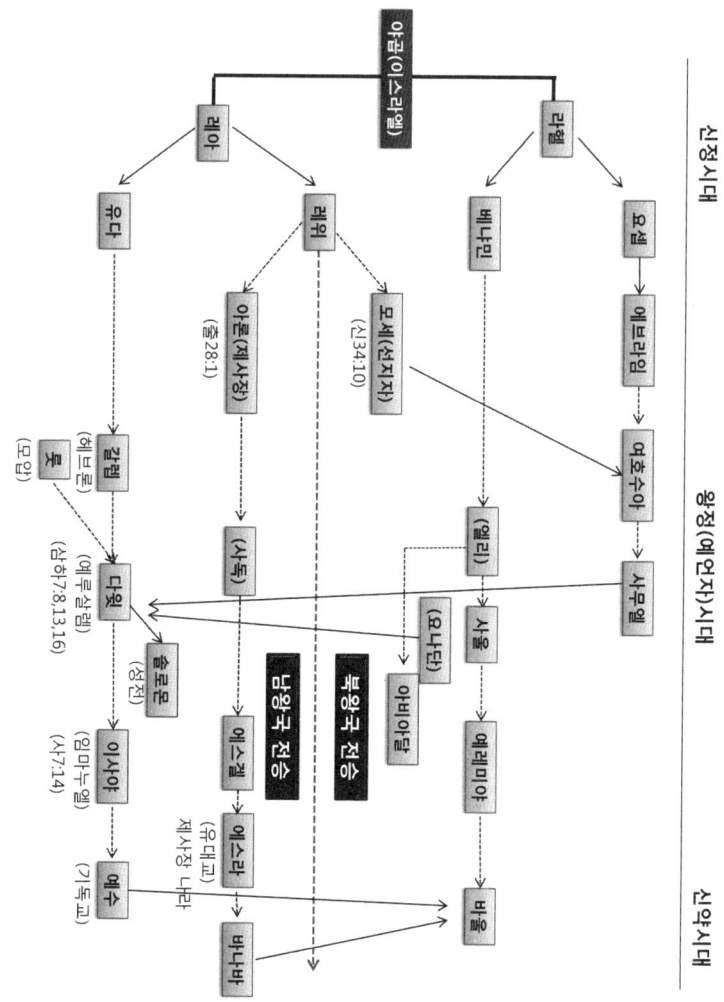

부록 12. 익투스로 본 성경 개요(이스라엘 역사)

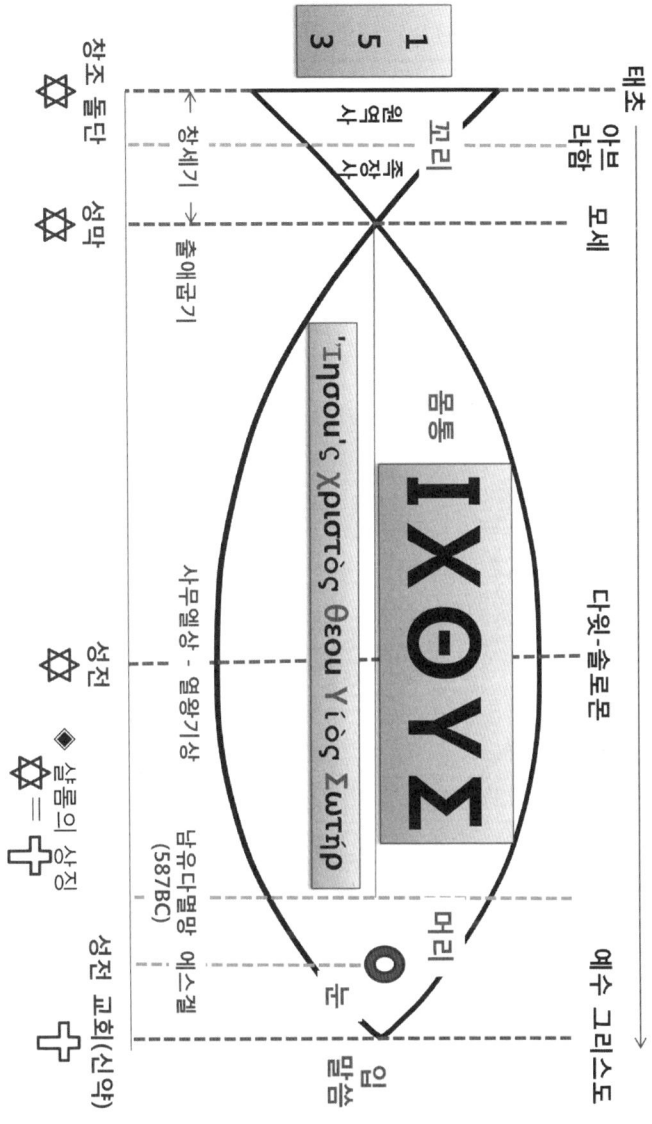

부록: 성경(신학) 이해의 도움을 위한 자료모음집 1025

부록 13. Yahwism(야웨신앙)의 관점에서 본 이스라엘 역사

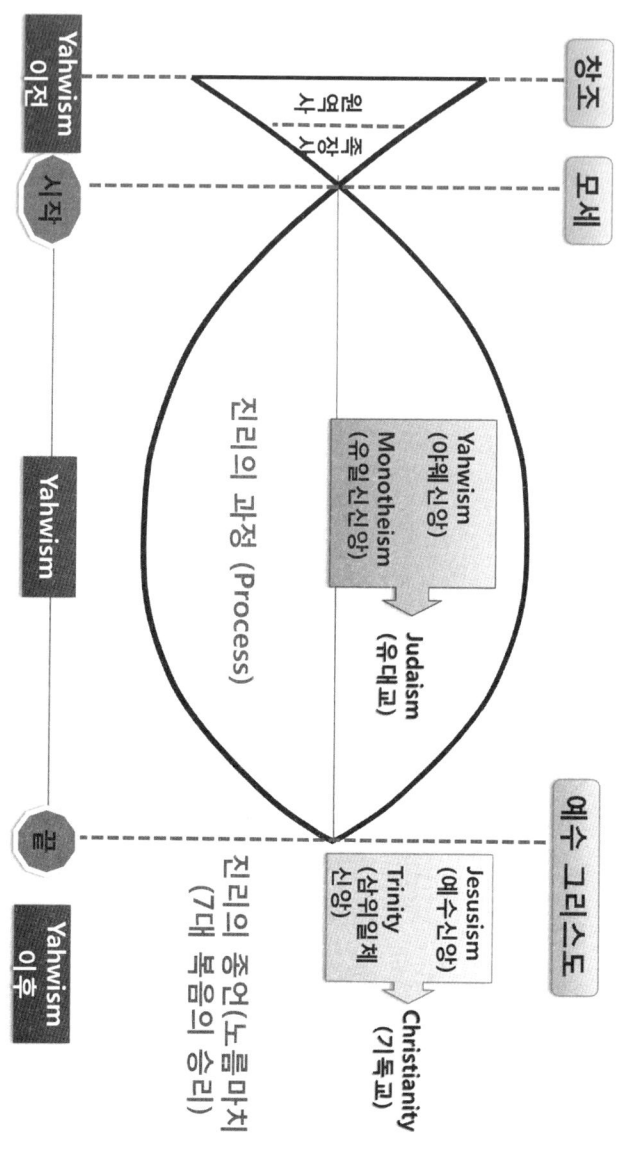

부록 14. 익투스로 본 요한복음의 구조(아트배쉬 암호: 렘 51:41)

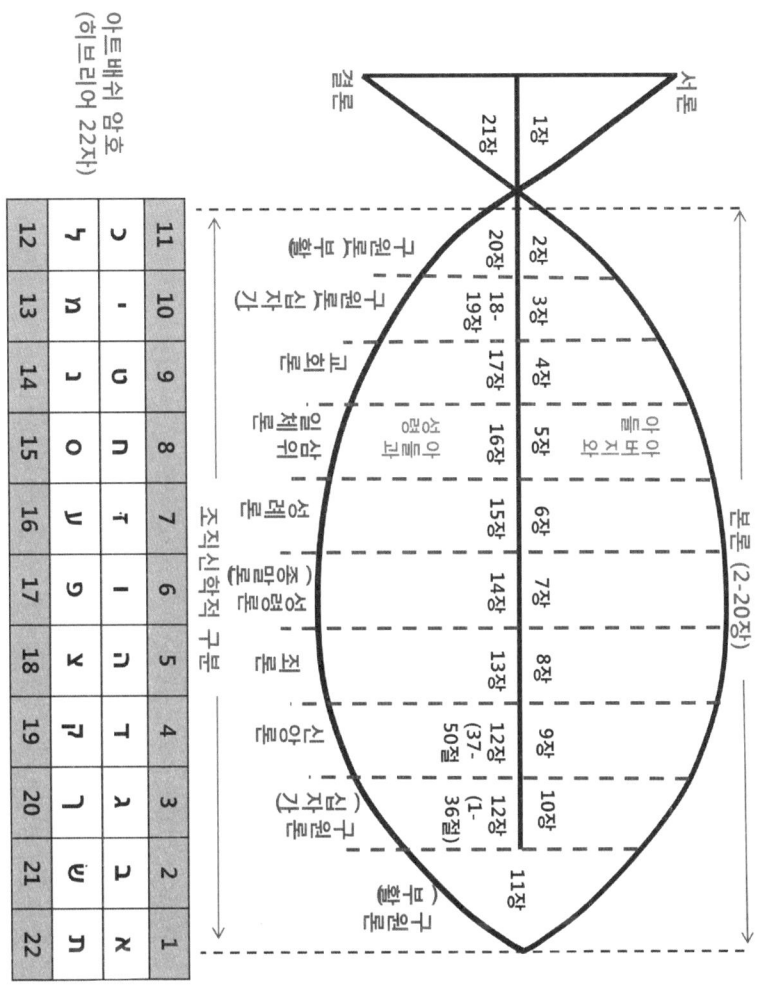

부록 15. 신구약성경의 관련성 (한 권의 책으로서의 신구약성경)

1. **구약의 4구분과 신약의 4구분.** cf.《성경개관 I》(418쪽)
   구약: 모세오경(5권)-역사서(12권)-시가서(5권)-예언서(17권)
   신약: 복음서(4권)-역사서(1권)-서신서(21권)-예언서(1권)

2. **구약에 '새(new)'가 들어가면 신약이 된다.**
   창조-새 창조, 출애굽-새 출애굽, 예루살렘-새 예루살렘, 피조물-새 피조물, 옛 일-새 일, 하늘과 땅-새 하늘과 새 땅.

3. **"저녁이 되고 아침이 되니"(창 1:5):** 저녁(먼저) - 아침(나중).
   cf.《창세기주석》(45-47쪽).
   유대교의 저녁(밤)이 기독교의 아침(새벽)으로. 율법에서 은혜로, 죽음에서 생명으로, 어둠 → 빛, 절망 → 소망, 슬픔 → 기쁨, 죄인 → 의인, 심판 → 구원, 십자가(고난) → 부활(영광).

4. **유대교의 안식일 - 기독교의 부활주일**(표적상징코드).
   cf.《요한복음주석 1》(358-359쪽)
   첫째 날 - 넷째 날   첫 표적 - 넷째 표적
   둘째 날 - 다섯째 날 = 둘째 표적 - 다섯째 표적
   셋째 날 - 여섯째 날   셋째 표적 - 여섯째 표적

   일곱째 날(안식일)   일곱째 표적(부활 주일)

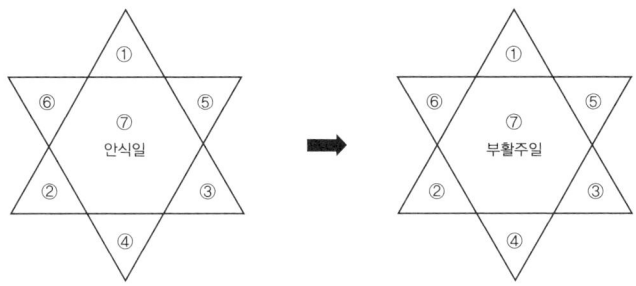

7일 창조구조와 일곱 표적구조의 상응성

5. 유형론적인 관점

· 구약 : 모세 → 여호수아(구원자) → 야웨 하나님을 아는 지식 → 야웨의 증인
· 신약 : 세례요한 → 예수(구원자) → 그리스도 예수를 아는 지식 → 예수의 증인

　(성경)　　(선구자)　　(성취자)　　　　(신앙교육적 측면)　　　(선교적 측면)

6. "때가 차매 보내심"(갈 4:4)의 관점

	모세를 보내심	새 모세 예수를 보내심
1	430-400년 묵시문학적 암흑시대	430-400년 묵시문학적 암흑시대 (중간사 시대)
2	애굽 바로 왕의 영아학살	헤롯 왕의 영아학살
3	40년 미디안 광야 시대 (출애굽 준비)	40일 유대 광야 금식 (새출애굽준비)
4	시내산 율법 반포(십계명)	다볼산 복음 반포(산상수훈)
5	성막 제사	십자가 제사

7. 모세의 4서와 새모세 예수의 4복음서(《출애굽기주석》, 44-47쪽 참조)

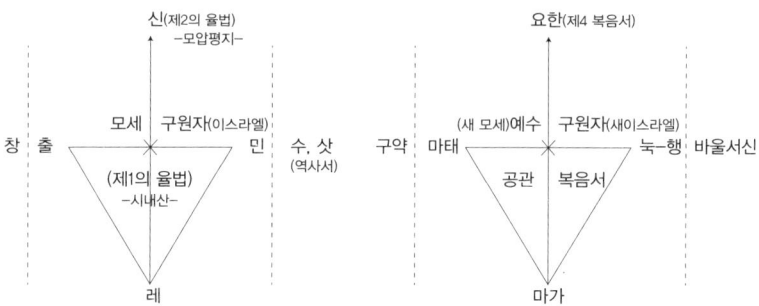

8. 교회론적 관점

	구약성경	신약성경
1	한 사람 아브라함을 부르심 (창 12:1-3)	한 분 예수 그리스도를 보내심 (요 1:14)
2	12아들(12지파)(창 35:23-26)	12제자(마 10:2-4)
3	이스라엘 자손 70명(출 1:5)	70인의 전도자(눅 10:1)
4	출애굽 60만 장정(출 12:37)	120(60×2) 문도(행 1:15)
5	시내산 성막건축(출 25-40장)	오순절 교회 탄생(행 2장)
6	다윗-솔로몬(국제화), 성전 건축 (민족복음화)	베드로-바울(세계화), 교회 확장 (세계복음화)

9. 이름(쉐모트)의 관점

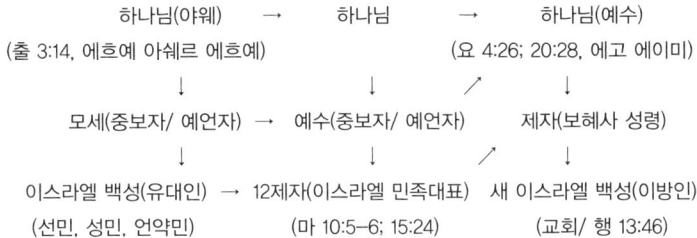

10. 성막(성전)의 관점 cf. 《요한복음주석 I》(362-370쪽).

구약: 유대교의 성막(성전),

신약: 예수 그리스도가 곧 성막(성전): 일곱 '에고 에이미' 말씀(말씀상징코드)

① "나는 생명의 떡이다"(6:35,48) - 떡상(출 25:23-30).
② "나는 세상의 빛이다"(8:12) - 등잔대(출 25:31-40; 37:17-24).
③ "나는 양의 문이다"(10:7,9) - 성막문(출 27:13-16).
④ "나는 선한 목자다"(10:11,14) - 번제단(출 27:1-8).
⑤ "나는 부활이요 생명이다"(11:25) - 법궤(출 25:10-22).
⑥ "나는 길이요 진리요 생명이다"(14:6) - 분향단(출 30:1-10).
⑦ "나는 참 포도나무다"(15:1,5) - 물두멍(출 30:18-21).

11. 언약의 관점

모세의 시내산 언약(구약)(출 19:5-6) - 새 모세 예수의 감람산 언약(신약)(눅 22:19-20).

12. 전승사적 관점

	구약성경			신약성경		
1	이사야 (유다 지파)	예레미야 (베냐민 땅)	에스겔 (레위 지파)	마태복음	요한복음	히브리서
2	왕(다윗)	예언자 (모세)	제사장 (사독)	왕 (다윗)	예언자 (모세)	제사장 (멜기세덱)
3	남왕국 (예루살렘)	북왕국 (에브라임)	남왕국 (예루살렘)	남왕국 (예루살렘 지향)	북왕국 (갈릴리 지향)	남왕국 (예루살렘 중심)

13. 묵시문학적 관점(역사적 이원론)(cf. 《성경개관 I》(374-377, 720-722쪽)

① 다니엘서(시작): 현재 사탄(악)의 통치 →

② 계시록(과정): 현재 하나님과 사탄이 전쟁중 →

③ 요한복음(마침): 현재 하나님이 통치(악이 세력조차 하나님의 도구요 하수인)

14. 그림언어와 숫자언어로 본 성경개요:

다윗의 별(유대교의 상징)과 십자가(기독교의 상징).

구약: 다윗의 별 = 10(율법, 즉 구약의 대표숫자)과 7(은혜, 즉 신약의 대표 숫자)의 이중주,

신약: 십자가 = 다윗의 별의 완성(숫자 17). 숫자 17(요 1:1[숫자 17]), 십자가에서 다 이룸(요 19:30), 숫자 153(요 21:11)=17×3×3.

15. 사상사적 관점(전체가 하나로 통하고, 하나가 전체로 통한다)

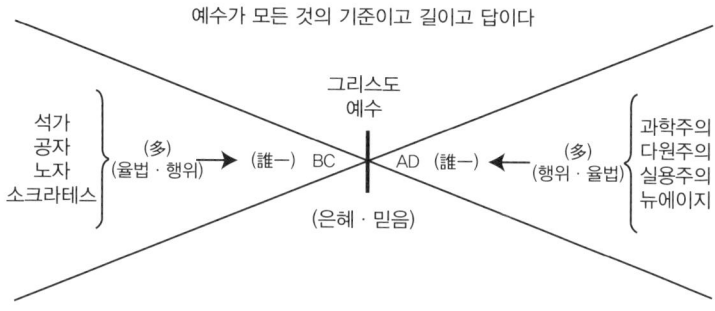

16. 창조와 새창조의 관점

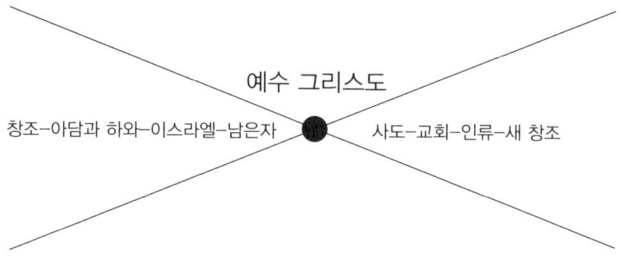

부록 16. 익투스 방법론(153의 법칙)

● 일(1). 궁극적 목적(목표): 샬롬(평화와 행복)의 세계 이룩(다윗의 별과 십자가)

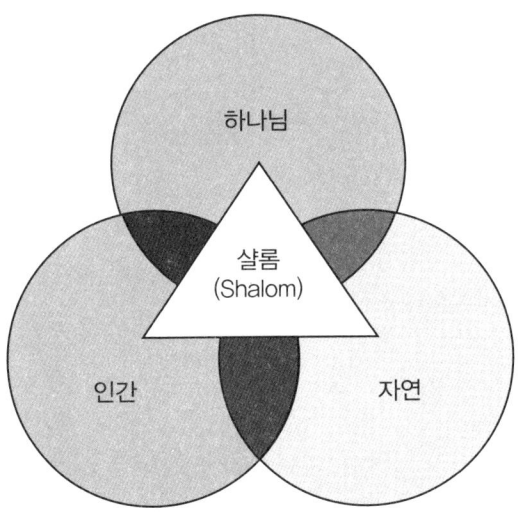

〈그림 1〉 샬롬(Shalom)의 세계(하나님과 인간과 자연의 조화로운 세계)

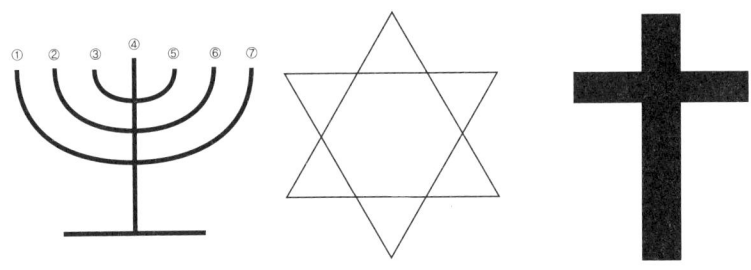

〈그림 2〉 메노라, 다윗의 별, 십자가(샬롬의 상징)

- 오(5). 5대 주제(핵심가치): 이스라엘(유대인)의 정체성(五聖)

    A. 거룩한 말씀(聖言) B. 거룩한 시간(聖時) C. 거룩한 땅(聖地)
    D. 거룩한 백성(聖民) E. 거룩한 장막(聖殿)

※ 5대 주제를 5대 언어(문자, 음성, 그림, 숫자, 행동언어)로 어떻게 표현되었고, 표현할 수 있는가!

- 삼(3). 하나님(성령)의 역사(현존)
A. 하나님의 영광(유일성), B. 하나님의 은혜(구원), C. 하나님의 통치(하나님 나라)

〈153의 법칙 해설〉

종교개혁의 핵심 구호는 "성경으로 돌아가자!(sola scriptura)"였다. 그리고 이를 위해 성경해석 방법론으로 택한 것이 "성경으로 성경을 해석한다(sui ipsius interpres)"였다. 필자는 이 원리를 응용하여 요한복음 21장 11절에 나오는 "큰 물고기 153"이라는 말 속에는 하나님의 놀라운 비밀적 계시가 담겨 있다고 본다.

우리가 성경통독을 통해 궁극적으로 행하고자 하는 신앙고백은 '익투스(ΙΧΘΥΣ)'이다. '큰 물고기'를 뜻하는 헬라어 원어 '익투스(ΙΧΘΥΣ)'는 초대교회에서 널리 사용한 암호문으로, '예수스 크리스토스 데우 휘오스 소테르(Ἰησους χριστὸς Θεου Υίὸς Σωτήρ)', 즉 '예수는 그리스도요 하나님의 아들이자 구세주'라는 의미를 갖고 있다. 초대교회에서 '물고기' 상징은 '십자가' 상징과 더불어 가장 중요한 기독교의 상징적 부호였다. 이 같은 신앙고백이 나오기까지의 과정으로 우리는 153의 법칙을 성경본문에 적용하고자 한다.

첫째, 일오삼(153)의 일(1)은 유레카 성경통독의 궁극적 목적(목표)은 하나님·인간·세상이 온전히 하나됨으로 샬롬(평화와 행복)의 세계를 이룩하자는 데 있다. 대제사장의 축도(민 6:22-24)의 마무리가 평강(샬롬)으로 끝나는 것은 우연이 아니다. 또한 우리 주님은 샬렘 왕 멜기세덱의 반차를 따라(히 히 7:1-17) 평강의 왕으로 오셨다(사 9:6; 슥 9:9-10). 샬롬의 그림언어(로고)는 구약의 '다윗의 별'이고, 신약의 '십자가'이다. 이 두 상징은 하나님께서 만세 전부터 비밀리에 감추어 둔 최고의 암호상징이다.

다윗의 별은 삼각형(△)과 역삼각형(▽)의 결합(△+▽)으로 되어 있다. 이는 삼각형(땅, 율법, 구약, 유대인, 여자)과 역삼각형(하늘, 은혜, 신약, 이방인, 남자)의 결합으로 '전체(완전)'라는 의미를 갖는다. 또한 7일 간의 창조세계처럼, 완전수 7의 구조로 된 다윗의 별 모양은 완전한 '샬롬의 세계'를 상징한다. 십자가는 다윗의 별의 축약형, 즉 가로축은 다윗의 별의 삼각형, 세로축은 역삼각형에 해당하며, 십자가에서 '다윗의 별(샬롬의 세계)'이 성취되었다(요 19:30).

☆ 하나님이 창조하신 샬롬의 세계는 어떤 모습이고, 하나님이 간절히 원하시는 샬롬의 세계가 왜 깨졌는지를 살펴보고자 한다.

둘째, 일오삼(153)의 오(5)는 이스라엘(유대인)의 정체성으로서의 5대 주제(핵심가치)이다. 핵심 단어는 구별의 의미를 지닌 '거룩'이다. "내가 거룩하니 너희도 거룩할지어다"(레 11:45).

A. 거룩한 말씀(聖言): 하나님께서 성민 이스라엘 백성에게 하신 말씀들, 즉 창조의 말씀, 율법의 말씀을 비롯하여 예언자들의 말씀에 대해 이스라엘 백성들은 어떤 반응을 보였는지를 살펴보고자 한다.

B. 거룩한 시간(聖時): 하나님께서 거룩하게 구별하신 시간들, 즉 안식일을 비롯하여 3대 절기(유월절, 칠칠절, 초막절), 부림절, 수전절, 그리고 거룩한 전쟁(聖戰)의 날인 여호와의 날 등에 대해 살펴보고자 한다.

C. 거룩한 땅(聖地): 거룩한 공간으로 구별된 성지는 팔레스타인 땅, 즉 요단강 서편 땅인데, 그곳에는 세계의 중심인 예루살렘이 있다. 성지에 대해 선민(신앙인)과 비선민(불신앙인)이 각각 어떤 선택을 했는지 살펴보고자 한다.

D. 거룩한 백성(聖民): 이스라엘 백성의 뿌리인 히브리인의 정체성 및 하나님으로부터 선택된 선민(選民)이요, 거룩한 백성인 성민(聖民)이요, 하나님과 언약을 체결한 언약민(言約民)으로서 이스라엘은 자신의 정체성답게, 즉 성민이면 성민답게 살았는지 살펴보고자 한다.

E. 거룩한 장막(聖殿): 거룩한 공간(물질)으로 구별된 성막(성전) 및 그것과 관련된 다양한 제사들과 제사장, 예배공동체, 거룩한 음식 등에 대해 살펴보고자 한다. 성전은 성시(안식일), 성지(예루살렘), 성민(이스라엘 백성)을 그 안에 담지하고 있다.

※ 오성(五聖)을 이룬 분이 예수 그리스도이다. 즉 추상(抽象)인 거룩한 말씀(聖言)이 구체(具體)인 거룩한 육신(聖殿)으로 오신 분이 예수 그리스도이다(요 1:14; 2:19-21 참조).

☆ 구약의 백성 이스라엘에게 주어진 이 같은 5대 핵심주제는 새 이스라엘 백성인 신약의 백성에게는 어떻게 변형되어 나타났는지 살펴보고자 한다.

셋째, 일오삼(153)의 삼(3)은 세 가지 모습으로 대변되는 하나님(성령)의 역사(현존)이다.

먼저, 하나님은 유일하신 하나님(Monotheism) 여호와(Yahwism)로서 영원토록 영광을 받으실 분이시다. 이스라엘 백성들은 이러한 유일하신 하나님 여호와에 대해 어떻게 반응했는지 살펴보고자 한다.

다음으로, 인간은 하나님의 말씀에 불순종함으로 죄를 범했고, 이로 인해 죽음의 형벌을 받는 존재가 되었다. 하나님은 죄와 죽음에서 고통을 당하고 있는 이 같은 인류를 사랑해서 구원해 주시는 사랑의 하나님이시다. 선하시고 인자하신 은혜의 하나님이 어떤 행동을 하셨는지 살펴보고자 한다.

끝으로, 하나님(하늘)의 나라(신국, 천국)는 왕이신 하나님이 다스리시는(통치하시는) 나라이다. 이는 하나님이 모든 것의 기준(중심, 최고)이 되심을 말하며, 하나님 이외에 다른 것을 왕 삼는(왕의 교체) 것을 우상숭배라고 하고, 죄를 지었다고 말하는 것이다. 다시 돌이켜 하나님을 왕 삼는(왕의 교체) 것을 회개(거듭남)라고 한다.

☆ 구약에 나타난 이러한 야웨 하나님의 구원활동이 신약에서는 예수님을 통해 어떻게 나타났는지를 살펴보고자 한다.

●세 가지 묵상질문● (매 과를 마칠 때마다 다음의 세 질문을 생각해보기)

1. 본문에서 〈153의 법칙〉을 찾아보세요?
2. 예수님은 본문을 어떻게 읽었을까요?
3. 본문을 통해 특별히 내가 받은 감동의 말씀이나 내게 도전을 주는 말씀은 무엇인지요?

부록 17. 새 테필린(유레카 8복)

'테필린'이란 유대인들이 머리와 손목에 매는 네모난 작은 상자로써 그 안에는 네 개의 방이 있고 각 방에는 성경구절들이 들어있다. 쉽게 말해 테필린은 '성구함'(또는 '경갑')이다. 테필린에는 네 개의 말씀, 즉 출애굽기 13장 1-10절, 출애굽기 13장 11-16절, 신명기 6장 4-9절 및 신명기 11장 13-21절이 들어 있다.

유대인들은 이 네 개의 말씀을 어렸을 때부터 죽을 때까지 평생 밤낮으로 암송한다. 그리스도인이 되는 순간 평생 주기도문과 사도신경을 반복해서 암송하듯이 유대인들은 이 네 부분의 성경 본문을 세뇌가 되도록 평생 반복해서 암송하는 교육을 시켰다. 유대교육의 성공비결이 바로 테필린에 대한 반복교육에서 비롯되었다고 해도 과언이 아니다. 이 네 말씀에 기초해서 만든 새 테필린이 유레카 8복이다.

행복전화번호(408-539-1136), 성공계좌번호(123-317-413-2024).

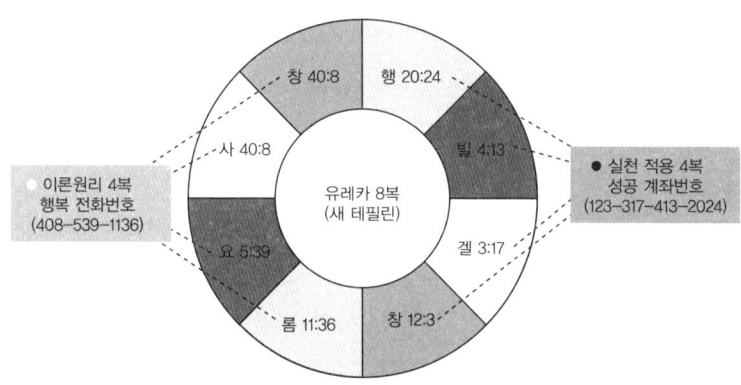

◆ 새 테필린(유레카 8복) 해설 ◆

A. 행복전화번호(이론 원리 4복): 408-539-1136

제1의 말씀(창 40:8)의 주제는 '하나님'이다. 여기서 중요한 것은 '모든 것은 해석'이라는 사실이다. 꿈을 꾸는 것보다도 꿈에 대한 해석(해몽)이 중요하듯이, 인생도, 역사도, 성경도 모두 다 결국은 어떻게 해석하느냐가 중요하다. 하나님이 써간 드라마가 최고의 드라마이듯이, 하나님이 들어간 해석이 가장 좋은 해석이다. 인생의 행복과 성공의 비결이 거기에 있다.

제2의 말씀(사 40:8)의 주제는 '하나님의 말씀'이다. 주전 587년 유다 나라는 바벨론에 멸망하고 성전은 파괴되고 지도급 인사들은 포로 되어 끌려갔다. 역사적 파국을 당한 이스라엘 백성들을 향해 제2이사야는 이 세상의 모든 것은 잠시 있다가 사라지고 마는 풀과 같고 꽃과 같은 것이지만 우리 하나님의 말씀은 영원하다고 외쳤다. 멸망한 백성 이스라엘이 살 길은 '하나님의 말씀을 붙드는 일'에 있다고 역설했다.

제3의 말씀(요 5:39)의 주제는 '예수 그리스도'이다. 이 구절은 신구약 성경이 두 권의 책이 아닌 '예수 그리스도'를 말하는 한 권의 책임을 증언하고 있다. 우리의 몸은 통전적인 하나의 몸일 때 온전한 생명을 지닌 몸이 되지만, 이를 여러 부분으로 나누는 순간 생명이 없는 죽은 몸이 된다. 그와 같은 원리로 성경에 대한 이분법적 사고를 지양하고 통전신학(성서신학)으로 나아가야 한다.

제4의 말씀(롬 11:36)의 주제는 '주께 영광'이다. 로마서는 크게 두 부분, 즉 1-11장(이론편)과 12-16장(실천편)으로 나누어진다. 이 구절은 이론편(1-11장) 전체를 요약하는 결론적 성격을 지닌다. 바울은 이 세상 모든 만물이 알파와 오메가가 되시는 주로 시작하여 주로 끝난다고 말하고 있다. 결국 모든 인류가 궁극적으로 주님께 영광을 돌리게 될 것임을 역설하고 있다.

B. 성공계좌번호(실천 적용 4복): 123-317-413-2024

제5의 말씀(창 12:3)의 주제는 '축복'이다. 이 구절의 중요성(이스라엘 역사의 시작)은 아무리 강조해도 지나치지 않다. 축복과 저주의 열쇠, 세계사의 운명의 열쇠를 쥐고 있는 자가 아브라함으로 대표되는 이스라엘 민족이다. '복의 통로'로서의 이스라엘 민족(유대인)의 자존감, 자부심, 자신감의 근거가 바로 이 말씀에 근거한다. 이것이 또한 우리에게도 해당한다.

제6의 말씀(겔 3:17)의 주제는 '책임'이다. 제사장 사독의 가문에 속한 에스겔은 25세의 나이에 바벨론의 침공에 의해 여호야긴 왕과 함께 바벨론에 포로로 끌려갔다(주전 597년). 그는 30세에 선지자로 부르심을 받았다(겔 1:1-3). 그는 포로민 이스라엘 민족을 깨우쳐야 하는 영적 파수꾼으로서의 크나큰 책임이 있음을 자각했다. 이것이 또한 우리의 책임이다.

제7의 말씀(빌 4:13)의 주제는 '능력'이다. 하나님의 사역을 감당하려면 능력이 필요하다. 그 능력은, 불가능이 없다는 뜻의 능력이 아니라 능력 주시는 자 하나님(주님)이 함께 하시면 모든 것을 감당할 수 있다는, 일체의 것(상황)에 대한 초연함과 자유함을 말한다. 세상을 이기는 일체의 비결이 이 구절에 담겨 있다.

제8의 말씀(행 20:24)의 주제는 '사명'이다. '하나님의 나라 복음'을 전하는 것이 예수님의 사명이었다면, 바울의 사명은 '하나님의 은혜의 복음'을 전하는 것이었다. 바울은 이 사명을 마치려 함에는 "나의 생명조차 조금도 귀한 것으로 여기지 아니하노라"고 고백하고 있다. 로마에서 순교할 때까지 바울이 얼마나 자신의 사명에 충실했는가를 기독교 역사는 증언하고 있다. 이것이 또한 복음의 증인으로서의 우리의 사명이다.

부록 18. 진리는 하나 차이(예수와 코페르니쿠스)

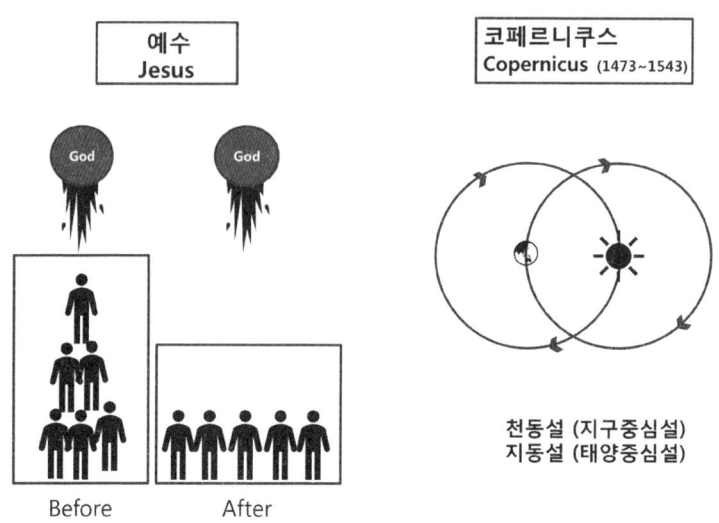

지금으로부터 약 500년 전 인류 역사상 가장 큰 과학혁명이 일어났다. 이전까지는 '지구를 중심으로 천체(태양)가 돈다'는 '천동설(天動說)', 곧 '지구중심설'이 과학적 진리로 인정되었다. 그런데 코페르니쿠스(1473-1543)는 '태양을 중심으로 지구가 돈다'는 '지동설(地動說)', 곧 '태양중심설'을 주장하였다. 당시로서는 이것을 받아들이기 힘들었고, 그래서 지동설을 주장하는 사람들은 죽임을 당하거나 큰 곤욕을 치렀다. 그러나 그 후에 갈릴레오(1564-1642)나 케플러(1571-1630) 등에 의해 지동설이 과학적 진리로 받아들여졌다. 위의 그림에서 보듯이 천동설과 지동설은 '하나 차이'라는 것을 잘 보여준다.

― 세상 나라(3차원/차이나의 세계)와 하나님 나라(4차원/본-차이나의 세계) ―

세상 나라와 하나님 나라를 '차이나(差异那, 3)'와 '본-차이나(本-差异那, 4)로 설명하면 이렇다. 영어로 중국명 '차이나(China)'는 진시황의 나라 '진(Chin)'에서 유래한다. 중국은 워낙 땅이 넓어 북쪽과 남쪽이 '기온 차이'가 심한 나라다. 가령, 11월인데도 북쪽의 하얼빈은 추운 겨울 날씨이고, 남쪽의 상해나 홍콩은 더운 여름 날씨이다. 또한 중국은 동쪽과 서쪽이 '빈부 차이'가 심한 나라다. 바다를 끼고 있는 동쪽의 도시들, 가령, 천진, 청도, 상해, 심천, 홍콩은 부유하다.

반면에 서쪽의 내륙으로 들어갈수록 가난하다. 그래서 빈부 격차를 줄이고자 중국 정부가 추진한 사업이 '서부대개발'이다. 서부대개발로 크게 발전한 도시가 시안(西安), 청두(成都), 쿤밍(昆明) 등이다. 이렇듯 중국은 북쪽과 남쪽, 동쪽과 서쪽이 '차이가 심한 나라'이기에 '차이나(差异那)'이다.

그런데 중국만이 차이가 심한 '차이나(差异那)'의 나라(세계)는 아니다. 이 세상은 모든 것이 차이가 심한 '차이나(差异那)'의 나라(세계)라고 말할 수 있다. 인종의 차이, 민족의 차이, 성의 차이, 미모의 차이, 빈부의 차이, 계급의 차이, 신분의 차이, 지역의 차이, 학력의 차이, 종교의 차이 등등, 온갖 차이가 나는 세계 속에 인간들이 살고 있다.

그런데 '차이나(差异那)'의 세계는 크게 세 가지가 차이가 나는 세계이다. 시간(时间)의 차이, 공간(空间)의 차이, 인간(人间)의 차이가 그것이다. 여기서 말하는 세 가지 '차이(시간, 공간, 인간)'는 모두 '사이 간(间)' 자가 들어간다. 그래서 이를 '삼간(三间)의 세계'라 한다. 인간 역사(歷史)가 시간, 공간, 인간이라는 '삼간(三间)'으로 구성된다. 또한 시간의 차원, 공간의 차원, 인간의 차원을 각각 한 차원씩으로 보면 '세 개의 차원' 곧 '삼차원의 세계'라고 말할 수 있다. 각 차원을 세 개의 점으로 표시하면 '삼각형(평면)'이 된다.

모든 사람들은 시간의 차원을 크게 하고 싶어 한다. 시간을 크게 한다는 것은 건강하고 무탈하여 좀 더 오래 살고 싶어 하는 '장수의 욕망'을 말한다. 또한 사람들은 공간의 차원을 크게 하고 싶어 한다. 공간을 크게 한다는 것은 좀 더 넓은 집, 좀 더 많은 땅, 좀 더 살기 좋은 지역에서 살고 싶은 '장소의 욕망'을 말한다. 또한 사람들은 인간의 차원을 크게 하고 싶어 한다. 인간의 차원을 크게 한다는 것은 좀 더 높아지고 인정받고 싶은 '명성의 욕망'을 말한다. 그래서 학위를 받고자 하고, 각종 회장이 되고자 하고, 국회의원, 장관, 장군 나아가 대통령이 되고 싶어 한다.

그런데 삼차원의 '차이나(差异那)'의 세계는 그것이 아무리 커도 삼차원이고, 그것이 아무리 작아도 삼차원이다. 가령, 교회당 건물이 아무리 커도 삼차원이고, 아무리 작아도 삼차원이다. 차원이 달라지는 것은 아니다. 큰 삼각형과 작은 삼각형의 차이일 뿐이다. 세상 나라는 삼차원의 '차이나(差异那)의 세계'이다.

한편, '본-차이나(本-差异那)의 세계'란 '차이나(差异那)의 세계'를 있게 한 '근본(根本)이 되는 세계'를 말한다. 따라서 본-차이나의 세계는 근본이 되는 분, 즉 하나님(神)이라는 또 하나의 차원(神间)을 갖는다는 점에서 '사간(四间)의 세계'이자 '사차원의 세계'이다. 세 개의 차원으로 이루어진 '차이나의 세계'는 삼각형(평면)에 해당하고, 네 개의 차원으로 이루어진 '본-차이나의 세계'는 삼각뿔(입체)에 해당한다. 여기서 중요한 것은 삼각형은 아무리 커도 3차원의 '삼각형(평면)'이지만, 삼각뿔은 아무리 작아도 4차원의 '삼각뿔(입체)'이라는 사실이다. 즉 돌은 아무리 커도 돌이고, 다이아몬드는 아무리 작아도 다이아몬드라는 사실이다.

비유적으로 말해서 삼차원의 '차이가 나는 세계', 즉 '차이나(差异那)

의 세계'를 '세상 나라'라고 부르고, 그와는 '차원이 다른 세계', 즉 사차원의 '본-차이나(本-差異那)의 세계'를 일컬어 '하나님의 나라'라고 부른다. 이를 통해 말하고자 하는 것은 하나님을 믿지 않는 사람들은 하나님이라는 한 차원이 빠진 삼차원의 '차이나의 세계' 속에 사는 사람이고, 하나님을 믿는 그리스도인들은 사차원의 '본-차이나의 세계' 속에 사는 사람이라는 사실이다.

하나님을 믿지 않는 세상 나라에 속한 사람들은 삼차원이 전부인 줄 알고, 그것을 더욱 크게 하여 남보다 '차이 나게 살고 싶은 것'이 그들의 삶의 목적이자 꿈이다. 반면에 하나님의 나라에 속한 그리스도인들은 '차원이 다르게 살고 싶은 것', 즉 삼차원의 세계를 사용하여 사차원의 하나님의 나라를 확장하는 것이 삶의 목적이자 꿈이다. 여기에 그리스도인의 정체성과 존귀성이 있다. 그러나 이 사실을 모르면 그리스도인도 세상 사람과 하등 다를 바가 없다. 지금까지 말한 것을 정리하면, 차이나와 본-차이나, 삼각형과 삼각뿔, 세상 나라와 하나님의 나라는 결국 '하나 차이'이며, 진리는 '하나 차이', 하나님은 '하나 차이가 나는 님'이라고 말할 수 있다.

지금까지 진리를 '3과 4의 하나 차이'로 설명했다. 이를 바탕으로 '6과 7의 하나 차이'를 구약의 대표적인 상징인 '다윗의 별'로 설명하면 이렇다. 삼각형으로 그려진 3차원의 세계는 '땅의 세계'인데, 삼차원의 땅의 세계에 보다 큰 또 하나의 삼차원의 땅의 세계를 더하면 6개의 점으로 된 '이중 삼각형'이 된다. 그런데 삼각형으로 그려진 3차원의 땅의 세계에다가 역삼각형으로 그려진 '하늘의 세계'를 더하면 '다윗의 별'이 된다. 여기서 '다윗의 별'은 구약(유대교)의 대표적인 상징이고, 십자가는 신약(기독교)의 대표적인 상징이다.

다윗의 별은 일반별과는 하나가 다르다. 일반별과 다윗의 별은 '6과

7의 하나 차이'이다. 다윗의 별(　)은 삼각형(△)과 역삼각형(▽)의 결합
(△+▽)으로 되어 있다. 일반별(☆)은 주변이 5개의 삼각형으로 구성되어
있고, 가운데 중심에 하나의 5각형이 있는 숫자 6으로 구성된다. 이와
달리 다윗의 별은 주변이 6개의 삼각형으로 구성되어 있고, 가운데 중
심에 6각형이 있는 숫자 7로 구성된다. 세상 나라에 속한 사람들은 '월
드 스타(숫자 6)'가 되는 것이 최대의 꿈이다. 그러나 하나님의 나라에
속한 그리스도인들은 '다윗의 별(숫자 7)'을 성취하는 것, 즉 예수 그리
스도로 왕의 교체를 온전히 이루는 것(엡 4:13 참조)이 최대의 꿈이다.

또다시 진리를 '9와 10의 하나 차이'로 설명하면 이렇다. 삼차원의
땅의 세계(3)에다가 보다 큰 또 하나의 삼차원의 땅의 세계를 그리면
6개의 점으로 된 이중삼각형이 되고(6), 거기에 그보다 더 큰 삼차원의
땅의 세계를 그리면 9개의 점으로 된 '삼중 삼각형'(9)이 된다. 그런데
'십자가'의 가로축과 세로축은 각각 하늘과 땅, 즉 천지(天地)가 되고, 이
는 '완전(온 세계)'이라는 의미가 있다. 가로축은 3,6,9의 땅의 세계이고,
세로축은 또 하나(1)의 '하늘의 세계'를 일컫는다. 그래서 십자가는 가
로축에 세로축을 더해 4(3+1)의 세계, 7(6+1)의 세계 및 10(9+1)의 세계를
말하고 있다.

지금까지의 말을 종합하면, 세상 나라는 3,6,9의 세계이고, 하나님의
나라는 하나 차이가 나는 4,7,10의 세계이다. 그리고 삼차원의 차이나
의 세계인 '세상 나라(3,6,9의 세계)'와는 달리 사차원의 본-차이나의 세
계인 '하나님의 나라(4,7,10의 세계)'는 '하나 차이가 나는 차원이 다른 세
계'이다. 예수 십자가는 '진리는 하나 차이'라는 것을 잘 보여준다. 지금
까지의 설명을 그림으로 그리면 다음과 같다.

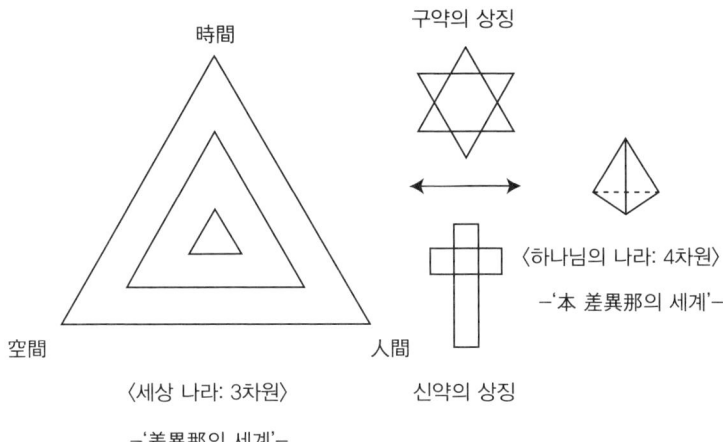

부록: 성경(신학) 이해의 도움을 위한 자료모음집

부록 19. 종교개혁(가톨릭과 개신교의 사상체계 비교)

가톨릭과 개신교의 사상체계 비교		
기독교 주제	가 톨 릭	개 신 교
1. 사상구조	플러스적 더하기 사고 (두개의 초점) 헤브라이즘 + 헬레니즘 Both~and (둘 다) 종교의 혼합주의(syncretism) (예/ 야웨신앙+가나안 문화) 종교 + 정치(정교일치) 전체주의(집단주의), 통일성(중앙주의)	동심원적 곱하기 사고 (하나의 초점) 헤브라이즘(헬레니즘은 2차적) Either~or(둘 중의 하나) 종교개혁=헬레니즘을 끊고 헤브라이즘으로 돌아가자는 운동 종교/정치(정교분리) 개체주의(개인주의), 다양성(지방분권)
2. 사 도 적	베드로의 종교(기독교) 유대 크리스천(유대교+기독교) 베드로의 수위권(마 16:13-20) 주류측, 전통 강조	바울의 종교(기독교) 이방 크리스천 (기독교/유대교와 단절) 이방인의 사도 (갈 2:6-9 / 2:11-16) 비주류측, 차별철폐 강조
3. 성 서 적	알렉산드리아 전통 헬라어 역본 구약성경 (Septuaginta) 정경(73권 = 46권 + 27권) 정경(Canon)은 시간상의 차이에 의함. 제1정경, 제2정경, 외경.	팔레스타인 전통 히브리어 원문 구약성경 (Masora Text) 정경(66권 = 39권 + 27권) 정경(Canon)은 책의 권위의 차이에 의함. 정경(제1정경), 외경(제2정경), 위경(외경)
4. 구 원 론	그리스도(믿음) + 모세(율법), 잉여 공로설 (인간의 공로 필요)	그리스도(믿음) / 모세(율법), 이신칭의 (오직은혜, 오직믿음으로 구원)

기독교 주제	가톨릭	개신교
5. 신학적	영광의 신학 (Theologia gloriae) 신부사죄론, 마리아(성인)숭배, 연옥설, 수도원 제도, 교황무류설	십자가의 신학 (Theologia crucis) 만인제사장설, 노예의지론, 칭의론, 자본주의 정신
6. 성례전	7(2+5) 성사(성례, 견진, 성체 고해, 종유, 신품, 혼배), 화체설	2성사 (성례와 성찬) 기념설(상징설), 공재설
7. 구약적	제사장직 (의식, 제도; 미사)	예언자적 (말씀중심; 예배)
8. 권위적	성서 + 교회 (교회 밖에 구원이 없다)	성서/교회 (그리스도 밖에 구원이 없다)
9. 철학적 (보편논쟁)	아리스토텔레스주의, 토미즘, 스콜라철학(기독교+철학) 실재론(Realism)	플라톤주의, 아우구스티니아니즘 스콜라철학과의 결별 (기독교/철학) 유명론 (Nominalism)
10. 행적구조 (사회학적)	계급구조 (중앙집권적; 안정강조) 구조기능주의 (에밀 뒤르껭)	평등구조 (지방분권; 개혁강조) 갈등이론 (칼 맑스, 막스 베버)
11. 인간적	어머니의 종교 (사랑과 평화)	아들의 종교 (자유와 정의)
12. 예술적	미술적 (공간적; 보는 종교) 프랑스적, 이태리적 (오페라)	음악적 (시간적; 듣는 종교) 히브리적 (쉐마), 독일적
13. 문학적	톨스토이, 괴테 (귀족) 윤리적 멘탈리티, 경험주의, 범신론적 (Pantheism)	도스또옙스끼, 쉴러 (평민) 역사적 멘탈리티, 관념주의, 유일신적 (Monotheism)

  1. '베드로의 종교로서의 가톨릭'과 '바울의 종교로서의 개신교'의 차이는 결국 〈플러스적 사고구조로서의 가톨릭〉과 〈동심원적 사고구조로서의 개신교〉의 차이라고 말할 수 있다. 이것을 서양 사상의 2대

조류인 〈헬레니즘과 헤브라이즘〉으로 표현하면 이렇게 말할 수 있다. 가톨릭은 헤브라이즘(신적 차원인 히브리적 신앙)에다가 헬레니즘(인간적 차원인 헬라적 이성)을 결합한 종교이다. 이에 반해 개신교는 헤브라이즘(신앙)이 중심이며 헬레니즘(이성)은 이차적 의미를 가질 뿐이다. 그러기에 〈종교개혁은 헬레니즘을 끊고 헤브라이즘으로 돌아가자는 운동이다〉라고 말할 수 있다(여기서 헬레니즘은 2차적이라는 의미를 가진다). 또 다른 말로 하면 〈종교개혁은 스콜라 철학(성서적 기독교 + 헬라 철학)과의 결별, 즉 스콜라 철학에서 헬라 철학을 끊고 성서적 기독교로 돌아가자는 운동이다〉라고 말할 수 있다.

2. 이렇듯 가톨릭은 그 사상구조가 혼합주의, 즉 둘 다(both~and)적 사고구조(플러스적 사고구조)를 가지고 있는 반면, 개신교는 그 사상구조가 개체주의, 즉 둘 중의 하나(either~or)적 사고구조(다른 하나는 2차적인 동심원적 사고구조)를 가지고 있다. 쉽게 말해서 두 개를 더해놓은 것(신앙+이성, 구약+외경, 종교+정치, 예수+성인들 등)이 가톨릭이고, 여기에서 하나를 끊고(이성, 외경, 정치, 성인들 등) 그것을 2차적으로 돌린 것이 개신교라고 말할 수 있다. 지금까지 말한 베드로의 종교와 바울의 종교로부터 시작해서 플러스적 사고구조와 동심원적 사고구조에 이르는 이러한 모든 내용을 일관되게 정리한 것이 위에 도표로 나타낸 〈가톨릭과 개신교의 사상체계 비교〉이다.

3. 초점이 두 개(플러스적 사고)인 가톨릭과는 달리 초점이 하나(동심원적 사고)인 개신교(루터)의 신학원리를 간단한 도표로 그려보면 이렇게 그려볼 수 있겠다.

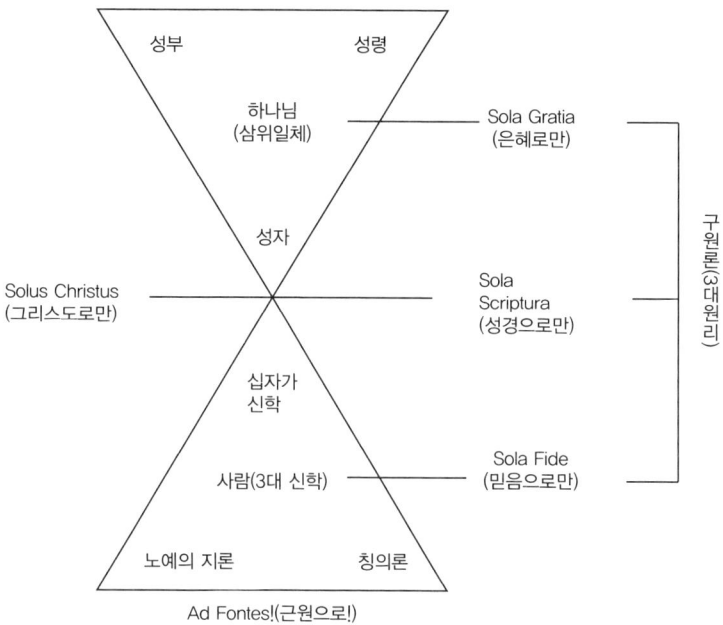

이 도표의 의미를 설명하면 이렇다. 종교개혁의 중심문제는 〈구원론〉으로써 〈성서 안에 계시된(sola scriptura), 하나님의 은혜를(sola gratia), 사람이 믿음으로(sola fide) 구원을 얻는다는 것〉이 종교개혁의 3대원리였다. 신앙(신학)을 하나님과 사람의 관계로 표현할 때 하나님은 삼위일체 되시는 하나님(성부, 성자, 성령)이시며, 사람은 그것을 신앙(신학)으로 표현할 때 루터(개신교)의 3대 신학은 '십자가 신학'(가톨릭의 '영광의 신학'과 대조), 칭의론(가톨릭의 '잉여공로설'과 대조), 노예의지론(가톨릭의 '자유의지론'과 대조)으로 정리할 수 있다. 루터의 3대 신학은 결국 인간이 구원을 얻는 것은 십자가에 달리신 예수 그리스도의 의로 말미암

아 우리가 의로워진(구원을 얻은) 것이며, 우리의 자유의지로 된 것이 아니라, 우리의 주인 되시는 하나님의 의지로 된 것을 말하고 있다.

4. 여기서 가장 중요한 것은 두 삼각형이 만나는 한 초점에 있다. 즉 '성서로만'(sola scriptura)과 '그리스도로만'(solus christus)이 그것이다. 이것은 성서의 중심은 그리스도이고, 그리스도는 곧 성서의 중심이라는 의미를 갖는다. 그리고 성서는 '하나님의 말씀이자 사람이 말'이며, 예수 그리스도는 '하나님의 아들이자 사람의 아들'이다. 그러므로 "성서로 돌아가자!"(성서 사랑)와 "예수께로 돌아가자!"(예수 사랑)는 것이 프로테스탄트 신학원리의 핵심인 것이다. 이것이 바로 종교개혁 시대의 구호였던 "ad fontes!"(다시 근원으로 되돌아 가자!)의 핵심이었던 것이다. 다시 말하면 가톨릭이 기독교 신앙의 중심인 〈하나님의 말씀인 성서=하나님의 아들인 예수 그리스도〉를 떠나 그 외의 것들을 너무 숭배하고 사랑한 빗나간 모습에서, 사랑의 초점을 하나로 해야 한다는 것이 개신교의 원리였던 것이다.

5. 교황제도는 한 마디로 예수께서 받으셔야 할 영광을 교황이 가로챈 것이라고 말할 수 있다. 즉 베드로는 결코 자신이 교황이 되는 것을 원치 않았음이 분명한데, 가톨릭 교회는 베드로를 초대 교황의 자리에 앉혀놓고, 그 뒤에 숨어 자신들의 영광을 추구했다. 그래서 종교개혁의 필요성이 대두된 것이다. '철저한 그리스도 중심주의'(Radical Christocentricity)가 개신교 신학원리의 핵심이며, 거기에는 그리스도를 사랑하고 전하는 '예수의 증인'(행 1:8)이 되는 것이 기독교인의 사명임을 내포하고 있다. 마치 유대인들이 '야웨의 증인'(사 43:10)인 것처럼 말이다. 그것을 다른 말로 표현해서 Soli Deo Gloria("오직 하나님께 영광을")이다.

루터는 이것을 "하나님으로 하나님 되게 하라!"(Let God be God!)는 말로 표현하였다. 이것이 루터의 개혁사업의 취지의 전부였다. 그리고 그는 시편 118편 17절의 말씀("내가 죽지 않고 살아서 여호와의 행사를 선포하리로다")을 자신의 일평생의 표어로 삼고 개혁사업을 추진해 갔다. "교회는 개혁되었다. 그러므로 계속 개혁해서 개혁되어야 한다 (Ecclesia reformata semper reformanda)." 이 말은 17세기 개혁교회들이 내세운 표어로써, 16세기 종교개혁가들의 정신을 넘어 나사렛 예수 그리스도의 개혁정신에 연원(淵源)하는 개신교(프로테스탄트)의 불변의 표어다.

부록 20. 한 컷으로 그린 대표적인 신학자들

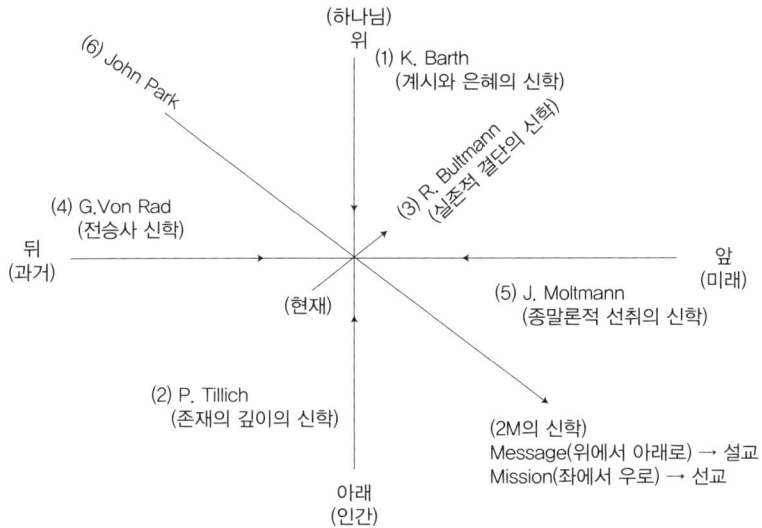

부록 21. 요한복음의 관점에서 본 인류사상사 개요:
• 天命 박호용(John Park)의 역사철학(P=BJ²)
— "세상은 일련의 우연으로 구성되어 있지만, 그것을 관통하는 필연적인 존재가 있다" – 헤겔(1770-1831)

(주전) 구약시대 (율법시대)	(주후) 1 세기 (복음시대) - 가장 위대한 세기: 사상사(역사)의 정점 -			중세기	16 세기	19 세기	20 세기	21 세기
	요한복음	공관복음	바울서신	이슬람교 (쿠란경)	종교개혁시대	역사비평학시대	모더니즘 시대	포스트모더니즘 시대
	• 90-100년경 • 이야기 형식 (예수의미 묵상) • 신학과 역사완성 (성육신 사건)	• 70-80년대 • 이야기 형식 (예수사건 보도) • 역사적 예수 (하나님의 나라)	• 50-60년대 • 서신 형식 (십자가 이후) • 신학적 예수 (하나님의 아들)	• 스콜라철학 (혼합주의) • 인문주의 • 성인숭배 • 교황주의	• 제2의 종교개혁 (패러다임 혁명) • 스콜라철학 배제 (헤브라이즘으로 환원) • Ad fontes:뿌리찾기 (다시예수,다시성경) • 성경으로 성경 해석 • 믿음(은혜) 강조	• 진리의 기준 (이성·과학) • 역사비평학과 다양한 방법론 • 역사적 예수탐구 (요한복음 무시) • 자유주의 신학과 종교사학파	• 상대성원리 (E=mc²) • 세분화와 전문화 • 묵시문학의 재발견 • 이데올로기 와 냉전시대	• 제3의 종교개혁 (다시예수,다시성경) • 경제해체와 통일성 • 세계화와 정보화 • 종교다원주의 • 성령의 조명과 종말론적 긴급성
				• 베드로의 종교(가톨릭)	• 바울복음 재발견	• 공관복음 재발견	• 요한복음 연구	• 요한복음 재발견

예수나 바울이나: 예수 – 바울 논쟁

바울의 종교(개신교)

불트만의 요한복음(헬라적·실존주의적 접근): 요한(?)의 종교

박호용의 요한복음(구약적·묵시문학적 접근): 요한(예수)의 종교

P=Power
B=Bible
J=Jesus
  in John

(진리·구원)
예수=말씀
(제1의 종교개혁)
한 성(4차원)
(一薈=하나)
사진 찍기
(해석)

• 기독시대
 (주전 500년경)
• 공자(유교)
• 석가(불교)
• 노자(도교)
• 소크라테스
 (헬레니즘)
• 유대교(Judaism, 모세)
(多薈=여럿)

유레카·익투스 요한복음

1판 1쇄 인쇄 _ 2019년 5월 1일
1판 1쇄 발행 _ 2019년 5월 15일

지은이 _ 박호용
펴낸이 _ 이형규
펴낸곳 _ 쿰란출판사

주소 _ 서울특별시 종로구 이화장길6
편집부 _ 745-1007, 745-1301~2, 747-1212, 743-1300
영업부 _ 747-1004, FAX 745-8490
본사평생전화번호 _ 0502-756-1004
홈페이지 _ http://www.qumran.co.kr
E-mail _ qrbooks@gmail.com/qrbooks@daum.net
한글인터넷주소 _ 쿰란, 쿰란출판사
등록 _ 제1-670호(1988.2.27)
책임교열 _ 김숙희

ⓒ 박호용 2019   ISBN 979-11-6143-245-8 93230

책값은 뒤표지에 있습니다.
이 출판물은 저작권법에 의해 보호를 받는 저작물이므로 무단 복제할 수 없습니다.
파본(破本)은 구입처에서 교환해 드립니다.